BRITISH ATHLETICS 2019

Compiled by the
National Union of Track Statisticians

Editors: Tony Miller, Stuart Mazdon & Peter Matthews

Published by	National Union of Track Statisticians
Publications Administrator	Stuart Mazdon 77 Forest Approach Woodford Green Essex IG8 9BU
Printed by	Lulu.com
Copyright	© National Union of Track Statisticians, 2019
	ISBN 978-0-904612-27-1
Cover photographs:	Katarina Johnson-Thompson 2018 World Indoor Champion, Pentathlon 2018 Commonwealth Champion, Heptathlon 2018 European silver medallist, Heptathlon

Photographs by Stuart Mazdon

This book is sold subject to the condition that it shall not, by way of trade or otherwise be lent, resold, hired out, or otherwise circulated without the publisher's prior consent in any form of binding or cover other than that in which it is published and without a similar condition, including this condition, being imposed upon the subsequent purchaser. No part of this publication may be reproduced, stored in a retrieval system, or transmitted in any form or by any means electronic, mechanical, photographic, recording or otherwise, without prior permission of the authors and/or publishers.

CONTENTS

National Union of Track Statisticians and Compilers	4
Abbreviations	4
Venues	5
Athletics Addresses	6
Foreword (by Peter Matthews)	7
Fixtures	8
Best Authentic Performances Men	9
Best Authentic Performances Women	16
National Records of the United Kingdom Men	22
National Records of the United Kingdom Women	26
UK Indoor Records	30
UK All Time Men	31
UK All Time Under 23 Men	49
UK All Time Under 20 Men	52
UK All Time Under 17 Men	57
UK All Time Under 15 Men	62
UK All Time Under 13 Men	65
UK All Time Women	67
UK All Time Under 23 Women	83
UK All Time Under 20 Women	86
UK All Time Under 17 Women	91
UK All Time Under 15 Women	95
UK All Time Under 13 Women	97
UK Club Relay Records	100
Major International Matches & Championships in 2018	101
Regional Championships	119
Area Championships	120
Age Championships	121
UK Merit Rankings (by Peter Matthews)	122
2018 Men's Lists	145
2018 Women's Lists	252
Men's Index	356
Women's Index	393
Obituaries	426
Amendments to Previous Annuals	430
The Final Pages (by Rob Whittingham)	431

NATIONAL UNION OF TRACK STATISTICIANS AND COMPILERS

President: Peter Radford

President Emeritus: Sir Eddie Kulukundis

Vice Presidents: Les Crouch Stanley Greenberg Shirley Hitchcock Andrew Huxtable
Richard Hymans Martin H James Tim G Lynch-Staunton Tony Miller
Tony O'Neill Mel Watman Rob Whittingham Alf Wilkins Colin Young

Honorary Members: Roberto L Quercetani

Executive Committee: Peter J Matthews (Chairman) Stuart Mazdon (Hon Sec)
Don Turner (Treasurer) Elizabeth Sissons (Membership Secretary)

Stanley Greenberg	Melvyn F Watman	Colin Young
Jack Miller	Mike Fleet	Alf Wilkins (ex officio)
Les Crouch (ex officio)	Bob Phillips (ex officio)	Rob Whittingham (ex officio)

Annual

General Editors - Tony Miller, Stuart Mazdon, Peter Matthews

Topsinathletics.info compilers of the main lists - Rob Whittingham, Tony Miller

Relays - Keith Morbey   Multi-Events - Alan Lindop   Walks - John Powell

Records section - Thomas S Hurst

All-time lists - Kevin Taylor, Ian Tempest

Results section - Ian Tempest

Index data - Rob Whittingham

Also acknowledgements for specific help to Arnold Black (Scotland), Marian Williams (Wales), John Glover (Northern Ireland) and various other NUTS members.

Editor, Track Stats: Bob Phillips
Webmaster: Stuart Mazdon www.nuts.org.uk
Secretary Historical Group: Ian Tempest

ABBREVIATIONS & NOTES

A	-	mark set at altitude over 1000m	Q	-	qualifying round
a	-	automatic timing only known to one tenth of a second	q	-	quarter final
			r	-	race number
B	-	walk not held under IAAF regulations	s	-	semi final
D	-	performance made in a Decathlon	t	-	track
dh	-	downhill	u	-	unofficial time
e	-	estimated time	un	-	unconfirmed performance
et	-	extra trial	w	-	wind assisted (> 2.0 m/sec)
ex	-	exhibition	W	-	wind assisted (over 4m/sec in decathlon/heptathlon)
h	-	heat			
H	-	performance made in a Heptathlon	x	-	relay team may include outside age-group members
hc	-	handicap race			
i	-	indoor	+	-	intermediate time
m	-	position in race when intermediate time taken	*	-	legal jump where best is wind assisted
			"	-	photo electric cell time
mx	-	performance in mixed race	#	-	Unratified (may not be ratifiable)
O	-	performance made in an Octathlon	&	-	as yet unratified
o	-	over age	§	-	now competes for another nation
P	-	performance made in a Pentathlon	¶	-	drugs ban (as per IAAF)

Some meetings involve two or more series of races at the same event, without any knockout qualifying applying between rounds. In those cases the first series is designated round A and the second series round B. So positions at those meetings will be, for example, 1A2 for placing 1st in the 2nd race in the first series (A), and 2B3 for placing 2nd in the 3rd race in the second series (B). Previous recent NUTS annuals have followed a different labelling convention for some races, but not all.

AGE GROUP DESIGNATIONS for 2018

The U13, U15 and U17 dates of birth officially only apply to competitions held up to 31.08.18 (plus the English Schools combined-events final), after which the categories move forward by 1 year, and some athletes may be "over-age" if still competing in the younger category.

U13 - Under 13 (born 01.09.05 or later)   Vxx - Veteran   (age 40 or over Men)
U15 - Under 15 (born 01.09.03 to 31.08.05)   Vxx - Veteran   (age 35 or over Women)
U17 - Under 17 (born 01.09.01 to 31.08.03)   IAAF/European Athletics category for events:
U20 - Under 20 (born 01.01.99 to 31.08.01)   U18 - Under 18   (born 01.01.01 or later)
U23 - Under 23 (born 01.01.96 to 31.12.98)

Care must be taken with very young age groups for athletes with an unknown date of birth from Northern Ireland since their age groups differ slightly.

Italics indicates the athlete competes for a British club or university but is not eligible to represent Britain.

MULTI - EVENTS

Pentathlon, Heptathlon and Decathlon lists show the complete breakdown of individual performances in the following order:
Pentathlon (women) - U17: 80mH, SP, HJ, LJ, 800m; U15: 75mH, SP, HJ, LJ, 800m
Heptathlon (women) - 100mH, HJ, SP, 200m (1st day); LJ, JT, 800m (2nd day) (80mH - Inters)
Pentathlon indoors (women) – 60mH, HJ, SP, LJ, 800m;
Decathlon (men) - 100m, LJ, SP, HJ, 400m (1st day); 110mH, DT, PV, JT, 1500m (2nd day)
Heptathlon indoors (men) – 60m, LJ, SP, HJ (1st day); 60mH, PV, 1000m (2nd day)
The date shown is the final day of competition.
W = Wind assisted score under rules until 2009, w = Wind assisted under rules since 2010

RANKING LISTS

These show the best performances in each event recorded during the 2018 season.

For each performance the following details are shown:

Performance; wind reading (where appropriate); name (with, where appropriate, age-group category); date of birth (DDMMYY); position in competition; venue; date.

The following numbers are used, although strength of performance may vary the guidelines -

50 performances and 100 athletes for each standard event

Age Groups - 40 Under 20, 30 Under 17, 20 Under 15, 10 Under 13

In the junior men, athletes are shown in older age groups if their performances merit this, except U15 are not shown in U17 lists. For junior women, athletes are shown in their age group as per women's rules, although juniors of any age will be shown in the main list on merit.

VENUES

A list of London tracks for clarification
LONDON (O)   Olympic Stadium
LONDON (BP)   Millenium Arena, Battersea Park
LONDON (Cat)   Ladywell Arena, Silvermere Road, Catford (6L, 8S)
LONDON (Col)   Metropolitan Police (Hendon) Track, Hendon Police Training Coll, Colindale (7L, 7S)
LONDON (CP)   Crystal Palace National Sports Centre, Ledrington Road
LONDON (Cr)   Croydon Sports Arena, Albert Road
LONDON (Coul)   Track Coulsdon, Woodcote High School, Meadow Hill, Coulsdon
LONDON (Elt)   Sutcliffe Park, Eltham Road (6L, 8S)
LONDON (FP)   Finsbury Park, Endymion Road (6L, 10S)
LONDON (Ha)   New River Sports Centre, White Hart Lane, Wood Green, Haringey
LONDON (He)   Allianz Park Stadium, Greenlands Lane, Hendon
LONDON (LV)   Lee Valley Athletics centre, Meridian Way, Picketts Lock
LONDON (ME)   Mile End Stadium, Rhodeswell Road
LONDON (Nh)   Terence McMillan Stadium, Newham Leisure Centre, Plaistow
LONDON (Pa)   Paddington Recreation Ground, Randolph Avenue (6L, 6S)
LONDON (PH)   Parliament Hill Fields, Highgate Road, Hampstead
LONDON (SP)   Southwark Park, Hawkstone Road, Surrey Quays (7L, 7S)
LONDON (TB)   Tooting Bec Athletics Track, Tooting Bec Road
LONDON (WF)   Waltham Forest Track, Chingford Road, Walthamstow
LONDON (Wil)   Willesden Sports Stadium, Donnington Road (6L, 8S)
LONDON (WL)   Linford Christie Stadium, Du Cane Road, West London
LONDON (WP)   Wimbledon Park, Home Park Road (6L, 8S)

ATHLETICS ADDRESSES

British Athletics
Athletics House
Alexander Stadium
Walsall Road
Perry Barr
Birmingham
B42 2BE
Tel: 0121 713 8400
lbirchall@britishathletics.org.uk
www.uka.org.uk

England Athletics
Athletics House
Alexander Stadium
Walsall Road
Perry Barr
Birmingham
B42 2BE
Tel: 0121 347 6543
enquiries@englandathletics.org
www.englandathletics.org

Scottish Athletics Ltd
Caledonia House
1 Redheughs Rigg
Edinburgh EH12 9DQ
Tel: 0131 539 7320
admin@scottishathletics.org.uk
www.scottishathletics.org.uk

Welsh Athletics Limited
Cardiff International Sports Stadium
Leckwith Road
Cardiff CF11 8AZ
Tel: 029 2064 4870
office@welshathletics.org
www.welshathletics.org

Athletics Northern Ireland
Athletics House
Old Coach Road
Belfast BT9 5PR
Tel: 028 906 02707
info@athleticsni.org
www.athleticsni.org

Northern Athletics
7a Wellington Road East
Dewsbury
West Yorkshire WF13 1HF
Tel: 01924 457922
northernathletics.co.uk/contact-us/
www.northernathletics.org.uk

Midland Counties A.A.
Alexander Stadium
Walsall Road
Perry Barr
Birmingham B42 2LR
Tel: 0121 344 4201
administration@mcaa.org.uk
www.midlandathletics.org.uk

South of England A.A.
Crystal Palace National Sports Centre
Ledrington Road
London SE19 2BB
Tel: 020 8778 7167
competitions@seaa.org.uk
www.seaa.org.uk

British Athletics Supporters Club
Chairman: Philip Andrew OBE
philip@basclub.org.uk
www.basclub.org.uk

National Union of Track Statisticians
Secretary: Stuart Mazdon
77 Forest Approach
Woodford Green
Essex IG8 9BU
Tel: 020 8491 6155
secretary@nuts.org.uk
www.nuts.org.uk

British Statistics
www.topsinathletics.info
Scottish Statistics
www.scotstats.net
Welsh Statistics
athleticsstatswales.webeden.co.uk

The NUTS website at www.nuts.org.uk gives details of NUTS publications and has various interesting stats features, such as a complete list of medallists at the AAC, AAA, WAAA and UK Championships, and sample articles from Track Stats (now of 64 A5 pages each quarter), a subscription to which gives NUTS membership at £25 per annum in the UK.

There are also scanned copies of almost all editions of NUTS Notes, the fore-runner of Track Stats and previously unpublished photo-finish times from the 60s and 70s.

FOREWORD - by Peter Matthews

Of the trio of British Olympic champions in 2012, Jessica Ennis-Hill retired after the 2016 season after Greg Rutherford had to end his career after being unable to shake off his injuries in 2018. Thus Mo Farah is left and remains very easily Britain's top male athlete, as, although not attracting the attention gained by his superb track achievements over the years, he won the Great North Run for the fifth time and took the British marathon record down from 2:07:13 by Steve Jones in 2005 to 2:06:21 when 3rd in London and to 2:05:11 when he won in Chicago. This put him second in the world merit rankings, the one British man to rank in a top three with six more men in the top tens. Three women led the way for Britain: Laura Muir, 2nd at 1500m, Katarina Johnson-Thompson, 2nd heptathlon, and Dina Asher-Smith, 2nd at 200m and 3rd at 100m, with the latter's superb sprint treble at the European Championships taking the greatest plaudits. Five more British women made the world top tens and the total of 15 top tenners compared to 17 in 2016 and 2017, thus maintaining a good showing although with a little less global success. That is also shown by the number of top 100 positions on the world lists: 75 men and 85 women compared to 81 and 88 respectively in 2017. There were no British athletes in the world top 100s for men's shot, javelin and 50k walk and women's marathon and javelin.

This was a busy Championship year. First we had the 2018 World Indoor Championships in Birmingham and, appropriately for a home meeting, Britain came second in the points table and won two gold, Andrew Pozzi (60mH) and Johnson-Thompson (pentathlon), two silver and four bronze medals. A month later the Commonwealth Games were held on the Gold Coast in Australia. The unusual time of year proved difficult for many British athletes and England slipped to third in the points table behind Australia and Jamaica after an excellent start with British records – from Tom Bosworth (2nd 20k walk) and Nick Miller (1st hammer) in the first two events decided and further gold medals were won by Johnson-Thompson (heptathlon) and both 4x100m relays. There was a good showing at the World U20 Championships where Jona Efoloko (200m), Jake Norris (hammer) and Niamh Emerson (heptathlon) won gold medals, plus one silver and three bronze medals for British athletes. A low point was that there was no British representation at the Youth Olympic Games, – such failure to participate in important events has become all too prevalent in recent years.

Britain continued to excel in European events, heading the medal table with 6 golds, 2 silver and 1 bronze at the U18 Championships with 19 medals (5 gold, 6 silver and 8 bronze) and topping the points table at the main European Championships with 7 gold, 5 silver and 6 bronze medals for a total of 18, the third equal best showing at the 23 editions of the event. Unusually no British runners gained individual medals at the European Cross-Country Championships, but all six British teams took medals (1 gold, 4 silver, 1 bronze).

As ever records are rare these days with British national records were set by three men – Farah, Miller and Bosworth (as above) – and one woman – Asher-Smith twice at 100m and once at 200m.

I wrote last year that Tony Miller and Rob Whittingham (the publisher of the Annual since 1993) had indicated that they may not be able to continue produce this Annual, and at one time it looked as those we might not be able to go ahead with this edition. But thanks to the data on Rob's website topsinathletics.info, much hard work by Tony with help from Ian Tempest, Tom Hurst, Kevin Taylor and Alan Lindop and to the leadership of Stuart Mazdon, who has overseen the production, we have maintained the 61-year run of NUTS Annual. A problem has, however, arisen with the refusal of some organisations and meeting organisers to provide dates of birth of athletes. These are an integral feature of the sport and ranking lists all over the world, and release of them is NOT barred by General Data Protection rules.

Under the brilliant editorship of Bob Phillips the NUTS quarterly Track Stats continues to flourish with excellent research and good reading but our elderly membership continues to need new and younger people to help in our role of documenting the sport – a job that we have continued to take pride in despite considerable apathy for much of the time by our governing bodies.

Peter Matthews, NUTS Chairman
p.matthews121@btinternet.com

MAJOR OUTDOOR FIXTURES IN 2019

MARCH
30   IAAF World Cross Country Championships   Aarhus, DEN

APRIL
28   Virgin Money London Marathon   London

MAY
4-6	BUCS Championships	Bedford
11-12	IAAF World Relays	Yokohama, JPN
19	Loughborough International	Loughborough
19	European Race Walking Cup	Alytus, LTU
25-26	England Combined Events Championships	Bedford

JUNE
1-2	England Area Championships (North, South, Midlands)	various
8	Northern Ireland Championships	Belfast
22-23	England Athletics U23 & U20 Championships	Bedford
23-28	European Games	Minsk

JULY
6	European 10,000m Cup	London (PH)
6-7	European Combined Events Team Championships	Lutsk, UKR
7	European Mountain Running Championships	Zermatt, SUI
8-14	World University Games	Naples, ITA
12-13	English Schools Championships	Birmingham
13-14	Welsh Championships	Cardiff
18-21	European U20 Championships	Borås, SWE
20	Schools Home International	Grangemouth
20-21	Müller Anniversary Games	London (O)
27-28	England Senior and CAU Championships	Manchester (SC)

AUGUST
9-11	European Team Championships	Bydgoszcz, POL
14	Manchester International	Manchester (SC)
17-18	Scottish Championships	Grangemouth
18	Müller Grand Prix	Birmingham
24-25	British Athletics Championships	Birmingham
31-1 Sep	England Athletics U17 and U15 Championships	Bedford

SEPTEMBER
1	IAU 50K World Championships	Brasov, ROU
5-15	European Masters Championships	Venice, ITA
8	Simplyhealth Great North Run	Tyneside
9	Europe v USA	Minsk, BLR
27-6 Oct	IAAF World Championships	Doha, QAT

OCTOBER
26-27   IAU 24 Hour World Championships   Albi, FRA

NOVEMBER
15-16   World Mountain Running Championships   Villa La Angostura ARG

DECEMBER
8   European Cross Country Championships   Lisbon, POR

RECORDS - MEN
as at 31 December 2018
W = World, E = European, C = Commonwealth, A = UK All-Comers, N = UK, J = Junior

Event	Cat	Time	Athlete	Nat	Date	Venue
100m	W,C	9.58	Usain Bolt	JAM	16 Aug 09	Berlin
	A	9.63	Usain Bolt	JAM	5 Aug 12	London (O)
	E	9.86	Francis Obikwelu	POR	22 Aug 04	Athens
		9.86	Jimmy Vicaut	FRA	4 Jul 15	Saint-Denis
		9.86	Jimmy Vicaut	FRA	7 Jun 16	Montreuil
	N	9.87	Linford Christie		15 Aug 93	Stuttgart
	WJ	9.97	Trayvon Bromell	USA	13 Jun 14	Eugene
	EJ	10.04	Christophe Lemaitre	FRA	24 Jul 09	Novi Sad
	NJ	10.05	Adam Gemili		11 Jul 12	Barcelona
200m	W,C	19.19	Usain Bolt	JAM	20 Aug 09	Berlin
	A	19.32	Usain Bolt	JAM	9 Aug 12	London (O)
	E	19.72 A	Pietro Mennea	ITA	12 Sep 79	Mexico City
	N	19.87 A#	John Regis		31 Jul 94	Sestriere
		19.94	John Regis		20 Aug 93	Stuttgart
	WJ	19.93	Usain Bolt	JAM	11 Apr 04	Hamilton, BER
	EJ	20.04	Ramil Guliyev	AZE	10 Jul 07	Belgrade
	NJ	20.29	Christian Malcolm		19 Sep 98	Kuala Lumpur
300m	W,C	30.81	Wayde van Niekerk	RSA	28 Jun 17	Ostrava
	E,A,N	31.56	Doug Walker		19 Jul 98	Gateshead
	WJ	31.61	Clarence Munyai	RSA	28 Jun 17	Ostrava
	EJ,NJ	32.53	Mark Richardson		14 Jul 91	London (Ha)
400m	W,C	43.03	Wayde van Niekerk	RSA	14 Aug 16	Rio de Janeiro
	A	43.89	Steven Gardiner	BAH	6 Aug 17	London (O)
	E	44.33	Thomas Schönlebe	GER	3 Sep 87	Rome
	N	44.36	Iwan Thomas		13 Jul 97	Birmingham
	WJ	43.87	Steve Lewis	USA	28 Sep 88	Seoul
	EJ	45.01	Thomas Schönlebe	GER	15 Jul 84	Berlin
	NJ	45.35	Martin Rooney		21 Mar 06	Melbourne
600m	W	1:12.81	Johnny Gray	USA	24 May 86	Santa Monica
	C,A	1:13.10	David Rudisha	KEN	5 Jun 16	Birmingham
	E	1:13.21	Pierre-Ambroise Bosse	FRA	5 Jun 16	Birmingham
	N	1:14.95	Steve Heard		14 Jul 91	London (Ha)
	WJ	1:14.8 A	Mark Winzenreid	USA	31 Aug 68	Echo Summit
	NJ	1:16.79	Andrew Lill		24 Jul 90	Mansfield
800m	W,C,A	1:40.91	David Rudisha	KEN	9 Aug 12	London (O)
	E	1:41.11	Wilson Kipketer	DEN	24 Aug 97	Cologne
	N	1:41.73 "	Sebastian Coe		10 Jun 81	Florence
	WJ	1:41.73	Nijel Amos	BOT	9 Aug 12	London (O)
	EJ	1:44.33	Yuriy Borzakovskiy	RUS	25 Sep 00	Sydney
	NJ	1:45.64	David Sharpe		5 Sep 86	Brussels
1000m	W,C	2:11.96	Noah Ngeny	KEN	5 Sep 99	Rieti
	E,N	2:12.18	Sebastian Coe		11 Jul 81	Oslo
	A	2:12.88	Steve Cram		9 Aug 85	Gateshead
	WJ	2:13.93 #	Abubaker Kaki	SUD	22 Jul 08	Stockholm
		2:15.00	Benjamin Kipkurui	KEN	17 Jul 99	Nice
	EJ	2:17.40	Yuriy Borzakovskiy	RUS	8 Jul 00	Nice
	NJ	2:18.98	David Sharpe		19 Aug 86	Birmingham
1500m	W	3:26.00	Hicham El Guerrouj	MAR	14 Jul 98	Rome
	C	3:26.34	Bernard Lagat	KEN	24 Aug 01	Brussels
	E,N	3:28.81	Mo Farah		19 Jul 13	Monaco
	A	3:29.33	Asbel Kiprop	KEN	5 Jun 16	Birmingham
	WJ	3:28.81	Ronald Kwemoi	KEN	18 Jul 14	Monaco
	EJ	3:31.18	Jakob Ingebrigtsen	NOR	20 Jul 18	Monaco
	NJ	3:36.6	Graham Williamson		17 Jul 79	Oslo

Records – Men

Event	Cat	Time	Athlete	Nat	Date	Venue
1 Mile	W	3:43.13	Hicham El Guerrouj	MAR	7 Jul 99	Rome
	C	3:43.40	Noah Ngeny	KEN	7 Jul 99	Rome
	A	3:45.96	Hicham El Guerrouj	MAR	5 Aug 00	London (CP)
	E,N	3:46.32	Steve Cram		27 Jul 85	Oslo
	WJ	3:49.29	William Biwott Tanui	KEN	3 Jul 09	Oslo
	EJ	3:52.28	Jakob Ingebrigtsen	NOR	26 May 18	Eugene
	NJ	3:53.15	Graham Williamson		17 Jul 79	Oslo
2000m	W	4:44.79	Hicham El Guerrouj	MAR	7 Sep 99	Berlin
	A	4:48.36	Hicham El Guerrouj	MAR	19 Jul 98	Gateshead
	C	4:48.74	John Kibowen	KEN	1 Aug 98	Hechtel
	E,N	4:51.39	Steve Cram		4 Aug 85	Budapest
	WJ	4:56.25	Tesfaye Cheru	ETH	5 Jul 11	Reims
	EJ	5:04.4	Harald Hudak	GER	30 Jun 76	Oslo
	NJ	5:06.56	Jon Richards		7 Jul 82	Oslo
3000m	W,C	7:20.67	Daniel Komen	KEN	1 Sep 96	Rieti
	E	7:26.62	Mohammed Mourhit	BEL	18 Aug 00	Monaco
	A	7:26.69	Kenenisa Bekele	ETH	15 Jul 07	Sheffield
	N	7:32.62	Mo Farah		5 Jun 16	Birmingham
	WJ	7:28.19	Yomif Kejelcha	ETH	27 Aug 16	Saint-Denis
	EJ	7:43.20	Ari Paunonen	FIN	22 Jun 77	Cologne
	NJ	7:48.28	Jon Richards		9 Jul 83	Oslo
2 Miles	W,C	7:58.61	Daniel Komen	KEN	19 Jul 97	Hechtel
	A	8:01.72	Haile Gebrselassie	ETH	7 Aug 99	London (CP)
	E,N	8:03.40 i	Mo Farah		21 Feb 15	Birmingham
		8:07.85	Mo Farah		24 Aug 14	Birmingham
	WJ	8:13.47	Richard Limo	KEN	30 May 99	Hengelo
	EJ,NJ	8:28.31	Steve Binns		31 Aug 79	London (CP)
5000m	W	12:37.35	Kenenisa Bekele	ETH	31 May 04	Hengelo
	C	12:39.74	Daniel Komen	KEN	22 Aug 97	Brussels
	A	12:49.60 i#	Kenenisa Bekele	ETH	20 Feb 04	Birmingham
		12:55.51	Haile Gebrselassie	ETH	30 Jul 04	London (CP)
	E	12:49.71	Mohammed Mourhit	BEL	25 Aug 00	Brussels
	N	12:53.11	Mo Farah		22 Jul 11	Monaco
	WJ	12:43.02	Selemon Barega	ETH	31 Aug 18	Brussels
	EJ	13:17.06	Jakob Ingebrigtsen	NOR	11 Aug 18	Berlin
	NJ	13:27.04	Steve Binns		14 Sep 79	London (CP)
10000m	W	26:17.53	Kenenisa Bekele	ETH	26 Aug 05	Brussels
	C	26:27.85	Paul Tergat	KEN	22 Aug 97	Brussels
	E,N	26:46.57	Mo Farah		3 Jun 11	Eugene
	A	26:49.51	Mo Farah		4 Aug 17	London (O)
	WJ	26:41.75	Samuel Wanjiru	KEN	26 Aug 05	Brussels
	EJ	28:22.48	Christian Leuprecht	ITA	4 Sep 90	Koblenz
	NJ	29:21.9	Jon Brown		21 Apr 90	Walnut
10k Road	W,C	26:44	Leonard Komon	KEN	26 Sep 10	Utrecht
	A	27:21	Micah Kogo	KEN	20 May 07	Manchester
	E	27:25	Julien Wanders	SUI	30 Dec 18	Houilles
	N	27:34	Nick Rose		1 Apr 84	New Orleans
	WJ	26:46	Rhonex Kipruto	KEN	8 Sep 18	Prague
	NJ	29:35	Jon Gascoyne		24 Nov 91	Basingstoke
15k Road	W,C	41:05	Joshua Cheptegei	KEN	18 Nov 18	Nijmegen
	E,N	42:03 +	Mo Farah		26 Mar 16	Cardiff
20000m	W	56:26.0 +	Haile Gebrselassie	ETH	27 Jun 07	Ostrava
	E	57:18.4 +	Dionisio Castro	POR	31 Mar 90	La Flèche
	C,N	57:28.7 +	Carl Thackery	Eng	31 Mar 90	La Flèche
	A	58:39.0 +	Ron Hill		9 Nov 68	Leicester

Records – Men

Event		Time	Athlete	Nat	Date	Venue
20k Road	W,C	55:18 +	Abraham Kiptum	KEN	28 Oct 18	Valencia
	W	55:48	Haile Gebrselassie	ETH	15 Jan 06	Phoenix
	E,N	56:27 +	Mo Farah		22 Mar 15	Lisbon
1 Hour	W	21,285 m	Haile Gebrselassie	ETH	27 Jun 07	Ostrava
	E	20,944 m	Jos Hermens	HOL	1 May 76	Papendal
	C,N	20,855 m	Carl Thackery	Eng	31 Mar 90	La Flèche
	A	20,472 m	Ron Hill		9 Nov 68	Leicester
	NJ	18,221 m	Eddie Twohig		16 Jun 81	Leamington
Half Marathon	W,C	58:18	Abraham Kiptum	KEN	28 Oct 18	Valencia
	E,N	59:22 #	Mo Farah		13 Sep 15	South Shields
		59:32	Mo Farah		22 Mar 15	Lisbon
	A	58:56 #	Martin Mathathi	KEN	18 Sep 11	South Shields
	WJ	59:16	Samuel Wanjiru	KEN	11 Sep 05	Rotterdam
	NJ	66:41	Stuart Jones		12 Jun 88	Weaverham
25000m	W,C	1:12:25.4 +	Moses Mosop	KEN	3 Jun 11	Eugene
	E	1:13:57.6	Stéphane Franke	GER	30 Mar 99	Walnut
	A,N	1:15:22.6	Ron Hill		21 Jul 65	Bolton
25k Road	W,C	1:11:18	Dennis Kimetto	KEN	6 May 12	Berlin
	E,N	1:12:36 +	Mo Farah		22 Apr 18	London
30000m	W,C	1:26:47.4	Moses Mosop	KEN	3 Jun 11	Eugene
	E,A,N	1:31:30.4	Jim Alder		5 Sep 70	London (CP)
30k Road	W,C	1:26:45 +	Eliud Kipchoge	KEN	16 Sep 18	Berlin
	A	1:27:24 +	Eliud Kipchoge	KEN	22 Apr 18	London
		1:27:24 +	Tola Shura	ETH	22 Apr 18	London
	E,N	1:27:31 +	Mo Farah		22 Apr 18	London
Marathon	W,C	2:01:39	Eliud Kipchoge	KEN	16 Sep 18	Berlin
	A	2:03:05	Eliud Kipchoge	KEN	24 Apr 16	London
	E,N	2:05:11	Mo Farah		7 Oct 18	Chicago
	WJ	2:04:32	Tsegaye Mekonnen	ETH	24 Jan 14	Dubai
	NJ	2:23:28	Eddie Twohig		28 Mar 82	Wolverhampton
100k Road	W	6:09:14	Neo Kazami	JPN	24 Jun 18	Yubetsu
	E	6:15:30	Jean-Paul Praet	BEL	24 Jun 89	Torhout
	C,N	6:24:05	Simon Pride	Eng	15 May 99	Chavagnes
2000m SC	W,E	5:10.68	Mahiedine Mekhissi-Benabbab	FRA	30 Jun 10	Reims
	C	5:14.43	Julius Kariuki	KEN	21 Aug 90	Rovereto
	A	5:19.68	Samson Obwocha	KEN	19 Jul 86	Birmingham
	N	5:19.86	Mark Rowland		28 Aug 88	London (CP)
	WJ	5:19.99	Meresa Kahsay	ETH	12 Jul 13	Donetsk
	EJ	5:25.01	Arsenios Tsiminos	GRE	2 Oct 80	Athens
	NJ	5:29.61	Colin Reitz		18 Aug 79	Bydgoszcz
3000m SC	W	7:53.63	Saif Saeed Shaheen	QAT	3 Sep 04	Brussels
	C	7:53.64	Brimin Kipruto	KEN	22 Jul 11	Monaco
	E	8:00.09	Mahiedine Mekhissi-Benabbad	FRA	6 Jul 13	Saint-Denis
	A	8:00.12	Conseslus Kipruto	KEN	5 Jun 16	Birmingham
	N	8:07.96	Mark Rowland		30 Sep 88	Seoul
	WJ	7:58.66	Stephen Cherono	KEN	24 Aug 01	Brussels
	EJ	8:26.81	Jakob Ingebrigtsen	NOR	8 Jul 17	Kortrijk
	NJ	8:29.85	Paul Davies-Hale		31 Aug 81	London (CP)
110m H	W	12.80	Aries Merritt	USA	7 Sep 12	Brussels
	C	12.90	Omar McLeod	JAM	24 Jun 17	Kingston
	E,N	12.91	Colin Jackson	Wal	20 Aug 93	Stuttgart
	A	12.92	Aries Merritt	USA	8 Aug 12	London (O)
	WJ	13.12	Liu Xiang	CHN	2 Jul 02	Lausanne
	EJ,NJ	13.44	Colin Jackson		19 Jul 86	Athens

Records – Men

Event	Cat	Mark	Athlete	Nat	Date	Venue
110m H	WJ,EJ	12.99	Wilhem Belocian	FRA	24 Jul 14	Eugene
	WJ	12.99	Damion Thomas	JAM	23 Jun 18	Kingston, JAM
99cm	NJ	13.17	David Omoregie		22 Jun 14	Bedford
400m H	W	46.78	Kevin Young	USA	6 Aug 92	Barcelona
	C	47.02	Rai Benjamin	ANT	8 Jun 18	Eugene
	E	47.37	Stéphane Diagana	FRA	5 Jul 95	Lausanne
	A	47.63	Félix Sánchez	DOM	6 Aug 12	London (O)
	N	47.82	Kriss Akabusi		6 Aug 92	Barcelona
	WJ	48.02	Danny Harris	USA	17 Jun 84	Los Angeles
	EJ	48.74	Vladimir Budko	RUS	18 Aug 84	Moscow
	NJ	50.11	Alastair Chalmers		13 Jul 18	Tampere
High Jump	W	2.45	Javier Sotomayor	CUB	27 Jul 93	Salamanca
	E	2.42	Patrik Sjöberg	SWE	30 Jun 87	Stockholm
		2.42 i#	Carlo Thränhardt	GER	26 Feb 88	Berlin
		2.42 i	Ivan Ukhov	RUS	25 Feb 14	Prague
		2.42	Bohdan Bondarenko	UKR	14 Jun 14	New York
	A	2.41	Javier Sotomayor	CUB	15 Jul 94	London (CP)
	C	2.40	Derek Drouin	CAN	25 Apr 14	Des Moines
	N	2.38 i#	Steve Smith		4 Feb 94	Wuppertal
	N,WJ,EJ,NJ	2.37	Steve Smith		20 Sep 92	Seoul
	N	2.37	Steve Smith		22 Aug 93	Stuttgart
	N	2.37	Robbie Grabarz		23 Aug 12	Lausanne
	WJ,EJ	2.37	Dragutin Topic	YUG	12 Aug 90	Plovdiv
Pole Vault	W,E	6.16 i	Renaud Lavillenie	FRA	15 Feb 14	Donetsk
	C	6.05	Dmitriy Markov	AUS	9 Aug 01	Edmonton
	A	6.05	Sergey Bubka	UKR	10 Sep 93	London (CP)
	N	5.83 i	Luke Cutts		25 Jan 14	Rouen
		5.82	Steve Lewis		21 Jul 12	Szczecin
	WJ,EJ	6.05	Armand Duplantis	SWE	12 Aug 18	Berlin
	NJ	5.60	Adam Hague		28 Mar 15	Austin
Long Jump	W	8.95	Mike Powell	USA	30 Aug 91	Tokyo
	E	8.86 A	Robert Emmiyan	ARM	22 May 87	Tsakhkadzor
	C	8.62	James Beckford	JAM	5 Apr 97	Orlando
	A	8.58	Luvo Manyonga	RSA	22 Jul 18	London (O)
	N	8.51	Greg Rutherford		24 Apr 14	Chula Vista
	WJ,EJ	8.35	Sergey Morgunov	RUS	19 Jun 12	Cheboksary
	NJ	8.14	Greg Rutherford		22 Jul 05	Kaunas
Triple Jump	W,E,C,N	18.29	Jonathan Edwards	Eng	7 Aug 95	Gothenburg
	A	18.00	Jonathan Edwards		27 Aug 95	London (CP)
	WJ,EJ	17.50	Volker Mai	GER	23 Jun 85	Erfurt
	NJ	16.58	Tosi Fasinro		15 Jun 91	Espoo
Shot	W	23.12	Randy Barnes	USA	20 May 90	Los Angeles (Ww)
	E	23.06	Ulf Timmermann	GER	22 May 88	Hania
	C	22.67	Tom Walsh	NZL	25 Mar 18	Auckland
	A	22.45	Christian Cantwell	USA	11 Jun 06	Gateshead
	N	21.92	Carl Myerscough		13 Jun 03	Sacramento
	WJ,EJ	21.14	Konrad Bukowiecki	POL	9 Jun 16	Oslo
	NJ	19.46	Carl Myerscough		6 Sep 98	Blackpool
6kg	WJ,EJ	23.34	Konrad Bukowiecki	POL	19 Jul 16	Bydgoszcz
	NJ	21.03	Carl Myerscough		13 May 98	Street
Discus	W,E	74.08	Jürgen Schult	GER	6 Jun 86	Neubrandenburg
	C	70.32	Frantz Kruger	RSA	26 May 02	Salon-de-Provence
	A	69.83	Piotr Malachowski	POL	10 Jul 10	Gateshead
	N	68.24	Lawrence Okoye		19 May 12	Halle
	WJ	65.62 #	Werner Reiterer	AUS	15 Dec 87	Melbourne
	WJ,EJ	65.31	Mykyta Nesterenko	UKR	3 Jun 08	Tallinn
	NJ	60.97	Emeka Udechuku		5 Jul 98	Bedford

Records – Men

1.75 kg	WJ,EJ	70.13	Mykyta Nesterenko	UKR	24 May 08	Halle	
	NJ	64.35	Emeka Udechuku		21 Jun 98	Bedford	
Hammer	W,E	86.74	Yuriy Sedykh	UKR/RUS	30 Aug 86	Stuttgart	
	C	80.63	Chris Harmse	RSA	15 Apr 05	Durban	
	A	85.60	Yuriy Sedykh	UKR/RUS	13 Jul 84	London (CP)	
	N	80.26	Nick Miller		8 Apr 18	Gold Coast	
	WJ,EJ	78.33	Olli-Pekka Karjalainen	FIN	5 Aug 99	Seinäjoki	
	NJ	73.24	Jake Norris		6 Jun 18	Eugene	
6kg	WJ	85.57	Ashraf Amgad El-Seify	QAT	14 Jul 12	Barcelona	
	EJ	82.97	Javier Cienfuegos	ESP	17 Jun 09	Madrid	
	NJ	80.65	Jake Norris		13 Jul 18	Tampere	
Javelin	W,E	98.48	Jan Zelezny	CZE	25 May 96	Jena	
	C	92.72	Julius Yego	KEN	26 Aug 15	Beijing	
	N	91.46	Steve Backley		25 Jan 92	Auckland (NS)	
	A	95.66	Jan Zelezny	CZE	29 Aug 93	Sheffield	
	WJ,	86.48	Neeraj Chopra	IND	23 Jul 16	Bydgoszcz	
	EJ	84.69	Zigismunds Sirmais	LAT	22 Jun 11	Bauska	
	NJ	79.50	Steve Backley		5 Jun 88	Derby	
Decathlon	W,E	9126	Kevin Mayer	FRA	16 Sep 18	Talence	
	C,N	8847	Daley Thompson	Eng	9 Aug 84	Los Angeles	
	A	8869	Ashton Eaton	USA	9 Aug 12	London (O)	
	WJ,EJ	8397	Torsten Voss	GER	7 Jul 82	Erfurt	
	NJ	8082	Daley Thompson		31 Jul 77	Sittard	
with 1986 Javelin:							
	C,N	8811 #	Daley Thompson	Eng	28 Aug 86	Stuttgart	
	NJ	7727	David Guest		6 Jun 10	Bedford	
Junior implements (score higher):							
	WJ,EJ	8435	Niklas Kaul	GER	23 Jul 17	Grosseto	
4x100m	W,C,A	36.84	Jamaica		11 Aug 12	London (O)	
	E,N	37.47	UK National Team		12 Aug 17	London (O)	
	WJ	38.66	United States		18 Jul 04	Grosseto	
	EJ,NJ	39.05	UK National Team		22 Oct 00	Santiago	
4x200m	W,C	1:18.63	Jamaica		24 May 14	Nassau	
	E	1:20.66	France		24 May 14	Nassau	
	A	1:20.85	USA		11 Jun 89	Portsmouth	
	N	1:21.29	UK National Team		23 Jun 89	Birmingham	
	NJ	1:25.40 i#	UK National Team		2 Mar 96	Liévin	
		1:27.6	Borough of Enfield Harriers		13 Jun 82	London (He)	
4x400m	W	2:54.29	United States		22 Aug 93	Stuttgart	
	E,N	2:56.60	UK National Team		3 Aug 96	Atlanta	
	C,A	2:56.72	Bahamas		10 Aug 12	London (O)	
	WJ	3:00.33	United States		23 Jul 17	Trujillo	
	EJ,NJ	3:03.80	UK National Team		12 Aug 90	Plovdiv	
4x800m	W,C	7:02.43	Kenya		25 Aug 06	Brussels	
	E,A,N	7:03.89	UK National Team		30 Aug 82	London (CP)	
	NJ	7:26.2	BMC Junior Squad		2 Sep 95	Oxford	
4x1500m	W,C	14:22.22	Kenya		25 May 14	Nassau	
	E	14:38.8	West Germany		17 Aug 77	Cologne	
	A	15:04.7	Italy		5 Jun 92	Sheffield	
	N	14:54.57	England		4 Sep 09	Brussels	
	NJ	15:52.0	BMC Junior Squad		30 Apr 97	Watford	
4x1Mile	W,E	15:49.08	Irish Republic		17 Aug 85	Dublin (B)	
	C	15:59.57	New Zealand		1 Mar 83	Auckland	
	A	16:21.1	BMC National Squad		10 Jul 93	Oxford	
	N	16:17.4	Bristol A.C./Western Kentucky U		25 Apr 75	Des Moines	
	NJ	16:56.8	BMC Junior Squad		10 Jul 93	Oxford	

Records – Men

Ekiden	W,C	1:57:06	Kenya		23 Nov 05	Chiba	
Road Relay	E,N	1:59:41	UK National Team		10 Nov 91	Potsdam	

Track Walking

3000m	WECAN	10:30.28 i#	Tom Bosworth		25 Feb 18	Glasgow	
		10:43.84	Tom Bosworth		21 Jul 18	London (O)	
	WJ,EJ	11:13.2	Jozef Pribilinec	SVK	28 Mar 79	Banská Bystrica	
	NJ	11:36.2	Callum Wilkinson		15 May 16	Bury St Edmonds	
5000m	W	18:05.49	Hatem Ghoula	TUN	1 May 97	Tunis	
	E	18:07.08 i#	Mikhail Shchennikov	RUS	14 Feb 95	Moscow	
		18:17.22	Robert Korzeniowski	POL	3 Jul 92	Reims	
	C	18:41.83	Jared Tallent	AUS	28 Feb 09	Sydney	
	A	18:38.79 i#	Robert Korzeniowski	POL	15 Feb 04	Belfast	
	N,C	18:28.70 i#	Tom Bosworth		18 Feb 18	Birmingham	
	A,N	18:43.28	Tom Bosworth		2 Jul 17	Birmingham	
	WJ,EJ	19:03.16	Diego Garcia	ESP	24 Jun 15	Plasencia	
	NJ	19:35.4	Callum Wilkinson		2 Jul 16	Tamworth	
10000m	W,E	37:53.09	Francisco Fernandez	ESP	27 Jul 08	Santa Cruz	
	C	38:06.6	Dave Smith	AUS	25 Sep 86	Sydney	
	A	39:26.02	Guillaume Leblanc	CAN	29 Jun 90	Gateshead	
	N	40:06.65	Ian McCombie		4 Jun 89	Jarrow	
	WJ,EJ	38:46.4	Viktor Burayev	RUS	20 May 00	Moscow	
	NJ	40:41.62	Callum Wilkinson		23 Jul 16	Bydgoszcz	
(Road)	W(J),E(J)	38:16	Vladimir Kanaykin	RUS	19 Jun 04	Saransk	
	NJ	40:30	Callum Wilkinson		7 May 16	Rome	
20000m	W	1:17:25.6	Bernardo Segura	MEX	7 May 94	Fana	
	E	1:18:35.2	Stefan Johansson	SWE	15 May 92	Fana	
	C	1:19:48.1	Nathan Deakes	AUS	4 Sep 01	Brisbane	
	A	1:23:20.86	Lebogang Shange	RSA	21 Jun 15	Bedford	
	N	1:23:26.5	Ian McCombie		26 May 90	Fana	
	WJ	1:20:11.72	Li Gaobo	CHN	2 Nov 07	Wuhan	
	EJ	1:21:29.2 #	Victor Burayev	RUS	4 Sep 01	Brisbane	
		1:22:42	Andrey Perlov	RUS	6 Sep 80	Hefei	
	NJ	1:31:34.4	Gordon Vale		28 Jun 81	Brighton	
30000m	W,E	2:01:44.1	Maurizio Damilano	ITA	4 Oct 92	Cuneo	
	C	2:04:55.7	Guillaume Leblanc	CAN	16 Jun 90	Sept Îles	
	A,N	2:11:54 #	Chris Maddocks		31 Dec 89	Plymouth	
	A	2:17:26.4	Jorge Llopart	ESP	28 Jun 81	Brighton	
	N	2:19:18	Chris Maddocks		22 Sep 84	Birmingham	
50000m	W,E	3:35:27.2	Yohan Diniz	FRA	12 Mar 11	Reims	
	C	3:43:50.0	Simon Baker	AUS	9 Sep 90	Melbourne	
	A	4:03:52	Gerhard Weidner	GER	1 Jun 75	Woodford	
	N	4:05:44.6	Paul Blagg		26 May 90	Fana	

Road Walking - Fastest Recorded Times

20km	W	1:16:36	Yusuke Suzuki	JPN	15 Mar 15	Nomi	
	E	1:16:43 #	Sergey Morozov	RUS	8 Jun 08	Saransk	
		1:17:02	Yohann Diniz	FRA	8 Mar 15	Arles	
	C	1:17:33	Nathan Deakes	AUS	23 Apr 05	Cixi	
	A	1:18:46	Chen Ding	CHN	4 Aug 12	London	
	N	1:19:38	Tom Bosworth		8 Apr 18	Gold Coast	
	WJ,EJ	1:17:25 #	Sergey Shirobokov	RUS	9 Jun 18	Cheboksary	
	WJ,EJ	1:18:06	Viktor Burayev	RUS	4 Mar 01	Adler	
	NJ	1:26:13	Tim Berrett §		25 Feb 84	Dartford	
30km	W,E	2:01:44.1 t	Maurizio Damilano	ITA	4 Oct 92	Cuneo	
	C	2:04:55.7 t	Guillaume Leblanc	CAN	16 Jun 90	Sept Îles	
	A	2:07:47	Simon Baker	AUS	31 Jul 86	Edinburgh	
	N	2:07:56	Ian McCombie		27 Apr 86	Edinburgh	

Records – Men

	WJ,EJ	2:02:27 +	Vladimir Kanaykin	RUS	8 Feb 04	Adler	
	NJ	2:30:46	Phil Vesty		31 Jul 82	London (VP)	
50km	W,E	3:32:33	Yohann Diniz	FRA	15 Aug 14	Zürich	
	C	3:35:47	Nathan Deakes	AUS	2 Dec 06	Geelong	
	A	3:33:12	Yohann Diniz	FRA	13 Aug 17	London	
	N	3:51:37	Chris Maddocks		28 Oct 90	Burrator	
	WJ	3:41:10	Zhao Jianguo	CHN	16 Apr 06	Wajima	
	EJ	4:07:23	Aleksandr Volgin	RUS	27 Sep 86	Zhytomyr	
	NJ	4:18:18	Gordon Vale		24 Oct 81	Lassing	

RECORDS set in 2018

1500m	EJ	3:31.18	Jakob Ingebrigtsen	NOR	20 Jul 18	Monaco	
1 mile	EJ	3:52.28	Jakob ingebrigtsen	NOR	26 May 18	Eugene	
5000m	WJ	12:43.02	Selemon Barega	ETH	31 Aug 18	Brussels	
	EJ	13:20.78	Jakob Ingebrigtsen	NOR	14 Jul 18	Tampere	
	EJ	13:17.06	Jakob Ingebrigtsen	NOR	11 Aug 18	Berlin	
10km road	E	27:32	Julien Wanders	SUI	14 Oct 18	Durban	
	E	27:25	Julien Wanders	SUI	30 Dec 18	Houilles	
	WJ	27:08	Rhonex Kipruto	KEN	29 Apr 18	New York	
	WJ	26:46	Rhonex Kipruto	KEN	8 Sep 18	Prague	
15km road	W,C	41:05	Joshua Cheptegei	UGA	18 Nov 18	Nijmegen	
Half Mar	W,C	58:18	Abraham Kiptum	KEN	28 Oct 18	Valencia	
30km road	W,C	1:26:45	Eliud Kipchoge	KEN	16 Sep 18	Berlin	
	A	1:27:24	Eliud Kipchoge	KEN	22 Apr 18	London	
	A	1:27:24	Tola Shura	ETH	22 Apr 18	London	
	E,N	1:27:31	Mo Farah	GBR	22 Apr 18	London	
Marathon	W,C	2:01:39	Eliud Kipchoge	KEN	16 Sep 18	Berlin	
	N	2:06:21	Mo Farah		22 Apr 18	London (O)	
	E,N	2:05:11	Mo Farah		7 Oct 18	Chicago	
100k Road	W	6:09:14	Neo Kazama	JPN	24 Jun 18	Lake Saroma	
400mH	C	47.02	Rai Benjamin	ANT	8 Jun 18	Eugene	
	NJ	50.11	Alastair Chalmers		13 Jul 18	Tampere	
Pole Vault	WJ,EJ	5.92	Armand Duplantis	SWE	31 Mar 18	Austin	
	WJ,EJ	5.93	Armand Duplantis	SWE	5 May 18	Baton Rouge	
	WJ,EJ	5.95	Armand Duplantis	SWE	12 Aug 18	Berlin	
	WJ,EJ	6.00	Armand Duplantis	SWE	12 Aug 18	Berlin	
	WJ,EJ	6.05	Armand Duplantis	SWE	12 Aug 18	Berlin	
Long Jump	A	8.58	Luvo Manyonga	RSA	22 Jul 18	London	
Shot Put	C	22.67	Tomas Walsh	NZL	25 Mar 18	Auckland	
Hammer	N	78.29	Nick Miller		30 Mar 18	Palo Alto	
	N	80.26	Nick Miller		8 Apr 18	Gold Coast	
	NJ	70.98	Jake Norris		16 Mar 18	Lafayette	
	NJ	72.70	Jake Norris		23 Mar 18	Tempe	
	NJ	73.24	Jake Norris		6 Jun 18	Eugene	
6kg	NJ	79.55	Jake Norris		7 Apr 18	Baton Rouge	
	NJ	80.45	Jake Norris		16 Jun 18	Bedford	
	NJ	80.65	Jake Norris		13 Jul 18	Tampere	
Decathlon	W,E	9126	Kevin Mayer	FRA	16 Sep 18	Talence	
3000m W	WECAN	10:30.28 i#	Tom Bosworth		25 Feb 18	Glasgow	
	WECAN	10:43.84	Tom Bosworth		21 Jul 18	London (O)	
5000m W	N,C	18:28.70 i#	Tom Bosworth		18 Feb 18	Birmingham	
20km W	N	1:19:38	Tom Bosworth		8 Apr 18	Gold Coast	
	WJ,EJ	1:17:25 #	Sergey Shirobokov	RUS	9 Jun 18	Cheboksary	

RECORDS - WOMEN
as at 31 December 2018

Event	Cat	Time	Athlete	Country	Date	Place
100m	W	10.49	Florence Griffith-Joyner	USA	16 Jul 88	Indianapolis
	E	10.73	Christine Arron	FRA	19 Aug 98	Budapest
	C	10.70	Shelly-Ann Fraser-Pryce	JAM	29 Jun 12	Kingston
		10.70	Elaine Thompson	JAM	1 Jul 16	Kingston
	A	10.75	Shelly-Ann Fraser-Pryce	JAM	4 Aug 12	London (O)
	N	10.85	Dina Asher-Smith		7 Aug 18	Berlin
	WJ,EJ	10.88	Marlies Oelsner/Göhr	GER	1 Jul 77	Dresden
	NJ	11.14	Dina Asher-Smith		5 Jul 14	Mannheim
200m	W	21.34	Florence Griffith-Joyner	USA	29 Sep 88	Seoul
	E	21.63	Dafne Schippers	NED	28 Aug 15	Beijing
	C	21.64	Merlene Ottey	JAM	13 Sep 91	Brussels
	A	21.88	Allyson Felix	USA	8 Aug 12	London (O)
	N	21.89	Dina Asher-Smith		11 Aug 18	Berlin
	WJ	22.11 A#	Allyson Felix	USA	3 May 03	Mexico City
		22.18	Allyson Felix	USA	25 Aug 04	Athens
	EJ	22.19	Natalya Bochina	RUS	30 Jul 80	Moscow
	NJ	22.61	Dina Asher-Smith		14 Aug 14	Zürich
300m	W	35.30 A	Ana Guevara	MEX	3 May 03	Mexico City
	W,E	35.00 +	Marie-José Pérec	FRA	27 Aug 91	Tokyo
		34.1 +	Marita Koch	GER	6 Oct 85	Canberra
	C,A,N	35.46	Kathy Cook	Eng	18 Aug 84	London (CP)
	A	35.46	Chandra Cheeseborough	USA	18 Aug 84	London (CP)
	WJ,EJ	36.24 +	Grit Breuer	GER	29 Aug 90	Split
		35.4 +	Christina Brehmer/Lathan	GER	29 Jul 76	Montreal
	NJ	36.46	Linsey Macdonald		13 Jul 80	London (CP)
		36.2	Donna Murray/Hartley		7 Aug 74	London (CP)
400m	W,E	47.60	Marita Koch	GER	6 Oct 85	Canberra
	C	48.63	Cathy Freeman	AUS	29 Jul 96	Atlanta
	A	49.05	Sanya Richards	USA	28 Jul 06	London (CP)
	N	49.41	Christine Ohuruogu		12 Aug 13	Moscow
	WJ,EJ	49.42	Grit Breuer	GER	27 Aug 91	Tokyo
	NJ	51.16	Linsey Macdonald		15 Jun 80	London (CP)
600m	W,C	1:21.77	Caster Semenya	RSA	27 Aug 17	Berlin
	E	1:23.5	Doina Melinte	ROU	27 Jul 86	Poiana Brasov
	N	1:24.36	Marilyn Okoro		5 Jul 12	Liège (NX)
	A	1:25.90	Delisa Walton-Floyd	USA	28 Aug 88	London (CP)
	WJ,EJ	1:25.2	Vera Nikolic	YUG	1 Jun 67	Belgrade
	NJ	1:27.33	Lorraine Baker		13 Jul 80	London (CP)
800m	W,E	1:53.28	Jarmila Kratochvílová	CZE	26 Jul 83	Munich
	C,WJ	1:54.01	Pamela Jelimo	KEN	29 Aug 08	Zürich
	A	1:55.16	Caster Semenya	RSA	13 Aug 17	London (O)
	N	1:56.21	Kelly Holmes		9 Sep 95	Monaco
	EJ	1:57.45 #	Hildegard Ullrich	GER	31 Aug 78	Prague
		1:59.17	Birte Bruhns	GER	20 Jul 88	Berlin
	NJ	1:59.75	Charlotte Moore		29 Jul 02	Manchester (C)
1000m	W,E	2:28.98	Svetlana Masterkova	RUS	23 Aug 96	Brussels
	C	2:29.66	Maria Lurdes Mutola	MOZ	23 Aug 96	Brussels
	A,N	2:31.93 i#	Laura Muir		18 Feb 17	Birmingham
	A,N	2:32.55	Kelly Holmes		15 Jun 97	Leeds
	WJ,EJ	2:35.4 a	Irina Nikitina	RUS	5 Aug 79	Podolsk
		2:35.4	Katrin Wühn	GER	12 Jul 84	Potsdam
	NJ	2:38.58	Jo White		9 Sep 77	London (CP)
1500m	W	3:50.07	Genzebe Dibaba	ETH	17 Jul 15	Monaco
	E	3:52.47	Tatyana Kazankina	RUS	13 Aug 80	Zürich
	C,N	3:55.22	Laura Muir	Sco	27 Aug 16	Saint-Denis
	A	3:57.41 +	Sifan Hassan	NED	22 Jul 18	London (O)

Records – Women

Event	Cat	Time	Name	Nat	Date	Venue
1500m	WJ	3:51.34	Lang Yinglai	CHN	18 Oct 97	Shanghai
	EJ,NJ	3:59.96	Zola Budd		30 Aug 85	Brussels
1 Mile	W,E	4:12.56	Svetlana Masterkova	RUS	14 Aug 96	Zürich
	A	4:14.71	Sifan Hassan	NED	22 Jul 18	London (O)
	C,	4:16.15	Hellen Obiri	KEN	22 Jul 18	London (O)
	N,WJ,EJ,NJ	4:17.57	Zola Budd		21 Aug 85	Zürich
2000m	W	5:23.75 i#	Genzebe Dibaba	ETH	7 Feb 17	Sabadell
	W,E,A	5:25.36	Sonia O'Sullivan	IRL	8 Jul 94	Edinburgh
	C,N	5:26.93	Yvonne Murray	Sco	8 Jul 94	Edinburgh
	WJ,EJ,NJ	5:33.15	Zola Budd		13 Jul 84	London (CP)
3000m	W	8:06.11	Wang Junxia	CHN	13 Sep 93	Beijing
	C	8:20.68	Hellen Obiri	KEN	9 May 14	Doha
	E	8:21.42	Gabriela Szabo	ROU	19 Jul 02	Monaco
	A	8:21.64	Sonia O'Sullivan	IRL	15 Jul 94	London (CP)
	N	8:22.20	Paula Radcliffe		19 Jul 02	Monaco
	WJ,EJ,NJ	8:28.83	Zola Budd		7 Sep 85	Rome
2 Miles	W	8:58.58	Meseret Defar	ETH	14 Sep 07	Brussels
	C,A	9:11.49	Mercy Cherono	KEN	24 Aug 14	Birmingham
	E,N	9:17.4 +e	Paula Radcliffe		20 Jun 04	Bydgoszcz
	E	9:19.56	Sonia O'Sullivan	IRL	27 Jun 98	Cork
	N	9:32.07	Paula Radcliffe		23 May 99	Loughborough
	NJ	9:29.6 +e	Zola Budd		26 Aug 85	London (CP)
		10:35.10	Jane Potter		23 May 99	Loughborough
5000m	W	14:11.15	Tirunesh Dibaba	ETH	6 Jun 08	Oslo
	C	14:18.37	Hellen Obiri	KEN	8 Jun 17	Rome
	E	14:22.34	Sifan Hassan	NED	13 Jul 18	Rabat
	N	14:29.11	Paula Radcliffe		20 Jun 04	Bydgoszcz
	A	14:31.42	Paula Radcliffe		28 Jul 02	Manchester (SC)
	WJ	14:30.88	Tirunesh Dibaba	ETH	11 Jun 04	Fana
	EJ,NJ	14:48.07	Zola Budd		26 Aug 85	London (CP)
10000m	W	29:17.45	Almaz Ayana	ETH	12 Aug 16	Rio de Janeiro
	C	29:32.53	Vivian Cheruiyot	KEN	12 Aug 16	Rio de Janeiro
	E	29:56.34	Evlan Abeylegesse	TUR	15 Aug 08	Beijing
	N	30:01.09	Paula Radcliffe		6 Aug 02	Munich
	A	29:59.20	Meseret Defar	ETH	11 Jul 09	Birmingham
	WJ	30:26.50	Linet Masai	KEN	15 Aug 08	Beijing
	EJ	31:40.42	Annemari Sandell	FIN	27 Jul 96	Atlanta
	NJ	32:35.75	Charlotte Purdue		4 Aug 10	Tipton
10k Road	W,C	29:43	Joycilene Jepkosgei	KEN	9 Sep 17	Prague
	E,N	30:21	Paula Radcliffe		23 Feb 03	San Juan
	A	30:38	Paula Radcliffe		22 Sep 03	London (RP)
	WJ	31:27	Sally Barsosio	KEN	21 Apr 96	Vancouver
	NJ	32:20	Zola Budd		2 Mar 85	Phoenix
15k Road	W,C	45:37 +	Joycilene Jepkosgei	KEN	1 Apr 17	Prague
	E	46:59 +	Lornah Kiplagat	NED	14 Oct 07	Udine
	N	46:41 +#	Paula Radcliffe		21 Sep 03	South Shields
	N	47:43	Liz McColgan		13 Feb 88	Tampa
1 Hour	W	18,517 m	Dire Tune	ETH	12 Jun 08	Ostrava
	C	18,393 m #	Tegla Loroupe	KEN	3 Sep 00	Borgholzhausen
	C	18,340 m	Tegla Loroupe	KEN	7 Aug 98	Borgholzhausen
	E	18,084 m	Silvana Cruciata	ITA	4 May 81	Rome
	A,N	16,460 m i#	Bronwen Cardy-Wise		8 Mar 92	Birmingham
	N	16,495 m #	Michaela McCallum		2 Apr 00	Asti
	A,N	16,364 m	Alison Fletcher		3 Sep 97	Bromley
	NJ	14,580 m	Paula Simpson		20 Oct 93	Bebington

Records – Women

Event	Cat	Time	Athlete	Nat	Date	Venue
20000m	W,C	1:05:26.6	Tegla Loroupe	KEN	3 Sep 00	Borgholzhausen
	E	1:06:55.5 #	Rosa Mota	POR	14 May 83	Lisbon
	A,N	1:15:46 +	Caroline Hunter-Rowe		6 Mar 94	Barry
20k Road	W,C	61:25 +	Joycilene Jepkosgei	KEN	1 Apr 17	Prague
	E,A,N	62:21 +#	Paula Radcliffe		22 Sep 03	South Shields
	E	62:57 +	Lorna Kiplagat	NED	14 Oct 07	Udine
	A,N	63:26 +	Paula Radcliffe		6 Oct 01	Bristol
Half Marathon	W,C	64:51	Joycilene Jepkosgei	KEN	22 Oct 17	Valencia
	A	65:39 #	Mary Keitany	KEN	7 Sep 14	South Shields
	E	65:15	Sifan Hassan	NED	16 Sep 18	Copenhagen
	N	65:40 #	Paula Radcliffe		22 Sep 03	South Shields
	A	66:36	Mary Keitany	KEN	11 Oct 09	Birmingham
	WJ	67:51	Meseret Belete	ETH	16 Sep 18	Copenhagen
	NJ	77:52	Kathy Williams		28 Mar 82	Barry
25000m	W,C	1:27:05.84	Tegla Loroupe	KEN	21 Sep 02	Mengerskirchen
	E	1:28:22.6	Helena Javornik	SLO	19 Jul 06	Maribor
	A,N	1:35:16 +	Caroline Hunter-Rowe		6 Mar 94	Barry
25k Road	W,C,A	1:19:43 +	Mary Keitany	KEN	23 Apr 17	London
	(E,A,N)	1:20:36 #+	Paula Radcliffe		13 Apr 03	London
	E	1:21:31 #+	Constantina Tomescu	ROU	22 Oct 06	Chicago
	N	1:22:47 +	Paula Radcliffe		14 Aug 05	Helsinki
30000m	W,C	1:45:50.0	Tegla Loroupe	KEN	7 Jun 03	Warstein
	E	1:47:05.6	Karolina Szabó	HUN	22 Apr 88	Budapest
	A,N	1:55:03	Caroline Hunter-Rowe		6 Mar 94	Barry
30k Road	(W,C,A)	1:36:05 #+	Mary Keitany	KEN	23 Apr 17	London
	(E,N)	1:36:36 #+	Paula Radcliffe	Eng	13 Apr 03	London
	W,C	1:38:19	Valary Aiyabei	KEN	7 May 17	Prague
	E	1:38:23 #+	Liliya Shobukhova	RUS	9 Oct 11	Chicago
	E	1:38:30	Constantina Tomescu	ROU	22 Oct 06	Chicago
	E,N	1:39:22 +	Paula Radcliffe	Eng	14 Aug 05	Helsinki
Marathon	WECAN	2:15:25	Paula Radcliffe	Eng	13 Apr 03	London
	WJ	2:20:59	Shure Demise	ETH	23 Jan 15	Dubai
	NJ	2:50:09	Siobhan Quenby		16 Oct 83	Milan
100k Road	W	6:33:11	Tomoe Abe	JPN	25 Jun 00	Yubetsu
	E	7:10:32	Tatyana Zhyrkova	RUS	11 Sep 04	Winschoten
	C,N	7:27:19 #	Carolyn Hunter-Rowe	Eng	8 Aug 93	Torhout
	C,N	7:28:56	Elizabeth Hawker	Eng	8 Oct 06	Misari
2000m SC	W,C	6:02.16	Virginia Nyambura	KEN	6 Sep 15	Berlin
	E	6:03.38	Wioletta Janowska	POL	15 Jul 06	Gdansk
	A	6:19.00	Irene Limika	KEN	20 May 01	Loughborough
	N	6:21.31	Lennie Waite		1 Jun 17	Houston
	WJ	6:11.83	Korahubsh Itaa	ETH	10 Jul 09	Bressanone
	EJ	6:19.55	Oona Kettunen	FIN	13 Jul 13	Kotka
	NJ	6:32.45	Louise Webb		14 Jul 07	Ostrava
3000m SC	W,C	8:44.32	Beatrice Chepkoech	KEN	20 Jul 18	Monaco
	E	8:58.81	Gulnara Galkina	RUS	17 Aug 08	Beijing
	WJ	8:58.78	Celliphine Chespol	KEN	26 May 17	Eugene
	A	9:02.58	Emma Coburn	USA	11 Aug 17	London (O)
	N	9:24.24	Barbara Parker		2 Jun 12	Eugene
	EJ	9:32.68	Anna Emilie Møller	DEN	13 Aug 16	Rio de Janeiro
	NJ	10:06.12	Emily Pidgeon		3 Jul 05	Bedford
100m H	W,A	12.20	Kendra Harrison	USA	22 Jul 16	London (O)
	E	12.21	Yordanka Donkova	BUL	20 Aug 88	Stara Zagora
	C	12.28	Sally Pearson	AUS	3 Sep 11	Daegu
	N	12.51	Tiffany Porter		14 Sep 14	Marrakech

Records – Women

Event	Cat	Mark	Athlete	Nat	Date	Venue
100m H	WJ	12.74	Dior Hall	USA	13 Jun 15	Eugene
	EJ	12.85	Elvira Herman	BLR	24 Jul 16	Bydgoszcz
	NJ	13.07	Alicia Barrett		18 Jun 17	Bedford
400m H	W,E	52.34	Yuliya Pechonkina	RUS	8 Aug 03	Tula
	C	52.42	Melaine Walker	JAM	20 Aug 09	Berlin
	A	52.70	Natalya Antyukh	RUS	8 Aug 12	London (O)
	N	52.74	Sally Gunnell		19 Aug 93	Stuttgart
	WJ	52.75	Sydney McLaughlin	USA	13 May 18	Knoxville
	EJ	55.26	Ionela Tîrlea	ROU	12 Jul 95	Nice
	NJ	56.16	Shona Richards		26 Jul 14	Eugene
High Jump	W,E	2.09	Stefka Kostadinova	BUL	30 Aug 87	Rome
	C	2.06	Hestrie Cloete	RSA	31 Aug 03	Saint-Denis
	A	2.05	Kajsa Bergqvist	SWE	28 Jul 06	London (CP)
		2.05	Anna Chicherova	RUS	11 Aug 12	London (O)
	N	1.98	Katarina Johnson-Thompson		12 Aug 16	Rio de Janeiro
	WJ,EJ	2.01	Olga Turchak	KZK/UKR	7 Jul 86	Moscow
		2.01	Heike Balck	GER	18 Jun 89	Chemnitz
	NJ	1.94	Morgan Lake		22 Jul 14	Eugene
		1.94 i	Morgan Lake		14 Feb 15	Sheffield
		1.94	Morgan Lake		21 Jun 15	Bedford
		1.94	Morgan Lake		1 Aug 15	Eberstadt
		1.94	Morgan Lake		18 Aug 16	Rio de Janeiro
Pole Vault	W,E	5.06	Yelena Isinbayeva	RUS	28 Aug 09	Zürich
	A	5.00	Yelena Isinbayeva	RUS	22 Jul 05	London (CP)
	C	4.94	Eliza McCartney	NZL	17 Jul 18	Jockgrim
	N	4.87 i#	Holly Bleasdale/Bradshaw		21 Jan 12	Villeurbanne
	N	4.81	Holly Bradshaw		15 Jul 17	Rottach-Egern
	WJ,EJ	4.71 i#	Wilma Murto	FIN	31 Jan 16	Zweibrücken
	WJ	4.64	Eliza McCartney	NZL	19 Dec 15	Auckland
	EJ	4.61	Alyona Lutkovskaya	RUS	21 May 15	Irkutsk
	NJ	4.53	Molly Caudery		23 Jun 18	Mannheim
Long Jump	W,E	7.52	Galina Chistyakova	RUS	11 Jun 88	St. Petersburg
	C	7.16 A	Elva Goulbourne	JAM	22 May 04	Mexico City
	A	7.14	Galina Chistyakova	RUS	24 Jun 89	Birmingham
	N	7.07	Shara Proctor		28 Aug 15	Beijing
	WJ,EJ	7.14	Heike Daute/Drechsler	GER	4 Jun 83	Bratislava
	NJ	6.90	Beverly Kinch		14 Aug 83	Helsinki
Triple Jump	W,E	15.50	Inessa Kravets	UKR	10 Aug 95	Gothenburg
	C	15.39	Françoise Mbango	CMR	17 Aug 08	Beijing
	A	15.27	Yamilé Aldama	CUB	8 Aug 03	London (CP)
	N	15.16 i#	Ashia Hansen		28 Feb 98	Valencia
		15.15	Ashia Hansen		13 Sep 97	Fukuoka
	WJ,EJ	14.62	Tereza Marinova	BUL	25 Aug 96	Sydney
	NJ	13.75	Laura Samuel		22 Jul 10	Moncton
Shot	W,E	22.63	Natalya Lisovskaya	RUS	7 Jun 87	Moscow
	C	21.24	Valerie Adams	NZL	29 Aug 11	Daegu
	A	21.95	Natalya Lisovskaya	RUS	29 Jul 88	Edinburgh
	N	19.36	Judy Oakes		14 Aug 88	Gateshead
	WJ,EJ	20.54	Astrid Kumbernuss	GER	1 Jul 89	Orimattila
	NJ	17.12	Sophie McKinna		25 May 13	Halle
Discus	W,E	76.80	Gabriele Reinsch	GER	9 Jul 88	Neubrandenburg
	C	69.64	Dani Stevens	AUS	13 Aug 17	London (O)
	A	73.04	Ilke Wyludda	GER	5 Aug 89	Gateshead
	N	67.48	Meg Ritchie		26 Apr 81	Walnut
	WJ,EJ	74.40	Ilke Wyludda	GER	13 Sep 88	Berlin
	NJ	55.28	Eden Francis		2 Sep 07	London (He)

Records – Women

Event			Mark	Athlete	Nat	Date	Venue
Hammer	W,E		82.98	Anita Wlodarczyk	POL	28 Aug 16	Warsaw
	C		75.73	Sultana Frizell	CAN	22 May 14	Tucson
	A		78.74	Anita Wlodarczyk	POL	14 Jul 18	London (O)
	N		74.54	Sophie Hitchon		15 Aug 16	Rio de Janeiro
	WJ		73.24	Zhang Wenxiu	CHN	24 Jun 05	Changsha
	EJ		71.71	Kamila Skolimowska	POL	9 Sep 01	Melbourne
	NJ		66.01	Sophie Hitchon		24 Jul 10	Moncton
Javelin	W,E		72.28	Barbora Spotakova	CZE	13 Sep 08	Stuttgart
	C		69.35	Sunette Viljoen	RSA	9 Jun 12	New York
	A		69.55	Barbora Spotakova	CZE	9 Aug 12	London (O)
	N		66.17	Goldie Sayers		14 Jul 12	London (CP)
	WJ		63.86	Yulenmis Aguilar	CUB	2 Aug 15	Edmonton
	EJ		63.01	Vira Rebryk	UKR	10 Jul 08	Bydgoszcz
	NJ		55.40	Goldie Sayers		22 Jul 01	Grossetto
Heptathlon	W		7291	Jackie Joyner-Kersee	USA	24 Sep 88	Seoul
	E		7032	Carolina Klüft	SWE	26 Aug 07	Osaka
	C,A,N		6955	Jessica Ennis	Eng	4 Aug 12	London (O)
	WJ,EJ		6542	Carolina Klüft	SWE	10 Aug 02	Munich
	NJ		6267	Katarina Johnson-Thompson		4 Aug 12	London (O)
Decathlon	W,E		8358	Austra Skujyte	LTU	15 Apr 05	Columbia, MO
	C		6915	Margaret Simpson	GHA	19 Apr 07	Reduit
	A,N		6877	Jessica Taylor		13 Sep 15	Erith
4x100m	W,A		40.82	United States		10 Aug 12	London (O)
	E		41.37	East Germany		6 Oct 85	Canberra
	C		41.07	Jamaica		29 Aug 15	Beijing
	N		41.77	UK National Team		19 Aug 16	Rio de Janeiro
	WJ,EJ		43.27	Germany		23 Jul 17	Grosseto
	NJ		43.81	UK National Team		21 Jul 13	Rieti
4x200m	W		1:27.46	United States		29 Apr 00	Philadelphia
	E		1:28.15	East Germany		9 Aug 80	Jena
	C		1:29.04	Jamaica		22 Apr 17	Nassau
	N		1:29.61	UK National Team		25 May 14	Nassau
	A		1:31.49	Russia		5 Jun 93	Portsmouth
	NJ		1:38.34 i#	UK National Team		2 Mar 96	Liévin
			1:42.2	London Olympiades AC		19 Aug 72	Bracknell
4x400m	W,E		3:15.17	U.S.S.R.		1 Oct 88	Seoul
	A		3:16.87	United States		11 Aug 12	London (O)
	C		3:18.71	Jamaica		3 Sep 11	Daegu
	N		3:20.04	UK National Team		2 Sep 07	Osaka
	WJ		3:27.60	United States		18 Jul 04	Grosseto
	EJ		3:28.39	East Germany		31 Jul 88	Sudbury
	NJ		3:30.46	UK National Team		21 Jul 02	Kingston, JAM
4x800m	W,E		7:50.17	U.S.S.R.		5 Aug 84	Moscow
	C		8:04.28	Kenya		25 May 14	Nassau
	A		7:57.08	Russia		5 Jun 93	Portsmouth
	N		8:13.46	UK National Team		27 Apr 13	Philadelphia
	NJ		8:38.22	Kelly's Camp		7 Jun 06	Twickenham
4x1500m	W,C		16:33.28	Kenya		24 May 14	Nassau
	A		17:09.75	Australia		25 Jun 00	London (BP)
	E		17:19.09	Irish Republic		25 Jun 00	London (BP)
	N		17:34.58	Scotland		17 Aug 06	Grangemouth
	NJ		18:17.40	BMC Junior Squad		17 Aug 06	Grangemouth
4x1Mile	W		18:39.58	University of Oregon		3 May 85	Eugene
	ECAN		19:17.3	BMC National Squad	Eng	10 Jul 93	Oxford
	NJ		20:16.2	BMC Junior Squad		11 Jun 97	Watford

Records – Women

Ekiden	W	2:11:41	China		28 Feb 98	Beijing	
Road Relay	C	2:13:35	Kenya		23 Nov 06	Chiba	
	E	2:14:51	Russia		23 Nov 06	Chiba	
	N	2:17:31	UK National Team		23 Feb 92	Yokohama	

Track Walking

3000m	W,E,A	11:35.34 i#	Gillian O'Sullivan	IRL	15 Feb 03	Belfast
	W.E	11:48.24	Ileana Salvador	ITA	29 Aug 93	Padua
	C	11:51.26	Kerry Saxby-Junna	AUS	7 Feb 91	Melbourne
	A	12:32.37	Yelena Nikolayeva	RUS	19 Jun 88	Portsmouth
	N	12:22.62 +	Jo Jackson		14 Feb 09	Sydney
3000m	WJ	12:10.31 #	Chen Zhou	CHN	28 Aug 05	Zhengzhou
	EJ	12:24.47	Claudia Iovan	ROU	24 Jul 97	Ljubljana
	NJ	13:03.4	Vicky Lupton/White		18 May 91	Sheffield
5000m	W,E	20:01.80	Eleonora Giorgi	ITA	18 May 14	Misterbianco
	C	20:13.26	Kerry Saxby-Junna	AUS	25 Feb 96	Hobart
	A	21:08.65	Yelena Nikolayeva	RUS	19 Jun 88	Portsmouth
	N	20:46.58	Jo Jackson		14 Feb 09	Sydney
	WJ,EJ	20:28.05	Tatyana Kalmykova	RUS	12 Jul 07	Ostrava
	NJ	22:36.81	Vicky Lupton/White		15 Jun 91	Espoo
5k(Road)	WJ,EJ	20:24	Lyudmila Yefimkina	RUS	28 May 00	Saransk
10000m	W	41:37.9 #	Gao Hongmiao	CHN	7 Apr 94	Beijing
	W,E	41:56.23	Nadezhda Ryashkina	RUS	24 Jul 90	Seattle
	C	41:57.22	Kerry Saxby-Junna	AUS	24 Jul 90	Seattle
	A,N	45:09.57	Lisa Kehler		13 Aug 00	Birmingham
	WJ,EJ	42:47.25	Anezka Drahotová	CZE	23 Jul 14	Eugene
	NJ	47:04	Vicky Lupton		30 Mar 91	Sheffield (W)
20000m	W,E	1:26:52.3	Olimpiada Ivanova	RUS	6 Sep 01	Brisbane
	C	1:33:40.2	Kerry Saxby-Junna	AUS	6 Sep 01	Brisbane
	A,N	1:36:39.70	Bethan Davies		21 Jun 15	Bedford
	WJ	1:29:32.4 #	Song Hongjuan	CHN	24 Oct 03	Changsha
		1:37:33.9	Gao Kelian	CHN	18 Sep 99	Xian
	EJ	1:39:20.5	Vera Santos	POR	4 Aug 00	Almada

Road Walking - Fastest Recorded Times

10km	W,E	41:04	Yelena Nikolayeva	RUS	20 Apr 96	Sochi
	C	41:30	Kerry Saxby-Junna	AUS	27 Aug 88	Canberra
	A	43:39	Kjersti Tysse Plätzer	NOR	14 Sep 02	Leamington
	N	43:52	Jo Jackson		14 Mar 10	Coventry
	WJ,EJ	41:52	Tatyana Mineyeva	RUS	5 Sep 09	Penza
	NJ	47:04 t	Vicky Lupton/White		30 Mar 91	Sheffield (W)
20km	W,E	1:23:39 #	Yelena Lashmanova	RUS	9 Jun 18	Cheboksary
	W	1:24:38	Liu Hong	CHN	6 Jun 15	La Coruña
	E	1:24:47	Elmira Alembekova	RUS	27 Feb 15	Sochi
	A	1:25:02	Yelena Lashmanova	RUS	11 Aug 12	London
	C	1:27:44	Jane Saville	AUS	2 May 04	Naumburg
	N	1:30:41	Jo Jackson		19 Jun 10	La Coruna
	WJ,EJ	1:25:30	Anisya Kirdyakpina	RUS	23 Feb 09	Adler
	NJ	1:43:26	Emma Achurch		2 Oct 16	Hayes
50km	W	4:04:36	Liang Rui	CHN	5 May 18	Taicang
	E,A	4:05:56	Inês Henriques	POR	13 Aug 17	London
	C	4:09:23	Claire Tallent	AUS	5 May 18	Taicang
	N	4:50:51	Sandra Brown		13 Jul 91	Basildon

Women's Records set in 2018 – see page 29

NATIONAL RECORDS OF THE UK - MEN
as at 31 December 2018

These are the best authentic performances for the four home countries of the U.K.

E = England S = Scotland W = Wales NI = Northern Ireland

Event	Nat	Time	Athlete	Date	Venue
100m	E	9.87	Linford Christie	15 Aug 93	Stuttgart, GER
	S	10.11	Allan Wells	24 Jul 80	Moscow, RUS
	W	10.11	Christian Malcolm	5 Aug 01	Edmonton, CAN
	NI	10.22	Jason Smyth (IRL per IAAF)	21 May 11	Clermont, USA
200m	E	19.87 A#	John Regis	31 Jul 94	Sestriere, ITA
		19.94	John Regis	20 Aug 93	Stuttgart, GER
	W	20.08	Christian Malcolm	8 Aug 01	Edmonton, CAN
	S	20.21	Allan Wells	28 Jul 80	Moscow, RUS
	NI	20.27	Leon Reid (IRL)	1 Jul 18	Birmingham
300m	S	31.56	Doug Walker	19 Jul 98	Gateshead
	E	31.67	John Regis	17 Jul 92	Gateshead
	W	32.06	Jamie Baulch	31 May 97	Cardiff
	NI	33.33	Paul McKee (IRL)	12 Jun 08	Ostrava, CZE
400m	W	44.36	Iwan Thomas	13 Jul 97	Birmingham
	E	44.37	Roger Black	3 Jul 96	Lausanne, SUI
		44.37	Mark Richardson	9 Jul 98	Oslo, NOR
		44.37	Mark Richardson	8 Aug 98	Monaco, MON
	S	44.93	David Jenkins	21 Jun 75	Eugene, USA
	NI	45.58	Paul McKee (IRL)	14 Jul 02	Dublin (S), IRL
600m	E	1:14.95	Steve Heard	14 Jul 91	London (Ha)
	S	1:15.4	Tom McKean	21 Jul 91	Grangemouth
	NI	1:16.52 A	James McIlroy	24 Jan 05	Potchefstroom, RSA
	W	1:17.8 i	Bob Adams	20 Dec 69	Cosford
		1:18.02	Glen Grant	2 Aug 78	Edmonton, CAN
800m	E	1:41.73 "	Sebastian Coe	10 Jun 81	Florence, ITA
	S	1:43.88	Tom McKean	28 Jul 89	London (CP)
	W	1:44.98	Gareth Warburton	7 Jun 12	Oslo, NOR
	NI	1:44.65	James McIlroy	28 Aug 05	Rieti, ITA
1000m	E	2:12.18	Sebastian Coe	11 Jul 81	Oslo, NOR
	S	2:16.27	Jake Wightman	10 Jun 18	Stockholm, SWE
	W	2:17.36	Neil Horsfield	9 Aug 91	Gateshead
	NI	2:15.57	James McIlroy (IRL)	5 Sep 99	Rieti, ITA
1500m	E	3:28.81	Mo Farah	19 Jul 13	Monaco, MON
	S	3:32.11	Chris O'Hare	20 Jul 18	Monaco, MON
	NI	3:34.76	Gary Lough	9 Sep 95	Monaco, MON
	W	3:35.08	Neil Horsfield	10 Aug 90	Brussels, BEL
1 Mile	E	3:46.32	Steve Cram	27 Jul 85	Oslo, NOR
	S	3:50.64	Graham Williamson	13 Jul 82	Cork, IRL
	W	3:54.39	Neil Horsfield	8 Jul 86	Cork, IRL
	NI	3:55.0	Jim McGuinness	11 Jul 77	Dublin (B), IRL
2000m	E	4:51.39	Steve Cram	4 Aug 85	Budapest, HUN
	S	4:58.38	Graham Williamson	29 Aug 83	London (CP)
	NI	5:02.61	Steve Martin	9 Jun 84	Belfast
	W	5:05.32	Tony Simmons	4 Jul 75	London (CP)
3000m	E	7:32.62	Mo Farah	5 Jun 16	Birmingham
	S	7:37.56	Andrew Butchart	9 Jul 17	London (O)
	W	7:46.40	Ian Hamer	20 Jan 90	Auckland, NZL
	NI	7:49.1	Paul Lawther	27 Jun 78	Oslo, NOR
2 Miles	E	8:03.40 i	Mo Farah	21 Feb 15	Birmingham
		8:07.85	Mo Farah	24 Aug 14	Birmingham

UK National Records – Men 23

Event		Time/Dist	Athlete	Date	Venue
2 Miles	S	8:12.63 i	Andrew Butchart	11 Feb 17	New York (Armory)
		8:19.37	Nat Muir	27 Jun 80	London (CP)
	W	8:20.28	David James	27 Jun 80	London (CP)
	NI	8:30.6	Paul Lawther	28 May 77	Belfast
5000m	E	12:53.11	Mo Farah	22 Jul 11	Monaco, MON
	S	13:08.61	Andrew Butchart	20 Aug 16	Rio de Janeiro, BRA
	W	13:09.80	Ian Hamer	9 Jun 92	Rome, ITA
	NI	13:27.63	Dermot Donnelly	1 Aug 98	Hechtel, BEL
10000m	E	26:46.57	Mo Farah	3 Jun 11	Eugene, USA
	W	27:39.14	Steve Jones	9 Jul 83	Oslo, NOR
	S	27:43.03	Ian Stewart	9 Sep 77	London (CP)
	NI	28:32.15	Dermot Donnelly (IRL)	10 Apr 99	Barakaldo, ESP
20000m	E	57:28.7	Carl Thackery	31 Mar 90	La Flèche, FRA
	S	59:24.0	Jim Alder	9 Nov 68	Leicester
	W	62:23.0	Bernie Plain	1 Dec 73	Bristol
	NI	77:16.0	Ian Anderson	5 Mar 00	Barry
1 Hour	E	20,855 m	Carl Thackery	31 Mar 90	La Flèche, FRA
	S	20,201 m	Jim Alder	9 Nov 68	Leicester
	W	18,898 m	Mike Rowland	7 Aug 73	Stockholm, SWE
	NI	18,354 m	Dave Smyth	19 Sep 65	Bristol (?)
25000m	E	1:15:22.6	Ron Hill	21 Jul 65	Bolton
	S	1:15:34.4	Jim Alder	5 Sep 70	London (CP)
	W	1:18:50.0	Bernie Plain	1 Dec 73	Bristol
	NI	1:37:18.0 e	Ian Anderson	5 Mar 00	Barry
30000m	S	1:31:30.4	Jim Alder	5 Sep 70	London (CP)
	E	1:31:56.4	Tim Johnston	5 Sep 70	London (CP)
	W	1:33:49.0	Bernie Plain	1 Dec 73	Bristol
	NI	1:57:30.0	Ian Anderson	5 Mar 00	Barry
Half Marathon	E	59:22	Mo Farah	13 Sep 15	South Shields
	S	60:00	Callum Hawkins	5 Feb 17	Marugame, JPN
	W	60:59	Steve Jones	8 Jun 86	South Shields
	NI	62:09	Paul Pollock (IRL)	29 Mar 14	Copenhagen, DEN
Marathon	E	2:05:11	Mo Farah	7 Oct 18	Chicago, USA
	W	2:07:13	Steve Jones	20 Oct 85	Chicago, USA
	S	2:09:16	Allister Hutton	21 Apr 85	London
	NI	2:13:06	Greg Hannon	13 May 79	Coventry
2000m SC	E	5:19.86	Mark Rowland	28 Aug 88	London (CP)
	S	5:21.77	Tom Hanlon	11 Jun 92	Caserta, ITA
	W	5:23.6	Roger Hackney	10 Jun 82	Birmingham
	NI	5:31.09	Peter McColgan	5 Aug 86	Gateshead
3000m SC	E	8:07.96	Mark Rowland	30 Sep 88	Seoul, KOR
	S	8:12.58	Tom Hanlon	3 Aug 91	Monaco, MON
	W	8:18.91	Roger Hackney	30 Jul 88	Hechtel, BEL
	NI	8:27.93	Peter McColgan	25 Jun 91	Hengelo, HOL
110m H	W	12.91	Colin Jackson	20 Aug 93	Stuttgart, GER
	E	13.00	Tony Jarrett	20 Aug 93	Stuttgart, GER
	S	13.44	Chris Baillie	21 Mar 06	Melbourne, AUS
	NI	13.48	Ben Reynolds (IRL)	1 Aug 15	Bedford
200m H	W	22.63	Colin Jackson	1 Jun 91	Cardiff
	E	22.79	John Regis	1 Jun 91	Cardiff
	S	23.76	Angus McKenzie	22 Aug 81	Edinburgh
	NI	24.81	Terry Price	31 Aug 92	Belfast
400m H	E	47.82	Kriss Akabusi	6 Aug 92	Barcelona, ESP
	W	47.84	Dai Greene	6 Jul 12	Saint Denis, FRA

UK National Records – Men

Event		Mark	Athlete	Date	Location
	NI	49.60	Phil Beattie	28 Jul 86	Edinburgh
	S	50.24	Charles Robertson-Adams	4 Jul 01	Loughborough
High Jump	E	2.38 i	Steve Smith	4 Feb 94	Wuppertal, GER
		2.37	Steve Smith	20 Sep 92	Seoul, KOR
		2.37	Steve Smith	22 Aug 93	Lausanne, SUI
		2.37	Robbie Grabarz	23 Aug 12	Stuttgart, GER
	S	2.31	Geoff Parsons	26 Aug 94	Victoria, CAN
	W	2.25	Robert Mitchell	28 Jul 01	Bedford
	NI	2.20	Floyd Manderson	14 Jul 85	London (CP)
		2.20	Floyd Manderson	21 Jun 86	London (CP)
		2.20	Floyd Manderson	16 Aug 86	Leiden, HOL
Pole Vault	E	5.83 i	Luke Cutts	25 Jan 14	Rouen, FRA
		5.82	Steve Lewis	21 Jul 12	Szczecin, POL
	S	5.65	Jax Thoirs	16 May 15	Los Angeles, USA
		5.65 i	Jax Thoirs	1 Jul 15	Grangemouth
	W	5.60	Neil Winter	19 Aug 95	Enfield
	NI	5.25	Mike Bull	22 Sep 73	London (CP)
Long Jump	E	8.51	Greg Rutherford	24 Apr 14	Chula Vista, USA
	W	8.23	Lynn Davies	30 Jun 68	Berne, SUI
	NI	8.14	Mark Forsythe	7 Jul 91	Rhede, GER
	S	8.01	Darren Ritchie	16 Jun 04	Guadalajara, ESP
Triple Jump	E	18.29	Jonathan Edwards	7 Aug 95	Gothenburg, SWE
	W	16.71	Steven Shalders	3 Aug 05	Manchester
	S	16.17	John Mackenzie	17 Sep 94	Bedford
	NI	15.78	Michael McDonald	31 Jul 94	Corby
Shot	E	21.92	Carl Myerscough	13 Jun 03	Sacramento, USA
	W	20.45	Shaun Pickering	17 Aug 97	London (CP)
	S	18.93	Paul Buxton	13 May 77	Los Angeles (Ww)
	NI	17.61	Iain McMullan	13 Jul 02	Dublin (S), IRL
Discus	E	68.24	Lawrence Okoye	19 May 12	Halle, GER
	W	66.84	Brett Morse	30 Jun 13	Cardiff
	S	63.38	Nicholas Percy	22 Jul 16	Helsingborg, SWE
	NI	51.76	John Moreland	1 Jul 95	Antrim
Hammer	E	80.26	Nick Miller	8 Apr 18	Gold Coast, AUS
	NI	77.54	Martin Girvan	12 May 84	Wolverhampton
	S	76.93	Mark Dry	17 May 15	Loughborough
	W	71.62	Osain Jones	28 Mar 18	Nathan, AUS
Javelin	E	91.46	Steve Backley	25 Jan 92	Auckland (NS), NZL
	W	81.70	Nigel Bevan	28 Jun 92	Birmingham
	S	80.38	James Campbell	18 Jul 10	Dunfermline
	NI	79.55	Michael Allen	10 Jun 06	Belfast
Dec.	E	8847	Daley Thompson	9 Aug 84	Los Angeles, USA
	S	7885 #h	Brad McStravick	6 May 84	Birmingham
		7856 #	Brad McStravick	28 May 84	Cwmbran
	NI	7874	Colin Boreham	23 May 82	Götzis, AUT
	W	7882	Ben Gregory	14 Apr 16	Azusa, USA
(with 1986 Javelin)					
	E	8811 #	Daley Thompson	28 Aug 86	Stuttgart, GER
	S	7739	Jamie Quarry	30 May 99	Arles, FRA
	NI	7510	Peter Glass	14 Jul 13	Grangemouth
4x100m	E	37.37	C.J. Ujah, A. Gemili (UK) D. Talbot, N. Mitchell-Blake	12 Aug 17	London (O)
	W	38.73	K. Williams, D. Turner, C. Malcolm, J. Henthorn	21 Sep 98	Kuala Lumpur, MAS
	S	39.24	D. Jenkins, A. Wells, C. Sharp, A. McMaster	12 Aug 78	Edmonton, CAN

UK National Records – Men

	NI	40.71	J. Smyth, L. Reid, D. Adams, C. Robinson	9 Jul 17	London (O)
4x400m	E	2:57.53	R. Black, D. Redmond, (UK) J. Regis, K. Akabusi	1 Sep 91	Tokyo, JPN
	W	3:00.41	T. Benjamin, I. Thomas, J. Baulch, M. Elias	31 Jul 02	Manchester (C)
	S	3:03.94	K. Robertson, J. Bowie, G. Louden, G. Plenderleith	1 Aug 14	Glasgow (HP)
	NI	3:07.27	B. Forbes, M. Douglas, E. King, P. McBurney	21 Sep 98	Kuala Lumpur, MAS

Track Walking

3000m	E	10:30.28 i	Tom Bosworth	25 Feb 18	Glasgow
		10:43.84	Tom Bosworth	21 Jul 18	London (O)
	W	11:45.77	Steve Johnson	20 Jun 87	Cwmbran
	S	11:53.3 #	Martin Bell	9 Aug 95	Birmingham
		11:59.47	Martin Bell	25 May 98	Bedford
	NI	13:15.0	David Smyth	5 Sep 70	Plymouth
5000m	E	18:28.70 i	Tom Bosworth	18 Feb 18	Birmingham
		18:43.28	Tom Bosworth	2 Jul 17	Birmingham
	W	20:08.04 i	Steve Barry	5 Mar 83	Budapest, HUN
		20:22.0	Steve Barry	20 Mar 82	London (WL)
	S	20:13.0	Martin Bell	2 May 92	Enfield
	NI	23:50.0	Jimmy Todd	28 Aug 68	Ballyclare
10000m	E	40:06.65	Ian McCombie	4 Jun 89	Jarrow
	W	41:13.62	Steve Barry	19 Jun 82	London (CP)
	S	41:13.65	Martin Bell	22 Jul 95	Cardiff
	NI	47:37.6	David Smyth	26 Apr 70	Bournemouth
1 Hour	E	14,324 m #	Ian McCombie	7 Jul 85	London (SP)
		14,158 m	Mark Easton	12 Sep 87	Woodford
	W	13,987 m	Steve Barry	28 Jun 81	Brighton
	S	13,393 m	Bill Sutherland	27 Sep 69	London (He)
	NI	12,690 m #	David Smyth	26 Apr 70	Bournemouth
		12,646 m	David Smyth	23 Sep 67	London (PH)
20000m	E	1:23:26.5	Ian McCombie	26 May 90	Fana, NOR
	W	1:26:22.0	Steve Barry	28 Jun 81	Brighton
	S	1:38:53.6	Alan Buchanan	6 Jul 75	Brighton

Road Walking

10km	E	39:36	Tom Bosworth	1 Mar 15	Coventry
	W	40:35	Steve Barry	14 May 83	Southport
	S	41:28	Martin Bell	24 Apr 99	Sheffield
	NI	44:49 #	David Smyth	20 Jun 70	Clevedon
		51:53	Arthur Agnew	6 Aug 80	Helsinki, FIN
		51:53	G. Smyth	6 Aug 80	Helsinki, FIN
20km	E	1:19:38	Tom Bosworth	8 Apr 18	Gold Coast, AUS
	W	1:22:51	Steve Barry	26 Feb 83	Douglas, I of M
	S	1:25:42	Martin Bell	9 May 92	Lancaster
	NI	1:39:01	David Smyth	Jul 67	Cardiff
30km	E	2:07:56	Ian McCombie	27 Apr 86	Edinburgh
	W	2:10:16	Steve Barry	7 Oct 82	Brisbane, AUS
	S	2:22:21	Martin Bell	8 May 94	Cardiff
	NI	2:41:15	David Smyth	26 Apr 69	Winterbourne
50km	E	3:51:37	Chris Maddocks	28 Oct 90	Burrator
	W	4:11:59	Bob Dobson	22 Oct 81	Lassing, AUT
	S	4:13:18	Graham White	27 Jun 98	Stockport
	NI	4:45:48	David Smyth	3 May 69	Bristol

NATIONAL RECORDS OF THE UK - WOMEN
as at 31 December 2018

Event	Cat	Time	Athlete	Date	Venue
100m	E	10.85	Dina Asher-Smith	7 Aug 18	Berlin, GER
	W	11.39	Sallyanne Short	12 Jul 92	Cwmbran
		11.39	Elaine O'Neill	4 Jul 10	La Chaux de Fonds, SUI
		11.39 A	Hannah Brier	16 Jul 15	Cali, COL
		11.39	Hannah Brier	21 Jul 16	Bydgoszcz, POL
	S	11.40	Helen Golden/Hogarth	20 Jul 74	London (CP)
	NI	11.40	Amy Foster (IRL)	10 May 14	Clermont, USA
200m	E	21.89	Dina Asher-Smith	11 Aug 18	Berlin, GER
	S	22.59	Beth Dobbin	1 Jul 18	Birmingham
	W	22.80	Michelle Scutt	12 Jun 82	Antrim
	NI	23.53	Amy Foster (IRL)	18 Aug 11	Shenzhen, CHN
300m	E	35.46	Kathy Cook	18 Aug 84	London (CP)
	W	36.01	Michelle Probert/Scutt	13 Jul 80	London (CP)
	S	36.46	Linsey Macdonald	13 Jul 80	London (CP)
	NI	38.20	Linda McCurry	2 Aug 78	Edmonton, CAN
400m	E	49.41	Christine Ohuruogu	12 Aug 13	Moscow, RUS
	W	50.63	Michelle Scutt	31 May 82	Cwmbran
	S	50.71	Allison Curbishley	18 Sep 98	Kuala Lumpur, MAS
	NI	52.54	Stephanie Llewellyn	9 Jul 95	Cwmbran
		52.4	Stephanie Llewellyn	1 Jul 95	London (He)
600m	E	1:24.36	Marilyn Okoro	5 Jul 12	Liège (NX), BEL
	W	1:26.5	Kirsty McDermott/Wade	21 Aug 85	Zürich, SUI
	S	1:27.4 i	Linsey Macdonald	12 Dec 81	Cosford
		1:27.51 +	Lynsey Sharp	16 Aug 14	Zürich, SUI
	NI	1:29.46	Jo Latimer	19 May 93	Birmingham
800m	E	1:56.21	Kelly Holmes	9 Sep 95	Monaco, MON
	W	1:57.42	Kirsty McDermott/Wade	24 Jun 85	Belfast
	S	1:57.69	Lynsey Sharp	20 Aug 16	Rio de Janeiro, BRA
	NI	2:00.79	Ciara Mageean (IRL)	22 Jul 16	Dublin, IRL
1000m	S	2:31.93 i	Laura Muir	18 Feb 17	Birmingham
		2:33.92	Laura Muir	18 Aug 18	Birmingham
	E	2:32.55	Kelly Holmes	15 Jun 97	Leeds
	W	2:33.70	Kirsty McDermott/Wade	9 Aug 85	Gateshead
	NI	2:48.59	Jane Ewing	26 Jun 90	Antrim
1500m	S	3:55.22	Laura Muir	27 Aug 16	Saint-Denis, FRA
	E	3:57.90	Kelly Holmes	28 Aug 04	Athens, GRE
	W	3:59.95	Hayley Tullett	31 Aug 03	Saint-Denis, FRA
	NI	4:01.46	Ciara Mageean (IRL)	27 Aug 16	Saint-Denis, FRA
1 Mile	E	4:17.57	Zola Budd	21 Aug 85	Zürich, SUI
	S	4:18.03	Laura Muir	9 Jul 17	London (O)
	W	4:19.41	Kirsty McDermott/Wade	27 Jul 85	Oslo, NOR
	NI	4:22.40	Ciara Mageean (IRL)	9 Jul 17	London (O)
2000m	S	5:26.93	Yvonne Murray	8 Jul 94	Edinburgh
	E	5:30.19	Zola Budd	11 Jul 86	London (CP)
	W	5:45.81 i	Kirsty Wade	13 Mar 87	Cosford
		5:50.17	Susan Tooby/Wightman	13 Jul 84	London (CP)
	NI	5:57.24	Ursula McKee/McGloin	25 Jun 90	Antrim
3000m	E	8:22.20	Paula Radcliffe	19 Jul 02	Monaco, MON
	S	8:26.41 i	Laura Muir	4 Feb 17	Karlsruhe, GER
		8:29.02	Yvonne Murray	25 Sep 88	Seoul, SKO
	W	8:39.20	Melissa Courtney	18 Aug 18	Birmingham
	NI	8:55.09 i	Ciara Mageean (IRL)	14 Feb 15	New York, USA
		9:07.47	Ciara Mageean (IRL)	7 May 16	Belfast

UK National Records – Women

Event	Cat	Time/Mark	Athlete	Date	Venue
2 Miles	E	9:17.4 +e	Paula Radcliffe	20 Jun 04	Bydgoszcz, POL
		9:32.00 i	Joanne Pavey	17 Feb 07	Birmingham
		9:32.07	Paula Radcliffe	23 May 99	Loughborough
	S	9:36.85 i	Yvonne Murray	15 Mar 87	Cosford
		9:49.75	Laura Whittle	24 Aug 14	Birmingham
	W	9:49.73	Hayley Tullett	23 May 99	Loughborough
5000m	E	14:29.11	Paula Radcliffe	20 Jun 04	Bydgoszcz, POL
	S	14:48.49	Eilish McColgan	1 Sep 17	Brussels, BEL
	W	15:04.75	Melissa Courtney	12 Aug 18	Berlin, GER
	NI	15:50.55	Emma Mitchell (IRL)	13 May 17	Solihull
10000m	E	30:01.09	Paula Radcliffe	6 Aug 02	Munich, GER
	S	30:57.07	Liz McColgan	25 Jun 91	Hengelo, HOL
	W	31:55.30	Angela Tooby	4 Sep 87	Rome, ITA
	NI	32:49.91	Emma Mitchell (IRL)	9 Apr 18	Gold Coast, AUS
1 Hour	E	16,495 m #	Michaela McCallum	2 Apr 00	Asti, ITA
		16,364 m	Alison Fletcher	3 Sep 97	Bromley
	W	16,460 m i#	Bronwen Cardy-Wise	8 Mar 92	Birmingham
		14,400 m	Ann Franklin	5 Mar 89	Barry
	S	12,800 m	Leslie Watson	12 Mar 83	London (He)
20000m	E	1:15:46	Carolyn Hunter-Rowe	6 Mar 94	Barry
	W	1:23:56	Ann Franklin	9 Mar 86	Barry
25000m	E	1:35:16 e	Carolyn Hunter-Rowe	6 Mar 94	Barry
	W	1:44:58 e	Ann Franklin	9 Mar 86	Barry
	S	1:54:55	Leslie Watson	12 Mar 83	London (He)
30000m	E	1:55:03	Carolyn Hunter-Rowe	6 Mar 94	Barry
	W	2:05:59	Ann Franklin	9 Mar 86	Barry
	S	2:16:44	Leslie Watson	12 Mar 83	London (He)
Half Marathon	E	65:40	Paula Radcliffe	22 Sep 03	South Shields
	S	67:11	Liz McColgan	26 Jan 92	Tokyo, JPN
	W	69:56	Susan Tooby/Wightman	24 Jul 88	South Shields
	NI	72:57	Teresa Duffy (IRL)	1 Apr 01	Berlin, GER
Marathon	E	2:15:25	Paula Radcliffe	13 Apr 03	London
	S	2:26:52	Liz McColgan	13 Apr 97	London
	W	2:31:33	Susan Tooby/Wightman	23 Sep 88	Seoul, KOR
	NI	2:35:27	Teresa Duffy (IRL)	22 Apr 01	London
2000mSC	S	6:21.31	Lenny Waite	1 Jun 17	Houston, USA
	E	6:26.08	Louise Webb	16 Apr 16	Milton Keynes
	NI	6:37.50	Kerry Harty	6 Jul 13	Manchester (SC)
	W	6:38.76	Jade Williams	13 May 17	Solihull
3000mSC	E	9:24.24	Barbara Parker	2 Jun 12	Eugene, USA
	S	9:35.82	Eilish McColgan	10 Aug 13	Moscow, RUS
	NI	9:42.61	Kerry O'Flaherty (IRL)	10 Jul 15	Letterkenney, IRL
	W	10:25.03	Jade Williams	21 May 17	Loughborough
100m H	E	12.51	Tiffany Porter	14 Sep 14	Marrakech, MAR
	W	12.91	Kay Morley-Brown	2 Feb 90	Auckland, NZL
	NI	13.29	Mary Peters	2 Sep 72	Munich, GER
	S	13.35	Pat Rollo	30 Jul 83	London (CP)
400m H	E	52.74	Sally Gunnell	19 Aug 93	Stuttgart, GER
	S	54.09	Eilidh Doyle	15 Jul 16	Monaco, MON
	NI	55.91	Elaine McLaughlin	26 Sep 88	Seoul, KOR
	W	56.43	Alyson Layzell	16 Jun 96	Birmingham
High Jump	E	1.98	Katarina Johnson-Thompson	12 Aug 16	Rio de Janeiro, BRA
	NI	1.92	Janet Boyle	29 Sep 88	Seoul, KOR
	S	1.91	Jayne Barnetson	7 Jul 89	Edinburgh

UK National Records – Women

Event		Mark	Athlete	Date	Venue
High Jump	W	1.90 i	Julie Crane	28 Feb 04	Otterberg, GER
		1.89	Julie Crane	15 Aug 04	Glasgow (S)
Pole Vault	E	4.87 i#	Holly Bleasdale/Bradshaw	21 Jan 12	Villerbanne, FRA
		4.81	Holly Bradshaw	15 Jul 17	Rottach-Egern, GER
	NI	4.45	Zoe Brown (IRL)	15 Jul 14	Cardiff
	W	4.42 i	Sally Peake	18 Feb 12	Nevers, FRA
		4.40	Sally Peake	12 Jul 14	Glasgow (HP)
		4.40	Sally Peake	21 Apr 16	Chula Vista, USA
	S	4.35	Henrietta Paxton	26 Jun 10	Birmingham
Long Jump	E	7.07	Shara Proctor	28 Aug 15	Beijing, CHN
	W	6.54	Rebecca Chapman	2 Jul 17	Birmingham
	S	6.47	Jade Nimmo	14 Apr 12	Bowling Green, USA
	NI	6.13	Linzi Herron	2 Jul 13	Cork, IRL
Triple Jump	E	15.16 i	Ashia Hansen	28 Feb 98	Valencia, SPA
		15.15	Ashia Hansen	13 Sep 97	Fukuoka, JPN
	S	13.62	Nony Mordi	5 Jul 08	Manchester (SC)
	W	12.95	Hannah Frankson	9 Jun 13	Alphen, NED
	NI	12.10	Mary Devlin	26 Apr 03	Marsa, MLT
Shot	E	19.36	Judy Oakes	14 Aug 88	Gateshead
	S	18.99	Meg Ritchie	7 May 83	Tucson, USA
	W	19.06 i	Venissa Head	7 Apr 84	St. Athan
		18.93	Venissa Head	13 May 84	Haverfordwest
	NI	16.63	Eva Massey	20 May 07	Loughborough
Discus	S	67.48	Meg Ritchie	26 Apr 81	Walnut, USA
	E	65.10	Jade Lally	27 Feb 16	Sydney, AUS
	W	64.68	Venissa Head	18 Jul 83	Athens, GRE
	NI	60.72	Jackie McKernan	18 Jul 93	Buffalo, USA
Hammer	E	74.54	Sophie Hitchon	15 Aug 16	Rio de Janeiro, BRA
	S	67.58	Shirley Webb	16 Jul 05	Loughborough
	W	66.80	Carys Parry	15 Jul 14	Cardiff
	NI	59.57	Hayley Murray	18 Jul 17	Cork, IRL
Javelin	E	66.17	Goldie Sayers	14 Aug 12	London (CP)
	S	57.19	Lorna Jackson	9 Jul 00	Peterborough
	W	52.78	Tesni Ward	29 May 11	Bedford
	NI	49.23	Laura Kerr	20 Aug 05	Belfast
Hept.	E	6955	Jessica Ennis	4 Aug 12	London (O)
	S	5803	Jayne Barnetson	20 Aug 89	Kiev, UKR
	NI	5759	Kate O'Connor	21 Jul 17	Grosseto, ITA
	W	5642	Sarah Rowe	23 Aug 81	Utrecht, HOL
(with 1999 Javelin)					
	S	5552	Laura Redmond	8 Jun 03	Arles, FRA
	W	5430	Katia Lannon	23 Jul 06	Berne, SUI
4x100m	E	41.77	A. Philip, D. Henry, (UK) D. Asher-Smith, D. Neita	19 Aug 16	Rio de Janeiro, BRA
	W	44.51	H. Brier, H. Thomas, M. Moore, R. Johncock	2 Aug 14	Glasgow (HP)
	S	45.37	J. Booth, K. Hogg, J. Neilson, S. Whittaker	8 Jun 86	Lloret de Mar, ESP
		45.2	A. MacRitchie, S. Pringle, (ESH) H. Hogarth, E. Sutherland	27 Jun 70	London (CP)
	NI	46.36	K. Graham, H. Gourley, J. Rodgers, R. Gaylor	31 Aug 85	Tel Aviv, ISR
4x400m	E	3:22.01	L. Hanson, P. Smith, (UK) S. Gunnell, L. Staines	1 Sep 91	Tokyo, JPN
	S	3:29.18	Z. Clark, K. McAslan, L. Sharp, E. Doyle	14 Apr 18	Gold Coast, AUS

UK National Records – Women

4x400m	W	3:35.60	C. Smart, K. Wade, D. Fryar, M. Scutt	4 Jul 82	Dublin (S), IRL
	NI	3:40.12	Z. Arnold, V. Jamison, J. Latimer, S. Llewellyn	22 Jun 96	Belfast

Track Walking

3000m	E	12:22.62	Jo Jackson	14 Feb 09	Sydney, AUS
	W	12:24.70	Bethan Davies	11 Jun 16	Cardiff
	S	13:16.23	Verity Snook	27 May 96	Bedford
5000m	E	20:46.58	Jo Jackson	14 Feb 09	Sydney, AUS
	W	21:21.52	Bethan Davies	2 Jul 17	Birmingham
	S	23:22.52	Verity Snook	19 Jun 94	Horsham
10000m	E	45:09.57	Lisa Kehler	13 Aug 00	Birmingham
	W	47:05.97	Bethan Davies	29 Jan 17	Canberra, AUS
	S	47:10.07	Verity Larby/Snook	19 Jun 93	Horsham
1 Hour	E	11,590 m	Lisa Langford/Kehler	13 Sep 86	Woodford
20000m	W	1:36:39.70	Bethan Davies	21 Jun 15	Bedford
	E	1:56:59.7	Cath Reader	21 Oct 95	Loughborough

Road Walking

5km	E	21:36	Vicky Lupton/White	18 Jul 92	Sheffield
	W	22:28 +	Bethan Davies	6 Mar 16	Coventry
	S	22:45 +	Verity Snook	25 Aug 94	Victoria, CAN
10km	E	43:52	Jo Jackson	14 Mar 10	Coventry
	W	44:59	Bethan Davies	6 Mar 16	Coventry
	S	46:06	Verity Snook	25 Aug 94	Victoria, CAN
20km	E	1:30:41	Jo Jackson	19 Jun 10	La Coruna, ESP
	S	1:36:40	Sara-Jane Cattermole	4 Mar 00	Perth, AUS
	W	1:31:53	Bethan Davies	11 Mar 18	Lugano, SUI
50km	E	4:50:51	Sandra Brown	13 Jul 91	Basildon

WOMEN – RECORDS set in 2018

100m	N	10.92	Dina Asher-Smith		7 Jun 18	Oslo
	N	10.85	Dina Asher-Smith		7 Aug 18	Berlin
200m	N	21.89	Dina Asher-Smith		11 Aug 18	Berlin
1500m	A	3:57.41 +	Sifan Hassan	NED	22 Jul 18	London (O)
1 mile	A	4:14.71	Sifan Hassan	NED	22 Jul 18	London (O)
	C	4:16.15	Hellen Obiri	KEN	22 Jul 18	London (O)
5000m	E	14:22.34	Sifan Hassan	NED	13 Jul 18	Rabat
Half Mar	E	65:15	Sifan Hassan	NED	16 Sep 18	Copenhagen
	WJ	67:51	Meseret Belete	ETH	16 Sep 18	Copenhagen
400mH	WJ	53.60	Sydney McLaughlin	USA	27 Apr 18	Fayetteville
	WJ	52.75	Sydney McLaughlin	USA	13 May 18	Knoxville
3000m SC	W	8:44.32	Beatrice Chepkoech	KEN	20 Jul 18	Monaco
PV	C	4.85	Eliza McCartney	NZL	26 May 18	Eugene
	C	4.86	Eliza McCartney	NZL	23 Jun 18	Mannheim
	C	4.92	Eliza McCartney	NZL	23 Jun 18	Mannheim
	C	4.94	Eliza McCartney	NZL	17 Jul 18	Jockgrim
	NJ	4.40	Molly Caudery		13 Apr 18	Gold Coast
	NJ	4.40	Molly Caudery		26 May 18	Birmingham
	NJ	4.53	Molly Caudery		23 Jun 18	Mannheim
HT	A	78.74	Anita Wlodarczyk	POL	14 Jul 18	London (O)
20km W	W,E	1:23:39 #	Yelena Lashmanova	RUS	9 Jun 18	Cheboksary
50km W	W	4:04:36	Liang Rui	CHN	5 May 18	Taicang
	C	4:09:23	Claire Tallent	AUS	5 May 18	Taicang

UK INDOOR RECORDS
as at 31 Mar 2019

MEN

Event	Mark	Athlete	Date	Location
50m	5.61 +	Jason Gardener	16 Feb 00	Madrid, ESP
60m	6.42	Dwain Chambers	7 Mar 09	Turin, ITA
200m	20.25	Linford Christie	19 Feb 95	Liévin, FRA
400m	45.39	Jamie Baulch	9 Feb 97	Birmingham
800m	1:44.91	Sebastian Coe	12 Mar 83	Cosford
1000m	2:17.86	Matthew Yates	22 Feb 92	Birmingham
1500m	3:34.20	Peter Elliott	27 Feb 90	Seville, ESP
1 Mile	3:52.02	Peter Elliott	9 Feb 90	East Rutherford, USA
2000m	4:57.09	John Mayock	25 Feb 01	Liévin, FRA
3000m	7:33.1 +	Mo Farah	21 Feb 15	Birmingham
	7:34.47	Mo Farah	21 Feb 09	Birmingham
5000m	13:09.16	Mo Farah	18 Feb 17	Birmingham
50m Hurdles	6.40	Colin Jackson	5 Feb 99	Budapest, HUN
60m Hurdles	7.30	Colin Jackson	6 Mar 94	Sindelfingen, GER
High Jump	2.38	Steve Smith	4 Feb 94	Wuppertal, GER
Pole Vault	5.83	Luke Cutts	25 Jan 14	Rouen, FRA
Long Jump	8.26A	Greg Rutherford	5 Feb 16	Albuquerque, USA
Triple Jump	17.75	Phillips Idowu	9 Mar 08	Valencia, ESP
Shot	21.49	Carl Myerscough	15 Mar 03	Fayetteville, USA
Heptathlon	6188	Tim Duckworth	10 Mar 18	College Station, USA
	(6.84, 7.74, 13.59, 2.17, 8.23, 5.16, 2:56.03)			
3000m Walk	10:30.28	Tom Bosworth	25 Feb 18	Glasgow
5000m Walk	18:28.70	Tom Bosworth	18 Feb 18	Birmingham
4 x 200m Relay	1:22.11	UK National Team	3 Mar 91	Glasgow
	(Linford Christie, Darren Braithwaite, Ade Mafe, John Regis)			
4 x 400m Relay	3:03.20	UK National Team	7 Mar 99	Maebashi, JPN
	(Allyn Condon, Solomon Wariso, Adrian Patrick, Jamie Baulch)			

WOMEN

Event	Mark	Athlete	Date	Location
50m	6.21	Wendy Hoyte	22 Feb 81	Grenoble, FRA
60m	7.06	Asha Philip	5 Mar 17	Belgrade, SRB
200m	22.83	Katharine Merry	14 Feb 99	Birmingham
400m	50.02	Nicola Sanders	3 Mar 07	Birmingham
800m	1:58.43	Jenny Meadows	14 Mar 10	Doha, QAT
1000m	2:31.93	Laura Muir	18 Feb 17	Birmingham
1500m	4:01.84 +	Laura Muir	16 Feb 19	Birmingham
	4:02.39	Laura Muir	4 Mar 17	Belgrade, SRB
1 Mile	4:18.75	Laura Muir	16 Feb 19	Birmingham
2000m	5:40.86	Yvonne Murray	20 Feb 93	Birmingham
3000m	8:26.41	Laura Muir	4 Feb 17	Karlsruhe, GER
5000m	14:49.12	Laura Muir	4 Jan 17	Glasgow
50m Hurdles	6.83	Tiffany Ofili/Porter	28 Jan 12	New York, USA
60m Hurdles	7.80	Tiffany Ofili/Porter	4 Mar 11	Paris, FRA
High Jump	1.97	Katarina Johnson-Thompson	14 Feb 15	Sheffield
	1.97	Morgan Lake	26 Jan 19	Hustopeče, CZE
Pole Vault	4.87	Holly Bleasdale	21 Jan 12	Villeurbanne, FRA
Long Jump	6.97	Lorraine Ugen	5 Mar 17	Belgrade, SRB
Triple Jump	15.16	Ashia Hansen	28 Feb 98	Valencia, ESP
Shot	19.06	Venissa Head	7 Apr 84	St. Athan
Pentathlon	5000	Katarina Johnson-Thompson	6 Mar 15	Prague, CZE
	(8.18, 1.95, 12.32, 6.89, 2:12.78)			
3000m Walk	12:35.87	Bethan Davies	11 Dec 16	Cardiff
5000m Walk	21:25.37	Bethan Davies	18 Feb 18	Birmingham
4 x 200m Relay	1:33.96	UK National Team	23 Feb 90	Glasgow
	(Paula Thomas, Jennifer Stoute, Linda Staines, Sally Gunnell)			
4 x 400m Relay	3:27.56	UK National Team	3 Mar 13	Gothenburg, SWE
	(Eilidh Child, Shana Cox, Christine Ohuruogu, Perri Shakes-Drayton)			

UK ALL TIME LISTS - MEN
as at 31 December 2018

100 Metres

9.87	Linford Christie ¶	15 Aug 93	
9.91	Christie	23 Aug 94	
9.91	James Dasaolu	13 Jul 13	
9.91	Zharnel Hughes	9 Jun 18	
9.92	Christie	25 Aug 91	
9.93	Hughes	21 Jul 18	
9.94	Reece Prescod	18 Aug 18	
9.95	Hughes	7 Aug 18	
9.96	Christie	1 Aug 92	
9.96	Chijindu Ujah	8 Jun 14	
9.96	Ujah	24 Jul 15	
9.96	Joel Fearon	30 Jul 16	
9.97	Dwain Chambers ¶	22 Aug 99	
9.97	Adam Gemili	7 Jun 15	
9.98	Jason Gardener	2 Jul 99	
9.99	Nethaneel Mitchell-Blake	13 May 17	10
10.01	Richard Kilty	16 Jul 16	
10.03	Simeon Williamson	12 Jul 08	
10.04	Darren Campbell	19 Aug 98	
10.04	Mark Lewis-Francis	5 Jul 02	
10.04	James Ellington	7 Jul 16	
10.04	Ojie Edoburun	4 Jun 18	
10.06	Marlon Devonish	10 Jul 07	
10.06	Tyrone Edgar	31 May 08	
10.08	Harry Aikines-Aryeetey	13 Jul 13	
10.09	Jason Livingston ¶	13 Jun 92	20
10.10	Andrew Robertson	23 Aug 14	
10.11	Allan Wells	24 Jul 80	
10.11	Christian Malcolm	5 Aug 01	
10.12	Darren Braithwaite	15 Jul 95	
10.14	Craig Pickering	13 Jul 07	
10.14	Danny Talbot	31 May 14	
10.14	Sean Safo-Antwi	7 Jun 14	
10.15	Michael Rosswess	15 Sep 91	
10.15	John Regis	29 May 93	
10.16	Rikki Fifton	28 Sep 07	30
10.17	Ian Mackie	25 Aug 96	
10.18	Deji Tobais	7 Jun 14	
10.18	Kieran Daly	21 Jun 14	
10.18	Reuben Arthur	17 Jun 17	
10.20	Cameron Sharp	24 Aug 83	
10.20	Elliot Bunney	14 Jun 86	
10.20	Ryan Scott	17 Jul 08	
10.20	Josh Swaray (now SEN)	13 Jul 13	
10.21 A	Ainsley Bennett	8 Sep 79	
10.21	Jamie Henderson	6 Aug 87	40
10.21	Allyn Condon	14 Aug 99	
10.21	Luke Fagan	15 Sep 11	
10.21	Samuel Osewa	2 Jun 17	
10.21	Kyle De Escofet	2 Jun 17	
10.21	Romell Glave	17 Jun 17	
10.22	Mike McFarlane	20 Jun 86	
10.22	Tim Abeyie	22 Jun 06	
10.22	Leevan Yearwood	17 Jul 08	
10.22	James Alaka	13 May 12	
10.23	Marcus Adam	26 Jul 91	50
10.23	Jason John	15 Jul 94	
10.23	Terry Williams	22 Aug 94	
10.23	Theo Etienne	20 Jul 16	
10.23	Adam Thomas	22 Jul 17	

wind assisted

9.88	Reece Prescod	26 May 18
9.90	Christie	24 Aug 91
9.90	Harry Aikines-Aryeetey	15 Apr 17
9.91	Christie	11 Jun 94
9.92	Richard Kilty	29 May 16
9.93	Christie	28 Jan 90
9.93	Dasaolu	25 Jun 16
9.93	Ojie Edoburun	15 Apr 17
9.96	James Ellington	25 Jun 16
9.97 †	Mark Lewis-Francis	4 Aug 01
10.00	Ian Mackie	18 Jul 98
10.01	Doug Walker ¶	18 Jul 98
10.02	Allan Wells	4 Oct 82
10.03	Kieran Showler-Davis	3 Aug 16
10.04 A	Tyrone Edgar	10 May 03
10.04	Deji Tobais	23 Aug 14
10.06	Andrew Robertson	28 Jul 18
10.07	Cameron Sharp	4 Oct 82
10.07	John Regis	28 Aug 90
10.07	Toby Box	11 Jun 94
10.07	Michael Rosswess	11 Jun 94
10.07	Sean Safo-Antwi	23 Aug 14
10.08	Mike McFarlane	27 May 84
10.08	Jason John	11 Jun 94
10.08	Craig Pickering	17 Jun 09
10.09 †	Christian Malcolm	4 Aug 01
10.10	Donovan Reid	26 Jun 83
10.10	Leevan Yearwood	3 Jul 09
10.11	Drew McMaster	26 Jun 83
10.12	Buster Watson	27 May 84
10.13	Jonathan Barbour	30 Jun 01
10.13	Danny Talbot	21 May 17
10.14	Ernest Obeng	20 Jun 87
10.14	Marcus Adam	28 Jan 90
10.14	Theo Etienne	20 Jul 16
10.14	Roy Ejiakuekwu	13 Apr 18
10.14	Samuel Gordon	15 Aug 18
10.16	Daniel Money	21 Jun 97
10.17	Terry Williams	23 Aug 94
10.17	Owusu Dako	5 Jul 98

† wind gauge faulty - probably windy

hand timing

10.1	David Jenkins	20 May 72
10.1	Brian Green	3 Jun 72

hand timing - wind assisted

10.0	Allan Wells	16 Jun 79
10.0	Drew McMaster	1 Jun 80
10.1	Dave Roberts	17 Jul 82

All-Time – Men

200 Metres

Time	Athlete	Date
19.87 A	John Regis	31 Jul 94
19.94	Regis	20 Aug 93
19.95	Nethaneel Mitchell-Blake	14 May 16
19.97	Adam Gemili	9 Sep 16
19.98	Gemili	16 Aug 13
19.98	Gemili	15 Aug 14
20.01	Regis	2 Aug 94
20.02	Zharnel Hughes	27 Aug 15
20.04	Mitchell-Blake	27 May 17
20.05	Hughes	24 Jul 15
20.08	Christian Malcolm	8 Aug 01
20.09	Linford Christie ¶	28 Sep 88
20.13	Darren Campbell	27 Sep 00
20.16	Danny Talbot	7 Aug 17
20.18	Julian Golding	19 Sep 98
20.19	Marlon Devonish	29 Jul 02 10
20.21	Allan Wells	28 Jul 80
20.22	Chris Clarke	25 Aug 13
20.31	Dwain Chambers ¶	22 Jul 01
20.31	James Ellington	30 Apr 16
20.34	Chris Lambert	20 Jul 03
20.34	Richard Kilty	7 Jul 13
20.35	Doug Walker ¶	26 Jul 98
20.36	Todd Bennett	28 May 84
20.37	Toby Sandeman	18 Jul 09
20.37	Thomas Somers	24 Jul 14 20
20.38	Jeffrey Lawal-Balogun	28 Jun 09
20.38	Reece Prescod	25 Aug 16
20.38	Leon Reid	2 Jul 17
20.38	Miguel Francis	1 Jul 18
20.39	Chijindu Ujah	8 Apr 17
20.40	Delano Williams	16 May 15
20.41	Marcus Adam	13 Jun 92
20.42 A	Ainsley Bennett	12 Sep 79
20.43	Mike McFarlane	7 Oct 82
20.43	Doug Turner	9 Jun 96 30
20.43	Leon Baptiste	10 Oct 10
20.43	Edmond Amaning	12 May 18
20.45	James Alaka	13 May 12
20.46	Rikki Fifton	6 Jun 09
20.46	Harry Aikines-Aryeetey	3 Jul 11
20.47	Cameron Sharp	9 Sep 82
20.48	Darren Braithwaite	13 May 95
20.48	Jona Efoloko	13 Jul 18
20.49	Alex Nelson	5 Jul 08
20.50	Terry Williams	24 Aug 94 40
20.50	Tony Jarrett	16 Jul 95
20.50	Solomon Wariso	16 Jul 95
20.51	Michael Rosswess	28 Sep 88
20.53 i	Allyn Condon	8 Feb 98
20.53	Charlie Dobson	12 Jul 18
20.54	Ade Mafe	25 Aug 85
20.56	Roger Black	4 May 96
20.57	Owusu Dako	16 Jul 95
20.57	Tim Abeyie	5 Jul 08
20.58	Dwayne Grant	10 Aug 03 50
20.59	Tommy Ramdhan	9 Jun 18
20.60	Luke Fagan	13 Aug 11
20.60	David Bolarinwa	8 Jun 13
20.60 i	Sam Watts	13 Feb 16
20.61	Deji Tobais	7 Jul 12
20.62	Buster Watson	5 Jun 83
20.62	Donovan Reid	28 May 84
20.62	Mark Richardson	24 Aug 97
20.62 i	Daniel Caines	1 Mar 02

wind assisted

Time	Athlete	Date
19.86	Danny Talbot	15 Apr 17
19.96	Mitchell-Blake	28 May 16
20.10	Marcus Adam	1 Feb 90
20.11	Allan Wells	20 Jun 80
20.18	Marlon Devonish	14 Jul 02
20.26	Ade Mafe	1 Feb 90
20.36	Doug Turner	27 Jul 97
20.37	Edmond Amaning	13 Apr 18
20.38	Dwayne Grant	23 Aug 03
20.40	Ojie Edoburun	28 Apr 17
20.47	Michael Rosswess	9 Sep 90
20.50	Sam Watts	21 Mar 14
20.51	Jason John	2 Jul 93
20.55	Buster Watson	10 Aug 85
20.55	Roy Ejiakuekwu	27 May 17
20.56	Greg Cackett	7 Jul 13
20.56	Toby Harries	9 Sep 15
20.57	Tyrone Edgar	10 May 03
20.57	Tommy Ramdhan	18 Jul 15
20.59	Allyn Condon	25 Jul 99
20.59	Andrew Robertson	29 Jul 18
20.60	Tim Benjamin	7 Aug 99

hand timing (* 220 yards time less 0.1)

20.3	David Jenkins	19 Aug 72
20.4 *	Peter Radford	28 May 60
20.6	Donovan Reid	1 Jul 84

hand timing - wind assisted

Time	Athlete	Date
20.4	Buster Watson	11 Aug 85
20.5	Roger Black	6 Jul 96
20.6	Ainsley Bennett	22 Jun 74
20.6	Mark Richardson	6 Jul 96

300 Metres

Time	Athlete	Date
31.56	Doug Walker ¶	19 Jul 98
31.67	John Regis	17 Jul 92
31.87	Mark Richardson	19 Jul 98
31.98	Regis	19 Jun 93
31.99	Regis	21 Jun 91
32.06	Jamie Baulch	31 May 97
32.08	Roger Black	8 Aug 86
32.14	Todd Bennett	18 Aug 84
32.14	Delano Williams	7 Jun 15
32.23	Solomon Wariso	19 Jul 98
32.26	Mark Hylton	19 Jul 98
32.29	Chris Clarke	13 Sep 15 10
32.31	Rabah Yousif Bkheit	7 Sep 14
32.32	Derek Redmond	16 Jul 88

during 400m

32.06 +	Roger Black	29 Aug 91
32.08 +	Iwan Thomas	5 Aug 97
32.26 +	Derek Redmond	1 Sep 87
32.35 +	David Grindley	26 Jun 93

All-Time – Men

400 Metres

44.36	Iwan Thomas	13 Jul 97		
44.37	Roger Black	3 Jul 96		
44.37	Mark Richardson	9 Jul 98		
44.37	Richardson	8 Aug 98		
44.38	Thomas	8 Aug 98		
44.39	Black	16 Jun 96		
44.41	Black	29 Jul 96		
44.45	Martyn Rooney	23 Aug 15		
44.46	Thomas	2 Jul 97		
44.47	David Grindley	3 Aug 92		
44.47	Richardson	5 Aug 97		
44.47	Richardson	24 Aug 99		
44.48	Matthew Hudson-Smith	13 Aug 16		
44.50	Derek Redmond	1 Sep 87		
44.54	Rabah Yousif	24 Aug 15		
44.56	Tim Benjamin	9 Sep 05		
44.57	Jamie Baulch	3 Jul 96	10	
44.66	Du'aine Ladejo	16 Jun 96		
44.68	Solomon Wariso	26 Jul 98		
44.74	Michael Bingham	19 Aug 09		
44.93	David Jenkins	21 Jun 75		
44.93	Kriss Akabusi	7 Aug 88		
44.94	Andrew Steele	18 Aug 08		
44.98	Daniel Caines	27 Jul 02		
45.01	Robert Tobin	11 Jun 05		
45.06	Conrad Williams	6 Jun 15		
45.09	Jarryd Dunn	20 Jun 15	20	
45.11	Nigel Levine	7 Jun 12		
45.20	Sean Baldock	12 Aug 00		
45.22	Brian Whittle	25 Sep 88		
45.23	Luke Lennon-Ford	2 Jun 12		
45.24	Mark Hylton	12 Aug 98		
45.26	Phil Brown	26 May 85		
45.27	Todd Bennett	7 Aug 88		
45.30	Ade Mafe	23 Jul 93		
45.33	Paul Sanders	15 Jun 91		
45.34	Dwayne Cowan	20 Aug 17	30	
45.42	Delano Williams	9 May 15		
45.45	George Caddick	26 May 17		
45.47	David McKenzie	12 Jun 94		
45.48	John Regis	17 Apr 93		
45.48	Richard Strachan	7 Jul 13		
45.49	Glen Cohen	21 May 78		
45.57	Jared Deacon	16 Jun 02		
45.58	Ian Mackie	13 Jul 03		
45.59	Chris Clarke	24 Jul 09		
45.60	Malachi Davis	24 Jul 05	40	
45.61	Richard Buck	2 Jun 12		
45.63	Adrian Patrick	5 Jul 95		
45.64	Paul Harmsworth	7 Aug 88		
45.64	Cameron Chalmers	18 Jun 17		
45.65	Alan Bell	14 Jun 80		
45.67	Roger Hunter	19 May 85		
45.74	Steve Heard	26 May 85		
45.75	Robbie Brightwell	19 Oct 64		
45.76	Guy Bullock	16 Jun 96		
45.77	Louis Persent	2 Jun 12	50	
45.81	Terry Whitehead	14 Jun 80		
45.82	Dai Greene	31 Jul 11		

hand timing (* 440 yards time less 0.3)

45.6 *	Robbie Brightwell	14 Jul 62
45.7	Adrian Metcalfe	2 Sep 61

600 Metres

1:14.95	Steve Heard	14 Jul 91
1:15.0 +	Sebastian Coe	10 Jun 81
1:15.4	Garry Cook	30 Jul 84
1:15.4	Tom McKean	21 Jul 91
1:15.6	David Jenkins	3 Aug 74
1:15.87	Michael Rimmer	5 Jun 16

800 Metres (* 880 yards time less 0.60)

1:41.73"	Sebastian Coe	10 Jun 81	
1:42.33	Coe	5 Jul 79	
1:42.88	Steve Cram	21 Aug 85	
1:42.97	Peter Elliott	30 May 90	
1:43.07	Coe	25 Aug 85	
1:43.19	Cram	7 Sep 86	
1:43.22	Cram	31 Jul 86	
1:43.38	Coe	29 Aug 89	
1:43.41	Elliott	1 Sep 87	
1:43.42	Cram	17 Aug 88	
1:43.77	Andrew Osagie	9 Aug 12	
1:43.84	Martin Steele	10 Jul 93	
1:43.88	Tom McKean	28 Jul 89	
1:43.89	Michael Rimmer	29 Aug 10	
1:43.98	David Sharpe	19 Aug 92	
1:44.09	Steve Ovett	31 Aug 78	
1:44.55	Garry Cook	29 Aug 84	10
1:44.59	Tony Morrell	2 Jul 88	
1:44.61	Jake Wightman	22 Jul 18	
1:44.65	Ikem Billy	21 Jul 84	
1:44.65	Steve Heard	26 Aug 92	
1:44.65	James McIlroy	28 Aug 05	
1:44.73	Guy Learmouth	22 Jul 18	
1:44.92	Curtis Robb	15 Aug 93	
1:44.97	Daniel Rowden	22 Jul 18	
1:44.98	Gareth Warburton	7 Jun 12	
1:44.99	Elliot Giles	9 Jul 17	20
1:45.05	Matthew Yates	26 Aug 92	
1:45.10	Richard Hill	10 Jun 06	
1:45.12	Andy Carter	14 Jul 73	
1:45.14	Chris McGeorge	28 Jun 83	
1:45.14	John Gladwin	22 Jul 86	
1:45.16	Kyle Langford	12 Apr 18	
1:45.31	Rob Harrison	21 Jul 84	
1:45.35	Kevin McKay	16 Aug 92	
1:45.44	Neil Horsfield	28 Jul 90	
1:45.47	Brian Whittle	20 Jul 90	30
1:45.53	Charlie Da'Vall Grice	22 Jul 16	
1:45.57	Thomas Staines	2 Jun 18	
1:45.6	Graham Williamson	12 Jun 83	
1:45.64	Paul Herbert	5 Jun 88	
1:45.66	Paul Forbes	8 Jun 83	
1:45.67	Sam Ellis	10 Jun 06	
1:45.67	Mukhtar Mohammed	26 Jul 13	
1:45.68	Mark Sesay	7 Aug 99	
1:45.69	Steve Crabb	17 Aug 88	
1:45.69	Craig Winrow	21 Jun 96	40

All-Time – Men

Time	Name	Date		Time	Name	Date	
1:45.70	Ricky Soos	25 Aug 04		3:32.34	Anthony Whiteman	16 Aug 97	
1:45.71	Andy Hart	19 Sep 98		3:32.37	Michael East	2 Jul 04	
1:45.73	Jamie Webb	2 Jun 18		3:32.69	Peter Elliott	16 Sep 90	
1:45.74	Darren St.Clair	13 Aug 10		3:33.34	Steve Crabb	4 Jul 87	10
1:45.76	Frank Clement	10 Jul 76		3:33.60	Charlie Da'Vall Grice	15 Jul 16	
1:45.76	Tom Lancashire	13 May 06		3:33.79	Dave Moorcroft	27 Jul 82	
1:45.81	David Strang	12 Jul 96		3:33.83	John Robson	4 Sep 79	
1:45.81	Anthony Whiteman	5 Aug 00		3:33.96	Tom Lancashire	27 Aug 10	
1:45.81 A	Neal Speaight	8 Apr 03		3:33.96	Jake Wightman	20 Jul 18	
1:45.82	Jason Lobo	7 Aug 99	50	3:34.00	Matthew Yates	13 Sep 91	
1:45.96	James Bowness	23 Jul 16		3:34.01	Graham Williamson	28 Jun 83	
1:46.10	Gary Marlow	10 Jul 87		3:34.1 +	Tony Morrell	14 Jul 90	
1:46.1	Colin Campbell	26 Jul 72		3:34.36 +	Andrew Baddeley	6 Jun 08	
1:46.16	Gareth Brown	2 Jul 84		3:34.50	Adrian Passey	4 Jul 87	20
1:46.20	David Warren	29 Jun 80		3:34.53	Mark Rowland	27 Jul 88	
1:46.20	Joe Thomas	26 Jul 08		3:34.59	Kevin McKay	24 Aug 97	
				3:34.76	Gary Lough	9 Sep 95	
1000 Metres				3:34.76	Ross Murray	27 May 12	
2:12.18	Sebastian Coe	11 Jul 81		3:35.01	Josh Kerr	20 Apr 18	
2:12.88	Steve Cram	9 Aug 85		3:35.08	Neil Horsfield	10 Aug 90	
2:13.40	Coe	1 Jul 80		3:35.26	John Gladwin	5 Sep 86	
2:14.90	Coe	16 Jul 86		3:35.28	Jack Buckner	1 Jul 86	
2:15.57	James McIlroy	5 Sep 99		3:35.53	Andrew Graffin	6 Sep 02	
2:15.91	Steve Ovett	6 Sep 79		3:35.66	Frank Clement	12 Aug 78	30
2:16.27	Jake Wightman	10 Jun 18		3:35.66 i	Lee Emanuel	21 Feb 15	
2:16.30	Peter Elliott	17 Jan 90			3:36.29	16 May 16	
2:16.34	Matthew Yates	6 Jul 90		3:35.74	Rob Harrison	26 May 86	
2:16.82	Graham Williamson	17 Jul 84		3:35.74	Nick McCormick	22 Jul 05	
2:16.99	Tony Morrell	28 Aug 88		3:35.94	Paul Larkins	10 Jul 87	
2:16.99	Andy Baddeley	7 Aug 07	10	3:35.98	Neil Gourley	22 Jul 18	
2:17.13	Michael Rimmer	20 Aug 12		3:36.22	James Shane	31 Jul 11	
2:17.14	John Gladwin	6 Jul 90		3:36.53	David Strang	15 Jul 94	
2:17.18	Andrew Osagie	10 Jun 18		3:36.59	James West	22 Jul 18	
2:17.20	Rob Harrison	18 Aug 84		3:36.81	Mike Kearns	26 Jul 77	
2:17.36	Neil Horsfield	9 Aug 91		3:36.90	Jake Heyward	22 Jul 18	40
2:17.43	Gareth Brown	18 Aug 84		3:36.97	Robbie Fitzgibbon	2 Jun 17	
2:17.45	Chris McGeorge	20 Aug 84		3:37.06	James Thie	4 Jul 04	
2:17.63	Kevin McKay	14 Jul 89		3:37.06	Colin McCourt	10 Jul 10	
2:17.63	Tom Lancashire	31 Jul 09		3:37.17	James Brewer	14 Aug 09	
2:17.75	Steve Crabb	5 Aug 87	20	3:37.36	Chris Mulvaney	22 Jul 05	
2:17.79	David Sharpe	31 Aug 92		3:37.45	Tom Marshall	9 Jul 17	
2:17.95	Mark Scruton	17 Jul 84		3:37.51	David Bishop	29 Apr 12	
2:17.96	Ikem Billy	14 Jul 89		3:37.55	Colin Reitz	27 Jun 85	
2:18.18	Mal Edwards	11 Jul 86		3:37.58 i+	Andrew Butchart	4 Feb 17	
2:18.2	John Boulter	6 Sep 69		3:37.64	Brendan Foster	2 Feb 74	50
2:18.28	Garry Cook	23 Aug 81		3:37.67	Richard Peters	27 Jul 13	
				3:37.75	Jon McCallum	1 Aug 00	
1500 Metres (+ during 1 mile)				3:37.88	Jason Dullforce	17 Jul 92	
3:28.81	Mo Farah	19 Jul 13		3:37.90	Tom Farrell	12 Jul 14	
3:28.93	Farah	17 Jul 15		3:37.97	Rod Finch	30 Jul 93	
3:29.67	Steve Cram	16 Jul 85		3:37.99	Rob Denmark	5 Jun 95	
3:29.77	Sebastian Coe	7 Sep 86		3:38.05	Glen Grant	12 Aug 78	
3:30.15	Cram	5 Sep 86		3:38.06	Tim Hutchings	31 Aug 84	
3:30.77	Steve Ovett	4 Sep 83		3:38.08	Tom Hanlon	28 Jun 92	
3:30.95	Cram	19 Aug 88		3:38.1	Jim McGuinness	1 Aug 77	60
3:31.34	Cram	27 Jun 85		3:38.12	Rowan Axe	14 Jun 17	
3:31.36	Ovett	27 Aug 80		3:38.18	Tom Mayo	29 Jun 03	
3:31.43	Cram	19 Aug 87		3:38.2 a	James Espir	11 Jul 80	
3:31.86	John Mayock	22 Aug 97		3:38.22	Peter Stewart	15 Jul 72	
3:32.11	Chris O'Hare	20 Jul 18		3:38.27	Steve Mitchell	5 Jul 14	

All-Time – Men   35

1 Mile

Time	Athlete	Date
3:46.32	Steve Cram	27 Jul 85
3:47.33	Sebastian Coe	28 Aug 81
3:48.31	Cram	5 Jul 86
3:48.40	Steve Ovett	26 Aug 81
3:48.53	Coe	19 Aug 81
3:48.8	Ovett	1 Jul 80
3:48.85	Cram	2 Jul 88
3:48.95	Coe	17 Jul 79
3:49.20	Peter Elliott	2 Jul 88
3:49.22	Coe	27 Jul 85
3:49.34	Dave Moorcroft	26 Jun 82
3:49.38	Andrew Baddeley	6 Jun 08
3:50.32	John Mayock	5 Jul 96
3:50.64	Graham Williamson	13 Jul 82
3:51.02	John Gladwin	19 Aug 87
3:51.31	Tony Morrell	14 Jul 90 10
3:51.57	Jack Buckner	29 Aug 84
3:51.76hc	Steve Crabb	14 Aug 87
	3:52.20	1 Jul 89
3:51.90	Anthony Whiteman	16 Jul 98
3:52.02	Nick McCormick	29 Jul 05
3:52.44	John Robson	11 Jul 81
3:52.50	Michael East	21 Aug 05
3:52.64	Charlie Da'Vall Grice	28 May 16
3:52.75	Matthew Yates	10 Jul 93
3:52.77	Ross Murray	14 Jul 12
3:52.91 i	Chris O'Hare	20 Feb 16 20
	3:53.34	27 May 17
3:52.99	Mark Rowland	10 Sep 86
3:53.20	Ian Stewart II	25 Aug 82
3:53.39	Tom Lancashire	14 Aug 10
3:53.64	Kevin McKay	22 Jul 94
3:53.82	Gary Staines	12 Aug 90
3:53.85	Rob Harrison	15 Jul 86
3:54.20	Jake Wightman	22 Jul 16
3:54.2	Frank Clement	27 Jun 78
3:54.23 i	Andrew Butchart	4 Feb 17
3:54.30	David Strang	22 Jul 94 30
3:54.30 i	Lee Emanuel	25 Jan 14
	3:54.75	27 Jul 13
3:54.39	Neil Horsfield	8 Jul 86
3:54.53	Tim Hutchings	31 Jul 82
3:54.70	Andrew Graffin	23 Aug 02
3:54.72i	Josh Kerr	3 Feb 18
3:54.80	James Brewer	25 Jul 09
3:54.9	Adrian Passey	20 Aug 89
3:55.0	Jim McGuinness	11 Jul 77
3:55.3	Peter Stewart	10 Jun 72
3:55.37	Tom Mayo	8 Aug 03 40
3:55.38	Rob Denmark	12 Aug 90
3:55.41	Colin Reitz	31 Jul 82
3:55.68	Alan Simpson	30 Aug 65
3:55.8	Geoff Smith	15 Aug 81
3:55.84	Neil Caddy	25 Aug 96
3:55.9	Brendan Foster	10 Jun 72
3:55.91	Gary Lough	27 Aug 95
3:55.96	David Lewis	23 Aug 83
3:56.0	Jim Douglas	10 Jun 72
3:56.04	Mike Downes	25 Aug 82 50
3:56.04 i	Richard Peters	14 Feb 13

2000 Metres

Time	Athlete	Date
4:51.39	Steve Cram	4 Aug 85
4:52.82	Peter Elliott	15 Sep 87
4:53.06	Jack Buckner	15 Sep 87
4:53.69	Gary Staines	15 Sep 87
4:55.20	Cram	28 Aug 88
4:55.72	Elliott	28 Aug 88
4:56.75	John Mayock	30 Jul 99
4:57.09 i	Mayock	25 Feb 01
4:57.39	Nick McCormick	9 Mar 06
4:57.71	Steve Ovett	7 Jul 82
4:58.38	Graham Williamson	29 Aug 83
4:58.84	Sebastian Coe	5 Jun 82
4:59.57	Nick Rose	3 Jun 78 10
5:00.37	Tim Hutchings	29 Aug 83
5:01.09	Eamonn Martin	19 Jun 84
5:01.28	Andrew Graffin	25 Jun 00
5:01.48	Paul Larkins	5 Jun 88
5:02.01	Lee Emanuel	28 Jun 13
5:02.1+	Mo Farah	5 Jun 16
5:02.35	Sean Cahill	4 Aug 85
5:02.61	Steve Martin	19 Jun 84
5:02.8 a	Frank Clement	10 Sep 78
5:02.86	David Moorcroft	19 Jul 86 20
5:02.90	Allen Graffin	25 Jun 00
5:02.93	Brendan Foster	4 Jul 75
5:02.98	Ian Stewart I	4 Jul 75
5:02.98	Gary Lough	11 Aug 96
5:02.99	Neil Caddy	11 Aug 96

3000 Metres (+ during 2 Miles)

7:32.62	Mo Farah	5 Jun 16
7:32.79	Dave Moorcroft	17 Jul 82
7:33.1 i+	Farah	21 Feb 15
7:34.47 i	Farah	21 Feb 09
7:34.66	Farah	24 Jul 15
7:35.1	Brendan Foster	3 Aug 74
7:35.15	Farah	9 Jul 17
7:35.81 i	Farah	5 Feb 11
7:36.40	John Nuttall	10 Jul 96
7:36.8 +	Farah	24 Aug 14
7:37.56	Andrew Butchart	9 Jul 17
7:39.55	Rob Denmark	1 Aug 93
7:39.86	Andy Baddeley	25 May 12
7:40.4	Nick Rose	27 Jun 78
7:40.43	Jack Buckner	5 Jul 86
7:40.94	Eamonn Martin	9 Jul 83 10
7:41.09 i	John Mayock	6 Feb 02
7:47.28		23 Jul 95
7:41.3	Steve Ovett	23 Sep 77
7:41.79	Gary Staines	14 Jul 90
7:42.22	Nick Goolab	9 Jul 17
7:42.47	Graeme Fell	9 Jul 83
7:42.47	David Lewis	9 Jul 83
7:42.47 i	Tom Farrell	5 Feb 16
7:42.77	Billy Dee	18 Jul 92
7:43.03	Tim Hutchings	14 Jul 89
7:43.1 +	Steve Cram	29 Aug 83 20
7:43.34	Chris Thompson	13 Aug 10
7:43.37	Marc Scott	9 Jul 17

All-Time – Men

7:43.61	Anthony Whiteman	27 Jun 98	
7:43.90	Ian Stewart II	26 Jun 82	
7:44.48 i	Lee Emanuel	7 Mar 15	
7:44.40	Colin Reitz	9 Jul 83	
7:44.76	Paul Davies-Hale	20 Jul 85	
7:45.2 +	Geoff Turnbull	12 Sep 86	
7:45.29	Dennis Coates	9 Sep 77	
7:45.41	Jon Brown	1 Aug 98	30
7:45.49 i	Andy Vernon	7 Mar 14	
	7:45.75	17 Jul 13	
7:45.81	John Robson	13 Jul 84	
7:46.22 i	Mark Rowland	27 Feb 90	
7:46.39	Adrian Royle	28 Jun 83	
7:46.40	Ian Hamer	20 Jan 90	
7:46.4	David Bedford	21 Jun 72	
7:46.6 +	Dave Black	14 Sep 73	
7:46.73 i	Jonathan Mellor	15 Feb 14	
7:46.83	Ian Stewart I	26 May 76	
7:46.85 i	Ricky Wilde	15 Mar 70	40
7:46.95	David James	26 May 80	
7:47.12	Simon Mugglestone	27 Jun 88	
7:47.54	Paul Larkins	14 Jul 89	
7:47.56	Dick Callan	15 Jul 83	
7:47.6	Dick Taylor	6 Sep 69	
7:48.00	Richard Nerurkar	15 Jul 92	
7:48.09	Adrian Passey	28 Jul 89	
7:48.18	Mike McLeod	9 Jul 78	
7:48.28	Jon Richards	9 Jul 83	
7:48.28	Ian Gillespie	25 May 97	50
7:48.6 +	Nat Muir	27 Jun 80	
7:48.66	Julian Goater	26 May 80	
7:48.76	Neil Caddy	2 Aug 98	

2 Miles

8:03.40 i	Mo Farah	21 Feb 15	
	8:07.85	24 Aug 14	
8:08.07 i	Farah	18 Feb 12	
8:12.63 i	Andrew Butchart	11 Feb 17	
8:13.51	Steve Ovett	15 Sep 78	
8:13.68	Brendan Foster	27 Aug 73	
8:14.93	Steve Cram	29 Aug 83	
8:15.53	Tim Hutchings	12 Sep 86	
8:15.98	Geoff Turnbull	12 Sep 86	
8:16.75	Dave Moorcroft	20 Aug 82	10
8:17.06 i	John Mayock	17 Feb 02	
8:17.12	Jack Buckner	12 Sep 86	
8:18.4 i	Nick Rose	17 Feb 78	
	8:22.41	15 Sep 78	
8:18.98	Eamonn Martin	16 Jul 88	
8:19.37	Nat Muir	27 Jun 80	
8:20.28	David James	27 Jun 80	
8:20.66	David Lewis	7 Sep 84	
8:21.09	Barry Smith	27 Jun 80	
8:21.24 i	Lee Emanuel	31 Jan 15	
8:21.86	David Black	14 Sep 73	20
8:21.97	Rob Denmark	9 Aug 91	
8:22.0	Ian Stewart I	14 Aug 72	
8:22.65	Ian Hamer	17 Jul 92	
8:22.7 i	Graeme Fell	19 Feb 82	
8:22.98	Geoff Smith	27 Jun 80	

5000 Metres

12:53.11	Mo Farah	22 Jul 11	
12:56.98	Farah	2 Jun 12	
12:57.94	Farah	19 Aug 10	
12:59.29	Farah	23 Jul 16	
13:00.41	Dave Moorcroft	7 Jul 82	
13:00.70	Farah	27 May 17	
13:03.30	Farah	20 Aug 16	
13:05.66	Farah	10 Jul 10	
13:05.88	Farah	1 Jun 13	
13:06.04	Farah	13 Jul 12	
13:08.61	Andrew Butchart	20 Aug 16	
13:09.80	Ian Hamer	9 Jun 92	
13:10.15	Jack Buckner	31 Aug 86	
13:10.24	Rob Denmark	9 Jun 92	
13:10.48	Tom Farrell	18 Jul 15	
13:11.50	Tim Hutchings	11 Aug 84	
13:11.50	Andy Vernon	4 May 14	
13:11.51	Chris Thompson	10 Jul 10	10
13:14.28	Gary Staines	15 Aug 90	
13:14.6 a	Brendan Foster	29 Jan 74	
13:15.59	Julian Goater	11 Sep 81	
13:16.70	John Nuttall	8 Jun 95	
13:17.21	Dave Bedford	14 Jul 72	
13:17.21	Keith Cullen	19 Jul 97	
13:17.84	Eamonn Martin	14 Jul 89	
13:17.9	Nat Muir	15 Jul 80	
13:18.06	Ian Gillespie	19 Jul 97	
13:18.6	Steve Jones	10 Jun 82	20
13:18.81	Nick McCormick	7 Jun 12	
13:18.91	Nick Rose	28 Jun 84	
13:19.03	Jon Brown	5 Aug 98	
13:19.43	John Mayock	31 Jul 02	
13:19.45	Sam Haughian	31 Jul 02	
13:19.66	Ian McCafferty	14 Jul 72	
13:20.06	Steve Ovett	30 Jun 86	
13:20.09	Adrian Passey	19 Jul 97	
13:20.30	Karl Keska	20 Jul 02	
13:20.85	Andy Baddeley	4 Mar 10	30
13:21.13	David Lewis	4 Jul 85	
13:21.14	Barry Smith	7 Jun 81	
13:21.2	Tony Simmons	23 May 76	
13:21.60	Paul Davies-Hale	8 Jul 88	
13:21.73	Geoff Turnbull	5 Sep 86	
13:21.83	Mark Rowland	1 Jun 88	
13:22.17 i	Geoff Smith	12 Feb 82	
13:22.21	Marc Scott	22 Jul 17	
13:22.39	Jon Solly	7 Jul 86	
13:22.54	Dave Clarke	28 Jun 83	40
13:22.85	Ian Stewart I	25 Jul 70	
13:23.26	Mike McLeod	24 Jun 80	
13:23.36	Richard Nerurkar	10 Aug 90	
13:23.48	John Doherty	1 Jun 85	
13:23.52	Dave Black	29 Jan 74	
13:23.71	Steve Binns	1 Jun 88	
13:23.94	Jonathan Davies	28 May 16	
13:24.07	Rory Fraser	19 Apr 13	
13:24.44	Mike Openshaw	14 Jul 01	
13:25.31	Ben Connor	11 Aug 18	50
13:25.38	Paul Evans	28 Jun 95	

All-Time – Men

10000 Metres

26:46.57	Mo Farah	3 Jun 11	
26:49.51	Farah	4 Aug 17	
26:50.97	Farah	29 May 15	
26:53.71	Farah	27 May 16	
27:01.13	Farah	22 Aug 15	
27:05.17	Farah	13 Aug 16	
27:12.09	Farah	28 Jun 17	
27:14.07	Farah	28 Aug 11	
27:18.14	Jon Brown	28 Aug 98	
27:21.71	Farah	10 Aug 13	
27:23.06	Eamonn Martin	2 Jul 88	
27:27.36	Chris Thompson	1 May 11	
27:30.3	Brendan Foster	23 Jun 78	
27:30.80	Dave Bedford	13 Jul 73	
27:31.19	Nick Rose	9 Jul 83	
27:34.58	Julian Goater	26 Jun 82	
27:36.27	David Black	29 Aug 78	
27:39.14	Steve Jones	9 Jul 83	10
27:39.76	Mike McLeod	4 Sep 79	
27:40.03	Richard Nerurkar	10 Jul 93	
27:42.62	Andy Vernon	2 May 15	
27:43.03	Ian Stewart I	9 Sep 77	
27:43.59	Tony Simmons	30 Jun 77	
27:43.74	Bernie Ford	9 Sep 77	
27:43.76	Geoff Smith	13 Jun 81	
27:44.09	Karl Keska	25 Sep 00	
27:47.16	Adrian Royle	10 Apr 82	
27:47.79	Paul Evans	5 Jul 93	20
27:48.73	Gary Staines	6 Jul 91	
27:50.33	Keith Cullen	10 Apr 99	
27:51.76	Jon Solly	20 Jun 86	
27:51.94	Alex Yee	19 May 18	
27:55.06	Ross Millington	11 Jun 16	
27:55.66	Steve Binns	9 Jul 83	
27:55.77	Dave Clarke	25 May 82	
27:57.23	Andrew Lemoncello	24 Apr 09	
27:57.77	Ian Hamer	13 Sep 91	
27:59.12	Allister Hutton	30 May 86	30
27:59.24	Carl Thackery	16 Jul 87	
27:59.33	Steve Harris	22 Jul 86	
28:00.50	Andres Jones	22 Jul 00	
28:00.62	Jim Brown	1 Aug 75	
28:00.64	Billy Dee	13 Sep 91	
28:03.31	Rob Denmark	22 Jul 00	
28:04.04	Andy Bristow	17 Aug 90	
28:04.2	Ian Robinson	20 Apr 96	
28:04.48	Mark Steinle	22 Jul 00	
28:05.2	Dave Murphy	10 Apr 81	40
28:06.13	Barry Smith	7 Aug 81	
28:06.6	Dick Taylor	22 Jun 69	
28:07.43	John Nuttall	25 Aug 95	
28:07.57	Tim Hutchings	7 Jul 90	
28:07.97	Marc Scott	5 May 17	
28:08.12	Charlie Spedding	23 Jul 83	
28:08.44	David Lewis	5 Jun 88	
28:09.39	Mark Dalloway	5 Jun 88	
28:11.07	Karl Harrison	20 Jun 86	
28:11.72	Lachie Stewart	18 Jul 70	50
28:11.85	Lawrie Spence	29 May 83	

10 Kilometres Road

27:34	Nick Rose	1 Apr 84	
27:44	Mo Farah	31 May 10	
27:53	Mike O'Reilly	19 Oct 86	
27:55	Mark Scrutton	5 Mar 84	
27:56	Steve Harris	4 Dec 83	
27:56	John Doherty	4 Jul 86	
27:59	Steve Jones	28 Apr 84	
28:00	Roger Hackney	4 Dec 83	
28:01	Barry Smith	4 Dec 83	
28:02	Steve Binns	15 Apr 89	10
28:03	Jon Solly	5 Apr 86	
28:03	Jack Buckner	28 Feb 87	
28:05	Jon Brown	17 Oct 93	
28:06	Geoff Smith	2 Mar 85	
28:07	Colin Reitz	28 Apr 84	
28:07	Peter Whitehead	4 Jul 96	
28:09	Dave Moorcroft	16 May 82	
28:10	Adrian Leek	10 Mar 84	
28:10	Dave Clarke	5 May 85	
28:11	Jon Richards	5 May 85	20

course measurement uncertain

28:01	Steve Kenyon	21 Sep 86
28:04	Dave Bedford	27 Mar 77
28:08	Kevin Forster	15 Jul 84
28:08	Dave Clarke	15 Jul 84

downhill

| 27:20 | Jon Brown | 24 Sep 95 |
| 27:57 | Malcolm East | 25 Sep 82 |

short (50m)

| 27:50 | Mark Scrutton | 6 Dec 81 |

10 Miles Road

45:13	Ian Stewart I	8 May 77	
46:02	Richard Nerurkar	17 Oct 93	
46:11	Gary Staines	10 Oct 93	
46:19	Nerurkar	23 Jul 95	
46:25	Mo Farah	25 Oct 09	
46:26	Carl Thackery	7 Apr 91	
46:35	Paul Evans	21 Sep 97	
46:41	Roger Hackney	6 Apr 86	
46:42	Dave Murphy	28 Apr 84	
46:43	Steve Kenyon	21 Aug 82	
46:43	Nick Rose	25 Apr 87	10
46:47	Martyn Brewer	25 Apr 87	
46:49	Steve Jones	2 Apr 89	
46:56	Chris Thompson	21 Oct 18	
47:00	Paul Davies-Hale	10 Oct 93	

intermediate times

45:14+	Mo Farah	9 Sep 18
46:10 +	Paul Evans	14 Sep 97
46:21 +	Nigel Adams	15 Sep 91
46:21 +	Carl Thackery	15 Sep 91

estimated time

| 46:02 + | Steve Jones | 8 Jun 86 |

course measurement uncertain

| 45:37 | Barry Smith | 22 Mar 81 |
| 45:44 | Mike McLeod | 9 Apr 78 |

All-Time – Men

46:03	Colin Moore	29 Aug 83	
46:08	Nick Rose	26 Apr 81	
46:11	Steve Kenyon	20 Jun 81	
46:14	Charlie Spedding	12 Oct 86	
46:17	Brendan Foster	9 Apr 78	

downhill

46:05	Allister Hutton	3 Apr 82	

Half Marathon

59:22	Mo Farah	13 Sep 15	
59:27	Farah	9 Sep 18	
59:32	Farah	22 Mar 15	
59:59	Farah	26 Mar 16	
60:00	Farah	7 Sep 14	
60:00	Callum Hawkins	5 Feb 17	
60:59	Steve Jones	8 Jun 86	
61:00	Chris Thompson	16 Sep 12	
61:03	Nick Rose	15 Sep 85	
61:04	Carl Thackery	12 Apr 87	
61:06	Richard Nerurkar	14 Apr 96	
61:12	Ben Connor	11 Feb 18	
61:17	David Lewis	20 Sep 92	
61:18	Paul Evans	14 Sep 97	10
61:25	Scott Overall	18 Mar 12	
61:28	Steve Brooks	23 Mar 97	
61:31	Steve Kenyon	8 Jun 86	
61:33	Dewi Griffiths	1 Oct 17	
61:39	Geoff Smith	25 Sep 83	
61:39	Paul Davies-Hale	15 Sep 91	
61:49	Jon Brown	14 Sep 97	
61:53	Nigel Adams	15 Sep 91	
61:56	Mark Flint	22 Aug 93	
61:57	Gary Staines	14 Sep 97	20
61:57	Luke Traynor	11 Feb 18	
62:07	Kevin Forster	5 Apr 87	
62:07	Martyn Brewer	20 Sep 87	
62:07	Andrew Pearson	14 Sep 97	
62:08	Steve Harris	20 Oct 85	
62:11	Dave Clarke	5 Apr 92	
62:11	Keith Cullen	20 Aug 00	
62:15	Dave Murphy	16 Sep 84	
62:16	Jim Haughey	20 Sep 87	
62:19	Dave Long I	11 Dec 81	30
62:22	Colin Moore	26 May 85	
62:23	Mark Steinle	10 Oct 99	
62:23	Jonathon Mellor	19 Mar 17	
62:24	Jimmy Ashworth	8 Jun 86	
62:25	Barry Royden	18 Sep 94	
62:28	Terry Greene	12 Apr 86	
62:28	Allister Hutton	21 Jun 87	
62:28	Andy Coleman	22 Oct 00	
62:30	Tony Milovsorov	21 Jun 87	
62:31	Mohamud Aadan	7 Oct 18	40

course measurement uncertain

61:47	Dave Long II	17 Mar 91	
62:08	Ray Smedley	28 Mar 82	
62:19	Mike Carroll	3 Jun 90	

short

60:09	Paul Evans (80m)	15 Jan 95	

Marathon

2:05:11	Mo Farah	7 Oct 18	
2:06:21	Farah	22 Apr 18	
2:08:21	Farah	13 Apr 14	
2:07:13	Steve Jones	20 Oct 85	
2:08:05	Jones	21 Oct 84	
2:08:16	Jones	21 Apr 85	
2:08:20	Jones	6 Nov 88	
2:08:33	Charlie Spedding	21 Apr 85	
2:08:36	Richard Nerurkar	13 Apr 97	
2:08:52	Paul Evans	20 Oct 96	
2:09:08	Geoff Smith	23 Oct 83	
2:09:12	Ian Thompson	31 Jan 74	
2:09:16	Allister Hutton	21 Apr 85	
2:09:17	Mark Steinle	14 Apr 02	
2:09:24	Hugh Jones	9 May 82	10
2:09:28	Ron Hill	23 Jul 70	
2:09:28	John Graham	23 May 81	
2:09:31	Jon Brown	17 Apr 05	
2:09:43	Mike Gratton	17 Apr 83	
2:09:54	Dewi Griffiths	29 Oct 17	
2:09:54	Tony Milovsorov	23 Apr 89	
2:10:12	Gerry Helme	17 Apr 83	
2:10:17	Callum Hawkins	6 Aug 17	
2:10:30	Dave Long II	21 Apr 91	
2:10:35	Steve Brace	21 Jan 96	20
2:10:37	Tomas Abyu	29 Oct 07	
2:10:39	Mike O'Reilly	5 Dec 93	
2:10:48	Bill Adcocks	8 Dec 68	
2:10:50	Eamonn Martin	18 Apr 93	
2:10:51	Bernie Ford	2 Dec 79	
2:10:52	Kevin Forster	17 Apr 88	
2:10:55 dh	Chris Bunyan	18 Apr 83	
2:10:55	Scott Overall	25 Sep 11	
2:11:06	Dave Buzza	31 Oct 93	
2:11:18	Dave Murphy	12 Jun 83	30
2:11:19	Chris Thompson	13 Apr 14	
2:11:22	Dave Cannon	6 Sep 80	
2:11:25	Paul Davies-Hale	29 Oct 89	
2:11:25	Gary Staines	20 Oct 96	
2:11:36	Malcolm East	20 Apr 81	
2:11:36	Kenny Stuart	15 Jan 89	
2:11:40	Steve Kenyon	13 Jun 82	
2:11:43	Jimmy Ashworth	29 Sep 85	
2:11:44	Jim Dingwall	17 Apr 83	
2:11:50	Fraser Clyne	2 Dec 84	40
2:11:54	Martin McCarthy	17 Apr 83	
2:11:58	Mark Hudspith	2 Apr 95	
2:12:04	Jim Alder	23 Jul 70	
2:12:07	Jon Solly	14 Oct 90	
2:12:07	Mark Flint	17 Apr 94	
2:12:12	Dennis Fowles	13 May 84	
2:12:12	Andy Green	25 Apr 93	
2:12:13	John Wheway	17 Apr 88	
2:12:14	Dan Robinson	18 Oct 09	
2:12:17	Dave Long I	16 Jan 82	50
2:12:19	Don Faircloth	23 Jul 70	
2:12:20	Matt O'Dowd	3 Nov 02	

short (148m)

2:11:10	Nick Brawn	25 Oct 81	

All-Time – Men 39

2000 Metres Steeplechase

5:19.86	Mark Rowland	28 Aug 88	
5:20.56	Rowland	17 Aug 90	
5:21.77	Tom Hanlon	11 Jun 92	
5:22.37	Rowland	16 Sep 90	
5:22.96	Hanlon	16 Sep 90	
5:23.56	Tom Buckner	17 Jul 92	
5:23.6	Roger Hackney	10 Jun 82	
5:23.71	Colin Walker	28 Aug 88	
5:23.87	Colin Reitz	28 Jun 84	
5:24.91	Eddie Wedderburn	19 Aug 86	
5:26.24	Paul Davies-Hale	26 Aug 85	
5:26.64	Nick Peach	19 Aug 86	
5:26.82 "	David Lewis	12 Jun 83	10
5:30.6	Dennis Coates	23 Apr 78	
5:30.86	Tony Staynings	26 May 76	
5:31.04	John Hartigan	17 Aug 90	
5:31.09	Peter McColgan	5 Aug 86	
5:31.43	John Bicourt	26 May 76	
5:31.59	Mick Hawkins	20 Jan 90	
5:32.45	Neil Smart	17 Aug 90	
5:33.09	Spencer Duval	17 Jul 92	
5:33.59	Mark Sinclair	19 Aug 86	
5:33.76	Graeme Fell	9 Sep 79	20

3000 Metres Steeplechase

8:07.96	Mark Rowland	30 Sep 88	
8:12.11	Colin Reitz	5 Sep 86	
8:12.58	Tom Hanlon	3 Aug 91	
8:13.27	Rowland	30 Aug 90	
8:13.50	Reitz	4 Aug 85	
8:13.65	Hanlon	4 Jul 92	
8:13.78	Reitz	21 Jul 84	
8:14.73	Hanlon	15 Jul 92	
8:14.95	Reitz	27 Jul 85	
8:15.16	Graeme Fell	17 Aug 83	
8:18.32	Eddie Wedderburn	5 Jul 88	
8:18.91	Roger Hackney	30 Jul 88	
8:18.95	Dennis Coates	25 Jul 76	
8:20.83	Paul Davies-Hale	10 Jun 84	
8:22.42	Rob Mullett	20 May 16	
8:22.48	John Davies II	13 Sep 74	10
8:22.76	James Wilkinson	12 Jun 14	
8:22.82	John Bicourt	8 Jun 76	
8:22.95	Andrew Lemoncello	18 Jul 08	
8:23.66	Stuart Stokes	16 Jun 08	
8:23.90	Justin Chaston	18 Jul 94	
8:24.64	Spencer Duval	16 Jul 95	
8:25.15	Colin Walker	28 Jun 92	
8:25.37	Christian Stephenson	19 Aug 00	
8:25.50	Tom Buckner	28 Aug 92	
8:26.05	Keith Cullen	21 Aug 95	20
8:26.33	Rob Hough	6 Jul 96	
8:26.4	Andy Holden	15 Sep 72	
8:26.1	Zak Seddon	20 May 18	
8:26.6	Gordon Rimmer	4 Jun 80	
8:27.21	Tony Staynings	15 Jun 80	
8:27.8	Steve Hollings	5 Aug 73	
8:27.93	Peter McColgan	25 Jun 91	
8:28.43	Adam Bowden	22 Jul 06	
8:28.48	Luke Gunn	28 Jun 08	
8:28.6	Dave Bedford	10 Sep 71	30
8:29.46	Julian Marsay	14 Jul 79	
8:29.72	David Lewis	29 May 83	
8:30.16	Ieuan Thomas	9 Jun 18	
8:30.41	Jermaine Mays	13 Jun 07	
8:30.52	Jonathan Hopkins	26 May 18	
8:30.6 a	Peter Griffiths	17 Jul 77	
8:30.8	Gerry Stevens	1 Sep 69	
8:31.09	Ian Gilmour	16 Jul 78	
8:31.22	Dave Lee	19 Jun 92	
8:31.40	Frank Tickner	13 Jun 07	40
8:31.91	Jamaine Coleman	18 Jul 18	
8:32.00	Steve Jones	8 Aug 80	
8:32.06	David Camp	10 Aug 74	
8:32.13	Barry Knight	25 Jul 82	
8:32.4 a	Maurice Herriott	17 Oct 64	
8:32.68	Ben Whitby	15 Jul 01	
8:33.0	John Jackson	13 Aug 69	
8:33.0	William Gray	27 May 17	
8:33.8 a	Gareth Bryan-Jones	23 Jul 70	
8:33.8	Peter Morris	4 Aug 73	50
8:33.83	Richard Charleston	24 May 80	
8:33.89	Nick Peach	21 Jun 86	

110 Metres Hurdles

12.91	Colin Jackson	20 Aug 93	
12.97 A	Jackson	28 Jul 93	
12.98	Jackson	15 Sep 94	
12.99	Jackson	3 Sep 93	
12.99	Jackson	6 Sep 94	
13.00	Tony Jarrett	20 Aug 93	
13.02	Jackson	30 Aug 94	
13.02	Jackson (sf)	22 Aug 98	
13.02	Jackson (final)	22 Aug 98	
13.03	Jackson	4 Sep 94	
13.04	Jackson	16 Aug 92	
13.04	Jackson	12 Aug 94	
13.04	Jarrett	12 Aug 95	
13.04	Jackson	25 Aug 99	
13.14	Andy Pozzi	1 Jul 17	
13.16	William Sharman	14 Aug 14	
13.22	Andy Turner	30 Jun 11	
13.24	David Omoregie	3 Sep 16	
13.29	Jon Ridgeon	15 Jul 87	
13.31	Lawrence Clarke	8 Aug 12	
13.36	Robert Newton	31 Jul 03	
13.42	David Nelson	27 Aug 91	10
13.43	Mark Holtom	4 Oct 82	
13.44	Hugh Teape	14 Aug 92	
13.44	Chris Baillie	21 Mar 06	
13.48	David King	2 Jun 17	
13.49	Andy Tulloch	30 Jun 99	
13.51	Nigel Walker	3 Aug 90	
13.53	Paul Gray	22 Aug 94	
13.53	Allan Scott	17 Jul 08	
13.54	Damien Greaves	13 Jul 02	
13.54	Gianni Frankis	26 Jun 13	20
13.54	Alex Al-Ameen	26 Apr 14	
13.56	Callum Priestley ¶	29 Jul 09	

All-Time – Men

Time	Name	Date
13.57	David Hughes	23 Jul 06
13.59	Khai Riley-La Borde	21 May 17
13.60	Wilbert Greaves	21 Aug 85
13.60	Neil Owen	28 Jun 95
13.64	Richard Alleyne	2 Jun 12
13.64	Joseph Hylton	24 Jun 12
13.64	Gabriel Odujobi	14 May 16
13.66	Ross Baillie	20 Feb 99
13.68	Jake Porter	26 Jul 17
13.69	Berwyn Price	18 Aug 73
13.69	James Weaver	29 Jul 17
13.71	James Gladman	30 Jun 13
13.72	David Hemery	1 Aug 70
13.72	Nick Gayle	29 Jun 13
13.74	Julien Adeniran	11 Aug 11
13.75	Lloyd Cowan	17 Jul 94
13.75	Ben Reynolds	29 Jun 11
13.76	Duncan Malins	15 Aug 04
13.77	Edirin Okoro	29 Jun 14
13.78	Dominic Girdler	5 Jul 03
13.79	Alan Pascoe	17 Jun 72
13.79	Mo. Sillah-Freckleton	31 Jul 03
13.82	Mensah Elliott	30 Jul 00
13.83	Dominic Bradley	14 Jul 01
13.86	Ken Campbell	23 Aug 94
13.86	Matt Hudson	27 Jun 10
13.87	Yannick Budd	18 May 14
13.89	David Feeney	31 May 15
13.93	Tristan Anthony	30 May 04
13.94	David Guest	5 May 13
13.96	Steve Buckeridge	31 May 86
13.97	Daniel Davis	4 Sep 10
13.97	Jack Meredith	7 May 12
13.97	Miguel Perera	25 Jul 18
13.98	Matthew Butler	16 Jul 05
14.00	Matt Douglas	23 May 99

wind assisted

Time	Name	Date
12.94 A	Jackson	31 Jul 94
12.95	Jackson	10 Sep 89
12.99	Jackson	23 Jun 89
13.01	Jackson	2 Jul 93
13.14	Lawrence Clarke	7 Jul 12
13.38	Gabriel Odujobi	15 Apr 17
13.41	Allan Scott	17 Jul 08
13.49	Nigel Walker	3 Jun 89
13.50	Damien Greaves	17 Jul 04
13.53	Gianni Frankis	7 Jul 13
13.56	David Hughes	17 Jul 05
13.64	Mo. Sillah-Freckleton	30 May 04
13.65	Berwyn Price	25 Aug 75
13.66	David Hemery	18 Jul 70
13.68	Duncan Malins	21 Aug 04
13.69	Mensah Elliott	19 Aug 00
13.69	Yannick Budd	29 Jun 14
13.72	Matt Hudson	30 May 10
13.72	Julian Adeniran	22 May 11
13.84	Daniel Davis	30 May 10
13.85	Tristan Anthony	17 Jul 04
13.90	Oliver McNeillis	22 Jun 08
13.91 A	Tim Reetz	3 May 02

Time	Name	Date
13.93		24 May 02
13.92	Ben Kelk	18 Jul 12
13.96	Mike Robbins	28 Mar 98
13.97	Brett St Louis	30 Jul 88
13.99	Bob Danville	14 Aug 76
13.99	Edward Dunford	9 Sep 07

hand timing

13.4	David King	6 Jun 16
13.5	Berwyn Price	1 Jul 73
13.6	David Hemery	5 Jul 69
13.7	Alan Pascoe	5 Jul 69
13.7	C. J. Kirkpatrick	29 Jun 74
13.7	Mensah Elliott	2 Sep 00
13.8	Martin Nicholson	25 Jun 94
13.9	Mike Parker	2 Oct 63
13.9	David Wilson	29 Jun 74
13.9	Brian Taylor	8 May 93

hand timing - wind assisted

12.8	Colin Jackson	10 Jan 90
13.0	Jarrett	2 Jun 96
13.4	Berwyn Price	7 Jul 76
13.5	Neil Owen	2 Jun 96
13.7	Lloyd Cowan	27 Apr 95

400 Metres Hurdles

Time	Name	Date
47.82	Kriss Akabusi	6 Aug 92
47.84	Dai Greene	6 Jul 12
47.86	Akabusi	27 Aug 91
47.88	Greene	4 Sep 10
47.91	Akabusi	26 Aug 91
47.92	Akabusi	29 Aug 90
48.01	Akabusi	5 Aug 92
48.10	Greene	13 Jul 12
48.12 A	David Hemery	15 Oct 68
48.52		2 Sep 72
48.12	Greene	31 Jul 10
48.14	Chris Rawlinson	11 Aug 99
48.54	Matt Douglas	28 Aug 03
48.59	Alan Pascoe	30 Jun 75
48.60	Jack Green	13 Jul 12
48.71	Nathan Woodward	3 Jul 11
48.73	Jon Ridgeon	6 Sep 92
48.80	Niall Flannery	17 Jun 14
48.84	Rhys Williams	17 Jul 13
48.90	Anthony Borsumato	14 Jul 02
49.03 A	John Sherwood	15 Oct 68
49.88		13 Aug 69
49.06	Rick Yates	26 Jul 08
49.07	Gary Cadogan ¶	22 Jul 94
49.11	Gary Oakes	26 Jul 80
49.11	Matt Elias	28 Jul 02
49.16	Paul Gray	18 Aug 98
49.19	Seb Rodger	13 Jul 13
49.25	Max Robertson	28 Aug 90
49.26	Peter Crampton	8 Aug 94
49.29	Du'aine Thorne-Ladejo	9 Jun 01
49.36	Tom Burton	6 Jun 15
49.49	Mark Holtom	20 Jul 85
49.49	Jacob Paul	9 Jul 17

All-Time – Men

49.54	Dale Garland	15 Aug 09	2.29 i	Allan Smith	15 Feb 15	
49.57	Ben Sumner	26 May 12	2.27		11 Apr 18	
49.58	David Hughes	8 Aug 10	2.28 i	John Holman	28 Jan 89	
49.60	Phil Beattie	28 Jul 86	2.24		27 May 89	
49.62	Lloyd Gumbs	18 Jul 09 30	2.28	Ray Bobrownicki	13 Jul 14	
49.65	Bill Hartley	2 Aug 75	2.26	James Brierley	3 Aug 96	
49.76	Richard Davenport	30 Jul 11	2.26	Matt Roberts	21 Aug 10	
49.78	Thomas Phillips	26 Jun 11	2.26 i	Chris Kandu	21 Feb 15	
49.82	Martin Gillingham	14 Aug 87	2.25		17 Jun 17	
49.82	Gary Jennings	27 Jun 95	2.26 i	David Smith	21 Feb 15	
49.86	Martin Briggs	6 Jun 84	2.26		1 Jul 18	
49.95	Steve Sole	24 Jul 83	2.25	Floyd Manderson	20 Aug 88	20
49.96	Tony Williams	24 Jul 99	2.25	Robert Mitchell	28 Jul 01	
50.01	Phil Harries	5 Jun 88	2.25	Adam Scarr	11 Jun 06	
50.05	Lawrence Lynch	15 Jun 96 40	2.25	Mike Edwards	19 Jul 15	
50.1 a	John Cooper	16 Oct 64	2.24	Mark Naylor	28 Jun 80	
50.11	Alastair Chalmers	13 Jul 18	2.24	John Hill	23 Aug 85	
50.12	Ryan Dinham	2 Jul 06	2.24	Phil McDonnell	26 Aug 85	
50.12	Steve Green	2 Aug 08	2.23	Mark Lakey	29 Aug 82	
50.16	Paul Thompson	17 May 96	2.23 i	David Abrahams	12 Mar 83	
50.16	Steve Surety	16 Jun 02	2.19		7 Oct 82	
50.19	Steve Coupland	12 Jun 94	2.22	Danny Graham	20 May 00	
50.23	Toby Ulm	30 May 09	2.22 i	Luke Crawley	1 Mar 03	30
50.24	Charles Robertson-Adams	4 Jul 01	2.22i	Dominic Ogbechie	24 Feb 18	
50.25	Jack Lawrie	18 Jun 17 50	2.18		25 Aug 18	
50.27	Jack Houghton	8 Aug 15	2.21	Fayyaz Ahmed	29 Jun 86	
50.28	Ben Carne	9 Jun 07	2.21	Steve Chapman	30 Jul 89	
50.29	Nick Stewart	22 Jul 05	2.21 i	Martin Lloyd	28 Jan 07	
50.30	Liam Collins	14 Jul 02	2.20		4 Aug 07	
			2.21	Brian Hall	25 Aug 07	
hand timing			2.21	Alan McKie	1 Jun 08	
49.9	Andy Todd	9 Oct 69	2.20	Brian Burgess	11 Jun 78	
			2.20	Trevor Llewelyn	15 Jul 83	
High Jump			2.20	Byron Morrison	14 Jul 84	
2.38 i	Steve Smith	4 Feb 94	2.20 i	Henderson Pierre	10 Jan 87	40
2.37		20 Sep 92	2.18		16 Aug 86	
2.37 i	Smith	14 Mar 93	2.20	Alex Kruger	18 Jun 88	
2.37	Smith	22 Aug 93	2.20	Ossie Cham	21 May 89	
2.37 i	Dalton Grant	13 Mar 94	2.20 i	Warren Caswell	10 Mar 90	
2.36		1 Sep 91	2.18		2 Sep 90	
2.37	Robbie Grabarz	23 Aug 12	2.20	Colin Bent	16 Jun 96	
2.36 i	Smith	5 Feb 93	2.20 i	Stuart Ohrland	1 Feb 97	
2.36 i	Smith	24 Feb 94	2.18		28 Aug 99	
2.36 i	Smith	10 Feb 96	2.20	Stuart Smith	13 Apr 97	
2.36 i	Smith	8 Feb 98	2.20	David Barnetson	3 Aug 97	
2.36	Smith	27 Jun 99	2.20	Dan Turner	28 May 01	
2.36	Grabarz	9 Jun 12	2.20	Darryl Stone	10 Jul 05	
2.36 i	Chris Baker	13 Feb 16	2.20	Nick Stanisavljevic	8 Jul 06	50
	2.29	10 Jul 16	2.20i	Joel Khan	25 Feb 18	
2.34	Germaine Mason	19 Aug 08	2.20	Ryan Webb	13 May 18	
2.32 i	Brendan Reilly	24 Feb 94	2.19 i	Mike Robbins	3 Feb 96	
	2.31	17 Jul 92	2.19	Jamie Russell	18 May 02	
2.31	Geoff Parsons	26 Aug 94				
2.31 i	Samson Oni	4 Mar 10	**Pole Vault**			
	2.30	8 Jun 08	5.83 i	Luke Cutts	25 Jan 14	
2.31 i	Tom Parsons	13 Feb 11		5.70	27 Jul 13	
	2.30	13 Jul 08	5.82	Steve Lewis	21 Jul 12	
2.30	Ben Challenger	13 Jul 99 10	5.81 i	Nick Buckfield	8 Feb 02	
2.30 i	Martyn Bernard	3 Mar 07		5.80	27 May 98	
	2.30	29 Jun 08	5.80	Lewis	23 Aug 12	
2.30	Tom Gale	29 Jul 17				

All-Time – Men

5.77 i	Lewis	2 Mar 12		**Long Jump**			
5.75	Buckfield	7 Sep 97		8.51	Greg Rutherford	24 Apr 14	
5.75 A	Buckfield	14 Apr 01		8.41	Rutherford	25 Aug 15	
5.75 i	Lewis	17 Jan 09		8.35	Chris Tomlinson	8 Jul 11	
5.75	Lewis	10 Aug 12		8.35	Rutherford	3 May 12	
5.65	Keith Stock	7 Jul 81		8.35	Rutherford	7 Jun 15	
5.65	Jax Thoirs	16 May 15		8.34	Rutherford	30 Jul 15	
5.65 i	Adam Hague	18 Feb 18		8.32	Rutherford	31 May 12	
5.65		12 Aug 18		8.32	Rutherford	3 Sep 15	
5.64 i	Max Eaves	5 Mar 16		8.31	Rutherford	4 Aug 12	
5.62		19 Jul 14		8.31	Rutherford	2 Jun 16	
5.61	Kevin Hughes	28 Jul 99		8.26	Nathan Morgan	20 Jul 03	
5.60	Neil Winter	19 Aug 95		8.23	Lynn Davies	30 Jun 68	
5.60	Charlie Myers	8 Jul 18	10	8.21	Daniel Bramble	18 Apr 15	
5.59	Brian Hooper	6 Sep 80		8.16	Bradley Pickup	2 Aug 14	
5.55	Paul Williamson	13 May 00		8.15	Stewart Faulkner	16 Jul 90	
5.55	Tim Thomas	6 Jun 04		8.14	Mark Forsythe	7 Jul 91	
5.55 i	Andrew Sutcliffe	11 Feb 12		8.11	JJ Jegede	13 Jul 12	
5.46		11 Aug 12		8.10	Fred Salle	9 Sep 94	10
5.52	Mike Edwards	13 May 93		8.08	Roy Mitchell	27 Sep 80	
5.52	Joel Leon Benitez	18 Jul 18		8.08	Julian Reid	25 Jun 11	
5.50 i	Ashley Swain	8 Feb 04		8.05 i	Barrington Williams	11 Feb 89	
5.41		27 Jul 03		8.01		17 Jun 89	
5.47 i	Keith Higham	4 Feb 06		8.05	Feron Sayers	9 Jun 18	
5.40		25 Jun 05		8.03	Steve Phillips	5 Aug 98	
5.45 i	Andy Ashurst	16 Feb 92		8.03	Jonathan Moore	18 May 02	
5.40		19 Jun 88		8.03	Timothy Duckworth	6 Apr 18	
5.45	Mike Barber	27 Jul 97	20	8.01	Daley Thompson	8 Aug 84	
5.45 i	Paul Walker	2 Mar 14		8.01	Darren Ritchie	16 Jun 01	
5.40		23 Jun 07		8.00	Derrick Brown	7 Aug 85	20
5.45	Gregor MacLean	10 May 14		7.98	Alan Lerwill	29 Jun 74	
5.42 i	Scott Simpson	10 Mar 07		7.96	Daniel Gardiner	31 Jul 16	
5.41		27 Aug 06		7.96	Jacob Fincham-Dukes	25 May 17	
5.42	Nick Cruchley	3 Jul 11		7.94 i	Paul Johnson	10 Mar 89	
5.42	Harry Coppell	6 Jun 15		7.85		3 Jun 89	
5.40 A	Jeff Gutteridge ¶	23 Apr 80		7.94 i	Matthew Burton	9 Feb 13	
5.40		5 Jun 83		7.87		9 Jun 14	
5.40 i	Matt Belsham	10 Feb 96		7.93	Chris Kirk	12 Jul 08	
5.35		26 Jun 93		7.91	John King	26 Sep 87	
5.40	Ben Flint	25 Jul 99		7.90	Ian Simpson	3 Jun 89	
5.40	Joe Ive	23 Jun 07		7.90	Chris Davidson	19 Jun 99	
5.40 i	Daniel Gardner	22 Feb 14	30	7.89	George Audu	12 Aug 00	30
5.35	Ian Tullett	26 Jul 98		7.88	Allan Hamilton	15 Apr 16	
5.35	Mark Beharrell	29 Jun 03		7.87	Keith Fleming	7 Jun 87	
5.35 i	Matt Devereux	17 Feb 13		7.86	James McLachlan	19 Apr 13	
5.34		27 May 12		7.86	Elliot Safo	19 Jul 13	
5.30	Dean Mellor	17 Jun 95		7.84	Wayne Griffith	25 Aug 89	
5.30	Christian North	25 Jul 99		7.83	Phillips Idowu	25 Jul 00	
5.30	Andrew Marsh	26 Jun 11		7.80	Nick Newman	4 Feb 12	
5.26	Mark Johnson	31 Aug 91		7.79	John Morbey	11 Jul 64	
5.26 i	Timothy Duckworth	11 Mar 17		7.79	Geoff Hignett	31 May 71	
5.26	Scott Huggins	13 May 17		7.79	Don Porter	13 Jul 75	40
5.25	Mike Bull	22 Sep 73	40	7.79	Paul Ogun	31 Jul 16	
5.25	Allan Williams	29 Aug 77		7.79 i	Ashley Bryant	28 Jan 17	
5.25	Daley Thompson	15 Jun 86		7.78	Oliver Newport	14 May 16	
5.25	Tom Richards	8 Aug 99		7.78	Shandell Taylor	13 Jul 18	
5.25	Mark Christie	7 Jun 08		7.77	Len Tyson	25 Jul 82	
5.25	Rowan May	20 Jul 13		7.77	Dean Macey	27 Sep 00	
5.25 i	Jack Phipps	5 Feb 17		7.77	John Carr	14 Jul 12	
				7.77 i	James Groocock	8 Dec 12	
				7.77	Felix Maisey-Curtis	6 Jul 14	

All-Time – Men

wind assisted

8.36	Rutherford	14 May 16	
8.32	Rutherford	4 Jun 11	
8.19	Timothy Duckworth	12 May 18	
8.17	Mark Forsythe	11 Jun 89	
8.16	Roy Mitchell	26 Jun 76	
8.15	Alan Lerwill	29 May 72	
8.12	Derrick Brown	14 Jun 86	
8.12	Jonathan Moore	16 Aug 08	
8.11	Daley Thompson	7 Aug 78	
8.08	Darren Ritchie	29 Jun 03	
8.07	Steve Phillips	11 Jul 99	
8.04	Ian Simpson	3 Jun 89	
8.02	Jacob Fincham-Dukes	15 Apr 17	
7.96	Colin Jackson	17 May 86	
7.95	Feron Sayers	2 Jul 17	
7.94	John Herbert	25 Jul 82	
7.94	John King	20 Jun 86	
7.94	Chris Davidson	21 Jun 97	
7.93	David Burgess	15 Jun 86	
7.91	Steve Ingram	18 Jun 94	
7.89	John Shepherd	20 Jun 86	
7.87	Paul Johnson	15 May 88	
7.87	Reynold Banigo	29 Jul 18	
7.85	Efe Uwaifo	6 May 17	
7.84	Darren Thompson	16 Jun 01	
7.84	Leigh Smith	3 Sep 05	
7.82	Peter Reed	20 Jul 68	
7.82	Femi Abejide	20 Jun 86	
7.82	Kevin Liddington	25 Jun 89	

Triple Jump

18.29	Jonathan Edwards	7 Aug 95	
18.01	Edwards	9 Jul 98	
18.00	Edwards	27 Aug 95	
17.99	Edwards	23 Aug 98	
17.98	Edwards	18 Jul 95	
17.92	Edwards	6 Aug 01	
17.88	Edwards	27 Jul 96	
17.86	Edwards	28 Jul 02	
17.82	Edwards	25 Jun 96	
17.81	Phillips Idowu	29 Jul 10	
17.64	Nathan Douglas	10 Jul 05	
17.57 A	Keith Connor	5 Jun 82	
	17.31 i	13 Mar 81	
	17.30	9 Jun 82	
17.41	John Herbert	2 Sep 85	
17.30	Larry Achike	23 Sep 00	
17.21	Tosi Fasinro	27 Jul 93	
17.18	Francis Agyepong	7 Jul 95	
17.06	Julian Golley	10 Sep 94	
17.01	Eric McCalla	3 Aug 84	10
16.95	Julian Reid	4 Jul 15	
16.87	Mike Makin	2 Aug 86	
16.86	Aston Moore	16 Aug 81	
16.86	Tosin Oke	3 Aug 07	
16.81	Nathan Fox	13 May 17	
16.75	Vernon Samuels	7 Aug 88	
16.74	Ben Williams	12 Jun 15	
16.71	Steven Shalders	3 Sep 05	
16.63 A	Femi Akinsanya	10 Apr 99	
	16.58	15 Jun 96	
16.61	Kola Adedoyin	26 Apr 14	20
16.49 i	Nick Thomas	11 Feb 06	
	16.44	22 Jul 00	
16.46	Fred Alsop	16 Oct 64	
16.45	Nonso Okolo	13 May 17	
16.43	Jonathan Moore	22 Jul 01	
16.43 i	Michael Puplampu	9 Feb 13	
	16.41	12 May 18	
16.38	Sam Trigg	27 May 17	
16.33	Gary White	15 Jul 07	
16.32	Tayo Erogbogbo	21 Aug 95	
16.31 i	Daniel Lewis	8 Feb 14	
	16.26	21 Jun 14	
16.30	Femi Abejide	26 Jul 03	30
16.29 i	David Johnson	1 Mar 78	
	16.18	22 Jun 75	
16.28	Jonathan Ilori	10 Jun 18	
16.26	Joe Sweeney	3 Aug 91	
16.22	Derek Boosey	15 Jun 68	
16.20	Rez Cameron	5 Jun 88	
16.18	Tony Wadhams	6 Jul 69	
16.17	John Mackenzie	17 Sep 94	
16.16	Conroy Brown	19 Sep 81	
16.16	Elliot O'Neill	4 Aug 07	
16.15	Wayne Green	10 Jul 88	40
16.15	Michael Brown	23 Jul 89	
16.15 i	Montel Nevers	21 Feb 16	
	16.14	6 Aug 16	
16.13	Steven Anderson	11 Jun 83	
16.10	Alan Lerwill	28 Aug 71	
16.09	Courtney Charles	17 Jun 90	
16.08	Craig Duncan	21 Jun 86	
16.07 i	Tunde Amosu	28 Feb 15	
16.06	Mike McKernan	29 Jul 07	
16.02	Peter Akwaboah	15 Jun 89	
16.01	Lawrence Davis	19 Feb 17	50

wind assisted

18.43	Jonathan Edwards	25 Jun 95	
18.08	Edwards	23 Jul 95	
18.03	Edwards	2 Jul 95	
17.81	Keith Connor	9 Oct 82	
17.31	Larry Achike	15 Jul 00	
17.30	Tosi Fasinro	12 Jun 93	
17.29 A	Francis Agyepong	29 Jul 95	
	17.24	2 Jul 95	
17.02	Aston Moore	14 Jun 81	
17.00	Steven Shalders	10 Jul 05	
16.96	Julian Reid	28 May 16	
16.82	Vernon Samuels	24 Jun 89	
16.65	Fred Alsop	13 Aug 65	
16.59	Michael Puplampu	10 Jun 12	
16.49	Tony Wadhams	16 Sep 69	
16.44	Tayo Erogbogbo	31 May 97	
16.38	Femi Abejide	10 Jun 89	
16.38	Courtney Charles	22 Jul 90	
16.33	Dave Johnson	28 May 78	
16.32	Craig Duncan	20 Jun 87	
16.32	Rez Cameron	21 May 89	
16.21	Alan Lerwill	28 Aug 71	

All-Time – Men

Shot

21.92	Carl Myerscough ¶	13 Jun 03	
21.68	Geoff Capes	18 May 80	
21.55	Capes	28 May 76	
21.55	Myerscough	27 Jul 03	
21.50	Capes	24 May 80	
21.50	Myerscough	8 Aug 03	
21.49 i	Myerscough	15 Mar 03	
21.37	Capes	10 Aug 74	
21.36	Capes	19 Jun 76	
21.35	Capes	5 Jun 80	
20.88	Mark Edwards ¶	7 Jun 08	
20.85 i	Mark Proctor	25 Jan 98	
20.40		7 Jul 99	
20.45	Shaun Pickering	17 Aug 97	
20.43	Mike Winch	22 May 74	
20.33	Paul Edwards ¶	9 Jul 91	
19.59	Scott Lincoln	28 May 16	
19.56	Arthur Rowe	7 Aug 61	
19.49	Matt Simson	28 Aug 94	10
19.44 i	Simon Williams	28 Jan 89	
19.17		18 May 91	
19.43	Bill Tancred	18 May 74	
19.42	Zane Duquemin	27 Jul 13	
19.18	Jeff Teale ¶	7 Aug 68	
19.02 i	Kieren Kelly ¶	21 Feb 09	
18.83		12 Jul 09	
19.01	Billy Cole	21 Jun 86	
18.97	Scott Rider	4 Jun 05	
18.97	Emeka Udechuku	24 Jun 06	
18.94	Bob Dale	12 Jun 76	
18.93	Paul Buxton	13 May 77	20
18.85	Lee Newman	2 Jun 96	
18.79	Steph Hayward	6 Sep 00	
18.66 i	Ryan Spencer-Jones	15 Dec 13	
18.32		18 May 14	
18.62	Martyn Lucking	2 Oct 62	
18.59 i	Alan Carter	11 Apr 65	
18.26		1 May 65	
18.59 i	Greg Beard	13 Jan 13	
18.29		14 Jul 13	
18.50	Mike Lindsay	2 Jul 63	
18.46	Roger Kennedy	22 May 77	
18.46 i	Simon Rodhouse	20 Feb 82	
18.20		25 Jul 82	
18.35	Peter Tancred	9 Jul 74	30
18.34	Richard Slaney	3 Jul 83	
18.34	Youcef Zatat	21 May 17	
18.29 i	Jamie Williamson	13 Jan 13	
18.17		28 Jul 12	
18.14 i	Neal Brunning ¶	26 Jan 92	
18.07	Gareth Winter	23 May 15	
18.05	John Watts	19 Aug 72	
18.04	Andy Vince	30 Apr 83	
17.96	Nigel Spratley	28 Aug 94	
17.95	Graham Savory	4 Jun 88	
17.92	Nick Tabor	9 Apr 83	40
17.90	Chris Gearing	26 May 07	
17.90	Carl Fletcher ¶	18 Aug 09	
17.87	Bill Fuller	15 Jul 72	
17.87 i	Ian Lindley	15 Mar 81	
17.87 i	Antony Zaidman	22 Jan 83	
17.85	Gary Sollitt	4 Jun 82	
17.85	Jamie Stevenson	28 Jun 09	
17.79	John Alderson	31 Jul 74	
17.78	Steve Whyte	11 Feb 89	
17.71	Sam Westlake-Cann	11 Aug 07	50

Discus

68.24	Lawrence Okoye	19 May 12	
67.63	Okoye	9 Jul 11	
67.25	Okoye	4 Sep 12	
66.84	Brett Morse	30 Jun 13	
66.67	Okoye	20 Apr 12	
66.64	Perriss Wilkins ¶	6 Jun 98	
66.25	Okoye	26 Apr 12	
66.06	Morse	27 Jul 11	
65.44	Abdul Buhari	9 Jul 11	
65.30	Morse	13 Aug 11	
65.24	Carl Myerscough ¶	9 Jun 12	
65.16	Richard Slaney	1 Jul 85	
65.11	Glen Smith	18 Jul 99	
65.08	Robert Weir	19 Aug 00	
64.94	Bill Tancred	21 Jul 74	
64.93	Emeka Udechuku	17 Jul 04	10
63.46	Zane Duquemin	30 Jun 12	
63.38	Nicholas Percy	22 Jul 16	
63.00	Chris Scott	9 Jul 11	
62.36	Peter Tancred	8 May 80	
61.86	Paul Mardle	13 Jun 84	
61.62	Peter Gordon ¶	15 Jun 91	
61.29	Gregory Thompson	28 Apr 18	
61.14	Simon Williams	18 Apr 92	
61.10	Kevin Brown	30 Aug 97	
61.00	Allan Seatory	6 Oct 74	20
60.92	Graham Savory	10 May 86	
60.48	Lee Newman	10 May 97	
60.42	Mike Cushion	16 Aug 75	
60.08	Abi Ekoku	16 May 90	
59.98	Tom Norman	18 Jun 11	
59.84	Colin Sutherland ¶	10 Jun 78	
59.76	John Hillier	27 Jul 74	
59.74	George Armstrong	15 Aug 18	
59.70	John Watts	14 Jul 72	
59.58	Jamie Williamson	30 Jun 12	30
59.33	Alan Toward	26 Feb 17	
58.84	Simon Cooke	16 Jun 12	
58.77	Angus McInroy	10 Jul 10	
58.69	Marcus Gouldbourne	25 Jul 06	
58.67	George Evans	13 May 18	
58.64	Steve Casey	19 May 91	
58.58	Darrin Morris	22 Jun 91	
58.36	Paul Reed	11 Jul 99	
58.34	Geoff Capes	29 Sep 75	
58.08	Mike Winch	7 Sep 75	40
57.58	Arthur McKenzie	17 Aug 69	
57.39	Adam Damadzic	5 May 18	
57.14	Mark Proctor	24 Jun 00	
57.12	Paul Edwards ¶	10 Aug 88	
57.10	Dennis Roscoe	3 May 80	
57.09	Leslie Richards	21 Aug 10	
57.07	Curtis Griffith-Parker	19 Jun 10	
57.00	Gerry Carr	17 Jul 65	
56.97	Matt Brown	26 Apr 08	
56.79	Alex Parkinson	11 Feb 17	50

All-Time – Men

Hammer

80.26	Nick Miller	8 Apr 18
78.29	Miller	30 Mar 18
77.55	Miller	22 Jul 15
77.54	Martin Girvan	12 May 84
77.51	Miller	21 Apr 17
77.42	Miller	22 Aug 15
77.31	Miller	11 Aug 17
77.30	Dave Smith I	13 Jul 85
77.16	Girvan	13 Jul 84
77.05	Miller	26 May 18
77.04	Smith I	25 May 85
77.02	Matt Mileham	11 May 84
76.93	Mark Dry	17 May 15
76.45	Chris Bennett	18 Jun 16
76.43	Mick Jones	2 Jun 01
75.63	Alex Smith	3 Mar 12
75.40	Chris Black	23 Jul 83
75.10	Dave Smith II	27 May 96 10
75.08	Robert Weir	3 Oct 82
74.02	Paul Head	30 Aug 90
73.86	Barry Williams	1 Jul 76
73.80	Jason Byrne	19 Sep 92
73.80	Joseph Ellis	5 Jun 18
73.40	Taylor Campbell	30 Apr 17
73.24	Jake Norris	6 Jun 18
73.20	Paul Dickenson	22 May 76
72.79	Bill Beauchamp	25 Aug 03
72.79	Andy Frost	22 May 11 20
72.45	Mike Floyd	20 Aug 11
71.75	Peter Smith	15 Apr 12
71.70	Matt Lambley	23 May 10
71.62	Osian Jones	28 Mar 18
71.60	Shane Peacock	24 Jun 90
71.28	Peter Vivian	25 Jun 95
71.01	Amir Williamson	21 Jul 13
71.00	Ian Chipchase	17 Aug 74
70.90	Michael Bomba	6 Apr 13
70.88	Howard Payne	29 Jun 74 30
70.82	James Bedford	19 May 13
70.47	Craig Murch	25 Jul 18
70.33	John Pearson	30 Jul 00
70.30	Stewart Rogerson	14 Aug 88
70.28	Paul Buxton	19 May 79
70.18	Chris Shorthouse	8 Aug 15
69.74	Iain Park	7 Sep 03
69.52	Jim Whitehead	23 Sep 79
69.13	Callum Brown	30 Jul 17
68.69	Simon Bown	6 Sep 09 40
68.64	Shaun Pickering	7 Apr 84
68.23	Jac Lloyd Palmer	2 Jun 18
68.18	Ron James	2 Jun 82
67.85	Nicholas Percy	7 May 16
67.82	Steve Whyte	15 Apr 89
67.45	Steve Pearson	27 Jun 98
67.32	Gareth Cook	1 Jun 91
66.97	Chris Howe	6 Jun 98
66.95 A	Karim Chester	23 Apr 05
66.84	Michael Painter	8 Apr 17 50
66.53	Russell Devine	15 Feb 01

Javelin

91.46	Steve Backley	25 Jan 92
90.81	Backley	22 Jul 01
89.89	Backley	19 Jul 98
89.85	Backley	23 Sep 00
89.72	Backley	23 Aug 98
89.58	Backley	2 Jul 90
89.22	Backley	11 Jun 98
89.02	Backley	30 May 97
88.80	Backley	2 Aug 98
88.71 A	Backley	13 Sep 98
86.94	Mick Hill	13 Jun 93
85.67	Mark Roberson	19 Jul 98
85.09	Nick Nieland	13 Aug 00
83.84	Roald Bradstock	2 May 87
83.52	Mervyn Luckwell	25 Sep 11
82.38	Colin Mackenzie	7 Aug 93
81.70	Nigel Bevan	28 Jun 92
80.98	Dave Ottley	24 Sep 88
80.38	James Campbell	18 Jul 10 10
79.72	Lee Doran	23 Jun 12
79.55	Michael Allen	10 Jun 06
78.54	Gary Jenson	17 Sep 89
78.33 A	David Parker	24 Mar 01
77.84	Peter Yates	21 Feb 87
77.47	Matti Mortimore	31 Mar 17
77.03	James Whiteaker	6 May 17
76.92	Chris Hughff	4 May 09
76.81	Harry Hughes	1 May 17
76.77	Matthew Hunt	1 May 11 20
76.66 i	Stuart Faben	3 Mar 96
76.17		30 Mar 02
76.13	Joe Dunderdale	18 May 14
76.10	Keith Beard	18 May 91
75.89	Dan Pembroke	12 Jun 11
75.71	Joe Harris	29 Jul 17
75.52	Marcus Humphries	25 Jul 87
75.32	Steve Harrison	9 Jul 95
75.28	Nigel Stainton	5 Aug 89
74.92	Neil McLellan	22 Jun 07
74.90	Daryl Brand	27 Jun 86 30
74.72	Chris Crutchley	13 Jul 86
74.71	Benji Pearson	26 Apr 14
74.70	Myles Cottrell	16 May 92
74.64	Bonne Buwembo	24 Aug 14
74.62 A	Alex van der Merwe	29 Mar 08
73.89	Jonathan Engelking	11 May 18
73.56	Dan Carter	16 Sep 00
73.41	Neil Crossley	6 May 13
73.26	David Messom	25 Apr 87
72.92	Stefan Baldwin	8 May 93 40
72.73	Freddie Curtis	7 Jun 15
72.52	Richard Shuttleworth	25 Sep 11
72.41	Steven Turnock	15 Apr 17
72.35	Anthony Lovett	24 Jul 04
72.26	Felix Hatton	2 Jul 11
71.86	Tony Hatton	3 May 93
71.83	Brett Byrd	20 Jun 10
71.79	Phill Sharpe	27 Aug 00
71.60	Stuart Harvey	22 Jun 08
71.15	Greg Millar	24 May 17 50

All-Time – Men

Decathlon (1985 Tables)

8847	Daley Thompson	9 Aug 84	
8811	Thompson	28 Aug 86	
8774	Thompson	8 Sep 82	
8730	Thompson	23 May 82	
8714	Thompson	13 Aug 83	
8667	Thompson	18 May 86	
8663	Thompson	28 Jul 86	
8648	Thompson	18 May 80	
8603	Dean Macey	7 Aug 01	
8567	Macey	28 Sep 00	
8336	Timothy Duckworth	7 Jun 18	
8163	Ashley Bryant	28 May 17	
8131	Alex Kruger	2 Jul 95	
8102	Daniel Awde	27 May 12	
7980	Simon Shirley	24 Aug 94	
7965	John Lane	13 Apr 17	
7922 w	Brad McStravick	28 May 84	
7885		6 May 84	
7904	David Bigham	28 Jun 92	10
7901 h	Peter Gabbett	22 May 72	
7889	Eugene Gilkes	18 May 86	
7882	Ben Gregory	14 Apr 16	
7874	Colin Boreham	23 May 82	
7861	Anthony Brannen	30 Apr 95	
7857	Liam Ramsay	19 Jul 15	
7787	Brian Taylor	30 May 93	
7766	Barry Thomas	2 Sep 95	
7748	Eric Hollingsworth	30 May 93	
7740	Greg Richards	7 Jun 87	20
7739	Jamie Quarry	30 May 99	
7734	Edward Dunford	9 Sep 07	
7727	David Guest	6 Jun 10	
7726	Ben Hazell	28 Jun 09	
7713	Jim Stevenson	5 Jun 93	
7712	Martin Brockman	8 Oct 10	
7708	Fidelis Obikwu	28 May 84	
7663	Rafer Joseph	24 Aug 94	
7651	David Hall	13 Jun 15	
7643 w	Tom Leeson	8 Sep 85	30
7565		11 Aug 85	
7635 w	Du'aine Ladejo	24 May 98	
7633		18 Sep 98	
7597	Osman Muskwe	30 Aug 15	
7596	Mike Corden	27 Jun 76	
7594	Mark Bishop	3 Sep 89	
7579	Mark Luscombe	8 May 88	
7571	Alexis Sharp	17 Apr 98	
7571	Kevin Sempers	8 Oct 10	
7535	Duncan Mathieson	24 Jun 90	
7515	Ken Hayford	9 Jun 85	
7510 w	John Heanley	6 Jun 04	40
7443		16 May 04	
7510	Peter Glass	14 Jul 13	
7500	Barry King	22 May 72	
7500	Pan Zeniou	2 Aug 81	
7500	Curtis Mathews	17 Sep 17	
7496	Harry Maslen	6 Apr 18	
7472	Anthony Sawyer	30 May 04	
7469	Louis Evling-Jones	13 Jul 08	
7457	Roger Skedd	12 Apr 13	
7440	Oliver McNeillis	27 Jul 08	
7439	Kevan Lobb	19 Aug 84	50

3000 Metres Track Walk

10:30.28 i	Tom Bosworth	25 Feb 18	
10:43.84		21 Jul 18	
10:52.77 i	Callum Wilkinson	25 Feb 18	
11:13.09		12 Jun 17	
10:58.21 i	Bosworth	28 Feb 16	
11:07.47 i+	Bosworth	18 Feb 18	
11:19.10	Cameron Corbishley	12 Jun 17	
11:23.99 i	Alex Wright	27 Jan 13	
11:38.16		31 May 10	
11:24.4	Mark Easton	10 May 89	
11:28.4	Phil Vesty	9 May 84	
11:29.6 i	Tim Berrett	21 Jan 90	
11:31.0	Andi Drake	22 Jul 90	
11:32.2	Ian McCombie	20 Jul 88	
11:33.4	Steve Partington	12 Jul 95	10
11:34.62	Daniel King	30 May 05	
11:35.5	Andy Penn	10 May 97	
11:39.0 i+	Martin Rush	8 Feb 92	
11:44.68	Roger Mills	7 Aug 81	
11:45.1	Chris Maddocks	9 Aug 87	
11:45.77	Steve Johnson	20 Jun 87	

5000 Metres Track Walk

Time	Name	Date	
18:28.70 i	Tom Bosworth	18 Feb 18	
18:43.28		2 Jul 17	
18:56.96	Callum Wilkinson	2 Jul 17	
19:22.29 i	Martin Rush	8 Feb 92	
19:27.39	Alex Wright	14 Jun 13	
19:28.20 i	Andi Drake	13 Feb 91	
19:35.0	Darrell Stone	16 May 89	
19:42.90 i	Tim Berrett	23 Feb 90	
19:55.8 +	Ian McCombie	4 Jun 89	
19:57.91	Dominic King	24 Jul 04	
19:57.95	Daniel King	24 Jul 04	10

10000 Metres Track Walk

Time	Name	Date	
40:06.65	Ian McCombie	4 Jun 89	
40:39.77	McCombie	5 Jun 88	
40:41.62	Callum Wilkinson	23 Jul 16	
40:42.53	McCombie	28 Aug 89	
40:53.60	Phil Vesty	28 May 84	
40:55.6	Martin Rush	14 Sep 91	
41:06.57	Chris Maddocks	20 Jun 87	
41:10.11	Darrell Stone	16 Jul 95	
41:13.62	Steve Barry	19 Jun 82	
41:13.65	Martin Bell	22 Jul 95	10
41:14.3	Mark Easton	5 Feb 89	
41:14.61	Steve Partington	16 Jul 95	
41:18.64	Andi Drake	5 Jun 88	
41:34.9 +	Tom Bosworth	21 Jun 15	
41:37.44	Cameron Corbishley	18 Jun 17	
41:49.06	Sean Martindale	26 Jun 90	
41:55.7	Phil Embleton	14 Apr 71	
41:59.10	Andy Penn	27 Jul 91	

track short

| 40:54.7 | Steve Barry | 19 Mar 83 |

All-Time – Men

20 Kilometres Road Walk

Time	Name	Date
1:19:38	Tom Bosworth	8 Apr 18
1:20:13	Bosworth	12 Aug 16
1:20:41	Bosworth	19 Mar 16
1:20:58	Bosworth	1 Apr 17
1:21:21	Bosworth	21 May 17
1:21:28	Bosworth	11 Mar 18
1:21:31	Bosworth	11 Aug 18
1:21:53	Bosworth	19 Mar 17
1:22:03	Ian McCombie	23 Sep 88
1:22:12	Chris Maddocks	3 May 92
1:22:17	Callum Wilkinson	21 May 17
1:22:51	Steve Barry	26 Feb 83
1:23:05	Alex Wright	17 Mar 13
1:23:34	Andy Penn	29 Feb 92
1:23:34	Martin Rush	29 Feb 92
1:23:58	Darrell Stone	24 Feb 96
1:24:04	Mark Easton	25 Feb 89	10
1:24:04.0t	Andi Drake	26 May 90
1:24:07.6t	Phil Vesty	1 Dec 84
1:24:09	Steve Partington	24 Sep 94
1:24:25	Tim Berrett	21 Apr 90
1:24:50	Paul Nihill	30 Jul 72
1:25:42	Martin Bell	9 May 92
1:25:53.6t	Sean Martindale	28 Apr 89
1:26:00	Cameron Corbishley	8 Apr 17
1:26:02	Jamie Higgins	12 Apr 14
1:26:08	Dominic King	25 Jun 17	20
1:26:14	Dan King	28 Feb 04
1:26:53	Chris Cheeseman	21 Mar 99
1:27:00	Roger Mills	30 Jun 80
1:27:05	Mike Parker	5 Apr 86
1:27:16	Les Morton	25 Feb 89
1:27:30	Ben Wears	15 May 10
1:27:35	Olly Flynn	3 Oct 76
1:27:43	Luke Finch	20 Jun 10
1:27:46	Brian Adams	11 Oct 75
1:27:59	Phil Embleton	3 Apr 71	30
1:28:02	Paul Blagg	27 Feb 82
1:28:15	Ken Matthews	23 Jul 60
1:28:26	Chris Harvey	29 Sep 79
1:28:30	Allan King	11 May 85
1:28:34	Chris Smith	11 May 85
1:28:34	Steve Hollier	19 Jun 99
1:28:37	Dave Jarman	30 Jun 80
1:28:38	Guy Thomas	3 Jun 17
1:28:40	Matt Hales	21 Apr 01
1:28:46	Jimmy Ball	4 Apr 87	40
1:28:46	Steve Taylor	20 Dec 92
1:28:46	Jamie O'Rawe	21 Mar 99
1:28:50	Amos Seddon	3 Aug 74
1:29:07	Philip King	20 Aug 95
1:29:19	Stuart Phillips	31 May 92
1:29:24	George Nibre	6 Apr 80
1:29:27	Graham White	19 Apr 97
1:29:29 +	Steve Johnson	16 Apr 89
1:29:37	John Warhurst	28 Jul 73
1:29:42	Dennis Jackson	10 May 86	50

no judges
| 1:27:04.0t | Steve Hollier | 9 Jan 00 |

50 Kilometres Road Walk

Time	Name	Date
3:51:37	Chris Maddocks	28 Oct 90
3:53:14	Maddocks	25 Nov 95
3:55:48	Dominic King	8 Oct 16
3:57:10	Maddocks	12 Mar 00
3:57:48	Les Morton	30 Apr 89
3:58:25	Morton	20 Mar 88
3:58:36	Morton	11 Oct 92
3:59:22	King	10 Oct 15
3:59:30	Morton	30 Sep 88
3:59:55	Paul Blagg	5 Sep 87
4:03:08	Dennis Jackson	16 Mar 86
4:03:53	Mark Easton	25 Apr 98
4:04:49	Daniel King	29 Mar 08
4:06:14	Barry Graham	20 Apr 85
4:07:18	Steve Hollier	18 Jun 00
4:07:23	Bob Dobson	21 Oct 79	10
4:07:49	Chris Cheesman	2 May 99
4:07:57	Ian Richards	20 Apr 80
4:08:41	Adrian James	12 Apr 80
4:09:15un	Don Thompson	10 Oct 65
4:12:19		20 Jun 59
4:09:22	Mike Smith	27 Mar 89
4:10:23	Darrell Stone	6 May 90
4:10:42	Amos Seddon	9 Mar 80
4:11:32	Paul Nihill	18 Oct 64
4:12:00	Sean Martindale	16 Oct 93
4:12:02	Martin Rush	28 Jul 91	20
4:12:37	John Warhurst	27 May 72
4:12:50	Darren Thorn	6 May 90
4:13:18	Graham White	27 Jun 98
4:13:25	Allan King	16 Apr 83
4:14:03	Tom Misson	20 Jun 59
4:14:25	Dave Cotton	15 Jul 78
4:15:14	Shaun Lightman	13 Oct 73
4:15:22	Brian Adams	17 Sep 78
4:15:52	Ray Middleton	27 May 72
4:16:30	Karl Atton	20 Apr 97	30
4:16:45	Gareth Brown	21 Apr 02
4:16:47	George Nibre	9 Mar 80
4:17:24	Andi Drake	18 Oct 87
4:17:34	Gordon Vale	9 Oct 83
4:17:40	Steve Partington	26 Jun 05
4:17:52	Stuart Elms	17 Apr 76
4:18:30	Peter Ryan	10 Apr 82
4:19:00	Carl Lawton	17 Jul 71
4:19:13	Bryan Eley	19 Jul 69
4:19:26	Roger Mills	9 Apr 83	40
4:19:55	Mick Holmes	4 Aug 73
4:19:57	Barry Ingarfield	21 Oct 79
4:20:05	George Chaplin	27 May 72
4:20:22	Scott Davis	13 Sep 09
4:20:43	Tim Watt	8 Oct 95
4:20:48	Andrew Trigg	1 May 88
4:20:51	Murray Lambden	18 Jul 82
4:21:02	Ron Wallwork	17 Jul 71
4:22:05	Mel McCann	14 Sep 86
4:22:41.0t	Charley Fogg	1 Jun 75	50
4:23:12	Peter Hodkinson	21 Jul 79
4:23:22	Chris Berwick	12 Jul 86

4 x 100 Metres Relay

37.47	Great Britain & NI	12 Aug 17	
Ujah, Gemili, Talbot, Mitchell-Blake			
37.61	Great Britain & NI	22 Jul 18	
Ujah, Hughes, Gemili, Mitchell-Blake			
37.73	Great Britain & NI	29 Aug 99	
Gardener, Campbell, Devonish, Chambers ¶			
37.76	Great Britain & NI	12 Aug 17	
Ujah, Gemili, Talbot, Mitchell-Blake			
37.77	Great Britain & NI	22 Aug 93	
Jackson, Jarrett, Regis, Christie ¶			
37.78	Great Britain & NI	23 Jul 16	
Dasaolu, Gemili, Ellington, Ujah			
37.80	Great Britain & NI	12 Aug 18	
Ujah, Hughes, Gemili, Aikines-Aryeetey			
37.81	Great Britain & NI "B"	23 Jul 16	
Kilty, Aikines-Aryeetey, Talbot, Edoburun			
37.84	Great Britain & NI	12 Aug 18	
Ujah, Hughes, Gemili, Mitchell-Blake			
37.90	Great Britain & NI	1 Sep 07	10
Malcolm, Pickering, Devonish, Lewis-Francis			
37.93	Great Britain & NI	25 May 14	
Kilty, Aikines-Aryeetey, Ellington, Talbot			
37.93	Great Britain & NI	17 Aug 14	
Ellington, Aikines-Aryeetey, Kilty, Talbot			
37.98	Great Britain & NI	1 Sep 90	
Braithwaite, Regis, Adam, Christie ¶			
37.98	Great Britain & NI	19 Aug 16	
Kilty, Aikines-Aryeetey, Ellington, Gemili			
38.02	Great Britain & NI	22 Aug 09	
Williamson, Edgar, Devonish, Aikines-Aryeetey			
38.02	England	2 Aug 14	
Gemili, Aikines-Aryeetey, Kilty, Talbot			
38.05	Great Britain & NI	21 Aug 93	
John, Jarrett, Braithwaite, Christie ¶			
38.06	Great Britain & NI	18 Aug 16	
Kilty, Aikines-Aryeetey, Ellington, Ujah			
38.07	Great Britain & NI	28 Aug 04	
Gardener, Campbell, Devonish, Lewis-Francis			
38.08	Great Britain & NI	8 Aug 92	20
Adam, Jarrett, Regis, Christie ¶			
38.08	Great Britain & NI	24 Jun 17	
Ujah, Hughes, Talbot, Aikines-Aryeetey			
38.09	Great Britain & NI	1 Sep 91	
Jarrett, Regis, Braithwaite, Christie ¶			
38.09 A	Great Britain & NI	12 Sep 98	
Condon, Devonish, Golding, Chambers ¶			
38.11	Great Britain & NI	21 Aug 09	
Williamson, Edgar, Devonish, Aikines-Aryeetey			
38.12	Great Britain & NI	18 Aug 13	
Kilty, Aikines-Aryeetey, Ellington, Chambers ¶			
38.12	Great Britain & NI	9 Jul 16	
Dasaolu, Gemili, Ellington, Ujah			
38.13	England	14 Apr 18	
Arthur, Hughes, Kilty, Aikines-Aryeetey			
38.14	Great Britain & NI	10 Aug 97	
Braithwaite, Campbell, Walker, Golding			
38.15	England	13 Apr 18	
Arthur, Hughes, Kilty, Aikines-Aryeetey			
38.16	Great Britain & NI	19 Jun 99	30
Gardener, Campbell, Devonish, Golding			

4 x 400 Metres Relay

2:56.60	Great Britain & NI	3 Aug 96	
Thomas, Baulch, Richardson, Black			
2:56.65	Great Britain & NI	10 Aug 97	
Thomas, Black, Baulch, Richardson			
2:57.53	Great Britain & NI	1 Sep 91	
Black, Redmond, Regis, Akabusi			
2:58.22	Great Britain & NI	1 Sep 90	
Sanders, Akabusi, Regis, Black			
2:58.51	Great Britain & NI	30 Aug 15	
Yousif, Williams, Dunn, Rooney			
2:58.68	Great Britain & NI	23 Aug 98	
Hylton, Baulch, Thomas, Richardson			
2:58.79	Great Britain & NI	17 Aug 14	
Williams, Hudson-Smith, Bingham, Rooney			
2:58.81	Great Britain & NI	23 Aug 08	
Steele, Tobin, Bingham, Rooney			
2:58.82	Great Britain & NI	14 Aug 05	
Benjamin, Rooney, Tobin, M Davis			
2:58.86	Great Britain & NI	6 Sep 87	10
Redmond, Akabusi, Black, Brown			
2:59.00	Great Britain & NI	13 Aug 17	
Hudson-Smith, Cowan, Yousif, Rooney			
2:59.05	Great Britain & NI	29 Aug 15	
Yousif, Williams, Dunn, Rooney			
2:59.13	Great Britain & NI	11 Aug 84	
Akabusi, Cook, T Bennett, Brown			
2:59.13	Great Britain & NI	14 Aug 94	
McKenzie, Whittle, Black, Ladejo			
2:59.33	Great Britain & NI	22 Aug 08	
Steele, Tobin, Bingham, Rooney			
2:59.46	Great Britain & NI	22 Jun 97	
Black, Baulch, Thomas, Richardson			
2:59.49	Great Britain & NI	31 Aug 91	
Mafe, Redmond, Richardson, Akabusi			
2:59.53	Great Britain & NI	10 Aug 12	
Williams, Green, Greene, Rooney			
2:59.71 A	Great Britain & NI	13 Sep 98	
Hylton, Baulch, Baldock, Thomas			
2:59.73	Great Britain & NI	8 Aug 92	20
Black, Grindley, Akabusi, Regis			
2:59.84	Great Britain & NI	31 Aug 86	
Redmond, Akabusi, Whittle, Black			
2:59.85	Great Britain & NI	19 Aug 96	
Baulch, Hylton, Richardson, Black			
3:00.10	Great Britain & NI	12 Aug 17	
Yousif, Cowan, Green, Rooney			
3:00.19	Great Britain & NI	9 Aug 97	
Hylton, Black, Baulch, Thomas			
3:00.25	Great Britain & NI	27 Jun 93	
Ladejo, Akabusi, Regis, Grindley			
3:00.32	Great Britain & NI	25 May 14	
Bingham, Williams, Levine, Rooney			
3:00.34	Great Britain & NI	25 Jun 95	
Thomas, Patrick, Richardson, Black			
3:00.36	Great Britain & NI	11 Aug 18	
Yousif, Cowan, Hudson-Smith, Rooney			
3:00.38	Great Britain & NI	1 Sep 11	
Strachan, Levine, Clarke, Rooney			
3:00.38	Great Britain & NI	9 Aug 12	30
Levine, Williams, Green, Rooney			

UNDER 23

100 Metres
9.94	Reece Prescod	18 Aug	18
9.96	Chijindu Ujah	8 Jun	14
9.97	Adam Gemili	7 Jun	15
9.97	Dwain Chambers ¶	22 Aug	99
10.03	Simeon Williamson	12 Jul	08
10.04	Mark Lewis-Francis	5 Jul	02
10.04	Ojie Edoburun	4 Jun	18
10.09	Jason Livingston ¶	13 Jun	92
10.09	James Dasaolu	6 Jun	09
10.09	Nethaneel Mitchell-Blake	16 Apr	16
10.10	Harry Aikines-Aryeetey	7 Sep	08
10.10	Zharnel Hughes	16 Apr	16

wind assisted
9.88	Reece Prescod	26 May	18
9.93	Ojie Edoburun	15 Apr	17
9.97	Mark Lewis-Francis	30 Jun	02
10.04	Tyrone Edgar	10 May	03
10.07	Toby Box	11 Jun	94
10.08	Zharnel Hughes	15 Apr	17
10.09 †	Christian Malcolm	4 Aug	01
10.10	Donovan Reid	26 Jun	83
10.10	Leevan Yearwood	3 Jul	09

hand timing
10.1	David Jenkins	20 May	72

wind assisted
10.1	Drew McMaster	16 Jun	79

200 Metres
19.95	Nethaneel Mitchell-Blake	14 May	16
19.98	Adam Gemili	16 Aug	13
20.02	Zharnel Hughes	27 Aug	15
20.08	Christian Malcolm	8 Aug	01
20.18	John Regis	3 Sep	87
20.34	Chris Lambert	20 Jul	03
20.36	Todd Bennett	28 May	84
20.37	Toby Sandeman	18 Jul	09
20.38	Julian Golding	24 Aug	97
20.38	Reece Prescod	25 Aug	16

wind assisted
20.10	Marcus Adam	1 Feb	90
20.38	Dwayne Grant	23 Aug	03

hand timing
20.3	David Jenkins	19 Aug	72

400 Metres
44.47	David Grindley	3 Aug	92
44.48	Matthew Hudson-Smith	13 Aug	16
44.50	Derek Redmond	1 Sep	87
44.59	Roger Black	29 Aug	86
44.60	Martyn Rooney	19 Aug	08
44.66 A	Iwan Thomas	14 Apr	96
44.69		16 Jun	96
45.01	Robert Tobin	11 Jun	05
45.04	Tim Benjamin	30 Jul	04
45.09	Mark Richardson	10 Jul	92
45.14	Jamie Baulch	23 Aug	95

800 Metres
1:43.97	Sebastian Coe	15 Sep	78
1:43.98	Peter Elliott	23 Aug	83
1:44.45	Steve Cram	17 Jul	82
1:44.65	Ikem Billy	21 Jul	84
1:44.68	Michael Rimmer	29 Jul	08
1:44.92	Curtis Robb	15 Aug	93
1:44.97	Daniel Rowden	22 Jul	18
1:45.10	Richard Hill	10 Jun	06
1:45.14	Chris McGeorge	28 Jun	83
1:45.16	Kyle Langford	12 Apr	18

1000 Metres
2:15.12	Steve Cram	17 Sep	82
2:16.34	Matthew Yates	6 Jul	90

1500 Metres
3:33.66	Steve Cram	18 Aug	82
3:33.83	John Robson	4 Sep	79
3:34.00	Matthew Yates	13 Sep	91
3:34.45	Steve Ovett	3 Sep	77
3:34.76	Ross Murray	27 May	12
3:35.01	Josh Kerr	20 Apr	18
3:35.16	Steve Crabb	28 Jun	84
3:35.29	Charlie Grice	18 Jul	15
3:35.49	Jake Wightman	12 Jul	14
3:35.72	Graham Williamson	15 Jul	80

1 Mile
3:49.90	Steve Cram	13 Jul	82
3:50.64	Graham Williamson	13 Jul	82
3:52.74	John Robson	17 Jul	79
3:52.77	Ross Murray	14 Jul	12
3:53.20	Ian Stewart II	25 Aug	82
3:53.44	Jack Buckner	13 Jul	82
3:54.20	Jake Wightman	22 Jul	16
3:54.36	Steve Crabb	21 Jul	84
3:54.39	Neil Horsfield	8 Jul	86
3:54.61	Charlie Grice	27 Jul	13

2000 Metres
5:01.90	Jack Buckner	29 Aug	83
5:02.67	Gary Staines	4 Aug	85
5:02.99	Neil Caddy	11 Aug	96

3000 Metres
7:41.3	Steve Ovett	23 Sep	77
7:42.47	David Lewis	9 Jul	83
7:43.90	Ian Stewart II	26 Jun	82
7:45.45	Paul Davies-Hale	13 Jul	84
7:46.6+	David Black	14 Sep	73
7:47.12	Simon Mugglestone	27 Jun	88
7:47.82	Steve Cram	26 Jul	81
7:48.47 i	John Mayock	1 Mar	92
7:48.6+	Nat Muir	27 Jun	80
7:49.45	Paul Lawther	9 Sep	77

2 Miles
8:19.37	Nat Muir	27 Jun	80

All-Time – Men – Under 23

5000 Metres
13:15.31	Tom Farrell	29 Apr	12
13:17.9	Nat Muir	15 Jul	80
13:19.78	Jon Brown	2 Jul	93
13:22.2	Dave Bedford	12 Jun	71
13:22.85	Ian Stewart I	25 Jul	70
13:23.52	David Black	29 Jan	74
13:23.94	Jonathan Davies	28 May	16
13:24.59	Paul Davies-Hale	1 Jun	84
13:25.0	Steve Ovett	30 Jul	77
13:26.97	John Mayock	9 Jun	92

10000 Metres
27:47.0	Dave Bedford	10 Jul	71
27:48.49	David Black	25 Jan	74
27:51.94	Alexander Yee	19 May	18
28:09.95	Bernie Ford	6 Oct	73
28:12.42	Dave Murphy	13 Jul	79
28:14.08	Jon Richards	20 Jun	86
28:18.8	Nicky Lees	7 May	79
28:19.6	Jon Brown	17 Apr	92
28:20.71	Jim Brown	12 Jul	74
28:20.76	Steve Binns	27 Aug	82

Marathon
2:12:19	Don Faircloth	23 Jul	70
2:16:04	Ian Ray	27 Oct	79
2:16:21	Norman Wilson	10 Sep	77
2:16:47	Ieuan Ellis	19 Sep	82
2:17:13	Brent Jones	13 May	84

3000 Metres Steeplechase
8:16.52	Tom Hanlon	23 Aug	89
8:18.80	Colin Reitz	6 Jul	82
8:20.83	Paul Davies-Hale	10 Jun	84
8:22.48	John Davies	13 Sep	74
8:28.6	Dave Bedford	10 Sep	71
8:29.72	David Lewis	29 May	83
8:29.86	Tony Staynings	2 Aug	75
8:30.64	Dennis Coates	2 Aug	75
8:31.72	Keith Cullen	28 Jun	92
8:31.80	Graeme Fell	8 Aug	81

110 Metres Hurdles
13.11 A	Colin Jackson	11 Aug	88
13.11		14 Jul	89
13.21	Tony Jarrett	31 Aug	90
13.24	David Omoregie	3 Sep	16
13.29	Jon Ridgeon	15 Jul	87
13.31	Lawrence Clarke	8 Aug	12
13.34	Andrew Pozzi	13 Jul	12
13.36	Rob Newton	31 Jul	03
13.49	William Sharman	23 Jul	06
13.54	David King	22 May	16
13.56	Callum Priestley	29 Jul	09

wind assisted
12.95	Colin Jackson	10 Sep	89
13.14	Lawrence Clarke	7 Jul	12
13.45	William Sharman	15 Jul	06

hand timing
13.4	David King	6 Jun	16

400 Metres Hurdles
48.60	Jack Green	13 Jul	12
48.71	Nathan Woodward	3 Jul	11
49.06	Rick Yates	26 Jul	08
49.09	Rhys Williams	23 Mar	06
49.11	Gary Oakes	26 Jul	80
49.19	Seb Rodger	13 Jul	13
49.49	Jacob Paul	9 Jul	17
49.53	Dai Greene	10 Sep	08
49.57	Matt Elias	14 Jul	01
49.62	Lloyd Gumbs	18 Jul	09
49.62	Niall Flannery	30 Jun	13

High Jump
2.38 i	Steve Smith	4 Feb	94
2.37		22 Aug	93
2.32 i	Brendan Reilly	24 Feb	94
2.31		17 Jul	92
2.31	Dalton Grant	25 Sep	88
2.30 i	Geoff Parsons	25 Jan	86
2.28		18 May	86
2.30	Ben Challenger	13 Jul	99
2.28 i	John Holman	28 Jan	89
2.27	Martyn Bernard	31 May	04
2.27	Robbie Grabarz	1 Jun	08
2.26	Allan Smith	14 Jul	13
2.26 i	Chris Kandu	21 Feb	15

Pole Vault
5.71 i	Steven Lewis	14 Mar	08
5.71		1 Jul	08
5.70	Nick Buckfield	23 Jul	95
5.65	Jax Thoirs	16 May	15
5.65 i	Adam Hague	18 Feb	18
5.65		12 Aug	18
5.62 i	Luke Cutts	18 Jan	09
5.60		19 Jul	09
5.60	Neil Winter	19 Aug	95
5.60	Charlie Myers	8 Jul	18
5.55 i	Andrew Sutcliffe	11 Feb	12
5.46		11 Aug	12
5.52	Joel Leon Benitez	18 Jul	18
5.50	Paul Williamson	6 Jul	96

Long Jump
8.27	Chris Tomlinson	13 Apr	02
8.26	Greg Rutherford	15 Jul	06
8.15	Stewart Faulkner	16 Jul	90
8.11	Nathan Morgan	24 Jul	98
8.07	Lynn Davies	18 Oct	64
8.04	Roy Mitchell	25 Jun	77
8.03	Timothy Duckworth	6 Apr	18
8.00	Daley Thompson	25 Jul	80
8.00	Derrick Brown	7 Aug	85
7.97	Fred Salle	13 Jul	86
7.96	Jacob Fincham-Dukes	10 Mar	89

wind assisted
8.19	Timothy Duckworth	12 May	18
8.16	Roy Mitchell	26 Jun	76
8.11	Daley Thompson	7 Aug	78

All-Time – Men – Under 23

Triple Jump
17.21	Tosi Fasinro	27 Jul	93
17.12	Phillips Idowu	23 Sep	00
17.05	John Herbert	8 Jul	83
16.95	Julian Golley	10 Jul	92
16.95	Nathan Douglas	11 Jul	04
16.76	Keith Connor	12 Aug	78
16.74	Jonathan Edwards	23 Jul	88
16.71	Vernon Samuels	18 May	86
16.69	Aston Moore	12 Aug	78
16.65	Tosin Oke	28 Jul	02

wind assisted
17.30	Tosi Fasinro	12 Jun	93
17.21	Keith Connor	12 Aug	78
16.76	Aston Moore	25 Sep	78

Shot
19.48	Geoff Capes	21 Aug	71
19.42	Zane Duquemin	27 Jul	13
19.44 i	Simon Williams	28 Jan	89
18.93		23 Jul	89
19.23	Matt Simson	23 May	91
19.01	Billy Cole	21 Jun	86
18.93	Paul Buxton	13 May	77
18.63 i	Carl Myerscough ¶	6 Feb	99
18.59 i	Alan Carter	11 Apr	65
18.54	Scott Lincoln	5 Jul	15
18.46	Lee Newman	9 Jul	95

Discus
68.24	Lawrence Okoye	19 May	12
66.06	Brett Morse	27 Jul	11
63.46	Zane Duquemin	30 Jun	12
63.38	Nicholas Percy	22 Jul	16
62.07	Emeka Udechuku	19 Aug	00
61.86	Paul Mardle	13 Jun	84
60.48	Robert Weir	13 May	83
59.90	Chris Scott	19 Jun	10
59.78	Glen Smith	5 Jun	94
59.74	George Armstrong	15 Aug	18

Hammer
77.55	Nick Miller	22 Jul	15
75.10	Dave Smith II	27 May	96
75.08	Robert Weir	3 Oct	82
74.62	David Smith I	15 Jul	84
74.18	Martin Girvan	31 May	82
73.80	Jason Byrne	19 Sep	92
73.80	Joseph Ellis	5 Jun	18
73.40	Taylor Campbell	30 Apr	17
72.95	Alex Smith	8 Oct	10
71.75	Peter Smith	15 Apr	12

Javelin (1986 Model)
89.58	Steve Backley	2 Jul	90
80.92	Mark Roberson	12 Jun	88
80.38	James Campbell	18 Jul	10
79.70	Nigel Bevan	3 Feb	90
78.56	Mick Hill	2 Aug	86
78.54	Gary Jenson	17 Sep	89
78.33 A	David Parker	24 Mar	01
76.81	Harry Hughes	1 May	17
76.77	Matthew Hunt	1 May	11
76.66 i	Stuart Faben	3 Mar	96
76.28	Nick Nieland	9 Jul	94

Decathlon (1985 Tables)
8648	Daley Thompson	18 May	80
8556	Dean Macey	25 Aug	99
8336	Timothy Duckworth	7 Jun	18
8070	Ashley Bryant	12 Jul	13
7904	David Bigham	28 Jun	92
7822	Liam Ramsay	31 Aug	14
7751	Daniel Awde	29 Jun	08
7723 w	Eugene Gilkes	8 Jul	84
7660		8 Jul	84
7713	Jim Stevenson	5 Jun	93
7668	Fidelis Obikwu	5 Oct	82
7651	David Hall	13 Jun	15
7643 w	Tom Leeson	8 Sep	85
7616	Barry Thomas	23 Aug	92

3000 Metres Track Walk
10:52.77i	Callum Wilkinson	25 Feb	18
11:13.09		12 Jun	17

5000 Metres Track Walk
18:56.96	Callum Wilkinson	2 Jul	17
19:29.87	Tom Bosworth	31 Jul	11
19:35.0	Darrell Stone	16 May	89
19:48.14	Alex Wright	25 Aug	12
19:57.91	Dominic King	24 Jul	04
19:57.95	Daniel King	24 Jul	04

10000 Metres Track Walk
40:53.60	Phil Vesty	28 May	84
41:24.7	Martin Rush	6 Jul	86
41:37.44	Cameron Corbishley	18 Jun	17
41:51.55	Andi Drake	25 May	87
41:55.6	Darrell Stone	7 Feb	88
42:07.11	Tom Bosworth	6 Aug	11
42:24.61	Ian McCombie	29 May	83
42:28.0	Philip King	17 May	95
43:00.67	Sean Martindale	5 Jun	88
43:08.59	Daniel King	30 Aug	03

20 Kilometres Road Walk
1:22:17	Callum Wilkinson	21 May	17
1:24:07.6t	Phil Vesty	1 Dec	84
1:24:49	Tom Bosworth	9 Jun	12
1:24:53	Andi Drake	27 Jun	87
1:25:46	Alex Wright	20 Jun	10
1:26:00	Cameron Corbishley	8 Apr	17
1:26:02	Jamie Higgins	12 Apr	14
1:26:14	Darrell Stone	27 Mar	89
1:26:18 +	Martin Rush	27 Apr	86
1:26:21	Ian McCombie	8 Aug	82

50 Kilometres Road Walk
4:10:23	Darrell Stone	6 May	90

All-Time – Men – Under 20

UNDER 20

100 Metres

Time	Name	Date		
10.05	Adam Gemili	11 Jul	12	
10.06	Dwain Chambers	25 Jul	97	
10.10	Mark Lewis-Francis	5 Aug	00	
10.12	Christian Malcolm	29 Jul	98	
10.16	Ojie Edoburun	23 Aug	14	
10.21	Jamie Henderson	6 Aug	87	
10.21	Romell Glave	17 Jun	17	
10.22	Craig Pickering	22 May	05	
10.24	Simeon Williamson	2 Jul	05	
10.25	Jason Livingston ¶	9 Aug	90	10
10.25	Jason Gardener	21 Jul	94	
10.25	Dom Ashwell	11 Jul	18	
10.26	Leevan Yearwood	26 Aug	07	
10.26	Chijindu Ujah	25 Aug	12	
10.29	Peter Radford (10.31?)	13 Sep	58	
10.29	David Bolarinwa	29 May	11	
10.30	Deji Tobais	3 Jul	10	
10.31	Chris Lambert	21 Aug	99	
10.31	Alex Nelson	18 Jun	05	
10.31	Oliver Bromby	17 Jun	17	20

wind assisted

Time	Name	Date		
9.97 †	Mark Lewis-Francis	4 Aug	01	
10.10	Christian Malcolm	18 Jul	98	
10.15	Ojie Edoburun	23 Aug	14	
10.17	Tyrone Edgar	30 Jun	01	
10.20	Wade Bennett-Jackson	28 Aug	05	
10.20	Joseph Dewar	19 Aug	15	
10.22	Lincoln Asquith	26 Jun	83	
10.22	Dwayne Grant	30 Jun	01	
10.22	Simeon Williamson	21 Aug	05	

200 Metres

Time	Name	Date		
20.29	Christian Malcolm	19 Sep	98	
20.37	Thomas Somers	24 Jul	14	
20.38	Adam Gemili	9 Sep	12	
20.48	Jona Efoloko	13 Jul	18	
20.53	Charlie Dobson	12 Jul	18	
20.54	Ade Mafe	25 Aug	85	
20.62	Leon Reid	20 Jul	13	
20.62	Nathaneel Mitchell-Blake	20 Jul	13	
20.63	Chris Lambert	21 Aug	99	
20.64	Dwayne Grant	16 Jun	01	10
20.67	David Jenkins	4 Sep	71	
20.67	Tim Benjamin	17 Jun	01	
20.68	Elliot Powell	28 Jun	15	
20.69	Alex Nelson	30 Jul	05	
20.69	David Bolarinwa	2 Jun	12	
20.70	Reece Prescod	6 Jun	15	
20.71	Cameron Tindle	21 Jul	16	
20.73 A	Ralph Banthorpe	15 Oct	68	
20.75	Kieran Showler-Davis	20 Jun	10	
20.78	John Regis	29 Sep	85	20
20.79	Jamahl Alert-Khan	7 Sep	03	

wind assisted

Time	Name	Date		
20.56	Toby Harries (U17)	9 Sep	15	
20.57	Tommy Ramdhan	18 Jul	15	
20.60	Tim Benjamin	7 Aug	99	
20.61	Darren Campbell	11 Aug	91	
20.68	Chad Miller	16 May	18	

hand timing

Time	Name	Date	
20.6	David Jenkins	19 Sep	71

hand timing - wind assisted

20.4	Dwayne Grant	1 Jul	01
20.7	Lincoln Asquith	2 Jul	83

300 Metres

Time	Name	Date	
32.53	Mark Richardson	14 Jul	91
32.85	Ade Mafe	18 Aug	84

400 Metres

Time	Name	Date		
45.35	Martyn Rooney	21 Mar	06	
45.36	Roger Black	24 Aug	85	
45.41	David Grindley	10 Aug	91	
45.45	David Jenkins	13 Aug	71	
45.53	Mark Richardson	10 Aug	91	
45.59	Chris Clarke	24 Jul	09	
45.83	Mark Hylton	16 Jul	95	
46.03	Peter Crampton	8 Aug	87	
46.10	Tim Benjamin	25 Aug	01	
46.13	Guy Bullock	31 Jul	93	10
46.22	Wayne McDonald	17 Jun	89	
46.31	Nigel Levine	10 Jun	07	
46.32	Derek Redmond	9 Sep	84	
46.35	Jack Crosby	23 Jul	14	
46.39	Elliott Rutter	22 Jun	14	
46.46	Adrian Metcalfe	19 Sep	61	
46.47	Richard Buck	21 Aug	05	
46.48	Roger Hunter	20 May	84	
46.49	Owen Richardson	22 Jul	17	
46.51	Cameron Chalmers	21 Jul	16	20

hand timing

Time	Name	Date	
45.7	Adrian Metcalfe	2 Sep	61

800 Metres (* 880 yards time less 0.60)

1:45.64	David Sharpe	5 Sep	86	
1:45.77	Steve Ovett	4 Sep	74	
1:45.78	Kyle Langford	25 Jul	15	
1:46.46	John Gladwin	7 Jul	82	
1:46.63	Curtis Robb	6 Jul	91	
1:46.80*	John Davies I	3 Jun	68	
1:46.97	Markhim Lonsdale	27 May	17	
1:47.0	Ikem Billy	12 Jun	83	
1:47.02	Chris McGeorge	8 Aug	81	
1:47.02	Niall Brooks	25 Jul	10	10
1:47.18	Rick Soos	14 Aug	02	
1:47.22	Kevin McKay	5 Jun	88	
1:47.26	James Brewer	10 Aug	07	
1:47.27	Tom Lerwill	22 Aug	96	
1:47.33	Charlie Grice	21 Jul	12	
1:47.34	Andrew Osagie	20 May	07	
1:47.35	Peter Elliott	23 Aug	81	
1:47.36	Max Burgin	08 Jul	18	
1:47.53	Graham Williamson	1 Aug	79	
1:47.6	Julian Spooner	24 Apr	79	20
1:47.69	Simon Lees	5 Sep	98	

All-Time – Men – Under 20

1000 Metres
Time	Name	Date
2:18.98	David Sharpe	19 Aug 86
2:19.92	Graham Williamson	8 Jul 79
2:20.0	Steve Ovett	17 Aug 73
2:20.02	Darryl Taylor	18 Aug 84
2:20.37	Johan Boakes	17 Jun 84
2:21.17	Curtis Robb	16 Sep 90
2:21.41	Stuart Paton	17 Sep 82
2:21.7 A	David Strang (GBR?)	26 Jan 87
2:21.71	Kevin Glastonbury	18 Jun 77

1500 Metres
Time	Name	Date	
3:36.6 +	Graham Williamson	17 Jul 79	
3:36.90	Jake Heyward	22 Jul 18	
3:38.62	Niall Brooks	10 Jul 10	
3:40.09	Steve Cram	27 Aug 78	
3:40.68	Brian Treacy	24 Jul 90	
3:40.72	Gary Taylor	8 Jul 81	
3:40.90	David Robertson	28 Jul 92	
3:40.95 +	Charlie Grice	14 Jul 12	
3:41.08	Josh Kerr	8 Jun 16	
3:41.33	Adam Cotton	11 Jun 11	10
3:41.43	Shaun Wyllie	7 Jun 14	
3:41.59	Chris Sly	22 Jul 77	
3:41.6	David Forrester	14 Jun 08	
3:41.77	Simon Horsfield	15 Aug 09	
3:42.2	Paul Wynn	9 Aug 83	
3:42.48	Tom Lancashire	13 Jul 04	
3:42.5	Colin Reitz	8 Aug 79	
3:42.51	James Gormley	24 Jun 17	
3:42.67	Matthew Hibberd	28 Jul 92	
3:42.7	David Sharpe	17 Oct 85	20

1 Mile
Time	Name	Date
3:53.15	Graham Williamson	17 Jul 79
3:57.03	Steve Cram	14 Sep 79
3:57.90	Charlie Grice	14 Jul 12
3:58.68	Steve Flint	26 May 80
3:59.4	Steve Ovett	17 Jul 74
4:00.31	Johan Boakes	5 Aug 86
4:00.6	Simon Mugglestone	16 Sep 87
4:00.62	Jake Wightman	27 Jul 13

2000 Metres
Time	Name	Date
5:06.56	Jon Richards	7 Jul 82

3000 Metres
Time	Name	Date
7:48.28	Jon Richards	9 Jul 83
7:51.84	Steve Binns	8 Sep 79
7:55.17	Jake Heyward	25 Jul 18
7:56.28	John Doherty	13 Jul 80
7:58.68 i	Tom Farrell	13 Feb 10
7:59.55	Paul Davies-Hale	8 Aug 81
8:00.1 a	Micky Morton	11 Jul 78
8:00.7	Graham Williamson	29 Jul 78
8:00.73	David Black	24 Jul 71
8:00.8	Steve Anders	1 Aug 78	10
8:00.88	Paul Taylor	12 Jun 85
8:01.2	Ian Stewart I	7 Sep 68
8:01.26	Darius Burrows	21 Aug 94
8:01.43	Nat Muir	28 Aug 77

5000 Metres
Time	Name	Date	
13:27.04	Steve Binns	14 Sep 79	
13:35.95	Paul Davies-Hale	11 Sep 81	
13:37.4	David Black	10 Sep 71	
13:37.60	Alexander Yee	27 May 17	
13:43.82	Simon Mugglestone	24 May 87	
13:44.64	Julian Goater	14 Jul 72	
13:48.74	Jon Richards	28 May 83	
13:48.84	John Doherty	8 Aug 80	
13:49.1 a	Nat Muir	21 Aug 77	
13:53.30	Ian Stewart I	3 Aug 68	10
13:53.3 a	Nicky Lees	21 Aug 77	
13:54.2	Mick Morton	1 Jul 78	
13:54.52	Keith Cullen	8 Jun 91	
13:56.31	Mo Farah	23 Jun 01	
13:57.16	Jonathan Hay	28 May 11	
13:57.95	Tom Mortimer	23 Jun 18	
14:00.7	Peter Tootell	19 Jun 82	
14:00.7	Mike Chorlton	19 Jun 82	
14:00.85	Paul Taylor	15 Sep 84	
14:03.0	Steve Anders	1 Jul 78	20

10000 Metres
Time	Name	Date
29:21.9	Jon Brown	21 Apr 90
29:38.6	Ray Crabb	18 Apr 73
29:44.0	Richard Green	27 Sep 75
29:44.8	Jack Lane	23 Sep 69

2000 Metres Steeplechase
Time	Name	Date
5:29.61	Colin Reitz	18 Aug 79
5:31.12	Paul Davies-Hale	22 Aug 81
5:32.84	Tom Hanlon	20 Jul 86
5:34.76	Micky Morris	24 Aug 75
5:36.37	Zac Seddon	19 Jun 13
5:38.01	Ken Baker	1 Aug 82
5:38.2	Spencer Duval	8 Jul 89
5:39.3 a	Graeme Fell	11 Jul 78
5:39.93	Eddie Wedderburn	9 Sep 79
5:40.2	Paul Campbell	31 Jul 77	10
5:40.2	John Hartigan	27 Jun 84

3000 Metres Steeplechase
Time	Name	Date	
8:29.85	Paul Davies-Hale	31 Aug 81	
8:34.42	Zak Seddon	28 Apr 13	
8:42.75	Colin Reitz	6 Jun 79	
8:43.21	Kevin Nash	2 Jun 96	
8:44.68	Alastair O'Connor	12 Aug 90	
8:44.91	Ken Baker	30 May 82	
8:45.65	Spencer Duval	17 Jun 89	
8:47.49	Tom Hanlon	8 Jun 86	
8:47.8	Stephen Murphy	16 Jun 02	
8:48.43	Graeme Fell	16 Jul 78	10
8:50.14	Dave Long I	13 Jul 73	
8:51.02	Tony Staynings	14 Jul 72	
8:51.48	Matthew Graham	1 May 10	
8:51.54	James Wilkinson	26 Jul 09	
8:51.93	Mark Buckingham	12 Jun 04	
8:52.79	Jack Partridge	7 May 12	
8:54.15	Stuart Kefford	18 Sep 92	
8:54.56	Luke Gunn	12 Jun 04	
8:54.6	Micky Morris	7 Sep 75	
8:54.92	Mark Wortley	4 Jun 88	20

All-Time – Men – Under 20

110 Metres Hurdles (99cm)
Time	Name	Date
13.17	David Omoregie	22 Jun 14
13.29	Andy Pozzi	3 Jul 11
13.30	James Gladman	23 Jun 12
13.32	Jack Meredith	4 Jun 10
13.32	Jason Nicholson	11 Jul 18
13.33	James Weaver	25 Jun 16
13.37	Lawrence Clarke	25 Jul 09
13.47	Gianni Frankis	22 Jul 07
13.48	Matthew Treston	19 Jun 16
13.48	Robert Sakala	22 Jul 17 (10)
13.49	Joshua Zeller	23 Jun 18
13.54	Onatade Ojora	14 Jul 18
13.57	Chris Baillie	21 Aug 99
13.62	Callum Priestley	22 Jul 07
13.62	Khai Riley-La Borde	18 May 14
13.62	Jack Hatton	27 Jun 15
13.63	Sam Bennett	14 Jul 18

wind assisted
Time	Name	Date
13.34	James Weaver	25 Jun 16
13.36	Lawrence Clarke	3 Jul 09
13.55	Jack Hatton	21 Jun 15

110 Metres Hurdles (106.7cm)
Time	Name	Date
13.44	Colin Jackson	19 Jul 86
13.46	Jon Ridgeon	23 Aug 85
13.53	David Omoregie	26 Jul 14
13.72	Tony Jarrett	24 May 87
13.73	Andy Pozzi	11 Aug 11
13.84	Chris Baillie	27 Aug 00
13.91	David Nelson	21 Jun 86
13.91	Lawrence Clarke	29 Jul 09
13.95	Robert Newton	27 Aug 00
13.95	Gianni Frankis	11 Aug 07 (10)
13.97	Paul Gray	30 Jul 88
14.01	Ross Baillie	25 Aug 96
14.03	Brett St Louis	27 Jun 87
14.04	Damien Greaves	25 Aug 96

wind assisted
Time	Name	Date
13.42	Colin Jackson	27 Jul 86
13.66	Andy Pozzi	11 Aug 11
13.82	David Nelson	5 Jul 86
13.82	Lawrence Clarke	3 May 09
13.89	Callum Priestley	17 Jul 08
13.93	Robert Newton	7 Aug 99

400 Metres Hurdles
Time	Name	Date
50.11	Alastair Chalmers	13 Jul 18
50.20	Richard Davenport	15 Jul 04
50.22	Martin Briggs	28 Aug 83
50.49	Jack Green	23 Jul 10
50.57	Alex Knibbs	24 Jun 18
50.70	Noel Levy	8 Jul 94
50.71	Jacob Paul	21 Jul 13
50.96	Steven Green	6 Jul 02
50.99	Toby Ulm	21 Jul 07
51.07	Philip Beattie	20 Aug 82 (10)
51.07	Niall Flannery	28 Jun 09
51.14	Dai Greene	23 Jul 05
51.15 A	Andy Todd	18 Oct 67
51.15	Rhys Williams	26 Jul 03
51.31	Gary Oakes	9 Sep 77
51.39	Richard McDonald	19 Jun 99
51.48	Bob Brown	19 Jun 88
51.50	Nathan Woodward	20 May 07
51.51	Max Robertson	24 Jul 82
51.52	Jack Lawrie	8 Aug 15 (20)

hand timing
Time	Name	Date
51.0	Richard McDonald	24 Jul 99
51.4	Rupert Gardner	29 Jun 03

High Jump
2.37	Steve Smith	20 Sep 92
2.30	Tom Gale	29 Jul 17
2.27	Brendan Reilly	27 May 90
2.26	James Brierley	3 Aug 96
2.25	Geoff Parsons	9 Jul 83
2.24	John Hill	23 Aug 85
2.24	Chris Kandu	22 Jun 14
2.23	Mark Lakey (U17)	29 Aug 82
2.23 i	Ben Challenger	1 Mar 97
2.21		24 Aug 96
2.22	Dalton Grant	3 Jul 85 (10)
2.22	Robbie Grabarz	19 Jun 05
2.22i	Dominic Ogbechie	24 Feb 18
2.18		25 Aug 18
2.21	Martyn Bernard	6 Jul 02
2.20	Byron Morrison	14 Jul 84
2.20	Alan McKie	2 Sep 07
2.20i	Joel Khan	25 Feb 18
2.18	Ossie Cham	14 Jun 80
2.18	Alex Kruger	26 Jun 82
2.18	Steve Ritchie	15 Jul 89
2.18	Hopeton Lindo	23 Jul 89 (20)
2.18	Chuka Enih-Snell	21 Apr 01
2.18	Tom Parsons	4 May 03

Pole Vault
5.60	Adam Hague	28 Mar 15
5.51	Joel Leon Benitez	12 Jul 17
5.50	Neil Winter	9 Aug 92
5.42	Harry Coppell	6 Jun 15
5.40 i	Luke Cutts	24 Feb 07
5.30		19 Aug 06
5.36 i	Andrew Sutcliffe	14 Feb 10
5.35		22 Jul 10
5.35	Steven Lewis	21 Aug 05
5.30	Matt Belsham	16 Sep 90
5.30	Charlie Myers	16 Aug 15
5.25	Matt Deveraux	4 Jul 10 (10)
5.25	Rowan May	20 Jul 13
5.21	Andy Ashurst	2 Sep 84
5.21 i	Christian Linskey	20 Feb 99
5.20		24 May 98
5.20	Billy Davey	5 Jun 83
5.20	Warren Siley	4 Aug 90
5.20	Nick Buckfield	31 May 92
5.20	Ben Flint	2 Aug 97
5.20	Andrew Marsh	14 Jun 08
5.20 i	Jax Thoirs	4 Jul 12
5.20 i	Daniel Gardner	15 May 13 (20)
5.20		13 Jul 13

All-Time – Men – Under 20

Long Jump
8.14	Greg Rutherford	22 Jul	05
8.03	Jonathan Moore	18 May	02
7.98	Stewart Faulkner	6 Aug	88
7.91	Steve Phillips	10 Aug	91
7.90	Nathan Morgan	25 Jul	97
7.86	Elliot Safo	19 Jul	13
7.84	Wayne Griffith	25 Aug	89
7.80	Feron Sayers	30 Jun	13
7.78	Shandell Taylor	13 Jul	18
7.76	Carl Howard	31 Jul	93	10
7.75	Jacob Fincham-Dukes	17 Jul	15
7.73	Jason Canning	20 Apr	88
7.72	Daley Thompson	21 May	77
7.70	Kevin Liddington	27 Aug	88
7.70	Oliver Newport	2 Jun	12
7.70	Alexander Farquharson	28 May	16
7.66	Barry Nevison	7 Jul	85
7.64	Chris Kirk	28 Jun	03
7.63	James McLachlan	7 May	11
7.62	Colin Mitchell	11 Jul	78	20
7.62	Chris Tomlinson	21 Oct	00
7.62	Bernard Yeboah	21 Aug	04

wind assisted
8.04	Stewart Faulkner	20 Aug	88
7.97	Nathan Morgan	13 Jul	96
7.96	Colin Jackson	17 May	86
7.82	Kevin Liddington	25 Jun	89
7.72	John Herbert	15 Jun	80
7.70	Andrew Staniland	30 May	05

Triple Jump
16.58	Tosi Fasinro	15 Jun	91
16.57	Tosin Oke	8 Aug	99
16.53	Larry Achike	24 Jul	94
16.43	Jonathan Moore	22 Jul	01
16.24	Aston Moore	11 Jun	75
16.22	Mike Makin	17 May	81
16.13	Steven Anderson	11 Jun	83
16.09	Ben Williams	26 Aug	09
16.03	John Herbert	23 Jun	81
15.99	Steven Shalders	20 Oct	00	10
15.95	Keith Connor	30 Aug	76
15.94	Vernon Samuels	27 Jun	82
15.93	Tayo Erogbogbo	17 Sep	94
15.93	Kola Adedoyin	23 May	10
15.92	Lawrence Lynch	13 Jul	85
15.88	Julian Golley	28 Jul	90
15.87	Stewart Faulkner	22 Aug	87
15.86	Phillips Idowu	5 Jul	97
15.84	Francis Agyepong	29 Sep	84
15.83	Montel Nevers	21 Jun	15	20

wind assisted
16.81	Tosi Fasinro	15 Jun	91
16.67	Larry Achike	24 Jul	94
16.43	Mike Makin	14 Jun	81
16.34	Phillips Idowu	27 Jul	97
16.31	Aston Moore	9 Aug	75
16.07	Vernon Samuels	14 Aug	82
16.01	Julian Golley	22 Jul	90

Shot (7.26kg)
19.46	Carl Myerscough ¶	6 Sep	98
18.21 i	Matt Simson	3 Feb	89
18.11		27 Aug	89
17.78 i	Billy Cole	10 Mar	84
17.72		2 Jun	84
17.38	Chris Gearing	3 Sep	05
17.36 i	Chris Ellis	8 Dec	84
17.10		7 Jul	85
17.28 i	Jamie Williamson	4 Feb	06
17.09		21 May	06
17.26 i	Geoff Capes	16 Nov	68
16.80		30 Jul	68
17.25	Emeka Udechuku	20 Sep	97
17.22	Antony Zaidman	4 Jul	81
16.97	Curtis Griffith-Parker	17 May	09	10
16.78	Kieren Kelly	9 Jul	05
16.78	Jamie Stevenson	18 May	08
16.69	Greg Beard	30 Sep	00
16.61	Simon Williams	10 Aug	86
16.60	Alan Carter	11 May	63
16.48	Martyn Lucking	24 Aug	57
16.47	Paul Buxton	25 May	75
16.38	Zane Duquemin	11 Sep	10

Shot (6kg) (E 6.25kg)
21.03 E	Carl Myerscough ¶	13 May	98
19.47 E	Matt Simson	20 May	89
19.30	Curtis Griffith-Parker	31 May	09
19.15 E	Billy Cole	19 May	84
18.98	Chris Gearing	4 Sep	05
18.73	Jamie Williamson	4 Sep	05
18.68	Anthony Oshodi	13 Jun	10
18.66 iE	Simon Williams	15 Nov	86
18.52 E		11 Jul	86
18.59 i	Jamie Stevenson	10 Feb	08
18.55		11 May	08
18.42	Zane Duquemin	15 Aug	10	10
18.26	Gregory Thompson	1 Jun	13
18.20 iE	Chris Ellis	16 Feb	85
18.13 E		14 Jul	84
18.11	Kai Jones	18 May	14
18.06 E	Greg Beard	2 Sep	01
18.05	George Evans	18 Jun	16
17.96	Kieren Kelly	3 Jul	05

Discus (2kg)
60.97	Emeka Udechuku	5 Jul	98
60.19	Carl Myerscough ¶	8 Aug	98
56.87	Brett Morse	18 May	08
56.44	Nicholas Percy	26 Aug	13
55.95	Curtis Griffith-Parker	17 May	09
55.10	Glen Smith	31 Aug	91
53.42	Paul Mardle	25 Jul	81
53.40	Robert Weir	10 Aug	80
53.32	Paul Buxton	9 Aug	75
53.02	Simon Williams	16 Aug	86	10
53.00	Gregory Thompson	29 Apr	13
52.98	Samuel Woodley	7 Jul	18
52.94	Lee Newman	29 Aug	92
52.91	Zane Duquemin	12 Sep	09

All-Time – Men – Under 20

52.90	Simon Cooke	13 Jun 04		**Javelin**			
52.84	Jamie Murphy	14 Jun 92		79.50	Steve Backley	5 Jun 88	
52.14	Robert Russell	4 Jul 93		77.48	David Parker	14 Aug 99	
Discus (1.75kg)				77.03	James Whiteaker	6 May 17	
64.35	Emeka Udechuku	21 Jun 98		75.46	Harry Hughes	21 May 16	
63.92	Lawrence Okaye	20 Jun 10		74.54	Gary Jenson	19 Sep 86	
62.79	Nicholas Percy	23 Jun 13		74.24	Mark Roberson	18 Jul 86	
62.34	Curtis Griffith-Parker	25 May 08		73.76	Nigel Bevan	29 Aug 87	
61.81	Carl Myerscough ¶	18 Aug 98		73.18	James Campbell	16 Aug 06	
60.76	Glen Smith	26 May 91		72.55	Joe Dunderdale	25 Jun 11	
60.46	Brett Morse	24 May 08		72.54	Dan Pembroke	12 Jun 10	10
60.37	George Evans	15 Apr 17		72.52	Richard Shuttleworth	25 Sep 11	
59.21	Gregory Thompson	28 Apr 13		71.90	Matthew Hunt	17 May 09	
59.11	Zane Duquemin	15 Aug 10	10	71.83	Freddie Curtis	5 Jul 14	
58.80	George Armstrong	25 Jun 16		71.79	Phill Sharpe	27 Aug 00	
58.57	James Tomlinson	2 Jun 18		71.76	Benji Pearson	18 Aug 13	
57.93	Simon Cooke	27 Jun 04		71.74	Myles Cottrell	29 Jul 89	
57.39	Sam Woodley	1 Sep 18		71.14	Dan Carter	11 Jul 98	
56.71	Louis Mascarenhas	16 May 15		70.80	Bonne Buwembo	13 Sep 08	
56.64	Jamie Murphy	19 May 90		70.60	Matti Mortimore	11 Sep 10	
56.10	Lee Newman	5 Jul 92		69.62	Stefan Baldwin	8 Jul 89	20
56.00	Simon Williams	17 May 86					
				Decathlon (1985 Tables)			
Hammer (7.26kg)				8082	Daley Thompson	31 Jul 77	
73.24	Jake Norris	6 Jun 18		7727	David Guest	6 Jun 10	
69.39	Taylor Campbell	4 May 15		7488	David Bigham	9 Aug 90	
67.56	Nick Miller	1 Jul 12		7480	Dean Macey	22 Aug 96	
67.48	Paul Head	16 Sep 84		7299	Eugene Gilkes	24 May 81	
67.10	Jason Byrne	6 Aug 89		7274	Jim Stevenson	24 Jun 90	
66.38	Peter Smith	15 Aug 09		7247	Brian Taylor	7 May 89	
66.14	Martin Girvan	21 Jul 79		7194	Ashley Bryant	15 Aug 10	
65.86	Robert Weir	6 Sep 80		7169	Barry Thomas	5 Aug 90	
65.30	Karl Andrews	2 Jul 94		7156	Timothy Duckworth	15 May 15	10
64.89	Alex Smith	21 May 06	10	7126	Fidelis Obikwu	16 Sep 79	
64.14	Ian Chipchase	25 Sep 71		7115	Liam Ramsay	4 Sep 11	
63.84	Andrew Tolputt	7 Sep 86		7112	Gavin Sunshine	30 Jul 93	
63.72	Gareth Cook	10 Jul 88		7018	Jamie Quarry	30 Jun 91	
63.25	Jac Palmer	4 May 15		6958	Roy Mitchell	29 Sep 74	
62.82	Mick Jones	29 Aug 82		6936	Anthony Brannen	24 May 87	
62.63	Michael Painter	20 Apr 13		6925	Roger Hunter	4 Jun 95	
Hammer (6kg) (E 6.25kg)				6843	Ed Coats	30 May 99	
80.65	Jake Norris	13 Jul 18		**IAAF Junior E - 6.25kg SP**			
78.74	Taylor Campbell	20 Jun 15		7691	David Guest	21 Jul 10	
76.67	Peter Smith	10 Jul 09		7567	Daniel Gardiner	14 Jun 09	
74.92 E	Jason Byrne	17 Dec 89		7440	David Hall	23 Jul 14	
73.81	Alex Smith	25 Jun 06		7381	Daniel Awde	23 Jul 06	
73.76	Nick Miller	30 Jun 12		7377	Sam Talbot	30 Apr 17	
73.75	Bayley Campbell	22 Apr 18		7342	Ashley Bryant	6 Jun 10	
73.34	Michael Painter	10 Jun 12		7320	Jack Andrew	6 Jun 10	
73.28 E	Robert Weir	14 Sep 80		7308 w	Liam Ramsay	18 Sep 11	
73.09	Callum Brown	23 Jun 12	10		7233	26 Jun 11	
72.66 E	Paul Head	2 Sep 84		7257	Nicolas Gerome	24 Jun 18	
71.84 E	Gareth Cook	28 May 88		7232	Guy Stroud	9 Sep 07	10
71.55	Ben Hawkes	9 Jun 18		7200	Seb Rodger	16 May 10	
70.88	Jac Palmer	18 Apr 15		7160	Timothy Duckworth	26 Jun 14	
70.82	James Bedford	17 Jun 07		7147	Ben Gregory	14 Jun 09	
70.36 E	Andrew Tolputt	21 Sep 86		7134 E	Dean Macey	17 Sep 95	
69.53	Nicholas Percy	28 Jul 13		7128	Nicholas Hunt	29 Jun 14	
69.10 E	Karl Andrews	3 Aug 94		7109	Caius Joseph	27 May 18	
69.10	Andrew Elkins	29 Apr 12		7056	Lewis Church	20 Sep 15	

All-Time – Men – Under 20   57

3000 Metres Track Walk
11:36.2	Callum Wilkinson	15 May 16
11:39.75 i	Cameron Corbishley	11 Dec 16
11:53.08		15 May 16
11:50.34 i	Guy Thomas	11 Dec 16
11:50.55	Nick Ball	29 May 06
11:54.23	Tim Berrett	23 Jun 84

5000 Metres Track Walk
19:35.4	Callum Wilkinson	2 Jul 16
20:16.40	Philip King	26 Jun 93
20:33.4 +	Darrell Stone	7 Aug 87
20:34.9	Cameron Corbishley	2 Jul 16
20:47.23	Lloyd Finch	14 Jul 01

10000 Metres Track Walk
40:41.62	Callum Wilkinson	23 Jul 16	
41:52.13	Darrell Stone	7 Aug 87	
42:06.35	Gordon Vale	2 Aug 81	
42:17.1	Dominic King	4 May 02	
42:18.94	Cameron Corbishley	19 Jun 16	
42:25.06	Jamie Higgins	20 Jul 13	
42:28.20	Guy Thomas	19 Jun 16	
42:46.3	Phil Vesty	20 Mar 82	
42:47.7	Philip King	2 May 92	
43:04.09	Tim Berrett	25 Aug 83	10
43:09.82	Lloyd Finch	18 May 02	
43:42.75	Martin Rush	29 May 83	
43:50.94	Nick Ball	23 Jul 06	
43:54.25	Gareth Brown	7 Aug 87	
44:06.6	Daniel King	4 May 02	
44:22.12	Gareth Holloway	5 Jun 88	
44:22.4	Jon Vincent	1 Apr 89	
44:30.0	Andy Penn	15 Mar 86	
44:38.0	Ian McCombie	29 Mar 80	
44:42.0	Luke Finch	23 May 04	20

10k Road – where superior to track time
40:30	Callum Wilkinson	7 May 16
41:47	Darrell Stone	26 Sep 87
41:57	Ben Wears	4 Apr 09
42:29	Steve Hollier	10 Dec 95
42:39	Martin Rush	7 May 83
42:40	Tim Berrett	18 Feb 84
42:55	Guy Thomas	7 May 16
43:02	Luke Finch	1 Dec 02

20 Kilometres Road Walk
1:26:13	Tim Berrett	25 Feb 84
1:29:10	Phil Vesty	18 Jul 82
1:29:48	Dominic King	15 Jun 02
1:30:17	Guy Thomas	4 Sep 16
1:30:55	Martin Rush	10 Sep 83
1:31:34.4t	Gordon Vale	28 Jun 81
1:32:38	Ben Wears	1 Mar 08
1:32:46	Graham Morris	26 Feb 77

50 Kilometres Road Walk
4:18:18	Gordon Vale	24 Oct 81

UNDER 17

100 Metres
10.31	Mark Lewis-Francis	21 Aug 99	
10.39	David Bolarinwa	4 Aug 10	
10.45	Jordan Huggins	23 Jun 07	
10.49	Wade Bennett-Jackson	28 Jul 03	
10.49	Olufunmi Sobodu	5 Aug 06	
10.53	Craig Pickering	11 Jul 03	
10.56	Rikki Fifton	29 Jul 01	
10.57	Owin Sinclair	5 Jul 14	
10.57	Dom Ashwell	31 May 15	
10.57	Toby Harries	20 Jun 15	10
10.58	Deji Tobais	19 Jul 08	
10.58	Ronnie Wells	18 Aug 12	
10.59	Harry Aikines-Aryeetey	22 Aug 04	
10.59	Jona Efoloko	27 Aug 16	
10.60	Tyrone Edgar	16 Aug 98	
10.60	Antonio Infantino	11 Aug 07	
10.60	Andy Robertson	11 Aug 07	
10.60	Kieran Showler-Davis	7 Sep 08	

wind assisted
10.26	Mark Lewis-Francis	5 Aug 99
10.38	Kevin Mark	3 Jul 93
10.42	Shaun Pearce	31 Aug 13
10.44	Luke Davis	13 Jul 96
10.47	Owin Sinclair	5 Jul 14
10.51	Tim Benjamin	4 Jul 98
10.52	Dom Ashwell	31 May 15
10.52	Toby Harries	31 May 15
10.54	Rechmial Miller	30 Aug 14
10.55	Antonio Infantino	11 Aug 07
10.55	Daniel Afolabi	17 Jun 17

200 Metres
20.79	Jamahl Alert-Khan	7 Sep 03	
20.84	Thomas Somers	14 Jul 13	
20.92	Ade Mafe	27 Aug 83	
20.92	Toby Harries	19 Jul 15	
21.12	Jona Efoloko	30 Aug 15	
21.14	Kieran Showler-Davis	10 May 08	
21.16	Chris Clarke	28 Jul 06	
21.17	David Bolarinwa	20 Jun 10	
21.19	Tim Benjamin	31 Jul 98	
21.24	Peter Little	21 Aug 77	10
21.25	Mark Richardson	24 Jul 88	
21.35	Andrew Watkins	12 Jul 03	
21.36	Joseph Massimo	7 May 16	
21.37	Jermaine Hamilton	9 May 12	
21.38	Wade Bennett-Jackson	31 Jul 03	

wind assisted
20.56	Toby Harries	9 Sep 15
20.98	Tim Benjamin	18 Jul 98
21.17	Mark Richardson	20 Aug 88
21.25	Trevor Cameron	25 Sep 93
21.28	Antonio Infantino	12 Aug 07
21.31	Monu Miah	15 Jul 00
21.32	Graham Beasley	9 Jul 94
21.33	Ryan Gorman	17 Aug 14

hand timing - wind assisted
21.0	Peter Little	30 Jul 77

All-Time – Men – Under 17

400 Metres
46.43	Mark Richardson	28 Jul 88	
46.74	Guy Bullock	17 Sep 92	
46.74	Clovis Asong	25 Jul 11	
47.08	Kris Robertson	15 Aug 04	
47.11	Ben Pattison	20 May 18	
47.18	Chris Clarke	8 Jul 06	
47.29	Richard Davenport	25 May 02	
47.47	Ellis Greatrex	18 Jun 16	
47.71	Richard Buck	17 Aug 03	
47.81	Mark Hylton	17 Jul 93	10
47.82	Ethan Brown	27 Aug 17	
47.85	Bruce Tasker	15 Aug 04	
47.86	Kris Stewart	13 Jul 96	
47.90	Thomas Evans	18 Jun 17	
47.92	Benjamin Snaith	19 Aug 12	
47.96	Joshua Street	10 Jul 10	
47.99	Ben Sturgess	30 Aug 08	

hand timing
47.6	Kris Stewart	3 Aug 96	

800 Metres
1:47.36	Max Burgin	8 Jul 18	
1:48.24	Sean Molloy	9 Jun 12	
1:49.9	Mark Sesay	18 Jul 89	
1:50.38	Grant Baker	17 Jul 04	
1:50.42	Ben Greenwood	9 Sep 15	
1:50.48	James Brewer	17 Jul 04	
1:50.55	Michael Rimmer	6 Aug 02	
1:50.55	George Mills	17 Jun 15	
1:50.58	Markhim Lonsdale	22 Aug 15	
1:50.61	Charlie Grice	21 Jul 10	10
1:50.7	Peter Elliott	16 Sep 79	
1:50.90	Craig Winrow	21 Aug 88	
1:50.90	Mark Mitchell	15 Aug 04	
1:51.0	Chris McGeorge	1 Jul 78	
1:51.05	Mal Edwards	20 Sep 74	
1:51.06	Rikki Letch	3 Jun 09	
1:51.06	Matthew McLaughlin	7 Sep 11	

1000 Metres
2:20.37	Johan Boakes	17 Jun 84	

1500 Metres
3:44.11	Matthew Shirling	7 Aug 12	
3:46.51	James McMurray	10 Jul 11	
3:46.84	Kane Elliott	12 Jun 18	
3:47.20	Jack Crabtree	6 Aug 13	
3:47.70	Max Burgin	24 Jul 18	
3:47.7	Steve Cram	14 May 77	
3:48.49	Johan Boakes	28 Jun 84	
3:48.70	Charlie Grice	30 Jun 10	
3:48.83	Harvey Dixon	30 Jun 10	
3:48.92	Markhim Lonsdale	30 May 15	10
3:48.97	Archie Davis	30 May 15	
3:49.40	Anthony Moran	23 Jul 02	
3:49.70	Luke Duffy	20 Jul 17	
3:49.9	Kelvin Newton	20 Jun 79	
3:49.92	Scott Halstead	19 Aug 12	

1 Mile
4:06.7	Barrie Williams	22 Apr 72	

2000 Metres
5:28.2 +	Kevin Steere	10 Jul 71	

3000 Metres
8:13.42	Barrie Moss	15 Jul 72	
8:15.02	Mohamed Sharif Ali	1 Aug 18	
8:15.34	Kevin Steere	30 Aug 71	
8:16.18	Mo Farah	21 Aug 99	
8:18.26	Simon Horsfield	27 Jun 06	
8:19.08	Darren Mead	26 Aug 85	
8:19.38	Johan Boakes	24 Jun 84	
8:21.01	Ben Dijkstra	1 Jul 15	
8:21.39	Gus Cockle	29 May 13	
8:22.46	Jack Crabtree	1 May 13	10
8:22.71	Matthew Shirling	26 Aug 12	
8:22.78	Luke van Oudtshoorn	13 May 18	
8:22.82	Jamie Dee	10 Sep 14	
8:24.2	Simon Goodwin	16 Jul 80	
8:24.2	Jason Lobo	13 Aug 86	

5000 Metres
14:41.8	Nicky Lees	24 Aug 74	

1500 Metres Steeplechase
4:11.2	Steve Evans	15 Jul 74	
4:12.3	Chris Sly	15 Jul 74	
4:13.1	John Crowley	15 Jul 74	
4:13.2	David Lewis	1 Jul 78	
4:13.66	Zak Seddon	9 Jul 10	
4:13.7	Danny Fleming	31 Jul 77	
4:13.9	Eddie Wedderburn	31 Jul 77	
4:14.0	Dave Robertson	8 Jul 89	
4:14.4	Stephen Arnold	7 Sep 85	
4:15.0	David Caton	9 Jun 84	10
4:15.0	Spencer Duval	12 Jul 86	
4:15.2	Garrie Richardson	8 Jul 89	
4:15.3	John Wilson	26 Jul 75	
4:15.38	William Battershill	5 Sep 14	
4:16.6	Adrian Green	9 Jun 84	

2000 Metres Steeplechase
5:52.06	Noel Collins	23 Jul 07	
5:52.13	Zak Seddon	23 Aug 10	
5:55.0	John Wilson	23 Aug 75	
5:55.0	David Lewis	20 Aug 78	

3000 Metres Steeplechase
9:16.6	Colin Reitz	19 Sep 76	

100 Metres Hurdles (91.4cm)
12.60	Tristan Anthony	14 Aug 99	
12.68	Matthew Clements	8 Aug 93	
12.70	Jack Meredith	12 Jul 08	
12.70	Mayowa Osunsami	28 Aug 16	
12.75	James McLean	14 Jul 07	
12.76	Jordan Auburn	21 Aug 11	
12.76	Sam Bennett	27 Aug 17	
12.83	Jordan Ricketts	11 Aug 18	
12.84	Tre Thomas	17 Apr 16	

All-Time – Men – Under 17

12.85	Jack Kirby	1 Sep 13	10	53.14	Martin Briggs	2 Aug 80
12.85	Jack Sumners	14 May 17		**400 Metres Hurdles (91cm)**		
12.88	Julian Adeniran	8 Jul 05		53.06	Phil Beattie	2 Aug 80
12.90	Steve Markham	17 Aug 91				
12.91	Allan Scott	14 Aug 99		**High Jump**		
12.93	Themba Luhana	11 Jul 09		2.23	Mark Lakey	29 Aug 82
12.93	Jason Nicholson	30 Aug 15		2.22 i	Dominic Ogbechie	24 Feb 18
12.93	Jushua Zeller	8 Jul 17		2.18		25 Aug 18
wind assisted				2.16	Rory Dwyer	22 Jun 14
12.47	Matthew Clements	9 Jul 94		2.15	Ossie Cham	14 Jul 79
12.70	Damien Greaves	9 Jul 94		2.15	Brendan Reilly	7 May 89
12.70	Rory Dwyer	31 Aug 14		2.15	Stanley Osuide	1 Sep 91
12.74	Jack Kirby	1 Sep 13		2.15	Chuka Enih-Snell	10 Sep 00
12.75	Kertis Beswick	19 Aug 12		2.12	Femi Abejide	11 Jul 81
12.85	Joseph Harding	21 Jul 18		2.12 i	Sam Brereton	2 Dec 18
12.88	Nick Csemiczky	13 Jul 91		2.11		25 Aug 18
12.90	Ricky Glover	13 Jul 91		2.11	Leroy Lucas	6 Aug 83 10
12.90	Ben Warmington	8 Jul 95		2.11 i	Ken McKeown	12 Jul 98
hand timing				2.11		18 Jul 98
12.8	Brett St Louis	28 Jul 85		2.10	Dalton Grant	18 Sep 82
12.8	Richard Dunn	29 Jun 91		2.10	Tim Blakeway	29 Aug 87
12.8	Jack Kirby	12 May 13		2.10	James Brierley	16 May 93
12.8	Tre Thomas	1 May 16		2.10	Martin Lloyd	28 Sep 96
12.8	Jack Sumners	3 Jun 17		2.10	Martin Aram	23 Jul 00
hand timing - wind assisted				2.10	Sam Bailey	27 Sep 08
12.6	Brett St Louis	20 Jul 85		2.10	Joel Khan	27 Aug 16
110 Metres Hurdles (91.4cm)				**Pole Vault**		
13.51	Jack Sumners	27 May 17		5.20	Neil Winter	2 Sep 90
13.60	Sam Bennett	27 May 17		5.15	Christian Linskey	23 Aug 96
13.71	Matthew Clements	19 May 94		5.00	Adam Hague	21 Apr 13
13.79	Sam Talbot	16 Jul 15		4.93	Harry Coppell	21 Jul 12
13.82	James McLean	23 Jul 07		4.92	Rowan May	6 Aug 11
13.95	Matthew Treston	21 Jun 15		4.92 i	Frankie Johnson	5 Feb 17
hand timing				4.86		7 Jul 17
13.6	Jon Ridgeon	16 Jul 83		4.90	Warren Siley	8 Sep 89
110 Metres Hurdles (99cm)				4.90	Andrew Marsh	3 Sep 06
14.18	Andy Pozzi	15 Jun 08		4.82 i	Joel Leon Benitez	1 Mar 14
14.19	Rory Dwyer	1 Jun 14		4.71		11 Jul 14
wind assisted				4.80	Billy Davey	14 Sep 80 10
13.92	Matthew Clements	27 Aug 94		4.80	Keith Higham	25 May 02
110 Metres Hurdles (106.7cm)				4.76	Nick Buckfield	11 Jun 89
14.89	Tristan Anthony	4 Jul 99		4.72	Ian Lewis	24 Aug 85
				4.71	Chris Tremayne	27 Aug 01
400 Metres Hurdles (84cm)				4.70	Richard Smith	7 Jun 97
52.15	Nathan Woodward	10 Sep 06		4.70	Mark Christie	25 Aug 01
52.20	Tristan Anthony	18 Jul 99		4.70	Luke Cutts	5 Sep 04
52.57	Niall Flannery	26 Aug 07		4.70	Ethan Walsh	5 Jun 13
52.69	Jeffrey Christie	18 Jul 99		4.70	Nikko Hunt	24 Aug 14
52.70	Mike Baker	15 Jul 06		4.70	Jacob Clark	8 Jul 18
52.72	Jacob Paul	16 Jul 11				
52.81	Richard McDonald	10 Aug 96		**Long Jump**		
52.86	Alastair Chalmers	14 May 16		7.53	Brian Robinson	21 Jul 97
52.88	Joe Fuggle	30 Aug 15		7.53 i	Dominic Ogbechie	25 Feb 18
52.98	Jack Green	24 May 08 10		7.30		26 Aug 18
52.98	Ben Lloyd	27 Aug 17		7.50	Oliver McNeillis	17 Jul 04
53.01	Lloyd Gumbs	17 Jul 04		7.47	Bernard Yeboah	13 Jul 02
53.08	Richard Davenport	11 Aug 02		7.46	Jonathan Moore	30 Jul 00
53.11	David Martin	14 Aug 05		7.46	Onen Eyong	9 Sep 01
				7.36	Toby Adeniyi	5 Jul 13

All-Time – Men – Under 17

7.35	Kadeem Greenidge-Smith	26 Aug 07		18.70	Chris Gearing	10 Jul 03	
7.33	Patrick Sylla	24 May 15		18.59	Daniel Cartwright	9 Sep 15	10
7.32	Kevin Liddington	16 May 87	10	18.44	Matt Simson	27 Jul 86	
7.25	Alan Slack	12 Jun 76		18.43	Emeka Udechuku	28 May 95	
7.25	Feron Sayers	25 Jun 11		18.25	Billy Cole	1 Aug 81	
7.24	Elliot Safo	11 Apr 10		18.08	Jay Thomas	2 Jul 05	
7.21	Hugh Teape	17 May 80		17.99	Reece Thomas	19 Jul 08	
7.21	Jordan Lau	8 Jul 00					

wind assisted

7.60	Brian Robinson	21 Jul 97	
7.47	Onen Eyong	2 Sep 01	
7.40	Matthew John	10 May 86	
7.33	Dominic Ogbechie	15 Jul 17	
7.31	Elliot Safo	29 May 10	
7.31	Feron Sayers	25 Jun 11	

Discus (2kg)

50.60	Carl Myerscough ¶	28 Jul 96	
48.96	Emeka Udechuku	19 Aug 95	

Discus (1.75kg)

54.70	Emeka Udechuku	18 Jun 95	
52.50	Paul Mardle	7 Jul 79	

Discus (1.5kg)

62.96	Nicolas Percy	10 Sep 11	
62.22	Emeka Udechuku	10 Jul 95	
60.62	George Armstrong	30 Aug 14	
59.76	Matthew Blandford	18 Aug 12	
59.13	James Tomlinson	31 Jul 16	
58.25	Curtis Griffith-Parker	13 Jul 07	
58.14	Carl Myerscough ¶	12 May 96	
56.70	Sam Herrington	18 May 03	
56.64	Alfie Scopes	24 Jul 16	
56.16	Matthew Baptiste	2 Sep 07	10
56.14	Chris Symonds	6 Sep 87	
55.97	Joshua Douglas	25 Aug 18	
55.94	Simon Williams I	9 Sep 84	
55.90	Guy Litherland	14 Sep 85	
55.72	Keith Homer	27 Jun 82	

Triple Jump

16.02	Jonathan Moore	13 Aug 00	
15.72	Ben Williams	11 Jul 08	
15.65	Vernon Samuels	18 Jul 81	
15.50	Junior Campbell	18 May 86	
15.45	Steven Anderson	2 Aug 81	
15.32	Wesley Matsuka-Williams	16 Jul 16	
15.28	Larry Achike	22 Jun 91	
note resident but not British citizen at this time			
15.22	Tunde Amosu	31 Aug 08	
15.22	Efe Uwaifo	3 Sep 11	
15.14	Marvin Bramble	8 Aug 93	10
15.14	Steven Shalders	18 Jul 98	
15.11	Nathan Fox	24 Jul 07	
15.11	Teepee Princewill	2 Sep 16	
15.08	Kola Adedoyin	27 May 07	
15.02	Lanri Ali-Balogun	17 Jul 04	

wind assisted

15.78	Ben Williams	19 Jul 08	
15.43	Wesley Matsuka-Williams	16 Jul 16	
15.40	Steven Shalders	18 Jul 98	
15.26	Tunde Amosu	19 Jul 08	
15.25	Marvin Bramble	3 Jul 93	
15.08	Lawrence Lynch	29 Apr 84	
15.06	Craig Duncan	7 Aug 82	

Hammer (7.26kg)

59.94	Andrew Tolputt	30 Sep 84	
59.07	Alex Smith	8 Aug 04	

Hammer (6.25kg)

66.70	Andrew Tolputt	2 Sep 84	
64.00	Matthew Sutton	22 Aug 98	

Hammer (6kg)

66.85	Alex Smith	8 Aug 04	

Shot (7.26kg)

17.30	Carl Myerscough ¶	3 Aug 96	

Shot (6.25kg)

16.88	Greg Beard	29 Aug 99	

Shot (6kg)

18.07	Kai Jones	1 May 13	

Shot (5kg)

21.20	Carl Myerscough ¶	22 Sep 96	
19.57	Curtis Griffith-Parker	10 Jun 07	
19.45	Kai Jones	27 Apr 13	
19.45	Lewis Byng	25 Aug 18	
19.22	Chris Ellis	4 Jun 82	
19.07 i	Michael Wheeler	15 Dec 07	
	18.86	31 Aug 08	
18.91	Greg Beard	19 Sep 99	
18.90	Neal Brunning ¶	6 Sep 87	
18.82	Anthony Oshodi	16 Sep 08	

Hammer (5kg)

76.52	Alex Smith	17 Jul 04	
76.28	Andrew Tolputt	11 Aug 84	
75.02	Peter Smith	5 Aug 06	
74.17	Jake Norris	25 Apr 15	
73.90	Paul Head	29 Aug 81	
73.76	Matthew Sutton	14 Jun 98	
73.00	Nick Steinmetz	17 Jul 93	
71.97	Ben Hawkes	13 May 17	
71.34	Tony Kenneally	7 Sep 80	
70.85	Michael Painter	28 Jul 11	10
70.82	Jason Byrne	20 Jun 87	
69.94	Kenneth Ikeji	26 Aug 18	
69.84	Bayley Campbell	24 Jul 16	
69.47	Taylor Campbell	7 Jun 12	
69.28	Andrew Jordon	7 Sep 08	
68.75	Sam Gaskell	13 Jul 18	

All-Time – Men – Under 17

Javelin (800g - 1986 model)
68.26	David Parker	19 May 96
64.38	Max Law	16 Sep 18
62.63	Huw Bevan	17 Apr 11
62.30	Harry Hughes	7 Sep 13
62.21	Thomas Peters	16 Jun 12

Javelin (800g Original model)
72.78	Gary Jenson	10 Sep 83
69.84	Colin Mackenzie	12 May 79
66.14	David Messom	14 May 81
65.32	Marcus Humphries	26 Aug 78
64.80	Paul Bushnell	1 Sep 85
64.34	Steve Backley	1 Sep 85
63.44	Michael Williams	16 Sep 79

Javelin (700g)
77.12	James Whiteaker	12 Jul 14	
75.30	Max Law	7 Jul 18	
74.06	Tom Hewson	5 Aug 17	
73.56	David Parker	20 Jul 96	
72.77	Harry Hughes	4 Aug 13	
72.48	Gary Jenson	3 Jul 83	
71.68	Dan Pembroke	22 Apr 07	
70.30	Colin Mackenzie	6 Jul 79	
70.07	George Davies	19 Jul 14	
69.60	Huw Bevan	21 Aug 11	10
68.88	Phill Sharpe	19 Jul 97	
68.88	Matti Mortimore	7 Jun 09	
68.34	James Campbell	29 Aug 04	
68.26	Ian Marsh	30 Jul 77	
68.18	James Hurrion	3 Jun 90	

Decathlon (Senior Implements)
6484	David Bigham	27 Sep 87
6299	Tom Leeson	21 Sep 80

Decathlon (Junior Implements)
6554	Jim Stevenson	25 Sep 88
6316	Jack Andrew	27 Aug 08
6093	Robert Hughes	28 May 89

Decathlon (U17 Implements)
6860w	David Guest	9 Sep 07
6530		19 Aug 07
6858	Edward Dunford	2 Sep 01
6781	Joel McFarlane	1 Jul 17
6706	David Bigham	28 Jun 87

Octathlon (D during decathlon)
5800 D	Edward Dunford	2 Sep 01
5741		17 Jun 01
5786	Nicholas Hunt	1 Jul 12
5690	Oliver McNeillis	19 Sep 04
5559	Ashley Bryant	16 Sep 07
5550	Dominic Girdler	20 Sep 98
5494	Kristian Brown	20 Sep 15
5481	Rory Howorth	16 Sep 18
5468	Ben Gibb	24 Jun 07
5426	John Holtby	20 Sep 98
5425	Andrae Davis	22 Sep 02	10
5423	Leo Barker	17 Sep 95
5423	Ben Gregory	16 Sep 07
5409 D	Joel McFarlane	1 Jul 17
5392 D	David Bigham	28 Jun 87
5380	David Guest	30 Sep 07
5378	Matthew Lewis	20 Sep 92
5359	Linton Gardiner	22 Sep 13

with 1000m & 110mH
5626	Ashley Bryant	20 May 07

with 100m
5531	Jim Stevenson	18 Sep 88

3000 Metres Track Walk
12:04.9	Philip King	18 May 91	
12:25.1	Nick Ball	15 May 04	
12:29.90	Andy Parker	2 Jul 00	
12:30.14	Luke Finch	1 Sep 02	
12:34.98	Lloyd Finch	17 Jul 99	
12:35.94	David Hucks	30 Aug 82	
12:45.38	Ben Wears	28 May 06	
12:50.67 i	Stuart Monk	18 Feb 95	
12:52.9		12 Jul 95	
12:50.9	Jon Vincent	8 Jul 87	
12:53.1	Chris Snook	14 May 16	10

5000 Metres Track Walk
20:46.5	Philip King	29 Sep 91	
21:28.26	Nick Ball	11 Jul 04	
21:49.66	Ben Wears	16 Sep 06	
21:52.7	Stuart Monk	22 Jul 95	
21:58.8	Luke Finch	22 Sep 01	
22:17.5	Russell Hutchings	27 Sep 86	
22:19.11	Lloyd Finch	18 Sep 99	
22:31.62	Chistopher Snook	17 Sep 16	
22:32.5	Gareth Holloway	27 Sep 86	
22:35.0	Ian Ashforth	6 Jun 84	10
22:36.02	Cameron Corbishly	14 Jul 13	
22:37.0	Jon Bott	27 Sep 86	
22:42.0	Martin Young	20 Aug 88	
22:42.19	Jon Vincent	6 Jun 86	
22:48.91	Andy Parker	30 Jul 00	
22:50.51	Dominic King	18 Sep 99	

5k Road - where superior to track time
21:33	Jon Vincent	1 Nov 86
21:47	Lloyd Finch	20 Jun 99
22:04	Gareth Holloway	14 Sep 86
22:05	Karl Atton	19 Mar 88
22:30	Gordon Vale	15 Oct 77
22:31	Jon Bott	3 May 86
22:39	Matthew Hales	23 Jun 96
22:41	Thomas Taylor	26 Apr 97

10000 Metres Track Walk
43:56.5	Philip King	2 Feb 91
45:47.0	Ian Ashforth	12 Sep 84
45:52.39	Lloyd Finch	4 Jul 99
46:11.0	Jon Vincent	20 May 87

10k Road - where superior to track time
43:38 hc	Lloyd Finch	20 Nov 99
44:21		13 Nov 99
43:49	Philip King	29 Jun 91
45:19	Luke Finch	31 Aug 02

UNDER 15

100 Metres
10.83	Kesi Oludoyi	31 Jul	13
10.84	Graig Anya-Joseph	9 Jun	18
10.89	Jona Efoloko	17 May	14
10.90	Kaie Chambers-Brown	30 Aug	14
10.91	Tyrese Johnson-Fisher	12 Jul	14
10.92	Owin Sinclair	7 Jul	12
10.93	Mark Lewis-Francis	12 Jul	97
10.97	Jaleel Roper	26 Aug	17
10.98	Alex Kiwomya	21 Aug	10
10.98	Kyle Reynolds-Warmington	27 Aug	16	10
10.99	Andrew Watkins	20 Jul	02
10.99	Deji Tobais	26 Aug	06

wind assisted
10.77	Kesi Oludoyi	31 Jul	13
10.80	Camron Lyttle	31 Aug	13
10.83	Owin Sinclair	18 Aug	12
10.84	Remi Jokosenumi	25 Aug	18
10.91	Deji Tobais	28 Aug	05
10.92	Joshua Oshunrinde	3 Sep	16
10.93	Ryan Gorman	18 Aug	12
10.96	Dijon Archer	7 Jul	06
10.97	Rueben Arthur	27 Aug	11
10.97	Michael Olsen	31 Aug	13

hand timing
10.9	Tommy Ramdhan	18 Jun	11
10.9	Owin Sinclair	12 May	12

200 Metres
21.99	Remi Jokosenumi	14 Jul	18
22.00	Mario Dobrescu	24 Jun	18
22.13	Andrew Watkins	6 Jul	02
22.13	Jaleel Roper	27 Aug	17
22.14	Jona Efoloko	18 May	14
22.19 i	Alex Kiwomya	28 Feb	10
22.36		10 Jul	10
22.20	Owin Sinclair	19 Aug	12
22.21	Rhion Samuel	6 Aug	06
22.25	Deji Tobais	6 Aug	06
22.28	Cameron Sprague	11 Jul	15	10
22.30	Jamie Nixon	29 Sep	84
22.31	Mike Williams II	10 Aug	86
22.35	Tristan Anthony	12 Jul	97
22.35	Chris Clarke	10 Jul	04
22.36	Tony Corrigan	9 Jul	05

wind assisted
22.03	Julian Thomas	7 Jul	01
22.14	Owin Sinclair	21 Apr	12
22.19	Joseph Massimo	31 Aug	14
22.26	Steven Daly	9 Jul	94
22.26	Simon Farenden	8 Jul	00
22.28	Jamahl Alert-Khan	7 Jul	01
22.32	Kaie Chambers-Brown	31 Aug	14

hand timing
22.0	Amir Sultan-Edwards	30 Jun	18
22.2	Mike Williams II	12 Jul	86

hand timing - wind assisted
21.9	Tony Cairns	21 Jun	86

300 Metres
34.81	Amir Sultan-Edwards	14 Jul	18
35.12	George Sudderick	14 Jul	18
35.21	Joseph Massimo	12 Jul	14
35.31	Mario Dobrescu	31 May	18
35.41	Ben Pattison	27 Aug	16
35.58	Chenna Okoh Mason	31 Aug	14
35.69	Tom Evans	11 Jul	15
35.70	Joe Milton	6 Jul	13
35.74	Matthew Pagan	19 Aug	12
35.84	Channah Okoh	6 Jul	13	10
35.84	Evan Blackman	27 Aug	16

hand timing
35.8	Evan Blackman	13 Sep	16

during 400m
35.7 +	Richard Davenport	23 Aug	00

400 Metres
48.86	Clovis Asong	11 Jul	09
49.74	Richard Davenport	23 Aug	00
49.79	Daniel Gray	2 Jul	11
49.96	Craig Erskine	18 Jul	98
49.97	David McKenzie	23 Jun	85
49.97	Stanley Livingstone	21 Aug	11
49.98	Ryan Preddy	11 Jul	98
49.99	Aaron Pitt	22 Aug	10
50.05	Will Grist	12 Jul	08
50.07	Matthew Webster	6 Aug	06	10

hand timing
49.0	Alex Kiwomya	27 Jun	10
49.8	Mark Tyler	25 Aug	82
49.9	David McKenzie	11 Aug	85
50.0	Simon Heaton	7 Jul	79

600 Metres
1:23.6	Chris Davies	26 Jul	00

800 Metres
1:53.1	Max Burgin	25 Jul	16
1:54.52	Ben Pattison	2 May	16
1:54.72	Jordon West	23 Jul	03
1:55.36	Oliver Carvell	26 Jul	16
1:55.56	Michael Rimmer	25 Jul	00
1:55.70	Luke Carroll	2 Aug	08
1:55.8	Markhim Lonsdale	3 Jun	13
1:55.89	Rikki Letch	27 Jun	07
1:55.98	Jordan Bransberg	29 Jul	09
1:56.04	Daniel Joyce	27 Aug	17	10
1:56.1	Craig Winrow	12 Jul	86
1:56.54	Joshua Hulse	11 Jul	15
1:56.6	Paul Burgess	13 Jul	85
1:56.71	James Senior	8 Jul	06

1000 Metres
2:35.4	Alex Felce	25 Jul	01

1500 Metres
3:59.20	Ben Greenwood	21 Jun	13
4:00.13	Jack Crabtree	27 Jul	11
4:00.20	Ethan Hussey	19 Aug	17
4:01.0	Luke Carroll	9 Sep	08
4:03.0	Glen Stewart	28 Aug	85

All-Time – Men – Under 15

4:03.0	Scott West	28 Aug 90		1.97	Wayne Gray	3 Sep 95
4:03.29	Canaan Soloman	26 Jun 13		1.97	Richard Byers	4 Sep 05
4:03.52	Mike Isherwood	17 Sep 82		1.97	Miles Keller-Jenkins	17 Jun 12
4:03.54	Tom Purnell	2 Aug 08		1.96	Chuka Enih-Snell	29 Aug 98
4:03.56	Richard Youngs	17 Sep 82	10	1.96	Dominic Ogbechie	28 Aug 16 10
4:03.6	Doug Stones	7 Jul 79		1.95	Mark Lakey	14 Sep 80
4:03.7	David Gerard	31 Jul 83		1.95	Mark Bidwell	26 Sep 99
				1.95	Feron Sayers	20 Jun 09

1 Mile

4:21.9	Glen Stewart	11 Sep 85

Pole Vault

4.32	Frankie Johnson	21 Jun 15	

2000 Metres

5:45.8	Richard Slater	16 Jun 74

4.31	Richard Smith	28 Aug 95	
4.30	Neil Winter	2 Jul 88	
4.30	Christian Linskey	18 Jun 94	

3000 Metres

8:44.61	Mohamed Sharif Ali	22 Jul 17		4.20	Tony Hillier	18 Sep 05
8:46.24	Jack Crabtree	24 Aug 11		4.20	Adam Hague	11 Sep 11
8:47.0	Ben Mabon	16 Jul 85		4.18	Ian Lewis	24 May 83
8:47.48	Mohammed Farah	5 Jul 97		4.02 i	Tom Gibson	10 Mar 07
8:48.8	Dale Smith	14 Aug 85		4.01	Lazarus Benjamin	25 Aug 18
8:49.59	Tommy Dawson	26 Jun 17		4.00	Jimmy Lewis	9 Sep 79 10
8:51.1	Mark Slowikowski	4 Jun 80		4.00	Andrew Marsh	4 Sep 04
8:53.0	Ben Dijkstra	16 Jul 13		3.95 i	Mark Mellor	1 Sep 16
8:53.17	Archie Parkinson	6 Sep 17				
8:53.66	Tom Snow	7 Jun 00	10	**Long Jump**		
8:53.66	Luke van Oudtshoorn	29 Jun 16		7.03	Feron Sayers	19 Sep 09
8:54.6	Gary Taylor	14 Sep 77		6.93	Rowan Powell	17 Aug 13
8:54.6	David Bean	22 Jul 79		6.90	Mario Dobrescu	1 Jul 18
				6.88	Patrick Sylla	14 Apr 13

80 Metres Hurdles (84cm)

				6.81	Dominic Ogbechie	5 Jun 16
10.50	Joseph Harding	8 Jul 17		6.79	Oni Onuorah	17 Sep 88
10.71	Matthew Clements	15 Aug 92		6.78	Brandon McCarthy	7 Jul 13
10.75	Daniel Davis	13 Jul 02		6.77	Barry Nevison	30 Aug 81
10.81	Adeyinka Adeniran	31 Aug 14		6.76	Joseph Harding	13 May 17
10.82	Richard Alexis-Smith	12 Aug 01		6.76	Jerel Livingston	13 Jul 18 10
10.87	Daniel Maynard	11 Aug 02		6.74	Kevin Hibbins	17 Jun 95
10.91	James McLean	14 Aug 05		6.71	Mark Awanah	17 Aug 97
10.91	Freddie Fraser	26 Aug 18		6.69	Luke Thomas	14 Jun 03
10.95	Chris Musa	7 Jul 01		6.68	Onew Eyong	9 Jul 99
10.95	Onatade Ojora	11 Jul 14	10	**wind assisted**		
10.98	Max Price	1 Sep 13		7.12	Oni Onuorah	17 Sep 88
10.98	Daniel Knight	28 Aug 16		6.89	James Dunford	30 Jul 00
10.99	Edward Dunford	14 Aug 99		6.87	Joseph Harding	16 Sep 17
10.99	Sam Bennett	10 Jul 15		**downhill**		
wind assisted				6.77	Eric Wood	25 Aug 58
10.68	Richard Alexis-Smith	12 Aug 01				
10.73	Chris Musa	7 Jul 01		**Triple Jump**		
10.84	Freddie Fraser	14 Jul 18		14.11	Nathan Fox	14 Aug 05
10.88	James McLean	28 Aug 05		13.86	Jamie Quarry	10 Jul 87
				13.79	Paul Dundas	11 Jun 88

100 Metres Hurdles (91cm)

13.3	Matthew Clements	23 Aug 92		13.77	Eugene Hechevarria	16 Sep 78
				13.71	Larry Achike	10 Jun 89
				note resident but not British citizen at this time		

400 Metres Hurdles (76.2cm)

56.59	Stanley Livingstone	26 May 11		13.69	Vernon Samuels	25 Aug 79
				13.67	Dwyte Smith	6 Aug 06

High Jump

				13.64	Jimi Tele	11 Jul 08
2.04	Ross Hepburn	22 Aug 76		13.63	Miraj Ahmed	28 Aug 16
2.01	Ken McKeown	10 Aug 96		13.61	Patrick Sylla	26 May 13 10
2.00	Samuel Brereton	17 Jun 17		13.60	Steven Anderson	9 Jun 79
1.99	David Bazuaye	1 Sep 18		13.60	Steve Folkard	11 Jul 80
1.97	Andrew Lynch	29 Aug 88		13.59	Kevin Metzger	19 Aug 12

All-Time – Men – Under 15

wind assisted
13.92	Eugene Hechevarria	7 Jul	78
13.87	Vernon Samuels	20 Sep	79
13.83	Chris Tomlinson	12 Jul	96
13.73	Donovan Fraser	6 Jul	79
13.69	Kevin O'Shaughnessy	7 Jul	78
13.60	Dean Taylor	12 Jul	96

Shot (5kg)
16.62	Michael Wheeler	29 Jul	06

Shot (4kg)
19.71	Curtis Griffith-Parker	28 Aug	05	
19.28	Michael Wheeler	3 Sep	06	
18.71	Chris Ellis	14 Jun	80	
18.03	Anthony Oshodi	5 Aug	06	
18.02	Jay Thomas	24 Aug	03	
18.01	Kai Jones	21 Aug	11	
17.36	Mathew Evans	16 Aug	03	
16.86	Reece Thomas	9 Sep	06	
16.59	William Adeyeye	19 Sep	15	
16.54	Geoff Hodgson	7 Jul	72	10
16.50	Carl Saggers	14 Jul	98	
16.47	Josh Newman	10 Aug	08	

Discus (1.5kg)
51.55	Curtis Griffith-Parker	14 Aug	05

Discus (1.25kg)
55.39	Curtis Griffith-Parker	13 Aug	05	
53.08	Emeka Udechuku	5 Sep	93	
52.54	Alfie Scopes	15 Jun	14	
52.43	Sam Herrington	1 Sep	01	
50.85	Shane Birch	12 Jul	02	
50.80	Paul Mardle	3 Sep	77	
50.50	James Tomlinson	27 Sep	14	
50.48	Anthony Oshodi	26 Aug	06	
50.32	Chris Symonds	23 Jul	85	
50.24	Liam Biddlecombe	16 Sep	07	10
50.11	Matthew Williams	10 Sep	11	
50.04	Keith Homer	11 Jul	80	

Hammer (5kg)
60.10	Andrew Tolputt	5 Sep	82

Hammer (4kg)
70.78	Andrew Tolputt	9 Jul	82	
68.15	Jake Norris	14 Sep	13	
67.24	Peter Vivian	22 Sep	85	
66.48	Ashley Gilder	5 Sep	09	
65.42	Matthew Sutton	29 Sep	96	
64.77	Ciaran Wright	27 Aug	11	
64.70	Matt Lambley	3 Jul	02	
64.66	George Marvell	17 Aug	13	
64.28	Jason Byrne	22 Sep	85	
64.16	Andrew Jordon	8 Jul	06	10
63.68	Paul Binley	29 Sep	85	
63.60	Richard Fedder	26 Aug	79	
63.57	Michael Painter	15 Aug	09	

Javelin (700g)
61.81	Matti Mortimore	8 Sep	07

Javelin (600g 1999 Model)
70.66	Benjamin East	16 Sep	18	
65.87	Oliver Bradfield	12 Jun	10	
65.16	Max Law	24 Sep	16	
64.74	Thomas Peters	21 Aug	10	
63.68	Matti Mortimore	26 Aug	07	
61.25	Bradley James	14 Jul	18	
60.38	Matthew Blandford	21 Aug	10	
59.97	Harry Hughes	13 May	12	
59.23	James Whiteaker	17 Jul	13	
58.36	George Davies	14 Jul	12	10
58.27	Mark Lindsay	30 Aug	99	
58.09	Pedro Gleadall	27 Aug	16	

Javelin (600g pre 1999 Model)
62.70	Paul Godwin	21 May	89
60.56	David Messom	6 Jul	79
60.56	Clifton Green	3 Jul	94
60.34	Richard Lainson	18 Aug	96

Decathlon (Under 15 implements)
5341	Jamie Quarry	28 Jun	87

Octathlon (Under 15 implements)
4364	Joel McFarlane	9 Aug	15

Pentathlon (80H,SP,LJ,HJ,800)
3403	Edward Dunford	22 Aug	99	
3298	Reuben Esien	15 Sep	12	
3297	David Guest	23 Sep	06	
3293	Gregor Simey	9 Aug	03	
3281	Andrae Davis	16 Sep	00	
3272	Chris Dack	20 Sep	97	
3260	Joseph Connolly	19 Sep	15	
3258	Joseph Harding	16 Sep	17	
3253	Harry Sutherland	15 Sep	12	
3208	Dominic Ogbechie	17 Sep	16	10
3187	Marc Newton	27 Aug	94	
3184	Theo Adesina	17 Sep	16	

(100,SP,LJ,HJ,800)
3199	Onochie Onuorah	17 Sep	88

3000 Metres Track Walk
12:44.64	Lloyd Finch	24 May	98
13:19.57	Philip King	29 May	89
13:35.0	Russell Hutchings	7 Sep	85
13:45.0	John Murphy	14 May	95
13:45.05	Cameron Corbishley	21 Aug	11
13:51.0	Robert Mecham	12 May	92
13:57.06	James Davis	29 Aug	99
13:58.0	Jon Vincent	7 Sep	85
14:03.0	Neil Simpson	1 Apr	89

3k Road - where superior to track time
13:20	Jonathan Deakin	18 Sep	88
13:29	Robert Mecham	20 Apr	92
13:32	Russell Hutchings	10 Nov	84
13:34	Nick Ball	30 Jun	02
13:39	Neil Simpson	6 May	89

5000 Metres Track Walk
22:54.0	Lloyd Finch	15 Jul	98

UNDER 13

100 Metres
11.63	Jaleel Roper	2 Sep 15
11.71	Owin Sinclair	1 Aug 10
11.86	Chris Julien	3 Sep 00
11.89	Kareem Jerome	9 Aug 15
11.91	Nathanael Thomas	2 Sep 12
11.94	Graig Anya Joseph	31 Jul 16
11.98	Kenny Konrad	21 Jun 09
11.99	Ossari Acquah	01 Aug 18
12.00	Remi Jokosenumi	31 Aug 16

wind assisted
11.79	Rhys Ofori	15 Aug 18
11.84	Ossari Acquah	29 Aug 18
11.85	Kareem Jerome	6 Sep 15

hand timing
11.6	Owin Sinclair	12 Jun 10
11.6	William Andoh	17 Jun 14
11.6	Jaleel Roper	16 Jun 15
11.7	Kareem Jerome	2 Aug 15

200 Metres
23.35	Jaleel Roper	2 Sep 15
23.60	Nathanael Thomas	2 Sep 12
23.92	Owin Sinclair	30 Aug 10
24.16	Jona Efoloko	2 Sep 12
24.29	Charles Hagan	27 Jul 14
24.46	Kenny Konrad	26 Jul 09
24.49	Jairzinho Morris	27 Jul 14
24.53	Tony Corrigan	31 Aug 03

wind assisted
24.28	Chris Julien	3 Sep 00
24.34	Yaw Afrifah-Mensah	21 Jul 18

hand timing
23.4	Owin Sinclair	13 May 10
24.0	Stephen Buttler	26 Jul 87
24.0	Alex Kiwomya	25 Aug 08
24.1	Tristan Anthony	30 Jul 95
24.2	Kareem Jerome	2 Aug 15
24.2	Remi Jokosenumi	18 Sep 16

300 Metres
41.8	Dominic Jones	5 Jul 97

400 Metres
57.30	Samuel Higgins	13 May 06

hand timing
55.1	Cephas Howard	2 Jul 89
56.5	Craig Erskine	22 Sep 96
56.5	Matthew Lumm	1 Jul 03

800 Metres
2:04.1	Ben Mabon	8 Jul 83
2:05.4	Eric Kimani	28 Jul 79
2:06.35	Jaden Kennedy	10 Aug 16
2:07.48	Ben Pattison	16 Jul 14
2:07.74	Sidnie Ward	15 Jul 15
2:08.09	Finn O'Neill	14 Jul 18
2:09.1	Max Kaye	9 Jul 06
2:09.40	Tom Kendrick	11 Jun 12
2:09.6	Rory Howorth	23 Aug 14
2:09.78	James Fradley	13 Aug 11	10

1500 Metres
4:18.4	Eric Kimani	26 Sep 79
4:20.5	Ben Mabon	18 Jun 83
4:20.62	Rowan Fuss	26 Aug 15
4:21.61	Jaden Kennedy	3 Aug 16
4:22.3	David Gerard	12 Aug 81
4:22.74	Rory Howorth	27 Aug 14
4:23.11	William Rabjohns	31 Jul 18
4:23.34	Tom Kendrick	25 Jul 12
4:23.9	Mark Slowikowski	12 Jul 78
4:26.37	Isaac Morris	30 May 18	10
4:27.72	Finlay Ross	2 Aug 18

1 Mile
4:52.0	Tom Quinn	20 Jul 69

3000 Metres
9:31.4	Ben Mabon	24 Jul 83
9:41.4	Mark Slowikowski	21 May 78
9:47.99	Robert Pickering	25 Jun 00
9:49.5	John Tilley	9 Jul 86
9:50.45	Adam Hickey	30 Aug 00

75 Metres Hurdles (76.2cm)
11.15	Reggie Lucas-Merry	17 Jun 18
11.43	Karl Johnson	28 Jul 13
11.48	Samuel Ball	29 Jul 17
11.5	Stanley Livingstone	13 Sep 09
11.66		26 Jul 09
11.5	Jaiden Dean	16 Sep 18
11.6	James McLean	14 Jun 03
11.6	Max Roe	16 Sep 18
11.65	William Adeyeye	29 Sep 13
11.69	Cameron Goodall	26 Aug 06
11.7	Stephen Cotterill	16 Jul 78	10
11.7	Sean Ashton	12 Sep 98
11.7	Luke Webber	9 Jun 04
11.7	Travis Scottow	29 Aug 18
11.73		23 Sep 18
11.73	Joseph Ellis	31 Jul 11

80 Metres Hurdles (76.2cm)
11.9	Matthew Clements	27 Aug 90
12.1	Sean Ashton	27 May 98
12.4	Jon Crawshaw	14 Aug 94

80 Metres Hurdles (84cm)
12.92	Sam Allen	18 Aug 91

hand timing
12.4	Stanley Livingstone	12 Sep 09
12.6	James Dunford	27 Sep 98

High Jump
1.73	Max Price	14 Aug 11
1.70	Adrian Pettigrew	22 Jun 99
1.69	Patrick O'Connor	7 Sep 08
1.68	Sam Allen	22 Sep 91
1.68	James Dunford	29 Sep 98
1.67	Glen Carpenter	3 Jul 83
1.67	Jamie Dalton	28 Jun 92
1.67	Alex Cox	17 Sep 06
1.67	Adam Robinson	11 Sep 16
1.67	Kehinde Ashaolu	5 Jul 17	10

All-Time – Men – U13

1.67	Travis Scottow	12 Jul 18	

Pole Vault

3.40	Neil Winter	27 Jul 86
3.20	Ian Lewis	8 Sep 81
3.01	Frankie Johnson	4 Aug 13
3.01 i	Jack Harris	29 Sep 13

Long Jump

5.90	Dante Clarke	25 Aug 18
5.86	Owin Sinclair	13 May 10
5.82	William Adeyeye	29 Sep 13
5.80	Joseph Harding	23 May 15
5.72	Samuel Ball	28 Aug 17
5.71	Kieran Showler-Davis	25 Jul 04
5.65	Sam Allen	14 Sep 91
5.65	Deji Ogunnowo/Tobais	1 Aug 04
5.64	Kevin Hibbins	18 Jul 93
5.62	Paul Twidale	31 Jul 99	10
5.61	Robert Creese	23 Jun 90
5.61	Clovis Asong	22 Jul 07

wind assisted

5.88	Ian Tobin	4 Aug 02
5.76	Seamas Cassidy	5 Sep 99
5.74	Edward Dunford	21 Sep 97

Triple Jump

12.57	Rigsby Agoreyo	9 Aug 69
11.78	Edward Dunford	27 Sep 97
11.75	Alain Kacon	15 Sep 01

Shot (4kg)

12.65	Matthew Evans	12 Aug 01

Shot (3.25kg)

14.64	Sebastian Dickens	10 Sep 14
14.48	Luke Bowen-Price	26 Jun 12
14.47	Matthew Evans	22 Jul 01
14.22	Khaul Njoya	9 Sep 06
13.94	Michael Wheeler	21 Aug 04
13.93	Jack Halpin	11 Sep 16
13.92	Harry Sutherland	4 Sep 10
13.56	Reece Thomas	11 Sep 04
13.48	Max Price	11 Aug 11
13.36	Chris Hughes	21 Aug 91	10

Shot (3kg)

13.44	Travis Scottow	12 Aug 18

Discus (1.25kg)

36.98	Sam Herrington	5 Sep 99

Discus (1kg)

42.94	Luke Bowen-Price	31 Jul 12
42.50	Sam Herrington	12 Sep 99
42.38	Ben Barnes	1 Sep 91
40.18	Alfred Mawdsley	25 Aug 13
38.92	Chris Hughes	28 Jul 91
38.58	Carl Saggers	15 Sep 96
38.44	Travis Scottow	16 Sep 18
38.39	Harry Sutherland	4 Sep 10
38.30	Liam Walsh	13 Aug 94
38.20	James Anderson	15 Sep 12	10
36.56	Sam Mace	7 Aug 13
36.55	Nicholas Hunt	23 Aug 08

Discus (750g)

43.70	Sam Herrington	8 Jul 99

Hammer (4kg)

41.64	Michael Painter	24 Jun 07

Hammer (3.25kg)

48.18	Kieran Phillips	20 Sep 09
46.52	Sam Foster	7 Sep 06
45.60	Ciaran Wright	8 Sep 09
44.86	Michael Painter	5 Aug 07
44.38	Ross Thompson	4 Sep 94

Javelin (600g 1999 Model)

47.86	Oliver Bradfield	28 Sep 08

Javelin (400g)

57.55	Oliver Bradfield	17 Aug 08
50.35	Benjamin East	24 Sep 16
49.84	Max Law	14 Sep 14
48.59	Joshua Roberts	29 Sep 18
48.28	Archie Goodliff	18 Jul 15
48.16	Thomas Peters	23 Aug 08
46.20	Jonah McCafferty	26 Sep 15
45.22	Matthew Blandford	28 Sep 08
45.12	James Yun-Stevens	29 Aug 11
44.98	Harri Mortimore	27 Jul 08	10
44.87	Jack Halpin	14 Sep 16

Pentathlon (80H,SP,LJ,HJ,800 U15)

2444	James Dunford	27 Sep 98

Pentathlon (75H,SP,LJ,HJ,800)

2562	Edward Dunford	28 Sep 97
2534	Finn O'Neill	25 Aug 18

1000 Metres Track Walk

4:46.0	Luke Finch	15 Jul 98

1k Road - where superior to track time

4:34	Luke Finch	27 Sep 97

2000 Metres Track Walk

9:40.0	Luke Finch	12 Nov 97
9:40.3	Thomas Taylor	19 Jun 93
9:51.0	Lloyd Finch	11 Aug 96
9:57.0	Jamie Nunn	7 Feb 88
10:06.0	Grant Ringshaw	23 Jul 78
10:10.0hc	Dominic King	23 Mar 95

2k Road - where superior to track time

9:16	Lloyd Finch	28 Sep 96
9:38	Luke Finch	12 Sep 98
9:52	Matthew Halliday	6 Mar 04
9:55 hc	Nick Ball	5 Sep 00
9:56	Grant Ringshaw	27 Oct 79

3000 Metres Track Walk

15:02.62	Lloyd Finch	21 Sep 96
15:15.5	Robert Mecham	25 Jul 89

3k Road - where superior to track time

14:44	Martin Young	22 Sep 84

UK ALL-TIME LISTS - WOMEN
as at 31 December 2018

100 Metres

10.85	Dina Asher-Smith	7 Aug 18		11.39 A	Hannah Brier	16 Jul 15	
10.92	Asher-Smith	7 Jun 18		11.39	Corinne Humphreys	15 Jun 17	50
10.93	Asher-Smith	10 Jun 18		**wind assisted**			
10.93	Asher-Smith	7 Aug 18		10.93	Sonia Lannaman	17 Jul 77	
10.97	Asher-Smith	30 Jun 18		10.95	Montell Douglas	17 Jul 08	
10.99	Asher-Smith	25 Jul 15		11.01	Heather Oakes	21 May 80	
11.02	Asher-Smith	24 May 15		11.03	Asher-Smith	5 Jul 14	
11.05	Montell Douglas	17 Jul 08		11.04	Desiree Henry	26 Apr 14	
11.06	Asher-Smith	25 Jul 15		11.06	Lannaman	21 May 80	
11.06	Desiree Henry	15 Apr 16		11.08	Oakes	27 May 84	
11.06	Asher-Smith	26 May 18		11.08	Kathy Cook	24 Aug 83	
11.10	Kathy Cook	5 Sep 81		11.09	Laura Turner	7 Jul 07	
11.10	Asha Philip	24 May 15		11.13	Bev Kinch	6 Jul 83	
11.11	Laura Turner	4 Jul 10		11.13	Shirley Thomas	27 May 84	
11.11	Imani Lansiquot	21 Jul 18		11.13	Paula Thomas	20 Aug 88	
11.14	Jeanette Kwakye	17 Aug 08		11.13	Jodie Williams	26 Apr 14	
11.14	Daryll Neita	9 Jul 17		11.15	Ashleigh Nelson	29 Jun 14	
11.15	Paula Thomas	23 Aug 94	10	11.18	Wendy Hoyte	4 Oct 82	
11.16	Andrea Lynch	11 Jun 75		11.18	Simmone Jacobs	11 Jun 97	
11.16	Kristal Awuah	2 Sep 18		11.19	Bev Callender	21 May 80	
11.17	Abi Oyepitan	25 Jul 04		11.19	Joice Maduaka	10 Jun 07	
11.17	Bianca Williams	14 Jun 14		11.23	Joan Baptiste	24 Aug 83	
11.18	Anyika Onuora	29 May 11		11.23	Jayne Andrews	17 Jul 84	
11.18	Jodie Williams	22 Jul 11		11.24	Sarah Wilhelmy	9 Jun 01	
11.19	Ashleigh Nelson	12 Aug 14		11.27	Katharine Merry	11 Jun 94	
11.20	Sonia Lannaman	25 Jul 80		11.29	Marcia Richardson	29 May 00	
11.20	Heather Oakes	26 Sep 80		11.30	Hayley Jones	7 Jul 13	
11.21	Emma Ania	6 Jun 08	20	11.30	Kat. Johnson-Thompson	21 Jun 14	
11.22 A	Bev Callender	8 Sep 79		11.31	Lorraine Ugen	15 Apr 17	
	11.35	22 Jul 81		11.32	Donna Fraser	25 Apr 97	
11.23	Joice Maduaka	15 Jul 06		11.32	Shani Anderson	6 Jul 02	
11.23 mx	Rachel Miller	1 Aug 18		11.34	Sandra Whittaker	22 May 83	
11.27	Stephanie Douglas	26 Jul 91		11.35	Amarachi Pipi	13 May 17	
11.27	Sophie Papps	30 Jul 16		11.35	Kimbely Baptiste	28 Jul 18	
11.28	Margaret Adeoye	14 Jun 14		11.36	Sallyanne Short	26 Aug 89	
11.29	Bev Kinch	6 Jul 90		11.37	Val Peat	17 Jul 70	
11.31	Wendy Hoyte	4 Oct 82		11.37	Kaye Scott	22 May 83	
11.31	Shirley Thomas	3 Jul 83		11.37	Helen Burkart	11 Sep 83	
11.31	Simmone Jacobs	24 Sep 88	30	11.37	Hannah Brier	31 May 15	
11.31	Hayley Jones	22 Jun 13		11.37	Rachel Johncock	30 Jul 16	
11.32	Joan Baptiste	24 Aug 83		**hand timing**			
11.32	Christine Bloomfield	3 Jul 99		10.9	Andrea Lynch	28 May 77	
11.32	Lorraine Ugen	30 Jun 18		11.1	Sonia Lannaman	29 Jun 80	
11.33	Emily Freeman	14 Jun 09		11.1	Heather Oakes	29 Jun 80	
11.34	Katharine Merry	25 Jun 94		11.1	Joan Baptiste	16 Jul 85	
11.34	Shani Anderson	26 Aug 00		11.2	Helen Golden	29 Jun 74	
11.34	Amanda Forrester	27 Jul 02		11.2	Sharon Danville	25 Jun 77	
11.35	Sharon Danville	20 Aug 77		11.2	Bev Kinch	14 Jul 84	
11.35	Marcia Richardson	4 Jun 00	40	11.2	Geraldine McLeod	21 May 94	
11.35	Christine Ohuruogu	4 May 08		**hand timing - wind assisted**			
11.36 A	Della Pascoe	14 Oct 68		10.8	Sonia Lannaman	22 May 76	
11.36	Annabelle Lewis	12 Jul 13		11.1	Sharon Danville	22 May 76	
11.39 A	Val Peat	14 Oct 68		11.1	Bev Kinch	9 May 87	
11.39	Sallyanne Short	12 Jul 92		11.2	Margaret Williams	15 May 76	
11.39 +	Jessica Ennis	16 May 10		11.2	Donna Fraser	31 Jan 98	
11.39	Elaine O'Neill	4 Jul 10					
11.39	Cindy Ofili	11 Jun 15					

200 Metres

21.89	Dina Asher-Smith	11 Aug 18
22.07	Asher-Smith	28 Aug 15
22.10	Kathy Cook	9 Aug 84
22.12	Asher-Smith	27 Aug 15
22.13	Cook	9 Sep 82
22.21	Cook	20 Aug 84
22.22	Asher-Smith	26 Aug 15
22.22	Asher-Smith	11 Aug 17
22.25	Cook	22 Aug 84
22.25	Asher-Smith	22 Jul 18
22.46	Jodie Williams	15 Aug 14
22.46	Desiree Henry	27 Aug 16
22.50	Abi Oyepitan	23 Aug 04
22.58	Sonia Lannaman	18 May 80
22.58	Bianca Williams	31 Jul 14
22.59	Beth Dobbin	1 Jul 18
22.64	Emily Freeman	20 Aug 09
22.64	Anyika Onuora	31 Jul 14 10
22.69	Paula Thomas	26 Aug 94
22.72	Bev Callender	30 Jul 80
22.73	Jennifer Stoute	3 Aug 92
22.75	Donna Hartley	17 Jun 78
22.76	Katharine Merry	25 Jul 00
22.78	Shannon Hylton	1 Jul 18
22.79	Kat. Johnson-Thompson	28 May 16
22.80	Michelle Scutt	12 Jun 82
22.83	Joice Maduaka	25 Jul 99
22.83	Jessica Ennis	3 Aug 12 20
22.85	Christine Bloomfield	25 Jul 99
22.85	Christine Ohuruogu	1 Jun 09
22.86	Joan Baptiste	9 Aug 84
22.86	Finette Agyapong	15 Jul 17
22.88	Margaret Adeoye	8 Sep 13
22.92	Heather Oakes	28 Aug 86
22.93	Vernicha James	21 Jul 01
22.94	Ashleigh Nelson	9 Jun 18
22.95	Simmone Jacobs	25 Apr 96
22.95	Amarachi Pipi	22 Apr 17 30
22.96 i	Donna Fraser	23 Feb 97
23.05		2 May 04
22.96	Shani Anderson	6 Jul 02
22.98	Sandra Whittaker	8 Aug 84
23.04	Maya Bruney	22 Jul 17
23.06	Sam Davies	28 Aug 00
23.09	Charlotte McLennaghan	10 May 15
23.10	Diane Smith	11 Aug 90
23.11	Jeanette Kwakye	14 Jul 07
23.14	Helen Hogarth	7 Sep 73
23.14	Helen Burkart	17 Jul 82 40
23.15	Andrea Lynch	25 Aug 75
23.16	Lee McConnell	31 May 08
23.17	Stephanie Douglas	12 Jun 94
23.18	Joslyn Hoyte-Smith	9 Jun 82
23.20	Sarah Reilly	21 Jun 97
23.20 i	Amy Spencer	2 Mar 03
23.20	Helen Pryer	22 Jul 09
23.23	Sarah Wilhelmy	13 Jun 98
23.23	Cheriece Hylton	10 Jun 17
23.24	Sallyanne Short	28 Jun 92 50
23.25	Emma Ania	18 Jul 08

wind assisted

22.21	Cook	7 Oct 82
22.48	Michelle Scutt	4 Jul 82
22.69	Bev Callender	24 Jun 81
22.73	Shannon Hylton	18 Jul 15
22.80	Donna Fraser	3 Sep 05
22.83	Amarachi Pipi	14 May 17
22.84	Sarah Wilhelmy	10 Jun 01
22.90	Andrea Lynch	11 Jun 75
22.90	Allison Curbishley	17 Jul 98
22.97	Helen Hogarth	26 Jul 74
23.00	Joslyn Hoyte-Smith	13 Jun 82
23.07	Asha Phillip	14 Jul 13
23.11	Linsey Macdonald	5 Jul 80
23.12	Alisha Rees	3 Jun 17
23.14	Shirley Thomas	28 May 84
23.14	Zoey Clark	3 Jun 17
23.15	Margaret Williams	22 Jul 70
23.15	Cheriece Hylton	17 May 15
23.19	Sallyanne Short	29 Jan 90
23.22	Kadi-Ann Thomas	17 Jul 08
23.22	Hayley Jones	17 Jun 12
23.23	Sinead Dudgeon	29 Jul 00

hand timing

22.9	Heather Oakes	3 May 80
22.9	Helen Burkart	6 Aug 83
23.0	Helen Golden	30 Jun 74
23.1	Andrea Lynch	21 May 77
23.1	Linda Keough	5 Jul 89
23.1	Lee McConnell	7 Jun 08
23.2	Dorothy Hyman	3 Oct 63
23.2	Margaret Williams	2 Aug 70

hand timing - wind assisted

23.1	Margaret Williams	14 Jul 74
23.1	Sharon Danville	17 Sep 77
23.1	Linda McCurry	2 Jul 78

300 Metres

35.46	Kathy Cook	18 Aug 84
35.51	Cook	9 Sep 83
35.71	Donna Fraser	28 Aug 00
36.00	Katharine Merry	28 Aug 00
36.01	Michelle Scutt	13 Jul 80
36.44	Sally Gunnell	30 Jul 93
36.45	Joslyn Hoyte-Smith	5 Jul 80
36.46	Linsey Macdonald	13 Jul 80
36.64	Nicola Sanders	3 Jun 07
36.65	Joan Baptiste	18 Aug 84
36.69	Helen Burkart	9 Sep 83 10

hand timing

36.2	Donna Hartley	7 Aug 74

during 400m

36.0 i+	Nicola Sanders	3 Mar 07
36.17 +		29 Aug 07
35.7 +	Christine Ohuruogu	27 Jul 13
36.13 +		29 Aug 07

All-Time – Women

400 Metres

49.41	Christine Ohuruogu	12 Aug 13
49.43	Kathy Cook	6 Aug 84
49.59	Katharine Merry	11 Jun 01
49.61	Ohuruogu	29 Aug 07
49.62	Ohuruogu	19 Aug 08
49.65	Nicola Sanders	29 Aug 07
49.70	Ohuruogu	5 Aug 12
49.72	Merry	25 Sep 00
49.75	Ohuruogu	11 Aug 13
49.77	Sanders	27 Aug 07
49.79	Donna Fraser	25 Sep 00
50.40	Phylis Smith	3 Aug 92
50.50	Perri Shakes-Drayton	22 Jun 13
50.63	Michelle Scutt	31 May 82
50.71	Allison Curbishley	18 Sep 98
50.75	Joslyn Hoyte-Smith	18 Jun 82	10
50.82	Lee McConnell	20 Sep 02
50.87	Anyika Onuora	25 Aug 15
50.93	Lorraine Hanson	26 Aug 91
50.98	Linda Staines	26 Aug 91
51.04	Sally Gunnell	20 Jul 94
51.12	Shana Cox	27 Jul 13
51.16	Linsey Macdonald	15 Jun 80
51.18	Melanie Neef	6 Aug 95
51.21	Laviai Nielsen	8 Aug 18
51.23	Emily Diamond	4 Jun 16	20
51.26	Seren Bundy-Davies	11 Jun 16
51.28	Donna Hartley	12 Jul 75
51.36	Catherine Murphy	27 Jul 02
51.36	Amy Allcock	22 Jul 18
51.36	Zoey Clark	22 Jul 18
51.41	Sandra Douglas	2 Aug 92
51.45 i	Eilidh Doyle	3 Mar 13
51.83		27 Jul 13
51.53	Jennifer Stoute	12 Aug 89
51.70	Verona Elder	10 Jun 78
51.78	Helen Karagounis	19 Jul 03	30
51.93	Janine MacGregor	28 Aug 81
51.93	Margaret Adeoye	13 Jul 13
51.96	Kelly Massey	24 Aug 14
51.97	Linda Forsyth	31 May 82
52.02	Marilyn Okoro	8 Aug 06
52.05	Sinead Dudgeon	3 Jul 99
52.07 i	Amarachi Pipi	9 Mar 18
52.26		12 May 18
52.12 A	Lillian Board	16 Oct 68
52.13	Helen Burkart	28 Jun 84
52.13	Kirsty McAslan	9 Jul 15	40
52.15 i	Lesley Owusu	9 Mar 01
52.27		15 Jul 01
52.19	Kelly Sotherton	31 Aug 08
52.20	Ann Packer	17 Oct 64
52.20	Kim Wall	11 Jun 05
52.21	Montenae Speight	18 Apr 15
52.25 A	Catherine Reid	17 Jul 15
52.26	Pat Beckford	14 Aug 88
52.26	Nadine Okyere	6 Aug 11
52.27	Desiree Henry	31 Mar 16
52.32i	Keri Maddox	21 Feb 15	50

hand timing

51.2	Donna Hartley	28 Jul 78
51.4	Verona Elder	22 May 76
52.2	Liz Barnes	22 May 76

600 Metres

1:24.36	Marilyn Okoro	5 Jul 12
1:25.41	Kelly Holmes	2 Sep 03
1:25.81 i	Jenny Meadows	7 Jan 07

800 Metres

1:56.21	Kelly Holmes	9 Sep 95	
1:56.38	Holmes	23 Aug 04	
1:56.80	Holmes	25 Sep 00	
1:56.95	Holmes	13 Aug 95	
1:57.14	Holmes	7 Jul 97	
1:57.42	Kirsty Wade	24 Jun 85	
1:57.45	Wade	21 Aug 85	
1:57.48	Wade	17 Aug 85	
1:57.56	Holmes	16 Jul 95	
1:57.69	Lynsey Sharp	20 Aug 16	
1:57.93	Jenny Meadows	19 Aug 09	
1:58.20	Rebecca Lyne	11 Jun 06	
1:58.45	Marilyn Okoro	26 Jul 08	
1:58.65	Diane Modahl	14 Jul 90	
1:58.69	Laura Muir	6 Jul 17	
1:58.74	Jemma Simpson	22 Jul 10	
1:58.86	Shelayna Oskan-Clarke	27 Aug 15	10
1:58.97	Shireen Bailey	15 Sep 87	
1:59.02	Susan Scott	24 Mar 06	
1:59.05	Christina Boxer	4 Aug 79	
1:59.37	Emma Jackson	11 May 12	
1:59.50 i	Jo Fenn	7 Mar 04	
1:59.86		29 Jul 02	
1:59.66	Hannah England	20 Aug 12	
1:59.67	Lorraine Baker	15 Aug 86	
1:59.74	Amanda Pritchard	28 Jul 06	
1:59.75	Charlotte Moore	29 Jul 02	
1:59.76	Paula Fryer	17 Jul 91	20
1:59.77	Jessica Judd	11 Jun 14	
1:59.81	Ann Griffiths	10 Aug 94	
1:59.86	Adelle Tracey	8 Aug 18	
1:59.93	Alexandra Bell	26 May 18	
2:00.08	Alison Leonard	12 Jul 14	
2:00.10	Tanya Blake	31 May 98	
2:00.14	Lisa Dobriskey	14 Aug 10	
2:00.15	Rosemary Wright	3 Sep 72	
2:00.20	Anne Purvis	7 Jul 82	
2:00.30	Cherry Hanson	25 Jul 81	30
2:00.39	Bev Hartigan	28 Aug 88	
2:00.49	Hayley Tullett	19 Jul 03	
2:00.49	Vicky Griffiths	31 May 08	
2:00.53 i	Karen Harewood	27 Jan 06	
2:00.55mx	Zola Budd	21 Jun 86	
2:00.6 a	Jane Finch	9 Jul 77	
2:00.80	Yvonne Murray	10 Jul 87	
2:00.88	Sarah McDonald	8 Aug 18	
2:00.92mx	Katie Snowden	14 Aug 17	
2:01.1 a	Ann Packer	20 Oct 64	40
2:01.11	Lynne MacDougall	18 Aug 84	
2:01.16	Celia Taylor	13 Aug 10	
2:01.2	Joan Allison	1 Jul 73	

2:01.2	Christine Whittingham	26 Aug 78	4:03.73	Jessica Judd	4 Aug 17	
2:01.24	Chris Benning	28 Jul 79	4:03.74mx	Charlene Thomas	4 Sep 13	
2:01.30 i	Mhairi Hendry	16 Feb 18		4:05.06	7 Jun 16	
2:01.34	Claire Gibson	15 Aug 09	4:04.14	Wendy Sly	14 Aug 83	
2:01.35	Liz Barnes	10 Jul 76	4:04.81	Sheila Carey	9 Sep 72	
2:01.35	Laura Finucane	13 Jun 07	4:05.29	Katie Snowden	14 Jun 17	
2:01.36	Gillian Dainty	31 Aug 83	4:05.37	Paula Radcliffe	1 Jul 01	
			4:05.66	Bev Hartigan	20 Jul 90	
1000 Metres			4:05.75	Lynn Gibson	20 Jul 94	
2:31.93 i	Laura Muir	18 Feb 17	4:05.83mx	Emma Jackson	4 Sep 13	
2:32.55	Kelly Holmes	15 Jun 97	4:05.96	Lynne MacDougall	20 Aug 84	30
2:32.82	Holmes	23 Jul 95	4:06.0	Mary Cotton	24 Jun 78	
2:32.96 i	Holmes	20 Feb 04	4:06.11+	Jemma Reekie	22 Jul 18	
2:33.70	Kirsty Wade	9 Aug 85		4:09.05	14 Jul 18	
2:34.59	Adelle Tracey	18 Aug 18	4:06.24	Christine Whittingham	5 Jul 86	
2:34.73 i	Jo Fenn	20 Feb 04	4:06.39	Jemma Simpson	22 May 10	
2:34.92	Christina Boxer	9 Aug 85	4:06.69mx	Katrina Wootton	12 Aug 09	
2:35.32	Shireen Bailey	19 Jul 86		4:07.94	13 Jun 09	
2:35.51	Lorraine Baker	19 Jul 86	4:06.81	Stacey Smith	10 Jul 11	
2:35.54	Katie Snowden	18 Aug 18	4:06.85	Rebecca Lyne	6 Jul 06	
2:35.86	Diane Modahl	29 Aug 93	10	4:07.00	Susan Scott	27 Jun 08	
2:36.13	Jenny Meadows	24 May 15	4:07.11	Janet Marlow	18 Aug 82	
2:36.79	Jemma Reekie	18 Aug 18	4:07.59	Ann Griffiths	9 Jun 92	40
2:37.05	Christine Whittingham	27 Jun 86	4:07.69	Teena Colebrook	19 Aug 90	
2:37.29	Yvonne Murray	14 Jul 89	4:07.69	Rosie Clarke	16 Jun 18	
2:37.56	Laura Weightman	2 Sep 18	4:07.90	Gillian Dainty	16 Jun 84	
2:37.61	Bev Hartigan	14 Jul 89	4:08.74	Abby Westley	20 May 07	
2:37.82	Gillian Dainty	11 Sep 81	4:08.96mx	Alison Leonard	9 Aug 16	
2:38.44	Evelyn McMeekin	23 Aug 78	4:09.16mx	Laura Whittle	18 Aug 09	
2:38.49	Sarah McDonald	11 Jul 17	4:09.26	Lisa York	13 Jun 92	
2:38.58	Jo White	9 Sep 77	20	4:09.29	Angela Newport	20 Jul 94	
			4:09.37	Joyce Smith	7 Sep 72	
1500 Metres			4:09.46	Karen Hargrave	4 Sep 89	50
3:55.22	Laura Muir	27 Aug 16				
3:57.49	Muir	22 Jul 16	**1 Mile**			
3:57.85	Muir	1 Sep 16	4:17.57	Zola Budd	21 Aug 85	
3:57.90	Kelly Holmes	28 Aug 04	4:18.03	Laura Muir	9 Jul 17	
3:58.07	Holmes	29 Jun 97	4:19.12	Muir	9 Jun 16	
3:58.18	Muir	5 Jul 18	4:19.28	Muir	22 Jul 18	
3:58.49	Muir	31 Aug 18	4:19.41	Kirsty Wade	27 Jul 85	
3:58.53	Muir	10 Jun 18	4:20.35	Lisa Dobriskey	7 Sep 08	
3:58.66	Muir	17 Jul 15	4:20.49	Laura Weightman	22 Jul 18	
3:59.30	Muir	26 May 18	4:20.85	Sarah McDonald	22 Jul 18	
3:59.50	Lisa Dobriskey	28 Aug 09	4:22.64	Christina Boxer	7 Sep 84	
3:59.95	Hayley Tullett	31 Aug 03	4:22.64	Yvonne Murray	22 Jul 94	
3:59.96	Zola Budd	30 Aug 85	4:23.15	Melissa Courtney	9 Jul 17	
4:00.17	Laura Weightman	5 Jul 14	4:24.57	Chris Benning	7 Sep 84	10
4:00.57	Christina Boxer	6 Jul 84	4:24.87	Alison Wyeth	6 Jul 91	
4:00.73	Kirsty Wade	26 Jul 87	4:24.94	Paula Radcliffe	14 Aug 96	
4:01.10	Helen Clitheroe	19 Jul 02	4:25.07	Eilish McColgan	2 Sep 18	
4:01.20	Yvonne Murray	4 Jul 87	10	4:25.39	Stephanie Twell	9 Jul 17	
4:01.38	Liz McColgan	4 Jul 87	4:25.89	Kate Snowden	9 Jul 17	
4:01.53	Chris Benning	15 Aug 79	4:26.11	Liz McColgan	10 Jul 87	
4:01.60	Eilish McColgan	27 Aug 17	4:26.16	Teena Colebrook	14 Jul 90	
4:01.79	Jo Pavey	13 Sep 03	4:26.50 i	Hayley Tullett	6 Feb 00	
4:01.89	Hannah England	22 Jul 11	4:26.52	Bev Hartigan	14 Aug 92	
4:02.32	Shireen Bailey	1 Oct 88	4:27.16	Jemma Reekie	22 Jul 18	20
4:02.54	Stephanie Twell	19 Aug 10	4:27.80	Lisa York	14 Aug 92	
4:03.17	Alison Wyeth	7 Aug 93	4:27.95	Charlene Thomas	14 Sep 07	
4:03.17	Sarah McDonald	18 Aug 18	4:28.04	Kelly Holmes	30 Aug 98	
4:03.44	Melissa Courtney	10 Apr 18	20	4:28.07	Wendy Sly	18 Aug 84	

All-Time – Women

2000 Metres
5:26.93	Yvonne Murray	8 Jul 94	
5:29.58	Murray	11 Jul 86	
5:30.19	Zola Budd	11 Jul 86	
5:33.85	Christina Boxer	13 Jul 84	
5:37.00	Chris Benning	13 Jul 84	
5:37.01 +	Paula Radcliffe	19 Jul 02	
5:38.50	Alison Wyeth	29 Aug 93	
5:40.24	Liz McColgan	22 Aug 87	
5:41.2 i+	Jo Pavey	3 Feb 07	
5:41.5 i+e	Laura Muir	4 Feb 17	
5:42.15	Wendy Sly	17 Sep 82	10

3000 Metres
8:22.20	Paula Radcliffe	19 Jul 02	
8:26.41 i	Laura Muir	4 Feb 17	
8:30.64		21 Jul 17	
8:26.97	Radcliffe	29 Jun 01	
8:27.40	Radcliffe	11 Aug 99	
8:28.07	Radcliffe	17 Aug 01	
8:28.83	Zola Budd	7 Sep 85	
8:29.02	Yvonne Murray	25 Sep 88	
8:31.00	Eilish McColgan	20 Aug 17	
8:31.27	Jo Pavey	30 Aug 02	
8:34.80 i	Liz McColgan	4 Mar 89	
8:38.23		15 Jul 91	
8:37.06	Wendy Sly	10 Aug 83	
8:38.42	Alison Wyeth	16 Aug 93	
8:39.20	Melissa Courtney	18 Aug 18	10
8:39.81 i	Helen Clitheroe	19 Feb 11	
8:51.82		29 Aug 10	
8:40.97	Kathy Butler	24 Aug 01	
8:40.98	Stephanie Twell	15 Jul 16	
8:43.24mx	Jessica Judd	6 Sep 17	
8:53.29		21 Jul 18	
8:43.46mx	Laura Weightman	14 May 13	
8:44.46	Chris Benning	22 Aug 84	
8:45.36 i	Hayley Tullett	10 Mar 01	
8:45.39		15 Jul 00	
8:45.69	Jane Shields	10 Aug 83	
8:46.38	Julia Bleasdale	26 Aug 12	
8:47.25 i	Lisa Dobriskey	4 Mar 07	20
8:47.30 i	Rosie Clarke	8 Feb 18	
8:51.02		20 Aug 17	
8:47.36	Jill Hunter	17 Aug 88	
8:47.59	Angela Tooby	5 Jul 88	
8:47.7	Kirsty Wade	5 Aug 87	
8:47.71	Lisa York	31 Jul 92	
8:48.72	Karen Hargrave	28 Jan 90	
8:48.74	Paula Fudge	29 Aug 78	
8:49.89	Christina Boxer	20 Jul 85	
8:50.37	Laura Whittle	13 Sep 09	
8:50.52	Debbie Peel	7 Aug 82	30
8:50.69 i	Katrina Wootton	16 Feb 08	
8:51.33	Sonia McGeorge	29 Aug 90	
8:51.40	Ruth Partridge	7 Aug 82	
8:52.00 i	Lauren Howarth	16 Feb 13	
8:52.79	Ann Ford	28 Aug 77	
8:52.90 i	Barbara Parker	6 Feb 10	
8:53.12 i	Kate Avery	14 Feb 15	
8:53.52 i	Nicky Morris	4 Mar 89	

5000 Metres
14:29.11	Paula Radcliffe	20 Jun 04	
14:31.42	Radcliffe	28 Jul 02	
14:32.44	Radcliffe	31 Aug 01	
14:39.96	Jo Pavey	25 Aug 06	
14:40.71	Pavey	8 Jul 05	
14:43.54	Radcliffe	7 Aug 99	
14:44.21	Radcliffe	22 Jul 01	
14:44.36	Radcliffe	5 Aug 00	
14:45.51	Radcliffe	22 Aug 97	
14:46.76	Radcliffe	16 Aug 96	
14:48.07	Zola Budd	26 Aug 85	
14:48.49	Eilish McColgan	1 Sep 17	
14:49.12 i	Laura Muir	4 Jan 17	
14:52.07		13 Aug 17	
14:54.08	Stephanie Twell	27 Aug 10	
14:56.94	Yvonne Murray	7 Jul 95	
14:59.56	Liz McColgan	22 Jul 95	
15:00.37	Alison Wyeth	7 Jul 95	
15:02.00	Julia Bleasdale	7 Aug 12	10
15:04.75	Melissa Courtney	12 Aug 18	
15:05.51	Kathy Butler	3 Sep 04	
15:06.75	Helen Clitheroe	6 Aug 11	
15:07.45	Emelia Gorecka	4 May 14	
15:08.24	Laura Weightman	18 May 17	
15:08.58	Laura Whittle	1 May 16	
15:09.98	Jill Hunter	18 Jul 92	
15:12.81	Barbara Parker	7 Aug 12	
15:13.22	Angela Tooby	5 Aug 87	
15:14.08	Natalie Harvey	31 Jul 04	20
15:14.51	Paula Fudge	13 Sep 81	
15:16.44	Hayley Yelling	23 Jul 05	
15:19.78	Catherine Berry	31 Jul 04	
15:21.45	Wendy Sly	5 Aug 87	
15:23.4	Charlotte Purdue	28 Aug 10	
15:24.02	Jessica Andrews	16 Jul 16	
15:24.16	Amy-Eloise Neale	3 May 18	
15:25.23	Kate Avery	3 Apr 15	
15:26.5	Freya Ross	28 Aug 10	
15:27.60	Rhona Auckland	25 Jul 15	30
15:27.6mx	Katrina Wootton	25 Aug 17	
15:30.82		18 May 13	
15:28.32	Beth Potter	1 May 16	
15:28.58	Mara Yamauchi	24 Jun 06	
15:28.63	Andrea Wallace	2 Jul 92	
15:29.04	Sonia McGeorge	27 May 96	
15:29.07	Charlotte Taylor	5 May 17	
15:29.10	Kate Reed	25 Jul 07	
15:29.26	Lauren Howarth	5 May 17	
15:29.50	Jessica Coulson	25 Jul 15	
15:29.94	Katie Brough	4 Apr 14	40
15:31.78	Julie Holland	18 Jul 90	
15:32.19	Susan Tooby	26 May 85	
15:32.27	Emily Pidgeon	12 Jun 10	
15:32.34	Jane Shields	5 Jun 88	
15:32.62	Andrea Whitcombe	25 Jun 00	
15:34.16	Jill Harrison	26 May 85	
15:34.40	Lucy Elliott	2 Jun 97	
15:34.82	Jessica Judd	27 May 17	
15:35.27	Emma Pallant	9 Jun 12	
15:36.35	Birhan Dagne	5 Aug 00	50

All-Time – Women

10000 Metres

30:01.09	Paula Radcliffe	6 Aug 02	
30:17.15	Radcliffe	27 Jun 04	
30:26.97	Radcliffe	30 Sep 00	
30:27.13	Radcliffe	26 Aug 99	
30:40.70	Radcliffe	10 Apr 99	
30:42.75	Radcliffe	6 Aug 05	
30:48.58	Radcliffe	4 Apr 98	
30:53.20	Jo Pavey	3 Aug 12	
30:55.63	Julia Bleasdale	3 Aug 12	
30:55.80	Radcliffe	7 Apr 01	
30:57.07	Liz McColgan	25 Jun 91	
31:07.88	Jill Hunter	30 Jun 91	
31:35.77	Kate Reed	4 May 08	
31:35.92	Jessica Andrews	12 Aug 16	
31:36.90	Kathy Butler	12 Jun 04	
31:41.44	Kate Avery	2 May 15	
31:45.14	Hayley Yelling	12 Jun 04	10
31:45.63mx	Katrina Wooton	3 Sep 17	
32:27.47		20 May 17	
31:49.40	Mara Yamauchi	21 Mar 06	
31:53.36	Wendy Sly	8 Oct 88	
31:55.30	Angela Tooby	4 Sep 87	
31:56.97	Yvonne Murray	24 Aug 94	
31:58.39	Liz Yelling	30 Jul 02	
32:03.45	Beth Potter	1 Apr 16	
32:03.55	Charlotte Purdue	29 Apr 12	
32:10.59	Eilish McColgan	31 Mar 17	
32:11.29	Helen Clitheroe	4 Jun 11	20
32:11.80	Charlotte Taylor	31 Mar 17	
32:14.01	Natalie Harvey	12 Jun 04	
32:15.71	Charlotte Arter	19 May 18	
32:15.73	Alice Wright	30 Mar 18	
32:16.23	Stephanie Twell	20 May 17	
32:17.05	Elinor Kirk	4 Apr 14	
32:20.77	Lily Partridge	11 Apr 15	
32:20.95	Susan Tooby	2 Jul 88	
32:21.61	Andrea Wallace	6 Jun 92	
32:22.79	Rhona Auckland	10 Jul 15	30
32:23.44	Freya Ross	5 Jun 10	
32:24.63	Sue Crehan	4 Jul 87	
32:30.4	Birhan Dagne	22 Jul 00	
32:32.42	Vikki McPherson	15 Jul 93	
32:33.10	Philippa Bowden	19 May 18	
32:34.7	Sarah Wilkinson	22 Jul 00	
32:34.73	Louise Small	19 May 18	
32:34.81	Gemma Steel	3 Jun 12	
32:35.26	Stevie Stockton	19 May 18	
32:36.07	Sarah Waldron	6 Apr 12	40
32:36.09	Helen Titterington	29 Aug 89	
32:38.45	Jenny Nesbitt	19 May 18	
32:39.36	Sonia Samuels	4 May 14	
32:39.37	Emelia Gorecka	19 May 18	
32:41.17	Vicky Gill	30 Apr 04	
32:41.29	Jenny Clague	20 Jun 93	
32:41.59	Jessica Coulson	16 May 15	
32:42.0	Jane Shields	24 Aug 88	
32:42.84	Angie Hulley	6 Aug 89	
32:44.06	Suzanne Rigg	27 Jun 93	50

10 Kilometres Road

30:21	Paula Radcliffe	23 Feb 03	
30:38	Radcliffe	22 Sep 02	
30:39	Liz McColgan	11 Mar 89	
30:43	Radcliffe	17 Feb 02	
30:45	Radcliffe	29 Feb 04	
30:45	Radcliffe	26 Mar 05	
31:27	Gemma Steel	2 Aug 14	
31:29	Wendy Sly	27 Mar 83	
31:42	Jill Hunter	21 Jan 89	
31:43	Mara Yamauchi	19 Feb 06	
31:45	Helen Clitheroe	15 May 11	
31:47	Jo Pavey	20 May 07	
31:47	Katrina Wootton	18 Dec 16	
31:53	Eilish McColgan	12 Jan 18	10
31:56	Andrea Wallace	4 Aug 91	
32:07	Kate Reed	7 Oct 07	
32:07	Beth Potter	30 Dec 18	
32:10	Charlotte Purdue	15 Apr 12	
32:13	Charlotte Dale	6 Feb 05	
32:15	Angela Tooby	31 Mar 84	
32:17	Alyson Dixon	6 Sep 15	
32:17	Charlotte Arter	15 Apr 18	
32:20	Zola Budd	2 Mar 85	
32:24	Yvonne Murray	2 Nov 97	20
32:24	Kathy Butler	4 Jul 05	
32:24	Michelle Ross-Cope	24 Feb 08	
32:24	Hayley Haining	27 Jul 08	
32:25	Priscilla Welch	2 Mar 85	
32:27	Ruth Partridge	11 Mar 89	
32:28	Freya Ross	6 Sep 09	
32:30	Stephanie Twell	16 Nov 14	
32:31	Heather Knight	6 Nov 94	
32:31	Hayley Yelling	5 Feb 06	
32:31	Caryl Jones	9 Sep 12	30
32:31	Laura Weightman	31 Dec 17	

intermediate times

31:40 +	Mara Yamauchi	8 Jul 07	
32:03 +	Freya Ross	24 Oct 10	
32:26 +	Stephanie Twell	24 Oct 10	

course measurement uncertain

31:43	Zola Budd	6 May 84
31:58	Sandra Branney	10 May 89
32:03	Paula Fudge	29 Aug 82
32:29	Yvonne Danson	13 Nov 94

short course

32:14	Priscilla Welch	23 Mar 85

10 Miles Road

51:11	Paula Radcliffe	26 Oct 08
51:41	Jill Hunter	20 Apr 91
51:51	Angie Hulley	18 Nov 89
51:57	Hunter	7 Apr 91
52:00	Liz McColgan	5 Oct 97
52:15	Marian Sutton	5 Oct 97
52:27	Freya Ross	24 Oct 10
52:42	Gemma Steel	26 Oct 14
52:44	Jo Pavey	25 Oct 15
52:53	Jessica Coulson	16 Oct 11

All-Time – Women

53:03	Hayley Yelling	9 Oct 05	10

intermediate times

50:01 +	Paula Radcliffe	21 Sep 03
52:00 +e	Gemma Steel	7 Sep 14
52:20 +	Jo Pavey	5 Oct 08
52:30 +	Liz Yelling	25 Mar 07
52:45 +	Mara Yamauchi	21 Mar 10

Half Marathon

65:40	Paula Radcliffe	21 Sep 03	
66:47	Radcliffe	7 Oct 01	
67:07	Radcliffe	22 Oct 00	
67:11	Liz McColgan	26 Jan 92	
67:35	Radcliffe	4 Oct 03	
68:13	Gemma Steel	7 Sep 14	
68:29	Mara Yamauchi	1 Feb 09	
68:53	Jo Pavey	5 Oct 08	
69:28	Liz Yelling	25 Mar 07	
69:39	Andrea Wallace	21 Mar 93	
69:41	Marian Sutton	14 Sep 97	
69:56	Susan Tooby	24 Jul 88	
70:29	Charlotte Purdue	4 Mar 18	10
70:32	Susan Partridge	3 Mar 13	
70:32	Lily Partridge	22 Mar 15	
70:38	Alyson Dixon	29 Mar 14	
70.47	Louise Damen	25 Mar 07	
70:53	Hayley Haining	5 Oct 08	
70:54	Alison Wyeth	29 Mar 98	
70:57	Helen Clitheroe	18 Sep 11	
71:05	Kathy Butler	17 Sep 06	
71:17	Véronique Marot	21 Jun 87	
71:18	Caryl Jones	16 Sep 12	20
71:33	Vikki McPherson	14 Sep 97	
71:34	Charlotte Arter	4 Mar 18	
71:36	Ann Ford	30 Jun 85	
71:36	Jessica Coulson	4 Oct 15	
71:37	Paula Fudge	24 Jul 88	
71:38	Sally Ellis	20 Mar 88	
71:44	Jill Harrison	29 Mar 87	
71:44	Lorna Irving	6 Sep 87	
71:47	Charlotte Dale	26 Sep 04	
71:50	Hannah Walker	30 Sep 12	30

intermediate times

71:44 +	Sally-Ann Hales	21 Apr 85

course measurement uncertain

71:44	Karen Macleod	15 Jan 95

Marathon

2:15:25	Paula Radcliffe	13 Apr 03
2:17:18	Radcliffe	13 Oct 02
2:17:42	Radcliffe	17 Apr 05
2:18:56	Radcliffe	14 Apr 02
2:20:57	Radcliffe	14 Aug 05
2:23:09	Radcliffe	4 Nov 07
2:23:10	Radcliffe	7 Nov 04
2:23:12	Mara Yamauchi	26 Apr 09
2:23:46	Radcliffe	25 Sep 11
2:23:56	Radcliffe	2 Nov 08
2:25:56	Véronique Marot	23 Apr 89

2:26:51	Priscilla Welch	10 May 87	
2:26:52	Liz McColgan	13 Apr 97	
2:27:44	Claire Hallissey	22 Apr 12	
2:28:04	Sonia Samuels	27 Sep 15	
2:28:06	Sarah Rowell	21 Apr 85	
2:28:10	Freya Ross	22 Apr 12	
2:28:24	Jo Pavey	17 Apr 11	10
2:28:33	Liz Yelling	13 Apr 08	
2:28:38	Sally-Ann Hales	21 Apr 85	
2:28:39	Kathy Butler	22 Oct 06	
2:28:42	Marian Sutton	24 Oct 99	
2:29:06	Alyson Dixon	23 Apr 17	
2:29:18	Hayley Haining	13 Apr 08	
2:29:23	Charlotte Purdue	23 Apr 17	
2:29:24	Lily Patridge	22 Apr 18	
2:29:29 dh	Sally Eastall	8 Dec 91	
2:29:43	Joyce Smith	9 May 82	20
2:29:47	Paula Fudge	30 Oct 88	
2:30:00	Louise Damen	17 Apr 11	
2:30.14	Stephanie Twell	2 Dec 18	
2:30:38	Ann Ford	17 Apr 88	
2:30:42	Tracy Barlow	23 Apr 17	
2:30:46	Susan Partridge	21 Apr 13	
2:30:51	Angie Hulley	23 Sep 88	
2:30:53 dh	Yvonne Danson	17 Apr 95	
2:31:33	Susan Tooby	23 Sep 88	
2:31:33	Andrea Wallace	12 Apr 92	30
2:31:45	Lynn Harding	23 Apr 89	
2:32:40	Emma Stepto	26 Oct 14	
2:32:53	Gillian Castka	2 Dec 84	
2:33:04	Sheila Catford	23 Apr 89	
2:33:07	Nicky McCracken	22 Apr 90	
2:33:13	Tracey Morris	19 Mar 06	
2:33:16	Karen Macleod	27 Aug 94	
2:33:22	Carolyn Naisby	6 Dec 87	
2:33:24	Sally Ellis	23 Apr 89	
2:33:38	Lynda Bain	21 Apr 85	40
2:33:41	Sue Reinsford	16 Apr 00	
2:33:44	Amy Whitehead	22 Apr 12	
2:33:56	Tish Jones	23 Apr 17	
2:34:11	Sally Goldsmith	3 Mar 96	
2:34:11	Helen Davies	22 Apr 12	
2:34:16	Caryl Jones	15 Oct 17	
2:34:17	Jo Lodge	29 Sep 02	
2:34:19	Jill Harrison	23 Apr 89	
2:34:21	Suzanne Rigg	24 Sep 95	
2:34:26	Heather MacDuff	16 Oct 88	50
2:34:43	Beth Allott	2 Dec 01	

2000 Metres Steeplechase

6:21.31	Lennie Waite	1 Jun 17	
6:26.08	Louise Webb	16 Apr 16	
6:26.79	Racheal Bamford	25 Aug 15	
6:28.07	Tara Krzywicki	26 Jul 03	
6:29.53	Rosie Clarke	19 Mar 16	
6:29.58	Emma Raven	16 May 10	
6:30.8	Hattie Dean	12 May 07	
6:32.55	Sarah Hopkinson	14 Jul 07	
6:34:12	Charlotte Taylor-Green	6 May 17	
6:35.07	Emily Moyes	1 May 17	10

All-Time – Women

3000 Metres Steeplechase (s short water jump)

Time	Name	Date		Time	Name	Date	
9:24.24	Barbara Parker	2 Jun 12		13.07	Rachel King	8 Jun 03	20
9:29.14	Helen Clitheroe	15 Aug 08		13.07	Alicia Barrett	18 Jun 17	
9:29.22	Parker	14 Jul 12		13.08	Sam Farquharson	4 Jul 94	
9:30.19	Hatti Dean	30 Jul 10		13.08	Julie Pratt	29 Jul 02	
9:32.07	Parker	4 Aug 12		13.11	Sharon Danville	22 Jun 76	
9:32.08	Rosie Clarke	31 May 18		13.12	Melani Wilkins	4 Jun 02	
9:32.15	Clarke	12 Aug 18		13.13	Denise Lewis	29 Jul 00	
9:33.78	Clarke	10 Aug 18		13.13	Yasmin Miller	27 Jul 14	
9:34.66	Parker	25 Jul 09		13.16	Wendy Jeal	27 Aug 86	
9:35.17	Parker	3 Jul 10		13.18	Kelly Sotherton	15 Aug 08	
9:35.82	Eilish McColgan	10 Aug 13		13.18	Angie Broadbelt-Blake	11 Jun 11	30
9:35.91	Lennie Waite	12 Jun 16		13.20	Sara McGreavy	26 Jul 06	
9:39.03	Iona Lake	29 Aug 17		13.21	Meghan Beesley	18 Jul 15	
9:43.88	Jo Ankier	31 May 08		13.24	Kim Hagger	31 Aug 87	
9:45.51	Racheal Bamford	30 Jul 14		13.24	Louise Hazel	29 Aug 11	
9:47.97	Pippa Woolven	30 Jul 14	10	13.24	Louise Wood	5 May 12	
9:48.08	Tina Brown	14 Aug 10		13.26	Michelle Campbell	3 Aug 90	
9:48.51	Lizzie Hall	10 Jun 06		13.28	Ashley Helsby	10 Jul 11	
9:50.17	Aimee Pratt	26 May 18		13.28	Mollie Courtney	22 Jul 16	
9:51.42	Emily Stewart	27 Jul 13		13.29	Mary Peters	2 Sep 72	
9:52.71 s	Tara Krzywicki	1 Jul 01		13.29	Kat. Johnson-Thompson	27 May 17	40
9:53.59	Elizabeth Bird	3 May 18		13.32	Sam Baker	29 Aug 93	
9:57.18	Louise Webb	26 Jun 16		13.32	Megan Marrs	26 Jun 18	
9:58.85	Charlotte Taylor-Green	14 Jun 17		13.33	Jessica Hunter	17 Jun 18	
10:00.25	Claire Entwistle	13 Jun 08		13.34	Judy Vernon	7 Sep 73	
10:00.74	Sarah Benson	18 Apr 14	20	13.35	Pat Rollo	30 Jul 83	
10:02.34	Katie Ingle	2 Jul 17		13.36	Louise Fraser	17 Aug 91	
10:05.92	Emma Raven	21 Jul 10		13.36	Holly Pattie-Belleli	15 May 16	
10:06.12	Emily Pidgeon	3 Jul 05		13.36	Karla Drew	22 May 16	
				13.36	Heather Paton	9 May 18	
				13.37	Gemma Werrett	20 Jul 08	50
				13.37	Zara Hohn	28 Jun 09	

100 Metres Hurdles

12.51	Tiffany Porter	14 Sep 14	
12.54	Jessica Ennis	3 Aug 12	
12.55	Porter	17 Aug 13	
12.56	Porter	3 Sep 11	
12.56	Porter	18 Apr 15	
12.60	Porter	22 Jul 11	
12.60	Cindy Ofili	13 Jun 15	
12.62	Porter	28 Aug 15	
12.63	Porter	3 Sep 11	
12.63	Porter	17 Aug 13	
12.63	Porter	12 Aug 14	
12.63	Ofili	17 Aug 16	
12.80	Angie Thorp	31 Jul 96	
12.81	Sarah Claxton	17 Jul 08	
12.82	Sally Gunnell	17 Aug 88	
12.84	Lucy Hatton	18 Apr 15	
12.87	Shirley Strong	24 Aug 83	
12.87	Serita Solomon	7 Jul 15	
12.90	Jacqui Agyepong	25 Jun 95	10
12.91	Kay Morley-Brown	2 Feb 90	
12.92	Diane Allahgreen	29 Jul 02	
12.95	Keri Maddox	25 Aug 99	
12.96	Natasha Danvers	7 Jun 03	
13.02	Gemma Bennett	17 Jul 08	
13.03	Lesley-Ann Skeete	3 Aug 90	
13.04	Clova Court	9 Aug 94	
13.05	Judy Simpson	29 Aug 86	
13.07	Lorna Boothe	7 Oct 82	

wind assisted

12.47	Tiffany Porter	21 Apr 12	
12.61	Porter	21 Apr 12	
12.62	Porter	23 Jun 13	
12.78	Shirley Strong	8 Oct 82	
12.80	Sally Gunnell	29 Jul 88	
12.84 A	Kay Morley-Brown	8 Aug 90	
12.90	Lorna Boothe	8 Oct 82	
13.01	Lesley-Ann Skeete	1 Feb 90	
13.06	Sharon Danville	14 Jul 84	
13.07	Angie Broadbelt-Blake	16 Apr 11	
13.08	Michelle Campbell	26 May 95	
13.08	Melani Wilkins	1 Jul 01	
13.12	Pat Rollo	27 May 84	
13.13	Ashley Helsby	3 Jul 11	
13.20	Louise Hazel	3 Jun 06	
13.22	Heather Ross	27 May 84	
13.23	Megan Marrs	27 May 18	
13.25	Zara Hohn	10 Jul 10	
13.27	Holly Pattie-Belleli	14 May 16	
13.30	Jessica Hunter	29 Jul 18	
13.31	Sophie Yorke	11 Jun 17	
13.32	Gemma Werrett	22 Jun 08	
13.32	Karla Drew	12 Apr 14	

hand timing

13.0	Judy Vernon	29 Jun 74
13.0	Blondelle Caines	29 Jun 74

All-Time – Women

13.1	Melanie Wilkins	2 Jul 95	57.38	Sarah Dean	27 Jun 91	
13.2	Pat Rollo	11 Jun 83	57.41	Jennie Mathews	6 Aug 88	
hand timing - wind assisted			57.43	Liz Sutherland	6 Jul 78	
12.7	Kay Morley-Brown	10 Jan 90	57.49	Maureen Prendergast	16 Jun 84	
12.8	Natasha Danvers	3 Apr 99	57.50	Hannah Douglas	11 Jul 09	
12.9	Judy Vernon	18 May 74	57.51	Justine Kinney	6 Jun 09	
13.1	Mary Peters	19 Aug 72	57.52	Clare Sugden	3 Jun 90	
13.2	Ann Simmonds	19 Aug 72	57.52	Abigayle Fitzpatrick	14 Jul 13	
13.2	Liz Sutherland	8 May 76	57.55	Sharon Danville	8 May 81	50
400 Metres Hurdles			**hand timing**			
52.74	Sally Gunnell	19 Aug 93	57.5	Vicky Lee	28 Jun 86	
53.16	Gunnell	29 Aug 91	**High Jump**			
53.23	Gunnell	5 Aug 92	1.98	Katarina		
53.33	Gunnell	12 Aug 94		Johnson-Thompson	12 Aug 16	
53.51	Gunnell	24 Jul 94	1.97 i	Johnson-Thompson	14 Feb 15	
53.52	Gunnell	4 Aug 93	1.97	Isobel Pooley	4 Jul 15	
53.62	Gunnell	7 Aug 91	1.97	Morgan Lake	30 Jun 18	
53.67	Perri Shakes-Drayton	26 Jul 13	1.96 i	Johnson-Thompson	8 Feb 14	
53.73	Gunnell	26 Jun 93	1.96	Pooley	24 Aug 14	
53.77	Shakes-Drayton	13 Jul 12	1.95	Diana Davies	26 Jun 82	
53.84	Natasha Danvers	20 Aug 08	1.95 i	Debbie Marti	23 Feb 97	
54.09	Eilidh Doyle	15 Jul 16	1.94		9 Jun 96	
54.52	Meghan Beesley	23 Aug 15	1.95	Susan Jones	24 Jun 01	
54.63	Gowry Retchakan	3 Aug 92	1.95	Jessica Ennis	5 May 07	
55.22	Keri Maddox	12 Aug 00	1.95 i	Johnson-Thompson	6 Mar 15	
55.24	Sinead Dudgeon	24 Jul 99	1.95	Johnson-Thompson	22 Jul 16	
55.25	Lee McConnell	23 Mar 06	1.95	Johnson-Thompson	27 May 17	
55.32	Nicola Sanders	23 Mar 06 10	1.95	Lake	12 Aug 17	
55.70	Emma Duck	28 Jul 06	1.94	Louise Gittens	25 May 80	
55.91	Elaine McLaughlin	26 Sep 88	1.94 i	Jo Jennings	13 Mar 93	
56.04	Sue Chick	10 Aug 83		1.91	20 Sep 98	
56.04	Wendy Cearns	13 Aug 89	1.93	Michelle Dunkley	2 Sep 00	10
56.05	Shona Richards	12 Jul 15	1.92	Barbara Simmonds	31 Jul 82	
56.06	Christine Warden	28 Jul 79	1.92	Judy Simpson	8 Aug 83	
56.08	Jessica Turner	16 Jul 17	1.92	Janet Boyle	29 Sep 88	
56.15	Jacqui Parker	27 Jul 91	1.92 i	Julia Bennett	10 Mar 90	
56.26	Louise Fraser	7 Jun 92		1.89	11 Jun 94	
56.42	Vicki Jamison	20 Jun 98 20	1.92	Lea Haggett	15 Jun 96	
56.42	Sian Scott	18 Aug 05	1.92 i	Vicki Hubbard	21 Feb 10	
56.43	Alyson Layzell	16 Jun 96		1.88	7 Jul 06	
56.43	Hayley McLean	29 Jun 14	1.91	Ann-Marie Cording	19 Sep 81	
56.46	Yvette Wray-Luker	11 Jul 81	1.91	Gillian Evans	30 Apr 83	
56.48	Kirsten McAslan	1 Jul 18	1.91	Jayne Barnetson	7 Jul 89	
56.53	Tracey Duncan	16 Jul 02	1.90	Kim Hagger	17 May 86	20
56.59	Caryl Granville	22 Jul 17	1.90	Sharon Hutchings	1 Aug 86	
56.61	Louise Brunning	16 Jun 96	1.90 i	Julie Crane	28 Feb 04	
56.65	Liz Fairs	18 Jun 05		1.89	15 Aug 04	
56.67	Ese Okoro	11 Jun 14 30	1.90	Stephanie Pywell	20 May 07	
56.69	Shante Little	11 Apr 15	1.90 i	Nikki Manson	10 Feb 18	
56.70	Lorraine Hanson	13 Aug 89		1.87	30 Jun 18	
56.72	Gladys Taylor	6 Aug 84	1.89 i	Emma Perkins	11 Feb 12	
57.00	Simone Gandy	6 Aug 88	1.89 i	Abby Ward	7 Feb 16	
57.07	Verona Elder	15 Jul 83		1.86	22 May 16	
57.13	Nusrat Ceesay	11 Jul 09	1.89	Niamh Emerson	22 May 16	
57.17	Laura Wake	29 May 14	1.89 i	Bethan Partridge	11 Feb 17	
57.19	Lina Nielsen	25 Jul 18		1.87	12 Jul 15	
57.26	Aisha Naibe-Wey	25 May 15	1.88 i	Debbie McDowell	17 Jan 88	
57.29	Katie Jones	3 Jul 05 40	1.88 i	Kerry Roberts	16 Feb 92	30
57.32	Lauren Thompson	10 Jun 18		1.86	6 Jun 92	

All-Time – Women

1.88 i	Kelly Thirkle	16 Feb 92		4.16	Liz Hughes	6 Jul 02	
1.88	Lee McConnell	19 Aug 00		4.16	Bryony Raine	9 Jul 11	
1.88	Rebecca Jones	1 Jun 02		4.15	Tracey Grant	26 Jul 03	20
1.88	Natalie Clark	6 Jun 04		4.15 i	Kirsty Maguire	24 Feb 07	
1.88 i	Kelly Sotherton	2 Mar 07		4.05		10 Jun 07	
1.87		7 Jul 07		4.15	Sian Morgan	22 May 15	
1.88 i	Emma Nuttall	8 Mar 14		4.13 i	Maria Seager	2 Feb 10	
1.87		13 Jul 13		4.05		13 Jun 09	
1.87	Barbara Lawton	22 Sep 73		4.13	Rachel Gibbens	7 Feb 16	
1.87	Moira Maguire	11 May 80		4.05		29 Aug 15	
1.87	Louise Manning	6 May 84		4.10	Fiona Harrison	29 Jul 07	
1.87	Rachael Forrest	7 Jul 95	40	4.10	Sophie Upton	9 Jun 10	
1.87	Denise Lewis	21 Aug 99		4.08	Abigail Roberts	29 Aug 15	
1.87	Aileen Wilson	15 Jul 01		4.06	Claire Maurer	10 Aug 17	
1.87 i	Jayne Nisbet	8 Feb 14		4.05	Sonia Lawrence	19 Jul 03	
1.86		10 Jul 11		4.05	Caroline Adams	10 Aug 13	30
1.86	Claire Summerfield	7 Aug 82		4.05 i	Olivia Curran	19 Jul 14	
1.86	Jennifer Farrell	11 May 86		4.05	Jessica Robinson	11 Jun 16	
1.86	Catherine Scott	8 May 87		4.04	Lucy Webber	15 Jul 00	
1.86	Michele Marsella	31 May 87		4.02 i	Kim Skinner	30 Dec 09	
1.86 i	Dalia Mikneviciute	16 Jan 00		4.02 i	Jessica Abraham	15 Jan 11	
1.86		4 Jun 00		4.00		3 Jul 10	
1.86	Jessica Leach	21 Jun 09		4.02 i	Courtney MacGuire	31 Jan 15	
1.86 i	Kay Humberstone	31 Jan 10	50	4.00		15 Jul 14	
				4.00	Alison Davies	12 Aug 00	
Pole Vault				4.00	Abigail Haywood	26 Jun 11	
4.87 i	Holly Bleasdale	21 Jan 12		4.00	Katie James	15 Jul 14	
4.81		15 Jul 17		4.00 i	Anna Gordon	27 Feb 16	40
4.80	Bleasdale	26 May 17		4.00	Jessica Swannack	8 Jul 17	
4.80	Bleasdale	17 Jul 18		4.00	Clare Blunt	16 Jul 17	
4.77 i	Bleasdale	9 Feb 13		3.95 A	Allie Jessee	25 Jun 99	
4.76 i	Bleasdale	31 Aug 16		3.95 i	Jennifer Graham	21 May 06	
4.75 i	Bleasdale	3 Feb 13		3.95		29 Jul 07	
4.75	Bleasdale	14 Jul 18		3.95 i	Sarah McKeever	28 May 16	
4.75	Bleasdale	9 Aug 18					
4.73 i	Bleasdale	8 Feb 14		**Long Jump**			
4.61	Kate Dennison	22 Jul 11		7.07	Shara Proctor	28 Aug 15	
4.53	Molly Caudery	23 Jun 18		7.05	Lorraine Ugen	1 Jul 18	
4.52 i	Katie Byres	18 Feb 12		6.97 i	Ugen	5 Mar 17	
4.36		17 Jun 12		6.98	Proctor	25 Jul 15	
4.47	Janine Whitlock ¶	22 Jul 05		6.95	Proctor	24 Jun 12	
4.47 i	Lucy Bryan	3 Feb 18		6.95	Proctor	15 May 15	
4.40		29 Jun 13		6.93 i	Kat. Johnson-Thompson	21 Feb 15	
4.42 i	Sally Peake	18 Feb 12		6.93 i	Ugen	18 Mar 16	
4.40		12 Jul 14		6.92	Proctor	4 Jul 13	
4.36 i	Jade Ive	19 Feb 17		6.92	Johnson-Thompson	11 Jul 14	
4.25		8 Sep 18		6.92	Ugen	15 May 15	
4.35	Henrietta Paxton	26 Jun 10		6.90	Bev Kinch	14 Aug 83	
4.31 i	Emma Lyons	21 Feb 09	10	6.88	Fiona May	18 Jul 90	
4.25		7 Aug 10		6.86	Jazmin Sawyers	1 Jul 18	
4.26 i	Zoe Brown	21 Feb 04		6.83	Sue Hearnshaw	6 May 84	
4.20		17 Jul 05		6.81	Jade Johnson	22 Jun 08	
4.26 i	Ellie Spain	30 Jan 07		6.80	Abigail Irozuru	9 Jun 12	
4.21		16 Jul 06		6.79	Kelly Sotherton	25 Jul 08	10
4.25	Sophie Cook	30 Jun 18		6.76	Mary Rand	14 Oct 64	
4.21	Louise Butterworth	6 Jun 08		6.76	Jo Wise	2 Aug 99	
4.20	Irie Hill	6 Aug 00		6.75	Joyce Hepher	14 Sep 85	
4.20 i	Rhian Clarke	10 Mar 01		6.73	Sheila Sherwood	23 Jul 70	
4.15		7 Apr 00		6.73	Yinka Idowu	7 Aug 93	
4.20	Sally Scott	19 Jun 10		6.70	Kim Hagger	30 Aug 86	

All-Time – Women

6.69	Sue Reeve	10 Jun 79
6.69	Denise Lewis	30 Jul 00
6.69	Jahisha Thomas	1 Jul 18
6.63	Mary Agyepong	17 Jun 89
6.63	Jessica Ennis-Hill	26 Jun 16
6.56	Sarah Claxton	23 May 99
6.55	Ann Simmonds	22 Jul 70
6.54	Dominique Blaize	19 May 13
6.54	Rebecca Chapman	2 Jul 17
6.52	Gill Regan	29 Aug 82
6.52	Georgina Oladapo	16 Jun 84
6.51 i	Ruth Howell	23 Feb 74
	6.49	16 Jun 72
6.51	Julie Hollman	3 Sep 00
6.47 A	Ashia Hansen	26 Jan 96
6.47 i	Amy Harris	11 Feb 07
	6.43	20 Apr 12
6.47	Phyllis Agbo	31 May 09
6.47	Jade Nimmo	14 Apr 12
6.46	Alice Hopkins	16 Jun 18
6.45	Carol Zeniou	12 May 82
6.45	Margaret Cheetham	18 Aug 84
6.44	Sharon Danville	15 Jun 77
6.44	Barbara Clarke	13 Sep 81
6.44	Louise Hazel	9 Oct 10
6.43	Myra Nimmo	27 May 73
6.43 i	Gillian Cooke	3 Feb 08
	6.39	13 May 07
6.42	Sarah Warnock	29 Jun 14
6.41	Niamh Emerson	1 Jul 18
6.40	Judy Simpson	26 Aug 84
6.40	Sharon Bowie	28 Jun 86
6.40 i	Amy Woodman	14 Feb 09
	6.37	31 May 09
6.39	Moira Maguire	22 Jul 70
6.39	Maureen Chitty	28 Jun 72
6.39	Sue Longden	12 Sep 76
6.39	Tracy Joseph	27 Jun 98
6.39	Lucy Hadaway	28 Jul 18

wind unconfirmed

6.43	Moira Maguire	18 Sep 70

wind assisted

7.00	Sue Hearnshaw	27 May 84
6.98	Fiona May	4 Jun 89
6.93	Bev Kinch	14 Aug 83
6.84	Sue Reeve	25 Jun 77
6.80	Joyce Hepher	22 Jun 85
6.77	Denise Lewis	1 Jun 97
6.65	Mary Agyepong	4 Jun 89
6.57	Ann Simmonds	22 Aug 70
6.56	Judy Simpson	30 Aug 86
6.56	Dominique Blaize	27 May 13
6.54	Ruth Howell	16 Jun 72
6.54	Myra Nimmo	19 Jun 76
6.49	Margaret Cheetham	4 Sep 83
6.48	Moira Maguire	17 May 70
6.48	Amy Harris	3 Jul 11
6.45	Donita Benjamin	23 Jul 00
6.44	Tracy Joseph	21 Jun 97

Triple Jump

15.16 i	Ashia Hansen	28 Feb 98
15.15		13 Sep 97
15.02 i	Hansen	7 Mar 99
15.01 i	Hansen	15 Mar 03
14.96	Hansen	11 Sep 99
14.94	Hansen	29 Jun 97
14.86	Hansen	31 Jul 02
14.85 i	Hansen	15 Feb 98
14.82 i	Yamilé Aldama	10 Mar 12
14.65		31 May 12
14.81 i	Hansen	21 Feb 99
14.15	Naomi Ogbeta	7 Aug 18
14.09	Laura Samuel	29 Jul 14
14.08	Michelle Griffith	11 Jun 94
13.95	Connie Henry	27 Jun 98
13.85 A	Yasmine Regis	18 May 08
13.76		5 Aug 11
13.82	Shara Proctor	14 Apr 17
13.77	Nadia Williams	12 Jun 11
13.70	Sineade Gutzmore	20 Jul 16
13.64	Rachel Kirby	7 Aug 94
13.62	Nony Mordi	5 Jul 08
13.56	Mary Agyepong	5 Jun 92
13.53	Chioma Matthews	17 May 15
13.46	Evette Finikin	26 Jul 91
13.46	Jahisha Thomas	26 May 18
13.44	Hannah Frankson	26 Jun 11
13.43	Angela Barrett	16 Aug 17
13.31	Karlene Turner	28 May 06
13.30	Shakira Whight	24 Jun 12
13.27	Zainab Ceesay	5 Jul 08
13.27 i	Alex Russell	12 Feb 17
13.09		12 May 18
13.25	Gillian Kerr	30 Jun 07
13.24	Stephanie Aneto	18 Jul 10
13.23 i	Rebecca White	27 Jan 06
13.17		27 Jul 07
13.11	Jade Johnson	19 Aug 01
13.11 i	Simi Fajemisin	25 Feb 18
13.07		30 Mar 18
13.09	Debbie Rowe	26 Aug 06
13.08	Denae Matthew	30 Jun 07
13.04	Eavion Richardson	17 Jun 18
13.03	Shani Anderson	4 May 96
13.03	Kate Evans	26 Apr 97
13.03	Lisa James	21 Jun 15
13.03	Naomi Reed	31 Jun 16
13.03	Emily Gargan	21 May 17
13.03	Lia Stephenson	6 May 18
13.02 i	Emily Parker	12 Feb 05
	12.97	3 May 04
13.02	Zara Asante	9 Jun 18
13.01	Jayne Nisbet	22 Apr 07
13.01	Emma Pringle	26 May 13
12.98	Danielle Freeman	13 Jul 02
12.97	Claire Linskill	20 Jun 09
12.96	Laura Zialor	28 May 16
12.96 i	Allison Wilder	3 Feb 18
12.94	Lorna Turner	9 Jul 94

All-Time – Women

12.92	Liz Patrick	5 Aug 00	
12.90 i	Leandra Polius	12 Feb 05	
wind assisted			
15.00	Hansen	10 Aug 02	
14.14	Michelle Griffith	25 Jul 00	
13.94	Nadia Williams	17 Jul 11	
13.82	Yasmine Regis	13 Jun 09	
13.76	Nony Mordi	10 May 08	
13.68	Naomi Ogbeta	21 Jul 17	
13.51	Rebecca White	3 Sep 05	
13.42	Gillian Kerr	30 Jun 07	
13.41	Zara Asante	29 Jul 18	
13.40	Alex Russell	31 Jul 16	
13.35	Kat. Johnson-Thompson	6 Jul 14	
13.22	Lisa James	21 Jun 15	
13.14	Debbie Rowe	22 Jul 00	
13.06	Alison McAllister	11 Jul 03	
13.04	Kate Evans	23 Jul 00	

Shot

19.36	Judy Oakes	14 Aug 88	
19.33	Oakes	3 Sep 88	
19.26	Oakes	29 Jul 88	
19.13	Oakes	20 Aug 88	
19.06 i	Venissa Head	7 Apr 84	
18.93		13 May 84	
19.05	Oakes	16 Jul 88	
19.03	Myrtle Augee	2 Jun 90	
19.01	Oakes	17 Sep 88	
19.01	Oakes	11 Jun 89	
19.01	Oakes	11 May 96	
18.99	Meg Ritchie	7 May 83	
17.76	Sophie McKinna	13 Apr 18	
17.53	Angela Littlewood	24 Jul 80	
17.53	Rachel Wallader	4 Jun 16	
17.45	Yvonne Hanson-Nortey	28 Jul 89	
17.37	Divine Oladipo	24 May 18	
17.31	Amelia Strickler	7 Aug 18	10
17.24	Eden Francis	20 May 12	
17.13	Jo Duncan	13 Aug 06	
16.76	Rebecca Peake	15 Aug 10	
16.63	Eva Massey	29 Jul 07	
16.57	Maggie Lynes	20 Jul 94	
16.42	Kirsty Yates	30 Jul 14	
16.40 i	Mary Peters	28 Feb 70	
16.31		1 Jun 66	
16.40	Julie Dunkley	12 Aug 00	
16.39	Shanaugh Brown	19 May 13	
16.34	Adele Nicoll	2 Jul 16	20
16.29	Brenda Bedford	26 May 76	
16.17	Eleanor Gatrell	18 Jul 10	
16.12	Denise Lewis	21 Aug 99	
16.09 i	Alison Rodger	21 Feb 10	
15.88		28 Jun 08	
16.05	Janis Kerr	15 May 76	
15.95 i	Philippa Roles	6 Feb 99	
15.62		1 Jun 03	
15.88 i	Ade Oshinowo	7 Feb 04	
15.78		11 Jul 04	
15.85 i	Alison Grey	12 Feb 94	
15.69		11 Jun 94	
15.81	Tracy Axten	19 Jul 98	
15.80	Sharon Andrews	30 Jul 93	30
15.75 i	Caroline Savory	23 Feb 83	
15.50		19 Jun 83	
15.60 i	Justine Buttle	27 Feb 88	
15.45		25 Aug 88	
15.55	Christina Bennett	13 Jun 99	
15.48	Mary Anderson	8 Sep 85	
15.46	Vanessa Redford	14 Jun 80	
15.45	Susan King	27 Mar 83	
15.44	Vickie Foster	14 May 00	
15.41	Fatima Whitbread	29 Apr 84	
15.35	Michella Obijiaku	11 May 18	
15.32 i	Helen Hounsell	13 Feb 82	40
15.28	Amy Hill	31 May 09	
15.23	Judy Simpson	18 Jun 88	
15.21	Uju Efobi	23 Apr 94	
15.21 i	Kara Nwidobie	12 Feb 06	
15.18	Suzanne Allday	18 May 64	
15.18 i	Lana Newton	Jan 79	
15.09		6 Sep 78	
15.09	Jayne Berry	22 Jul 93	
15.09	Nicola Gautier	1 Jul 00	
15.09	Sarah Omoregie	10 Mar 18	
15.08	Janet Kane	3 Jun 79	50
15.08	Susan Tudor	30 May 82	

Discus

67.48	Meg Ritchie	26 Apr 81	
67.44	Ritchie	14 Jul 83	
66.04	Ritchie	15 May 82	
65.96	Ritchie	19 Jul 80	
65.78	Ritchie	17 Jul 81	
65.34	Ritchie	24 Apr 83	
65.18	Ritchie	17 May 81	
65.10	Jade Lally	27 Feb 16	
65.08	Ritchie	26 Apr 80	
65.02	Ritchie	5 May 84	
64.68	Venissa Head	18 Jul 83	
62.89	Philippa Roles	8 Jun 03	
61.22	Shelley Newman	8 Jun 03	
60.72	Jackie McKernan	18 Jul 93	
59.78	Eden Francis	6 Aug 11	
58.56	Debbie Callaway	19 May 96	
58.18	Tracy Axten	31 May 97	
58.02	Rosemary Payne	3 Jun 72	10
57.79	Kirsty Law	26 Aug 12	
57.75	Emma Merry	9 Aug 99	
57.32	Lynda Wright	16 Jun 84	
57.27	Kara Nwidobie	18 Jun 05	
57.26	Emma Carpenter	12 Jul 08	
56.73	Claire Smithson	29 Jul 06	
56.25	Rebecca Roles	6 Jun 04	
56.24	Sharon Andrews	12 Jun 94	
56.06	Kathryn Farr	27 Jun 87	
55.52	Jane Aucott	17 Jan 90	20
55.48	Amy Holder	10 Jun 18	
55.42	Lesley Bryant	12 Sep 80	
55.06	Janet Kane	17 Jun 78	

All-Time – Women

Mark	Name	Date		Mark	Name	Date	
55.04	Lorraine Shaw	14 May 94		61.77	Kimberley Reed	3 May 14	
54.72	Karen Pugh	27 Jul 86		61.64	Kayleigh Presswell	3 Jun 18	
54.68	Emma Beales	10 Jun 95		61.48	Suzanne Roberts	17 Jul 04	
54.46	Ellen Mulvihill	14 May 86		60.88	Rachael Beverley	23 May 99	
54.46	Janette Picton	17 Aug 90		60.77	Amy Herrington	4 May 18	
54.24	Nicola Talbot	15 May 93		60.75	Abbi Carter	12 Jul 12	
54.23	Divine Oladipo	26 Apr 18	30	60.24	Annabelle Palmer/		
54.23	Phoebe Dowson	28 May 18			Crossdale	13 Oct 18	
53.96	Julia Avis	27 Apr 86		59.63	Katie Head	1 Sep 18	30
53.66	Rosanne Lister	22 Jun 91		59.57	Hayley Murray	18 Jul 17	
53.44	Judy Oakes	20 Aug 88		59.35	Alice Barnsdale	16 Mar 18	
53.44	Navdeep Dhaliwal	5 Sep 10		58.97	Diana Holden	4 Jun 02	
53.44	Shadine Duquemin	11 May 14		58.48	Joanne John	2 Jul 08	
53.16	Sarah Winckless	18 Jun 94		58.47	Mhairi Walters	12 May 02	
52.84	Sarah Henton	7 Jul 13		58.27	Katie Lambert	21 May 17	
52.52	Alison Grey	18 Jun 94		57.96	Olivia Stevenson	10 Jun 17	
52.46	Vanessa Redford	4 Jul 82	40	57.90	Megan Larkins	16 Sep 18	
52.31	Lauren Keightley	18 Jul 98		57.63	Nicola Dudman	16 Jun 02	
51.82	Catherine Bradley	20 Jul 85		57.50	Danielle Broom	9 Jun 18	40
51.77	Shaunagh Brown	1 Jun 14		57.43	Anna Purchase	30 Apr 17	
51.60	Dorothy Chipchase	20 Jul 73		57.40	Sarah Moore	29 Apr 01	
51.43	Claire Griss	30 May 05		57.16	Hannah Evenden	7 Apr 12	
51.18	Angela Sellars	12 Aug 90		57.10	Philippa Davenall	25 Apr 18	
51.12	Joanne Brand	26 May 86		57.08	Monique Buchanan	28 Aug 06	
51.07	Samantha Milner	19 May 13		57.05	Natalie Robbins	23 Jun 18	
50.64	Kathryn Woodcock	6 May 17		56.95	Amber Simpson	20 May 18	
50.57	Brenda Bedford	24 Aug 68	50	56.94	Helen Broadbridge	23 Jun 18	
				56.78	Victoria Thomas	22 Jul 06	
Hammer				56.76	Esther Augee	15 May 93	50
74.54	Sophie Hitchon	15 Aug 16					
73.97	Hitchon	21 May 17		**Javelin (1999 Model)**			
73.86	Hitchon	27 Aug 15		66.17	Goldie Sayers	14 Jul 12	
73.68	Hitchon	27 Jun 17		65.75	Sayers	21 Aug 08	
73.48	Hitchon	14 Jul 18		65.05	Sayers	20 May 07	
73.22	Hitchon	27 Apr 18		64.87	Kelly Morgan	14 Jul 02	
73.05	Hitchon	5 Aug 17		64.73	Sayers	31 May 12	
72.97	Hitchon	23 Jun 13		64.46	Sayers	18 Jun 11	
72.42	Hitchon	28 Aug 16		63.96	Sayers	6 Jun 08	
72.32	Hitchon	7 Aug 17		63.82	Sayers	26 Jun 08	
68.97	Sarah Holt	25 Jul 15		63.66	Sayers	12 Jun 08	
68.93	Lorraine Shaw	8 Jun 03		63.65	Sayers	15 Mar 08	
68.63	Zoe Derham	17 Jul 08		60.68	Laura Whittingham	15 Aug 10	
67.58	Shirley Webb	16 Jul 05		59.50	Karen Martin	14 Jul 99	
66.85	Shaunagh Brown	14 Jun 14		58.63	Izzy Jeffs	26 Apr 14	
66.80	Carys Parry	15 Jul 14		57.48	Shelley Holroyd	10 Jul 04	
66.46	Rachel Hunter	26 Feb 17		57.44	Jo Blair	26 Jun 16	
65.03	Susan McKelvie	20 Aug 11		57.19	Lorna Jackson	9 Jul 00	
64.74	Laura Douglas	8 Aug 10	10	55.91	Kirsty Morrison	23 May 99	
63.98	Christina Jones	25 Apr 15		55.36	Freya Jones	12 Apr 14	10
63.96	Lyn Sprules	20 Aug 00		54.71	Kike Oniwinde	14 Jun 14	
63.87	Rebecca Keating	17 Mar 18		54.62	Chloe Cozens	3 Aug 03	
63.61	Liz Pidgeon	27 May 00		54.08	Emma Hamplett	17 Jun 18	
63.11	Myra Perkins	18 May 14		52.86	Linda Gray	10 Jun 01	
63.05	Lesley Brannan	19 Feb 06		52.78	Tesni Ward	29 May 11	
63.05	Jessica Mayho	22 Apr 17		52.76	Jenny Kemp	23 Jun 01	
62.96	Samantha Hynes	19 May 12		52.68	Lianne Clarke	25 Aug 07	
62.74	Lucy Marshall	10 Jun 17		52.41	Katy Watts	31 May 09	
62.66	Rachel Wilcockson	20 Aug 11	20	52.34	Jade Dodd	2 Sep 07	
62.53	Philippa Wingate	21 Apr 18		52.32	Eloise Meakins	9 Sep 12	20
62.30	Louisa James	29 Jun 14		52.09	Lauren Therin	5 May 07	

All-Time – Women

Mark	Name	Date		Mark	Name	Date	
51.57	Hannah Johnson	21 May 17		6759	Kat. Johnson-Thompson	10 Aug 18	
51.48	Denise Lewis	10 Jul 04		6751	Ennis	30 Aug 11	
51.18	Bethan Rees	28 May 18		6736	Lewis	1 Jun 97	
51.13	Becky Bartlett	15 May 04		6733	Ennis	26 Jun 16	
50.85	Sharon Gibson	18 Jul 99		6731	Ennis	16 Aug 09	
50.43	Rosie Semenytsh	22 Jun 13		6623	Judy Simpson	30 Aug 86	
50.21	Louise Watton	10 Jun 07		6547	Kelly Sotherton	29 May 05	
50.19	Sam Cullinane	17 Jun 12		6259	Kim Hagger	18 May 86	
49.96	Hayley Thomas	19 Jun 11	30	6253	Niamh Emerson	13 Jul 18	
49.94	Rebekah Walton	9 Sep 18		6166 w	Louise Hazel	17 Jul 11	
49.66	Jo Chapman	22 Aug 04		6156		9 Oct 10	
49.56	Kelly Bramhald	30 Jul 17		6148	Morgan Lake	23 Jul 14	
49.25	Nicola Gautier	1 Jul 01		6135	Julie Hollman	2 Jun 02	10
49.24	Louise Lacy	30 Jul 17		6125	Tessa Sanderson	12 Jul 81	
49.23	Laura Kerr	20 Aug 05		6094	Joanne Mulliner	7 Jun 87	
49.17	Sarah Roberts	29 May 11		6022	Clova Court	27 Aug 91	
49.13	Laurensa Britane	16 Aug 17		6011 w	Fiona Harrison	18 Jul 04	
48.73	Suzanne Finnis	23 Mar 03		5754		3 Jul 05	
48.39	Katie Amos	1 Jun 02	40	6005 w	Kerry Jury	24 May 98	
48.35	Natasha Wilson	23 Apr 16		5908		1 Aug 99	
48.33	Jessica Ennis	23 Jul 13		5952	Phyllis Agbo	31 May 09	
48.31	Eloise Manger	4 Jul 09		5913	Jess Taylor	15 May 16	
48.24	Tammie Francis	29 Apr 00		5873	Katie Stainton	18 Jun 17	
48.18	Amber Burdett	19 Sep 10		5826	Jenny Kelly	3 Jul 94	
48.13	Christine Lawrence	17 May 09		5819	Grace Clements	9 Oct 10	20
47.74	Joanne Bruce	7 Sep 02		5803	Jayne Barnetson	20 Aug 89	
47.73	Helen Mounteney	12 Jul 02		5798	Ros Gonse	26 Aug 07	
47.72	Alison Moffitt	21 Aug 99		5784	Nicola Gautier	1 Jul 01	
47.66	Samantha Redd	29 Jun 02	50	5776	Kathy Warren	12 Jul 81	
Javelin (pre 1999)				5770	Jessica Tappin	1 Jun 14	
77.44	Fatima Whitbread	28 Aug 86		5747 w	Julia Bennett	5 May 96	
76.64	Whitbread	6 Sep 87		5538		4 Jun 00	
76.34	Whitbread	4 Jul 87		5702	Yinka Idowu	21 May 95	
76.32	Whitbread	29 Aug 86		5702	Jo Rowland	2 Jun 13	
75.62	Whitbread	25 May 87		5700	Vikki Schofield	5 May 96	
74.74	Whitbread	26 Aug 87		5691 w	Pauline Richards	24 May 98	30
73.58	Tessa Sanderson	26 Jun 83		5563		5 Jul 98	
73.32	Whitbread	20 Jun 87		5687	Holly McArthur	21 Jul 17	
62.32	Sharon Gibson	16 May 87		5671	Domique Blaize	6 Jun 10	
62.22	Diane Royle	18 May 85		5660	Jade O'Dowda	13 Jul 18	
60.12	Shelley Holroyd	16 Jun 96		5644	Danielle Freeman	4 Jun 00	
60.00	Julie Abel	24 May 87		5642	Sarah Rowe	23 Aug 81	
59.40	Karen Hough	28 Aug 86		5633	Marcia Marriott	18 May 86	
59.36	Kirsty Morrison	4 Sep 93		5632	Emma Beales	1 Aug 93	
58.60	Jeanette Rose	30 May 82		5618 w	Sarah Damm	5 May 96	
58.39	Lorna Jackson	6 Jun 98	10	5605	Lucy Boggis	26 Jun 09	
57.90	Anna Heaver	1 Jul 87		5601 w	Jade Surman	3 Jun 07	40
57.84	Mandy Liverton	3 Jun 90		5538		19 Aug 06	
57.82	Karen Martin	19 Sep 98		5594	Gillian Evans	22 May 83	
56.96	Nicky Emblem	1 Feb 90		5577	Katherine Livesey	18 May 02	
56.50	Caroline White	8 Jun 91		5559	Emma Nwofor	27 May 18	
56.50	Denise Lewis	11 Aug 96		5557	Kate Cowley	20 Jul 03	
				5556 w	Louise Wood	8 May 11	
Heptathlon (1985 Tables)				5502		8 May 11	
6955	Jessica Ennis	4 Aug 12		5555 w	Diana Bennett	24 May 98	
6906	Ennis	27 May 12		5550		1 Jun 97	
6831	Denise Lewis	30 Jul 00		5548	Val Walsh	18 May 86	
6823	Ennis	31 Jul 10		5535	Karla Drew	30 Jun 13	
6790	Ennis	29 May 11		5529	Catherine Holdsworth	27 Jul 08	
6775	Ennis	13 Aug 16		5529	Ellen Barber	27 May 18	50

All-Time – Women

3000 Metres Track Walk
12:22.62 +	Jo Jackson	14 Feb	09
12:24.70	Bethan Davies	11 Jun	16
12:40.98	Jackson	26 May	08
12:49.16	Betty Sworowski	28 Jul	90
12:50.61	Lisa Kehler	29 Jul	00
12:54.71	Heather Lewis	14 Jul	18
12:59.3	Vicky Lupton	13 May	95
12:59.75	Gemma Bridge	12 Jun	17
13:08.64imx	Niobe Menendez	2 Feb	02
13:14.73		11 Aug	01
13:12.01 i	Julie Drake	12 Mar	93

5000 Metres Track Walk
20:46.58	Jo Jackson	14 Feb	09	
21:01.24	Jackson	7 Feb	09	
21:21.52	Bethan Davies	2 Jul	17	
21:21.67	Jackson	12 Jul	09	
21:25.37 i	Davies	18 Feb	18	
21:42.51	Lisa Kehler	13 Jul	02	
21:52.38	Vicky Lupton	9 Aug	95	
22:02.06	Betty Sworowski	28 Aug	89	
22:09.87	Heather Lewis	29 Jun	14	
22:37.47	Julie Drake	17 Jul	93	
22:41.19	Cal Partington	16 Jul	95	
22:48.29 i	Gemma Bridge	18 Feb	18	
22:51.23	Helen Elleker	25 Jun	90	10
23:11.2	Carol Tyson	30 Jun	79	
23:11.7	Catherine Charnock	19 Jun	99	
23:15.04	Bev Allen	25 May	87	
23:19.2	Marion Fawkes	30 Jun	79	
23:20.00	Ginney Birch	25 May	85	
23:20.19	Erica Kelly	2 Jul	17	
23:22.52	Verity Snook	19 Jun	94	
23:34.43	Sylvia Black	5 Jul	92	
23:35.54	Nicky Jackson	25 May	87	
23:37.55	Sophie Lewis Ward	14 Jul	16	20
23:38.3	Irene Bateman	28 Jun	81	
23:40.75	Ellie Dooley	29 Jun	14	

5k Road - where superior to track time
21:36	Vicky Lupton	18 Jul	92
21:50	Betty Sworowski	6 May	90
22:45 +	Verity Snook	25 Aug	94
22:51	Marion Fawkes	29 Sep	79
22:52 +	Gemma Bridge	25 Jun	17
22:59	Carol Tyson	29 Sep	79
23:00 +	Bev Allen	1 Sep	87
23:09	Catherine Charnock	5 Jun	99
23:13	Sylvia Black	13 Feb	93
23:24	Melanie Wright	9 Apr	95
23:25	Irene Bateman	29 Sep	79

10000 Metres Track Walk
45:09.57	Lisa Kehler	13 Aug	00
45:18.8	Vicky Lupton	2 Sep	95
45:53.9	Julie Drake	26 May	90
46:23.08	Betty Sworowski	4 Aug	91
46:25.2	Helen Elleker	26 May	90
47:05.97	Bethan Davies	5 Jan	17
47:10.07	Verity Snook	19 Jun	93
47:56.3	Ginney Birch	15 Jun	85
47:58.3	Bev Allen	21 Jun	86
48:11.4	Marion Fawkes	8 Jul	79	10
48:20.0	Cal Partington	7 May	94
48:34.5	Carol Tyson	22 Aug	81
48:35.8	Melanie Wright	2 Sep	95
48.47.3	Erika Kelly	22 Aug	18
48:56.5	Sarah Brown	18 Apr	91
48:57.6	Irene Bateman	20 Mar	82
49:06.83	Heather Lewis	22 Jun	14
49:27.0	Sylvia Black	22 Apr	95
49:39.0	Karen Ratcliffe	22 May	91
49:41.0	Elaine Callinan	22 Apr	95	20
49:51.6	Sara-Jane Cattermole	7 Feb	01

track short
48:52.5	Irene Bateman	19 Mar	83

10k Road - where superior to track time
43:52	Jo Jackson	6 Mar	10
44:59	Bethan Davies	6 Mar	16
45:03	Lisa Kehler	19 Sep	98
45:52 +	Gemma Bridge	25 Jun	17
45:59	Betty Sworowski	24 Aug	91
46:06	Verity Snook	25 Aug	94
46:26	Cal Partington	1 Jul	95
46:38	Niobe Menendez	15 Jun	02
46:59	Heather Lewis	1 Mar	14
47:05	Sara-Jane Cattermole	15 Jul	01
47:49	Emma Achurch	15 Mar	15
47:51	Catherine Charnock	5 Sep	99
47:58	Nicky Jackson	27 Jun	87

20 Kilometres Road Walk
1:30.41	Jo Jackson	19 Jun	10
1:31:53	Bethan Davies	11 Mar	18
1:32:33	Gemma Bridge	25 Jun	17
1:33:57	Lisa Kehler	17 Jun	00
1:36:14	Heather Lewis	11 Mar	18
1:36:40	Sara Cattermole	4 Mar	00
1:37:44	Vicky Lupton	27 Jun	99
1:38:29	Catherine Charnock	11 Sep	99
1:39.36	Erika Kelly	11 Mar	18
1:39:59	Niobe Menendez	21 Apr	02	10
1:40:45	Irene Bateman	9 Apr	83
1:42:02 hc	Lillian Millen	9 Apr	83
1:44:42		2 Apr	83
1:43:26	Emma Achurch	2 Oct	16
1:43:29	Sharon Tonks	3 Mar	02
1:43:50	Betty Sworowski	22 Feb	88
1:43:52	Sylvia Black	14 Jun	97
1:44:19	Katie Stones	25 Feb	06
1:44:29	Kim Braznell	21 Mar	99
1:44:30	Wendy Bennett	26 Apr	03
1:44:54	Cal Partington	23 Mar	02	20

50 Kilometres Road Walk
4:50:51	Sandra Brown	13 Jul	91
5:01:52	Lillian Millen	16 Apr	83
5:08.17	Molly Jade Davey	24 Mar	18

All-Time – Women

4 x 100 Metres Relay
41.77	Great Britain & NI	19 Aug 16
Philip, Henry, Asher-Smith, Neita
41.81	Great Britain & NI	22 Jul 16
Philip, Henry, Asher-Smith, Neita
41.86	Great Britain & NI	24 Aug 17
Philip, Henry, Asher-Smith, Neita
41.88	Great Britain & NI	12 Aug 18
Philip, Lansiquot, B. Williams, Asher-Smith
41.93	Great Britain & NI	18 Aug 16
Philip, Henry, Asher-Smith, Neita
41.93	Great Britain & NI	12 Aug 17
Philip, Henry, Asher-Smith, Neita
42.10	Great Britain & NI	29 Aug 15
Philip, Asher-Smith, J Williams, Henry
42.12	Great Britain & NI	12 Aug 17
Philip, Henry, Asher-Smith, Neita
42.19	Great Britain & NI	12 Aug 18
Philip, Lansiquot, B. Williams, Neita
42.21	Great Britain & NI	28 Aug 14	10
Philip, Nelson, Onuora, Henry
42.24	Great Britain & NI	17 Aug 14
Philip, Nelson, J Williams, Henry
42.28	Great Britain & NI	30 Aug 18
Philip, Lansiquot, B. Williams, Asher-Smith
42.36	Great Britain & NI	22 Jul 18
Philip, Lansiquot, B. Williams, Neita
42.43	Great Britain & NI	1 Aug 80
Oakes, Cook, Callender, Lannaman
42.45	Great Britain & NI	10 Jul 16
Philip, Asher-Smith, B Williams, Neita
42.46	England	14 Apr 18
Philip, Asher-Smith, B.Williams, Ugen
42.48	Great Britain & NI	29 Aug 15
Philip, J Williams, B Williams, Henry
42.52	Great Britain & NI	15 Jul 18
Phiip, Lansiquot, B. Williams, S. Hylton
42.55	Europe (all GBR)	8 Sep 18
Awauh, Lansiquot, B. Williams, Asher-Smith
42.59	Great Britain & NI	9 Jul 16	20
Philip, Asher-Smith, B Williams, Neita
42.60	Great Britain & NI	11 Aug 01
Richardson, Wilhelmy, James, Oyepitan
42.62	Great Britain & NI	28 Aug 14
Philip, Nelson, Onuora, Henry
42.66	Great Britain & NI	11 Sep 82
Hoyte, Cook, Callender, S.Thomas
42.69	Great Britain & NI	26 Jul 13
Asher-Smith,Onuora, Lewis, Nelson
42.71	Great Britain & NI	10 Aug 83
Baptiste, Cook, Callender, S.Thomas
42.72	Great Britain & NI	3 Sep 78
Callender, Cook, Danville, Lannaman
42.74	England	11 Jul 14
Philip, Nelson, J Williams, Henry
42.75	Great Britain & NI	18 Aug 13
Asher-Smith, Nelson, Lewis, H Jones
42.75	Great Britain & NI	24 May 14
Philip, B Williams, J Williams, Henry
42.80	Great Britain & NI	24 Jul 15	30
Asher-Smith, B Williams, J Williams, Henry

4 x 400 Metres Relay
3:20.04	Great Britain & NI	2 Sep 07
Ohurougu, Okoro, McConnell, Sanders
3:22.01	Great Britain & NI	1 Sep 91
Hanson, Smith, Gunnell, Keough
3:22.61	Great Britain & NI	17 Aug 13
Child, Cox, Adeoye, Ohuruogu
3:22.68	Great Britain & NI	23 Aug 08
Ohuruogu, Sotherton, Okoro, Sanders
3:22.68	Great Britain & NI	27 Apr 13
Child, Cox, Ohuruogu, Shakes-Drayton
3:23.05	Great Britain & NI	2 Sep 11
Ohuruogu, Sanders, McConnell, Shakes-Drayton
3:23.41	Great Britain & NI	22 Aug 93
Keough, Smith, Joseph, Gunnell
3:23.62	Great Britain & NI	30 Aug 15
Ohuruogu, Onuora, Child, Bundy-Davies
3:23.63	Great Britain & NI	3 Sep 11
Shakes-Drayton, Sanders, Ohuruogu, McConnell
3:23.89	Great Britain & NI	31 Aug 91	10
Smith, Hanson, Keough, Gunnell
3:23.90	Great Britain & NI	29 Aug 15
Child, Onuora, McAslan, Bundy-Davies
3:24.14	Great Britain & NI	14 Aug 94
Neef, Keough, Smith, Gunnell
3:24.23	Great Britain & NI	8 Aug 92
Smith, Douglas, Stoute, Gunnell
3:24.25	Great Britain & NI	30 Jun 91
Gunnell, Hanson, Stoute, Keough
3:24.32	Great Britain & NI	1 Aug 10
Sanders, Okoro, McConnell, Shakes-Drayton
3:24.34	Great Britain & N.I.	17 Aug 14
Child, Massey, Cox, Adeoye
3:24.36	Great Britain & NI	5 Jun 93
Smith, Joseph, Stoute, Gunnell
3:24.44	Great Britain & NI	14 Aug 05
McConnell, Fraser, Sanders, Ohuruogu
3:24.74	Great Britain & NI	12 Aug 17
Clark, Lav. Nielsen, Shakes-Drayton, Diamond
3:24.76	Great Britain & NI	11 Aug 12	20
Cox, McConnell, Shakes-Drayton, Ohuruogu
3:24.78	Great Britain & NI	1 Sep 90
Gunnell, Stoute, Beckford, Keough
3:24.81	Great Britain & NI	19 Aug 16
Diamond, Onuora, Massey, Ohuruogu
3:25.00	Great Britain & NI	13 Aug 17
Clark, Lav. Nielsen, Doyle, Diamond
3:25.05	Great Britain & NI	10 Aug 12
Cox, McConnell, Child, Ohuruogu
3:25.05	Great Britain & NI	10 Jul 16
Diamond, Onuora, Doyle, Bundy-Davies
3:25.12	Great Britain & NI	28 Aug 04
Fraser, Murphy, Ohuruogu, McConnell
3:25.16	Great Britain & NI	23 Aug 09
McConnell, Ohuruogu, Barr, Sanders
3:25.20	Great Britain & NI	7 Aug 92
Douglas, Smith, Stoute, Gunnell
3:25.23	Great Britain & NI	22 Aug 09
Sanders, Barr, Meadows, McConnell
3:25.28	Great Britain & N.I.	29 Sep 00	30
Frost, D Fraser, Curbishley, Merry

UNDER 23

100 Metres
11.05	Montell Douglas	17 Jul 08	
11.06	Desiree Henry	15 Apr 16	
11.10	Kathy Smallwood	5 Sep 81	
11.11	Imani Lansiquot	21 Jul 18	
11.14	Daryll Neita	9 Jul 17	
11.17	Bianca Williams	14 Jun 14	
11.20	Heather Hunte	26 Sep 80	
11.20	Jodie Williams	19 Apr 14	
11.22	Sonia Lannaman	13 Aug 77	
11.25	Paula Dunn	27 Aug 86	

wind assisted
10.93	Sonia Lannaman	17 Jul 77	
10.95	Montell Douglas	17 Jul 08	
11.01	Heather Hunte	21 May 80	
11.13	Shirley Thomas	27 May 84	
11.13	Jodie Williams	26 Apr 14	
11.14	Paula Dunn	27 Jul 86	
11.17	Abi Oyepitan	30 Jun 01	
11.23	Jayne Andrews	17 Jul 84	
11.24	Sarah Wilhelmy	9 Jun 01	

hand timing
11.1	Andrea Lynch	29 Jun 74	
11.1	Heather Hunte	29 Jun 80	

hand timing - wind assisted
10.8	Sonia Lannaman	22 May 76	
10.9	Andrea Lynch	18 May 74	
11.1	Sharon Colyear	22 May 76	

200 Metres
22.07	Dina Asher-Smith	28 Aug 15	
22.13	Kathy Smallwood	9 Sep 82	
22.46	Jodie Williams	15 Aug 14	
22.46	Desiree Henry	27 Aug 16	
22.58	Bianca Williams	31 Jul 14	
22.78	Shannon Hylton	1 Jul 18	
22.80	Michelle Scutt	12 Jun 82	
22.81	Sonia Lannaman	2 May 76	
22.85	Katharine Merry	12 Jun 94	
22.86	Finette Agyapong	15 Jul 17	
22.89	Kat. Johnson-Thompson	31 May 14	

wind assisted
22.48	Michelle Scutt	4 Jul 82	
22.69	Sonia Lannaman	10 Jul 77	
22.83	Amarachi Pipi	14 May 17	
22.84	Sarah Wilhelmy	10 Jun 01	

hand timing - wind assisted
22.6	Sonia Lannaman	23 May 76	

300 Metres
36.01	Michelle Scutt	13 Jul 80	

during 400m
35.8+	Kathy Smallwood	17 Sep 82	

400 Metres
50.28	Christine Ohuruogu	21 Mar 06	
50.46	Kathy Smallwood	17 Sep 82	
50.63	Michelle Scutt	31 May 82	
50.71	Allison Curbishley	18 Sep 98	
51.21	Laviai Nielsen	8 Aug 18	
51.26	Seren Bundy-Davies	11 Jun 16	
51.28	Donna Murray	12 Jul 75	
51.48	Perri Shakes-Drayton	14 Aug 10	
51.77 i	Sally Gunnell	6 Mar 88	
51.78	Helen Karagounis	19 Jul 03	

600 Metres
1:26.18	Diane Edwards	22 Aug 87	

800 Metres
1:59.05	Christina Boxer	4 Aug 79	
1:59.30	Diane Edwards	4 Jul 87	
1:59.67	Lorraine Baker	15 Aug 86	
1:59.75	Marilyn Okoro	28 Jul 06	
1:59.76	Paula Fryer	17 Jul 91	
1:59.94	Hannah England	20 Jun 09	
1:59.99	Jemma Simpson	22 Jul 06	
2:00.39	Bev Nicholson	28 Aug 88	
2:00.42	Laura Muir	7 Jun 15	
2:00.46	Emma Jackson	11 Oct 10	

1000 Metres
2:35.51	Lorraine Baker	19 Jul 86	

1500 Metres
3:58.66	Laura Muir	17 Jul 15	
4:01.93	Zola Budd	7 Jun 86	
4:02.54	Stephanie Twell	19 Aug 10	
4:02.99	Laura Weightman	8 Aug 12	
4:03.73	Jessica Judd	4 Aug 17	
4:04.29	Hannah England	28 Jul 09	
4:05.42mx	Lisa Dobriskey	30 Aug 05	
4:05.76	Yvonne Murray	5 Jul 86	
4:06.0	Mary Stewart	24 Jun 78	
4:06.11+	Jemma Reekie	22 Jul 18	

1 Mile
4:23.08	Yvonne Murray	5 Sep 86	

2000 Metres
5:29.58	Yvonne Murray	11 Jul 86	
5:30.19	Zola Budd	11 Jul 86	

3000 Metres
8:34.43	Zola Budd	30 Jun 86	
8:37.15	Yvonne Murray	28 Aug 86	
8:38.47	Laura Muir	24 May 15	
8:40.40	Paula Radcliffe	16 Aug 93	
8:42.75mx	Stephanie Twell	8 Sep 10	
8:43.24mx	Jessica Judd	6 Sep 17	
8:43.46mx	Laura Weightman	14 May 13	
8:46.53	Liz Lynch	18 Jul 86	
8:47.36	Jill Hunter	17 Aug 88	
8:47.71	Lisa York	31 Jul 92	

5000 Metres
14:49.27	Paula Radcliffe	7 Jul 95	
14:54.08	Stephanie Twell	27 Aug 10	
15:07.45	Emilia Gorecka	4 May 14	

15:17.77	Jill Hunter	26 Aug 88	
15:27.60	Rhona Auckland	25 Jul 15	
15:32.27	Emily Pidgeon	12 Jun 10	
15:34.82	Jessica Judd	27 May 17	
15:34.92	Jane Furniss	26 Jun 82	
15:35.12	Kate Avery	9 Jun 12	
15:36.35	Birhan Dagne	5 Aug 00	

10000 Metres
31:41.42	Liz Lynch	28 Jul 86
32:03.55	Charlotte Purdue	29 Apr 12
32:22.79	Rhona Auckland	10 Jul 15
32:30.4	Birhan Dagne	22 Jul 00
32:32.42	Vikki McPherson	15 Jul 93
32:36.09	Helen Titterington	29 Aug 89
32:36.11	Alice Wright	1 May 16
32:41.29	Jenny Clague	20 Jun 93
32:57.17	Kath Binns	15 Aug 80
32:59.52	Jenny Nesbitt	20 May 17

2000 Metres Steeplechase
6:36.45	Emily Stewart	6 May 13
6:36.50	Barbara Parker	26 Jul 03

3000 Metres Steeplechase
9:38.45	Eilish McColgan	7 Jun 12
9:47.97	Pippa Woolven	30 Jul 14
9:48.51	Lizzie Hall	10 Jun 06
9:50.17	Aimee Pratt	26 May 18
9:51.42	Emily Stewart	27 Jul 13

100 Metres Hurdles
12.60	Cindy Ofili	13 Jun 15
12.82	Sally Gunnell	17 Aug 88
12.84	Lucy Hatton	18 Apr 15
12.97	Jessica Ennis	25 Aug 07
13.03	Diane Allahgreen	11 Jul 97
13.06	Shirley Strong	11 Jul 80
13.07	Lesley-Ann Skeete	14 Aug 87
13.11	Sharon Colyear	22 Jun 76
13.17	Jacqui Agyepong	3 Aug 90
13.17	Gemma Bennett	26 Jul 06

wind assisted
12.80	Sally Gunnell	29 Jul 88

hand timing
13.0	Blondelle Thompson	29 Jun 74

hand timing - wind assisted
12.8	Natasha Danvers	3 Apr 99

400 Metres Hurdles
54.03	Sally Gunnell	28 Sep 88
54.18	Perri Shakes-Drayton	30 Jul 10
55.32	Eilidh Child	18 Jul 09
55.69	Natasha Danvers	19 Jul 98
55.69	Meghan Beesley	16 Jul 11
56.05	Shona Richards	12 Jul 15
56.08	Jessica Turner	16 Jul 17
56.26	Louise Fraser	7 Jun 92
56.42	Vicki Jamison	20 Jun 98
56.42	Sian Scott	18 Aug 05

High Jump
1.97 i	Kat. Johnson-Thompson	14 Feb 15
1.97	Morgan Lake	30 Jun 18
1.96	Isobel Pooley	24 Aug 14
1.95	Diana Elliott	26 Jun 82
1.95	Jessica Ennis	5 May 07
1.94	Louise Miller	25 May 80
1.93	Susan Jones	2 Sep 00
1.93	Michelle Dunkley	2 Sep 00
1.92	Barbara Simmonds	31 Jul 82
1.92 i	Julia Bennett	10 Mar 90
1.92 i	Vikki Hubbard	21 Feb 10

Pole Vault
4.87 i	Holly Bleasdale	21 Jan 12
4.71		24 Jun 12
4.40 i	Lucy Bryan	10 Mar 17
4.40		15 Jul 17
4.35	Kate Dennison	28 Jul 06
4.35 i	Katie Byres	16 Feb 13
4.20		12 Jul 13
4.31 i	Emma Lyons	21 Feb 09
4.12		12 Jul 08
4.26 i	Zoe Brown	21 Feb 04
4.20		17 Jul 05
4.16 i	Sally Scott	13 Feb 11
4.15	Louise Butterworth	4 Aug 07
4.13 i	Maria Seager	2 Feb 10
4.10	Sophie Upton	9 Jun 10

Long Jump
6.93 i	Kat. Johnson-Thompson	21 Feb 15
6.92		11 Jul 14
6.88	Fiona May	18 Jul 90
6.80	Abigail Irozuru	9 Jun 12
6.79	Bev Kinch	7 Jul 84
6.77	Lorraine Ugen	5 Jun 13
6.75	Joyce Oladapo	14 Sep 85
6.75	Jazmin Sawyers	26 Jun 16
6.73	Yinka Idowu	7 Aug 93
6.73	Jade Johnson	7 Aug 02
6.58	Mary Berkeley	14 Sep 85

wind assisted
6.98	Fiona May	4 Jun 89
6.86	Jazmin Sawyers	8 Jul 16
6.83	Lorraine Ugen	16 Mar 12
6.80	Joyce Oladapo	22 Jun 85

Triple Jump
14.15	Naomi Ogbeta	7 Aug 18
13.85 A	Yasmine Regis	18 May 08
13.52		31 May 08
13.75	Michelle Griffith	18 Jul 93
13.75	Laura Samuel	17 Jun 12
13.62	Nony Mordi	5 Jul 08
13.48 i	Ashia Hansen	13 Feb 93
13.31		18 Jul 92
13.44	Hannah Frankson	26 Jun 11
13.31	Connie Henry	9 Jul 94
13.31	Karlene Turner	28 May 06

All-Time – Women – U23

13.16	Rachel Kirby	26 Jul 91	
wind assisted			
13.93	Michelle Griffith	2 Jul 93	
13.77	Laura Samuel	17 Jul 11	
13.76	Nony Mordi	10 May 08	
13.75	Yasmine Regis	27 May 06	

Shot
18.19	Myrtle Augee	14 Aug 87
17.37	Divine Oladipo	24 May 18
17.20	Judy Oakes	8 Aug 80
17.14	Sophie McKinna	9 Jul 16
16.91	Amelia Strickler	13 Feb 15
16.72		2 May 15
16.55	Yvonne Hanson-Nortey	15 Jun 86
16.53	Eden Francis	31 May 09
16.42	Kirsty Yates	30 Jul 14
16.40	Julie Dunkley	12 Aug 00
16.34	Adele Nicoll	2 Jul 16

Discus
60.00	Philippa Roles	9 May 99
59.27	Eden Francis	31 May 09
57.32	Lynda Whiteley	16 Jun 84
56.63	Emma Carpenter	16 Jun 02
56.06	Kathryn Farr	27 Jun 87
55.93	Claire Smithson	20 Aug 05
55.70	Shelley Drew	25 Jun 95
55.52	Jane Aucott	17 Jan 90
55.48	Amy Holder	10 Jun 18
54.72	Karen Pugh	27 Jul 86

Hammer
72.97	Sophie Hitchon	23 Jun 13
66.30	Rachel Hunter	18 May 14
65.33	Sarah Holt	24 May 09
63.87	Rebecca Keating	17 Mar 18
63.35	Shirley Webb	29 Jun 03
63.11	Myra Perkins	18 May 14
62.30	Louisa James	29 Jun 14
62.27	Zoe Derham	16 Jun 02
62.03	Susan McKelvie	27 Aug 06
61.75	Laura Douglas	10 Jul 05

Javelin (1999 Model)
64.87	Kelly Morgan	14 Jul 02
60.85	Goldie Sayers	10 Jul 04
58.63	Izzy Jeffs	26 Apr 14
55.36	Freya Jones	12 Apr 14
54.71	Kike Oniwide	14 Jun 14
54.08	Emma Hamplett	17 Jun 18
52.88	Laura Whittingham	28 Jul 07
52.84	Jo Blair	9 Jul 06
52.78	Tesni Ward	29 May 11
52.76	Jenny Kemp	23 Jun 01
52.68	Lianne Clarke	25 Aug 07

Javelin (pre 1999 Model)
69.54	Fatima Whitbread	3 Jul 83
67.20	Tessa Sanderson	17 Jul 77

60.10	Shelley Holroyd	16 Jul 93
60.00	Julie Abel	24 May 87
59.88	Sharon Gibson	3 Jul 83
58.20	Lorna Jackson	16 Jun 96
57.82	Mandy Liverton	21 Jun 92

Heptathlon (1985 Tables)
6682	Kat. Johnson-Thompson	1 Jun 14
6469	Jessica Ennis	26 Aug 07
6325	Denise Lewis	23 Aug 94
6259	Judy Livermore	10 Sep 82
6094	Joanne Mulliner	7 Jun 87
5894	Louise Hazel	8 Aug 06
5873	Katie Stainton	18 Jun 17
5816 w	Julie Hollman	24 May 98
5803	Jayne Barnetson	20 Aug 89
5765	Kim Hagger	17 Jul 83
5765	Jenny Kelly	5 Aug 90

3000 Metres Track Walk
13:10.60+	Johanna Jackson	29 Jul 07
13:11.80 i	Heather Lewis	16 Feb 14
13:15.16+	Vicky Lupton	28 Jun 92

5000 Metres Track Walk
22:03.65	Johanna Jackson	29 Jul 07
22:09.87	Heather Lewis	29 Jun 14
22:12.21	Vicky Lupton	28 Jun 92

5k Road - where superior to track time
21:36	Vicky Lupton	18 Jul 92
22:09	Lisa Langford	8 Apr 89

10000 Metres Track Walk
45:53.9	Julie Drake	26 May 90
46:30.0	Vicky Lupton	14 Sep 94
49:06.83	Heather Lewis	22 Jun 14

10k Road - where superior to track time
45:42	Lisa Langford	3 May 87
45:48	Vicky Lupton	25 Aug 94
46:59	Heather Lewis	1 Mar 14

20 Kilometres Road Walk
1:36:28	Johanna Jackson	13 Jul 07
1:38:25	Sara Cattermole	31 Oct 99
1:39:03	Heather Lewis	15 Mar 15
1:44:19	Katie Stones	25 Feb 06
1:44:48	Vicky Lupton	3 Sep 94
1:47:21	Debbie Wallen	17 Apr 99
1:49:12	Nikki Huckerby	26 Sep 99
1:49:18	Helen Sharratt	16 Oct 93
1:49:32	Nicola Phillips	26 Apr 03
1:50:16	Sophie Hales	10 Mar 07

50 Kilometres Road Walk
5:08:17	Molly Davey	24 Mar 18

UNDER 20

100 Metres
11.14	Dina Asher-Smith	5 Jul 14
11.16	Kristal Awuah	02 Sep 18
11.17	Imani Lansiquot	20 Jul 16
11.18	Jodie Williams	22 Jul 11
11.21	Desiree Henry	12 Aug 14
11.27 A	Kathy Smallwood	9 Sep 79
11.42		11 Aug 79
11.30	Bev Kinch	5 Jul 83
11.36 A	Della James	14 Oct 68
11.36	Ashleigh Nelson	14 Jun 09
11.37	Asha Philip (U17)	23 Jun 07 10
11.39 A	Hannah Brier	16 Jul 15
11.40	Vernicha James	11 Jun 02
11.40	Daryll Neita	20 Jun 15
11.43	Shirley Thomas	7 Aug 82
11.45	Sonia Lannaman (U17)	1 Sep 72
11.45	Simmone Jacobs	6 Jul 84
11.46	Shaunna Thompson	14 Oct 08
11.47	Bianca Williams	20 Apr 12
11.47	Sophie Papps	16 Jul 12

wind assisted
11.03	Dina Asher-Smith	5 Jul 14
11.04	Desiree Henry	26 Apr 14
11.13	Bev Kinch	6 Jul 83
11.25	Shirley Thomas	20 Aug 81
11.26	Simmone Jacobs	27 May 84
11.37	Hannah Brier	31 May 15
11.39	Vernicha James	29 Jun 02
11.39mx	Sophie Papps	8 May 13
11.40	Katharine Merry	3 Jul 93
11.42	Annie Tagoe	25 Jun 11
11.43	Dorothy Hyman	2 Sep 60
11.45	Stephanie Douglas	25 Jun 88
11.45	Rebecca White	4 Jul 98
11.45	Abi Oyepitan	4 Jul 98

hand timing
11.3	Sonia Lannaman	9 Jun 74
11.3	Heather Hunte	15 Jul 78
11.4	Della James	2 Aug 67

hand timing - wind assisted
11.2	Wendy Clarke	22 May 76
11.3	Helen Golden	30 May 70
11.3	Linsey Macdonald (U17)	3 May 80
11.4	Anita Neil	30 Jun 68
11.4	Helen Barnett	16 May 76
11.4	Jane Parry (U17)	5 Jul 80

downhill
11.3 w	Denise Ramsden	28 Jun 69

200 Metres
22.61	Dina Asher-Smith	14 Aug 14
22.70 A	Kathy Smallwood	12 Sep 79
22.84		5 Aug 79
22.79	Jodie Williams (U17)	23 May 10
22.93	Vernicha James	21 Jul 01
22.94	Shannon Hylton	17 May 15
23.04	Maya Bruney	22 Jul 17
23.09	Charlotte McLennaghan	10 May 15
23.10	Diane Smith (U17)	11 Aug 90
23.20	Katharine Merry	13 Jun 93
23.20 i	Amy Spencer	2 Mar 03 10
23.45 (U17)		15 Jul 01
23.23	Sonia Lannaman	25 Aug 75
23.23	Sarah Wilhelmy	13 Jun 98
23.24	Sandra Whittaker	12 Jun 82
23.25	Desiree Henry (U17)	10 Jul 11
23.28	Simmone Jacobs (U17)	28 Aug 83
23.32	Alisha Rees	16 Aug 17
23.33	Linsey Macdonald	9 Jun 82
23.35	Donna Murray	26 May 74
23.37	Hayley Jones	21 Jul 07
23.37mx	Kristal Awuah	8 Aug 18 20

wind assisted
22.73	Shannon Hylton	18 Jul 15
23.01	Simmone Jacobs	28 May 84
23.11	Linsey Macdonald (U17)	5 Jul 80
23.12	Alisha Rees	3 Jun 17
23.15	Cheriece Hylton	17 May 15
23.16	Donna Murray	27 Jul 74
23.16	Desiree Henry	31 May 14
23.20	Sarah Wilhelmy	18 Jul 98

hand timing
23.1	Sonia Lannaman	7 Jun 75
23.3	Donna Murray	9 Jun 74
23.3	Sharon Colyear	30 Jun 74
23.3	Linsey Macdonald	8 May 82

hand timing - wind assisted
22.9	Donna Murray	14 Jul 74
23.2	Debbie Bunn (U17)	2 Jul 78

300 Metres
36.46	Linsey Macdonald (U17)	13 Jul 80

hand timing
36.2	Donna Murray	7 Aug 74

400 Metres
51.16	Linsey Macdonald (U17)	15 Jun 80
51.77	Donna Murray	30 Jul 74
52.25	Laviai Nielsen	27 May 15
52.25 A	Catherine Reid	17 Jul 15
53.34		31 May 15
52.54	Donna Fraser	10 Aug 91
52.55	Hannah Williams	22 Jul 17
52.65	Jane Parry	11 Jun 83
52.77	Sabrina Bakare	12 Jul 13
52.80	Sian Morris	18 Jun 83
52.98	Karen Williams	6 Aug 78 10
52.99	Angela Bridgeman	24 Jul 82
53.01 i	Marilyn Neufville	14 Mar 70
53.08	Loreen Hall (U17)	29 Jul 84
53.14	Michelle Probert	28 Jul 79
53.16	Cheriece Hylton	17 Jul 15
53.17	Maya Bruney	29 Jul 17
53.18	Lisa Miller	16 Jun 02
53.20	Verona Bernard	8 Jul 72
53.23	Laura Finucane	3 Jul 04

All-Time – Women – U20

hand timing
52.6	Marilyn Neufville	20 Jun	70
52.8	Lillian Board	9 Jul	67
52.9	Verona Bernard	15 Sep	72

600 Metres
1:27.33	Lorraine Baker (U17)	13 Jul	80

800 Metres
1:59.75	Charlotte Moore	29 Jul	02	
1:59.77	Jessica Judd	11 Jun	14	
2:01.11	Lynne MacDougall	18 Aug	84	
2:01.66	Lorraine Baker	26 Jun	82	
2:01.95	Emma Jackson	9 Jun	07	
2:02.00	Diane Edwards	14 Sep	85	
2:02.0	Jo White (U17)	13 Aug	77	
2:02.15	Alison Leonard	11 Jul	08	
2:02.18	Lynne Robinson	18 Jul	86	
2:02.32	Emily Dudgeon	11 Jul	12	10
2:02.8 a	Lesley Kiernan	2 Sep	74	
2:02.88 i	Kirsty McDermott	22 Feb	81	
2:02.89	Sarah Kelly	21 Jul	10	
2:03.11	Janet Prictoe	19 Aug	78	
2:03.18	Paula Newnham	17 Jun	78	
2:03.18mx	Laura Weightman	24 Aug	10	
2:03.18	Adelle Tracey	21 Jul	12	
2:03.20	Katy-Ann McDonald	11 Jul	18	
2:03.32	Molly Long	30 May	15	
2:03.42	Jemma Simpson	26 Jul	03	20

1000 Metres
2:38.58	Jo White (U17)	9 Sep	77

1500 Metres
3:59.96	Zola Budd	30 Aug	85	
4:05.83	Stephanie Twell	18 Jul	08	
4:05.96	Lynne MacDougall	20 Aug	84	
4:09.60mx	Laura Weightman	21 Aug	10	
4:12.82		28 Aug	10	
4:09.93	Jessica Judd	15 Jul	12	
4:10.61	Bobby Clay	5 Jun	16	
4:11.12	Bridget Smyth	26 May	85	
4:11.22	Emma Pallant	19 Jul	08	
4:12.28	Jemma Reekie	2 Jul	17	
4:12.96	Jennifer Walsh	15 Jul	12	10
4:13.00	Charlotte Moore	8 Aug	03	
4:13.38	Emma Ward	7 May	01	
4:13.40	Wendy Smith	19 Aug	78	
4:13.59mx	Harriet Knowles-Jones	15 Aug	17	
4:14.15mx	Sarah Kelly	10 Aug	10	
4:14.22mx	Emelia Gorecka	27 Jun	12	
4:14.40	Janet Lawrence	20 Aug	77	
4:14.40	Georgia Peel	13 Apr	13	
4:14.50	Wendy Wright	20 Jun	87	
4:14.52mx	Laura Muir	3 Aug	12	20

1 Mile
4:17.57	Zola Budd	21 Aug	85

2000 Metres
5:33.15	Zola Budd	13 Jul	84

3000 Metres
8:28.83	Zola Budd	7 Sep	85	
8:50.89	Stephanie Twell	14 Sep	08	
8:51.78	Paula Radcliffe	20 Sep	92	
8:55.11	Emelia Gorecka	26 Aug	12	
8:56.08mx	Harriet Knowles-Jones	3 May	17	
8:59.12mx	Bobby Clay	9 Sep	15	
9:00.06 i	Jessica Judd	16 Feb	13	
9:08.5 mx (U17)		6 Apr	11	
9:03.35	Philippa Mason	19 Jul	86	
9:04.14	Yvonne Murray	28 May	83	
9:06.16	Helen Titterington	19 Jun	88	10
9:06.87	Emily Pidgeon	7 Jun	06	
9:07.02	Carol Haigh	24 Jun	85	
9:07.28	Emma Pallant	4 Jun	08	
9:09.14	Lisa York	19 Jul	89	
9:10.34mx	Charlotte Purdue	8 Sep	10	
9:10.67	Sian Edwards	8 Jul	06	
9:10.9	Julie Holland	7 Apr	84	
9:11.20mx	Jemma Reekie	25 Apr	17	
9:11.20	Amelia Quirk	20 May	18	
9:12.28	Hayley Haining	20 Jul	91	20
9:12.80	Laura Muir	6 May	12	

5000 Metres
14:48.07	Zola Budd	26 Aug	85	
15:23.4	Charlotte Purdue	28 Aug	10	
15:34.21	Emelia Gorecka	9 Jun	12	
15:41.00	Emily Pidgeon	24 Jun	06	
15:42.48	Sian Edwards	23 Jul	06	
15:47.53	Stephanie Twell	7 Aug	07	
15:51.62	Carol Haigh	26 May	85	
15:52.55	Yvonne Murray	29 May	83	
15:53.27	Annabel Gummow	28 May	11	
15:58.8mx	Charlotte Dale	12 May	02	10
15:59.97	Rebecca Weston	1 Jun	13	
16:04.60	Kate Avery	13 Jun	09	
16:06.41mx	Rebecca Straw	24 Aug	13	
16:11.03	Louise Small	13 Jun	09	
16:11.61 i	Jenny Clague	22 Feb	92	
16:13.93	Lauren Howarth	31 May	08	
16:15.36	Louise Kelly	31 Jul	98	
16:16.39	Collette Fagan	20 Jul	01	
16:16.77 i	Paula Radcliffe	22 Feb	92	
16:19.66	Grace Baker	30 May	15	20

10000 Metres
32:36.75	Charlotte Purdue	14 Aug	10

2000 Metres Steeplechase
6:32.45	Louise Webb (U17)	14 Jul	07
6:32.55	Sarah Hopkinson (U17)	14 Jul	07
6:35.07	Emily Moyes	1 May	17

3000 Metres Steeplechase
10:06.12	Emily Pidgeon (U17)	3 Jul	05
10:10.34	Louise Webb	25 Jul	09
10:11.86	Pippa Woolven	9 Jun	12
10:12.50	Ruth Senior	15 Aug	06

All-Time – Women – U20

100 Metres Hurdles

Time	Name	Date		
13.07	Alicia Barrett	18	Jun	17
13.13	Yasmin Miller	27	Jul	14
13.25	Diane Allahgreen	21	Jul	94
13.26	Jessica Ennis	9	Jul	05
13.28	Mollie Courtney	22	Jul	16
13.30	Sally Gunnell	16	Jun	84
13.32	Keri Maddox	21	Jul	91
13.45	Natasha Danvers	6	Aug	95
13.46	Nathalie Byer	26	Aug	83
13.47	Sam Baker	30	Jun	91	10
13.47	Sophie Yorke	18	Jun	17
13.48	Kat. Johnson-Thompson	13	Jul	12
13.49	Angie Thorp	30	Jun	91
13.50	Lesley-Ann Skeete	6	Jun	86
13.52	Julie Pratt	5	Jul	98
13.53	Symone Belle	25	Jul	03
13.56	Wendy McDonnell	3	Jun	79
13.57	Bethan Edwards	29	Aug	92
13.58	Lauraine Cameron	19	Jun	90

wind assisted

13.24	Lesley-Ann Skeete	7	Jun	86
13.28	Sarah Claxton	5	Jul	98
13.31	Sophie Yorke	11	Jun	17
13.39	Lauraine Cameron	1	Jul	90
13.45	Louise Fraser	30	Jul	89
13.45	Sam Baker	30	Jun	91
13.46	Wendy McDonnell	30	Jun	79
13.48	Julie Pratt	5	Jul	98
13.54	Heather Jones	7	Jun	05
13.55	Shirley Strong	10	Jul	77

hand timing

| 13.5 | Christine Perera | 19 | Jul | 68 |

hand timing - wind assisted

13.1	Sally Gunnell	7	Jul	84
13.3	Keri Maddox	14	Jul	90
13.4	Judy Livermore	27	May	79
13.4	Sam Baker	14	Jul	90

400 Metres Hurdles

56.16	Shona Richards	26	Jul	14
56.46	Perri Shakes-Drayton	21	Jul	07
57.08	Meghan Beesley	11	Jul	08
57.26	Hayley McLean	21	Jul	13
57.27	Vicki Jamison	28	Jul	96
58.02	Vyv Rhodes	28	Jun	92
58.09	Lauren Williams	6	Aug	18
58.36	Sian Scott	29	Jun	03
58.37	Alyson Evans	1	Sep	85
58.38	Abigayle Fitzpatrick	23	Jul	11	10
58.44	Jessica Turner	5	Jul	14
58.68	Kay Simpson	15	Jul	83
58.68	Chelsea Walker	12	Jun	16
58.72	Lauren Bouchard	14	Jun	09
58.74	Ellen Howarth-Brown	18	Jun	06
58.76	Simone Gandy	28	May	84
58.91	Rachael Kay	6	Aug	99
58.96	Nicola Sanders	17	Jul	99
59.00	Diane Heath	19	Jul	75
59.01	Sara Elson	24	Aug	89	20

hand timing

58.3	Simone Gandy	14	Jul	84
58.7	Sara Elson	18	Jun	89
59.0	Tracy Allen	9	Jul	88

High Jump

1.94	Morgan Lake	22	Jul	14
1.91	Lea Haggett	2	Jun	91
1.91	Susan Jones	31	Aug	97
1.90	Jo Jennings	29	Sep	88
1.89	Debbie Marti (U17)	2	Jun	84
1.89 i	Michelle Dunkley	16	Feb	97
1.87		7	Jul	95
1.89	Kat. Johnson-Thompson	3	Aug	12
1.89 i	Abby Ward	7	Feb	16
1.86		22	May	16
1.89	Niamh Emerson	22	May	16
1.88	Jayne Barnetson	3	Aug	85	10
1.88	Rebecca Jones	1	Jun	02
1.88	Vikki Hubbard	7	Jul	06
1.87	Louise Manning	6	May	84
1.87	Rachael Forrest	7	Jul	95
1.87	Aileen Wilson	15	Jul	01
1.87	Jessica Ennis	15	Aug	05
1.86	Barbara Simmonds	9	Sep	79
1.86	Claire Summerfield	7	Aug	82
1.86	Michele Wheeler	31	May	87
1.86	Stephanie Pywell	11	Jun	06	20
1.86 i	Isobel Pooley	27	Feb	11

Pole Vault

4.53	Molly Caudery	23	Jun	18
4.52 i	Katie Byres	18	Feb	12
4.36		17	Jun	12
4.40	Lucy Bryan	29	Jun	13
4.35	Holly Bleasdale	26	Jun	10
4.20	Sally Scott	19	Jun	10
4.08	Abigail Roberts	29	Aug	15
4.05	Jade Ive	14	Oct	08
4.05	Maria Seager	13	Jun	09
4.05	Jessica Robinson	11	Jun	16
4.00	Kate Dennison	18	Jul	02	10
4.00	Zoe Brown	28	Jul	02
4.00 i	Anna Gordon	27	Feb	16
3.85		21	Jun	14
4.00	Jessica Swannack	8	Jul	17
3.95	Abigail Haywood	27	Jun	09
3.93	Felicia Miloro	6	Jun	18
3.91 i	Sophie Dowson	28	Jan	17
3.90	Ellie Spain	6	May	00
3.90	Hannah Olson (U17)	13	Jun	04
3.90	Natalie Olson	8	Aug	04
3.90 i	Kim Skinner	6	Feb	05	20
3.80		30	May	05
3.90	Emma Lyons	3	Sep	06
3.90	Ellie Gooding (U17)	5	Jul	13
3.90	Olivia Connor	2	Aug	15
3.90	Jade Spencer-Smith (U17)	20	May	18
3.90	Natasha Purchas	10	Jun	18
3.90	Ellen McCartney	15	Aug	18

All-Time – Women – U20

Long Jump
6.90	Bev Kinch	14 Aug 83	
6.82	Fiona May	30 Jul 88	
6.68	Sue Hearnshaw	22 Sep 79	
6.67	Jazmin Sawyers	13 Jul 12	
6.63	Yinka Idowu	21 May 89	
6.55	Joyce Oladapo	30 Jul 83	
6.52	Georgina Oladapo	16 Jun 84	
6.52	Sarah Claxton	31 Jul 98	
6.52	Jade Johnson	23 May 99	
6.51	Kat. Johnson-Thompson	12 Jul 12	10
6.47	Jo Wise	30 Jul 88	
6.45	Margaret Cheetham (U17)	18 Aug 84	
6.43	Myra Nimmo	27 May 73	
6.41	Niamh Emerson	1 Jul 18	
6.39	Moira Walls	22 Jul 70	
6.39	Lucy Hadaway	28 Jul 18	
6.38	Amy Harris	8 Jul 06	
6.38	Josie Oliarnyk	1 Jul 18	
6.35	Sharon Bowie	1 Jun 85	
6.35	Lorraine Ugen	4 Jul 10	20

wind unconfirmed
6.43	Moira Walls	18 Sep 70	

wind assisted
6.93	Bev Kinch	14 Aug 83	
6.88	Fiona May	30 Jul 88	
6.81	Kat. Johnson-Thompson	13 Jul 12	
6.71	Yinka Idowu	15 Jun 91	
6.69	Jo Wise	30 Jul 88	
6.53	Sarah Claxton	12 Jul 97	
6.49	Margaret Cheetham (U15)	4 Sep 83	

Triple Jump
13.75	Laura Samuel	22 Jul 10	
13.64	Naomi Ogbeta	1 Jul 17	
13.13	Yasmine Regis	2 Jul 05	
13.05	Michelle Griffith	16 Jun 90	
13.03	Emily Gargan	21 May 17	
13.01	Jayne Nisbet	22 Apr 07	
12.96	Laura Zialor	28 May 16	
12.88	Nony Mordi	10 Sep 06	
12.88	Ahtollah Rose	1 Jul 11	
12.88	Lucy Hulland U17	30 Jun 18	10
12.83	Abazz Shayaam-Smith	13 Jul 18	
12.82	Denae Matthew	23 Jul 06	
12.79	Naomi Reid	1 Jul 11	
12.76	Shakira Whight	12 Jul 08	
12.73	Melissa Carr	11 Jul 08	
12.72	Claire Linskill	3 Sep 06	
12.71	Lia Stephenson	15 Jun 14	
12.68	Rachel Brenton	16 May 04	
12.60	Emily Parker	8 Jun 03	
12.59 i	Nikita Campbell-Smith	2 Mar 14	20

wind assisted
13.68	Naomi Ogbeta	21 Jul 17	
13.06	Alison McAllister	11 Jul 03	
12.78	Claire Linskill	3 Sep 06	
12.77	Kerri Davidson	10 Jul 15	
12.67	Emily Parker	8 Jun 03	

Shot
17.12	Sophie McKinna	25 May 13	
17.10	Myrtle Augee	16 Jun 84	
16.64	Divine Oladipo	22 Apr 17	
16.24 i	Judy Oakes	26 Feb 77	
16.05		26 Aug 77	
15.82	Eden Francis	1 Jul 07	
15.72 i	Alison Grey	29 Feb 92	
15.26		13 Jul 91	
15.60 i	Justine Buttle	27 Feb 88	
15.45		25 Aug 88	
15.55	Adele Nicoll	18 Jul 15	
15.48	Mary Anderson	8 Sep 85	
15.45	Susan King	27 Mar 83	10
15.27	Julie Dunkley	21 Jun 98	
15.22	Kirsty Yates	16 Jun 12	
15.09	Sarah Omoregie	10 Mar 18	
14.85	Morgan Lake	31 May 14	
14.75 i	Cynthia Gregory	12 Dec 81	
14.70		29 Aug 81	
14.72	Sally Hinds	3 Jul 05	
14.71 i	Nicola Gautier	26 Jan 97	
14.68	Claire Smithson	26 May 01	
14.66 i	Terri Salt	7 Jan 84	
14.60	Philippa Roles	4 Sep 96	20

Discus
55.28	Eden Francis	2 Sep 07	
55.03	Claire Smithson	30 Jul 02	
54.78	Lynda Whiteley	4 Oct 82	
53.13	Divine Oladipo	26 May 17	
53.12	Emma Carpenter	1 Sep 01	
53.10	Kathryn Farr	19 Jul 86	
52.58	Emma Merry	22 Aug 93	
52.31	Lauren Keightley	18 Jul 98	
51.89	Amy Holder	18 Apr 15	
51.82	Catherine Bradley	20 Jul 85	10
51.60	Philippa Roles	24 Jul 97	
51.48	Shadine Duquemin	19 May 13	
51.24	Jane Aucott	11 Jun 86	
51.18	Shaunagh Brown	12 May 07	
51.12	Janette Picton	6 Jun 82	
50.44	Karen Pugh	8 Jul 83	
50.34	Angela Sellars	27 Jul 86	
50.30	Julia Avis	19 Sep 82	
49.74	Shelley Drew	10 May 92	
49.60	Fiona Condon	3 Jun 79	20

Hammer
66.01	Sophie Hitchon	24 Jul 10	
61.94	Myra Perkins	1 May 11	
61.77	Kimberley Reed	3 May 14	
60.83	Louisa James	26 May 13	
60.75	Abbi Carter	12 Jul 12	
59.63	Katie Head	1 Sep 18	
59.35	Alice Barnsdale	16 Mar 18	
59.14	Amy Herrington	21 Apr 17	
58.34	Rebecca Keating	26 Jun 16	
58.27	Katie Lambert	21 May 17	10
57.97	Rachael Beverley	25 Jul 98	

All-Time – Women – U20

57.96	Olivia Stephenson	10 Jun 17	
57.63	Nicola Dudman	16 Jun 02	
57.50	Danielle Broom	9 Jun 18	
57.45	Sarah Holt	29 Jun 06	
57.43	Anna Purchase	30 Apr 17	
56.95	Amber Simpson	20 May 18	
56.78	Victoria Thomas	22 Jul 06	
56.74	Rachel Blackie	17 Jun 06	
56.69	Philippa Davenhall	11 Jun 17	20

Javelin (1999 Model)

55.40	Goldie Sayers	22 Jul 01	
54.89	Izzy Jeffs	15 Aug 10	
54.61	Kelly Morgan	4 Sep 99	
52.82	Freya Jones	29 May 11	
52.54	Jenny Kemp	3 Jul 99	
52.34	Jade Dodd	2 Sep 07	
52.32	Eloise Meakins	9 Sep 12	
52.27	Emma Hamplett	14 May 16	
51.23	Jo Blair	24 Apr 05	
51.18	Bethan Rees	28 May 18	10
51.13	Becky Bartlett	15 May 04	
50.95	Lianne Clarke	7 Aug 04	
50.57	Laura Whittingham	3 Sep 05	
49.94	Rebekah Walton	9 Sep 18	
49.83	Hayley Thomas (U17)	24 May 03	
49.66	Jo Chapman	22 Aug 04	
49.35	Kike Oniwinde	16 Apr 11	
49.17	Sarah Roberts	29 May 11	
48.87	Tesni Ward	19 Jun 10	
48.79	Kelly Bramhald	10 Jun 12	20

Javelin (pre 1999 Model)

60.14	Fatima Whitbread	7 May 80	
59.40	Karen Hough	28 Aug 86	
59.36	Kirsty Morrison	4 Sep 93	

Heptathlon (1985 Tables)

6267	Kat. Johnson-Thompson	4 Aug 12	
6253	Niamh Emerson	13 Jul 18	
6148	Morgan Lake	23 Jul 14	
5910	Jessica Ennis	16 Aug 05	
5833	Joanne Mulliner	11 Aug 85	
5687	Holly McArthur	21 Jul 17	
5660	Jade O'Dowda	13 Jul 18	
5642	Sarah Rowe	23 Aug 81	
5601 w	Jade Surman	3 Jun 07	
5538		19 Aug 06	
5496	Yinka Idowu	3 Sep 89	10
5493	Sally Gunnell	28 May 84	
5484	Denise Lewis	30 Jun 91	
5459	Jenny Kelly	30 Jul 88	
5444	Zoe Hughes	13 Apr 17	
5405	Dominique Blaize	23 Jul 06	
5391 w	Jackie Kinsella	22 Jun 86	
5331		19 Jul 86	
5383	Emma Buckett	13 Jul 12	
5377	Uju Efobi	18 Jul 93	
5358 w	Chloe Cozens	24 May 98	
5356	Katie Stainton	15 Jun 14	20
5311	Nicola Gautier	21 Sep 97	

3000 Metres Track Walk

13:03.4	Vicky Lupton	18 May 91	
13:29.19 i	Emma Achurch	15 Feb 15	
13:29.46 i	Ellie Dooley	16 Feb 14	
13:36.42 i	Sophie Hales	29 Feb 04	
13:38.05 i	Katie Stones	29 Feb 04	

5000 Metres Track Walk

22:36.81	Vicky Lupton	15 Jun 91	
23:31.67	Lisa Langford	23 Aug 85	
23:37:55	Sophie Lewis Ward	14 Jul 16	
23:40.75	Ellie Dooley	29 Jun 14	
23:55.27	Susan Ashforth (U17)	25 May 85	
23:56.9	Julie Drake	24 May 88	
24:02.13	Heather Lewis	24 Jun 12	
24:02.15	Nicky Jackson	27 May 84	
24:06.6	Rebecca Mersh (U17)	23 Apr 05	
24:08.4	Jill Barrett	28 May 83	
24:14.96	Emma Achurch	29 Jun 14	

5k Road - where superior to track time

23:05	Lisa Langford	2 Nov 85	
23:18	Julie Drake	27 Feb 88	
23:29	Emma Achurch	1 Mar 15	
23:30 +	Johanna Jackson	28 Nov 04	
23:35	Lisa Simpson	31 Oct 87	
23:36	Sophie Lewis Ward	9 Apr 16	

10000 Metres Track Walk

47:04.0	Vicky Lupton	30 Mar 91	
48:34.0	Lisa Langford	15 Mar 86	
49:48.7	Julie Drake	7 Feb 88	
50:22.2	Emma Achurch	7 Dec 14	
50:25.0	Lisa Simpson	1 Apr 87	
51:00.0	Karen Nipper (U17)	21 Feb 81	
51:31.2	Helen Ringshaw	17 Mar 84	
51:57.20	Heather Lewis	17 Jun 12	
52:07.36	Ellie Dooley	16 Jun 13	
52:09.0	Elaine Cox	8 Apr 78	
52:10.4	Sarah Brown	20 Mar 82	

short

50:11.2	Jill Barrett	19 Mar 83	

10k Road - where superior to track time

47:49	Emma Achurch	15 Mar 15	
49:10	Vicky Lawrence	14 Mar 87	
49:14	Carolyn Brown	29 Mar 92	
49:26	Julie Drake	21 May 88	
49:26	Ellie Dooley	1 Mar 14	
49:33	Lisa Simpson	14 Mar 87	
49:40	Sophie Hales	6 Mar 04	
49:47	Jill Barrett	24 Sep 83	
49:51	Heather Lewis	14 Apr 12	
50:02	Johanna Jackson	28 Nov 44	
50:29	Katie Stones	1 May 04	
50:39	Rebecca Mersh	12 Mar 06	

Note: LJ, Hep. Although Idowu competed for UK Juniors, she was a Nigerian citizen at the time.

All-Time – Women – U17

UNDER 17

100 Metres

Time	Name	Date
11.24	Jodie Williams	31 May 10
11.37	Asha Philip	23 Jun 07
11.45	Sonia Lannaman	1 Sep 72
11.54	Dina Asher-Smith	16 Jun 12
11.56	Ashleigh Nelson	10 Jun 07
11.56	Amy Hunt	25 Aug 18
11.57	Hannah Brier	31 May 14
11.59	Simmone Jacobs	25 Aug 83
11.60	Katharine Merry	28 Jul 90
11.60	Imani Lansiquot	30 Aug 14 10
11.61	Diane Smith	9 Aug 90
11.61	Annie Tagoe	8 Aug 09
11.63	Daryl Neita	7 Jul 12
11.64	Shaunna Thompson	9 Aug 08
11.64	Shannon Hylton	25 May 13

wind assisted

Time	Name	Date
11.47	Katharine Merry (U15)	17 Jun 89
11.50	Rebecca Drummond	9 Jul 94
11.51	Amy Spencer	29 Jun 02
11.51	Desiree Henry	25 Jun 11
11.53	Sophie Papps	9 Sep 11
11.53	Amy Hunt	7 May 17

hand timing

Time	Name	Date
11.6	Denise Ramsden	19 Jul 68
11.6	Linsey Macdonald	25 May 80
11.6	Jane Parry	2 Aug 80

hand timing - wind assisted

Time	Name	Date
11.3	Linsey Macdonald	3 May 80
11.4	Sonia Lannaman	3 Jun 72
11.4	Jane Parry	5 Jul 80
11.5	Sharon Dolby	20 Jul 85

200 Metres

Time	Name	Date
22.79	Jodie Williams	23 May 10
23.10	Diane Smith	11 Aug 90
23.25	Desiree Henry	10 Jul 11
23.28	Simmone Jacobs	28 Aug 83
23.42	Debbie Bunn	17 Jun 78
23.42	Shaunna Thompson	31 Aug 08
23.43	Linsey Macdonald	20 Aug 80
23.44 i	Amy Spencer	27 Jan 02
23.45		15 Jul 01
23.49 i	Vernicha James	30 Jan 00
23.62		8 Jul 00
23.49	Dina Asher-Smith	9 Sep 12 10
23.49	Cheriece Hylton	10 Aug 13
23.50	Katharine Merry	20 Jul 91
23.54	Shannon Hylton	19 May 13
23.59	Carley Wenham	11 Jul 03
23.60	Michelle Probert	12 Sep 76

wind assisted

Time	Name	Date
23.11	Linsey Macdonald	5 Jul 80
23.41	Katharine Merry	15 Jun 91
23.48	Vernicha James	21 Aug 99
23.54	Hannah Brier	1 Jun 14

hand timing - wind assisted

Time	Name	Date
23.2	Debbie Bunn	2 Jul 78
23.3	Amy Spencer	1 Jul 01
23.4	Hayley Clements	10 Aug 85

300 Metres

Time	Name	Date
36.46	Linsey Macdonald	13 Jul 80
37.59	Cheriece Hylton	25 May 13
37.72 i	Amy Spencer	24 Feb 02
37.79	Amber Anning	1 Sep 17
37.79	Eleanor Caney	22 Jul 00
38.21	Lesley Owusu	27 Aug 95
38.43	Hayley Jones	9 Jul 05
38.43	Sabrina Bakare	9 May 12
38.46	Hannah Foster	25 Aug 18
38.47	Carmen Gedling	15 Jul 06 10
38.49	Kim Wall	24 May 98
38.49	Gemma Nicol	3 Aug 02
38.52	Rachel Dickens	2 Jul 11
38.55	Katie Kirk	5 Jun 10
38.56 i	Kat. Johnson-Thompson	24 Feb 08

hand timing

Time	Name	Date
38.2	Marilyn Neufville	6 Sep 69
38.3	Joey Duck	1 Aug 04
38.4	Kim Wall	10 May 98

400 Metres

Time	Name	Date
51.16	Linsey Macdonald	15 Jun 80
53.08	Loreen Hall	29 Jul 84
53.68	Amber Anning	21 Jul 17
53.75	Linda Keough	8 Aug 80
54.01	Angela Bridgeman	16 Aug 80
54.25	Emma Langston	19 Jun 88

hand timing

Time	Name	Date
53.7	Linda Keough	2 Aug 80

600 Metres

Time	Name	Date
1:27.33	Lorraine Baker	13 Jul 80

800 Metres

Time	Name	Date
2:02.0	Jo White	13 Aug 77
2:02.70	Jessica Judd	15 Jun 11
2:03.66	Lesley Kiernan	26 Aug 73
2:03.72	Lorraine Baker	15 Jun 80
2:04.26	Keely Hodgkinson	26 May 18
2:04.59	Loren Bleaken	31 Jul 12
2:04.85	Louise Parker	28 Jul 79
2:05.03	Katy-Ann McDonald	17 Aug 16
2:05.68	Isobelle Boffey	28 Aug 16
2:05.7 mx	Katie Snowden	23 Jun 10 10
2:05.86	Charlotte Moore	31 Jul 01
2:05.87	Katrina Wootton	14 Aug 02
2:06.18	Nikki Hamblin	12 Jun 04
2:06.20	Georgia Peel	29 Jul 09
2:06.22	Tilly Simpson (U15)	11 Jul 15
2:06.22	Emily Williams	20 May 18
2:06.23	Anna Burt	31 May 16

1000 Metres

Time	Name	Date
2:38.58	Jo White	9 Sep 77

All-Time – Women – U17

1500 Metres
Time	Name	Date	
4:14.21	Jessica Judd	28 May 11	
4:15.20	Bridget Smyth	29 Jul 84	
4:15.32mx	Rosie Johnson	1 Jul 14	
4:19.90		12 Jul 14	
4:15.55	Sandra Arthurton	29 Jul 78	
4:15.61	Ella McNiven	24 Jun 17	
4:16.24	Georgia Peel	11 Jul 09	
4:16.41	Bobby Clay	13 Jul 13	
4:16.79	Emelia Gorecka	12 Jun 10	
4:16.8	Jo White	30 Jul 77	
4:17.83	Emily Pidgeon	25 Jun 05	10
4:17.99	Anna Smith	20 Jul 17	
4:18.45mx	Nikki Hamblin	8 Aug 04	
4:19.09	Sarah Kelly	30 May 09	
4:19.52	Sabrina Sinha	12 Jul 14	
4:19.93	Katrina Wootton	15 Jun 02	

1 Mile
Time	Name	Date
4:43.67	Amy-Eloise Neale	11 Jun 11

3000 Metres
Time	Name	Date	
9:08.5 mx	Jessica Judd	6 Apr 11	
9:13.93mx	Emilia Gorecka	8 Sep 10	
9:18.38		9 May 10	
9:17.9	Emily Pidgeon	21 Aug 05	
9:19.51	Sian Edwards	13 Jul 05	
9:20.2 mx	Katrina Wootton	28 Aug 02	
9:22.84	Non Stanford	30 Jul 04	
9:23.41mx	Georgia Peel	12 Aug 09	
9:23.76	Harriet Knowles-Jones	22 Jun 14	
9:24.38mx	Rachel Nathan	20 Aug 02	
9:24.40mx	Danni Barnes	6 May 02	10
9:24.44mx	Charlotte Purdue	20 Sep 06	
9:24.50mx	Ella McNiven	13 Jun 17	
9:24.61	Jess Coulson	28 Jul 06	
9:24.99 +	Bobby Clay	1 Jun 13	

5000 Metres
Time	Name	Date
15:56.87	Emilia Gorecka	29 May 10
16:04.46	Emily Pidgeon	21 May 05
16:09.44	Charlotte Purdue	25 Aug 07

1500 Metres Steeplechase
Time	Name	Date
4:50.3	Sarah Hopkinson	23 May 07
4:50.9	Louise Webb	23 May 07
4:53.94	Holly Page	16 Jul 16

80 Metres Hurdles (76.2cm)
10.94	Pippa Earley	1 Sep 17
11.01	Alicia Barrett	1 Sep 13
11.02	Helen Worsey	15 Aug 98
11.02	Yasmin Miller	22 Aug 10
11.02	Emily Bee	21 Jul 18
11.04	Marcia Sey	1 Sep 17
11.07	Amanda Parker	7 Jun 86
11.10	Serita Solomon	9 Jul 05
11.12	Sam Farquharson	7 Jun 86
11.12	Georgia Atkins	11 Jul 09	10
11.13	Claire St. John	2 Jun 79
11.13	Kylie Robilliard	30 May 04
11.15	Victoria Johnson	8 Jul 17

wind assisted
10.87	Alicia Barrett	31 Aug 14
10.96	Helen Worsey	11 Jul 98
11.00	Sharon Davidge	11 Jul 98
11.02	Marcia Sey	14 Jul 18

hand timing
11.0	Wendy McDonnell	2 Jul 77

hand timing - wind assisted
10.9	Ann Wilson	16 Jul 66
10.9	Wendy McDonnell	9 Jul 77
10.9	Sam Farquharson	20 Jul 85

100 Metres Hurdles (76.2cm)
Time	Name	Date
13.41	Marcia Sey	9 May 18
13.45	Lucy-Jane Matthews	7 Jul 18
13.61	Pippa Earley	18 Jun 17
13.64	Yasmin Miller	4 Jun 11
13.66	Ann Girvan	25 Jul 81
13.66	Moesha Howard	11 Jul 13
13.66	Amber-Leigh Hall	21 Jun 15

wind assisted
13.30	Yasmin Miller	10 Sep 11
13.32	Marcia Sey	6 Jul 18

100 Metres Hurdles (83.8cm)
Time	Name	Date
13.72	Megan Marrs	25 May 14
13.73	Ann Girvan	7 Aug 82
13.88	Natasha Danvers	28 Aug 93
13.90	Yasmin Miller	11 Aug 11
13.94	Phyllis Agbo	30 Jun 02
13.98	Claire St. John	11 Aug 79

wind assisted
13.67	Ann Girvan	4 Jul 82
13.76	Natasha Danvers	27 Aug 94

hand timing
13.7	Ann Girvan	29 Aug 81

hand timing - wind assisted
13.7	Nathalie Byer	4 Sep 82

300 Metres Hurdles
Time	Name	Date	
41.41	Meghan Beesley	6 Aug 06	
41.48	Perri Shakes-Drayton	9 Jul 05	
41.84	Shona Richards	19 Aug 12	
41.96	Amy Pye	27 Aug 17	
41.97	Eilidh Child	17 Aug 03	
41.98	Rachael Kay	3 Aug 97	
41.99	Natasha Danvers	10 Jul 93	
42.21	Jasmine Jolly	21 Jul 18	
42.50	Justine Roach	21 Jul 01	
42.52	Lauren Williams	30 Aug 15	10
42.54	Chelsea Walker	6 Jul 13	
42.57	Ellen Howarth-Brown	19 Jul 03	
42.57	Chloe Esegbona	30 Aug 15	
42.58	Syreeta Williams	12 Jul 97	

hand timing
41.8	Rachael Kay	17 Aug 97
42.0	Jasmine Jolly	13 May 18
42.4	Keri Maddox	8 May 88
42.4	Syreeta Williams	17 Aug 97
42.5	Louise Brunning	8 May 88

All-Time – Women – U17

400 Metres Hurdles
58.74	Hayley McLean	7 Jul	11
59.79	Jasmine Jolly	8 Jul	18
60.06	Faye Harding	13 Jul	01
60.18	Meghan Beesley	18 Jun	06
60.23	Holly McArthur	19 Jun	16
60.73	Katie Purves	8 Sep	13
60.75	Laura Burke	22 Jul	09
60.87	Karin Hendrickse	31 Jul	82

hand timing
59.7	Keri Maddox	9 Jul	88
59.8 mx	Eildith Child	27 Jul	03

High Jump
1.90	Morgan Lake	12 Jul	13	
1.89	Debbie Marti	2 Jun	84	
1.85	Louise Manning	11 Sep	82	
1.85	Jayne Barnetson	21 Jul	84	
1.84	Ursula Fay	6 Aug	83	
1.83	Jo Jennings	26 Jul	85	
1.83	Tracey Clarke	2 Aug	87	
1.83	Aileen Wilson	8 Jul	00	
1.82	Elaine Hickey	9 Aug	80	
1.82	Kerry Roberts	16 Jul	83	10
1.82	Susan Jones	20 May	94	
1.82	Vicki Hubbard	15 May	05	
1.82 i	Kat. Johnson-Thompson	8 Mar	09	
1.82		10 Jul	09	
1.82	Niamh Emerson	29 Aug	15	

Pole Vault
4.10	Lucy Bryan	9 Jul	11
4.06	Molly Caudery	24 Jul	16
4.05	Katie Byres	1 Aug	10
4.00 i	Jade Ive	24 Feb	08
3.95		15 Jun	08
3.90	Hannah Olson	13 Jun	04
3.90	Ellie Gooding	5 Jul	13
3.90	Jade Spencer-Smith	20 May	18
3.86	Sophie Ashurst	25 Jul	18
3.83 i	Felicia Miloro	24 Sep	17
3.81		27 Aug	17
3.82	Natasha Purchas	28 Aug	17
3.80	Sophie Upton	16 Jun	07
3.80	Sally Scott	23 Jun	07
3.80	Abigail Roberts	22 Jun	13
3.80 i	Victoria Barlow	29 Jan	17

Long Jump
6.45	Margaret Cheetham	18 Aug	84	
6.32	Georgina Oladapo	23 Jul	83	
6.31	Kat. Johnson-Thompson	11 Jul	09	
6.30	Fiona May (U15)	7 Jul	84	
6.29	Holly Mills	16 Aug	15	
6.26	Jo Wise	31 May	87	
6.25	Sue Hearnshaw	9 Jul	77	
6.24	Sarah Claxton	15 Jun	96	
6.23	Sue Scott	27 Jul	68	
6.22	Ann Wilson	18 Sep	66	10
6.22	Michelle Stone	28 Apr	84	

6.19	Morgan Lake	18 Aug	12
6.18	Sheila Parkin	4 Aug	62
6.15	Zainab Ceesay	20 Aug	00

wind assisted
6.49	Margaret Cheetham (U15)	4 Sep	83
6.49		23 Sep	84
6.47	Fiona May	28 Jun	86
6.41	Sue Hearnshaw	9 Jul	77
6.34	Sarah Claxton	12 Jul	96
6.33	Sue Scott	27 Aug	68
6.28	Bev Kinch	6 Sep	80
6.24	Jade Johnson	28 May	95

Triple Jump
12.88	Lily Hulland	30 Jun	18	
12.61	Naomi Ogbeta	31 Aug	14	
12.58	Jazz Sears	10 Jun	18	
12.46	Ellie O'Hara	21 Jul	18	
12.37	Claudimira Landim	28 Aug	16	
12.35	Morgan Lake	8 Sep	13	
12.32	Kerri Davidson	15 Sep	13	
12.26	Emily Gargan	13 Jun	15	
12.25	Jade Oni	27 Aug	17	
12.24	Hannah Frankson	18 Sep	05	10
12.23	Naomi Reid	22 Aug	10	
12.22	Amy Williams	6 Jul	13	

wind assisted
12.45	Naomi Reid	17 Jul	10
12.45	Morgan Lake	11 Aug	13
12.37	Kayley Alcorn	12 Aug	06
12.33	Hanna Hewitson	12 Aug	06
12.27	Rachel Brenton	21 Jul	01
12.27	Rebekah Passley	19 Jul	03

Shot (4kg)
15.14	Sophie McKinna	22 Aug	10
15.08	Justine Buttle	16 Aug	86
14.87	Eden Francis	3 Sep	05
14.40	Susan King	17 May	81
14.33	Adele Nicoll	14 Sep	13
14.20	Serena Vincent	16 Sep	18
14.04	Mary Anderson	6 May	84
14.03 i	Terri Salt	19 Mar	83
13.77		17 Sep	83
13.94	Jenny Bloss	13 May	67
13.89 i	Alison Grey	11 Feb	89	10
13.83		20 May	89

Shot (3kg)
16.84	Serena Vincent	7 Jul	18	
16.00	Adele Nicoll	1 Jun	13	
15.83	Sarah Omoregie	19 Jun	16	
15.69	Nana Gyedu	1 Sep	18	
15.64	Rhea Southcott	26 Aug	17	
15.37	Divine Oladipo	20 Jun	15	
15.33	Hannah Molyneaux	26 Aug	17	
15.01	Tony Buckingham	16 Aug	14	
15.00	Gaia Osborne	25 Sep	16	
14.95	Amaya Scott	26 Jun	17	10
14.77	Ada'ora Chigbo	18 Apr	15	

Discus

51.60	Emma Merry	27 Jun	90
49.56	Jane Aucott	3 Aug	85
49.36	Claire Smithson	10 Jul	99
49.25	Shadine Duquemin	9 Sep	11
48.88	Philippa Roles	13 Aug	94
48.84	Karen Pugh	7 Aug	82
47.58	Catherine Bradley	14 Jul	84
47.54	Lauren Keightley	12 Jul	95
47.50	Sarah Symonds	16 May	90
47.35	Sophie Mace	16 Aug	15 10
47.24	Amanda Barnes	3 Aug	85
47.04	Georgie Taylor	31 Aug	13
47.00	Eden Francis	4 Sep	05
46.76	Fiona Condon	6 Aug	77

Hammer (4kg)

56.08	Charlotte Payne	20 May	18
55.98	Kimberley Reed	10 Jun	11
55.44	Abbi Carter	8 Aug	10
54.87	Louisa James	26 Jun	10
54.56	Sophie Hitchon	26 Aug	07
52.62	Katie Head	27 Sep	15
52.56	Rebecca Keating	4 Sep	13

Hammer (3kg)

65.06	Katie Head	9 Jul	16
63.89	Charlotte Payne	28 May	18
63.40	Olivia Stevenson	14 May	16
63.23	Tara Simpson-Sullivan	10 Sep	17
63.08	Katie Lambert	4 Sep	15
60.53	Charlotte Williams	9 Apr	17
60.52	Kirsty Costello	1 Sep	18
60.51	Anna Purchase	17 Jul	16
60.30	Phoebe Baggott	26 Aug	18
59.63	Molly Walsh	25 Sep	16 10
59.55	Rebecca Keating	27 Apr	13
59.25	Myra Perkins	5 Jul	08

Javelin 600gm (1999 Model)

51.28	Freya Jones	30 May	10
49.83	Hayley Thomas	24 May	03
48.77	Emma Hamplett	13 Sep	14
47.72	Izzy Jeffs	30 Aug	08
47.52	Laura McDonald	7 Aug	10
46.94	Louise Watton	12 Jul	02
46.80	Natasha Wilson	16 Jun	12
46.80	Bethan Rees	23 Jul	16

Javelin 600 gm (pre 1999 Model)

56.02	Mandy Liverton	11 Jun	89
53.42	Karen Hough	15 Jul	84
53.22	Kirsty Morrison	15 Aug	92

Javelin 500gm

57.14	Emma Hamplett	1 Jun	14
52.91	Bethany Moule	8 Apr	18
50.64	Bethan Rees	24 Jul	16
50.39	Keira Waddell	31 Aug	18
50.34	Emma Howe	1 Sep	17
48.07	Elizabeth Korczak	21 Jul	18
47.70	Laurie Dawkins	12 Sep	15
47.01	Paula Holguin	12 Sep	15

Heptathlon (1985 Tables) Senior

5481	Kat. Johnson-Thompson	14 Jun	09
5251	Jade Surman	29 May	05
5208	Michelle Stone	30 Sep	84
5194	Jessica Ennis	4 Aug	02
5184	Claire Phythian	20 Aug	89
4977	Anna Rowe	26 Jul	15
4969	Kaneesha Johnson	27 Jul	08
4910	Becky Curtis-Harris	6 Jun	10
4901	Phyllis Agbo	28 Apr	02

Heptathlon (1985 Tables) with 80mH

5474	Morgan Lake	4 Aug	13
5146	Kat. Johnson-Thompson	21 Sep	08
5037	Michelle Stone	1 Jul	84
5031	Yinka Idowu	18 Sep	88
4945	Phyllis Agbo	24 Jun	01

with 100mH (2'6")

5750	Kat. Johnson-Thompson	11 Jul	09
5241	Jade Surman	16 Jul	05
5071	Debbie Marti	5 Jun	83

IAAF U18 2013 (100H 2'6", SP 3kg, JT 500g)

5725	Morgan Lake	4 Aug	13

with 80H 2'6", SP 3kg, JT 500g

5226	Jade O'Dowda	18 Sep	16
5214	Emily Race	17 Sep	17
5140	Anna Rowe	21 Sep	14
5127	Jessica Hopkins	16 Sep	18
5123	Pippa Earley	17 Sep	17
5114	Olivia Dobson	17 Sep	17
5109	Abigail Pawlett	16 Sep	18
5103	Jodie Smith	16 Sep	18

3000 Metres Track Walk

13:50.52	Rebecca Mersh	31 May	04
14:04.1	Susan Ashforth	19 May	85
14:05.8	Tasha Webster	31 May	12
14:09.81	Amy Hales	19 Sep	98
14:17.96 i	Katie Ford	28 Feb	98

5000 Metres Track Walk

23:55.27	Susan Ashforth	25 May	85
24:06.6	Rebecca Mersh	23 Apr	05
24:22.3	Vicky Lawrence	21 Jun	86
24:34.6	Tracy Devlin	17 Sep	89
24:45.4	Karen Eden	9 Jul	78
24:56.34	Jenny Gagg	15 Aug	04
24:57.5	Angela Hodd	24 Jun	86
24:58.8	Ana Garcia (U15)	10 May	14
25:11.60	Nicola Phillips	21 Aug	99

5k Road - where superior to track time

23:57	Sarah Brown	6 Dec	80
24:17	Sophie Lewis Ward	11 Apr	15
24:20	Karen Eden	3 Dec	78

10000 Metres Track Walk

51:00.0	Karen Nipper	21 Feb	81
53:13.6	Rebecca Mersh	14 Oct	03

10k Road - where superior to track time

50:45	Rebecca Mersh	6 Mar	04

UNDER 15

100 Metres

Time	Athlete	Date
11.56	Jodie Williams	9 Aug 08
11.58	Ashleigh Nelson	9 Jul 05
11.67	Katharine Merry	13 May 89
11.79	Joey Duck	24 May 03
11.83	Asha Phillip	9 Jul 05
11.86	Hayley Clements	2 Jul 83
11.89	Joanne Gardner	20 Aug 77
11.89	Shaunna Thompson	5 Aug 06
11.92	Jane Parry (U13)	20 Aug 77
11.95	Tatum Nelson	7 Aug 93 10

false start (athlete ran 100 metres)

Time	Athlete	Date
11.85	Maya Bruney	18 Aug 12

wind assisted

Time	Athlete	Date
11.47	Katharine Merry	17 Jun 89
11.67	Tatum Nelson	10 Jul 93
11.78	Jane Parry	8 Aug 78
11.81	Hannah Brier	2 Jun 12
11.82	Maya Bruney	18 Aug 12

hand timing

Time	Athlete	Date
11.8	Janis Walsh	7 Jul 74
11.8	Joanne Gardner	2 Jul 77
11.9	Sonia Lannaman	9 Aug 69
11.9	Linsey Macdonald	26 Aug 78
11.9	Jane Parry	22 Apr 79
11.9	Etta Kessebeh	11 Jul 80
11.9	Carley Wenham	21 Jul 02
11.9	Emma Jackson	20 May 07

hand timing - wind assisted

Time	Athlete	Date
11.7	Diane Smith	30 Jul 89
11.8	Sonia Lannaman	30 May 70
11.8	Debbie Bunn (U13)	28 Jun 75
11.8	Delmena Doyley	6 Jul 79

200 Metres

Time	Athlete	Date
23.72	Katharine Merry	17 Jun 89
23.90	Diane Smith	3 Sep 89
24.05	Jane Parry	16 Jul 78
24.06	Joey Duck	12 Jul 03
24.14	Jodie Williams	19 Apr 08
24.18	Desiree Henry	6 Sep 09
24.22	Ashleigh Nelson	4 Sep 05
24.23	Shaunna Thompson	9 Jul 05
24.31	Amy Spencer	8 Jul 00
24.36	Chinedu Monye	5 Sep 04 10
24.36	Alicia Regis	28 Aug 16

wind assisted

Time	Athlete	Date
23.54	Katharine Merry	30 Jul 89
23.99	Sarah Wilhelmy	9 Jul 94
24.09	Charlotte McLennaghan	6 Jul 12
24.24	Amy Spencer	8 Jul 00
24.25	Vernicha James	11 Jul 98

hand timing

Time	Athlete	Date
23.8	Janis Walsh	23 Jun 74
24.1	Sonia Lannaman	29 Aug 70

hand timing - wind assisted

Time	Athlete	Date
23.6	Jane Parry (U13)	9 Jul 77
23.8	Diane Smith	9 Sep 89

300 Metres

Time	Athlete	Date
38.73	Amber Anning	30 Aug 15
39.16mx	Dina Asher-Smith	4 Aug 09
39.20	Jeslyn Agyei-Kyem	14 Jul 18
39.69	Poppy Malik	14 Jul 18
39.7	Hannah Brier	24 Jun 12
39.76	Ashley Nemits	14 Jul 18

400 Metres

Time	Athlete	Date
56.4	Katie Snowden	21 Jun 08
56.7	Jane Colebrook	25 Jun 72

800 Metres

Time	Athlete	Date
2:06.22	Tilly Simpson	11 Jul 15
2:06.47	Katy-Ann McDonald	20 Aug 14
2:06.5	Rachel Hughes	19 Jul 82
2:07.26mx	Jessica Judd	1 Jul 09
2:08.89		26 Aug 09
2:07.84	Molly Canham	28 May 16
2:08.21mx	Saskia Millard	28 Jun 14
2:08.7	Emma Langston	12 Jul 86
2:08.72mx	Khahisa Mhlanga	10 Sep 14
2:08.85		20 Aug 14
2:08.75	Bobby Clay	21 Aug 11
2:08.81	Georgia Bell	19 Jul 08 10

1500 Metres

Time	Athlete	Date
4:21.03mx	Jessica Judd	15 Jul 09
4:23.02		24 May 09
4:23.45	Isabel Linaker	7 Jul 90
4:23.72mx	Katy-Ann McDonald	2 Jul 14
4:27.14		17 May 14
4:24.62	Sabrina Sinha	6 Jul 13
4:24.95	Emelia Gorecka	5 May 08
4:25.5	Tilly Simpson	13 Sep 15
4:26.06	Sarah Hopkinson	11 Jun 05
4:26.3	Beatrice Wood	3 Jun 18
4:26.40	Olivia Mason	7 Sep 16
4:27.67mx	Kathleen Faes	24 Jun 15 10

1 Mile

Time	Athlete	Date
4:46.87	Emelia Gorecka	28 Jun 08

3000 Metres

Time	Athlete	Date
9:22.80mx	Emelia Gorecka	13 Aug 08
9:25.61mx	Agnes McTighe	15 Aug 15

75 Metres Hurdles (76cm)

Time	Athlete	Date
10.85	Shirin Irving	2 Jul 11
10.86	Heather Jones	17 Jun 01
10.86	Pippa Earley	20 Sep 15
10.88	Amber Hornbuckle	20 Sep 15
10.91	Helen van Kempen	14 Aug 05
10.93	Rachel Halstead-Peel	27 Jul 85
10.93	Marcia Sey	28 Aug 16
10.99	Danielle Rooney	9 Jul 05
11.00	Louise Fraser	27 Jul 85
11.00	Danielle Selley	20 Jun 98 10
11.00	Moesha Howard	21 Aug 11
11.00	Victoria Johnson	28 Aug 16

wind assisted

Time	Athlete	Date
10.95	Symone Belle	9 Jul 99

All-Time – Women – U15

hand timing
10.8	Symone Belle	29 Aug 99	

hand timing - wind assisted
10.7	Orla Bermingham	14 Jul 90	

80 Metres Hurdles (76.2cm) U17
11.29	Shirin Irving	21 Aug 11	

High Jump
1.83	Ursula Fay	5 Jun 82	
1.81	Debbie Marti	18 Sep 82	
1.81	Lea Haggett	6 Jun 86	
1.80	Jo Jennings	12 Aug 84	
1.80	Katarina Thompson	26 Aug 07	
1.79 i	Julia Charlton	24 Feb 80	
1.78		13 Jul 80	
1.79	Aileen Wilson	4 Jul 98	
1.78	Claire Summerfield	28 Jul 79	
1.78	Dominique Blaize	30 Jun 02	
1.76	Morgan Lake	4 Sep 11	10
1.76	Rebecca Hawkins	21 Jun 14	

Pole Vault
3.80	Hannah Olson	8 Jun 02	
3.75	Gemma Tutton	17 Jun 18	
3.61 i	Katie Byres	16 Mar 08	
3.61 i	Jade Spencer-Smith	13 Feb 16	
3.56	Sophie Ashurst	26 Aug 17	
3.53	Molly Caudery	27 Sep 14	
3.51	Natalie Hooper	15 Jul 12	
3.50	Fiona Harrison	24 Aug 96	
3.50 i	Kim Skinner	22 Dec 01	
3.48	Lucy Bryan	8 Aug 09	

Long Jump
6.34	Margaret Cheetham	14 Aug 83	
6.30	Fiona May	7 Jul 84	
6.07	Georgina Oladapo	21 Jun 81	
6.07	Amy Williams	7 Jul 12	
5.98	Sandy French	22 Jul 78	
5.96	Jade Surman	1 Jun 03	
5.96	Morgan Lake	11 Sep 11	
5.93	Jackie Harris	10 Jul 87	
5.93	Simi Fajemisin	7 Jul 12	
5.91	Symone Belle	29 Aug 99	10
5.88	Sue Scott	11 Aug 66	

wind assisted
6.49	Margaret Cheetham	4 Sep 83	
6.07	Jade Surman	4 May 03	
6.05	Katharine Merry	18 Sep 88	
6.02	Michelle Stone	10 Jul 82	
6.01	Morgan Lake	7 Aug 11	

Triple Jump
12.02	Yasmine Opre-Fisher	2 Aug 08	
11.80	Georgina Scoot	25 Aug 18	
11.65	Amber Anning	16 Aug 15	
11.62	Kerri Davidson	3 Jul 10	
11.60	Rachel Okoro	12 Aug 18	
11.58	Morgan Lake	11 Sep 11	

Shot (4kg)
12.76	Adele Nicoll	16 Jul 11	

Shot (3.25kg)
14.38	Sophie Merritt	16 Sep 12	
14.27	Susan King	19 May 79	
14.23	Adele Nicoll	27 Aug 11	
13.98	Morgan Lake	26 Jun 11	
13.88 i	Chloe Edwards	21 Apr 01	
13.79	Eden Francis	14 Sep 03	
13.77	Liz Millward	6 Sep 03	

Shot (3kg)
14.59	Bekki Roche	10 Jun 17	
14.36	Omolola Kuponiyi	2 Sep 18	
14.34	Hannah Molyneaux	16 Aug 15	
14.33	Nana Gyedu	14 Aug 17	

Discus
44.12	Philippa Roles	30 Aug 92	
42.06	Sophie Mace	7 Aug 13	
41.92	Catherine Garden	12 Sep 93	
41.21	Zara Obamakinwa	11 Aug 18	
41.06	Katie Wickman	18 Sep 05	
40.92	Sandra McDonald	24 Jun 78	
40.84	Natalie Kerr	24 Jul 94	
40.54	Claire Smithson	25 May 97	
40.51	Sophie Merritt	26 Aug 12	
40.44	Catherine MacIntyre	12 Sep 82	10
40.36	Shadine Duquemin	12 Sep 09	
40.34	Natalie Hart	23 Mar 86	

Hammer (4kg)
47.61	Abbi Carter	18 May 08	

Hammer (3kg)
58.01	Phoebe Baggott	9 Jul 16	
57.83	Kirsty Costello	5 Aug 17	
57.74	Tara Simpson-Sullivan	9 Aug 15	
57.10	Charlotte Williams	24 Sep 16	
56.89	Katie Head	17 Aug 14	
55.41	Charlotte Payne	21 Aug 16	
55.37	Abbi Carter	6 Sep 08	
54.59	Lucy Koenigsberger	27 Aug 16	
54.26	Olivia Stevenson	27 Sep 14	
54.26	Bekki Roche	10 Sep 17	10

Javelin 600gm(1999 Model)
44.23	Freya Jones	12 Jul 08	
43.13	Laura McDonald	11 Jul 09	
42.44	Emma Hamplett	8 Sep 12	
41.44	Louise Watton	8 Sep 01	
40.98	Sophie Merritt	8 Sep 12	
40.78	Hayley Thomas	11 Aug 01	
40.57	Natasha Wilson	9 Jul 10	

Javelin (pre 1999 Model)
48.40	Mandy Liverton	31 Aug 87	

Javelin 500gm
48.84	Bethany Moule	16 Jul 16	
47.56	Bethan Rees	13 Sep 14	
44.81	Rebekah Walton	30 Aug 14	
44.64	Harriette Mortlock	2 Sep 18	
44.38	Kate O'Connor	18 Jul 15	

All-Time – Women – U15   97

Pentathlon (with 800m & 75m hdls)			
3755	Morgan Lake	30 Jul 11	
3626	Katarina Thompson	16 Sep 07	
3532	Kierra Barker	1 Jul 12	
3518	Katharine Merry	18 Sep 88	
3509	Aileen Wilson	20 Sep 98	
3467	Jade Surman	21 Sep 03	
3467	Jazmin Sawyers	21 Sep 08	
3462w	Rhea Southcott	28 Jun 15	
	3342	20 Sep 15	
3462	Pippa Earley	20 Sep 15	10
3447	Anna Rowe	22 Sep 13	
3418	Ella Rush	5 Aug 18	
3350 +	Abigail Pawlett	13 Aug 17	
3348 w	Shirin Irving	26 Jun 11	
3333	Jackie Harris	27 Jun 87	
with 80mH			
3512	Kate O'Connor	27 Jun 15	
3444	Jane Shepherd	16 Jul 83	
3350	Claire Smith	3 Jul 82	

2000 Metres Track Walk
9:20.3   Ana Garcia (U13)   19 Sep 13

2500 Metres Track Walk
11:50.0 Susan Ashforth   12 Sep 84

3000 Metres Track Walk
14:17.3 Rebecca Mersh   10 May 03
14:34.2 Ana Garcia   13 Sep 15

UNDER 13

75 Metres
9.54	Hannah Brier	1 Aug 10	
9.65	Success Eduan	1 May 17	
9.67	Yasmin Miller	27 Aug 07	
9.67	Tyra Khambai-Annan	18 Jun 17	
9.70	Trezeguet Taylor	29 May 17	
9.71	Charlotte McLennaghan	1 Aug 10	
9.78	Kitan Eleyae	16 May 04	
9.80	Marian Owusuwaah	16 Jul 16	
9.83	Amy Spencer	6 Sep 98	
9.86	Simone Ager	1 Aug 10	10

hand timing
9.5	Lukesha Morris	13 Apr 08
9.5	Kenisha Allen	31 May 09
9.5	Hannah Brier	18 Jul 10
9.5	Lily Thurbon-Smith	17 Jun 18

100 Metres
11.92	Jane Parry	20 Aug 77
12.21	Trezeguet Taylor	26 Apr 17
12.32	Katharine Merry	24 Jul 87

hand timing
12.1	Katharine Merry	26 Sep 87
12.3	Joanne Gardner	24 Aug 75
12.3	Debbie Bunn	30 Aug 75
12.3	Omolola Ogunnowo	31 Aug 13
12.4	Lorraine Broxup	13 Jun 76
12.4	Sarah Claxton	31 Aug 92

14:56.4	Sarah Bennett	26 Sep 93	
15:00.0	Susan Ashforth	19 Jun 84	
15:00.6	Sally Wish	16 Sep 72	
15:03.7	Heather Butcher	24 Mar 12	
15:06.69	Kelly Mann	30 May 98	
15:10.06	Sophie Lewis Ward	21 Sep 13	
15:10.28	Jenny Gagg	21 Sep 02	
15:12.7	Sarah Foster	20 Sep 03	10
15:14.6	Amy Hales	31 Aug 96	

3k Road - where superior to track time
14:47	Amy Hales	23 Jun 96
14:48	Nikola Ellis	16 Sep 84
14:55	Lisa Langford	6 Dec 80
14:58	Carolyn Brown	19 Aug 87
14:59	Julie Snead	16 Sep 84
15:07	Stephanie Cooper	10 Dec 83
15:07	Kathryn Granger	23 Apr 05
15:09	Angela Hodd	29 Jul 84
15:09	Lauren Whelan	28 Jan 07

5000 Metres Track Walk
24:58.8	Ana Garcia	10 May 14
25:41.9	Rebecca Mersh	27 Sep 03
26:10.8	Sarah Foster	27 Sep 03
26:52.0	Nina Howley	14 Sep 92

5k Road - where superior to track time
24:01	Ana Garcia	2 May 14
26:20	Tracy Devlin	14 Feb 87
26:37	Vicky Morgan	9 Dec 06

| 12.4 | Yasmin Miller | 20 Jun 07 |

hand timing - wind assisted
| 11.8 | Debbie Bunn | 28 Jun 75 |

150 Metres
18.80	Hannah Brier	1 Aug 10	
18.81	Success Eduan	29 May 17	
19.12	Trezeguet Taylor	29 May 17	
19.19	Uzoma Nwachukwu	2 Sep 07	
19.28	Dina Asher-Smith	7 Sep 08	
19.28	Tyla Beckles	5 Sep 10	
19.29	Charlotte McLennaghan	4 Sep 10	
19.29	Imaan Denis	18 Jul 15	
19.30	Alyson Bell	22 May 16	
19.31	Maya Bruney	1 Aug 10	10

wind assisted
| 19.03 | Jayda Regis | 17 May 14 |

hand timing
18.7	Alicia Regis	19 Jul 14
19.0	Uzoma Nwachukwu	3 Jun 07
19.0	Omolola Ogunnowo	4 May 13
19.0	Ore Adamson	19 Jul 14
19.0	Lily Thurbon-Smith	17 Jun 18
19.1	Emma Ania	7 Sep 91
19.1	Emma Heath	18 Jul 99
19.1	Torema Dorsett	2 Jun 02
19.1	Charlotte Richardson	30 May 15
19.1	Sapphire Haley	19 May 18
19.1	Rayne Tapper	21 Jul 18

All-Time – Women – U13

200 Metres
24.49	Jane Parry	20 Aug	77
25.71	Renee Regis	11 Aug	18
25.83	Ayomide Cole	27 Aug	17
25.87	Amy Spencer	2 Aug	98
25.88	Myra McShannon	4 Sep	88

hand timing
24.2	Jane Parry	28 May	77
25.3	Emma Ania	28 Jun	92
25.4	Katharine Merry	21 Jun	87
25.4	Myra McShannon	8 May	88
25.6	Debbie Bunn	5 Jul	75
25.6	Joanne Gardner	24 Aug	75
25.6	Jane Riley	30 Jun	85

wind assisted
23.6	Jane Parry	9 Jul	77

600 Metres
1:37.3	Lisa Lanini	19 Mar	00
1:37.5	Hannah Wood	17 Jul	94

800 Metres
2:13.87	Ruby Simpson	20 Aug	17
2:14.17	Molly Canham	29 Jul	14
2:14.19mx	Jessica Hicks	17 Jul	04
2:16.1		12 Jun	04
2:14.8	Janet Lawrence	10 Jul	71
2:15.05	Rachel Hughes	11 Sep	81
2:15.46	Olivia Mason	16 Aug	14
2:15.74mx	Khahisa Mhlanga	22 Aug	12
2:15.93	Emma Shipley	20 Aug	17
2:16.1	Lisa Lanini	5 Aug	00
2:16.2	Sarah Hopkinson	5 Jul	03	10

1000 Metres
3:00.1	Charlotte Moore	25 Aug	97
3:04.0+mx	Jessica Hicks	29 Sep	04

1200 Metres
3:41.83	Rosa Yates	18 Jul	10
3:43.2	Keely Hodgkinson	19 Jul	14
3:43.4+mx	Jessica Hicks	29 Sep	04
3:43.7	Emma Shipley	15 Jul	17
3:44.43	Megan Warner	15 Sep	12
3:44.5 +	Sarah Hopkinson	14 Jun	03
3:44.8	Hope Goddard	10 Apr	11
3:44.9	Kathleen Faes	1 Jun	13
3:44.96	Eleanor Twite	4 Jun	12

1500 Metres
4:36.9	Rachel Hughes	20 Jul	81
4:38.94mx	Jessica Hicks	29 Sep	04
	4:41.67	21 Jul	04
4:39.3	Charlotte Moore	2 Aug	97
4:39.84	Sarah Hopkinson	14 Jun	03
4:40.63mx	Khahisa Mhlanga	25 Jul	12
4:41.7 mx	Olivia Mason	7 Jul	14
4:42.1	Stacey Washington	18 Jul	84
4:42.14mx	Sarah Coutts	2 Sep	15
4:43.0	Julie Adkin	18 Jul	84
4:43.47mx	Jessica Judd	19 Sep	07

1 Mile
5:14.1	Sarah Hopkinson	30 Jul	03

70 Metres Hurdles (68.5cm)
11.01	Lia Bonsu	11 Aug	18
11.05	Marcia Sey	27 Jul	14
11.12	Megan Corker	28 Aug	17
11.15	Lauren Beales	25 May	13
11.15	Christa Hetherington	27 Jul	14
11.17	Anne-Marie Massey	3 Sep	95
11.18	Olivia Gauntlett	8 Aug	10
11.18	Iona Irvine	1 Apr	17
11.18	Grace Colmer	2 Sep	17

wind assisted
10.90	Lia Bonsu	9 Sep	18
11.01	Carys Poole	3 Sep	16
11.02	Nafalya Francis	27 Aug	01
11.09	Yasmin Miller	9 Sep	07

hand timing
10.9	Charlotte Maxwell	31 Aug	04
10.9	Lia Bonsu	17 Jun	18
11.0	Katharine Merry	20 Sep	87
11.0	Justine Roach	13 Sep	97
11.0	Amy Wakeham	31 Aug	04
11.0	Megan Corker	18 Jun	17

wind assisted
10.8	Charlotte Maxwell	30 Aug	04

75 Metres Hurdles (76cm)
11.78	Caroline Pearce	7 Aug	93

hand timing
11.3	Katharine Merry	26 Sep	87

High Jump
1.69	Katharine Merry	26 Sep	87
1.68	Julia Charlton	6 Aug	78
1.65	Debbie Marti	20 Sep	80
1.65	Jane Falconer	20 Sep	87
1.65	Emma Buckett	4 Sep	05
1.63	Lindsey Marriott	11 Aug	79
1.63	Paula Davidge	13 Sep	81
1.63	Ashleigh Bailey	31 Aug	13
1.63	Isabel Pinder	17 Jul	16

Pole Vault
3.46	Gemma Tutton	12 Jun	17
3.12 i	Jade Spencer-Smith	21 Sep	14
3.00		17 Aug	14
3.10	Hannah Olson	9 Sep	00
2.92 i	Molly Caudery	23 Sep	12

Long Jump
5.71	Sandy French	20 Aug	76
5.45	Sarah Wilhelmy	31 Aug	92
5.43	Margaret Cheetham	19 Sep	81
5.42	Katharine Merry	7 Jun	87
5.40	Kerry Gray	1 Sep	84
5.40	Amy Williams	23 Jun	10
5.38	Toyin Campbell	6 Aug	77
5.35	Debbie Bunn	7 Sep	75
5.34	Fiona May	12 Jun	82
5.34 i	Julia Winogrodzka	4 Mar	17

All-Time – Women – U13

wind assisted			
5.55	Katharine Merry	10 Jul	87

Triple Jump

10.24	Karina Harris	12 Aug	13

Shot (3.25kg)

12.20	Susan King	3 Sep	77
11.52	Adele Nicoll	9 Aug	09
11.21	Sophie Merritt	14 Jul	10

Shot (2.72kg)

12.80	Sophie Merritt	11 Jul	10
12.38	Meghan Porterfield	24 Jun	18
12.12	Erin Lobley	13 Aug	17
12.07	Becki Hall	14 Aug	01
11.81	Adele Nicoll	31 Aug	09
11.78	Morgan Lake	12 Jul	09
11.59	Eden Francis	8 Sep	01
11.53	Finesse Thompson	30 Jun	02
11.51	Kirsty Finlay	27 Sep	14
11.50	Nimi Iniekio	5 Sep	99

Discus (1kg)

34.22	Catherine Garden	25 Aug	91
33.71	Sophie Merritt	22 Aug	10
33.61	Sophie Mace	4 Aug	11

Discus (750g)

40.31	Sophie Merritt	17 Jul	10
39.44	Catherine Garden	8 Sep	91
38.20	Sophie Mace	18 Sep	11
37.64	Sandra Biddlecombe	4 Jul	90
36.90	Samantha Callaway	24 Aug	14
35.86	Meghan Porterfield	19 May	18
35.21	Shadine Duquemin	8 Sep	07
35.15	Charlotte Payne	21 Sep	14
34.80	Rebecca Saunders	28 Aug	00
34.61	Becki Hall	27 Aug	01
33.89	Samaia Dhir	3 Sep	17

Hammer (3kg)

47.10	Lily Murray	12 Jun	17
43.04	Kirsty Costello	6 Jun	15
42.07	Meghan Porterfield	8 Sep	18
40.85	Katie Gibson	30 Sep	17

Javelin (600g 1999 model)

32.18	Alisha Levy	8 Sep	12
31.16	Laura Carr	1 Sep	01

Javelin (500g)

35.86	Lucinda White	1 Aug	17

Javelin (400g)

41.66	Hannah Lewington	19 Jun	18
38.18	Lucinda White	23 Sep	17
38.11	Alisha Levy	8 Sep	12
38.07	Louise Watton	12 Sep	99
37.96	Emily Green	6 Jun	10
37.73	Ellie Vernon	15 Jul	13
37.64	Dulcie Yelling	2 Sep	18
37.49	Jemma Tewkesbury	30 Sep	03
37.38	Bethan Rees	8 Sep	12

37.37	Anouska Fairhurst	19 Jun	16
37.02	Natalie Whisken	13 Jul	08

Pentathlon (Under 15 implements)

2607	Jane Shepherd	6 Jun	81
2604	Alison Kerboas	19 Sep	93
2541 ?	Jane Falconer	23 Aug	87

Pentathlon

3114	Erin Lobley	16 Sep	17
3046	Morgan Lake	27 Sep	09
2811	Katharine Merry	20 Sep	87
2805	Stroma Fraser	15 Jul	18
2787	Jessica Hicks	26 Sep	04
2722	Mya McMahon	15 Jul	18
2718	Julia Winogrodzka	2 Jul	17
2692	Holly McArthur	23 Sep	12
2664	Amy Wakeham	26 Sep	04
2645	Maisie Jeger	29 Aug	16
2641	Amy Williams	15 Aug	10
2624	Emma Dawson	21 May	06

1000 Metres Track Walk

4:26.77	Ana Garcia	7 Sep	13
4:47.63	Kathryn Granger	25 Aug	03
4:53.4	Fiona McGorum	9 Sep	01
4:56.93	Evie Butcher	7 Sep	13

1k Road - where superior to track time

4:42	Kelly Mann	23 Sep	95
4:43	Natalie Watson	23 Sep	95

2000 Metres Track Walk

9:20.3	Ana Garcia	29 Sep	13
10:09.0	Kelly Mann	10 Sep	95
10:15.4	Kathryn Granger	28 Jun	03
10:17.0	Sarah Bennett	27 Sep	92
10:19.0	Joanne Ashforth	7 Sep	85
10:19.3	Lauren Gimson	14 Jun	03
10:19.8	Fiona McGorum	29 Sep	01

2k Road - where superior to track time

10:03	Kelly Mann	23 Jun	96
10:15	Fiona McGorum	5 May	01

2500 Metres Track Walk

12:48.9	Claire Walker	20 Jul	85
12:50.5	Vicky Lawrence	4 Jul	82
12:53.3	Kelly Mann	11 May	96

2.5k Road - where superior to track time

12:39	Amy Hales	16 Oct	93
12:41	Stephanie Cooper	1 May	82

3000 Metres Track Walk

15:02.0	Ana Garcia	24 Jun	13
15:41.0	Kelly Mann	30 Jul	95

3k Road - where superior to track time

14:23	Ana Garcia	10 May	13
15:25	Nicola Greenfield	21 Mar	87

UK CLUB RELAY RECORDS

MEN

Seniors

Event	Time	Club	Date
4x100m	39.37	Newham & EB	30 May 09
4x200m	1:23.5	Team Solent	19 Jul 87
4x400m	3:04.48	Team Solent	29 Jun 90
1600m Medley	3:20.8	Wolverhampton & Bilston	1 Jun 75
4x800m	7:24.4*	North Staffs and Stone	27 Jul 65
4x1500m	15:12.6	Bristol	5 Aug 75

* = 4x880y time less 2.8sec

Under 20

Event	Time	Club	Date
4x100m	40.83	Enfield & Har	15 Sep 07
4x200m	1:27.6	Enfield	13 Jun 82
4x400m	3:15.3	Enfield	5 Sep 82
1600m Medley	3:31.6	Cardiff	14 Aug 71
4x800m	7:35.3	Liverpool H	14 Aug 90
4x1500m	16:04.3	Blackburn	15 Sep 79
4x110H	1:04.8	Oundle Sch	19 May 79

Under 17

Event	Time	Club	Date
4x100m	41.92	Enfield & Har	2 Sep 07
4x200m	1:31.2	Herc Wimbledon	12 Jul 78
4x400m	3:19.8	Sale	17 Jul 11
1600m Medley	3:36.1	Thurrock	13 Jun 84
4x800m	7:52.1	Clydebank	29 Aug 87
4x1500m	16:27.0	Liverpool H	14 Sep 88

Under 15

Event	Time	Club	Date
4x100m	44.06	Shaftesbury B	22 Jul 18
4x200m	1:36.0	Bexley AC	16 Sep 18
4x300m	2:33.4	Sale Harriers	18 Jul 17
4x400m	3:31.5o?	Ayr Seaforth	5 Sep 82
	3:31.6	Shaftesbury B	26 Jul 88
1600m Medley	3:48.4	Blackheath	28 Sep 86
4x800m	8:13.28o?	Clydebank	2 Sep 89
	8:16.8	Shaftesbury	14 Sep 88
4x1500m	17:52.4o	Stretford	22 Oct 85
	18:18.4	Tonbridge	6 Jul 80

Under 13

Event	Time	Club	Date
4x100m	48.70	Newham & EB	22 Jul 18
4x200m	1:47.1	Herc Wimbledon	12 Jul 15
4x400m	4:04.5	Blackheath	12 Sep 93
1600m Medley	4:13.6	Blackheath	28 Sep 86
4x800m	9:29.8	Sale	28 Jun 88

WOMEN

Seniors

Event	Time	Club	Date
4x100m	43.79	Hounslow	18 Sep 82
4x200m	1:35.15	Stretford	14 Jul 91
4x400m	3:31.62	Essex Ladies	31 May 92
1600m Medley	3:50.6	Coventry Godiva	5 May 84
3x800m	6:32.4	Cambridge H	29 Jun 74
4x800m	8:41.0	Cambridge H	26 May 75

Under 20

Event	Time	Club	Date
4x100m	45.75	Guildford & G	9 Jul 17
4x200m	1:42.2	London Oly.	19 Aug 72
4x400m	3:46.39	Blackheath & B	8 Sep 02
3x800m	6:39.8	Havering	13 Sep 78

Under 17

Event	Time	Club	Date
4x100m	46.35	Blackheath & B	9 Sep 12
4x200m	1:42.2	London Oly.	19 Aug 72
4x300m	2:43.1	WSE&H	21 Jul 09
4x400m	3:52.1	City of Hull	3 Jul 82
1600m Medley	4:07.8	Warrington	14 Aug 75
3x800m	6:46.5	Haslemere	15 Sep 79
	6:46.5	Bromley L	1 Jul 84
4x800m	8:53.1	Havering	24 May 80

Under 15

Event	Time	Club	Date
4x100m	48.12	Croydon	9 Jul 17
4x200m	1:44.0	Bristol	15 Sep 79
4x300m	2:49.13	Blackheath & B	15 Jul 17
3x800m	6:39.8	Havering	13 Sep 78
4x800m	9:21.4	Sale	5 Aug 78

Under 13

Event	Time	Club	Date
4x100m	51.60	Preston Harriers	18 Aug 18
	51.6	Swansea	22 May 11
4x200m	1:51.1	Blackheath & B	10 Sep 17
3x800m	7:18.0	Mid Hants	14 Sep 83
4x800m	10:02.4	Warrington	16 Sep 75

o - overage by current rules

GBR v FRA v ESP v CZE v POL Combined Events Indoors
Madrid, ESP 27-28 January 2018

MEN – Heptathlon
1	Ruben Gado	FRA	6014
2	Adam Helcelet	CZE	5916
11	Andrew Murphy		5492
16	Lewis Church		5326
17	James Finney		5301
18	Curtis Mathews		5161

U20 MEN – Heptathlon
1	Makenson Gletty	FRA	5507
5	Nicolas Gerome		5056
6	Joel McFarlane		4968
	Caius Joseph		dnf

WOMEN – Pentathlon
1	Eliska Klucinová	CZE	4580
2	Antoinette Nana Djimou	FRA	4456
5	Jo Rowland		4291
9	Emma Nwofor		4073
10	Marilyn Nwawulor		4017
	Katie Stainton		dnf

U20 WOMEN – Pentathlon
1	Adrianna Sutek	POL	4326
3	Holly Mills		4022
4	Jade O'Dowda		4016
6	Holly McArthur		3885

MEN – Team Score
1	France	17,539
5	Great Britain & NI	16,119

U20 MEN – Team Score
1	France	10,649
3	Great Britain & NI	10,024

WOMEN – Team Score
1	Czech Republic	12,889
3	Great Britain & NI	12,381

U20 WOMEN – Team Score
1	Poland	8,169
2	Great Britain & NI	8,038

BRITISH ATHLETICS INDOOR CHAMPIONSHIPS
Birmingham 17-18 February 2018

MEN

60 Metres (17 Feb)
1 CJ Ujah 6.56
2 Andrew Robertson 6.62
3 Sam Gordon 6.67

200 Metres (18 Feb)
1 Antonio Infantino ITA 20.77
2 Edmond Amaning 21.04
3 Andrew Morgan-Harrison 21.05

400 Metres (18 Feb)
1 Lee Thompson 46.23
2 Sadam Koumi SUD 46.44
3 Jamal Rhoden-Stevens 47.14

800 Metres (18 Feb)
1 Elliot Giles 1:49.91
2 Jamie Webb 1:50.41
3 Andrew Osagie 1:50.46

1500 Metres (17 Feb)
1 Jake Wightman 3:43.83
2 Charlie Da'Vall Grice 3:44.57
3 Tom Marshall 3:47.52

3000 Metres (18 Feb)
1 Andrew Heyes 7:54.81
2 Philip Seseman 7:55.71
3 Lewis Moses 7:56.00

60 Metres Hurdles (17 Feb)
1 Andrew Pozzi 7.58
2 David King 7.63
3 Khai Riley-La Borde 7.78

High Jump (18 Feb)
1 Mike Edwards 2.20
2 Chris Baker 2.20
3 Chris Kandu 2.20

Pole Vault (18 Feb)
1 Adam Hague 5.65
2= Charlie Myers 5.35
2= Harry Coppell 5.35

Long Jump (17 Feb)
1 Greg Rutherford 7.80
2 Adam McMullen IRE 7.75
3 James Lelliott 7.65

Triple Jump (18 Feb)
1 Nathan Douglas 16.77
2 Julian Reid 16.54
3 Lawrence Davis 15.68

Shot Put (17 Feb)
1 Scott Lincoln 18.40
2 Scott Rider 17.64
3 Youcef Zatat 17.30

5000m Walk (18 Feb)
1 Tom Bosworth 18:28.70
2 Cameron Corbishley 20:57.26
3 Christopher Snook 22:42.76

England Athletics Championships
3000m Walk (7 Jan, Sheffield)
1 Callum Wilkinson 11:30.77
2 Cameron Corbishley 12:24.99
3 Tom Partington 12:55.61

Heptathlon (6-7 Jan, Sheffield)
1 James Finney 5514
2 Lewis Church 5298
3 Andrew Murphy 5287

WOMEN

60 Metres (17 Feb)
1 Asha Philip 7.12
2 Daryll Neita 7.26
3 Bianca Williams 7.28

200 Metres (18 Feb)
1 Finette Agyapong 23.30
2 Meghan Beesley 23.57
3 Amber Anning 23.94

400 Metres (18 Feb)
1 Eilidh Doyle 51.84
2 Zoey Clark 52.12
3 Amy Allcock 52.74

800 Metres (18 Feb)
1 Shelayna Oskan-Clarke 2:00.06
2 Mhairi Hendry 2:01.30
3 Adelle Tracey 2:04.61

1500 Metres (18 Feb)
1 Eilish McColgan 4:13.94
2 Katie Snowden 4:15.68
3 Stacey Smith 4:16.00

3000 Metres (17 Feb)
1 Laura Muir 8:46.71
2 Eilish McColgan 8:50.87
3 Rosie Clarke 8:52.49

60 Metres Hurdles (17 Feb)
1 Megan Marrs 8.16
2 Yasmin Miller 8.20
3 Marilyn Nwawulor 8.23

High Jump (17 Feb)
1 Morgan Lake 1.88
2 Bethan Partridge 1.80
3 Emily Borthwick 1.80

Pole Vault (17 Feb)
1 Molly Caudery 4.25
2 Jade Ive 4.25
3 Sally Peake 4.15

International & Championship Results

Long Jump (17 Feb)
1. Katarina Johnson-Thompson 6.71
2. Jazmin Sawyers 6.08
3. Lucy Hadaway 6.06

Triple Jump (18 Feb)
1. Kimberly Williams JAM 14.16
2. Naomi Ogbeta 13.65
3. Sineade Gutzmore 13.29

Shot Put (18 Feb)
1. Rachel Wallader 17.45
2. Sophie McKinna 17.42
3. Amelia Strickler 16.67

5000m Walk (18 Feb)
1. Bethan Davies 21:25.37
2. Gemma Bridge 22:48.29
3. Erika Kelly 23.23.69

England Athletics Championships
3000m Walk (7 Jan, Sheffield)
1. Gemma Bridge 13:40.03
2. Erika Kelly 14:01.64
3. Agata Kowalska POL 14:06.61

Pentathlon (7 Jan, Sheffield)
1. Marilyn Nwawulor 4093
2. Jo Rowland 4033
3. Emma Nwofor 3968

ENGLISH NATIONAL CROSS-COUNTRY CHAMPIONSHIPS
Parliament Hill 24 February 2018

MEN (12k)
1. Adam Hickey 39:35
2. Andy Coley-Maud 39:44
3. John Gilbert 40:01

U20 MEN (10k)
1. Mahamed Mahamed 31:26
2. Emile Cairess 32:23
3. Tom Mortimer 32:54

U17 MEN (6k)
1. David Stone 19:29

U15 MEN (4.5k)
1. Mohamed Ali 15:13

U13 MEN (3k)
1. William Rabjohns 11.22

WOMEN (8k)
1. Phoebe Law 28:33
2. Louise Small 28.54
3. Iona Lake 29:05

U20 WOMEN (6k)
1. Harriet Knowles-Jones 24:07
2. Niamh Brown 25:16
3. Scarlet Dale 25:21

U17 WOMEN (5k)
1. Ella McNiven 18:27

U15 WOMEN (4k)
1. Sian Heslop 14:35

U13 WOMEN (3k)
1. Maisy Luke 12:25

ENGLAND ATHLETICS JUNIOR INDOOR CHAMPIONSHIPS
Sheffield 24-25 February 2018, Walks Sheffield 7 January 2018

MEN Under 20
60	Dom Ashwell	6.70	
200	Charlie Dobson	21.02	
400	Alex Haydock-Wilson	48.05	
800	Will Crisp	1:54.4	
1500	Luke Duffy	4:02.65	
60H	Ethan Akanni	7.96	
HJ	Joel Khan	2.20	
PV	Frankie Johnson	4.80	
LJ	Alessandro Schenini	7.07	
TJ	Wesley Matsuka-Williams	15.24	
SP	Nicholas Young	16.58	
3kW	Tom Partington	12:55.61	
	Sheffield 6-7 Jan		
Hept	Cauis Joseph	5275	

Under 17
	Raphael Bouju NED	6.98	
	Oshay Williams	22.58	
	Ben Pattison	48.79	300
	Adam Saul-Braddock	1:56.13	
	Dominic McDougall	4:11.86	
	Daniel Knight	8.19	
	Dominic Ogbechie	2.22	
	Dylan Baines	4.30	
	Dominic Ogbechie	7.53	
	Miraji Ahmed	14.03	
	Andrew Knight	15.74	
	Sheffield 10-11 Mar		
	Scott Brindley	5086	Pent

Under 15
	Remi Jokosenumi	7.22	
	Remi Jokosenumi	22.51	
	George Sudderick	36.35	
	Charlie Holland	2:11.72	
	Freddie Fraser	8.49	
	Adam Robinson	1.75	
	Lazarus Benjamin	3.71	
	Alfie Bugg	6.38	
	Jack Halpin	13.81	
1kW	Owen Bradshaw	5:09.84	
	Sheffield 11 Mar		
	Oliver D'Rozario	2820	

WOMEN Under 20
60	Ciara Neville IRL	7.41	
200	Georgina Adam	24.11	
400	Amber Anning	54.55	300
800	Isabelle Boffey	2:07.4	
1500	Charlotte Crook	4:38.20	
60H	Anastasia Davies	8.51	
HJ	Abby Ward	1.79	
PV	Molly Caudery	4.20	
LJ	Holly Mills	6.23	
TJ	Jade Oni	12.12	
SP	Sarah Omoregie	14.75	
3kW	Ana Garcia	14:53.50	
	Sheffield 7 Jan		
Pent	Holly Mills	4049	

Under 17
	Trinity Powell	7.62	
	Kiah Dubarry-Gay	24.45	
	Hannah Foster	38.77	300
	Annie Testar	2:12.66	
	Molly Canham	4:37.99	
	Victoria Johnson	8.54	
	Molly Hole	1.79	
	Sophie Ashurst	3.81	
	Molly Palmer	5.91	
	Jazz Sears	12.34	
	Serena Vincent	16.59	
	Lucy Lewis Ward	17:10.93	1kW
	Sheffield 10 Mar		
	Emily Bee	3669	

Under 15
	Tyra Khambai-Annan	7.82	
	Alyson Bell	25.45	
	Elizabeth Taylor	42.29	
	Ruby Simpson	2:14.36	
	Emily Knight	9.09	
	Rhiana Burrell	1.62	
	Amy Hunt	2.81	
	Ella Rush	5.50	
	Daphney Adebayo	11.23	
	Abigail Smith	5:21.16	
	Sheffield 11 Mar		
	Ella Rush	3346	

IAAF WORLD INDOOR CHAMPIONSHIPS
Birmingham 1-4 March 2018

MEN

60 Metres (3 Mar)
1 Christian Coleman USA 6.37
2 Su Bingtian CHN 6.42
3 Ronnie Baker USA 6.44
s1 CJ Ujah dq
  (1h5 6.59)
5s3 Andrew Robertson 6.63
  (4h4 6.74)

400 Metres (3 Mar)
1 Pavel Maslák CZE 45.47
2 Michael Cherry USA 45.84
3 Deon Lendore TTO 46.37
6s2 Lee Thompson 47.14
  (2h5 46.81)

800 Metres (3 Mar)
1 Adam Kszczot POL 1:47.47
2 Drew Windle USA 1:47.99
3 Saul Ordóñez ESP 1:48.01
4 Elliot Giles 1:48.22
  (2h1 1:45.46)

1500 Metres (4 Mar)
1 Samuel Tefera ETH 3:58.19
2 Marcin Lewandowski POL 3:58.39
3 Abdelaati Iguider MAR 3:58.43

6 Jake Wightman 3:58.91
  (1h3 3:47.23)
8 Chris O'Hare 4:00.65
  (5h3 3:42.46)

3000 Metres (4 Mar)
1 Yomif Kejelcha ETH 8:14.41
2 Selemon Barega ETH 8:15.59
3 Bethwell Birgen KEN 8:15.70
6h2 Jonathan Davies 8:21.73

60 Metres Hurdles (4 Mar)
1 Andrew Pozzi 7.46
  (1s2 7.46, 1h4 7.54)
2 Jarret Eaton USA 7.47
3 Aurel Manga FRA 7.54
6s1 David King 7.70
  (4h1 7.69)

High Jump (1 Mar)
1 Danil Lysenko ANA 2.36
2 Mutaz Essa Barshim QAT 2.33
3 Mateusz Przybylko GER 2.29
9= Robbie Grabarz 2.20

Pole Vault (4 Mar)
1 Renaud Lavillenie FRA 5.90
2 Sam Kendricks USA 5.85
3 Piotr Lisek POL 5.85

Long Jump (2 Mar)
1 Juan Miguel Echevarria CUB 8.46
2 Luvo Manyonga RSA 8.44
3 Marquis Dendy USA 8.42

Triple Jump (3 Mar)
1 Will Claye USA 17.43
2 Almir dos Santos BRA 17.41
3 Nelson Évora POR 17.40

Shot Put (3 Mar)
1 Tom Walsh NZL 22.31
2 David Storl GER 21.44
3 Tomás Staněk CZE 21.44

Heptathlon (2-3 Mar)
1 Kevin Mayer FRA 6348
2 Damien Warner CAN 6343
3 Maicel Uibo EST 6265

4x400 Metres Relay (4 Mar)
1 Poland 3:01.77 WR
2 USA 3:01.97
3 Belgium 3:02.51
6 Great Britain & NI 3:05.08
  (O Smith, Plenderleith,
  Rhoden-Stevens, L Thompson)
  (2h2 3:05.29) (Smith, Rodger,
  Rhoden-Stevens, Plenderleith)

WOMEN

60 Metres (2 Mar)
1 Murielle Ahouré CIV 6.97
2 Marie Josée Ta Lou CIV 7.05
3 Mujinga Kambundji SUI 7.05
5s1 Asha Philip 7.13
  (2h5 7.18)
6s3 Bianca Williams 7.26
  (4h1 7.31)

400 Metres (3 Mar)
1 Courtney Okolo USA 50.55
2 Shakima Wimbley USA 51.47
3 Eilidh Doyle 51.60
  (2s1 52.15, 2h5 52.31)
6 Zoey Clark 52.16
  (2s2 52.63, 1h3 52.75)

800 Metres (4 Mar)
1 Francine Niyonsaba BDI 1:58.31
2 Ajee Wilson USA 1:58.99
3 Shelayna Oskan-Clarke 1:59.81
  (1h2 2:01.76)
3h3 Mhairi Hendry 2:02.65

1500 Metres (3 Mar)
1 Genzebe Dibaba ETH 4:05.27
2 Laura Muir 4:06.23
  (2h1 4:06.54)
3 Sifan Hassan NED 4:07.26
6h2 Eilish McColgan 4:13.32

3000 Metres (1 Mar)
1 Genzebe Dibaba ETH 8:45.05
2 Sifan Hassan NED 8:45.68
3 Laura Muir 8:45.78
10 Eilish McColgan 9:01.32

60 Metres Hurdles (3 Mar)
1 Kendra Harrison USA 7.70
2 Christina Manning USA 7.79
3 Nadine Visser NED 7.84
6h2 Megan Marrs 8.28
6h3 Marilyn Nwawulor 8.22

High Jump (1 Mar)
1 Mariya Lasitskene ANA 2.01
2 Vashti Cunningham USA 1.93
3 Alessia Trost ITA 1.93
4 Morgan Lake 1.93

Pole Vault (3 Mar)
1 Sandi Morris USA 4.95
2 Anzhelika Sidorova ANA 4.90
3 Katerína Stefanídi GRE 4.80

Long Jump (4 Mar)
1 Ivana Španović SRB 6.96
2 Brittney Reese USA 6.89
3 Sosthene Moguenara
  GER 6.85

Triple Jump (3 Mar)
1 Yulimar Rojas VEN 14.63
2 Kimberly Williams JAM 14.48
3 Ana Peleteiro ESP 14.40

Shot Put (2 Mar)
1 Anita Márton HUN 19.62
2 Danniel Thomas-Dodd JAM 19.22
3 Gong Lijiao CHN 19.08

Heptathlon (2 Mar)
1 Katarina Johnson-Thompson
    4750
2 Ivona Dadic AUT 4700
3 Yorgelis Rodríguez CUB 4637

4x400 Metres Relay (4 Mar)
1 USA 3:23.85
2 Poland 3:26.09
3 Great Britain & NI 3:29.38
  (Beesley, H Williams, Allcock, Clark)
  (2h1 3:32.57)
  (Allcock, Onuora, Williams, Beesley)

EUROPEAN THROWING CUP
Leiria, POR 10-11 March 2018

MEN
Hammer
10A	Mark Dry	69.07
8U23	Jac Lloyd Palmer	64.85

Javelin
2B	Joe Harris	74.11
6U23	Dan Bainbridge	63.88

WOMEN
Shot Put
5B	Amelia Strickler	15.28
7U23	Sarah Omoregie	15.09

Discus
4B	Phoebe Dowson	50.52
3U23	Amy Holder	52.36

Javelin
8U23	Bethan Rees	44.03

CAU CROSS-COUNTRY INTER-COUNTIES CHAMPIONSHIPS
Loughborough 10 March 2018

MEN (12K)
1	Mahamed Mahamed	42:23
2	Sam Stabler	43:12
3	Adam Hickey	43:20

U20 MEN (8K)
1	Tom Mortimer	29:49
2	Nathan Dunn	30:10
3	Jake Heyward	30:18

WOMEN (8K)
1	Phoebe Law	32:51
2	Gemma Steel	33:33
3	Abbie Donnelly	33:42

U20 WOMEN (6K)
1	Niamh Brown	25:48
2	Julia Paternain	25:57
3	Olivia Stones	26:17

ENGLAND ATHLETICS 10KM WALK CHAMPS
Coventry 11 March 2018

MEN 10K
1	Christopher Snook	47:11

WOMEN 10K
1	Ana Garcia	54:18

(race winner: A. Kowalska POL 49:42)

IAAF WORLD HALF MARATHON CHAMPIONSHIPS
Valencia, ESP 24 March 2018

MEN
1	Geoffrey Kamworor	KEN	60:02
2	Abraham Cheroben	BRN	60:22
3	Aron Kifle	ERI	60:31
36	Mohamud Aadan		62:34
38	Luke Traynor		62:38
64	Ben Connor		63:45
103	Daniel Studley		66:20
-	Tsegei Tewelde		dnf

WOMEN
1	Netsanet Gudeta	ETH	66:11
2	Joyciline Jepkosgei	KEN	66:54
3	Pauline Kamulu	KEN	66:56
21	Charlotte Purdue		71:21
31	Charlotte Arter		71:52
43	Tracy Barlow		72:35
48	Gemma Steel		73:39
53	Faye Fullerton		73:56

ENGLAND ATHLETICS 5KM ROAD RACE CHAMPS
Kingsley, 29 April 2018

MEN
1	Richard Allen	14:07
2	Emile Cairess	14:12
3	Jack Martin	14:12

WOMEN
1	Stevie Stockton	15:38
2	Emily Hosker-Thornhill	15:59
3	Katie Holt	16:12

LONDON MARATHON
22 April 2018

MEN
1	Eliud Kipchoge	KEN	2:04:17
2	Tola Shura Kitata	ETH	2:04:49
3	Mo Farah	1UK	2:06:21
4	Abdul Kirui	KEN	2:07:07
5	Bedan Karoki	KEN	2:08:34
14	Jonathan Mellor	2UK	2:17:55
16	John Gilbert	3UK	2:20:24
20	Steven Bayton		2:22:53
21	Andrew Greenleaf		2:23:23

WOMEN
1	Vivian Cheruiyot	KEN	2:18:31
2	Brigid Kosgei	KEN	2:20:13
3	Tadelech Bekele	ETH	2:21:40
4	Gladys Cherono	KEN	2:24:10
5	Mary Keitany	KEN	2:24:27
8	Lily Partridge	1UK	2:29:24
9	Tracy Barlow	2UK	2:32:09
12	Rebecca Murray	3UK	2:29:37
15	Hannah Oldroyd		2:46:48
17	Hayley Carruthers		2:48:07

N.B. England Athletics Marathon medallists are the same as the UK medallists.

RWA CHAMPIONSHIPS
Coventry 20 May 2018

MEN 10K
1	Luc Legon	51:19

U20 MEN 10K
1	Tom Partington	49:21

WOMEN 10K
1	Heather Lewis	48.27

U20 WOMEN 10K
1	Abigail Jennings	56:31

Leeds 24 June 2018

MEN 20K
1	Tom Bosworth	1:23:10

WOMEN 20K
1	Bethan Davies	1:36:55

Douglas 2 September 2018

MEN 50K
1	Jonathan Hobbs	4:43:35

WOMEN 50K
1	Jayne Farquhar	5:48:34

COMMONWEALTH GAMES
Gold Coast, AUS 8-15 April 2018

MEN

100 Metres wind 0.8 (9 Apr)
1 Akani Simbine RSA 10.03
2 Henricho Bruintjies RSA 10.17
3 Yohan Blake JAM 10.19
- Adam Gemili ENG dns
 (2s1 10.11, 1h2 10.24)
4s3 Harry Aikines-Aryeetey ENG
 (2h4 10.30) 10.26

200 Metres wind 0.9 (12 Apr)
1 Jereem Richards TTO 20.12
2 Aaron Brown CAN 20.34
3 Leon Reid NIR/IRL 20.55
 (2s3 20.61, 2h1 20.73)
- Zharnel Hughes ENG dq
 (1s2 20.37, 1h9 20.34)
5s1 Richard Kilty ENG 20.67
 (2h6 21.08)
7h2 Sam Dawkins JER 21.91

400 Metres (10 Apr)
1 Isaac Makwala BOT 44.35
2 Baboloki Thebe BOT 45.09
3 Javon Francis JAM 45.11
4s1 Rabah Yousif ENG 46.05
 (3h1 46.09)
4s2 Dwayne Cowan ENG 46.06
 (2h5 45.68)
5s3 Cameron Chalmers GUE 46.34
 (4h1 46.16)
6h1 Sam Dawkins JER 47.23
-h3 Matthew Hudson-Smith ENG dq

800 Metres (12 Apr)
1 Wycliffe Kinyamal KEN 1:45.11
2 Kyle Langford ENG 1:45.16
 (2h1 1:45.61)
3 Luke Mathews AUS 1:45.60
4 Jake Wightman SCO 1:45.82
 (2h3 1:47.43)
6h1 Guy Learmonth SCO 1:49.20
8h1 Elliott Dorey JER 1:52.60
6h2 Elliot Giles ENG 1:48.54
5h3 Andrew Osagie ENG 1:48.20
6h3 Joseph Reid IOM 1:50.03

1500 Metres (14 Apr)
1 Elijah Manangoi KEN 3:34.78
2 Timothy Cheruiyot KEN 3:35.17
3 Jake Wightman SCO 3:35.97
 (3h2 3:47.16)
4 Charlie Da'Vall Grice ENG 3:37.43
 (4h2 3:47.19)
8 Chris O'Hare SCO 3:39.04
 (5h1 3:44.76)
8h1 Tom Marshall WAL 3:50.95
8h2 Rowan Axe WAL 3:49.89
9h2 Elliott Dorey JER 3:52.75

5000 Metres (8 Apr)
1 Joshua Cheptegei UGA 13:50.83
2 Mohammed Ahmed CAN 13:52.78
3 Edward Zakayo KEN 13:54.06

10,000 Metres (13 Apr)
1 Joshua Cheptegei UGA 27:19.62
2 Mohammed Ahmed CAN 27:20.56
3 Rodgers Chumo KEN 27:28.66
9 Andy Vernon ENG 28:17.11

Marathon (15 Apr)
1 Michael Shelley AUS 2:16:46
2 Solomon Mutai UGA 2:19:02
3 Robbie Simpson SCO 2:19.36
4 Kevin Seaward NIR/IRL 2:19.54
8 Lee Merrien GUE 2:24.10
11 Andrew Davies WAL 2:26.05
15 Joshua Griffiths WAL 2:37.10
- Callum Hawkins SCO dnf

3000 Metres Steeplechase (13 Apr)
1 Conseslus Kipruto KEN 8:10.08
2 Abraham Kibiwot KEN 8:10.62
3 Amos Kirui KEN 8:12.24
6 Jonathan Hopkins WAL 8:34.12
7 Ieuan Thomas WAL 8:40.02
8 Adam Kirk-Smith NIR 8:48.40

110 Metres Hurdles wind -0.3 (10 Apr)
1 Ronald Levy JAM 13.19
2 Hansle Parchment JAM 13.22
3 Nicholas Hough AUS 13.38
6= Andrew Pozzi ENG 13.53
 (1h1 13.29)
4h2 Ben Reynolds NIR/IRL 13.70
5h2 David King ENG 13.74
7h2 David Omoregie WAL 14.20

400 Metres Hurdles (12 Apr)
1 Kyron McMaster IVB 48.25
2 Jeffrey Gibson BAH 49.10
3 Jaheel Hyde JAM 49.16
4 Jack Green ENG 49.18
 (2h2 49.24)
7h2 Alastair Chalmers GUE 51.10

High Jump (11 Apr)
1 Brandon Starc AUS 2.32
2 Jamal Wilson BAH 2.30
3 Django Lovett CAN 2.30
5 Allan Smith SCO 2.27
 (Q 2.21)
9 Chris Baker ENG 2.21
 (Q 2.21)
10= David Smith SCO 2.18
 (Q 2.21)
12 Robbie Grabarz ENG 2.18
 (Q 2.21)
14Q Tom Gale ENG 2.18

Pole Vault (12 Apr)
1 Kurtis Marschall AUS 5.70
2 Shawn Barber CAN 5.65
3 Luke Cutts ENG 5.45
4 Adam Hague ENG 5.45

Long Jump (11 Apr)
1 Luvo Manyonga RSA 8.41
2 Henry Frayne AUS 8.33
3 Ruswahl Samaai RSA 8.22
5 Dan Bramble ENG 7.94
 (Q 8.02)
14Q Adam McMullen NIR/IRL 7.66

Triple Jump (14 Apr)
1 Troy Doris GUY 16.88
2 Yordanys Durañona DMA 16.86
3 Marcel Mayack CMR 16.80
5 Nathan Douglas ENG 16.35
 (Q 16.27)

Shot Put (9 Apr)
1 Tom Walsh NZL 21.41
 (Q 22.45 CBP)
2 Chukwuebuka Enekwechi
  NGR 21.14
3 Tim Nedow CAN 20.91

Discus (13 Apr)
1 Fedrick Dacres JAM 68.20
2 Traves Smikle JAM 63.98
3 Apostolos Parellis CYP 63.61
9 Zane Duquemin JER 55.64
 (Q 57.66)

Hammer (8 Apr)
1 Nick Miller ENG 80.26
2 Matt Denny AUS 74.88
3 Mark Dry SCO 73.12
5 Taylor Campbell ENG 72.03
6 Dempsey McGuigan NIR/IRL
  70.24
7 Osian Jones WAL 70.14
10 Chris Bennett SCO 65.22

Javelin (14 Apr)
1 Neeraj Chopra IND 86.47
2 Hamish Peacock AUS 82.59
3 Anderson Peters GRN 82.20
16Q Joe Harris IOM 70.61

Decathlon (9-10 Apr)
1 Lindon Victor GRN 8303
2 Pierce LePage CAN 8171
3 Cedric Dubler AUS 7983
6 John Lane ENG 7529
7 Ben Gregory WAL 7449
- Curtis Mathews WAL dnf

International & Championship Results

20 Km Road Walk (8 Apr)
1 Dane Bird-Smith   AUS   1:19:34
2 Tom Bosworth   ENG   1:19.38
3 Samuel Gathimba   KEN   1:19.51
7 Callum Wilkinson   ENG   1:22.35

WOMEN

100 Metres wind 1.0 (9 Apr)
1 Michelle-Lee Ahye   TTO   11.14
2 Christiana Williams JAM   11.21
3 Gayon Evans   JAM   11.22
4 Asha Philip   ENG   11.28
   (1s1 11.21, 1h3 11.31)
4s1 Amy Foster   NIR/IRL 11.54
    (2h4 11.59w)
5s3 Corrine Humphreys   ENG   11.66
    (2h2 11.62)

200 Metres wind 0.9 (12 Apr)
1 Shaunae Miller-Uibo BAH   22.09
2 Shericka Jackson   JAM   22.18
3 Dina Asher-Smith   ENG   22.29
   (2s2 22.44, 1h2 23.28)
6 Bianca Williams   ENG   23.06
   (3s2 23.23, 2h5 23.20)
8s1 Amy Foster   NIR/IRL 24.02
    (4h3 23.94)
3s3 Finette Agyapong   ENG   23.38
    (2h4 23.15)

400 Metres (11 Apr)
1 Amantle Montsho   BOT   50.15
2 Anastasia Le-Roy   JAM   50.57
3 Stephenie Ann McPherson JAM 50.93
4s1 Zoey Clark   SCO   52.06
    (2h2 52.07)
4s2 Anyika Onuora   ENG   52.73
    (5h2 53.13)
4s3 Emily Diamond   ENG   52.02
    (3h1 52.26)

800 Metres (13 Apr)
1 Caster Semenya   RSA   1:56.68
2 Margaret Wambui   KEN   1:58.07
3 Natoya Goule   JAM   1:58.82
5 Alexandra Bell   ENG   2:00.83
   (2h1 2:00.11)
3h2 Shelayna Oskan-Clarke ENG 2:00.81
7h2 Ciara Mageean   NIR/IRL 2:03.30
4h3 Lynsey Sharp   SCO   2:01.33
6h3 Adelle Tracey   ENG   2:02.03

1500 Metres (10 Apr)
1 Caster Semenya   RSA   4:00.71
2 Beatrice Chepkoech   KEN   4:03.09
3 Melissa Courtney   WAL   4:03.44
   (4h1 4:06.63)
6 Eilish McColgan   SCO   4:04.30
   (5h1 4:06.88)
7 Stephanie Twell   SCO   4:05.56
   (4h2 4:08.66)

4x100 Metres Relay (14 Apr)
1 England   38.13
   (Arthur, Hughes, Kilty, Ar-Aryeetey)
   (1h2 38.15)
2 South Africa   38.24
3 Jamaica   38.35

8 Sarah McDonald   ENG 4:05.77
   (5h2 4:09.54)
11 Katie Snowden   ENG 4:06.55
   (7h1 4:08.00)
13 Ciara Mageean   NIR/IRL 4:07.41
   (6h1 4:07.88)
14 Jessica Judd   ENG 4:08.82
   (8h1 4:08.87)

5000 Metres (14 Apr)
1 Hellen Obiri   KEN   15:13.11
2 Margaret Kipkemboi   KEN   15:15.28
3 Laura Weightman   ENG   15:25:84
6 Eilish McColgan   SCO   15:34.88
9 Melissa Courtney   WAL   15:46.60
13 Emma Mitchell   NIR/IRL 16:02.80
14 Stephanie Twell   SCO   16:05.65
16 Sarah Mercier   GUE   17:00.52

10,000 Metres (9 Apr)
1 Stella Chesang   UGA   31:45.30
2 Stacy Ndiwa   KEN   31:46.36
3 Mercyline Chelangat UGA   31:48.41
15 Emma Mitchell   NIR/IRL 32:49.91
17 Jenny Nesbitt   WAL   32:58.14
18 Beth Potter   SCO   33:26.78

Marathon (15 Apr)
1 Helalia Johannes   NAM   2:32:40
2 Lisa Weightman   AUS   2:33:23
3 Jess Trengove   AUS   2:34:09
5 Sonia Samuels   ENG   2:36.59
6 Alyson Dixon   ENG   2:38.19
8 Caryl Jones   WAL   2:43.58
15 Elinor Kirk   WAL   2:57.01

3000 Metres Steeplechase (11 Apr)
1 Aisha Praught   JAM   9:21.00
2 Celliphine Chespol   KEN   9:22.61
3 Purity Kirui   KEN   9:25.74
4 Rosie Clarke   ENG   9:36.29
8 Iona Lake   ENG   9:58.92
10 Lennie Waite   SCO   10:21.72

100 Metres Hurdles wind 0.2 (13 Apr)
1 Tobi Amusan   NGR   12.68
2 Danielle Williams   JAM   12.78
3 Yanique Thompson   JAM   12.97
6 Tiffany Porter   ENG   13.12
   (3h2 12.99)
8 Alicia Barrett   ENG   13.64
   (4h1 13.19)
6h1 Caryl Granville   WAL   13.98

4x400 Metres Relay (14 Apr)
1 Botswana   3:01.78
2 Bahamas   3:01.92
3 Jamaica   3:01.97
-h1 England   dnf
   (H-Smith, Cowan, Yousif, Green)

400 Metres Hurdles (12 Apr)
1 Janieve Russell   JAM   54.33
2 Eilidh Doyle   SCO   54.80
   (1h1 54.80)
3 Wenda Nel   RSA   54.96
6h1 Meghan Beesley   ENG   56.41
7h2 Jessica Turner   ENG   58.26
8h2 Caryl Granville   WAL   59.28

High Jump (14 Apr)
1 Levern Spencer   LCA   1.95
2 Morgan Lake   ENG   1.93
3 Nicola McDermott   AUS   1.91
7 Nikki Manson   SCO   1.84
8 Bethan Partridge   ENG   1.84
10= Sommer Lecky   NIR/IRL 1.80

Pole Vault (13 Apr)
1 Alysha Newman   CAN   4.75
2 Eliza McCartney   NZL   4.70
3 Nina Kennedy   AUS   4.60
4 Holly Bradshaw   ENG   4.60
5= Molly Caudery   ENG   4.40
7= Lucy Bryan   ENG   4.30
10 Sally Peake   WAL   4.30

Long Jump (12 Apr)
1 Christabel Nettey   CAN   6.84
2 Brooke Stratton   AUS   6.77
3 Shara Proctor   ENG   6.75
   (Q 6.89)
4 Lorraine Ugen   ENG   6.69
   (Q 6.42)
7 Jazmin Sawyers   ENG   6.35
   (Q 6.47)
16Q Rebecca Chapman   WAL   6.02

Triple Jump (10 Apr)
1 Kimberly Williams   JAM   14.64
2 Shanieka Ricketts   JAM   14.52
3 Thea LaFond   DMA   13.92

Shot Put (13 Apr)
1 Danniel Thomas-Dodd JAM   19.36
2 Valerie Adams   NZL   18.70
3 Brittany Crew   CAN   18.32
5 Sophie McKinna   ENG   17.76
   (Q 17.24)
6 Rachel Wallader   ENG   17.48
   (Q 17.20)
9 Amelia Strickler   ENG   16.78
   (Q 16.57)

International & Championship Results   107

Discus (12 Apr)
1 Dani Stevens   AUS   68.26
2 Seema Punia   IND   60.41
3 Navjeet Kaur Dhillon IND   57.43
7 Jade Lally   ENG   53.97

Hammer (10 Apr)
1 Julia Ratcliffe   NZL   69.94
2 Alexandra Hulley   AUS   68.20
3 Lara Nielsen   AUS   65.03
6 Carys Parry   WAL   61.58
- Sophie Hitchon   ENG   nt

Javelin (11 Apr)
1 Kathryn Mitchell   AUS   68.92
2 Kelsey-Lee Roberts   AUS   63.89
3 Sunette Viljoen   RSA   62.08

Heptathlon (12-13 Apr)
1 Katarina Johnson-Thompson
                        ENG   6255
2 Nina Schultz   CAN   6133
3 Niamh Emerson   ENG   6043
8 Kate O'Connor   NIR/IRL 5695
10 Holly McArthur   SCO   5381
- Katie Stainton   ENG   dnf

20 Km Road Walk (8 Apr)
1 Jemima Montag   AUS   1:32.50
2 Alana Barber   NZL   1:34.18
3 Bethan Davies   WAL   1:36.08
5 Gemma Bridge   ENG   1:39.31
7 Heather Lewis   WAL   1:41.45
9 Erika Kelly   IOM   1:47.29

4x100 Metres Relay (14 Apr)
1 England   42.46
   (Philip, A-Smith, B Williams, Ugen)
2 Jamaica   42.52
3 Nigeria   42.75

4x400 Metres Relay (14 Apr)
1 Jamaica   3:24.00
2 Nigeria   3:25.29
3 Botswana   3:26.86
4 England   3:27.21
   (Onuora, Agyapong,
   Shakes-Drayton, Diamond)
6 Scotland   3:29.18
   (Clark, McAslan, Sharp, Doyle)

IAAF WORLD RACE WALKING TEAM CHAMPIONSHIPS
Taicang, CHN 5-6 May 2018

MEN 20 Km Walk
1 Koki Ikeda   JPN   1:21:13
14 Tom Bosworth   1:23:54

50 Km Walk
1 Hirooki Arai   JPN   3:44:25

WOMEN 20 Km Walk
1 Maria Guadalupe González
                        MEX   1:26:38
53 Gemma Bridge   1:35:43
64 Bethan Davies   1:37:31

50 Km Walk
1 Liang Rui   CHN   4:04:36

EUROPEAN CHAMPIONSHIP 24 HOURS
Timisoara, ROU 27 May 2018

MEN
5 Daniel Lawson   253.432km
11 James Stewart   244.355km
17 Steven Holyoak   237.367km
40 Craig Holgate   205.458km
67 James Elson   166.338km
82 Patrick Robbins   125.995km

WOMEN
7 Tracy Dean   224.619k
14 Alison Young   214.465k
19 Wendy Shaw   205.984k

BRITISH ATHLETICS CHAMPIONSHIPS
Birmingham 30 June-1 July 2018

MEN

100 Metres wind 0.0 (30 Jun)
1 Reece Prescod   10.06
2 Zharnel Hughes   10.13
3 CJ Ujah   10.18
4 Nethaneel Mitchell-Blake   10.20
5 Ojie Edoburun   10.27
6 Harry Aikines-Aryeetey   10.29
7 Sam Gordon   10.40
8 Confidence Lawson   10.48

200 Metres wind 0.2 (1 Jul)
1 Nethaneel Mitchell-Blake   20.24
2 Adam Gemili   20.26
3 Leon Reid   IRL   20.31
4 Delano Williams   20.47
5 Edmond Amaning   20.51
6 Jordan Broome   20.91
7 Confidence Lawson   21.03
- Miguel Francis   dns

400 Metres (1 Jul)
1 Matthew Hudson-Smith   44.68
2 Rabah Yousif   45.39
3 Cameron Chalmers   45.79
4 Dwayne Cowan   46.12
5 Martyn Rooney   46.34
6 Owen Smith   46.78
7 Grant Plenderleith   47.29
8 Jarryd Dunn   47.69

800 Metres (1 Jul)
1 Elliot Giles   1:50.28
2 Daniel Rowden   1:50.37
3 Guy Learmonth   1:50.43
4 Andrew Osagie   1:50.44
5 Jamie Webb   1:50.84
6 Canaan Solomon   1:50.90
7 Alex Botterill   1:51.01
8 Finlay Bigg   1:52.49

1500 Metres (1 Jul)
1 Chris O'Hare   3:46.72
2 Jake Wightman   3:46.86
3 Neil Gourley   3:46.87
4 Charlie Da'Vall Grice   3:46.99
5 Josh Kerr   3:48.02
6 Philip Seseman   3:48.41
7 James West   3:48:48
8 Piers Copeland   3:48.78

5000 Metres (30 June)
1 Marc Scott   13:47.00
2 Andy Vernon   13:47.81
3 Chris Thompson   13:49.85
4 Ben Connor   13:53.91
5 Christopher Olley   13:55.70
6 Adam Visokay   13:57.76
7 Richard Allen   13:59.53
8 Jonathan Mellor   13:59.86

International & Championship Results

10000 Metres (London (PH) 19 May)
A Race (European 10,000m Cup)
1	Richard Ringer	GER	27:36.52
2	Morad Amdouni	FRA	27:36.80
3	Yemaneberhan Crippa	ITA	
			27:44.21
5	**Alex Yee**	1UK	27:51.94
6	**Andy Vernon**	2UK	27:52.32
7	**Chris Thompson**	3UK	27:52.56
13	**Ben Connor**	4UK	28:31.59
16	**Mohamud Aadan**	5UK	28:39.79
18	**Ellis Cross**	6UK	28:47.51
28	**Luke Traynor**		29:20.32
32	**Sam Stabler**		31:16.81

B Race (top GBR):
4	Kieran Clements	28:37.16
7	Richard Allen	28:54.95

3000 Metres Steeplechase (30 June)
1	Zac Seddon	8:33.12
2	Ieuan Thomas	8:33.88
3	Jamaine Coleman	8:38.17
4	Jonathan Hopkins	8:41.45
5	Ryan Driscoll	8:45.62
6	Phil Norman	8:50.19
7	Douglas Musson	8:53.46
8	Mark Pearce	8:56.45

110 Metres Hurdles wind -2.5 (1 Jul)
1	Andrew Pozzi	13.61
2	David King	13.81
3	Khai Riley-La Borde	13.96
4	Cameron Fillery	14.08
5	Jake Porter	14.10
6	Miguel Perera	14.61
7	Jack Andrew	14.64
8	Maranga Mokaya	14.75

400 Metres Hurdles (1 Jul)
1	Dai Greene	50.06
2	Jack Green	50.13
3	Seb Rodger	50.18
4	Chris McAlister	50.58
5	Jack Lawrie	50.97
6	Jacob Paul	50.99
7	Niall Flannery	52.10
8	Efekemo Okoro	53.20

High Jump (1 Jul)
1	Chris Baker	2.26
2	David Smith	2.26
3	Allan Smith	2.23
4	Tom Gale	2.23
5	Chris Kandu	2.23
6=	Lewis McGuire	2.12
6=	Ryan Webb	2.12
8	William Grimsey	2.08

Pole Vault (1 Jul)
1	Charlie Myers	5.55
2	Adam Hague	5.45
3	Harry Coppell	5.35
4	Luke Cutts	5.35
5	Joel Leon Benitez	5.20
6=	JJ Lister	4.80
6=	Jack Phipps	4.80
	Euan Bryden	nh

Long Jump (1 Jul)
1	Tim Duckworth	8.00
2	Dan Bramble	7.99
3	Feron Sayers	7.98w
4	Jacob Fincham-Dukes	7.82w
5	James Lelliott	7.74
6	Jack Roach	7.71
7	Alexander Farquharson	7.47
8	Bradley Pickup	7.45

Triple Jump (30 Jun)
1	Nathan Douglas	16.83w
2	Julian Reid	16.70w
3	Jonathan Ilori	16.25
4	Michael Puplampu	16.20
5	Nathan Fox	15.85w
6	Scott Hall	15.82
7	Lawrence Davis	15.78
8	Nonso Okolo	15.71

Shot Put (30 Jun)
1	Scott Lincoln	18.44
2	Youcef Zatat	18.01
3	Gareth Winter	17.28
4	Daniel Cartwright	16.45
5	Samuel Heawood	15.60
6	Joseph Watson	15.56
7	George Evans	15.05
8	Martin Tinkler	14.03

Discus (30 Jun)
1	Brett Morse	58.90
2	Greg Thompson	58.10
3	Nicholas Percy	57.26
4	George Armstrong	55.39
5	George Evans	52.76
6	Chris Scott	52.64
7	Mark Plowman	51.26
8	Alan Toward	50.48

Hammer (30 Jun)
1	Nick Miller	75.33
2	Chris Bennett	73.29
3	Mark Dry	71.40
4	Taylor Campbell	69.97
5	Craig Murch	69.20
6	Callum Brown	68.10
7	Jac Lloyd Palmer	67.04
8	Osian Jones	66.89

Javelin (30 Jun)
1	James Whiteaker	71.29
2	Joe Dunderdale	67.53
3	Joe Harris	66.11
4	Greg Millar	66.00
5	Neil McLellan	65.40
6	Nathan James	64.17
7	Gavin Johnson-Assoon	63.93
8	Jack Swain	60.72

5000 Metres Walk (1 Jul)
1	Tom Bosworth	19:01.20
2	Callum Wilkinson	19:17.41
3	Tom Partington	21:36.64
4	Christopher Snook	22:45.32
5	Luc Legon	23:23.51
6	George Wilkinson	24:24.35

England Athletics Championships Decathlon (Bedford 26-27 May)
1	Ben Gregory		7517
2	Michael Bowler	IRL	7263
3	Lewis Church		7214
4	Harry Kendall		7043
5	Aiden Davies		6940
6	Dominik Siedlaczek	AUT	6891
7	Howard Bell		6834
8	Tom Chandler		6667

WOMEN

100 Metres wind -0.5 (30 Jun)
1	Dina Asher-Smith	10.97
2	Daryll Neita	11.19
3	Bianca Williams	11.20
4	Imani Lansiquot	11.23
5	Lorraine Ugen	11.32
6	Ashleigh Nelson	11.41
7	Annie Tagoe	11.44
	Corinne Humphreys	dns

200 Metres wind -1.3 (1 Jul)
1	Beth Dobbin	22.59
2	Bianca Williams	22.60
3	Jodie Williams	22.78
4	Shannon Hylton	22.78
5	Finette Agyapong	22.95
6	Georgina Adam	23.46
7	Kimbely Baptiste	23.83
8	Katie Garland	24.27

400 Metres (1 Jul)
1	Anyika Onuora	51.95
2	Laviai Nielsen	51.99
3	Amy Allcock	52.10
4	Zoey Clark	52.13
5	Emily Diamond	52.53
6	Mary Abichi	52.74
7	Phillipa Lowe	52.85
8	Perri Shakes-Drayton	54.17

International & Championship Results

800 Metres (1 Jul)
1 Laura Muir 2:01.22
2 Shelayna Oskan-Clarke 2:01.94
3 Adelle Tracey 2:02.00
4 Alexandra Bell 2:02.08
5 Lynsey Sharp 2:02.38
6 Revee Walcott-Nolan 2:04.85
7 Mhairi Hendry 2:05.17
8 Hannah Segrave 2:08.25

1500 Metres (1 Jul)
1 Laura Weightman 4:08.80
2 Jemma Reekie 4:09.10
3 Sarah McDonald 4:09.28
4 Katie Snowden 4:10.86
5 Jessica Judd 4:13.56
6 Emily Hosker-Thornhill 4:15.24
7 Amy Griffiths 4:15.82
8 Ffion Price 4:20.42

5000 Metres (1 Jul)
1 Stephanie Twell 16:07.24
2 Melissa Courtney 16:07.59
3 Eilish McColgan 16:08.06
4 Charlotte Arter 16:12.07
5 Claire Duck 16:12.47
6 Philippa Bowden 16:15.54
7 Jenny Nesbitt 16:18.42
8 Kate Avery 16:19.46

10,000 Metres (London (PH) 19 May)
A Race (European 10,000m Cup)
1 Chemtai Salpeter ISR 31:33.03
2 Ancuta Bobocel ROU 31:43.12
3 **Charlotte Arter** 1UK 32:15.71
5 Philippa Bowden 2UK 32:33.10
7 **Louise Small** 3UK 32:34.73
8 Stevie Stockton 4UK 32:35.26
9 Katrina Wootton 5UK 32:37.80
10 **Jenny Nesbitt** 6UK 32:38.45
11 **Emilia Gorecka** 33:39.37
15 **Claire Duck** 32:52.85
28 **Faye Fullerton** 33:47.70

3000 Metres Steeplechase (1 Jul)
1 Rosie Clarke 9:45.83
2 Iona Lake 10:08.61
3 Emily Moyes 10:18.00
4 Nicole Roberts 10:25.11
5 Emily Smith 10:25.80
6 Katie Ingle 10:49.53
7 Lauren Stoddart 10:57.09
8 Laura Riches 11:17.32

100m Hurdles wind -0.5 (30 Jun)
1 Alicia Barrett 13.28
2 Megan Marrs 13.37
3 Jessica Hunter 13.37
4 Emma Nwofor 13.58
5 Isabella Hilditch 13.82
6 Danielle McGifford 13.84
7 Georgia Silcox 14.01
8 Niamh Emerson 14.06

400 Metres Hurdles (1 Jul)
1 Meghan Beesley 55.73
2 Kirsten McAslan 56.48
3 Jessica Turner 57.10
4 Hayley McLean 57.71
5 Lina Nielsen 57.98
6 Ese Okoro 58.03
7 Jessica Tappin 59.93
8 Hermione Plumptre 60.20

High Jump (30 Jun)
1 Morgan Lake 1.97
2 Katarina Johnson-Thompson 1.90
3 Nikki Manson 1.87
4 Abby Ward 1.79
5 Rebecca Hawkins 1.75
6 Emily Race 1.75
7 Amelia Bateman 1.75
8 Emily Borthwick 1.71

Pole Vault (30 Jun)
1 Holly Bradshaw 4.60
2 Sophie Cook 4.25
3 Sally Peake 4.15
4 Lucy Bryan 4.15
5 Molly Caudery 4.15
6 Jade Ive 3.95
7 Jessica Swannack 3.75
8 Claire Maurer 3.75

Long Jump (1 Jul)
1 Lorraine Ugen 7.05
2 Jazmin Sawyers 6.86
3 Shara Proctor 6.81w
4 Jahisha Thomas 6.69
5 Abigail Irozuru 6.64w
6 Niamh Emerson 6.41
7 Josie Oliarnyk 6.38
8 Sarah Abrams 6.31

Triple Jump (30 Jun)
1 Naomi Ogbeta 13.95
2 Laura Samuel 13.75
3 Sineade Gutzmore 13.51w
4 Zara Asante 13.21w
5 Angela Barrett 13.13
6 Alex Russell 12.81
7 Abazz Shayaam-Smith 12.74w
8 Adelaide Omitowoju 12.52

Shot Put (1 Jul)
1 Amelia Strickler 17.22
2 Sophie McKinna 17.10
3 Rachel Wallader 16.71
4 Divine Oladipo 16.16
5 Eden Francis 16.12
6 Sarah Omoregie 13.82
7 Sophie Littlemore 13.49
8 Michella Obijiaku 13.37

Discus (1 Jul)
1 Jade Lally 56.81
2 Kirsty Law 54.63
3 Phoebe Dowson 53.05
4 Amy Holder 52.68
5 Eden Francis 52.36
6 Shadine Duquemin 51.10
7 Divine Oladipo 50.74
8 Kathryn Woodcock 48.00

Hammer (1 Jul)
1 Sophie Hitchon 72.02
2 Jessica Mayho 62.51
3 Rebecca Keating 61.13
4 Pippa Wingate 60.62
5 Kayleigh Presswell 59.49
6 Christina Jones 59.21
7 Alice Barnsdale 58.77
8 Lucy Marshall 58.43

Javelin (1 Jul)
1 Laura Whittingham 55.55
2 Emma Hamplett 49.54
3 Bethan Rees 48.30
4 Ellen Barber 46.58
5 Rosie Sementysh 45.68
6 Eloise Meakins 44.59
7 Rebekah Walton 44.49
8 Niamh Emerson 43.95

5000 Metres Walk (1 Jul)
1 Bethan Davies 22:04.98
2 Abigail Jennings 26:00.31
3 Natalie Myers 26:39.76
4 Madeline Shott 27:08.18
5 Erika Pontarollo ITA 27:41.07

England Athletics Championships
Heptathlon (Bedford 26-27 May)
1 Chari Hawkins USA 6137
2 Diane Marie-Hardy FRA 5836
3 Emma Nwofor 5559
4 Ellen Barber 5529
5 Katie Garland 5487
6 Beth Taylor 4618
7 Anna Forbes 4421
8 Amy Richards 4393

EUROPEAN UNDER 18 CHAMPIONSHIPS
Györ, HUN 5-8 July 2018

MEN

100 Metres wind 0.3 (6 Jul)
1 Raphael Bouju NED 10.64

200 Metres wind 1.9 (7 Jul)
1 Alexander Czysch GER 21.15

400 Metres (7 Jul)
1 Lorenzo Benati ITA 46.85
2 Ethan Brown 46.87
(1h2 47.94)
4 Ben Pattison 47.25
(1h3 47.91)

800 Metres (8 Jul)
1 Max Burgin 1:47.36
(1s1 1:52.37, 1h2 1:53.23)

1500 Metres (7 Jul)
1 Kane Elliott 3:55.26
(7h2 3:56.57)
11 Jacques Maurice 3:58.18
(3h1 4:01.97)

3000 Metres (5 Jul)
1 Thomas Keen 8:27.38
9 Rory Leonard 8:39.45

2000 Metres Steeplechase (8 Jul)
1 Baptiste Guyon FRA 5:43.92
9 Ben Thomas 5:53.47
(7h2 6:01.47)

110m Hurdles 91.4cm wind 0.8 (7 Jul)
1 Sam Bennett 13.19
(1s2 13.15w, 1h3 13.33)
7 Jordan Ricketts 14.08
(3s1 13.68w, 3h1 14.10w)

400 Metres Hurdles 84 cm (8 Jul)
1= Dániel Huller HUN 50.63
  Martin Fraysse FRA 50.63
3 Karl Johnson 50.90
(1s1 51.88, 1h2 52.56)

High Jump (7 Jul)
1 Dominic Ogbechie 2.16
(Q 2.04)

Pole Vault (8 Jul)
1 Pål Haugen Lillefosse NOR 5.46

Long Jump (8 Jul)
1 Nick Schmahl GER 7.60w

Triple Jump (6 Jul)
1 Batuhan Cakir TUR 15.62

Shot Put 5kg (6 Jul)
1 Aleksey Aleksandrovich BLR 20.97
7 Lewis Byng 17.62
(Q 17.61)
13Q George Hyde 17.42

Discus 1.5k (6 Jul)
1 Yasiel Sotero ESP 64.31

Hammer 5kg (7 Jul)
1 Myhaylo Kokhan UKR 87.82

Javelin 700g (7 Jul)
1 Marek Mucha POL 80.01
4 Max Law 75.30
(Q 71.65)

Decathlon (7-8 Jul)
1 Aleksandr Komarov ANA 7703
6 Jack Turner 7258
12 Oliver Thorner 6982

10 Km Walk (6 Jul)
1 Davide Finocchietti ITA 45:01.33

Medley Relay (8 Jul)
1 Italy 1:53.01

WOMEN

100 Metres wind 0.0 (6 Jul)
1 Gudbjörg Bjarnadóttir ISL 11.75
4 Cassie-Ann Pemberton 11.84
(1s3 11.56w, 1h5 11.79)
3s2 Amy Hunt 11.83
(1h1 11.92)

200 Metres wind 2.0 (7 Jul)
1 Rhasidat Adekele IRL 23.52

400 Metres (7 Jul)
1 Barbora Malíková CZE 52.66
8 Natasha Harrison 55.21
(4s3 54.60, 2h4 54.88)
3s1 Hannah Foster 55.12
(2h3 56.45)

800 Metres (7 Jul)
1 Keely Hodgkinson 2:04.84
(1s1 2:08.57, 2h6 2:11.82)

1500 Metres (8 Jul)
1 Sarah Healy IRL 4:18.71
2 Emily Williams 4:22.11
(2h2 4:34.62)

3000 Metres (6 Jul)
1 Sarah Healy IRL 9:18.05
9 Charlotte Alexander 9:41.18
13 Kiara Frizelle 9:51.08

2000 Metres Steeplechase (7 Jul)
1 Lena Lebrun FRA 6:35.41
14 Elise Thorner 7:08.51
(5h1 6:50.00)

100m Hurdles 76.2cm wind 1.0 (8 Jul)
1 Martine Hjørnevik NOR 13.26
4 Marcia Sey 13.44
(1s1 13.39w, 2h2 13.32w)
5 Lucy-Jane Matthews 13.45
(2s2 13.45, 1h4 13.46)

400 Metres Hurdles (8 Jul)
1 Gisèle Wender GER 58.88
5 Jasmine Jolly 59.79
(2s2 60.58, 2h2 60.67)

High Jump (8 Jul)
1 Yaroslava Mahuchikh UKR 1.94

Pole Vault (7 Jul)
1 Leni Wildgrube GER 4.26
5 Jade Spencer-Smith 3.90
(Q 3.80)

Long Jump (6 Jul)
1 Tilde Johansson SWE 6.33w

Triple Jump (8 Jul)
1 Maria Vicente ESP 13.95
- Lily Hulland nm
(Q 12.58)

Shot Put 3k (7 Jul)
1 Lizaveta Dorts BLR 17.34
4 Serena Vincent 16.84
(Q 16.47)
5 Hannah Molyneaux 16.47
(Q 15.62)

Discus (8 Jul)
1 Violetta Ignatyeva ANA 54.56

Hammer 3k (6 Jul)
1 Valeriya Ivanenko UKR 73.25

Javelin 500g (8 Jul)
1 Aliaksandra Konshyna BLR 56.71

Heptathlon (6 Jul)
1 Maria Vicente ESP 6221

5000 Metres Walk (5 Jul)
1 Hanna Zubkova BLR 22:45.47

Medley Relay (8 Jul)
1 Italy 2:07.46

IAAF WORLD U20 CHAMPIONSHIPS
Tampere, FIN 10-15 July 2018

MEN

100 Metres wind 1.2 (11 Jul)
1 Lalu Zohri   INA   10.18
2 Anthony Schwartz USA   10.22
3 Eric Harrison   USA   10.22
5 Dom Ashwell   10.25
   (3s2 10.28, 1h2 10.36)
3s3 Chad Miller   10.38
   (1h3 10.33)

200 Metres wind -0.1 (13 Jul)
1 Jona Efoloko   20.48
   (1s3 20.74, 1h3 20.65)
2 Charlie Dobson   20.57
   (1s1 20.53, 1h4 20.65)
3 Eric Harrison   USA   20.79

400 Metres (13 Jul)
1 Jonathan Sacoor   BEL   45.03
2 Christopher Taylor JAM   45.38
3 Chantz Sawyers   JAM   45.89

800 Metres (15 Jul)
1 Solomon Lekuta   KEN   1:46.35
2 Ngeno Kipngetich   KEN   1:46.45
3 Eliott Crestan   BEL   1:47.27
6 Alex Botterill   1:51.64
   (3s1 1:47.97, 2h2 1:50.26)
7 Markhim Lonsdale   1:57.39
   (5s2 1:47.73, 3h3 1:48.60)

1500 Metres (12 Jul)
1 George Manangoi   KEN   3:41.71
2 Jakob Ingebrigtsen NOR   3:41.89
3 Justus Soget   KEN   3:42.14
4 Jake Heyward   3:43.76
   (3h3 3:45.45)

5000 Metres (14 Jul)
1 Edward Zakayo   KEN 13:20.16
2 Stanley Waithaka   KEN 13:20.57
3 Jakob Ingebrigtsen NOR 13:20.78
16 Tom Mortimer   14:37.14

10,000 Metres (10 Jul)
1 Rhonex Kipruto   KEN 27:21.08
2 Jacob Kiplimo   UGA 27:40.36
3 Berihu Aregawi   ETH 27:48.31

WOMEN

100 Metres wind 0.0 (12 Jul)
1 Briana Williams   JAM   11.16
2 Twanisha Terry   USA   11.19
3 Kristal Awuah   11.37
   (1s3 11.37, 1h4 11.35)

200 Metres wind -0.1 (14 Jul)
1 Briana Williams   JAM   22.50
2 Lauren Williams   USA   23.09
3 Martyna Kotwila   POL   23.21
3s1 Alisha Rees   23.67
   (1h2 23.49)
6s3 Georgina Adam   24.37
   (2h4 23.69)

3000 Metres Steeplechase (15 Jul)
1 Takele Nigate   ETH   8:25.35
2 Leonard Bett   KEN   8:25.39
3 Getnet Wale   ETH   8:26.16

110m Hurdles 99cm wind 0.3 (15 Jul)
1 Damion Thomas   JAM   13.16
2 Orlando Bennett   JAM   13.33
3 Shunsuke Izumiya   JPN   13.38
5 Jason Nicholson   13.62
   (1s3 13.32, 2h1 13.58)
4s1 Joshua Zeller   13.91
   (1h3 13.59)

400 Metres Hurdles (14 Jul)
1 Zazini Sokwakhana RSA   49.42
2 Bassem Hemeida   QAT   49.59
3 Alison Dos Santos BRA   49.78
6 Alastair Chalmers   50.27
   (2s3 50.11, 1h2 51.16)
3s2 Alex Knibbs   50.99
   (2h5 51.29)

High Jump (14 Jul)
1= António Mérlos   GRE   2.23
1= Roberto Vilches   MEX   2.23
3= JuVaughn Blake   USA   2.23
3= Breyton Poole   RSA   2.23

Pole Vault (14 Jul)
1 Armand Duplantis   SWE   5.82
2 Zachery Bradford   USA   5.55
3 Masaki Ejima   JPN   5.55

Long Jump (11 Jul)
1 Yuki Hashioka   JPN   8.03
2 Maikel Vidal   CUB   7.99
3 Wayne Pinnock   JAM   7.90

Triple Jump (14 Jul)
1 Jordan Díaz   CUB   17.15
2 Martin Lamou   FRA   16.44
3 Jonathan Seremes   FRA   16.18

Shot Put 6k (10 Jul)
1 Kyle Blignaut   RSA   22.07
2 Adrian Piperi   USA   22.06
3 Odisséas Mouzenídis GRE 21.07

400 Metres (12 Jul)
1 Hima Das   IND   51.46
2 Andrea Miklos   ROU   52.07
3 Taylor Manson   USA   52.28

800 Metres (12 Jul)
1 Diribe Welteji   ETH   1:59.74
2 Carley Thomas   AUS   2:01.13
3 Delia Sclabas   SUI   2:01.29
7 Katy-Ann McDonald   2:04.08
   (2s2 2:03.20, 2h5 2:07.24)
8s1 Isabelle Boffey   2:11.49
   (2h4 2:11.43)

Discus 1.75k (15 Jul)
1 Kai Chang   JAM   62.36
2 Yevgeniy Borgutskiy BLR   61.75
3 Claudio Romero   CHI   60.81
21Q James Tomlinson   54.95

Hammer 6k (13 Jul)
1 Jake Norris   80.65
   (Q 76.95)
2 Mykhaylo Kokhan   UKR   79.68
3 Mykhaylo Havryliuk UKR   77.71
8 Bayley Campbell   71.28
   (Q 69.75)

Javelin (14 Jul)
1 Nash Lowis   AUS   75.31
2 Tzuriel Pedigo   USA   73.76
3 Maurice Voigt   GER   73.44

Decathlon (10-11 Jul)
1 Ashley Maloney   AUS   8190
2 Guy Haasbroek   AUS   7798
3 Simon Ehammer   SUI   7642

10,000 Metres Walk (14 Jul)
1 Zhang Yao   CHN 40:32.06
2 David Hurtado   ECU 40:32.06
3 Jose Ortiz   GUA 40:45.26

4x100 Metres Relay (14 Jul)
1 USA   38.88
2 Jamaica   38.96
3 Germany   39.22
-h1 Great Britain & NI   dnf
   (Ashwell, Miller, Olsen,
   Chambers-Brown)

4x400 Metres Relay (14 Jul)
1 Italy   3:04.05
2 USA   3:05.26
3 Great Britain & NI   3:05.64
   (Haydock-Wilson, Brier,
   A. Chalmers, Knibbs)
   (1h1 3:07.17)
   (Haydock-Wilson, Brier,
   Greatrex, Knibbs)

1500 Metres (15 Jul)
1 Alemaz Samuel   ETH   4:09.67
2 Miriam Cherop   KEN   4:10.73
3 Delia Sclabas   SUI   4:11.98
7 Erin Wallace   4:17.61
   (3h1 4:21.60)
10 Francesca Brint   4:18.87
   (7h2 4:18.58)

3000 Metres (11 Jul)
1 Nozomi Tanaka   JPN   8:54.01
2 Meselu Berhe   ETH   8:56.39
3 Tsige Gebreselama ETH   8:59.20

5000 Metres (10 Jul)
1	Beatrice Chebet	KEN	15:30.77
2	Ejgayehu Taye	ETH	15:30.87
3	Girmawit Gebrzihair	ETH	15:34.01

3000 Metres Steeplechase (13 Jul)
1	Celliphine Chespol	KEN	9:12.78
2	Peruth Chemutai	UGA	9:18.87
3	Winifred Yavi	BRN	9:23.47
11h2	**Holly Page**		**10:35.36**

100 Metres Hurdles wind -1.0 (15 Jul)
1	Tia Jones	USA	13.01
2	Britany Anderson	JAM	13.01
3	Cortney Jones	USA	13.19

400 Metres Hurdles (13 Jul)
1	Zeney van der Walt	RSA	55.34
2	Shiann Salmon	JAM	56.11
3	Yasmin Giger	SUI	56.98

High Jump (15 Jul)
1	Karyna Taranda	BLR	1.92
2	Sommer Lecky	IRL	1.90
3	Maria Murillo	COL	1.90
10	**Abby Ward (Q 1.84)**		**1.84**

Pole Vault (12 Jul)
1	Amálie Svabíková	CZE	4.51
2	Lisa Gunnarsson	SWE	4.35
3	Alice Moindrot	FRA	4.35
9=	**Molly Caudery (Q 4.20)**		**4.10**

Long Jump (13 Jul)
1	Lea-Jasmin Rieckе	GER	6.51
2	Akaya Kora	JPN	6.37
3	Tara Davis	USA	6.36
6	**Lucy Hadaway (Q 6.19)**		**6.13**
16Q	**Holly Mills**		**5.92**

Triple Jump (15 Jul)
1	Aleksandra Nacheva	BUL	14.18
2	Mirieli Santos	BRA	13.81
3	Davisleidis Velazco	CUB	13.78

Shot Put (11 Jul)
1	Madison-Lee Wesche	NZL	17.09
2	Zhang Linru	CHN	17.05
3	Jorinde van Klinken	NED	17.05

Discus (12 Jul)
1	Alexandra Emilianov	MDA	57.89
2	Helena Leveelahti	FIN	56.80
3	Silinda Morales	CUB	55.37

Hammer (14 Jul)
1	Camryn Rogers	CAN	64.90
2	Alyssa Wilson	USA	64.45
3	Yaritza Martínez	CUB	63.82
17Q	**Katie Head**		**56.97**

Javelin (11 Jul)
1	Alina Shukh	UKR	55.95
2	Tomoka Kuwazoe	JPN	55.66
3	Dana Baker	USA	55.04

Heptathlon (12-13 Jul)
1	Niamh Emerson		6253
2	Sarah Lagger	AUT	6225
3	Adrianna Sulek	POL	5939
7	Jade O'Dowda		5660

10 Km Walk (14 Jul)
1	Alegna González	MEX	44:13.88
2	Meryem Bekmez	TUR	44:17.69
3	Glenda Morejon	ECU	44:19.40

4x100 Metres Relay (14 Jul)
1	Germany	43.82
2	Ireland	43.90
3	**Great Britain & NI**	**44.05**

(Awuah, Rees, Adam, Carr)
(2h1 44.84)
(Awuah, Edwards, Chinedu, Carr)

4x400 Metres Relay (14 Jul)
1	USA	3:28.74
2	Australia	3:31.36
3	Jamaica	3:31.90

ATHLETICS WORLD CUP
London (O) 14-15 July 2018

MEN

100 Metres wind 0.3 (15 Jul)
1	Tyquendo Tracey	JAM	10.03
4	**Ojie Edoborun**		**10.22**

200 Metres wind -1.1 (14 Jul)
1	Xie Zhenye	CHN	20.25
6	**Delano Williams**		**20.97**

400 Metres (15 Jul)
1	Paul Dedewo	USA	44.48
4	**Rabah Yousif**		**45.88**

800 Metres (14 Jul)
1	Clayton Murphy	USA	1:46.52
3	**Elliot Giles**		**1:47.40**

1500 Metres (15 Jul)
1	Marcin Lewandowski	POL	3:52.88
3	**Neil Gourley**		**3:53.24**

110 Metres Hurdles wind 1.0 (14 Jul)
1	Pascal Martinot-Lagarde	FRA	13.22
-	**Andrew Pozzi**		**dnf**

400 Metres Hurdles (15 Jul)
1	Kenny Selmon	USA	48.97
3	Dai Greene		49.48

High Jump (14 Jul)
1	Jeron Robinson	USA	2.30
5	Chris Baker		2.21

Pole Vault (15 Jul)
1	Sam Kendricks	USA	5.83
4	Charlie Myers		5.50

Long Jump (15 Jul)
1	Luvo Manyonga	RSA	8.51
8	Dan Bramble		7.64

Triple Jump (14 Jul)
1	Karol Hoffman	POL	16.74
6	Nathan Douglas		16.24

Shot Put (14 Jul)
1	Michal Haratyk	POL	21.95
7	Scott Lincoln		19.24

Discus (14 Jul)
1	Fedrick Dacres	JAM	65.32
7	Brett Morse		59.72

Hammer (15 Jul)
1	Wojciech Nowicki	POL	77.94
2	Nick Miller		76.14

Javelin (15 Jul)
1	Julian Weber	GER	82.80
5	James Whiteaker		73.90

4x100 Metres Relay (14 Jul)
1	USA	38.42
8	**Great Britain & NI**	**38.97**

(Arthur, Gordon, Robertson, Lawson)

4x400 Metres Relay (15 Jul)
1	USA	2:59.77
-	Great Britain & NI	dns

(C. Chalmers, Cowan, Rooney, Owen Smith)

WOMEN

100 Metres wind 0.0 (14 Jul)
1	Ashley Henderson	USA	11.07
4	**Bianca Williams**		**11.25**

200 Metres wind 0.2 (15 Jul)
1	Shericka Jackson	JAM	22.35
3	Beth Dobbin		22.95

400 Metres (14 Jul)
1	S.A. McPherson	JAM	50.69
4	Anyika Onuora		52.03

International & Championship Results

800 Metres (15 Jul)
1 Raevyn Rogers USA 2:00.20
2 Adelle Tracey 2:01.05

1500 Metres (14 Jul)
1 Sofia Ennaoui POL 4:07.66
3 Jemma Reekie 4:09.05

100 Metres Hurdles wind -0.2 (15 Jul)
1 Rikenette Steenkamp RSA 12.88
7 Megan Marrs 13.36

400 Metres Hurdles (14 Jul)
1 Janieve Russell JAM 55.10
2 Meghan Beesley 55.90

High Jump (15 Jul)
1 Vashti Cunningham USA 1.96
2 Morgan Lake 1.93

Pole Vault (14 Jul)
1 Holly Bradshaw 4.75
7g Sophie Cook 4.05

Long Jump (14 Jul)
1 Lorraine Ugen 6.86

Triple Jump (15 Jul)
1 Shanieka Ricketts JAM 14.61
6 Naomi Ogbeta 13.48

Shot Put (15 Jul)
1 Gong Lijiao CHN 19.90
5 Amelia Strickler 17.12

Discus (15 Jul)
1 Claudine Vita GER 62.92
4 Jade Lally 58.92

Hammer (14 Jul)
1 Anita Włodarczyk POL 78.74
2 Sophie Hitchon 73.48

Javelin (14 Jul)
1 Sunette Viljoen RSA 61.69
6 Laura Whittingham 51.74

4x100 Metres Relay (15 Jul)
1 Great Britain & NI 42.52
(Philip, Lansiquot, B Williams, S Hylton)

4x400 Metres Relay (14 Jul)
1 USA 3:24.28
5 Great Britain & NI 3:26.48
(Clark, Allcock, Agyapong, Diamond)

OVERALL TEAM SCORES
1 USA 219
2 Poland 162
3 Great Britain & NI 155
4 Jamaica 153
5 France 146
6 Germany 137
7 South Africa 135
8 China 81

ENGLAND/CAU CHAMPIONSHIPS
Manchester (SC) 28-29 July 2018

MEN
100 Metres wind 5.6 (28 Jul)
1 Andrew Robertson 10.06w

200 Metres wind 4.0 (29 Jul)
1 Edmond Amaning 20.44w

400 Metres (29 Jul)
1 Sadam Koumi SUD 46.82
2 Alex Haydock-Wilson 47.19

800 Metres (29 Jul)
1 Markhim Lonsdale 1:54.18

One Mile (29 Jul)
1 Jacob Brown 4:33.01

5000 Metres (29 Jul)
1 Alex Teuten 14:42.42

10,000 Metres (Manchester 15 Aug)
1 Ollie Lockley 29:54.55

3000 Metres Steeplechase (28 Jul)
1 Chris Perry 9:13.94

110 Metres Hurdles wind 5.0 (29 Jul)
1 Jake Porter 13.68

400 Metres Hurdles (29 Jul)
1 Jacob Paul 51.47

High Jump (28 Jul)
1 Ryan Webb 2.10

Pole Vault (28 Jul)
1 Harry Coppell 5.05

Long Jump (29 Jul)
1 Reynold Banigo 7.87w

Triple Jump (28 Jul)
1 Jonathan Ilori 15.90

Shot Put (29 Jul)
1 Scott Lincoln 19.05

Discus (29 Jul)
1 George Armstrong 59.72

Hammer (28 Jul)
1 Craig Murch 66.86

Javelin (28 Jul)
1 Joe Harris 67.63

3000 Metres Walk (29 Jul)
1 Daniel King 12:56.14

WOMEN
100 Metres wind 7.0 (28 Jul)
1 Kimbely Baptiste 11.35w

200 Metres wind 4.3 (29 Jul)
1 Kimbely Baptiste 23.40w

400 Metres (29 Jul)
1 Phillipa Lowe 53.91

800 Metres (28 Jul)
1 Mari Smith 2:09.23

1500 Metres (28 Jul)
1 Jessica Judd 4:18.01

5000 Metres (29 Jul)
1 Jessica Judd 16:13.46

10,000 Metres (Manchester 15 Aug)
1 Ella Revitt 35:32.54

3000 Metres Steeplechase (28 Jul)
1 Katie Ingle 10:15.38

100 Metres Hurdles wind 4.9 (29 Jul)
1 Jessica Hunter 13.30w

400 Metres Hurdles (29 Jul)
1 Hayley McLean 58.80

High Jump (29 Jul)
1 Emily Race 1.74

Pole Vault (29 Jul)
1 Sophie Cook 4.10

Long Jump (28 Jul)
1 Lucy Hadaway 6.39

Triple Jump (29 Jul)
1 Naomi Ogbeta 14.15w

Shot Put (28 Jul)
1 Sophie McKinna 17.71

Discus (28 Jul)
1 Jade Lally 57.25

Hammer (29 Jul)
1 Lucy Marshall 59.64

Javelin (29 Jul)
1 Emma Hamplett 50.47

3000 Metres Walk (29 Jul)
1 Erika Kelly 14:37.76

EUROPEAN CHAMPIONSHIPS
Berlin, GER 6-12 August 2018

MEN

100 Metres wind 0.0 (7 Aug)
1 Zharnel Hughes 9.95
(1s2 10.01)
2 Reece Prescod 9.96
(2s1 10.10)
3 Jak Ali Harvey TUR 10.01
4 CJ Ujah 10.06
(2s3 10.14)

200 Metres wind 0.7 (9 Aug)
1 Ramil Guliyev TUR 19.76
2 Nethaneel Mitchell-Blake 20.04
(2s3 20.35)
3 Alex Wilson SUI 20.04
5 Adam Gemili 20.10
(3s2 20.46)
-s1 Delano Williams dns
(3h3 20.89)

400 Metres (10 Aug)
1 Matthew Hudson-Smith 44.78
(1s1 44.76)
2 Kevin Borlée BEL 45.13
3 Jonathan Borlée BEL 45.19
5s1 Dwayne Cowan 45.45
(1h4 45.75)
3s2 Rabah Yousif 45.30
6s3 Martyn Rooney 45.73
(3h3 46.27)

800 Metres (11 Aug)
1 Adam Kszczot POL 1:44.59
2 Andreas Kramer SWE 1:45.03
3 Pierre-Ambroise Bosse FRA
 1:45.30
5s1 Guy Learmonth 1:46.83
(5h2 1:46.75)
6s1 Daniel Rowden 1:46.98
(3h4 1:46.59)
7s2 Elliot Giles 1:47.40
(3h1 1:48.05)

1500 Metres (10 Aug)
1 Jakob Ingebrigtsen NOR 3:38.10
2 Marcin Lewandowski POL 3:38.14
3 Jake Wightman 3:38.25
(1h3 3:40.73)
5 Charlie Da'Vall Grice 3:38.65
(2h2 3:40.80)
9 Chris O'Hare 3:39.53
(1h1 3:49.06)

5000 Metres (11 Aug)
1 Jakob Ingebrigtsen NOR 13:17.06
2 Henrik Ingebrigtsen NOR 13:18.75
3 Morhad Amdouni FRA 13:19.14
5 Marc Scott 13:23.14
9 Chris Thompson 13:25.11
11 Ben Connor 13:25.31

10,000 Metres (7 Aug)
1 Morhad Amdouni FRA 28:11.22
2 Bashir Abdi BEL 28:11.76
3 Yemaneberhan Crippa ITA
 28:12.15
5 Andy Vernon 28:16.90
11 Chris Thompson 28:33.12
14 Alex Yee 28:58.86

Marathon 12 Aug
1 Koen Naert BEL 2:09:51
2 Tadesse Abraham SUI 2:11:24
3 Yassine Rachik ITA 2:12:09

EUROPEAN MARATHON CUP
1 Italy 6:40:49
2 Spain 6:42:44
3 Austria 6:49:31

3000 Metres Steeplechase (9 Aug)
1 Mahiedine Mekhissi-Benabbad
 FRA 8:31.66
2 Fernando Carro ESP 8:34.16
3 Yohanes Chiappinelli ITA 8:35.81
5 Zac Seddon 8:37.28
(7h1 8:30.00)
8h1 Jamaine Coleman 8:33.78
10h2 Ieuan Thomas 8:40.87

110 Metres Hurdles wind 0.0 (10 Aug)
1 P. Martinot-Lagarde FRA 13.17
2 Sergey Shubenkov ANA 13.17
3 Orlando Ortega ESP 13.34
6 Andrew Pozzi 13.48
(2s2 13.28)
6s3 David King 13.55
(2h2 13.65)

400 Metres Hurdles (9 Aug)
1 Karsten Warholm NOR 47.64
2 Yasmani Copello TUR 47.81
3 Thomas Barr IRL 48.31
6s3 Jack Green 49.84
5h2 Seb Rodger 51.30

High Jump (11 Aug)
1 Mateusz Przybylko GER 2.35
2 Maksim Nedosekov BLR 2.33
3 Ilya Ivanyuk ANA 2.31
15Q Allan Smith 2.21
16=Q Chris Baker 2.21
20=Q David Smith 2.16

Pole Vault (12 Aug)
1 Armand Duplantis SWE 6.05
2 Timur Morgunov ANA 6.00
3 Renaud Lavillenie FRA 5.95
10 Adam Hague 5.65
(Q 5.61)
17=Q Charlie Myers 5.36

Long Jump (8 Aug)
1 Miltiadís Tentóglou GRE 8.25
2 Fabian Heinle GER 8.13
3 Serhiy Nykyforov UKR 8.13
6 Dan Bramble 7.90
(Q 7.89)
15Q Feron Sayers 7.68

Triple Jump (12 Aug)
1 Nelson Évora POR 17.10
2 Alexis Copello AZE 16.93
3 Dimitrios Tsiamis GRE 16.78
6 Nathan Douglas 16.71
(Q 16.56)

Shot Put (7 Aug)
1 Michal Haratyk POL 21.72
2 Konrad Bukowiecki POL 21.66
3 David Storl GER 21.41

Discus (8 Aug)
1 Andrius Gudzius LTU 68.46
2 Daniel Ståhl SWE 68.23
3 Lukas Weisshaidinger AUT 65.14

Hammer (7 Aug)
1 Wojciech Nowicki POL 80.12
2 Paweł Fajdek POL 78.69
3 Bence Halász HUN 77.36
10 Nick Miller 73.16
(Q 73.79)
24Q Chris Bennett 70.57

Javelin (9 Aug)
1 Thomas Röhler GER 89.47
2 Andreas Hofmann GER 87.60
3 Magnus Kirt EST 85.96

Decathlon (7-8 Aug)
1 Arthur Abele GER 8431
2 Ilya Shkurenyov ANA 8321
3 Vitaliy Zhuk BLR 8290
5 Tim Duckworth 8160

20 Km Walk (11 Aug)
1 Alvaro Martín ESP 1:20:42
2 Diego Garcia ESP 1:20:48
3 Vasiliy Mizinov ANA 1:20:50
7 Tom Bosworth 1:21:31
- Callum Wilkinson dq

50 Km Walk (7 Aug)
1 Maryan Zakalnytskyy UKR
 3:46:32
2 Matej Tóth SVK 3:47:27
3 Dzmitry Dziubin BLR 3:47:59

ANA – Russians competing as
Authorised Neutral Athletes

International & Championship Results

4x100 Metres Relay (12 Aug)
1 Great Britain & NI 37.80
(Ujah, Hughes, Gemili, A-Aryeetey)
(1h1 37.84 Mitchell-Blake leg 4)
2 Turkey 37.98
3 Netherlands 38.03

WOMEN

100 Metres wind 0.0 (7 Aug)
1 Dina Asher-Smith 10.85
(1s1 10.93)
2 Gina Lückenkemper GER 10.98
3 Dafne Schippers NED 10.99
6 Imani Lansiquot 11.14
(3s3 11.14)
4s2 Daryll Neita 11.27
(4h2 11.48)

200 Metres wind 0.2 (11 Aug)
1 Dina Asher-Smith 21.89
(1s1 22.33)
2 Dafne Schippers NED 22.14
3 Jamile Samuel NED 22.37
6 Bianca Williams 22.88
(3s1 22.83)
7 Beth Dobbin 22.93
(2s2 22.84)
5s3 Jodie Williams 23.28

400 Metres (11 Aug)
1 Justyna Swiety-Ersetic POL 50.41
2 María Belibasáki GRE 50.45
3 Lisanne de Witte NED 50.77
4 Laviai Nielsen 51.21
(1s1 51.21, 1h1 51.67)
3s2 Anyika Onuora 51.77
6s3 Amy Alllcock 51.91

800 Metres (10 Aug)
1 Nataliya Pryshchepa UKR 2:00.38
2 Renelle Lamote FRA 2:00.62
3 Olha Lyakhova UKR 2:00.79
4 Adelle Tracey 2:00.86
(2s2 1:59.86, 1h2 2:01.91)
6 Lynsey Sharp 2:01.83
2s1 2:02.73, 2h1 2:00.32)
8 Shelayna Oskan-Clarke 2:02.26
(4s2 2:00.39, 2h3 2:04.08)

1500 Metres (12 Aug)
1 Laura Muir 4:02.32
(1h1 4:09.12)
2 Sofia Ennaoui POL 4:03.08
3 Laura Weightman 4:03.75
(2h2 4:08.74)
8h1 Jemma Reekie 4:10.35

5000 Metres (12 Aug)
1 Sifan Hassan NED 14:46.12
2 Eilish McColgan 14:53.05
3 Yasemin Can TUR 14:57.63
6 Melissa Courtney 15:04.75
10 Stephanie Twell 15:41.10

4x400 Metres Relay (11 Aug)
1 Belgium 2:59.47
2 Great Britain & NI 3:00.36
(Yousif, Cowan, H-Smith, Rooney)
(1h1 3:01.62)
(C Chalmers, Cowan, Yousif, Rooney)
3 Spain 3:00.78

10000 Metres (8 Aug)
1 Lonah Salpeter ISR 31:43.29
2 Susan Krumins NED 31:52.55
3 Meraf Bahta SWE 32:19.34
6 Alice Wright 32:36.45

Marathon (12 Aug)
1 Olga Mazuronak BLR 2:26.22
2 Clémence Calvin FRA 2:26.28
3 Eva Vrabková-Nyvítová CZE 2:26.31
15 Tracy Barlow 2:35.00
21 Sonia Samuels 2:37.36
30 Caryl Jones 2:40:41
Charlotte Purdue dnf
Lily Partridge dnf

EUROPEAN MARATHON CUP
1 Belarus 7:21.55
2 Italy 7:32.47
3 Spain 7:44.07
4 Great Britain & NI 7:53.17
(Barlow, Samuels, Jones)

3000M Steeplechase (12 Aug)
1 Gesa-Felicitas Krause GER 9:19.80
2 Fabienne Schlumpf SUI 9:22.29
3 Karoline Grøvdal NOR 9:24.46
10 Rosie Clarke 9:32.15
(4h2 9:33.78)

100 Metres Hurdles wind -0.5 (9 Aug)
1 Elvira German BLR 12.67
2 Pamela Dutkiewicz GER 12.72
3 Cindy Roleder GER 12.77

400 Metres Hurdles (10 Aug)
1 Léa Sprunger SUI 54.33
2 Anna Ryzhykova UKR 54.51
3 Meghan Beesley 55.31
(3s3 55.21)
8 Eilidh Doyle 56.23
(1s1 55.16)
7s2 Kirsten McAslan 57.33
(2h1 56.78)

High Jump (10 Aug)
1 Mariya Lasitskene ANA 2.00
2 Mirela Demireva BUL 2.00
3 Marie-Laurence Jungfleisch GER 1.96
7 Morgan Lake 1.91
(Q 1.90)
18=Q Nikki Manson 1.81

Pole Vault (9 Aug)
1 Katerína Stefanídi GRE 4.85
2 Nikoléta Kiriakopoúlou GRE 4.80
3 Holly Bradshaw 4.75
(Q 4.50)
15=Q Lucy Bryan 4.35
24Q Molly Caudery 4.20

Long Jump (11 Aug)
1 Malaika Mihambo GER 6.75
2 Maryna Bekh UKR 6.73
3 Shara Proctor 6.70
(Q 6.75)
4 Jazmin Sawyers 6.67
(Q 6.64)
9 Lorraine Ugen 6.45
(Q 6.70)

Triple Jump (10 Aug)
1 Paraskeví Papahrístou GRE 14.60
2 Kristin Gierisch GER 14.45
3 Ana Peleteiro ESP 14.44
12 Naomi Ogbeta 13.94
(Q 14.15)

Shot Put (8 Aug)
1 Pauline Guba POL 19.33
2 Christina Schwanitz GER 19.19
3 Alyona Dubitskaya BLR 18.81
7 Sophie McKinna 17.69
(Q 17.24)
10 Amelia Strickler 17.15
(Q 17.31)
21Q Divine Oladipo 15.78

Discus (11 Aug)
1 Sandra Perković CRO 67.62
2 Nadine Müller GER 63.00
3 Shanice Craft GER 62.46
11 Jade Lally 57.33
(Q 57.71)
26Q Kirsty Law 52.37

Hammer (12 Aug)
1 Anita Włodarczyk POL 78.94
2 Alexandra Tavernier FRA 74.74
3 Joanna Fiodorow POL 74.00
8 Sophie Hitchon 70.52
(Q 68.69)

Javelin (10 Aug)
1 Christin Hussong GER 67.90
2 Nikola Ogrodníková CZE 61.85
3 Liveta Jasiunaite LTU 61.59

20 Km Walk (11 Aug)
1 María Pérez ESP 1:26.36
2 Anezka Drahotova CZE 1:27.03
3 Antonella Palmisano ITA 1:27.30
22 Bethan Davies 1:36.50
Heather Lewis dq

50 Km Walk (7 Aug)
1 Inês Henriques POR 4:09.21
2 Alina Tsviliy UKR 4:12.44
3 Julia Takacs ESP 4:15.22

4x100 Metres Relay (12 Aug)
1 Great Britain & NI 41.88
(Philip, Lansiquot, B Williams,
Asher-Smith)
(1h1 42.19 Neita leg 4)
2 Netherlands 42.15
3 Germany 42.23

4x400 Metres Relay (12 Aug)
1 Poland 3:26.59
2 France 3:27.17

3 Great Britain & NI 3:27.40
(Clark, Onuora, Allcock, Doyle)
2h1 3:28.12
(Clark, Agyapong, Abichi, Diamond)

Heptathlon (9-10 Aug)
1 Nafissatou Thiam BEL 6816
2 Katarina Johnson-Thompson 6759
3 Carolin Schäfer GER 6602

IAAF CONTINENTAL CUP
Ostrava, CZE 8-9 September 2018
Note: field event placings marked with a * were different for the team scoring and not in order of distance

MEN

100 Metres wind 0.0 (9 Sep)
1 Noah Lyles Am/USA 10.01
2 Su Bingtian AP/CHN 10.03
3 Akani Simbine Af/RSA 10.11

200 Metres wind -1.6 (8 Sep)
1 Alonso Edward Am/PAN 20.19
2 Ramil Guliyev Eu/TUR 20.28
3 Alex Quiñónez Am/ECU 20.36

400 Metres (9 Sep)
1 Abdalelah Haroun AP/QAT 44.72
2 Baboloki Thebe Af/BOT 45.10
3 Nathan Strother Am/USA 45.28
4 Matthew Hudson-Smith Eu 45.72

800 Metres (8 Sep)
1 Emmanuel Korir Af/KEN 1:46.50
2 Clayton Murphy Am/USA 1:46.77
3 Nijel Amos Af/BOT 1:46.77

1500 Metres (9 Sep)
1 Elijah Manangoi Af/KEN 3:40.00
2 M. Lewandowski Eu/POL 3:40.42
3 J. Ingebrigtsen Eu/NOR 3:40.80

3000 Metres (9 Sep)
1 Paul Chelimo Am/USA 7:57.13
2 M. Ahmed Am/CAN 7:57.99
3 H. Ingebrigtsen Eu/NOR 7:58.85
6 Marc Scott Eu elim.

3000 Metres Steeplechase (8 Sep)
1 Conseslus Kipruto Af/KEN 8:22.55
2 Matthew Hughes Am/CAN 8:29.70
3 Y. Chiappinelli Eu/ITA 8:32.89

110 Metres Hurdles wind 0.9 (9 Sep)
1 Sergey Shubenkov Eu/RUS 13.03
2 Ronald Levy Am/JAM 13.12
3 Pascal Martinot-Lagarde Eu/FRA 13.31

400 Metres Hurdles (8 Sep)
1 Abederrahmane Samba AP/QAT 47.37
2 Annsert Whyte Am/JAM 48.46
3 Karsten Warholm Eu/NOR 48.56

High Jump (8 Sep)
1 Donald Thomas Am/BAH 2.30
2 Brandon Starc AP/AUS 2.30
3 Maksim Nedosekov Eu/BLR 2.27

Pole Vault (9 Sep)
1 Sam Kendricks Am/USA 5.85
2 Renaud Lavillenie Eu/FRA 5.80
3 Shawnacy Barber Am/CAN 5.65

Long Jump (8 Sep)
1 Ruswahl Samaai Af/RSA 8.16
2 Miltiádis Tentóglou Eu/GRE 8.00
3 Jeffrey Henderson Am/USA 7.98

Triple Jump (9 Sep)
1 Christian Taylor Am/USA 17.59
2* Cristian Nápoles Am/CUB 17.07
3* F. Zango Hugues Af/BUR 17.02

Shot Put (8 Sep)
1 Darlan Romani Am/BRA 21.89
2* Ryan Crouser Am/USA 21.63
3* Tom Walsh AP/NZL 21.43

Discus (8 Sep)
1 Fedrick Dacres Am/JAM 67.97
2* Andrius Gudzius Eu/LTU 66.95
3* Daniel Ståhl Eu/SWE 64.84

Hammer (9 Sep)
1 Dilshod Nazarov AP/TJK 77.34
2* Diego Del Real Am/MEX 75.86
3* Bence Halász Eu/HUN 74.80

Javelin (9 Sep)
1 Thomas Röhler Eu/GER 87.07
2* Jakub Vadlejch Eu/CZE 84.76
3* Cheng Chao-Tsun AP/TPE 83.28

4x100 Metres Relay (8 Sep)
1 Americas 38.05
2 Europe TUR 38.96
3 Asia-Pacific 39.55

WOMEN

100 Metres wind -0.4 (8 Sep)
1 Marie Josée Ta Lou Af/CIV 11.14
2 **Dina Asher-Smith Eu 11.16**
3 Jenna Prandini Am/USA 11.21

200 Metres wind 0.1 (9 Sep)
1 Shaunae Miller-Uibo Am/BAH 22.16
2 Dafne Schippers Eu/NED 22.28
3 Marie Josée Ta Lou Af/CIV 22.61

400 Metres (8 Sep)
1 Salwa Eid Naser AP/BRN 49.32
2 Caster Semenya Af/RSA 49.62
3 S.A. McPherson Am/JAM 50.82

800 Metres (9 Sep)
1 Caster Semenya Af/RSA 1:54.77
2 Ajee' Wilson Am/USA 1:57.16
3 Natoya Goule Am/JAM 1:57.36

1500 Metres (8 Sep)
1 Winny Chebet Af/KEN 4:16.01
2 Shelby Houlihan Am/USA 4:16.36
3 Rabab Arrafi Af/MAR 4:17.19

3000 Metres (8 Sep)
1 Sifan Hassan Eu/NED 8:27.50
2 Senbere Teferi Af/ETH 8:32.49
3 Hellen Obiri Af/KEN 8:36.20

3000 Metres Steeplechase (9 Sep)
1 B. Chepkoech Af/KEN 9:07.92
2 C. Frerichs Am/USA 9:15.25
3 Winfred Yavi AP/BRN 9:17.86

100 Metres Hurdles wind -0.1 (8 Sep)
1 Danielle Williams Am/JAM 12.49
2 Kendra Harrison Am/USA 12.52
3 Pamela Dutkiewicz Eu/GER 12.82

400 Metres Hurdles (9 Sep)
1 Janieve Russell Am/JAM 53.62
2 Shamier Little Am/USA 53.86
3 Anna Ryzhykova Eu/UKR 54.47
4 **Meghan Beesley Eu 55.58**

International & Championship Results

High Jump (9 Sep)
1 Mariya Lasitskene Eu/RUS 2.00
2 Svetlana Radzivil AP/UZB 1.95
3 Levern Spencer Am/LCA 1.93

Pole Vault (8 Sep)
1 Anzhelika Sidorova Eu/RUS 4.85
2 Katerína Stefanídi Eu/GRE 4.85
3 Sandi Morris Am/USA 4.85

Long Jump (9 Sep)
1 Caterine Ibargüen Am/COL 6.93
2* Malaika Mihambo Eu/GER 6.86
3* Brooke Stratton AP/AUS 6.71
4* Shara Proctor Eu 6.63

MIXED EVENT
4x400 Metres Relay (9 Sep)
1 Americas 3:13.01
2 Africa 3:16.19
3 Asia-Pacific 3:18.55

Triple Jump (8 Sep)
1 Caterine Ibargüen Am/COL 14.76
2* Tori Franklin Am/USA 14.27
3* Olga Rypakova AP/KAZ 14.26

Shot Put (9 Sep)
1* Raven Saunders Am/USA 19.74
2* Christina Schwanitz Eu/GER 19.73
3* Gong Lijiao AP/CHN 19.63

Discus (8 Sep)
1* Sandra Perković Eu/SRB 68.44
2* Yaimé Pérez Am/CUB 65.30
3 Chen Yang AP/CHN 63.34

OVERALL SCORES
1 Americas 262
2 Europe 233
3 Asia-Pacific 188
4 Africa 142

Hammer (8 Sep)
1 DeAnna Price Am/USA 75.46
2 Anita Włodarczyk Eu/POL 73.45
3* Alexandra Tavernier Eu/FRA 70.40

Javelin (9 Sep)
1 Lu Huihui AP/CHN 63.88
2 Christin Hussong Eu/GER 62.96
3 Kara Winger Am/USA 60.38

4x100 Metres Relay (8 Sep)
1 Americas 42.11
2 Europe GBR 42.55
(Awuah, Lansiquot, B. Williams, Asher-Smith)
3 Asia-Pacific CHN 42.93

WORLD CHAMPIONSHIPS 100KM
Grkavescak, CRO 8 Sep 2018

MEN
8 Anthony Clark 6:43:22
30 Robert Turner 7:18:08

WOMEN
11 Samantha Amend 8:01:11
30 Carla Molinaro 8:23:45
51 Sue Harrison 8:55:37
Team: GBR 9th 25:20:33

34th WORLD MOUNTAIN RUNNING CHAMPIONSHIPS
Canillo, AND 16 Sep 2018

MEN – 11.933 KM
1 Robert Chemonges UGA 55:37
6 Jacob Adkin U23 58:31
16 Chris Arthur 60:59
25 Andrew Douglas 61:49
52 Maximilain Nicholls U23 64:58
Team: 4th GBR 47

U20 MEN – 7.349 KM
1 Dan Chebet UGA 35:49
4 Joseph Dugdale U20 39:37
7 Matthew Mackay U17 40:17
11 Jack White U17 40:40
29 Euan Brennan U17 43:04
Team: 2nd GBR 22

WOMEN – 11.933 KM
1 Lucy Wambui Mirigi KEN 64:55
7 Emily Collinge 67:57
10 Sarah Tunstall 70:24
22 Emma Gould 73:25
51 Bethany Hanson U23 80:45
Team: 2nd GBR 38

U20 WOMEN – 7.439 KM
1 Risper Chebet UGA 41:19
17 Lauren Dickson U20 48:10
27 Rosie Woodhams U17 50:23
29 Anna MacFadyen U20 50:46
31 Helen Thornhill U20 51:02
Team: 8th GBR 73

COMMONWEALTH HALF-MARATHON CHAMPIONSHIPS
Cardiff, 7 October 2018 (places are given in the overall race)

MEN
1 Jack Rayner AUS 61:01
2 Fred Musobo UGA 61:08
3 Timothy Toroitich UGA 61:17
7 Mohamud Aadan ENG 62:31
9 Dewi Griffiths WAL 62:56
10 Matthew Clowes ENG 63:27
11 Tom Wade ENG 63:40
13 Kristian Jones WAL 63:57
15 Paul Pollock NIR/IRL 64:06
17 Alexander Teuten ENG 64:54
18 Josh Griffiths WAL 65:07
19 Jonathan Hopkins WAL 65:20
22 Michael Crawley SCO 66:37
25 Kenny Wil SCO 66:59
28 Conor Bradley NIR 67:32
34 Eoghan Totten NIR/IRL 67:45
41 Andrew Annett NIR 69:30
44 Alan Corlett IOM 70:01
50 John Newsom SCO 70:40
53 Max Costley IOM 71:36

WOMEN
1 Juliet Chekwel UGA 69:45
2 Celia Sullohern AUS 71:04
3 Doreen Chesang UGA 71:10
5 Tracy Barlow ENG 72:17
7 Stephanie Twell SCO 72:32
9 Ann Marie McGlynn NIR/IRL 73:48
10 Gemma Steel ENG 73:48
11 Lucy Reid ENG 73:49
12 Clara Evans WAL 74:15
13 Dani Nimmock ENG 74:30
14 Rosie Edwards WAL 75:25
18 Jenny Nesbitt WAL 76:14
24 Annabel Simpson SCO 78:09
25 Sarah Webster IOM 79:32
26 Alaw Beynon-Thomas WAL 79:41
28 Fiona Brian SCO 80:45
59 Hannah Howard IOM 87:29

TEAM TOTALS - MEN
1 Uganda 3:04:07
2 Australia 3:07:26
3 England 3:09:38
4 Wales 3:12:00
5 Northern Ireland 3:19:23
6 Scotland 3:24:16

WOMEN
1 Uganda 3:32:47
2 Australia 3:39:08
3 England 3:39:54
4 Wales 3:45:54
5 Scotland 3:51:26

YOUTH OLYMPIC GAMES

Buenos Aires, ARG 11 - 16 October 2018 – no GBR participants in athletics

Note, medallists were determined by combining two results. The performance given here is the best result of the winner. 2000m steeplechase, 1500m and 3000m races were combined with cross country – the gold medallist is marked with *.

BOYS

100	Luke Davids	RSA	10.15w
200	Abdelaziz Mohamed	QAT	20.68
400	Luis Aviles	MEX	46.78
800	Tasew Yada	ETH	1:49.38
1500	Melese Nberet	ETH	3:52.95
XC	*Jean de Dieu Butoyi	BDI	11:31
3000	Oscar Chelimo	UGA	8:08.20
XC	*Jackson Muema	KEN	11:12
2kSt	Abrham Sime	ETH	5:34.94
XC	Abrham Sime	ETH	11:51
110H	Owaab Barrow	QAT	13.17
400H	Haruto Deguchi	JPN	51.28
HJ	Chen Long	CHN	2.22
PV	Baptiste Thiery	FRA	5.32
LJ	Lester Lescay	CUB	7.89w
TJ	Jordan Díaz	CUB	17.14
SP	Nazareno Sasia	ARG	21.94
DT	Connor Bell	NZL	66.84
HT	Myhaylo Kokhan	UKR	85.97
JT	Topias Laine	FIN	78.85
5kW	Oscar Patín	ECU	20:13.69

GIRLS

100	Rosemary Chukuma	NGR	11.17w
200	Gudbjörg Bjarnadóttir	ISL	23.47
400	Barbora Malíková	CZE	54.18
800	Keely Small	AUS	2:04.76
1500	Edinah Jebitok	KEN	4:16.68
XC	Edinah Jebitok	KEN	12:37
3000	Sarah Chelangat	KEN	9:11.63
XC	Sarah Chelangat	KEN	12:32
2kSt	Fancy Cherono	KEN	6:26.08
XC	Fancy Cherono	KEN	12:51
100H	Grace Stark	USA	12.83w
400H	Valeria Cabezas	COL	58.39
HJ	Yaroslava Mahuchikh	UKR	1.95
PV	Leni Wildgrube	GER	4.17
LJ	Maité Beernaert	BEL	6.31w
TJ	Aleksandra Nacheva	BUL	13.86
SP	Li Xinhui	CHN	18.42
DT	Melany Matheus	CUB	54.95
HT	Valeriya Ivanenko	UKR	74.90
JT	Elina Tzénggo	GRE	63.34
5kW	Xi Ricuo	CHN	22:23.26

SPAR EUROPEAN CROSS-COUNTRY CHAMPIONSHIPS

Tilburg, NED 9 December 2018

SENIOR MEN (10.3k)
1	Filip Ingebrigtsen	NOR	28:49
9	Marc Scott		29:21
12	Kristian Jones		29:28
13	Dewi Griffiths		29:31
17	Charlie Hulson		29:43
30	Ross Millington		29:57
47	Nick Goolab		30:31

TEAM
1	Turkey	14
2	Great Britain & NI	34

SENIOR WOMEN (8.3k)
1	Yasemin Can	TUR	26:05
7	Charlotte Arter		26:57
8	Melissa Courtney		26:59
9	Pippa Woolven		27:02
10	Jess Piasecki		27:03
15	Kate Avery		27:20
20	Verity Ockenden		27:30

TEAM
1	Netherlands	20
2	Great Britain & NI	24

SENIOR MIXED RELAY
1	Spain	16:10
4	Great Britain & NI	16:24

(Jamie Williamson, Alexandra Bell, Philip Seseman, Jessica Judd)

U23 MEN (8.3k)
1	Jimmy Gressier	FRA	23:37
5	Patrick Dever		24:05
8	Emile Cairess		24.07
17	Mahamed Mahamed		24:24
19	Oliver Fox		24:25
27	Paulos Surafel		24:46
28	John Millar		24:47

TEAM
1	France	11
2	Great Britain & NI	30

U23 WOMEN (6.3k)
1	Anna Emilie Møller	DEN	20:34
7	Amy Griffiths		21:04
9	Poppy Tank		21:05
17	Abbie Donnelly		21:19
21	Dani Chattenton		21:30
30	Lydia Turner		21:43
45	Emily Moyes		22:10

TEAM
1	Germany	22
3	Great Britain & NI	33

U20 MEN (6.3k)
1	Jakob Ingebrigtsen	NOR	18:00
4	Jake Heyward		18:16
12	Isaac Akers		18:48
14	Matthew Willis		18:49
28	Jack Meijer		19:09
32	Tom Mortimer		19:13
71	Rory Leonard		19:46

TEAM
1	Norway	28
2	Great Britain & NI	30

U20 WOMEN (4.3k)
1	Nadia Battocletti	ITA	13:46
5	Amelia Quirk		13:57
7	Khahisa Mhlanga		14:00
11	Grace Brock		14:05
13	Cari Hughes		14:10
20	Anna MacFadyen		14:22
36	Tiffany Penfold		14:33

TEAM
1	Great Britain & NI	23

International & Championship Results 119

REGIONAL CHAMPIONSHIPS

	SCOTLAND				WALES				NORTHERN IRELAND		
	Grangemouth 11-12 August				Cardiff 13-14 July				Belfast 9 June		
	MEN				**MEN**				**MEN**		
100	Alec Thomas		10.85		Joshua Brown		10.87		Aaron Sexton	IRL	10.69
200	Allan Hamilton		21.64		Kristian Jones		21.72		Paul Murphy	IRL	21.67
400	Sadam Koumi	SUD	47.30		Owen Smith		47.32		Theo Campbell		47.03
800	Jamie Williamson		1:56.09		Elliot Slade		1:50.48		Conall Kirk		1:50.72
1500	Neil Gourley		3:48.86		Ieuan Thomas		3:46.44		Neil Johnston		3:57.90
3000					Remi Adebiyi		8:43.40				
5000	Alastair Hay		14:37.91						Conor Bradley		14:57.59
3kSt	Michael Deason		9:22.35	2kSt	Brychan Price-Davies		6:32.28				
110H	Daniel Rees		16.33		Harry Hillman		16.17		Ben Reynolds	IRL	14.19
400H	Jack Lawrie		50.75		Brychan Price-Davies		60.41		Chris Quinn	IRL	57.47
HJ	Lewis McGuire		2.02		Jonathon Bailey		1.99		Barry Pender	IRL	2.10
PV	Jax Thoirs		5.06		Thomas Walley		4.25		Kevin Byrne	IRL	3.20
LJ	David John Martin		7.43w		Richard Tsang		6.77		Adam McMullen	IRL	7.79
TJ	Antony Daffurn		15.31		Thomas Walley		14.29w		Jai Benson		13.84
SP	Scott Lincoln		19.10		Patrick Swan		15.14		Damien Crawford		10.33
DT	Nicholas Percy		59.87		Patrick Swan		44.99		Damien Crawford		31.97
HT	Chris Bennett		70.75		Osian Jones		71.08		Andy Frost		60.42
JT	Greg Millar		63.48		Jason Copsey		66.14		Jack Magee		66.42
3kW					Mark Williams		15:46.26				
	Crownpoint, Glasgow 20 April				Cardiff 30 June (^chip time)				Magherafelt 5 August		
10000	Lachlan Oates		29:48.80		Matt Rees		32:28.30^		Scott Rankin		31.42.51
	Grangemouth 14-15 July				Bedford 26-27 May				Belfast 25-26 August		
Dec	Tom Chandler		6725		Ben Gregory		7517		Shane Aston	IRL	6617
	Falkirk 24 February				Swansea 24 February				Lurgan 24 February		
10kXC	Kristian Jones		33:05	10kXC	James Hunt		30:45	12kXC	Declan Reed		41:40
	WOMEN				**WOMEN**				**WOMEN**		
100	Katy Wyper		11.88		Hannah Brier		12.06		Lauren Roy	IRL	12.04
200	Alisha Rees		24.18		Amy Odunaiya		24.66		Davicia Patterson	IRL	24.75
400	Kelsey Stewart		54.89		Lauren Williams		55.01		Rachel McCann		57.43
800	Mhairi Hendry		2:07.91		Jade Williams		2:07.86		Kelly Neely	IRL	2:13.15
1500	Jenny Selman		4:34.17		Ffion Price		4:19.17		Emma Mitchell	IRL	4:17.93
3000					Emily Kearney		10:10.52				
5000	Mhairi MacLennan		16:51.63						Jessica Craig		17:12.84
3kSt	Lauren Stoddart		10:57.61	2kSt	Lauren Cooper		7:41.76				
100H	Heather Paton		14.76		Lauren Evans		14.86		Mollie Courtney		13.69
400H	Kirsten McAslan		58.71		none				Kate McGowan	IRL	62.16
HJ	Laura Armorgie		1.73		Lauren Evans		1.65		Sarah Connolly	IRL	1.65
PV	Hannah Lawler		3.66		Megan Hodgson		3.40		Ellen McCartney		3.70
LJ	Sarah Warnock		6.05w		Rebecca Chapman		6.34w		Lydia Mills		5.69
TJ	Zara Asante		12.94		Sian Swanson		11.66		Lydia Mills		11.30
SP	Mhairi Porterfield		12.19		Adele Nicoll		14.97		Laura Frey		10.59
DT	Kirsty Law		53.08		Adele Nicoll		44.84		Sarah McGlynn		31.79
HT	Jessica Mayho		62.34		Amber Simpson		56.67		Hayley Murray		57.96
JT	Ellie Fulton		39.58		Bethan Rees		45.75		Sophie Loughlin		33.75
3kW					Bethan Davies		12:42.46				
	Crownpoint, Glasgow 20 April				Cardiff 30 June (^chip time)				Magherafelt 5 August		
10000	Fionnuala Ross	IRL	34:05.59		Claire Jacobs		43:06.00^		Marina Murphy		39.33.34
	Grangemouth 14-15 July				Bedford 26-27 May				Belfast 25-26 August		
Hept	Danielle McGifford		5220		not contested				Laura Frey		4344
	Falkirk 24 February				Swansea 24 February				Lurgan 24 February		
10kXC	Mhairi MacLennan		37:49	6.42k	Bronwen Owen		21:31	6kXC	Rebekah Nixon		24:21

AREA CHAMPIONSHIPS

	SOUTH Bedford 9-10 June		MIDLAND Nuneaton 10 June		NORTH Manchester (SC) 9-10 June	
	MEN		**MEN**		**MEN**	
100	John Otugade	10.39	Kyle de Escofet	10.57	Jona Efoloko	10.61
200	Marvin Popoola	21.32	Kane Howitt	21.35	James Williams	21.34
400	Nicholas Atwell	47.05	Jack Hocking	48.66	Adam Walker-Khan	47.39
800	Will Snook	1:52.79	Adam Wright	1:54.19	James Young	1:54.33
1500	Sean Molloy	3:58.62	James McCrae	3:54.54	Jethro McGraw	3:57.03
5000	Joshua Grace	14:32.73	Daniel Owen	15:00.21	Dominic Shaw	14:49.43
3kSt	Matthew Arnold	9:35.85	Steve Millward	9:58.75	Daniel Eckersley	9:19.19
110H	Alex Al-Ameen NGR	14.35	Prince Ayeh	16.00	Rivaldo Brown	15.52
400H	James Forman	51.45	Charlie Roe	56.52	William Ritchie-Moulin	52.92
HJ	Tom Nichols	2.05	Rory Dwyer	2.00	Thomas Hughes	1.93
PV	Scott Huggins	5.00	Callum Court	4.30	Luke Cutts	5.00
LJ	James Lelliott	7.38	Ed Barbour	6.48	Trevor Alexanderson	7.19
TJ	Tosin Oke NGR	16.28	Armani James	14.05	Jonathan Ferryman	13.94
SP	Martin Tinkler	15.07	Jonathan Briggs	12.76	Arturas Gurklys LTU	16.80
DT	Chris Scott	54.86	Najee Fox	48.81	Alan Toward	53.62
HT	Callum Brown	67.04	Craig Murch	70.12	Michael Bomba	63.38
JT	Gavin Johnson-Assoon	67.89	Benji Pearson	68.98	Sam Dean	62.71
			Coventry 1 September			
3000			Daniel Owen	8:42.1		
	Walthamstow, 29 June		Tipton 14 August			
10000	Paul Martelletti	30:32.24	George Beardmore	31:56.82		
	Horspath, Oxford 7-8 July		Bedford 26-27 May		Bedford 26-27 May	
Dec	Harry Kendall	7089	Gavin Phillips	6629	Aiden Davies	6940
Walks	London (LV) 12 August					
5kW	Mark Culshaw	30:53.86				
XC	Stanmer Park, Brighton 27 Jan		Wollaton Pk, Nottingham 27 Jan		Harewood 27 Jan	
15kXC	John Gilbert	51:07	12kXC Alex Brecker	40:09	12kXC Carl Avery	39:50
	WOMEN		**WOMEN**		**WOMEN**	
100	Risqat Fabunmi-Alade	11.93	Bethan Wakefield	12.41	Katy Wyper	12.01
200	Risqat Fabunmi-Alade	24.04	Hayley Mills	24.30	Ella Barrett	24.59
400	Phillipa Lowe	53.69	Derrion Thompson	57.09	Louise Royston	56.48
800	Emma Haley	2:08.91	Issy Cotham	2:18.20	Georgia Yearby	2:08.41
1500	Revee Walcott-Nolan	4:20.97	Sarah Mackness	4:59.89	Rachael Franklin	4:23.68
5000	Georgie Grgec NZL	16:36.02	Elsie Buter	18:53.80	Lucy Crookes	16:21.10
3kSt	Claire Bentley	11:52.03			2KSt Lauren Stoddart	6:48.03
100H	Yasmin Miller	13.41	Caprice Miloro	18.33	Danielle McGifford	13.88
400H	Lauren Thompson	57.32	D. Jansen Van Rensberg	62.47	Abigayle Fitzpatrick	60.01
HJ	Philippa Rogan IRL	1.76	Hannah Tapley	1.65	Hollie Smith	1.68
PV	Jade Ive	4.20	Sophie Cook	4.00	Abigail Roberts	3.85
LJ	Sarah Abrams	6.09	Sophie Worrall	5.32	Abigail Irozuru	6.50
TJ	Shanara Hibbert	11.88	Laura Samuel	13.30	Michelle Robbins-Hulse	12.06
SP	Sophie McKinna	17.76	Eden Francis	15.67	Sophie Littlemore	13.83
DT	Amy Holder	55.48	Kirsty Law	51.58	Sophie Littlemore	46.80
HT	Kayleigh Presswell	60.67	Annabelle Crossdale	59.60	Jessica Mayho	60.27
JT	Eloise Meakins	46.28	Laura Whittingham	53.63	Sophie Percival	42.56
			Coventry 1 Sep			
3000			Lori Handbury	9:56.4		
	Walthamstow 29 June		Tipton 14 August			
10000	Amy Clements	35:30.79	Lucy Holt	40:14.87		
	Horspath, Oxford 7-8 July		Bedford 26-27 May		Bedford 26-27 May	
Hept	Alice Hopkins	5336	Ellen Barber	5529	Beth Taylor	4618
Walks	London (LV) 12 August					
5kW	Maddy Shott	25:21:96				
XC	Stanmer Park, Brighton, 27 Jan		Wollaton Pk, Nottingham 27 Jan		Harewood 27 Jan	
8kXC	Phoebe Law	28:56	8kXC Kate Holt	30:00	8kXC Mhairi MacLennan	30:50

International & Championship Results

AGE CHAMPIONSHIPS

UNDER 23
Bedford 16-17 June

MEN

100	Tommy Ramdhan	10.36		
200	Thomas Somers	20.93w		
400	Ben Claridge	47.40		
800	Joseph Reid	1:51.89		
1500	Jamie Williamson	3:45.90		
5000	Emile Cairess	14:20.77		
3kSt	Mark Pearce	9:04.64		
110H	Cameron Fillery	14.12		
400H	Jack Lawrie	51.39		
HJ	Tom Gale	2.16		
PV	JJ Lister	5.10		
LJ	Reynold Banigo	7.50		
TJ	Montel Nevers	15.65		
SP	George Evans	15.54		
DT	George Armstrong	55.79		
HT	Jac Lloyd Palmer	67.29		
JT	Sam Dean	66.11		
10kW	Cameron Corbishley	43:37.34		

Bedford 26-27 May

| Dec | Lewis Church | 7214 |

WOMEN

100	Shannon Hylton	11.44
200	Shannon Hylton	23.51
400	Hannah Williams	54.02
800	Ellie Baker	2:06.51
1500	Megan Davies	4:24.53
5000	Emily Moyes	16:30.99
3kSt	Dani Chattenton	10:52.22
100H	Jessica Hunter	13.33
400H	Lina Nielsen	57.93
HJ	Morgan Lake	1.90
PV	Natalie Hooper	3.75
LJ	Alice Hopkins	6.46
TJ	Naomi Ogbeta	13.58
SP	Divine Oladipo	16.28
DT	Amy Holder	54.84
HT	Michaela Walsh IRL	64.22
JT	Emma Hamplett	54.08

Bedford 26-27 May

| Hept | Emma Nwofor | 5559 |

UNDER 20
Bedford 16-17 June

MEN

100	Chad Miller	10.35
200	Jona Efoloko	20.79
400	Ben Pattison	47.19
800	Alex Botterill	1:50.52
1500	Jake Heyward	3:54.05
3000	James Vincent	9:11.9
	Alfred Yabsley	9:29.19
	Jason Nicholson	13.41w
	Alastair Chalmers	50.71
	Dominic Ogbechie	2.16
	Frankie Johnson	4.55
	Calum Henderson	7.35
	Jude Bright-Davis	15.12
	Lewis Byng	17.31
	James Tomlinson	57.65
	Jake Norris	80.45
	Daniel Bainbridge	69.00
	Tom Partington	47:55.83

Bedford 26-27 May

| Dec | Nicolas Gerome | 7136 |

WOMEN

100	Kristal Awuah	11.50
200	Georgina Adam	23.63
400	Hannah Foster	54.98
800	Keely Hodgkinson	2:04.41
1500	Francesca Brint	4:29.40
3000	Amelia Quirk	9:22.54
	Alex Barbour	10:56.80
	Anastasia Davies	13.75
	Lauren Williams	59.21
	Sommer Lecky IRL	1.84
	Molly Caudery	4.20
	Jade O'Dowda	6.24
	Abazz Shayaam-Smith	12.68
	Sarah Omoregie	14.22
	Niamh Fogarty IRL	46.34
	Katie Head	57.96
	Bethan Rees	47.87

Bedford 26-27 May

| Hept | Jade O'Dowda | 5610 |

UNDER 17
Bedford 25-26 August

MEN

100	Raphael Bouju NED	10.50w
200	Derek Kinlock	22.52
400	Max Leslie	49.64
800	Max Burgin	1:49.21
1500	Will Bellamy	4:03.04
3000	Ethan Hussey	8:37.86
1500St	Kristian Imroth	4:31.14
100H	Daniel Knight	13.02
	Adam Rowlands	57.76
HJ	Dominic Ogbechie	2.18
PV 1=	Jacob Clark & Pedro Gleadall	4.21
LJ	Dominic Ogbechie	7.30
TJ	Archie Yeo	14.43
SP	Lewis Byng	19.45
DT	Joshua Douglas	55.97
HT	Kenneth Ikeji	69.94
JT	Max Law	65.43
5kW	George Wilkinson	24:21.86

Manchester (SC) 4-5 August

| Dec | Pedro Gleadall | 6600 |

WOMEN

100	Amy Hunt	11.56
200	Kayla Bowley	24.84
300	Hannah Foster	38.46
800	Keely Hodgkinson	2:09.38
1500	Olivia Mason	4:33.35
3000	Sian Heslop	9:51.63
1500St	Morgan Squibb	4:59.26
80H	Marcia Sey	11.14
300H	Jasmine Jolly	42.99
HJ	Carmen Neat	1.73
LJ	Funminiyi Olajide	6.00w
TJ	Ellie O'Hara	11.50
SP	Serena Vincent	16.03
DT	Samantha Callaway	43.39
HT	Phoebe Baggott	60.30
JT	Keira Waddell	46.41
5kW	Jennifer Fidgeon IRL	27:47.75

Manchester (SC) 4-5 August

| Hept | Jessica Hopkins | 4965 |

UNDER 15
Bedford 25-26 August, Combined Events Manchester (SC) 4-5 August

BOYS

100	Remi Jokosenumi	10.84w
200	Remi Jokosenumi	22.91
300	George Sudderick	35.84
800	Dylan McBride	2:04.60
1500	Felix Vaughan	4:19.59
3000	James Wardle	9:14.81
80H	Freddie Fraser	10.91
HJ	David Bazuaye	1.90
PV	Lazarus Benjamin	4.01
LJ	Jerel Livingston	6.68
TJ	Aaron Ashmead-Shoye	13.11
SP	Jack Halpin	14.92
DT	Dillon Claydon	43.49
HT	Jack Halpin	52.72
JT	Benjamin East	67.04
Oct	Aidan Brindley	4176
3kW	Matthew Glennon IRL	15:31.19

GIRLS

100	Sophie Walton	12.11w
200	Sophie Walton	25.49
300	Jeslyn Agyei-Kyem	39.96
800	Victoria Lightbody	2:14.65
1500	Katie Johnson	4:33.44
75H	Mia McIntosh	11.26
HJ	Ella Rush	1.65
PV	Lucinda White	3.16
LJ	Ella Rush	5.48
TJ	Georgina Scoot	11.80
SP	Omolola Kuponiyi	12.15
DT	Zara Obamakinwa	40.38
HT	Lara Moffat	53.14
JT	Harriette Mortlock	41.15
Hex	Ella Rush	3647
3kW	Ava Ross IRL	16:22.59

UK MERIT RANKINGS 2018 by Peter Matthews

My annual merit rankings of British athletes (of which this is the 51st successive year) are an assessment of form and achievements during the outdoor season. The major factors by which the rankings are determined are win-loss record, performances in major meetings, and sequence of marks. Unlike the AI World Rankings here I consider both indoor and outdoor results. Outdoor marks are listed first and any variances in the rankings on outdoor form only are shown at the end of the lists for the event.
I endeavour to be as objective as possible in assessing what actually happened, but form can often provide conflicting evidence, or perhaps an athlete may not have shown enough to justify a ranking that his or her ability might otherwise warrant. Much depends on having appropriate opportunities and perhaps getting invitations for the prestige meetings. This year the major targets for top athletes were the Commonwealth Games and European Championships and for younger athletes the World Junior or European Youth Championships. Difficulties arise when athletes reach peak form at different parts of the season or, through injury, miss significant competition. Also, as noted every year, many of our top track athletes compete only rarely in Britain, choosing (or being sent to) overseas meetings instead of British ones, which makes comparisons of form difficult and severely weakens the sport in this country, where the number of good class domestic meetings continues to decline very worryingly.
For each event the top 12 are ranked (except in those events where there are insufficient British athletes producing adequate performances). On the first line is shown the athlete's name, then their date of birth followed, in brackets, by the number of years ranked in the top 12 (including 2018) and their ranking last year (2017), and finally, their best mark prior to 2018. The following lines include their best performances of the year (generally six), followed, for completeness, by significant indoor marks indicated by 'i'. Then follow placings at major meetings, providing a summary of the athlete's year at the event.

Abbreviations include
Anniv   Anniversary Games (DL) at London (Olympic Stadium)
AthWC   Athletics World Cup – 8-nation international at London (O)
BL   British League
B'ham DL Diamond League at Birmingham
BIG   Bedford Jumps and Throws Fest (BIGish)
B.Univs   British Universities at Bedford
CAU   Inter-Counties/England Champs at Manchester (SC)
CCp   Continental Cup in Ostrava
EC   European Championships in Berlin
E.Clubs   European Clubs Cup
E.Sch   English Schools at Birmingham
Eng-J   England Under-20 Championships
Eng-23   England Under-23 Championships
EY   European U18 Championships at Györ
GNC   Great North City Games – Gateshead/Newcastle
GNR   Great North Run
LEAP   Loughborough European Athletics Permit meeting
LI   Loughborough International
MCG   Manchester City Games
MI   Manchester International
Sch.G   School Games at Loughborough
UK   British Championships at Birmingham
UKi   British Indoor Championships at Sheffield
V   Vault, e.g. Vault Cardiff, Vault Manchester
WI   World Indoor Championships at Birmingham
WInt   Welsh International at Cardiff
WJ   World U20 Championships at Tampere
WL   UK Women's League
YDL   Youth Development League Final at Bedford

100 METRES
1 **Zharnel Hughes** 13.7.95 (2y, 8) 10.10 '16, 10.08w '17   9.91, 9.93, 9.95, 9.97, 10.01, 10.01; 9.99w
   1 Kingston 24/2 & 9/6, 1 Boston, 2 UK, 2 Anniv, 1 EC, 5 B'ham DL
2 **Reece Prescod** 29.2.96 (2y, 2) 10.03 '17   9.94, 9.96, 9.99, 10.04, 10.06, 10.09; 9.88w
   1 Lough 28/4, 1 Shanghai, 3 Eugene, 1 UK, 5 Rabat, 2 EC, 2 B'ham DL, 4 Brussels
3 **Chijindu Ujah** 5.03.94 (6y, 1) 9.96 '14, 9.95w '17   10.06, 10.08, 10.13, 10.13, 10.14, 10.15; 10.12w
   1 Tempe, 3 Mt.SAC, 3 Drake R, 4 Shanghai, 6 Eugene, 3 UK, 6 Rabat, 4 EC, 8 B'ham DL, 7 Brussels
4 **Ojie Edoburun** 2.6.96 (4y, 7) 10.12, 9.93w '17   10.04, 10.10, 10.16, 10.22, 10.27, 10.31
   1 Weinheim, 2 Prague, 5 UK, 4 AthWC, 6h1 Anniv, 2 Sopot, 6h2 B'ham DL
5 **Nethaneel Mitchell-Blake** 2.4.94 (3y, 4) 9.99 '17   10.08, 10.20, 10.24, 10.32
   1 Baton Rouge, 4 UK, 5 Bellinzona

6 **Harry Aikines-Aryeetey** 29.8.88 (12y, 6) 10.08 '13, 9.90w '17   10.18, 10.18, 10.24, 10.25, 10.26, 10.27
   4 Brisbane, 4s3 CG, 1 Manchester, 4 Savona, 1 Bydgoszcz, 6 Prague, 4 Geneva, 6 UK, 8h2 Anniv, 1/1 LEAP, 6h1 B'ham DL, 4 Berlin
7 **Adam Gemili** 6.10.93 (7y, 5) 9.97 '15   10.11, 10.22, 10.24, 10.31, 10.51
   2B Brisbane, dns CG, 4 Ostrava, 7h1 B'ham DL
8 **Tommy Ramdham** 28.11.96 (1y, -) 10.45 '15, 10.21w '16
   10.25, 10.32, 10.33, 10.36, 10.44, 10.54; 10.20w, 10.22w, 10.28w
   1 Clermont, 3 Savona, 1 Eng-23, 6 Mannheim, 1/2 MI
9 **Samuel Gordon** 5.10.94 (1y, -) 10.32 '17   10.34, 10.36, 10.39, 10.39, 10.40, 10.46; 10.14w, 10.26w
   2 LI, 5B Geneva, 1 Cardiff, 7 UK, 4 Sopot, -/1 MI, 7h2 B'ham DL, BLP: 2--,3,1
10 **Andrew Robertson** 17.12.90 (6y, 12) 10.10 '14
   10.30, 10.31, 10.33, 10.37, 10.38, 10.45; 10.06w, 10.26w, 10.28w, 10.28w
   4 GNC, 5 LI, 3 Regensburg, 1 LV 20/6, 4s3 UK, 2/2 LV 18/7, 1 CAU, 2/3 MI
11 **Deji Tobais** 31.10.91 (5y, -) 10.18, 10.04w '14   10.21, 10.32, 10.34, 10.36, 10.38, 10.39; 10.32w
12 **Dominic Ashwell** 13.6.99 (1y, -) 10.36, 10.31w '17   10.25, 10.28, 10.36, 10.38, 10.40, 10.50; 10.28w, 10.35w
   3 LV 25/4, 3/1B Newham, 3 LI, 2 Eng-J, 5 WJ
- **Kieran Showler-Davis** 14.11.91 (1y, -) 10.27 '15,10.03w '16   10.26, 10.36, 10.37, 10.37, 10.42, 10.46; 10.34w
   1 Charlotte, 4 NCAA II, 2 LV 20/6, 6s1 UK, 1 BL2 (3), 1/1 LV 18/7, 5 MI
- **Chad Miller** 31.3.00 (0y, -) 10.94, 10.61w '17   10.33, 10.35, 10.38, 10.42, 10.43, 10.43; 10.29w
   5/4B Newham, 1 Cardiff, 3 Oordegem, 1 Eng-J, 3s2 UK, 3s3 WJ, 6 Karlstad, 1 v GER,FRA-J

Both Hughes and Prescod had great seasons and made the world top ten. Prescod had a 2-1 advantage, but Hughes's EC win and better times took him to top ranking. Ujah had his fifth successive year in the top five but was a little down on his 2017 form, and the 2017 no. 3 James Dasaolu did not compete due to his Achilles injury.

200 METRES
1 **Nethaneel Mitchell-Blake** 2.4.94 (5y, 1) 19.95 '16   20.04, 20.21, 20.24, 20.35, 20.37, 20.47
   5 Doha, 5 Eugene, 5 Stockholm, 1 UK, 4 Anniv, 2 EC, 8 Zürich
2 **Adam Gemili** 6.10.93 (6y, 5) 19.97 '16   20.10, 20.21, 20.26, 20.30, 20.42, 20.45
   5 Hengelo, 4 Oslo, 2 UK, 5 Anniv, 5 EC
3 **Zharnel Hughes** 13.7.95 (4y, 3) 20.02 '15   20.23, 20.28, 20.34, 20.37; (20.12dq)
   1 Kingston 27/1, 1 Brisbane, dq CG
4 **Edmond Amaning** 27.10.93 (2y, 9) 20.86, 20.52w '17
   20.43, 20.48, 20.51, 20.57, 20.66, 20.77; 20.37w, 20.44w, 20.63w
   1D G'ville, 2B & 1C Clermont, 1A LI, 2D Oordegem, 5 UK, 4 Cork, 1 CAU, 1 MI, BLP: -,-,1,1; Ind: 2 UKi
5 **Delano Williams** 23.12.93 (4y, -) 20.27 '13   20.47, 20.54, 20.55, 20.89, 20.97, 20.97
   1B Kingston 19/5, 6 G.Cayman, 4 UK, 4B Lucerne, 6 AthWC, dns s1 EC
6 **Jono Efoloko** 23.9.99 (1y, -) 20.92 '17   20.48, 20.65, 20.74, 20.79, 20.84, 21.26
   1 Lough 28/4, 2 BL1 (1), 3A LI, 1 Eng-J, 1 WJ, 4 Lappeenranta
7 **Charlie Dobson** 20.10.99 (1y, -) 21.20, 21.19w '17   20.53, 20.57, 20.65, 20.73, 20.75, 20.78; 20.74w
   1 LI, 2 Eng-J, 1 Mannheim 14/6, 2 WJ; Ind: 1r2 Vienna, 1 Eng-J
8 **Tommy Ramdhan** 28.11.96 (2y, -) 20.84 '16, 20.57w '15   20.59, 20.66, 20.72, 20.74, 20.90, 21.04; 20.69w
   1 Miramar, 1C Clermont, 1 Tergnier, 1B Geneva, 2h4 UK, 1 Mannheim 15/7, 2 Castres, 1 LV 1/8, 2 Lap'ranta
9 **Miguel Francis** 28.3.95 (1y, -) 19.88 '16 pre GBR   20.38, 20.59, 20.59, 20.72, 20.87
   1 Kingston 26/5 & 2/6, 3 Kingston 9/6, dns UK
10 **Jordan Broome** 4.12.96 (1y, -) 21.15 '16   20.65, 20.91, 20.92, 20.93, 21.08, 21.30
   2 B.Univs, 6B LI, 1 Lomza, 1 Linz, 6 UK, 3 Castres, BL1: -,2-,3
11 **Confidence Lawson** 5.9.90 (1y, -) 20.83 '16   20.78, 20.97, 21.03, 21.10, 21.15, 21.20
   2D Clermont, 2 LV 20.6, 7 UK, BLP: -,2,2,-
12 **Thomas Somers** 28.4.97 (2y, -) 20.37 '14   20.63, 20.97, 21.04, 21.25, 21.38, 21.43; 20.93w
   4 B.Univs, 5A LI, 2B Geneva, 1 Eng-23, 4h3 UK, 3 BLP (3), 2 LEAP
- **Richard Kilty** 2.9.89 (6y, 6) 20.34 '13   20.67, 20.93, 21.08, 21.17, 21.50
   5s1 CG, 1 N.East, 2B Regensburg, 8 Turku
nr **Leon Reid** 26.7.94 IRL (as UK 4y, 4) 20.38 '17   20.27, 20.31, 20.37, 20.38, 20.40, 20.55
   2 Brisbane, 3 CG, 1 E.Clubs, 1 BLP (2), 5 Bern, 2 Belfast, 3 UK, 4 Lucerne, 1 Irish Ch, 7 EC, 4 Gothenburg, 5 Zagreb
nr **Antonio Infantino** ITA 22.3.91 (as UK 2y, -) 20.53 '16, 20.45w '17
   20.65, 20.77, 20.82, 20.83, 20.86. 20.92; 20.52w, 20.61w, 20.62w; 20.77i
   4B G'ville, 5 Clermont, 4 Savona, 1 LV 6/6 & 20/6, 6 Geneva, 3B C-de-Fonds, 2 Mannheim,2 CAU, 3 LV 1/8; Ind: 1 UKi

Mitchell-Blake retained his top ranking with Gemili second while Hughes was unfortunate to get disqualified at the Commonwealth Games, before concentrating on the 100m thereafter. Reid had a great season with bronze at CG, but now runs for Ireland. Finishing 1st and 2nd at the World Juniors was an extraordinary achievement by Efoloko and Dobson. Last year's no. 2 Danny Talbot missed the season through injury.

400 METRES
1 **Matthew Hudson-Smith** 26.10.94 (5y, 1) 44.48 '16   44.63, 44.68, 44.70, 44.76, 44.78, 44.79
  dq CG, 1 Clermont, 4/4 Kingston, 7 Rome, 1 UK, 3 Rabat, 6 Anniv, 1 EC, 2 B'ham DL. 3 Zürich, 4 CCp
2 **Rabah Yousif** 11.12.86 (5y, 3) 44.54 '15   45.30, 45.39, 45.53, 45.63, 45.74, 45.74
  3/3 Brisbane, 4s1 CG, 1A LI, 1 Palafrugell, 2 Bydgoszcz, 2 Leiden, 1 Goleniów, 1 Copenhagen, 2 UK, 4 AthWC, 2 Dublin, 9 Anniv, 3s2 EC, 1 Gothenburg, 4 Chorzów, 5 Brussels, 4 Zagreb
3 **Dwayne Cowan** 1.1.85 (3y, 2) 45.34 '17   45.45, 45.65, 45.68, 45.75, 45.99, 46.06
  2/6 Brisbane, 4s2 CG, 2 Clermont, 2 Riga, 2 Prague, 5 Chorzów, 4 Copenhagen, 4 UK, 5 Guadalajara, 1B Anniv, 5s1 EC, 2 Berlin, 8 B'ham DL; Ind: 2B Linz
4 **Cameron Chalmers** 6.2.97 (3y, 4) 45.64 '17   45.75, 45.79, 45.97, 46.16, 46.34, 46.37
  1 Auckland, 1 Brisbane, 5s3 CG, 1 B.Univs, 5A Oordegem, 3 Geneva, 1 Guernsey, 3 UK
5 **Martyn Rooney** 3.4.87 (14y, 5) 44.45 '15   45.73, 46.01, 46.11, 46.13, 46.13, 46.17
  2B Brisbane, 6 Bydgoszcz, 1B Geneva, 1 Bern, 5 UK, 1B Lausanne, 2B Anniv, 6s3 EC, 4 Rovereto, 3 Zagreb
6 **Owen Smith** 7.11.94 (2y, 12) 46.23 '16   46.24, 46.63, 46.72, 46.76, 46.78, 46.90
  1 BLP (1), 2 LI, 1C Oordegem, 6 Geneva, 6 UK, 3B Lausanne, 1 Welsh, 4B Anniv, Ind: 2r3 Vienna, dq ht UKi, 4 Glasgow
7 **Grant Plenderleith** 15.3.91 (1y, -) 46.65 '15   46.34, 46.60, 46.80, 46.96, 47.01, 47.09
  2 BLP (1), 1 LI, 1E Oordegem, 4 Riga, 7 UK, 5B Anniv, 4 Castres, 2 Scot; Ind: 3 Scot, 4 UKi, 5 Glasgow
8 **Jamal Rhoden-Stevens** 27.4.94 (1y, -) 46.99 '17   46.54, 46.74, 46.83, 46.84, 46.91, 47.13
  1 Munich, 1D Oordegem, 5B Geneva, 2h3 UK, 1 Mannheim, 3B Anniv, 1 Kessel-Lo, 1 Tampere; Ind: 1 St. Gallen, 1 B'lava, 3 UKi, 6 Glasgow
9 **Lee Thompson** 5.3.97 (1y, -) 47.01 '17
  47.20, 47.26, 47.41, 47.42, 47.44, 47.63; 46.23i, 46.74i, 46.81i, 47.11i, 47.14i
  5 LI, 1 Sheffield, 2 B'ham Un, 5h1 UK, 3 CAU, 3 BLP (4); Ind: 1 North, 1r5 Vienna. 1 UKi, 6s2 WI
10 **Ben Claridge** 12.11.97 (1y, -) 47.23 '17   46.59, 46.69, 46.83, 47.14, 47.35, 47.40
  2 B.Univs, 3 LI, 3C Oordegem, 1 Eng-23, 3h3 UK, 1 BL1 (3), 7B Anniv
11 **Sam Hazel** 7.10.96 (1y, -) 46.98 '17   46.71, 46.84, 47.07, 47.10, 47.22, 47.37
  3 B.Univs, 3A LI, 3 BLP (2), 2 Bern, 4h1 UK, 8B Anniv, 5 CAU
12 **Thomas Somers** 28.4.97 (1y, -) 46.92 '10   46.79, 46.91, 46.97, 47.44; 48.41i
  2 B.ham, 1D Geneva, 2 LEAP, 2 BLP (4); Ind: 5s2 UKi
– **Ethan Brown** 9.5.01 (1y, -) 47.82 '17   46.87, 47.19, 47.21, 47.30, 47.84, 47.86
  1 BL1 (1), 4A LI, 5D Oordegem, 2 Eng-J, 2 EY, 1 E.Sch; 3 MI,1 EJ Clubs; Ind: 4 Eng-Ji
– **Thomas Staines** 22.2.98 (0y, -)   45.98A 1 Colorado Springs, Ind: 47.58i
nr **Sadam Koumi** 6.4.94 SUD 45.67 '16   46.00, 46.15, 46.41, 46.56, 46.77, 46.82; 46.44i
  2 E.Clubs, 2A LI, 1 Belfast, 1 LEAP, 1 CAU/Eng, 1 Scot, BLP: -.1,-.1; Ind: 1 Scot, 2 UKi
Outdoors only: 9 Claridge, 10 Hazel, 11 Somers, 12 Brown
Hudson-Smith is top for the third year and is again in the world top ten despite his disqualification when looking so good at the Commonwealth Games. The rest of the top five are as in 2017 but Yousif and Cowan swap places while Chalmers and Rooney retain theirs. Rooney's 14 years in the rankings is a new event record. Then there is a big gap to the next group but the UK Champs work out well for the top seven. Thompson came to the fore indoors but his outdoor form was not enough to get into the top 12. Overall standards slipped so that 10th best of 46.54 was the worst since 2006 and 109 at 49.0 or better was the lowest since 2007.

800 METRES
1 **Jake Wightman** 11.7.94 (6y, 5) 1:45.42 '17   1:44.61, 1:45.00, 1:45.82, 1:45.96, 1:47.43; Ind: 1:47.69i
  4 CG, 5 Anniv, 7 B'ham DL, 4 Brussels; Ind: 3 Glasgow
2 **Elliot Giles** 26.5.94 (4y, 2) 1:44.99 '17   1:45.04, 1:45.84, 1:46.78, 1:47.18, 1:47.40, 1:47.40; 1:45.46i
  6h2 CG, 1 Brighton, 9 Hengelo, 4 Marseille, 9 Madrid, 1 UK, 3 AthWC, 9 Anniv, 7s2 EC; Ind: 2 Madrid, 5 Torun, 1 UKi, 4 WI
3 **Kyle Langford** 2.2.96 (6y, 1) 1:45.25 '17   1:45.16, 1:45.61, 1:46.53, 1:48.29, 1:48.92; Ind: 1:46.43i, 1:47.95i
  1 Brisbane, 2 CG, 4 Eugene, 10 Rome, 5 Watford 11/7; Ind: 4 Millrose, 4 Glasgow
4 **Daniel Rowden** 9.9.97 (3y, 6) 1:46.64 '17   1:44.97, 1:45.83, 1:46.59, 1:46.98, 1:47.01, 1:47.32
  1 Lough 28/4, 1 B.Univs, 1 LI, 4 Oordegem 26/5, 2 Oordegem 2/6, 1 Lough 23/6, 2 UK, 8 Anniv, 1 BLP (4) , 6s1 EC
5 **Guy Learmonth** 20.4.92 (7y, 3) 1:45.10 '17   1:44.73, 1:46.10, 1:46.32, 1:46.46, 1:46.75, 1:46.83
  6h1 CG, 11 Hengelo, 4 Huelva, 8 Madrid, 3 UK, 5 Lucerne, 4 Bellinzona, 7 Anniv, 5s1 EC, 6 Rovereto, 9 Zagreb
6 **Andrew Osagie** 19.2.88 (9y, 4) 1:43.77 '12   1:45.09, 1:45.25, 1:45.79, 1:46.36, 1:47.58, 1:48.20; 1:47.02i, 1:47.41i
  5h3 CG, 7 Shanghai, 4 Hengelo, 2 Marseille, 4 UK, 10 Anniv, 9 Chorzów; Ind: 4 Karlsruhe, 3 Düsseldorf, 4 Liévin, 3 UKi, 4 Athlone
7 **Jamie Webb** 1.6.94 (3y, -) 1:46.59 '16   1:45.73, 1:46.37, 1:46.79, 1:46.97, 1:47.38; 1:47.33i
  3 B.Univs, 2 Lublin, 2 Oordegem 26/5, 1 Oordegem 2/6, 4 Stockholm, 6= Madrid, 5 UK; Ind: 1 Sheffield, 1 North, 1 Vienna, 4 Gent, 2 UKi, 6 Glasgow

8 **Thomas Staines** 22.2.98 (1y,-) 1:50.39 '17
1:45.57, 1:46.56, 1:48.04, 1:48.29, 1:48.34A, 1:48.54A; Ind: 1:47.23i, 1:47.82i
1 Pueblo, 1 Azusa, 1 Golden, 1 NCAA II, 1 Nashville; Ind: 1 Boulder, 1 NCAA II
9 **Canaan Solomon** 17.9.98 (1y, -) 1:48.89 '16   1:47.12, 1:47.23, 1:48.31, 1:48.71, 1:49.51, 1:49.65
1 Watford 18/4, 2 B.Univs, 2 LI, 4 Watford 26/5, 3 Eng-23, 2 Lough 23/6, 6 UK, 1 Heusden, 3 Schifflange
10 **Max Burgin** 20.5.02 (1y, -) 1:49.42 '17   1:47.36, 1:47.50, 1:49.21, 1:49.78, 1:50.0, 1:50.40
1 Leeds, 1 Manchester, 1 W.York Sch, 3 Lough 23/6, 1 EU18, 1 Eng-17, 1 Sch G
11 **Michael Rimmer** 3.2.86 (14y, 7) 1:43.89 '10   1:47.33, 1:47.45, 1:47.91, 1:48.39, 1:48.62, 1:50.11
3 Watford 26/5, 9 Huelva, 5 Lough 23/6, 2h1 UK, 8 Guadalajara, 5 Cork, 6 Dublin
12 **Spencer Thomas** 26.8.97 (3y, 10) 1:47.83 '17   1:47.76, 1:48.09, 1:48.23, 1:48.47, 1:48.61, 1:48.69
2 Manchester, 5 Watford 26/5, 2 Brighton, 1 Watf'd 13/6, 2 Eng-23, 2h2 UK, 2B Ninove, 1 Watf'd 8/8, 1 Eltham 15/8
– **Neil Gourley** 7.2.95 (1y,-) 1:47.84 '17   1:47.90, 1:47.96, 1:48.37; 1:47.04i, 1:49.57i
5 Atlanta, 1B Marietta, 2 Grangemouth; Ind: 2 Nashville, 1 ACC
– **Markhim Lonsdale** 9.1.99 (2y, 9) 1:46.97 '17   1:47.73, 1:48.60, 1:48.84, 1:49.10, 1:49.47, 1:49.96
8 Watford 26/5, 2 Eng-J, 1 Tipton, 4 Lough 23/6, 2 Stretford 26/6, 7 WJ, 1 Stretford 24/7, 1 CAU, 3 Kessel-Lo
Wightman, with Commonwealth bronze and good runs in three Diamond League races, takes the top ranking and only just missed a World top 10 ranking. It is close between the next group. Giles, double UK champ, was 4th at the World Indoors and 2-2 v Osagie, 1-1 v Rowden and 2-2 v Learmonth. Langford won Commonwealth silver but had only three races thereafter. Rowden was 1-1 v Learmonth but ahead at the UKs and 2-0 v Osagie, while Learmonth was 2-1 v Osagie. There are eight British men in the world top 100 then a bit of a gap to the next men, but the 10th best of 1:47.12 is the best since 1992. Tom Staines, son of Gary and Linda, makes a notable debut but he raced only in US collegiate action. Burgin set world age-15 and UK U16 records with the European U18 title topping his achievements. Gourley did not quite have enough performances to rank.

1500 METRES – 1 MILE
1 **Jake Wightman** 11.7.94 (5y, 2) 3:34.17 '17, 3:54.20M '16
3:33.96, 3:35.97, 3:37.04, 3:38.25, 3:40.73, 3:59.15M; 3:37.43i
3 CG, 9M Oslo, 3 Marseille, 2 UK, 12 Monaco, 3 EC; Ind: 2 Boston, 1 UKi, 6 WI
2 **Charlie Da'Vall Grice** 7.11.93 (6y, 3) 3:33.60, 3:52.64M '16
3:34.20, 3:35.72, 3:35.88, 3:36.48, 3:37.43, 3:38.65; 3:39.05i, 3:56.47i
4 CG, 6 Rome, 2 Prague, 1 Marseille, 4 UK, 5 Rabat, 5 EC, 7 B'ham DL, 11 Zürich, 8 Bay Shore; Ind: 3 New York, 4 Millrose, 3 Metz, 4 Torun, 2 UKi
3 **Chris O'Hare** 23.11.90 (8y, 1) 3:33.61 '17, 3:52.91Mi '16, 3:53.34 '17
3:32.11, 3:35.96, 3:36.47, 3:55.53M, 3:39.04, 3:39.53; 3;54.14Mi (3:37.63), 3:37.03i
8 CG, 2 Boston, 9 Rome, 1m Oslo, 1 UK, 9 Monaco, 9 EC, 12 B'ham DL, 1 Bay Shore; Ind: 1 Millrose, 1 Boston, 8 WI
4 **Neil Gourley** 7.2.95 (4y, 6) 3:39.92, 3:59.58Mi '16   3:35.98, 3:36.54, 3:57.11M, 3:57.20M, 3:39.77, 3:40.37
1/2 Atlanta, 1 Nashville, 10 Concord, 3 UK, 1 Lignano, 3 Ath WC, 1 Scot, 8 Anniv, 3 Bay Shore; Ind: 7 W-Salem, 7 NCAA
5 **Josh Kerr** 8.10.97 (3y, 5) 3:35.99, 3:59.90iM '17
3:35.01, 3:59.67M, 3:42.62, 3:44.69, 3:44.80, 3:45.02; 3;54.82Mi (3:39.58), 3:57.02Mi, 4:00.62Mi
1 Azusa, 1 MWC, 3 NCAA, 5 UK, 4 Falmouth; Ind: 2 Millrose, 1 MWC, 1 NCAAi
6 **James West** 30.1.96 (2y, -) 3:39.65 '17   3:36.59, 3:37.41, 3:41.42, 3:41.67, 3:42.08, 3:44.49; 4:02.70Mi
2 Eugene 7/4, 7 Azusa, 2 Pac-12, 3 Portland, 7 UK, 10 Anniv; Ind: 6/2 Seattle
7 **Jake Heyward** 26.4.99 (1y, -) 3:42.12 '17   3:36.90, 3:39.84, 3:42.31, 3:43.76, 3:45.45; 3:43.35i
2C Oordegem, 9m Oslo, 1 Eng-J, 4 WJ, 13 Anniv; Ind: 6 UKi, 11 Glasgow
8 **Robbie Fitzgibbon** 23.3.96 (3y, 9) 3:36.97 '17, 4:00.18M '16
3:39.37, 3:40.76, 3:41.32, 3:42.00, 3:42.31, 3:44.20
8 Montbéliard, 6 Turku, 5 Tübingen, 9 UK, 6 Guadalajara, 7 Sotteville, 7 Watford 8/8, 3 Trier; Ind: 8 Mondeville, 7 Sabadell
9 **Jamie Williamson** 3.3.97 (1y, -) 3:45.45 '16
3:58.99M (3:42.89), 3:41.59, 3:41.66, 3:42.39, 3:44.57, 3:45.90; 3:43.35i
1 LI, 1 Watford 26/5, 1 Eng-23, 6h3 UK, 1 Pfungstadt, 9 Cork, 6 GER Ch, 1 Watford 8/8; Ind: 1 Scot, 8 UKi
10 **Philip Sesemann** 3.10.92 (1y,-) 3:41.43 '17   3:40.93, 3:43.72, 3:44.13, 3:44.61, 3:45.09; 3:44.18i, 4:02.53Mi
2 Stretford 15/5, 17 Nijmegen, 2 Watford 13/6, 6 UK, 1 Watford 11/7, 4B Kortrijk, 13 Watford 8/8, BL1: -,2,1,1; Ind: 1 Vienna, 7 Athlone
11 **Michael Wilsmore** 8.6.85 (1y, -) 3:43.56 '16   3:40.42, 3:42.39, 3:43.47, 3:45.29, 3:47.76; 3:42.26i, 3:45.28i
4 LI, 2 Oordegem, 12 UK, 4 Watford 11/7, 5 Heusden, 3 MI; Ind: 1 Sheffield, 1 Cardiff, 5 Vienna, 4 UKi, 8 Glasgow
12 **Andrew Smith** 7.10.95 (1y,-) 3:45.62 '17   3:42.15, 3:42.43, 3:42.64, 3:42.75, 3:42.78, 3:42.97
2 Manchester, 4 Watford 26/5, 5 Oordegem, 1B Tübingen, 11 UK, 5 Watford 11/7, 5B Heusden, 3 Watford 8/8, 5 Stretford 18/5

- **Tom Marshall** 12.6.89 (4y, 7) 3:37.45, 3:58.31M '17   3:42.76, 3:50.95, 3:54.38; 3:41.78, 3:47.52i, 3:54.50i
  13 Brisbane, 8h1 CG, 6 Watford; Ind: 3 UKi, 6 Glasgow

O'Hare had a mixed season, not at his best in the major championships, but going to 6th on the UK all-time list for 1500m in Monaco and with some good wins. Wightman, however, excelled with bronze medals at CG and Europeans and takes over the top ranking. He is also the first man to head both 800m and 1500m in the same year since Steve Cram in 1986. Grice, who had a consistent season, beat O'Hare 4-2 outdoors, and has now been 2nd or 3rd for six successive years. Kerr improved his best to 3:35.01, and also ran 3:54.82 and won the NCAA title for the mile indoors, but otherwise had much slower times and Gourley had better depth. Heyward progressed to 2nd on the UK all-time U20 list. There are five newcomers to the top 12.

5000 METRES

1   **Marc Scott** 21.12.93 (4y, 3) 13:22.37 '17   5 EC 13:23.14, 2 Portland 13:29.27, 1 UK 13:47.00
2   **Chris Thompson** 17.4.81 (12y, -) 13:11.51 '10   9 EC 13:25.11, 11 Stanford 3/5 13:25.29, 3 UK 13:49.85
3   **Ben Connor** 17.10.92 (3y, 5) 13:29.90 '17
    11 EC 13:25.31, 2 Dublin 13:29.35, 7 Nijmegen 13:49.02, 4 UK 13:53.91, 14:02.05+
4   **Andrew Vernon** 7.1.86 (12y, 4) 13:11.50 '11   2 UK 13:47.61, 15 Montreuil 13:56.01, 14:01.68+
5   **Alexander Yee** 18.2.98 (3y, 10) 13:37.60 '17   20 Anniv 13:34.12, 14:02.91+
6   **Jonathan Mellor** 27.12.86 (5y, -) 13:31.21 '14   4 Dublin 13:36.12, 8 UK 13:59.86
7   **Adam Visokay** 11.3.94 (1y, -) 14:27.09 '16   20 Stanford 3/5 13:41.29, 6 UK 13:57.76, 18 Heusden 14:07.29
8   **Andrew Heyes** 22.6.90 (2y, -) 13:48.74 '17
    22 Stanford 3/5 13:46.34, 14 Oordegem 13:55.40, 12 Dublin 13:56.00, 13 Nijmeg. 14:04.98, 16 UK 14:11.60
9   **William Fuller** 14.5.97 (1y, -) 14:10.93 '17
    6 Dublin 13:49.14, 5C Oordegem 13:56.19, 10 UK 14:03.49, 4 B.Univs 14:05.97, 1 BL1 (4) 14:46.73
10 **Kristian Jones** 4.3.91 (1y, -) 14:20.68 '16   1 Lough 13:45.25, 1 Glasgow 14:06.38, 4 BLP (2) 14:21.63
11 **Emile Cairess** 27.12.97 (1y, -) 13:59.82 '17
    12B Oordegem 13:54.43, 1 B.Univs 14:00.30, 1 Eng-23 14:20.77, 19 UK 14:23.77
12 **Christopher Olley** 26.3.96 (1y, -) 14:03.29 '17   5 UK 13:55.70, 5 B.Univs 14:06.29, 1 BL4 (2) 14:58.46
-   **Sam Atkin** 14.3.93 (1y, -) 13:57.28 '16   3 Eagle Rock 13:39.38
-   **Luke Traynor** 6.7.93 (1y, -) 14:00.63 '17   6 Dublin 13:39.95

Changing times – as there is no Mo Farah after his 13 years at the top and the 2017 no. 2 Andrew Butchart also missed out through injury. So Marc Scott takes over at the top, but Chris Thompson returns for his first ranking since 2013 at 5000m. Unfortunately several of the rest did not back up their best times with other performances and those on the bottom half of this list are very hard to rank. There are five newcomers, while Thompson and Vernon's 12 years in the list are second highest ever to Mo Farah's 14 and Thompson's 15 year span from 2003 is the event record. Encouragingly 50th best of 14:08.49 was the best since 1991, as was 78 men under 14:20 (peak was 112 in 1985).

10,000 METRES

1   **Andrew Vernon** 7.1.86 (8y, 2) 27:53.65 '12   6 PH (2 UK) 27:52.32, 5 EC 28:16.90, 9 CG 28:17.11, dnf Oslo
2   **Chris Thompson** 17.4.81 (7y, 6) 27:27.36 '11   7 PH (3 UK) 27:52.56, 11 EC 28:33.12
3   **Alexander Yee** 18.2.98 (1y, -) -0-
    5 PH (1 UK) 27:51.94, 14 EC 28:58.86
4   **Ben Connor** 17.10.92 (3y, 5) 28:23.58 '17   11 Stanford 3/5 28:14.56, 13 PH (E.Cp) 28:31.59
5   **Kieran Clements** 20.11.93 (3y, -) 28:57.15 '15   4B PH 28:37.12
6   **Mohamud Aadan** 11.1.90 (1y, -) 29:08.94 '17   16 PH (E.Cp) 28:39.79
7   **Ellis Cross** 22.9.96 (2y, 7) 29:00.49 '17   18 PH 28:47.51
8   **Jack Martin** 29,4,88 (1y, -) 29:15.85 '17   10 Leiden 28:52.78
9   **Richard Allen** 25.10.95 (1y, -) 30:26.88 '17   7B PH 28:54.95
10 **Jack Rowe** 30.1.96 (1y, -) 29:55.62 '17   18 Stanford 30/3 29:10.33, 13 NCAA-W 29:21.28
11 **Matthew Leach** 25.9.93 (2y, 11) 28:45.48 '17   22 PH 29:11.35
12 **Graham Rush** 8.9.82 (1y, -) 29:04.42 '17   24 PH 29:13.28

No Mo Farah, of course, and Vernon, after six years at 2nd or 3rd from 2009, takes over the top ranking as he (and Thompson) were well ahead at the Europeans of Yee, who made a splendid debut at the event by taking the UK title. The Parliament Hill (PH) races were again a huge success and 31 of the 66 British men to better 31 minutes set their bests at this meeting.

(10 MILES –) HALF MARATHON

(First ranked 1999)
1   **Mohamed Farah** 23.3.83 (9y, 1) 59:22 '15   1 GNR 59:27, 61:03+, 1 London (UK) 61:40, 63:06+
2   **Callum Hawkins** 22.6.92 (5y, 2) 60:00 '17   18 Valencia 61:00, 3 London (2 UK) 61:45
    10M: 8 Zaandam 47:01
3   **Chris Thompson** 17.4.81 (7y, 4) 61:00 '12   1 Gt. Scot 62:07, 3 New York 62:43, 3 Doha 63:03
    10M: 1 Gt. South (1 ENG) 46:56
4   **Luke Traynor** 6.7.93 (2y, 9) 64:10 '17   9 Barcelona 61:57, 38 World Ch 62:38, 3 Gt.Scot 62:56, 1 Ceske B 63:40, 2 Manchester 63:59   10M: 1 Scot 47:59

5	**Mohamud Aadan** 11.1.90 (2y, 12=) 64:26 '17 7 Cardiff 62:31, 36 World Ch 62:34, 5 Granollers 63:16, 9 GNR 63:59	
6	**Ben Connor** 17.10.92 (3y, 11) 8 Barcelona 61:12, 64 World 63:45	
7	**Dewi Griffiths** 9.8.91 (4y, 3) 61:33 '17 9 Cardiff 62:56; 10M: 11 Zaandam 47:20	
8	**Andrew Vernon** 19.9.89 (6y, 6) 62:46 '14 1 Manchester 63:36, 11 GNR 65:04 10M: 2 Gt. South 47:29	
9	**Matthew Clowes** 20.9.89 (1y, -) 65:11 '17 10 Cardiff 63:27, 8 Granollers 64:39, 1 Swansea 64:44, 1 Bristol 65:10, 1 Llanelli 65:16, 1 Swindon 66:01, 1 Hanley 66:53	
10	**Jonathan Mellor** 27.12.96 (6y, 7) 62:23 '17 10 Barcelona 63:17, 5 Gt. Scot 64:51, 4 London (3 UK) 65:03, 16 GNR 68:01; 1 Liverpool 63:34 short	
11	**Tom Wade** 14.1.89 (1y, -) 65:00 '15 11 Cardiff 63:40, 22 Copenhagen 64:25, 2 Aarhus 65:54	
12	**Jack Martin** 29.4.88 (1y, -) 66:56 '14 14 The Hague 63:47	

Farah won the Great North Run (GNR) for the fifth successive year and is top for the eighth year at these distances. Hawkins is fourth for the fourth successive year and was second on both 10M and Half Marathon lists, with Thompson atop the 10 miles.

MARATHON

1	**Mohamed Farah** 23.3.83 (2y, -) 2:08:21 '14 1 Chicago 2:05:11, 3 London (1 UK/Eng) 2:06:21	
2	**Jonathan Mellor** 27.12.96 (3y, 3) 2:12:57 '17 15 New York 2:16:09, 14 London (2 UK/Eng) 2:17:55	
3	**Robbie Simpson** 14.11.91 (3y, 5) 2:15:04 '17 3 CG 2:19:36	
4	**Joshua Griffiths** 3.11.93 (2y, 4) 2:14:53 '17 7 Dublin 2:16:09, 15 CG 2:37:10	
5	**Aaron Scott** 11.4.87 (3y, 12) 2:17:50 '17 23 Frankfurt 2:16:57	
6	**Andrew Davies** 30.10.79 (5y, 6) 2:15:11 '17 25 New York 2:20:23, 11 CG 2:26:05	
7	**Matthew Sharp** 25.4.89 (2y, 8) 2:16:02 '17 28 Frankfurt 2:19:17	
8	**Paul Martelletti** 1.8.79 (5y, 10) 2:16:49 '11 20 Berlin 2:17:29, 26 Rotterdam 2:24:40, 1 York 2:27:02, 1 Crete 2:42:02	
9	**Nick Earl** 22.9.84 (1y, -) -0- 4 Melbourne 2:18:56	
10	**John Gilbert** 23.9.80 (5y, -) 2:15:49 '15 16 London (3 UK/Eng) 2:20:24	
11	**Harry Pearce** 24.1.94 (1y, -) -0- 14 Toronto 2:19:23, dnf London	
12	**Ryan Burling** 22.3.84 (1y, -) 2:51:40 '16 29 Frankfurt 2:20:14	
nr	**Kevin Seaward** IRL 3.10.85 2:14:50 '15 15 EC 2:16:58, 4 CG 2:19:54	
nr	**Stephen Scullion** IRL 9.11.88 2:18:04 '17 12 London 2:15:55	

Farah made a most successful return to the marathon with two British records. Hawkins collapsed due to the heat when in a clear lead at the Commonwealth Games. The conditions in London meant that the lists showed declines re the previous year as 9 men broke 2:20 compared to 17 and 32 men broke 2:25 compared to 43 in 2017. In determining the rankings allowance had been made for the severity of the conditions.

3000 METRES STEEPLECHASE

1	**Zak Seddon** 28.6.94 (7y, 2) 8:30.17 '17 8:26.51, 8:27.05, 8:30.00, 8:30.19, 8:31.60	
	2 Princeton, 2 Rehlingen, 16 Rome, 4 Turku, 1 UK, 7 Liège, 5 EC, 14 B'ham DL	
2	**Ieuan Thomas** 17.7.89 (4y, 3) 8:33.59 '17 8:30.16, 8:33.88, 8:40.02, 8:40.87, 8:51.01	
	7 CG, 2 Leiden, 2 UK, 10h2 EC, 15 B'ham DL	
3	**Jamaine Coleman** 22.9.95 (3y, 8) 8:34.19 '17 8:31.91, 8:33.52, 8:33.78, 8:38.17, 8:40.06	
	4 Stanford 30/3, 1 Ohio Valley, 2 NCAA, 3 UK, 8 Liège, 8h1 EC23	
4	**Jonathan Hopkins** 3.6.92 (5y, 5) 8:34.03 '17 8:30.52, 8:31.98, 8:34.12, 8:41.45	
	6 CG, 3 Oordegem, 3 Leiden, 4 UK	
5	**Phil Norman** 20.10.89 (2y, 10) 8:42.89 '17 8:35.47, 8:49.54, 8:50.19, 8:59.59, 9:00.89	
	2 LI, 15 Huelva, 6 UK, BLP: 1,1,-,-	
6	**Adam Kirk-Smith** 30.1.91 (2y, 7) 8:37.41 '17 8:44.98, 8:48.09, 8:48.40, 8:53.47, 9:02.09	
	8 CG, 1 LI, 15 Oordegem, 1 Irish, 1 MI	
7	**Douglas Musson** 8.4.94 (4y, 6) 8:38.54 '17 8:40.24, 8:53.46, 8:55.31	
	11 Oordegem, 5 Leiden, 7 UK	
8	**Ryan Driscoll** 25.1.94 (3y, 12) 8:50.87 '17 8:45.62, 8:49.71, 8:54.65	
	3 LI, 5 UK, 2 Kortrijk	
9	**Adam Visokay** 11.3.94 (2y, 9) 8:43.60 '15 8:44.28, 9:01.86, 9:02.04	
	6 Stanford 30/3, 13 Nashville, 17 Liège	
10	**Rob Mullett** 31.7.87 (9y, 1) 8:22.42 '16 14 Stanford 8:47.88	
11	**Daniel Jarvis** 21.10.95 (2y, 11) 8:43.09 '17 8:54.39, 8:58.42, 9:17.61	
	1 B.Univs, 4 LI, 9 UK	
12	**Chris Perry** 1.3.90 (1y, -) 8:59.41 '17 8:55.19, 9:05.60, 9:13.94	
	1 Watford, 1 CAU, 2 MI	
–	**Haron Dunderdale** 26.4.96 (0y, -) 8:50.43 '17 8:50.90, 9:04.66, 9:05.01	
	12B Stanford 30/3, 1 Azusa, 1 Missouri V.	

Mullett, no. 1 for the previous three years, ran just once in 2018, and Seddon takes over the top spot after being 2nd four times in the previous five years. The top five all set PBs under 8:36, but the records of the second half in the rankings is pretty thin and the standard in depth remains poor with just 30 men under 9:20 (it was over 90 every year 1982-91).

110 METRES HURDLES
1 **Andrew Pozzi** 15.5.92 (6y, 1) 13.19 '16   13.28, 13.29, 13.35, 13.36, 13.42, 13.48
  4 Brisbane, 6= CG, 3 MCG, 7 Eugene, 8 Ostrava, 1 UK, dnf AthWC, 4 Anniv, 6 EC, 5 B'ham DL
2 **David King** 13.6.94 (5y, 3) 13.48 '17, 13.4h '16   13.53, 13.55, 13.55, 13.57, 13.59, 13.62
  2 Brisbane, 5h2 CG, 2 MCG, 3 Bydgoszcz, 4 Turku, 2 Geneva, 2 UK, 4B Lucerne, 9 Anniv, 6s3 EC, 8 B'ham DL, 5 Zagreb, 3 GNC
3 **Khai Riley-LaBorde** 8.11.95 (4y, 4) 13.60 '16   13.81, 13.84, 13.89, 13.91, 13.91, 13.96; 13.74w
  1 B.Univs, 1B Bydgoszcz, 2 Aarhus, 2 Linz, 3 UK, 1/1 LEAP, BL3: -,-,1,1
4 **Jake Porter** 13.11.93 (4y, 6) 13.68 '17   13.84, 13.88, 13.89, 13.94, 13.97, 13.98; 13.68w
  3 B.Univs, 1 Munich, 1 E.Clubs, 2 Argentan, 2 Espoo, 6 Copenhagen, 5 UK, 4 Castres, 1 CAU, 7h1 B'ham DL, BLP: 1,-,-,1
5 **David Omoregie** 1.11.95 (5y, 2) 13.24 '16   13.79, 13.88, 13.95, 13.95, 14.20
  7h2 CG, 3 Andújar, 9 Hengelo, 3 Hérouville
6 **Cameron Fillery** 2.11.98 (2y, 12) 14.22 '17   14.08, 14.08, 14.08, 14.08, 14.12, 14.12
  1 Lough 28/4, 4 B.Univs, 1 LI, 1 Eng-23, 4 UK, 5/3 LEAP; BLP: -,1,1,2
7 **Miguel Perera** 30.9.96 (2y, 11) 14.09 '17   13.97, 14.03, 14.06, 14.07, 14.23, 14.23; 13.99w, 14.11w
  2 Lough 28/4, 5 B.Univs, 3 LI, 4B Bydgoszcz, 2 South, 3 Eng-23, 6 UK, 5 Castres, 2 CAU; BL1: -.1,1,1
8 **William Sharman** 12.9.84 (15y, 9) 13.16 '14, 12.9w '10   14.12, 14.27; 14.02w
  1 Lough 6/6, 2 BL3 (3)
9 **Jack Hatton** 14.2.96 (1y, -) 13.89 '15   14.15, 14.20, 14.42, 14.50, 14.66, 14.80
  3 South, dns Eng-23
10 **Sam Bennett** 2.2.01 (1y, -) -0-   14.31; 14.20w, 14.25w
  1 South IC, 3 CAU
11 **James Weaver** 25.7.97 (2y, 3) 13.69 '17   14.39; 14.15w, 14.35w
  1 MI, 2 Brugnera
12 **Timothy Duckworth** 18.6.96 (1y, -) 14.33 '17   14.35, 14.37, 14.55, 14.59; 14.19w
  3h5 Florida R, 3B F'ville, 1D NCAA, 3D EC
nr **Ben Reynolds** 26.9.90 IRL (2y pre IRL) 13.48 '15   13.70, 13.92, 13.97, 14.13, 14.15, 14.19
  4h2 CG, 1 Belfast, 1 NI, 3/2 Espoo, 2 IRL Ch
nr **Alex Al-Ameen** NGR 2.3.89 (4y pre NGR) 13.54 '14   14.10, 14.13, 14.26, 14.32, 14.35, 14.36
  4 LI, 7 Sotteville, 6 Castres

Pozzi retained top ranking although, after his splendid indoor title at 60mH, he was short of his 2017 form at 110mH, and indeed none of the top five improved their best in 2018, although King had a most consistent season for second ranking. Bennett's two outings over senior hurdles were enough to get him a rankings place, but he showed exceptional promise with a UK U18 record 13.19 to win the European Youth title and he won the English Schools at junior hurdles. Overall the standard was well down, with 10th best of 14.31 the worst since 1985 and 50th at 15.31 the worst since 2003.

400 METRES HURDLES
1 **Jack Green** 6.10.91 (7y, 1) 48.60 '12   49.18, 49.24, 49.52, 49.73, 49.80, 49.84
  1/1 Brisbane, 4 CG, 7 Doha, 1 Riga, 3 Turku, 5 Stockholm, 2 UK, 7 Lausanne, dnf Anniv, 6s3 EC
2 **Dai Greene** 11.4.86 (13y, -) 47.84 '12   49.38A, 49.48, 49.49A, 49.59, 50.06, 50.08A
  1/1 Potchefstroom, 1 Johannesburg, 5 Prague, 2 Goleniów, 1 UK, 3 AthWC
3 **Sebastian Rodger** 29.6.91 (7y, 3) 49.19 '13   49.74, 49.77, 49.80, 49.87, 49.95, 50.18
  5 Mt.SAC, 1 Berkeley, 1 LI, 2 Oordegem, 1 BLP (2), 6 Stockholm, 5 Marseille, 3 UK, 8 Anniv, 5h2 EC
4 **Jacob Paul** 6.2.95 (6y, 2) 49.49 '17   49.90, 49.96, 50.16, 50.20, 50.26, 50.58
  2 Brisbane, 2 LI, 5 Oordegem, 6 Geneva, 1 Rhede, 6 UK, 1 Barcelona, 1 Cork, 1 CAU, 5 Szczecin
5 **Niall Flannery** 26.4.91 (9y, 5) 48.80 '14   50.03, 50.14, 50.25, 50.80, 50.82, 50.84
  1 BLP (1), 3 LI, 4 Oordegem, 6 Prague, 4 Geneva, 2 Hérouville, 7 UK, 4B Lausanne, 3 Cork, 3 LEAP
6 **Alistair Chalmers** 31.3.00 (2y, 12) 52.06 '17   50.11, 50.27, 50.52, 50.71, 51.10, 51.16
  7h2 CG, 5 LI, 1 Eng-J, 1 Guernsey, 6 WJ
7 **Christopher McAlister** 3.12.95 (3y, 9) 50.88 '16   50.36, 50.58, 50.67, 50.79, 50.92, 50.94
  2A LI, 2C Oordegem, 3B Geneva, 4 UK, 2 Cork, 4 CAU, 1 MI, BLP: 2,2,2,2
8 **Jack Lawrie** 21.2.96 (3y, 6) 50.25 '17   50.42, 50.75, 50.97, 51.04, 51.08, 51.13
  4 LI, 6B Geneva, 1 Eng-23, 5 UK, 2 LEAP, 3 CAU, 1 Scot, 2 MI, BLP: -,3,1,1
9 **Alex Knibbs** 26.4.99 (1y, -) 52.09 '17   50.57, 50.99, 51.11, 51.21, 51.29, 52.38
  1D Geneva, 2 Eng-J, 1 Mannheim, 3s2 WJ
10 **James Forman** 12.12.91 (8y, 7) 50.41 '11   50.94, 51.34, 51.42, 51.45, 51.99, 52.40
  1A LI, 1 South, 3 Guernsey, 3h4 UK, BL1: 1,2,2,-
11 **Efekemo Okoro** 21.2.92 (1y, -) 51.16 '16   51.24, 51.36, 51.39, 51.53, 51.55, 51.55
  2r1 (4) E.Clubs, 1C Oordegem, 1 Tarare, 8 UK, 2 Scot, 3 MI, 2 Lappeenranta, BLP: 1B,-,1B,3

12 **Tyri Donovan** 20.10.98 (1y, -) 52.81 '17   51.36, 51.38, 51.55, 51.57, 51.72, 51.73
   1B LI, 1E Oordegem, 2D Geneva, 2 Eng-23, 2h4 UK, 5 Cork, 2 CAU, 4 MI, BL1: 3,-,1,1

It was great to see Dai Greene back in action, and his 13 years in the rankings is an event record; he ran his fastest times since 2013, but he had to withdraw from both Commonwealth Games and European Championships and ranks second to Jack Green, who is top for the third successive year although with the lowest top UK mark since 2007. Chalmers took 0.96 off his PB at the CG and improved three more times to 50.11 in the semis of the World Juniors, and another junior Knibbs made similar improvement. McAlister beat Lawrie 4-2. Ten men under 51.0 was a big improvement on 10th best of 51.71 in 2017, but 50th best at 55.6 and just 48 men under 55.5 were the worst since 1973.

HIGH JUMP
1 **Allan Smith** 6.11.92 (8y, 4) 2.26 '13   2.27, 2.23, 2.23, 2.23, 2.21, 2.21
   6= Brisbane, 5 CG, 1 B.Univs, 1 LI, 1 BLP (2), 1 Zoetemeer, 3 UK, 9 Viersen, 5 Cork, dnq 15 EC; Ind: 1 Glasgow, 3= Cologne
2 **Chris Baker** 2.2.91 (8y, 3) 2.36i, 2.29 '16   2.26, 2.21, 2.21, 2.21, 2.21, 2.21
   9 CG, 2 LI, 2 Huelva, 4 Leverkusen, 1 UK, 5 AthWC, dnq 16= EC, 8 B'ham DL, 4= Chorzów, BL1: 1,1,-,-; Ind: 12 Hustopece, 12 Trinec, 2 UKi
3 **Robbie Grabarz** 3.10.87 (13y, 1) 2.37 '12   2.21, 2.18; 2.30i, 2.25i, 2.20i
   12 CG; Ind: 1 B'ham. 7= B.Bystrica, 9= WI
4 **David Smith** 14.7.91 (9y, 7) 2.25 '14   2.26, 2.21, 2.20, 2.19, 2.18, 2.16; 2.19i
   10= CG, 2= Zoetemeer, 3 Hérouville, 2 UK, 4 Cork, dnq 20= EC; Ind: 1 Chemnitz, 4 UKi, 3= Athlone
5 **Chris Kandu** 10.9.95 (6y, 5) 2.26i, 2.25 '17   2.23, 2.21, 2.15, 2.09; 2.20i, 2.20i
   2 B.Univs, 1 BL3 (2), 2 Lokoren, 5 UK; Ind: 8 Hustopece, 3 UKi
6 **Tom Gale** 18.12.98 (2y, 9) 2.1830 '16   2.23, 2.19, 2.18, 2.18, 2.17, 2.17; 2.20i
   dnq 14 CG, 5 LI, 1 BIG, 5 Turku, 1 Sinn, 1 Eng-23, 9 Bühl, 4 UK; Ind: 7 Cologne, 10 Hustopece, 8= Trinec, 5 UKi, 6 Athlone
7 **Dominic Ogbechie** 15.5.02 (1y, -) 2.07i, 2.02 '17   2.18, 2.16, 2.16, 2.13, 2.10, 2.07; 2.22i, 2.12i
   3 LI, 4 BIG, 1 Eng-J, 1 EY, 1 MI, 1 Eng-17; Ind: 1 South-17, 1 South-J, 1 Eng-17i
8 **Ryan Webb** 19.10.97 (2y, 11) 2.14 '16   2.20, 2.18, 2.16, 2.15, 2.14
   3 B.Univs, 4 LI, 2 E.Clubs, 3 BIG, 4 Eng-23, 6= UK, 6 Cork, 3 LEAP, 1 CAU, 2 MI, 2 U23 Eberstadt, BLP: -,-,1,1; Ind: 1 Lough, 4B Hustopece, 7 UKi
9 **Tim Duckworth** 18.6.96 (2y, 10) 2.16i '17, 2.13 '16   2.17, 2.13, 2.13; 2.17i, 2.12i, 2.10i
   1D EC; Ind: 3/1 Lexington, 2H NCAAi
10 **Joel Khan** 30.9.99 (2y, 9) 2.16 '17   2.20i; Ind: 1 UK-Ji
11 **William Grimsey** 14.12.96 (2y, -) 2.12 '15   2.14, 2.12, 2.11, 2.08, 2.08; 2.12i, 2.12i
   4 B.Univs, 6 LI, 2 BIG, 8 UK, 3 MI, 3 U23 Eberstadt, BLP: -,2,-,3; Ind: 2 Lough, 3B Hustopece, 1 B.Univs
12 **Lewis McGuire** 22.10.97 (1y, -) 2.16 '17   2.12, 2.12, 2.11, 2.10, 2.05, 2.02; 2.14i, 2.11i
   1 Scot-W, 2 Eng-23, 6= UK, 4 BLP (3), 1 Scot, 5 MI; Ind: 1 Scot, 4 B.Univs
–   **Patrick O'Connor** 23.10.95 (0y, -) 2.10 '17   2.11, 2.10, 2.09, 2.08, 2.00; 2.10i, 2.07i
   1 Raleigh, 2 Lewisburg, 2 PSAC, 7 NCAA-II; Ind: 5 PSAC
nr **Mike Edwards** Now NGR 11.7.90 (9y, 5) 2.25 '15   2.17, 2.15, 2.14, 2.13, 2.10; 2.21i, 2.20i, 2.14i
   1 Manhattan, 6 Zoetemeer, 3 Poitiers, 5 Hérouville, 4 African Ch; Ind: 2 Manhattan, 1 UKi

Outdoors only: 3 D Smith, 4 Kandu, 5 Gale, 6 Grabarz,… 10 Grimsey, 11 McGuire, 12 O'Connor

Although disappointing at the World Indoors and Commonwealth Games, Grabarz topped the lists with 2.30 indoors but then retired after five years ranked as best in Britain. The three men who had bests of 2.26-2.27, Baker and the two Smiths, were closely matched with Allan Smith taking the top ranking; he had the best outdoor jump with 2.27, the best series of performances and was the best at the Commonwealth Games. After his breakthrough in 2017, Gale had a moderate year, one jump at 2.23, but otherwise stuck in the 2.16-2.19 range. The marvellously talented Ogbechie set a world age 15 best with 2.22 indoors and had a carefully planned programme outdoors including winning the European Youth title and excelling also at 200m and long jump. Joel Khan competed just once – winning the national junior title indoors. Edwards wanted to compete for Nigeria, but his clearance did not come through until late in the year.

POLE VAULT
1 **Adam Hague** 29.8.97 (5y, 2) 5.60 '15   5.65, 5.61, 5.60, 5.60, 5.60, 5.55; 5.65i
   4 CG, 4 MCG, 3 Bydgoszcz, 2 Prague, 2 Tübingen, 2 UK, 5 Rottach-E, 6= Anniv, 10 EC, 9 Brussels, 2 Schaan, 3= Linz; Ind: 1 North, 1 Manch, 1/1 Sheffield, 1 UKi
2 **Charlie Myers** 12.6.97 (4y, 6) 5.45 '17   5.60, 5.55, 5.55, 5.50, 5.50, 5.46
   1 B.Univs, 2 LI, 4/1 Oordegem, 1 Geneva, 6 Mannheim, 1 UK, 4 AthWC, 6= Anniv, dnq 17= EC, 1 Bergen 1, G'head, 4 Zagreb; Ind: 2 North, 1 Cardiff, 2 Manch, 1 Sheffield, 1 Sutton, 2= UKi
3 **Joel Leon Benitez** 31.8.98 (4y, 3) 5.51 '17   5.52, 5.45, 5.45, 5.40, 5.35, 5.35; 5.37i
   4 Fayetteville, 5 Lynchburg, 4 ACC, 8 NCAA, 5 UK, 1g Welsh, 2 Jockgrim, 3 Liège, BL3: -,-,1,1;
   Ind: 2 Univ.Park, 4 Bloomington, 2 Fayetteville, 3 ACC
4 **Luke Cutts** 13.2.88 (13y, 1) 5.83i '14, 5.70 '13   5.45, 5.35, 5.30, 5.30, 5.03; 5.41i, 5.20i
   3 CG, 2 MCG, 1 LI, 1 North, 1 UK, 2 BLP: 1,1,-,-; Ind: 1/1 Manch, 4 UKi

5   **Harry Coppell** 11.7.96 (6y, 7) 5.40 '14   5.40, 5.35, 5.20, 5.20, 5.05, 5.00; 5.35i, 5.15i
    2 Geneva, 3 UK, 1 CAU, 1 BL1 (4), 1 Wrexham, 1 MI; Ind: 2 Cardiff, 3 Manch, 2 Sheffield, 2= UKi
6   **Scott Huggins** 24.7.89 (5y, 11) 5.26 '17   5.23, 5.10, 5.10, 5.00, 5.00, 4.95
    4 LI, 1 South, 2 MI, BL1: 1,1,-,3
7   **Timothy Duckworth** 18.6.96 (3y, 12) 5.26i, 5.07 '17   5.11, 5.10, 4.95, 4.67; 5.16i, 5.10i, 5.00i
    8 SEC, 1D NCAA, 3D EC; Ind: 12 Lexington, 5 SEC, 1H NCAAi
8   **Jack Phipps** 2.4.94 (4y, 10) 5.25i '17, 5.20 '15   5.10, 5.03, 5.00, 4.93, 4.90, 4.83; 5.01i, 5.01i, 5.00i
    6 MCG, 6 LI, 5 E.Clubs, 2 South, 6= UK, 8 CAU, 3 MI, BLP: 2,2,1,1; Ind: 5 Cardiff, 3 Welsh, 1 Brunel, 2 Sutton, 6 UKi
9   **Samuel Adams** 17.10.94 (1y, -) 5.00 '18
    5.05i, 5.01i, 5.01i, 5.00i, 4.91i, 4.73i
    Ind: 1 Ithaca
10 **Ben Gregory** 21.11.90 (2y, -) 5.20i '17, 5.13 "13
    5.00, 4.92, 4.91, 4.80, 4.80; 5.01i
    5 Brisbane, 4D CG; Ind: 2 Welsh
11 **J.J. Lister** 6.3.97 (1y, -) 5.05 '17   5.10, 4.90, 4.83, 4.80, 4.80, 4.80
    2 B.Univs, 1 Eng-23, 6= UK, 6 CAU, 4 MI, BL1: -,2,1,2; Ind: 2 Brunel, 1= B.Univs
12 **Euan Bryden** 17.5.94 (1y, -) 5.15 '19
    4.80, 4.72, 4.63, 4.60; 5.00i, 5.00i, 4.91i, 4.82i
    nh UK; BL1: 4,3,-,nh; Ind: 1 South, 7 Cardiff, 3 London, 5 UKi
–   **Archie McNeillis** 7.5.94 (0y, -) 4.75 '17   5.01, 4.90, 4.83, 4.80, 4.65, 4.60; 4.80i, 4.70i
    5= B.Univ, 1 Ox v Cam, BLP: -,3,4,-; Ind: 1 Mid, 3 B.Univs
–   **George Turner** 13.7.98 (0y, -) 4.71 '17   4.93, 4.85, 4.80, 4.65, 4.60, 4.60; 5.01i, 4.61i
    8 B.Univs, 8 Oordegem, 3 South, 2 Eng-23, 2 CAU, BL2: -,-,1,1; Ind: 4 South, 5 Sutton, 6 B.Univs, 1 Sutton 23/9
–   **Jax Thoirs** 7.4.93 (7y, 4) 5.65 '15   5.06, 4.20; 1 Scot
Outdoors only: 9 Lister, 10 Gregory, 11 McNeillis, 12 Turner
Hague, 21 in August, takes his first top ranking, showing his competitive class with PBs at the UK Indoors and European Championships. Myers, just two months older than Hague, also achieved fine consistency. Very little between the group from 9th. 10th best at 5.06 was the worst since 2009.

LONG JUMP

1   **Daniel Bramble** 14.10.90 (8y, 1) 8.21 '15   8.15, 8.02, 8.02, 7.99, 7.94, 7.93
    5 CG, 2 Bermuda, 1 LI, 1 BLP (2), 1 Padua, 3 Leverkusen, 2 UK, 8 Ath WC, 2 Sotteville, 6 Anniv, 6 EC, 7 B'ham DL, 4 Rovereto, 4 Padua 2/9; Ind: 6 Metz, 5 Glasgow
2   **Timothy Duckworth** 18.6.96 (2y, 4) 7.87 '17   8.19w, 8.03, 8.01, 8.00, 7.76, 7.57w; 7.79i, 7.78i, 7.74i
    1D Athens GA, 3 SEC, 1D NCAA, 1 UK, 8 Anniv, 2D EC; Ind: 3 SEC, 1H NCAA-i
3   **Feron Sayers** 15.10.94 (3y, 5) 7.89, 7.95w '17   8.05, 7.98w/7.73, 7.73, 7.72, 7.68, 7.68
    2 E.Clubs, 1 Geneva, 2 Rhede, 3 UK, 1 Kladno, 9 Anniv, dnq 15 EC, 2 Gothenburg, 5 Rovereto; Ind: 1 Vienna
4   **Greg Rutherford** 17.11.86 (13y, 2) 8.51 '14   7.86, 7.86, 7.76, 7.55, 7.43, 7.38; 7.89i, 7.80i
    1 Oordegem, 3 Dessau, 1 Paderborn, 10 Anniv, 8 B'ham DL, 3 GNC; Ind: 1 UKi, 4 Glasgow
5   **Jacob Fincham-Dukes** 12.1.97 (4y, 3) 7.96, 8.02w '17   7.89, 7.82w/7.75, 7.81w, 7.76w, 7.60, 7.54; 7.77Ai, 7.66i
    5 Texas R, 3/1 F'ville, 5 Waco, 12 Big 12, 17 NCAA, 4 UK, 2 CAU; Ind: 5 Lubbock, 5 F'ville, 2 A'que, 6 Big12
6   **Reynold Banigo** 13.8.98 (1y, -) 7.42i, 7.45 '17, 7.40 '16   7.87w, 7.76w/7.60, 7.75w, 7.67, 7.66, 7.55; 7.56i
    2 B.Univs, 2 LI, 2 BIG, 1 Eng-23, 1 LEAP, 1 CAU, 1 MI, BL1: -,-,1,1; Ind: 2 North, 2 B.Univs
7   **James Lelliott** 11.2.93 (3y, 10) 7.76, 7.70w '17   7.74, 7.65, 7.46, 7.39, 7.39, 7.38; 7.65i
    3 LI, 1 South, 5 UK, 2 GNC, BL2: 1,3,1,2; Ind: 1/1 Cardiff, 4 London, 3 UKi
8   **Jack Roach** 8.1.95 (2y, 12) 7.58 '17   7.71, 7.64w, 7.54, 7.48w, 7.41, 7.40; 7.44i
    1 B.Uns, 4 LI, 3 North, 6 UK, 3 CAU, 2 MI, 1 GNC, BLP: -,5,2,1; Ind: 1 North, 3 Vienna, 1 B.Uns-i
9   **Alexander Farquharson** 9.6.97 (2y, -) 7.70 '16   7.61, 7.47, 7.51i, 7.49i
    1 BIG, 7 UK; Ind: 1 Mid, 4 UKi
10 **Bradley Pickup** 4.4.89 (6y, -) 8.16 '14   7.63, 7.56, 7.49, 7.45, 7.32, 7.16; 7.40i
    1 Antony, 4 P-Bénite, 5 Albi, 8 UK, BL2: -,1,2,3; Ind: 7 UKi
11 **Oliver Newport** 7.1.95 (3y, 9) 7.78 '16   7.70w/7.54, 7.47w/7.43, 7.38, 7.35, 7.33, 7.32
    12 Texas R, 3 T'loosa, 2/2 Louisville, 8 ACC, dnq 23 NCAA-E, 9 UK, 2 BL1 (3), 5 CAU; Ind: 6 Lexington, 7 N.Dame
12 **Shandell Taylor** 16.12.99 (1y, -) 6.90 '17   7.78, 7.40w/7.29, 7.27w/7.25, 7.24w/7.17, 7.14
    1 South-J, 2 Eng-J, 1 E.Sch, 3 W.Int, 3 MI, BL2: 2,-,6,1
nr **Adam McMullen** IRL 5.7.90   7.85, 7.94w '17   7.88, 7.79, 7.78w, 7.68w, 7.66, 7.53w; 7.99i, 7.97i, 7.79i, 7.77i
    5 Brisbane, dnq 14 CG, 4 Innsbruck, 8 Prague, 1 NI, 1 Belfast, 1 BLP (3), 2 Cork, 1 IRL dnq 25 EC; Ind: 3 Ostrava, 1 Gent, 2 UKi.1 IRL-I, 7 Glasgow
Difficult to choose between the top 2. Although Duckworth beat Bramble (by 1cm) at the UKs, the latter had the deeper international season and retains his top ranking. Sayers had a breakthrough year and Banigo made the

biggest improvement of all the top men apart from Taylor who improved from 6.90 in 2017 to 7.25 and then a startling 7.78 at the English Schools. Rutherford did enough, in his final season, to rank fourth. Fincham-Dukes had a mixed year in the USA but came 4th in an excellent quality event at the UKs and the order there works out pretty nicely for the rankings.

TRIPLE JUMP
1   **Nathan Douglas** 4.12.82 (17y, 3) 17.64 '05   16.83w, 16.71, 16.56, 16.41w, 16.35, 16.33; 16.77i
    1 Brisbane, 5 CG, 2 BIG, 1 P-Bénite, 1 UK, 6 AthWC, 6 EC, 3 Lappeenranta; Ind: 1 Mondeville, 1 UKi
2   **Julian Reid** 23.9.88 (8y, 5) 16.98, 17.10w '09   16.70w/16.57, 16.35, 16.07, 15.94, 15.64. 51.41; 16.54i, 16.09i
    1 LI, 1 BIG, 6 Marseille, 2 UK, 1 Istanbul, 2 BL1 (3), 1 MI; Ind: 1/1 B'ham, 2 UKi
3   **Jonathan Ilori** 14.8.93 (6y, 8) 16.06 '17, 16.10w '14   16.28, 16.25, 16.13, 16.13, 16.07, 15.90
    1 San Antonio, 1 San Marcos, 2 LI, 2 South, 3 UK, 1 Sutton, 1 CAU, 2 MI, BL1: -,1,1,1
4   **Michael Puplampu** 11.1.90 (4y, -) 16.43i/16.20 '13, 16.59 '12   16.41, 16.20, 16.10, 16.03, 15.86, 15.86
    1 Clermont, 3 South, 4 UK, 2 Sutton, 3 CAU, BLP: -,1,3,3
5   **Nathan Fox** 21.10.90 (11y, 2) 16.81 '17   16.11, 16.03, 15.85w/15.61, 15.81, 15.72, 15.62
    4 South, 3 Carquefou, 5 UK, 3 Sutton, BLP: -,4,1,2
6   **Scott Hall** 8.3.94 (1y, -) 15.51 '14   15.82, 15.77, 15.75, 15.64, 15.31, 14.94
    6 UK, 2 CAU, 4 MI, BLP: -,5,4,-
7   **Nonso Okolo** 7.12.89 (4y, 4) 16.45 '17   16.16, 15.80, 15.75, 15.71
    3 Clermont, 3 BLP (2), 6 South, 8 UK
8   **Montel Nevers** 22.5.96 (4y, 6) 16.15i, 16.14 '16   15.99, 15.69, 15.65, 15.65, 15.57, 15.50; 15.84i, 15.66i
    5 Florida R, 3 Azusa, 8 F'ville, dnq 13 NCAA-E, 1 Eng-23, 9 UK, BL3: -,-,1,1; Ind: 4 Clemson, 5 Iowa City, 6/8 F'ville, 4 ACC
9   **Lawrence Davis** 31.5.95 (2y, 10)   16.01i '17.15.71 '15   15.78, 15.41, 15.36, 15.35w, 15.33w, 15.27; 15.68i
    5 LI, 7 South, 1 Sth IC, 7 UK, 4 CAU, BLP: 1,6,5,-; Ind: 1 South, 2 B'lava, 3 UKi
10 **Efe Uwaifo** 15.5.95 (5y, 9) 15.98 '16, 16.18w '17   15.84, 15.71, 15.05w
    5 South, 3 Linz, 10 UK
11 **Daniel Igbokwe** 28.6.98 (1y, -) 15.63 '17   15.45, 15.30, 15.18, 15.03; 15.53i, 15.51Ai
    2 Florida R, 6 C'ville, 4 Heps; Ind: 2 NY, 3 Alb'que
12 **Sam Trigg** 1.11.93 (4y, 7) 15.74 '15, 15.77w '16   15.23, 14.64; 15.52i, 15.50i, 15.30i
    4 LI, 6 BIG; Ind: 1 Vienna, 1 Brunel, 4 UKi
–   **Daniel Lewis** 8.11.89 (5y, -) 16.31i, 16.26 '14   15.96, 14.88; 5 Clermont, 4 BLP (4)
nr **Tosin Oke** NGR 1.10.80 (ranked for 10 years 1999-2008 as GBR) 17.23 '13   16.37, 16.28, 15.95, 15.86, 15.84   2 Clermont, 1 South, BLP: -,2,2,1

In his 17th year in the rankings from 2001, Douglas returns to the top ranking that he had in 2005 and 2013 and his 12th year in the top three. The UK Champs 2-6 follow in that order, Ilori having his best year yet and Puplampu returning for his first ranking since 2014. The 2017 no.1 Ben Williams did not compete this year. 50th best of 14.19 is the worst since 2005 (best ever 14.72 in 1986).

SHOT
1   **Scott Lincoln** 7.5.93 (7y, 1) 19.59 '16   19.24, 19.12, 19.10,19.08, 19.05, 18.84
    8B Tucson, 2 BIG, 2 Aarhus, 4 Leiden, 1 UK, 7 AthWC, 5 Cork, 1 CAU, 1 Scot, 1 MI, BLP: 1,-.1,1; Ind: 1 North, 1 Vienna, 1 Reykjavik, 1 UKi
2   **Youcef Zatat** 13.4.94 (5y, 2) 18.34 '17   18.21, 18.01, 17.75, 17.72, 17.71, 17.59; 17.62i
    1 LI, 1 BIG, 1 Geneva, 2 UK, 6 Cork, 2 CAU, BLP: -,1,2,2; Ind: 1 South, 2 Vienna, 3 UKi
3   **Scott Rider** 22.9.77 (17y, -) 18.97 '05   17.64i, 16.80i; Ind: 1 Brunel. 2 UKi
4   **Gareth Winter** 19.3.92 (6y, 3) 18.07 '15   17.28, 16.61, 16.52, 16.26, 15.69
    2 LI, 3 UK
5   **Daniel Cartwright** 14.11.98 (3y, 6) 16.14 '17   16.99, 16.53. 16.45, 16.43, 16.01, 15.93; 16.40i
    6 E.Clubs, 3 BIG, 4 UK, 3 CAU, BLP: 3,3,3,5; Ind: 4 UKi
6   **Greg Beard** 10.9.82 (9y, -) 18.59i, 18.29 '13   16.59, 16.51. 16.28, 16.17, 16.13, 16.12; 16.97i
    4 CAU, 4 MI, BLP: -,-,6,4
7   **Samuel Heawood** 25.9.90 (2y, 5) 16.23i, 15.54 "17
    16.04, 15.94, 15.71, 15.71, 15.60; 16.54i, 16.35i, 15.83i, 15.72i
    5 UK, BL2: 2,-,2,-; Ind: 2 South, 1 London, 5 UKi, 1 Brunel
8   **Joseph Watson** 23.9.95 (4y, 4) 17.42 '16   16.16, 15.82, 15.56, 15.09; 15.69i, 15.62i, 15.15i
    1 B.Univs, 3 LI, 6 UK; Ind: 2 B.Univs
9   **Ciaran Wright** 17.9.96 (1y, -) 14.10 '17   16.00, 15.94, 15.62, 15.55, 15.51, 15.36
    2 Nagold, 4 LI, BLP: 4,4,10,8
10 **George Evans** 21.12.98 (1y, -) -0-
    15.86, 15.85, 15.54, 15.27, 15.13, 15.05; 15.28i
    9 Tempe, 4 Kansas R, 7 F'ville, 12 Big 12, 1 Eng-23, 7 UK; Ind: 1 Big 12
11 **Kai Jones** 14.12.96 (3y, 9) 16.36i, 16.00 '16   15.79, 15.22, 14.95, 14.69; 15.73i, 15.06i
    2 B.Univs, BLP: -,6,5,7; Ind: 1 B.Univs

12 **Gregory Thompson** 5.5.94 (2y, 12) 15.75 '17   15.45, 14.94; 16.15i, 15.48i, 15.31i
 1 Sth IC. 7 BLP (3); Ind: 8 Lincoln
- **Craig Sturrock** 7.1.85 (9y, 7) 16.87i '13, 16.72 '14   15.57, 15.36, 15.33, 15.30, 15.24, 15.18; 15.48i, 15.33i
 1 N.East, 2 North, 5 CAU, BLP: 5,5,9,9; Ind: 1 Scot, 1 N.East
Outdoors only: 3 Winter, 4 Cartwright, 5 Beard, 6 Heawood, 7 Watson, 8 Wright, 9 Evans,10 Jones, 11 Sturrock; 11 only
Lincoln was again far ahead of the rest in his fourth year at the top and Zatat was again clearly second. Rider, now retired, only competed twice indoors, but again showed his ability with second in the UK Champs and his 17 years in the rankings ties the record by Shaun Pickering. Good to see Beard back; he was ranked in 2000-03 and 2011-14; he and Rider now have an event record 18-year span. The standard in depth was again poor although a little better than 2017.

DISCUS
1 **Brett Morse** 11.2.89 (12y, 1) 66.84 '13   61.94, 61.71, 60.47, 60.43, 59.72, 59.61
 1 LI, 1 UK, 7 AthWC, 1 W.Int, 2 MI, BLP: 1,1,2,1
2 **Gregory Thompson** 5.5.94 (5y, 5) 60.28 '17   61.29, 60.81, 60.24, 60.19, 59.24, 58.96
 3 Florida R, 1 C'ville, 1 Penn R, 4 Big 10, 2 NCAA, 2 UK, 3 BLP (3), 6/7 Leiria
3 **Nicholas Percy** 5.12.94 (6y, 1) 63.38 '16   63.17, 62.50, 62.32, 61.23, 60.98, 60.44
 1 Tempe, 3 Texas R, 2 San Diego, 3 Kansas R, 1 Lubbock, 1 Lincoln, 1 Big 10, 8 NCAA, 3 UK, 8 Karlstad, 1 Scot, BLP: -,-,1,2
4 **George Armstrong** 8.12.97 (2y, 6) 56.77 '17   59.74, 59.72, 57.33, 55.93, 55.79, 55.39
 1 B.Univs, 3 LI, 1 Eng-23, 4 UK, 2B/1B Leiria, 1 CAU, 3 MI, BLP: -,2,4,3
5 **George Evans** 21.12.98 (1y, -) 50.43 '17   58.67, 55.89, 55.73, 55.41, 55.18, 54.41
 1 Tempe, 2 Kansas R, 2 F'ville, 2 Big 12, 13 NCAA, 2 Eng-23, 5 UK
6 **Chris Scott** 21.3.88 (8y, 8) 63.00 '11   57.13, 57.06, 56.96, 55.94, 55.65, 55.57
 1 Lough-w, 2 LI, 1 BIG, 1 South, 6 UK, 2 CAU, 4 MI, BL1: 1,1,1,1
7 **Zane Duquemin** 23.9.91 (8y, 2) 63.46 '12   57.66, 55.64; 9 CG
8 **Adam Damadzic** 3.9.92 (5y, -) 56.44 '16   57.39, 55.46, 55.40, 55.34, 54.34, 54.11
 3 Fort Worth, 4 San Marcos, 2B Texas R, 2 Waco, 2 Abilene, 2 Lubbock, 1 Sun Belt, 23 NCAA-W
9 **Alan Toward** 31.10.92 (5y, 4) 59.33 '17   56.80, 55.73, 54.00, 53.73, 53.62, 50.48
 2 Lough-w, 1 N.East, 1 North, 8 UK, BLP: 2,3,-,-
10 **Mark Plowman** 26.3.85 (6y, 9) 56.04 '14   53.74, 53.51, 53.48, 53.21, 52.84, 52.70
 7 UK, 1 IS, 3 CAU, BL4: 1,1,-,1
11 **Najee Fox** 1.12.92 (4y, 11) 54.79 '17   52.34, 52.08, 50.69, 50.52, 50.06, 49.45
 6 E.Clubs, 1 Mid, 9 UK, 4 CAU, BLP: 4,4,5,4
12 **Angus McInroy** 13.2.87 (11y, 10) 58.77 '10   52.38, 51.31, 50.92, 50.92, 50.88, 50.60
 3 Lough-w, 3 BLP (1), 4 LI, 10 UK, 2 Scot, 4 MI
Morse returns to the top ranking (his seventh) with the best competitive record and while Percy had the best marks, he was beaten by Thompson in both NCAA and UK Champs. Armstrong and Evans made even bigger advances than Thompson and the order for the first six at the UKs holds up for overall rankings. Duquemin, now coaching, only competed at the Commonwealth Games. 10th best of 53.74 was the lowest since 2007.

HAMMER
1 **Nick Miller** 1.5.93 (7y, 1) 77.55 '15   80.26, 78.29, 77.05, 76.14, 75.33, 74.96
 1 Stanford, 1 CG, 10 Osaka, 3 Halle, 6 Turku, 5 Chorzów, 3 Nikití, 1 UK, 10 Sz'vár, 3 Cetniewo, 2 AthWC, 10 EC
2 **Chris Bennett** 17.12.89 (8y, 2) 76.45 '16   75.11, 74.08, 73.72, 73.29, 72.44, 72.11
 1 Lough-w, 1/1 Brisbane, 10 CG, 4 Fr-Crumbach, 2 UK, 2/3 Leiria, 2 LEAP, dnq 24 EC, BLP: -,1,1,-
3 **Jake Norris** 30.6.99 (2y, 10) 68.86 '17   73.24, 72.70, 72.64, 71.72, 71.06, 70.98
 1 Lafayette, 1 Tempe. 2 Austin, 1/1/1/2 Baton Rouge, 1 Coral Gables, 4 SEC, 3 NCAA
4 **Mark Dry** 11.10.87 (11y, 4) 76.93 '15   73.12, 72.35, 71.40, 70.48, 70.41, 70.04
 2 Lough-w, 10 E.Throws, 3 Brisbane, 3 CG, 1 LI, 11 Halle, 3 UK, 6/7 Leiria. 3 LEAP
5 **Joseph Ellis** 10.4.96 (3y, 5) 70.98 '17   73.80, 72.72, 72.16, 71.00, 70.15, 70.01
 1 Durham, 1 Austin, 1 F'ville, 2 Big 10, dnq 15 NCAA-E, 1/2 Ashland, 9 UK
6 **Taylor Campbell** 30.6.96 (5y, 3) 73.40 '17   72.31, 72.03, 70.78, 70.49, 70.42, 69.97
 2 Stanford, 5 CG, 1 B.Univs, 2 LI, U23 Halle, 4 UK, 5/8 Leiria
7 **Craig Murch** 27.6.93 (4y, 6) 69.79 '16   70.47, 70.12, 69.20, 68.32, 68.21, 68.08
 1 Lough 22/4, 3 LI, 1 Mid, 5 UK, 4 LEAP, 1 CAU, 2 MI, BL2: -,1,1,-
8 **Osian Jones** 23.6.93 (4y, 9) 70.00 '17   71.62, 71.08, 70.14, 67.89, 67.11, 67.10
 3 Lough-w, 2 Brisbane, 7 CG, 4 LI, 8 UK, 1 BL1 (3), 1 Welsh
9 **Callum Brown** 20.7.94 (4y, 8) 69.13 '17   68.95, 68.88, 68.10, 67.78, 67.05, 67.04
 1 BIG, 1 South, 6 UK, BL1: 1,-,2,-
10 **Jac Lloyd Palmer** 13.3.96 (7y, 6) 65.88 '17   68.23, 67.78, 67.40, 67.29, 67.04, 66.56
 4 Lough-w, 8 E.Throws-23, 2 B.Uns, 1 U23 Fr-Crumbach. 1 Almada, 1 Eng-23, 7 UK, 1 MI, 6 Antalya, 4 Szombathely, 1 BLP (4)

11 **Nicholas Percy** 5.12.94 (3y,12) 67.85 '16   67.40, 67.13, 66.84, 65.62, 65.24, 61.70
    2 Tempe, 2 Kansas R, 1 Lubbock, 5 Big 10, 23 NCAA
12 **Michael Bomba** 10.10.86 (10y, 11) 70.90 '13   66.69, 66.65, 65.57, 64.27, 63.38, 63.07
    5 Lough-w, 3 Castiglione, 1 North, 1 BL1 (4)
–   **Ciaran Wright** 17.9.96 (0y, -) 63.81 '16   66.31, 66.07, 65.65, 65.60, 65.27, 65.01
    2 Eng-23, 2 Scot, BLP: 1,3,3,3

Miller retained his place in the world top ten and started splendidly with UK records of 78.29 in the USA and 80.26 to win at the Commonwealth Games, He did not reach such heights in the summer season, but remained clearly the UK number one. Norris set five UK junior records with the senior hammer to 72.34 for a splendid NCAA 3rd place as well as three junior records (79.55, 80.45 and 80.65) with the 6kg hammer, the last to win the World Junior title. The other US collegian Ellis also progressed and eight men bettered 70m. However, 76 men at 46m or above was the worst figure since 1980.

JAVELIN

1   **James Whiteaker** 8.10.98 (2y, 5) 77.03 '17   75.27, 73.90, 72.49, 71.29
    1 UK, 5 Ath WC
2   **Joe Dunderdale** 4.9.92 (8y, 3) 76.13 '14   73.93, 70.21, 69.46, 68.18, 67.53, 65.68
    3 Lough-w, 1 BLP (1), 1 LI, 3 Geneva, 2 UK, 3 Dublin
3   **Joe Harris** 23.5.97 (3y, 4) 75.71 '17   74.11, 70.91, 70.61, 68.85, 68.81, 68.61
    1 Lough-w, 2B E.Throws, 7 Brisbane, dnq 16 CG, 2 LI, 2 Carnival, 2 Budapest, 2 Eng-23, 2 Guernsey, 3 UK, 1 LEAP, 1 CAU
4   **Jonathan Engelking** 13.12.97 (1y, -) 62.48 '16   73.89, 71.67, 70.84, 70.16, 68.07, 67.83
    1 Ohio Valley, 10 NCAA
5   **Greg Millar** 19.12.92 (6y, 7) 71.15 '17   70.85, 69.32, 68.49, 67.40, 66.32, 66.00
    1 B.Univs, 3 LI, 2 E.Clubs, 1 Guernsey, 4 UK, 1 Scot, 4 MI, BLP: -,1,3,3
6   **Gavin Johnson-Assoon** 19.12.82 (5y, 8) 69.69 '17   68.69, 67.89, 67.16, 67.09, 66.87, 66.83
    3 Carnival, 1 South, 2 Belfast, 7 UK, 4 Dublin, 2 LEAP, 2 CAU, 1 MI, BLP: 2,2,4,2
7   **Benji Pearson** 23.5.94 (3y, -) 74.71 '14   69.19, 68.98, 66.90, 65.80, 65.24, 64.95
    4 LI, 1 Carnival, 5 Budapest, 1 Mid, 3 Guernsey, nt UK
8   **Jason Copsey** 17.5.91 (3y, -) 67.16 '14   68.04, 67.59, 66.14, 64.63, 63.75, 62.82
    1 Welsh, 5 MI, BLP: -,3,1,1
9   **Daniel Bainbridge** 2.6.99 (1y, -) 62.46 '17   69.00, 66.84, 65.51, 64.56, 64.50, 64.43
    2 Lough-w, 6 E.Throws U23, 2 B.Uns, 5 LI, 1J Carnival, 1 South-J, 1 Eng-J, 1 Nivelles, 2/6 Pihtipudas, 2 W.Int, 3 MI, 1 YDL, BLP: -,-,5.4
10 **Tom Hewson** 24.9.00 (1y, -) -0-   69.13, 68.54, 66.56, 66.20, 65.22, 64.92
    2 J Carnival, 7 Eng-J, 1 Welsh-J, 3/7 Pihtipudas, 1 E.Sch, 1 W.Int, 2 MI, 1 Sth-J IC
11 **Neil McLellan** 10.9.78 (12y, 9) 74.92 '07   67.01, 65.40, 62.40
    2 South, 5 UK
12 **Nathan James** 5.10.98 (1y, -) 65.91 '07   69.59, 65.16, 64.84, 64.82, 64.17, 62.79
    6 Lough-w, 5 LI, 3 Almada, 6 UK, 2 Welsh. BLP: 3.-.2.5

The standard was again very weak with just five men over 70m. Last year's nos. 1 and 2, Matti Mortimore (retired) and Harry Hughes (injured), did not compete in 2018. Whiteaker had just four competitions but won the UK title at 71.29 and got over 75m in the last of them. Harris had a better depth of performance than Dunderdale, but I have stayed with the UK Champs order for the top 3 in the rankings followed by the top newcomer, US-based Engelking, the only one of the top five to have improved his PB in 2018. 50th best of 56.05 and 41 men over 57m are the worst figures since the revised javelin specification was introduced in 1986.

DECATHLON

1   **Timothy Duckworth** 18.6.96 (4y, 4) 7973 '17   1 NCAA 8336, 5 EC 8160, 2 Athens, GA 8145
2   **Ben Gregory** 21.11.90 (8y, 2) 7882 '16   4 Kladno 7582, 2 Hexham 7579, 1 ENG 7517, 7 CG 7449
3   **John Lane** 29.1.89 (7y, 3) 7965 '17   5 Kladno 7545, 6 CG 7529 dnf AUS Ch
4   **Harry Maslen** 2.9.96 (3y, 10) 7065 '17   1 San Angelo 7496(w)/7477, 3 NCAA II 7311, 1 Lone Star 7147
5   **Andrew Murphy** 26.12.94 (2y, 6) 7248 '17   2 Arona 7350, 1 HCI 7251, 11 Florence 7111, 4 Scot 4864 (only seven events)
6   **Lewis Church** 27.9.96 (3y, 11) 7068 '17   5 Hexham 7319, 3 ENG 7214, 2 HCI 7198
7   **James Finney** 7.4.96 (2y, 7) 7263 '17   7 Kladno 7315, dnf Florence, HCI
8   **Jack Andrew** 12.10.91 (4y, 8) 7170 '15   8 Kladno 7213, 2 Dilbeek 6988, 10 ENG 6521 (nt DT)
9   **Harry Kendall** 4.10.96 (1y, -) 6691 '17   1 South 7089, 3 HCI 7067, 4 ENG 7043
10 **Elliot Thompson** 10.8.92 (1y, -) 6565 '16   9 Kladno 7191, 2 South 6849, 11 ENG 6172 (nh PV)
11 **Matthew Lee** 8.12.94 (1y, -) 6672 '15   4 HCI 7059
12 **Aiden Davies** 26.12.95 (3y, -) 6914 '16   5 HCI 7011, 5 ENG 6940

Duckworth leaps to the top ranking and into the world top ten; his 8336 to win the NCAA title in the USA is the best by a British decathlete since Dean Macey in 2004. Injury prevented Ashley Bryant, the 2017 no. 1, from competing in the Commonwealth Games and he did not try another. Gregory and Lane maintain their 2nd and 3rd rankings. Daley Thompson's son Elliot makes his rankings debut. Once again there is disappointing depth.

20 KILOMETRES WALK
1 **Tom Bosworth** 17.1.90 (9y, 1) 1:20:13 '16   2 CG 1:19:38, 2 Lugano 1:21:28, 7 EC 1:21:31, 1 Leeds (RWA) 1:23:10, 14 W.Cup 1:23:54, 17 Suzhou 1:26:58
2 **Callum Wilkinson** 14.3.97 (2y, 1) 1:22:17 '17   7 CG 1:22:35, 3 Leeds (RWA) 1:24:41, 51 Suzhou 1:33:43, dq Lugano, dq EC
3 **Guy Thomas** 1.7.97 (3y, 5) 1:28:38 '17   4 Leeds (RWA) 1:29:32, 2 Douglas 1:32:12, dq Podebrady
4 **Cameron Corbishley** 31.3.97 (3y, 3) 1:26:00 '17   33 Podébrady 1:32:47, dq Lugano
5 **Dominic King** 30.5.83 (14y, 4) 1:27:52 '04   1:34:46+, 1 W.Masters-35 1:35:04
6 **Tom Partington** 8.7.99 (1y, -) 1:41:27 '17   3 Douglas 1:35:02
7 **Daniel King** 30.5.83 (13y, 6) 1:26:14 '04   1:35:10+, 4 W.Masters-35 1:42:14
Bosworth is top for the sixth time, tying Ian McCombie's event record, setting a British record at the Commonwealth Games.

50 KILOMETRES WALK
1 **Dominic King** 30.5.83 (6y, 1) 3:55:48 '16   10 Dudince 4:06:34, dnf ITA Champs
2 **Daniel King** 30.5.83 (7y, -) 4:04:49 '08   11 Dudince 4:08:16, 5 ITA Champs 4:16:19
3 **Jonathan Hobbs** 17.5.93 (1y, -)
    3 FRA Ch 4:37:42; 1, Douglas (RWA) 4:43:35, 4 POR Ch 4:45:05
Dominic King is top for the sixth time, with the King twins joined this year by Jonathan Hobbs. Five men under 5 hours ties 2013 in being the best since 2002, but is a far cry from 50 such walkers in 1980 and 1984.

WOMEN

100 METRES
1 **Dina Asher-Smith** 4.12.95 (6y, 3) 10.99 '15   10.85, 10.92, 10.93, 10.93, 10.97, 11.06
    1 Sydney, 1 Brisbane, 6 Eugene, 2 Oslo, 1 Stockholm, 1 UK, 1 EC, 2 Zürich, 2 Cont. Cup
2 **Imani Lansiquot** 17.12.97 (4y, 7) 11.17 '16   11.11, 11.14, 11.14, 11.19, 11.23, 11.24
    2 Weinheim, 2 Regensburg, 1/3 Bern, 4 UK, 5 Anniv, 6 EC, 3 Rovereto, 1B Zürich
3 **Daryll Neita** 29.8.96 (4y, 2) 11.14 '17   11.19, 11.23, 11.24, 11.26, 11.27, 11.29; 11.28w mx
    2 Montgeron. 1 LI, 1 Bydgoszcz, 3 Geneva, 1 Paderborn, 2 UK, 4s2 EC, 5 Rovereto, 4A Berlin, 3 Zagreb
4 **Bianca Williams** 18.12.93 (5y, 6) 11.17 '14   11.20, 11.20, 11.27, 11.28, 11.38, 11.45
    4 Montgeron, 1 Copenhagen, 3 UK, 4 AthWC, 7 Anniv, 4B Zürich
5 **Asha Philip** 25.10.90 (10y, 1) 11.10 '15   11.21, 11.21, 11.25, 11.28, 11.31, 11.31
    4 CG, 3 Bottrop, 5h2 Anniv, 2 Schifflange, 5 Chorzów
5 **Kristal Awuah** 7.8.99 (1y, -) 11.61 '17   11.16, 11.20, 11.35, 11.37, 11.37, 11.37
    2 LI, 1 South-J, 1 Eng-J, 1 Mannheim, 3 WJ, 6h2 Anniv,1 Schifflange, 1 MI, 2 Gothenburg, 1B Berlin
7 **Lorraine Ugen** 22.8.91 (2y, 12) 11.41, 11.31w '17   11.32, 11.37, 11.56
    1 Fort Worth, 5 UK
8 **Ashleigh Nelson** 20.2.91 (13y, 5) 11.19, 11.14w '14   11.38, 11.41, 11.45, 11.46, 11.60, 11.77
    1 Tübingen, 6 UK, 7h1 Anniv, 1B LEAP, 4B Berlin
9 **Corinne Humphreys** 7.11.91 (2y, 8) 11.39 '17   11.41, 11.42, 11.51, 11.51, 11.54, 11.55
    2B Brisbane, 5s3 CG, 2 Aarhus, 1B Geneva, 1 Hérouville, dns UK, 4 Cork, 2 Castres
10 **Shannon Hylton** 19.12.96 (1y, -) 11.47 '17   11.44, 11.45, 11.47, 11.53, 11.54, 11.59
    1 WLP (1), 1 Eng-23, 5 Cork, 3 Szczecin, 4 Gothenburg, 3C Zürich, 2C Berlin
11 **Annie Tagoe** 4.6.93 (2y, -) 11.53, 11.38w '14   11.44, 11.51, 11.53, 11.53, 11.60, 11.69
    1A LI, 1r4 Tübingen, 7 UK, 1 WLP (2)
12 **Kimbely Baptiste** 27.12.92 (1y, -) 11.62, 11.50w '17   11.50, 11.81, 12.13; 11.35w, 11.51w. 11.63w
    4B Cork, 1 CAU, 2 MI; WL1: -,1,3
– **Jodie Williams** 28.9.93 (7y, -) 11.18 '11, 11.13w '14   11.50, 11.54, 11.57; 11.48+w, 11.53w
    5 Claremont, 6 Geneva, 1C Berlin
– **Rachel Miller** 29.1.90 (2y, 10) 11.45 '17   11.23mx, 11.67, 11.70, 11.71, 11.82w
    3s1 UK, 1 WL1 (3)
Asher-Smith had a top world-class season at both sprints, and took the 100m British record down to 10.85. Lansiquot also made the European 100m final and again our sprinters excelled to win the 4x100m. Awuah led the next generation with World Junior bronze and six PBs from 11.58 to 11.16. Tagoe returns to the rankings; her only previous entry was in 2010. 10th best woman at 11.41 tied the record from 2008 and 50th best at 11.96 is the second best ever.

200 METRES
1 **Dina Asher-Smith** 4.12.95 (7y, 1) 22.07 '15   21.89, 22.25, 22.29, 22.31, 22.33, 22.40
  1 Brisbane, 3 CG, 2 Rabat, 4 Anniv, 1 EC, 2 Bham DL
2 **Beth Dobbin** 7.6.94 (1y, -) 23.31 '17   22.59, 22.75, 22.83, 22.84, 22.84, 22.93
  1 Tergnier, 1 LI, 1 WLP (1), 2 Stockholm, 1 UK, 3 AthWC, 7 EC
3 **Bianca Williams** 18.12.93 (6y, 2) 22.58 '14   22.60, 22.80, 22.83, 22.88, 23.06, 23.16
  2 Brisbane, 6 CG, 2 Geneva, 2 UK, 6 EC
4 **Jodie Williams** 28.9.93 (8y, -) 22.46 '14   22.75, 22.77, 22.78, 22.85, 23.15, 23.26
  4 Mt.SAC, 1 Claremont, 1 Geneva, 3 UK, 4 Lausanne, 6 Rabat, 5s3 EC
5 **Shannon Hylton** 19.12.96 (6y, 4) 22.94, 22.73w '15   22.78, 22.92, 22.95, 22.99, 23.01, 23.07
  2 WLP (1), 4 Geneva, 1 Eng-23, 4 UK, 4 Cork, 1 Gent, 1 Sopot, 2 Szczecin
6 **Finette Agyapong** 1.2.97 (3y, 3) 22.86 '17   22.95, 23.14, 23.15, 23.32, 23.35, 23.38; 23.30i
  3s3 CG, 1 Turku, 5 UK, 1B Cork, 1 WL2 (3); Ind: 2 Eaubonne, 1 UKi
7 **Ashleigh Nelson** 20.2.91 (2y, -) 22.96 '16   22.94, 23.27; 1B Geneva, 1 Lappeenranta
8 **Kimbely Baptiste** 27.12.92 (2y, 11) 23.34 '17   23.55, 23.58, 23.83, 24.12; 23.24w, 23.39w, 23.40w
  7 UK, 2B Cork, 1 CAU, 1 MI; WL1: -,1,1
9 **Alisha Rees** 16.4.99 (3y, 9) 23.32, 23.12w '17   23.44, 23.47, 23.49, 23.67, 23.83, 23.90; 23.62w
  2 Eng-J, 1r5 Mannheim, 3s1 WJ, 1 Scot, WLP: 1B,-,1
10 **Katarina Johnson-Thompson** 9.1.93 (4y, 5) 22.79 '64
  22.88, 23.56; 1H CG, 1H EC
11 **Amarachi Pipi** 26.11.95 (3y, 7) 22.95, 22.83w '17   23.14, 23.49, 23.73, 23.79; 23.38i, 23.43i, 23.51i
  1 San Diego, 1 Norman, 7 Big 12; Ind: 1 Lubbock, 2B F'ville, 1 Big 12
12 **Georgina Adam** 24.3.00 (1y, -) 23.87 '17   23.46, 23.52, 23.62, 23.63, 23.69, 23.72
  2A LI, 1C Geneva, 1 Eng-J, 1 Mannheim, 6 UK, 6s3 WJ; Ind: 1 North-J, 1r5 Vienna, 5 UKi, 1 Eng-Ji

Asher-Smith completed her European sprint double with a British record 21.89 and is top ranked for the fourth successive year. Dobbin made huge improvement – after 23.94/23.74w in 2016 and 23.31 in 2017, she improved her best six times to 22.59 (fourth Scottish record) to win the UK title from Bianca Williams, who was then a place ahead at the Europeans. A new record was set for 50th best of 24.36.

400 METRES
1 **Anyika Onuora** 28.10.84 (6y, 3) 50.87 '15   51.13, 51.60, 51.77, 51.86, 51.95, 52.03
  5B Brisbane, 4s2 CG, 5 Bydgoszcz, 7 Hengelo, 7 Oslo, 1 UK, 4 AthWC, 5 Anniv, 3s2 EC, 3 Szczecin, 3 Rovereto, 4 Zagreb; Ind: 3 Mondeville, 2B Madrid, dq s1 UKi, 6 Glasgow
2 **Laviai Nielsen** 13.3.96 (4y, 5) 52.25 '15   51.21, 51.21, 51.67, 51.70, 51.98, 51.99
  2 B.Uns, 3 Oordegem, 4 Geneva, 4 Tübingen, 2 UK, 8 Anniv, 4 EC, 4 Gothenburg, 4 Rovereto, 7 Zagreb
3 **Eilidh Doyle** 20.2.87 (6y, 4) 51.45i, 51.83 '13   51.87; 51.60i, 51.84i, 52.11i, 52.15i, 52.31i
  1B Chorzów; Ind: 1 Vienna, 1 UKi, 2 Glasgow, 3 WI
4 **Zoey Clark** 25.10.94 (4y, 1) 51.81 '17   51.36, 52.06, 52.07, 52.13, 52.26, 52.49; 52.12i, 52.16i
  3B Brisbane, 4s1 CG, 3 E.Clubs, 4 UK, 1 WLP (2), 7 Anniv, 5 Gothenburg; Ind: 1 Gent, 2 UKi, 6 WI
5 **Amy Allcock** 20.8.93 (3y, 12) 52.83 '14   51.36, 51.91, 52.10, 52.75, 52.97, 53.61; 52.74i
  1 WL1 (1), 1 Bern, 3 UK, 6 Anniv, 6s3 EC; Ind: 1r5 Vienna, 3 UKi
6 **Emily Diamond** 11.6.91 (5y, 2) 51.23 '16   51.87, 52.02, 52.26, 52.53, 52.58, 52.79
  3 Brisbane, 4s3 CG, 4B Oordegem, 3 Geneva, 5 UK, 2 Bottrop, 6 Bellinzona
7 **Perri Shakes-Drayton** 21.12.88 (9y, 6) 51.26 '12   51.97, 52.00, 52.92, 54.17
  1B Oordegem, 2 Marseille, 8 UK
8 **Amarachi Pipi** 26.11.95 (1y, -) 52.96 '17   52.26, 52.37, 52.45, 53.50, 52.52, 53.60; 52.07i, 52.47i, 52.81i
  1 Tuscaloosa, 4 Big 12, 8s2 NCAA, 3h2 UK; Ind: 1 Nashville, 1 Big 12, 3r1 NCAA
9 **Mary Abichi** (née Iheke) 19.11.90 (5y, 9) 52.60 '17   52.54, 52.77mx, 52.96, 53.09mx, 53.15, 53.28
  3 Clermont, 2 Aarhus, 6 UK, 1 WL1 (2), 1 Heusden; Ind: 4 UKi
10 **Philippa Lowe** 7.4.92 (2y, -) 52.99i '17, 53.07 '16   52.85, 52.92, 53.09, 53.65, 53.69, 53.91
  1 South, 7 UK, 1 CAU, 1 MI; WL1: 1B,-,1
11 **Hannah Williams** 23.4.98 (2y, 10) 52.55 '17   52.50, 53.31, 53.90, 54.02, 54.06, 54.44; 53.49i, 53.55i, 53.63i
  2 LI, 1C Geneva, 1 Eng-23, 2h4 UK, 1 Hilversum; Ind: 1 South, 1r4 Vienna, 5 UKi
12 **Meghan Beesley** 15.11.89 (2y, -) 52.79 '11   53.07, 53.76; 53.44i
  1 Brisbane, 1 LEAP; Ind: 1 Sheffield

Outdoors only: 3 Allcock, 4 Clark, 5 Diamond, 6 Shakes-Drayton, 7 Doyle

Onuora topped the UK lists at 400m for the first time in her distinguished career. Doyle had a full indoor season including taking World Indoor bronze, but had just one outdoor flat 400m race, and, after second to Onuora at the UKs, Nielsen was 4th at the Europeans and with Onuora had the best depth of times, but Onuora beat Nielsen 4-1 to take the top ranking narrowly after four years at 2nd or 3rd. Allcock had the biggest improvement by any of the top women.

800 METRES
1 **Lynsey Sharp** 11.7.90 (8y, 1) 1:57.69 '16   1:59.34, 1:59.86, 1:59.90, 1:59.93, 2:00.32, 2:00.44mx
   4 Brisbane, 4h3 CG, 3B Eagle Rock, 5 Stockholm, 5 Ostrava, 5 UK, 8 Lausanne, 7 Rabat, 3 Anniv, 6 EC, 2 Rovereto, 1 Brussels; Ind: 1 Seattle, 4 Boston, 2 Glasgow
2 **Adelle Tracey** 27.5.93 (5y, 4) 2:00.04mx 16, 2:00.26 '17   1:59.86, 2:00.86, 2:00.91, 2:01.05, 2:01.26, 2:01.34
   6 Brisbane, 6h3 CG, 6 Prague, 4 Huelva, 2 Tübingen, 3 UK, 2 AthWC, 4 EC, 3 Szczecin, 3 Padua; Ind: 2 Gent, 5 Torun, 3 UKi, 5 Glasgow
3 **Shelayna Oskan-Clarke** 20.1.90 (6y, 2) 1:58.86 '15   2:00.39, 2:00.81, 2:01.94, 2:02.01, 2:02.09, 2:02.26; 1:59.81i, 2:00.06i, 2:01.76i
   3h2 CG, 3 Stockholm, 5 Marseille, 2 Eltham 20/6, 2 UK, 8 EC, 8 Gothenburg
4 **Laura Muir** 9.5.93 (6y, 3) 1:58.69 '17   1:59.09, 2:01.22, 2:03.00+, 2:03.15, 2:04.71, 1:59.69i
   5 Oslo, 1 UK, 11 Rovereto, Ind: 1 Scot
5 **Alexandra Bell** 4.11.92 (4y, 5) 2:00.53 '16   1:59.93, 2:00.11, 2:00.13, 2:00.29mx, 2:00.83, 2:01.49
   3 Brisbane, 5 CG, 1 Watford, 3 Prague, 4 UK, 1 Lignano, 8 Anniv, 1 Stretford
6 **Sarah McDonald** 2.8.93 (3y, 6) 2:01.10 '16   2:00.88, 2:00.91mx, 2:01.30, 2:03.13
   2 Brisbane, 4 Karlstad, 1 Watford 8/8
7 **Katie Snowden** 9.3.94 (4y, 9) 2:00.92mx '17, 2:01.77 '15   2:01.60mx, 2:01.63mx, 2:01.75, 2:03.00, 2:03.42, 2:04.02+   8 Brisbane, 1 Watford 13/6, 1 Eltham 7/7, 3 Watford 11/7, 1 Eltham 15/8
8 **Revee Walcott-Nolan** 6.3.95 (2y, -) 2:02.32 '16   2:01.78mx, 2:02.06, 2:02.46, 2:02.50, 2:04.34, 2:04.52
   1 WL1 (1), 2 Lough, 3 Watford 13/6, 1B Tübingen,1 Eltham 20/6, 6 UK, 7 Guadalajara, 9 Anniv, 2 Watford 8/8
9 **Mhairi Hendry** 31.3.96 (2y, 11) 2:03.37 '17   2:03.06, 2:03.61, 2:03.92, 2:05.13, 2:05.17, 2:05.95; 2:01.30i, 2:02.41i, 2:02.65i
   2 B.Uns, 2 Ll, 8 Oordegem, 2 Eng-23, 7 UK, 10 Cork, 1 Scot, 2 Ml; Ind: 2 Scot, 2 UKi, 6 Glasgow, 3h3 WI
10 **Hannah Segrave** 2.8.93 (1y, -) 2:02.79 '17   2:02.52, 2:02.74, 2:03.10, 2:03.26, 2:03.29, 2:04.27
   2 Raleigh, 2 Atlanta, 4 Boston, 8 Nashville, 8 UK, 5 Dublin, 1B Karlstad, 2 Eltham 15/8
11 **Laura Weightman** 1.7.91 (2y, 7) 2:01.87 '17   2:02.11mx, 2:02.41; 1 Watford 11/7
12 **Mari Smith** 14.11.96 (1y, -) 2:04.19 '17   2:02.64, 2:03.23, 2:03.45.1, 2:03.71, 2:03.92, 2:04.10
   1 B.Uns, 1 Ll, 2 Watford 26/5, 1 Geneva, 2 Bern, 3h4 UK, 2 Watford 11/7, 5 Cork, 1 CAU, 1MI
Outdoors only: 4 Bell, 5 Muir,... 9 Segrave, 10 Weightman, 11 Smith, 12 Hendry
Sharp improved steadily during the year and with four sub-2 min times in late season (Muir had two, Tracey and Bell one each) is top for the fifth successive year, but the ranking of the top five was far from clear-cut, indeed the toughest for any event this year, as the top women met only rarely. Bell was the only British woman to make the CG final, but Tracey, Sharp and Oskan-Clarke were in the EC final. Tracey was 2-2 v Sharp outdoors (0-1 indoors) and was 1-1 v Bell, 2-0 v Oskan-Clarke, who was 1-0 v Bell... Muir beat them all to win the UK title but opted out of competing in the Europeans at 800 and did not race enough 800m races to rank higher. There is also little between those ranked 7th to 12th.

1500 METRES
1 **Laura Muir** 9.5.93 (6y, 1) 3:58.66 '16, 4:18.03M '17   3:58.18, 3:58.49, 3:58.53, 3:59.30, 4:19.28M/4:00.68
   2 Eugene, 2 Stockholm, 2 Lausanne, 5 Anniv, 1 EC, 1 Brussels; Ind: 1 Scot Un, 2 WI
2 **Laura Weightman** 1.7.91 (9y, 2) 4:00.17 '14   4:20.49M/4:03.44, 4:01.76, 4:02.90, 4:03.75, 4:04.36
   1 Brisbane, 2 Eugene, 9 Stockholm, 1 UK, 7 Lausanne, 6 Anniv, 3 EC, 9 Brussels
3 **Sarah McDonald** 2.8.93 (3y, 4) 4:05.48 '17   4:20.85M/4:04.28, 4:03.17, 4:03.36, 4:04.41, 4:05.77
   8 CG, 4 Hengelo, 2 Ostrava, 3 UK, 9 Anniv, 5 B'ham DL, 3 Chorzów; Ind: 5 Boston, 5 Glasgow
4 **Melissa Courtney** 30.8.93 (5y, 5) 4:05.82, 4:23.15M '17   4:03.44, 4:06.27, 4:06.63, 4:06.70, 4:27.29M
   2 Brisbane, 3 CG, 5 Hengelo, 10 Lausanne
5 **Eilish McColgan** 25.11.90 (5y, 7) 4:01.60 '17   4:01.98, 4:04.30, 4:25.07M, 4:06.88, 4:08.70; 4:08.07i
   3 Brisbane, 6 CG, 8 Lausanne, 5 Berlin; Ind: 3 Madrid, 1 UKi, 6h2 WI
6 **Jemma Reekie** 6.3.98 (2y,11) 4:12.28 '17   4:27.16M/4:06.11, 4:09.05, 4:09.08, 4:09.10, 4:09.54
   1 Ll, 2 Watford 26/5, 7 Chorzów, 2 UK, 5 Lignano, 3 AthWC, 4 S'ville, 3 Dublin, 13 Anniv, 8h1 EC; Ind: 1 Scot, 7 Gent, 5 UKi, 12 Glasgow
7 **Stephanie Twell** 17.8.89 (11y, 8) 4:02.54 '10, 4:28.16M '07   4:05.56, 4:26.05M, 4:08.66, 4:09.67
   4 Brisbane, 7 CG, 6 Berlin; Ind: 11 Glasgow
8 **Katie Snowden** 9.3.94 (2y, 6) 4:05.29, 4:25.89M '17   4:06.55, 4:08.00, 4:08.95mx, 4:09.27, 4:29.56M
   11 CG, 12 Hengelo, 12 Tübingen, 4 UK; Ind: 2 Gent, 2 UKi, 10 Glasgow
9 **Jessica Judd** 7.1.95 (6y, 3) 4:03.73, 4:28.59M '17   4:07.50, 4:08.82, 4:08.87, 4:09.27mx, 4:09.29mx
   8 Brisbane, 14 CG, 3 Watford 26/5, 9 Ostrava, 1 Lough, 5 UK, 1 CAU, 1 MI, 1 Stretford
10 **Rosie Clarke** 17.11.91 (4y, -) 4:12.10 '15   4:07.69, 4:11.24; 5 Brisbane, 5 Tübingen
11 **Hannah England** 6.3.87 (11y, 10) 4:01.89 '11, 4:30.29Mi '09, 4:33.48M '16   4:10.78, 4:11.14, 4:12.30, 4:12.92, 4:34.00M, 4:13.68
   8 Huelva, 14 Tübingen, 5h1 UK, 9 Lignano, 4 Ninove, 2 Kessel-Lo, 5 Padua; Ind: 2 Sheffield, 1 Cardiff, 9 Boston, 4 UKi
12 **Stacey Smith** 4.2.90 (3y, -) 4:06.81 '11   4:10.05i, 4:13.68i, 4:16.00i, 4:17.71i, 4:22.06
   Ind: 1 Sheffield, 1 Bratislava, 3 UKi, 6 Glasgow

- **Amy Griffiths** 22.3.96 (1y, -) 4:12.67 '17   4:09.71, 4:12.14mx, 4:15.82, 4:16.21, 4:16.35
  5 B.Uns, 5 Watford 26/5, 7 UK, 2 Stretford 18/8, 4 Cles
Outdoors only: 12 Griffiths
Muir is top and Weightman 2nd for the fourth successive year. Muir is ranked second in the world with Weightman, close to a world ranking. Reekie had a fine season and pipped McDonald to a European Champs place, but McDonald is ranked third, although good results from women who otherwise concentrated on the 5000m, Courtney, McColgan and Twell, 3rd, 6th and 7th at the CG, make it close. Smith returns after previously ranking in 2010-11. 10th best of 4:07.69 was a new record.

5000 METRES
1 **Eilish McColgan** 25.11.90 (5y, 2) 14:48.49 '17   7 Rabat 14:52.83, 2 EC 14:53.05, 11 Zürich 15:09.00, 2 Nijmegen 15:17.01, 6 CG 15:34.88, 3 UK 16:08.06
2 **Melissa Courtney** 30.8.93 (2y, 8) 15:28.95 '17   5 EC 15:04.75, 1 Nijmegen 15:16.51, 13 Zürich 15:24.58, 9 CG 15:46.60, 2 UK 16:07.59
3 **Laura Weightman** 1.7.91 (2y, 4) 15:08.24 '17   3 CG 15:25.84
4 **Stephanie Twell** 17.8.89 (9y, 3) 14:54.08 '10   5 Nijmegen 15:18.77, 12 Rabat 15:36.45, 4 Marseille 15:38.68, 10 EC 15:41.10, 14 CG 16:05.65, 1 UK 16:07.24
5 **Amy-Eloise Neale** 5.8.95 (1y, -) 15:39.30 '17   13 Stanford 3/5 15:24.16, 4 NCAA-W 15:29.89, 5 NCAA 15:44.41, 9 UK 16:19.55
6 **Claire Duck** 29.8.85 (1y, -) 15:47.75 '16   1 Manchester 15:39.68, 1mx Stretford 15:57.07, 5 UK 16:12.47
7 **Jessica Judd** 7.1.95 (2y, 5) 15:34.82 '17   1 M.Keynes 15:37.23, 3 Manchester 15:49.54, 1 B.Univs 16:10.81, 1 CAU 16:13.46
8 **Emelia Gorecka** 26.1.94 (8y, 12) 15:07.45 '14   16 Stanford 3/5 15:30.59, 3 M.Keynes 16:06.30
9 **Charlotte Taylor** 17.1.94 (1y, -) 15:29.07 '17   5h2 NCAA-W 15:41.09, 11 NCAA 15:49.70, 1 Adrian 15:52.84
10 **Stevie Stockton** 23.8.89 (3y, -) 15:46.56 '14   2 Manchester 15:41.11
11 **Jo Pavey** 20.9.73 (14y, -) 14:39.96 '06   1 Loughborough 15:48.84
12 **Philippa Bowden** 29.3.95 (1y, -) 16:11.48 '17   2 Loughborough 15:52.36, 6 UK 16:15.54, 2 B.Univs 16:18.77
- **Kate Avery** 10.10.91 (6y, -) 15:25.63 '15   1mx Eltham 15:49.51/15:51.98, 8 UK 16:19.46
- **Jennifer Nesbitt** 24.1.95 (0y, -) 15:57.55 '16   1mx Cheltenham 15:51.6, 7 UK 16:18.42, 3 B.Univs 16:30.16
McColgan returns to the top ranking she had in 2016 and Courtney had a splendid year to take second place ahead of Weightman, who had just the one 5000m race, and UK champion Twell. Pavey returns at the age of 44, and her 13 years in the rankings and an 18-year span are event records. 50th best of 16:36.07 was a new record.

10,000 METRES
1 **Alice Wright** 3.11.94 (4y, 6) 32:29.28 '17
   4 Stanford 30/3 32:15.73, 4 NCAA 32:17.92, 2 NCAA-W 32:19.03, 6 EC 32:36.45
2 **Charlotte Arter** 18.6.91 (2y, 7) 32:37.51 '17   3 ECp (1 UK) 32:15.71
3 **Charlotte Taylor** 17.1.94 (2y, 3) 32:11.80 '17   5 NCAA 32:17.95, 3 NCAA-W 32:20.25, 2 Berkeley 34:10.29
4 **Philippa Bowden** 29.3.95 (1y, -) 33:44.24 '17   5 P.Hill (2 UK) 32:33.10, 3 Leiden 32:52.60
5 **Louise Small** 27.3.92 (4y, 12) 32:56.11 '17   7 ECp (3 UK) 32:34.73, dnf Leiden
6 **Stevie Stockton** 23.8.89 (2y, -) 34:03.88 '13   8 P.Hill 32:35.26, 9 Leiden 33:55.08
7 **Katrina Wootton** 2.9.85 (3y, 2) 31:45.63mx/32:27.47 '17   9 P.Hill 32:37.80
8 **Jennifer Nesbitt** 24.1.95 (4y, 10) 32:59.52 '17   10 P.Hill (ECp) 32:38.45, 17 CG 32:58.14, 6 Leiden 33:28.20
9 **Emelia Gorecka** 29.1.94 (1y, -) -0-   11 P.Hill (ECp) 32:39.57
10 **Claire Duck** 29.8.85 (2y, 9) 32:51.38 '17   15 P.Hill (ECp) 32:52.85
11 **Kate Avery** 10.10.91 (5y, -) 31:41.44 '15   20 P.Hill 33:05.24
12 **Beth Potter** 27.12.91 (4y, 1) 32:03.45 '16   18 CG 33:26.78
nr **Emma Mitchell** 2.9.93 IRL 32:51.78 '17   15 CG 32:49.91, 16 P.Hill 32:55.28, 17 EC 34:08.61
This year the Parliament Hill 10k included the European Cup and the UK Championships. Arter was UK champion in the fastest British time of the year, and this race largely determines the rankings, but Wright's four quality races ensured her top ranking.

(10 MILES - 20km -) HALF MARATHON
(First ranked 1999)
1 **Charlotte Purdue** 10.6.91 (7y, 1) 71:29 '17   1 London (UK) 70:29, 21 World Ch 71:21, 14 GNR 76:49
2 **Lily Partridge** 9.3.91 (4y, 3) 70:32 '15   2 London (UK) 71:06, 1 Seville 71:08, 74:03+, 10 GNR 75:16
   10M: 1 Bramley 55:43
3 **Charlotte Arter** 18.6.91 (2y, -) 73:19 '16   3 London (UK) 71:34, 31 World Ch 71:52
4 **Tracy Barlow** 18.6.85 (2y, 6) 72:48 '17   5 Cardiff 72:17, 43 World Ch 72:35, 7 London 73:36, 1 Swansea 73:51, 74:03+, 16 Barcelona 74:25, 2 Houston 74:28; 15k: 10 Nijmegen 51:23
5 **Stephanie Twell** 17.8.89 (3y, -) 71:56 '10   7 Cardiff 72:32, 1 Walton 74:10;   10M: 2 Gt. South 55:16
6 **Gemma Steel** 12.11.85 (9y, 2) 68:13 '14   2 Doha 72:37, 48 World Ch 73:39, 10 Cardiff 73:48
   10M: 3 Gt.South (1 ENG) 56:56
7 **Sonia Samuels** 16.5.79 (5y, 11) 72:36 '13   7 Barcelona 72:40, 4 London 72:57, 4 Ceske B 74:55

138 UK Merits 2018

8   **Katrina Wootton** 2.9.85 (2y, -) 73:25 '16   8 Barcelona 72:50
9   **Caryl Jones** 24.4.87 (3y, 12) 71:18 '12   5 London 73:28, 1 Llanelli 74:24
10 **Alyson Dixon** 24.9.78 (9y, 4) 70:38 '14   6 London 73:34, 11 GNR 75:42   10M: 1 Brampton-Carlisle 55:01
11 **Faye Fullerton** 31.5.84 (1y, -) 74:06 '15   53 World Ch 73:56, 9 London 74:04
12 **Lucy Reid** 2.12.92 (1y, -) 80:57 '15   11 Cardiff 73:49, 1 Paddock Wood 76:19
The UK Champs 1-3 Purdue, Partridge and Arter take the top three rankings spots.

MARATHON
1   **Lily Partridge** 9.3.91 (2y, 5) 2:32:10'17   8 London (1 UK) 2:29:24, dnf EC
2   **Tracy Barlow** 18.6.85 (4y, 4) 2:30:42 '17   9 London (2 UK) 2:32:09, 15 EC 2:35:00
3   **Sonia Samuels** 16.5.79 (6y, 3) 2:28:04 '15   5 CG 2:36:59, 21 EC 2:37:36
4   **Stephanie Twell** 17.8.89 (1y, -) -0-   7 Valencia 2:30:14
5   **Alyson Dixon** 24.9.78 (7y, 2) 2:29:30 '15   6 CG 2:38:19
6   **Helen Davies** 12.9.79 (5y, -) 2:34:11 '12   8 Toronto 2:35:12, 1 Brighton 2:38:41
7   **Natasha Cockram** 12.11.92 (1y, -) 2:49:34 '17   4 Dublin 2:35:49, 1 Newport 2:44:58
8   **Dani Nimmock** 10.5.90 (1y,-) 2:48:52 '16   1 Manchester 2:38:28, 23 Frankfurt 2:38:54
9   **Jennifer Spink** 7.8.81 (4y, 12) 2:36:00 '15   14 Valencia 2:36:54
10 **Caryl Jones** 4.4.87 (2y, 7) 2:34:16 '17   30 EC 2:40:41, 8 CG 2:43:58
11 **Hayley Carruthers** 20.4.93 (1y, -) 3:27:33 '17   11 Toronto 2:36:48, 4M London 2:48:07
12 **Rebecca Murray** 26.9.94 (1y, -) -0-   12 London 2:39:37
    Emily Waugh 6.8.93 (1y, -) 2:57:08 '17   16 Dubai 2:38:52
    Amy Clements 22.5.821 (1y, -) 2:41:34 '15   25 Frankfurt 2:40:04
M – mass race in London
The top Briton in London, and the only woman under 2:30 in 2018, Lily Partridge takes top ranking. Twell made a successful debut in Barcelona with the second best time of the year but is ranked below Barlow and Samuels (in her sixth year in the top three) who each ran two major marathons, slower but in much tougher conditions. There are five newcomers to the rankings this year with Carruthers making a particularly notable breakthrough.

(2000 &) 3000 METRES STEEPLECHASE
1   **Rosie Clarke** 17.11.91 (3y, 1) 9:32.10 '17   9:32.08, 9:32.15, 9:33.78, 9:36.29, 9:38.71
    4 CG, 12 Rome, 9 Oslo, 1 UK, 14 Monaco, 10 EC, 10 Berlin
2   **Aimee Pratt** 3.10.97 (3y, 5) 9:59.86 '17   9:50.17, 9:54.16, 9:54.61, 9:57.58
    1B MtSac, 1 Oordegem, dnf UK, 6 Liège, 5 Ninove
3   **Elizabeth Bird** 4.10.94 (5y, 7) 9:54.76 '15   9:53.59, 10:06.45
    6 Stanford 30/3, 3 Stanford 3/5
4   **Iona Lake** 15.1.93 (6y, 3) 9:39.03 '17   9:58.92, 10:04.84, 10:08.61, 10:12.71
    8 CG, 1 Watford, 2 UK, 10 Liège
5   **Emily Moyes** 14.6.98 (2y, 10) 10:25.23 '17   10:16.46, 10:18.00, 10:37.28
    3 LI, 3 UK, 2 CAU   2000mSt: 1 B.Uns, 6:42.21, 6:55.5
6   **Nicole Roberts** 30.1.92 (3y, -) 10:30.52 '14   10:15.99, 10:24.82, 10:25.11, 10:46.55
    2 LI, 2 Watford, 4 UK, 3 CAU   2000mSt: 1 WLP (3) 6:38.44
7   **Kate Ingle** 4.3.95 (5y, 6) 10:02.34 '17   10:08.16, 10:15.38, 10:49.53, 10:54.69
    3 Watford, 6 UK, 1 CAU, 1 MI
8   **Holly Page** 17.8.00 (1y, -) 10:47.16 '17   10:13.98, 10:29.92, 10:35.36; 1 LI, 11h2 WJ
    2000mSt: 6:42.43, 6:44.0
9   **Emily Smith** 5.12.95 (1y, -) 10:52.96 '15   10:16.97, 10:25.80, 10:59.69A; 4 LI, 5 UK
    2000mSt: 2 B.Univs 6:43.45
10 **Lennie Waite** 4.2.86 (11y, 2) 9:35.91 '16   10:21.72; 10 CG
nr **Kerry O'Flaherty** IRL 15.7.81 9:42.61 '15   9:53.00, 10:01.40, 10:09.81, 10:18.36, 10:19.64
    3 Oordegem, 5 Montbéliard, 6 Espoo, 13 Lucerne, 17h1 EC
Clarke was a long way clear of the rest in retaining her top ranking. All her eight steeplechases were under 9:46 while the next best was Pratt at 9:50.17. Just ten are ranked as the standard in depth is too weak for more. Waite's 11 years ranked is an event record.

100 METRES HURDLES
1   **Tiffany Porter** 13.11.87 (8y, 1) 12.51 '14, 12.47w '12   12.99, 13.12, 13.14, 13.45
    1 Myrtle Beach, 2 Brisbane, 6 CG
2   **Alicia Barrett** 25.3.98 (3y, 3) 13.07 '18
    13.19, 13.26, 13.26, 13.28, 13.28, 13.30
    7 Brisbane, 8 CG, 3 Manchester, 1 LI, 4 Oordegem, 6 Bydgoszcz, 2 Eng-23, 1 UK, 9h2 Anniv, 1/1 LEAP, 2 CAU, 1 WLP (3), 1 MI, 5 Bham DL, 5 L'ranta. 4 GNC
3   **Megan Marrs** 25.9.97 (2y, 9) 13.51 '17   13.32, 13.36, 13.37, 13.37, 13.42, 13.42; 13.23w, 13.37w
    1 B.Uns, 3 LI, 2 Radom. 2B Bydgoszcz, 3 Eng-23, 1 Belfast, 2 UK, 7 Ath WC, 7h1 Anniv, 1/2 LEAP
4   **Jessica Hunter** 4.12.96 (3y, 6) 13.42 '17   13.33, 13.37, 13.39, 13.40, 13.42, 13.43; 13.30w
    1A LI, 1 WL1 (1), 1 Aarhus, 1 Eng-23, 3 UK, 6 S'ville, 8h1 Anniv, 2/3 LEAP, 1 CAU, dq MI

5 **Yasmin Miller** 24.5.95 (6y, 4) 13.13 '14   13.33, 13.35, 13.41, 13.41, 13.41, 13.44; 13.41w
   5 Montgeron, 4 Manchester, 2 LI, 5 Oordegem, 5 Bydgoszcz, 9 Hengelo, 1 South, 3 CAU, 3 GNC
6 **Cindy Ofili** 5.8.94 (4y, 2) 12.60 '15   13.26, 13.27, 13.30, 13.54, 13.58
   5 Lignano, 4 Bellinzona, 6 B'ham DL
7 **Emma Nwofor** 22.8.96 (1y, -) 13.92, 13.91w '17   13.44, 13.58, 13.67, 13.71, 13.78, 13.94; 13.58w
   2C MtSac, 4 B.Uns, 2A LI, 3H ENG, 5 Eng-23, 4 UK, WL2: 1,2,2
8 **Danielle McGifford** 11.4.95 (1y, -) 13.88 '14, 13.82w '13
   13.51, 13.75, 13.75, 13.77, 13.77, 13.84; 13.34w, 13.43w, 13.57w, 13.66w
   1 North, 6 UK, 4 CAU, 2 MI, WL2: 2,1,1
9 **Mollie Courtney** 2.7.97 (3y, 7) 13.28 '16   13.57, 13.67, 13.69, 13.72, 13.83, 13.86; 13.66w
   3 B.Uns, 4 LI, 1 NI, 4 Eng-23, 3h1 UK, WLP: 1,1,-
10 **Heather Paton** 9.4.96 (2y, 12) 13.47 '17   13.36, 13.46, 13.54, 13.57, 13.61, 13.62; 13.56w
   5 LI, 7 Geneva, 1 B'ham Un, dnf h Eng-23, dnf h2 UK, 1 Welsh, 7 Castres, 5 CAU, 1 Scot, 4 MI, WLP: 2,-,2
11 **Katarina Johnson-Thompson** 9.1.93 (7y, 5) 13.29 '17   13.34, 13.54, 13.80
   4H CG, 6H FRA Ch, 4H EC
12 **Anastasia Davies** 9.4.99 (1y, -) 13.89 '17   13.75, 13.83, 13.85, 13.86, 13.87, 13.95; 13.73w, 13.78w
   4A LI, 1 Eng-J, 2 Guernsey, 6 MI, 1 YDL, 2 EJ Clubs, WLP: 1B,1B,4
- **Marilyn Nwawulor** 2.7.97 (3y, -) 13.55 '16, 13.52w '17   13.57, 13.73, 13.78, 13.81, 13.83, 13.90; 13.66w
   6 LI, 2H ENG, 3B Geneva, 2 South, 1 WL1 (3)

Porter had just three competitions in March/April and did not run after 6th at the Commonwealth Games, but that was still just enough for her sixth top ranking in eight years. The top two UK times of 2018 came from Porter 12.99 and Barrett 13.19 in CG heats. Porter's sister Ofili made a welcome return in July. While not producing quite as fast times as in 2017, Barrett had a long and consistent season and was 3-0 v Marrs, who was the most improved of the leading hurdlers, and 4-2 v Miller

400 METRES HURDLES

1 **Eilidh Doyle** 20.2.87 (14y, 1) 54.09 '16   54.80, 54.80, 55.05, 55.16, 55.71, 56.18
   2 CG, 7 Anniv, 1 Karlstad, 8 EC, 4 B'ham DL, 5 Zürich
2 **Meghan Beesley** 15.11.89 (12y, 2) 54.52 '15   55.21, 55.31, 55.33, 55.52, 55.58, 55.73
   3 Brisbane, 6h1 CG, 1 WLP (1), 1 Turku, 1 Goleniów, 3 Geneva, 1 UK, 2 AthWC, 1 LEAP, 3 EC, 3 Szczecin,
   3 Bham DL, 3 Rovereto, 4 Brussels, 3 Zagreb, 4 Cont Cp
3 **Kirsten McAslan** 1.9.93 (2y, 9) 57.31
   56.48, 56.77, 56.78, 56.89, 57.33, 57.33
   1 LI, 3B Oordegem, 1 WL1 (1), 6 Goleniów, 2 UK, 2 Warsaw, 4 Heusden, 7s2 EC, 1 Scot, 2B Rovereto
4 **Jessica Turner** 8.8.95 (5y, 3) 56.08 '17   56.53, 56.62, 56.73, 56.89, 57.10, 57.25
   7h2 CG, 1 Oordegem, 6 Prague, 6 Rovereto, 1 Tarare, 1 Roanne, 3 UK, 3 Heusden, 6 Sopot, 2 MI
5 **Lina Nielsen** 13.3.96 (2y, 6) 57.87 '17   57.19, 57.91, 57.93, 57.98, 58.13. 58.49
   3 LI, 2B Oordegem, 1 Eng-23, 5 UK, 1 WL1 (2), 3 LEAP, 6 Szczecin
6 **Hayley McLean** 9.9.94 (8y, 10) 56.43 '14   57.71, 58.04, 58.21, 58.26, 58.38, 58.46
   1A LI, 6B Oordegem, 2 South, 4 UK, 5 LEAP, 1 CAU, 3 MI, WLI: 3,2,1
7 **Lauren Thompson** 15.6.94 (1y, -) 58.62 '17   57.32, 58.12, 58.90, 59.3, 59.6, 59.64
   4 LI, 1 WL2 (1), 1 South
8 **Ese Okoro** 4.7.90 (9y, 5) 56.67 '14   58.03, 58.54; 6 UK
9 **Jessica Tappin** 17.5.90 (4y, 11) 58.13 '15   58.75, 58.87, 59.35, 59.43, 59.53, 59.55
   2A LI, 4 (2r1) E.Clubs, 3C Geneva, 7 UK, 1B LEAP, 2 CAU, 1 WLP (3), 4 MI
10 **Anna Nelson** 14.11.95 (1y, -) 60.36 '17   58.87, 58.89, 59.25, 59.35, 59.64, 59.95
   4A LI, 2D Oordegem, 3h1 UK, 4 CAU, 2 Scot, 5 MI, WLI: 2,3,2
11 **Lauren Williams** 12.2.99 (1y, -) 59.88 '17   58.09, 59.21, 59.38, 59.62, 59.67, 59.80
   5 B.Uns, 6 LI, 5D Oordegem, 1 Eng-J, 4 Nivelles, 3h3 UK, 1 W.Int, 3 CAU, 1 v FRA.GER-J, WLP: 3,2,-
12 **Georgina Rogers** 1.9.96 (2y, -) 58.53 '16   58.59, 59.01, 59.06, 60.1, 61.17
   1 B.Uns, 2 LI, 1B WLP (1)

Doyle was top for the fifth time despite missing the first half of the summer season and she has been in the top three for 12 successive years. Beesley had her best ever championship year to take the European bronze medal and is in top three for the tenth year. McAslan continued to progress in her second year at the event and was 1-1 v Turner but well ahead at the UKs.

HIGH JUMP

1 **Morgan Lake** 12.5.97 (7y, 1) 1.96 '17   1.97, 1.93, 1.93, 1.91, 1.91, 1.90; 1.93i, 1.92i
   2 CG, 8 Stockholm, 1 Eng-23, 1 UK, 5 Rabat, 2 AthWC, 3= Anniv, 7 EC, 4 Gothenburg, 6 Eberstadt, 11
   Zürich; Ind: 3 Hustopece, 8 Karlsruhe, 4 Madrid, 1 UKi, 2 Glasgow, 4 WI
2 **Katarina Johnson-Thompson** 9.1.93 (12y, 23) 1.98 '16   1.91, 1.91, 1.90, 1.87; 1.93i, 1.91i
   1H CG, 2 UK, 9 Anniv, 1=H EC; Ind: 1= Eaubonne, 1P WI
3 **Nikki Manson** 15.10.94 (4y, 5) 1.86 '17   1.87, 1.84, 1.82, 1.81, 1.80, 1.80; 1.90i, 1.87i, 1.84i, 1.83i
   7 CG, 6 Sinn, 11 Tübingen, 7 Bühl, 3 UK, 6 Viersen, 4 Cork, dnq 18= EC; Ind: 4= Nantes, 7 Hustopece, 1g Scot Un, 4= UKi, 8 Glasgow

UK Merits 2018

4 **Niamh Emerson** 22.4.99 (4y, 7) 1.89 '16   1.89, 1.84; 3H CG, 1H WJ
5 **Bethan Partridge** 11.7.90 (8y, 3) 1.89i '17, 1.87 '15   1.84; 1.84i, 1.80i, 1.80i
   8 CG; Ind: 10 Hustopece, 1 Nantes, 2 UKi
6 **Abby Ward** 19.4.99 (2y, -) 1.86 '16   1.84, 1.84, 1.84, 1.81, 1.80, 1.80
   2 LI, 1 North-J, 2 Eng-J, 1 Guernsey, 4 UK, 10 WJ; Ind: 4= UKi, 1 Eng-J
7 **Emily Borthwick** 2.9.97 (4y, 6) 1.83 '17   1.80, 1.79, 1.78, 1.77, 1.75, 1.75; 1.84i, 1.80i, 1.80i
   1 B.Uns, 1 LI, 1 Big, 2 Geneva, 2= Eng-23, 8 UK, 5 Cork, 4 Dublin, 2 CAU, 5 MI, 5 Eberstadt U23, WL2: 1,-,2;
   Ind: 1 North, 6 Nantes, 3B Hustopece, 3 UKi
8 **Emily Race** 19.4.99 (1y, -) 1.75 '17   1.81, 1.78, 1.76, 1.75, 1.75, 1.74
   4 BIG, 1 Mid-J, 5 Eng-J, 6 UK, 1 E.Sch, 1 W.Int, 1 CAU, 4 MI, 5 v FRA,GER-J
9 **Isobel Pooley** 21.12.92 (9y, -) 1.96 '14   1.81, 1.80; 1 Fulda, 1 Erding
10 **Rebecca Hawkins** 27.9.99 (3y, 9) 1.80i '17, 1.77 '17   1.79, 1.79, 1.78, 1.78, 1.75, 1.75; 1.76i
   1 South-J, 3 Eng-J, 5 UK, 2 E.Sch, 2 MI, 2= EJ Clubs, WLP: 4,-,3; Ind: 6B Hustopece, 2 Eng-J
11 **Ada'ora Chigbo** 2.1.99 (4y, 12) 1.83 '16   1.77, 1.75, 1.75, 1.71, 1.71A, 1.70; 1.81Ai, 1.80Ai, 1.73Ai
   3 Azusa, 5 MWC, dnq 15 NCAA-W; Ind: 3 MWC
12 **Amelia Bateman** 13.11.00 (1y, -) 1.73 '15   1.78, 1.75, 1.75, 1.74, 1.73, 1.72
   1 N.East, 4 Eng-J, 7 UK, 3 E.Sch, 5 CAU, 3 MI; Ind: 1 North-J
- **Emma Nwofor** 22.8.96 (1y, -) 1.74 '17   1.80, 1.70; 1.78i, 1.75i, 1.74i
   1H ENG, WL2: 3,1,-; Ind: 1 B.Univs
nr **Sommer Lecky** IRL 14.6.00 1.85 '17   1.90, 1.84, 1.84, 1.84, 1.83, 1.81; 1.86i, 1.84i
   10= CG, 1 Eng-J, 2 Mannheim, 1 Belfast, 2 WJ; Ind: 1 Scot, 1 IRL
nr **Philippa Rogan** IRL 4.2.94 1.82i '17, 1.80 '16   1.83, 1.80, 1.80, 1.80, 1.80, 1.79
   2 E.Clubs, 2 St. Peter Port, 1 South, 3 Cork, 2 Dublin, 1 IRL Ch, 1 MI, WLP: 1,1,1
Outdoors only: 5 Ward, 6 Partridge, 7 Race, 8 Borthwick
Lake retained her top ranking and improved her best to 1.97 to win the UK title, but was otherwise rather stuck in the 1.90-1.93 range. Johnson-Thompson is second and Manson had a solid year for third. Emerson only high jumped twice (in heptathlons) but her 1.89 is enough for a high ranking, and Ward returned. After missing competing in 2017, Pooley had only two competitions, but just enough to get a ranking.

POLE VAULT
1 **Holly Bradshaw** 2.11.91 (10y, 1) 4.87i, 4.71 '12   4.80, 4.75, 4.75, 4.72, 4.66, 4.64
   4 CG, 2 Doha, 1 Rehlingen, 8 Eugene, 5 Oslo, 3= Athens, l UK, 2 Rottach-E, 1 AthWC, 3 Jockgrim, nh Monaco, 3 EC, 5= B'ham DL, 4 Beckum. 4= Zürich, 1 GNC
2 **Molly Caudery** 17.3.00 (4y, 5) 4.06 '16   4.53, 4.40, 4.40, 4.35, 4.20, 4.20; 4.30i, 4.25i
   5= CG, 1 LI, 1 E.Clubs, 2 WLP (1), 1 Eng-J, 1 Mannheim, 5 UK, 9= WJ, dnq 24 EC; Ind: 1 V Cardiff, 2 Welsh, 1 V London, 1 UKi, 1Eng-Ji, 7 Glasgow
3 **Lucy Bryan** 22.5.95 (8y, 2) 4.40 '13   4.35, 4.35, 4.35, 4.35, 4.32, 4.30; 4.47i, 4.36i
   9= Texas R, 2/1 Akron, 7= CG, 3 Long Beach, 1 B.Rouge, 1 Mid-American, 6 NCAA, 4 UK, dnq 15= EC; Ind: 2 Akron, 2 Lexington, 6 Fayetteville, 3 Mid-Am, 7 NCAA
4 **Sally Peake** 8.2.86 (9y, 3) 4.42i '12, 4.40 '14   4.30, 4.20, 4.15, 4.15, 4.00, 4.00; 4.27i, 4.15i
   10 CG, 5= Rehlingen, 3 UK, 5 Jockgrim; WL1: 1,1,-; Ind: 5= Orleans, 1 Welsh, 9= Rouen, 3 UKi, 8 Glasgow
5 **Jade Ive** 22.1.92 (9y, 4) 4.36i, 4.20 '17   4.25, 4.20, 4.20, 4.15, 4.10; 4.25i
   2 LI, 1 South, 6 UK, 2 CAU, 2 MI, 3 GNC, WLP: 1,-,1; Ind: 1 South, 2 V Cardiff, 2 V London, 2 UKi
6 **Sophie Cook** 12.9.94 (5y, -) 4.02 '14   4.25, 4.23, 4.10, 4.10, 4.10, 4.06
   1 Mid, 2 UK, 7ns AthWC, 1 LEAP, 1 CAU, 1 MI, WLP: 3,-,2
7 **Jade Spencer-Smith** 8.11.01 (1y, -) 3.90 '17   3.90, 3.90, 3.90, 3.80, 3.80, 3.80; 3.86i
   4 LI, 4 South, 2 Eng-J, 5 EY, 1 E.Sch-I, 2 Sch Int, 2 v FRA,GER-J, 1 Sch.G; Ind: 1 South U17, 4 South, 2B V Cardiff, 2 London G, 3 Eng-17
8 **Felicia Miloro** 5.1.01 (1y, -) 3.83i, 3.81 '17   3.93, 3.90, 3.90, 3.80, 3.80, 3.80; 3.91i, 3.83i, 3.82i
   2 Lough 28/4, 5 LI, 1 Mid-J, 3 Eng-J, 3 E.Sch, 1 W.Int, 4 MI, WL1: 2,2,1=; Ind: 3 V Cardiff, 1 V Manch, 1 Mid-J, 2B V London, 2= Eng-Ji
9 **Ellen McCartney** 8.10.99 (1y, -) 3.75 '17   3.90, 3.85, 3.80, 3.80, 3.70, 3.70; 3.75i, 3.72i
   1 Irish Sch, 1 NI, 1 Irish, 3 MI; Ind: 1 Irish-J, 1 Irish, 2= Eng-Ji
10 **Natasha Purchas** 12.1.01 (1y, -) 3.82 '17   3.90, 3.90, 3.80, 3.75, 3.70, 3.70; 3.71i
   1 South-J, 5 Eng-J, 2 Sth IC, 1 E.Sch, 3 W.Int, WL1: 4,3,-; Ind: 1 South-J, 3B V London, 6 Eng-Ji
11 **Clare Maurer** 10.6.91 (2y, 9) 4.06 '17   3.80, 3.80, 3.75, 3.70, 3.60, 3.50; 3.87i, 3.82i, 3.71i
   3 South, 8 UK, WLP: 4,-,3; Ind: 5 South, 4 V Cardiff, 3 Welsh, 5 UKi
12 **Natalie Hooper** 7.2.98 (1y, -) 3.75 '14   3.92, 3.80, 3.80, 3.75, 3.75, 3.72; 3.80i
   1 Lough 28/4, 1 B.Univs, 6 LI, 1 Eng-23, 9 UK; Ind: 1 B.Univs
- **Elizabeth Edden** 29.6.94 (0y, -) 3.90 '17   3.94, 3.80, 3.75, 3.75, 3.70, 3.70; 3.85i, 3.85i, 3.83i, 3.81i
   7 LI, 2 Mid, 10 UK, 7ns AthWC, 5 CAU, WLP: 5,1,4; Ind: 8 V.Cardiff, 3 V Manch, 1B V London, 4 UKi
- **Sophie Ashurst** 26.4.03 (0y, -) 3.56 '17   3.86, 3.85, 3.80, 3.80, 3.75, 3.71; 3.81i
   2 North, 4 Eng-J, 2 E.Sch-I, 1 Sch Int, 3 LEAP, 3 CAU, 2 Sch G; Ind: 3 North-17, 8B V Cardiff, 4 V Manch, 1 Eng-17i

UK Merits 2018   141

Bradshaw is clearly top for a record eighth successive year and remains comfortably in the world top ten. 18 year-old Caudery set four UK junior records outdoors and excelled at the Commonwealth Games but after a very busy year could not quite maintain top form in the end-of-year championships. Six women jumped 4.25 or higher, but disappointingly the next best after them was 3.94 as standards in depth fell. There is not much between those ranked from 7th onwards; 15 year-old Sophie Ashurst just missed a ranking.

LONG JUMP
1 **Shara Proctor** 16.9.88 (8y, 2) 6.95 '12   6.91, 6.89, 6.84w, 6.81w/6.78, 6.79, 6.75
   3 Brisbane, 3 CG, 2 Boston, 3 Chorzów, 2 Marseille, 1 Madrid, 3 UK, 5 Lausanne, 1 Anniv, 3 EC, 3 Bham DL, 2 Brussels, 9 Berlin, 4 Cont Cup
2 **Lorraine Ugen** 22.8.91 (8y, 2) 6.92, 6.96w '15   7.05, 6.88, 6.86, 6.85, 6.70, 6.69
   4 CG, 4 Kingston, 1 Stockholm, 2 Madrid, 1 UK, 7 Lausanne, 1 AthWC, 2 Anniv, 9 EC, 4 Bham DL, 6 Brussels,; Ind: 5 Karlsruhe
3 **Jazmin Sawyers** 21.5.94 (8y, 4) 6.75, 6.86w '16   6.86, 6.67, 6.67, 6.66, 6.64, 6.62
   7 CG, 1/2 Clermont, 2 Manchester 1 Oordegem, 3 Innsbruck, 2 UK, 6 Anniv, 4 EC, 5 Bham DL, 9 Brussels, 11 Berlin, 3 GNC; Ind: 7 Berlin, 4 Eaubonne, 2 UKi, 9 Glasgow
4 **Katarina Johnson-Thompson** 9.1.93 (9y, 3) 6.93i '15, 6.92 '14
   6.70, 6.68, 6.50, 6.41, 6.30w; 6.71i, 6.50i, 6.45i
   1H CG, 5 Anniv, 1H EC, 3 Bham DL; Ind: 1 UKi
5 **Jahisha Thomas** 22.11.94 (3y, 6) 6.39i, 6.32, 6.35w '17   6.69, 6.55, 6.53, 6.44w, 6.40w, 6.37; 6.42i, 6.40i
   1 B.Rouge, 1 Mt.SAC, 1 Big Ten, 3 NCAA, 4 UK; Ind: 2 F'ville, 1 Big 10, 5 NCAA
6 **Abigail Irozuru** 3.1.90 (10y, -) 6.80 '12   6.64w/6.58, 6.60, 6.50, 6.39w/6.32, 6.28, 6.28
   1 BIG, 1 North, 5 Marseille, 5 UK, 1 WL1 (3), 1 MI, 2 GNC
7 **Lucy Hadaway** 11.6.00 (1y, -) 6.09 '17   6.39, 6.25, 6.23, 6.20, 6.19, 6.13; 6.22i
   4 Manchester, 4 LI, 2 BIG, 2 Eng-J, 9 UK, 6 WJ, 1 CAU, 4 MI; Ind: 1 North-J, 3 UKi, 3 Eng-J
8 **Josie Oliarnyk** 27.3.00 (1y, -) 5.98, 6.02w '17   6.38, 6.19, 6.19, 6.12, 6.12, 6.09
   2 LI, 4 BIG, 1 Mid-J, 5 Eng-J, 7 UK, 1 E.Sch, 1 W.Int, 8 CAU, 3 MI; Ind: 9 UKi, 4 Eng-J
9 **Rebecca Chapman** 27.9.92 (4y, 5) 6.54 '17   6.36w/6.16, 6.34w/6.23, 6.30, 6.23, 6.19w, 6.18
   dnq 16 CG, 5 Manchester, 1 LI, 4 C'hagen, 12 UK, 1 Welsh, 2 W.Int, WL1: 1,1,3
10 **Niamh Emerson** 22.4.99 (1y, -) 6.21 '16   6.41, 6.31w/5.96, 6.06, 5.89; 5.95i
   7 Brisbane, 5H CG, 6 UK, 2H WJ; Ind: 5 Eng-J
11 **Sarah Abrams** 11.1.93 (1y, -) 5.98 '11   6.31, 6.12, 6.12w/6.06, 6.09, 6.08, 6.02
   1 WLP (1), 1 South, 8 UK, 2 Welsh, 4 CAU, 5 MI, 3 GNC; WLP: 1,-,3; Ind: 5 B.Univs
12 **Alice Hopkins** 30.12.98 (1y, -) 5.81 '16   6.46, 6.39w/6.13, 6.00, 5.99, 5.94, 5.91
   4 WLP (1), 2 South, 1 Eng-23, 14 UK, 2 CAU
– **Holly Mills** 15.4.00 (3y, 7) 6.31 '17   6.20, 6.16, 6.05, 6.02, 5.95, 5.94; 6.23i, 6.17i
   6 Manchester, 5 LI, 3 BIG, 2 WLP (1), 3 Eng-J, 5 Mannheim, dnq 16 WJ; Ind: 1 South-J, 5 UKi
– **Jade O'Dowda** 9.9.99 (0y, -) 6.00 '17   6.24, 6.14, 6.10, 6.06w, 6.05w, 6.01
   2 WL1 (1), 1 Eng-J, 10 UK, 6H WJ, 6 CAU; Ind: 11 UKi, 8 Eng-J

Ugen had the top mark with 7.05, but loses her top ranking to Proctor who beat her 7-1. After a slow start, Sawyers returned to her best form with 6.86 for 2nd at the UKs, and just rates ahead of KJT. Thomas continued her rapid progress and Irozuru returned well after injury. Emerson had the best jump by a junior but competed rarely at the event, while Hadaway was 6th at the World Juniors and 2-1 v Chapman. 10th best at 6.38 was just 1cm short of 2012's record and 50th best of 5.78 was second to 5.79 in 1988.

TRIPLE JUMP
1 **Naomi Ogbeta** 18.4.98 (4y, 1) 12.98 '15   14.15, 14.15w, 13.95, 13.94, 13.60, 13.58; 13.65i
   1 B.Uns, 1 BIG, 1 WLP (1), 1 Eng-23, 1 UK, 6 AthWC, 1, CAU, 12 EC; Ind: 1 North, 1 B'lava, 2 UKi
2 **Laura Samuel** 19.2.91 (10y, 3) 14.09 '14   13.75, 13.58, 13.50, 13.49w, 13.31, 13.30
   1 Mid, 2 UK, 1g Welsh, 6 Sotteville, 4 Castres, 5 Gothenburg; WLP: -,1,1
3 **Sineade Gutzmore** 9.10.86 (10y, 4) 13.70 '16   13.51w/13.28, 13.47w, 13.22w, 13.10, 12.98, 13.29i
   1 B'ham 27/5, 2 Mid, 3 UK, 2 CAU, 1 MI; WLP: 2,3,-; Ind: 1 London G 1 Mid, 3 UKi
4 **Jahisha Thomas** 22.11.94 (2y, 6) 13.25 '17   13.46, 13.39, 13.32w/12.73, 13.19, 13.04; 13.22i, 13.11i
   4 Florida R, 2 Drake R, 1 Big10, 6 NCAA; Ind: 2 Iowa C, 3 F'ville, 1 Big10, nj NCAA
5 **Zara Asante** 7.7.82 (5y, -) 13.00i, 12.99 '13   13.41w, 13.29w, 13.21w, 13.02, 12.94, 12.88
   3 LI, 4 BIG, 6 Geneva, 3 Limoges. 4 UK, 5 Castres, 3 CAU, 1 Scot, 3 MI; WLP: 3,4,-; Ind: 2 South, 4 London G, 4 UKi
6 **Angela Barrett** 25.12.85 (10y, 5) 13.43 '17   13.32, 13.15w, 13.13, 13.07, 13.03w, 12.97; 13.28i, 13.27i
   4 E.Clubs, 5 UK, 4 CAU, WLP: 4,2,2; Ind: 1 South, 3 B'lava, 5 UKi
7 **Alexandra Russell** 27.3.90 (4y, 7) 13.27i '17, 13.05 '15, 13.40w '17   13.09, 12.91, 12.87, 12.81, 12.76, 12.66
   2 LI, 2 BIG, 3 Mid, 6 UK, 1 WLP (2)
8 **Simi Fajemisin** 15.9.97 (2y, 9) 12.96 '17   13.07, 13.00, 12.90, 12.69, 13.11i, 12.70i
   2 Texas R, 3 Kansas R, 22 NCAA; Ind: 1 Heps
9 **Abazz Shayaam-Smith** 3.4.00 (1y, -) 12.20 '17   12.83, 12.74w, 12.68, 12.68, 12.49, 12.36
   5 WLP (1), 1 Eng-J, 7 UK, 1 E.Sch, 4 MI

10 **Eavion Richardson** 27.6.98 (1y, -) 12.35i, 12.18, 12.48w '17   13.04, 12.68, 12.38, 12.24w; 12.47i, 12.18i
   dns B.Univs, 2 Eng-23, 10 UK, 5 CAU; Ind: 3 South, 2 B.Univs
11 **Lia Stephenson** 4.3.97 (3y, -) 12.71 '14   13.03, 12.66, 12.26, 11.98, 11.97, 11.66; 12.54i, 12.46i, 12.15i
   2 B.Univs, 6 BIG, 3 Eng-23; Ind: 2 London G, 1 B.Univs
12 **Lily Hulland** 1.9.01 (1y, -) 12.35i, 12.18, 12.48w '17   12.88, 12.87, 12.82, 12.58, 12.57, 12.44w
   3 ESP U18, nm EY, 12 ESP Ch; Ind: 4 ESP U18
  - **Alison Wilder** 30.10.88 (1y, 11) 13.22 '11   12.28, 12.14w, 12.13, 12.09; 12.96i, 12.87i, 12.54i, 12.50i
   9 UK, WLP: 7,5,3, Ind: 6 UKi
  - **Shanara Hibbert** 22.3.93 (2y, -) 12.87 '17   12.82, 12.56, 12.29, 12.19w, 12.15, 12.10
   5 BIG, 1 South, 1 East, 8 CAU, 2 MI, WL2: 1,2,1; Ind: 7 London G, 8 UKi
Ogbeta retained her top ranking and, after improving from 12.98 to 13.50/13.68w in 2017, went out to 14.15 in 2018. The Spanish-based Hulland makes the rankings at 16 years of age. Ten women over 13m and 50th best at 11.69 are all-time records.

SHOT
1 **Sophie McKinna** 31.8.94 (9y, 3) 17.14 '16   17.76, 17.76, 17.71, 17.69, 17.62, 17.54
   5 CG, 7 Halle, 1 South, 2 UK, 1 CAU, 7 EC, 5 Bham DL; Ind: 1 Lough, 1 South, 2 UKi
2 **Rachel Wallader** 1.9.89 (11y, 1) 17.53 '16   17.48, 17.27, 17.25, 17.20, 17.10, 16.71; 17.45i
   6 CG, 8 Halle, 1 BIG, 1 WLP (1), 1 Lough 13/6, 3 UK; Ind: 2 Lough, 1 Vienna, 1 UKi
3 **Amelia Strickler** 24.1.94 (3y, 2) 17.13 '17   17.31, 17.26, 17.22, 17.15, 17.12, 17.06.
   5B Eur Throws, 9 CG, 4 E.Clubs, 2 WLP (1), 2 South, 1 UK, 3 AthWC, 2 CAU, 10 EC, 3 Ljungby; Ind: 3 Lough, 3 UKi
4 **Divine Oladipo** 5.10.98 (3y, 6) 16.64 '17   17.37, 16.55, 16.48, 16.28, 16.16, 16.10; 16.64i
   3 Florida R, 6 Penn R, 3 AAC, 12 NCAA, 1 Eng-23, 4 UK, dnq 21 EC; Ind: 6 Nashville, 1 Boston
5 **Eden Francis** 19.10.88 (15y, 4) 17.24 '12   16.12, 15.96, 15.80, 15.80, 15.78, 15.74
   2 LI, 1 Mid, 2 Lough 13/6, 5 UK, 5/5 Leiria, 1 MI, WLP: 3,1,1
6 **Adele Nicoll** 28.9.96 (7y, 5) 16.34 '16   15.51, 15.44, 15.44, 15.40, 15.31, 15.18
   7 Tempe, 1 B.Univs, 1 Welsh, 1 W.Int, 2MI, WLP: -,2.2; Ind: 1 Welsh, 1 B.Univs
7 **Sarah Omoregie** 2.4.00 (2y, 9) 14.12 '17   15.09, 14.49, 14.22, 13.99, 13.82, 13.62; 14.88i, 14.75i, 14.31i
   7 Eur Throws-23, 3 LI, 6 Halle-J, 1 Eng-J, 1 Welsh-J, 6 UK, 2 WL1 (2); Ind: 4 UKi, 1 Eng-Ji
8 **Michella Obijiaku** 6.11.97 (2y, 11) 14.08 '17   15.35, 14.56, 14.24, 13.84, 13.79, 13.61; 14.37i
   2B Florida R, 3 Sun Belt, 1 WL3 (1), 8 UK; Ind: 3 Sun Belt i
9 **Sophie Merritt** 9.4.98 (3y, 7) 14.59 '17   14.48, 14.28, 14.21, 14.18, 14.14, 13.88
   10 Stanford, 4 Provo, 5 Big Sky, 3 South
10 **Sophie Littlemore** 25.12.95 (1y, -) 132.61 '17   14.02, 13.96, 13.95, 13.87, 13.86. 13.83
   1 N.East, 1 North, 7 UK, 3 CAU, WLP: 4,4,3; Ind: 2 North, 5 UKi
11 **Jo Rowland** 29.12.89 (3y, 12) 13.71i '14, 13.64 '17   14.15, 13.83, 13.71, 13.61, 13.54, 13.46; 13.62i
   1 Yorks, WL1: 1,1,1
12 **Hannah Molyneaux** 11.3.01 (1y, -) -0-
   13.84, 13.78, 13.73, 13.41, 13.34, 13.26
   1 E.Sch, 4 CAU, 3 MI, WL2: 1,-,1; Ind: 3 Eng-Ji; (3kg: 16.51 etc, 5 EY)
 - **Serena Vincent** 5.12.01 (0y, -) -0-
   1 Portsmouth 14.20; 13.87i; (3kg 16.84 etc, 4 EY, 1 Eng-17)
Having changed coaches from Geoff Capes to Mike Winch, McKinna replaced Wallader at the top of the rankings and indeed had six marks better than Wallader's best. However, she was beaten by Wallader and Strickler for the UK titles. Oladipo made it four UK women over 17m.

DISCUS
1 **Jade Lally** 30.3.87 (13y, 1) 65.10 '16   59.83, 59.13, 59.11, 58.92, 58.71, 57.72
   3 Melbourne, 2 Sydney, 7 CG, 1 South IC, 1 UK, 1 WL1 (2), 4 AthWC, 7 Anniv, 1 CAU, 11 EC, 1 St.Clement
2 **Kirsty Law** 11.10.86 (13y, 2) 57.79 '12   56.37, 56.31, 54.90, 54.63, 54.14, 53.08
   4 Lough-w, 1 LI, 1 Mid, 2/4 Leiria, dnq 26 EC, 1 Scot, 2 MI, WL1: 1,2,-
3 **Eden Francis** 19.10.88 (14y, 3) 59.78 '11   56.49, 55.99, 55.47, 55.35, 55.13, 54.37
   2 Lough-w, 2 BIG, 2 Mid, 1 Nivelles, 5 UK, 4/3 Leiria, 1 MI; WLP: 3,1,1
4 **Amy Holder** 4.8.96 (5y, 4) 54.17 '17   55.48, 55.46, 54.84, 54.33, 54.11, 52.68
   3 Lough-w, 3 E.Throws-23, 1 B.Univs, 1 BIG, 1 South, 1 Eng-23, 4 UK, 2 CAU, WLP: 2,-,2
5 **Phoebe Dowson** 17.4.94 (8y, 6) 51.87 '17   54.23, 53.90, 53.42, 53.05, 53.03, 52.90
   1 Lough-w, 4B E.Throws, 2 LI, 3 BIG, 2 South, 3 UK, 8/10 Leiria, WLP: 1,2,-
6 **Shadine Duquemin** 4.11.94 (8y, 5) 53.44 '14   53.26, 52.77, 52.57, 51.99, 51.94, 51.47
   3 LI, 4 BIG, 6 UK, 9/8 Leiria, 3 CAU, 2 St.Clement, WL1: 4,5,5
7 **Divine Oladipo** 5.10.98 (3y, 7) 53.13 '17   54.23, 52.12, 51.59, 51.42, 50.92, 50.75
   1 Penn R, 2 AAC, 18 NCAA, 2 Eng-23, 7 UK
8 **Kathryn Woodcock** 29.4.97 (3y, 8) 47.19 '17   50.07, 49.03, 48.86, 48.66, 48.00, 47.93
   3 B.Univs, 4 LI, 3 South, 3 Eng-23, 8 UK, 3B Leiria, 4 CAU, 3 MI, WLP: 7,3,6
9 **Shaunagh Brown** 15.3.90 (11y, -) 51.77 '14   47.19, 45.90, 45.08; WLP: 9,4,4

10 **Adele Nicoll** 28.9.96 (2y, -) 46.85 '17   47.42, 47.42, 45.56, 45.34, 45.22, 44.84
    4 B.Univs, 1 Welsh, 6 MI, WLP: -,7,5
11 **Sophie Littlemore** 25.12.95 (1y, -) 44.19 '17   46.80, 46.58, 46.27, 45.57, 44.93, 44.40
    1 North, 9 UK, 6 CAU, WLP: 5,5,8
12 **Jemma Ibbetson** 3.9.97 (1y, -) 46.85 '17   47.07, 46.30, 45.90, 45.52, 44.50, 44.35
    2 Yorks, 6 BIG, 6 WLP (1), 3 North, 4 Eng-23, 10 UK
−   **Sophie Mace** 7.10.98 (3y, 9) 47.35 '15   46.37, 46.11, 45.92, 45.75, 45.60, 45.37
    5 B.Univs, 6 LI, 6 E.Clubs, 5 Eng-23, WLP: 8,6,7
Lally is clearly top for the eighth successive year and had 11 performances over the best by Francis, second on the UK list. Francis had the slightly better top marks, but was 3-3 with Law, who was 2nd in the UK Champs. These three have 12, 13 and 14 years in the rankings. Behind them Holder is fourth for the fourth year although the improving Dowson beat her 3-2. There were two more women over 53m: Oladipo and Duquemin, but then big gaps to Woodcock 50.07 and Nicoll 47.42. Brown ranks although concentrating on her international rugby union career now.

HAMMER
1   **Sophie Hitchon** 11.7.91 (12y, 1) 74.54 '16   73.48, 73.22, 72.02, 71.41, 71.13, 70.52
    1 Stanford, nt CG, 1 Salinas, 1 Berkeley, 7 Halle, 6 Madrid, 1 UK, 2 AthWC, 8 EC, 7 Chorzów
2   **Jessica Mayho** 14.6.93 (4y, 9) 63.05 '17   62.89, 62.51, 62.34, 61.70, 60.31, 60.27
    1 North, 2 UK, 4 Cork, 3 CAU, 1 Scot, 1 WLP (3)
3   **Philippa Wingate** 12.5.93 (3y, 10) 59.76 '17   62.53, 61.88, 61.56, 60.95, 60.88, 60.62
    2 Lough-w, 1 LI, 6 E.Clubs, 2 South, 4 UK, 2 CAU, 1 MI, WLP: 1,1,2
4   **Rebecca Keating** 21.8.97 (2y, -) 58.59 '17   63.87, 61.32, 61.13, 60.75, 60.61, 60.55
    1 Fayetteville, 4 Drake R, 4 SEC, dnq 17 NCAA-W, 3 South, 2 Eng-23, 5 Nikití, 3 UK
5   **Kayleigh Presswell** 14.3.95 (2y, 11) 59.38 '17   61.64, 60.67, 60.64, 60.56, 59.49, 59.41
    1 Lough-w, 2 Lough 22/4, 1 South, 5 UK, 5 Cork, 5 CAU, 1 H.Circle, WL2: 1,-,1
6   **Christina Jones** 5.4.90 (6y, 8) 63.98 '15   61.73, 61.71, 61.26, 60.91, 60.80, 59.31
    3 Lough-w, 1 Lough 22/4, 2 LI, 1g Welsh, 6 UK, 4 CAU, WL2: 2,1,2
7   **Lucy Marshall** 28.11.81 (6y, 7) 62.74 '17   61.03, 60.91, 59.64, 59.07, 58.49, 58.43
    1 BIG, 8 UK, 1 LEAP, 1 CAU, 4 MI, WL1: 1,1,1
8   **Carys Parry** 24.7.81 (18y, 3) 66.80 '14   6 CG 61.58
9   **Hayley Murray** 13.9.89 (6y, 12) 59.57 '17   59.55, 59.51, 59.21, 59.10, 58.35, 58.32
    2 BIG, 1 NI, 2 Mid, 9 UK, 6 Cork, 2 LEAP, 8 CAU, 5 MI, WL3: 1,1,1
10 **Amy Herrington** 22.5.98 (1y, -) 59.14'17   60.77, 59.94, 59.82, 59.32, 59.19, 57.87
    4 Tempe, 7 Stanford, 8 Pac. Coast, 9 Drake R, dnq 18 NCAA-W, 3 Eng-23, 10 UK, 3 WLP (2)
11 **Katie Head** 9.12.99 (1y, -) 55.25 '17   59.63, 59.37, 59.22, 59.10, 58.79, 57.59
    1J Lough 22/4, 4 LI, 1 Eng-J, dnq 17 WJ, 10 CAU, 2 MI, 1 Sth-J IC, WL2: 3,-,3
12 **Annabelle Palmer/Crossdale** 21.9.94 (1y, -) 58.94 '16   60.24, 59.60, 58.77, 58.61, 57.94, 57.62
    3 Lough 22/4, 1 Mid, WL1: 2,2,2
Hitchon is very clearly top for the eighth successive year but her form dipped with no throws at the Commonwealth Games and 8th at the European Champs. Apart from the CG she had ten competitions, seven over 70m and all at 67.32 or better compared to the next best thrower, Keating at 63.87. The 2017 no. 2 Rachel Hunter had just one competition, 2nd Scottish 57.78, the no. 3 Parry competed only at the Commonwealth Games, and the nos. 4-6 Sarah Holt, Myra Perkins and Sarah McKelvie did not compete at all, so there were major changes in the leading rankings behind Hitchon. Parry extended her events records to 18 years ranked and a 19-year span. Murray's 9th place follows her previous four years ranked, all at no. 12, 2009-17. The 50th best at 48.89 is a new record.

JAVELIN
1   **Laura Whittingham** 6.6.86 (13y, 1) 60.68 '10   55.55, 53.63, 51.74, 50.97
    1 Mid, 1 UK, 6 AthWC, 5 Antalya
2   **Emma Hamplett** 27.7.98 (6y, 4) 52.27 '16   54.08, 51.65, 51.56, 51.52, 51.27, 50.94
    1 Lough 28/4, 1 B.Univs, 1 LI, 1 Carnival, 2 Mid, 1 Eng-23, 2 UK, 1 CAU, 1 MI, WLP: 2,1,3
3   **Bethan Rees** 27.10.99 (3y, 7) 49.56 '17   51.18, 50.30, 48.62, 48.30, 47.87, 47.29
    3 Lough-w. 8 E.Throws-23, 4 LI, 1J Carnival, 1 Mid-J, 1 Eng-J, 1 Welsh-J, 3 UK, 1 Welsh, 1 E.Sch, 1 W.Int, 2 J v FRA.GER-J, 3 MI, WLP: 1,2,-
4   **Rebekah Walton** 20.9.99 (2y, 12) 46.59 '12   49.94, 49.47, 49.23, 48.50, 47.56, 46.47
    4 Lough-w, 2J Carnival, 2 Eng-J, 7 UK, 2 E.Sch, 3 WLP (3), 2 MI, 1 YDL, 2 EJ Clubs
5   **Hannah Johnson** 14.6.94 (3y, 3) 51.57 '17   49.23, 46.26, 46.21, 45.95, 45.94, 45.60
    2 B.Univs, 2 LI, 2 South, 9 UK, 2 CAU, 4 MI, WLP: 4,3,3
6   **Eloise Meakins** 26.1.93 (6y, 9) 52.32 '12   47.18, 47.12, 46.61, 46.56, 46.28, 46.16
    3 LI, 1 South, 6 UK, 3 CAU, WL2: 1,1,1
7   **Ellen Barber** 5.12.97 (1y, -) 43.51 '17   46.58, 45.48, 45.47, 43.06, 41.10, 38.79
    3 B.Univs, 4 UK
8   **Rosie Semenytsh** 28.5.87 (12y, -) 50.43 '13   45.68, 44.95, 41.95, 41.42
    5 UK, WLI: 2,3,2

144   UK Merits 2018
9   Elspeth Jamieson 5.9.96 (1y, -) 43.64 '14   45.44, 43.59, 43.06, 41.99
     2 Eng-23, 10 UK
10   Sophie Percival 30.7.97 (1y, -) 43.53 '17   45.03, 44.24, 43.74, 43.01, 42.65, 42.56
     4 B.Univs, 5 LI, 1 North, 3 Eng-23, 11 UK, WLP: 3.4.4
Whittingham, who competed rarely but won the UK title and topped the UK lists, retained her top ranking. Hamplett, 20 in July, maintained her steady improvement and the third athlete to exceed 50m was Rees, aged 18 throughout the season. Another junior Walton finished strongly with her three best throws in the final month of the season. Johnson was 2-2 v Meakins. Just ten are ranked as standards continue to be poor with the 10th best of 45.03 the worst since the current specification was introduced in 1999. Last year's no. 2 Jo Blair received a 4-year drugs ban from 24 Sep 2017.

HEPTATHLON
1   **Katarina Johnson-Thompson** 9.1.93 (10y, 1) 6691 '17   2 EC 6759, 1 CG 6255
2   **Niamh Emerson** 22.4.99 (2y, 2) 6013 '17   1 WJ 6253, 3 CG 6043
3   **Jade O'Dowda** 9.9.99 (2y, 9) 5442 '17   7 WJ 5660, 1 ENG-J 5610, 12 Florence 5504
4   **Ellen Barber** 5.12.97 (2y, 10) 5344 '17   4 ENG 5529, 6 Kladno 5500, 2 HCI 5288, dnf Florence
5   **Jessica Taylor-Jemmett** 27.6.88 (8y, 4) 5913(w) '16   2 Kladno 5590, 3 Hexham 4474 (dnf 800m)
6   **Emma Nwofor** 22.8.96 (1y, -) 5111 '17   3 ENG 5559
7   **Katie Garland** 27.1.97 (1y, -) 5076 '17   5 ENG 5487, 9 Kladno 5344, dnf Hexham
8   **Lucy Turner** 14.2.97 (2y, 7) 5436 '17   1 HCI 5431, 1 Hexham 5402
9   **Elise Lovell** 9.5.92 (5y, 11) 5330 '17   15 Florence 5400, dnf ENG
10   **Holly McArthur** 20.12.98 (2y, 6) 5687 '17   10 CG 5381
11   **Danielle McGifford** 11.4.95 (4y, -) 5114 '145
     2 Hexham 5352, 1 Scot 5220(w), dnf Lancashire
12   **Alice Hopkins** 30.12.98 (1y, -) -0-
     1 South 5336, 3 HCI 5257
HCI = Home Countries International
Johnson-Thompson is top for the fourth time and had her best ever year with second in the world rankings. Emerson continued her brilliant progress with bronze at the Commonwealth Games and gold at the World Juniors when her score was just 14 points short of KJT's UK junior record. Last year's no. 3 Katie Stainton did not finish in the CG, her only heptathlon of the year. There were again 18 women over 5000 points and that is disappointing, but 8 of them were U20s and another 5 U23s, and 10th best at 5381 is the best ever.

10/20 KILOMETRES WALK
Priority is given to form at the standard international distance of 20 kilometres, although performances at 10km are also considered.
1   **Bethan Davies** 7.11.90 (7y, 1) 44:59 16, 1:33:04 '17   10km: 45:50+, 46:15+, 46:25+, 46:46+, 47:36+
     20km: 3 Lugano 1:31:53, 3 CG 1:36:08, 22 EC 1:36:50, 1 Leeds (RWA) 1:36:55, 64 W.Cup 1:37:31
2   **Heather Lewis** 25.10.93 (8y, 3) 46:59 '14, 1:37:39 '17   10km: 47:57+, 1 Coventry (RWA) 48:27, 48:27+, 49:37+
     20km: 6 Lugano 1:36:14, 3 Irish 1:39:01, 2 Leeds (RWA) 1:39:06, 7 CG 1:41:45, dq EC
3   **Gemma Bridge** 17.5.93 (3y, 2) 45:52 '17, 1:32:33 '17   10km: 46:46+, 48:07+, 49:50+
     20km: 53 W.Cup 1:35:43, 5 CG 1:39:31, 6 Leeds (RWA) 1:43:27
4   **Erika Kelly** 6.12.92 (2y, 4) 48:54 '17, 1:41:27 '17   10km: 1 Douglas 48:17, 1 I.of Man 48:47.3t, 49:31+, 49:32+, 2 RWA 49:36
     20km: 7 Lugano 1:39:36, 3 Leeds (RWA) 1:41:30, 9 CG 1:47:29
5   **Hannah Hunter** 7.10.82 (3y, 5) 1:47:17 '17
     10km: 1 Douglas 23/8 53:05.7; 53:55, 2 Coventry,54:21, 4 RWA 57:13
     20km: 1 Douglas 24/2 1:51:11, 1 Douglas 2/9 1:56:58
Davies retained her top ranking, setting a Welsh record at Lugano and having five 20k times under 1:38.

50 KILOMETRES WALK
1   **Molly Davey** 3.9.98 (1y, -)
     7 Dudince 5:08:17
2   **Hannah Hunter** 7.10.82 (1y,-)
     1 Peel 5:11:06, 2 Owego 5:17:29

With grateful thanks to Tony Miller, Ian Hodge, Alan Lindop, Caspar Eliot and Ian Tempest

2018 LISTS - MEN

60 Metres - Indoors

Mark	Athlete	Cat	DOB	Pos	Venue	Date
6.53	Chijindu Ujah		5.03.94	1B1	London (Nh)	7 Feb
	6.56			1	Birmingham	17 Feb
	6.57			5	Glasgow	25 Feb
	6.59			1h5	Birmingham	3 Mar
	6.60			2	Iowa City IA, USA	20 Jan
	6.60			3h2	Glasgow	25 Feb
	6.61			1A1	London (Nh)	7 Feb
	6.63			1s1	Birmingham	17 Feb
6.56	Ojie Edoburun	U23	2.06.96	4	Glasgow	25 Feb
	6.58			1B1	London (LV)	28 Jan
	6.59			2h2	Glasgow	25 Feb
	6.61			1A1	London (LV)	28 Jan
	6.63			2	Paris, FRA	7 Feb
6.59	Adam Gemili		6.10.93	6	Glasgow	25 Feb
	6.62			5	Düsseldorf, GER	6 Feb
	6.64			4h1	Glasgow	25 Feb
6.60	John Otugade		24.01.95	1	London (LV)	13 Jan
6.61	Reece Prescod	U23	29.02.96	7	Glasgow	25 Feb
	6.63			3h1	Glasgow	25 Feb
6.62	Andrew Robertson		17.12.90	2	Birmingham	17 Feb
	6.63			5s3	Birmingham	3 Mar
6.63	Richard Kilty		2.09.89	2	Val-de-Reuil, FRA	27 Jan
	6.63			6	Düsseldorf, GER	6 Feb
	6.64			1h2	Düsseldorf, GER	6 Feb
	6.64			2	Madrid, ESP	8 Feb
6.64	Kyle De Escofet	U23	4.10.95	5	Ostrava, CZE	25 Jan
	26 performances to 6.65 by 8 athletes					
6.66	Romell Glave	U20	11.11.99	1	London (LV)	13 Jan
6.66	Harry Aikines-Aryeetey		29.08.88	5	Boston (R) MA, USA	10 Feb
	(10)					
6.67	Theo Etienne	U23	3.09.96	2	London (LV)	13 Jan
6.67	Samuel Gordon		5.10.94	2s2	Birmingham	17 Feb
6.68	Reuben Arthur	U23	12.10.96	3	London (LV)	13 Jan
6.68	Dominic Ashwell	U20	13.06.99	2	London (LV)	13 Jan
6.69	Imran Rahman		5.07.93	3	Nantes, FRA	20 Jan
6.69	Confidence Lawson		5.09.90	2	Bratislava, SVK	28 Jan
6.70	Dwain Chambers	V40	5.04.78	1B1	London (LV)	2 Dec
6.71	Roy Ejiakuekwu		2.02.95	1	Ann Arbor MI, USA	20 Jan
6.74	Deji Tobais		31.10.91	2	Vienna, AUT	27 Jan
6.74	Nethaneel Mitchell-Blake		2.04.94	5	Houston TX, USA	27 Jan
	(20)					
6.74	Adam Thomas		15.04.95	1A1	Eton	4 Feb
6.76	Jeremiah Azu	U20	15.05.01	1h7	Cardiff	14 Jan
6.76	Rion Pierre		24.11.87	3A1	London (Nh)	7 Feb
6.76	Kieran Showler-Davis		14.11.91	3h3	Pittsburg KS, USA	9 Mar
6.77	Tommy Ramdhan	U23	28.11.96	5	London (LV)	13 Jan
6.78	Edmond Amaning		27.10.93	6	London (LV)	13 Jan
6.78	Emmanuel Stephens		13.03.93	2	Kuldiga, LAT	20 Jan
6.78	Jack Lawrence	U23	2.07.96	2B1	Loughborough	3 Feb
6.78	Nicholas Walsh	U23	27.07.97	3	Sheffield	16 Feb
6.79	Toby Harries	U23	30.09.98	3B1	London (Nh)	7 Feb
	(30)					
6.80	Kieran Daly		28.09.92	2B1	Sutton	6 Jan
6.80	Jona Efoloko	U20	23.09.99	1	Sheffield	13 Jan
6.80	Omar Grant		6.12.94	7	London (LV)	13 Jan
6.80	Samir Williams	U20	6.01.00	3	London (LV)	13 Jan
6.80	Aidan Syers		29.06.83	4h1	Nantes, FRA	20 Jan
6.80	Ade Adewale		27.08.93	1A1	London (Nh)	24 Jan
6.80	Timothy Duckworth	U23	18.06.96	2	Lexington KY, USA	3 Feb
6.81	Cyle Carty		29.11.90	4	Amsterdam, NED	3 Feb
6.81	Brandon Mingeli	U20	7.09.00	4B1	London (Nh)	7 Feb
6.82	Christopher Stone		8.04.95	2	Cardiff	14 Jan

2018 - Men - 60 Metres

	(40)							
6.82		Ronnie Wells	U23	27.03.96	1	Birmingham	11	Feb
6.82		Marvin Popoola		5.09.95	4	Sheffield	16	Feb
6.83		Michael Olsen	U20	22.03.99	1	Glasgow	13	Jan
6.83		James Lelliott		11.02.93	1	Cardiff	4	Feb
6.83		Elliott Powell	U23	5.03.96	1A2	London (Nh)	7	Feb
6.83		Luke Dorrell	U23	23.01.97	1s3	Sheffield	16	Feb
6.83		Jonathan Browne	V35	15.03.83	1s1	Madrid, ESP	20	Mar
6.84		Brandon Murray	U23	20.09.97	1A1	Sutton	6	Jan
6.84		Cameron Starr	U23	26.03.96	4B1	Sutton	6	Jan
6.84		James Williams		1.10.91	2	Sheffield	13	Jan
	(50)							
6.84		Daniel Walsh	U23	29.12.96	1A1	Manchester (SC)	2	Dec
6.84		Jack Phipps		2.04.94	1	London (LV)	5	Dec
6.85		Nick Stewart	U23	22.06.98	4	Kuldiga, LAT	20	Jan
6.85		Scott Bajere		12.05.92	2	Cardiff	4	Feb
6.85		Scott Hall		8.03.94	1B5	Gateshead	8	Feb
6.86		Eden Davis	U20	1.03.99	4	London (LV)	13	Jan
6.86		Maxwell Brown	U20	23.11.99	2s1	London (LV)	13	Jan
6.86		Oliver Bromby	U23	30.03.98	3A1	London (LV)	28	Jan
6.86		Samuel Osewa		17.04.91	4A1	London (LV)	28	Jan
6.86		Shevhone Lumsden	U20	14.09.00	1A1	London (LV)	28	Jan
	(60)							
6.86		Samuel Miller		2.09.93	3A1	Loughborough	3	Feb
6.86		Alex Murdock		29.08.91	1B1	London (Nh)	28	Feb
6.87		Andrew Morgan-Harrison	U23	9.03.98	2s1	Sheffield	13	Jan
6.87		Enzo Madden	U23	24.08.98	1s2	Sheffield	13	Jan
6.87		Shamar Thomas-Campbell	U23	8.09.97	2s3	Sheffield	16	Feb
6.87		Jordan Broome	U23	4.12.96	5s3	Birmingham	17	Feb
6.88		Chad Miller	U20	31.03.00	5A2	London (Nh)	7	Feb
6.88		Kane Wright	U23	14.02.97	1h6	Sheffield	16	Feb
6.89		Samuel Landsborough		11.11.92	2s2	Sheffield	13	Jan
6.89		Adam Clayton	U20	26.09.00	2	Glasgow	28	Jan
	(70)							
6.89		Daniel Obeng		20.05.93	4B1	Loughborough	3	Feb
6.89		Mark Hanson	V35	13.05.81	1s2	Madrid, ESP	20	Mar
6.90		Subomi Onanuga		12.06.93	2B1	London (LV)	1	Jan
6.90		Daniel Beadsley	U23	28.02.97	2h4	Cardiff	27	Jan
6.90		Kane Densley	U23	19.12.96	4	Cardiff	4	Feb
6.90		Arron Owen	U23	14.07.98	5	Cardiff	4	Feb
6.90		Nathan Gilbert		2.03.95	4B1	London (Nh)	28	Feb
6.91		Ben Shields		17.01.94	3	Sheffield	13	Jan
6.91		Tremayne Gilling		27.07.90	1h5	London (LV)	13	Jan
6.91		Korede Awe	U20	25.11.99	6	London (LV)	13	Jan
	(80)							
6.91		Bailey Wright	U20	14.11.00	3s2	London (LV)	13	Jan
6.91		James Griffiths		30.07.92	6	Cardiff	27	Jan
6.91		Kyron Williams		18.02.93	3B3	London (LV)	28	Jan
6.91		Elliot Jones	U23	21.09.97	1B2	Loughborough	3	Feb
6.91		Daniel Afolabi	U20	6.09.00	3s3	Sheffield	24	Feb
6.91		Kevin Metzger	U23	13.11.97	2A1	Manchester (SC)	2	Dec
6.91		Samuel Ige	U23	29.01.96	2h1	Cardiff	16	Dec
6.92		Jack Lennard		7.12.93	1B2	Sutton	6	Jan
6.92		Nigel Thomas		11.05.88	3h7	London (LV)	13	Jan
6.92		Alec Thomas	U23	22.11.96	3	Glasgow	28	Jan
	(90)							
6.92		Kyle Ennis		9.08.91	1	Birmingham	28	Jan
6.92		Lemarl Freckleton		19.03.92	6	Cardiff	4	Feb
6.92		Dickson Kusi		3.02.95	2H	London (LV)	15	Dec
6.92		Jack Hatton	U23	14.02.96	1A1	London (Wil)	22	Dec
6.93		Owen Richardson	U23	5.09.98	2	Saginaw, MC, USA	19	Jan
6.93		Camron Lyttle	U20	28.05.99	4B1	London (LV)	28	Jan
6.93		Eugene Amo-Dadzie		.92	2A1	London (Wil)	22	Dec
6.94		Nick Prentice	U23	29.04.97	1A2	Birmingham	7	Jan
6.94		Jamal Rhoden-Stevens		27.04.94	5s3	London (LV)	13	Jan

2018 - Men - 60 Metres

Time		Name	Cat	DOB	Heat	Venue	Date	
6.94		Leon Greenwood	U23	13.06.97	1	London (LV)	31	Jan
	(100)							
6.94		Niclas Baker		9.09.94	3B2	London (Nh)	7	Feb
6.94		Timothy Fasipe	U23	20.06.97	4B2	London (Nh)	7	Feb
6.94		Gerald Matthew	U23	10.07.97	2s4	Sheffield	16	Feb
6.95		Dylan DaCosta	U20	6.04.01	2B2	Sutton	6	Jan
6.95		Ben Matsuka-Williams	U23	28.03.98	3s2	London (LV)	13	Jan
6.95		Jimmy Seacombe	U23	15.10.97	5B1	Eton	4	Feb
6.95		Ben Stephenson		3.11.92	1r2	Sheffield	10	Feb
6.95		Makoye Kampengele		25.09.93	1h2	Cardiff	16	Dec
6.95		Toby Olubi		24.09.87	3A1	London (Wil)	22	Dec
Additional Under 20 (1-17 above)								
6.96		Praise Olatoke		23.06.00	4	Glasgow	28	Jan
6.96		Alex Marshall		15.02.00	2	London (LV)	18	Mar
6.97		Toby Makoyawo	U17	10.05.02	1A1	London (LV)	20	Jan
	(20)							
6.97		Tyrese Johnson-Fisher		9.09.99	4A2	Loughborough	3	Feb
6.97		Tariq Wild	U17	22.04.03	3B1	London (Wil)	22	Dec
6.98		Kyle Reynolds-Warmington	U17	28.02.02	1B2	London (LV)	1	Jan
6.98		Michael Miller		4.12.00	4	London (LV)	5	Dec
6.99		Mayowa Osunsami		23.10.99	1	London (LV)	3	Feb
6.99		Charles Hilliard		21.09.99	1	Birmingham	11	Feb
7.00		Dominique Olaniyi		10.08.01	1B5	Eton	7	Jan
7.00		Matthew Knight		28.02.00	2h2	London (LV)	13	Jan
7.00		Rhys Turner		25.02.99	7B1	London (LV)	28	Jan
7.00		Kaie Chambers-Brown		26.09.99	1B1	Birmingham	28	Jan
	(30)							
7.00		Bret Okeke		16.02.99	2	Birmingham	11	Feb
7.00		Henry Nwoke	U17	28.12.02	2B1	Manchester (SC)	2	Dec
Additional Under 17 (1-4 above)								
7.02		Harry Handsaker		12.01.02	2	Sheffield	24	Feb
7.04		Micah Forbes-Agyepong		31.01.02	1B3	London (LV)	1	Jan
7.07		Oshay Williams		4.02.02	1	Birmingham	11	Feb
7.09		Kyle Walton		13.11.01	5	Sheffield	24	Feb
7.10		Kieran Brining		1.10.01	1	Sheffield	13	Jan
7.11		Louis Appiah-Kubi		22.09.02	3	Sheffield	13	Jan
	(10)							
7.11		Jaleel Roper		8.02.03	3A1	London (LV)	20	Jan
7.12		Derek Kinlock		28.07.02	3	London (LV)	6	Jan
7.12		Joshua Oshunrinde		17.10.01	1h1	London (LV)	18	Mar
7.13		Owain Lloyd Hughes		5.12.01	1rB	Cardiff	14	Jan
7.13		Joseph Harding		31.10.02	4B3	London (Nh)	24	Jan
7.13		Daniel Knight		24.11.01	1	London (LV)	3	Feb
7.13		Benjamin Holden		25.02.02	2	Gateshead	18	Feb
7.14		Zachary Price		9.02.02	1	Cardiff	10	Feb
7.14		Akwasi Banahen		20.04.03	1B2	London (LV)	2	Dec
7.15		Tyler Panton		30.04.03	7	Sheffield	24	Feb
	(20)							
7.15		Anthony Douglas		2.07.03	1	Birmingham	25	Mar
7.16		Joseph Eggleton		6.01.02	1A2	London (LV)	20	Jan
7.18		Julian Priest		24.09.02	1B5	London (LV)	1	Jan
7.18		Nicholas Shaw		13.10.02	2B5	London (LV)	1	Jan
7.18		Jak Mensah		5.09.01	4A1	London (LV)	20	Jan
7.18		Louis Albrow		22.01.02	2B5	London (Nh)	7	Feb
7.18		Andreas Mitas		1.07.02	2h1	London (LV)	18	Mar
7.20		Ethan Wiltshire		29.06.02	1h6	London (LV)	6	Jan
7.20		Morgan Bayliss		9.09.01	2	Cardiff	10	Feb
Under 15								
7.08		Graig Anya-Joseph		6.10.03	1	London (LV)	3	Feb
7.14		Reece Earle		1.10.04	5B1	London (Wil)	22	Dec
7.17		George Sudderick		20.11.03	1	Sutton	17	Feb
7.18		Remi Jokosenumi		15.02.04	2	London (LV)	6	Jan
7.29		Mario Dobrescu		24.01.04	2	London (LV)	3	Feb
7.36		Noah Ojumo		1.05.04	1s2	Sutton	17	Feb

7.37		Zachary Nwogwugwu		10.04.04	1A20	London (LV)	1	Jan
7.37		William Kong		7.10.03	3	London (LV)	3	Feb
7.39		Arthur Powell		26.09.04	1	Cardiff	10	Feb
	(10)							
7.39		Chima Onuora		29.12.03	1h2	London (LV)	18	Mar
7.41		Zak Wall		21.10.03	2	Cardiff	10	Feb
7.42		Freddie Arkell		2.09.04	1A1	London (LV)	2	Dec
7.44		Kwame Tomlin		4.03.04	2s2	Sutton	17	Feb
7.44		Finn Douglas		29.03.04	1	Glasgow	11	Mar
7.45		Evan Jones		6.10.03	1r5	Cardiff	6	Jan
7.45		Dean Springett		6.09.03	2	Glasgow	11	Mar
7.45		Nicholas Savva		19.09.03	1B1	London (LV)	25	Mar
7.48		Nnamdi Ndukwe		18.11.03	2A1	London (LV)	21	Jan
7.49		Mickael Varela		10.10.03	1h1	Sheffield	24	Feb
	(20)							
7.49		Joseph Purbrick		22.04.04	3s1	Sheffield	24	Feb
Under 13								
7.67		Ricardo Sutherland		11.01.06	2A13	Sutton	6	Jan
7.82		Peter Ogbonmwan			4B2	London (LV)	2	Dec
7.83		Omari Watson		10.12.05	5A6	London (Nh)	24	Jan
7.88		Ossari Acquah		8.10.05	1B10	London (Nh)	28	Feb
7.91		Deji Bello		7.04.06	2C9	Sutton	6	Jan
7.96		Dante Clarke		26.09.05	2	Sutton	17	Feb
Foreign								
6.59		*Sean Safo-Antwi (GHA)*		*31.10.90*	*2s1*	*Birmingham*	*3*	*Mar*
6.72		*Leon Reid (IRL)*		*26.07.94*	*1*	*Dublin (S)*	*18*	*Feb*
6.82		*David Lima (POR)*		*6.09.90*	*4A2*	*London (LV)*	*28*	*Jan*
6.82		*Jimmy Thoronka (SLE)*		*6.06.94*	*1B2*	*London (LV)*	*28*	*Jan*
6.84		*Dean Adams (IRL)*		*14.03.90*	*4h2*	*Athlone, IRL*	*21*	*Feb*
6.85		*Antonio Infantino (ITA)*		*22.03.91*	*5A2*	*London (Nh)*	*7*	*Feb*
6.89		*Sean Crowie (SHN)*	*U23*	*8.11.97*	*1C1*	*London (LV)*	*1*	*Jan*
6.91		*Raphael Bouju (NED)*	*U17*	*15.05.02*	*2-20*	*London (LV)*	*28*	*Jan*
60 Metres - Outdoors								
6.92	0.5	Delano Williams		23.12.93	5rD	Kingston, JAM	27	Jan
6.86w	2.6				7rB	Spanish Town, JAM	20	Jan

100 Metres

9.91	0.4	Zharnel Hughes		13.07.95	1	Kingston, JAM	9	Jun
	9.93	0.1			2	London (O)	21	Jul
	9.95	0.0			1	Berlin, GER	7	Aug
	9.97	0.8			1h1	London (O)	21	Jul
	10.01	0.8			1	Kingston, JAM	24	Feb
	10.01	0.6			1s2	Berlin, GER	7	Aug
	10.05	-0.5			5	Birmingham	18	Aug
	10.09	0.1			2h1	Birmingham	18	Aug
	10.13	0.0			2	Birmingham	30	Jun
	10.18	0.6			1	Kingston, JAM	10	Feb
	10.25	0.3			1s1	Birmingham	30	Jun
9.94	-0.5	Reece Prescod	U23	29.02.96	2	Birmingham	18	Aug
	9.96	0.0			2	Berlin, GER	7	Aug
	9.99	-0.3			4	Brussels, BEL	31	Aug
	10.04	-0.5			1	Shanghai, CHN	12	May
	10.06	0.0			1	Birmingham	30	Jun
	10.09	-0.4			5	Rabat, MAR	13	Jul
	10.10	0.4			2s1	Berlin, GER	7	Aug
	10.12	0.9			3h2	Birmingham	18	Aug
	10.22+	0.6			1	Gateshead (Q)	8	Sep
10.04	1.7	Ojie Edoburun	U23	2.06.96	2	Prague, CZE	4	Jun
	10.10	0.8			6h1	London (O)	21	Jul
	10.16	0.0			2h2	Prague, CZE	4	Jun
	10.22	0.3			4	London (O)	15	Jul
	10.27	0.0			5	Birmingham	30	Jun
	10.31	0.9			6h2	Birmingham	18	Aug

2018 - Men - 100 Metres

	10.35	-0.1				1h1	Weinheim, GER	26 May
	10.35	-1.5				2	Sopot, POL	27 Jul
10.06	0.0	Chijindu Ujah		5.03.94	4	Berlin, GER	7 Aug
	10.08	0.5				3	Torrance, USA	21 Apr
	10.13	1.9				3	Des Moines IA, USA	28 Apr
	10.13	0.1				4h1	Birmingham	18 Aug
	10.14	0.2				2s3	Berlin, GER	7 Aug
	10.15	-1.1				1	Tempe AZ, USA	7 Apr
	10.17	-0.5				8	Birmingham	18 Aug
	10.17	-0.3				7	Brussels, BEL	31 Aug
	10.18	-0.5				4	Shanghai, CHN	12 May
	10.18	0.0				3	Birmingham	30 Jun
	10.19	-0.4				6	Rabat, MAR	13 Jul
10.08	2.0	Nethaneel Mitchell-Blake		2.04.94	1	Baton Rouge LA, USA	21 Apr
	10.20	0.0				4	Birmingham	30 Jun
	10.24	0.4				5	Bellinzona, SUI	18 Jul
	10.32	-1.5				1s2	Birmingham	30 Jun
10.11	-0.3	Adam Gemili		6.10.93	2s1	Gold Coast, AUS	8 Apr
	10.22	-0.7				4	Ostrava, CZE	13 Jun
	10.24	-0.5				1h2	Gold Coast, AUS	8 Apr
	10.31	0.1				7h1	Birmingham	18 Aug
10.18	1.7	Harry Aikines-Aryeetey		29.08.88	6	Prague, CZE	4 Jun
	10.18	0.2				8h2	London (O)	21 Jul
	10.24	-0.1				3h1	Prague, CZE	4 Jun
	10.25	0.1				4	Berlin, GER	2 Sep
	10.26	0.3				4s3	Gold Coast, AUS	8 Apr
	10.27	1.2				2h2	Sanova, ITA	23 May
	10.28	0.1				6h1	Birmingham	18 Aug
	10.29	0.0				6	Birmingham	30 Jun
	10.29+| 0.6				2	Gateshead (Q)	8 Sep
	10.30	-1.4				2h4	Gold Coast, AUS	8 Apr
	10.31	1.3				1	Bydgoszcz, POL	29 May
	10.32	0.7				4	Savona, ITA	23 May
	10.34	-1.2				4	Geneva, SUI	9 Jun
	10.35	0.5				1	Manchester	18 May
10.21	1.7	Deji Tobais		31.10.91	1	Bedford	7 Jul
	10.32	1.0				1	Eton	5 May
	10.34	-0.2				1	Lapinlahti, FIN	28 Jul
10.25	1.1	Tommy Ramdhan	U23	28.11.96	1	Clermont FL, USA	28 Apr
	10.32	0.7				3	Savona, ITA	23 May
	10.33	1.5				1s2	Bedford	16 Jun
10.25	1.2	Dominic Ashwell	U20	13.06.99	5	Tampere, FIN	11 Jul
	10.28	1.4				3s2	Tampere, FIN	11 Jul
	(10)							
10.26	0.2	Richard Kilty		2.09.89	1	Regensburg, GER	3 Jun
10.26	1.6	Kieran Showler-Davis		14.11.91	1B1	London (LV)	18 Jul
10.30	1.0	John Otugade		24.01.95	2h1	St. Polten, AUT	31 May
	10.32	0.5				1rA	Loughborough	20 May
10.30	0.2	Andrew Robertson		17.12.90	3	Regensburg, GER	3 Jun
	10.31	1.6				2B1	London (LV)	18 Jul
	10.33	0.2				2h1	Regensburg, GER	3 Jun
10.31	1.1	Edmond Amaning		27.10.93	3	Clermont FL, USA	28 Apr
	10.33	1.9				6rB	Clermont FL, USA	12 May
10.33	0.5	Chad Miller	U20	31.03.00	1h3	Tampere, FIN	10 Jul
	10.35	0.5				1	Bedford	16 Jun
10.34	1.2	Kaie Chambers-Brown	U20	26.09.99	1s2	Bedford	16 Jun
	10.34	0.1				1	Kessel-Lo, BEL	4 Aug
10.34	0.9	Samuel Gordon		5.10.94	7h2	Birmingham	18 Aug
10.35	1.6	Rechmial Miller	U23	27.06.98	3B1	London (LV)	18 Jul
	82 performances to 10.35 by 19 athletes						
10.36	0.5	Romell Glave	U20	11.11.99	2rA	Loughborough	20 May
	(20)							
10.36	0.8	Miguel Francis		28.03.95	1	Kingston, JAM	2 Jun
10.36	0.4	Confidence Lawson		5.09.90	5	Hérouville-St.Clair, FRA	14 Jun

2018 - Men - 100 Metres

Time	Wind	Name	Cat	DOB	Race	Venue	Date
10.36	1.6	Theo Etienne	U23	3.09.96	4B1	London (LV)	18 Jul
10.37	1.9	Ronnie Wells	U23	27.03.96	1A1	London (LV)	15 Aug
10.39	0.8	Reuben Arthur	U23	12.10.96	3rB	Geneva, SUI	9 Jun
10.40	1.0	Timothy Duckworth	U23	18.06.96	1D	Athens GA, USA	6 Apr
10.40	1.4	Charlie Dobson	U20	20.10.99	1rB	London (LV)	6 Jun
10.41	1.4	Kyle De Escofet	U23	4.10.96	2h2	Hérouville-St.Clair, FRA	14 Jun
10.43	0.5	Jona Efoloko	U20	23.09.99	3rA	Loughborough	20 May
10.43	0.0	Samuel Osewa		17.04.91	1	Kladno, CZE	14 Jul
(30)							
10.43	1.9	James Williams		1.10.91	1s1	Manchester (SC)	28 Jul
10.44	0.8	Andy Pozzi		15.05.92	7h1	London (O)	21 Jul
10.45	1.5	Leroy Cain		16.05.95	1	Ellwangen, GER	19 May
10.45	1.7	Marvin Popoola		5.09.95	2	Bedford	7 Jul
10.46	1.2	Oliver Bromby	U23	30.03.98	3h3	Castres, FRA	25 Jul
10.48	1.7	Roy Ejiakuekwu		2.02.95	7	Fayetteville AR, USA	27 Apr
10.48	-1.1	Michael Olsen	U20	22.03.99	1h2	Birmingham	30 Jun
10.50	1.8	Nick Stewart	U23	22.06.98	1A2	London (Nh)	6 May
10.50	1.7	Nicholas Walsh	U23	27.07.97	2	Uxbridge	8 Aug
10.51	0.6	Delano Williams		23.12.93	4	Kingston, JAM	5 May
(40)							
10.51	1.5	Ryan Gorman	U23	9.04.98	3s2	Bedford	16 Jun
10.52	0.1	Kieran Daly		28.09.92	3	Bedford	9 Jun
10.54	0.9	Samuel Miller		2.09.93	2h7	Birmingham	30 Jun
10.54	1.6	Nathan Gilbert		2.03.95	5B1	London (LV)	18 Jul
10.54	1.7	Gerald Matthew	U23	10.07.97	3	Uxbridge	8 Aug
10.55	1.4	Luke Dorrell	U23	23.01.97	2rB	London (LV)	6 Jun
10.55	0.1	Christopher Stone		8.04.95	4	Bedford	9 Jun
10.56	0.3	Jeremiah Azu	U20	15.05.01	2s1	Bedford	16 Jun
10.56	2.0	Emmanuel Stephens		13.03.93	4A4	Loughborough	25 Jul
10.58	0.3	Brandon Mingeli	U20	7.09.00	3s1	Bedford	16 Jun
(50)							
10.58	0.7	Benjamin Snaith		17.09.95	3	London (LV)	29 Aug
10.59	1.9	Eden Davis	U20	1.03.99	2rC	Loughborough	20 May
10.60	-0.1	Kristian Jones	U23	10.03.98	1rB	Loughborough	20 May
10.60	1.5	Alec Thomas	U23	22.11.96	1rB	Bedford	7 Jul
10.60	0.4	Joshua Brown		27.12.94	1	Loughborough	1 Aug
10.61	1.5	Nathan Brown		12.10.92	2rB	Bedford	7 Jul
10.63	0.5	Rio Mitcham	U20	30.08.99	7rA	Loughborough	20 May
10.63	1.0	Kyle Ennis		9.08.91	2	Nuneaton	2 Jun
10.64	1.2	Alex Murdock		29.08.91	2h6	Bedford	9 Jun
10.64	1.5	Jahde Williams	U23	14.01.97	4s2	Bedford	16 Jun
(60)							
10.65	0.3	Aidan Syers		29.06.83	3	Munich, GER	19 May
10.65	1.8	Zanson Plummer	U23	27.03.97	1B4	London (LV)	18 Jul
10.66	0.9	Ade Adewale		27.08.93	5A1	London (LV)	20 Jun
10.66	0.0	Kane Howitt	U23	6.11.96	2s2	Manchester (SC)	28 Jul
10.66	2.0	Andre Wright		16.08.91	1B3	London (LV)	15 Aug
10.67	1.2	Adam Clayton	U20	26.09.00	3s2	Bedford	16 Jun
10.68	1.5	James Lelliott		11.02.93	3rB	Bedford	7 Jul
10.68	1.4	Shemar Boldizsar	U20	24.01.99	2	Bedford	7 Jul
10.69	-0.6	Jack Lawrence	U23	2.07.96	2s1	Bedford	16 Jun
10.69	-0.6	Elliot Jones		21.09.97	3s1	Bedford	16 Jun
(70)							
10.69	0.5	Joe Ferguson	U20	3.05.00	4s3	Bedford	16 Jun
10.69	0.9	Omar Grant		6.12.94	6A1	London (LV)	20 Jun
10.69	1.9	Sandy Wilson	U23	4.01.98	5s1	Manchester (SC)	28 Jul
10.69	1.2	Isaac Kitchen-Smith		18.10.94	4	Parnu, EST	19 Aug
10.69	0.5	Lee McLaughlin		30.09.90	1r3	London (LV)	19 Aug
10.70	0.8	Shayne Dewar	U23	12.11.98	1rB	London (LV)	1 Aug
10.71	1.2	Dewi Hammond		11.02.94	1h1	Bedford	5 May
10.71	1.7	Michael McAuley	U20	8.09.99	4	Tullamore, IRL	2 Jun
10.71	0.5	Korede Awe		25.11.99	5s3	Bedford	16 Jun
10.71	1.9	Joshua Allaway	U20	24.11.92	2rB	St. Peter Port GUE	23 Jun
(80)							
10.72	1.0	Dan Putnam		30.12.91	2	Eton	5 May

2018 - Men - 100 Metres

Time	Wind	Name	Cat	DOB	Pos	Venue	Date
10.72	1.4	Bailey Wright	U20	14.11.00	1	Crawley	13 May
10.72	1.3	Matthew Alvarez	U20	8.01.00	1	Exeter	16 Jun
10.72	2.0	Jack Lennard		7.12.93	2	Chelmsford	24 Jun
10.72	1.4	Patrick Kari-Kari		30.01.92	3	Bedford	7 Jul
10.72	1.0	Jonathan Browne	V35	15.03.83	6A4	Loughborough	25 Jul
10.73	1.7	Alex Marshall	U20	15.02.00	1A1	Gillingham	22 Apr
10.73	1.8	Tyrese Johnson-Fisher	U20	9.09.99	5A2	London (Nh)	6 May
10.73	0.0	Yannick Phippen		1.07.92	3	Budapest, HUN	2 Jun
10.73	-1.3	Elliott Powell	U23	5.03.96	2	Nuneaton	10 Jun
(90)							
10.74	1.0	Cameron Starr	U23	26.03.96	4	Eton	5 May
10.74	1.2	Camron Lyttle	U20	28.05.99	5s2	Bedford	16 Jun
10.74	0.2	Tremayne Gilling		27.07.90	6B2	London (LV)	20 Jun
10.74	0.2	Jordan Broome	U23	4.12.96	6	Belfast	26 Jun
10.74	1.6	Temitope Adeyeye	U23	12.03.98	1B7	London (LV)	18 Jul
10.74	1.9	Nicholas Pryce		10.11.92	6s1	Manchester (SC)	28 Jul
10.74		Enzo Madden	U23	24.08.98	1ns	Liverpool	4 Aug
10.75	-1.6	Subomi Onanuga		12.06.93	3s1	Bedford	9 Jun
10.75	1.9	Fraser Angus	U20	13.01.00	3rB	St. Peter Port GUE	23 Jun
10.75	1.4	Scott Bajere		12.05.92	4	Bedford	7 Jul
(100)							
10.75	-0.8	Scott Hall		8.03.94	1D1	Hexham	21 Jul

Additional Under 20 (1-22 above)

Time	Wind	Name	Cat	DOB	Pos	Venue	Date
10.77	0.8	Samir Williams		6.01.00	2rB	London (LV)	1 Aug
10.79	-0.6	Daniel Brooks		6.12.00	1	Yate	6 May
10.79	1.9	Micah Francis-Dwyer		30.06.00	3h3	Bedford	16 Jun
10.79	-1.0	Destiny Ogali	U17	6.09.01	1s1	Birmingham	13 Jul
10.80	0.9	Daniel Banks		3.10.99	1	Valetta, MLT	14 Apr
10.80	1.2	Daniel Afolabi		6.09.00	2rF	Loughborough	20 May
10.80	-0.3	Morgan Amed		2.04.99	1	Coventry	5 Aug
10.81	0.5	Sam Bennett		2.02.01	2rB	Chelmsford	24 Jun
(30)							
10.82		Charles Hilliard		21.09.99	1ns	Yate	6 May
10.82		Praise Olatoke		23.06.00	2	Kilmarnock	12 May
10.82	1.6	Joshua Oshunrinde	U17	17.10.01	1	Ashford	9 Jun
10.84	1.5	Graig Anya-Joseph	U15	6.10.03	1	Chelmsford	9 Jun
10.84	-0.1	Shevhone Lumsden		14.09.00	3	Bedford	10 Jun
10.84	1.2	Ryan Facey		21.04.99	6s2	Bedford	16 Jun
10.84	1.1	Zachary Price	U17	9.02.02	5	Cardiff	20 Jun
10.85	0.6	Adam Cross		12.11.00	3rD	London (LV)	25 Apr
10.85	-0.3	William Andoh	U17	5.09.01	1	Chelmsford	2 Jun

Additional Under 17 (1-4 above)

Time	Wind	Name	Cat	DOB	Pos	Venue	Date
10.86	1.1	Dominic Ogbechie		15.05.02	4B2	London (Nh)	6 May
10.87	-0.5	Toby Makoyawo		10.05.02	2	Hemel Hempstead	9 Jun
10.87	1.6	Henry Nwoke		28.12.02	2h2	Bedford	25 Aug
10.91	-0.4	Harry Handsaker		12.01.02	1r1	Birmingham	16 Jun
10.94	1.0	Ben Pattison		15.12.01	7	Nuneaton	2 Jun
10.94	1.2	Kyle Reynolds-Warmington		28.02.02	1rB	Castellon, ESP	15 Sep
(10)							
10.96		Derek Kinlock		28.07.02	1	London (Cr)	1 Jul
10.97	0.7	Oshay Williams		4.02.02	5B4	London (LV)	20 Jun
10.99	-1.0	Daniel Cartwright		29.11.01	2	Yate	6 May
10.99	1.8	Joseph Harding		1.11.02	1	Exeter	31 Jul
11.00	0.1	Joseph Harding		31.10.02	1	Stevenage	27 May
11.00	0.6	Akin Akinboh		13.10.01	1	Stevenage	2 Sep
11.02	1.5	Ethan Wiltshire		29.06.02	1	Oxford (H)	12 May
11.02	0.9	Jamall Gregory Walters		30.09.02	2h3	Birmingham	13 Jul
11.02	1.6	Tariq Wild		22.04.03	4h2	Bedford	25 Aug
11.03	1.2	Jacob Nelson		8.09.02	1	Basingstoke	9 Jun
(20)							
11.03	0.9	Ethan Hall		9.02.03	1h1	Exeter	16 Jun
11.03	1.6	Anthony Douglas		2.07.03	5h2	Bedford	25 Aug
11.06	1.5	Charles Fisher		8.11.02	1h2	Nuneaton	11 Aug
11.07	1.2	Jaleel Roper		8.02.03	1	Kingston	9 Jun

2018 - Men - 100 Metres

Time	Wind	Name		Date	Pos	Venue	Date
11.07	0.2	Joel Pascall-Menzie		3.11.02	1rD	London (LV)	29 Aug
11.08	2.0	Joseph Chadwick		26.11.01	2	Portsmouth	13 May
11.08	2.0	Elliott Archibald		26.09.02	1	Derby	3 Jul
11.11		Louis Appiah-Kubi		22.09.02	1	Manchester (Str)	9 Jun
11.11	0.9	Loreni Jorge		9.01.03	5h3	Birmingham	13 Jul

Additional Under 15 (1 above)

Time	Wind	Name		Date	Pos	Venue	Date
11.01	-1.4	Remi Jokosenumi		15.02.04	1	London (LV)	12 Aug
11.23		Marcus McLean		9.10.03	1	Leeds	19 May
11.31	1.5	Stephen Baffour		9.11.03	2h1	Bedford	25 Aug
11.33	-0.9	Mario Dobrescu		24.01.04	1rF	London (Nh)	24 Jun
11.39	1.6	Zachary Nwogwugwu		10.04.04	1	Ashford	12 May
11.39	-1.4	George Sudderick		20.11.03	3	London (LV)	12 Aug
11.40	-0.7	Olutimilehin Esan		22.09.03	3	Birmingham	14 Jul
11.41	0.9	Felix Hamilton-Marino			1	Exeter	16 Jun
11.42	1.0	Evan Jones		6.10.03	1	Cardiff	14 Jul
(10)							
11.42	0.4	Zak Wall		21.10.03	2	Bedford	8 Sep
11.44	0.4	Alexander Poustie-Williamson		24.10.03	3	Bedford	8 Sep
11.46	2.0	Ben Wallace		21.01.04	1	Liverpool	12 May
11.50	1.8	Alfie Jurd		26.09.03	1	Basingstoke	9 Jun
11.51	1.5	Merveilles Massembo		18.09.03	2	Chelmsford	9 Jun
11.52	1.4	Sam Petherbridge		28.01.04	1	Brecon	25 Aug
11.53		Reece Earle		1.10.04	1	London (He)	9 Jun
11.54	1.3	Jacob Haynes		20.12.03	1	Hemel Hempstead	9 Jun
11.55	-0.7	Trevorae Lumsden		25.09.03	4	Birmingham	14 Jul
11.57	1.1	Aydan Tyrrell		18.09.04	5rG	London (LV)	6 Jun
(20)							
11.57	1.5	Montel Gondwe		29.09.03	3h1	Bedford	25 Aug
11.57	0.4	Isaac Mabaya		22.09.04	4	Bedford	8 Sep
11.58		Chima Onuora		29.12.03	2	London (He)	9 Jun
11.59	-0.7	Joe Southwell		12.02.04	5	Birmingham	14 Jul

Wind-assisted

Time	Wind	Name			Pos	Venue	Date
9.88	2.4	Reece Prescod	U23	(9.94)	3	Eugene OR, USA	26 May
9.99	2.4	Hughes		(9.91)	1	Boston MA, USA	20 May
10.06	5.6	Andrew Robertson		(10.30)	1	Manchester (SC)	28 Jul
10.26	3.3				1B1	London (LV)	20 Jun
10.28	3.4				2	Manchester (SC)	15 Aug
10.28	3.6				3rA	Manchester (SC)	15 Aug
10.34	2.5				1h3	Manchester (SC)	28 Jul
10.12	2.4	Ujah		(10.06)	6	Eugene OR, USA	26 May
10.14	6.9	Roy Ejiakuekwu		(10.48)	2	Fayetteville AR, USA	14 Apr
10.14	3.6	Samuel Gordon		(10.34)	1rA	Manchester (SC)	15 Aug
10.26	2.1				1	London (He)	4 Aug
10.20	3.6	Tommy Ramdhan	U23	(10.25)	2rA	Manchester (SC)	15 Aug
10.22	3.4				1rB	Manchester (SC)	15 Aug
10.28	2.5				1h3	Sanova, ITA	23 May
10.23	6.7	James Williams		(10.43)	1h4	Manchester (SC)	28 Jul
10.31	5.6				3	Manchester (SC)	28 Jul
10.32	3.6				4rA	Manchester (SC)	15 Aug
10.25	3.0	Confidence Lawson		(10.36)	1	Rehlingen, GER	20 May
10.25	3.0	Ronnie Wells	U23	(10.37)	1B1	London (LV)	15 Aug
10.26	5.6	Edmond Amaning		(10.31)	2	Manchester (SC)	28 Jul
10.28	2.2	Ashwell		(10.25)	1B1	London (Nh)	6 May
10.35	3.4				1A1	London (LV)	23 May
10.29	2.2	Theo Etienne	U23	(10.36)	2B1	London (Nh)	6 May
10.32	3.0				2h1	Sanova, ITA	23 May
10.29	3.3	Chad Miller	U20	(10.33)	1	Cardiff	16 May
10.32	2.1	Tobais		(10.21)	2	Karlstad, SWE	25 Jul
10.32	3.2	Charlie Dobson	U20	(10.40)	1rB	London (He)	4 Aug
10.34	2.2	Reuben Arthur	U23	(10.39)	3B1	London (Nh)	6 May
10.35	2.4				1h2	Bedford	16 Jun
10.34	2.8	Showler-Davis		(10.26)	1	Montreal NC, USA	31 Mar
10.35	3.4	Chambers-Brown		(10.34)	3	Manchester (SC)	15 Aug

31 performances to 10.35

Time	Wind	Name	Cat	DOB/Race	Pos	Venue	Date
10.36	3.3	Kyle De Escofet	U23	(10.41)	2	Cardiff	16 May
10.38	6.7	Emmanuel Stephens		(10.56)	2h4	Manchester (SC)	28 Jul
10.40	3.0	Samuel Miller		(10.54)	1	Birmingham (Un)	23 Jun
10.42	3.3	Luke Dorrell	U23	(10.55)	2B1	London (LV)	20 Jun
10.42	6.7	Christopher Stone		(10.55)	3h4	Manchester (SC)	28 Jul
10.43	3.4	Joshua Brown		(10.60)	4	Manchester (SC)	15 Aug
10.46	3.3	Jeremiah Azu	U20	(10.56)	3	Cardiff	16 May
10.46	6.7	Sandy Wilson	U23	(10.69)	4h4	Manchester (SC)	28 Jul
10.47	5.6	Kane Howitt	U23	(10.66)	5	Manchester (SC)	28 Jul
10.47	3.2	Kristian Jones	U23	(10.60)	2rB	London (He)	4 Aug
10.48		Kieran Daly		(10.52)	1	Portsmouth	2 Jun
10.49	3.1	Terrell Craig	U23	3.09.97	1	Miramar, USA	14 Apr
10.49	2.8	Connor Wood	U23	25.11.98	1rB	Liverpool	4 Aug
10.50	3.2	Benjamin Snaith		(10.58)	3rB	London (He)	4 Aug
10.52	2.3	Brandon Mingeli	U20	(10.58)	3B1	London (LV)	23 May
10.53	2.2	Nathan Gilbert		(10.54)	6B1	London (Nh)	6 May
10.53	6.7	Ian Fennell	V35	4.12.81	5h4	Manchester (SC)	28 Jul
10.54	4.3	Kyle Ennis		(10.63)	1h1	Manchester (SC)	28 Jul
10.54	2.2	Elliot Jones	U23	21.09.97	3	Brisbane (Nathan), AUS	25 Sep
10.55		Eden Davis	U20	(10.59)	2	Portsmouth	2 Jun
10.55	2.7	Daniel Oderinde	U23	9.09.96	1B2	London (LV)	15 Aug
10.57	3.3	Daniel Beadsley	U23	28.02.97	4	Cardiff	16 May
10.57	2.9	Jahde Williams	U23	(10.64)	1A2	London (LV)	15 Aug
10.58	3.8	Nicholas Hendrix	U23	9.11.97	1	Hartford CT, USA	28 Apr
10.58	3.3	Omar Grant		(10.69)	4B1	London (LV)	20 Jun
10.58	5.6	Jack Lawrence	U23	(10.69)	7	Manchester (SC)	28 Jul
10.59	3.4	Shevhone Lumsden	U20	(10.84)	5A1	London (LV)	23 May
10.60	3.3	Arron Owen	U23	14.07.98	6	Cardiff	16 May
10.60		Jordan Broome	U23	(10.74)	3	Portsmouth	2 Jun
10.61		Cameron Starr	U23	(10.74)	1rB	Portsmouth	2 Jun
10.61	3.0	Shayne Dewar	U23	(10.70)	3B1	London (LV)	15 Aug
10.62	2.9	Brandon Murray	U23	20.09.97	1A3	London (LV)	23 May
10.62	2.8	Matthew Buckner	U20	29.12.00	1	Eton	18 Aug
10.62	4.0	Destiny Ogali	U17	(10.79)	2	Bedford	25 Aug
10.64	2.9	Elliott Powell	U23	(10.73)	2	Tergnier, FRA	10 May
10.64		Dan Putnam		(10.72)	2rB	Portsmouth	2 Jun
10.65	3.2	Lee McLaughlin		(10.69)	1rB	London (LV)	19 Aug
10.66	3.2	Isaac Kitchen-Smith		(10.69)	4rB	London (He)	4 Aug
10.66	2.5	Dylan DaCosta	U20	6.04.01	1rC	Manchester (SC)	15 Aug
10.66	2.3	Jonathan Browne	V35	(10.72)	1r2	London (LV)	19 Aug
10.67	3.0	Freddie Owsley	U23	6.01.97	2	Birmingham (Un)	23 Jun
10.67	2.7	Alex Beechey		8.06.91	2B2	London (LV)	15 Aug
10.68	2.6	Daniel Obeng		20.05.93	1B2	London (LV)	23 May
10.68	3.0	Nicholas Pryce		(10.74)	3	Birmingham (Un)	23 Jun
10.69	4.9	Camron Lyttle	U20	(10.74)	4A2	London (LV)	23 May
10.69	4.0	Omololu Abiodun		1.09.92	2	London (He)	30 Jun
10.70	2.1	Lemarl Freckleton		19.03.92	6	London (He)	4 Aug
10.70	4.2	Morgan Amed	U20	(10.80)	1h1	Loughborough	25 Aug
10.71	2.2	Adam Cross	U20	(10.85)	1	St. Ives	23 May
10.71		Samir Williams	U20	(10.77)	1r4	Portsmouth	2 Jun
10.72	2.4	Dickson Kusi		3.02.95	1B3	London (Nh)	6 May
10.72	2.7	Scott Hall		(10.75)	2rD	London (He)	4 Aug
10.72	3.1	Timothy Fasipe	U23	20.06.97	1A3	London (LV)	15 Aug
10.72	5.5	Eima Meade	U23	17.11.96	1	Abingdon	18 Aug
10.73	4.9	Jacob Fincham-Dukes	U23	12.01.97	6r11	Austin TX, USA	30 Mar
10.73	2.7	Jonathan Grant		26.05.93	5h2	Buffalo NY, USA	11 May
10.73	3.8	Krishawn Aiken		24.05.95	1	Grangemouth	24 Jun
10.73	2.1	Nick Prentice	U23	29.04.97	1rE	London (He)	4 Aug
10.73	4.0	Kyle Reynolds-Warmington	U17	(10.94)	3	Bedford	25 Aug
10.75	2.9	Zachary Stapleton	U23	1.06.98	1ns	Nuneaton	2 Jun
10.75	5.5	Alex Hanson	U20	21.08.01	2	Abingdon	18 Aug

Additional Under 20

Time	Wind	Name	Cat	DOB/Race	Pos	Venue	Date
10.76		Toby Makoyawo	U17	(10.87)	2	Reading	29 Apr
10.76	2.5	Micah Francis-Dwyer		(10.79)	4rD	Manchester (SC)	15 Aug

2018 - Men - 100 Metres

Time	Wind	Name	Age	(Heat)	Pos	Venue	Date
10.76	6.7	Ryan Facey		(10.84)	6h4	Manchester (SC)	28 Jul
10.76	2.9	Praise Olatoke		(10.82)	2s2	Grangemouth	11 Aug
10.76	2.9	Greg Kelly		11.04.99	3s2	Grangemouth	11 Aug
10.80	3.6	Benjamin Paris		6.10.99	2	Swansea	29 Apr
10.80	4.0	Joshua Oshunrinde	U17	(10.82)	4	Bedford	25 Aug
10.81	4.1	Michael Miller		4.12.00	1B4	London (LV)	23 May
10.82	3.3	Michael Shonibare		29.02.00	2	London (He)	25 Aug
10.82	4.0	Zachary Price	U17	(10.84)	5	Bedford	25 Aug
10.84	3.6	Ceirion Hopkins		11.10.99	3	Swansea	29 Apr
10.84	2.3	Owain Lloyd Hughes	U17	5.12.01	1h1	Bedford	25 Aug
10.84	2.1	Remi Jokosenumi	U15	(11.01)	1U15	Bedford	25 Aug
10.85	3.6	Kaya Cairney		19.02.01	3	Cardiff	27 May

Additional Under 17

Time	Wind	Name		Date	Pos	Venue	Date
10.86	4.6	Oshay Williams		(10.97)	1	Nuneaton	11 Aug
10.91		Micah Forbes-Agyepong		31.01.02	3	Reading	29 Apr
10.93	4.6	Charles Fisher		(11.06)	2	Nuneaton	11 Aug
10.95	5.5	Jacob Nelson		(11.03)	3	Abingdon	18 Aug
10.98	4.9	O'Shillou Johnson		15.03.03	1A8	London (LV)	15 Aug
10.99	2.6	Tyler Panton		30.04.03	1	London (Elt)	29 Apr
11.00	2.2	Jack Guthrie		24.01.02	2	Bedford	9 Sep
11.05	2.2	Julian Priest		24.09.02	3	St. Ives	23 May
11.05	4.9	Matthew Adum-Yeboah		23.03.02	2A8	London (LV)	15 Aug
11.06	3.7	Thomas Payne		17.05.03	1	Brecon	25 Aug
11.08	2.5	Loreni Jorge		(11.11)	2	Birmingham	29 Apr
11.11	2.8	Jayden Smith		8.02.03	2rG	London (LV)	29 Aug
11.11	2.1	Lewis Cant		10.10.02	1	Middlesbrough	2 Sep

Additional Under 15

Time	Wind	Name		Date	Pos	Venue	Date
11.36	2.4	Evan Jones		(11.42)	2h2	Bedford	25 Aug
11.39		Zak Wall		(11.42)	1	Cardiff	16 May
11.44	3.3	Joel Vernon		6.12.03	1	Cudworth	13 May
11.47	2.1	Daniel Lennie		31.03.04	6	Bedford	25 Aug
11.55		Josh Yeoman			2	Cardiff	16 May
11.57	2.5	Francesco Calemma		2.03.04	1h3	London (BP)	9 Jun
11.57	2.4	Joseph Purbrick		22.04.04	4h2	Bedford	25 Aug
11.57	2.1	Nnamdi Ndukwe		18.11.03	7	Bedford	25 Aug

Hand timing

Time	Wind	Name	Age	(Time)	Pos	Venue	Date
10.4w	2.1	Kristian Jones	U23	(10.60)	1rC	Manchester (SC)	15 Aug
10.5w	2.1	Jack Lawrence	U23	(10.69)	2rC	Manchester (SC)	15 Aug
10.5w	2.1	Joe Ferguson	U20	(10.69)	3rC	Manchester (SC)	15 Aug
10.6		Ben Stephenson		3.11.92	1	Kettering	21 Apr
10.7		Samir Williams	U20	(10.77)	1	Tonbridge	14 Apr
10.7		Daniel Minto		1.12.93	2	Kettering	21 Apr
10.7		Samuel Landsborough		11.11.92	1	Connah's Quay	5 May
10.7		Subomi Onanuga		(10.75)	1	Norwich	20 May
10.7		Jack Lennard		(10.72)	1	Chelmsford	23 Jun
10.7w	2.1	Greg Kelly	U20	(10.76w)	5rC	Manchester (SC)	15 Aug
10.7		Micah Francis-Dwyer	U20	(10.79)	2	Cambridge	18 Aug

Additional Under 20

Time	Wind	Name		Date	Pos	Venue	Date
10.8		Alexander Marsden		10.01.99	1	Blackburn	12 May
10.8		Jack Broadbent		8.07.00	1D	Boston	23 Jun
10.8		Cameron Bailey		10.12.00	1	Welwyn	23 Jun
10.8w	3.2	Jody Smith		17.09.00	2	Nottingham	27 May

Under 17

Time	Wind	Name		Date	Pos	Venue	Date
10.8		Tyler Panton		(10.99w)	1	Walton	14 Apr
10.9	0.0	Daniel Cartwright		(10.99)	1	Wolverhampton	12 May
11.0		Micah Forbes-Agyepong		(10.91w)	3	Watford	15 Apr
11.0		Craig Strachan		10.09.01	1	Perth	27 May
11.0w	3.2	Loreni Jorge		(11.11)	2	Nottingham	27 May
11.1	-0.3				4	Wolverhampton	3 Jun
11.0		Valerio Duah		5.10.01	1	Rugby	24 Jun
11.0		Harvey Harry		25.04.03	1ns	Aldershot	24 Jun
11.0w?		Rece Bryant		2.02.03	1	Basingstoke	1 Jul

2018 - Men - 100 Metres

11.0		Joseph Eggleton		6.01.02	2	Portsmouth	29 Jul
11.0		Tyvon Inniss		21.03.03	1ns	Cambridge	18 Aug
11.1		Jacob Spencer		10.11.02	1B	Tipton	29 Apr
11.1		Thomas Wood		14.03.03	1	Cudworth	29 Apr
11.1		Stewart Greenhalgh		26.01.02	2	Rugby	24 Jun
11.1w	3.1	David Animashaun		6.07.02	2B	Nottingham	27 May

Under 15

11.0		Marcus McLean		(11.23)	1	Ellesmere Port	17 Jun
11.1		George Sudderick		(11.39)	1	Winchester	19 May
11.3		Amir Sultan-Edwards		21.02.04	3	London (TB)	30 Jun
11.3		Stephen Baffour		(11.31)	1rB	Abingdon	8 Jul
11.3		Prince Mulamba		23.05.04	1	Erith	5 Aug
11.4		Trevorae Lumsden		(11.55)	1	London (ME)	19 May
11.4		Mandras Kyeremeh			1	Worcester	9 Jun
11.4w		Sam Petherbridge		(11.52)	1	Yate	17 Jun
11.4w	4.9	Pharrell Tuitt		19.09.03	1	Brierley Hill	17 Jun
11.4w	4.9	George Foster		27.11.03	2	Brierley Hill	17 Jun
11.4		Finn Douglas		29.03.04	1	Grangemouth	23 Jun
11.4		Francesco Calemma		(11.57w)	5	London (TB)	30 Jun
11.4		Reece Earle		(11.53)	2	London (WL)	21 Jul
11.4		Fortune Adah-Jahs		6.11.03	2	Erith	5 Aug
11.4		Merveilles Massembo		(11.51)	3	Woodford	21 Aug
11.5		William Kong		7.10.03	1	Ware	6 May
11.5		Jerel Livingston		23.08.04	1	Bangor	21 Jul
11.5		Ben Nolan		22.11.04	3	Erith	5 Aug
11.5		Michael Onilogbo			2	Ipswich	2 Sep

Under 13

11.79w	2.8	Rhys Ofori		7.11.05	5A11	London (LV)	15 Aug
		12.16	1.0		7rH	London (LV)	29 Aug
11.84w	2.8	Ossari Acquah		8.10.05	7A11	London (LV)	15 Aug
		11.99	2.0		2rM	London (LV)	1 Aug
12.01w	4.5	Fabian Powell		16.02.06	2U15	Loughborough	25 Aug
		12.13	2.0		2rA	Loughborough	25 Aug
12.1		Yaw Afrifah-Mensah		26.01.06	1	Bingham	23 Jun
		12.14	-0.4		1	Bristol	21 Jul
12.11w	2.5	Ricardo Sutherland		11.01.06	3rO	London (LV)	6 Jun
12.2		Abdual Bangura-Issa			1	London (ME)	12 Jun
12.23	0.7	Malachi Amadi		21.10.05	1rF	London (He)	25 Aug
12.3		Jack N'Douba			2	London (ME)	12 Jun
12.3		I Noor			2	Chelmsford	4 Jul
12.4		Deji Bello		7.04.06	1	London (Coul)	10 Jun
12.4		Hayden Evans		27.09.05	1	Bournemouth	17 Jun
12.4		William Houghton			1	St. Albans	5 Aug
		12.43	-1.2		1h2	Hemel Hempstead	9 Jun
12.4		Ryan Brady		24.10.05	1	Gloucester	12 Aug

Foreign

10.32	2.0	Sean Safo-Antwi (GHA)		31.10.90	1h4	Loughborough	25 Jul
10.34	0.2	Leon Reid (IRL)		26.07.94	1	Belfast	26 Jun
10.37	1.1	Antonio Infantino (ITA)		22.03.91	4rB	Clermont, USA	28 Apr
10.47	1.5	Josh Swaray (SEN)		2.02.86	3	Ellwangen, GER	19 May
10.52	1.7	Aaron Sexton (IRL)	U20	24.08.00	1	Tullamore, IRL	2 Jun
10.53	1.9	Jason Smyth (IRL)		4.07.87	3	London (LV)	15 Aug
10.54	0.2	Jimmy Thoronka (SLE)		6.06.94	1B2	London (LV)	20 Jun
10.60	0.9	Dean Hylton (JAM)		15.09.90	3A1	London (LV)	20 Jun
		10.42w	3.3		3A2	London (LV)	20 Jun
10.61	0.5	Raphael Bouju (NED)	U17	15.05.02	2s3	Bedford	16 Jun
		10.50w	4.0		1	Bedford	25 Aug
10.65	0.9	David Lima (POR)		6.09.90	9rB	Torrance, USA	21 Apr
10.67	0.2	Frederick Afrifa-Osuwu (ITA)	U23	5.12.96	2B2	London (LV)	20 Jun
10.74	0.5	Umar Hameed (PAK)		24.02.89	1	Manchester (Str)	19 Jun
10.76	0.8	Reality Osuoha (IRL)	U20	7.07.00	2	Tullamore, IRL	30 Jun
10.90	0.9	Anton Bachorski (POL)	U17	18.07.02	2rB	Bedford	7 Jul
10.73w	3.6	Mikkel Bassue (IVB)	U20	15.08.00	2	Cardiff	27 May

150 Metres Straight

14.81	0.2	Nethaneel Mitchell-Blake		2.04.94	2	Boston MA, USA	20 May
14.87	0.6	Reece Prescod	U23	29.02.96	1	Gateshead (Q)	8 Sep
15.13	0.6	Harry Aikines-Aryeetey		29.08.88	2	Gateshead (Q)	8 Sep

Foreign
15.41	*0.6*	*Leon Reid (IRL)*		*26.07.94*	*4*	*Gateshead (Q)*	*8 Sep*

200 Metres

20.04	0.7	Nethaneel Mitchell-Blake		2.04.94	2	Berlin, GER	9 Aug
20.21	0.1				4	London (O)	22 Jul
20.24	0.2				1	Birmingham	1 Jul
20.35	0.3				2s3	Berlin, GER	8 Aug
20.37	1.3				5	Doha, QAT	4 May
20.47	0.9				5	Stockholm, SWE	10 Jun
20.51	2.0				5	Eugene OR, USA	26 May
20.53	-0.2				8	Zürich, SUI	30 Aug
20.84	-0.4				1h3	Birmingham	1 Jul
20.10	0.7	Adam Gemili		6.10.93	5	Berlin, GER	9 Aug
20.21	1.0				4	Oslo, NOR	7 Jun
20.26	0.2				2	Birmingham	1 Jul
20.30	0.1				5	London (O)	22 Jul
20.42	1.8				1h1	Birmingham	1 Jul
20.45	-0.9				5	Hengelo, NED	3 Jun
20.46	0.3				3s2	Berlin, GER	8 Aug
20.23	-1.6	Zharnel Hughes		13.07.95	1r2	Brisbane, AUS	28 Mar
20.28	0.8				1	Kingston, JAM	27 Jan
20.34	-0.4				1h9	Gold Coast, AUS	10 Apr
20.37	0.0				1s2	Gold Coast, AUS	11 Apr
20.38	1.4	Miguel Francis		28.03.95	2h2	Birmingham	1 Jul
20.59	-0.2				3	Kingston, JAM	9 Jun
20.72	-0.8				1	Kingston, JAM	2 Jun
20.87	-1.2				1	Kingston, JAM	26 May
20.43	1.3	Edmond Amaning		27.10.93	1rC	Clermont FL, USA	12 May
20.48	1.7				1	Bedford	7 Jul
20.51	0.2				5	Birmingham	1 Jul
20.57	0.9				4	Cork, IRL	16 Jul
20.66	0.9				1rA	Loughborough	20 May
20.77	-0.4				1h4	Birmingham	1 Jul
20.97	-1.9				2rB	Clermont FL, USA	28 Apr
20.47	0.2	Delano Williams		23.12.93	4	Birmingham	1 Jul
20.54	1.8				2h1	Birmingham	1 Jul
20.55	0.2				4rB	Lucerne, SUI	9 Jul
20.89	0.2				3h3	Berlin, GER	8 Aug
20.97	0.4				6	Grand Cayman, CAY	2 Jun
20.97	-1.1				6	London (O)	14 Jul
20.99	-0.5				1rB	Kingston, JAM	19 May
20.48	-0.1	Jona Efoloko	U20	23.09.99	1	Tampere, FIN	13 Jul
20.65	-0.2				1h3	Tampere, FIN	12 Jul
20.74	-0.3				1s3	Tampere, FIN	12 Jul
20.79	1.3				1	Bedford	17 Jun
20.84	0.9				3rA	Loughborough	20 May
20.53	-0.6	Charlie Dobson	U20	20.10.99	1s1	Tampere, FIN	12 Jul
20.57	-0.1				2	Tampere, FIN	13 Jul
20.65	-0.1				1h4	Tampere, FIN	12 Jul
20.73	0.5				1	Chelmsford	13 May
20.75	0.1				1	Mannheim, GER	24 Jun
20.78	-1.5				1	Loughborough	20 May
20.88	1.3				2	Bedford	17 Jun
20.59	0.0	Tommy Ramdhan	U23	28.11.96	1rB	Geneva, SUI	9 Jun
20.66	1.4				1	London (LV)	1 Aug
20.72	-0.2				2	Castres, FRA	25 Jul
20.74	-0.5				1	Mannheim, GER	15 Jul

2018 - Men - 200 Metres

Time	Wind	Name	Cat	DOB	Pos	Venue	Date
	20.90	-0.4			2h4	Birmingham	1 Jul
20.63	0.8	Thomas Somers	U23	28.04.97	2	Loughborough	25 Jul
	20.97	0.0			2rB	Geneva, SUI	9 Jun
(10)							
20.65	1.8	Jordan Broome	U23	4.12.96	3h1	Birmingham	1 Jul
	20.91	0.2			6	Birmingham	1 Jul
	20.92	-0.1			1	Linz, AUT	17 Jun
	20.93	-0.2			3	Castres, FRA	25 Jul
20.67	0.0	Richard Kilty		2.09.89	5s1	Gold Coast, AUS	11 Apr
	20.93	-0.9			2rB	Regensburg, GER	3 Jun
20.78	1.4	Confidence Lawson		5.09.90	3h2	Birmingham	1 Jul
	20.97	1.7			2	Bedford	7 Jul
20.85	1.4	Elliott Powell	U23	5.03.96	4h2	Birmingham	1 Jul
20.85	1.4	Rechmial Miller	U23	27.06.98	2	London (LV)	1 Aug
20.87	2.0	Roy Ejiakuekwu		2.02.95	3h5	Knoxville TN, USA	11 May
	20.96	1.6			6q	Sacramento CA, USA	25 May
20.90	0.3	James Williams		1.10.91	1	La Chaux-de-Fonds, SUI	30 May
	20.99	0.1			1	Budapest, HUN	2 Jun
20.92	-1.4	Chijindu Ujah		5.03.94	4	Tempe AZ, USA	7 Apr
20.93	1.9	James Gladman		3.06.93	2	Kortrijk, BEL	14 Jul
20.94	0.7	Samuel Osewa		17.04.91	3	Kladno, CZE	14 Jul
(20)							
20.98	-0.9	Matthew Hudson-Smith		26.10.94	2r1	Brisbane (Nathan), AUS	28 Mar
21.00	1.7	Owen Richardson	U23	5.09.98	1rD	Knoxville TN, USA	13 Apr
76 performances to 21.00 by 22 athletes							
21.01	0.6	Chad Miller	U20	31.03.00	2	Oordegem, BEL	2 Jun
21.01	0.9	Deji Tobais		31.10.91	1	Karlstad, SWE	25 Jul
21.03	1.4	Kane Howitt	U23	6.11.96	5h2	Birmingham	1 Jul
21.04	-0.4	Kristian Jones	U23	10.03.98	2h3	Birmingham	1 Jul
21.06	-0.8	Andrew Robertson		17.12.90	1rB	Regensburg, GER	3 Jun
21.06	1.4	Kieran Showler-Davis		14.11.91	4	London (LV)	1 Aug
21.09	0.0	Romell Glave	U20	11.11.99	1rB	Loughborough	20 May
21.13	-1.6	Marvin Popoola		5.09.95	1	Bedford	7 May
(30)							
21.13	1.1	Benjamin Snaith		17.09.95	2	London (He)	4 Aug
21.14	-0.2	Jamal Rhoden-Stevens		27.04.94	1rB	Berne, SUI	16 Jun
21.16	-0.5	John Otugade		24.01.95	2	Leigh	5 May
21.16	1.8	Andrew Morgan-Harrison	U23	9.03.98	4h1	Birmingham	1 Jul
21.16	1.8	Luke Dorrell	U23	23.01.97	5h1	Birmingham	1 Jul
21.23		Kieran Daly		28.09.92	1	Portsmouth	2 Jun
21.25	0.0	Nick Stewart	U23	22.06.98	1	Munich, GER	19 May
21.27	1.4	Niclas Baker		9.09.94	5	London (LV)	1 Aug
21.27	1.5	Kyle Ennis		9.08.91	1	Bournemouth	4 Aug
21.30	1.5	Dwayne Cowan		1.01.85	5	Sydney, AUS	17 Mar
(30)							
21.30	1.4	Seb Rodger		29.06.91	3	Berkeley CA, USA	28 Apr
21.30	-0.2	Grant Plenderleith		15.03.91	3	Cardiff	2 Jun
21.30	1.9	Samuel Gordon		5.10.94	1	Cardiff	20 Jun
21.31	0.8	Leroy Cain		16.05.95	1	Ellwangen, GER	19 May
21.31		Dan Putnam		30.12.91	1rB	Portsmouth	2 Jun
21.33	0.9	Gerald Matthew	U23	10.07.97	3	Uxbridge	8 Aug
21.34	-0.4	Christopher Stone		8.04.95	2s1	Bedford	10 Jun
21.36	-0.5	Rabah Yousif		11.12.86	4	Leigh	5 May
21.37	1.4	Shemar Boldizsar	U20	24.01.99	1	Bedford	7 Jul
21.38	1.4	Krishawn Aiken		24.05.95	6	London (LV)	1 Aug
(40)							
21.39	-0.3	Brandon Mingeli	U20	7.09.00	1rC	Loughborough	20 May
21.39	-1.3	Dylan DaCosta	U20	6.04.01	1	London (Cr)	1 Jul
21.40	1.1	Lemarl Freckleton		19.03.92	3	London (He)	4 Aug
21.42	1.9	Allan Hamilton		14.07.92	1rB	Liverpool	4 Aug
21.43	0.4	Dominic Ashwell	U20	13.06.99	1rC	London (LV)	25 Jul
21.43	1.0	Martyn Rooney		3.04.87	1	Bedford	7 Jul
21.45	0.7	Terrell Craig	U23	3.09.97	3	Lauderdale Lakes FL, USA	18 May
21.46	0.3	Ronnie Wells	U23	27.03.96	2	London (LV)	29 Aug
21.47	0.4	Daniel Oderinde	U23	9.09.96	2rC	London (LV)	25 Apr

2018 - Men - 200 Metres

Time	Wind	Name	Cat	DOB	Pos	Venue	Date
21.48	1.4	Ryan Gorman	U23	9.04.98	2	Bedford	7 Jul
(50)							
21.48	1.0	Jack Lennard		7.12.93	2	Bedford	7 Jul
21.49	-0.1	Jonathan Browne	V35	15.03.83	1rB	Loughborough	25 Jul
21.49	1.1	Rio Mitcham	U20	30.08.99	5	London (He)	4 Aug
21.50	0.7	Temitope Adeyeye	U23	12.03.98	1rB	London (LV)	25 Apr
21.52	0.8	Theo Campbell		14.07.91	1rB	Leigh	5 May
21.52	1.4	Ben Claridge	U23	12.11.97	8	London (LV)	1 Aug
21.53	1.3	William Hughes	U20	28.01.01	1	Boston	13 May
21.54	1.6	Nicholas Hendrix	U23	9.11.97	1rB	San Diego CA, USA	24 Mar
21.54	-0.1	Jack Hocking	U23	29.09.98	1	Valetta, MLT	14 Apr
21.54	2.0	Shayne Dewar	U23	12.11.98	1	Chelmsford	13 May
(60)							
21.54	-1.1	Freddie Owsley	U23	6.01.97	3	Nuneaton	10 Jun
21.54	0.5	Matthew Buckner	U20	29.12.00	1	Birmingham	14 Jul
21.55	0.4	Richard Strachan		18.11.86	1	London (ME)	20 May
21.56	-1.4	Conrad Williams	V35	20.03.82	5rD	Clermont FL, USA	28 Apr
21.56	0.9	Sam Hazel	U23	7.10.96	2rB	London (LV)	6 Jun
21.56	-0.4	Alex Beechey		8.06.91	1	Celle Ligure, ITA	3 Jul
21.57	0.7	Nicholas Atwell		9.04.86	2rB	London (LV)	25 Apr
21.57	1.4	Samuel Landsborough		11.11.92	1	Manchester (Str)	22 May
21.57	1.3	Michael McAuley	U20	8.09.99	3	Tullamore, IRL	2 Jun
21.58	0.9	Sandy Wilson	U23	4.01.98	3rB	London (LV)	6 Jun
(70)							
21.60		Connor Wood	U23	25.11.98	2rB	Portsmouth	2 Jun
21.60	1.5	Joel Richardson		30.12.93	1	Lokeren, BEL	24 Jun
21.61	-1.8	Harry Aikines-Aryeetey		29.08.88	6	Brisbane (Nathan), AUS	22 Mar
21.61	-0.5	Lee Thompson	U23	5.03.97	6	Leigh	5 May
21.61		Cameron Starr	U23	26.03.96	1ns	Portsmouth	2 Jun
21.61	1.9	Thomas Williams	U23	28.01.96	2	Cardiff	20 Jun
21.62	-1.1	Nicholas Pryce		10.11.92	5	Nuneaton	10 Jun
21.62	0.9	Jahde Williams	U23	14.01.97	4	Uxbridge	8 Aug
21.62	0.5	Caleb Downes	U23	12.08.97	1	Loughborough	25 Aug
21.63	0.9	Patrick Kari-Kari		30.01.92	5	London (Nh)	24 Jun
(80)							
21.64	-0.2	Ethan Brown	U20	9.05.01	1	Bromley	27 May
21.64	0.9	Andre Wright		16.08.91	6	London (Nh)	24 Jun
21.64	0.5	Morgan Amed	U20	2.04.99	2	Loughborough	25 Aug
21.65	-0.5	Theo Etienne	U23	3.09.96	2	London (LV)	4 Jul
21.65	0.3	Cameron Tindle	U23	5.06.98	1	Livingston	18 Jul
21.65	1.2	Marlon Hogg-Williams	U23	27.10.98	1	Uxbridge	25 Jul
21.67	1.3	Alex Haydock-Wilson	U20	28.07.99	1	Eton	13 May
21.68	0.9	Peter Shand		5.12.91	4rB	London (LV)	6 Jun
21.68	-0.4	Matthew Alvarez	U20	8.01.00	1	Yeovil	9 Jun
21.68	0.5	Lewis Collins		17.12.93	1rB	Bedford	7 Jul
(90)							
21.68	0.0	Greg Kelly	U20	11.04.99	1	Glasgow (S)	11 Jul
21.69	-0.2	Reuben Arthur	U23	12.10.96	6	Castres, FRA	25 Jul
21.70	0.0	Ben Pattison	U17	15.12.01	2	Nuneaton	2 Jun
21.70		Dominic Ogbechie	U17	15.05.02	1h2	London (BP)	9 Jun
21.70	1.9	Daniel Beadsley	U23	28.02.97	3	Cardiff	20 Jun
21.70	1.9	Michael Shonibare	U20	29.02.00	1rC	London (Nh)	24 Jun
21.70	-1.3	Mayowa Osunsami	U20	23.10.99	2	London (Cr)	1 Jul
21.71		Joe Ferguson	U20	3.05.00	1	Leeds	29 Apr
21.71	0.5	Blair Alexander		23.11.89	1rC	Cardiff	20 Jun
21.71	0.5	Nathan Brown		12.10.92	1rB	London (Nh)	24 Jun
(100)							
21.73	1.3	Joshua Brown		27.12.94	1	Loughborough	1 Aug
21.74	0.0	Keano-Elliott Paris-Samuel	U20	11.05.99	1	London (LV)	12 May
21.74	1.4	Omar Grant		6.12.94	1rB	Bedford	7 Jul

Additional Under 20 (1-21 above)

21.75	0.3	Alex Marshall		15.02.00	2h3	Bedford	9 Jun
21.76	0.9	Adam Clayton		26.09.00	4s1	Bedford	17 Jun
21.77	-0.2	Jeremiah Azu		15.05.01	6	Cardiff	2 Jun
21.77		Jak Mensah	U17	5.09.01	1	London (He)	9 Jun

2018 - Men - 200 Metres

Time	Wind	Name	Age	DOB	Rnd	Venue	Date	
21.82	0.7	Korede Awe		25.11.99	3	Ashford	13	May
21.82	-0.4	Michael Olsen		22.03.99	3s2	Bedford	17	Jun
21.82	0.5	Praise Olalere		28.12.00	4	Birmingham	14	Jul
21.83	-1.3	Kaie Chambers-Brown		26.09.99	1	Yate	6	May
21.83	0.9	Derek Kinlock	U17	28.07.02	1	Kingston	9	Jun
(30)								
21.83	0.5	Alex Hanson		21.08.01	5	Birmingham	14	Jul
21.84	1.3	Evan Blackman	U17	22.11.01	1	Loughborough	1	Sep
21.89	0.1	Zachary Price	U17	9.02.02	1h2	Cardiff	7	Jul
21.92	-0.8	Geraint Saich		18.01.00	1	Leganes, ESP	5	May
21.94	-1.1	Alwayne Campbell		31.07.00	2	Nuneaton	10	Jun
21.95	0.3	Micah Francis-Dwyer		30.06.00	3h3	Bedford	9	Jun
21.95	1.5	Alexander Marsden		10.01.99	2h1	Manchester (SC)	10	Jun
21.96	0.3	James Hanson		21.08.01	4h3	Bedford	9	Jun
21.97	1.4	Sagesse Nguie		10.07.00	4	Bedford	7	Jul
21.97	0.7	Ethan Wiltshire	U17	29.06.02	1h4	Birmingham	13	Jul
(40)								
21.99	0.0	Joseph Massimo		9.01.00	5	Nuneaton	2	Jun
22.00	0.0	Luke Collis		21.08.01	2	London (LV)	12	May

Additional Under 17 (1-7 above)

Time	Wind	Name	Age	DOB	Rnd	Venue	Date	
22.03	-0.2	Jacob Spencer		10.11.02	4	Birmingham	14	Jul
22.09	0.1	Destiny Ogali		6.09.01	1	Hemel Hempstead	9	Jun
22.12	1.6	Craig Strachan		10.09.01	1	Grangemouth	13	May
(10)								
22.12	-0.3	Bailey Swift		11.06.02	2s3	Birmingham	14	Jul
22.16	1.2	Tariq Wild		22.04.03	2h5	Birmingham	13	Jul
22.19		Owain Lloyd Hughes		5.12.01	4h1	Cardiff	13	Jul
22.20	1.7	Charles Fisher		8.11.02	1	Derby	29	Jul
22.21	1.5	Kyle Reynolds-Warmington		28.02.02	1	Bedford	9	Sep
22.25	0.0	Ethan Hall		9.02.03	1B	Exeter	1	Jul
22.28	-1.0	Max Leslie		13.10.01	1	Liverpool	27	May
22.28	-1.4	Daniel Cartwright		29.11.01	3	Loughborough	30	May
22.29		Kieran Brining		1.10.01	1	Leeds	29	Apr
22.31	1.3	Stewart Greenhalgh		26.01.02	1	Telford	2	Sep
(20)								
22.32		Micah Forbes-Agyepong		31.01.02	2	London (He)	9	Jun
22.33	0.9	Oliver Preest		2.07.03	2	Kingston	9	Jun
22.34	-0.7	William Andoh		5.09.01	1	London (ME)	27	May
22.34	0.9	Joseph Chadwick		26.11.01	1	London (LV)	8	Jul
22.36	0.6	Dominic Ariyo-Francis		25.09.02	3s2	Birmingham	14	Jul
22.39		Benjamin Holden		25.02.02	1	Middlesbrough	25	Mar
22.40	-0.5	Joseph Eggleton		6.01.02	2	Eton	25	Mar
22.42		Jacob Nelson		8.09.02	1rB	Portsmouth	2	Jun
22.43	1.1	Joel Pascall-Menzie		3.11.02	1rD	London (LV)	29	Aug
22.44		Jeriel Quainoo		17.04.03	1h1	London (BP)	9	Jun
(30)								
22.44	1.2	Rico Cottell		22.11.01	1rB	London (LV)	8	Jul
22.45	1.2	Thomas Wood		14.03.03	4h5	Birmingham	13	Jul
22.45	0.0	Akin Akinboh		13.10.01	1	Stevenage	2	Sep
22.48		Joshua Pearson		6.01.02	1U17	Eton	23	Jun
22.48	0.7	Julian Priest		24.09.02	4s1	Birmingham	14	Jul
22.49	-0.6	Jamall Gregory Walters		30.09.02	4	Manchester (Str)	19	Jun
22.49	1.1	Matthew Harris		5.11.01	2	Crawley	1	Jul

Under 15

Time	Wind	Name	DOB	Rnd	Venue	Date	
21.99	1.7	Remi Jokosenumi	15.02.04	1	Birmingham	14	Jul
22.00	1.9	Mario Dobrescu	24.01.04	2rC	London (Nh)	24	Jun
22.46	-0.3	Amir Sultan-Edwards	21.02.04	1	London (BP)	9	Jun
22.60	-0.9	George Sudderick	20.11.03	1	London (LV)	11	Aug
22.66		Marcus McLean	9.10.03	1	Leeds	19	May
22.86	0.4	Evan Jones	6.10.03	1	Newport	24	Jun
22.87	0.2	Nathan Biggs	10.11.03	1	Nuneaton	12	Aug
22.95	1.7	Stephen Baffour	9.11.03	3	Birmingham	14	Jul
23.00	1.8	Graig Anya-Joseph	6.10.03	2	Chelmsford	13	May
23.03		Nnamdi Ndukwe	18.11.03	2	London (He)	9	Jun

2018 - Men - 200 Metres

	(10)							
23.05	1.0	Alexander Poustie-Williamson		24.10.03	1	Aberdeen	19	Aug
23.06	-0.5	Joel Vernon		6.12.03	1	Cudworth	12	May
23.09	-0.2	Prince Mulamba		23.05.04	1	Oxford (H)	1	Sep
23.11	1.1	Ben Wallace		21.01.04	1h1	Liverpool	12	May
23.12		Aydan Tyrrell		18.09.04	3	London (He)	9	Jun
23.19	-1.4	Noah Ojumo		1.05.04	1h4	Birmingham	13	Jul
23.20	-0.9	Reuben Henry-Daire		12.03.04	2	London (LV)	11	Aug
23.31	-0.3	Harry Gurr		29.01.04	3s2	Birmingham	14	Jul
23.39	-1.3	Matthew French		28.09.03	3h1	Birmingham	13	Jul
23.40	0.4	Finley Savage		23.03.04	2	Newport	24	Jun
	(20)							
23.40	-0.3	Pharrell Tuitt		19.09.03	4s2	Birmingham	14	Jul
23.42	-1.3	Bailey Smith		2.05.05	4h1	Birmingham	13	Jul
23.48	-1.0	Francesco Calemma		2.03.04	2	Kingston	13	May

Wind-assisted

20.37	2.8	Edmond Amaning		(20.43)	1rD	Gainesville FL, USA	13	Apr
		20.44	4.0		1	Manchester (SC)	29	Jul
		20.63	5.1		1s2	Manchester (SC)	29	Jul
		20.75	3.0		1h1	Daytona Beach, USA	6	Apr
		20.96	4.6		1h1	Manchester (SC)	29	Jul
20.59	4.0	Andrew Robertson		(21.06)	3	Manchester (SC)	29	Jul
		20.73	5.1		2s2	Manchester (SC)	29	Jul
20.68	3.7	Chad Miller	U20	(21.01)	1	Cardiff	16	May
20.69	2.2	Ramdhan		(20.59)	1	Miramar, USA	14	Apr
		21.00	2.5		1	Tergnier, FRA	10	May
20.74		Dobson		(20.53)	1	Reading	29	Apr
20.77	2.7	Deji Tobais		(21.01)	1	Bedford	7	Jul
		20.78	2.9		1	London (LV)	25	Apr
20.86	4.0	Benjamin Snaith		(21.13)	4	Manchester (SC)	29	Jul
		20.89	5.7		2s1	Manchester (SC)	29	Jul
20.88	2.6	Ejiakuekwu		(20.87)	3	Waco TX, USA	21	Apr
20.89	5.7	Powell		(20.85)	3s1	Manchester (SC)	29	Jul
		20.96	4.0		6	Manchester (SC)	29	Jul
20.89	4.0	James Williams		(20.90)	5	Manchester (SC)	29	Jul
		20.99	5.1		3s2	Manchester (SC)	29	Jul
20.90	5.7	Kyle Ennis		(21.27)	4s1	Manchester (SC)	29	Jul
20.93	2.2	Kristian Jones	U23	(21.04)	2	London (LV)	6	Jun
20.93	3.4	Somers		(20.63)	1	Bedford	17	Jun

23 performances to 21.00

21.03	2.9	Brandon Mingeli	U20	(21.39)	3	London (LV)	25	Apr
21.06	5.7	Lemarl Freckleton		(21.40)	5s1	Manchester (SC)	29	Jul
21.07	2.6	Niclas Baker		(21.27)	2	Bedford	7	Jul
21.07	5.1	Nicholas Pryce		(21.62)	4s2	Manchester (SC)	29	Jul
21.12	3.7	Samuel Gordon		(21.30)	2	Cardiff	16	May
21.20	2.8	Grant Plenderleith		(21.30)	1	Grangemouth	24	Jun
21.20	2.1	Rio Mitcham	U20	(21.49)	2rB	Bedford	7	Jul
21.25	3.8	Allan Hamilton		(21.42)	1	Grangemouth	24	Jun
21.25	2.7	Jahde Williams	U23	(21.62)	3	Bedford	7	Jul
21.25	2.7	Connor Wood	U23	(21.60)	4	Bedford	7	Jul
21.29	5.7	Zachary Stapleton	U23	1.06.98	6s1	Manchester (SC)	29	Jul
21.31	5.1	Gerald Matthew	U23	(21.33)	6s2	Manchester (SC)	29	Jul
21.36	2.2	Matthew Buckner	U20	(21.54)	1	Eton	18	Aug
21.39	5.7	Ben Claridge	U23	(21.52)	7s1	Manchester (SC)	29	Jul
21.40	2.7	Matthew Alvarez	U20	(21.68)	1	Exeter	16	Jun
21.45	2.9	Ronnie Wells	U23	(21.46)	6	London (LV)	25	Apr
21.45	2.7	Alex Beechey		(21.56)	6	Bedford	7	Jul
21.46	2.8	Sandy Wilson	U23	(21.58)	1rB	London (LV)	1	Aug
21.48	2.6	Jonathan Browne	V35	(21.49)	3	Bedford	7	Jul
21.50	2.1	Lee Thompson	U23	(21.61)	4rB	Bedford	7	Jul
21.55	3.5	Jacob Fincham-Dukes	U23	12.01.97	8rB	Fayetteville AR, USA	13	Apr
21.59	5.7	Andre Wright		(21.64)	8s1	Manchester (SC)	29	Jul
21.60	2.3	Miguel Perera	U23	30.09.96	1rF	London (LV)	1	Aug
21.61	2.1	Jeremiah Azu	U20	(21.77)	1	Cardiff	27	May

2018 - Men - 200 Metres

Time	Wind	Name	Cat	Date	Pos	Venue	Meet Date
21.61	2.2	Blair Alexander		(21.71)	1rF	London (LV)	6 Jun
21.62	2.6	James Lelliott		11.02.93	4	Bedford	7 Jul
21.62	2.6	Chris Harris		22.10.92	5	Bedford	7 Jul
21.72	2.9	Alex Marshall	U20	(21.75)	1	London (LV)	29 Apr
21.73	2.2	Korede Awe	U20	(21.82)	2	Eton	18 Aug

Additional Under 20

21.78	2.3	Joseph Brier		16.03.99	4h3	Manchester (SC)	29 Jul
21.88	2.3	Sagesse Nguie		(21.97)	5h3	Manchester (SC)	29 Jul
21.93	2.7	Cameron Sprague		10.09.00	2	Exeter	16 Jun
21.94	4.6	Eden Davis		1.03.99	5h1	Manchester (SC)	29 Jul
21.98	2.7	Joshua Gillespie		20.10.00	3	Exeter	16 Jun
22.00	2.8	Michael Fagbenle		22.02.01	4rB	London (LV)	1 Aug

Under 17

22.00	2.9	Owain Lloyd Hughes		(22.19)	1	Cardiff	27 May
22.01	2.8	Craig Strachan		(22.12)	3	Grangemouth	24 Jun
22.30		Toby Makoyawo		10.05.02	2	Reading	29 Apr
22.45	3.0	Oshay Williams		4.02.02	2	Birmingham	29 Apr
22.46	3.8	Jack Guthrie		24.01.02	1	Glasgow	21 Aug

Under 15

22.85	2.8	Evan Jones		(22.86)	2U16	Grangemouth	4 Aug
23.43	2.3	Sam Petherbridge		28.01.04	1	Brecon	25 Aug
23.49	2.6	Felix Hamilton-Marino			1	Exeter	16 Jun

Hand timing

21.3		Samuel Landsborough		(21.57)	1	Connah's Quay	5 May
21.4w	2.8	Kaie Chambers-Brown	U20	(21.83)	1	Nottingham	27 May
		21.8 -0.2			1	Wolverhampton	3 Jun
21.6		Joel Harvey	U23	27.03.96	1rB	Kettering	21 Apr
21.7	1.8	Charles Hilliard	U20	21.09.99	1rB	Nottingham	27 May

Additional Under 20

21.8		Joseph Massimo		(21.99)	1	Woking	29 Apr
21.9		Eden Davis		(21.94w)	1	Harrow	14 Apr
22.0		Bailey Wright		14.11.00	2	Tonbridge	14 Apr
22.0		Joshua Leatherd		15.09.99	1	Blackburn	13 May
22.0		Ben Hawkes		5.10.00	1	Gloucester	2 Jun
22.0		Harry Flanagan		24.09.99	1	Burnley	3 Jun

Under 17

22.2	-0.2	Daniel Cartwright		(22.28)	2	Wolverhampton	3 Jun
22.2		Toby Makoyawo		(22.30w)	1	Watford	23 Jun
22.3		Jeriel Quainoo		(22.44)	1	Norwich	20 May
22.3		Josh McKeown		5.03.03	1	Hexham	9 Jun
22.3		Stewart Greenhalgh		(22.31)	1	Rugby	24 Jun
22.3w	3.3	Oshay Williams		(22.45w)	2	Nottingham	27 May
22.4		Valerio Duah		5.10.01	2	Rugby	24 Jun
22.4		Lei-Vann McGillvary		20.02.03	1	Wakefield	8 Jul
22.4w	3.2	Loreni Jorge		9.01.03	1B	Nottingham	27 May
22.5		Tyler Panton		30.04.03	1	London (Elt)	29 Apr
22.5		Andreas Mitas		1.07.02	2	London (Elt)	29 Apr
22.5w	3.3	Joshua Jolob		2.11.02	3	Nottingham	27 May

Under 15

22.0		Amir Sultan-Edwards		(22.46)	1rB	London (TB)	30 Jun
22.4		George Sudderick		(22.60)	1	Winchester	19 May
22.4		Marcus McLean		(22.66)	1	Ellesmere Port	17 Jun
22.7		Jacob Byfield		24.06.04	1rB	Dartford	3 Jun
22.9		Graig Anya-Joseph		(23.00)	1	Basildon	3 Jun
22.9		Ben Wallace		(23.11)	2	Ellesmere Port	17 Jun
23.1		Reuben Henry-Daire		(23.20)	1	Hornchurch	21 Jul
23.2		David Chapman		16.10.03	1	Middlesbrough	21 Jul
23.3		Francesco Calemma		(23.48)	1	London (TB)	19 May
23.4		Daniel Tewogbade		22.10.03	1	Portsmouth	17 Jun
23.4		Daniel Lennie		31.03.04	2	Middlesbrough	21 Jul
23.4		Robin Sneddon		30.05.04	1	Inverness	1 Sep

2018 - Men - 200 Metres

23.5		Kaylen Smith		27.01.04	1	Swindon	21	Jul
23.5		Kyle Mashiter		28.11.03	1	Bangor	21	Jul
23.5		Jerel Livingston		23.08.04	2	Bangor	21	Jul
23.5		Samuel Shippey		6.01.04	1	Peterborough	5	Aug
23.5		Joseph Kane		28.10.03	2	Litherland	1	Sep

Under 13

24.34w	2.2	Yaw Afrifah-Mensah		26.01.06	1	Bristol	21	Jul
24.86	0.8				1	Coventry	19	May
24.57	1.6	Ossari Acquah		8.10.05	4rC	London (LV)	1	Aug
25.05	1.8	Malachi Amadi			5rC	London (He)	25	Aug
25.2		Alex Leadbeater		4.02.06	1	Wigan	21	Jul
25.3		Deji Bello		7.04.06	1	Walton	8	Jul
25.52	-0.1				2A1	Kingston	28	Jul
25.3		Dante Clarke		26.09.05	1	Sutton	19	Aug
25.3w	4.7	Ethan Woodward		11.10.05	1	Carlisle	17	Jun
25.46	-0.3	Fabian Powell		16.02.06	1rK	London (LV)	29	Aug
25.6		Hayden Evans		27.09.05	1	Bournemouth	17	Jun
25.6		William Houghton			1	Braintree	8	Jul
25.6w	4.7	James Bell		9.09.05	2	Carlisle	17	Jun

Indoor performances

20.89		Ejiakuekwu		(20.87)	1rC	Fayetteville AR, USA	10	Feb
20.89					2rB	Fayetteville AR, USA	16	Feb
20.95					2h4	College Station TX, USA	24	Feb

Indoor where superior to outdoors

21.05		Andrew Morgan-Harrison	U23	(21.16)	3	Birmingham	18	Feb
21.36		Shemar Boldizsar	U20	(21.37)	1	Sheffield	18	Feb
21.48		Leon Greenwood	U23	13.06.97	3	Sheffield	14	Jan
21.60		Lee Thompson	U23	(21.61)	1	Sheffield	6	Feb
21.73		Alec Thomas	U23	22.11.96	2s2	Glasgow	28	Jan
21.75		Adam Clayton	U20	(21.76)	2	Sheffield	25	Feb

Additional Under 20

21.99		Charles Hilliard			(21.7)	3h1	Birmingham	18 Feb

Additional Under 15

22.58		George Sudderick		(22.60)	2	Sheffield	25	Feb
23.41		Abraham Fobil		15.11.03	2h1	Sheffield	25	Feb

Disqualified (obstructed opponent)

20.12	0.9	Hughes		(20.23)	(1)	Gold Coast	12	Apr

Foreign

20.27	1.4	Leon Reid (IRL)		26.07.94	1h2	Birmingham	1	Jul
20.65	-0.5	Antonio Infantino (ITA)		22.03.91	5	Clermont, USA	28	Apr
20.52w	4.0				2	Manchester (Str)	29	Jul
21.06	0.2	Aaron Sexton (IRL)	U20	24.08.00	4h5	Tampere, FIN	12	Jul
21.28	0.1	David Lima (POR)		6.09.90	2r2	Birmingham	27	May
21.01w	2.6				4s1	Tarragona, ESP	28	Jun
21.37	0.3	Sean Safo-Antwi (GHA)		31.10.90	3	London (LV)	20	Jun
21.44	-0.9	Jason Smyth (IRL)		4.07.87	1	Berlin, GER	21	Aug
21.40w	2.2				4	London (LV)	6	Jun
21.46	0.3	Frederick Afrifa (ITA)	U23	5.12.96	4	London (LV)	20	Jun
21.47i		Craig Newell (IRL)	U23	24.09.97	1	Athlone (IRL)	9	Feb
21.67	0.1				1	Tullamore, IRL	30	Jun
21.52	0.9	Dean Hylton (JAM)		15.09.90	3	London (Nh)	24	Jun
21.31w	2.2				3	London (LV)	6	Jun
21.55	0.9	Reality Osuoha (IRL)	U20	7.07.00	2s1	Bedford	17	Jun
21.67	-1.5	Umar Hameed (PAK)		24.02.89	1rB	London (LV)	4	Jul
21.75	-0.6	Christopher O'Donnell (IRL)	U23	17.05.98	4	Berne, SUI	16	Jun
22.13	1.2	Anton Bachorski (POL)	U17	18.07.02	1	Ashford	9	Jun

300 Metres

34.14 i		James Williams		1.10.91	1	Manchester (SC)	7	Jan
34.14		Alex Haydock-Wilson	U20	28.07.99	1	Eton	25	Mar
34.19 i		Lee Thompson	U23	5.03.97	2	Manchester (SC)	7	Jan

Under 15

34.81	Amir Sultan-Edwards	21.02.04	1	Birmingham	14	Jul
35.12	George Sudderick	20.11.03	2	Birmingham	14	Jul
35.31	Mario Dobrescu	24.01.04	2	London (FP)	31	May
36.06	Joel Vernon	6.12.03	3	Birmingham	14	Jul
36.25	Ben Brinsdon	18.10.03	3h1	Birmingham	13	Jul
36.29	Reuben Henry-Daire	12.03.04	1	London (LV)	12	Aug
36.32	Charles Carvell	30.06.04	2h3	Birmingham	13	Jul
36.36	Will Lovejoy	6.10.03	1	Cardiff	7	Jul
36.50	Alexander Poustie-Williamson	24.10.03	1	Grangemouth	9	Jun
36.52	Samuel Shippey	6.01.04	3h3	Birmingham	13	Jul
(10)						
36.63	Charlie Holland	14.04.04	1	Cardiff	14	Jul
36.72	Nicholas Savva	19.09.03	1	London (He)	8	Jul
36.73	Teddy Pearson	16.07.04	1h2	Birmingham	13	Jul
36.83	Finley Savage	23.03.04	2	Cardiff	7	Jul
36.89	Ethan Stopford	7.10.03	4h1	Birmingham	13	Jul
36.93	Benjamin Verbickas	7.09.03	8	Birmingham	14	Jul
37.15	William Kong	7.10.03	2h1	Bedford	25	Aug
37.2	Nathaniel Dyas	10.01.04	2	Middlesbrough	21	Jul
37.44			3h2	Bedford	25	Aug
37.2	Liam Eastaugh	11.01.04	3	Middlesbrough	21	Jul
37.44			5h1	Birmingham	13	Jul
37.28	Oliver D'Rozario	24.09.03	1rC	Exeter	8	Jul
(20)						
37.28	Aaron Warmington	3.04.04	5h3	Birmingham	13	Jul
37.40	Michael Uzozie	9.10.03	1	Ashford	9	Jun
37.44	Kyle Romans		1h1	Crawley	9	Jun
37.50	Dean Springett	6.09.03	2	Grangemouth	9	Jun
37.51	David Chapman	16.10.03	1rB	Nottingham	8	Sep
37.53	Myles Douglas	2.03.04	3h2	Birmingham	13	Jul
37.67	Harry Barton	14.10.03	1	Exeter	22	Jul
37.79	Gilad Nachshen	3.12.03	1	London (He)	5	Aug
37.83	Thomas Hockley	17.01.04	1	Basingstoke	9	Jun
37.90	Fidunu Abidekun	1.09.03	2	Ashford	9	Jun
(30)						
37.9	Sam Petherbridge	28.01.04	1	Bath	19	May
37.91			3	Cardiff	7	Jul
37.95	Liam Nixon	1.06.04	3	Oxford (H)	1	Sep

400 Metres

44.63	Matthew Hudson-Smith	26.10.94	6	London (O)	21	Jul
44.68			1	Birmingham	1	Jul
44.70			1	Clermont FL, USA	12	May
44.76			1s1	Berlin, GER	8	Aug
44.78			1	Berlin, GER	10	Aug
44.79			3	Rabat, MAR	13	Jul
44.95			3	Zürich, SUI	30	Aug
45.07			1	Clermont FL, USA	28	Apr
45.40			4	Kingston, JAM	9	Jun
45.52			7	Rome, ITA	31	May
45.59			2	Birmingham	18	Aug
45.70			4	Kingston, JAM	19	May
45.72			4	Ostrava, CZE	9	Sep
45.94			1h1	Birmingham	30	Jun
45.30	Rabah Yousif	11.12.86	3s2	Berlin, GER	8	Aug
45.39			2	Birmingham	1	Jul
45.53			1	Goleniów, POL	20	Jun
45.63			1	Palafrugell, ESP	26	May
45.74			1rA	Loughborough	20	May
45.74			1	Copenhagen, DEN	26	Aug
45.80			2	Bydgoszcz, POL	29	May
45.87			2	Dublin (S), IRL	19	Jul
45.88			4	London (O)	15	Jul
45.92			1	Gothenburg, SWE	18	Aug

2018 - Men - 400 Metres

Mark	Name	Cat	DOB	Pos	Venue	Date
	45.92			4	Chorzów, POL	22 Aug
	46.05			4s1	Gold Coast, AUS	9 Apr
	46.07			9	London (O)	21 Jul
	46.09			3h1	Gold Coast, AUS	8 Apr
	46.26			4	Zagreb, CRO	4 Sep
45.45	Dwayne Cowan		1.01.85	5s1	Berlin, GER	8 Aug
	45.65			1rB	London (O)	21 Jul
	45.68			2h5	Gold Coast, AUS	8 Apr
	45.75			1h4	Berlin, GER	7 Aug
	45.99			5	Guadalajara, ESP	5 Jul
	46.06			4s2	Gold Coast, AUS	9 Apr
	46.12			4	Birmingham	1 Jul
	46.18			2	Prague, CZE	4 Jun
	46.31			5	Chorzów, POL	8 Jun
	46.31			1h3	Birmingham	30 Jun
	46.40			2	Clermont FL, USA	28 Apr
45.73	Martyn Rooney		3.04.87	6s3	Berlin, GER	8 Aug
	46.01			1rB	Geneva, SUI	9 Jun
	46.11			2rB	London (O)	21 Jul
	46.13			4	Rovereto, ITA	23 Aug
	46.13			3	Zagreb, CRO	4 Sep
	46.17			1rB	Lausanne, SUI	5 Jul
	46.27			3h3	Berlin, GER	7 Aug
	46.32			1	Berne, SUI	16 Jun
	46.34			5	Birmingham	1 Jul
45.75	Cameron Chalmers	U23	6.02.97	3	Geneva, SUI	9 Jun
	45.79			3	Birmingham	1 Jul
	45.97			1	Bedford	7 May
	46.16			4h1	Gold Coast, AUS	8 Apr
	46.34			5s3	Gold Coast, AUS	9 Apr
	46.37			5	Oordegem, BEL	26 May
	46.45			1	Auckland, NZL	25 Mar
	46.47			1r1	Brisbane (Nathan), AUS	28 Mar
45.98 A	Thomas Staines	U23	22.02.98	1	Colorado Springs, USA	4 May
46.24	Owen Smith		7.11.94	1rC	Oordegem, BEL	26 May
46.34	Grant Plenderleith		15.03.91	1h2	Oordegem, BEL	26 May
60 performances to 46.50 by 8 athletes						
46.54	Jamal Rhoden-Stevens		27.04.94	3rB	London (O)	21 Jul
46.59	Ben Claridge	U23	12.11.97	3rC	Oordegem, BEL	26 May
(10)						
46.71	Sam Hazel	U23	7.10.96	2	Berne, SUI	16 Jun
46.79	Thomas Somers	U23	28.04.97	2	London (He)	4 Aug
46.87	Ethan Brown	U20	9.05.01	2	Györ, HUN	7 Jul
46.88	George Caddick		29.07.94	3	San Antonio, USA	24 Mar
46.96	Benjamin Snaith		17.09.95	2	Cardiff	2 Jun
47.03	Theo Campbell		14.07.91	1	Belfast	9 Jun
47.05	Nicholas Atwell		9.04.86	1	Bedford	10 Jun
47.11	Ben Pattison	U17	15.12.01	1rB	Loughborough	20 May
47.11	Jarryd Dunn		30.01.92	3h2	Birmingham	30 Jun
47.18	Owen Richardson	U23	5.09.98	2	Buffalo NY, USA	12 May
(20)						
47.19	James Gladman		3.06.93	1rB	Leigh	5 May
47.19	Alex Haydock-Wilson	U20	28.07.99	2	Manchester (SC)	29 Jul
47.20	Lee Thompson	U23	5.03.97	3	London (He)	4 Aug
47.23	Sam Dawkins		18.08.93	6h1	Gold Coast, AUS	8 Apr
47.31	Joseph Brier	U20	16.03.99	2h1	Oordegem, BEL	26 May
47.39	Adam Walker-Khan		7.03.95	1	Manchester (SC)	9 Jun
47.40	Karl Goodman		7.11.93	2	Bedford	10 Jun
47.40	Christopher McAlister		3.12.95	1	Birmingham (Un)	23 Jun
47.40	Samuel Adeyemi		15.03.90	1	London (Nh)	24 Jun
47.42	Charles Hilliard	U20	21.09.99	1rB	Cardiff	2 Jun
(30)						
47.45	Christian Byron		20.12.92	3	Linz, AUT	17 Jun
47.50	Jack Hocking	U23	29.09.98	5	Bedford	7 May
47.52	Miguel Francis		28.03.95	1	Kingston, JAM	5 May

2018 - Men - 400 Metres

Time		Name	Cat	DOB	Pos	Venue	Date
47.52		Elliott Powell	U23	5.03.96	1rB	London (He)	4 Aug
47.57		Anthony Young		14.09.92	1	Nuneaton	2 Jun
47.57		Krishawn Aiken		24.05.95	2s1	Bedford	9 Jun
47.59		Joel Richardson		30.12.93	4	Nivelles, BEL	23 Jun
47.65		Robert Shipley	U23	28.09.96	1	Gateshead	15 Apr
47.65		Aidan Leeson	U20	9.11.99	1rC	Loughborough	20 May
47.67		Matthew Pagan	U23	15.01.98	7	Bedford	7 May
	(40)						
47.68		Ellis Greatrex	U20	27.09.99	1	Nuneaton	10 Jun
47.69		Lewis Brown	U23	2.09.98	1	Livingston	18 Jul
47.74		Lewis Collins		17.12.93	1	Chelmsford	24 Jun
47.80		Emmanuel Sosanya	U23	29.08.98	4	Bedford	10 Jun
47.88		Efekemo Okoro		21.02.92	3	Oordegem, BEL	2 Jun
47.93		Canaan Solomon	U23	17.09.98	5	London (He)	4 Aug
47.96		Shawn Wright		25.11.94	5	Bedford	10 Jun
47.99		Freddie Owsley	U23	6.01.97	3h3	Oordegem, BEL	26 May
48.02		Declan Gall	U20	19.05.99	3rB	Cardiff	2 Jun
48.08		Alex Knibbs	U20	26.04.99	1	Nottingham	13 May
	(50)						
48.11		Allan Hamilton		14.07.92	1rB	Bedford	7 Jul
48.17		Matthew Chant	U23	12.10.96	6	Bedford	10 Jun
48.23		Jack Lawrie	U23	21.02.96	1	Glasgow (S)	11 Jul
48.23		Oliver Smith		15.12.93	3h2	Manchester (SC)	28 Jul
48.25		James Finney	U23	7.04.96	1D4	Kladno, CZE	16 Jun
48.27		Lewis Davey	U20	24.10.00	3h1	Bedford	16 Jun
48.29		Niclas Baker		9.09.94	3	Yeovil	5 May
48.31		Lynden Olowe	U20	18.06.00	1rD	Loughborough	20 May
48.32		Paul Bennett		11.12.92	2	Cardiff	14 Jul
48.33		Conrad Williams	V35	20.03.82	1rB	Bournemouth	4 Aug
	(60)						
48.35		Reece Middleton	U23	24.06.96	2	Manchester (SC)	9 Jun
48.41		Roy Shankland		1.03.95	1	Grangemouth	4 Jul
48.41		Ben Hawkes	U20	5.10.00	3	Birmingham	14 Jul
48.42		Matthew Harding	U23	3.04.98	3	Cullowhee NC, USA	14 Apr
48.44		Martin Lipton		14.01.89	1	Kilmarnock	12 May
48.44		Rory Keen	U20	6.04.00	2h2	Birmingham	13 Jul
48.46		James Williams		1.10.91	1	Liverpool	12 May
48.48		Kevin Hodgson	U23	24.03.96	5	Bedford	17 Jun
48.50		Jacob Paul		6.02.95	1	Liverpool	4 Aug
48.52		Psalm Roberts-Nash	U20	7.07.99	2	Nuneaton	10 Jun
	(70)						
48.53		Akeem Akintokun		22.09.93	3s3	Bedford	9 Jun
48.55		Matthew Overall	U23	16.02.96	3s1	Bedford	6 May
48.59		Caleb Downes	U23	12.08.97	1rB	Nuneaton	2 Jun
48.60		Peter Phillips		12.02.86	3h5	Oordegem, BEL	26 May
48.60		Peter de'Ath		8.06.95	2rA	Loughborough	25 Jul
48.64		Finley Bigg	U23	2.06.98	1	Watford	18 Apr
48.64		Andrew Smitherman		9.11.90	2	Bromley	16 Jul
48.66		Khalil Bruney	U23	13.06.98	1	London (LV)	27 Jun
48.67		Dale Willis		17.06.88	1	Nottingham	4 Aug
48.68		Columba Blango		1.01.92	4s3	Bedford	9 Jun
	(80)						
48.69		Lennox Thompson		22.10.93	1ns	London (He)	4 Aug
48.75		Sam Day	U23	20.09.97	3h1	Bedford	5 May
48.77		Alex Bell		21.09.93	6	Cardiff	2 Jun
48.78		Timothy Duckworth	U23	18.06.96	1D1	Eugene OR, USA	6 Jun
48.78		Callum Dodds	U20	6.10.00	2	London (Wil)	24 Jul
48.79		Greg Louden		25.10.92	1	Aberdeen	10 Jun
48.85		Oliver Briars	U17	17.12.02	1	London (LV)	12 Aug
48.85		Dominic Walton		13.11.93	1	Sheffield	22 Aug
48.86		Michael Fagbenle	U20	22.02.01	2	Ashford	12 May
48.88		Joshua Pearson	U17	6.01.02	1	Reading	29 Apr
	(90)						
48.89		Hakan Dalbal	U20	22.09.00	6	Birmingham	14 Jul
48.91		Calvin Heayes-Zeo		2.09.93	1	York	8 Jul

2018 - Men - 400 Metres

Time		Name	Cat	DOB	Pos	Venue	Date	
48.93		John Lane		29.01.89	2D4	Kladno, CZE	16	Jun
48.94		Joseph Hubbock	U20	30.06.99	1	Bedford	10	Jun
48.95		Joseph Reid	U23	8.03.96	7	London (He)	4	Aug
48.95		Reece Ingley		15.02.92	2	Manchester (Str)	14	Aug
48.97		Jamal Clarke	U23	1.06.96	2h1	Bedford	16	Jun
48.98		Harry Russell	U23	22.10.96	1	Manchester (Str)	3	Jul
48.99		Jack Higgins	U20	30.01.01	2	Bedford	10	Jun
49.0		Leon Heath Stubbs	U20	19.01.00	1	Blackburn	12	May
49.36					5h2	Birmingham	13	Jul
(100)								
49.0		Oliver Dustin	U20	29.11.00	1	Whitehaven	1	Sep

Additional Under 20 (1-23 above)

49.02		Moyo Sargent	U17	16.05.02	1	Crawley	13	May
49.06		Seumas MacKay		8.03.01	4h3	Bedford	16	Jun
49.10		Caius Joseph		24.07.99	1D4	Bedford	26	May
49.19		Markhim Lonsdale		9.01.99	3rD	Loughborough	20	May
49.20		Ricky Lutakome		19.11.99	1	Bromley	13	Aug
49.2		Joshua Snook		24.07.99	1	Yate	6	May
49.2		Stewart Greenhalgh	U17	26.01.02	2	Solihull	1	Jul
49.80					1	Nuneaton	11	Aug
(30)								
49.25		Jake Young		7.11.99	1rC	London (LV)	27	Jun
49.31		Thomas Westerman		14.08.00	1	Kingston	12	May
49.4		Alex Botterill		18.01.00	1	Preston	4	Aug
49.41		William Curtis		27.12.99	1	Middlesbrough	12	May
49.41		Mario Dobrescu	U15	24.01.04	1	Bucharest, ROU	23	Jul
49.43		Cormac O'Rourke		13.02.01	1	Belfast	26	May
49.44		Louis Southwell		6.01.00	1	Oxford (H)	12	May
49.45		Harry Richardson		21.03.00	2rB	Bedford	7	Jul
49.46		Max Leslie	U17	13.10.01	2	Grangemouth	21	Jul
49.50		John Trotman		16.04.00	1	Manchester (Str)	9	Jun
(40)								
49.5		Harry Flanagan		24.09.99	1	Blackpool	25	Aug

Additional Under 17 (1-6 above)

49.6		Evan Blackman		22.11.01	1	Corby	13	May
49.70		Billy Doyle		24.10.01	1rB	Grangemouth	4	Aug
49.79		Jose Duhaney		12.10.01	2h1	Birmingham	13	Jul
49.80		Aidan Brady		5.02.02	1h1	Grangemouth	11	Aug
(10)								
49.90		Joshua Hale		19.09.02	2s1	Birmingham	14	Jul
49.92		Joseph Smythe		22.10.01	3	London (LV)	12	Aug
49.97		Kristian Samwell-Nash		5.12.02	2	Bromley	21	May
50.07		Conor Murphy		27.11.01	1	Gillingham	2	Sep
50.13		Steffan Jones		9.11.01	4	Cardiff	14	Jul
50.18		Daniel Joyce		2.01.03	1	Gateshead	8	Aug
50.19		Ataba Mammam		2.01.02	3h1	Birmingham	13	Jul
50.2		Edward Sheffield		25.06.02	1	Stoke-on-Trent	9	Jun
50.21		Lewis Barclay		25.11.01	3	Aberdeen	18	Aug
50.22		Oscar Heaney-Brufal		27.09.01	3	Bromley	21	May
(20)								
50.23		Iwan Glynn		2.12.02	3rB	Grangemouth	4	Aug
50.24		Memphis Ayoade		13.09.02	6	London (LV)	12	Aug
50.3		Jack Higgins		20.09.01	1	Erith	20	May
50.31		Daniel Howells		28.02.02	2	Basingstoke	14	Apr
50.38		Isaac Rushworth		27.05.02	3h3	Birmingham	13	Jul
50.38		Jacob Spencer		10.11.02	2	Nuneaton	11	Aug
50.39		Max Brazier		21.09.01	3s2	Birmingham	14	Jul
50.50		Reece Harriott		1.08.02	1	Chelmsford	9	Jun

Additional Under 15 (1 above)

50.52		Amir Sultan-Edwards		21.02.04	4	London (LV)	28	Apr
51.33		George Sudderick		20.11.03	1rC	Watford	22	Aug
51.6		Reuben Henry-Daire		12.03.04	1	Reading	17	Aug

2018 - Men - 400 Metres

Indoor Performance
46.23	Lee Thompson	U23	(47.20) 1	Birmingham	18 Feb

Indoor where superior to outdoor
47.59	Roy Ejiakuekwu		2.02.95	2	Fayetteville AR, USA	27 Jan
47.59	Seb Rodger		29.06.91	3	Athlone, IRL	21 Feb
47.61	Efekemo Okoro		(47.88)	3s2	Birmingham	17 Feb
47.83	Alex Knibbs	U20	(48.08)	1	Sheffield	13 Jan
48.27	Conrad Williams	V35	(48.33)	3h3	Birmingham	17 Feb
48.45	Richard Strachan		18.11.86	1	Sheffield	10 Feb
48.70	Alastair Chalmers	U20	31.03.00	3	Sheffield	25 Feb
48.78	Jason Hoyle	U23	11.11.96	4	Sheffield	13 Jan
48.87	Seumas MacKay	U20	(49.06)	1	Glasgow	8 Feb
48.96	Thomas Baines	U20	22.11.00	3	Sheffield	13 Jan
49.00	Harry Fisher		26.10.91	1s2	Sheffield	18 Feb

Additional Under 20
49.21	Karl Johnson		15.04.01	6	Sheffield	25 Feb

Under 17
49.45	Isaac Rushworth		(50.38) 2	Sheffield	24 Feb
49.66	Aidan Brady		(49.80) 2	Glasgow	10 Mar

Foreign
46.00	Sadam Koumi (SUD)		6.04.94	2rA	Loughborough	20 May
46.81	Christopher O'Donnell (IRL)	U23	17.05.98	6h1	Berlin, GER	7 Aug
47.21	Luke Lennon-Ford (IRL)		5.05.89	3	La Roche-sur-Yon, FRA	29 Jun
47.32i	Andrew Mellon (IRL)		8.11.95	1	Abbotstown, IRL	18 Feb
47.59				3	Belfast	9 Jun
47.36	Craig Newell (IRL)	U23	24.09.97	2	Belfast	9 Jun
48.15	Frederick Afrifa (ITA)	U23	5.12.96	4rB	Agropoli (ITA)	1 Jun
48.22	Adrien Coulibaly (FRA)	U23	13.04.96	1h1	London (LV)	12 May
48.24	Zak Curran (IRL)		17.12.93	1	London (He)	25 Aug
48.40	Will Oyowe (BEL)		28.10.87	2s3	Bedford	9 Jun
48.45	Damaine Benjamin (JAM)		12.03.88	2	Chelmsford	24 Jun
48.48i	Leon Reid (IRL)		26.07.94	2rC	Abbotstown, IRL	4 Feb
48.51	Peter Moreno (NGR)		30.12.90	1D	Ajuba, NGR	14 Feb
48.63	Alhagie-Salim Drammeh (GAM)		27.12.87	1	Aldershot	18 Jul

600 Metres Indoor

1:18.20	Lee Thompson	U23	5.03.97	1	Manchester (SC)	4 Feb
1:18.76	Robert Shipley	U23	28.09.96	1	Sheffield	1 Dec

800 Metres

1:44.61	Jake Wightman		11.07.94	5	London (O)	22 Jul
	1:45.00			7	Birmingham	18 Aug
	1:45.82			4	Gold Coast, AUS	12 Apr
	1:45.96			4	Brussels, BEL	31 Aug
	1:47.43			2h3	Gold Coast, AUS	10 Apr
	1:47.69i			3	Glasgow	25 Feb
1:44.73	Guy Learmonth		20.04.92	7	London (O)	22 Jul
	1:46.10			3	Bellinzona, SUI	18 Jul
	1:46.32			11	Hengelo, NED	3 Jun
	1:46.46			4	Huelva, ESP	8 Jun
	1:46.75			5h2	Berlin, GER	9 Aug
	1:46.83			5s1	Berlin, GER	10 Aug
	1:46.87			5	Lucerne, SUI	9 Jul
	1:47.04			6	Rovereto, ITA	23 Aug
	1:47.17			8	Madrid, ESP	23 Jun
	1:47.43			9	Zagreb, CRO	4 Sep
1:44.97	Daniel Rowden	U23	9.09.97	8	London (O)	22 Jul
	1:45.83			2	Oordegem, BEL	2 Jun
	1:46.59			3h4	Berlin, GER	9 Aug
	1:46.98			6s1	Berlin, GER	10 Aug
	1:47.01			1	Loughborough	20 May
	1:47.32			4	Oordegem, BEL	26 May

2018 - Men - 800 Metres

Time	Athlete	Cat	DOB	Pos	Venue	Date
1:45.04	Elliot Giles		26.05.94	9	London (O)	22 Jul
1:45.46i				2h1	Birmingham	2 Mar
1:45.84				9	Hengelo, NED	3 Jun
1:46.78				4	Marseille, FRA	16 Jun
1:47.18				9	Madrid, ESP	23 Jun
1:47.40				3	London (O)	14 Jul
1:47.40				7s2	Berlin, GER	10 Aug
1:47.61i				4	Torun, POL	15 Feb
1:47.80				1	Brighton	30 May
1:47.95i				2rB	Madrid, ESP	8 Feb
1:45.09	Andrew Osagie		19.02.88	4	Hengelo, NED	3 Jun
1:45.25				10	London (O)	22 Jul
1:45.79				2	Marseille, FRA	16 Jun
1:46.36				7	Shanghai, CHN	12 May
1:47.02i				4	Karlsruhe, GER	3 Feb
1:47.41i				3r1	Düsseldorf, GER	6 Feb
1:47.58				9	Chorzów, POL	22 Aug
1:45.16	Kyle Langford	U23	2.02.96	2	Gold Coast, AUS	12 Apr
1:45.61				2h1	Gold Coast, AUS	10 Apr
1:46.43i				4	New York (A) NY, USA	3 Feb
1:46.53				4	Eugene OR, USA	25 May
1:47.95i				4	Glasgow	25 Feb
1:45.57	Thomas Staines	U23	22.02.98	1	Nashville TN, USA	2 Jun
1:46.56				1	Charlotte NC, USA	26 May
1:47.23i				1	Pittsburg KS, USA	10 Mar
1:47.82iA				1	Boulder CO, USA	3 Feb
1:45.73	Jamie Webb		1.06.94	1	Oordegem, BEL	2 Jun
1:46.37				4	Stockholm, SWE	10 Jun
1:46.79				2	Oordegem, BEL	26 May
1:46.97				6=	Madrid, ESP	23 Jun
1:47.33i				1	Vienna, AUT	27 Jan
1:47.38				2	Plasecnzo, POL	20 May
1:47.04i	Neil Gourley		7.02.95	1	Clemson SC, USA	24 Feb
1:47.90				1	Marietta OH, USA	19 May
1:47.96				5	Atlanta GA, USA	8 May
1:47.12	Canaan Solomon	U23	17.09.98	1	Heusden, BEL	21 Jul
1:47.23				3	Schifflange, LUX	29 Jul
(10)						
1:47.33	Michael Rimmer		3.02.86	6	Dublin (S), IRL	19 Jul
1:47.45				9	Huelva, ESP	8 Jun
1:47.91				5	Cork, IRL	16 Jul
1:47.36	Max Burgin	U17	20.05.02	1	Györ, HUN	8 Jul
1:47.50				1	Manchester (SC)	12 May
1:47.73	Markhim Lonsdale	U20	9.01.99	5s2	Tampere, FIN	14 Jul
1:47.76	Spencer Thomas	U23	26.08.97	2	Manchester (SC)	12 May
1:47.77	Matthew Harding	U23	3.04.98	3	Durham NC, USA	21 Apr
1:47.95	Alex Botterill	U20	18.01.00	2	Watford	26 May
1:47.97				3s1	Tampere, FIN	14 Jul

69 performances to 1:48.0 by 16 athletes including 12 indoors

Time	Athlete	Cat	DOB	Pos	Venue	Date
1:48.07	James Bowness		26.11.91	8	Oordegem, BEL	26 May
1:48.32	Joseph Reid	U23	8.03.96	4	Manchester (SC)	12 May
1:48.35	Michael Wilson	U23	4.01.96	1rB	Azusa CA, USA	20 Apr
1:48.35	Chris O'Hare		23.11.90	1ns	Grangemouth	24 Jun
(20)						
1:48.41	Charlie Da'Vall Grice		7.11.93	3	Brisbane (Nathan), AUS	28 Mar
1:48.61	Jake Heyward	U20	26.04.99	1	Manchester (Str)	26 Jun
1:48.67	Alexander Hanson	U23	25.06.97	1	San Antonio, USA	6 May
1:48.78	Archie Davis	U23	16.10.98	3	Brighton	30 May
1:48.87iA	Josh Kerr	U23	8.10.97	1	Albuquerque NM, USA	19 Jan
1:50.55				5	Clovis NM, USA	12 May
1:48.97	Finley Bigg	U23	2.06.98	2	Watford	8 Aug
1:49.05	Ben Greenwood	U23	24.09.98	1rB	Watford	26 May
1:49.08	William Snook		11.10.95	4	Heusden, BEL	21 Jul
1:49.14	Alex Coomber		24.07.94	7rC	Oordegem, BEL	26 May

2018 - Men - 800 Metres

Time		Name	Cat	DOB	Pos	Venue	Date
1:49.18		Robbie Fitzgibbon	U23	23.03.96	2	Watford	13 Jun
	(30)						
1:49.22		Jamie Williamson	U23	3.03.97	1	Loughborough	6 Jun
1:49.28		Andrew Smith		7.10.95	3	Manchester (Str)	24 Jul
1:49.31		Sean Molloy		18.09.95	4	Brighton	30 May
1:49.32		Max Wharton	U23	8.07.96	2rB	Watford	26 May
1:49.41		Elliot Slade		5.11.94	1	Belfast	24 Jun
1:49.45		Jacob Brown	U23	24.11.97	3rB	Watford	26 May
1:49.46		Dominic Walton		13.11.93	1rB	Manchester (Str)	18 Aug
1:49.47		Conall Kirk	U23	6.01.96	2	Watford	11 Jul
1:49.64		John Bird		17.05.92	4	Manchester (Str)	24 Jul
1:49.65		Alexander Birkett	U20	9.11.99	1rB	Manchester (SC)	12 May
	(40)						
1:49.67		James West	U23	30.01.96	2	Eugene OR, USA	4 May
1:49.74		Oliver Dustin	U20	29.11.00	1	Birmingham	14 Jul
1:49.80		Michael Wilsmore		8.06.85	5	Watford	13 Jun
1:49.81		James Gormley	U23	3.04.98	5	Manchester (Str)	24 Jul
1:49.84		Daniel Mees	U23	12.09.98	2rB	Manchester (Str)	18 Aug
1:49.93		James Downing	U23	12.03.96	6	Watford	13 Jun
1:50.02		Sol Sweeney	U23	4.12.98	3rB	Manchester (Str)	18 Aug
1:50.06		Ricky Lutakome	U20	19.11.99	4rB	Watford	26 May
1:50.10		Jack Hallas		7.02.91	6	Brighton	30 May
1:50.11		Ben Rochford	U23	27.03.96	1	Exeter	28 Aug
	(50)						
1:50.14		Ben Waterman		29.09.93	5rB	Watford	26 May
1:50.17		Yusuf Bizimana	U20	16.09.00	1rB	Manchester (Str)	28 Aug
1:50.19		James McCarthy	U23	31.10.96	3	Watford	11 Jul
1:50.29		Josh Allen	U20	23.01.00	4	Manchester (Str)	12 Jun
1:50.33		Daniel Bebbington	U23	8.06.96	5	Watford	8 Aug
1:50.42i		Will Crisp	U20	25.11.99	4h3	Birmingham	17 Feb
1:51.33					7rB	Watford	26 May
1:50.46		Ben Brunswick	U23	29.06.97	5	Manchester (Str)	12 Jun
1:50.50		Grant Muir		4.10.93	4	Manchester (Str)	26 May
1:50.53		Adam Wright	U23	15.09.96	4rB	Manchester (Str)	18 Aug
1:50.65i		Nathan Gillis		25.02.97	2	Ames IA, USA	10 Feb
	(60)						
1:50.68		Tom Marshall		12.06.89	2	Cardiff	13 Jul
1:50.76		Piers Copeland	U23	26.11.98	2rB	Manchester (SC)	12 May
1:50.82		Simon Coppard	U20	19.02.01	8	Brighton	30 May
1:50.83		Edward Dodd		10.02.94	2rB	Oordegem, BEL	2 Jun
1:50.86		Alex Goodall	U20	30.09.99	7rC	Oordegem, BEL	2 Jun
1:50.88		Phil Norman		20.10.89	2	Exeter	28 Aug
1:50.91		Victor Nutakor		7.01.87	1	London (Elt)	20 Jun
1:50.93i		Matthew Fayers		5.08.94	7	Fayetteville AR, USA	27 Jan
1:50.94		Tom Gifford		21.10.93	3	Long Beach CA, USA	20 Apr
1:51.06		Ben Potrykus	U23	30.05.96	3	Glasgow (S)	1 Jun
	(70)						
1:51.09i		Robert Needham		18.04.94	2	Sheffield	7 Jan
1:51.25					5	Loughborough	6 Jun
1:51.09		Luke Jones	U23	18.10.96	3	Manchester (Str)	15 May
1:51.10		Nzimah Akpan		25.03.94	2	London (Elt)	20 Jun
1:51.12		Adam Spilsbury	U20	25.06.99	2rC	Manchester (SC)	12 May
1:51.12		Michael Parry	U20	25.11.99	4rB	Manchester (Str)	24 Jul
1:51.18		Patrick Taylor	U23	6.03.96	6	Watford	8 Aug
1:51.21		John Ashcroft		13.11.92	4	Manchester (Str)	15 May
1:51.22		Seumas MacKay	U20	8.03.01	2rB	Manchester (Str)	28 Aug
1:51.22		Rory Graham-Watson		3.06.90	1	Watford	5 Sep
1:51.25i		Will Perkin	U23	16.12.98	1rB	London (LV)	7 Feb
	(80)						
1:51.29		Sam Brown	U20	21.03.00	4rC	Manchester (SC)	12 May
1:51.30		Thomas Randolph	U20	7.02.99	3rB	Manchester (SC)	12 May
1:51.30		Sebastian Anthony	U23	16.02.97	5rB	Loughborough	20 May
1:51.36		John Cove	U23	30.11.96	3	Cardiff	2 Jun
1:51.41		Josh Carr		30.07.94	8rB	Watford	26 May
1:51.48		Tiarnan Crorken	U20	13.06.99	5	Manchester (Str)	15 May

2018 - Men - 800 Metres

Time	Name	Cat	DOB	Pos	Venue	Date
1:51.56	Cameron Steven	U20	5.03.99	2rD	Princeton NJ, USA	12 May
1:51.58	James Habergham	U23	11.08.97	7	Manchester (Str)	12 Jun
1:51.70	Charlie Baldwin		28.09.95	5rC	Manchester (SC)	12 May
1:51.70	Chris Thornley		5.09.93	3rB	Watford	8 Aug
(90)						
1:51.72	William Onek		7.05.89	3rB	Manchester (Str)	28 Aug
1:51.73	David Proctor		22.10.85	2rC	Watford	26 May
1:51.74	Guy Smith		11.01.90	4	Cardiff	2 Jun
1:51.78	Ben Lee	U20	7.01.01	1	Manchester (Str)	14 Aug
1:51.79	Cameron Bell	U20	2.01.99	4rB	Manchester (SC)	12 May
1:51.79	Elliott Dorey		19.04.94	1	London (Elt)	23 May
1:51.81	Christian Byron		20.12.92	2rC	Manchester (Str)	18 Aug
1:51.83	Stephen MacKay		7.06.92	4	Glasgow (S)	1 Jun
1:51.90	Callum Dodds	U20	6.10.00	2rE	Loughborough	23 Jun
1:51.91	Matthew Wigelsworth	U23	27.09.96	6	Manchester (Str)	26 Jun
(100)						
1:51.98	Daniel Wallis	U23	29.01.96	2	Elon NC, USA	14 Apr
1:52.00	Tommy Horton		7.11.93	5	Belfast	26 Jun

Additional Under 20 (1-22 above)

Time	Name	Cat	DOB	Pos	Venue	Date
1:52.02	Fintan Stewart		7.05.99	1rB	Manchester (Str)	12 Jun
1:52.05	Psalm Roberts-Nash		7.07.99	4	Bedford	17 Jun
1:52.19	Dan Wilde		13.07.99	1	Street	5 May
1:52.21	Kane Elliott	U17	19.01.02	6	Glasgow (S)	1 Jun
1:52.24	Joseph Tuffin		24.06.99	1rD	Manchester (Str)	18 Aug
1:52.37	Joshua Lay		11.04.00	1rB	Watford	18 Apr
1:52.44	Ethan Hussey	U17	5.03.03	1rD	Manchester (Str)	12 Jun
1:52.45	George Mills		12.05.99	4s1	Bedford	6 May
(30)						
1:52.46	Jack Higgins	U17	20.09.01	3rB	London (Elt)	15 Aug
1:52.7	Daniel Joyce	U17	2.01.03	1	Darlington	4 Aug
1:52.72	Thomas Fulton		16.12.99	4rE	Watford	26 May
1:52.87	Harry Richardson		21.03.00	8rB	Watford	8 Aug
1:52.89	Adrian Lloyd-Davies		29.08.00	2	Tipton	17 Jul
1:53.06	Rocco Zaman-Browne		4.12.00	3rB	Manchester (Str)	12 Jun
1:53.39	Shaun Hudson		8.09.00	3rB	Watford	18 Apr
1:53.41	Jacques Maurice		11.02.01	5rF	Loughborough	23 Jun
1:53.44	Joe Ewing	U17	17.02.02	1rG	Loughborough	23 Jun

Additional Under 17 (1-6 above)

Time	Name	Cat	DOB	Pos	Venue	Date
1:53.63	Oliver Carvell		9.04.02	1	Birmingham	16 Jun
1:53.81	Joe Smith		20.10.01	4=	Nuneaton	2 Jun
1:53.89	Daniel Howells		28.02.02	1	Crawley	16 Jun
1:54.22	Oliver Lill		27.06.02	1rB	London (Elt)	20 Jun
(10)						
1:54.3	Gabriel Gisborne		12.10.02	1	Rotherham	4 Aug
1:54.53	David Locke		21.08.02	4	Grangemouth	21 Jul
1:54.8	Henry Johnson		28.10.02	2	Chester-Le-Street	18 Jun
1:54.94	Ross Whitelaw		4.03.02	2rB	Glasgow (S)	1 Jun
1:55.30	Liam Blackwell		5.09.02	7rF	Manchester (SC)	12 May
1:55.5	Abdifataah Hasan		14.02.02	1	Birmingham	5 Aug
1:55.51	Eddie Hunter		9.09.01	2h3	Birmingham	13 Jul
1:55.61	Dominic McDougall		16.12.01	1	Bromley	27 May
1:55.73	Benjamin Reynolds		1.10.02	3	Newport	1 Aug
1:55.80	Laurance Edwards		26.11.01	6	Watford	5 Sep
(20)						
1:55.95	Will Bellamy		31.03.03	1rB	Chester-Le-Street	18 Jun
1:56.03	Adam Saul-Braddock		20.09.01	3rB	Tipton	22 May
1:56.06	Sam Tyers		19.06.02	1rB	Chester-Le-Street	14 May
1:56.21	Cameron Reid		20.12.01	3h3	Birmingham	13 Jul
1:56.3	Josh Fiddaman		6.02.02	3	Jarrow	3 Jun
1:56.36	Samuel Charig		21.11.01	3rC	London (Elt)	18 Jul
1:56.73i	Sidnie Ward		9.01.03	3	Sheffield	25 Feb
1:57.37				5rB	London (Elt)	18 Jul
1:56.77	Tom Rickards		18.12.02	2	Bromley	27 May
1:57.2	Oliver Hall		16.04.02	1	Reading	9 Jun

2018 - Men - 800 Metres

Time		Name	Date	Pos	Venue	Day	Month
1:57.25		Oliver Bright	9.04.03	3	Bromley	23	Jun
	(30)						
1:57.28		Peter Guy	28.09.01	4rC	London (Elt)	20	Jun
1:57.33		Jamie Webster	15.03.02	1rD	Watford	8	Aug
1:57.37		Archie Rainbow	7.12.01	3h1	Birmingham	13	Jul
1:57.5		Jamie Rashbrook	10.08.03	1	Ilford	23	Jun

Under 15

Time	Name	Date	Pos	Venue	Day	Month
1:59.10	Gilad Nachshen	3.12.03	8rD	Watford	13	Jun
1:59.75	Dylan McBride	17.09.03	1	Belfast	26	Jun
1:59.81	Edward Henderson	6.10.03	3rF	Watford	8	Aug
1:59.99	Jai Sispal	19.10.03	1	Birmingham	14	Jul
2:00.10	Aaron Duncan	26.10.03	1rF	Brighton	30	May
2:00.67	Aidan Lynch	27.09.03	2	Birmingham	14	Jul
2:00.88	Samuel Reardon	30.10.03	5	Bromley	13	Aug
2:01.0	Jacob Reynolds	15.07.04	1rB	Carmarthen	30	May
2:01.02	Lewis Watt	27.09.03	2rE	Glasgow (S)	1	Jun
2:01.64	Kyle Rabjohn	18.11.03	4	Birmingham	14	Jul
(10)						
2:01.66	Charlie Holland	14.04.04	1	Neath	13	May
2:01.73	Jacob Luc	18.02.04	3rE	Glasgow (S)	1	Jun
2:02.11	Mark Roberts	10.10.03	2	Liverpool	12	Aug
2:02.30	William Randall	23.09.03	1rD	Leeds	2	Jul
2:02.41	Joshua Smith	22.01.04	8rE	Watford	16	May
2:02.41	Finlay Hutchinson	19.03.04	2	Bristol	21	Jul
2:02.47	Ewan Purves	3.03.04	1	Aberdeen	19	Aug
2:02.70	James Young	18.10.03	5	Birmingham	14	Jul
2:02.70	Dafydd Jones	10.01.04	5rB	Newport	1	Aug
2:02.78	Adam Beer		6rB	Newport	1	Aug
(20)						
2:03.01	Thomas Mason	25.07.04	1	Exeter	22	Jul
2:03.17	Jonathon Stock	22.02.04	6h1	Birmingham	13	Jul
2:03.35	Alex Kerfoot	21.10.03	1rG	Milton Keynes	2	Jun
2:03.36	Noah Bennett	8.03.04	4rE	Watford	5	Sep
2:03.48	Luke Richardson	1.05.04		Birmingham	16	Jun
2:03.65	Callum Collins	20.12.03	4h1	Bedford	25	Aug
2:03.66	Laurence Petty	23.09.03	2	Grangemouth	12	May
2:03.97	Felix Vaughan	17.09.03	4rB	Crawley	25	Jul

Under 13

Time	Name	Date	Pos	Venue	Day	Month
2:08.09	Finn O'Neill	13.10.05	1	Tullamore, IRL	14	Jul
2:10.51	Henry Dover	15.10.05	1	London (LV)	12	Aug
2:10.53	William Steadman		2	London (LV)	12	Aug
2:10.77	William Rabjohns	11.02.06	1	Kingston	28	Jul
2:12.38	Reef Page	9.02.06	3rM	Watford	8	Aug
2:12.52	Jacob Asher-Reif		5	Kettering	7	Aug
2:13.33	Luca McGrath		1	Peterborough	30	Jun
2:14.0	Jimmy Geller	26.09.05	1	Chelmsford	4	Jul
2:14.2	Harry Prescott	19.09.05	1	Basingstoke	29	Aug
2:14.62	Lachlan Buchanan	20.08.06	1	Aberdeen	18	Aug
2:14.96	Josh Swift	27.09.05	1rB	Manchester (Str)	27	Aug

Foreign

Time	Name		Date	Pos	Venue	Day	Month
1:46.88	*Zak Curran (IRL)*		*1712.93*	*2*	*Oslo, NOR*	*7*	*Jun*
1:48.98	*Ahmed Bashir Farah (SOM)*	*U23*	*5.06.97*	*1*	*Manchester (Str)*	*18*	*Aug*
1:49.53	*Nicholas Landeau (TTO)*		*30.01.95*	*1*	*Port of Spain, TTO*	*18*	*Feb*
1:49.76	*Ossama Meslek (ITA)*	*U23*	*8.01.97*	*1*	*Manchester (Str)*	*28*	*Aug*
1:49.91	*Rasmus Kisel (EST)*	*U23*	*21.07.96*	*4rB*	*Karlstad, SWE*	*25*	*Jul*
1:50.68	*Sam Blake (AUS)*		*11.07.95*	*1rB*	*London (Elt)*	*15*	*Aug*
1:51.75	*Harvey Dixon (GIB)*		*2.11.93*	*2*	*Watford*	*5*	*Sep*
1:51.98	*Alex Gruen (AUS)*	*U23*	*1.02.98*	*1rC*	*London (Elt)*	*7*	*Jul*

1000 Metres

Time	Name	Date	Pos	Venue	Day	Month
2:16.27	Jake Wightman	11.07.94	3	Stockholm, SWE	10	Jun
2:17.18	Andrew Osagie	19.02.88	7	Stockholm, SWE	10	Jun
2:21.25i	Tom Marshall	12.06.89	1	Cardiff	4	Feb
2:21.89i	Neil Gourley	7.02.95	1	Lynchburg VA, USA	27	Jan

1500 Metres

3:32.11	Chris O'Hare		23.11.90	9	Monaco, MON	20	Jul
	3:35.96			1	Oslo, NOR	7	Jun
	3:36.47			9	Rome, ITA	31	May
	3:37.03i			1	Boston (R) MA, USA	10	Feb
	3:37.63i+			1m	New York (A) NY, USA	3	Feb
	3:39.04			8	Gold Coast, AUS	14	Apr
	3:39.53			9	Berlin, GER	10	Aug
	3:42.46i			5h1	Birmingham	3	Mar
3:33.96	Jake Wightman		11.07.94	12	Monaco, MON	20	Jul
	3:35.97			3	Gold Coast, AUS	14	Apr
	3:37.04			3	Marseille, FRA	16	Jun
	3:37.43i			2	Boston MA, USA	10	Feb
	3:38.25			3	Berlin, GER	10	Aug
	3:40.73			1h3	Berlin, GER	8	Aug
	3:41.86			1h1	Birmingham	30	Jun
3:34.20	Charlie Da'Vall Grice		7.11.93	5	Rabat, MAR	13	Jul
	3:35.72			6	Rome, ITA	31	May
	3:35.88			2	Prague, CZE	4	Jun
	3:36.48			1	Marseille, FRA	16	Jun
	3:37.43			4	Gold Coast, AUS	14	Apr
	3:38.65			5	Berlin, GER	10	Aug
	3:39.05i			4	Torun, POL	15	Feb
	3:40.06			11	Zurich, SUI	30	Aug
	3:40.43i+			4m	New York (A) NY, USA	3	Feb
	3:40.80			2h2	Berlin, GER	8	Aug
	3:41.49i			3	Metz, FRA	11	Feb
	3:41.83+			6m	Birmingham	18	Aug
	3:42.15			2h1	Birmingham	30	Jun
3:35.01	Josh Kerr	U23	8.10.97	1	Azusa CA, USA	20	Apr
	3:39.58i+			3m	New York (A) NY, USA	3	Feb
3:35.98	Neil Gourley		7.02.95	8	London (O)	22	Jul
	3:36.54			1	Lignano, ITA	11	Jul
	3:39.77			1	Nashville TN, USA	2	Jun
	3:40.37			1	Atlanta GA, USA	16	Mar
	3:42.03+			7m	Birmingham	18	Aug
3:36.59	James West	U23	30.01.96	10	London (O)	22	Jul
	3:37.41			7	Azusa CA, USA	20	Apr
	3:41.42			3	Portland OR, USA	15	Jun
	3:41.67			2	Stanford CA, USA	13	May
	3:42.08			7	Portland OR, USA	10	Jun
3:36.90	Jake Heyward	U20	26.04.99	13	London (O)	22	Jul
	3:39.84			9	Oslo, NOR	7	Jun
	3:42.31			2rC	Oordegem, BEL	26	May
3:39.37	Robbie Fitzgibbon	U23	23.03.96	5	Tübingen, GER	16	Jun
	3:40.76			8	Montbéliard, FRA	1	Jun
	3:41.32			3	Trier, GER	23	Aug
	3:42.00			6	Turku, FIN	5	Jun
	3:42.31			7	Sotteville, FRA	17	Jul
3:39.51	William Paulson		17.11.94	6	Swarthmore, PA, USA	14	May
3:40.42	Michael Wilsmore		8.06.85	5	Heusden, BEL	21	Jul
	3:40.92			2	Oordegem, BEL	2	Jun
	3:42.26i			8	Glasgow	25	Feb
	3:42.39			4	Watford	11	Jul
(10)							
3:40.93	Philip Sesemann		3.10.92	1	Watford	11	Jul
3:41.59	Jamie Williamson	U23	3.03.97	1	Watford	26	May
	3:41.66			1	Pfungstadt, GER	11	Jul
	3:42.39			1	Watford	8	Aug
3:41.78i	Tom Marshall		12.06.89	6	Glasgow	25	Feb
	3:42.76			6	Watford	11	Jul
3:42.01	Jonathan Hay		12.02.92	4rB	Heusden, BEL	21	Jul
3:42.15	Andrew Smith		7.10.95	1rB	Tübingen, GER	16	Jun
	3:42.43			5	Watford	11	Jul

2018 - Men - 1500 Metres

Time		Name	Cat	DOB	Pos	Venue	Date
3:42.21		Spencer Thomas	U23	26.08.97	3	Watford	11 Jul
3:42.32		Jonathan Davies		28.10.94	2	Watford	26 May
		63 performances to 3:42.5 by 17 athletes including 10 indoors					
3:42.76		James Gormley	U23	3.04.98	2	Manchester (Str)	18 Aug
3:42.77		Sol Sweeney	U23	4.12.98	2	Watford	8 Aug
3:42.90		Tom Lancashire		2.07.85	10rB	Ninove, BEL	28 Jul
	(20)						
3:43.00		William Fuller	U23	14.05.97	7	Watford	11 Jul
3:43.09		Archie Davis	U23	16.10.98	6rC	Oordegem, BEL	26 May
3:43.13		Kieran Wood		3.11.95	5	Watford	26 May
3:43.19		Ian Crowe-Wright		27.03.95	3rC	Azusa CA, USA	20 Apr
3:43.23		Piers Copeland	U23	26.11.98	3h1	Birmingham	30 Jun
3:43.32		Zak Seddon		28.06.94	3	Loughborough	23 Jun
3:43.57		Phil Norman		20.10.89	3	Manchester (Str)	18 Aug
3:43.87		Lewis Lloyd		29.04.94	6	Watford	8 Aug
3:43.93		Elliott Dorey		19.04.94	5	Loughborough	23 Jun
3:44.02		Jacob Allen		3.10.94	2	Stanford CA, USA	3 May
	(30)						
3:44.18i		Elliot Giles		26.05.94	4	Ghent, BEL	10 Feb
		3:47.39			1	Brighton	30 May
3:44.19		Josh Carr		30.07.94	9	Watford	11 Jul
3:44.22		James Bowness		26.11.91	4	Manchester (SC)	12 May
3:44.33		Kieran Clements		20.11.93	8	Watford	8 Aug
3:44.77		John Ashcroft		13.11.92	2	Loughborough	20 May
3:44.90		George Duggan	U23	1.09.96	10	Watford	11 Jul
3:44.93		Jack Rowe	U23	30.01.96	2	Los Angeles CA, USA	14 Apr
3:44.93		Tom Hook		6.06.95	5	Manchester (SC)	12 May
3:45.07		Sam Atkin		14.03.93	7	Eugene OR, USA	4 May
3:45.21		Emile Cairess	U23	27.12.97	1	Manchester (Str)	12 Jun
	(40)						
3:45.30		Tom Farrell		23.03.91	13	Portland OR, USA	15 Jun
3:45.32		Bradley Goater		13.04.94	2rB	Loughborough	23 Jun
3:45.33		Stuart McCallum		15.09.95	2rD	Azusa CA, USA	20 Apr
3:45.34		Joshua Trigwell		28.05.93	4	Manchester (Str)	18 Aug
3:45.47		Andrew Heyes		22.06.90	8	Loughborough	23 Jun
3:45.49		Liam Dee	U23	23.05.96	9	Charlottesville VA, USA	21 Apr
3:45.50		Christopher Olley	U23	26.03.96	3rB	Loughborough	23 Jun
3:45.83		John Sanderson		27.02.93	1rB	Watford	13 Jun
3:46.11		Matthew Fayers		5.08.94	3	Manchester (Str)	12 Jun
3:46.29		Kieran Reilly		18.10.93	8	Watford	26 May
	(50)						
3:46.30		Lewis Moses		9.01.87	6	Watford	13 Jun
3:46.43		Dominic Nolan		29.11.94	7	Loughborough	20 May
3:46.44		Ieuan Thomas		17.07.89	1	Cardiff	14 Jul
3:46.45		Ben Potrykus	U23	30.05.96	4	Manchester (Str)	12 Jun
3:46.53		Richard Weir		7.08.84	3	Manchester (Str)	28 Aug
3:46.72		Jeremy Dempsey	U20	17.12.99	8	Loughborough	20 May
3:46.84		Kane Elliott	U17	19.01.02	5	Manchester (Str)	12 Jun
3:46.86		Alexander Teuten		3.01.92	8	Manchester (SC)	12 May
3:46.87		Chris Parr		13.11.84	1rE	Ninove, BEL	28 Jul
3:47.03		Alex Brecker		15.12.93	6	Manchester (Str)	12 Jun
	(60)						
3:47.05		Rowan Axe		17.05.91	1	Watford	22 Aug
3:47.06		Jacob Brown	U23	24.11.97	7	Manchester (Str)	12 Jun
3:47.09		Guy Smith		11.01.90	9	Watford	26 May
3:47.12		Ricky Harvie		17.03.95	5rB	Loughborough	23 Jun
3:47.14		Max Wharton	U23	8.07.96	2	Manchester (Str)	24 Jul
3:47.17		Ellis Cross	U23	22.09.96	6rB	Loughborough	23 Jun
3:47.24		Matthew Wigelsworth	U23	27.09.96	9	Manchester (SC)	12 May
3:47.25		Philip Crout		7.04.95	5rB	Watford	13 Jun
3:47.32		Jack Crabtree	U23	13.09.95	10	Watford	26 May
3:47.35		Jonathan Tobin	U23	11.04.95	12	Watford	26 May
	(70)						
3:47.44		James McMurray		18.01.95	2s2	Bedford	6 May
3:47.47		Matthew Harding	U23	3.04.98	6	Atlanta GA, USA	17 Mar

2018 - Men - 1500 Metres

Time	Name	Cat	DOB	Pos	Venue	Date
3:47.47	Ryan Driscoll		25.01.94	13	Watford	26 May
3:47.47	John Cove		30.11.96	2	Cardiff	14 Jul
3:47.60	James Young	U23	29.12.97	3	Manchester (Str)	24 Jul
3:47.63	Scott Halstead	U23	31.05.96	2	Stanford CA, USA	21 Apr
3:47.65	Daniel Wallis	U23	29.01.96	4rC	Stanford CA, USA	3 May
3:47.70	Max Burgin	U17	20.05.02	4	Manchester (Str)	24 Jul
3:47.74	Adam Moore	U23	8.06.98	3s2	Bedford	6 May
3:47.86	Luke Caldwell		2.08.91	10	Watford	13 Jun
(90)						
3:48.02	Kyran Roberts		19.09.95	10	Loughborough	20 May
3:48.06	Adam Visokay		11.03.94	9rB	Loughborough	23 Jun
3:48.07	Ben Greenwood	U23	24.09.98	5	Loughborough	6 Jun
3:48.12	Joe Wilkinson	U23	27.06.96	6	Loughborough	6 Jun
3:48.25	Paulos Surafel	U23	12.01.97	4	London (He)	4 Aug
3:48.32	Haran Dunderdale	U23	26.04.96	4rl	Azusa CA, USA	20 Apr
3:48.40	Dale King-Clutterbuck		1.01.92	10rB	Loughborough	23 Jun
3:48.44	Daniel Bebbington	U23	8.06.96	5rC	Loughborough	23 Jun
3:48.45	Robert Warner		15.06.94	7	Loughborough	6 Jun
3:48.52	Joshua Lay	U20	11.04.00	8	Loughborough	6 Jun
(90)						
3:48.54	William Richardson	U23	23.02.98	5	London (He)	4 Aug
3:48.55	Oliver Dustin	U20	29.11.00	1rA	Leeds	2 Aug
3:48.57	Michael Callegari		1.09.94	2	Tallahassee FL, USA	4 May
3:48.67	Thomas Keen	U20	16.06.01	1	Milton Keynes	2 Jun
3:48.72i	Steve Mitchell		24.05.88	2	Cardiff	14 Jan
3:48.82	Canaan Solomon	U23	17.09.98	2	Brighton	30 May
3:48.83	Neil Johnston		9.12.93	2rB	Watford	11 Jul
3:48.85	Linton Taylor		20.01.95	1rD	Loughborough	23 Jun
3:48.88	Adam Craig		9.05.95	2rB	Williamsburg, USA	6 Apr
3:48.96	Jonothan Kay		23.05.95	4	Manchester (Str)	28 Aug
(100)						
3:48.99	Grant Muir		4.10.93	6rC	Loughborough	23 Jun

Additional Under 20 (1-7 above)

Time	Name	Cat	DOB	Pos	Venue	Date
3:49.06	Yusuf Bizimana		16.09.00	12rB	Loughborough	23 Jun
3:49.07	Benjamin Davies		12.03.99	2rB	London (Elt)	7 Jul
3:49.46	Ricky Lutakome		19.11.99	5rB	Watford	8 Aug
(10)						
3:50.14	Rory Leonard		13.02.01	3rB	Loughborough	6 Jun
3:50.27	Alexander Birkett		9.11.99	2rA	Leeds	2 Aug
3:50.37	Ethan Hussey	U17	5.03.03	3rA	Leeds	2 Aug
3:50.39	Luke Duffy		14.11.00	7rB	Watford	8 Aug
3:50.91	James Vincent		15.10.99	8rB	Watford	8 Aug
3:51.19	Jacques Maurice		11.02.01	9rB	Watford	26 May
3:51.82	Joshua Cowperthwaite		9.04.01	5rB	Loughborough	6 Jun
3:51.93	Jaymee Domoney		17.04.99	6r3	Gainesville FL, USA	29 Mar
3:51.98	Xavier O'Hare		3.07.01	4rB	Manchester (Str)	24 Jul
3:52.03	Joseph Tuffin		24.06.99	11s2	Bedford	6 May
(20)						
3:52.54	Dan Wilde		13.07.99	1rE	Manchester (SC)	12 May
3:53.04	Luke van Oudtshoorn	U17	30.06.02	1rB	Watford	2 May
3:53.10	Cameron Bell		2.01.99	6	Manchester (Str)	26 Jun
3:53.10	David Mullarkey		7.03.00	9rB	Manchester (Str)	24 Jul
3:53.21	Nathan Dunn		1.09.99	7	Manchester (Str)	26 Jun
3:53.28	Max Jones		13.05.99	3rC	Watford	26 May
3:53.47	James Heneghan		26.05.99	1rC	London (Elt)	7 Jul
3:53.58	Joe Smith	U17	20.10.01	5	Brighton	30 May
3:53.88	Matthew Stonier	U17	24.09.01	5rE	Loughborough	23 Jun
3:54.22	Tom Mortimer		7.01.99	1	Birmingham	22 Apr
(30)						
3:54.32	Tiarnan Crorken		13.06.99	8	Manchester (Str)	26 Jun
3:54.36	Hugh Sadler		29.09.99	3rE	Watford	26 May

Additional Under 17 (1-6 above)

Time	Name	Cat	DOB	Pos	Venue	Date
3:55.47	Henry McLuckie		3.05.02	3	Milton Keynes	2 Jun
3:55.82	Joe Ewing		17.02.02	4	Chester-Le-Street	9 Jul

2018 - Men - 1500 Metres

Time	Name	DOB	Pos	Venue	Date
3:56.25	Oliver Lill	27.06.02	2	London (Elt)	23 May
3:56.96	Will Bellamy	31.03.03	3rB	Chester-Le-Street	9 Jul
(10)					
3:57.59	Mohamed Sharif Ali	8.08.03	5	London (Elt)	20 Jun
3:57.65	Oliver Bright	9.04.03	6	London (Elt)	20 Jun
3:57.76	Benjamin Reynolds	1.10.02	6rD	Manchester (Str)	18 Aug
3:58.23	Cameron MacRae	20.10.01	2rB	Leeds	2 Aug
3:58.73	Dominic McDougall	16.12.01	7	Watford	30 May
3:58.75	Samuel Charlton	27.10.01	4rB	Leeds	2 Aug
3:58.78	Harris Mier	7.11.01	3	Street	5 May
3:59.27	Daniel Payne	26.12.02	3	Chester-Le-Street	4 Jun
3:59.93	Liam Rawlings	12.01.03	4rE	Manchester (Str)	18 Aug
4:00.18	Henry Johnson	28.10.02	3	Jarrow	18 Apr
(20)					
4:00.2	Fergus Scott	15.10.02	1rB	Gateshead	7 Jul
4:00.43	Hamish Armitt	24.06.02	2	Grangemouth	5 Sep
4:00.58	Matthew Francis	14.01.02	4h2	Birmingham	13 Jul
4:00.77	Archie Parkinson	7.04.03	6	Tipton	14 Aug
4:01.08	Samuel Southall	4.11.01	5h2	Birmingham	13 Jul
4:01.34	Aaron Samuel	6.06.03	2	Chelmsford	9 Jun
4:01.62	Ethan O'Shea	6.07.02	7h2	Birmingham	13 Jul
4:01.65	Finn Harvey	4.09.01	12rB	Watford	22 Aug
4:01.71	Daniel Howells	28.02.02	5	Watford	4 Apr
4:01.87	Will Barnicoat	24.03.03	13	Watford	30 May
(30)					
4:01.96	Joseph Geller	20.02.02	1rB	Watford	30 May
4:02.45	Charlie Kershaw	26.08.02	15	Watford	30 May
4:02.69	Dylan Spencer	17.06.03	1rC	Watford	25 Jul
4:02.79	Nathan Goddard	11.07.02	5rB	Watford	30 May
4:03.40	Harley Norman	14.07.02	6rB	Watford	30 May
4:03.63	Ryan Shields	31.01.03	5	Tipton	22 May
4:03.74	William Mahoney	15.11.01	6	Watford	5 Sep

Under 15

Time	Name	DOB	Pos	Venue	Date
4:07.15	Felix Vaughan	17.09.03	1	London (Coul)	5 Sep
4:09.35	Edward Henderson	6.10.03	3rD	Watford	25 Jul
4:10.50	Jacob Reynolds	15.07.04	1	Cardiff	14 Jul
4:10.56	Thomas Archer	3.05.04	1rE	Watford	25 Jul
4:11.24	Mukhtar Musa		3rB	Watford	5 Sep
4:12.51	Dafydd Jones	10.01.04	2	Cardiff	14 Jul
4:14.18	James Wardle	10.11.03	4	Loughborough	1 Aug
4:14.66	Dylan McBride	17.09.03	1U16	Belfast	9 Jun
4:15.23	Joseph Chamberlain	29.12.03	3rE	Watford	25 Jul
4:15.66	Ross O'Brien	17.05.04	5	Livingston	18 Jul
(10)					
4:15.68	Adam Beer		3	Cardiff	14 Jul
4:15.91	Douglas Scally	28.12.03	4rE	Watford	25 Jul
4:16.22	Luke-Lom Hynes	24.11.03	6rD	Watford	27 Jun
4:16.25	Alexander Thompson	13.10.03	3	Birmingham	14 Jul
4:16.5	Pablo Seema-Roca	31.10.03	1	Gateshead	7 Jul
4:16.52	Samuel Reardon	30.10.03	6	Bromley	20 Aug
4:16.54	Lewis Sullivan	23.09.04	5rE	Watford	25 Jul
4:16.7	Noah Bennett	8.03.04	2	Gateshead	7 Jul
4:16.74	Samuel Hopkins	11.12.03	1	Manchester (Str)	24 Jul
(20)					
4:16.77	Alfie Spear	19.01.04	7rD	Watford	27 Jun
4:17.19	Liam Edwards	6.02.04	11	Newport	1 Aug
4:17.6	Fraser Sproul	23.09.03	3	Gateshead	7 Jul
4:17.73	Luca Stubbs	28.10.03	7rE	Watford	22 Aug
4:17.74	Joshua Robins	19.10.03	4rB	Tipton	22 May
4:17.83	Ryan Martin	10.10.03	9rD	Watford	27 Jun
4:18.10	Louie Johnson	9.08.04	1	Manchester (Str)	12 Jun
4:18.23	Alex Melloy	28.09.03	5	Birmingham	14 Jul
4:18.25	Evan Savage	16.09.04	2	Manchester (Str)	24 Jul
4:18.41	Sam Mannings	28.04.04	6rB	Tipton	22 May
(30)					

2018 - Men - 1500 Metres

Time	Name		Date	Pos	Venue	Date
4:18.46	Joshua French			2h1	Birmingham	13 Jul
4:18.51	Max Davies		19.12.03	1U17	Exeter	8 Jul
4:18.55	William Ashfield		29.01.04	3	Manchester (Str)	24 Jul
4:18.97	Joshua Smith		22.01.04	2rD	Watford	30 May

Under 13

Time	Name		Date	Pos	Venue	Date
4:23.11	William Rabjohns		11.02.06	10rB	Exeter	31 Jul
4:26.37	Isaac Morris			5rE	Watford	30 May
4:27.72	Finlay Ross		11.09.05	1rF	Leeds	2 Aug
4:28.65	Lachlan Buchanan		20.08.06	1rB	Grangemouth	5 Sep
4:29.79	Christo Chilton		27.09.05	6rF	Milton Keynes	2 Jun
4:33.67	Jimmy Geller		26.09.05	3rF	Watford	30 May
4:34.60	Henry Dover		15.10.05	1	Chelmsford	13 May
4:34.97	Alexander Adams			1	Nottingham	8 Sep
4:35.5	Harry Prescott		19.09.05	1	Reading	2 Sep
4:35.8	Quinn Miell-Ingram			1	Abingdon	22 Sep
4:35.87	Charlie Hague		7.09.06	1rC	Exeter	28 Aug

Foreign

Time	Name		Date	Pos	Venue	Date
3:39.31	*Ossama Meslek (ITA)*	*U23*	*8.01.97*	*7*	*Padova, ITA*	*2 Sep*
3:43.84	*Harvey Dixon (GIB)*		*2.11.93*	*11*	*Gold Coast, AUS*	*14 Apr*
3:47.48	*Alex Gruen (AUS)*	*U23*	*1.02.98*	*3*	*Loughborough*	*6 Jun*
3:48.47	*Sam Blake (AUS)*		*11.07.95*	*1rB*	*London (Elt)*	*7 Jul*

1 Mile

Time	Name		Date	Pos	Venue	Date
3:54.14i	Chris O'Hare		23.11.90	1	New York (A) NY, USA	3 Feb
3:55.53				1	Bay Shore NY, USA	5 Sep
3:57.17				2	Cambridge MA, USA	19 May
3:59.70				12	Birmingham	18 Aug
3:54.72i	Josh Kerr	U23	8.10.97	2	New York (A) NY, USA	3 Feb
3:57.02i				1	College Station TX, USA	10 Mar
3:59.67				4	Falmouth MA, USA	18 Aug
3:56.47i	Charlie Da'Vall Grice		7.11.93	4	New York (A) NY, USA	3 Feb
3:56.97				7	Birmingham	18 Aug
3:58.31i				3	New York (A) NY, USA	26 Jan
3:58.61				8	Bay Shore NY, USA	5 Sep
3:57.11	Neil Gourley		7.02.95	8	Birmingham	18 Aug
3:57.20				3	Bay Shore NY, USA	5 Sep
3:58.43				2	Atlanta GA, USA	22 May
3:58.44i	Matthew Fayers		5.08.94	8	Seattle WA, USA	9 Feb
3:58.60	Sam Atkin		14.03.93	2	St. Louis MO, USA	31 May
3:58.99	Jamie Williamson	U23	3.03.97	9	Cork, IRL	16 Jul
3:59.15	Jake Wightman		11.07.94	9	Oslo, NOR	7 Jun
18 performances to 4:00.0 by 8 athletes including 6 indoors						
4:00.69i	Liam Dee	U23	23.05.96	6rB	Boston MA, USA	25 Feb
4:01.78	William Paulson		17.11.94	5	Princeton NJ, USA	21 Apr
(10)						
4:02.53i	Philip Sesemann		3.10.92	7	Athlone, IRL	21 Feb
4:02.70i	James West	U23	30.01.96	2	Seattle WA, USA	24 Feb
4:02.79	Adam Clarke		3.04.91	1	London (LV)	9 May
4:03.72	Kieran Clements		20.11.93	1	Birmingham (Un)	23 Jun
4:03.97	James Gormley	U23	3.04.98	2	Birmingham (Un)	23 Jun
4:04.86i	Daniel Wallis	U23	29.01.96	1r1	Winston-Salem, USA	2 Feb
4:04.95	William Richardson	U23	23.02.98	1	Tipton	17 Jul
4:05.37	Dale King-Clutterbuck		1.01.92	1	London (O)	27 Jul
4:05.57	Phil Norman		20.10.89	1	Oxford	28 Jul
4:05.84	Josh Carr		30.07.94	2	Oxford	28 Jul
(20)						
4:05.85i	Thomas Staines	U23	22.02.98	2	Allendale MI, USA	9 Feb
4:06.20i	Ricky Harvie		17.03.95	3h1	Pittsburg KS, USA	9 Mar
4:06.42iA	Ian Crowe-Wright		27.03.95	2	Albuquerque NM, USA	10 Feb
4:07.13i	Scott Snow		29.11.95	10rB	Seattle WA, USA	9 Feb
4:07.16i	Michael Ward		10.12.94	7	South Bend, USA	3 Feb
4:07.39	Lewis Moses		9.01.87	2	London (O)	27 Jul
4:07.52i	Aaron Phelps		6.10.93	6	Nashville TN, USA	10 Feb

2018 - Men - 1500 Metres   177

Foreign
4:03.34i   Harvey Dixon (GIB)   2.11.93   1rC   Boston (A) MA, USA   25 Feb

3000 Metres
7:47.21i	Andrew Butchart		14.10.91	5	New York (A) NY, USA	3 Feb
7:50.18i	Jonathan Davies		28.10.94	6	Boston MA, USA	10 Feb
	7:56.13i			1	Mondeville, FRA	3 Feb
	7:57.80i			1	Sheffield	7 Jan
7:51.01i	Andrew Heyes		22.06.90	6	Glasgow	25 Feb
	7:54.81i			1	Birmingham	18 Feb
	7:57.32			8	Watford	25 Jul
	7:58.30i			3	Sheffield	7 Jan
7:51.23i	James West	U23	30.01.96	6	Seattle WA, USA	9 Feb
	7:58.26i			9	New York (A) NY, USA	26 Jan
	8:11.69			1	Bedford	7 Jul
7:53.88	Luke Traynor		6.07.93	1	Watford	25 Jul
7:54.06	Richard Allen		25.10.95	2	Watford	25 Jul
7:54.41i	Nick Goolab		30.01.90	2	Ghent, BEL	10 Feb
	7:55.00i			1	Sheffield	6 Feb
7:54.72	Kieran Clements		20.11.93	3	Watford	25 Jul
7:55.00	Tom Lancashire		2.07.85	4	Watford	25 Jul
7:55.17	Jake Heyward	U20	26.04.99	5	Watford	25 Jul
(10)						
7:55.26	Alexander Teuten		3.01.92	6	Watford	25 Jul
7:55.58i	Lewis Moses		9.01.87	7	Glasgow	25 Feb
	7:56.00i			3	Birmingham	18 Feb
7:55.71i	Philip Sesemann		3.10.92	2	Birmingham	18 Feb
	7:58.18i			2	Sheffield	7 Jan
	8:18.59			1	Bedford	7 Jul
7:55.93i	Adam Clarke		3.04.91	4	Ghent, BEL	10 Feb
	7:57.40i			2	Sheffield	6 Feb
	7:59.19i			10	Glasgow	25 Feb
7:56.31	Ieuan Thomas		17.07.89	7	Watford	25 Jul
7:57.02i	Robbie Farnham-Rose		5.01.94	2	Seattle WA, USA	13 Jan
	7:57.40i			4	Birmingham	18 Feb
7:57.63i	Christopher Olley	U23	26.03.96	5	Birmingham	18 Feb
	7:59.76i			4	Sheffield	7 Jan
7:58.30	Jonathan Hay		12.02.92	9	Watford	25 Jul
7:58.60i	Piers Copeland	U23	26.11.98	1	Cardiff	16 Dec
7:58.64i	Michael Ward		10.12.94	7	Seattle WA, USA	27 Jan
(20)						
7:58.70	Josh Carr		30.07.94	10	Watford	25 Jul
7:58.82i	Jack Rowe	U23	30.01.96	8	Seattle WA, USA	27 Jan
7:58.94	Bradley Goater		13.04.94	11	Watford	25 Jul
7:59.22	Marc Scott		21.12.93	8	Bellinzona, SUI	18 Jul
7:59.64	Robbie Fitzgibbon	U23	23.03.96	7	Gothenburg, SWE	18 Aug
	38 performances to 8:00.0 by 25 athletes including 25 indoors					
8:00.49	Philip Crout		7.04.95	12	Watford	25 Jul
8:00.57i	Paulos Surafel	U23	12.01.97	3	Sheffield	6 Feb
8:00.62i	Sol Sweeney	U23	4.12.98	2	Cardiff	16 Dec
	8:06.90			1	Loughborough	20 May
8:01.40i	Adam Visokay		11.03.94	3	Boston MA, USA	9 Feb
	8:12.62+			23m	Stanford CA, USA	3 May
8:01.96	Elliott Dorey		19.04.94	13	Watford	25 Jul
(30)						
8:02.20i	Richard Weir		7.08.84	7	Birmingham	18 Feb
	8:09.72			1	Tipton	17 Jul
8:03.35i	Sam Stabler		17.05.92	8	Birmingham	18 Feb
8:03.41	Jack Gray		10.04.93	14	Watford	25 Jul
8:03.44i	Tom Anderson		12.01.90	3	South Bend, USA	3 Feb
8:03.76i	Douglas Musson		8.04.94	2	Birmingham	18 Feb
	8:18.81			20	Watford	25 Jul
8:04.19i	Jamie Dee	U23	23.11.97	5rC	Boston MA, USA	27 Jan
8:04.23i	Liam Dee	U23	23.05.96	6rC	Boston MA, USA	27 Jan

2018 - Men - 3000 Metres

Time	Name	Cat	DOB	Pos	Venue	Date
8:04.32i	Zak Seddon		28.06.94	10	Ostrava, CZE	25 Jan
8:04.39	Jonathan Mellor		27.12.86	1	Manchester (Str)	12 Jun
8:04.51	Jake Shelley		16.03.91	15	Watford	25 Jul
(40)						
8:05.38 +	Chris Thompson	V35	17.04.81	11m	Stanford CA, USA	3 May
8:05.43	Charlie Hulson		7.03.93	3	Manchester (Str)	12 Jun
8:06.60i	Jake Smith	U23	19.05.98	3	Cardiff	16 Dec
8:07.45	Mark Pearce	U23	19.01.96	2	Birmingham (Un)	23 Jun
8:07.73 +	Ben Connor		17.10.92	14m	Berlin, GER	11 Aug
8:09.31	Graham Rush	V35	8.09.82	4	Manchester (Str)	12 Jun
8:09.35i	Adam Craig		9.05.95	6	Pittsburg KS, USA	10 Mar
8:09.37	Dominic Brown		8.10.94	5	Manchester (Str)	12 Jun
8:09.42i	Jonathan Hopkins		3.06.92	3rB	Ghent, BEL	10 Feb
8:15.51				19	Cork, IRL	16 Jul
8:09.84	Ben Bradley		22.05.95	3	London (Elt)	7 Jul
(50)						
8:09.92	Chris Parr		13.11.84	4	London (Elt)	7 Jul
8:10.50i	William Fuller	U23	14.05.97	7	Sheffield	7 Jan
8:10.52	Tom Wade		14.01.89	3	Viborg, DEN	14 Aug
8:11.00	Kieran Wood		3.11.95	2	Loughborough	20 May
8:11.24	Rowan Axe		17.05.91	16	Watford	25 Jul
8:11.43	Alex Brecker		15.12.93	12	Kessel-Lo, BEL	4 Aug
8:11.62	Lewis Jagger	U23	30.12.97	7	London (Elt)	7 Jul
8:11.63	Roger Poolman			1rA	London (WP)	1 Aug
8:11.78	Matthew Leach		25.09.93	1	Bedford	7 Jul
8:11.80i	William Battershill	U23	25.02.98	4rB	Boston (A) MA, USA	9 Feb
(60)						
8:12.10	Guy Smith		11.01.90	3	Loughborough	20 May
8:12.35i	Andrew Smith		7.10.95	12	Birmingham	18 Feb
8:12.53i	William Paulson		17.11.94	1	Staten Island NY, USA	3 Feb
8:12.94i	Hugo Milner	U23	2.09.98	5rB	Boston (A) MA, USA	9 Feb
8:12.96 +	Sam Atkin		14.03.93	3m	Los Angeles CA, USA	17 May
8:13.12	John Sanderson		27.02.93	2rA	London (WP)	1 Aug
8:13.34	Mahamed Mahamed	U23	18.09.97	4	Loughborough	20 May
8:13.36i	John Ashcroft		13.11.92	9	Sheffield	6 Feb
8:13.55	Andrew Penney		13.08.91	3rA	London (WP)	1 Aug
8:13.89i	Jonathan Tobin	U23	11.04.96	5rB	Ghent, BEL	10 Feb
(70)						
8:13.95	Oliver Fox	U23	6.10.96	9	London (Elt)	7 Jul
8:14.08	Adam Hickey		30.05.88	1	Leigh	5 May
8:14.41	Thomas Keen	U20	16.06.01	6	Loughborough	20 May
8:14.51i	Jamie Crowe		9.06.95	1	Birmingham AL, USA	22 Feb
8:14.54i	Jacob Allen		3.10.94	9rB	Seattle WA, USA	27 Jan
8:14.56i	Matthew Bowser		3.07.83	2rB	Sheffield	6 Feb
8:14.95	George Duggan	U23	1.09.96	18	Watford	25 Jul
8:15.01i	Jack Crabtree	U23	13.09.96	10	Sheffield	6 Feb
8:15.02	Mohamed Sharif Ali	U17	8.08.03	5rA	London (WP)	1 Aug
8:15.61i	Matthew Arnold	U23	5.08.96	2	Birmingham AL, USA	22 Feb
(80)						
8:15.79i	Ricky Harvie		17.03.95	2	Pittsburg KS, USA	10 Feb
8:16.24	James Puxty	U20	30.09.99	1	Watford	2 May
8:16.34	Logan Rees	U23	23.02.97	1	Glasgow (S)	1 Jun
8:16.47	Abdulqani Sharif	U23	1.01.97	2	Watford	2 May
8:16.54	Robert Warner		15.06.94	7	Loughborough	20 May
8:16.63i	Neil Gourley		7.02.95	3	Lexington KY, USA	20 Jan
8:16.63	Joe Wilkinson	U23	27.06.96	2	Tipton	17 Jul
8:16.78	Lewis Lloyd		29.04.94	1rB	Watford	25 Jul
8:16.89	Christopher Rainsford		1.06.89	6rA	London (WP)	1 Aug
8:17.05i	Thomas George	U23	6.02.96	2h1	College Station TX, USA	24 Feb
(90)						
8:17.76	Matthew Grieve		18.04.93	6	Manchester (Str)	12 Jun
8:17.84	Phil Norman		20.10.89	1	Bedford	7 Jul
8:17.94	Linton Taylor		20.01.95	1	Leeds	30 Apr
8:18.03	Ryan Driscoll		25.01.94	19	Watford	25 Jul
8:18.04	Carl Avery		28.08.86	2	Glasgow (S)	1 Jun

2018 - Men - 3000 Metres

Time	Name	Cat	DOB	Pos	Venue	Date
8:18.29	Mohamud Aadan		1.01.90	3	Bedford	7 Jul
8:18.38	Gus Cockle	U23	7.03.97	4	Birmingham (Un)	23 Jun
8:18.40	Jonathon Roberts		11.05.94	2rB	Watford	25 Jul
8:18.47	David Devine		3.02.92	7	Manchester (Str)	12 Jun
8:18.78	Tom Mortimer	U20	7.01.99	9	Loughborough	20 May
(100)						
8:18.80	Rory Leonard	U20	13.02.01	10	Loughborough	20 May
8:18.86i	Nathan Jones		3.10.94	1	Lake Charles LA, USA	12 Jan
8:18.86	Alex Pointon			3rB	Watford	25 Jul

Additional Under 20 (1-6 above)

Time	Name	Cat	DOB	Pos	Venue	Date
8:22.78	Luke van Oudtshoorn	U17	30.06.02	1	Kingston	13 May
8:24.95	Baldvin Magnussen		7.04.99	2	Manchester (Str)	24 Jul
8:25.91	Connor Bentley		19.01.01	2	Manchester (Str)	26 Jun
8:25.99	Nathan Dunn		1.09.99	1	Milton Keynes	2 Jun
(10)						
8:26.30	Conor Smith		11.03.99	9	Birmingham (Un)	23 Jun
8:26.55	Max Heyden		12.09.00	2	Basingstoke	18 Jul
8:27.10	Jack Meijer		3.11.00	2	Watford	5 Sep
8:27.19i	Joshua Cowperthwaite		9.04.01	4rB	Sheffield	7 Jan
8:28.46				2	Birmingham	14 Jul
8:27.45	James Heneghan		26.05.99	3	Basingstoke	18 Jul
8:27.92	Joe Arthur		15.01.99	11	Manchester (Str)	12 Jun
8:28.20	Freddie Carcas		4.09.99	12	Manchester (Str)	12 Jun
8:28.26	Zakariya Mahamed		29.11.00	3	Watford	22 Aug
8:28.41	James Vincent		15.10.99	1	Street	5 May
8:28.58	Elliot Dee		25.05.00	8rB	London (Elt)	7 Jul
(20)						
8:29.36	Ethan Hussey	U17	5.03.03	6	Leeds	30 Apr
8:30.35	Henry McLuckie	U17	3.05.02	2	Street	5 May
8:31.10	Lachlan Wellington		25.06.01	3	Brighton	30 May
8:32.24	Angus McMillan		15.03.00	4	Manchester (Str)	26 Jun

Additional Under 17 (1-4 above)

Time	Name	Cat	DOB	Pos	Venue	Date
8:33.48	Samuel Charlton		27.10.01	7	Glasgow (S)	1 Jun
8:37.44	Will Barnicoat		24.03.03	16	Watford	2 May
8:40.79	Charlie Brisley		29.12.01	1	Crawley	16 Jun
8:41.13	Jack Patton		12.06.03	6	Glasgow	21 Aug
8:43.09	Joshua Dickinson		10.09.01	13	Leeds	30 Apr
8:46.44	James Kingston		22.01.02	10	Brighton	30 May
(10)						
8:47.06	Micael McCaul			13	Belfast	26 May
8:47.42	Will Bellamy		31.03.03	4	Birmingham	14 Jul
8:47.71	Kristian Imroth		19.01.02	1ns	Reading	29 Apr
8:48.13	Nicolas Harhalakis		19.11.01	5	Birmingham	14 Jul
8:48.28	Liam Rawlings		12.01.03	6	Birmingham	14 Jul
8:48.80i	Osian Perrin		21.01.03	3rB	Cardiff	16 Dec
8:49.10	Leon Wheeler		27.02.02	11	Watford	5 Sep
8:49.62	Elliot Pocock		14.07.02	12	Watford	5 Sep
8:50.38	George Pool		10.11.01	13	Brighton	30 May
8:50.53	Dylan Spencer		17.06.03	10	Basingstoke	18 Jul
(20)						
8:51.03	Matthew MacKay			17	Manchester (Str)	24 Apr
8:51.46	Cameron MacRae		20.10.01	2	Ashford	9 Jun
8:51.5	William Mahoney		15.11.01	1ns	Norwich	20 May
8:52.60	Archie Lowe		16.02.03	2	Gateshead	16 Jun
8:52.71	Archie Parkinson		7.04.03	5	Bedford	26 Aug
8:52.97	Fraser Gordon		11.09.02	14	Brighton	30 May
8:53.24	Joseph Green		20.12.01	21	Watford	30 May
8:53.59	Kieren Coleman-Smith		1.10.01	2rB	Milton Keynes	2 Jun
8:54.88	Leo Brewer		10.06.02	15	Brighton	30 May

Under 15

Time	Name	Cat	DOB	Pos	Venue	Date
9:07.28	Woody Jerome		15.05.04	15rB	Watford	25 Jul
9:12.51	Ryan Martin		10.10.03	3rB	Watford	30 May
9:14.81	James Wardle		10.11.03	1	Bedford	25 Aug
9:16.06	Jacob Reynolds		15.07.04	7	Yate	23 May

2018 - Men - 3000 Metres

9:16.61	Joshua Robins		19.10.03	7rB	Tipton	17	Jul
9:17.57	Charlie Wagstaff		12.02.04	2rC	Basingstoke	18	Jul
9:18.43	Adam Beer			1	Swansea	25	Jul
9:20.12	Fraser Sproul		23.09.03	1	Liverpool	12	Aug
9:20.39	Michael Gar		10.05.04	14rB	Watford	27	Jun
9:20.96	Sam Smith		3.04.04	2	Liverpool	12	Aug
(10)							
9:21.89	Harry Henriksen		11.10.03	3	Grangemouth	1	Aug
9:23.33	Huw Jones		16.12.03	2	Swansea	25	Jul
9:24.23	Luca Stubbs		28.10.03	6rB	Watford	5	Sep
9:24.75	Kyle Rabjohn		18.11.03	4	Middlesbrough	12	Jun
9:24.86	Christopher Perkins		4.08.05	5	Jarrow	20	Jun
9:25.10	Frank Morgan		20.01.05	3	Swansea	25	Jul
9:25.21	Lewis Sullivan		23.09.04	4U17	Bedford	10	Jun
9:26.36	Matty Smith		18.12.03	3	Bedford	25	Aug
9:27.96	Harry Hyde		9.11.03	4rC	Basingstoke	18	Jul
9:28.33	Euan Duffin			1	Gateshead	8	Aug
(20)							
9:28.66	Joshua Blevins		15.09.04	11	Gateshead	8	Aug

Foreign

7:58.82i	*Ossama Meslek (ITA)*	*U23*	*8.01.97*	*9*	*Glasgow*	*25*	*Feb*
8:05.50i	*Alberto Sanchez (ESP)*		*19.10.88*	*8*	*Ghent, BEL*	*10*	*Feb*
8:10.49	*Kadar Omar Abdullahi (ETH)*	*U23*	*1.01.96*	*3*	*Birmingham*	*23*	*Jun*
8:11.30	*Jayme Rossiter (IRL)*		*29.09.90*	*6*	*London (Elt)*	*7*	*Jul*
8:13.14	*Abdishakur Abdulle (SOM)*		*23.06.93*	*8*	*London (Elt)*	*7*	*Jul*
8:14.40i	*Sam Blake (AUS)*		*11.07.95*	*4*	*Cardiff*	*16*	*Dec*
8:16.45	*Harvey Dixon (GIB)*		*2.11.93*	*10*	*London (Elt)*	*7*	*Jul*
8:18.58	*Matt Bergin (IRL)*		*2.03.93*	*2*	*Bedford*	*7*	*Jul*

5000 Metres

13:23.14	Marc Scott		21.12.93	5	Berlin, GER	11	Aug
	13:29.27			2	Portland OR, USA	9	Jun
	13:47.00			1	Birmingham	30	Jun
13:25.11	Chris Thompson	V35	17.04.81	9	Berlin, GER	11	Aug
	13:25.29			11	Stanford CA, USA	3	May
	13:49.85			3	Birmingham	30	Jun
13:25.31	Ben Connor		17.10.92	11	Berlin, GER	11	Aug
	13:29.35			2	Dublin (S), IRL	19	Jul
	13:49.02			7	Nijmegen, NED	8	Jun
	13:53.91			4	Birmingham	30	Jun
13:34.12	Alexander Yee	U23	18.02.98	20	London (O)	21	Jul
13:36.12	Jonathan Mellor		27.12.86	4	Dublin (S), IRL	19	Jul
	13:59.86			8	Birmingham	30	Jun
13:39.38	Sam Atkin		14.03.93	3	Los Angeles CA, USA	17	May
13:39.95	Luke Traynor		6.07.93	5	Dublin (S), IRL	19	Jul
13:41.29	Adam Visokay		11.03.94	20	Stanford CA, USA	3	May
	13:57.76			6	Birmingham	30	Jun
13:43.75	Jacob Allen		3.10.94	9	Stanford CA, USA	20	Apr
13:45.25	Kristian Jones		4.03.91	1	Loughborough	23	Jun
(10)							
13:46.34	Andrew Heyes		22.06.90	22	Stanford CA, USA	3	May
	13:55.40			14	Oordegem, BEL	26	May
	13:56.00			12	Dublin (S), IRL	19	Jul
13:47.81	Lewis Moses		9.01.87	11	Oordegem, BEL	26	May
	13:52.33			9	Dublin (S), IRL	19	Jul
13:47.81	Andy Vernon		7.01.86	2	Birmingham	30	Jun
	13:56.01			15	Montreuil-sous-Bois, FRA	19	Jun
13:49.14	William Fuller	U23	14.05.97	6	Dublin (S), IRL	19	Jul
	13:56.19			5rC	Oordegem, BEL	26	May
13:50.80	Jamaine Coleman		22.09.95	1	Charlottesville VA, USA	21	Apr
13:51.08	Alexander Teuten		3.01.92	8	Dublin (S), IRL	19	Jul
	13:57.60			16rB	Oordegem, BEL	26	May
13:51.94	Sol Sweeney	U23	4.12.98	4rB	Heusden, BEL	21	Jul

2018 - Men - 5000 Metres

Time	Name	Cat	Date1	Pos	Venue	Date2
13:52.29	James West	U23	30.01.96	3rB	Stanford CA, USA	30 Mar
13:53.55	Daniel Studley		1.01.92	10	Dublin (S), IRL	19 Jul
13:53.81	Matthew Leach		25.09.93	17	Portland OR, USA	10 Jun
13:54.40				25	Stanford CA, USA	3 May
(20)						
13:54.07	Philip Sesemann		3.10.92	11	Dublin (S), IRL	19 Jul
13:59.27				1	Manchester (SC)	12 May
13:54.43	Emile Cairess	U23	27.12.97	12rB	Oordegem, BEL	26 May
13:54.86	Kieran Clements		20.11.93	1	Watford	26 May
13:55.21	Mahamed Mahamed	U23	18.09.97	2	Watford	26 May
13:55.70	Christopher Olley	U23	26.03.96	5	Birmingham	30 Jun
13:57.03	Jonathan Davies		28.10.94	10	Nijmegen, NED	8 Jun
13:57.95	Tom Mortimer	U20	7.01.99	8	Loughborough	23 Jun
13:58.04	Jack Rowe	U23	30.01.96	13	Stanford CA, USA	20 Apr
13:58.52	Adam Craig		9.05.95	1	Torrance, USA	20 Apr
13:58.77	Bradley Goater		13.04.94	3	Watford	26 May
(30)						
13:59.53	Richard Allen		25.10.95	7	Birmingham	30 Jun
48 performances to 14:00.0 by 31 athletes						
14:02.01	Mohamud Aadan		1.01.90	9	Birmingham	30 Jun
14:02.59	Nathan Jones		3.10.94	1	Gainesville FL, USA	29 Mar
14:03.61	Ellis Cross	U23	22.09.96	3	Bedford	7 May
14:03.68	Luke Caldwell		2.08.91	11	Birmingham	30 Jun
14:04.42	Jake Shelley		16.03.91	1	Manchester (Str)	18 Aug
14:04.46	Neil Gourley		7.02.95	3	Durham NC, USA	20 Apr
14:04.66	Philip Crout		7.04.95	4	Watford	26 May
14:04.71i	Jamie Dee	U23	23.11.97	3rB	Seattle WA, USA	9 Feb
14:04.73	Jack Crabtree	U23	13.09.96	2	Manchester (Str)	18 Aug
(40)						
14:05.11	Joshua Grace		11.05.93	9	Loughborough	23 Jun
14:05.84	Jack Martin		29.04.88	5	Watford	26 May
14:06.15	Alex Brecker		15.12.93	10	Loughborough	23 Jun
14:06.56	Joe Wilkinson	U23	27.06.96	4	Manchester (Str)	18 Aug
14:06.64	Jamie Crowe		9.06.95	15rB	Azusa CA, USA	20 Apr
14:06.77	Jack Morris		9.04.93	3	Manchester (SC)	12 May
14:07.30	Ian Crowe-Wright		27.03.95	4	Clovis NM, USA	12 May
14:07.81	Alastair Hay		7.09.85	5	Manchester (Str)	18 Aug
14:08.24	Petros Surafel	U23	12.01.97	6	Bedford	7 May
14:08.49	Graham Rush	V35	8.09.82	14	Birmingham	30 Jun
(50)						
14:08.83	Carl Avery		28.08.86	4	Manchester (SC)	12 May
14:09.18	Hugo Milner	U23	2.09.98	6	Philadelphia PA, USA	26 Apr
14:09.38	Dominic Shaw		26.12.88	7	Manchester (Str)	18 Aug
14:09.64	Chris Perry		1.03.90	8	Manchester (Str)	18 Aug
14:10.26	Adam Hickey		30.05.88	6	Watford	26 May
14:10.56	William Richardson	U23	23.02.98	9	Manchester (Str)	18 Aug
14:10.77	Lewis Jagger	U23	30.12.97	10	Manchester (Str)	18 Aug
14:10.86	Oliver Lockley		9.11.93	11	Loughborough	23 Jun
14:11.15	Jack Gray		10.04.93	12	Loughborough	23 Jun
14:11.20	Oliver Fox	U23	6.10.96	2	Milton Keynes	11 Aug
(60)						
14:11.29	Jonathan Escalante-Phillips		28.07.92	1	London (WP)	15 Aug
14:12.03	Roger Poolman			2	London (WP)	15 Aug
14:12.71	Dominic Nolan		29.11.94	7	Watford	26 May
14:13.40	John Ashcroft		13.11.92	8	Bedford	7 May
14:13.90	Ben Bradley		22.05.95	13	Loughborough	23 Jun
14:14.23i	Alex George	U23	6.02.96	22	Seattle WA, USA	9 Feb
14:14.29	Chris Parr		13.11.84	8	Watford	26 May
14:14.48	Owen Hind		1.08.90	10rC	Azusa CA, USA	20 Apr
14:14.70	James Gormley	U23	3.04.98	1	Cardiff	2 Jun
14:14.95	Matthew Clowes		29.09.89	2	Cardiff	2 Jun
(70)						
14:15.47	Richard Weir		7.08.84	12	Manchester (Str)	18 Aug
14:15.97	Nick Earl		22.09.84	3	London (WP)	15 Aug
14:16.61	Conor Bradley		6.10.87	13rB	Heusden, BEL	21 Jul

2018 - Men - 5000 Metres

Time	Name	Cat	DOB	Pos	Venue	Date
14:18.06	Christopher Rainsford		1.06.89	4	London (WP)	15 Aug
14:18.15	Michael Callegari		1.09.94	16rC	Azusa CA, USA	20 Apr
14:18.44	Robert Warner		15.06.94	6	Manchester (SC)	12 May
14:19.20	Paul Martelletti	V35	1.08.79	5	London (WP)	15 Aug
14:19.51	Daniel Haymes	U23	6.09.96	1rD	Azusa CA, USA	20 Apr
14:20.05	Gilbert Grundy		22.06.89	7	San Francisco CA, USA	30 Mar
14:20.14	John Sanderson		27.02.93	1	London (LV)	9 May
(80)						
14:20.79	Rhys Park		18.03.94	18rB	Portland OR, USA	10 Jun
14:21.81	Paulos Surafel	U23	12.01.97	17rB	Heusden, BEL	21 Jul
14:21.87	Sam Stevens	U23	27.03.98	10	Bedford	7 May
14:22.11	Alastair Watson	V40	4.08.77	4rB	Loughborough	23 Jun
14:22.74	Neil Johnston		9.12.93	5rB	Loughborough	23 Jun
14:22.76	Nathan Dunn	U20	1.09.99	6rB	Loughborough	23 Jun
14:23.60i	Luke Greer	U23	9.08.96	9	Allendale, USA	7 Dec
14:23.62	John Millar	U23	18.12.97	10	Watford	26 May
14:23.67	Jaimie Roden		24.02.92	7rB	Loughborough	23 Jun
14:24.13	William Ryle-Hodges		20.09.93	8rB	Loughborough	23 Jun
(90)						
14:24.62	Matthew Willis	U20	4.02.00	9rB	Loughborough	23 Jun
14:24.72	William Mycroft		8.01.91	10rB	Loughborough	23 Jun
14:24.89	Corey De'Ath	U23	16.02.96	11rB	Loughborough	23 Jun
14:24.99	David Devine		3.02.92	12rB	Loughborough	23 Jun
14:25.06	Peter Huck		10.07.90	15	Loughborough	23 Jun
14:25.1	Tom Wade		14.01.89	1	Aarhus, DEN	7 Aug
14:25.72	James Hoad		25.06.92	13rB	Loughborough	23 Jun
14:25.97	Ben Alcock		19.09.94	12	Adrian OR, USA	12 May
14:26.44	Linton Taylor		20.01.95	10	Manchester (SC)	12 May
14:27.62	James Straw		1.02.94	14rB	Loughborough	23 Jun
(100)						
14:27.71	Thomas Bains		3.01.95	2	Charlotte NC, USA	16 Mar
14:29.36	Matthew Arnold	U23	5.08.96	7r2	San Francisco CA, USA	30 Mar
14:29.44	Chris Wright		29.06.92	15rB	Loughborough	23 Jun
14:29.54	Max Nicholls	U23	6.07.96	1rB	Bedford	7 May
14:29.72	Joe Kilgour	U23	11.07.96	1rB	Manchester (SC)	12 May

Additional Under 20 (1-3 above)

Time	Name	Cat	DOB	Pos	Venue	Date
14:50.32	Baldvin Magnussen		7.04.99	6rC	Loughborough	23 Jun
14:53.18	Elliot Dee		25.05.00	4rB	Watford	26 May
14:56.35	Thomas Trimble		23.02.99	7rB	Manchester (Str)	18 Aug
14:57.60	Patrick McNiff		19.08.99	3rB	Greystones, IRL	5 May
14:58.19	George Grassly		19.07.00	10	London (LV)	9 May
14:59.86	Fynn Batkin		6.03.01	3rC	Milton Keynes	11 Aug
15:01.31	Joe Arthur		15.01.99	7	Grangemouth	12 Aug
(10)						
15:03.28	Zakariya Mahamed		29.11.00	6	Liverpool	4 Aug
15:03.55	Freddie Carcas		4.09.99	12rC	Loughborough	23 Jun
15:05.11	James Heneghan		26.05.99	11rB	Bedford	7 May
15:06.27	Liam Garrett		15.08.01	1	London (FP)	5 Jul
15:06.5	Jack White		25.10.00	1	Norwich	13 May
15:07.23	Gavin Smith		4.06.99	12	Glasgow (S)	27 Jul
15:09.98	William Broom		25.01.01	5	London (Elt)	15 Aug
15:10.10	Terence Fawden		19.01.99	8rB	London (WP)	15 Aug
15:13.41	Oliver Barbaresi		23.03.00	15	Milton Keynes	11 Aug
15:13.53	Alasdair Kinloch		8.02.99	13	Manchester (SC)	12 May
(20)						
15:13.91	Lachlan Wellington		25.06.01	5	Portsmouth	2 Jun
15:15.36	Jem O'Flaherty		17.11.00	3	London (FP)	5 Jul
15:18.40	Tim Harrison			1	London (BP)	15 Dec
15:19.22	Sam Costley		24.02.99	11rB	London (WP)	15 Aug

Foreign

Time	Name	Cat	DOB	Pos	Venue	Date
13:50.04	*Stephen Scullion (IRL)*		*9.11.88*	*7*	*Dublin (S), IRL*	*19 Jul*
13:56.04	*Mohamed Mohamed (SOM)*		*23.08.93*	*6*	*Loughborough*	*23 Jun*
14:03.61	*Abel Tsegay (ERI)*	*U23*	*2.06.96*	*4*	*Oslo, NOR*	*5 Jul*
14:18.20	*Kadar Omar Abdullahi (ETH)*	*U23*	*1.01.96*	*3*	*Cardiff*	*2 Jun*

14:20.66	Wondiye Fikre Indelbu (ETH)		13.02.88	7	Manchester (SC)	12	May
14:24.09	Harvey Dixon (GIB)		2.11.93	1	London (Elt)	15	Aug
14:24.92	Dejene Gezimu (ETH)		29.09.93	8	Manchester (SC)	12	May
14:26.81	Alberto Sanchez (ESP)		19.10.88	12	Bedford	7	May
14:27.24	Jayme Rossiter (IRL)		29.09.90	17	Loughborough	23	Jun

10000 Metres

27:51.94	Alexander Yee	U23	18.02.98	5	London (PH)	19	May
	28:58.86			14	Berlin, GER	7	Aug
27:52.32	Andy Vernon		7.01.86	6	London (PH)	19	May
	28:16.90			5	Berlin, GER	7	Aug
	28:17.11			9	Gold Coast, AUS	13	Apr
27:52.56	Chris Thompson	V35	17.04.81	7	London (PH)	19	May
	28:33.12			11	Berlin, GER	7	Aug
28:14.56	Ben Connor		17.10.92	11	Stanford CA, USA	3	May
	28:31.59			13	London (PH)	19	May
28:37.12	Kieran Clements		20.11.93	4rB	London (PH)	19	May
28:39.79	Mohamud Aadan		1.01.90	16	London (PH)	19	May
28:47.51	Ellis Cross	U23	22.09.96	18	London (PH)	19	May
28:52.78	Jack Martin		29.04.88	10	Leiden, NED	9	Jun
28:54.95	Richard Allen		25.10.95	7rB	London (PH)	19	May
29:10.33	Jack Rowe	U23	30.01.96	18	Stanford CA, USA	30	Mar
	29:21.28			13	Sacramento CA, USA	24	May
(10)							
29:11.35	Matthew Leach		25.09.93	22	London (PH)	19	May
29:13.28	Graham Rush	V35	8.09.82	24	London (PH)	19	May
29:15.41	Daniel Studley		1.01.92	10rB	London (PH)	19	May
29:15.45	Oliver Lockley		9.11.93	25	London (PH)	19	May
29:18.17	Luke Caldwell		2.08.91	27	London (PH)	19	May
29:20.32	Luke Traynor		6.07.93	28	London (PH)	19	May
29:21.00	Mahamed Mahamed	U23	18.09.97	12	Braga, POR	7	Apr
29:22.95	Tom Anderson		12.01.90	8	Raleigh NC, USA	30	Mar
29:29.18	Ben Alcock		19.09.94	24	Stanford CA, USA	30	Mar
	25 performances to 29:30.0 by 19 athletes						
29:39.04	Dominic Shaw		26.12.88	20rB	London (PH)	19	May
(20)							
29:39.33	Jamie Crowe		9.06.95	11	San Francisco CA, USA	30	Mar
29:46.60	Nathan Jones		3.10.94	16rB	Torrance CA, USA	19	Apr
29:46.88	Thomas Bains		3.01.95	1	Naperville, USA	10	May
29:48.32	Nick Earl		22.09.84	4	Geelong, AUS	22	Dec
29:48.80	Lachlan Oates		30.01.92	1	Glasgow (C)	20	Apr
29:50.13	Adam Craig		9.05.95	3	Philadelphia PA, USA	26	Apr
29:55.26	Logan Rees	U23	23.02.97	24rB	London (PH)	19	May
29:56.83	Alastair Watson	V40	4.08.77	1rC	London (PH)	19	May
29:59.99	Ian Kimpton		8.11.86	2	Manchester (SC)	15	Aug
30:07.31	Nigel Martin		23.03.87	3	Manchester (SC)	15	Aug
(30)							
30:13.33	Paul Martelletti	V35	1.08.79	1	London (Cat)	2	Sep
30:13.67	Toby Cooke		12.10.95	1	Loughborough	28	Apr
30:15.70	Neil Burton	V35	21.11.82	1	Delemont, SUI	5	May
30:15.81	Jake Smith	U23	19.05.98	2	Loughborough	28	Apr
30:16.60	Oliver Fox	U23	6.10.96	2rC	London (PH)	19	May
30:17.24	Jonathan Poole	V35	16.11.82	3rC	London (PH)	19	May
30:17.61	Joe Wilkinson	U23	27.06.96	3	Loughborough	28	Apr
30:18.65	William Christofi		17.09.94	4	Loughborough	28	Apr
30:21.58	Sam Stevens	U23	27.03.98	5	Loughborough	28	Apr
30:22.11	Kojo Kyereme	V40	23.12.74	5rC	London (PH)	19	May
(40)							
30:22.77	Max McNeill		26.06.93	2	Lawrence KS, USA	19	Apr
30:23.33	James Straw		1.02.94	6rC	London (PH)	19	May
30:23.34	Rhys Park		18.03.94	22rB	Torrance CA, USA	19	Apr
30:23.53	Jay Ferns	U23	29.10.97	7rC	London (PH)	19	May
30:24.79	Dan Nash		23.03.94	8rC	London (PH)	19	May
30:26.81	Corey De'Ath	U23	16.02.96	6	Loughborough	28	Apr
30:28.88	Joe Morwood		10.06.91	1rD	London (PH)	19	May

30:32.43	William Mackay		3.10.89	10rC	London (PH)	19	May
30:34.22	Tom Martyn		24.05.89	1	Kilmarnock	26	Aug
30:35.17	Jack Morris		9.04.93	18	Leiden, NED	9	Jun
(50)							
30:37.95	Luke Prior	U23	3.02.98	13rC	London (PH)	19	May
30:38.56	James Douglas		18.06.85	14rC	London (PH)	19	May
30:42.78	Russell Bentley	V35	28.04.81	2	London (Cat)	2	Sep
30:47.97	Owen Hind		1.08.90	1	San Angelo TX, USA	4	May
30:48.03	Liam Rabjohn	U23	24.12.97	7	Loughborough	28	Apr
30:50.05	Ben Cole		18.06.85	16rC	London (PH)	19	May
30:52.07	Jonathan Collier		22.08.95	6	Geneva OH, USA	11	May
30:54.38	David Long		16.02.95	2rD	London (PH)	19	May
30:54.66	William Mycroft		8.01.91	8	Loughborough	28	Apr
30:55.03	Chris Wright		29.06.92	3	London (Cat)	2	Sep
(60)							
30:56.86	Jonathan Cornish		10.07.93	4rD	London (PH)	19	May
30:57.47	Ashley Harrell		19.01.89	6	London (WF)	29	Jun
30:57.81	Paul Navesey		19.04.86	5rD	London (PH)	19	May
30:58.95	Christopher Greenwood	V40	29.09.73	6rD	London (PH)	19	May
30:59.12	Scott Rankin		22.01.90	10	Dublin (S), IRL	28	Jul
30:59.68	Robert Thompson		14.01.91	7	London (WF)	29	Jun

Foreign

28:36.05	*Stephen Scullion (IRL)*		*9.11.88*	*5*	*Portland, USA*	*9*	*Jun*
29:51.07	*Antonio Silva (POR)*		*26.03.87*	*23rB*	*London (PH)*	*19*	*May*
30:48.20	*Belal Ahmed (ITA)*		*20.11.86*	*3*	*London (WF)*	*29*	*Jun*
30:54.62	*David Wilson (USA)*			*5*	*London (WF)*	*29*	*Jun*
30:58.21	*John Eves (IRL)*		*17.01.83*	*17rC*	*London (PH)*	*19*	*May*

5 Kilometres Road

13:45	Marc Scott		21.12.93	1	Kingsley	23	Aug
13:50+	Mo Farah	V35	23.03.83	9m	London	22	Apr
13:55+				1m	South Shields	9	Sep
13:50	Nick Goolab		30.01.90	1	Ipswich	12	May
13:51	Richard Allen	U23	25.10.95	2	Ipswich	12	May
13:54	Adam Hickey		30.05.88	3	Ipswich	12	May
13:57	Adam Clarke		3.04.91	4	Ipswich	12	May
13:59	Sam Stabler		17.05.92	1	Armagh	15	Feb
14:00	Charlie Hulson		7.03.93	2	Armagh	15	Feb
14:00	Kieran Clements		20.11.93	5	Ipswich	12	May

10 performances to 14:00 by 9 athletes. Further men where faster than track best:

14:04	John Sanderson		27.02.93	5	Armagh	15	Feb
14:04+	Callum Hawkins		22.06.92	m	Valencia, ESP	29	Oct
14:05	Graham Rush	V35	8.09.82	6	Armagh	15	Feb
14:05	Jonathan Hopkins		3.06.92	8	Armagh	15	Feb
14:07	Dewi Griffiths		9.08.91	11	Armagh	15	Feb
14:12	Matthew Clowes		29.09.89	13	Armagh	15	Feb
14:12	Jonathan Hay		12.02.92	14	Armagh	15	Feb
14:17	Ross Skelton		11.05.93	4	Kingsley	27	Apr
14:18	Robbie Fitzgibbon	U23	23.03.96	5	Kingsley	27	Apr
14:19	Tom Lancashire		2.07.85	1	Barrowford	7	Apr
14:19	Edward Shepherd		8.12.93	8	Kingsley	27	Apr
14:20	Frank Baddick		29.11.85	20	Armagh	15	Feb
14:20	John Beattie		20.01.86	6	Ipswich	12	May
14:20	Andrew Smith		7.10.95	11	Kingsley	27	Apr
14:22	Matthew Crehan		10.10.91	2	Barrowford	7	Apr
14:22	Linton Taylor		20.01.95	12	Kingsley	27	Apr
14:22	Adam Visokay		11.03.94	1	Norwich	7	Jul
14:22	Lewis Moses		9.01.87	2	Kingsley	23	Aug
14:23	Jake Smith	U23	19.05.98	1	Yeovilton	8	Aug
14:24	Christopher Perham		24.02.95	24	Armagh	15	Feb
14:24	Dane Blomquist	U23	2.10.96	13	Kingsley	27	Apr
14:25	Nigel Martin		23.03.87	26	Armagh	15	Feb
14:26	James Donald		18.11.98	27	Armagh	15	Feb
14:27	Jack Gooch	U23	24.04.96	29	Armagh	15	Feb

14:28	Lucian Allison		11.11.90	31	Armagh	15 Feb
14:29	George Duggan	U23	1.09.96	33	Armagh	15 Feb
14:29	Guy Smith		11.01.90	35	Armagh	15 Feb
14:30	Gordon Benson		12.05.94	37	Armagh	15 Feb
14:30	Carwyn Jones	V35	10.10.79	38	Armagh	15 Feb

Foreign
14:08	*Matt Bergin (IRL)*		*2.03.93*	*12*	*Armagh*	*15 Feb*
14:21	*Brian Maher (IRL)*		*21.01.77*	*23*	*Armagh*	*15 Feb*
14:24	*Mohammed Abu-Rezeq (JOR)*		*21.12.83*	*1*	*Barrowford*	*11 Mar*
14:27	*James Edgar (IRL)*	*U23*	*12.11.98*	*30*	*Armagh*	*15 Feb*

5 Miles Road

23:47	Kris Jones		4.03.91	1	Glynneath	26 Dec
23:56	Adam Clarke		3.04.91	1	Portsmouth	2 Dec
24:01	Jonathan Mellor		27.12.86	1	Birkenhead	6 Jun
24:09	Joshua Grace		11.05.93	2	Portsmouth	2 Dec
24:10	Jonathan Hopkins		3.06.92	1	Glynneath	26 Dec
24:16	Dominic Shaw		26.12.88	1	Hartlepool	15 Apr
24:19	Jack Martin		29.04.88	1	Alsager	4 Feb

10 Kilometres Road

28:13 +	Mo Farah	V35	23.03.83	1m	South Shields	9 Sep
	28:20+			8m	London	22 Apr
	28:27			1	Manchester	20 May
	29:08+			1m	London	4 Mar
28:32	Luke Traynor		6.07.93	1	Glasgow	15 Jun
	28:53			13	Houilles, FRA	30 Dec
	29:18+			m	Barcelona, ESP	11 Feb
	29:22			18	Prague, CZE	8 Sep
	29:29+			3m	Glasgow	30 Sep
28:35 +	Callum Hawkins		22.06.92	m	Valencia, ESP	28 Oct
	29:02+			m	Zaandam, NED	23 Sep
	29:03			1	Schoorl, NED	11 Feb
	29:08+			1=m	London	4 Mar
	29:16			7	Cape Elizabeth ME, USA	4 Aug
28:40	Ross Millington		19.09.89	16	Prague, CZE	8 Sep
	29:04			7	Paderborn, GER	31 Mar
	29:04			6	Berlin, GER	14 Oct
28:50	Dewi Griffiths		9.08.91	12	Houilles, FRA	30 Dec
	29:03+			m	Zaandam, NED	23 Sep
	29:08+			9m	Cardiff	7 Oct
	29:11			1	Cardiff	2 Sep
28:53 +	Ben Connor		17.10.92	m	Barcelona, ESP	11 Feb
28:57	Marc Scott		21.12.93	1	Partington	2 Sep
	28:58			1	Clitheroe	30 Dec
28:59 +	Mohamud Aadan		1.01.90	8m	Cardiff	7 Oct
	29:11+			m	South Shields	9 Sep
	29:58			4	London	28 May
29:08	Adam Craig		9.05.95	1	Leeds	4 Nov
29:09	Sam Stabler		17.05.92	5	Brunssum, NED	18 Mar
(10)						
29:12	Charlie Hulson		7.03.93	1	Telford	7 Jan
29:12 +	Chris Thompson	V35	17.04.81	1m	Portsmouth	21 Oct
	29:13+			1m	Glasgow	30 Sep
29:12 +	Andy Vernon		7.01.86	2m	Portsmouth	21 Oct
	29:35			2	Birmingham	6 May
29:13	Ieuan Thomas		17.07.89	2	Telford	7 Jan
29:13	Jack Martin		29.04.88	1	Sheffield	2 Dec
	29:27			2	Leeds	4 Nov
29:16	Kieran Clements		20.11.93	16	Houilles, FRA	30 Dec
29:19	Matthew Clowes		29.09.89	2	Cardiff	2 Sep
29:19	Jonathan Mellor		27.12.86	2	Clitheroe	30 Dec
29:22	Petros Surafel	U23	12.01.97	3	Telford	7 Jan
29:23	Luke Caldwell		2.08.91	1	Brighton	15 Apr

2018 - Men - 10 Km Road Race

(20)

Time	Name	Cat	DOB	Perf#	Club	Date
29:24	Douglas Musson		8.04.94	2	Brighton	15 Apr
29:24	Patrick Dever	U23	5.09.96	3	Clitheroe	30 Dec
29:26	Henry Pearce		24.01.94	4	Clitheroe	30 Dec
29:28	Andrew Butchart		14.10.91	2	Partington	2 Sep
29:29	Joshua Griffiths		3.11.93	5	Telford	7 Jan
29:29	Adam Hickey		30.05.88	3	Brighton	15 Apr

46 performances to 29:30 by 26 athletes. Further men where faster than track best:

Time	Name	Cat	DOB	Perf#	Club	Date
29:31	Jake Smith	U23	19.05.98	3	Cardiff	2 Sep
29:31	Andrew Heyes		22.06.90	2	Sheffield	2 Dec
29:32	Tom Wade		14.01.89	2	Strib, DEN	17 Mar
29:32	Jack Gray		10.04.93	2	Telford	9 Dec
29:33	Lucian Allison		11.11.90	3	Leeds	4 Nov
29:33	Carl Avery		28.08.86	6	Clitheroe	30 Dec
29:34	Shaun Antell		9.05.87	4	Telford	9 Dec
29:34	Patrick Martin		15.05.85	6	Telford	9 Dec
29:38	Owen Hind		1.08.90	8	Telford	9 Dec
29:39	Omar Ahmed			9	Telford	9 Dec
29:42	Alexander Teuten		3.01.92	10	Telford	9 Dec
29:43	John Beattie		20.01.86	4	Brighton	15 Apr
29:44	Peter Le Grice	V35	10.07.82	1	Gloucester	28 Oct
29:44	Scott Overall	V35	9.02.83	11	Telford	9 Dec
29:46	Joshua Grace		11.05.93	12	Telford	9 Dec
29:47	Andy Maud		28.07.83	2	Goodwood	4 Feb
29:47	Nick Earl		22.09.84	5	Hobart, AUS	18 Feb
29:48	Paul Martelletti	V35	1.08.79	13	Telford	9 Dec
29:50	Matthew Sharp		25.04.89	3	London	28 May
29:50	Nathan Dunn	U20	1.09.99	8	Clitheroe	30 Dec
29:51	Andrew Douglas		19.12.86	9	Clitheroe	30 Dec
29:53	Linton Taylor		20.01.95	15	Telford	9 Dec
29:54	Jake Shelley		16.03.91	6	Leeds	4 Nov
29:57	Kristian Jones		4.03.91	1	Stirling	9 Sep
29:57	Corey De'Ath	U23	16.02.96	16	Telford	9 Dec
29:58	Joshua Trigwell		28.05.93	17	Telford	9 Dec
30:00	Philip Sesemann		3.10.92	1	Arley	10 Nov
30:01	Richard Horton		28.05.93	10	Telford	7 Jan
30:01	Robbie Simpson		14.11.91	1	Aberdeen	26 Aug
30:10	Jonathan Cornish		10.07.93	18	Telford	9 Dec
30:12	Roger Poolman			19	Telford	9 Dec
30:12	Elliott Dorey		19.04.94	20	Telford	9 Dec
30:12	Jonathan Hopkins		3.06.92	22	Telford	9 Dec
30:12	Ricky Harvie		17.03.95	23	Telford	9 Dec
30:14	Ben Cole		18.06.85	24	Telford	9 Dec
30:15	James Straw		1.02.94	11	Telford	7 Jan
30:15	James Westlake		8.08.91	5	Partington	2 Sep
30:15	Ronny Wilson		18.05.93	10	Leeds	4 Nov
30:16	Shane Robinson		19.02.91	12	Telford	7 Jan
30:16	Rob Mullett		31.07.87	13	Boston MA, USA	24 Jun
30:17	Joe Morwood		10.06.91	26	Telford	9 Dec
30:18	John Ashcroft		13.11.92	1	Salford	30 Mar
30:18	Carl Smith		3.01.90	27	Telford	9 Dec
30:19	Phil Beastall		31.08.86	14	Telford	7 Jan
30:19	Ronnie Richmond	V35	8.09.82	28	Telford	9 Dec
30:20	Calum McKenzie		3.05.89	10	Clitheroe	30 Dec
30:21	Joe Wilkinson	U23	27.06.96	14	Leeds	4 Nov
30:22	Euan Gillham	U23	29.04.97	1	Inverness	23 Sep
30:23	Stuart Hawkes	V40	22.12.77	15	Leeds	4 Nov
30:24	Adam Clarke		3.04.91	1	Brighton	18 Nov
30:26	Rob Samuel		14.01.86	16	Leeds	4 Nov
30:28 +	Tsegai Tewelde		8.12.89	5m	London	4 Mar
30:28	Christopher Holdsworth		31.12.90	31	Telford	9 Dec
30:28	Marc Brown		4.07.92	32	Telford	9 Dec
30:29	Carl Hardman		20.03.83	1	The Hague, NED	11 Mar
30:29	Lewis Moses		9.01.87	1	Marske	30 Mar

30:29	Ross Skelton		11.05.93	6	Brighton	15	Apr
30:29	Nick McCormick	V35	11.09.81	8	Partington	2	Sep
30:29	Ben Branagh		11.01.94	1	Belfast	1	Dec
30:30	Phil Wylie	V35	2.11.78	15	Telford	7	Jan
30:30	Thomas Drabble	U23	1.06.98	33	Telford	9	Dec
30:30	Alexander Bampton		31.10.94	34	Telford	9	Dec

Foreign
29:25	*Matt Bergin (IRL)*		*2.03.93*	*4*	*Telford*	*7*	*Jan*
29:29	*Dejene Gezimu (ETH)*		*29.09.93*	*5*	*Clitheroe*	*30*	*Dec*
29:34	*Kadar Omar Abdullahi (ETH)*	*U23*	*1.01.96*	*5*	*Telford*	*9*	*Dec*
29:37	*Kevin Seaward (IRL)*		*3.10.85*	*7*	*Telford*	*7*	*Jan*
29:42	*Mohammed Abu-Rezeq (JOR)*		*21.12.83*	*1*	*Dewsbury*	*4*	*Feb*
30:09	*Abdishakur Abdulle (SOM)*		*23.06.93*	*6*	*London*	*28*	*May*

15 Kilometres Road

42:14+	Mo Farah	V35	23.03.83	1m	South Shields	9	Sep
	43:06+			6m	London	22	Apr
	43:47+			2m	London	4	Mar
43:14+	Callum Hawkins		22.06.92	20m	Valencia, ESP	28	Oct
	43:46+			1m	London	4	Mar
	43:47+			8m	Zaandam, NED	23	Sep
43:19+	Ben Connor		17.10.92	m	Barcelona, ESP	11	Feb
43:42+	Chris Thompson	V35	17.04.81	1m	Portsmouth	21	Oct
	44:01+			1m	Glasgow	30	Sep
43:51+	Mohamud Aadan		11.01.90	8m	Cardiff	7	Oct
	44:20+			m	South Shields	9	Sep
	44:36+			36m	Valencia, ESP	24	Mar
44:01+	Luke Traynor		6.07.93	m	Barcelona, ESP	11	Feb
	44:24+			2m	Manchester	14	Oct
	44:29+			31m	Valencia, ESP	24	Mar
	44:43+			3m	Glasgow	30	Sep
44:05+	Dewi Griffiths		9.08.91	12m	Zaandam, NED	23	Sep
	44:08+			9m	Cardiff	7	Oct
44:08+	Andy Vernon		7.01.86	1m	Manchester	14	Oct
	44:11+			2m	Portsmouth	21	Oct
44:38+	Kieran Clements		20.11.93	3m	Manchester	14	Oct
44:43+	Petros Surafel	U23	12.01.97	3m	Portsmouth	21	Oct
(10)							
44:45+	Jonathan Mellor		27.12.86	m	Barcelona, ESP	11	Feb
45:09+	Jack Martin		29.04.88	m	The Hague, NED	11	Mar
45:22+	Jake Smith	U23	19.05.98	10m	Cardiff	7	Oct
45:23+	Matthew Clowes		29.09.89	11m	Cardiff	7	Oct
45:23+	Kristian Jones	U23	10.03.98	12m	Cardiff	7	Oct
45:24+	Tom Wade		14.01.89	14m	Cardiff	7	Oct
45:25+	Mahamed Mahamed	U23	18.09.97	6m	Portsmouth	21	Oct

10 Miles Road

45:14+	Mo Farah	V35	23.03.83	1m	South Shields	9	Sep
46:56	Chris Thompson	V35	17.04.81	1	Portsmouth	21	Oct
47:01	Callum Hawkins		22.06.92	8	Zaandam, NED	23	Sep
47:20	Dewi Griffiths		9.08.91	11	Zaandam, NED	23	Sep
47:29	Andy Vernon		7.01.86	2	Portsmouth	21	Oct
47:59	Luke Traynor		6.07.93	1	Motherwell	1	Apr
48:05	Petros Surafel	U23	12.01.97	3	Portsmouth	21	Oct
48:45	Mahamed Mahamed	U23	18.09.97	6	Portsmouth	21	Oct
49:30	Douglas Musson		8.04.94	7	Portsmouth	21	Oct
49:32	Alexander Teuten		3.01.92	8	Portsmouth	21	Oct
(10)							
49:38	Tom Evans		3.02.92	9	Portsmouth	21	Oct
49:41	Joshua Griffiths		3.11.93	2	Dublin, IRL	2	Sep
49:43	Kenny Wilson		29.12.89	2	Motherwell	1	Apr
49:54	Henry Pearce		24.01.94	1	Bramley	11	Feb
49:55	David Long		16.02.95	10	Portsmouth	21	Oct

2018 - Men - Road Races

Foreign
48:41	Kevin Seaward (IRL)		3.10.85	5	Portsmouth	21 Oct
49:19	Stephen Scullion (IRL)		9.11.98	1	Dublin, IRL	2 Sep

Half Marathon

59:27	Mo Farah	V35	23.03.83	1	South Shields	9 Sep
	61:03+			7m	London	22 Apr
	61:40			1	London	4 Mar
	63:06+			1m	Chicago IL, USA	7 Oct
61:00	Callum Hawkins		22.06.92	18	Valencia, ESP	28 Oct
	61:45			3	London	4 Mar
61:12	Ben Connor		17.10.92	8	Barcelona, ESP	11 Feb
	63:45			64	Valencia, ESP	24 Mar
61:57	Luke Traynor		6.07.93	9	Barcelona, ESP	11 Feb
	62:38			38	Valencia, ESP	24 Mar
	62:56			3	Glasgow	30 Sep
	63:40			1	Ceske Budejovice, CZE	2 Jun
	63:59			2	Manchester	14 Oct
62:07	Chris Thompson	V35	17.04.81	1	Glasgow	30 Sep
	62:43			3	New York NY, USA	18 Mar
	63:03			3	Doha, QAT	12 Jan
62:31	Mohamud Aadan		1.01.90	7	Cardiff	7 Oct
	62:34			36	Valencia, ESP	24 Mar
	63:16			5	Granollers, ESP	4 Feb
	63:59			9	South Shields	9 Sep
62:56	Dewi Griffiths		9.08.91	9	Cardiff	7 Oct
63:17	Jonathan Mellor		27.12.86	10	Barcelona, ESP	11 Feb
	63:36 short by 400 yards			1	Liverpool	25 Mar
	64:51			5	Glasgow	30 Sep
63:27	Matthew Clowes		29.09.89	10	Cardiff	7 Oct
	64:39			8	Granollers, ESP	4 Feb
	64:44			1	Swansea	24 Jun
63:36	Andy Vernon		7.01.86	1	Manchester	14 Oct
(10)						
63:40	Tom Wade		14.01.89	11	Cardiff	7 Oct
	64:25			22	Copenhagen, DEN	16 Sep
63:47	Jack Martin		29.04.88	14	The Hague, NED	11 Mar
63:57	Kristian Jones		4.03.91	13	Cardiff	7 Oct
	64:58			2	Inverness	11 Mar
64:03	Jake Smith	U23	19.05.98	14	Cardiff	7 Oct
64:23	Daniel Studley		1.01.92	18	Barcelona, ESP	11 Feb
64:23	Tom Anderson		12.01.90	7	Indianapolis IN, USA	3 Nov
64:27	Robbie Simpson		14.11.91	1	Inverness	11 Mar
64:31	Nick Earl		22.09.84	5	Southport, AUS	1 Jul
	64:39			6	Sunshine Coast, AUS	19 Aug
64:31	Kieran Clements		20.11.93	3	Manchester	14 Oct
64:54	Alexander Teuten		3.01.92	17	Cardiff	7 Oct
	41 performances to 65:00 by 20 athletes plus one on a short course					
65:07	Joshua Griffiths		3.11.93	18	Cardiff	7 Oct
65:11	Scott Overall	V35	9.02.83	1	Wokingham	18 Feb
65:11	Tsegai Tewelde		8.12.89	5	London	4 Mar
65:13	Matthew Sharp		25.04.89	6	London	4 Mar
65:18	John Gilbert	V35	24.09.80	1	Paddock Wood	8 Apr
65:20	Jonathan Hopkins		3.06.92	19	Cardiff	7 Oct
65:27	Lucian Allison		11.11.90	1	Peterborough	14 Oct
65:52	Henry Pearce		24.01.94	10	London	4 Mar
65:55	Peter Huck		10.07.90	8	Madrid, ESP	8 Apr
66:11	Sean Fontana		6.12.90	9	Glasgow	30 Sep
(30)						
66:11	Richard Weir		7.08.84	5	Manchester	14 Oct
66:14	Omar Ahmed			2	Birmingham	14 Oct
66:15	Matthew Leach		25.09.93	23	New York NY, USA	18 Mar
66:21	Tom Evans		3.02.92	2	Peterborough	14 Oct
66:23	Peter Le Grice	V35	10.07.82	1	Exeter	14 Oct
66:29	Chris Wright		29.06.92	21	Cardiff	7 Oct

2018 - Men - Half Marathon

Time	Name	Cat	DOB	Rank	Venue	Date
66:32	Ryan Burling		22.03.94	11	London	4 Mar
66:32	Shane Robinson		19.02.91	3	Peterborough	14 Oct
66:33	Neil Burton	V35	21.11.82	4	Greinfensee, SUI	22 Sep
66:37	Michael Crawley		20.11.87	22	Cardiff	7 Oct
(40)						
66:40	Kevin Quinn	V35	24.07.79	23	Cardiff	7 Oct
66:44	Stuart Hawkes	V40	22.12.77	1	Lake Vyrnwy	9 Sep
66:50	Matthew Bowser	V35	3.07.83	4	Peterborough	14 Oct
66:52	Jack Gray		10.04.93	1	Cambridge	4 Mar
66:53	Aaron Scott		11.04.87	5	Peterborough	14 Oct
66:57	William Mackay		3.10.89	24	Cardiff	7 Oct
66:59	Kenny Wilson		29.12.89	25	Cardiff	7 Oct
67:03	Ben Fish	V35	21.05.82	2	Lake Vyrnwy	9 Sep
67:04	William Mycroft		8.01.91	1	Cambridge	4 Mar
67:07	Marc Brown		4.07.92	26	The Hague, NED	11 Mar
(50)						
67:11	Dominic Shaw		26.12.88	15	South Shields	9 Sep
67:13	Craig Ruddy		10.04.88	11	Glasgow	30 Sep
67:15	Jamie Parkinson		11.12.92	1	York	14 Jan
67:15	William Richardson	U23	23.02.98	13	London	4 Mar
67:16	Andy Greenleaf	V35	21.09.82	12	Valencia, ESP	24 Mar
67:21	Cameron Milne		6.07.93	3	Inverness	11 Mar
67:21	Grant Twist		17.10.90	7	Peterborough	14 Oct
67:24	Frankie Conway		29.09.91	6	Burnley, AUS	2 Sep
67:30	Jonathan Thewlis		7.05.85	13	Valencia, ESP	24 Mar
67:31	Andrew Rooke		15.07.90	2	Ipswich	16 Sep
(60)						
67:32	Conor Bradley		6.10.87	28	Cardiff	7 Oct
67:32	Gavin Hill		19.04.85	7	Manchester	14 Oct
67:33	Joe Wade		14.01.89	29	Cardiff	7 Oct
67:33	Daniel Hallam		18.08.92	8	Peterborough	14 Oct
67:33	Tom Merson		10.02.86	1	Gosport	18 Nov
67:36	Kris Lecher		16.08.89	42	Copenhagen, DEN	16 Sep
67:36	Steven Bayton		6.08.91	1	Warrington	16 Sep
67:36	Declan Reed	V45	9.08.73	30	Cardiff	7 Oct
67:37	Joshua Lunn		15.05.92	9	Peterborough	14 Oct
67:39	Paul Martelletti	V35	1.08.79	14	London	4 Mar
(70)						
67:39	Callum Rowlinson		10.07.93	8	Manchester	14 Oct
67:43	James Straw		1.02.94	2	Cambridge	4 Mar
67:43	Paul Graham		3.04.92	32	Cardiff	7 Oct
67:44	Andrew Davies	V35	30.10.79	2	Llanelli	18 Feb
67:45	Philip Sewell		16.07.94	33	Cardiff	7 Oct
67:52	Jonathan Cornish		10.07.93	17	Valencia, ESP	24 Mar
67:53	Daniel Jarvis		21.10.95	1	Windsor	30 Sep
67:54	Christopher Rainsford		1.06.89	1	Nottingham	30 Sep
67:54	Thomas Cornthwaite		13.04.85	9	Manchester	14 Oct
67:56	Sam Mitchell		30.04.88	11	Peterborough	14 Oct
(80)						
67:58	Ben Johnson		22.09.88	16	London	4 Mar
67:59	Philip Matthews	V35	16.05.79	1	Chester	29 Apr
68:01	Kojo Kyereme	V40	23.12.74	1	Kingston	1 Apr
68:09	Ben Cole		18.06.85	22	Valencia, ESP	24 Mar
68:13	Michael Christoforou		10.10.92	1	Alloa	3 Jun
68:15	Shaun Antell		9.05.87	1	Barnstaple	30 Sep
68:16	Chris Oddy		24.10.86	23	Valencia, ESP	24 Mar
68:20	Nick Samuels	V35	13.06.81	40	Barcelona, ESP	11 Feb
68:20	Will Green	V40	4.12.74	18	London	4 Mar
68:28	Russell Bentley	V35	28.04.81	11	Manchester	14 Oct
(90)						
68:28	Benjamin Toomer		26.07.89	10	Philadelphia PA, USA	25 Nov
68:29	Mark Pearce	U23	19.01.96	12	Manchester	14 Oct

Foreign
63:17	*Stephen Scullion (IRL)*		*9.11.88*	*29*	*Houston, USA*	*14 Jan*
64:06	*Paul Pollock (IRL)*		*25.06.86*	*15*	*Cardiff*	*7 Oct*

2018 - Men - Half Marathon

Time	Name	Cat	DOB	Pos	Venue	Date
64:56	Kevin Seaward (IRL)		3.10.85	85	Valencia, ESP	24 Mar
65:13	Dejene Gezimu (ETH)		29.09.93	4	Manchester	14 Oct
66:06	Kadar Omar Abdullahi (ETH)	U23	1.01.96	1	Birmingham	14 Oct
66:15	Eoghan Totten (IRL)		29.01.93	32	Barcelona, ESP	11 Feb
66:21	Daniel Wallis (NZL)		11.11.87	20	Cardiff	7 Oct
66:44	Mohammed Abu-Rezeq (JOR)		21.12.83	1	Wilmslow	24 Jun
66:58	Weynay Ghebresilasie (ERI)		24.03.94	10	Glasgow	30 Sep
67:07	Edgars Sumskis (LAT)		3.04.88	6	Peterborough	14 Oct
67:49	Tony Payne (THA)		13.01.89	15	London	4 Mar
67:53	Abel Tsegay (ERI)	U23	2.06.96	1	Amsterdam, NED	21 Oct

Marathon

Time	Name	Cat	DOB	Pos	Venue	Date
2:05:11	Mo Farah	V35	23.03.83	1	Chicago IL, USA	7 Oct
2:06:21				3	London	22 Apr
2:16:09	Joshua Griffiths		3.11.93	7	Dublin, IRL	28 Oct
2:16:09	Jonathan Mellor		27.12.86	15	New York NY, USA	4 Nov
2:17:55				14	London	22 Apr
2:16:57	Aaron Scott		11.04.87	23	Frankfurt, GER	28 Oct
2:17:29	Paul Martelletti	V35	1.08.79	20	Berlin, GER	16 Sep
2:24:40				25	Rotterdam, NED	8 Apr
2:18:56	Nick Earl		22.09.84	4	Melbourne, AUS	14 Oct
2:19:17	Matthew Sharp		25.04.89	28	Frankfurt, GER	28 Oct
2:19:23	Henry Pearce		24.01.94	14	Toronto, CAN	21 Oct
2:19:36	Robbie Simpson		14.11.91	3	Gold Coast, AUS	15 Apr
2:20:14	Ryan Burling		22.03.94	29	Frankfurt, GER	28 Oct
(10)						
2:20:23	Andrew Davies	V35	30.10.79	25	New York NY, USA	4 Nov
2:20:24	John Gilbert	V35	24.09.80	16	London	22 Apr
2:20:41	Steven Bayton		6.08.91	30	Frankfurt, GER	28 Oct
2:22:58				20	London	22 Apr
2:20:53	Michael Crawley		20.11.87	31	Frankfurt, GER	28 Oct
2:24:43				3	Edinburgh	27 May
2:21:11	Peter Le Grice	V35	10.07.82	2	St Helier	7 Oct
2:21:14	Jonathan Poole	V35	16.11.82	30	Berlin, GER	16 Sep
2:21:47	Christopher Rainsford		1.06.89	40	Valencia, ESP	2 Dec
2:22:30	Tom Wade		14.01.89	16	Copenhagen, DEN	13 May
2:22:33	Stuart Hawkes	V40	22.12.77	1	Brighton	15 Apr
2:22:45	Kevin Rojas	V35	1.10.81	44	Valencia, ESP	2 Dec
2:23:54				3	Brighton	15 Apr
(20)						
2:22:55	Dan Nash		23.03.94	2	Brighton	15 Apr
2:22:59	Thomas Cornthwaite		13.04.85	45	Valencia, ESP	2 Dec
2:23:06	James Westlake		8.08.91	18	Toronto, CAN	21 Oct
2:24:24				23	London	22 Apr
2:23:09	Jonathan Thewlis		7.05.85	36	Berlin, GER	16 Sep
2:23:23	Andy Greenleaf	V35	21.09.82	21	London	22 Apr
2:23:24	Ben Johnson		22.09.88	38	Berlin, GER	16 Sep
2:23:29	Paul Navesey		19.04.86	39	Frankfurt, GER	28 Oct
2:24:07	Tom Aldred	V35	15.03.79	21	Dublin, IRL	28 Oct
2:24:09	Thomas Stevens	V35	7.09.79	50	Valencia, ESP	2 Dec
2:24:10	Lee Merrien	V35	26.04.79	8	Gold Coast, AUS	15 Apr
(30)						
2:24:13	Kevin Quinn	V35	24.07.79	42	Frankfurt, GER	28 Oct
2:24:50	Will Green	V40	4.12.74	57	Valencia, ESP	2 Dec
	39 performances to 2:25:00 by 32 athletes					
2:25:05	Matthew Gillespie		4.11.90	28	New York NY, USA	4 Nov
2:25:08	Ian Leitch	V40	28.08.75	4	Brighton	15 Apr
2:25:25	Nikki Johnstone		14.01.84	47	Frankfurt, GER	28 Oct
2:25:31	Joshua Rowe		4.11.91	48	Frankfurt, GER	28 Oct
2:25:41	Paul Molyneux	V35	27.01.81	55	Berlin, GER	16 Sep
2:25:47	Paul Piper	V35	25.11.81	52	Chicago IL, USA	7 Oct
2:26:03	Benjamin Parkes	V35	2.10.83	66	Valencia, ESP	2 Dec
2:26:19	Martin Williams	V40	27.09.77	24	Dublin, IRL	28 Oct
(40)						
2:26:45	Steve Bateson	V40	8.05.73	4	Manchester	8 Apr

2018 - Men - Marathon

Time	Name	Cat	Date	Pos	Venue	Date
2:26:48	Tom Payn	V35	18.10.79	20	Marrakech, MAR	28 Jan
2:26:49	Richard McDowell	V35	19.04.79	1	Bournemouth	7 Oct
2:26:53	Andrew Savery	V35	31.08.82	64	Berlin, GER	16 Sep
2:27:01	Ben Fish	V35	21.05.82	27	London	22 Apr
2:27:01	Darren Deed	V40	7.05.78	51	Frankfurt, GER	28 Oct
2:27:10	Ollie Garrod		16.01.93	5	Brighton	15 Apr
2:27:27	Kyle Greig		19.12.85	63	Chicago IL, USA	7 Oct
2:27:31	Alan Darby		29.11.83	2	Abingdon	21 Oct
2:27:34	Peter Lighting	V35	7.12.80	29	London	22 Apr
(50)						
2:27:35	Nick McCormick	V35	11.09.81	35	New York NY, USA	4 Nov
2:27:36	Kyle Doherty			26	Dublin, IRL	28 Oct
2:27:39	Rob Corney		19.09.88	69	Berlin, GER	16 Sep
2:27:48	Russell Bentley	V35	28.04.81	2	Chester	7 Oct
2:27:51	James Kelly	V35	29.08.83	36	New York NY, USA	4 Nov
2:28:03	Shaun Antell		9.05.87	6	Brighton	15 Apr
2:28:06	Mark Jenkin	V35	19.09.78	75	Berlin, GER	16 Sep
2:28:07	Ewan Cameron	V35		77	Valencia, ESP	2 Dec
2:28:10	Adrian Whitwam	V40	25.11.75	77	Berlin, GER	16 Sep
2:28:12	Alex Pilcher		22.01.85	78	Valencia, ESP	2 Dec
(60)						
2:28:13	Sean Hogan		6.07.87	33	London	22 Apr
2:28:16	Simon Goldsworthy		13.07.94	78	Berlin, GER	16 Sep
2:28:16	Mark Pearce	V35		79	Valencia, ESP	2 Dec
2:28:17	William Mackay		3.10.89	56	Frankfurt, GER	28 Oct
2:28:19	Josh Sambrook			2	York	14 Oct
2:28:28	Alex Milne		11.03.90	34	London	22 Apr
2:28:28	Stephen Way	V40	6.07.74	1	Dorchester	27 May
2:28:28	Scott Harrington	V40	19.08.78	3	York	14 Oct
2:28:32	Stuart Robinson	V35	27.11.79	83	Valencia, ESP	2 Dec
2:28:37	Alun Myers		5.11.86	39	Amsterdam, NED	21 Oct
(70)						
2:28:38	Christopher Greenwood	V40	29.09.73	86	Berlin, GER	16 Sep
2:28:48	Karl Welborn	V35	21.08.81	3	Chester	7 Oct
2:28:54	Chris Thompson	V35	17.04.81	43	New York NY, USA	4 Nov
2:28:56	John Newsom		20.10.84	6	Manchester	8 Apr
2:28:56	Peter Tucker	V35	17.04.81	4	Chester	7 Oct
2:28:57	Sean Fitzpatrick		13.11.89	45	New York NY, USA	4 Nov
2:28:58	Stuart Haynes	V40	12.03.76	75	Chicago IL, USA	7 Oct
2:29:03	Robert Weekes	V35	15.03.82	5	Chester	7 Oct
2:29:05	Charlie Sandison			47	New York NY, USA	4 Nov
2:29:13	Robert Mann		5.04.92	91	Berlin, GER	16 Sep
(80)						
2:29:19	Michael Wright		24.03.87	1	Stirling	29 Apr
2:29:20	Craig Palmer		2.05.85	90	Valencia, ESP	2 Dec
2:29:21	Robert Affleck	V45	27.09.71	7	Brighton	15 Apr
2:29:29	George Gurney		3.04.92	73	Frankfurt, GER	28 Oct
2:29:31	Matthew Dickinson		10.07.88	92	Valencia, ESP	2 Dec
2:29:32	Kojo Kyereme	V40	23.12.74	38	London	22 Apr
2:29:34	Tristan Windley		21.02.84	7	Chester	7 Oct
2:29:35	Gareth Cooke		10.04.94	4	York	14 Oct
2:29:38	Robbie Britton		15.12.88	95	Valencia, ESP	2 Dec
2:29:45	Chris Jordan	V35	12.05.80	8	Chester	7 Oct
(90)						
2:29:49	David Hudson	V35	19.07.81	40	London	22 Apr
2:29:50	Andrew Siggers	V35	4.02.80	41	London	22 Apr
2:29:51	Michael Hargreaves	V35	18.12.81	42	London	22 Apr
2:29:58	Stephen Trainer		13.04.88	77	Frankfurt, GER	28 Oct
2:30:00	James Bellward		18.10.84	8	Brighton	15 Apr
2:30:00	Chris Oddy		24.10.86	43	London	22 Apr

Downhill
| 2:24:24 | Adam Holland | | 5.03.87 | 2 | Inverness | 23 Sep |

Short (430m)
| 2:17:55 | Craig Ruddy | | 10.04.88 | 25 | Frankfurt, GER | 28 Oct |

2018 - Men - Marathon

Foreign
2:15:55	Stephen Scullion (IRL)		9.11.88	12	London	22 Apr
2:16:56	Tony Payne (THA)		13.01.89	22	Frankfurt, GER	28 Oct
2:19:46	Daniel Wallis (NZL)		11.11.87	15	London	22 Apr
2:19:54	Kevin Seaward (IRL)		3.10.85	4	Gold Coast, AUS	15 Apr
2:23:11	Belal Ahmed (ITA)		20.11.86	37	Berlin, GER	16 Sep
2:23:26	Paul Pollock (IRL)		25.06.86	47	Berlin, GER	12 Aug
2:23:57	Luuk Metselaar (NED)		6.07.92	22	Amsterdam, NED	21 Oct
2:25:20	Mohammed Abu-Rezeq (JOR)		21.12.83	1	Chester	7 Oct
	2:22:56dh			1	Inverness	23 Sep
2:26:36	Eoghan Totten (IRL)		29.01.93	26	London	22 Apr
2:26:56	Maciej Bialogonski (POL)		9.12.85	1	Abingdon	21 Oct
2:27:47	Dimosthénis Evaggelidis (GRE)	V40	27.09.76	30	London	22 Apr
2:28:27	Andrius Jaksevicius (LTU)	V35	15.02.81	4	St Helier, JER	7 Oct
2:29:00	Nicolas Besson (FRA)	V35	5.05.81	59	Frankfurt, GER	28 Oct
2:29:11	Ludovic Renou (FRA)	V40	10.05.75	66	Frankfurt, GER	28 Oct
2:29:45	Eoin Lennon (IRL)		28.10.87	17	Barcelona, ESP	11 Mar

50 Kilometres Road
2:58:03	Steven Way	V40	6.07.74	1	Redwick	31 Mar
3:05:47	Franco Pardini		30.09.89	1	Gloucester	14 Jan
3:12:33	Michael Stocks	V45	4.04.69	2	Gloucester	14 Jan
3:17:13	Ollie Garrod		16.01.93	4	Xianning City, CHN	26 Oct

100 Kilometres Road
6:43:22	Anthony Clark	V40	2.08.77	8	Grkaveščak, CRO	8 Sep
7:00:30	Robert Turner	V45	4.09.72	1	Redwick	31 Mar
7:16:54	Michael Stocks	V45	4.04.69	3	Redwick	31 Mar
7:19:34	David McLure		9.11.83	4	Redwick	31 Mar
7:26:00	Dave Ward	V35	21.11.80	5	Redwick	31 Mar

24 Hours
253.432km	Daniel Lawson	V45	13.02.73	5	Timisoara, ROU	27 May
251.373km	Grant MacDonald	V35	18.01.79	1	Barcelona, ESP	16 Dec
249.150kmt	Michael Stocks	V45	4.04.69	1	London (TB)	23 Sep
247.089kmt	Paul Maskell	V40	31.05.78	2	London (TB)	23 Sep
244.355km	James Stewart	V40	2.04.76	11	Timisoara, ROU	27 May
237.367km	Steven Holyoak	V50	8.09.64	17	Timisoara, ROU	27 May
235.195km	Nathan Flear	V35	19.04.83	3	Belfast	24 Jun
226.478km	Mark Walker	V45	15.10.69	3	Belfast	24 Jun
224.172km	Paul Radford	V50	23.02.68	3	Barcelona, ESP	16 Dec
222.401kmt	David Bone	V45	14.04.72	3	London (TB)	23 Sep
(10)						
217.005kmt	Dean Oldfield	V40	20.09.76	4	London (TB)	23 Sep
216.902km	Ry Webb		26.07.85	7	Barcelona, ESP	16 Dec
205.458km	Craig Holgate	V40	21.09.76	40	Timisoara, ROU	27 May
204.138kmt	Peter Scull		13.01.88	5	London (TB)	23 Sep
201.984km	Ian Thomas	V55	10.06.59	8	Belfast	24 Jun

1500 Metres Steeplechase - Under 17
4:21.31	Kristian Imroth	19.01.02	1	Birmingham	14 Jul
4:23.22	Conall McGinness	7.11.01	2	Birmingham	14 Jul
4:23.33	Archie May	5.12.01	2	London (LV)	8 Jul
4:30.16	Benjamin Gardiner	18.06.02	2	Ashford	9 Jun
4:32.81	Jordan Jones	2.05.02	4	Birmingham	14 Jul
4:33.81	Ben Hope	10.09.01	3	Milton Keynes	2 Jun
4:33.86	Chris Bain	22.01.03	4	Milton Keynes	2 Jun
4:34.27	Hugo Hewitt	14.10.01	1	Sutton	8 Sep
4:35.44	Tomos Rees	4.07.02	3	Grangemouth	21 Jul
4:35.52	Ben Marks	27.03.02	1	Crawley	16 Jun
(10)					
4:36.48	Ben McIntyre	27.03.02	6	Birmingham	14 Jul
4:37.05	Max Nicolle	22.10.02	8	Birmingham	14 Jul
4:37.92	Callum Crook	13.03.02	3	Bedford	25 Aug
4:41.01	Gareth Campbell	8.09.01	4	Tullamore, IRL	2 Jun

2018 - Men - Steeplechases

Time		Name		Date	Pos	Venue	Date
4:41.21		Henry Fisher		16.06.02	3	Ashford	9 Jun
4:43.06		Cameron Enser		11.04.03	1	Yeovil	21 Apr
4:43.38		Oscar Lee		9.04.03	1	Yeovil	9 Jun
4:43.66		Cameron Swatton		19.01.02	4	London (LV)	8 Jul
4:44.20		Jamie Day		4.07.03	8	Milton Keynes	2 Jun
4:44.6		Joseph Haynes		22.02.03	5	Dublin (S), IRL	23 Jun
	(20)						
4:45.39		Finn Moffatt		12.03.02	2	Birmingham	16 Jun
4:46.46		Joseph Geller		20.02.02	1	London (ME)	27 May
4:46.62		Cai La Trobe Roberts		26.10.02	1	Manchester (Str)	27 May

2000 Metres Steeplechase

Time		Name		Date	Pos	Venue	Date
5:49.1		Daniel Owen		5.07.93	1	Cheltenham	8 Jul
5:50.04		Alfie Yabsley	U20	12.09.99	1	Manchester (SC)	12 May
5:52.10		Chris Perry		1.03.90	2	Manchester (SC)	12 May

Addional Under 20 (1 above)

Time		Name		Date	Pos	Venue	Date
5:53.47		Ben Thomas		7.07.01	9	Győr, HUN	8 Jul
5:59.57		Joey Croft		23.05.00	4	Manchester (SC)	12 May
6:00.23		Cameron Wright		25.08.01	2U18	Bedford	17 Jun
6:01.32		Samuel Crick		12.09.99	2	Milton Keynes	2 Jun
6:01.47		Joss Barber		22.06.99	1	London (He)	29 Jul
6:01.78		Lewis Mills		1.01.00	1	Bromley	21 May
6:03.62		Bede Pitcairn-Knowles		5.08.00	6	Manchester (SC)	12 May
6:04.47		Jamie MacKinnon		15.06.99	2	Aberdeen	19 Aug
6:04.88		Magnus Tait		26.03.01	3	Aberdeen	19 Aug
	(10)						
6:07.28		Elliot Moran		6.10.00	1	Birmingham	14 Jul
6:08.30		Archie May	U17	5.12.01	2	Bromley	21 May
6:09.14		Alex Rowe		16.09.99	4	Milton Keynes	2 Jun
6:14.14		Lewis Pentecost		16.10.00	4	Aberdeen	19 Aug
6:14.83		Lewis Harknett		17.10.00	2	Chelmsford	13 May
6:16.69		James Gillon		10.10.00	1	Grangemouth	2 Jun
6:16.79		Adam Hay		8.02.01	5	Aberdeen	19 Aug
6:18.11		Adam Searle		7.11.00	1	Newport	29 Jul
6:19.1		Max Pearson		17.11.99	1	Hexham	9 Jun
6:19.40		Shaun Hudson		8.09.00	2	Reading	29 Apr
	(20)						
6:19.42		George Beardmore		24.02.01	6	Birmingham	14 Jul

3000 Metres Steeplechase

Time	Name	Date	Pos	Venue	Date
8:26.51	Zak Seddon	28.06.94	2	Rehlingen, GER	20 May
8:27.05			4	Turku, FIN	5 Jun
8:30.00			7h1	Berlin, GER	7 Aug
8:30.19			16	Rome, ITA	31 May
8:31.60			7	Liège (NX), BEL	18 Jul
8:33.12			1	Birmingham	30 Jun
8:37.28			5	Berlin, GER	8 Aug
8:41.36			14	Birmingham	18 Aug
8:41.73			2	Princeton NJ, USA	21 Apr
8:30.16	Ieuan Thomas	17.07.89	2	Leiden, NED	9 Jun
8:33.88			2	Birmingham	30 Jun
8:40.02			7	Gold Coast, AUS	13 Apr
8:40.87			10h2	Berlin, GER	7 Aug
8:51.01			15	Birmingham	18 Aug
8:30.52	Jonathan Hopkins	3.06.92	3	Oordegem, BEL	26 May
8:31.98			3	Leiden, NED	9 Jun
8:34.12			6	Gold Coast, AUS	13 Apr
8:41.45			4	Birmingham	30 Jun
8:31.91	Jamaine Coleman	22.09.95	8	Liège (NX), BEL	18 Jul
8:33.52			2	Eugene OR, USA	8 Jun
8:33.78			8h1	Berlin, GER	7 Aug
8:38.17			3	Birmingham	30 Jun
8:40.06			3s1	Eugene OR, USA	6 Jun
8:42.21			4	Stanford CA, USA	30 Mar

2018 - Men - 3000 Metres Steeplechase

Time		Name	Cat	DOB	Pos	Venue	Date
		8:44.08			1h2	Tampa FL, USA	25 May
8:35.47		Phil Norman		20.10.89	15	Huelva, ESP	8 Jun
		8:49.54			2	Loughborough	20 May
		8:50.19			6	Birmingham	30 Jun
8:40.24		Douglas Musson		8.04.94	11	Oordegem, BEL	26 May
		8:53.46			7	Birmingham	30 Jun
8:44.28		Adam Visokay		11.03.94	6	Stanford CA, USA	30 Mar
8:44.98		Adam Kirk-Smith		30.01.91	15	Oordegem, BEL	26 May
		8:48.09			1	Loughborough	20 May
		8:48.40			8	Gold Coast, AUS	13 Apr
		8:53.47			1	Manchester (SC)	15 Aug
8:45.62		Ryan Driscoll		25.01.94	5	Birmingham	30 Jun
		8:49.71			3	Loughborough	20 May
		8:54.65			2	Kortrijk, BEL	14 Jul
8:47.88		Rob Mullett		31.07.87	14	Stanford CA, USA	3 May
	(10)						
8:50.90		Haran Dunderdale	U23	26.04.96	1	Azusa CA, USA	20 Apr
8:54.39		Daniel Jarvis		21.10.95	1	Bedford	7 May
41 performances to 8:55.0 by 12 athletes							
8:55.19		Chris Perry		1.03.90	2	Manchester (SC)	15 Aug
8:56.45		Mark Pearce	U23	19.01.96	8	Birmingham	30 Jun
8:56.78		Alex Howard		24.08.95	4rC	Stanford CA, USA	30 Mar
8:56.82		Jonathan Glen	U23	5.10.96	3rB	Azusa CA, USA	20 Apr
8:57.09		Tommy Horton		7.11.93	2	Bedford	7 May
8:57.58		Alexander Teuten		3.01.92	1	Bedford	7 Jul
8:57.62		Declan McManus	U23	13.03.97	9	Azusa CA, USA	20 Apr
8:58.46		Ciaran Lewis	U23	18.03.97	3	Bedford	7 May
	(20)						
8:59.23		Daniel Eckersley		12.11.86	2	Bedford	7 Jul
8:59.44		William Battershill	U23	25.02.98	6	Raleigh NC, USA	30 Mar
9:05.69		Matthew Seddon	U23	26.02.96	2	Montbeliard, FRA	1 Jun
9:05.78		Matthew Arnold	U23	5.08.96	3	San Antonio, USA	5 May
9:09.23		Daniel Owen		5.07.93	2	Liverpool	4 Aug
9:10.48		James Beeks	U23	13.10.98	3	Bedford	16 Jun
9:16.37		Scott Snow		29.11.95	4	Stanford CA, USA	12 May
9:16.75		Lachlan Oates		30.01.92	5	Manchester (SC)	15 Aug
9:18.59		Samatar Farah		25.12.85	3	Cardiff	2 Jun
9:19.18		Harry Lane		1.12.94	3	Manchester (SC)	28 Jul
	(30)						
9:20.16		Nick Earl		22.09.84	5	Melbourne (A), AUS	4 Mar
9:20.80		William Mycroft		8.01.91	6	Bedford	7 May
9:23.73		Jonathan Goringe		22.07.91	3	London (He)	4 Aug
9:24.00		Dan Nash		23.03.94	2	Bedford	7 Jul
9:24.18		Alfie Yabsley	U20	12.09.99	8	Loughborough	20 May
9:25.22		Glen Watts		9.12.86	4	Cardiff	2 Jun
9:25.47		Miles Chandler	U23	18.03.96	1	Oxford	19 May
9:26.65		Max Costley		29.08.94	3	Liverpool	4 Aug
9:26.83		Jamie Grose		3.10.94	2	Bournemouth	4 Aug
9:26.88		Scott Evans		4.02.91	1	Eton	5 May
	(40)						
9:27.56		Joshua Lunn		15.05.92	9	Kortrijk, BEL	14 Jul
9:28.20		Michael Wright		24.03.87	2	Grangemouth	11 Aug
9:28.56		Paul Pruzina	U23	5.03.97	2	Oxford	19 May
9:28.63		Richard Ollington		31.12.93	1	Oxford	30 Jun
9:28.73		Alex Milne		11.03.90	1	Leigh	5 May
9:29.12		Cameron Wright	U20	25.08.01	1	Kilmarnock	26 May
9:29.36		Terence Fawden	U20	19.01.99	4	Liverpool	4 Aug
9:29.65		Martin Hayes		16.05.89	2	Kilmarnock	26 May
9:29.96		Joseph Turner		3.08.90	2	London (Elt)	7 Jul
9:31.88		Joss Barber	U20	22.06.99	2	Bedford	16 Jun
	(50)						
9:31.88		Edward Banks		30.05.85	5	Bedford	7 Jul
9:33.29		Matthew Bradley		24.09.86	4	Bournemouth	4 Aug
9:33.84		James Wignall		24.11.91	2	Eton	5 May
9:33.97		Michael Ellis	U23	8.01.96	8	Bedford	7 May

2018 - Men - 3000 Metres Steeplechase

9:34.86	Michael Cameron		18.11.95	3	Grangemouth	11	Aug
9:35.26	Lewis Mills	U20	1.01.00	5	Liverpool	4	Aug
9:36.56	Jack Hope	U23	14.05.98	5h1	Bedford	5	May
9:37.07	Sam Costley	U20	24.02.99	7	Liverpool	4	Aug
9:37.31	Christopher Greenwood	V40	29.09.73	3	Bedford	7	Jul
9:38.15	Nick Hardy		28.03.92	7	Manchester (SC)	28	Jul
(60)							
9:38.31	Daniel Rothwell		29.04.87	8	Cardiff	2	Jun
9:39.02	Billy White	U23	25.01.97	6	Bournemouth	4	Aug
9:39.60	Sullivan Smith	V40	16.09.76	4	Malaga, ESP	7	Sep
9:43.13	Jamie Bryant		15.07.94	1	Chelmsford	24	Jun
9:43.35	Calum Upton	U23	10.12.96	7h1	Bedford	5	May
9:43.36	Daniel Mulryan	U23	20.03.96	1	Oxford	28	Apr
9:43.38	Robert Warner	V35	30.05.81	2	Nuneaton	2	Jun
9:43.70	Aidan Smith		16.07.95	4	Oxford	19	May
9:44.38	Ben Davis	U20	13.04.99	7	Bournemouth	4	Aug
9:44.45	Harry Allen		10.11.93	4	Bedford	7	Jul
(70)							
9:44.81	Daniel Galpin	U23	25.01.98	8h1	Bedford	5	May
9:44.85	Alex Pilcher		22.01.85	1	Bedford	7	Jul
9:45.01	William Mackay		3.10.89	2	Grangemouth	24	Jun
9:46.74	Joey Croft	U20	23.05.00	7	Leigh	5	May
9:46.89	Richard Webb	U23	25.10.96	5	Bedford	16	Jun
9:48.8	Grant Twist		17.10.90	1	London (Cr)	14	Jul
9:49.49	Ruaridh Miller		22.07.95	3	Aberdeen	10	Jun

Additional Under 20 (1-8 above)

9:51.85	Lewis Raeburn		4.11.00	4	Grangemouth	24	Jun
9:53.91	Edward Mason		9.03.99	6	Bedford	16	Jun
(10)							
9:54.10	George Beardmore		24.02.01	7	Bedford	16	Jun
9:58.2	George Phillips		7.08.99	1	Cleckheaton	3	Jun
9:59.47	Maxwell Cooper		20.11.00	1	Crawley	20	May
9:59.77	Owain Edwards		30.07.01	7	London (He)	4	Aug

Foreign

8:54.88	*Edgars Sumskis (LAT)*	3.04.88	6rB	Oordegem, BEL	26	May
9:02.69	*Jayme Rossiter (IRL)*	29.09.90	5	Bedford	7	May
9:22.35	*Michael Deason (USA)*	8.01.85	1	Grangemouth	11	Aug
9:36.46	*Kirk Smith (USA)*	20.09.85	9	Bedford	7	May
9:39.95	*Sergio Argul Saneustaquio (ESP)*	11.03.99	12	Bedford	7	May

60 Metres Hurdles

7.46	Andy Pozzi	15.05.92	1s2	Birmingham	4	Mar
7.46			1	Birmingham	4	Mar
7.53			1h4	Birmingham	3	Mar
7.58			1	Berlin, GER	26	Jan
7.58			1	Birmingham	17	Feb
7.60			3	Glasgow	25	Feb
7.61			1h3	Birmingham	17	Feb
7.63	David King	13.06.94	3	Metz, FRA	11	Feb
7.63			2	Birmingham	17	Feb
7.64			1h2	Metz, FRA	11	Feb
7.66			4	Mondeville, FRA	3	Feb
7.69			4h1	Birmingham	3	Mar
7.70			6s1	Birmingham	4	Mar
7.74			4	Glasgow	25	Feb
7.75			6	Dusseldorf, GER	6	Feb
7.75			1h1	Birmingham	17	Feb
7.79			3h1	Mondeville, FRA	3	Feb
7.80			1	Cardiff	27	Jan
7.78	Khai Riley-La Borde	8.11.95	3	Birmingham	17	Feb
7.83			3h2	Mondeville, FRA	3	Feb
7.84			2h2	Nantes, FRA	20	Jan
7.85			1h2	Birmingham	17	Feb
7.90			6h1	Ostrava, CZE	25	Jan

	7.90			6	Mondeville, FRA	3	Feb
7.84	Jake Porter		13.11.93	4	Birmingham	17	Feb
	7.87			3h1	Nantes, FRA	20	Jan
	7.87			1	Bratislava, SVK	28	Jan
	7.89			4	Nantes, FRA	20	Jan
	30 performances to 7.90 by 4 athletes						
7.94	Jack Hatton	U23	14.02.96	1	London (Wil)	22	Dec
7.96	Miguel Perera	U23	30.09.96	1B1	Loughborough	13	Jan
8.03	Cameron Fillery	U23	2.11.98	6	Birmingham	17	Feb
8.06	Jack Kirby	U23	5.11.96	3h2	Birmingham	17	Feb
8.07	Robert Sakala	U23	5.03.98	h	Kuldiga, LAT	20	Jan
8.07	James Weaver	U23	25.07.97	5h1	Bratislava, SVK	28	Jan
(10)							
8.10	Timothy Duckworth	U23	18.06.96	1H1	Clemson SC, USA	20	Jan
8.11	Jack Andrew		12.10.91	7	Birmingham	17	Feb
8.12	William Ritchie-Moulin	U23	3.12.96	3	Sheffield	16	Feb
8.13	Reece Young		3.10.95	1A1	Loughborough	3	Feb
8.16	James Finney	U23	7.04.96	1H5	Sheffield	7	Jan
8.21	Maranga Mokaya	U23	30.06.96	2r2	Birmingham	7	Jan
8.26	Euan Dickson-Earle	U23	9.07.96	2B1	Loughborough	13	Jan
8.30	Jack Major	U23	23.10.96	7	Sheffield	16	Feb
8.30	Liam Ramsay		18.11.92	4h3	Birmingham	17	Feb
8.32	Deo Milandu		30.10.92	2B1	Loughborough	8	Dec
(20)							
8.33	Onajite Okoro		21.02.92	1	Birmingham	11	Feb
8.33	Matthew Lee		8.12.94	1	Manchester (SC)	16	Dec
8.33	Richard Reeks		6.12.85	1	Cardiff	16	Dec
8.34	Curtis Mitchell		29.09.95	5h3	Birmingham	17	Feb
8.35	Jason Nicholson	U20	10.05.99	1	Gateshead	13	Dec
8.36	Alex Nwenwu		11.09.91	3B1	Loughborough	13	Jan
8.38	Michael Wilson	U23	1.02.97	2	Cardiff	27	Jan
8.39	Andrew Murphy		26.12.94	4H2	Madrid, ESP	28	Jan
8.43	Harry Maslen	U23	2.09.96	1H1	Lubbock TX, USA	25	Feb
8.48	Matthew Hewitt		27.12.92	2	London (LV)	13	Jan
(30)							
8.48	Glenn Etherington		10.12.86	2B2	London (LV)	27	Jan
8.50	Ryan Bonifas		22.09.93	3H5	Sheffield	7	Jan
8.5	Liam Collins	V35	23.10.78	3	Gateshead	18	Jan
8.51	Harry Hillman	U23	7.09.98	3	Cardiff	27	Jan
8.51	Ayomide Byron	U23	16.06.97	3B2	London (LV)	27	Jan
8.51	Howard Bell	U23	2.05.98	2	Manchester (SC)	2	Dec
8.52	Lewis Church	U23	27.09.96	3H	London (LV)	16	Dec
8.53	Matthew Curtis		11.11.95	2	Birmingham	11	Feb
8.53	Bradley Reed		14.01.92	2r2	London (LV)	2	Dec
8.55	Thomas Miller	U23	7.10.98	4B2	Loughborough	3	Feb
(40)							
8.55	Adam Hill		9.07.94	5	Athlone, IRL	9	Feb

Foreign

7.87	*Ben Reynolds (IRL)*		*26.09.90*	*3rB*	*Mondeville, FRA*	*3*	*Feb*
8.00	*Alex Al-Ameen (NGR)*		*2.03.89*	*2r2*	*London (Wil)*	*22*	*Dec*
8.20	*Pablo Trescoli (ESP)*		*4.03.95*	*3H*	*Valencia, ESP*	*18*	*Feb*
8.21	*Jake Lindacher (USA)*		*1.01.97*	*5*	*Sheffield*	*8*	*Feb*
8.45	*Michael Bowler (IRL)*		*28.01.92*	*2B2*	*Loughborough*	*3*	*Feb*
8.48	*Daniel Ryan (IRL)*	*U20*	*5.06.99*	*4*	*London (LV)*	*1*	*Dec*

60 Metres Hurdles - Under 20 (99cm)

7.76	Tre Thomas		26.06.00	1A1	London (LV)	27	Jan
7.79	Ethan Akanni		5.03.99	2B1	London (LV)	27	Jan
7.84	Jason Nicholson		10.05.99	1B1	Gateshead	8	Feb
7.96	Joshua Zeller		19.10.00	2	London (LV)	13	Jan
7.97	Sam Bennett		2.02.01	3	London (LV)	13	Jan
8.04	Mayowa Osunsami		23.10.99	1B1	Dour, BEL	11	Feb
8.10	Jack Sumners		25.10.00	1	Birmingham	11	Feb
8.14	Oliver Cresswell		17.11.00	2	Birmingham	11	Feb

2018 - Men - 60 Metres Hurdles

Time		Name		DOB	Pos	Venue	Date	
8.19		Joshua Armstrong		23.12.99	1	Glasgow	10	Mar
8.20		Tomos Slade		13.04.01	1	Cardiff	14	Jan
	(10)							
8.20		Taylor Roy		25.06.99	2	Glasgow	10	Mar
8.22		Rico Cottell	U17	22.11.01	3h1	London (LV)	13	Jan
8.23		Jonathan Mann		30.04.01	3h2	Sheffield	25	Feb
8.28		Chinua Ebereonwu		14.06.01	1	Cardiff	11	Feb
8.29		Caius Joseph		24.07.99	1H4	Sheffield	7	Jan
8.32		William Adeyeye		4.03.01	1B2	London (LV)	27	Jan
8.33		Scott Connal		20.03.00	1	Glasgow	21	Dec
8.40		Robbie Farquhar		4.01.01	3	Glasgow	10	Mar
8.43		Oliver Stacey		5.09.99	4B1	London (LV)	27	Jan
8.43		David Aryeetey		25.10.99	5h2	Sheffield	25	Feb
	(20)							
8.44		Scott Brindley		6.01.02	2	Glasgow	21	Dec
8.48		Jack Turner		11.07.01	3h1	Sheffield	25	Feb
8.49		Andrew McFarlane		7.07.00	4	Glasgow	10	Mar
8.51		Kanya Mtshweni		4.07.00	6A1	London (LV)	27	Jan
8.51		Oliver Herring		28.09.00	1	Manchester (SC)	2	Dec
8.54		Ben Higgins		14.11.00	1	Manchester (SC)	21	Jan
8.55		Joel McFarlane		9.10.00	3	Glasgow	21	Dec

60 Metres Hurdles - Under 17 (91.4cm)

Time		Name	DOB	Pos	Venue	Date	
8.02		Daniel Knight	24.11.01	1A1	London (LV)	20	Jan
8.04		Jordan Ricketts	10.09.01	1	Birmingham	11	Feb
8.14		Joseph Harding	31.10.02	3B1	London (LV)	20	Jan
8.22		Jami Schlueter	26.10.02	1P1	Glasgow	3	Nov
8.25		Rico Cottell	22.11.01	1	London (LV)	17	Mar
8.32		Zachary Elliott	13.09.01	3	Sheffield	25	Feb
8.39		Alexander MacKay	13.12.01	2	Glasgow	28	Jan
8.40		Oliver Dakin	1.12.01	1	Sheffield	13	Jan
8.42		Scott Brindley	6.01.02	3	Glasgow	28	Jan
8.42		Cole Williams	12.02.03	1	Manchester (SC)	16	Dec
	(10)						
8.45		Elliott Harris	13.10.02	1A2	Birmingham	28	Jan
8.46		Ben Hillman	16.04.03	1P	Cardiff	21	Oct
8.50		Theo Adesina	20.05.02	2	London (LV)	3	Feb
8.51		Jordan Cunningham	22.12.02	2P	Athlone, IRL	13	Oct
8.51		Reuben Nairne	22.09.02	1	Glasgow	1	Dec
8.53		Stephen Simmons	1.07.03	3h3	Sheffield	25	Feb
8.56		Ralph Williams	22.08.02	5B1	London (LV)	20	Jan
8.57		Adam Booth	3.07.02	2H4	Sheffield	11	Mar
8.58		Djavam Pedro		1	Manchester (SC)	2	Dec
8.59		Stuart Bladon	13.01.02	4	London (LV)	6	Jan
	(20)						
8.59		Freddie Reilly	10.02.02	1H3	Sheffield	11	Mar
8.60		Calum Newby	16.06.02	4	Glasgow	28	Jan
8.60		Phillip Kastner	1.10.01	2H3	Sheffield	11	Mar
8.60		Joseph Alexander	5.11.02	1A1	Eton	2	Dec

60 Metres Hurdles - Under 15 (84cm)

Time		Name	DOB	Pos	Venue	Date	
8.47		Freddie Fraser	25.01.04	1h1	Sheffield	25	Feb
8.60		Joseph Purbrick	22.04.04	2	Sheffield	25	Feb
8.60		Jacob Blanc	19.10.04	1P	London (LV)	15	Dec
8.62		Elliott Evans	3.09.03	3	Sheffield	25	Feb
8.67		Toby Bishop	3.10.03	1B1	London (LV)	20	Jan
8.71		Zak Wall	21.10.03	2h2	Sheffield	25	Feb
8.72		Oliver D'Rozario	24.09.03	2P3	Sheffield	11	Mar
8.73		Sebastian Wallace	7.09.03	4	Sheffield	25	Feb
8.76		Oliver Early	26.05.04	3	London (LV)	3	Feb
8.82		Xander Collins	18.09.03	2A1	London (LV)	25	Mar
	(10)						
8.86		Samuel Ball	18.10.04	2P	London (LV)	15	Dec
8.93		Edward Wilson	24.11.03	2B1	Birmingham	28	Jan
8.99		Jayden Riley		1	Manchester (SC)	16	Dec

2018 - Men - 60 Metres Hurdles

Time		Name	DOB	Pos	Venue	Date
9.05		Ben Chatham	3.06.04	1	Glasgow	11 Mar
9.05		Nathan Fitzpatrick	30.09.03	2	Athlone, IRL	25 Mar
9.06		Sam Petherbridge	28.01.04	1	Swansea	21 Jan
9.07		Harvey James	8.11.03	2	Swansea	21 Jan
9.07		Ben Nolan	22.11.04	3P	London (LV)	15 Dec
9.09		Jacob Byfield	24.06.04	7	Sheffield	25 Feb
9.15		Ruben Hedman	19.07.04	5h1	Sheffield	25 Feb
(20)						
9.19		Benjamin Verbickas	7.09.03	1	Manchester (SC)	7 Jan
9.23		Zac Davies	16.11.04	4P	Cardiff	21 Oct
9.25		Bradley James	23.09.03	3A1	London (LV)	25 Mar
9.29		Aidan Brindley	9.10.03	2P2	Glasgow	3 Feb
9.34		Aaron Lillistone	13.12.03	1	Gateshead	18 Feb
9.35		Thomas Paterson	19.03.04	2	Gateshead	18 Feb
9.36		Taylor Jacob	1.07.04	1h1	Sheffield	4 Feb
9.37		William Lamprell	12.01.05	4P	London (LV)	15 Dec

60 Metres Hurdles - Under 13 (76.2cm)

Time		Name	DOB	Pos	Venue	Date
9.83		Daniel Martin	22.03.06	1P3	Glasgow	3 Feb
9.94		Dominic Alexandru	1.09.05	1	London (LV)	3 Feb

75 Metres Hurdles - Under 13 (76.2cm)

Time	Wind	Name	DOB	Pos	Venue	Date
11.15	0.6	Reggie Lucas-Merry	14.09.05	1	Gillingham	17 Jun
11.5		Jaiden Dean	23.09.05	1	Bury St. Edmunds	16 Sep
11.6		Max Roe		2	Bury St. Edmunds	16 Sep
11.7		Travis Scottow	19.09.05	1	Basingstoke	29 Aug
11.73	0.2			1P1	Exeter	23 Sep
11.74		Dominic Alexandru	1.09.05	1	Chelmsford	12 May
11.8w		James Ince	7.10.05	1	Blackburn	12 May
12.00	0.0			1rA	Bedford	8 Sep
11.95	1.6	Hayden Christian	2.12.05	1P1	Sutton	8 Sep
12.0		William Odgers	28.01.06	1	Bournemouth	17 Jun
12.0		D Amoako		2	Chelmsford	4 Jul
12.11	0.7	Isaac Helyer	10.09.05	1	Exeter	22 Jul

80 Metres Hurdles - Under 15 (84cm)

Time	Wind	Name	DOB	Pos	Venue	Date
10.84w	3.6	Freddie Fraser	25.01.04	1	Birmingham	14 Jul
10.91	0.5			1	Bedford	26 Aug
11.04w	3.6	Elliott Evans	3.09.03	2	Birmingham	14 Jul
11.17	0.6			1h3	Birmingham	13 Jul
11.07w	3.6	Joseph Purbrick	22.04.04	3	Birmingham	14 Jul
11.12	1.7			2	Peterborough	30 Jun
11.11	1.6	Oliver D'Rozario	24.09.03	1P1	Bedford	15 Sep
11.15	1.7	Ruben Hedman	19.07.04	3	Peterborough	30 Jun
11.20	1.6	Oliver Early	26.05.04	2P1	Bedford	15 Sep
11.24	0.5	Toby Bishop	3.10.03	2	Bedford	26 Aug
11.32	1.6	Sam Sanusi	13.11.03	3P1	Bedford	15 Sep
11.37	0.6	Sebastian Wallace	7.09.03	2h3	Birmingham	13 Jul
11.44w	2.4	Zak Wall	21.10.03	1	Yate	17 Jun
11.48	0.5			1P5	Swansea	9 Jun
(10)						
11.44w	2.2	Taylor Jacob	1.07.04	1P2	Bedford	15 Sep
11.57	0.2			1	Bedford	8 Sep
11.46	1.9	Benjamin Verbickas	7.09.03	1	Leigh	7 Jul
11.54	0.6	Harry Burrow	28.09.03	4h3	Birmingham	13 Jul
11.54w	2.2	Ben Chatham	3.06.04	1	Glasgow (S)	17 Jun
11.77				1P	Grangemouth	2 Jun
11.62w	2.2	Ross Morgan	20.01.04	2	Glasgow (S)	17 Jun
11.72	-0.2			1	Aberdeen	19 Aug
11.64	0.5	Bradley James	23.09.03	1rB	Reading	17 Jun
11.64	0.6	Djavam Pedro		4h1	Birmingham	13 Jul
11.64	0.0	Louis Rochefort-Shugar	27.12.03	1	Brecon	25 Aug
11.64	1.9	Harry Barton	14.10.03	1P4	Bedford	15 Sep
11.65	0.4	Josh King		1rB	Crawley	16 Jun
(20)						
11.65	-1.3	Aaron Lillistone	13.12.03	3h2	Birmingham	13 Jul

2018 - Men - 80 Metres Hurdles - U15

11.66	1.3	Henry Curtis	15.01.04	2	Exeter	22	Jul
11.73	-1.4	Samuel Ball	18.10.04	1	Bracknell	21	Apr
11.75	1.8	Will Bickford		1	Exeter	16	Jun
11.76	-1.2	Jacob Blanc	19.10.04	3h2	Chelmsford	9	Jun
11.77	0.6	Christopher Charles	8.10.03	5h3	Birmingham	13	Jul
11.81	0.3	Nathan Harlow	21.10.03	3	Chelmsford	9	Jun
11.83	-1.1	Alessio Anah	18.07.04	1	Kingston	12	May
11.84w	2.2	William Kong	7.10.03	4P2	Bedford	15	Sep
11.85	-1.5	Henry Boyle	15.04.04	1	Kingston	9	Jun
(30)							

Hand timing

11.1		Bradley James	(11.64)	1P	Boston	23	Jun
11.3		Sam Sanusi	(11.32)	2P	Boston	23	Jun
11.5		Taylor Jacob	(11.44w)	1	Blackburn	12	May
11.5		William Kong	(11.84w)	5P	Boston	23	Jun
11.6		William Lawler	14.10.03	5	Gateshead	7	Jul
11.6		Freddie Clemons	21.01.05	1	Stratford on Avon	9	Sep
11.7		Jai Sispal	19.10.03	1P	Abingdon	23	Jun
11.7		Nathan Harlow	(11.81)	1	Brighton	21	Jul
11.7		Jacob Blanc	(11.76)	3	Hornchurch	16	Sep
11.8		Edward Wilson	24.11.03	1	Bristol	18	Apr
11.8		Alessio Anah	(11.83)	2	London (TB)	19	May

100 Metres Hurdles - Under 17 (91.4cm)

12.83	1.7	Jordan Ricketts	10.09.01	1	Nuneaton	11	Aug
13.01	0.7	Joseph Harding	31.10.02	1	Birmingham	14	Jul
13.02	0.0	Daniel Knight	24.11.01	1	Bedford	26	Aug
13.33	1.5	Rico Cottell	22.11.01	1	Bromley	27	May
13.35	-0.2	Jami Schlueter	26.10.02	1O1	Bedford	16	Sep
13.38	0.0	Elliott Harris	13.10.02	4	Bedford	26	Aug
13.47	-0.2	Oliver Dakin	1.12.01	1r2	Birmingham	16	Jun
13.50	0.0	Adam Booth	3.07.02	2D4	Manchester (SC)	5	Aug
13.57	-2.6	Owen Heard	29.12.01	3	London (LV)	8	Jul
(10)							
13.62	-1.4	Scott Brindley	6.01.02	1	Grangemouth	8	Jun
13.66	1.7	Thomas Wilcock	29.05.02	3h3	Birmingham	13	Jul
13.66	2.0	Reuben Nairne	22.09.02	2	Loughborough	1	Sep
13.68	0.0	Ben Hillman	16.04.03	5	Bedford	26	Aug
13.72	1.5	Ralph Williams	22.08.02	2	Bromley	27	May
13.75	-0.2	Stephen Simmons	1.07.03	2O1	Bedford	16	Sep
13.81	1.6	Jordan Cunningham	22.12.02	4	Tullamore, IRL	2	Jun
13.85	-0.2	Harrison Thorne	8.07.02	4O1	Bedford	16	Sep
13.86	0.0	Troy McConville	29.04.02	3D4	Manchester (SC)	5	Aug
13.87	-2.3	Calum Newby	16.06.02	1	Carlisle	1	Jul
(20)							
13.87	-0.2	Phillip Kastner	1.10.01	5O1	Bedford	16	Sep
13.90	2.0	Ewan Bradley	2.04.02	3	Loughborough	1	Sep
13.92	0.3	Stuart Bladon	13.01.02	1O	Oxford (H)	8	Jul
13.95	-2.8	Daniel Murathodzic	11.09.01	1	Swansea	29	Jul
13.96	-0.2	Luke Cressey	23.01.02	6O1	Bedford	16	Sep
13.98	2.0	Ethan Williamson	29.09.01	4	Loughborough	1	Sep
13.99	1.7	Matthew Griffin	29.08.03	4	Nuneaton	11	Aug

Wind-assisted

12.85	2.2	Joseph Harding	(13.01)	1	Grangemouth	21	Jul
13.54	2.2	Scott Brindley	(13.62)	5	Grangemouth	21	Jul
13.88	3.2	Teddy Ntuli	2.04.02	4h2	Birmingham	13	Jul

Hand timing

13.4		Owen Heard	(13.57)	1	Eton	5	Aug
13.5		Tom Beale		1	Reading	9	Jun
13.6	-0.4	Ralph Williams	(13.72)	1	Hemel Hempstead	9	Jun
13.8		Matthew Griffin	(13.99)	1	Stourport	29	Apr
13.8		Stuart Bladon	(13.92)	2	Reading	9	Jun
13.8w?		Harrison Thorne	(13.85)	1	Basingstoke	1	Jul

2018 - Men - 100 Metres Hurdles - U17

13.8w	4.6	Ewan Bradley		(13.90)	1	Ellesmere Port	27 May
13.9		Daniel Murathodzic		(13.95)	1	Swindon	27 May

110 Metres Hurdles - Under 18 (91.4cm)

13.15w	4.3	Sam Bennett		2.02.01	1s2	Györ, HUN	6 Jul
13.19	0.8				1	Györ, HUN	7 Jul
13.68w	2.4	Jordan Ricketts		10.09.01	3s1	Györ, HUN	6 Jul
13.78	1.4				1	London (LV)	20 Jun
13.77	1.5	Tomos Slade		13.04.01	1r2	London (LV)	20 Jun
13.91	0.7	William Adeyeye		4.03.01	3	Bedford	17 Jun
13.95w	4.8	Jonathan Mann		30.04.01	3r2	London (LV)	25 Apr
13.98	1.4				2	London (LV)	20 Jun
14.07	1.6	Jack Turner		11.07.01	1D3	Györ, HUN	7 Jul
14.16w	3.9	Daniel Knight		24.11.01	3	London (LV)	23 May
14.33w	3.3	Rico Cottell		22.11.01	3	London (LV)	25 Apr
14.45	1.5				3r2	London (LV)	20 Jun
14.50	0.1	Oliver Thorner		16.03.01	1D	Tenero, SUI	17 Jun
14.59	2.0	Robbie Farquhar		4.01.01	2	Grangemouth	4 Aug
(10)							
14.91w	4.8	Joshua Watson		15.08.01	6r2	London (LV)	25 Apr

110 Metres Hurdles - Under 20 (99cm)

13.32	1.4	Jason Nicholson		10.05.99	1s3	Tampere, FIN	11 Jul
13.49	0.0	Joshua Zeller		19.10.00	2h3	Mannheim, GER	23 Jun
13.54	-0.1	Onatade Ojora		14.10.99	1h1	Birmingham	14 Jul
13.63	1.3	Sam Bennett		2.02.01	1	Birmingham	14 Jul
13.68	1.0	Ethan Akanni		5.03.99	2h2	Bedford	17 Jun
13.69	1.1	Tre Thomas		26.06.00	1	Birmingham	29 Apr
13.83	1.3	Mayowa Osunsami		23.10.99	3	Birmingham	14 Jul
14.00	1.1	Jack Sumners		25.10.00	2h1	Bedford	17 Jun
14.11	1.1	Oliver Cresswell		17.11.00	3h1	Bedford	17 Jun
14.27	-0.4	Tomos Slade		13.04.01	1	Newport	24 Jun
(10)							
14.40	1.3	Jonathan Mann		30.04.01	5	Birmingham	14 Jul
14.42	1.1	Kanya Mtshweni		4.07.00	4h1	Bedford	17 Jun
14.48	1.3	David Aryeetey		25.10.99	6	Birmingham	14 Jul
14.57	1.2	Jack Broadbent		8.07.00	1D1	Bedford	16 Sep
14.61	1.0	Chinua Ebereonwu		14.06.01	6h2	Bedford	17 Jun
14.69	1.1	Joshua Armstrong		23.12.99	4	Tullamore, IRL	2 Jun
14.75	0.2	Joshua Watson		15.08.01	7	Castellon, ESP	15 Sep
14.77	1.2	Toby Seal		10.12.99	2D1	Bedford	16 Sep
14.80	1.2	Jack Turner		11.07.01	3D1	Bedford	16 Sep
14.82	-2.3	Rico Cottell	U17	22.11.01	1	Eton	1 Jul
(20)							
14.88		William Adeyeye		4.03.01	3	Chelmsford	12 May
14.91	-0.1	Samuel Tutt		12.03.01	5h1	Birmingham	14 Jul
15.00	1.2	Caius Joseph		24.07.99	1D	Saint Renan-Bre, FRA	13 May
15.08	0.6	Sam Roberts		17.07.01	1	Tidworth	13 May
15.10	0.2	Robbie Farquhar		4.01.01	1	Aberdeen	18 Aug
15.14	-0.5	Taylor Roy		25.06.99	1	Carlisle	1 Jul
15.18		Ezra Rodriques		8.11.00	2	London (Cr)	1 Jul
15.19	0.6	Edward Coles		6.03.01	4h2	Birmingham	14 Jul
15.27	0.0	Nicolas Gerome		7.11.99	6D3	Oyonnax, FRA	24 Jun

Wind-assisted

13.93	2.4	Jack Sumners		(14.00)	4	Bedford	17 Jun
14.09	2.4	Oliver Cresswell		(14.11)	6	Bedford	17 Jun

Hand timing

13.6	-2.3	Tre Thomas		(13.69)	1	Nottingham	27 May
15.2		Oliver Stacey		5.09.99	1	Oxford (H)	29 Apr

110 Metres Hurdles

Time	Wind	Athlete		Date	Pos	Venue	Day	Mon
13.28	0.8	Andy Pozzi		15.05.92	2s2	Berlin, GER	10	Aug
	13.29	0.7			1h1	Gold Coast, AUS	9	Apr
	13.35	1.3			5	Birmingham	18	Aug
	13.36	0.2			4	London (O)	22	Jul
	13.42	-1.2			1h1	Birmingham	18	Aug
	13.48	0.0			6	Berlin, GER	10	Aug
	13.53	-0.3			6=	Gold Coast, AUS	10	Apr
	13.61	-2.5			1	Birmingham	1	Jul
	13.78	-1.4			1h2	Birmingham	1	Jul
	13.90	0.2			3	Manchester	18	May
	13.95	0.1			8	Ostrava, CZE	13	Jun
	13.99	-1.8			4	Brisbane (Nathan), AUS	28	Mar
13.53	1.3	David King		13.06.94	8	Birmingham	18	Aug
	13.55	-0.1			6s3	Berlin, GER	10	Aug
	13.55	-0.6			3h2	Birmingham	18	Aug
	13.57	1.2			4rB	Lucerne, SUI	9	Jul
	13.59	0.2			2	Geneva, SUI	9	Jun
	13.62	0.8			3	Gateshead (Q)	8	Sep
	13.65	0.6			2h2	Berlin, GER	9	Aug
	13.66	0.9			3	Berne, SUI	16	Jun
	13.68	-0.1			4	Turku, FIN	5	Jun
	13.70	-1.2			3r2	Bydgoszcz, POL	29	May
	13.71	0.2			9	London (O)	22	Jul
	13.74	2.0			5h2	Gold Coast, AUS	9	Apr
	13.74	0.7			5	Zagreb, CRO	4	Sep
	13.81	-2.5			2	Birmingham	1	Jul
	13.83	0.2			2	Manchester	18	May
	13.85	1.5			1h3	Birmingham	1	Jul
	13.92	-1.8			2	Brisbane (Nathan), AUS	28	Mar
13.79	1.7	David Omoregie		1.11.95	2h1	Hérouville-St.Clair, FRA	14	Jun
	13.88	-0.5			9	Hengelo, NED	3	Jun
	13.95	-0.1			3	Andújar, ESP	1	Jun
	13.95	-1.0			3	Hérouville-St.Clair, FRA	14	Jun
13.81	-0.9	Khai Riley-La Borde		8.11.95	1rB	Bydgoszcz, POL	29	May
	13.84	0.7			2	Linz, AUT	17	Jun
	13.89	-0.2			1	Loughborough	25	Jul
	13.91	1.6			1h1	Aarhus, DEN	5	Jun
	13.91	0.9			2h2	Linz, AUT	17	Jun
	13.96	-2.5			3	Birmingham	1	Jul
	14.00	-1.0			1	Bedford	7	May
13.84	0.6	Jake Porter		13.11.93	1h1	Argentan, FRA	3	Jun
	13.88	1.7			1	Munich, GER	19	May
	13.89	0.6			1	London (He)	4	Aug
	13.94	0.8			4r2	Castres, FRA	25	Jul
	13.97	0.9			4	Castres, FRA	25	Jul
	13.98	-0.6			2	Argentan, FRA	3	Jun
13.97	0.8	Miguel Perera	U23	30.09.96	5r2	Castres, FRA	25	Jul
47 performances to 14.00 by 6 athletes								
14.08	-0.3	Cameron Fillery	U23	2.11.98	1	Cardiff	2	Jun
14.12	-0.6	William Sharman		12.09.84	1	London (BP)	20	May
14.15	0.3	Jack Hatton	U23	14.02.96	1	London (LV)	6	Jun
14.31	-1.0	Sam Bennett	U20	2.02.01	1	Chelmsford	24	Jun
(10)								
14.35	0.5	Timothy Duckworth	U23	18.06.96	3h5	Gainesville FL, USA	30	Mar
14.39	-0.3	James Weaver	U23	25.07.97	2	Brugnera, ITA	1	Sep
14.45	1.6	Jack Lawrie	U23	21.02.96	1rB	London (He)	4	Aug
14.46	1.7	Rushane Thomas		27.01.95	2	Bedford	7	Jul
14.50	-1.4	Jack Andrew		12.10.91	2h2	Birmingham	1	Jul
14.56	0.0	Bradley Reed		14.01.92	1	Bracknell	15	Jul
14.59	1.2	Jack Major	U23	23.10.96	2	Liverpool	4	Aug
14.65		William Ritchie-Moulin	U23	3.12.96	1	Wakefield	8	Apr
14.67	-0.9	John Lane		29.01.89	2	Brisbane (Nathan)	4	Feb
14.70	-1.0	Maranga Mokaya	U23	30.06.96	6	Bedford	7	May

2018 - Men - 110 Metres Hurdles

		(20)							
14.75	1.6	Onajite Okoro			21.02.92	2rB	London (He)	4	Aug
14.76	0.2	Ben Gregory			21.11.90	2D2	Kladno, CZE	17	Jun
14.77i		Reece Young			3.10.95	1	Uxbridge	25	Apr
	14.87	0.7				1	Bromley	23	Jun
14.79	1.1	Jack Kirby		U23	5.11.96	1rB	Bedford	7	Jul
14.81	0.6	James Wright			4.02.94	1	Bournemouth	4	Aug
14.83	0.1	Harry Maslen		U23	2.09.96	2D1	San Angelo TX, USA	6	Apr
14.83	1.6	Niall Flannery			26.04.91	3rB	London (He)	4	Aug
14.85	0.6	James Finney		U23	7.04.96	3H3	Florence, ITA	28	Apr
14.90	0.6	Jahmal Germain			3.07.92	3	London (He)	4	Aug
14.91	-0.4	Glen Elsdon			27.09.92	5	Loughborough	20	May
		(30)							
14.91	0.0	Michael Copeland			2.11.89	2B2	Loughborough	25	Jul
14.94	1.8	Curtis Mitchell			29.09.95	1	Cudworth	13	May
14.99	-1.4	Deo Milandu			30.10.92	4h1	Birmingham	1	Jul
15.02	-0.2	Euan Dickson-Earle		U23	9.07.96	4	Loughborough	28	Apr
15.06	0.1	Andrew Murphy			26.12.94	2H2	Florence, ITA	28	Apr
15.08	0.2	Thomas Miller		U23	7.10.98	6	Bedford	17	Jun
15.08	1.5	Ayomide Byron		U23	16.06.97	4h3	Birmingham	1	Jul
15.09	0.0	Matthew Lee			8.12.94	1D1	Manchester (SC)	5	Aug
15.10	0.1	George Vaughan		U23	26.06.98	4h2	Bedford	10	Jun
15.10	-0.1	Liam Hunt		U23	18.11.96	4h2	Bedford	17	Jun
		(40)							
15.10	-0.5	Lewis Church		U23	27.09.96	1D2	Manchester (SC)	5	Aug
15.15	0.7	Nicolas Gerome		U20	7.11.99	1	Brest, FRA	20	May
15.17	0.3	Tom Nichols			6.04.85	2	London (ME)	20	May
15.18	0.1	Matthew Treston		U23	20.07.98	6	Tucson AZ, USA	28	Apr
15.20	-2.0	Howard Bell		U23	2.05.98	1	Grangemouth	14	Apr
15.25	-1.8	Rivaldo Brown		U23	7.09.98	2	Chelmsford	2	Jun
15.27	-1.0	Matthew Hewitt			27.12.92	2h3	Oordegem, BEL	26	May
15.28	1.1	Alex Nwenwu			11.09.91	2rB	Bedford	7	Jul
15.29	1.2	Aled Price			14.12.95	4	Bedford	7	Jul
15.31	1.9	Adam Hill			9.07.94	1	Bangor, NI	21	Jul
		(50)							
15.36	0.8	Ethan Akanni		U20	5.03.99	1	Erith	14	Jul
15.47	0.1	Liam Eagle			7.09.95	1	Oxford	19	May
15.47	-1.3	Chinua Ebereonwu		U20	14.06.01	2rB	Cardiff	2	Jun
15.47	-0.6	Ryan Hewitson		U23	4.01.96	2	Aberdeen	10	Jun
15.47	1.9	Curtis Mathews			22.01.92	1D2	Oxford (H)	8	Jul
15.50	1.9	Harry Hillman		U23	7.09.98	2D2	Oxford (H)	8	Jul
15.50	1.9	Harry Kendall		U23	4.10.96	3D2	Oxford (H)	8	Jul
15.51i		Tom Chandler		U23	19.09.97	2	Uxbridge	25	Apr
15.52	1.2	Matthew Sumner			17.03.92	3	Liverpool	4	Aug
15.53	0.0	Joseph Hobson		U23	29.04.98	2D1	Manchester (SC)	5	Aug
		(60)							
15.55	1.7	Ryan Bonifas			22.09.93	1	Abingdon	20	May
15.55	1.1	Sean Adams			1.09.93	3rB	Bedford	7	Jul
15.55	1.2	Michael Louise		V35	12.06.83	4	Liverpool	4	Aug

Wind-assisted

13.51	3.0	Pozzi			(13.28)	7	Eugene OR, USA	26	May
13.68	5.0	Jake Porter			(13.84)	1	Manchester (SC)	29	Jul
	13.97	4.0				1h2	Manchester (SC)	29	Jul
	13.99	3.1				1	Birmingham	23	Jun
13.74	2.2	Khai Riley-La Borde			(13.81)	1	Bedford	7	Jul
13.99	2.7	Perera				1h1	Manchester (SC)	29	Jul
		6 performances to 14.00 by 4 athletes							
14.02	2.2	William Sharman			(14.12)	2	Bedford	7	Jul
14.15	3.3	James Weaver		U23	(14.39)	1	London (He)	25	Aug
14.19	2.4	Timothy Duckworth		U23	(14.35)	3rB	Fayetteville AR, USA	27	Apr
14.20	5.0	Sam Bennett		U20	(14.31)	3	Manchester (SC)	29	Jul
14.40		Rushane Thomas			(14.46)	2	Portsmouth	2	Jun
14.50	5.0	Maranga Mokaya		U23	(14.70)	4	Manchester (SC)	29	Jul
14.64		Jack Kirby		U23	(14.79)	1rB	Portsmouth	2	Jun

2018 - Men - 110 Metres Hurdles

14.74	2.7	James Wright		(14.81)	1	Bedford	7	Jul
14.75	5.0	Michael Copeland		(14.91)	6	Manchester (SC)	29	Jul
14.85	5.0	Thomas Miller	U23	(15.08)	7	Manchester (SC)	29	Jul
14.93	5.0	Ayomide Byron	U23	(15.08)	8	Manchester (SC)	29	Jul
15.07	2.7	Richard Reeks		6.12.85	3	Bedford	7	Jul
15.37	2.2	Mark Cryer		27.08.93	2	Nuneaton	2	Jun
15.51		Sam Plumb		12.04.94	3rB	Portsmouth	2	Jun
15.53	2.7	Ryan Bonifas		(15.55)	5h1	Manchester (SC)	29	Jul

Hand timing

14.9	1.0	Ayomide Byron	U23	(15.08)	2	Bury St. Edmunds	8	Sep
15.0		Thomas Miller	U23	(15.08)	1	Aldershot	14	Jul
15.3	1.0	Ryan Bonifas		(15.55)	1	Portsmouth	23	Jun
15.4	1.0	Sam Plumb		(15.51w)	2	Portsmouth	23	Jun

Foreign

13.70	2.0	Ben Reynolds (IRL)		26.09.90	4h2	Gold Coast, AUS	9	Apr
13.82w	2.8	Valdo Szücs (HUN)		29.06.95	1	Samorin, SVK	29	Jun
		13.88 -0.4				Zalaegerszeg, HUN	13	May
14.10	0.9	Alex Al-Ameen (NGR)		2.03.89	6rB	Castres, FRA	25	Jul
14.38	0.9	Peter Moreno (NGR)		30.12.90	3	Yaba, NGR	30	Jun
14.44	1.5	Pablo Trescoli (ESP)		4.03.95	1D	Málaga, ESP	6	May
14.60	0.7	Dominik Siedlaczek (AUT)		10.03.92	2	Klagenfurt, AUT	22	Jul
14.68	1.9	Edson Gomes (POR)	U23	1.11.98	2	Guimares, POR	29	Jul
14.89	-0.5	Daniel Ryan (IRL)	U20	5.06.99	4	Dublin (S), IRL	29	Jul
14.95w	3.1	Michael Bowler (IRL)		28.01.92	4	Birmingham	23	Jun
		15.12 -1.0			4D6	Bedford	27	May
15.11	-0.3	Jake Lindacher (USA)			3	Cardiff	2	Jun
15.31	-1.8	Mensah Elliott (GAM)	V40	29.08.76	2	London (LV)	15	Aug
15.35	0.7	Florian Vogel (AUT)	V35	26.01.83	5	Klagenfurt, AUT	22	Jul
15.49	1.4	Sam Shore (AUS)		6.12.85	1rB	Bedford	7	Jul

200 Metres Hurdles Straight

23.44	2.0	Jacob Paul		6.02.95	3	Manchester	18	May

400 Metres Hurdles

49.18		Jack Green		6.10.91	4	Gold Coast, AUS	12	Apr
49.24					2h2	Gold Coast, AUS	10	Apr
49.52					7	Lausanne, SUI	5	Jul
49.73					5	Stockholm, SWE	10	Jun
49.80					1	Brisbane (Nathan), AUS	28	Mar
49.84					6s3	Berlin, GER	7	Aug
50.13					2	Birmingham	1	Jul
50.22					7	Doha, QAT	4	May
50.24					1	Brisbane (Nathan), AUS	22	Mar
50.24					3	Turku, FIN	5	Jun
50.36					1	Riga, LAT	29	May
50.68					1h2	Birmingham	30	Jun
49.38 A		Dai Greene		11.04.86	1	Johannesburg, RSA	1	Mar
49.48					3	London (O)	15	Jul
49.49 A					1	Potchefstroom, RSA	27	Feb
49.59					2	Goleniów, POL	20	Jun
50.06					1	Birmingham	1	Jul
50.08 A					1	Potchefstroom, RSA	20	Feb
50.12					5	Prague, CZE	4	Jun
49.74		Seb Rodger		29.06.91	2	Oordegem, BEL	26	May
49.77					5	Marseille, FRA	16	Jun
49.80					1	Loughborough	20	May
49.87					6	Stockholm, SWE	10	Jun
49.95					1	Cardiff	2	Jun
50.18					3	Birmingham	1	Jul
50.44					5	Torrance, USA	21	Apr
50.56					1h3	Birmingham	30	Jun
50.74					1	Berkeley CA, USA	28	Apr
50.84					8	London (O)	21	Jul

2018 - Men - 400 Metres Hurdles

Time	Name	Cat	DOB	Pos	Venue	Date
49.90	Jacob Paul		6.02.95	1	Barcelona, ESP	11 Jul
49.96				2	Brisbane (Nathan), AUS	28 Mar
50.16				1	Cork, IRL	16 Jul
50.20				2	Loughborough	20 May
50.26				5	Oordegem, BEL	26 May
50.58				1	Rhede, GER	16 Jun
50.64				6	Geneva, SUI	9 Jun
50.80				5	Szczecin, POL	15 Aug
50.99				6	Birmingham	1 Jul
50.03	Niall Flannery		26.04.91	4	Geneva, SUI	9 Jun
50.14				6	Prague, CZE	4 Jun
50.25				4	Oordegem, BEL	26 May
50.80				2	Hérouville-St.Clair, FRA	14 Jun
50.82				3	Cork, IRL	16 Jul
50.84				1h1	Birmingham	30 Jun
50.97				4rB	Lausanne, SUI	5 Jul
50.99				3	Loughborough	20 May
50.11	Alastair Chalmers	U20	31.03.00	2s3	Tampere, FIN	13 Jul
50.27				6	Tampere, FIN	14 Jul
50.52				1	St. Peter Port GUE	23 Jun
50.71				1	Bedford	17 Jun
50.36	Christopher McAlister		3.12.95	1	Manchester (SC)	15 Aug
50.58				4	Birmingham	1 Jul
50.67				2	Cork, IRL	16 Jul
50.79				2	Cardiff	2 Jun
50.92				2h3	Birmingham	30 Jun
50.94				2rC	Oordegem, BEL	26 May
50.42	Jack Lawrie	U23	21.02.96	2	Manchester (SC)	15 Aug
50.75				1	Grangemouth	12 Aug
50.97				5	Birmingham	1 Jul
50.57	Alex Knibbs	U20	26.04.99	1	Mannheim, GER	24 Jun
50.99				3s2	Tampere, FIN	13 Jul
50.94	James Forman		12.12.91	2	St. Peter Port GUE	23 Jun

62 performances to 51.00 by 10 athletes

Time	Name	Cat	DOB	Pos	Venue	Date
51.24	Efekemo Okoro		21.02.92	2	Lappeenranta, FIN	23 Aug
51.36	Tyri Donovan	U23	20.10.98	5	Cork, IRL	16 Jul
51.69	Karl Johnson	U20	15.04.01	1	Birmingham	14 Jul
51.72	Seamus Derbyshire	U20	27.01.00	3rB	Loughborough	20 May
51.83	Martin Lipton		14.01.89	2	Eton	5 May
51.83	Alex Daley	U23	20.06.96	6	Manchester (SC)	15 Aug
52.14	Declan Gall	U20	19.05.99	1	Bedford	7 May
52.17	Lennox Thompson		22.10.93	4	Nivelles, BEL	23 Jun
52.30	Paul Bennett		11.12.92	6	Loughborough	20 May
52.53	Joshua Faulds	U20	7.03.00	3	Birmingham	14 Jul
(20)						
52.56	Joe Fuggle	U20	25.01.99	2	Bedford	7 May
52.57	William Ritchie-Moulin	U23	3.12.96	3	Bedford	7 May
53.15	Matthew Sumner		17.03.92	2h1	Manchester (SC)	28 Jul
53.29	Timothy Stephens	U23	1.11.97	4	Bedford	17 Jun
53.30	Sean Adams		1.09.93	1	Bromley	23 Jun
53.43	James Webster		27.02.95	1rB	Bedford	7 Jul
53.48	Andrew Faulkner		23.07.86	1	Yeovil	22 Apr
53.51	Daniel Rees	U23	22.10.96	2rB	Cardiff	2 Jun
53.66	George Vaughan	U23	26.06.98	2	Bedford	10 Jun
53.67	Owen Lawrence	U23	31.10.98	2	London (LV)	7 Apr
(30)						
53.95	Jamie Lambert	U20	21.03.00	4	Birmingham	14 Jul
53.97	Andy Clements	V35	28.11.82	1	London (LV)	19 Aug
54.12	Adam Walker-Khan		7.03.95	5	London (He)	4 Aug
54.25	Max Schopp	U23	5.09.96	5s2	Bedford	6 May
54.25	Ben Higgins	U20	14.11.00	5	Birmingham	14 Jul
54.46	Sam Plumb		12.04.94	4	Portsmouth	2 Jun
54.53	Chris Marshall		27.01.91	1	Cardiff	14 Jul
54.63	Andrew Desmond		7.11.94	3	Manchester (SC)	10 Jun

54.69	Niall Carney	U23	8.11.97	3rB	London (He)	4	Aug
54.72	Ellis Greatrex	U20	27.09.99	4rB	London (He)	4	Aug
(40)							
54.76	Ryan Cooper	U23	30.03.96	3rB	Cardiff	2	Jun
54.85	Peter Curtis	U20	24.10.00	3	St. Peter Port GUE	23	Jun
54.9	Jack Messenger	U23	28.03.96	2	Portsmouth	23	Jun
55.12				4	Nuneaton	2	Jun
54.91	Charles Livingston	U20	21.06.00	6	Birmingham	14	Jul
55.0	Lewis Heffernan	U23	17.12.96	1	St. Albans	18	Aug
55.87				1	London (Cr)	20	May
55.07	Alex O'Callaghan-Brown	U20	30.03.01	2	Castellon, ESP	15	Sep
55.17	James Jackson	U20	12.02.99	5	London (LV)	7	Apr
55.33	Jonathan Mann	U20	30.04.01	2	London (Elt)	18	Aug
55.60	Sean Reidy	V35	27.01.81	1	Leigh	5	May
55.6	Ciaran Barnes	U23	8.08.98	1	Exeter	21	Mar
55.62				3h4	Bedford	5	May
(50)							
55.6	Lewis Church	U23	27.09.96	1	Grays	18	Aug
55.66	Rhys Collings	U23	25.02.98	2	Nottingham	4	Aug
55.69	Oscar Heaney-Brufal	U17	27.09.01	1	Bromley	14	Apr
55.71	Ronan Llyr		23.10.94	1	Oxford	30	Jun
55.90	Thomas Marino	U23	27.02.97	7	London (LV)	7	Apr
55.93	Peter Irving	V35	28.01.83	5	St. Peter Port GUE	23	Jun
55.98	Bradley Reed		14.01.92	1	Bedford	18	Aug

Additonal Under 20 (1-16 above)

56.51	Oliver Cresswell		17.11.00	1	Birmingham	29	Apr
56.82	Nicolas Gerome		7.11.99	1	Basingstoke	14	Apr
56.84	Joshua Watson		15.08.01	1rB	Bedford	9	Sep

Foreign

51.84	*Jason Harvey (IRL)*		*9.04.91*	*3*	*Brussels, BEL*	*30*	*Jun*
52.00	*Lloyd Hanley-Byron (SKN)*		*15.10.87*	*7rB*	*Geneva, SUI*	*9*	*Jun*
53.02	*Guillaume Sarnette (FRA)*		*3.10.93*	*2*	*Roanne, FRA*	*24*	*Jun*
53.06	*Connor Henderson (PHI)*		*2.10.92*	*1*	*Bournemouth*	*4*	*Aug*
53.70	*Damaine Benjamin (JAM)*		*12.03.88*	*3*	*Portsmouth*	*2*	*Jun*
54.12	*Sam Shore (AUS)*		*6.12.85*	*2*	*Bournemouth*	*4*	*Aug*
54.55	*Andrew Ajube (ITA)*		*28.03.92*	*2rB*	*London (He)*	*4*	*Aug*
55.08	*Chris Quinn (IRL)*		*11.11.88*	*4*	*Belfast*	*26*	*Jun*
55.30	*Frano Vainio-Doiseul (FIN)*	*U23*	*17.10.96*	*1*	*London (Elt)*	*18*	*Aug*

400 Metres Hurdles - Under 18 (84cm)

50.90	Karl Johnson		15.04.01	3	Györ, HUN	8	Jul

400 Metres Hurdles - Under 17 (84cm)

54.11	Oscar Heaney-Brufal		27.09.01	1	Bromley	27	May
54.87	Freddie Reilly		10.02.02	2	Birmingham	14	Jul
55.34	Adam Rowlands		16.11.01	2	Grangemouth	21	Jul
55.75	Benjamin Blake		6.12.01	1	Crawley	16	Jun
55.82	William Lloyd		23.12.01	1	Cardiff	7	Jul
55.99	Harvey Reynolds		7.11.01	2	Cardiff	7	Jul
55.99	Calum Newby		16.06.02	1	Bedford	9	Sep
56.25	Calum Inman		14.10.01	4	Birmingham	14	Jul
56.85	Ruairidh Munro		18.11.01	1	Grangemouth	11	Aug
57.00	Benjamin Okeiyi Vicencio		22.05.02	2	Crawley	16	Jun
(10)							
57.01	Tom Cursons		13.09.01	3	Crawley	16	Jun
57.25	Joseph Nozedar		1.12.02	2	Grangemouth	11	Aug
57.38	Harry Meredith		28.11.01	1	Yate	9	Jun
57.6	Pyers Lockwood		11.10.02	1	Dartford	29	Jul
57.70				5	Birmingham	14	Jul
57.7	Sam Bishop		25.10.01	1	Erith	27	May
57.93				1	Kingston	13	May
57.97	Cameron Keelan		25.06.02	3	Grangemouth	11	Aug
58.20	Adam Booth		3.07.02	1	Exeter	22	Jul
58.26	Adam Coates		22.12.01	4	London (LV)	12	Aug

2018 - Men - 400 Metres Hurdles

58.38	Alfie Bowers		10.01.02	2	Birmingham	16	Jun
58.40	Callum Gregson		16.11.02	5	Crawley	16	Jun
(20)							
58.4	Adam Saul-Braddock		20.09.01	1	Kidderminster	27	May
58.98				3	Birmingham	16	Jun
58.6	Solomon Brown		26.11.01	1	Blackburn	13	May
58.9	Joshua Saunders		6.03.03	2	Nuneaton	1	Jul

High Jump

2.30i	Robbie Grabarz		3.10.87	1	Birmingham	6	Jan
2.25i				7=	Banska Bystrica, SVK	6	Feb
2.21				Q	Gold Coast, AUS	9	Apr
2.20i				9=	Birmingham	1	Mar
2.27	Allan Smith		6.11.92	5	Gold Coast, AUS	11	Apr
2.23				1	Loughborough	20	May
2.23				1	Zoetermeer, NED	6	Jun
2.23				3	Birmingham	1	Jul
2.21i				1	Glasgow	13	Jan
2.21				Q	Gold Coast, AUS	9	Apr
2.21				15Q	Berlin, GER	8	Aug
2.20i				3=	Cologne, GER	24	Jan
2.26	Chris Baker		2.02.91	1	Birmingham	1	Jul
2.21				Q	Gold Coast, AUS	9	Apr
2.21				9	Gold Coast, AUS	11	Apr
2.21				1	Portsmouth	2	Jun
2.21				4	Leverkusen, GER	16	Jun
2.21				5	London (O)	14	Jul
2.21				16=Q	Berlin, GER	8	Aug
2.20i				12	Hustopece, CZE	27	Jan
2.20i				2	Birmingham	18	Feb
2.20				1	Eton	5	May
2.20				2	Loughborough	20	May
2.26	David Smith		14.07.91	2	Birmingham	1	Jul
2.21				Q	Gold Coast, AUS	9	Apr
2.20				2=	Zoetermeer, NED	6	Jun
2.23	Tom Gale	U23	18.12.98	4	Birmingham	1	Jul
2.20i				10	Hustopece, CZE	27	Jan
2.23	Chris Kandu		10.09.95	5	Birmingham	1	Jul
2.21				1	Chelmsford	2	Jun
2.20i				8=	Hustopece, CZE	27	Jan
2.20i				3	Birmingham	18	Feb
2.22i	Dominic Ogbechie	U17	15.05.02	1	Sheffield	24	Feb
2.18				1	Bedford	25	Aug
2.21i	Mike Edwards		11.07.90	2	Manhattan KS, USA	3	Feb
2.20i				1	Birmingham	18	Feb
2.17				1	Manhattan KS, USA	5	May
2.20i	Joel Khan	U20	30.09.99	1	Sheffield	25	Feb
2.20	Ryan Webb	U23	19.10.97	1	Bournemouth	13	May
	37 performances to 2.20 by 10 athletes including 14 indoors						
2.17i	Timothy Duckworth	U23	18.06.96	2H	College Station TX, USA	9	Mar
2.17				1D	Berlin, GER	7	Aug
2.14i	Lewis McGuire	U23	22.10.97	1	Glasgow	28	Jan
2.12				2	Bedford	16	Jun
2.14	William Grimsey	U23	14.12.96	3	Eberstadt, GER	24	Aug
2.13i	Thomas Hewes	U20	15.09.99	2	Sheffield	25	Feb
2.00				2	Chelmsford	12	May
2.12i	Samuel Brereton	U17	22.09.02	1	Cardiff	2	Dec
2.11				2	Bedford	25	Aug
2.11i	Matt Ashley		4.07.89	2	Loughborough	3	Feb
2.03				4	Cardiff	2	Jun
2.11	Patrick O'Connor		23.10.95	1	Raleigh NC, USA	30	Mar
2.10	Jack Norton	U20	3.10.00	1	Birmingham	14	Jul
2.10	Jake Storey	U23	3.03.97	1D	Manchester (SC)	4	Aug
2.09i	Jonathan Broom-Edwards		27.05.88	2	Glasgow	28	Jan
(20)							

2018 - Men - High Jump

Mark	Athlete	Cat	DOB	Pos	Venue	Date
2.09	Rory Dwyer	U23	11.10.97	1	Loughborough	25 Jul
2.09	Jonathan Bailey		16.07.95	2	Loughborough	25 Jul
2.08i	Akin Coward	U23	26.07.96	6	Birmingham	18 Feb
2.08				7=	Loughborough	20 May
2.07i	Joshua Hewett	U20	1.10.99	5	Loughborough	3 Feb
2.07i	Toni Ademuwagun	U20	7.08.00	3	Sheffield	25 Feb
2.04				1	Norwich	20 May
2.07	Jack Ennis	U17	7.06.02	1	Kingston	13 May
2.07	Ryan Bonifas		22.09.93	1D	Bedford	26 May
2.07	Kelechi Aguocha	U20	10.02.01	1	Liverpool	4 Aug
2.06i	Harry Baker	U20	18.11.99	1	Sutton	17 Feb
2.00				1	Brighton	14 Apr
2.05i	William Edwards	U23	5.02.98	1	Cardiff	14 Jan
2.05				1	Newtown	20 May
(30)						
2.05i	Adam Wall		10.07.93	1	Sheffield	14 Jan
2.05	Angus Sinclair		22.02.95	5	Lake Charles LA, USA	10 Mar
2.05	Tom Nichols		6.04.85	2	Eton	5 May
2.05	Lewis Church	U23	27.09.96	3D	Hexham	21 Jul
2.05	Christopher Mann		1.10.95	2	Manchester (SC)	28 Jul
2.04i	James Finney	U23	7.04.96	2H	Sheffield	6 Jan
1.95				9=D	Florence, ITA	27 Apr
2.04	Liam Reveley	U23	24.10.98	2D	Bedford	26 May
2.04	Jack Turner	U20	11.07.01	1	Exeter	16 Jun
2.04	Kai Finch	U20	24.10.00	2	Birmingham	14 Jul
2.03i	Kaya Walker	U20	29.03.01	5	Sheffield	25 Feb
2.03				1	Loughborough	8 Apr
(40)						
2.03	Adam Jones	U23	8.10.98	6	Bedford	28 May
2.03	Chris Mackay	U20	3.04.99	1	Swansea	25 Jul
2.03	Jack Roach		8.01.95	4	London (He)	4 Aug
2.03	Murray Fotheringham	U17	4.06.03	1	Aberdeen	18 Aug
2.03i	Joseph Hobson	U23	29.04.98	1	Sheffield	1 Dec
2.02				4D	Hexham	21 Jul
2.02	Shane Connell	U20	10.03.01	1	Manchester (Str)	9 Jun
2.02	Harrison Thorne	U17	8.07.02	3	Bedford	25 Aug
2.02i	Harry Rienecker-Found	U20	14.05.02	1	London (LV)	5 Dec
2.00i		U17		1	Sutton	17 Feb
1.98		U17		4	Birmingham	13 Jul
2.01	John Lane		29.01.89	5D	Gold Coast, AUS	16 Feb
2.01i	James Hind	V40	24.05.77	1	Madrid, ESP	19 Mar
1.98				3B	Bedford	28 May
(50)						
2.01	Harry Kendall	U23	4.10.96	1	Tonbridge	14 Apr
2.01	Howard Bell	U23	2.05.98	5D	Bedford	26 May
2.01	Curtis Wood	U23	29.06.97	2B	Bedford	28 May
2.01	Benjamin Saunders	U20	9.12.00	3=	Birmingham	14 Jul
2.01	Steven Jones	U20	7.09.99	3=	Birmingham	14 Jul
2.01	Adam Brooks	U20	13.04.00	1	Newport	29 Jul
2.00i	Mityrae Brooks	U23	16.10.97	5	Sheffield	18 Feb
1.97				Q	Bedford	5 May
2.00i	James Taylor	U23	11.08.96	7	Sheffield	18 Feb
2.00				1	Loughborough	5 Aug
2.00	Liam Ramsay		18.11.92	3=	Leigh	5 May
2.00	Leon Martin-Evans	U20	23.03.01	1	Corby	12 May
(60)						
2.00	Ben Le Rougetel	U20	6.11.00	1	Yeovil	12 May
2.00	Thomas Hughes	U23	9.09.97	1	Cudworth	13 May
2.00	Jonathan Heath		12.12.93	1	Portsmouth	2 Jun
2.00	James Lee	U23	15.11.97	1	Sheffield	3 Jun
2.00	Marcus Morton	U23	30.08.96	2	Grangemouth	24 Jun
2.00	Elior Harris		6.05.88	1	Stevenage	14 Jul
1.99	Charlie Knott	U17	15.06.03	4	Bedford	25 Aug
1.99	Angus Davren	U17	3.11.01	5	Bedford	25 Aug
1.99	David Bazuaye	U15	5.05.04	1	Oxford (H)	1 Sep

2018 - Men - High Jump

Mark		Athlete	Cat	DOB	Pos	Venue	Date	
1.98i		Oliver Thorner	U20	16.03.01	1H	Sheffield	7	Jan
1.98					1D-J	Bedford	26	May
	(70)							
1.98		Matthew Grapes	U23	7.01.97	2=	Norwich	20	May
1.98		David Walker		5.01.93	2=	Norwich	20	May
1.98		Luke Okosieme	U20	21.08.01	2	Portsmouth	2	Jun
1.98		Matt Watson		27.01.91	3	Portsmouth	2	Jun
1.98		Michael Hartley		6.03.94	4	Portsmouth	2	Jun
1.98		Onajite Okoro		21.02.92	6	London (He)	4	Aug
1.98		Matthew Lee		8.12.94	3D	Manchester (SC)	4	Aug
1.98		Ben Clarke	U23	30.10.98	5D	Manchester (SC)	4	Aug
1.97i		Andrew Murphy		26.12.94	11H	Madrid, ESP	27	Jan
1.97		Scott Johnson		2.10.90	1	Leigh	5	May
	(80)							
1.97		Ryan Hewitson	U23	4.01.96	1	Grangemouth	5	May
1.97		Evan Campbell	U20	17.05.01	1	Sicily, ITA	25	May
1.96i		Ethan Dear	U20	31.12.99	1	Glasgow	17	Mar
1.96		Jacob Rajkumar	U23	3.06.98	1	Bromley	14	Apr
1.96		Jamie Croucher	U20	19.01.99	1	Loughborough	23	May
1.96		Jerome Henry	U17	11.01.03	1	Woodford	12	Jun
1.95i		Curtis Mathews		22.01.92	4H	Sheffield	6	Jan
1.95i		Joel McFarlane	U20	9.10.00	2H	Sheffield	7	Jan
1.95					2D-J	Bedford	26	May
1.95i		Tayo Andrews-Haycocks	U23	31.03.96	4	London (LV)	14	Jan
1.95i		Adam Berwick	U20	3.11.00	7	Sheffield	25	Feb
	(90)							
1.95i		Pedro Gleadall	U17	7.12.01	2H	Sheffield	10	Mar
1.95					1D	Manchester (SC)	4	Aug
1.95		Harun Knight	U17		1	Selangor, MAS	11	Mar
1.95i		Brandon Sikity	U20	26.09.00	2	London (LV)	17	Mar
1.95i		Thomas Wright	U20	23.09.00	1	London (LV)	17	Mar
1.95		Glen Foster	U23	10.11.98	1	Andover	14	Apr
1.95		Peter Skirrow	U23	8.06.98	1	Gateshead	5	May
1.95		Lewis Sainval	U23	27.09.98	1	Bournemouth	20	May
1.95		Malachi Gair	U20	21.09.99	3D-J	Bedford	26	May
1.95		Daniel Fitzhenry	U23	12.11.98	1	Worcester	2	Jun
1.95		Charles Button	U20	10.10.99	2	Basingstoke	9	Jun
	(100)							
1.95		Owen Southern	U17	8.10.01	1	Bebington	9	Jun
1.95		Jamie Horne	U23	7.09.97	1	Luton	17	Jun
1.95		Michael Adekunle		12.12.94	2	London (WL)	23	Jun
1.95		Troy McConville	U17	29.04.02	2	Dublin (S), IRL	23	Jun
1.95		Stephen MacKenzie	U20	28.08.01	3	Grangemouth	24	Jun
1.95		Ryan Woods	U20	8.04.01	4	Grangemouth	24	Jun
1.95		Lewis Ely		1.08.89	5	Bedford	7	Jul
1.95		Adam Hill		9.07.94	2	Dublin (S), IRL	8	Jul
1.95		Rowan Austin	U17	7.11.01	1	Exeter	22	Jul
1.95		Oliver Joint	U17	11.02.02	1	Eton	5	Aug
	(110)							
1.95		Max Thomas	U17	3.10.01	1	Braunton	5	Aug
1.95		Sam Hewitt	U23	1.02.98	2	Eton	18	Aug
1.95		Tyler Mitchell	U20	26.07.00	1	Southampton	18	Aug

Additional Under 17 (1-16 above)

Mark		Athlete		DOB	Pos	Venue	Date	
1.94		Jacob Thompson		18.03.03	4	Loughborough	1	Sep
1.92i		Samuel Featherstone		18.07.02	2	Sheffield	24	Feb
1.92					5	Birmingham	13	Jul
1.92		Lionel Owona		23.09.02	1	Aldershot	24	Jun
1.92		Cameron Howes		10.03.02	1	Wakefield	16	Sep
	(20)							
1.91		Divine Duruaku		10.02.02	1	Cheltenham	8	Jul
1.90i		Stuart Bladon		13.01.02	3	London (LV)	20	Jan
1.90		Harry Whyley		4.04.02	1	Tipton	15	Apr
1.90		Callum Simpson		31.08.02	1	Carlisle	29	Apr
1.90		Luke Mann		22.05.02	2	Kingston	13	May
1.90		James Margrave		19.05.03	1	Douglas IOM	25	Jun

2018 - Men - High Jump

1.90	Kian Shaw		1	Middlesbrough	2	Sep
1.90i	Aaron Thomas	25.10.02	2	Manchester (SC)	2	Dec
1.90i	George Hopkins	1.06.03	1H	London (LV)	15	Dec

Additional Under 15 (1 above)

1.90	Adam Robinson	6.02.04	2	Oxford (H)	1	Sep
1.84	Luke Ball	28.10.04	1	Bath	19	May
1.84	Aaron Eweka	13.11.03	4	Birmingham	14	Jul
1.84	Kimani Jack	31.01.04	1	London (He)	5	Aug
1.83	Arthur Haines	13.09.03	1	Brighton	29	Jun
1.82	Samuel Turnbull	10.12.03	1	Aberdeen	19	Aug
1.81	Luca Michalowski	14.11.03	1	Leicester	9	Jun
1.80	Damope Akinyemi	20.02.04	1P	Brentwood	23	May
1.80	Israel Bakare	12.02.04	1	Crawley	16	Jun
(10)						
1.80	Oliver D'Rozario	24.09.03	2P	Yeovil	23	Jun
1.80	Noor-Eldin Mahmoud	5.10.04	1	London (WL)	21	Jul
1.80	Sam Coupland	20.08.04	1	Litherland	1	Sep
1.80	Oliver Early	26.05.04	3	Oxford (H)	1	Sep
1.78	Daniel Tewogbade	22.10.03	1	Crawley	9	Jun
1.78	Kiran Carter	15.04.04	1	Exeter	16	Jun
1.78	Sam Lowings	29.12.03	6	Birmingham	14	Jul
1.78	Basil Zola	13.11.04	10	Birmingham	14	Jul
1.78	Sebastian Wallace	7.09.03	1	Kingston	21	Jul
1.78	Hari Brogan	5.09.03	2	Kingston	21	Jul
(20)						
1.78	Stephen Bates	17.10.03	1	Nottingham	8	Sep
1.77	Krestan Calvert	2.09.04	1P	Stockport	23	Jun
1.77	Jerel Livingston	23.08.04	1	Crewe	2	Sep
1.77	Sam Sanusi	13.11.03	3P	Bedford	15	Sep
1.77	Oreofeoluwa Adepegba	10.08.04	4P	Bedford	15	Sep
1.76	Adam Farrow	17.09.03	1	Rugby	14	Apr
1.76	Leon Biaggi	5.12.03	1	Yeovil	22	Apr
1.76	Samuel Ball	18.10.04	1	Aldershot	24	Jun
1.76	Sandy Clarkson	29.12.03	1	Liverpool	12	Aug
1.75i	Isaac Johnston	10.11.03	3	Glasgow	8	Feb
(30)						
1.75	William Lawler	14.10.03	1P	Stevenage	3	May
1.75	Jacob Carr	6.09.03	1	Glasgow (S)	17	Jun
1.75	Connor McNally	8.01.05	1	Glasgow (S)	1	Jul
1.75	Theodore Cochrane	1.09.03	12	Birmingham	14	Jul
1.75	Alexander Hardy-Stewart	9.12.03	1	Braunton	5	Aug
1.75	Jai Sispal	19.10.03	1	Leamington	2	Sep
1.75	Ayo Opaleye	31.08.04	1	Bury St. Edmunds	16	Sep

Under 13

1.67	Travis Scottow	19.09.05	1	Portsmouth	12	Jul
1.62	Rio Williams	1.07.06	1	Kingston	28	Jul
1.57	Finn O'Neill	13.10.05	1	Antrim	4	Aug
1.56	Jakob Roberts	22.09.05	1	Bournemouth	9	Jun
1.56	Kieran Bouwmeester-Reid	6.05.06	1	London (WL)	17	Jun
1.56	Oscar Webb	27.04.07	1	Kingston	21	Jul
1.56	Justin Price	6.09.05	1	Brighton	21	Jul
1.55	Matthew Tait	10.10.05	1	Aberdeen	18	Aug
1.54	Isaac Helyer	10.09.05	1	Braunton	10	Jun
1.54	Fazimi Akyol		1	Birmingham	3	Jul
1.54	Nathaniel Hanson	15.01.06	2	Kingston	28	Jul

Foreign

2.12i	Arturo Chávez (PER)		12.01.90	8	Cologne, GER	24 Jan
	2.10A			7	Cochabamba, BOL	6 Jun
2.10	Robert Wolski (POL)	V35	8.12.82	1	Leigh	5 May
2.04i	Pawel Grzaslewicz (POL)		29.10.89	1	Gateshead	17 Feb
2.00i	Damien Chambefort (FRA)		22.07.93	1	Birmingham	10 Feb
	1.95			1	Leamington	6 May
2.00	Peter Moreno (NGR)		30.12.90	1	Abuja, NGR	13 Dec

1.97	Jin Boxuan (CHN)			Q	Bedford	5	May
1.97	Pablo Trescoli (ESP)		4.03.95	1D	Malaga	6	May
1.96	Nicolas Tzougkarakis (GRE)		2.06.98	1	Exeter	21	Mar
1.96	Martin Sulainis (LAT)	U23	22.02.97	1	Perivale	20	May
1.95i	Gunther Klobe (GER)		24.04.90	1	London (LV)	3	Mar
1.95	Nithesh Ranasinha (SRI)		92	1	Oxford	19	May
1.95	Matthew Dietlin (USA)		29.06.95	1	Bedford	7	Jul

Pole Vault

5.65i	Adam Hague	U23	29.08.97	1	Birmingham	18	Feb
	5.65			10	Berlin, GER	12	Aug
	5.61			Q	Berlin, GER	10	Aug
	5.60			2	Tübingen, GER	16	Jun
	5.60			5	Rottach-Egern, GER	8	Jul
	5.60			2	Schaan, LIE	8	Sep
	5.60			3=	Linz, AUT	12	Sep
	5.55			2	Prague, CZE	4	Jun
	5.53			9	Brussels, BEL	31	Aug
	5.50i			1	Sheffield	10	Feb
	5.46			6=	London (O)	21	Jul
	5.45i			1	Manchester (SC)	27	Jan
	5.45			4	Gold Coast, AUS	12	Apr
	5.45			3	Bydgoszcz, POL	29	May
	5.45			2	Birmingham	1	Jul
	5.40i			1	Sheffield	14	Jan
	5.30			2	Brisbane (Nathan), AUS	28	Mar
	5.30			4	Manchester	18	May
	5.23i			1	Sheffield	6	Feb
5.60	Charlie Myers	U23	12.06.97	1	Hexham	8	Jul
	5.55			1	Oordegem, BEL	2	Jun
	5.55			1	Birmingham	1	Jul
	5.50i			1	Cardiff	21	Jan
	5.50			4	London (O)	15	Jul
	5.50			1	Bergen (Fana), NOR	22	Aug
	5.46			6=	London (O)	21	Jul
	5.45i			1	Sutton	11	Feb
	5.40i			1	Gateshead	18	Jan
	5.40			1	Geneva, SUI	9	Jun
	5.40			6	Mannheim, GER	24	Jun
	5.36			1	Bedford	6	May
	5.36			17=Q	Berlin, GER	10	Aug
	5.35i			2	Manchester (SC)	27	Jan
	5.35i			2=	Birmingham	18	Feb
	5.30i			2	Sheffield	14	Jan
	5.30			2	Loughborough	20	May
	5.30			4	Oordegem, BEL	26	May
	5.26			4	Zagreb, CRO	4	Sep
5.52	Joel Leon Benitez	U23	31.08.98	3	Liege (NX), BEL	18	Jul
	5.45			4	Fayetteville AR, USA	28	Apr
	5.45			8	Eugene OR, USA	6	Jun
	5.40			1	Bedford	7	Jul
	5.37i			2	University Park PA, USA	13	Jan
	5.35			Q	Tampa FL, USA	24	May
	5.35			2	Jockgrim, GER	16	Jul
	5.30			4	Coral Gables FL, USA	11	May
	5.26i			4	Bloomington IN, USA	19	Jan
	5.22			5	Lynchburg VA, USA	2	May
5.45	Luke Cutts		13.02.88	3	Gold Coast, AUS	12	Apr
	5.41i			1	Manchester (SC)	21	Jan
	5.35			4	Birmingham	1	Jul
	5.30			2	Manchester	18	May
	5.30			1	Loughborough	20	May
5.40	Harry Coppell	U23	11.07.96	2	Geneva, SUI	9	Jun
	5.35i			2=	Birmingham	18	Feb

2018 - Men - Pole Vault

Mark	Athlete	Cat	Date	Pos	Venue	Day	Month
	5.35			3	Birmingham	1	Jul
5.23	Scott Huggins		24.07.89	1	Portsmouth	2	Jun
	57 performances to 5.21 by 6 athletes including 16 indoors						
5.16i	Timothy Duckworth	U23	18.06.96	1H	College Station TX, USA	10	Mar
	5.11			1D	Eugene OR, USA	7	Jun
5.10	JJ Lister	U23	6.03.97	1	Bedford	17	Jun
5.10	Jack Phipps		2.04.94	1	Bedford	7	Jul
5.06	Jax Thoirs		7.04.93	1	Grangemouth	11	Aug
	(10)						
5.05i	Samuel Adams		17.10.94	1	Ithaca NY, USA	27	Jan
5.01i	Ben Gregory		21.11.90	1=	Cardiff	27	Jan
	5.00			5	Brisbane (Nathan), AUS	28	Mar
5.01	Archie McNeillis		7.05.94	1	Oxford	19	May
5.01i	George Turner	U23	13.07.98	1	Sutton	23	Sep
	4.93			1	Bournemouth	4	Aug
5.00i	Euan Bryden		17.05.94	1	London (LV)	14	Jan
	4.80			1	Eton	23	Jun
5.00i	Andrew Murphy		26.12.94	1	Glasgow	21	Dec
	4.57			1D	Manchester (SC)	5	Aug
4.95i	Nick Cruchley		1.01.90	12=	Orléans, FRA	13	Jan
4.95	Rhys Searles		28.03.91	3	Loughborough	20	May
4.93	Frankie Johnson	U20	17.01.01	1	Sandy	29	Sep
4.91	George Heppinstall	U23	17.10.97	1	Sheffield	23	Jun
	(20)						
4.90	Adam Carpenter		18.06.93	2	Eton	5	May
4.88	Nicolas Cole		27.02.95	2	London (He)	4	Aug
4.87i	Tom Booth	U23	29.11.96	1B	Cardiff	21	Jan
	4.60			1	Wakefield	3	Jun
4.86	Nathan Gardner	U23	9.02.98	1	Southampton	18	Aug
4.85i	Daniel Gardner		26.03.94	1	Uxbridge	9	Dec
4.80	John Lane		29.01.89	3D	Gold Coast, AUS	10	Apr
4.80	Ethan Walsh	U23	14.06.97	2	Bedford	7	Jul
4.80i	Zach Harrop	U23	5.05.98	1	Cardiff	16	Dec
	4.65			7	Bedford	6	May
4.76	Emmanuel Thomas	U20	6.12.99	1	Yeovil	5	May
4.75i	Dylan Thomson	U20	11.05.00	1	Glasgow (Tollcross)	17	Mar
	4.61			1	Grangemouth	9	Jun
	(30)						
4.70	Samuel Bass-Cooper	U23	26.01.96	3	Eton	5	May
4.70	Elliot Thompson		10.08.92	8=D	Kladno, CZE	17	Jun
4.70	Jack Andrew		12.10.91	8=D	Kladno, CZE	17	Jun
4.70	Jacob Clark	U17	1.06.02	1	Cheltenham	8	Jul
4.65	Harry Maslen	U23	2.09.96	1D	San Angelo TX, USA	6	Apr
4.65	Callum Court		21.10.93	3	Manchester (SC)	28	Jul
4.63	Charlie Maw	U23	18.11.96	4	Portsmouth	2	Jun
4.62i	Scott Brindley	U20	6.01.02	2	Glasgow	21	Dec
	4.52		U17		1D-J	Bedford	27	May
4.60i	Tom Farres	U23	4.03.97	2	London (LV)	14	Jan
4.60i	James Finney	U23	7.04.96	10H	Madrid, ESP	28	Jan
	4.60			10D	Kladno, CZE	17	Jun
	(40)						
4.60	Jack Harris	U20	6.08.01	1	Bedford	9	Jun
4.60	Jake Watson	U20	19.12.00	1	Nuneaton	10	Jun
4.56i	Thomas Walley	U23	18.03.98	2	Manchester (SC)	4	Feb
	4.40			1	Wrexham	4	Aug
4.52	Caius Joseph	U20	24.07.99	2D-J	Bedford	27	May
4.52	Andrew McFarlane	U20	7.07.99	1	Aberdeen	19	Aug
4.51	Tom Chandler	U23	19.09.97	1D	Grangemouth	15	Jul
4.51	Lewis Church	U23	27.09.96	3=D	Hexham	22	Jul
4.50	Peter Glass		1.05.88	1	Belfast	26	May
4.45	Owen Heard	U17	29.12.01	1U17	Eton	1	Jul
4.45i	Ryan Bonifas		22.09.93	2H	London (LV)	16	Dec
	4.15			2	Woking	14	Jul
	(50)						
4.42i	Shane Martin	U20	10.11.99	3B	Cardiff	21	Jan

2018 - Men - Pole Vault

Mark		Name	Cat	DOB	Pos	Venue	Date
4.41					4	Grangemouth	11 Aug
4.42i		Dylan Baines	U17	3.10.01	1C	Cardiff	21 Jan
4.30					1	London (LV)	8 Jul
4.41i		Thomas Snee		22.07.88	4	London (LV)	28 Jan
4.40					5	Eton	5 May
4.41		Fynley Caudery	U23	9.10.98	1	Carn Brea	9 Sep
4.40i		Oliver Thorner	U20	16.03.01	6	Sheffield	25 Feb
4.30					1D	Street	29 Apr
4.40i		Mark Johnson	V50	7.09.64	2V50	Madrid, ESP	19 Mar
4.25					1V50	Málaga, ESP	11 Sep
4.40		Matt Cullen		14.08.87	2	Manchester (SC)	3 Jun
4.40		Nicolas Gerome	U20	7.11.99	4D	Oyonnax, FRA	24 Jun
4.40		Mitchell Etheridge		7.12.94	2	Southampton	18 Aug
4.40		Pedro Gleadall	U17	7.12.01	5	Castellón, ESP	15 Sep
	(60)						
4.35		Christopher Lamb	U20	25.05.00	3	Birmingham	13 Jul
4.35		Reuben Nairne	U17	22.09.02	2	Grangemouth	11 Aug
4.35i		Glen Quayle	U20	6.03.02	3	Loughborough	8 Dec
4.13i			U17		8B	Manchester (SC)	27 Jan
4.33i		George Osborne	U20	2.04.00	3B	Manchester (SC)	27 Jan
4.32		Harry Kendall	U23	4.10.96	7D	Bedford	27 May
4.32		Matthew Chandler	U20	30.10.00	4	Aberdeen	19 Aug
4.31		Mark Mellor	U17	22.01.02	4	Grangemouth	21 Jul
4.31i		Elliot Breen	U20	2.10.00	6	Sutton	23 Sep
4.30					1	Welwyn	23 Jun
4.30i		Ryan Long	U23	2.09.98	2=H	Saginaw, MC, USA	27 Jan
4.30		Chris Mills	V40	12.11.75	2	Málaga, ESP	11 Sep
	(70)						
4.27		Angus Sinclair		22.02.95	7	Hattiesburg MS, USA	27 Apr
4.27		Matthew Lee		8.12.94	4D	Manchester (SC)	5 Aug
4.25i		Oscar Jopp	U20	29.09.99	6	Bethlehem PA, USA	8 Dec
4.20					4	Birmingham	13 Jul
4.22		Nikko Hunt	U23	17.02.98	2	Yate	12 May
4.22		Aiden Davies		26.12.95	9D	Bedford	27 May
4.22		Howard Bell	U23	2.05.98	10D	Bedford	27 May
4.22		Joel McFarlane	U20	9.10.00	5=D-J	Bedford	27 May
4.21i		Kieran Apps	U20	7.10.99	1B	London (LV)	28 Jan
4.20i		Ross Hajipanayi	U20	3.10.99	5	London (LV)	14 Jan
4.20i		Deo Milandu		30.10.92	2	Manchester (SC)	21 Jan
4.20					6	Leigh	5 May
	(80)						
4.20i		Curtis Mathews		22.01.92	18H	Madrid, ESP	28 Jan
4.20i		Joshua Lindley-Harris	U20	25.10.99	7=	Sheffield	25 Feb
4.20i		Callum Woodage	U20	25.10.00	5	Uxbridge	11 Mar
4.20					1ns	Perivale	20 May
4.20		Martin Densley	V35	1.05.81	1	Perivale	20 May
4.20		Michael Bartlett		26.12.92	1	London (BP)	20 May
4.20		James Allway	U23	25.09.97	5	Nottingham	4 Aug
4.20		Dougie Graham	V40	1.01.77	4	Málaga, ESP	11 Sep
4.20i		Justin Tarrant	U23	7.10.96	4	Cardiff	16 Dec
4.17		Ben Clarke	U23	30.10.98	6D	Manchester (SC)	5 Aug
4.17		Calum Newby	U17	16.06.02	2D	Manchester (SC)	5 Aug
	(90)						
4.15		Greg Conlon	V40	18.12.74	1	Walton	14 Apr
4.15		James Robinson	V40	27.08.76	1	Stoke-on-Trent	4 Aug
4.15		Sam Tremelling	U17	1.10.02	1	Peterborough	5 Aug
4.15i		Harry Hillman	U23	7.09.98	4H	London (LV)	16 Dec
4.13		Samuel Meyler		11.09.95	2	Loughborough	23 May
4.12		Gavin Phillips	U23	17.05.96	11D	Bedford	27 May
4.12		Oliver Herring	U20	28.09.00	8D-J	Bedford	27 May
4.10i		Daniel McFarlane	U23	10.10.98	1	Glasgow	10 Feb
4.10i		Jack Westley	U17	1.10.01	1	Sutton	17 Feb
3.90					1U17	Woking	29 Apr
4.10i		Ian Parkinson	V35	17.02.79	8	Madrid, ESP	19 Mar
	(100)						

2018 - Men - Pole Vault

4.10		Ieuan Hosgood	U20	6.03.01	1	Swansea	29	Apr
4.10		George Pope	U20	6.12.00	1	Bromley	21	May
4.10		Alistair Prenn		7.11.94	1	London (BP)	27	Jun
4.10		Douglas Noel	U20	1.03.01	1D	Bedford	16	Sep
4.10i		Bryce Breen	U17	22.08.03	1	London (LV)	2	Dec
4.00					2	Peterborough	30	Jun
4.10i		Richard Reeks		6.12.85	6	Cardiff	16	Dec
4.10i		Liam Reveley	U23	24.10.98	2	Manchester (SC)	16	Dec
Additional Under 17 (1-12 above)								
4.05		Jonathan Rugg		19.09.02	1	Hemel Hempstead	3	Jun
4.05		Alfie Gilby		15.05.02	2	St. Albans	23	Jun
4.01i		Samuel Fenwick		5.11.01	1	Swansea	29	Jul
4.00					1	Cardiff	7	Jul
4.01i		George Hopkins		1.06.03	1B	Sutton	23	Sep
3.95					4	London (LV)	8	Jul
4.00		Ewan Bradley		2.04.02	1	Ellesmere Port	27	May
4.00		Troy McConville		29.04.02	1	Dublin (S), IRL	23	Jun
3.95		Zamaan Dudhia		4.02.02	2	Bromley	27	May
3.95		Tolu Ayo-Ojo		26.08.02	2	Bedford	9	Sep
	(20)							
3.90		Cameron Williams-Stein		29.04.03	1	Loughborough	13	Jun
3.86i		Aran Thomas		6.12.01	4H	Sheffield	11	Mar
3.82i		Murray Fotheringham		4.06.03	1B	Glasgow	21	Dec
3.71					2D	Grangemouth	15	Jul
3.82i		Aidan Brindley		9.10.03	2B	Glasgow	21	Dec
3.81		Christopher Thompson		16.01.02	3	Cardiff	7	Jul
3.70		William Snashall		27.09.02	2	Woking	2	Sep
3.65		Jonathan Cohen		25.09.02	1ns	Eton	1	Jul
3.65		Thomas Todd		16.09.03	2	Valencia, ESP	7	Oct
3.63i		Finlay Walker		28.05.02	7	Glasgow	7	Jan
3.61		Ben Parker		7.03.02	3	Par	25	Aug
	(30)							
3.60i		Matthew Brining		9.12.01	2	Sheffield	14	Jan
3.60		Jami Schlueter		26.10.02	1	Street	13	Jun
3.60i		Ben Hillman		16.04.03	1=B	Cardiff	16	Dec
Under 15								
4.01		Lazarus Benjamin		19.01.04	1	Bedford	25	Aug
3.91		Daniel Dearden		26.09.03	1	Twickenham	30	Sep
3.75		William Foot		7.10.03	2B	Sheffield	20	Jun
3.75		Alfie Edwards		1.02.04	3	Liverpool	12	Aug
3.71		Aidan Brindley		9.10.03	2	Bedford	25	Aug
3.71i		Barnaby Corry		30.07.04	4B	Sutton	23	Sep
3.67					1	Dartford	27	Aug
3.61i		Thomas Todd		16.09.03	1	Antequera, ESP	17	Feb
3.60					1	Málaga, ESP	24	Jun
3.60i		William Trott		27.02.05	1=B	Cardiff	16	Dec
3.54					1	Newport	24	Jun
3.51		Tim Penley		12.09.03	5	Bedford	25	Aug
3.51i		Ori Bartle		4.05.04	1C	Sutton	23	Sep
3.46					8	Ashford	8	Sep
	(10)							
3.47		Luca Michalowski		14.11.03	2O	Manchester (SC)	4	Aug
3.43		Kofi Afrifah-Mensah		16.07.04	6	Bedford	25	Aug
3.40		Cameron Wells		24.02.04	2	Woking	2	Sep
3.35		Dillan Tierney		26.01.04	1	Horsham	6	Jul
3.33		Jacob Brown		2.03.04	10	Bedford	25	Aug
3.25		William Lane		20.07.05	1	Liverpool	19	May
3.22i		Noah Osborne		5.04.04	2cG	Cardiff	21	Jan
3.04					2	Newport	24	Jun
3.21i		Thomas Ashton		24.01.04	6C	Sutton	23	Sep
3.20					5	Birmingham	14	Jul
3.20		Harry Burrow		28.09.03	2	Leigh	7	Jul
3.11i		James Pratt		2.09.04	2cD	Sutton	23	Sep
3.10					2	Portsmouth	17	Jun

2018 - Men - Pole Vault

	(20)					
3.10	Efan Hoogendoorn	10.11.03	3	Bedford	8	Sep
3.10i	Noah Jones	11.11.04	4B	Cardiff	16	Dec
3.00			1	Carn Brea	9	Sep
3.05	Sam Coupland	20.08.04	1	Blackpool	9	Sep
3.04	Joshua James	1.08.04	2	Sheffield	20	Jun
3.03	Clark Marshall	1.11.03	1B	Dunfermline	2	Sep
3.03	Benjamin Platt	12.08.05	4	Dartford	30	Sep
3.00	Oliver Cooper		1U17	Norwich	8	Jul
2.90	Mitch Jury		2	Hemel Hempstead	3	Jun
2.90	Glen Morris	30.09.04	1U14	Gateshead	7	Jul
2.90	Ellis Maullin-Davies	2.01.04	2	Brecon	25	Aug
	(30)					

Under 13

2.56	Tony Murray	22.10.06	3B	Sheffield	23	Jun
2.50i	Rudi May	20.09.06	1B	Sheffield	25	Nov
2.41	Arthur Reilly		2	Sheffield	20	Apr
2.40	Luke Mills	2.05.06	2B	Carn Brea	15	Sep

Foreign

5.02i	*Cameron Walker-Shepherd (JAM)*	*28.05.92*	*3*	*Cardiff*	*21*	*Jan*
4.80			*3*	*Leigh*	*5*	*May*
4.75	*Michael Bowler (IRL)*	*28.10.92*	*3*	*Bedford*	*6*	*May*
4.72	*Dominik Siedlaczek (AUT)*	*10.03.92*	*2D*	*Bedford*	*27*	*May*
4.60i	*Pablo Trescoli (ESP)*	*4.03.95*	*4H*	*Valencia, ESP*	*18*	*Feb*
4.45			*5D*	*Arona, ESP*	*3*	*Jun*
4.58	*Pui Yin Cheung (HKG)*	*11.03.93*	*2*	*Chelmsford*	*2*	*Jun*
4.50	*Peter Moreno (NGR)*	*30.12.90*	*1D*	*Abuja, NGR*	*15*	*Feb*
4.40i	*Nikolaos Farmakidis (GRE)*	*23.6.93*	*1*	*London (LV)*	*3*	*Mar*
4.40	*Frederick Finke (USA)* V35	*25.05.82*	*1*	*Chelmsford*	*24*	*Jun*
4.20i	*Matthew Dietlin (USA)*	*29.06.95*	*4*	*Uxbridge*	*11*	*Mar*
4.20	*Freddie Bunbury (VIN)*	*9.12.92*	*3*	*Oxford*	*19*	*May*
4.20	*Daniel Ryan (IRL)* U20	*5.06.99*	*2*	*Tullamore, IRL*	*18*	*Aug*

Long Jump

8.19w	2.5	Timothy Duckworth	U23	18.06.96	3	Knoxville TN, USA	12 May
	8.03	0.0			1D	Athens GA, USA	6 Apr
	8.01	0.8			1D	Eugene OR, USA	6 Jun
	8.00	-0.2			1	Birmingham	1 Jul
	7.79i				3	College Station TX, USA	24 Feb
	7.78i				1H	Clemson SC, USA	19 Jan
	7.76	0.2			8	London (O)	22 Jul
	7.74i				1H	College Station TX, USA	9 Mar
8.15	0.5	Daniel Bramble		14.10.90	6	London (O)	22 Jul
	8.02	1.3			Q	Gold Coast, AUS	10 Apr
	8.02	1.5			2	Sotteville, FRA	17 Jul
	7.99	-1.4			2	Birmingham	1 Jul
	7.94	0.1			5	Gold Coast, AUS	11 Apr
	7.93	0.5			1	Padua, ITA	8 Jun
	7.90	0.1			6	Berlin, GER	8 Aug
	7.89	-0.2			Q	Berlin, GER	6 Aug
	7.88i				5	Glasgow	25 Feb
	7.81	0.4			7	Birmingham	18 Aug
	7.78	0.1			3	Leverkusen, GER	16 Jun
	7.73	1.2			2	Devonshire, BER	11 May
	7.73	-0.5			4	Rovereto, ITA	23 Aug
	7.70	1.4			1	Cardiff	2 Jun
8.05	2.0	Feron Sayers		15.10.94	1	Geneva, SUI	9 Jun
	7.98w	2.3			3	Birmingham	1 Jul
	7.73	-0.3			*	Birmingham	1 Jul
	7.73	0.1			9	London (O)	22 Jul
	7.72	2.0			2	Gothenburg, SWE	18 Aug
7.89i		Greg Rutherford		17.11.86	4	Glasgow	25 Feb
	7.86	0.8			1	Oordegem, BEL	2 Jun
	7.86	0.2			3	Dessau, GER	8 Jun

2018 - Men - Long Jump

		7.80i			1	Birmingham	17	Feb
		7.76 -0.2			1	Paderborn, GER	16	Jun
7.89	1.0	Jacob Fincham-Dukes	U23	12.01.97	5	Austin TX, USA	31	Mar
		7.82w 2.5			4	Birmingham	1	Jul
		7.81w 3.1			2	Manchester (SC)	29	Jul
		7.77iA			2	Albuquerque NM, USA	9	Feb
		7.76w 2.2			Q	Sacramento CA, USA	24	May
		7.75 0.7			*	Birmingham	1	Jul
7.87w	2.4	Reynold Banigo	U23	13.08.98	1	Manchester (SC)	29	Jul
		7.76w 2.3			1	Manchester (SC)	15	Aug
		7.75w 3.0			1	Liverpool	4	Aug
		7.67 0.0			1	Loughborough	25	Jul
7.78	1.7	Shandell Taylor	U20	16.12.99	1	Birmingham	13	Jul
7.74	0.6	James Lelliott		11.02.93	5	Birmingham	1	Jul
7.71	-0.4	Jack Roach		8.01.95	6	Birmingham	1	Jul
7.70w	2.4	Oliver Newport		7.01.95	2	Louisville KY, USA	13	Apr
		7.54 1.3			*	Louisville KY, USA	13	Apr

45 performances by 10 athletes to 7.70 including 9 wind-assisted and 6 indoors

7.63	1.0	Bradley Pickup		4.04.89	1	Antony, FRA	6	May
7.61	0.0	Alexander Farquharson	U23	9.06.97	1	Bedford	28	May
7.53i		Dominic Ogbechie	U17	15.05.02	1	Sheffield	25	Feb
		7.30 0.0			1	Bedford	26	Aug
7.52	1.5	Michael Puplampu		11.01.90	2	Cardiff	2	Jun
7.51w	2.6	Patrick Sylla	U23	10.10.98	1	Exeter	22	Jul
		7.48			2	Bournemouth	13	May
7.48	0.5	Ben Fisher	U23	21.02.98	3	Belfast	9	Jun
7.45i		Paul Ogun		3.06.89	5	Birmingham	17	Feb
		7.41			1	Ware	23	Jun
7.45w	5.1	David John Martin		5.05.88	4	Manchester (SC)	29	Jul
		7.30 1.9			1	Grangemouth	24	Jun
7.44w	2.8	John Lane		29.01.89	3D	Gold Coast, AUS	16	Feb
		7.28 0.5			1D	Kladno, CZE	16	Jun
7.38i		Samuel Khogali	U23	15.07.97	1	Sheffield	28	Jan
		7.28 0.0			2	Bedford	17	Jun
	(20)							
7.36	0.2	JJ Jegede		3.10.85	3	Bedford	7	May
7.36	0.3	Trevor Alexanderson		30.12.89	2	Loughborough	25	Jul
7.35	1.4	Calum Henderson	U20	3.05.00	1	Bedford	16	Jun
7.34		Tom French		5.12.91	3	Bournemouth	13	May
7.34	0.6	Scott Hall		8.03.94	4	Geneva, SUI	9	Jun
7.34	1.8	Stephen MacKenzie	U20	28.08.01	1	Grangemouth	4	Aug
7.34w	2.1	Montel Nevers	U23	22.05.96	2	Tallahassee FL, USA	23	Mar
		7.07 0.0				Tallahassee FL, USA	23	Mar
7.33	0.7	Daniel Hopper	U20	21.08.00	2	Birmingham	13	Jul
7.33w	2.3	Joel McFarlane	U20	9.10.00	1D	Grangemouth	14	Jul
		7.18 1.5			3	Aberdeen	19	Aug
7.31i		Alessandro Schenini	U20	28.04.00	1	Glasgow	28	Jan
		7.29 2.0			2	Swansea	25	Jul
	(30)							
7.31w	4.4	Jax Thoirs		7.04.93	1	Grangemouth	26	May
		7.13 0.0			1	Grangemouth	14	Apr
7.30w	2.4	Henry Clarkson	U20	16.06.99	2	Aberdeen	19	Aug
		7.22 1.4			*	Aberdeen	19	Aug
7.29i		James Finney	U23	7.04.96	1H	Sheffield	6	Jan
		7.22w 2.2			3D	Kladno, CZE	16	Jun
		7.10 0.7			10D	Florence, ITA	27	Apr
7.26	1.3	Jack Sumners	U20	25.10.00	3	Birmingham	13	Jul
7.25	0.7	Samuel Challis	U20	15.05.99	1	Portsmouth	2	Jun
7.23		Michael Causer		27.05.95	1	Manchester (Str)	8	Jul
7.23		Joe Steele		13.02.88	1	Bedford	18	Aug
7.23w	2.9	Jonathan Grant		26.05.93	1	Knoxville TN, USA	12	Apr
		6.91 1.1			5	Des Moines IA, USA	28	Apr
7.22	1.1	Andrew Murphy		26.12.94	3D	Arona, ESP	2	Jun
7.22w	3.8	Harry Maslen	U23	2.09.96	1D	San Angelo TX, USA	5	Apr

2018 - Men - Long Jump

Mark	Wind	Name	Age	DOB	Pos	Venue	Date
7.14	1.7				*D	San Angelo TX, USA	5 Apr
(40)							
7.21i		Julian Reid		23.09.88	2	Loughborough	3 Feb
7.21	0.0	Ogo Anochirionye		14.11.92	6	Cardiff	2 Jun
7.20		Reon Gowan-Wade		6.09.95	1	Bromley	11 Jun
7.19	1.8	Sam Lyon		20.10.92	2	Grangemouth	24 Jun
7.18	0.5	Daniel Smith	U23	26.09.97	1B	Bedford	28 May
7.18		Aled Price		14.12.95	1	Birmingham (Un)	23 Jun
7.18w	2.5	Scott Brindley	U17	6.01.02	1	Grangemouth	24 Jun
7.05i			U20		1P	Glasgow	3 Nov
6.96	1.0				1	Grangemouth	9 Jun
7.17i		Daniel Gardiner		25.06.90	2	Sheffield	28 Jan
7.17	0.0	Daniel Lewis		8.11.89	7	Cardiff	2 Jun
7.17		Jonathon Hill		19.10.95	1	Belfast	11 Aug
(50)							
7.14i		Ceirion Hopkins	U20	11.10.99	1	Cardiff	10 Feb
6.91	1.7				6	Bedford	16 Jun
7.14		Thomas Harrington	U23	12.04.96	1	Milton Keynes	15 Jul
7.13	-2.7	Shola John-Olojo		5.05.92	3	Memphis TN, USA	27 Apr
7.09		Peter Skirrow	U23	8.06.98	1	Hexham	8 Jul
7.07	1.1	Jonathan Ilori		14.08.93	2	Bedford	9 Jun
7.07	0.4	Murray Fotheringham	U17	4.06.03	1	Loughborough	31 Aug
7.06		Ryan Webb	U23	19.10.97	2	Bournemouth	9 Sep
7.06w	3.0	Craig Jones		28.04.93	1	Liverpool	12 May
7.03i					1	Manchester (SC)	21 Jan
7.05	0.5	Sebastian Wilson Dyer Gough		2.06.90	3	Portsmouth	2 Jun
7.05	1.8	Theo Adesina	U17	20.05.02	1	Grangemouth	21 Jul
(60)							
7.04i		Caius Joseph	U20	24.07.99	1H	Sheffield	6 Jan
7.01	1.6				3D	Oyonnax, FRA	23 Jun
7.04i		Harry Kendall	U23	4.10.96	Q	Sheffield	17 Feb
7.03	-0.9				1D	Oxford (H)	7 Jul
7.04	0.0	Howard Bell	U23	2.05.98	1D	Bedford	26 May
7.03	1.7	Ben Gregory		21.11.90	8D	Kladno, CZE	16 Jun
7.03		Daniel Walsh	U23	29.12.96	2	Hexham	8 Jul
7.03		Jami Schlueter	U17	26.10.02	1	Birmingham	14 Jul
7.02w	4.1	Ben McGuire	U23	22.10.97	6	Grangemouth	12 Aug
6.94i					2	Glasgow	10 Feb
6.89	1.1				2	Kilmarnock	26 Aug
7.01		Sam Richards		9.12.89	1	Chelmsford	23 Jun
7.01	-1.2	Curtis Mathews		22.01.92	2D	Oxford (H)	7 Jul
7.11irr					1	Sippy Downs, AUS	31 Mar
7.01w	2.6	Callum Orange	U20	1.02.01	1	Cudworth	13 May
7.00	1.6				*	Cudworth	13 May
(70)							
7.00i		Robbie Farquhar	U20	4.01.01	1H	Glasgow	3 Feb
6.87	0.4				5	Aberdeen	19 Aug
7.00		Ryan Bonifas		22.09.93	1	Plymouth	18 Aug
6.99i		Tomos Slade	U20	13.04.01	2	Cardiff	10 Feb
6.91	0.2				1	Cardiff	7 Jul
6.99w	4.0	Jack Turner	U20	11.07.01	5D	Győr, HUN	6 Jul
6.99i		Teepee Princewill	U20	22.08.00	3	Princeton NJ, USA	8 Dec
6.97	1.5	Nick Clements		17.06.90	1	Portsmouth	2 Jun
6.96	1.7	Nicolas Gerome	U20	7.11.99	4D	Oyonnax, FRA	23 Jun
6.96	0.3	Jahmal Germain		3.07.92	1D	Sutton	8 Sep
6.96	0.0	Ben Sutton	U20	10.08.01	2	Bedford	9 Sep
6.95i		Mark Cryer		27.08.93	4H	Sheffield	6 Jan
(80)							
6.95w	3.1	Rowan Powell	U23	8.12.98	11	Manchester (SC)	29 Jul
6.92	0.7				5	Bedford	17 Jun
6.94		Myles Durrant-Sutherland		17.07.95	1ns	Cheltenham	8 Jul
6.93	-0.5	Sam Trigg		1.11.93	2	Leigh	5 May
6.93		Jake Burkey	U20	25.02.00	1	Swindon	9 Jun
6.92		Stuart Street	U23	18.07.96	1	Stoke-on-Trent	15 Apr
6.91i		Gamuchirai Dumbutshena	U23	24.09.98	1	Uxbridge	11 Mar

2018 - Men - Long Jump

Mark	Wind	Name	Cat	DOB	Pos	Venue	Date
		6.85	1.8		8	Bedford	7 May
6.91	1.9	Efe Uwaifo		15.05.95	7	Bedford	9 Jun
6.91	0.2	Nathan Fox		21.10.90	4	London (He)	4 Aug
6.91i		Joseph Hobson	U23	29.04.98	2	Loughborough	8 Dec
		6.88	0.0		4D	Manchester (SC)	4 Aug
6.91i		Jack Phipps		2.04.94	1H	London (LV)	15 Dec
(90)							
6.90		Joseph Harding	U17	31.10.02	1O	Boston	23 Jun
6.90		Mario Dobrescu	U15	24.01.04	1	Barking	1 Jul
6.90		Adam Lindo	U17	21.10.02	3	Birmingham	14 Jul
6.89	0.4	Alexander MacAulay		29.09.95	1	Oxford	19 May
6.89w	3.6	Archie Yeo	U17	8.03.03	1	Liverpool	12 Aug
		6.87i			2	Sheffield	25 Feb
		6.80	0.0		2	Bedford	26 Aug
6.87w	2.4	Edward Barbour	U23	3.03.98	2	Liverpool	12 May
		6.85	0.8		1	Nottingham	4 Aug
6.86		Jeremiah Nampuma		1.06.94	1	Southampton	11 Apr
6.86	0.6	Adam Carpenter		18.06.93	2	Eton	5 May
6.86		Matthew Ingram	U20	10.03.00	1	Liverpool	5 May
6.85i		Lewis Church	U23	27.09.96	5H	Sheffield	6 Jan
(100)							
6.85	-1.0	Liam Ramsay		18.11.92	3	Leigh	5 May
6.85	-1.3	Matthew Lee		8.12.94	3	Eton	5 May
6.85	-1.3	Andrew McFarlane	U20	7.07.00	1	Inverness	12 May
6.85		Jack Broadbent	U20	8.07.00	1D	Boston	23 Jun
6.85w	2.6	Liam Reveley	U23	24.10.98	1D	Belfast	25 Aug

Additional Under 17 (1-8 above)

Mark	Wind	Name	Cat	DOB	Pos	Venue	Date
6.81	0.7	Josh Woods		5.08.02	1	Bromley	27 May
6.81	1.1	Daniel Murathodzic		11.09.01	6	Grangemouth	21 Jul
(10)							
6.71	1.8	Phillip Kastner		1.10.01	2O	Bedford	15 Sep
6.70		Brendon Foster		20.10.01	2	Wolverhampton	3 Jun
6.70	0.5	Jordan Cunningham		22.12.02	3	Loughborough	31 Aug
6.70w	3.2	Samuel Gorman		15.09.01	3	Grangemouth	12 Aug
		6.63i			2H	Glasgow	3 Feb
		6.55			1	Jarrow	5 May
6.69		Harvey Darroch		5.09.01	4	Birmingham	14 Jul
6.65		Callum Hay		6.09.02	1	Doncaster	9 Jun
6.64		Stuart Bain		14.11.01	1	Aberdeen	20 May
6.61		Myles Xavier		27.11.01	5	Birmingham	14 Jul
6.60	1.5	Berachiah Ajala		26.08.02	4	Grangemouth	12 Aug
6.60	1.1	Rory Howorth		2.07.02	3O	Bedford	15 Sep
(20)							
6.60w	2.5	Harvey Noble		4.02.02	2	Liverpool	12 Aug
		6.50	1.3		5O	Bedford	15 Sep
6.59w	3.5	Cameron Ellis		30.04.03	2	London (LV)	11 Aug
		6.45			1	Ilford	23 Jun
6.57	0.0	James McIntosh		31.08.02	3	Grangemouth	9 Jun
6.54	0.7	Harrison Thorne		8.07.02	4O	Bedford	15 Sep
6.50	1.3	Caleb Adenuga		13.02.02	1	Carlisle	29 Apr
6.48		Morgan Frith		28.12.02	2	Birmingham	16 Jun
6.46	0.8	Gregory Zoppos		10.03.03	2O	Sutton	8 Sep
6.46w	3.5	Robert Thomas		16.10.01	1	St. Clement JER	23 Aug
6.45	2.0	Calum Newby		16.06.02	3D	Grangemouth	14 Jul
6.45		Tamilore Mustafa		16.04.02	1	Bedford	5 Aug
(30)							

Additional Under 15 (1 above)

Mark	Wind	Name	Cat	DOB	Pos	Venue	Date
6.76	0.5	Jerel Livingston		23.08.04	1	Birmingham	13 Jul
6.57		Adam Robinson		6.02.04	1	Bournemouth	9 Sep
6.55		Sam Sanusi		13.11.03	1	Chelmsford	9 Jun
6.50w	3.3	Alfie Edwards		1.02.04	1	Liverpool	11 Aug
		6.21			1	Wakefield	16 Sep
6.42		Damope Akinyemi		20.02.04	1P	Boston	23 Jun
6.39	0.7	Jack Fayers		20.09.03	2	Birmingham	13 Jul

2018 - Men - Long Jump

6.38i		Alfie Bugg		25.10.03	1	Sheffield	25 Feb
	6.21	1.9			4	Birmingham	13 Jul
6.36		Oliver Early		26.05.04	2P	Brentwood	23 May
6.36	0.9	Kyle Wilkinson		22.10.03	3	Bedford	25 Aug
(10)							
6.31		Oliver D'Rozario		24.09.03	1P	Yeovil	23 Jun
6.24	-0.1	Ben Vincent		6.01.04	1	Newport	23 Jun
6.22	1.4	Oreofeoluwa Adepegba		10.08.04	1P	Bedford	15 Sep
6.19	1.5	Joshua Simpson			5	Birmingham	13 Jul
6.16w	2.8	Aaron Ashmead-Shoye		12.12.03	2	London (LV)	12 Aug
6.15w	3.1	Sebastian Wallace		7.09.03	3	London (LV)	12 Aug
	6.08				1	Horsham	27 Jul
6.14		Ethan Court		30.10.03	1	Sutton Coldfield	19 May
6.14	1.4	Rob Henderson		15.12.03	1	Bedford	8 Sep
6.13	1.9	Ben Pitts		18.11.03	2	Exeter	16 Jun
6.11		Elliott Evans		3.09.03	1	Portsmouth	17 Jun
(20)							
6.10		Louie Holzman			1	Reading	9 Jun
6.10	2.0	Daniel Hamilton-Strong		21.09.03	3	Exeter	16 Jun
6.10w	2.6	Thomas Norcop		1.10.03	6	Birmingham	13 Jul
6.07	1.6	Samuel Ball		18.10.04	1P	Oxford (H)	8 Jul
6.04		Joe Southwell		12.02.04	1	Blackpool	9 Sep
6.04w	2.2	Shawn Ampofo		30.10.03	2	Bedford	8 Sep
6.00		Zak Wall		21.10.03	1P	Swansea	9 Jun
6.00		Samuel Oshodi		22.09.03	1	Woodford	17 Jun

Under 13

5.90		Dante Clarke		26.09.05	2	London (TB)	25 Aug
5.30w	2.1	Deji Bello		7.04.06	1	London (LV)	12 Aug
	5.28	1.9				London (LV)	12 Aug
5.21		Finn O'Neill		13.10.05	1U14	Belfast	16 Jun
5.21		Oliver Thompson			1	Birmingham	3 Jul
5.19		Aaron White			1	Reading	5 Jul
5.19	0.5	Nathaniel Hanson		15.01.06	1	Kingston	28 Jul
5.18		Fabian Powell		16.02.06	6	Loughborough	25 Aug
5.16		Philip Oladunjoye		12.01.06	1	Woking	10 Jun
5.16	-0.2	Ossari Acquah		8.10.05	1B	Kingston	28 Jul
5.14w?		James Ince		7.10.05	1	Blackburn	13 May

Foreign

7.99i		Adam McMullen (IRL)		5.07.90	1	Abbotstown, IRL	18 Feb
	7.88				1	Belfast	24 Jun
7.60i		Che Richards (TTO)	U23	8.05.97	1	Glasgow	10 Feb
7.59	0.8	Ezekiel Ewulo (NGR)		29.01.86	2	Clermont, USA	28 Apr
7.54	1.8	Andrew Cassar Torreggiani (MLT)		21.04.92	1	Marsa, MLT	17 Feb
7.51	0.7	Darren Morson (MSR)		16.06.94	17Q	Gold Coast, AUS	8 Apr
7.16	1.5	Pablo Trescoli (ESP)		4.03.95	4D	Arona, ESP	3 Jun
7.09	0.0	Tosin Oke (NGR)	V35	1.10.80	8	Cardiff	2 Jun
7.07	0.8	Peter Moreno (NGR)		30.12.90	3	Yaba, NGR	30 Jun
6.99	1.0	Panagiotis Andreou (CYP)	U23	30.06.96	Q	Bedford	6 May
6.90	0.3	Daniel Ryan (IRL)	U20	5.06.99	3D	Manchester (SC)	4 Aug
6.88		Richard Tsang (IRL)		13.10.90	2	Cheltenham	8 Jul

Triple Jump

16.83w	2.5	Nathan Douglas	V35	4.12.82	1	Birmingham	30 Jun
	16.77i				1	Birmingham	18 Feb
	16.71	0.0			6	Berlin, GER	12 Aug
	16.56	-0.9			Q	Berlin, GER	10 Aug
	16.41w	2.2			1	Brisbane (Nathan), AUS	28 Mar
	16.35	-2.1			5	Gold Coast, AUS	14 Apr
	16.33	-2.1			2	Bedford	28 May
	16.32	0.5			1	Pierre-Bénite, FRA	8 Jun
	16.30i				1	Mondeville, FRA	3 Feb
	16.27	-0.5			Q	Gold Coast, AUS	12 Apr
	16.24	0.0			6	London (O)	14 Jul
	16.14	0.1			3	Lappeenranta, FIN	23 Aug

2018 - Men - Triple Jump

		16.05	0.5			*	Brisbane (Nathan), AUS	28 Mar
16.70w	2.3	Julian Reid			23.09.88	2	Birmingham	30 Jun
		16.57	-2.0			*	Birmingham	30 Jun
		16.54i				2	Birmingham	18 Feb
		16.35	-0.6			1	Bedford	28 May
		16.09i				1	Birmingham	27 Jan
		16.07	1.7			6	Marseille, FRA	16 Jun
		15.94	0.7			1	Loughborough	20 May
16.41	1.5	Michael Puplampu			11.01.90	1	Clermont FL, USA	12 May
		16.20	1.8			4	Birmingham	30 Jun
		16.10	0.0			3	Bedford	10 Jun
		16.03	1.5			1	Cardiff	2 Jun
		15.86	1.7			2	Bedford	7 Jul
		15.86	1.8			2	Sutton	21 Jul
16.28	1.6	Jonathan Ilori			14.08.93	2	Bedford	10 Jun
		16.25	-0.5			3	Birmingham	30 Jun
		16.13	0.2			1	San Marcos TX, USA	31 Mar
		16.13	1.9			1	Bedford	7 Jul
		16.07	1.9			1	Sutton	21 Jul
		15.90	1.4			1	Manchester (SC)	28 Jul
		15.89	0.9			1	San Antonio TX, USA	24 Mar
		15.89	0.4			1	Portsmouth	2 Jun
		15.81	0.7			2	Loughborough	20 May
16.16	1.9	Nonso Okolo			7.12.89	3	Clermont FL, USA	12 May
		15.80	1.8			6	Bedford	10 Jun
16.11	2.0	Nathan Fox			21.10.90	1	Bedford	7 Jul
		16.03	0.0			4	Bedford	10 Jun
		15.85w	2.7			5	Birmingham	30 Jun
		15.81	1.6			3	Sutton	21 Jul
15.99	0.5	Montel Nevers		U23	22.05.96	8	Fayetteville AR, USA	28 Apr
		15.84i				4	Clemson SC, USA	24 Feb
15.96	2.0	Daniel Lewis			8.11.89	5	Clermont FL, USA	12 May
15.84	0.0	Efe Uwaifo			15.05.95	5	Bedford	10 Jun
15.82	1.0	Scott Hall			8.03.94	6	Birmingham	30 Jun
		46 performances to 15.80 by 10 athletes including 4 wind-assisted and 4 indoors						
15.78	-1.5	Lawrence Davis			31.05.97	7	Birmingham	30 Jun
15.71	0.3	Ade Mason (Adefolalu)		U23	28.2.97	1	Wichita, USA	13 Apr
15.56	0.7	Seun Okome			26.03.95	Q	Bedford	6 May
15.54	0.7	Stefan Amokwandoh		U23	11.09.96	2	Philadelphia PA, USA	6 May
15.53i		Daniel Igbokwe		U23	28.06.98	2	New York (A) NY, USA	26 Jan
		15.45	1.7			2	Gainesville FL, USA	29 Mar
15.52i		Sam Trigg			1.11.93	1	Uxbridge	4 Feb
		15.23	0.7			4	Loughborough	20 May
15.37	0.1	Kevin Metzger		U23	13.11.97	2	Bedford	16 Jun
15.34i		Chukwudi Onyia			28.02.88	1	Glasgow	28 Jan
		15.06	0.4			2	Grangemouth	11 Aug
15.33	-1.9	Shola John-Olojo			5.05.92	1	Memphis TN, USA	27 Apr
15.32	0.8	Wesley Matsuka-Williams		U20	15.06.00	3	Loughborough	20 May
	(20)							
15.31	1.4	Antony Daffurn			18.10.86	1	Grangemouth	11 Aug
15.25i		Chuko Cribb			30.03.94	1	Eton	4 Mar
		15.23	0.0			3	Bedford	28 May
15.24i		Jude Bright-Davies		U20	27.03.99	1	Sheffield	18 Feb
		15.12	1.2			1	Bedford	17 Jun
15.24		Mark Burton		U23	11.06.98	1	Belfast	14 Apr
15.21i		Aidan Quinn		U20	10.02.00	2	Glasgow	28 Jan
		14.99	0.0			1	Kilmarnock	13 May
15.20i		Osaze Aghedo			12.02.99	1	Uxbridge	11 Mar
		15.14	1.6			Q	Bedford	6 May
14.94w	2.3	Joshua Bones			8.05.93	2	Leigh	5 May
		14.90	1.4			*	Leigh	5 May
14.93w	2.7	Joel Townley		U20	7.04.01	1	Exeter	16 Jun
		14.66	0.5			2	Birmingham	14 Jul
14.86	0.5	Paul Ogun			3.06.89	1	Portsmouth	2 Jun

2018 - Men - Triple Jump

Mark	Wind	Name	Cat	DOB	Pos	Venue	Date
14.85i		Teepee Princewill	U20	22.08.00	3	Sheffield	24 Feb
		14.22			1	Eton	18 Aug
	(30)						
14.72i		Emmanuel Odubanjo	U20	7.12.99	5	Sheffield	24 Feb
		14.68 0.4			5	Bedford	17 Jun
14.69	1.0	Lawrence Harvey	V35	26.08.81	1	Chelmsford	2 Jun
14.66i		Julien Allwood		19.11.92	4	Sheffield	18 Feb
14.66i		Henry Clarkson	U20	16.06.99	2	Glasgow	11 Mar
		14.43 0.0			6	Bedford	17 Jun
14.65	0.0	Alando Alfred	U23	1.12.96	8	Bedford	10 Jun
14.65		Patrick Sylla	U23	10.10.98	1	Bournemouth	18 Aug
14.61	-0.7	James Lelliott		11.02.93	1	Bedford	7 Jul
14.60		Theo Fadayiro	U20	29.08.00	1	Chelmsford	13 May
14.52w	2.1	Miraji Ahmed	U17	5.11.01	1	Grangemouth	4 Aug
		14.39i			2	Glasgow	7 Feb
		14.15 0.0			1	Grangemouth	8 Jun
14.51i		Jonathan Ferryman		25.12.88	3	Sheffield	14 Jan
		14.22 0.0			9	Bedford	28 May
	(40)						
14.51	0.9	Jordan Harry	U23	20.02.97	Q	Bedford	6 May
14.49		Matthew Ingram	U20	10.03.00	1	Blackpool	9 Jun
14.47	0.8	Samuel Oduro Antwi	U20	4.06.00	3	Birmingham	14 Jul
14.47w	2.6	Matthew Madden		17.11.90	2	Bedford	7 Jul
		14.09 -0.3			2	Nottingham	4 Aug
14.45	-0.4	Sam Lyon		20.10.92	1	Aberdeen	10 Jun
14.43	0.5	Archie Yeo	U17	8.03.03	1	Bedford	25 Aug
14.42i		Stephen MacKenzie	U20	28.08.01	4	Glasgow	28 Jan
		14.22 0.0			1	Grangemouth	9 Jun
14.37		Josh Woods	U17	5.08.02	1	Birmingham	13 Jul
14.29w	3.7	Thomas Walley	U23	18.03.98	1	Cardiff	14 Jul
		14.07			1	Brecon	25 Aug
14.28	1.0	Lewis Guest		28.05.94	1	Yeovil	5 May
	(50)						
14.22w	2.1	Deshawn Lascelles	U17	5.02.03	4	Bedford	25 Aug
		13.99			1	Bury St. Edmunds	8 Sep
14.20i		Gage Francis	U23	6.10.96	1	Cardiff	14 Jan
		13.89 0.4			Q	Bedford	6 May
14.20	-1.9	Jai Benson	U20	24.07.00	5	Eton	5 May
14.19	0.7	Robert Sutherland		16.10.95	5	Sutton	21 Jul
14.19	1.8	Andrew Adegbite	U20	30.07.01	1	Oxford (H)	1 Sep
14.15i		Nathan Roach		10.12.90	4	Sheffield	14 Jan
14.15w	3.4	Kevin Brown		10.12.90	7	Manchester (SC)	28 Jul
		14.09 1.8			*	Manchester (SC)	28 Jul
14.14i		Peter Kirabo		22.09.92	7	Sheffield	18 Feb
		14.01w 2.4			5	Leigh	5 May
14.08	0.9	James King	U23	28.06.96	2	Cardiff	14 Jul
14.05	0.7	Armani James		26.04.94	1	Nuneaton	10 Jun
	(60)						
14.03i		Berachiah Ajala	U17	26.08.02	3	Glasgow	7 Feb
		13.86w 2.9			5	Grangemouth	21 Jul
		13.77 1.6			2	Grangemouth	11 Aug
13.98		Clement Williams	U17	30.05.02	1	Southend	27 Aug
13.96i		Mahad Ahmed		18.09.95	1	Glasgow	10 Feb
13.95	0.9	Jack Joynson	U23	15.12.98	2	Chelmsford	2 Jun
13.93		Renaldo Smith	U17		3	Birmingham	13 Jul
13.92		Jean Mozobo	U23	5.05.98	2	Eton	23 Jun
13.90	0.3	Ashley Buckman	U23	15.04.97	7	Bedford	7 May
13.89		Thomas Atkinson	U20	29.09.00	1	Cardiff	7 Jul
13.88	1.3	Daniel Walsh	U23	29.12.96	8	Bedford	7 May
13.86	-0.6	Louis Sabestini	U20	6.03.01	1	Poitiers, FRA	21 Apr
	(70)						
13.86		Kenan Stephens	U17	2.11.02	1	London (He)	5 Aug
13.85	1.8	Harrison Whitfield	U20	29.05.00	7	Birmingham	14 Jul
13.83i		Toheeb Tijani	U23	16.05.97	3	London (LV)	14 Jan
13.78	0.0	Mike McKernan	V35	28.11.78	9	Birmingham	27 May

2018 - Men - Triple Jump

Mark	Wind	Name	Cat	DOB	Pos	Venue	Date
13.78w	2.9	Kwok Hung Liu			Q	Bedford	6 May
		13.73i			Q	Sheffield	16 Feb
13.77		Oyare Aneju	U17	28.03.03	5	Birmingham	13 Jul
13.71		Shandell Taylor	U20	16.12.99	2	London (Cr)	1 Jul
13.71		Morgan Hayward	U20	19.06.01	1	Dartford	18 Aug

Additional Under 17 (1-9 above)

Mark	Wind	Name	DOB	Pos	Venue	Date
13.63		Ethan Stephenson	10.07.03	1	Gateshead	16 Jun
(10)						
13.62		Louis Goffin	26.05.02	6	Birmingham	13 Jul
13.60		Daniel Falode	27.01.02	1	London (Elt)	18 Aug
13.50		Seth Mokuolu	26.07.02	7	Birmingham	13 Jul
13.46	0.0	Jonathan Cochrane	27.09.02	3	Belfast	26 Jun
13.32		Jasper Kraamer	4.11.01	1	Leamington	9 Jun
13.30i		Anthony George	3.11.01	2	London (LV)	4 Feb
13.30		Luca Stanisci-Brown	9.08.03	1	Harrow	18 Aug
13.25		Nabhi Odeh	17.09.02	1	Leamington	1 Jul
13.25	-1.8	Sean Mhende	5.05.02	7	Swansea	25 Jul
13.24w	3.3	Nana Okwesa	5.12.01	1	Eton	1 Jul
(20)						
13.24w	3.7	Daniel Onochie-Williams	7.02.03	3	London (LV)	12 Aug

Under 15

Mark	Wind	Name	DOB	Pos	Venue	Date
13.57	1.7	Aaron Ashmead-Shoye	12.12.03	1	Birmingham	13 Jul
13.44		Joshua Ogunfolaju	25.05.04	1	Chelmsford	12 May
13.19		Jacob Byfield	24.06.04	1	Ashford	9 Jun
12.87	-1.3	Oliver D'Rozario	24.09.03	2	Bedford	26 Aug
12.79		Ethan Court	30.10.03	1	Birmingham	16 Jun
12.76	1.2	Oliver Crawford		5	Birmingham	13 Jul
12.75	-0.6	Damope Akinyemi	20.02.04	5	Bedford	26 Aug
12.73		Ayo Opaleye	31.08.04	1	Bury St. Edmunds	16 Sep
12.67		Tobe Uzor	09.03	1	Kingston	9 Jun
12.57w	2.4	Jedidiah Oni	14.05.04	6	Birmingham	13 Jul
		12.33		3	Chelmsford	9 Jun
(10)						
12.41		Alex Tartelin		1	Basingstoke	6 Jun
12.41		Aran Yavuz		1	Southend	27 Aug
12.40		Shawn Ampofo	30.10.03	1	Milton Keynes	9 Jun
12.35		Adam Farrow	17.09.03	2	Birmingham	16 Jun
12.35	1.2	Alex Westbrook		9	Birmingham	13 Jul
12.33	0.9	Bryn Cann	3.12.03	10	Birmingham	13 Jul
12.32		Israel Arode		1	London (BP)	9 Jun
12.31		Zak Sturge		1	London (He)	9 Jun
12.29		Samuel Ball	18.10.04	2	Reading	9 Jun
12.27w	2.4	Ezra Fernandes		13	Birmingham	13 Jul
		12.02 -0.6		*	Birmingham	13 Jul
(20)						
12.26		Dan Pedro	22.04.04	3	Gateshead	7 Jul
12.18		Basil Tuma		1	Birmingham	3 Jul
12.18	0.3	Kiran Carter	15.04.04	2	Exeter	22 Jul
12.08		Isaac Taylor-Holland		5	Gateshead	7 Jul
12.04	2.0	Ben Pearson	15.05.04	6	Liverpool	8 Sep
12.04		Chukwuemeka Nze		2	Hornchurch	16 Sep
12.00		Jack Chatha		3	Stoke-on-Trent	29 Aug

Foreign

Mark	Wind	Name	Cat	DOB	Pos	Venue	Date
16.37	*1.5*	*Tosin Oke (NGR)*	*V35*	*1.10.80*	*2*	*Clermont, USA*	*12 May*
15.76	*1.5*	*Paulius Svarauskas (LTU)*		*6.06.94*	*1*	*Palanga, LTU*	*28 Jul*
14.82w	*3.1*	*Roberto Oppong (ITA)*		*18.08.93*	*1*	*Seansea*	*10 Jun*
		14.76 1.1			*2*	*Bedford*	*7 May*
14.49	*0.0*	*Carl Britto (IND)*		*5.12.90*	*4*	*Bedford*	*7 May*
13.80		*Pablo Trescoli (ESP)*		*4.03.95*	*1*	*St. Albans*	*18 Aug*

Shot

19.24	Scott Lincoln		7.05.93	7	London (O)	14	Jul
19.12				1	Manchester (Str)	12	Jun
19.10				1	Grangemouth	12	Aug
19.08				1	London (He)	4	Aug
19.05				1	Manchester (SC)	29	Jul
18.84				1	Bedford	7	Jul
18.78				2	Aarhus, DEN	5	Jun
18.54i				1	Vienna, AUT	27	Jan
18.51				1	Manchester (SC)	15	Aug
18.47				1	Loughborough	1	Aug
18.44				8B	Tucson AZ, USA	19	May
18.44				1	Birmingham	30	Jun
18.40i				1	Birmingham	17	Feb
18.39				1	Carlisle	19	Aug
18.13i				1	Sheffield	14	Jan
18.11				4	Leiden, NED	9	Jun
18.07				1	Hexham	22	Jul
18.04				2	Bedford	28	May
18.04				1	Wakefield	3	Jun
18.03				1	Leigh	5	May
17.76				5	Cork, IRL	16	Jul
17.65i				1	Reykjavik, ISL	3	Feb
18.21	Youcef Zatat		13.04.94	1	Bedford	28	May
18.01				2	Birmingham	30	Jun
17.75				2	Manchester (SC)	29	Jul
17.72				2	Bedford	7	Jul
17.71				6	Cork, IRL	16	Jul
17.62i				2	Vienna, AUT	27	Jan
17.59				1	Geneva, SUI	9	Jun
17.54				1	Loughborough	20	May
17.64i	Scott Rider	V40	22.09.77	2	Birmingham	17	Feb
31 performances to 17.50 by 3 athletes including 6 indoors							
17.28	Gareth Winter		19.03.92	3	Birmingham	30	Jun
16.99	Daniel Cartwright	U23	14.11.98	3	Bedford	7	Jul
16.97i	Greg Beard	V35	10.09.82	1	Sheffield	17	Nov
16.59				1	Wakefield	16	Sep
16.54i	Samuel Heawood		25.09.90	1	Uxbridge	9	Dec
16.04				2	Yeovil	5	May
16.16	Joseph Watson		23.09.95	3	Loughborough	20	May
16.15i	Gregory Thompson		5.05.94	2	Landover, USA	20	Jan
15.45				1	Chelmsford	24	Jun
16.00 (10)	Ciaran Wright	U23	17.09.96	2	Nagold, GER	28	Apr
15.86	George Evans	U23	21.01.98	7	Fayetteville AR, USA	28	Apr
15.79	Kai Jones	U23	24.12.96	5	Bedford	7	Jul
15.65	Lewis Byng	U17	29.09.01	1	Leamington	24	Jul
15.57	Craig Sturrock		7.01.85	1	Norwich	20	May
15.47	Patrick Swan	U23	14.09.97	1	Exeter	22	Jul
15.42i	Aled Davies		24.05.91	6	Birmingham	17	Feb
15.30	Daniel-James Thomas	U20	26.07.00	1	Portsmouth	16	Sep
15.29i	Daniel Cork	U23	15.07.97	1	London (LV)	1	Dec
15.09				2	Cardiff	14	Jul
15.28	Nicholas Percy		5.12.94	6	London (He)	4	Aug
15.19 (20)	Dan Brunsden		18.04.88	1	Yeovil	14	Apr
15.07	Martin Tinkler		9.04.91	1	Bedford	9	Jun
15.04	Jonathan Edwards		9.10.92	1	Oxford (H)	23	Jun
14.92	Laurence Goodacre		20.09.92	3	Yeovil	5	May
14.92	Louis Mascarenhas	U23	5.01.96	3	Bedford	9	Jun
14.88	Nick Owen	V35	17.07.80	1	Bedford	7	Jul
14.84	Ben Gibb		17.09.90	1	Yeovil	5	May
14.83i	Kyle Randalls		11.12.91	1	Glasgow	13	Jan
14.69	Luc Durant	U23	3.10.98	2	Portsmouth	2	Jun

2018 - Men - Shot Put

Perf		Name	Cat	DOB	Pos	Venue	Date
14.56		George Hyde	U20	30.03.01	1	Preston	4 Aug
14.54i		Matthew Baptiste		28.10.90	1	London (LV)	3 Feb
		13.51			1	London (LV)	28 Apr
	(30)						
14.54		Murdo Masterson	U23	26.09.98	1	Glasgow	28 Aug
14.52		Richard Woodhall	V35	9.07.80	1	Loughborough	6 May
14.52		Kyle Stevens		3.06.85	2	Woking	14 Jul
14.51		Stephen McCauley	V40	6.02.74	2	Oxford (H)	23 Jun
14.48		Anthony Oshodi		27.09.91	1	London (He)	28 Jul
14.45		Joe Bloomfield		3.11.90	1	Dartford	14 Apr
14.41		Thomas Bullen		12.10.92	1	Kingston	20 May
14.32i		Jacob Gardiner		8.03.94	1	Sheffield	31 Jan
14.28		Craig Charlton		7.03.87	1	Gateshead	5 May
14.26		Alan Toward		31.10.92	7	Cardiff	2 Jun
	(40)						
14.23i		Curtis Mathews		22.01.92	1H	Sheffield	6 Jan
		13.39			15	London (He)	4 Aug
14.22i		Matthew Ridge	U23	12.09.96	Q	Sheffield	17 Feb
		13.75			2	Loughborough	6 May
14.18		David Dowson	V35	23.11.79	1	Hexham	8 Jul
14.13i		Andrew Knight	U20	10.11.01	3	London (LV)	5 Dec
14.08i		Daniel Brunt	V40	23.04.76	2	Sheffield	14 Jan
		13.91			1	Nottingham	13 May
14.06		William Falconer	V35	20.12.78	2	Grangemouth	24 Jun
14.05		Elliot Thompson		10.08.92	2	Leigh	5 May
14.03i		Graham Lay	V40	13.11.75	1V40	London (LV)	11 Mar
		13.10			6	Málaga, ESP	6 Sep
13.98i		Craig Winslow		6.03.92	2	Grangemouth	14 Feb
13.95		Brett Morse		11.02.89	11	London (He)	4 Aug
	(50)						
13.92i		Angus McInroy		13.02.87	4	Glasgow	28 Jan
		13.43			4	Grangemouth	12 Aug
13.85		Jamie Williamson		16.07.87	2	Wakefield	3 Jun
13.83		Neal Smith			1	Leicester	26 May
13.83		Mark Plowman		26.03.85	2	Aldershot	18 Jul
13.82		Ed Dunford		15.09.84	12	London (He)	4 Aug
13.81		Nicholas Young	U20	17.05.00	1	Wrexham	11 Aug
13.80i		Andrew Murphy		26.12.94	1	Glasgow	21 Dec
		13.33			4D	Arona, ESP	2 Jun
13.79		Morris Fox	V55	30.04.63	1	Abingdon	7 Jul
13.77		Emmanuel Quarshie		3.03.92	5	Bedford	7 Jul
13.71		Timothy Duckworth	U23	18.06.96	6D	Athens GA, USA	6 Apr
	(60)						
13.65i		Leo Rowley	U20	30.07.99	4	Sheffield	18 Feb
13.62		Joshua Kelly		25.09.93	1	Portsmouth	13 May
13.62		Christopher Dack	V35	28.11.82	3	Woking	14 Jul
13.61		Aaron Edwards		2.05.86	1	London (LV)	14 Apr
13.58		John Nicholls	V50	1.09.65	1	Connah's Quay	5 May
13.56		David Dawson		3.02.84	1	Swindon	14 Apr
13.55i		Jonathan Briggs	U23	12.12.97	2	Loughborough	13 Jan
		13.23			2	Rugby	6 May
13.52		Osman Muskwe		24.11.85	1	Aldershot	20 Jun
13.50		James Hedger		9.09.84	3	Norwich	20 May
13.49		James Taylor	V35	24.04.82	1	Sheffield	15 Jul
	(70)						
13.48		John Lane		29.01.89	6D	Gold Coast, AUS	16 Feb
13.47i		Ben Hawkes	U20	8.11.00	4	London (LV)	5 Dec
13.46i		Thomas Head	U23	15.01.96	3	London (LV)	31 Jan
13.43		Aiden Davies		26.12.95	2D	Bedford	26 May
13.39i		Jack Paget	U23	30.01.97	6	Sheffield	18 Feb
		13.26			1	Oxford	19 May
13.39		Grant Sprigings	V35	26.11.82	2	London (BP)	20 May
13.39		Lewis Church	U23	27.09.96	4D	Bedford	26 May
13.35		Matthew Lee		8.12.94	2	Manchester (Str)	12 Jun
13.34		Ben Gregory		21.11.90	11D	Kladno, CZE	16 Jun

13.34	Jacob Matthews		4.03.91	3	Aldershot	18	Jul
(80)							
13.31	Jak Carpenter		26.09.90	1	Rugby	6	May
13.27	Adam Akehurst		13.09.87	2	Yeovil	5	May
13.21i	Archie Leeming	U23	6.10.96	4	London (LV)	31	Jan
13.19	Matthew Halton		17.10.92	1	Nottingham	24	Apr
13.19	Thomas Dobbs	U23	7.02.98	2	York	8	Jul
13.16	Courtney Green		20.08.85	4	Nuneaton	2	Jun
13.15	Fraser Wright	U23	28.06.96	8	Manchester (SC)	29	Jul
13.13	Robert Duke		26.10.93	1	London (LV)	15	Aug
13.10	Forrest Francis		13.04.95	1	Corby	7	Jul

Foreign

16.95i	*Arturas Gurklys (LTU)*		11.06.89	1	*Sheffield*	24	*Jan*
	16.80			1	*Manchester (SC)*	9	*Jun*
15.01	*Gintas Degutis (LTU)*	V45	20.07.70	2	*Bedford*	9	*Jun*
14.62	*Angus Lockhart (AUS)*		11.01.91	3	*Portsmouth*	2	*Jun*
14.39i	*Matthew Beatty (CYP)*	U23	11.03.98	1	*Loughborough*	8	*Dec*
13.97	*Dominik Siedlaczek (AUT)*		10.03.92	3	*Klagenfurt, AUT*	22	*Jul*
13.54	*Vytas Druktenis (LTU)*	V35	5.02.83	2	*Norwich*	20	*May*
13.40	*Michael Bowler (IRL)*		28.01.92	3D	*Bedford*	26	*May*
13.38	*Kevin Wilson (POR)*		6.01.90	2	*Nottingham*	4	*Aug*
13.32	*Pablo Trescoli (ESP)*		4.03.95	2D	*Malaga*	5	*May*
13.25	*Daniel Ryan (IRL)*	U20	5.06.99	2	*Kingston*	21	*Apr*

Shot - Under 20 (6kg)

17.85	Daniel-James Thomas		26.07.00	1	Birmingham	14	Jul
17.37	Lewis Byng	U17	29.09.01	1	Manchester (SC)	15	Aug
17.22	Nicholas Young		17.05.00	2	Almada, POR	2	Jun
16.44	George Hyde		30.03.01	1B	Portsmouth	16	Sep
15.28i	Victor Adebiyi		2.03.00	2	London (LV)	27	Jan
15.14	Alexander Hamling		2.03.99	1	Bedford	9	Sep
15.02	Ben Hawkes		8.11.00	1	Crawley	25	Jul
14.94	Jay Morse		22.07.01	1	Yate	12	May
14.94	Alfie Scopes		12.11.99	1	Bedford	10	Jun
14.93	Oliver Massingham		17.03.99	1	Swansea	25	Jul
(10)							
14.92i	Leo Rowley		30.07.99	4	Sheffield	25	Feb
	14.16			1	Middlesbrough	1	Jul
14.46i	David Todd		12.08.00	2	Sheffield	13	Jan
14.14	Cameron Hale		14.09.99	1D	Bedford	15	Sep
14.07	Samuel Woodley		17.11.99	3	Reading	29	Apr
14.01	Rotuk Rahedi			1	Exeter	16	Jun
13.89i	Caius Joseph		24.07.99	1H	Sheffield	6	Jan
13.82	Jack Royden		27.10.00	3	Bedford	10	Jun
13.77	Charlie Ashdown-Taylor		19.09.99	1	Basingstoke	29	Sep
13.73	Alexander Wiafe		27.03.00	2	Stevenage	27	May
13.70i	Billy Praim-Singh		16.06.99	3	London (LV)	14	Jan
	13.56			3	Eton	1	Jul
(20)							
13.68i	Sam Mace		20.10.01	1	Sutton	18	Feb
	13.61			1	Kingston	12	May

Shot - Under 18 (5kg)

18.89	George Hyde		30.03.01	1	Bedford	17	Jun

Shot - Under 17 (5kg)

19.45	Lewis Byng		29.09.01	1	Bedford	25	Aug
17.48	Andrew Knight		10.11.01	1	Gateshead	8	Aug
16.35	Joshua Wise		24.11.01	3	Loughborough	1	Sep
15.66	Josh Tyler		15.01.02	4	Bedford	25	Aug
15.60	Joshua Douglas		24.12.01	1	Southampton	1	Jul
15.02	Ruben Banks		14.11.01	1	Eton	1	Jul
14.90	Kye Charlton Brown		7.02.02	1	London (He)	8	Jul
14.74	Chris Dyrmishi		8.09.02	2	Bedford	9	Sep

2018 - Men - Shot Put

14.65	Shaun Kerry	13.12.01	5	Bedford	25 Aug
14.44	Thomas Litchfield	20.04.02	1	Peterborough	30 Jun
(10)					
14.39	Nathan Bushnell	29.10.02	1	Grays	6 May
14.32i	David Koffi	23.04.02	3	Sheffield	25 Feb
14.14	Tiarnan Matthews	6.06.02	1	London (BP)	9 Jun
14.12	Theo Adesina	20.05.02	3	Bedford	9 Sep
14.10	Joe Lancaster	16.10.01	1	Barrow	23 Jun
14.09i	Jack Halpin	19.03.04	1	Gateshead	13 Dec
14.07	James Wordsworth	13.06.03	2	Hexham	15 Jul
14.07	Matthew Collingridge	8.05.02	2	London (LV)	11 Aug
14.06	Aran Thomas	6.12.01	2	Leigh	7 Jul
14.05	Christian Archer	30.10.02	1	Nuneaton	1 Jul
(20)					
14.05	Calum Newby	16.06.02	4	Loughborough	1 Sep
13.97	Alfie Williams	8.07.03	1	Norwich	9 Jun
13.78	Kameron Duxbury	8.10.01	1	Kingston	27 May
13.76	Luke Allen	27.03.02	2	Middlesbrough	12 May

Shot - Under 15 (4kg)

15.41	Jack Halpin	19.03.04	1	York	7 May
14.47	Dillon Claydon	1.11.03	1	Ashford	9 Jun
14.34	Rhys Allen	30.08.04	1	Oxford (H)	1 Sep
13.92	Levi Onipede	12.07.04	2	Ashford	9 Jun
13.82	Theo Bishop	4.02.04	1	Blackpool	25 Aug
13.80	Graig Anya-Joseph	6.10.03	1	Chelmsford	13 May
13.66	Jadhiel Wahab		1	Yeovil	9 Jun
13.62	Segae Ugbe	28.06.04	2	Aberdeen	19 Aug
13.55	Zak Wall	21.10.03	1	Bedford	8 Sep
13.48i	William Lamprell	12.01.05	1P	London (LV)	15 Dec
	13.14		1	Ipswich	2 Sep
(10)					
13.44	Patreece Bell		3	Birmingham	13 Jul
13.43	Jordan Ackuaku	4.11.03	1	Bedford	13 Jun
13.33	Donovan Capes	5.04.05	1	Kettering	29 Sep
13.18	Dafydd Pawlett		1	Cardiff	14 Jul
13.15	Harry Booker	9.09.03	2	London (LV)	12 Aug
13.12	Oliver Gregory	9.09.03	3	Oxford (H)	1 Sep
13.00	Daniel Hamilton-Strong	21.09.03	1	Exeter	2 Sep
12.99	Kai Broadbent	7.09.03	1	London (TB)	30 Jun
12.97	Sam Sanusi	13.11.03	1P	Bedford	15 Sep
12.93	Ejiro Akpotor	23.12.03	1	St. Albans	5 Aug
(20)					
12.92	Elliott Evans	3.09.03	2P	Bedford	15 Sep
12.91	Bill Steel	2.01.04	1	Bebington	9 Jun
12.90	Ross Morgan	20.01.04	1	Livingston	8 Sep

Shot - Under 13 (3kg)

13.44	Travis Scottow	19.09.05	1	London (LV)	12 Aug
12.05	Finlay Arnold	5.10.05	1	Warrington	19 Aug
12.03	Finn O'Neill	13.10.05	1P	Belfast	25 Aug
11.88	Sampson Onuoha		1	Chelmsford	4 Jul
11.27	Ethan Witchell	22.11.05	1	Swindon	21 Jul
10.99	James Priest		1	Wrexham	29 Sep
10.91	Ethan Mullan		1	Antrim	19 May
10.86	Alastair Brown		1	Bury St. Edmunds	16 Sep
10.67	Ethan Woodward	11.10.05	2	Carlisle	17 Jun
10.60	Harvey Benney	2.09.05	1	Exeter	2 Sep
(10)					

Discus

Mark	Athlete	Cat	DOB	Pos	Venue	Date
63.17	Nicholas Percy		5.12.94	1	Bedford	7 Jul
62.50				1	Tempe AZ, USA	24 Mar
62.32				1	Lincoln NE, USA	5 May
61.23				1	Bloomington IN, USA	13 May
60.98				2	San Diego CA, USA	14 Apr
60.44				1	Woodford	10 Jul
59.87				1	Grangemouth	12 Aug
59.73				1	Basingstoke	18 Jul
59.72				8	Chula Vista CA, USA	12 Apr
59.10				1	Lincoln NE, USA	8 Apr
58.91				3	Austin TX, USA	30 Mar
58.17				2Q	Sacramento CA, USA	25 May
58.03				3	Hassleholm, SWE	29 Jul
57.41				2	London (He)	4 Aug
57.40				1	Lubbock TX, USA	27 Apr
57.26				3	Birmingham	30 Jun
61.94	Brett Morse		11.02.89	2	Manchester (SC)	15 Aug
61.71				1	Cardiff	19 Jun
60.47				1	Cardiff	7 Aug
60.43				1	Swansea	25 Jul
59.72				7	London (O)	14 Jul
59.61				1	Loughborough	20 May
59.38				1	Brecon	25 Aug
59.37				1	Yate	12 May
58.94				1	Carmarthen	26 Jul
58.90				1	Birmingham	30 Jun
58.62				1	Leigh	5 May
58.52				1	Cardiff	2 Jun
58.30				1	London (He)	4 Aug
61.29	Gregory Thompson		5.05.94	1	Philadelphia PA, USA	28 Apr
60.81				1	Charlottesville VA, USA	20 Apr
60.24				1	College Park MD, USA	4 May
60.19				4	Bloomington IN, USA	13 May
59.24				2Q	Tampa FL, USA	25 May
58.96				2	Eugene OR, USA	8 Jun
58.10				2	Birmingham	30 Jun
57.99				3	Gainesville FL, USA	31 Mar
57.27				1	Chelmsford	24 Jun
57.10				6	Leiria, POR	14 Jul
59.74	George Armstrong	U23	8.12.97	3	Manchester (SC)	15 Aug
59.72				1	Manchester (SC)	29 Jul
57.33				1B	Leiria, POR	15 Jul
58.67	George Evans	U23	21.01.98	2	Waco TX, USA	13 May
57.66	Zane Duquemin		23.09.91	Q	Gold Coast, AUS	12 Apr
57.39	Adam Damadzic		3.09.92	2	Lubbock TX, USA	5 May
57.13	Chris Scott		21.03.88	1	Bedford	7 Jul
57.06				4	Manchester (SC)	15 Aug
	46 performances to 57.00 by 8 athletes					
56.80	Alan Toward		31.10.92	2	Loughborough	25 Feb
53.74	Mark Plowman		26.03.85	1	Yeovil	12 May
(10)						
52.98	Samuel Woodley	U20	17.11.99	1	Bedford	7 Jul
52.38	Angus McInroy		13.02.87	1	Aberdeen	10 Jun
52.34	Najee Fox		1.12.92	5	Bedford	7 Jul
51.23	Joe Bloomfield		3.11.90	2	Bedford	7 Jul
50.21	Matthew Baptiste		28.10.90	2	Woodford	10 Jul
49.79	Jamie Williamson		16.07.87	1	Wakefield	3 Jun
49.49	James Hedger		9.09.84	5	Manchester (SC)	29 Jul
49.24	Louis Mascarenhas	U23	5.01.96	2	Bedford	9 Jun
48.95	Patrick Swan	U23	14.09.97	4	Bedford	16 Jun
48.08	Christopher Linque		26.04.88	7	Bedford	7 Jul
(20)						
47.86	Thomas Dobbs	U23	7.02.98	1	Preston	4 Aug

2018 - Men - Discus

Mark		Athlete	Cat	DOB	Pos	Venue	Date	
47.57		Curtis Mathews		22.01.92	6	London (He)	4	Aug
46.99		Greg Beard	V35	10.09.82	1	Wakefield	16	Sep
46.90		Daniel Fleming	U23	27.10.96	1	York	8	Jul
46.86		Lee Newman	V40	1.05.73	1V40	London (LV)	10	Mar
46.64		Duane Jibunoh		18.11.95	2	Eastbourne	20	May
46.59		Dan Brunsden		18.04.88	1	Bedford	7	Jul
46.49		Oliver Massingham	U20	17.03.99	1	Bury St. Edmunds	5	May
46.31		Emeka Udechuku	V35	10.07.79	8	London (He)	4	Aug
45.78		Daniel Cartwright	U23	14.11.98	8	Cardiff	2	Jun
	(30)							
45.44		David Coleman		14.02.86	2	Grays	18	Aug
45.18		Rafer Joseph	V45	21.07.68	3	Yeovil	5	May
45.11		Abi Ekoku	V50	13.04.66	1	Dartford	18	Aug
45.10		Youcef Zatat		13.04.94	9	Cardiff	2	Jun
45.07		Jonathan Edwards		9.10.92	1	Walton	14	Apr
45.01		Thomas Bullen		12.10.92	1	Kingston	20	May
44.95		Saoirse Chinery-Edoo		1.11.93	5	Bedford	7	Jul
44.91		Martin Tinkler		9.04.91	3	Bedford	18	Aug
44.69		Gareth Winter		19.03.92	1	Gloucester	2	Jun
44.51		Devon Douglas		7.09.89	2	Peterborough	30	Jun
	(40)							
44.12		Timothy Duckworth	U23	18.06.96	2D	Athens GA, USA	7	Apr
44.09		James Taylor	V35	24.04.82	3	York	8	Jul
43.98		David Dawson		3.02.84	5	Yeovil	5	May
43.85		Forrest Francis		13.04.95	1	Leicester	12	May
43.79		John Lane		29.01.89	6D	Gold Coast, AUS	10	Apr
43.61		Chris Kneale-Jones		29.04.89	1	Oxford	19	May
43.55		Ben Gibb		17.09.90	1	Andover	14	Jul
43.43		Chukwuemeka Osamoor	U20	15.06.01	1	Derby	5	May
43.35		Ciaran Wright	U23	17.09.96	2	Aberdeen	10	Jun
43.02		Fraser Wright	U23	28.06.96	1	Hexham	8	Jul
	(50)							
42.88		Reuben Vaughan	U20	25.10.00	1ns	London (TB)	18	Jul
42.77		Joseph Martin	U20	9.03.99	1	Hull	15	Apr
42.75		Simon Brown		1.10.88	1	Winchester	14	Jul
42.71		Nathan Thomas	U23	6.09.98	6	Bedford	16	Jun
42.68		Jacob Matthews		4.03.91	2	Aldershot	18	Jul
42.63		Matthew Lee		8.12.94	6	Bedford	7	Jul
42.61		Gavin Phillips	U23	17.05.96	3	Bedford	7	Jul
42.51		Joshua Douglas	U17	24.12.01	2	Dartford	14	Apr
42.47		Osman Muskwe		24.11.85	1	Aldershot	20	Jun
41.83		Joshua Tranmer	U20	5.04.00	2	Derby	5	May
	(60)							
41.83		Andrew Murphy		26.12.94	4	Bedford	7	Jul
41.69		Joseph Watson		23.09.95	1	Sutton	14	Jul
41.59		Lewis Church	U23	27.09.96	2	Yeovil	5	May
41.52		Connor Laverty	U23	14.05.96	Q	Bedford	5	May
41.50		Isaac Wood	U23	5.05.98	1	Bedford	7	Jul
41.49		Christopher Dack	V35	28.11.82	1	Kingston	18	Aug
41.47		Daniel Brunt	V40	23.04.76	1	Nottingham	13	May
41.37		Roger Bate	V35	16.01.83	1	Connah's Quay	15	Apr
41.24		Nicholas Young	U20	17.05.00	1	Connah's Quay	5	May
41.23		Ben Hazell		1.10.84	1	Basingstoke	9	Sep
	(70)							
41.15		Aiden Davies		26.12.95	3	Cudworth	12	May
41.13		Laurence Goodacre		20.09.92	3	Bournemouth	4	Aug
41.05		Kevin Brown	V50	10.09.64	1	Solihull	5	Aug
41.04		Craig Sturrock		7.01.85	4	Bedford	18	Aug
41.03		Matthew Callaway	U23	19.12.97	2	Bromley	23	Jun
41.02		Christopher Line		10.10.93	2	Hemel Hempstead	18	Aug

Foreign
48.54		*Matthew Beatty (CYP)*	*U23*	*11.03.98*	*1*	*Leicester*	*26*	*May*
44.31		*Sergiy Sarayev (UKR)*	*V35*	*15.01.83*	*3*	*Leigh*	*5*	*May*
42.82		*Kevin Wilson (POR)*		*6.01.90*	*4*	*Leigh*	*5*	*May*

41.28	*Pablo Trescoli (ESP)*		4.03.95	3	London (ME)	20	May
41.26	*Daniel Ryan (IRL)*	U20	5.06.99	Q	Bedford	5	May

Discus - Under 20 (1.75kg)

58.57	James Tomlinson	11.01.00	3	Almada, POR	2	Jun
57.39	Samuel Woodley	17.11.99	1	Oxford (H)	1	Sep
52.90	Oliver Massingham	17.03.99	4	Bedford	17	Jun
52.79	Alfie Scopes	12.11.99	5	Bedford	17	Jun
51.57	Jay Morse	22.07.01	1	Cardiff	25	Apr
48.99	Chukwuemeka Osamoor	15.06.01	1	Cleckheaton	1	Jul
48.52	Reuben Vaughan	25.10.00	1	Dartford	27	Aug
47.46	Dele Aladese	16.05.99	2	London (He)	29	Jul
46.95	Ben Hawkes	8.11.00	1	Bedford	9	Sep
46.18	Joseph Martin	9.03.99	7	Bedford	17	Jun
(10)						
45.82	Joshua Tranmer	5.04.00	1	Hull	12	May
45.79	Cameron Campbell	19.01.00	3	London (He)	29	Jul
45.68	Nicholas Young	17.05.00	8	Bedford	17	Jun
45.52	Oliver Hewitt	27.09.99	1	Eton	13	May
45.35	Alexander Hamling	2.03.99	3	Bedford	9	Sep
44.68	Andrew Peck	20.09.99	1	Liverpool	27	May
43.94	Andrew Bowsher	10.05.01	1	Inverness	27	Apr
43.82	Peter Keefe	5.11.99	2	Stevenage	27	May
43.78	Ruaridh Lang	24.12.00	1	York	1	Jul
43.44	Harry Zagorski	4.09.99	1	Inverness	7	Apr
(20)						
43.38	Cameron Hale	14.09.99	1D	Yeovil	24	Jun
42.99	Kayotunde Animashawun	13.05.01	2	Exeter	16	Jun
42.72	Ben Wade	6.09.00	3	Exeter	16	Jun
42.42	Sam Mace	20.10.00	1	London (Elt)	29	Apr
42.33	Jack Turner	11.07.01	1	Yeovil	9	Sep

Discus - Under 18 (1.5kg)

57.44	Jay Morse	22.07.01	2	Abrantes, POR	2	Jun

Discus - Under 17 (1.5kg)

55.97	Joshua Douglas	24.12.01	1	Bedford	25	Aug
50.77	Aran Thomas	6.12.01	1	Cleckheaton	19	Aug
48.30	Harry Davies	25.10.02	2	Cardiff	15	May
48.08	Joe Lancaster	16.10.01	1	Litherland	30	Jun
47.46	Dominic Buckland	5.11.01	1	London (LV)	11	Aug
46.41	James Wordsworth	13.06.03	1	Jarrow	25	Jul
45.98	Adam Phillips	13.10.01	1	Exeter	16	Jun
45.35	Ben Copley	6.11.02	1	York	9	Jun
44.35	Oliver Thatcher	11.09.02	2	Basingstoke	9	Jun
44.25	Aaron Worgan	3.10.02	2	Exeter	16	Jun
(10)						
44.18	Matthew Collingridge	8.05.02	2	London (LV)	11	Aug
42.44	Phillip Kastner	1.10.01	1D	Manchester (SC)	5	Aug
42.41	Lewis Byng	29.09.01	1	Loughborough	1	Aug
42.33	Harry Miles	2.03.03	3	Gateshead	16	Jun
42.32	Joshua Wise	24.11.01	1	Swindon	24	Jun
42.15	Josh Tyler	15.01.02	2	Grangemouth	12	Aug
41.99	Leo Walker	18.07.02	3	London (LV)	8	Jul
41.73	Benjamin Shackleton	23.09.01	1	Bury St. Edmunds	15	Apr
41.45	Pedro Gleadall	7.12.01	2D	Manchester (SC)	5	Aug
41.34	Finbar Dunne	20.09.01	5	Grangemouth	21	Jul
(20)						

Discus - Under 15 (1.25kg)

46.98	Dillon Claydon	1.11.03	1	Crawley	16	Jun
45.26	Harry Booker	9.09.03	2	London (LV)	12	Aug
44.39	Rhys Allen	30.08.04	1	Hornchurch	21	Jul
43.99	Tyler Pattison	8.04.04	2	Oxford (H)	1	Sep
41.89	Matthew Taylor	17.01.04	1	Sheffield	17	Jun

41.89		Cameron Try		1.12.03	1	Peterborough	30 Jun
41.72		James Lupton		28.10.03	1	Liverpool	11 Aug
41.63		James Rollo		19.10.04	1	Aberdeen	19 Aug
41.44		Joshua Schrijver		4.01.05	1	Gloucester	12 Aug
41.12		Oliver Beach		8.10.03	5	Birmingham	13 Jul
	(10)						
39.62		Patrick Butler			2	Gateshead	7 Jul
39.40		Toby Laycock			7	Birmingham	13 Jul
39.35		Oliver Webb			8	Birmingham	13 Jul
39.04		Jack Halpin		19.03.04	1	Jarrow	25 Jul
39.00		Adam Chesterman		22.12.03	1	Oxford (H)	10 Jun
38.69		James Martin		2.11.03	4	Crawley	16 Jun
38.22		Barnaby Spear		16.03.04	2	Bedford	8 Sep
38.20		Jake Knight		29.09.03	5	Bedford	26 Aug
37.85		James Isaacs			1	Hemel Hempstead	9 Sep
37.31		Ejiro Akpotor		23.12.03	4	Oxford (H)	1 Sep
	(20)						
37.10		Joe Nicholson			1	Whitley Bay	15 Jul

Discus - Under 13 (1kg)

38.44	Travis Scottow		19.09.05	1	Portsmouth	16 Sep
33.33	Ethan Witchell		22.11.05	1	Newport	24 Jun
33.06	Mikun Adeniran			1	Basingstoke	9 Sep
32.64	Timi Babatunde			1	Erith	22 Sep
31.07	Matthew Smith		28.01.06	1	Woking	2 Sep
30.34	Alex Jackson			1	Ipswich	2 Sep
30.02	Finlay Wrey Brown		15.06.06	2	Portsmouth	16 Sep
29.92	Alastair Brown			1	Peterborough	3 Jun
28.63	Dante McNichol			3	Kingston	28 Jul
27.70	Billy Buxton			2	Woking	2 Sep

Hammer

80.26	Nick Miller		1.05.93	1	Gold Coast, AUS	8 Apr
	78.29			1	Stanford CA, USA	30 Mar
	77.05			3	Halle, GER	26 May
	76.14			2	London (O)	15 Jul
	75.33			1	Birmingham	30 Jun
	74.96			3	Nikíti, GRE	20 Jun
	74.83			5	Chorzów, POL	8 Jun
	74.60			3	Cetniewo, POL	8 Jul
	74.11			6	Turku, FIN	5 Jun
	73.79			Q	Berlin, GER	6 Aug
	73.16			10	Berlin, GER	7 Aug
	72.75			10	Székesfehérvár, HUN	1 Jul
75.11	Chris Bennett		17.12.89	1	Brisbane (Nathan), AUS	22 Mar
	74.08			1	Brisbane (Nathan), AUS	28 Mar
	73.32			2	Leiria, POR	14 Jul
	73.29			2	Birmingham	30 Jun
	72.44			3	Leiria, POR	15 Jul
	72.11			2	Loughborough	25 Jul
	70.75			1	Grangemouth	11 Aug
	70.57			24Q	Berlin, GER	6 Aug
	69.63			4	Fränkisch-Crumbach, GER	20 May
	69.52			1	Loughborough	25 Feb
	69.10			1	Cardiff	2 Jun
	68.65			1	Bedford	7 Jul
73.80	Joseph Ellis	U23	10.04.96	1	Ashland OH, USA	5 Jun
	72.72			2	Bloomington IN, USA	11 May
	72.16			1	Fayetteville AR, USA	28 Apr
	71.00			1	Austin TX, USA	13 Apr
	70.15			1	Durham NC, USA	6 Apr
	70.01			2	Ashland OH, USA	6 Jun
73.24	Jake Norris	U20	30.06.99	3	Eugene OR, USA	6 Jun
	72.70			1	Tempe AZ, USA	23 Mar

2018 - Men - Hammer

	72.64			2	Baton Rouge LA, USA	28 Apr
	71.72			1	Baton Rouge LA, USA	21 Apr
	71.06			2	Austin TX, USA	29 Mar
	70.98			1	Lafayette LA, USA	16 Mar
	70.04			1	Baton Rouge LA, USA	7 Apr
	69.87			4	Knoxville TN, USA	11 May
	68.86			1	Coral Gables FL, USA	14 Apr
	68.28			9Q	Tampa FL, USA	24 May
73.12	Mark Dry		11.10.87	3	Gold Coast, AUS	8 Apr
	72.35			1	Loughborough	20 May
	71.40			3	Birmingham	30 Jun
	70.48			3	Loughborough	25 Jul
	70.41			6	Leiria, POR	14 Jul
	70.04			11	Halle, GER	26 May
	69.94			7	Leiria, POR	15 Jul
	69.66			3	Brisbane (Nathan), AUS	28 Mar
	69.07			10	Leiria, POR	10 Mar
	68.37			2	Loughborough	25 Feb
72.31	Taylor Campbell	U23	30.06.96	2	Loughborough	20 May
	72.03			5	Gold Coast, AUS	8 Apr
	70.78			3	Halle, GER	27 May
	70.49			5	Leiria, POR	14 Jul
	70.42			2	Stanford CA, USA	30 Mar
	69.97			4	Birmingham	30 Jun
	69.82			1	Loughborough	6 Jun
	68.86			1	Berkeley CA, USA	27 Apr
	68.34			8	Leiria, POR	15 Jul
	68.28			1	Bedford	6 May
	67.65			1	Salinas CA, USA	15 Apr
71.62	Osian Jones		23.06.93	2	Brisbane (Nathan), AUS	28 Mar
	71.08			1	Cardiff	14 Jul
	70.14			7	Gold Coast, AUS	8 Apr
	67.89			3	Loughborough	25 Feb
	67.11			4	Loughborough	20 May
	67.10			1	Bedford	7 Jul
70.47	Craig Murch		27.06.93	4	Loughborough	25 Jul
	70.12			1	Nuneaton	10 Jun
	69.20			5	Birmingham	30 Jun
	68.32			3	Loughborough	20 May
	68.21			1	Loughborough	13 Jun
	68.08			1	Nuneaton	2 Jun
	67.52			1	Loughborough	22 Apr
68.95	Callum Brown		20.07.94	1	Norwich	12 May
	68.88			1	Norwich	20 May
	68.10			6	Birmingham	30 Jun
	67.78			1	Norwich	17 Jun
	67.05			1	Great Yarmouth	22 Jul
	67.04			1	Bedford	10 Jun
	67.01			1	Bracknell	15 Jul
68.23	Jac Lloyd Palmer	U23	13.03.96	1	Almada, POR	2 Jun
	67.78			2	Bedford	6 May
	67.40			1	Fränkisch-Crumbach, GER	20 May
	67.29			1	Bedford	17 Jun
	67.04			7	Birmingham	30 Jun
(10)						
67.40	Nicholas Percy		5.12.94	5	Bloomington IN, USA	11 May
	67.13			2	Lawrence KS, USA	20 Apr
88 performances to 67.00 by 11 athletes						
66.69	Michael Bomba		10.10.86	3	Castiglione della Pescaia, ITA	13 May
66.31	Ciaran Wright	U23	17.09.96	1	Aberdeen	10 Jun
65.77	Tom Parker		7.10.94	2	Princeton NJ, USA	12 May
64.98	Chris Shorthouse		23.06.88	2	Loughborough	22 Apr
64.32	Andy Frost	V35	17.04.81	2	London (He)	4 Aug
63.41	Michael Painter		9.10.94	4B	Stanford CA, USA	13 May

2018 - Men - Hammer

Mark		Name	Cat	DOB		Venue	Date
63.35		Joe Bloomfield		3.11.90	1	Chelmsford	23 Jun
63.32		Edward Jeans	U23	28.09.98	7	Bloomington IN, USA	11 May
63.15		Thomas Head	U23	15.01.96	3	Bedford	6 May
	(20)						
61.99		Tim Williams		7.07.92	2	Nuneaton	10 Jun
61.12		Alex Warner		7.11.89	1	Chelmsford	12 May
61.03		Richard Martin		8.01.84	1	Cleckheaton	24 Mar
60.90		Peter Smith		20.07.90	1	Hull	15 Apr
60.20		Ben Hawkes	U20	8.11.00	1	Brighton	18 Aug
58.79		Jacob Lange		5.12.95	4	Loughborough	22 Apr
58.33		Jonathan Edwards		9.10.92	1	Oxford (H)	23 Jun
57.92		Peter Cassidy	U23	22.01.98	1	Swindon	14 Jul
56.75		Ross Douglas	U23	14.07.96	2	Manchester (SC)	9 Jun
56.61		Peter Clarke		22.07.91	2	London (LV)	28 Apr
	(30)						
56.02		Andrew Elkins		25.05.93	1	Winchester	23 Jun
54.68		John Pearson	V50	30.04.66	1	Loughborough	5 Aug
54.48		Sam Mace	U20	20.10.00	1	Portsmouth	23 Jun
54.34		Oliver Hewitt	U20	27.09.99	1	Portsmouth	2 Jun
54.01		Billy Praim-Singh	U20	16.06.99	4	Bedford	6 May
53.88		Craig Mullins	U23	24.05.98	5	Bedford	17 Jun
53.84		Gareth Cook	V45	20.02.69	2	Kingston	12 May
53.69		Jay Hill		27.08.91	1	Yeovil	5 May
53.56		Jamie Potton-Burrell	U23	27.01.96	1	Luton	14 Apr
53.47		Jason Robinson		8.08.89	1	Lincoln	8 Jul
	(40)						
52.82		Jack Paget	U23	30.01.97	1	London (He)	25 Aug
52.76		James Hamblin	U23	1.07.96	7	Leigh	5 May
52.42		Andrew Costello	U20	1.10.99	2	Kilmarnock	26 Aug
52.36		Christopher Bainbridge		16.06.95	1	Grantham	3 Jun
52.04		Alex Berrow		10.06.89	2	Birmingham	5 Aug
51.74		Anthony Gillatt		14.09.95	2	Hull	12 May
51.52		Ben Jones	V35	6.11.82	1	Salisbury	23 Jun
51.32		Graham Holder	V45	16.01.72	1V45	Birmingham	26 Aug
51.16		James Lancaster	U20	15.08.01	2	Portsmouth	2 Jun
50.96		Stuart Thurgood	V40	17.05.76	1	St Malo, FRA	28 Apr
	(50)						
50.42		Oliver Graham	U20	16.05.01	1	Harrow	18 Aug
50.31		Steve Whyte	V50	14.03.64	4	Bedford	28 May
49.99		Simon Evans		21.06.92	1	Crawley	12 May
49.96		Matthew Evans		21.06.92	1	Crawley	12 May
49.87		Roger Bate	V35	16.01.83	3	Leigh	5 May
49.85		Kyle Stevens		3.06.85	2	Uxbridge	23 Jun
49.83		Jamie Kuehnel	U23	16.10.97	1	Andover	14 Jul
49.55		Nicky Stone		15.12.93	6	Grangemouth	11 Aug
49.48		Jacob Roberts	U20	9.09.99	2	Fränkisch-Crumbach, GER	20 May
49.03		Robert Earle	V55	15.09.60	1	Colchester	14 Jul
	(60)						
48.94		Yasha Bobash		24.12.87	2	Dartford	14 Apr
48.35		Rob Careless	V40	7.09.74	3	Chelmsford	2 Jun
48.33		Joseph Flitcroft		28.01.91	1	Plymouth	18 Aug
48.27		Matthew Bell	V35	2.06.78	1V35	Kettering	24 Mar
47.99		Ruben Banks	U17	14.11.01	1	Eton	23 Jun
47.82		Robin Walker	V40	8.02.78	1	Chelmsford	23 Jun
47.77		Richard Bell		17.06.92	1	Douglas IOM	1 Jul
47.75		Shaun Livett	U23	19.11.96	2	Liverpool	8 Sep
47.49		James Goss	V40	11.09.73	1	London (LV)	14 May
47.25		Daniel Thirlwell		8.07.83	1	Gateshead	15 Apr
	(70)						
47.21		Jake Allen		29.05.94	4	Chelmsford	2 Jun
47.14		Dan Brunsden		18.04.88	1	Braunton	23 Jun
47.08		Michael Dawes	U23	24.11.98	1	Kettering	5 Aug
46.54		Steve Brunsden		17.05.90	1	Bournemouth	9 Sep
46.31		Martin Croft	U23	29.04.97	1	Cambridge	25 Apr
46.00		David Little	V35	28.02.81	1	Grangemouth	5 May

2018 - Men - Hammer

45.96	Jack Lambert	U17	13.06.02	1	Stourport	6 May
45.72	Robin Croft		11.11.95	1	Middlesbrough	10 Jul
45.55	Jack Turner	U17	23.08.02	1	Stoke-on-Trent	4 Aug
(80)						
45.52	David McKay	V35	22.09.80	1	Wigan	5 May
45.48	Jack Wuidart	U23	6.09.97	6	Chelmsford	2 Jun
45.20	William Schofield	U20	25.03.99	1	Manchester (SC)	3 Jun
45.19	Robert Mungham		1.12.84	3	Bracknell	15 Jul
45.19	Reece Straker		15.06.95	3	Bournemouth	9 Sep
44.70	James Kew-Moss		19.01.95	7	Loughborough	22 Apr
44.70	George Perkins		17.10.83	1	Hull	16 Sep
44.67	Robert Duke		26.10.93	1	London (LV)	15 Aug
44.60	Reiss Senior	U23	30.09.98	1	London (PH)	15 Apr
44.60	Mark Roberson	V40	21.03.75	1	Milton Keynes	23 Sep
(90)						
44.28	Paul Derrien	V45	5.08.71	2	Erith	14 Jul
44.12	Tom Pearson		17.07.91	2	Loughborough	6 May
44.03	Alexander Reynolds	U20	19.02.99	3	Chelmsford	23 Jun

Foreign

70.24	*Dempsey McGuigan (IRL)*		*30.08.93*	*6*	*Gold Coast, AUS*	*8 Apr*
64.46	*Fellan McGuigan (IRL)*	*U23*	*15.03.96*	*2*	*Fort Worth, USA*	*16 Mar*
53.61	*John Osazuwa (NGR)*	*V35*	*4.05.81*	*1*	*Aldershot*	*20 Jun*
52.32	*Sergiy Sarayev (UKR)*	*V35*	*15.01.83*	*2*	*Leigh*	*5 May*
48.90	*Andrejs Virsics LAT)*		*5.06.84*	*2*	*Loughborough*	*8 Apr*
48.89	*Dawid Marchlewicz (POL)*	*V35*	*1.01.83*	*2*	*Kingston*	*20 May*
46.13	*Kieran Murphy IRL)*		*8.05.94*	*1*	*Bromley*	*14 Apr*

Hammer - Under 20 (6kg)

80.65	Jake Norris		30.06.99	1	Tampere, FIN	13 Jul
	80.45			1	Bedford	16 Jun
	80.28			1	Mannheim, GER	23 Jun
	79.55			1	Baton Rouge, USA	7 Apr
	79.15			1	Eton	1 Jul
	78.91			1	Manchester (SC)	15 Aug
	77.43			1	London (He)	29 Jul
	76.95			Q	Tampere, FIN	12 Jul
73.75	Bayley Campbell		24.06.00	1	Loughborough	22 Apr
71.55	Ben Hawkes		8.11.00	1	Bedford	9 Jun
64.02	Sam Mace		20.10.00	5	Bedford	16 Jun
63.25	Oliver Hewitt		27.09.99	6	Bedford	16 Jun
61.64	Billy Praim-Singh		16.06.99	1	Bromley	27 May
61.10	James Lancaster		15.08.01	1	Bromley	11 Jun
60.65	Andrew Costello		1.10.99	1	Carlisle	1 Jul
59.52	Jacob Roberts		9.09.99	1	Loughborough	8 Apr
59.36	Shaun Kerry	U17	13.12.01	1	Hull	16 Sep
(10)						
58.44	Oliver Graham		16.05.01	5	Bedford	9 Jun
57.77	Jolaoluwa Omotosho		28.12.00	2	Dartford	29 Jul
54.70	Harry Ilyk		24.05.01	2	Nottingham	27 May
54.56	Jack Lambert	U17	13.06.02	1	Nuneaton	10 Jun
52.80	Jack Turner	U17	23.08.02	1	Wrexham	30 Sep
52.04	James Ericsson-Nicholls	U17	6.11.01	1	Milton Keynes	2 Sep
51.75	William Schofield		25.03.99	1	Manchester (SC)	10 Jun
50.67	Joshua Ricketts		4.03.01	7	Birmingham	14 Jul
50.45	Kieron Madden		25.07.99	1	Carn Brea	12 May
48.15	Joseph Nicholson		10.07.01	2	Bury St. Edmunds	7 Apr
(20)						

Hammer - Under 18 (5kg)

66.35	James Lancaster		15.08.01	1	Bedford	28 May
62.39	Oliver Graham		16.05.01	2	Bedford	28 May
56.32	Harry Ilyk		24.05.01	1	Loughborough	8 Apr

Hammer - Under 17 (5kg)

69.94	Kenneth Ikeji		17.09.02	1	Bedford	26 Aug
68.75	Samuel Gaskell		1.11.01	1	Birmingham	13 Jul
68.31	Shaun Kerry		13.12.01	1	Loughborough	31 Aug
62.58	Jack Lambert		13.06.02	3	Bedford	26 Aug
60.80	Ruben Banks		14.11.01	1	Sarasota FL, USA	24 Apr
60.63	James Ericsson-Nicholls		6.11.01	1	London (LV)	8 Jul
59.63	Alex Bernstein		13.11.02	2	Liverpool	12 Aug
59.31	Jack Turner		23.08.02	2	Wrexham	30 Sep
59.27	Sam Illsley		11.04.02	2	London (LV)	8 Jul
58.98	Thomas Litchfield		20.04.02	4	Bedford	26 Aug
(10)						
58.53	Thomas Milton		21.11.01	2	London (Cr)	1 Jul
57.94	Toby Conibear		26.04.03	1	Newport	29 Jul
54.35	Edward Fileman		19.04.03	2	Exeter	22 Jul
54.24	Jacob Careless		8.10.01	1	Birmingham	29 Apr
53.86	Danny Gracie		30.10.02	1	Livingston	19 May
53.12	James Gardner		27.03.02	1	Eton	5 Aug
52.91	Matt Macfarlane		16.09.01	1	Livingston	8 Sep
52.48	Josh Tyler		15.01.02	3	Newport	29 Jul
51.20	Anton Joseph		14.01.03	1	Kingston	27 May
49.15	Kyle Davies		15.01.02	1	Yeovil	1 Jul
(20)						
49.03	Jamie Bonella-Duke		20.01.03	1	London (LV)	8 Sep

Hammer - Under 15 (4kg)

56.08	Jack Halpin		19.03.04	1	Middlesbrough	2 Sep
50.40	Ben Ixer			1	Birmingham	13 Jul
50.22	Owen Merrett		16.07.04	1	Gloucester	9 Sep
47.87	Harry Ricketts		13.06.04	3	Bedford	25 Aug
47.37	William Compton		25.01.04	2	Birmingham	13 Jul
46.55	George Harrison			1	Braintree	12 Aug
46.54	Chibueze Ogbonna			4	Birmingham	13 Jul
46.40	Matthew Heywood		27.09.03	1	Wigan	16 Sep
46.11	Harry Blake		14.11.03	5	Bedford	25 Aug
46.04	Joseph Adams		18.11.03	1	Hemel Hempstead	9 Jun
(10)						
44.73	Kai Wright		25.12.03	1	London (LV)	8 Sep
44.63	James Viner		10.04.04	5	Birmingham	13 Jul
44.32	Damon King		19.08.04	2	Liverpool	11 Aug
44.00	William Cubbage		2.12.03	2	Oxford (H)	1 Sep
43.81	Nathan Litchfield		29.11.03	1	Sandy	29 Jul
42.58	Gabriel McFarlane		2.08.04	1	Inverness	6 Jul
42.18	Jacob England		11.11.03	3	Wrexham	29 Sep
41.91	Dylan Menhennet		13.11.04	6	Birmingham	13 Jul
41.32	Jack Sherwood		28.08.04	1	Reading	2 Sep
40.01	Timothy Masters		11.09.04	2	Ashford	13 May
(20)						
40.01	Matthew Burke			2	Birmingham	16 Jun

Hammer - Under 13 (3kg)

38.06	Kai Barham			1	Erith	22 Sep
34.31	Finlay Hanham		7.12.05	1	Swindon	22 Sep
30.56	Callum Hendry		6.09.05	1	Grangemouth	15 Sep

35 Lbs Weight

23.64i	Joseph Ellis		10.04.96	1	Geneva NH, USA	24 Feb
	23.30i			1	Nashville, USA	9 Feb
	22.71i			1	Ann Arbor, USA	3 Feb
	22.56i			5	College Station	10 Mar
	22.55i			1	Ann Arbor, USA	20 Jan
21.69i	Nicholas Percy		5.12.94	1	Pittsburg, USA	9 Feb
20.48i	Jake Norris		30.06.99	1	College Station, USA	24 Feb
18.45i	Tom Parker		7.10.94	1	Boston (A), USA	3 Mar
17.89i	Edward Jeans	U23	28.09.98	3	Colorado Springs, USA	26 Jan

Javelin

Mark	Name	Cat	DOB	Pos	Venue	Date
75.27	James Whiteaker	U23	8.10.98	1	Eton	18 Aug
73.90				5	London (O)	15 Jul
72.49				1	Bromley	23 Jun
71.29				1	Birmingham	30 Jun
74.11	Joe Harris	U23	23.05.97	2B	Leiria, POR	11 Mar
70.91				1	Loughborough	11 Jul
70.61				16Q	Gold Coast, AUS	13 Apr
73.93	Joe Dunderdale		4.09.92	1	Loughborough	20 May
73.17				4	Offenburg, GER	3 Feb
70.21				3	Dublin (S), IRL	19 Jul
73.89	Jonathan Engelking	U23	13.12.97	1	Cookeville TN, USA	11 May
71.67				3Q	Sacramento CA, USA	26 May
70.84				1	Oxford MS, USA	13 Apr
70.16				1	Cape Girardeau MD, USA	31 Mar
70.85	Greg Millar		19.12.92	1	Cardiff	2 Jun
15 performances to 70.00 by 5 athletes						
69.59	Nathan James	U23	5.10.98	1	Neath	13 May
69.19	Benji Pearson		23.05.94	1	Loughborough	27 May
69.13	Tom Hewson	U20	24.09.00	1	Birmingham	13 Jul
69.00	Daniel Bainbridge	U20	2.06.99	1	Bedford	16 Jun
68.69	Gavin Johnson-Assoon	V35	19.12.82	4	Dublin (S), IRL	19 Jul
(10)						
68.04	Jason Copsey		17.02.91	1	London (He)	4 Aug
67.01	Neil McLellan	V35	10.09.78	2	Bedford	10 Jun
66.42	Jack Magee	U23	17.12.97	1	Belfast	9 Jun
66.11	Sam Dean	U23	23.09.98	1	Bedford	17 Jun
65.29	Scott Staples	U20	1.04.99	1	Bromley	14 Apr
64.38	Max Law	U17	13.05.02	1	Hornchurch	16 Sep
64.37	Gareth Crawford	U20	6.06.99	2	Belfast	9 Jun
63.95	Edan Cole	U20	18.02.00	2	Oxford (H)	1 Sep
63.58	Richard Dangerfield	U23	17.09.97	3	Cardiff	14 Jul
63.53	Joss Foot	U20	22.02.00	1	Harrow	18 Aug
(20)						
62.80	Jack Swain		27.02.95	4	Loughborough	27 May
62.22	William Trimble		9.01.92	2	Kingston	13 May
62.13	Aaron Morgan		7.04.92	4	Leigh	5 May
61.85	Adam Boyle	U20	13.09.99	5	Bedford	16 Jun
61.58	Allandre Johnson		8.12.85	3	Bedford	7 Jul
61.45	James Lelliott		11.02.93	2	Yeovil	5 May
60.84	Caspar Whitehead	U23	1.10.96	1	Oxford	30 Jun
60.80	Harry Hollis		2.03.92	2	Nuneaton	10 Jun
60.62	Craig Lacy		17.07.91	3	Bedford	10 Jun
60.61	Will Marklew	U23	6.07.98	1D	Oxford (H)	8 Jul
(30)						
60.35	Sonny Nash	U23	11.11.98	4	Bedford	10 Jun
59.95	Jack Moncur	U23	19.12.98	1	Exeter	8 Apr
59.46	Cameron Hale	U20	14.09.99	3	Bournemouth	4 Aug
58.57	Don Baker	U20	31.01.00	1	Peterborough	29 Apr
58.51	Ben Fisher		25.04.86	1	Liverpool	12 May
58.12	David McKay	V35	22.09.80	4	Bedford	7 Jul
58.10	Charlie Granville		22.10.95	1	Exeter	3 Jun
58.08	Brett Byrd		25.11.89	1	Burton	2 Jun
57.98	Andrew McFarlane	U20	7.07.00	1	Inverness	25 Jul
57.30	Ben Gregory		21.11.90	6D	Gold Coast, AUS	10 Apr
(40)						
57.27	Timothy Duckworth	U23	18.06.96	2D	Eugene OR, USA	7 Jun
56.93	Luke Angell		28.11.95	1	Sandy	29 Sep
56.59	Connor Martin	U23	29.03.96	1	Canterbury	25 May
56.52	Youcef Zatat		13.04.94	8	Bedford	7 Jul
56.49	Alexander Ingham	U23	12.01.96	8	Loughborough	27 May
56.27	James Finney	U23	7.04.96	5D	Kladno, CZE	17 Jun
56.24	Luke Miller	U20	10.09.99	1	Perivale	20 May
56.24	Dominic Allen	U23	5.09.97	3	Liverpool	4 Aug

Mark	Name	Cat	Date	Pos	Venue	Meet Date
56.22	Ben Gibb		17.09.90	1	Exeter	22 Jul
56.05	Jude Compton-Stewart	U20	23.01.00	1	Reading	9 Jun
(50)						
55.96	Lewis Byng	U17	29.09.01	1	Solihull	5 Aug
55.94	Luke Johnson		27.11.94	1	Swindon	18 Aug
55.94	Connor Swan	U23	14.07.96	1	Exeter	28 Aug
55.87	Adam Akehurst		13.09.87	1	Yeovil	5 May
55.82	Paddy Dunne	U20	2.12.99	1	Inverness	12 May
55.52	Edward Chia-Croft	U20	5.09.99	5	Birmingham	13 Jul
55.47	Aled Price		14.12.95	2	Swansea	10 Jun
55.34	Ben Hazell		1.10.84	5	Bournemouth	4 Aug
55.11	Harry Kendall	U23	4.10.96	2D	Oxford (H)	8 Jul
54.90	David Brice		9.04.91	9	Loughborough	27 May
(60)						
54.82	Oliver Bradfield		4.12.95	1	London (LV)	28 Apr
54.71	Joseph Hardman	U20	4.03.99	1	Worcester	12 May
54.56	Cormack Lever	U23	11.10.96	1	Leeds	3 Oct
54.54	Pedro Gleadall	U17	7.12.01	4	Castelón, ESP	15 Sep
54.51	Chris Smith	V40	27.11.75	1	Grangemouth	24 Jun
54.50	Frederick Thornhill	U20	6.03.01	2	Exeter	3 Jun
54.33	Maxim Hall		29.12.86	1P	Peterborough	30 Sep
54.32	Elliot Bayley	U20	25.02.00	1	Kingston	13 May
54.32	Jonathan Harvey		12.09.83	2	Perivale	20 May
54.28	Oliver Wright	U20	21.10.00	1	Cudworth	12 May
(70)						
54.26	Jonah Carter	U20		1	Bury St. Edmunds	16 Sep
54.11	Toby Seal	U20	10.12.99	2	Portsmouth	2 Jun
54.09	Dave Sketchley	V40	25.02.76	1	St. Albans	23 Jun
54.05	Matthew Allison	V45	26.02.73	1	Leeds	4 Aug
53.93	Andrew Elkins		25.05.93	2	Bournemouth	13 May
53.82	Tom Norton	U23	19.08.97	5	Loughborough	28 Apr
53.81	Jim Everard	V35	16.05.81	1	Braintree	14 Jul
53.77	Carl Quinlan		8.09.87	1	Aldershot	20 Jun
53.76	Daniel Mullan		8.05.89	1	Lifford, IRL	29 Apr
53.68	Harry Maslen	U23	2.09.96	1D	San Angelo TX, USA	6 Apr
(80)						
53.61	Michael Miller	U20	19.12.99	2	Bedford	9 Sep
53.44	Andrew Murphy		26.12.94	2D	Manchester (SC)	5 Aug
53.38	Robert Palmer	U23	23.07.98	3	Birmingham	5 Aug
53.28	Chris Blandford		18.08.92	2	Aldershot	18 Jul
53.21	Lewis Church	U23	27.09.96	4D	Bedford	27 May
53.19	Brandon Atchison	U20	21.08.99	1	Douglas IOM	15 Jul
53.14	James Bougourd		4.10.89	4	St. Peter Port GUE	23 Jun
53.11	Simon Bennett	V45	16.10.72	3	Exeter	22 Jul
53.10	Max Holland	U20	6.06.00	3	Wrexham	30 Sep
53.03	Finlay MacLeay	U20	8.02.99	2	Inverness	12 May
(90)						

Foreign

Mark	Name	Cat	Date	Pos	Venue	Meet Date
63.44	*Emmish Prosper (LCA)*		*8.09.92*	*1*	*Coventry*	*1 Aug*
59.23	*Kacper Kalwarski (POL)*	*U23*	*24.09.97*	*2*	*Wrexham*	*30 Sep*
54.59	*Michael Bowler (IRL)*		*28.01.92*	*1D*	*Bedford*	*27 May*
54.11	*Andrea Manfroni (ITA)*		*15.03.89*	*1*	*Bedford*	*7 Aug*
53.87	*Arran Davis (USA)*		*2.06.89*	*1*	*Oxford*	*19 May*
53.51	*Cyprian Onderi (KEN)*	*V35*	*7.06.80*	*1*	*Aldershot*	*18 Jul*
53.05	*Matthew Harris (AUS)*		*26.04.89*	*2*	*St. Albans*	*23 Jun*

Javelin - Under 17 (700g)

Mark	Name	Date	Pos	Venue	Meet Date
75.30	Max Law	13.05.02	4	Györ, HUN	7 Jul
61.29	Pedro Gleadall	7.12.01	1	Bromley	27 May
60.39	Jess Walker	19.09.01	1	London (LV)	12 Aug
60.00	Bradley Jenvey	23.12.02	1O	Bedford	15 Sep
59.86	Thomas Holmes	16.10.02	1	Exeter	16 Jun
59.76	Tom Dollery	20.08.02	2	Birmingham	14 Jul
58.75	Lewis Byng	29.09.01	2	Bedford	26 Aug
58.50	Luke Robinson	7.05.03	1	Liverpool	12 Aug

2018 - Men - Javelin

57.21	Aran Thomas	6.12.01	1	Middlesbrough	2	Sep
56.53	Kody Johnson	22.07.03	1	Kettering	29	Sep
(10)						
56.36	Daniel Brown	20.03.02	3	Loughborough	31	Aug
55.13	Harry Ditchfield	3.10.01	2	Liverpool	12	Aug
54.83	Adam Lloyd	11.05.03	1	Birmingham	16	Jun
54.80	Ben Copley	6.11.02	3	Liverpool	12	Aug
54.71	Kameron Duxbury	8.10.01	1	Kingston	27	May
54.36	Thomas Mitson	25.10.01	1	London (He)	5	Aug
53.44	Joshua Miller	20.02.03	1	Exeter	22	Jul
53.32	Drew Sinnott	13.11.01	1	Coventry	27	May
53.26	Fenton Bishop-Timings	5.03.02	1	Nuneaton	11	Aug
52.45	Joshua Wise	24.11.01	1	Woking	10	Jun
(20)						
52.13	Joseph Hirst	26.01.02	1	Hemel Hempstead	9	Jun
52.09	Michael Graham	12.02.03	1	Gateshead	16	Jun
52.05	Charlie McCaig	24.01.03	1	Bournemouth	9	Jun
51.55	Jack Chesney	4.10.02	1	Corby	9	Jun
51.40	Sam Parrott	11.06.03	2	Loughborough	11	Jul
51.21	Alexander Buhler	16.01.03	1	Kingston	9	Jun
51.12	William Jarvis	13.12.01	1	Watford	15	Apr
51.06	Ben Graves	10.02.03	1	Norwich	9	Jun

Javelin - Under 15 (600g)

70.66	Benjamin East	19.11.03	1	Swindon	16	Sep
61.25	Bradley James	23.09.03	2	Birmingham	14	Jul
52.23	Callum Taylor	29.06.04	1	Portsmouth	16	Sep
50.76	Benjamin Hocking	25.10.03	1	Basildon	3	Jun
50.05	Luke Twigger	28.11.03	3	Birmingham	14	Jul
50.00	Milan Trajkovic	27.11.03	4	Birmingham	14	Jul
48.46	Ollie Wear	2.02.04	1	Nottingham	8	Sep
47.35	Toby Jermyn	23.03.04	6	Birmingham	14	Jul
47.24	Liam Cawley	21.10.04	5	Bedford	25	Aug
46.82	Marley Sarling	8.02.04	7	Birmingham	14	Jul
(10)						
46.45	Edward Parry	21.06.04	1	Kettering	29	Sep
46.08	Matthew Jones	4.04.04	5	London (LV)	11	Aug
45.07	James Pratt	2.09.04	3	Crawley	16	Jun
44.76	Michael Beaubrun	16.09.03	1	Kingston	9	Jun
44.66	Harry Tomlin	14.10.03	7	Bedford	25	Aug
44.35	Jack Levene		12	Birmingham	14	Jul
44.16	Jack Halpin	19.03.04	1	Darlington	8	Apr
43.96	Luke Carney		1	Bury St. Edmunds	16	Sep
43.51	Joseph Bourne		1	Leicester	9	Jun
43.47	Joseph Taylor		1	Milton Keynes	2	Sep
(20)						
43.21	Bill Steel	2.01.04	1	Bebington	9	Jun
43.21	Oliver Thomas		1	Norwich	16	Jun

Javelin - Under 13 (400g)

48.59	Joshua Roberts	18.10.05	1	Kettering	29	Sep
42.53	Felix McArdle-Hodge	23.09.05	1	Birmingham	3	Jul
39.77	Josh Clarke	28.02.06	1B	Portsmouth	16	Sep
39.25	Tom Rutter	30.01.07	2	Portsmouth	16	Sep
39.00	Sam Graham	10.05.06	1	Swindon	15	Jul
38.73	Flynn Dodkin	22.07.06	1	Basingstoke	29	Aug
38.29	Seb Brindley		1	Birmingham	19	Jun
36.57	Roraigh Browne		1	Hemel Hempstead	9	Jun
36.43	Finlay Wrey Brown	15.06.06	1	Kingston	17	Jun
36.03	Rhys Harries		1	St. Albans	5	Aug

Decathlon

W = Wind assisted score under rules until 2009, w = Wind assisted under rules since 2010

```
8336        Timothy Duckworth           U23    18.06.96  1   Eugene, USA                7  Jun
            10.57/0.5   8.01/0.8   13.15  2.13  48.78   14.37/-0.7  42.76  5.11  57.27  5:01.27
            8160                                        5   Berlin, GER                 8  Aug
            10.65/0.3   7.57w/2.5  13.61  2.17  49.87   14.55/0.3   41.94  5.10  54.78  4:58.28
            8145                                        2   Athens, USA                 7  Apr
            10.40/1.0   8.03/0.0   13.71  2.13  48.92   14.59/0.3   44.12  4.67  54.60  5:17.98
7582        Ben Gregory                        21.11.90 4   Kladno, CZE                17  Jun
            11.45/-0.6  7.03/1.7   13.34  1.90  49.84   14.76/0.2   39.84  4.80  54.52  4:32.46
            7579                                        2   Hexham                     22  Jul
            11.37/-1.3  7.01/1.9   12.78  1.93  50.09   14.89/-0.7  38.60  4.91  55.73  4:33.27
            7517                                        1   Bedford                    27  May
            11.49/0.4   6.92/-0.3  13.24  1.89  49.90   15.03/-1.0  37.88  4.92  53.68  4:27.07
            7449                                        7   Gold Coast, AUS            10  Apr
            11.60/-0.1  6.94/0.7   12.80  1.89  50.31   15.16/0.3   38.85  4.80  57.30  4:30.57
7545        John Lane                          29.01.89 5   Kladno, CZE                17  Jun
            10.89/1.6   7.28/0.5   13.41  1.96  48.93   14.68/-0.7  40.80  4.80  52.88  5:28.77
            7529                                        6   Gold Coast, AUS            10  Apr
            10.89/0.0   7.26/0.3   12.93  1.92  49.64   14.96/-0.8  43.79  4.80  49.86  5:08.56
7496w       Harry Maslen                U23    2.09.96  1   San Angelo, USA             6  Apr
            11.08w/2.3  7.22w/3.8  12.34  1.92  49.90   14.83/0.1   36.93  4.65  53.68  4:38.32
            7477 with LJ 7.14/1.7
            7311                                        3   Charlotte, USA             25  May
            11.23/-1.1  7.11/1.2   11.81  1.89  49.53   15.09/-0.8  37.31  4.55  48.81  4:32.28
            7147                                        1   San Angelo, USA             4  May
            11.13/1.2   7.10/0.0   12.44  1.91  49.83   14.99/1.4   36.91  4.44  52.08  5:13.61
7350        Andrew Murphy                      26.12.94 2   Arona, ESP                  3  Jun
            11.27/0.4   7.22/1.1   13.33  1.82  50.53   15.23/0.9   40.03  4.55  52.82  4:41.72
            7251                                        1   Manchester (SC)             5  Aug
            11.42/-0.1  7.08/0.0   12.83  1.86  50.38   15.72/-0.5  40.09  4.57  53.44  4:42.57
            7111                                       11   Florence, ITA              28  Apr
            11.27/-0.4  6.96/0.7   12.63  1.92  51.21   15.06/0.1   37.12  4.45  51.25  4:58.32
7319        Lewis Church               U23    27.09.96  2   Hexham                     22  Jul
            11.62/-1.3  6.84/1.4   12.99  2.05  51.60   15.36/-0.7  40.89  4.51  50.35  4:35.51
            7214                                        3   Bedford                    27  May
            11.69/-0.2  6.67/0.0   13.39  1.98  51.41   15.46/-3.1  40.51  4.42  53.21  4:37.63
            7198                                        2   Manchester (SC)             5  Aug
            11.85/0.0   6.55/0.0   12.87  2.01  51.32   15.10/-0.5  40.52  4.37  52.45  4:33.51
7315        James Finney                U23    7.04.96  7   Kladno, CZE                17  Jun
            11.04/1.4   7.22w/2.2 12.17   1.90  48.25   15.29/-0.7  32.56  4.60  56.27  4:58.72
7213        Jack Andrew                        12.10.91 8   Kladno, CZE                17  Jun
            11.47/-0.6  6.77/-0.2  11.45  1.84  49.75   14.52/1.2   38.23  4.70  43.06  4:23.05
            6988                                       29   Dilbeek, BEL               29  Jul
            11.43/-0.4  6.32/-0.3  11.91  1.91  50.76   14.55/0.4   37.57  4.40  41.88  4:30.71
            6521                                       10   Bedford                    27  May
            11.51/0.2   6.55/0.0   11.93  1.92  49.92   14.98/-1.0  nm     4.52  42.63  4:19.83
7191        Elliot Thompson                    10.08.92 9   Kladno, CZE                17  Jun
            11.38/1.4   6.75/1.1   13.89  1.93  49.84   16.02/1.2   34.78  4.70  42.25  4:23.04
            6849                                        2   Oxford (H)                  8  Jul
            11.45w/2.5  6.36/-2.1  13.79  1.89  50.60   16.22/1.9   34.44  4.50  42.18  4:33.86
7089        Harry Kendall               U23    4.10.96  1   Oxford (H)                  8  Jul
            11.09w/2.5  7.03/-0.9  11.42  1.98  50.91   15.50/1.9   37.52  4.00  55.11  4:51.15
            7067                                        3   Manchester (SC)             5  Aug
            11.38/-0.1  6.96/1.4   11.93  1.95  49.71   16.30/-0.5  36.89  4.27  54.95  4:46.39
            7043                                        4   Bedford                    27  May
            11.27/0.2   6.96/0.0   11.94  1.95  49.41   16.25/-2.1  35.62  4.32  53.23  4:51.60
     (10)
7059        Matthew Lee                        8.12.94  4   Manchester (SC)             5  Aug
            11.23/0.0   6.82/0.0   11.98  1.98  50.64   15.09/0.0   39.08  4.27  45.69  4:53.14
7011        Aiden Davies                      26.12.95  5   Manchester (SC)             5  Aug
            11.26/-0.1  6.84/0.1   12.98  1.83  49.40   16.11/0.0   40.84  4.07  41.30  4:26.19
            6940                                        5   Bedford                    27  May
            11.23/-0.2  6.72/0.0   13.43  1.83  49.15   16.68w/-2.9 39.70  4.22  37.42  4:24,32
6834        Howard Bell                 U23    2.05.98  7   Bedford                    27  May
            11.49/0.8   7.04/0.0   11.91  2.01  51.24   15.30/-1.0  30.49  4.22  45.36  4:53.66
6764        Joseph Hobson               U23   29.04.98  7   Manchester (SC)             5  Aug
            11.49/-1.7  6.88/0.0   12.41  1.98  52.85   15.53/0.0   40.45  3.57  48.29  4:53.89
```

2018 - Men - Decathlon

	6634				7	Hexham		22	Jul
	11.28/-0.8	6.76/1.2	11.32	2.02	53.16	15.77/-0.7	38.29 3.71	46.06	5:00.26
6725	Tom Chandler			U23	19.09.97	1	Grangemouth		15 Jul
	11.83/1.2	6.62w/2.7	11.34	1.88	51.57	15.81/0.6	32.60 4.51	47.78	4:33.73
	6667				8	Bedford		27	May
	11.53/0.8	6.59/0.2	12.07	1.80	51.12	16.31/-3.1	33.95 4.22	45.03	4:26.70
6629	Gavin Phillips			U23	17.05.96	9	Bedford		27 May
	11.56/0.8	6.16/-0.3	12.07	1.86	51.15	15.76/-2.1	37.73 4.12	48.00	4:48.59
6622	Ben Clarke			U23	30.10.98	8	Manchester (SC)		5 Aug
	11.80/0.0	6.46/0.7	10.09	1.98	50.57	15.69/0.0	33.80 4.17	36.83	4:20.40

37 performances to 6500 points by 17 athletes.

6478	Adam Carpenter				18.06.93	11	Bedford		27 May
	11.42/-0.2	6.32/0.0	11.63	1.74	50.65	15.67/-3.1	37.90 4.62	33.30	4:57.88
6371	Angus Sinclair				22.02.95	8	San Marcos, USA		12 May
	11.39w/3.0	6.58/0.9	11.74	2.03	53.73	16.98/1.7	40.01 4.20	43.85	5:41.61
6306	Jake Storey			U23	3.03.97	14	Bedford		27 May
	11.20/0.8	6.76/-0.6	9.65	2.04	50.01	16.81/-0.5	29.17 3.12	50.64	5:03.92
(20)									
6300	Euan Urquhart			U23	25.01.98	2	Grangemouth		15 Jul
	11.32/1.2	6.64/1.1	10.59	1.76	49.59	17.37/0.6	29.39 3.81	38.87	4:21.26
6295	Liam Reveley			U23	24.10.98	2	Belfast		26 Aug
	11.60/-0.6	6.85w/2.6	11.37	2.04	53.29	16.82/-1.2	31.06 3.80	39.30	4:55.43
6233	Deo Milandu				30.10.92	15	Bedford		27 May
	11.60/0.2	6.36/0.0	11.58	1.80	51.98	15.56/-1.0	33.95 3.52	47.85	5:05.19
6164	Will Marklew			U23	6.07.98	3	Oxford (H)		8 Jul
	11.96/0.0	6.03/-0.5	12.00	1.71	53.01	15.96w/2.5	35.36 3.00	60.61	4:43.12
6138	Ryan Bonifas				22.09.93	17	Bedford		27 May
	11.71/0.8	6.32/0.0	9.92	2.07	54.31	15.86/-3.1	28.95 3.82	44.57	5:05.93
6092	Harry Hillman			U23	7.09.98	10	Manchester (SC)		5 Aug
	11.36/-1.7	6.11/-0.3	9.50	1.80	49.72	15.80/-0.5	32.55 3.87	35.76	5:00.51
6074	Saoirse Chinery-Edoo				1.11.93	18	Bedford		27 May
	11.21/-0.2	6.07/0.0	12.13	1.62	51.96	16.30/-2.1	41.00 3.72	40.96	5:18.64
5906	Justin Tarrant			U23	7.10.96	4	Oxford (H)		8 Jul
	11.82/0.0	6.06/-0.8	12.03	1.77	54.70	15.69/1.9	34.66 3.80	40.78	5:18.56
5838	Ben Morgan			U23	16.10.97	5	Oxford (H)		8 Jul
	11.56/0.0	6.16/-1.3	9.62	1.68	51.55	15.94w/2.5	29.39 3.70	33.75	4:42.98
5825	Fionn Wright				25.09.95	21	Bedford		27 May
	11.29/0.2	6.49/-0.2	11.95	1.68	52.47	17.96/-0.5	36.20 3.22	44.20	5:16.52
(30)									
5776	Alastair Stanley				2.09.95	1DD	Delft, NED		26 Aug
	12.02/0.0	5.68/0.3	11.26	1.70	53.99	17.11/-0.6	36.81 3.30	44.80	4:35.71
5766	Alexander Clegg			U23	2.06.98	22	Bedford		27 May
	12.06/-0.2	5.90/-0.3	11.23	1.71	53.03	17.95/-2.9	31.11 3.42	47.67	4:30.83
5664	Tyler Adams			U23	26.11.98	1	Street		29 Apr
	11.77/-1.5	5.96/-0.4	9.99	1.91	53.89	17.21/-1.2	32.78 3.90	45.53	5:50.90
5628	Thomas Hughes			U23	9.09.97	1	Sheffield		15 Jul
	11.79/2.0	6.31	8.70	2.00	52.30	17.86w/2.5	30.07 3.30	24.45	4:36.93
5558	Bradley Eisnor			U23	24.11.96	24	Bedford		27 May
	11.62/-0.2	6.15/0.0	11.77	1.86	54.43	16.43/-3.1	36.31 nh	51.96	5:24.96
5325	Josh Mouland				30.01.88	1	Paris, FRA		7 Aug
	12.32/0.0	5.66/0.0	11.98	1.69	58.21	17.30/-0.2	34.66 3.85	38.93	5:19.66
5241	Joe Morris				20.03.93	1	Sutton		9 Sep
	11.73/1.9	5.69/0.2	12.04	1.47	55.14	17.60/1.6	37.50 3.30	42.31	5:36.79
5192	Alexander Hookway				19.05.91	26	Bedford		27 May
	12.16/-0.7	5.46/-0.1	9.77	1.71	53.04	18.01/-1.8	30.19 3.12	32.45	4:39.46
5165	Daniel McFarlane			U23	10.10.98	3	Grangemouth		15 Jul
	11.78/1.2	6.17/1.9	10.19	1.64	54.26	16.48/0.6	33.03 3.81	40.91	dnf
5161	Matt Rushden			U23	29.03.98	27	Bedford		27 May
	11.88/0.8	5.69/0.0	10.04	1.62	54.30	18.76/-1.8	31.21 3.62	36.21	5:05.72
(40)									
5123	Glenn Aspindle			U23	22.06.98	28	Bedford		27 May
	11.78/-0.2	6.18/0.0	8.84	1.68	55.08	18.82/-1.8	27.64 3.42	44.18	5:23.71
5076 (1 hour)	David Awde				6.01.84	2	Basingstoke		29 Sep
	11.88	6.07	9.03	1.60	59.31	16.67	31.60 3.70	34.04	5:25.07
4994	Jordan Mitchell				23.12.94	29	Bedford		27 May
	11.70/-0.2	5.81/-1.6	9.71	1.56	55.40	16.79/-2.1	26.65 3.22	38.22	5:33.94
4857	Ryan Long			U23	2.09.98	12	Knoxville, USA		13 Apr
	11.65/1.8	6.40/1.6	11.50	nh	54.62	16.74/1.5	36.14 2.50	23.66	5:04.08

2018 - Men – Decathlon

4807	Joshua Strudwick			2.04.94	7	Oxford (H)	8 Jul
	11.36/0.0 5.62/-0.2	10.22	1.62	55.42	18.58w/2.5	25.74 2.80 36.99 5:30.01	
4760	Jack Milnthorpe		U23	9.01.98	2	Sutton	9 Sep
	12.53/1.9 5.95/1.3	7.80	1.77	56.13	17.66/1.6	21.83 2.90 36.02 5:03.24	
4758	Thomas Rady			14.12.93	4	Sutton	9 Sep
	12.06/0.0 5.86w/2.3	7.78	1.62	58.76	16.39/1.6	20.98 4.00 31.15 5:37.59	
4641	Daniel Steel			29.01.93	5	Sutton	9 Sep
	12.27/1.9 6.12/0.0	9.03	1.68	57.44	19.38w/2.1	23.04 3.10 37.10 5:18.53	
4636	Mark Andrews			9.01.89	6	Sutton	9 Sep
	12.43/0.0 5.74w/4.0	9.62	1.68	57.41	18.10/1.6	28.36 2.50 36.12 5:13.85	
4161 (1 hour)	Bilen Ahmet			21.01.85	4	Basingstoke	29 Sep
	12.76 5.26	10.18	1.70	61.40	21.43	25.45 3.90 32.14 5:58.04	
(50)							
4152	Tom Beckett		U23	29.05.96	33	Bedford	27 May
	11.86/-0.2 6.20/-1.8	8.86	1.59	56.05	18.76/-0.5	20.51 2.32 27.93 6:15.95	

Foreign

7263	Michael Bowler (IRL)			28.01.92	2	Bedford	27 May
	11.33/-0.2 6.73/-1.5	13.40	1.86	49.98	15.12/-1.0	39.71 4.32 54.59 4:40.37	
7039	Peter Moreno (NGR)			30.12.90	4	Asaba, NGR	3 Aug
	11.04/-0.2 6.83/1.6	11.66	1.91	49.42	14.43	36.57 4.40 40.73 4:59.41	
6891	Dominik Siedlaczek (AUT)			10.03.92	6	Bedford	27 May
	11.49/-0.2 6.48/0.5	12.95	1.92	52.45	14.88/-1.0	38.81 4.72 43.52 5:06.79	
6849	Daniel Ryan(IRL)		U20	5.06.99	6	Manchester (SC)	5 Aug
	11.49/-1.7 6.90/0.3	12.88	1.77	50.35	15.22/-0.5	39.59 4.17 41.37 4:46.90	
6041	Kaspars Kazemaks (LAT)			1.06.84	3	Sutton	9 Sep
	11.63/0.0 6.09w/2.6	11.73	1.74	52.91	16.03/1.6	35.31 3.80 39.71 5:00.19	
5084	Daniel Gregory (CAN)			11.04.93	6	Oxford (H)	8 Jul
	11.22w/2.5 5.90/1.4	8.99	1.74	52.49	21.31w/2.5	33.05 2.80 37.96 5:10.35	

DD -Decathlon score during a Double Decathlon.

Under 20 Decathlon   with under 20 implements

7257	Nicolas Gerome			7.11.99	4	Oyonnax, FRA	24 Jun
	11.47/1.3 6.96/1.7	12.59	1.94	50.57	15.27/0.0	37.38 4.40 51.06 4:29.82	
7109	Caius Joseph			24.07.99	2	Bedford	27 May
	11.04/-0.4 6.93/-1.0	12.97	1.89	49.10	15.18/-1.5	38.39 4.52 34.28 4:45.40	
7038	Joel McFarlane			9.10.00	1	Grangemouth	15 Jul
	11.32/0.9 7.33w/2.3	12.29	1.91	50.40	15.38/-0.9	33.87 4.01 44.40 4:30.75	
6808	Jack Turner			11.07.01	1	Bedford	16 Sep
	11.24/0.4 6.78/1.1	11.45	1.95	51.34	14.80/1.2	38.75 3.80 48.88 5:09.58	
6544	Oliver Thorner			16.03.01	2	Bedford	16 Sep
	11.50/1.6 6.16/0.3	11.12	1.92	50.92	15.53/-0.1	34.48 4.00 40.31 4:35.51	
6512	Cal McLennan			1.05.99	2	Grangemouth	15 Jul
	11.63/0.9 6.29w/2.5	12.66	1.79	49.89	16.20/-0.9	36.58 3.81 39.57 4:29.99	
6279	Matthew Chandler			30.10.00	3	Grangemouth	15 Jul
	11.84/0.9 6.65w/2.1	10.31	1.91	52.09	16.05/-0.9	29.24 4.31 39.48 4:53.24	
6209	Toby Seal			10.12.99	3	Bedford	16 Sep
	11.36/0.4 5.71/-0.3	12.95	1.77	53.08	14.77/1.2	37.27 3.10 51.80 5:15.21	
6202	Cameron Hale			14.09.99	1	Yeovil	24 Jun
	11.97/0.5 6.17/-1.4	13.39	1.80	55.35	16.35/1.9	43.38 3.50 56.33 5:24.88	
6169	Andrew McFarlane			7.07.00	4	Bedford	27 May
	12.02/-2.0 6.16/-0.7	11.03	1.80	56.48	16.30/-2.4	33.77 4.42 55.97 5:04.71	
(10)							
6158	Robbie Farquhar			4.01.01	5	Bedford	27 May
	11.21/-0.4 6.47/0.1	11.24	1.80	52.63	15.66/-2.5	29.90 3.92 35.04 4:58.44	
6131	Lewis Davey			24.10.00	1	Boston	24 Jun
	11.1 6.74	10.10	1.76	49.2	15.7	27.58 3.00 36.68 4:28.6	
6126	Oliver Herring			28.09.00	7	Bedford	27 May
	11.50/-2.0 6.24/-0.1	11.67	1.71	52.60	15.94/-2.4	30.15 4.12 43.05 5:01.21	
6119	Douglas Noel			1.03.01	4	Bedford	16 Sep
	11.93w/3.7 6.09/0.3	11.67	1.83	54.69	16.63/0.2	32.57 4.10 49.68 4:54.59	
6033	Kaya Cairney			19.02.01	5	Bedford	16 Sep
	10.94/0.4 6.51/1.3	10.74	1.77	52.63	15.44/-0.1	28.83 2.90 41.27 4:53.41	
5900	Jack Broadbent			8.07.00	2	Boston	24 Jun
	10.8 6.85	10.63	1.82	53.5	15.1	27.94 3.00 33.35 5:08.9	
5832	Nathan Langley			18.03.00	1	Abingdon	24 Jun
	11.7 6.03	12.07	1.55	50.9	16.4	33.83 3.40 41.99 4:46.2	
5737	Cameron Darkin-Price			18.11.00	2	Abingdon	24 Jun
	11.6 6.12	10.96	1.82	55.0	16.7	37.92 3.50 42.40 5:20.2	

2018 - Men - Decathlon

5530		David Fullbrook			8.01.01	9	Bedford			16	Sep
		11.91/0.9	6.15/1.4	10.51	1.83	55.41	17.49/0.2	26.20	2.90	49.93	4:52.15
5518		Scott Ram			29.12.99	10	Bedford			16	Sep
		11.79/1.6	5.68/1.0	10.60	1.71	53.54	15.54/1.2	27.53	3.00	36.35	4:48.77
	(10)										
5453		Malachi Gair			21.09.99	11	Bedford			16	Sep
		12.06/0.9	6.11w/2.2	10.46	1.95	53.95	16.72/0.2	23.78	3.20	35.82	5:09.67
5451		James Milburn			24.09.99	12	Bedford			16	Sep
		12.22/0.9	5.85/0.0	9.76	1.77	54.07	16.76/-0.1	36.62	3.20	36.58	5:04.60
5432		Oscar Jopp			29.09.99	2	Ashford			24	Jun
		12.2/-1.5	6.00/0.1	9.50	1.81	58.0	15.5/1.2	33.06	4.00	36.64	5:28.0
5328		Leonid Chashchin			9.08.00	13	Bedford			16	Sep
		11.94/0.9	6.21/0.8	9.10	1.83	52.98	16.59/0.2	23.17	3.40	28.54	5:05.27
5221		Reuben Vaughan			25.10.00	12	Bedford			27	May
		12.12/-0.6	6.05/-1.3	11.84	1.77	58.89	17.25/-2.5	43.13	3.32	33.01	6:05.75
5181		Sebastian Hartwell			5.11.99	1	Oxford (H)			8	Jul
		11.59/0.8	6.10/-1.1	8.62	1.77	52.24	17.24w/2.5	21.05	2.50	38.00	4:57.47
5161		Michael Thompson			10.12.99	2	Street			29	Apr
		11.74/-1.7	6.68/0.0	9.90	1.70	57.92	17.07/-2.2	27.59	3.20	38.61	5:41.13
5105		Benjamin Taylor			27.02.00	6	Ashford			24	Jun
		12.0/-0.9	5.61/1.8	11.15	1.75	56.1	18.6/1.7	31.88	2.70	44.90	5:07.4
5100		George Blake			31.12.99	7	Ashford			24	Jun
		11.9/-0.9	5.60/0.1	9.76	1.63	56.4	17.2/1.2	30.78	3.50	42.97	5:19.9
5080		Joseph Harrison			29.02.00	4	Street			29	Apr
		12.33/-1.9	5.36/-0.2	9.26	1.64	53.20	18.47/-2.1	29.54	3.50	32.79	4:41.14
	(20)										
5037		Rafe Scott			9.12.99	8	Ashford			24	Jun
		12.0/-1.5	5.54/0.0	7.69	1.78	51.2	17.3/1.7	24.35	3.50	37.15	5:25.2
5034		Charles Button			10.10.99	9	Ashford			24	Jun
		12.4/-2.8	5.72/-0.1	10.25	1.90	57.5	16.2/1.2	28.86	2.90	31.09	5:12.4

Foreign

6495		*Daniel Ryan (IRL)*			*5.06.99*	*1*	*Street*			*29*	*Apr*
		11.47/-1.7	*6.26/0.0*	*13.81*	*1.70*	*52.26*	*15.57/-2.2*	*42.65*	*4.00*	*37.86*	*4:55.04*

Under 18 Decathlon

IAAF specifications: SP (5k), 110mH (91.4 cms) DT (1.5k), JT (700 gms)

7258w		Jack Turner			11.07.01	6	Györ, HUN			8	Jul
		11.17w/3.4	6.99w/4.0	13.05	1.94	50.67	14.07/1.6	39.74	3.70	52.22	4:46.55
		7034				1	Bedford			27	May
		11.36/-2.0	6.54/-0.1	12.57	1.95	51.15	14.40/-2.7	40.67	3.52	48.22	4:31.99
7032		Oliver Thorner			16.03.01	1	Tenero, SUI			17	Jun
		11.45/0.2	6.45/0.2	11.57	1.95	49.73	14.50/0.1	34.42	4.30	44.17	4:29.12
6360		Scott Brindley			6.01.02	1	Bedford			27	May
		11.56/-2.0	6.60/0.3	10.82	1.86	53.27	15.20/-2.7	27.65	4.52	33.31	4:43.05
6092		Troy McConville			29.04.02	4	Street			29	Apr
		11.88/-1.5	6.27/-0.5	11.22	1.88	55.70	16.08/-1.7	35.89	3.80	44.46	4:58.27

Under 17 Decathlon with under 17 implements

6600		Pedro Gleadall			7.12.01	1	Manchester (SC)			5	Aug
		11.98/-1.45	6.02/0.0	10.85	1.95	53.32	14.40/1.0	41.45	4.17	55.21	4:51.52
6492		Scott Brindley			6.01.02	1	Grangemouth			15	Jul
		11.38w/2.4	6.76w/2.6	11.70	1.88	52.18	14.12/-1.4	27.11	4.41	37.43	4:49.46
6044		Philip Kastner			1.10.01	2	Manchester (SC)			5	Aug
		11.75/-0.1	6.22/0.0	13.37	1.83	54.37	14.43/1.0	42.44	2.97	43.21	5:22.98
5886		Murray Fotheringham			4.06.03	2	Grangemouth			15	Jul
		11.60w/2.4	6.79/1.3	9.51	1.85	53.41	16.67/-1.4	28.82	3.71	34.12	4:30.99
5844		Jami Schlueter			26.10.02	3	Manchester (SC)			5	Aug
		11.64/-1.4	6.62/0.0	12.41	1.62	53.73	13.47/0.0	29.52	3.37	37.48	5:17.51
5737		Ben Hughes			12.11.01	4	Manchester (SC)			5	Aug
		11.78/-0.1	5.98/0.0	10.62	1.80	55.10	14.77/1.0	34.99	2.87	43.11	4:49.36
5574		Troy McConville			29.04.02	5	Manchester (SC)			5	Aug
		11.81/-0.1	6.35/0.0	12.35	1.74	53.57	13.86/0.0	23.22	3.97	NDR	4:52.92
5562		Theo Adesina			20.05.02	6	Manchester (SC)			5	Aug
		11.97/-1.4	6.40/0.0	12.30	1.83	52.61	14.28/1.0	26.57	2.77	20.15	4:55.89
5338		Adam Booth			3.07.02	7	Manchester (SC)			5	Aug
		11.97/-1.4	5.81/-0.2	9.95	1.59	54.05	13.50/0.0	32.91	3.07	32.52	5:16.83
5215		Daniel Roffey			6.09.01	8	Manchester (SC)			5	Aug
		12.14/-0.1	6.15/0.0	9.63	1.83	54.01	15.65/0.0	15.83	2.87	34.19	4:34.94
	(10)										

2018 - Men – Decathlon

5157	Kyle McAuley				9.04.03	4	Grangemouth		15	Jul
	11.96w/2.4	5.79/0.3	11.58	1.82	57.26	15.32/-1.4	29.37	2.81	34.76	5:23.78
5130	Harry Culpin				9.09.01	9	Manchester (SC)		5	Aug
	12.07/-0.1	5.81/0.3	10.89	1.71	57.98	15.66/0.0	28.70	3.37	33.83	5:09.89
5076	George Hopkins				1.06.03	10	Manchester (SC)		5	Aug
	12.87/-0.1	5.26/-0.7	9.65	1.77	56.52	15.81/0.0	30.20	3.57	44.51	5:17.72
5061	Ben McIntyre				27.03.02	11	Manchester (SC)		5	Aug
	12.77/-0.1	5.39/0.0	10.03	1.68	54.63	15.88/0.0	32.16	2.37	37.32	4:30.77
5047	Greg Zoppos				10.03.03	12	Manchester (SC)		5	Aug
	12.25/-1.4	5.88/1.0	10.05	1.59	53.77	14.91/1.0	20.61	2.67	37.42	4:50.14
5043	Ethan Williamson				29.09.01	13	Manchester (SC)		5	Aug
	11.79/-0.1	5.78/0.0	10.45	1.74	56.49	14.55/0.0	22.97	2.77	42.20	5:43.40

Under 17 Men Octathlon   * Octathlon score during a Decathlon

5481	Rory Howorth				2.07.02	1	Bedford		16	Sep
	6.60/1.0	36.86	43.41	51.29	14.35/-0.1	1.86	13.05	4:21.45		
5280*	Pedro Gleadall				7.12.01	*	Manchester (SC)		5	Aug
	6.02/0.0	41.45	55.21	53.32	14.40/1.0	1.95	10.85	4:51.52		
5109						1	Ashford		24	Jun
	6.42/1.5	32.31	54.43	54.2	14.1/0.4	1.91	11.28	4:54.5		
4993*	Philip Kastner				1.10.01	*	Manchester (SC)		5	Aug
	6.22/0.0	42.44	43.21	54.37	14.43/1.0	1.83	13.37	5:22.98		
4878						3	Ashford		24	Jun
	6.15/0.7	38.92	40.17	53.8	14.0/-1.7	1.79	13.36	5:20.6		
4981	Jami Schlueter				26.10.02	2	Bedford		16	Sep
	6.78/0.0	36.83	39.38	52.97	13.35/-0.2	1.71	12.28	5:19.70		
4980*	Scott Brindley				6.01.02	*	Grangemouth		15	Jul
	6.76w/2.6	27.11	37.43	52.18	14.12/-1.4	1.88	11.70	4:49.46		
4891	Bradley Jenvey				23.12.02	3	Bedford		16	Sep
	6.02/1.4	37.51	60.00	54.63	15.68/0.8	1.71	11.61	4:56.84		
4890	Harrison Thorne				8.07.02	4	Bedford		16	Sep
	6.54/0.7	32.24	40.68	53.55	13.85/-0.2	2.01	11.62	5:40.37		
4889	Theo Adesina				20.05.02	5	Bedford		16	Sep
	6.40/1.3	29.74	37.43	52.81	14.19/-0.2	1.80	12.69	4:52.17		
4886	Stuart Bladon				13.01.02	2	Ashford		24	Jun
	5.65/0.6	38.46	41.34	53.5	14.1/-1.7	1.79	11.48	4:41.9		
4859	Luke Cressey				23.01.02	2	Yeovil		24	Jun
	5.89	29.29	45.58	53.62	13.99/0.5	1.89	11.57	4:56.31		
(10)										
4717*	Ben Hughes				12.11.01	*	Grangemouth		15	Jul
	5.97/2.0	34.58	42.58	54.50	14.80/-1.4	1.73	11.42	4:47.90		
4599						8	Bedford		16	Sep
	6.01/0.9	31.48	42.94	55.42	14.51/-0.1	1.65	11.43	4:48.22		
4676	Freddie Reilly				10.02.02	4	Ashford		24	Jun
	5.75/0.0	28.65	29.00	50.6	14.0/-1.7	1.70	12.20	4:36.5		
4657	Joseph Harding				31.10.02	2	Boston		24	Jun
	6.90	25.24	26.55	51.9	13.5	1.79	11.05	5:06.4		
4634	Craig Moncur				20.03.03	4	Yeovil		24	Jun
	5.67	39.30	45.55	56.13	15.53/0.5	1.65	13.07	4:56.67		
4616*	Murray Fotheringham				4.06.03	*	Grangemouth		15	Jul
	6.79/1.3	28.82	34.12	53.41	16.67/-1.4	1.85	9.51	4:30.99		
4518	Harvey Noble				4.02.02	10	Bedford		16	Sep
	6.50/1.3	24.15	45.69	52.61	15.72/-0.1	1.68	10.56	4:56.04		
4512	Oliver Thatcher				11.09.02	11	Bedford		16	Sep
	5.57/0.8	41.78	32.54	55.89	14.77/0.3	1.80	11.55	5:11.66		
4510	Adam Coates				22.12.01	12	Bedford		16	Sep
	5.82/0.6	31.49	23.94	50.86	14.57/-0.1	1.74	9.75	4:37.95		
4462	Adam Lindo				21.10.02	1	Sutton		9	Sep
	5.63/1.7	28.11	33.12	54.02	14.81/2.0	1.77	10.55	5:11.7		
4453	Ben McIntyre				27.03.02	13	Bedford		16	Sep
	5.27/0.0	27.98	43.73	53.65	15.66/-0.1	1.65	10.63	4:22.83		
(20)										
4443	George Seery				20.08.93	14	Bedford		16	Sep
	5.73/0.0	27.01	39.15	54.77	14.81/0.3	1.74	10.72	4:44.38		
4417	Thomas Putt				13.10.01	5	Yeovil		24	Jun
	5.74	30.08	48.90	54.26	16.26/0.5	1.68	11.25	4:58.75		
4412	Greg Zoppos				10.03.03	1	Sutton		9	Sep
	6.46/0.8	28.64	27.41	54.08	14.60w/2.5	1.62	10.80	4:46.7		

4395	Stephen Simmons				1.07.03	15	Bedford	16	Sep
	6.24/0.0	35.67	32.67	55.58	13.75/-0.2	1.62	11.53 5:34.09		
4379	Benjamin Blake				6.12.01	8	Ashford	24	Jun
	5.47/0.1	25.27	35.31	52.9	14.9/1.8	1.70	10.73 4:32.7		
4369	Sam Gorman				15.09.01	16	Bedford	16	Sep
	6.04/0.6	30.83	32.61	53.31	15.70/0.8	1.83	11.33 5:19.91		
4347	Ben Hillman				16.04.03	4	Street	29	Apr
	5.91/0.2	28.06	28.24	52.70	14.20/-3.1	1.74	9.10 4:53.40		
4335	Jamie Russell				11.08.03	17	Bedford	16	Sep
	5.86/0.4	28.55	35.33	55.05	15.44/-0.1	1.77	11.04 4:57.12		
4311	Adam Booth				3.07.02	18	Bedford	16	Sep
	5.94/0.0	33.30	34.98	54.42	13.79/-0.2	1.50	10.09 5:08.56		
4278	Ethan Tibbs				14.01.01	1	Stockport	24	Jun
	6.25	28.90	26.79	52.48	15.62	1.78	9.21 4:59.75		
(30)									
4276*	Troy McConville				29.04.02	*	Manchester (SC)	5	Aug
	6.35/0.0	23.22	NDR	53.57	13.86/0.0	1.74	12.35 4:52.92		
4265*	Daniel Roffey				6.09.01	*	Manchester (SC)	5	Aug
	6.15/0.0	15.83	34.19	54.01	15.65/0.0	1.83	9.63 4:34.94		
4234w	George Asprey				8.01.03	2	Sutton	9	Sep
	5.77w/2.6	29.35	35.47	52.89	15.62w/2.5	1.59	11.67 5:08.4		
4232	Pyers Lockwood				11.10.02	2	Sutton	9	Sep
	5.83/1.5	19.76	37.09	51.68	14.57/2.0	1.62	9.08 4:48.6		

Order of events: Long Jump, Discus, Javelin, 400 m, 100m Hurdles, High Jump, Shot, 1500m

Under 15 Boys Octathlon

4176	Aidan Brindley				9.10.03	1	Manchester (SC)	5	Aug
	12.96/0.0	31.11	3.57	57.84	12.73/0.0	31.28	1.68 2:51.79		
4124	Sam Coupland				20.08.04	2	Manchester (SC)	5	Aug
	12.84/0.0	30.98	2.77	56.06	12.51/0.0	33.62	1.74 2:57.17		
3984	Luca Michalowski				14.11.03	3	Manchester (SC)	5	Aug
	12.68/0.0	31.18	3.47	59.67	12.42/0.0	27.51	1.77 3:10.39		
3582	Samuel Reardon				30.10.03	4	Manchester (SC)	5	Aug
	12.48/-0.5	36.53	2.47	54.94	14.52/1.0	16.86	1.44 2:48.91		
3571	Alister MacKay				19.12.03	5	Manchester (SC)	5	Aug
	12.83/-0.5	32.81	2.87	60.46	13.28/0.0	32.19	1.59 3:19.12		

Order of Events: 100m, Javelin, Pole Vault, 400m, 80m Hurdles, Discus, High Jump, 1000m

Under 15 Boys Pentathlon

3058	Sam Sanusi				13.11.03	1	Bedford	15	Sep
	11.32/1.6	12.97	5.85/1.1	1.77	2:19.77				
3051	Oliver D´Rozario				24.09.03	1	Yeovil	23	Jun
	11.30/0.3	9.95	6.31	1.80	2:16.46				
2944	Jai Sispal				19.10.03	3	Bedford	15	Sep
	11.88w/2.2	10.30	5.44/1.1	1.68	2:02.61				
2889	Sammy Ball				18.10.04	1	Oxford (H)	8	Jul
	11.80/0.3	10.23	6.07/1.6	1.74	2:17.78				
2883	Zak Wall				21.10.03	1	Swansea	9	Jun
	11.48/-0.4	11.83	6.00	1.56	2:16.46				
2875	Elliott Evans				3.09.93	1	Ashford	23	Jun
	12.0/-1.8	12.03	5.89/-2.9	1.61	2:13.2				
2827	Oliver Early				26.05.04	1	Brentwood	23	May
	11.4	9.54	6.36	1.71	2:23.4				
2825	Oreofeoluwa Adepegba				10.08.04	5	Bedford	15	Sep
	11.98/0.1	10.53	6.22/1.4	1.77	2:26.83				
2803	William Kong				7.10.03	8	Bedford	15	Sep
	11.84w/2.2	11.90	5.80/0.5	1.53	2:14.94				
2778	Toby Bishop				3.10.03	9	Bedford	15	Sep
	11.46/1.6	11.13	5.47/0.9	1.71	2:21.47				
(10)									
2754	Bradley James				23.09.03	2	Boston	23	Jun
	11.1	9.91	5.60	1.60	2:14.7				
2705	Luke Ball				28.10.04	2	Yeovil	23	Jun
	12.36/0.3	9.66	5.77	1.83	2:25.16				
2694	Daniel Hamilton-Strong				21.09.03	3	Yeovil	23	Jun
	11.97/0.3	12.19	5.64	1.50	2:18.90				
2681	Sebastian Wallace				7.09.03	3	Ashford	23	Jun
	11.6/-1.8	10.49	6.00	1.67	2:28.9				

2018 – Men – Multis

2672	Harry Barton				14.10.03	10	Bedford	15	Sep
	11.64/1.9	9.13	5.78/0.3	1.71	2:23.78				
2652	Charlie Carvell				30.06.04	11	Bedford	15	Sep
	13.07/-0.7	9.16	5.44/1.2	1.62	2:05.55				
2635	Jake Minshull				11.10.04	12	Bedford	15	Sep
	12.26/1.9	9.40	5.55/0.6	1.53	2:09.87				
2627	Aidan Brindley				9.10.03	1	Grangemouth	14	Jul
	12.29/1.9	10.42	5.49/1.9	1.66	2:20.21				
2622	Joe Southwell				12.02.04	1	Stockport	23	Jun
	12.71	8.87	5.70	1.65	2:13.57				
2617	Sam Coupland				20.08.04	1	Jarrow	22	Sep
	12.54/-1.4	9.67	5.40/1.5	1.71	2:17.32				
2606	Adam Farrow				17.09.03	13	Bedford	15	Sep
	12.40/1.9	10.67	5.54/0.0	1.68	2:23.95				
(10)									
2601	Lanre Alli				10.09.03	4	Yeovil	23	Jun
	13.01/0.3	10.20	5.72	1.65	2:18.59				
2587	Daniel Scott				20.02.04	1	Belfast	25	Aug
	13.64/0.6	10.54	5.76	1.74	2:22.41				
2574	Damope Akinyemi				20.02.04	3	Brentwood	23	May
	12.2	9.08	6.40	1.80	2:43.4				
2562	Finlay Stewart				5.01.04	2	Belfast	25	Aug
	12.88/0.6	11.01	5.62	1.53	2:17.63				
2534	Pablo Seema-Roca				31.10.03	16	Bedford	15	Sep
	12.89/0.5	8.99	5.07/0.6	1.56	2:05.98				
2514	Henry Boyle				15.04.04	1	Crawley	30	May
	12.2	10.07	5.20	1.56	2:17.7				
2504	Luca Michalowski				14.11.03	6	Boston	23	Jun
	12.7	8.20	5.48	1.75	2:19.7				

Order of events: 80m Hurdles, Shot, Long Jump, High Jump, 800m in various orders.
Different events: 80m Hurdles, Long Jump, 200m, Shot, 800m

2820	Max McHurg				10.01.03	1	Grangemouth	2	Jun
	12.33	4.80	23.71	11.30	2:15.16				
2682	Aidan Brindley				9.10.03	2	Grangemouth	2	Jun
	12.39	5.63	26.63	10.66	2:15.99				

Under 13 Boys Pentathlon

2534	Finn O´Neill				13.10.05	1	Belfast	25	Aug
	12.55/0.9	12.03	5.17/1.9	1.50	2:11.56				
2107	Reef Page				9.02.06	1	Sutton	8	Sep
	13.09/1.6	9.51	4.77/0.3	1.32	2:13.10				
2099	ravis Scottow				19.09.05	1	Exeter	23	Sep
	11.73/0.2	12.45	4.87	1.54	3:00.20				
1964	Hayden Christian				2.12.05	1	Sutton	8	Sep
	11.95/1.6	8.60	4.76/1.3	1.38	2:30.63				
1952	Dante Clarke				26.09.05	2	Sutton	8	Sep
	12.17/1.1	9.90	4.97w/2.6	1.32	2:36.64				
1876	Daniel Hardy				31.10.05	1	Dartford	27	Aug
	12.73/-2.4	8.99	4.55	1.40	2:31.5				
1873	James Ince				7.10.05	1	Hyndburn	14	Apr
	13.4	8.50	4.97	1.50	2:35.2				
1851	Daniel Martin				22.03.06	1	Jarrow	22	Sep
	12.53/-2.1	9.71	4.42/-2.0	1.41	2:38.03				
1659	Cosmo Johnson				19.11.05	2	Jarrow	22	Sep
	13.74/-3.3	8.39	4.13/-1.9	1.50	2:29.15				
1658	Dwayne Francis				11.11.05	3	Sutton	8	Sep
	12.92/1.6	6.79	4.48/2.0	1.35	2:33.63				
(10)									
1636	Max Evans				29.09.05	1	Grangemouth	14	Jul
	12.78/1.8	7.77	4.42/1.0	1.36	2:42.24				
1627	Caleb McLeod				15.05.05	2	Grangemouth	14	Jul
	14.61/1.0	6.05	4.67/1.2	1.33	2:22.43				
1620	Joshua Taylor				27.10.06	1	Exeter	20	May
	12.24/-0.4	5.74	4.69	1.39	2:42.98				
1620	Alexander Riley				5.12.05	2	Sutton	8	Sep
	14.00/1.4	9.09	3.68/0.0	1.29	2:26.13				
1610	Fionn O´Murchu				29.01.06	3	Sutton	8	Sep
	14.11/1.4	7.80	4.05w/2.1	1.32	2:25.92				

Order of events: 75m Hurdles, Shot, Long Jump, High Jump, 800m

2621	Finn O'Neill			13.10.05	1	Antrim	13 Sep
	75mh 12.55, LJ 5.16, SP 11.95, 200m 26.32, 800m 2:12.81						

Indoor Heptathlon

6188	Timothy Duckworth			U23	18.06.96	1	College Station, USA	10 Mar
	6.84	7.74	13.59	2.17	8.23	5.16	2:56.23	
	6071					1	Clemson, USA	20 Jan
	6.90	7.78	13.09	2.12	8.10	5.00	2:57.08	
5514	James Finney			U23	7.04.96	1	Sheffield	7 Jan
	7.18	7.29	12.62	2.04	8.16	4.48	3:03.33	
5492	Andrew Murphy				26.12.94	11	Madrid, ESP	28 Jan
	7.21	6.96	12.20	1.97	8.39	4.60	2:46.00	
5359	Harry Maslen			U23	2.09.06	6	Pittsburg, USA	10 Mar
	7.33	6.87	11.67	1.92	8.43	4.50	2:41.85 o/s track	
5326	Lewis Church			U23	27.09.96	16	Madrid, ESP	28 Jan
	7.46	6.74	13.24	1.97	8.53	4.50	2:48.98	
5198	Jack Phipps				2.04.94	2	London (LV)	16 Dec
	6.84	6.91	9.58	1.77	8.69	5.10	3:01.82	
5161	Curtis Mathews				22.01.92	18	Madrid, ESP	28 Jan
	7.34	6.96	13.79	1.88	8.59	4.20	2:59.49	
5150	Ryan Bonifas				22.09.93	3	London (LV)	16 Dec
	7.39	6.65	10.91	2.01	8.50	4.45	2:55.36	
5118	Ben Clarke			U23	30.10.98	4	London (LV)	16 Dec
	7.38	6.83	10.14	1.95	8.81	4.05	2:35.77	
5096	Harry Kendall			U23	4.10.96	4	Sheffield	7 Jan
	7.22	6.99	11.95	1.89	9.11	4.28	2:51.16	
(10)								
4981	Tom Chandler			U23	19.09.97	5	Sheffield	7 Jan
	7.41	6.45	11.99	1.80	8.74	4.38	2:47.56	
4919	Deo Milandu				30.10.92	6	Sheffield	7 Jan
	7.39	6.34	12.00	1.83	8.49	4.18	2:54.43	
4855	Ryan Long			U23	2.09.98	6	Bowling Green, USA	24 Feb
	7.42	6.37	12.12	1.79	8.66	4.20	2:54.49	
4786	Alastair Prenn				7.11.94	1	Cambridge MS, USA	13 Jan
	7.16	6.81	12.72	1.81	9.39	3.95	3:02.50	
4733	Harry Hillman			U23	7.09.98	6	London (LV)	16 Dec
	7.15	6.07	10.88	1.62	8.52	4.15	2:49.76	
4700	Liam Reveley			U23	24.10.98	3	Glasgow	4 Feb
	7.46	6.43	11.29	2.01	9.03	3.57	2:58.82	
4601	Thomas Hughes			U23	9.09.97	8	London (LV)	16 Dec
	7.48	6.43	9.74	1.98	9.29	3.45	2:47.44	
4550	Justin Tarrant			U23	7.10.96	9	Sheffield	7 Jan
	7.50	6.24	12.38	1.74	8.87	3.78	3:00.42	

Foreign

5101	*Daniel Ryan (IRL)*			*U23*	*5.06.99*	*5*	*London (LV)*	*16 Dec*
	7.12	*6.73*	*12.85*	*1.77*	*8.39*	*3.95*	*2:50.36*	
4649	*Kaspar Kazemaks (LAT)*				*1.06.84*	*7*	*London (LV)*	*16 Dec*
	7.46	*6.05*	*12.22*	*1.80*	*8.87*	*3.95*	*2:56.25*	

Under 20 Men Indoor Heptathlon with Junior Implements

5275	Caius Joseph				24.07.99	1	Sheffield		7 Jan
	7.09	7.04	13.89	3.88	8.29	1.89	2:58.39	(PV/HJ)	
5099	Joel McFarlane				9.10.00	2	Sheffield		7 Jan
	7.29	7.00	11.45	3.98	8.64	1.95	2:53.12	(PV/HJ)	
5060	Nicolas Gerome				7.11.99	4	Lyon, FRA		4 Feb
	7.59	6.57	11.59	1.92	8.61	4.20	2:42.74		
4863	Oliver Thorner				16.03.01	4	Sheffield		7 Jan
	7.57	6.24	10.61	4.28	8.86	1.98	2:51.13	(PV/HJ)	
4799	Robbie Farquhar				4.01.01	1	Glasgow		4 Feb
	7.17	7.00	10.73	1.83	8.97	3.77	2:59.11		
4722	Theo Adesina				20.05.02	1	London (LV)		16 Dec
	7.26	6.84	12.14	1.84	8.59	3.05	2:59.41		
4696	Cal McLennan				1.05.99	5	Sheffield		7 Jan
	7.57	6.16	12.20	3.68	8.94	1.83	2:44.51	(PV/HJ)	
4695	Andrew McFarlane				7.07.00	2	Glasgow		4 Feb
	7.56	6.40	11.11	1.77	8.77	4.47	3:04.26		
4663	Matthew Chandler				30.10.00	7	Sheffield		7 Jan
	7.63	6.36	9.90	4.18	8.92	1.89	2:55.54	(PV/HJ)	

4553	Oliver Herring				28.09.00	8	Sheffield		7 Jan
	7.19	6.58	11.26	3.28	8.75	1.77	3:03.61	(PV/HJ)	
(10)									

Under 17 Men Indoor Heptathlon

5086	Scott Brindley				6.01.02	1	Sheffield	11 Mar
	7.34	6.69	11.52	1.83	8.49	4.46	2:52.50	
4738	Rory Howorth				2.07.02	2	Sheffield	11 Mar
	7.73	6.45	13.29	1.77	8.81	3.26	2:36.22	
4655	Pedro Gleadall				7.12.01	3	Sheffield	11 Mar
	7.45	6.01	10.51	1.95	9.01	4.16	3:00.73	
4488	Stuart Bladon				13.01.02	4	Sheffield	11 Mar
	7.55	5.85	11.11	1.86	8.79	3.46	2:52.47	
4477	Murray Fotheringham				4.06.03	5	Sheffield	11 Mar
	7.59	6.41	8.56	1.98	9.14	3.16	2:44.87	
4459	Calum Newby				16.06.02	6	Sheffield	11 Mar
	7.50	6.15	11.87	1.68	8.88	3.76	2:58.70	
4439	Freddie Reilly				10.02.02	7	Sheffield	11 Mar
	7.40	5.56	12.46	1.77	8.59	2.86	2:46.58	
4409	Oliver Thatcher				11.09.02	1	London (LV)	16 Dec
	7.58	6.24	12.06	1.81	9.15	3.50	3:02.24	
4359	Dylan Baines				3.10.01	8	Sheffield	11 Mar
	7.34	5.84	10.89	1.74	9.03	4.26	3:18.26	
4351	Philip Kastner				1.10.01	9=	Sheffield	11 Mar
	7.49	6.41	12.66	1.83	8.60	2.76	3:15.31	
(10)								
4351	Theo Adesina				20.05.02	9=	Sheffield	11 Mar
	7.21	6.69	12.52	1.89	8.61	nh	3:04.14	

Under 15 Boys Indoor Pentathlon

3027	Sammy Ball				18.10.04	1	London (LV)	15 Dec
	8.86	5.73	11.70	1.75	2:13.41			
2820	Oliver D´Rozario				24.09.03	1	Sheffield	11 Mar
	8.72	5.82	9.87	1.74	2:23.19			
2684	Aidan Brindley				9.10.03	1	Glasgow	3 Feb
	9.29	5.53	10.36	1.67	2:17.52			
2683	Ben Nolan				22.11.04	2	London (LV)	15 Dec
	9.07	5.49	12.59	1.51	2:21.15			
2649	William Lamprell				12.01.05	3	London (LV)	15 Dec
	9.37	5.19	13.48	1.63	2:25.39			
2626	Joseph Purbrick				22.04.04	3	Sheffield	11 Mar
	8.71	5.62	9.69	1.56	2:23.16			
2607	Jacob Blanc				19.10.04	4	London (LV)	15 Dec
	8.60	5.37	8.18	1.57	2:16.70			
2514	Adam Farrow				17.09.03	1	London (LV)	25 Mar
	9.60	5.28	10.11	1.73	2:23.99			
2393	Luke Ball				28.10.04	5	Sheffield	11 Mar
	9.50	5.42	8.95	1.71	2:30.67			
2331	Spencer Taylor				13.10.03	2	London (LV)	25 Mar
	9.58	5.42	8.00	1.61	2:23.44			
(10)								

Under 13 Boys Indoor Pentathlon

1588	Daniel Martin				22.03.06	2	Glasgow	3 Feb
	9.83	4.68	8.70	1.35	disq			
1450	Max Evans				29.09.05	3	Glasgow	3 Feb
	10.64	4.44	6.93	1.32	2:43.77			
1402	Brodie Wright				30.03.06	4	Glasgow	3 Feb
	10.58	4.21	5.90	1.32	2:39.36			
1333	Caleb McLean				15.05.06	5	Glasgow	3 Feb
	11.82	4.26	5.64	1.32	2:28.24			
1314	Josh Scott				30.03.06	6	Glasgow	3 Feb
	11.57	4.29	6.36	1.35	2:38.99			
1272	Kyle Taylor				29.11.05	7	Glasgow	3 Feb
	10.75	4.21	5.62	1.29	2:46.48			
1263	Ben Heron				13.09.05	8	Glasgow	3 Feb
	10.61	4.27	5.32	1.26	2:47.26			

3000 Metres Walk - Track

10:30.28i	Tom Bosworth		17.01.90	1	Glasgow	25	Feb
10 43.84				1	London (O)	21	Jul
11:07.47i+				1m	Birmingham	18	Feb
11:28.18+				1m	Birmingham	1	Jul
10:52.77i	Callum Wilkinson	U23	14.03.97	2	Glasgow	25	Feb
11:13.77				3	London (O)	21	Jul
11:26.47i+				2m	Birmingham	18	Feb
11:28.5+e				2m	Birmingham	1	Jul
11:30.77i				1	Sheffield	7	Jan
11:43.12				2	Leeds	14	Jun
11:31.13	Cameron Corbishley	U23	31.03.97	1	Leeds	14	Jun
11:48.07i				7	Glasgow	25	Feb
11:55.12				1	Manchester (SC)	15	Aug
12:24.99i				2	Sheffield	7	Jan
12:01.71	Guy Thomas	U23	1.07.97	2	Manchester (SC)	15	Aug
12:03.14	Christopher Snook	U23	14.01.00	3	Manchester (SC)	15	Aug
12:22.38				7	London (O)	21	Jul
12:17.73	Dominic King		30.05.83	1	Chelmsford	24	Jun
12:29.10	Tom Partington	U20	8.07.99	4	Manchester (SC)	15	Aug
12:40.53	Daniel King		30.05.83	2	Chelmsford	13	May
13:02.50iB	Luc Legon	U23	12.09.97	1	London (LV)	21	Jan

Under 17

13:51.4	George Wilkinson		25.04.02	2	Woodford	8	Sep
14:34.7	Matthew Crane		1.06.02	2	Woodford	10	Jul

Under 15

14:51.3	Alex MacHeath		17.02.04	3	Woodford	10	Jul

5000 Metres Walk - Track

18:28.70i	Tom Bosworth		17.01.90	1	Birmingham	18	Feb
19:01.20				1	Birmingham	1	Jul
19:17.41	Callum Wilkinson	U23	14.03.97	2	Birmingham	1	Jul
20:16.44i	Cameron Corbishley	U23	1.03.97	5	Bratislava, SVK	28	Jan
20:57.26i				2	Birmingham	28	Feb
21:26	Guy Thomas	U23	1.07.97	1	Tonbridge	18	Nov
21:29.23	Christopher Snook	U20	14.01.00	1	London (LV)	12	Aug
21:36.61	Dominic King	V35	30.05.83	1	Málaga, ESP	6	Sep
21:36.64	Tom Partington	U20	8.07.99	3	Birmingham	1	Jul
22:49.22	Luc Legon	U23	12.09.97	1	London (He)	28	Jul

Under 17

24:21.86	George Wilkinson		25.04.02	1	Bedford	26	Aug
25:49.98	Matthew Crane		1.06.02	2	Bedford	26	Aug
25:56.89	Rory Taylor		6.12.02	13	Aix-les-Bains, FRA	20	May

Foreign

23:47.5B	*Francisco Reis (POR)*	*V55*	*14.08.60*	*1*	*London(LV)*	*28*	*Apr*

5 Kilometres Walk - Road

20:09+	Tom Bosworth		17.01.90	2m	Gold Coast AUS	8	Apr
20:39+				19m	Taicang, CHN	6	May
20:39+				1m	Leeds	24	Jun
20:43+				8=m	Berlin, GER	11	Aug
20:45+				1m	Lugano, SUI	11	Mar
20:19+	Callum Wilkinson	U23	14.03.97	11m	Gold Coast AUS	8	Apr
20:43+				8=m	Berlin, GER	11	Aug
20:48+				7m	Lugano, SUI	11	Mar
21:24+	Guy Thomas	U23	1.07.97	m	Podébrady, CZE	7	Apr
21:33+				1=	Douglas IOM	2	Sep
21:46B				1	Tonbridge	25	Jul
21:53+	Tom Partington	U20	8.07.99	m	Podébrady, CZE	7	Apr
21:59				1	Douglas IOM	12	Jul

Others where faster than track

22:26	Adam Cowin		27.06.94	1	Douglas IOM	10	May
22:28	Gianni Epifani	V45	22.02.71	2	Douglas IOM	10	May

10000 Metres Walk - Track
43:37.34	Cameron Corbishley	U23	31.03.97	1	Bedford	17	Jun
45:39.2	Tom Partington	U20	8.07.99	1	Douglas IOM	22	Aug
48:28.0	Adam Cowin		27.06.94	2	Douglas IOM	22	Aug
48:32.55	Luc Legon	U23	12.09.97	3	Bedford	17	Jun

10 Kilometres Walk - Road
39:57+	Tom Bosworth		17.01.90	1m	Gold Coast AUS	8	Apr
	40:50+			2m	Lugano SUI	11	Mar
	41:00+			12m	Taicang CHN	6	May
	41:06+			1m	Leeds	24	Jun
	41:08+			9m	Berlin GER	11	Aug
40:36+	Callum Wilkinson	U23	14.03.97	9m	Gold Coast AUS	8	Apr
	41:28+			7m	Lugano, SUI	11	Mar
43:15+	Guy Thomas	U23	1.07.97	2m	Douglas IOM	2	Sep
	43:18+			m	Podébrady, CZE	7	Apr
43:55+	Cameron Corbishley	U23	31.03.97	m	Podébrady, CZE	7	Apr
44:04	Tom Partington	U20	8.07.99	1	Leeds	24	Jun
44:40	Dominic King	V35	30.05.83	1	Málaga ESP	10	Sep
46:42	Daniel King	V35	30.05.83	7	Málaga ESP	10	Sep
47:06	Adam Cowin		27.06.94	1	Andreas Village IOM	25	Nov
47:11	Christopher Snook	U20	14.01.00	1	Coventry	11	Mar

20 Kilometres Walk - Road
1:19:38	Tom Bosworth		17.01.90	2	Gold Coast, AUS	8	Apr
	1:21:28			2	Lugano, SUI	11	Mar
	1:21:31			7	Berlin, GER	11	Aug
	1:23:10			1	Leeds	24	Jun
	1:23:54 PL 2 min			14	Taicang, CHN	6	May
	1:26:58			17	Suzhou, CHN	24	Sep
1:22:35	Callum Wilkinson	U23	14.03.97	7	Gold Coast, AUS	8	Apr
	1:24:41			3	Leeds	24	Jun
	1:33:43			51	Suzhou, CHN	24	Sep
1:29:32	Guy Thomas	U23	1.07.97	4	Leeds	24	Jun
	1:32:12			2	Douglas IOM	2	Sep
1:32:47	Cameron Corbishley	U23	31.03.97	33	Podébrady, CZE	7	Apr
1:34:46+	Dominic King	V35	30.05.83	10m	Dudince, SVK	24	Mar
	1:35:04			1	Málaga, ESP	14	Sep
1:35:02	Tom Partington	U20	8.07.99	3	Douglas IOM	2	Sep
1:35:10+	Daniel King	V35	30.05.83	11m	Dudince, SVK	24	Mar

PL 2 min – Pit Lane penalty - walker held in pit lane for 2 mins on receipt of 3rd red card

50 Kilometres Walk - Road
4:06:34	Dominic King	V35	30.05,83	10	Dudince, SVK	24	Mar
4:08:16	Daniel King	V35	30.05.83	11	Dudince, SVK	24	Mar
	4:16:19			5	Reggio Emilia, ITA	21	Oct
4:37:42	Jonathan Hobbs		17.05.93	3	Merignac, FRA	18	Mar
	4:43:35			1	Douglas IOM	2	Sep
4:43:45	David Mapp			1	Peel IOM	15	Apr
4:52:56	Richard Gerrard	V45	5.03.72	2	Peel IOM	15	Apr

4x100 Metres
37.61	National Team		1	London (O)	22 Jul
	(Chijindu Ujah, Zharnel Hughes, Adam Gemili, Nethaneel Mitchell-Blake)				
37.80	National Team		1	Berlin, GER	12 Aug
	(Chijindu Ujah, Zharnel Hughes, Adam Gemili, Harry Aikines-Aryeetey)				
37.84	National Team		1h1	Berlin, GER	12 Aug
	(Chijindu Ujah, Zharnel Hughes, Adam Gemili, Nethaneel Mitchell-Blake)				
38.13	England		1	Gold Coast, AUS	14 Apr
	(Reuben Arthur, Zharnel Hughes, Richard Kilty, Harry Aikines-Aryeetey)				
38.15	England		1h2	Gold Coast, AUS	13 Apr
	(Reuben Arthur, Zharnel Hughes, Richard Kilty, Harry Aikines-Aryeetey)				

2018 - Men - 4x100m Relay

38.31	England	1	Brisbane, AUS	28 Mar	

(Richard Kilty, Zharnel Hughes, Adam Gemili, Harry Aikines-Aryeetey)

38.87	National Team		2	Geneva, SUI	9 Jun
38.97	National Team		8	London (O)	15 Jul

(Reuben Arthur, Sam Gordon, Andy Robertson, Confidence Lawson)

39.49	National Junior Team	U20	6	London (O)	22 Jul
39.53	National Junior Team	U20	1r1	Loughborough	20 May
39.79	England		2r1	Loughborough	20 May
39.83	National Junior Team	U20	1	Mannheim, GER	23 Jun

(Dominic Ashwell, Charlie Dobson, Jona Efoloko, Chad Miller)

40.10	Wales		1	Manchester (SC)	15 Aug

(Sam Gordon, Kris Jones, Josh Brown, Jeremiah Azu)

40.28	National Team		3	Goleniów, POL	20 Jun

(Oliver Bromby, Rechmial Miller, Nicholas Walsh, Eden Davis)

40.28	National Junior Team	U20	2	Mannheim, GER	24 Jun

(Dominic Ashwell, Chad Miller, Michael Olsen, Kaie Chambers-Brown)

40.30	Birchfield Harriers		1	Cardiff	2 Jun

(Jack Lawrence, Elliott Powell, Leon Reid IRL, Kaie Chambers-Brown)

40.43	Birchfield Harriers		3	Birmingham	26 May

(Jack Lawrence, Kyle De Escofet, Leon Reid IRL, Kaie Chambers-Brown)

40.88	Birchfield Harriers		1	Leigh	5 May

(Jack Lawrence, James Gladman, Elliott Powell, Kaie Chambers-Brown)

40.88	Newham & Essex Beagles		1	London (He)	4 Aug

(Benjamin Snaith, Emmanuel Stephens, Thomas Somers, Marlon Hogg-Williams)

40.90	Individual 7	U20	1r2	Loughborough	20 May

(Eden Davis, Rio Mitchum, Michael Olsen, Daniel Afolabi)

40.98	Sale Harriers Manchester		1	Liverpool	4 Aug

(Allan Hamilton, Jordan Broome, Connor Wood, Nicolas Walsh)

Additional National Teams

41.41	Scotland		3	Manchester (SC)	15 Aug

Additional Club Teams (1-3 above)

41.00	East London University		1	Bedford	7 May
41.15	Cardiff Metropolitan University		2	Bedford	7 May
41.19	Croydon Harriers	U20	1	Stevenage	27 May
41.22	Cardiff AAC		2	Cardiff	2 Jun
41.31	Loughborough Students		2r2	Loughborough	20 May
41.66	Southampton AC		1	Portsmouth	2 Jun
41.67	Harrow AC		1r2	Bedford	7 Jul
41.71	Shaftesbury Barnet Harriers		3	London (He)	4 Aug
41.85	Swansea Harriers		4	Cardiff	2 Jun
41.88	Sheffield University		2h3	Bedford	6 May
41.96	Blackheath & Bromley H AC	U20	2	London (O)	22 Jul
41.99	Thames Valley Harriers		2r1	Bedford	7 Jul
42.01	Windsor SE&H AC	U20	3	London (O)	22 Jul
42.06	Rugby & Northampton AC		1r3	Bedford	7 Jul
42.10	Sheffield & Dearne AC		4	Leigh	5 May
42.14	Kent AC		1	Bournemouth	4 Aug
42.21	Bristol and West AC		1	Chelmsford	2 Jun

Additional Under 20 Teams (1-8 above)

41.21	England		1	St. Peter Port GUE	23 Jun
41.5	Birchfield Harriers		1	Nottingham	27 May
41.66	Surrey Schools		1	Birmingham	14 Jul

Additional National Teams

41.99	Wales		3	Swansea	25 Jul
42.09	Scotland		4	Swansea	25 Jul

Additional Under 20 Club Teams (1-4 above)

42.66	Eastbourne Rovers AC		4	London (O)	22 Jul
42.69	Shaftesbury Barnet Harriers^		5	London (O)	22 Jul
42.74	Harrow AC		6	London (O)	22 Jul
43.05	Charnwood AC		2	Birmingham	29 Apr
43.2	Rugby & Northampton AC		2	Nottingham	27 May
43.26	Woodford Green with Essex Ladies	U17	4	London (O)	22 Jul

Under17 Teams

41.54	England Schools	1	Grangemouth	21	Jul
41.87	England Midlands Schools	1	Loughborough	1	Sep
42.16	Croydon Harriers	1	London (O)	22	Jul
42.28	Shaftesbury Barnet Harriers	2	London (O)	22	Jul
42.29	Surrey Schools	1	Birmingham	14	Jul
42.43	Wales	3	Grangemouth	4	Aug
42.82	Scotland Schools	2	Grangemouth	21	Jul
42.84	Blackheath & Bromley H AC	3	London (O)	22	Jul
43.03	Hertfordshire Schools	1h3	Birmingham	13	Jul

Additional National Team

43.80	Northern Ireland Schools	4	Loughborough	1	Sep

Additional Under 17 Club Teams (1-4 above)

43.57	Reading AC	5	London (O)	22	Jul
43.94	Newham & Essex Beagles	6	London (O)	22	Jul
44.09	Gateshead Harriers	1	Birmingham	18	Aug
44.2	Millfield School	1	Oxford	26	Apr
44.2	Notts AC	1	Nottingham	27	May
44.2	Woking AC	1	Sutton	9	Sep
44.38	Basildon AC	1	Basildon	29	Jun

Under 15 Teams

43.63	Essex Schools	1	Birmingham	14	Jul
43.78	Middlesex Schools	2	Birmingham	14	Jul
44.06	Shaftesbury Barnet Harriers	1	London (O)	22	Jul
44.37	Greater Manchester Schools	3	Birmingham	14	Jul
44.40	London Schools	4	Birmingham	14	Jul
44.68	Sussex Schools	5	Birmingham	14	Jul
44.78	Croydon Harriers	2	London (O)	22	Jul
45.20	Reading AC	3	London (O)	22	Jul
45.34	Coventry Godiva Harriers	1	Birmingham	18	Aug
45.60	Hampshire Schools	3h2	Birmingham	13	Jul

Additional Under 15 Club Teams (1-4 above)

45.61	Herne Hill Harriers	4	London (O)	22	Jul
45.74	City of Portsmouth AC	5	London (O)	22	Jul
45.81	Edinburgh AC	1	Bedford	8	Sep
45.9	Sale Harriers Manchester	1	Bebington	21	Jul
45.98	Swansea Harriers	1	Cardiff	14	Jul
46.02	Cardiff High School	2	Cardiff	7	Jul

Under 13 Teams

48.70	Newham & Essex Beagles	1	London (O)	22	Jul
49.68	Croydon Harriers	2	London (O)	22	Jul
49.91	Shaftesbury Barnet Harriers	3	London (O)	22	Jul
50.59	Herne Hill Harriers	4	London (O)	22	Jul
50.87	Coventry Godiva Harriers	1	Birmingham	18	Aug
51.68	Hertfordshire AA	1r2	Kingston	28	Jul
52.01	Essex AA	2r2	Kingston	28	Jul
52.11	Surrey AA	3r2	Kingston	28	Jul
52.3	City of Norwich AC	1	Ipswich	2	Sep
52.4	Southwark Schools	1	London (ME)	12	Jun

Additional Under 13 Club Teams (1-6 above)

52.5	Rotherham Harriers and AC	1	Doncaster	21	Jul
52.7	Thames Valley Harriers	1	London (WL)	21	Jul
52.88	Tonbridge AC	5	London (O)	22	Jul
52.96	Marshall Milton Keynes AC	2	Birmingham	18	Aug

4x200 Metres

1:28.03i	Loughborough University	1	Sheffield	18	Feb
1:28.39i	Cardiff Metropolitan University	2	Sheffield	18	Feb
1:28.45	Hercules Wimbledon AC	1	London (TB)	22	Aug
1:28.62	Birmingham University	2	Birmingham (Un)	23	Jun
1:29.14i	East London University	3	Sheffield	18	Feb
1:29.16i	Sheffield University	4	Sheffield	18	Feb

2018 - Men - Relays

Under 20 Team
1:32.0	Millfield School	1	Oxford	26	Apr
1:32.34i	Giffnock North AC	1	Glasgow	17	Mar

Under 17 Team
1:32.53i	Edinburgh AC	1	Glasgow	17	Mar

Under 15 Teams
1:36.0	Bexley AC	1	Gillingham	16	Sep
1:39.8	Blackheath & Bromley H AC	2	Gillingham	16	Sep
1:40.07	Gateshead Harriers	1	Jarrow	5	Sep

Under 13 Team
1:49.30	Herne Hill Harriers	1	Sutton	8	Sep

4x300 Metres – Under 15

2:33.72	Hallamshire Harriers	1	Sheffield	17	Jun
2:35.0	Reading AC	1	Hornchurch	21	Jul
2:37.2	Bexley AC	1	Gillingham	16	Sep
2:37.7	Gateshead Harriers	2	Middlesbrough	21	Jul
2:37.9	Blackheath & Bromley H AC	2	Hornchurch	21	Jul
2:38.72	Edinburgh AC	1	Grangemouth	8	Jul
2:40.01	Sale Harriers Manchester	3	Bedford	8	Sep
2:40.3	Swansea Harriers	1	Bath	19	May
2:41.36	Havering AC	1	Basildon	29	Jun
2:41.8	Medway & Maidstone AC	3	Gillingham	16	Sep

4x400 Metres

3:00.36   National Team   2   Berlin, GER   11 Aug
 (Rabah Yousif 46.1, Dwayne Cowan 45.3, Matthew Hudson-Smith 44.77, Martyn Rooney 44.24)
3:01.62   National Team   1h1   Berlin, GER   10 Aug
 (Cameron Chalmers 46.9, Dwayne Cowan 44.9, Rabah Yousif 45.08, Martyn Rooney 44.80)
3:03.28   National 'B' Team   2   Berne, SUI   16 Sep
 (Cameron Chalmers, Grant Plenderleith, Benjamin Snaith, Jamal Rhoden-Stevens)
3:05.08i   National Team   6   Birmingham   4 Mar
 (Owen Smith 46.92, Grant Plenderleith 45.75, Jamal Rhoden-Stevens 46.70, Lee Thompson 45.71)
3:05.29i   National Team   2h2   Birmingham   3 Mar
 (Owen Smith 46.48, Seb Rodger 46.42, Jamal Rhoden-Stevens 46.31, Grant Plenderleith 46.08)
3:05.64   National Junior Team   U20 3   Tampere, FIN   15 Jul
 (Alex Haydock-Wilson 46.7, Joseph Brier 46.4, Alastair Chalmers 46.75, Alex Knibbs 45.87)
3:06.30   Loughborough Students   U23 1   Loughborough   20 May
 (Sam Hazel 47.9, Grant Plenderleith 46.4, Jamal Rhoden-Stevens 46.3, Rabah Yousef 45.7)
3:06.61   Individual 3   2   Loughborough   20 May
 (James Gladman 47.2, Cameron Chalmers 46.6, Elliott Powell 47.0, Ben Claridge 45.9)
3:07.10   National Team   4   Berne, SUI   16 Sep
 (Sam Hazel, Delano Williams, Owen Smith, Martyn Rooney)
3:07.17   National Junior Team   U20 1h1   Tampere, FIN   14 Jul
 (Alex Haydock-Wilson, Joseph Brier, Ellis Greatrex, Alex Knibbs)
3:07.49   Individual 1   3   Loughborough   20 May
 (Lee Thompson 47.9, Benjamin Snaith 47.0, Owen Smith 46.9, Seb Rodger 45.7)
3:07.64   Loughborough Students   4   Loughborough   20 May
 (Martyn Rooney 47.2, Thomas Somers 47.2, Niall Flannery 46.7, Chris O'Donnell 46.7)
3:07.64   Birchfield Harriers   1   Birmingham   27 May
 (Theo Campbell, James Gladman, Efekemo Okoro, *Sadam Koumi SUD*)
3:08.96   Birchfield Harriers   1   Leigh   5 May
 (Ellis Greatrex, Efekemo Okoro, Theo Campbell, *Sadam Koumi SUD*)
3:09.85   Birchfield Harriers   1   Cardiff   2 Jun
 (Sadam Koumi, Jarryd Dunn, Elliott Rutter, Charles Hilliard)
3:09.92   England   1   Manchester (SC)   15 Aug
 (Alex Haydock-Wilson, Ben Snaith, Sam Hazel, Jamal Rhoden-Stevens)
3:10.33   Sheffield & Dearne AC   2   Cardiff   2 Jun
 (Lewis Brown, Adam Walker-Khan, Dominic Walton, Grant Plenderleith)
3:10.93   Newham & Essex Beagles   2   Leigh   5 May
 (Lewis Davey, Niall Flannery, Rabah Yousif, *Jason Harvey IRL*)
3:11.18   British Athletics League   2   Manchester (SC)   15 Aug
 (Efekemo Okoro, Ellis Greatrex, Elliott Rutter, Chris McAlister)

2018 - Men – 4x400m Relay

3:11.35	Bath University		1	Bedford	7 May
	(Cameron Chalmers 45.2 anchor)				

Additional National Teams

3:12.11	Scotland		6	Loughborough	20 May
3:16.95	Wales		4	Manchester (SC)	15 Aug

Additional Club Teams (1-5 above)

3:12.07	Shaftesbury Barnet Harriers		3	Cardiff	2 Jun
3:13.27	Birmingham University		3	Bedford	7 May
3:13.37	Cardiff AAC		4	Leigh	5 May
3:14.79	Cardiff Metropolitan University		4	Bedford	7 May
3:14.87	Southampton AC		1r2	Bedford	7 Jul
3:14.91	Sheffield University		5	Bedford	7 May
3:14.95	Woodford Green with Essex Ladies		5	Cardiff	2 Jun
3:15.65	Brunel University		6	Bedford	7 May
3:15.93	Windsor SE&H AC		1	Liverpool	4 Aug
3:16.06	Liverpool Harriers & AC		2	Liverpool	4 Aug
3:16.52	Thames Valley Harriers		3	London (He)	4 Aug
3:17.51	Blackheath & Bromley H AC	U20	1	Castellon	15 Sep
3:17.57	Harrow AC		1	Eton	5 May
3:18.66	Herne Hill Harriers		2r2	Bedford	7 Jul
3:18.97	Sale Harriers Manchester		3	Eton	5 May

Additional Under 20 Teams (1-3 above)

3:11.96	National Junior Team		4	Loughborough	20 May
3:19.17	England North Schools	U17	1	Loughborough	1 Sep
3:20.57	Scotland	U18	1	Grangemouth	4 Aug
3:21.85	England North East Schools	U17	2	Loughborough	1 Sep
3:22.08	England Schools	U17	1	Grangemouth	21 Jul
3:22.82	Team Avon		1	Cardiff	27 May
3:23.28	Kingdom Athletics		1	Carlisle	1 Jul

Additional Under 20 Club Teams (1 above)

3:26.30	Victoria Park Tower Hamlets AC		1	London (ME)	20 May
3:27.4	Birchfield Harriers		1	Nottingham	27 May
3:27.57	Shaftesbury Barnet Harriers		1	London (He)	29 Jul
3:30.2	Medway & Maidstone AC	U17	1	Gillingham	16 Sep
3:30.3	Millfield School		1	Oxford	26 Apr
3:30.55	Harrow AC	U17	2	Eton	1 Jul
3:30.77	Orion Harriers		1	Basildon	29 Jun
3:30.78	Ilford AC	U17	1	Basildon	29 Jun
3:30.9	Southampton AC		1	Southampton	1 Jul

Additional Under 17 Teams (1-4 above)

3:23.30	Scotland Schools		3	Loughborough	1 Sep
3:25.76	Wales Schools		4	Grangemouth	21 Jul
3:28.57	Sussex AA		1	London (LV)	8 Jul
3:28.75	England South Schools		4	Loughborough	1 Sep
3:29.82	Essex AA		2	London (LV)	8 Jul

Additional Under 17 Club Teams (3 above)

3:30.26	Shaftesbury Barnet Harriers	U17	1	Eton	1 Jul
3:30.78	Blackheath & Bromley H AC	U17	1	London (He)	29 Jul
3:32.97	Windsor SE&H AC		2	Bromley	27 May
3:33.6	Leeds City AC		1	York	1 Jul
3:33.73	Chiltern Harriers		1	Crawley	1 Jul
3:33.8	Birchfield Harriers		1	Nottingham	27 May
3:35.04	Edinburgh AC		3	Bedford	9 Sep

2018 LISTS - WOMEN

60 Metres - Indoors

Time	Athlete	Cat	DOB	Pos	Venue	Date
7.08	Dina Asher-Smith		4.12.95	1h1	Glasgow	25 Feb
7.09				2	Glasgow	25 Feb
7.14				2	Torun, POL	15 Feb
7.20				4	Paris, FRA	7 Feb
7.21				3h2	Paris, FRA	7 Feb
7.21				2h2	Torun, POL	15 Feb
7.22mx				1A3	Eton	4 Feb
7.12	Asha Philip		25.10.90	3	Karlsruhe, GER	3 Feb
7.12				1	Birmingham	17 Feb
7.13				5s1	Birmingham	2 Mar
7.17				1	Düsseldorf, GER	6 Feb
7.18				1A1	London (Nh)	24 Jan
7.18				2h2	Karlsruhe, GER	3 Feb
7.18				2h5	Birmingham	2 Mar
7.19				1s2	Birmingham	17 Feb
7.22				1B1	London (Nh)	24 Jan
7.21	Imani Lansiquot	U23	17.12.97	5	Torun, POL	15 Feb
7.25				6	Glasgow	25 Feb
7.26				1B1	London (Nh)	7 Feb
7.27				2h1	Torun, POL	15 Feb
7.29				1A1	London (Nh)	7 Feb
7.30				5h2	Glasgow	25 Feb
7.38				1h3	Cardiff	27 Jan
7.24	Daryll Neita	U23	29.08.96	1s1	Birmingham	17 Feb
7.24mx				1B3	Loughborough	13 Jan
7.26				2	Birmingham	17 Feb
7.36mx				1A3	Loughborough	13 Jan
7.26	Bianca Williams		18.12.93	2s2	Birmingham	17 Feb
7.26				6s3	Birmingham	2 Mar
7.28				3	Ghent, BEL	10 Feb
7.28				3	Birmingham	17 Feb
7.31				4h1	Birmingham	2 Mar
7.32				6	Ostrava, CZE	25 Jan
7.32				1h3	Birmingham	17 Feb
7.37				3h2	Ghent, BEL	10 Feb
7.27	Rachel Miller		29.01.90	2s1	Birmingham	17 Feb
7.33				4	Birmingham	17 Feb
7.35	Diani Walker		14.07.95	1=	London (LV)	13 Jan
7.35	Risqat Fabunmi-Alade		25.03.94	1=	London (LV)	13 Jan
7.39				1s3	London (LV)	13 Jan
7.40				7	Birmingham	17 Feb
7.35	Finette Agyapong	U23	1.02.97	3s2	Birmingham	17 Feb
7.36				3h1	Ostrava, CZE	25 Jan
7.38				2h3	Birmingham	17 Feb
7.39				6	Birmingham	17 Feb
7.36	Kristal Awuah	U20	7.08.99	5	Birmingham	17 Feb
7.39				1B1	London (LV)	28 Jan
(10)						
7.39	Hannah Brier	U23	3.02.98	1A1	Loughborough	3 Feb
7.39				1B1	Loughborough	3 Feb
7.40				1h1	Cardiff	27 Jan
7.40				1	Sheffield	16 Feb

51 performances to 7.40 by 11 athletes

Time	Athlete	Cat	DOB	Pos	Venue	Date
7.44	Torema Thompson		15.02.90	3	London (LV)	13 Jan
7.45	Amarachi Pipi		26.11.95	2s1	Houston TX, USA	12 Jan
7.45	Rebecca Campsall		2.10.90	2B1	Loughborough	3 Feb
7.45	Maya Bruney	U23	24.02.98	2B1	London (Nh)	7 Feb
7.46	Aleasha Kiddle		17.08.92	1	Bratislava, SVK	28 Jan
7.46mx	Amy Hunt	U17	15.05.02	1B1	Manchester (SC)	18 Mar
7.49				2A1J	London (LV)	28 Jan
7.47	Corinne Humphreys		7.11.91	2A1	London (Nh)	24 Jan
7.47	Olivia Okoli	U20	7.09.99	2h3	Cambridge MA, USA	2 Feb

2018 - Women – 60 Metres

Time	Name	Cat	DOB	Rnd	Venue	Date
7.47	Cheriece Hylton	U23	19.12.96	3B1	London (Nh)	7 Feb
(20)						
7.47	Katy Wyper		17.04.93	4s2	Birmingham	17 Feb
7.49mx	Zoey Clark		25.10.94	1B2	Aberdeen	16 Dec
7.52	Hayley Jones/Mills		14.09.88	1	Birmingham	11 Feb
7.53	Meghan Beesley		15.11.89	3A1	Loughborough	3 Feb
7.53	Ebony Carr	U20	21.01.99	2s3	Sheffield	24 Feb
7.55	Jenna Wrisberg	U23	22.03.98	1	Glasgow	10 Feb
7.55A	Immanuela Aliu	U20	19.04.00	2	Colorado Springs, USA	7 Dec
7.57	Modupe Shokunbi	U23	10.10.98	2s3	Sheffield	16 Feb
7.58	Melissa Roberts	U23	6.08.97	1	Cardiff	16 Dec
7.59	Marilyn Nwawulor		20.09.92	4A1	Loughborough	3 Feb
(30)						
7.60	Amber Anning	U20	18.11.00	1s3	London (LV)	13 Jan
7.61	Yasmin Miller		24.05.95	2h1	London (LV)	13 Jan
7.61	Georgina Adam	U20	24.03.00	1	Sheffield	13 Jan
7.61	Clieo Stephenson		8.04.95	1A2	London (Nh)	7 Feb
7.61	Cassie-Ann Pemberton	U20	24.07.01	2s1	Sheffield	24 Feb
7.62mx	Serita Solomon		1.03.90	1B9	Sutton	6 Jan
7.62	Trinity Powell	U17	29.06.02	1h1	Sheffield	13 Jan
7.62	Beth Dobbin		7.06.94	2	Sheffield	28 Jan
7.65	Joy Ogunleye	U20	27.09.00	3	London (LV)	13 Jan
7.65	Laviai Nielsen	U23	13.03.96	4A1	London (LV)	28 Jan
(40)						
7.65	Shannon Malone	U23	27.05.97	1h6	Sheffield	16 Feb
7.66	Davina Boateng Ansah	U20	25.03.01	5	London (LV)	13 Jan
7.66	Hannah Kelly	U20	20.12.00	2	Sheffield	13 Jan
7.66	Marcia Sey	U17	7.11.01	1	Cardiff	14 Jan
7.66	Amelia Reynolds	U23	23.11.98	3	Lynchburg VA, USA	24 Feb
7.67	Shayone Simao		28.01.86	2B1	London (Nh)	24 Jan
7.68mx	Salome Japal	U23	6.09.98	1B8	Eton	7 Jan
7.68				1B2	London (Nh)	7 Feb
7.68	Laura Clark	U23	17.08.96	2s2	London (LV)	13 Jan
7.68	Tia Jackson	U17	5.08.02	1A2	Birmingham	28 Jan
7.68	Emmanuella Kone	U17	3.04.03	1	Cardiff	10 Feb
(50)						
7.68	Latifah Harris-Osman	U17	7.05.02	1	London (LV)	18 Mar
7.69	Lakeisha Owusu-Junior	U20	6.05.01	3s3	London (LV)	13 Jan
7.69	Myisha Gordon	U20	14.10.00	3	Sheffield	13 Jan
7.69	Yvette Westwood	U23	3.09.98	2	Cardiff	14 Jan
7.69	Akaysha Ellis	U20	16.12.00	2B2	London (Nh)	7 Feb
7.69	Dolita Awala-Shaw	U20	7.11.00	6h1	Birmingham	17 Feb
7.70	Charlotte Orton	U23	18.07.98	2	Sheffield	13 Jan
7.70	Leonie Ashmeade	U20	25.01.01	3s2	Sheffield	24 Feb
7.71	Megan Hoult		28.11.91	3	Sheffield	13 Jan
7.71	Ella Wansell	U20	15.01.01	6B1	London (LV)	28 Jan
(60)						
7.71	Kendrea Nwaelene	U20	7.12.00	1	London (LV)	3 Feb
7.71	Sophie Walton	U17	30.03.04	1A18	Manchester (SC)	16 Dec
7.72	Leanza Dwaah	U20	17.02.99	6	London (LV)	13 Jan
7.72	Samantha Griffiths		31.05.94	1h5	Cardiff	14 Jan
7.72	Leah Duncan	U17	30.10.02	1	London (LV)	3 Feb
7.72mx	Ellie Booker	U20	28.03.01	1rK	Sheffield	1 Dec
7.73	Nayanna Dubarry-Gay	U17	15.11.01	1B1	London (LV)	20 Jan
7.73	Amy Bowen	U23	27.06.97	2	Cardiff	4 Feb
7.73	Charlotte Paterson	U23	26.02.98	1h3	Sheffield	16 Feb
7.73	Billie Jo Harris	U20	23.09.99	3h2	Sheffield	24 Feb
(70)						
7.73	Jahisha Thomas		22.11.94	2	Iowa City IA, USA	8 Dec
7.74	Eavion Richardson	U23	27.06.98	4B1	London (Nh)	24 Jan
7.74	Zoe Nash	U23	20.03.98	3	Cardiff	27 Jan
7.74mx	Danielle McGifford		11.04.95	1A5	Manchester (SC)	4 Feb
7.74	Caitlin Maguire	U20	2.02.99	4h1	Abbotstown, IRL	18 Feb
7.74	Emily Coope	U20	26.12.99	3s3	Sheffield	24 Feb
7.75	Vivien Olatunji	U23	6.06.97	5A1	London (Nh)	24 Jan

2018 - Women - 60 Metres

Time	Name	Cat	DOB	Pos	Venue	Date
7.75	Skye Wicks	U17	20.08.02	2	London (LV)	3 Feb
7.75	Rachel Bell	U23	20.11.96	2h4	Sheffield	16 Feb
7.75	Trezeguet Taylor	U15	17.04.05	2U17	Manchester (SC)	2 Dec
(80)						

Additional Under 17 (1-10 above)

Time	Name	DOB	Pos	Venue	Date
7.76	Naomi Owolabi	10.10.01	1s1	Sutton	18 Feb
7.77	Angel Asare	10.03.02	3A1	London (Nh)	28 Feb
7.78	Lucy Elcock	11.09.01	4	Cardiff	4 Feb
7.80	Mary Beetham-Green	26.03.02	1	Birmingham	11 Feb
7.80	Esther Jackson	9.08.03	1	London (LV)	18 Mar
7.81	Holly Mpassy	12.07.03	5B1	London (LV)	20 Jan
7.81	Aleeya Sibbons	5.11.02	2s1	London (LV)	3 Feb
7.82	Victoria Ubenyi	4.05.02	2	London (LV)	18 Mar
7.83	Kayla Bowley	28.12.01	1s3	London (LV)	6 Jan
7.83	Ayoola Babalola	17.12.01	4A1	London (LV)	20 Jan
(20)					
7.84	Eve Wright	8.08.02	1h1	London (LV)	6 Jan
7.84	Katie Monteith	28.02.03	1U16	Athlone, IRL	3 Feb
7.85	Rachel Bennett	3.07.02	1	Gateshead	18 Feb
7.86	Hannah Foster	15.03.02	6B1	London (LV)	20 Jan
7.86	Amelia Bunton	13.06.02	2h3	Sheffield	24 Feb
7.86	Tamara Miller	26.10.02	6	Sheffield	24 Feb
7.87mx	Monae Winston	31.10.02	1B10	Sutton	6 Jan
7.87	Mia Lowndes	6.06.02	7	Sheffield	24 Feb
7.87	Joy Eze	31.05.04	1A2	Gateshead	13 Dec
7.88	Molly Palmer	27.08.03	4	Sheffield	28 Jan
(30)					
7.89mx	Victoria Johnson	7.10.01	1A13	Manchester (SC)	4 Feb
7.90	Emily Bee	3.03.02	1r2	Cardiff	6 Jan
7.90	Toni Bryan	23.12.02	3s2	London (LV)	6 Jan
7.90	Lonarra Youngs	2.09.02	1B2	London (LV)	20 Jan
7.90	Serena Grace	6.01.03	3s1	London (LV)	3 Feb
7.90	Karen Mayindu	16.12.03	1B1	London (LV)	2 Dec
7.90	Niyah Costley	1.01.04	2B1	London (Elt)	16 Dec

Additional Under 15 (1 above)

Time	Name	DOB	Pos	Venue	Date
7.76	Tyra Khambai-Annan	21.12.04	1B1	London (LV)	21 Jan
7.82	Alyson Bell	9.11.03	1	Glasgow	11 Mar
7.87	Nikita Gotthardt-Mills	29.01.04	1	Birmingham	11 Feb
7.88	Nia Wedderburn-Goodison	9.01.05	1s3	Sheffield	24 Feb
7.89	Isabel Male	17.02.05	1	Birmingham	25 Mar
7.90	Jeslyn Agyei-Kyem	5.02.04	2s3	Sheffield	24 Feb
7.90mx	Nandy Kihuyu	15.06.05	1B2	Sheffield	25 Nov
8.04			1A11	Sheffield	25 Nov
7.91mx	Ava Jones	21.11.04	1r1	Sheffield	1 Dec
7.99			2s2	Sheffield	24 Feb
7.92	Jennifer Eduwu	17.04.04	2A1	London (LV)	21 Jan
(10)					
7.92	Sileena Farrell	14.11.03	1h3	London (LV)	18 Mar
7.92	Emily Kerr	12.01.05	2	London (LV)	18 Mar
7.93	Moyin Oduyemi	2.12.03	3s1	Sheffield	24 Feb
7.96	Joy Eze	31.05.04	2	Glasgow	11 Mar
7.97	Beyonce Harding	10.09.03	1B1	London (LV)	25 Mar
7.98	Afoma Ofor	7.07.04	1h5	Sheffield	4 Feb
7.99	Daphney Adebayo	20.07.05	1	Sheffield	7 Oct
8.00	Karen Mayindu	16.12.03	2B1	London (LV)	25 Mar
8.01	Marian Owusuwaah	4.12.03	4B1	London (LV)	21 Jan
8.02	Grace Pritchard	30.06.05	1A24	Manchester (SC)	16 Dec
(20)					
8.03	Zipporah Golding	16.11.03	5B1	London (LV)	21 Jan
8.03	Sariyah Shoyelu-Armstrong	27.10.04	2A1	London (LV)	25 Mar
8.04	Mya Green	23.06.04	2B2	London (Elt)	17 Feb
8.04	Lily Thurbon-Smith	1.10.05	1A7	London (LV)	2 Dec
8.04mx	Rayne Tapper	7.04.06	2B2	London (Wil)	22 Dec
8.05	Mia McIntosh	11.01.05	2h4	Sheffield	24 Feb

8.05	Olivia Roe		16.12.03	3h4	Sheffield	24	Feb
8.05	Shiloh Wright-Taipow		13.07.04	3B1	London (Elt)	3	Mar

Under 13

8.03	Renee Regis		2.09.05	1B1	London (LV)	11	Feb
8.06	Rayne Tapper		7.04.06	4B1	London (LV)	25	Mar
8.08	Sapphire Haley		26.10.05	1	Sutton	17	Feb
8.21	Lia Bonsu		11.10.05	2	Sutton	17	Feb
8.25	Niah Akintokun		16.09.05	2B2	London (LV)	25	Mar

Foreign

7.27	*Amy Foster (IRL)*		*2.10.88*	*1*	*Abbotstown, IRL*	*18*	*Feb*
7.49	*Gina Akpe-Moses (IRL)*	*U20*	*25.02.99*	*3A2*	*London (LV)*	*28*	*Jan*
7.57	*Lauren Roy (IRL)*	*U20*	*25.09.00*	*3*	*Athlone, IRL*	*28*	*Jan*
7.60	*Tayla Carter (BAH)*		*29.01.94*	*3*	*Chemnitz, GER*	*10*	*Feb*
7.72	*Awa Ndiaye (FRA)*	*U17*	*19.09.01*	*1*	*London (LV)*	*6*	*Jan*

75 Metres - Under 13

9.5	Lily Thurbon-Smith		1.10.05	1	Bournemouth	17	Jun
9.8	Mehitabelle Angelo		10.12.05	1	Bebington	21	Jul
9.8	Vanessa Granada		6.05.06	1	London (WL)	21	Jul
9.87w	Kilali Samuel-Horsfall Dejeva		15.11.05	1	Bromley	19	May
9.9				1	Ashford	8	Jul
9.88	Faith Akinbileje		21.09.05	1rB	Bedford	8	Sep
9.9	Sierra Jalloh		27.11.05	1	Litherland	19	May
9.9	Rayne Tapper		7.04.06	1	London (ME)	19	May
9.9	Sapphire Haley		26.10.05	1	London (Cr)	21	Jul
9.95	Amber Hughes		3.11.05	1	Manchester (Str)	28	May
10.0	Natachi Nwosu		10.01.06	1	Ellesmere Port	17	Jun
10.0	Tyla Werrett		10.09.05	1	Bristol	15	Jul
10.0	Tiwaah Boateng		21.01.06	1	Swindon	21	Jul

100 Metres

10.85	0.0	Dina Asher-Smith		4.12.95	1	Berlin, GER	7	Aug
	10.92	1.6			2	Oslo, NOR	7	Jun
	10.93	-0.1			1	Stockholm, SWE	10	Jun
	10.93	0.2			1s1	Berlin, GER	7	Aug
	10.97	-0.5			1	Birmingham	30	Jun
	11.06	1.9			6	Eugene OR, USA	26	May
	11.08	-0.5			2	Zürich, SUI	30	Aug
	11.16	-0.4			2	Ostrava, CZE	8	Sep
	11.24	0.9			1	Sydney, AUS	17	Mar
	11.24	-1.8			1s1	Birmingham	30	Jun
	11.31	-1.0			1	Brisbane (Nathan), AUS	28	Mar
11.11	0.1	Imani Lansiquot	U23	17.12.97	5	London (O)	21	Jul
	11.14	0.3			3s3	Berlin, GER	7	Aug
	11.14	0.0			6	Berlin, GER	7	Aug
	11.19	-0.4			2h1	London (O)	21	Jul
	11.23	-0.5			4	Birmingham	30	Jun
	11.24	-0.4			2	Regensburg, GER	3	Jun
	11.24	0.9			3	Rovereto, ITA	23	Aug
	11.30	-0.5			1	Berne, SUI	16	Jun
	11.33	-0.2			3r2	Berne, SUI	16	Jun
	11.34	0.0			1h4	Regensburg, GER	3	Jun
	11.36	-1.0			1rB	Zürich, SUI	30	Aug
	11.39	-0.6			2h4	Weinheim, GER	26	May
	11.41	-1.2			2	Weinheim, GER	26	May
11.16	-0.1	Kristal Awuah	U20	7.08.99	1rB	Berlin, GER	2	Sep
	11.20	0.7			1	Schifflange, LUX	29	Jul
	11.35	1.8			1h4	Tampere, FIN	11	Jul
	11.37	0.6			1s1	Bedford	16	Jun
	11.37	0.3			1s3	Tampere, FIN	12	Jul
	11.37	0.0			3	Tampere, FIN	12	Jul
	11.37	-1.0			1h2	Schifflange, LUX	29	Jul
	11.39	0.3			6h2	London (O)	21	Jul
	11.46mx	1.1			1rG	London (LV)	6	Jun

2018 - Women - 100 Metres

Time	Wind	Name	Cat	DOB	Pos	Venue	Date
		11.47	-0.3		1	Mannheim, GER	23 Jun
		11.50	-0.2		1	Bedford	16 Jun
11.19	-0.5	Daryll Neita	U23	29.08.96	2	Birmingham	30 Jun
		11.23	0.3		1	Paderborn, GER	16 Jun
		11.24	-0.3		4	Berlin, GER	2 Sep
		11.26	0.9		5	Rovereto, ITA	23 Aug
		11.27	0.1		4s2	Berlin, GER	7 Aug
		11.29	0.0		3	Geneva, SUI	9 Jun
		11.30	1.9		1h3	Montgeron, FRA	13 May
		11.33	0.5		3	Zagreb, CRO	4 Sep
		11.35	1.6		2	Montgeron, FRA	13 May
		11.36	-0.7		1s2	Birmingham	30 Jun
		11.38	-0.8		1	Bydgoszcz, POL	29 May
		11.48	-0.9		4h2	Berlin, GER	6 Aug
11.20	-0.5	Bianca Williams		18.12.93	3	Birmingham	30 Jun
		11.20	0.1		7	London (O)	21 Jul
		11.25	0.0		4	London (O)	14 Jul
		11.27	-0.4		3h1	London (O)	21 Jul
		11.38	-1.8		2s1	Birmingham	30 Jun
		11.45	-0.2		1h2	Copenhagen, DEN	26 Jun
		11.46	-0.2		1	Copenhagen, DEN	26 Jun
		11.48	1.6		4	Montgeron, FRA	13 May
		11.48	-1.0		4rB	Zürich, SUI	30 Aug
11.21	0.5	Asha Philip		25.10.90	1s1	Gold Coast, AUS	8 Apr
		11.21	0.3		1	Bottrop, GER	8 Jul
		11.25	1.4		1h1	Bottrop, GER	8 Jul
		11.28	1.0		4	Gold Coast, AUS	9 Apr
		11.31	1.4		1h3	Gold Coast, AUS	8 Apr
		11.31	0.7		2	Schifflange, LUX	29 Jul
		11.36	0.3		5h2	London (O)	21 Jul
		11.42	-0.1		5	Chorzow, POL	22 Aug
11.23mx	1.4	Rachel Miller		29.01.90	1	London (LV)	1 Aug
		11.67			1A1	London (LV)	18 Jul
11.32	-0.5	Lorraine Ugen		22.08.91	5	Birmingham	30 Jun
		11.37	1.9		1	Fort Worth TX, USA	16 Mar
11.38	-0.4	Ashleigh Nelson		20.02.91	7h1	London (O)	21 Jul
		11.41	-0.5		6	Birmingham	30 Jun
		11.45	-0.1		4rB	Berlin, GER	2 Sep
		11.46	0.2		1	Tübingen, GER	16 Jun
11.41	1.3	Corinne Humphreys		7.11.91	4	Cork, IRL	16 Jul
		11.42	0.1		1rB	Geneva, SUI	9 Jun
(10)							
11.44	0.3	Shannon Hylton	U23	19.12.96	1	Bedford	16 Jun
		11.45	1.3		5	Cork, IRL	16 Jul
		11.47	0.3		3	Szczecin, POL	15 Aug
11.44	-0.5	Annie Tagoe		4.06.93	7	Birmingham	30 Jun
11.50	0.0	Jodie Williams		28.09.93	6	Geneva, SUI	9 Jun
11.50	1.8	Kimbely Baptiste		27.12.92	1	Crawley	8 Jul
		79 performances to 11.50 by 14 athletes					
11.55	1.2	Finette Agyapong	U23	1.02.97	1	Sheffield	5 Aug
11.56	2.0	Amy Hunt	U17	15.05.02	1	Bedford	25 Aug
11.59	1.0	Alisha Rees	U20	16.04.99	2	Eton	2 Jun
11.61	-0.5	Diani Walker		14.07.95	1	Bedford	6 May
11.61	1.3	Hannah Brier	U23	3.02.98	2	Grangemouth	7 Jul
11.64	-1.2	Beth Dobbin		7.06.94	1rB	Eton	2 Jun
(20)							
11.65	-0.5	Desiree Henry		26.08.95	1h7	Chongquing, CHN	22 May
11.65	0.3	Ebony Carr	U20	21.01.99	1rC	Mannheim, GER	23 Jun
11.65	0.3	Hayley Jones/Mills		14.09.88	2B1	Loughborough	25 Jul
11.67	0.0	Georgina Adam	U20	24.03.00	1rD	Geneva, SUI	9 Jun
11.70	1.8	Jenna Wrisberg	U23	22.03.98	1	Glasgow (S)	24 Jun
11.71	1.3	Shannon Malone	U23	27.05.97	1	London (LV)	6 Jun
11.73	2.0	Katy Wyper		17.04.93	1h1	Grangemouth	11 Aug
11.74	0.3	Cassie-Ann Pemberton	U20	24.07.01	2s2	Bedford	16 Jun

2018 - Women - 100 Metres

Time	Wind	Name	Cat	Date	Race	Venue	Meet Date
11.76	0.6	Immanuela Aliu	U20	19.04.00	3s1	Bedford	16 Jun
11.76	1.8	Sharhnee Skervin	U20	13.03.00	2	Crawley	8 Jul
(30)							
11.77	-1.5	Amber Anning	U20	18.11.00	3A1	London (Nh)	6 May
11.77	2.0	Vera Chinedu	U20	2.05.00	1h1	Bedford	16 Jun
11.77	1.3	Risqat Fabunmi-Alade		25.03.94	1rB	Southampton	4 Aug
11.81	1.3	Marilyn Nwawulor		20.09.92	2	London (LV)	6 Jun
11.81mx	1.1	Montell Douglas		24.01.86	2rG	London (LV)	6 Jun
12.00	-1.1				1h1	Bedford	9 Jun
11.81	0.6	Ellie Turner	U20	26.05.00	4s1	Bedford	16 Jun
11.82	0.3	Margaret Adeoye		22.04.85	1rE	Birmingham	26 May
11.82	1.0	Mica Moore		23.11.92	4	Eton	2 Jun
11.82	1.3	Sophie Papps		6.10.94	2rB	Southampton	4 Aug
11.83	0.7	Hannah Kelly	U20	20.12.00	3h1	Kessel-Lo, BEL	4 Aug
(40)							
11.84	1.9	Trinity Powell	U17	29.06.02	1h1	Birmingham	13 Jul
11.85	-0.9	Torema Thompson		15.02.90	4rD	Loughborough	20 May
11.86	-0.8	Amy Allcock		20.08.93	1	Loughborough	6 Jun
11.87	-0.1	Olivia Okoli	U20	7.09.99	4	Philadelphia PA, USA	6 May
11.87	0.3	Leanza Dwaah	U20	17.02.99	4s2	Bedford	16 Jun
11.92	0.3	Paige Fairclough	U23	10.03.97	3	Bedford	16 Jun
11.94	1.8	Gabriella Ade-Onojobi		1.08.93	3	Crawley	8 Jul
11.96	0.2	Rebecca Campsall		2.10.90	3r1	Birmingham	26 May
11.96	0.3	Aleasha Kiddle		17.08.92	2h3	Bedford	9 Jun
11.96		Ella Wansell	U20	15.01.01	1	Oxford (H)	1 Sep
(50)							
11.97	0.1	Lina Nielsen	U23	13.03.96	2	London (LV)	28 Apr
11.97	-0.5	Moriyo Aiyeola	U23	18.12.96	3	Bedford	6 May
11.98	-0.9	Clieo Stephenson		8.04.95	1rC	Loughborough	20 May
12.01	0.1	Megan Marrs	U23	25.09.97	4	Loughborough	28 Apr
12.02	0.6	Shayone Simao		28.01.86	3A1	London (LV)	18 Jul
12.03	0.7	Simi Fajemisin	U23	15.09.97	1	Coral Gables FL, USA	7 Apr
12.03	2.0	Leonie Ashmeade	U20	25.01.01	4h1	Bedford	16 Jun
12.03mx	1.0	Maya Bruney	U23	24.02.98	1rB	London (LV)	29 Aug
12.04mx	0.7	Mair Edwards	U20	6.09.99	1rG	London (LV)	25 Apr
12.09	1.4				1h2	Portsmouth	12 May
12.04	1.7	Alicia Samuel	U20	6.04.01	1	Swansea	29 Apr
(60)							
12.05	1.6	Rachel Dickens		28.10.94	1r2	Eton	2 Jun
12.05	0.0	Jessica Taylor-Jemmett		27.06.88	2h1	Manchester (SC)	9 Jun
12.05	0.1	Tia Jackson	U17	5.08.02	1	Exeter	16 Jun
12.06 A		Amy Teal	U23	8.03.98	6	Provo UT, USA	28 Apr
12.06	0.3	Vivien Olatunji	U23	6.06.97	5	Bedford	16 Jun
12.07	1.0	Amelia Reynolds	U23	23.11.98	1	Cardiff	2 Jun
12.07	0.5	Modupe Shokunbi	U23	10.10.98	3B1	London (LV)	18 Jul
12.07	1.1	Nayanna Dubarry-Gay	U17	15.11.01	1	Grangemouth	21 Jul
12.08	-0.3	Amy Odunaiya	U23	17.11.96	1h8	Bedford	5 May
12.08	0.7	Chinedu Monye		29.12.89	1	Eton	13 May
(70)							
12.08	0.3	Leah Duncan	U17	30.10.02	1	Chelmsford	9 Jun
12.08	0.5	Bethany Shaw	U20	16.03.01	1	Peterborough	30 Jun
12.08	1.3	Chelsea Walker	U23	29.06.97	1rB	Crawley	8 Jul
12.09	-0.4	Danielle McGifford		11.04.95	1rB	Bedford	3 Jun
12.10	-0.2	Lukesha Morris		26.11.95	1	Eton	23 Jun
12.10	-0.4	Myisha Gordon	U20	14.10.00	5	Birmingham	14 Jul
12.11	1.0	Jessica Hunter	U23	4.12.96	2	Cardiff	2 Jun
12.11	1.1	Ayoola Babalola	U17	17.12.01	2	Grangemouth	21 Jul
12.12	1.8	Selina Henderson	U23	6.04.98	5	Crawley	8 Jul
12.12	1.3	Jazmine Moss	U20	16.08.00	1h3	Grangemouth	11 Aug
(80)							
12.13	-0.6	Bethan Wakefield		17.10.94	1rB	Yate	6 May
12.13	0.2	Elise Modeste		4.11.00	1ns	Cardiff	2 Jun
12.13	1.3	Aleeya Sibbons	U17	5.11.02	3	London (LV)	6 Jun
12.13	0.4	Akaysha Ellis	U20	16.12.00	3h5	Birmingham	30 Jun
12.13	0.4	Darcey Kuypers	U23	27.08.98	4h5	Birmingham	30 Jun

2018 - Women - 100 Metres

Time	Wind	Name	Age	DOB	Pos	Venue	Date
12.13	2.0	Abigail Pawlett	U17	14.01.03	2	Bedford	25 Aug
12.14	1.8	Rebecca Matheson	U20	7.03.99	1	Inverness	12 May
12.14	1.0	Emily Coope	U20	26.12.99	3	Cardiff	2 Jun
12.14		Trezeguet Taylor	U15	17.04.05	1	Manchester (Str)	9 Jun
12.14	0.7	Skye Wicks	U17	20.08.02	1	Peterborough	30 Jun
		(90)					
12.14	1.2	Joy Ogunleye	U20	27.09.00	1rB	Bedford	9 Sep
12.15	0.2	Marcia Sey	U17	7.11.01	1U17	Stevenage	27 May
12.15	2.0	Chloe Lambert		22.05.94	2h1	Grangemouth	11 Aug
12.15	1.3	Sophie Walton	U15	30.03.04	1s1	Bedford	25 Aug
12.16	-0.2	Lakeisha Owusu-Junior	U20	6.05.01	2B2	London (Nh)	6 May
12.16	-0.4	Rebecca Jeggo	U20	12.01.00	1	Chelmsford	12 May
12.16	0.9	Toni Bryan	U17	23.12.02	1	Kingston	9 Jun
12.16	1.9	Sophie Money		24.10.93	1rB	Liverpool	8 Jul
12.16mx	1.4	Nia Wedderburn-Goodison	U15	9.01.05	1rE	London (LV)	1 Aug
	12.20	1.1			2	Birmingham	14 Jul
12.18	-0.2	Salome Japal	U23	6.09.98	3B2	London (Nh)	6 May
		(100)					
12.18	1.6	Harriet Jones		30.06.88	2r2	Eton	2 Jun
12.19	1.5	Holly Turner		15.11.95	1	Crawley	12 May
12.20	0.5	Parris Johnson	U20	20.01.99	1r1	Eton	2 Jun
12.20mx	0.7	Holly Mpassy	U17	12.07.03	1rC	Bromley	11 Jun
12.20	0.1	Abigail Peake	U17	15.02.02	2	Exeter	16 Jun
12.20	0.9	Leah Okorhi	U17	17.05.03	1h2	Birmingham	13 Jul
12.20	1.1	Tyra Khambai-Annan	U15	21.12.04	1	Birmingham	14 Jul
12.20	0.2	Jessica Armah		29.08.83	1ns	Southampton	4 Aug
12.20	-1.4	Kayla Bowley	U17	28.12.01	1s1	London (LV)	12 Aug

Additional Under 17 (1-19 above)

Time	Wind	Name	Age	DOB	Pos	Venue	Date
12.21	2.0	Rachel Bennett		3.07.02	4	Bedford	25 Aug
		(20)					
12.22	2.0	Kaliyah Young		20.07.03	5	Bedford	25 Aug
12.23	1.0	Lucy-Jane Matthews		17.09.02	1	Exeter	22 Jul
12.25	0.1	Ellie Wheeler-Smith		16.01.03	3	Exeter	16 Jun
12.26	1.9	Mia Lowndes		6.06.02	2h1	Birmingham	13 Jul
12.27	1.3	Emmanuella Kone		3.04.03	1	Cardiff	12 May
12.27	-0.3	Caitlyn Mapps		27.11.02	1	Newport	23 Jun
12.29		Alice Rodgers		23.09.02	2	Dublin (S), IRL	23 Jun
12.30	2.0	Katie Dinwoodie		27.01.03	1U16	Grangemouth	4 Aug
12.33		Latifah Harris-Osman		7.05.02	1	London (He)	9 Jun
12.34	1.9	Michelle Owusu		5.01.02	3h1	Birmingham	13 Jul
		(20)					
12.34mx	1.4	Zuriel Owolana		26.10.01	2rE	London (LV)	1 Aug
	12.35	0.6			1	Hemel Hempstead	9 Jun
12.35	0.3	Zsiriah Thomas		4.03.03	1	Ashford	9 Jun
12.35	0.7	Esther Jackson		9.08.03	1	Erith	14 Jul
12.36	1.0	Victoria Johnson		7.10.01	1	Leicester	12 May
12.37	1.3	Jade Hutchison		3.05.02	2	Liverpool	27 May
12.37	0.2	Amanda Obijiaku			1	Oxford (H)	23 Jun
12.37	0.0	Abbie Sillett		27.12.02	1rB	Bracknell	15 Jul
12.39	-1.4	Victoria Ubenyi		4.05.02	2s1	London (LV)	12 Aug
12.39	1.1	Mary Beetham-Green		26.03.02	1	Bedford	9 Sep
12.40	-0.8	Precious Adu		3.10.02	3	London (LV)	4 Jul
		(30)					

Additional Under 15 (1-4 above)

Time	Wind	Name	Age	DOB	Pos	Venue	Date
12.22	1.4	Joy Eze		31.05.04	1s2	Bedford	25 Aug
12.32	1.6	Amelia Verney		14.12.03	1	Exeter	16 Jun
12.36	1.4	Alyson Bell		9.11.03	2s2	Bedford	25 Aug
12.38	1.4	Karen Mayindu		16.12.03	3s2	Bedford	25 Aug
12.41	1.6	Emily Cann		19.02.05	1h1	Peterborough	30 Jun
12.42	1.1	Moyin Oduyemi		2.12.03	4	Birmingham	14 Jul
		(10)					
12.44	-0.5	Afoma Ofor		7.07.04	1	Middlesbrough	12 May
12.45	1.3	Isabel Male		17.02.05	1	Nuneaton	12 Aug
12.48		Success Eduan		27.09.04	1	Leeds	19 May

2018 - Women - 100 Metres

12.52	-0.3	Sariyah Shoyelu-Armstrong		27.10.04	1h1	Chelmsford	9 Jun
12.55	1.2	Jenna Breen		21.04.04	2	Tullamore, IRL	2 Jun
12.55	0.4	Mia McIntosh		11.01.05	1	Hemel Hempstead	9 Jun
12.56	0.9	Emmanuella Quaye		15.01.05	1	London (He)	22 Jul
12.57	-1.0	Lily Norwood			1h3	Hemel Hempstead	9 Jun
12.59	2.0	Emily Kerr		12.01.05	1	Ashford	9 Jun
12.59		Mya Green		23.06.04	2	London (He)	9 Jun
(20)							
12.59	1.6	Jamie Bulbring		28.09.03	2	Exeter	16 Jun
12.59mx	1.4	Isabella Smith		21.10.03	5rE	London (LV)	1 Aug
12.68	1.6				1h2	Peterborough	30 Jun
12.59	1.3	Cynthia Ike		2.05.04	2	Nuneaton	12 Aug
12.59	1.4	Abigail Adeniji		17.07.04	6s2	Bedford	25 Aug
12.59	1.4	Zipporah Golding		16.11.03	7s2	Bedford	25 Aug
12.60	1.9	Lana Blake		2.10.03	1h2	Exeter	22 Jul

Wind-assisted

11.28mx	2.5	Neita		(11.19)	1	Loughborough	9 May
11.30+	2.6				2m	Gateshead (Q)	8 Sep
11.35	7.0	Kimbely Baptiste		(11.50)	1	Manchester (SC)	28 Jul
11.37	3.2	Awuah		(11.16)	1	Manchester (SC)	15 Aug
11.45	2.5				1h2	Bedford	16 Jun
11.42	7.0	Hannah Brier	U23	(11.61)	2	Manchester (SC)	28 Jul
11.48	5.3				1h3	Manchester (SC)	28 Jul
11.47	7.0	Katy Wyper		(11.73)	3	Manchester (SC)	28 Jul
11.48+	2.6	Jodie Williams		(11.50)	3m	Gateshead (Q)	8 Sep
11.49	2.8	B. Williams		(11.20)	2h1	Montgeron, FRA	13 May
10 performances to 11.50							
11.54	5.1	Amy Hunt	U17	(11.56)	1s1	Bedford	25 Aug
11.56	3.0	Cassie-Ann Pemberton	U20	(11.74)	1s3	Györ, HUN	5 Jul
11.58	7.0	Alicia Barrett	U23	25.03.98	4	Manchester (SC)	28 Jul
11.64	3.7	Olivia Okoli	U20	(11.87)	2	Houston TX, USA	15 Mar
11.68	2.8	Immanuela Aliu	U20	(11.76)	3	Southampton	4 Aug
11.75	7.0	Leonie Ashmeade	U20	(12.03)	5	Manchester (SC)	28 Jul
11.76	2.5	Sophie Papps		(11.82)	1	Eton	18 Aug
11.78	3.0	Hannah Kelly	U20	(11.83)	1rB	Manchester (SC)	15 Aug
11.79mx	2.4	Ellie Turner	U20	(11.81)	1A3	Gillingham	22 Apr
11.80	3.6				1	London (LV)	29 Apr
11.80	2.7	Clieo Stephenson		(11.98)	1rB	Grangemouth	7 Jul
11.87	3.0	Amelia Reynolds	U23	(12.07)	1h4	Rock Hill SC, USA	23 Mar
11.87mx	2.8	Ella Wansell	U20	(11.96)	1rC	London (LV)	1 Aug
11.88	3.0	Alicia Samuel	U20	(12.04)	3rB	Manchester (SC)	15 Aug
11.89	3.2	Danielle McGifford		(12.09)	1	Liverpool	12 May
11.90	2.8	Harriet Jones		(12.18)	6	Southampton	4 Aug
11.91	7.0	Modupe Shokunbi	U23	(12.07)	6	Manchester (SC)	28 Jul
11.92	5.3	Abigail Bishell		11.02.95	3h3	Manchester (SC)	28 Jul
11.97		Rebecca Jeggo	U20	(12.16)	1	Reading	29 Apr
11.97	3.8	Salome Japal	U23	(12.18)	2B1	London (LV)	23 May
12.00	5.1	Abigail Pawlett	U17	(12.13)	2s1	Bedford	25 Aug
12.01	7.0	Selina Henderson	U23	(12.12)	8	Manchester (SC)	28 Jul
12.04	2.5	Emily Coope	U20	(12.14)	4h2	Bedford	16 Jun
12.04	2.5	Joy Ogunleye	U20	(12.14)	5h2	Bedford	16 Jun
12.04	2.3	Bethan Wakefield		(12.13)	3h1	Birmingham	30 Jun
12.04	2.5	Rachel Dickens		(12.05)	2	Eton	18 Aug
12.04mx	2.6	Maisey Snaith	U20	3.04.01	1rC	London (LV)	29 Aug
12.08	2.8	Jazmine Moss	U20	(12.12)	1	Manchester (Str)	27 May
12.08	3.2	Trezeguet Taylor	U15	(12.14)	1h3	Bedford	25 Aug
12.09	3.8	Rachel Bennett	U17	(12.21)	2s2	Bedford	25 Aug
12.10	2.7	Parris Johnson	U20	(12.20)	2rB	Grangemouth	7 Jul
12.11	2.1	Sophie Walton	U15	(12.15)	1	Bedford	25 Aug
12.12	3.2	Sophie Money		(12.16)	2	Liverpool	12 May
12.12	2.8	Heather Paton	U23	9.04.96	7	Southampton	4 Aug
12.12	2.1	Sharon Jakisa	U23	15.01.96	1h2	Grangemouth	11 Aug
12.12	5.1	Toni Bryan	U17	(12.16)	3s1	Bedford	25 Aug
12.14	2.9	Afoma Ofor	U15	(12.44)	1	Sheffield	17 Jun

2018 - Women - 100 Metres

Time	Wind	Name	Cat	DOB	Pos	Venue	Date
12.15	3.6	Charlotte Paterson	U23	26.02.98	3h2	Manchester (SC)	28 Jul
12.15	3.6	Yvette Westwood	U23	3.09.98	4h2	Manchester (SC)	28 Jul
12.16	5.1	Kaliyah Young	U17	(12.22)	4s1	Bedford	25 Aug
12.17mx	2.9	Lucy Evans	V35	2.10.82	1	London (LV)	19 Aug
12.17	3.8	Leah Okorhi	U17	(12.20)	4s2	Bedford	25 Aug
12.18mx	2.6	Samantha Griffiths		31.05.94	2rE	Cardiff	16 May
12.18	3.9	Abigail Peake	U17	(12.20)	1U17	Cardiff	27 May
12.18	2.7	Jatila Reavil-Blake		13.01.95	3rB	Grangemouth	7 Jul
12.18	3.2	Ellie Wheeler-Smith	U17	(12.25)	3h4	Bedford	25 Aug
12.20mx	3.9	Cara Clarke	U20	31.03.00	2rF	Cardiff	16 May
12.20mx	4.2	Caitlyn Mapps	U17	(12.27)	1rG	Cardiff	16 May
12.20	2.8	Victoria Ubenyi	U17	(12.39)	2h2	Bedford	25 Aug

Additional Under 17

Time	Wind	Name	Cat	DOB	Pos	Venue	Date
12.23	3.9	Issie Tustin		27.11.01	2	Cardiff	27 May
12.23	6.9	Michelle Owusu		(12.34)	1	Derby	29 Jul
12.25	3.0	Abbie Sillett		(12.37)	3h1	Bedford	25 Aug
12.31	3.2	Mary Beetham-Green		(12.39)	5h4	Bedford	25 Aug
12.34	3.9	Macey Morris		12.02.03	3	Cardiff	27 May
12.36	3.0	Serena Grace		(12.45)	5h1	Bedford	25 Aug

Additional Under 15

Time	Wind	Name	Cat	DOB	Pos	Venue	Date
12.24	3.9	Alyson Bell		(12.36)	1	Glasgow (S)	24 Jun
12.32	2.2	Success Eduan		(12.48)	1	Bedford	8 Sep
12.34mx	3.6	Karen Mayindu		(12.38)	1rF	London (LV)	1 Aug
12.39	3.9	Layla Zuill		27.09.03	2	Glasgow (S)	24 Jun
12.43	3.0	Isabella Smith		(12.59)	1	London (He)	8 Jul
12.45	3.0	Leah Anin		9.06.04	2	London (He)	8 Jul
12.47	2.3	Ava Jones		21.11.04	2	Leigh	7 Jul
12.49	3.0	Emmanuella Quaye		(12.56)	3	London (He)	8 Jul
12.49	3.5	Shiloh Wright-Taipow		13.07.04	1rG	London (LV)	1 Aug
12.52	3.9	Cynthia Ike		(12.59)	1h2	Nuneaton	12 Aug
12.54	3.1	Princess Atanda		10.03.05	1h1	Nuneaton	12 Aug
12.55	2.5	Abigail Adeniji		(12.59)	3h2	Bedford	25 Aug
12.57	2.3	Milan Jervier			3h1	London (Wil)	24 Jul

Hand timing

Time	Wind	Name	Cat	DOB	Pos	Venue	Date
11.7w?		Katy Wyper		(11.73)	1	Blackburn	12 May
11.8		Hannah Kelly		(11.83)	1	Blackburn	5 May
11.9		Danielle McGifford		(12.09)	1	Preston	4 Aug
12.0	-1.1	Alicia Samuel	U20	(12.04)	1	Swansea	8 Apr
12.0		Rebecca Jeggo	U20	(12.16)	1	Norwich	20 May
12.0		Skye Wicks	U17	(12.14)	1	Hemel Hempstead	3 Jun
12.0	-0.9	Maisey Snaith	U20	(12.04w)	1	Bury St. Edmunds	8 Sep
12.1i		Parris Johnson	U20	(12.20)	1B1	Uxbridge	25 Apr
12.1		Joy Ogunleye	U20	(12.14)	1	Peterborough	28 Apr
12.1		Tyra Khambai-Annan	U15	(12.20)	1	Dartford	19 May
12.1	2.0	Indiana Malik	U17	8.07.02	1U17	Nottingham	27 May
12.1		Emily Strickland	U20	27.12.99	1	Grimsby	8 Jul

Additional Under 17

Time	Wind	Name	Cat	DOB	Pos	Venue	Date
12.2	2.0	Mary Beetham-Green		(12.39)	3	Nottingham	27 May
12.2		Victoria Ubenyi		(12.39)	1	Welwyn	23 Jun
12.3		Lucy Elcock		11.09.01	1	Stourport	29 Apr
12.3		Lonarra Youngs		2.09.02	1	Bury St. Edmunds	3 May
12.3		Lauren Lewis		28.09.01	2	Leigh	3 Jun
12.3		Michelle Owusu		(12.34)	1	Solihull	1 Jul

Additional Under 15

Time	Wind	Name	Cat	DOB	Pos	Venue	Date
12.3		Amelia Verney		(12.32)	1h1	Bournemouth	13 May
12.3		Kayleigh Watson		27.04.04	1	Litherland	19 May
12.4		Jeslyn Agyei-Kyem		5.02.04	1	Walton	21 Apr
12.4		Ashley Nemits		30.03.04	2	Litherland	19 May
12.4		Success Eduan		(12.48)	1	Ellesmere Port	17 Jun
12.5		Lana Blake		(12.60)	1	Bournemouth	17 Jun
12.5		Iona Irvine		22.11.04	1	Southampton	10 Jul
12.5		Sileena Farrell		14.11.03	2	London (WL)	21 Jul

2018 - Women - 100 Metres

Time	Wind	Name	DoB	Race	Venue	Date
12.5		Tamsin Fowlie	22.12.04	1rB	Inverness	1 Sep

Under 13

Time	Wind	Name	DoB	Race	Venue	Date
12.51w	2.9	Rayne Tapper	7.04.06	4h4	Bedford	25 Aug
12.54	1.3			4s1	Bedford	25 Aug
12.7		Lily Thurbon-Smith	1.10.05	1	Sandown IOW	15 Jul
12.75	0.2			1s1	Portsmouth	12 May
12.82	-2.0	Renee Regis	2.09.05	1rB	London (LV)	11 Aug
12.92mx	-0.1	Faith Akinbileje	21.09.05	2rB	Bromley	13 Aug
13.0		Jasmine Pattison	3.10.05	1	Oxford (H)	22 Apr
13.0		Sapphire Haley	26.10.05	1	Kingston	15 Jul
13.03w		Mehitabelle Angelo	10.12.05	1	York	30 Sep
13.04		Niah Akintokun	16.09.05	2h1	London (LV)	13 May
13.09	1.3	Tiwaah Boateng	21.01.06	1	Cardiff	12 May
13.10		Vanessa Granada	6.05.06	1h3	London (LV)	13 May

Foreign

Time	Wind	Name	Cat	DoB	Race	Venue	Date
11.46	-0.3	Gina Akpe-Moses (IRL)	U20	25.02.99	1A2	London (Nh)	6 May
11.54	0.5	Amy Foster (IRL)		2.10.88	4s1	Gold Coast, AUS	8 Apr
11.72	1.0	Charlotte Wingfield (MLT)		30.11.94	1	Marsa, MLT	16 Jun
11.85w	2.8	Linnea Killander (SWE)		20.01.93	4	Southampton	4 Aug
12.04	0.3				5A2	Loughborough	25 Jul
11.87w	3.2	Lauren Roy (IRL)	U20	25.09.00	7	Manchester (SC)	15 Aug
11.92	1.3				2	Tullamore, IRL	7 Jun
11.88	-0.1	Tayla Carter (BAH)		29.01.94	3	Nassau, BAH	22 Jun
11.97mxw	3.6	Eva Bastmeijer (NED)		20.06.95	1A13	London (LV)	15 Aug
12.16	0.5				5B1	London (LV)	18 Jul
11.98mxw	4.8	Emma Suhonen (FIN)		28.01.91	3A9	London (LV)	23 May
12.20	1.3				4rA	London (LV)	6 Jun
12.20w	2.1	Roisin Harrison (IRL)	U23	10.10.96	2	Tullamore, IRL	30 Jun

150 Metres Straight

Time	Wind	Name	Cat	DoB	Race	Venue	Date
16.80w	2.6	Daryll Neita	U23	29.08.96	2	Gateshead (Q)	8 Sep
16.97w	2.6	Jodie Williams		28.09.93	3	Gateshead (Q)	8 Sep
17.09	1.6	Bianca Williams		18.12.93	3	Manchester	18 May
17.24	1.6	Finette Agyapong	U23	1.02.97	4	Manchester	18 May
17.60	1.2	Zoe Thompson	U20	10.04.00	1rB	Gateshead (Q)	8 Sep

150 Metres Turn

Time	Wind	Name	DoB	Race	Venue	Date
17.50	1.7	Anyika Onuora	28.10.84	5	Lisse, NED	19 May

Under 13

Time	Wind	Name	DoB	Race	Venue	Date
19.0		Lily Thurbon-Smith	1.10.05	1	Bournemouth	17 Jun
19.1		Sapphire Haley	26.10.05	1	London (TB)	19 May
19.1		Rayne Tapper	7.04.06	1	Hemel Hempstead	21 Jul
19.3		Lia Bonsu	11.10.05	2	London (TB)	19 May
19.39		Kilali Samuel-Horsfall Dejeva	15.11.05	1	Bromley	19 May
19.47	0.5	Faith Akinbileje	21.09.05	1rB	Bedford	8 Sep
19.54w	3.0	Lorna Willmott	23.12.05	1rB	Yate	17 Jun
19.6		Natachi Nwosu	10.01.05	1	Ellesmere Port	17 Jun
19.67				1	Leeds	19 May
19.6		Vanessa Granada	6.05.06	1	London (WL)	21 Jul
19.6w	3.9	Sierra Jalloh	27.11.05	1	Carlisle	17 Jun
19.61	1.9	Tyla Werrett	10.09.05	1	Yate	17 Jun

200 Metres

Time	Wind	Name	DoB	Race	Venue	Date
21.89	0.2	Dina Asher-Smith	4.12.95	1	Berlin, GER	11 Aug
22.25	0.9			4	London (O)	22 Jul
22.29	0.9			3	Gold Coast, AUS	12 Apr
22.31	0.4			2	Birmingham	18 Aug
22.33	1.1			1s1	Berlin, GER	10 Aug
22.40	-0.5			2	Rabat, MAR	13 Jul
22.44	0.1			2s1	Gold Coast, AUS	11 Apr
22.90				1	Brisbane (Nathan), AUS	22 Mar
23.28	0.3			1h2	Gold Coast, AUS	10 Apr

2018 - Women - 200 Metres

Time	Wind	Name		DOB	Pos	Venue		Date
22.59	-1.3	Beth Dobbin		7.06.94	1	Birmingham	1	Jul
22.75	-0.3				1h2	Birmingham	1	Jul
22.83	-0.2				2	Stockholm, SWE	10	Jun
22.84	0.6				1	Eton	2	Jun
22.84	1.4				2s2	Berlin, GER	10	Aug
22.93	0.2				7	Berlin, GER	11	Aug
22.95	0.2				3	London (O)	15	Jul
23.14	-0.3				1	Loughborough	20	May
22.60	-1.3	Bianca Williams		18.12.93	2	Birmingham	1	Jul
22.80	2.0				2	Geneva, SUI	9	Jun
22.83	1.1				3s1	Berlin, GER	10	Aug
22.88	0.2				6	Berlin, GER	11	Aug
23.06	0.9				6	Gold Coast, AUS	12	Apr
23.16	0.0				1h1	Birmingham	1	Jul
23.20	-0.4				2h5	Gold Coast, AUS	10	Apr
23.23	-0.3				3s2	Gold Coast, AUS	11	Apr
23.56	-1.3				2r2	Brisbane (Nathan), AUS	28	Mar
22.75	2.0	Jodie Williams		28.09.93	1	Geneva, SUI	9	Jun
22.77	1.1				1	Claremont CA, USA	2	Jun
22.78	-1.3				3	Birmingham	1	Jul
22.85	0.4				4	Lausanne, SUI	5	Jul
23.15	0.8				1h3	Birmingham	1	Jul
23.26	-0.5				6	Rabat, MAR	13	Jul
23.28	0.2				5s3	Berlin, GER	10	Aug
22.78	-1.3	Shannon Hylton	U23	19.12.96	4	Birmingham	1	Jul
22.92	-0.3				2h2	Birmingham	1	Jul
22.95	0.5				2	Szczecin, POL	15	Aug
22.99	2.0				4	Geneva, SUI	9	Jun
23.01	0.3				4	Cork, IRL	16	Jul
23.07	-1.2				1	Ghent, BEL	22	Jul
23.21	0.6				2	Eton	2	Jun
23.24	-0.6				1	Sopot, POL	27	Jul
23.51	0.1				1	Bedford	17	Jun
22.88	1.5	Katarina Johnson-Thompson		9.01.93	1H4	Berlin, GER	8	Aug
23.56	-0.4				1H2	Gold Coast, AUS	12	Apr
22.94	0.5	Ashleigh Nelson		20.02.91	1rB	Geneva, SUI	9	Jun
23.27	-0.6				1	Lappeenranta, FIN	23	Aug
22.95	-1.3	Finette Agyapong	U23	1.02.97	5	Birmingham	1	Jul
23.14	1.6				1	Sheffield	5	Aug
23.15	-0.1				2h4	Gold Coast, AUS	10	Apr
23.32	1.2				1rB	Cork, IRL	16	Jul
23.35	0.0				2h1	Birmingham	1	Jul
23.38	0.0				3s3	Gold Coast, AUS	11	Apr
23.40mx	0.5				1	London (Nh)	24	Jun
23.50	0.1				1	Turku, FIN	5	Jun
23.14	0.6	Amarachi Pipi		26.11.95	1	San Diego CA, USA	24	Mar
23.49	0.8				3h2	Waco TX, USA	12	May
23.37mx	0.7	Kristal Awuah	U20	7.08.99	1	Uxbridge	8	Aug
23.66	1.2				1h3	Bedford	17	Jun
(10)								
23.38	-0.2	Anyika Onuora		28.10.84	3	Stockholm, SWE	10	Jun
23.39	0.1	Desiree Henry		26.08.95	7	Hengelo, NED	3	Jun
23.53	0.3				2	Huaian, CHN	18	Jun
23.54	-0.2				1h3	Huaian, CHN	17	Jun
23.44	0.4	Alisha Rees	U20	16.04.99	1rE	Mannheim, GER	24	Jun
23.47	0.2				1rB	Eton	2	Jun
23.49	1.1				1h2	Tampere, FIN	13	Jul
23.46	-1.3	Georgina Adam	U20	24.03.00	6	Birmingham	1	Jul
23.52	-0.6				1rB	Mannheim, GER	24	Jun
23.49	-0.4	Emily Diamond		11.06.91	1rA	Loughborough	20	May
23.50	-0.8	Margaret Adeoye		22.04.85	1ns	Birmingham	27	May
23.55	-0.3	Kimbely Baptiste		27.12.92	3h2	Birmingham	1	Jul
23.58	1.2				2rB	Cork, IRL	16	Jul

70 performances to 23.60 by 17 athletes

2018 - Women - 200 Metres

Time	Wind	Name	Cat	Date	Pos	Venue	Day
23.62	-0.9	Zoey Clark		25.10.94	2	Berne, SUI	16 Jun
23.63	0.2	Cheriece Hylton	U23	19.12.96	1	Mannheim, GER	15 Jul
23.72	0.6	Diani Walker		14.07.95	3	Eton	2 Jun
(20)							
23.79	0.4	Amber Anning	U20	18.11.00	4rC	Gainesville FL, USA	13 Apr
23.81	-0.3	Amy Allcock		20.08.93	3	Loughborough	20 May
23.85	0.6	Hayley Jones/Mills		14.09.88	1	Loughborough	25 Jul
23.90	-1.3	Kiah Dubarry-Gay	U17	15.11.01	1	Birmingham	14 Jul
23.97	0.1	Maya Bruney	U23	24.02.98	8	Hengelo, NED	3 Jun
23.98	0.6	Hannah Kelly	U20	20.12.00	4	Eton	2 Jun
24.04	-0.5	Risqat Fabunmi-Alade		25.03.94	1	Bedford	10 Jun
24.06	0.6	Aleasha Kiddle		17.08.92	5	Eton	2 Jun
24.12	-0.3	Katie Garland	U23	27.01.97	4h2	Birmingham	1 Jul
24.14	-0.3	Mair Edwards	U20	6.09.99	5h2	Birmingham	1 Jul
(30)							
24.15	-0.4	Meghan Beesley		15.11.89	3rA	Loughborough	20 May
24.16	0.6	Bethany Close		30.12.95	6	Eton	2 Jun
24.17	1.7	Amelia Reynolds	U23	23.11.98	1	Raleigh NC, USA	31 Mar
24.17	-0.4	Laviai Nielsen	U23	13.03.96	4rA	Loughborough	20 May
24.19	1.6	Katy Wyper		17.04.93	2	Sheffield	5 Aug
24.20	0.8	Alicia Barrett	U23	25.03.98	3h3	Birmingham	1 Jul
24.21	-1.2	Hannah Williams	U23	23.04.98	4	Tempe AZ, USA	5 Apr
24.21	0.8	Joey Duck		14.04.89	4	Los Angeles CA, USA	12 May
24.21	0.6	Jessica Taylor-Jemmett		27.06.88	1H3	Kladno, CZE	17 Jun
24.21	-1.5	Immanuela Aliu	U20	19.04.00	1	St. Peter Port GUE	23 Jun
(40)							
24.25	1.1	Shayone Simao		28.01.86	1	London (He)	30 Jun
24.26	-0.6	Olivia Okoli	U20	7.09.99	2h1	Philadelphia PA, USA	5 May
24.26	0.5	Hannah Foster	U17	15.03.02	1	Bedford	9 Jun
24.31	0.1	Cassie-Ann Pemberton	U20	24.07.01	3	Bedford	17 Jun
24.32	-1.0	Sharhnee Skervin	U20	13.03.00	1rB	Leigh	5 Aug
24.32	0.9	Rachel Dickens		28.10.94	1	Eton	18 Aug
24.34	0.0	Ella Wansell	U20	15.01.01	1rB	Loughborough	20 May
24.36	-0.6	Mary Abichi		19.11.90	3rC	Clermont FL, USA	28 Apr
24.38	-0.2	Lily Beckford	U23	11.08.97	3	Cardiff	2 Jun
24.39	0.0	Ellie Turner	U20	26.05.00	3rB	Loughborough	20 May
(50)							
24.39	-1.3	Kayla Bowley	U17	28.12.01	2	Birmingham	14 Jul
24.40	1.6	Niamh Emerson	U20	22.04.99	1	Manchester (SC)	10 Jun
24.40	0.8	Amy Odunaiya	U23	17.11.96	5h3	Birmingham	1 Jul
24.45	-1.3	Skye Wicks	U17	20.08.02	3	Birmingham	14 Jul
24.49	0.5	Akaysha Ellis	U20	16.12.00	4	Birmingham	14 Jul
24.55	-1.6	Amy Hunt	U17	15.05.02	1	Loughborough	8 Apr
24.58	1.5	Ebony Carr	U20	21.01.99	1	Birmingham	29 Apr
24.59	0.0	Ella Barrett	U23	25.03.98	1	Manchester (SC)	10 Jun
24.59	0.5	Holly Mpassy	U17	12.07.03	1	Bromley	23 Jun
24.60	0.2	Jessica Armah		29.08.83	3rB	Eton	2 Jun
(60)							
24.60	0.5	Zoe Thompson	U20	10.04.00	4	Birmingham	14 Jul
24.61	-0.6	Marilyn Nwawulor		20.09.92	1H1	Oxford (H)	7 Jul
24.63	0.0	Jazmine Moss	U20	16.08.00	6h1	Birmingham	1 Jul
24.64	-0.1	Isabella Hilditch	U20	15.06.99	1ns	Bromley	23 Jun
24.64	1.5	Louise Evans	U20	7.10.00	1rB	Southampton	4 Aug
24.66	0.7	Nikita Campbell-Smith		5.09.95	1rE	Clermont FL, USA	28 Apr
24.66	-1.5	Olivia Caesar	U23	22.07.96	3	Bedford	7 May
24.67	0.8	Nicole Kendall	U23	26.01.96	7h3	Birmingham	1 Jul
24.68	-1.7	Clieo Stephenson		8.04.95	2h1	Bedford	10 Jun
24.68	-1.6	Caitlyn Mapps	U17	27.11.02	3	Cardiff	14 Jul
(70)							
24.68	0.4	Natasha Harrison	U20	17.03.01	1rB	Sheffield	5 Aug
24.69	-1.2	Chloe Lambert		22.05.94	1rC	Loughborough	20 May
24.71	-1.1	Success Eduan	U15	27.09.04	1	Birmingham	14 Jul
24.72	-2.1	Kaliyah Young	U17	20.07.03	1	London (LV)	11 Aug
24.73	1.7	Rebecca Jeggo	U20	12.01.00	1	Chelmsford	13 May
24.74	-1.0	Acacia Williams-Hewitt	U17	8.08.03	3s2	Birmingham	14 Jul

2018 - Women - 200 Metres

Time	Wind	Name	Cat	DOB	Pos	Venue	Date
24.75	1.8	Vivien Olatunji	U23	6.06.97	2rB	Grangemouth	7 Jul
24.76	-0.3	Jade Hutchison	U17	3.05.02	1	Liverpool	27 May
24.76mx	-2.1	Paige Fairclough	U23	10.03.97	1rB	London (Nh)	24 Jun
24.76	-1.1	Joy Eze	U15	31.05.04	2	Birmingham	14 Jul
(80)							
24.79	-0.3	Kate Johnstone	U20	12.04.00	2	Liverpool	27 May
24.81	0.4	Danielle McGifford		11.04.95	2H1	Hexham	21 Jul
24.82	-1.8	Sophie Walton	U15	30.03.04	1h3	Birmingham	13 Jul
24.84	-0.2	Holly Turner		15.11.95	5	Cardiff	2 Jun
24.84	0.5	Megan Walsh	U20	22.10.99	2	Bromley	23 Jun
24.87	1.2	Zoe Hughes	U23	1.02.98	1H2	Austin TX, USA	28 Mar
24.87	-0.4	Ella Turner	U20	2.06.01	1	Abingdon	20 May
24.87	2.0	Alicia Samuel	U20	6.04.01	1	Brecon	25 Aug
24.89	0.9	Harriet Jones		30.06.88	4	Eton	18 Aug
24.91	1.1	Emily Strickland	U20	27.12.99	1	Boston	13 May
(90)							
24.91	-1.0	Shereen Charles		7.10.84	2rB	Leigh	5 Aug
24.92	0.4	Jodie Leslie		1.05.93	1h2	Bedford	10 Jun
24.92	1.7	Yasmin Liverpool	U20	15.01.99	5s2	Bedford	17 Jun
24.95	1.6	Regan Walker	U20	6.02.00	2	Manchester (SC)	10 Jun
24.96	1.8	Chelsea Walker	U23	29.06.97	1	Boise ID, USA	27 Apr
24.96	1.1	Laura Turley	U23	8.02.97	4rB	Loughborough	25 Jul
24.97	-1.5	Amanda Shaw		28.09.84	3	Cudworth	12 May
24.97	-1.2	Maisey Snaith	U20	3.04.01	2rC	Loughborough	20 May
24.98	-0.3	Joanne Ryan		3.10.86	8h2	Birmingham	1 Jul
24.99	0.6	Elise Lovell		9.05.92	1H3	Florence, ITA	27 Apr
(100)							
24.99	0.5	Parris Johnson	U20	20.01.99	5	Bedford	9 Jun
25.00	-1.1	Tosin Salami	U20	16.09.99	1	Kingston	12 May

Additional Under 17 (1-11 above)

Time	Wind	Name	Cat	DOB	Pos	Venue	Date
25.04	-0.3	Macey Morris		12.02.03	1	Swansea	10 Jun
25.07	-0.4	Aleeya Sibbons		5.11.02	1	London (LV)	14 Apr
25.10		Toni Bryan		23.12.02	1ns	London (Cr)	20 May
25.11	-1.1	Indiana Malik		8.07.02	2s1	Birmingham	14 Jul
25.18	0.1	Lucy-Jane Matthews		17.09.02	1H1	Street	28 Apr
25.20	0.0	Tia Jackson		5.08.02	1	Exeter	1 Jul
25.23	1.6	Holly Murray		21.10.02	4	Manchester (SC)	10 Jun
25.25	-1.0	Ellie Wheeler-Smith		16.01.03	4s2	Birmingham	14 Jul
25.30	-0.8	Abigail Pawlett		14.01.03	2	Liverpool	12 Aug
(20)							
25.34	1.2	Amanda Obijiaku			3h2	Birmingham	13 Jul
25.35	0.7	Imogen Leakey		10.10.02	1B	Cardiff	27 May
25.35	-1.3	Leah Okorhi		17.05.03	2	Milton Keynes	1 Jul
25.39	1.1	Tamara Miller		26.10.02	1h2	Cudworth	13 May
25.40	0.2	Ayoola Babalola		17.12.01	1ns	Eton	23 Jun

Additional Under 15 (1-3 above)

Time	Wind	Name	Cat	DOB	Pos	Venue	Date
25.07	-1.8	Isabel Male		17.02.05	2h3	Birmingham	13 Jul
25.25	-1.1	Ava Jones		21.11.04	5	Birmingham	14 Jul
25.19	1.9	Alyson Bell		9.11.03	3	Grangemouth	4 Aug
25.35	-0.8	Ashley Nemits		30.03.04	3	Liverpool	12 Aug
25.38	1.4	Afoma Ofor		7.07.04	2	Sheffield	17 Jun
25.39	1.8	Poppy Malik		27.11.03	1h3	Nuneaton	11 Aug
25.40	1.9	Ayomide Cole		27.07.05	1	Bracknell	3 Jun
(10)							
25.48	-1.8	Millie King		5.11.04	3h3	Birmingham	13 Jul
25.49	2.0	Emily Kerr		12.01.05	1	Bromley	19 May
25.50	-2.1	Amelia Verney		14.12.03	2h1	Birmingham	13 Jul
25.53		Neave McGhee		31.05.04	1	Liverpool	12 May
25.53	1.2	Ruby Anning		24.02.04	1	Crawley	9 Jun
25.58	0.4	Ella Wintle		23.12.04	1	Cardiff	7 Jul
25.68		Jenna Breen		21.04.04	2	Dublin (S), IRL	23 Jun
25.75	-0.8	Ruby Bowie		2.01.05	2	Birmingham	16 Jun
25.87	-0.1	Karen Mayindu		16.12.03	3rC	London (Nh)	24 Jun
25.93mx	1.5	Nia Wedderburn-Goodison		9.01.05	1rB	London (TB)	7 May

2018 - Women - 200 Metres

	(20)							
25.95	-0.2	Shakanya Osahon		10.09.03	1rB	Bromley	16	Jul
25.95	0.0	Moyin Oduyemi		2.12.03	2	Bedford	8	Sep
25.96	2.0	Layla Zuill		27.09.03	1	Grangemouth	13	May
25.99		Mia Morrisroe		23.01.04	2	Liverpool	12	May
26.00	1.8	Tamsin Fowlie		22.12.04	1	Inverness	29	Apr
26.00	-1.7	Evie Greig		4.01.05	1	Dunfermline	2	Sep

Wind-assisted

23.24		Kimbely Baptiste		(23.55)	1	Crawley	8	Jul
23.39	3.3				1	Manchester (SC)	15	Aug
23.40	4.3				1	Manchester (SC)	29	Jul
23.39	2.5	J. Williams		(22.75)	4	Torrance, USA	21	Apr
23.49	2.6	Zoey Clark		(23.62)	1	Grangemouth	7	Jul
5 performances to 23.60								
23.64	4.3	Risqat Fabunmi-Alade		(24.04)	2	Manchester (SC)	29	Jul
23.72	4.3	Katy Wyper		(24.19)	3	Manchester (SC)	29	Jul
23.81		Sharhnee Skervin	U20	(24.32)	2	Crawley	8	Jul
23.86	4.0	Olivia Okoli	U20	(24.26)	4rB	Austin TX, USA	31	Mar
24.13		Phillipa Lowe		7.04.92	3	Crawley	8	Jul
24.16mx	2.2	Ellie Turner	U20	(24.39)	1rC	Gillingham	22	Apr
24.25		Lina Nielsen	U23	13.03.96	4	Crawley	8	Jul
24.28		Gabriella Ade-Onojobi		1.08.93	1rB	Crawley	8	Jul
24.32	3.5	Jenna Wrisberg	U23	22.03.98	1	Glasgow (S)	24	Jun
24.33	2.1	Amy Odunaiya	U23	(24.40)	1h1	Cardiff	13	Jul
24.36	4.3	Jazmine Moss	U20	(24.63)	5	Manchester (SC)	29	Jul
24.37	3.2	Marilyn Nwawulor		(24.61)	1	Daytona Beach, USA	6	Apr
24.39		Ella Turner	U20	(24.87)	2rB	Crawley	8	Jul
24.41	3.5	Kelsey Stewart	U23	12.02.97	2	Glasgow (S)	24	Jun
24.52	4.3	Maisey Snaith	U20	(24.97)	6	Manchester (SC)	29	Jul
24.58mx	2.5	Jodie Leslie		(24.92)	1rG	London (LV)	25	Apr
24.64	3.6	Danielle McGifford		(24.81)	1H2	Grangemouth	14	Jul
24.65	2.3	Tia Jackson	U17	(25.20)	1	Cardiff	27	May
24.72mx	2.5	Paige Fairclough	U23	(24.76)	2rG	London (LV)	25	Apr
24.78mx	2.3	Leanza Dwaah	U20	17.02.99	1rC	London (LV)	1	Aug
24.80	2.4	Ellie Wheeler-Smith	U17	(25.25)	1	Exeter	16	Jun
24.82mx	2.6	Vera Chinedu	U20	2.05.00	1rB	Cardiff	16	May
24.82	3.5	Indiana Malik	U17	(25.11)	1	Nuneaton	11	Aug
24.83	2.3	Hannah Longden	U20	4.12.00	2	Cardiff	27	May
24.86	3.5	Madeleine Whapples	U17	12.04.03	2	Nuneaton	11	Aug
24.90		Joanne Ryan		(24.98)	6	Crawley	8	Jul
24.92	2.6	Bethan Wakefield		17.10.94	2h2	Cardiff	13	Jul
24.95	2.1	Amy Hillyard		28.10.95	5	Southampton	4	Aug
24.96		Orla Brothers	U20	27.12.99	3rB	Crawley	8	Jul
25.00	2.4	Abigail Peake	U17	15.02.02	2	Exeter	16	Jun

Additional Under 17

25.15	2.4	Brooke Ironside		18.06.03	3	Exeter	16	Jun
25.19	2.2	Megan Costello		30.09.02	1	Manchester (Str)	27	May
25.20	2.5	Emily Bee		3.03.02	1H1	Yeovil	23	Jun
25.24	6.1	Nayanna Dubarry-Gay		15.11.01	2	London (LV)	29	Apr
25.25mx	2.5	Lucy Elcock		11.09.01	1	Tipton	22	May
25.26	2.1	Sacha Didcote		4.01.03	1	Cardiff	7	Jul
25.28	2.4	Imogen Leakey		(25.35)	4	Exeter	16	Jun
25.28	3.5	Leah Okorhi		(25.35)	3	Nuneaton	11	Aug

Additional Under 15

25.02	2.5	Ava Jones		(25.25)	2	Leigh	7	Jul
25.23	3.5	Katie Reville		20.02.02	3	Glasgow (S)	24	Jun
25.32	2.4	Poppy Malik		(25.39)	1	Nuneaton	11	Aug
25.37	2.4	Amelia Verney		(25.50)	1	Exeter	16	Jun
25.65	2.5	Jeslyn Agyei-Kyem		5.02.04	1	London (LV)	13	May
25.65	2.4	Nikita Gotthardt-Mills		29.01.04	2	Nuneaton	11	Aug
25.74	3.1	Layla Zuill		(25.96)	2	Glasgow (S)	24	Jun
25.81	4.3	Isabelle Bloem		15.12.03	1	Middlesbrough	2	Sep
25.86	2.1	Sariyah Shoyelu-Armstrong		27.10.04	2	Gillingham	17	Jun

2018 - Women - 200 Metres

25.89	2.5	Nia Wedderburn-Goodison		(25.93)	2	London (LV)	13	May
25.89	2.4	Emilia Rock		12.08.05	1	Oxford (H)	13	May
25.95	2.4	Rebecca Squires		1.02.04	2	Exeter	16	Jun
25.95	2.6	Elizabeth Taylor		18.05.04	1	Peterborough	30	Jun
25.98	2.7	Emmanuella Quaye		15.01.05	1	London (He)	8	Jul

Hand timing

23.8		Hannah Kelly	U20	(23.98)	1	Blackburn	5	May
24.5		Kaliyah Young	U17	(24.72)	1	Dartford	18	Aug
24.6	0.2	Yasmin Liverpool	U20	(24.92)	1	Leamington	6	May
24.6		Rebecca Jeggo	U20	(24.73)	1	Norwich	20	May
24.8		Nayanna Dubarry-Gay	U17	(25.24w)	1	Welwyn	23	Jun
24.8		Laura Turley	U23	(24.96)	1	Preston	4	Aug
24.8		Maisey Snaith		(24.97)	1	Peterborough	12	Aug
24.9		Cedelle Agyei-Kyem	U17	12.09.02	1U17	Erith	27	May
24.9		Indiana Malik		(25.11)	1rB	Wolverhampton	3	Jun

Additional Under 17

25.0		Tia Jackson	(25.20)	1	Birmingham	5	Aug
25.2		Leah Duncan	30.10.02	1	Peterborough	22	Apr
25.3		Sacha Didcote	(25.26w)	1	York	1	Jul

Under 15

25.3		Amelia Verney	(25.50)	1	Winchester	19	May
25.4		Ruby Anning	(25.53)	1	Brighton	21	Jul
25.6		Etienne Maughan	7.12.04	1rB	London (ME)	19	May
25.6mx		Tamsin Fowlie	(26.00)	2	Inverness	1	Sep
25.7		Jeslyn Agyei-Kyem	(25.65w)	1	Ewell	5	May
25.7		Ruby Bowie	(25.75)	2	Macclesfield	12	May
25.7		Mia Morrisroe	(25.99)	2	Bebington	9	Jun
25.8		Naiomi Mwambire	18.07.04	1	Hull	30	Jun
25.8		Nandy Kihuyu	15.06.05	1	Cleckheaton	19	Aug
25.9		Elizabeth Taylor	(25.95w)	1	Peterborough	9	Jun
25.9		Imogen Pughe	31.08.05	2	Ellesmere Port	17	Jun
25.9		Kianna Proctor	23.01.04	1rB	Ellesmere Port	17	Jun
25.9		Grace Pritchard	30.06.05	1	Wigan	16	Sep

Under 13

25.71	-1.8	Renee Regis	2.09.05	1rB	London (LV)	11	Aug
26.18mx	0.9	Rayne Tapper	7.04.06	1	London (Wil)	24	Jul
26.25	-1.6			1	London (LV)	11	Aug
26.39w	2.5	Niah Akintokun	16.09.05	1	London (He)	8	Jul
26.8				1	Grays	6	May
26.81	-1.8			2rB	London (LV)	11	Aug
26.7		Tiwaah Boateng	21.01.06	1	Newport	30	Jun
26.8		Lily Thurbon-Smith	1.10.05	1	Bournemouth	3	Jun
26.83i		Erin Ramsay	17.11.05	1	Glasgow	10	Mar
26.83		Angelique Abberley	20.12.05	1	Birmingham	3	Jul
26.89	1.2	Jenna Hilditch	19.04.06	1h2	Kilmarnock	13	May
26.9		Sierra Jalloh	27.11.05	1	Lancaster	7	May
26.9w		Rosie Cooper	20.02.06	1	Basingstoke	1	Jul

Indoor performances

23.30	Agyapong	(22.95)	1	Birmingham	18	Feb
23.59			1s1	Birmingham	18	Feb
23.38	Pipi	(23.14)	2rB	Fayetteville AR, USA	9	Feb
23.43			1	Lubbock TX, USA	27	Jan
23.51			1rB	Ames IA, USA	24	Feb
23.57	Meghan Beesley	(24.15)	2	Birmingham	18	Feb
23.58	Clark	(23.62)	1	Glasgow	28	Jan

7 performances to 23.60 by 4 athletes

Indoor where superior to outdoors

23.93		Rebecca Campsall		2.10.90	2h2	Birmingham	18 Feb
24.33+		Eilidh Doyle		20.02.87	1=m	Glasgow	25 Feb
24.2e+					2h5	Birmingham	2 Mar
24.47		Charlotte Orton	U23	18.07.98	1s2	Sheffield	18 Feb
24.64		Alicia Regis	U17	17.12.01	1s2	Sheffield	25 Feb

2018 - Women - 200 Metres

24.69	Ellie Booker	U20	28.03.01	3	Sheffield	14	Jan
24.76	Chelsea Walker	U23	(24.96)	2	Nampa ID, USA	10	Feb
24.83	Eilidh De Klerk	U23	10.04.98	1	Glasgow	10	Feb
24.84	Alison McCorry	U23	24.08.96	2s2	Sheffield	18	Feb
24.92	Vera Chinedu	U20	(24.82w)	3s1	Sheffield	25	Feb

Additional Under 17

25.11	Tia Jackson	(25.20)	2s3	Sheffield	25	Feb
25.19	Rachel Bennett	3.07.02	2s2	Sheffield	25	Feb

Under 15

25.16	Ava Jones	(25.25)	1	Sheffield	2	Dec
25.88	Nandy Kihuyu	(25.8)	2	Sheffield	2	Dec
25.91	Nia Wedderburn-Goodison	(25.93)	3s1	Sheffield	25	Feb

Foreign

23.86	0.4	*Gina Akpe-Moses (IRL)*	U20	25.02.99	1rC	Mannheim, GER	24	Jun
23.94	-1.9	*Amy Foster (IRL)*		2.10.88	4h3	Gold Coast, AUS	10	Apr
24.01w	2.1	*Linnea Killander (SWE)*		20.01.93	3	Southampton	4	Aug
24.15	1.9				4	Eskilstuna, SWE	26	Aug
24.08w	2.4	*Charlotte Wingfield (MLT)*		30.11.94	2	Schaan, LIE	9	Jun
24.32	-0.2				1	Cardiff	2	Jun
24.24w	3.4	*Roisin Harrison (IRL)*	U23	10.10.96	1rB	Glasgow	24	Jun
24.43	1.1				1	Glasgow	11	Jul
24.32	0.0	*Lauren Roy (IRL)*	U20	25.09.00	1	Belfast	24	Jun
24.44	-1.7	*Chari Hawkins (USA)*		21.05.91	1H4	Bedford	26	May
24.49	-0.3	*Diane Marie-Hardy (FRA)*	U23	19.02.96	1H3	Oyonnax, FRA	23	Jun
24.62	0.3	*Davicia Patterson (IRL)*	U20	15.12.00	2h1	Belfast	9	Jun
24.99	-0.5	*Aisha Naibe-Wey (SLE)*		3.08.93	1	London (BP)	14	Jul

300 Metres

38.49mx	Jessica Armah		29.08.83	4r2	Eton	25 Mar

Indoors

37.74	Finette Agyapong	U23	1.02.97	4r2	Ostrava, CZE	25	Jan
38.05	Margaret Adeoye		22.04.85	4	Liévin, FRA	13	Feb

Under 17

38.46	Hannah Foster		15.03.02	1	Bedford	25 Aug
38.68	Holly Mpassy		12.07.03	1	Crawley	16 Jun
39.26	Cedelle Agyei-Kyem		12.09.02	1h1	Birmingham	13 Jul
39.56i	Orla Brennan		8.02.02	2	Sheffield	25 Feb
39.9				1	Reading	9 Jun
40.13				2	Eton	1 Jul
39.77	Rachel McCann		26.09.01	1	Dublin (S), IRL	23 Jun
39.82	Caitlyn Mapps		27.11.02	1	Swansea	10 Jun
39.84	Madeleine Whapples		12.04.03	4	Birmingham	14 Jul
40.00	Emily Miller		16.06.02	1	Grangemouth	8 Jun
40.0	Gemma Jones		13.03.02	1	Nottingham	27 May
40.13i				3	Sheffield	25 Feb
40.56				2h1	Bedford	25 Aug
40.11	Katie Reville		20.02.02	1	Liverpool	27 May
(10)						
40.12	Jade Hutchison		3.05.02	2	Grangemouth	8 Jun
40.12	Tia Anderson		19.12.02	2h1	Birmingham	13 Jul
40.15	Lucy Elcock		11.09.01	1	Birmingham	16 Jun
40.23	Lucia Gifford Groves		4.08.03	1	Yeovil	12 May
40.3	Kayla Bowley		28.12.01	1	Ewell	5 May
40.44	Holly Murray		21.10.02	3h3	Birmingham	13 Jul
40.45	Louisa Stoney		11.01.02	4h3	Birmingham	13 Jul
40.46	Macey Morris		12.02.03	1	Cardiff	12 May
40.49	Poppy Ellis		11.10.02	2	London (LV)	8 Jul
40.49	Mary Takwoingi		13.09.01	2h2	Birmingham	13 Jul
(20)						
40.50	Lucy-Jane Matthews		17.09.02	1	Exeter	22 Jul
40.5	Skye Wicks		20.08.02	1	Hemel Hempstead	3 Jun
40.74				1	Peterborough	30 Jun
40.51	Holly Kone		7.12.01	3h2	Birmingham	13 Jul

2018 - Women - 300 Metres

40.53		Olivia Kimbowa	17.11.01	1	Manchester (Str)	9 Jun
40.61		Annie Bell	17.02.03	4h1	Birmingham	13 Jul
40.63		Katie Foss	3.06.03	1	Grangemouth	26 Aug
40.67		Iona McDonald	11.11.01	1	Grangemouth	12 May
40.69		Lucy Stennett	22.07.02	1	Yeovil	9 Jun
40.7mx		Jessica Frazer	26.12.01	2	Cheltenham	7 May
40.7		Emma Morris	20.03.03	2	Reading	9 Jun
	(30)					
40.7		Sacha Didcote	4.01.03	1	York	1 Jul
40.73		Elizabeth Thompson	2.02.02	4	Grangemouth	8 Jun
40.80		Melissa Coxon	5.12.02	1	Cudworth	12 May

Under 15

39.20		Jeslyn Agyei-Kyem	5.02.04	1	Birmingham	14 Jul
39.69		Poppy Malik	27.11.03	2	Birmingham	14 Jul
39.76		Ashley Nemits	30.03.04	3	Birmingham	14 Jul
40.25		Nandy Kihuyu	15.06.05	4	Birmingham	14 Jul
40.6		Natalie Groves	1.04.04	1	Leeds	9 Jun
41.03				4h3	Birmingham	13 Jul
40.61		Isabelle Bloem	15.12.03	5	Birmingham	14 Jul
40.9		Mia Morrisroe	23.01.04	1	Bebington	9 Jun
41.21				2	Sheffield	17 Jun
40.95		Emily Bowart	13.04.04	1	Ashford	9 Jun
40.98		Imogen Pughe	31.08.05	2h3	Birmingham	13 Jul
40.99		Isabelle Skelton	15.10.03	3h3	Birmingham	13 Jul
	(10)					
41.04		Shakanya Osahon	10.09.03	1	Reading	17 Jun
41.12		Ella Wintle	23.12.04	1	Cardiff	14 Jul
41.18		Alyson Bell	9.11.03	1	Grangemouth	20 May
41.2		Zakia Mossi	15.09.03	1rB	Hornchurch	21 Jul
41.3		Elizabeth Taylor	18.05.04	1	Peterborough	3 Jun
41.80				5h3	Birmingham	13 Jul
41.3		Amelia Verney	14.12.03	1	Bournemouth	8 Jul
41.33		Emily Newnham	19.05.04	1	Woodford	21 Jul
41.37i		Ella Rush	8.04.04	1h1	Sheffield	24 Feb
41.74				3	Loughborough	30 May
41.4		Sophie Walton	30.03.04	1	Blackburn	17 Jun
41.4		Laure Kidukula	10.10.03	2	Bebington	21 Jul
41.59				2	Leeds	19 May
	(20)					
41.43		Isabel Pinder	16.11.03	1	Basingstoke	9 Jun
41.48		Fatoumatta Boejang	14.12.04	1	Leeds	19 May
41.49mx		Layla Zuill	27.09.03	1	Glasgow (S)	30 May
41.5		Emilia Rock	12.08.05	1	London (ME)	19 May
41.70				5h2	Birmingham	13 Jul
41.6		Neave McGhee	31.05.04	1rB	Middlesbrough	21 Jul
41.61		Alice Brown	1.11.03	2	Bromley	19 May
41.71		Keira Rose	20.09.03	4	Ashford	9 Jun
41.71		Ava Taperell	21.12.03	3	Sheffield	17 Jun
41.75		Zahara Malcolm	3.09.04	1	Chelmsford	9 Jun
41.77		Sophie Wallwork	8.03.05	1	Aberdeen	19 Aug
	(30)					

400 Metres

51.13	Anyika Onuora	28.10.84	5	London (O)	22 Jul
51.60			7	Oslo, NOR	7 Jun
51.63			5	Hengelo, NED	3 Jun
51.77			3s2	Berlin, GER	8 Aug
51.95			1	Birmingham	1 Jul
52.03			4	London (O)	14 Jul
52.23			3	Rovereto, ITA	23 Aug
52.25			5	Bydgoszcz, POL	29 May
52.29			3	Szczecin, POL	15 Aug
52.33			4	Zagreb, CRO	4 Sep
52.65			1h1	Birmingham	30 Jun

2018 - Women - 400 Metres

	52.73				4s2	Gold Coast, AUS	10	Apr
	53.13				5h2	Gold Coast, AUS	9	Apr
	53.46				5r2	Brisbane (Nathan), AUS	28	Mar
51.21	Laviai Nielsen		U23	13.03.96	1s1	Berlin, GER	8	Aug
	51.21				4	Berlin, GER	11	Aug
	51.67				1h1	Berlin, GER	8	Aug
	51.70				8	London (O)	22	Jul
	51.98				4	Geneva, SUI	9	Jun
	51.99				2	Birmingham	1	Jul
	52.41				2h3	Birmingham	30	Jun
	52.46				4	Gothenburg, SWE	18	Aug
	52.49				3	Oordegem, BEL	26	May
	52.70				4	Tübingen, GER	16	Jun
	52.85				4	Rovereto, ITA	23	Aug
51.36	Amy Allcock			20.08.93	6	London (O)	22	Jul
	51.91				6s3	Berlin, GER	8	Aug
	52.10				3	Birmingham	1	Jul
	52.75				1	Berne, SUI	16	Jun
	52.97				3h1	Birmingham	30	Jun
51.36	Zoey Clark			25.10.94	7	London (O)	22	Jul
	52.06				4s1	Gold Coast, AUS	10	Apr
	52.07				2h2	Gold Coast, AUS	9	Apr
	52.13				4	Birmingham	1	Jul
	52.26				1h3	Birmingham	30	Jun
	52.49				5	Gothenburg, SWE	18	Aug
	52.69				3r2	Brisbane (Nathan), AUS	28	Mar
	52.76				1r1	Birmingham	26	May
	52.80				1	Grangemouth	7	Jul
51.87	Emily Diamond			11.06.91	3	Geneva, SUI	9	Jun
	52.02				4s3	Gold Coast, AUS	10	Apr
	52.26				3h1	Gold Coast, AUS	9	Apr
	52.53				5	Birmingham	1	Jul
	52.58				2	Bottrop, GER	8	Jul
	52.79				4rB	Oordegem, BEL	26	May
	52.81				6	Bellinzona, SUI	18	Jul
	52.99				1h4	Birmingham	30	Jun
	53.07				3r1	Brisbane (Nathan), AUS	28	Mar
51.87	Eilidh Doyle			20.02.87	1rB	Chorzów, POL	22	Aug
51.97	Perri Shakes-Drayton			21.12.88	2	Marseille, FRA	16	Jun
	52.00				1rB	Oordegem, BEL	26	May
	52.92				1h2	Birmingham	30	Jun
52.26	Amarachi Pipi			26.11.95	2h2	Waco TX, USA	12	May
	52.37				4	Waco TX, USA	13	May
	52.45				3q2	Sacramento CA, USA	24	May
	53.50				1	Tuscaloosa AL, USA	7	Apr
52.50	Hannah Williams		U23	23.04.98	1rC	Geneva, SUI	9	Jun
	53.31				2h4	Birmingham	30	Jun
52.74	Mary Abichi			19.11.90	6	Birmingham	1	Jul
	52.77mx				1	Bromley	16	Jul
	52.96				2h1	Birmingham	30	Jun
	53.09mx				1	London (Elt)	18	Jul
	53.15				3	Clermont FL, USA	28	Apr
	53.28				1	Heusden, BEL	21	Jul
	53.39				2	Aarhus, DEN	5	Jun
	(10)							
52.85	Phillipa Lowe			7.04.92	7	Birmingham	1	Jul
	52.92				1	Leigh	5	Aug
	53.09				2h2	Birmingham	30	Jun
	53.2				1	Hemel Hempstead	18	Aug
53.07	Meghan Beesley			15.11.89	1	Loughborough	25	Jul
53.1	Maya Bruney		U23	24.02.98	1	Bedford	7	May
	53.85				1s2	Bedford	6	May
	72 performances to 53.50 by 13 athletes							
53.60	Victoria Ohuruogu			28.02.93	1rB	Gainesville FL, USA	13	Apr

2018 - Women - 400 Metres

Time	Name	Cat	DOB	Pos	Venue	Date
53.67	Natasha Harrison	U20	17.03.01	1	Birmingham	14 Jul
53.73	Cheriece Hylton	U23	19.12.96	4h2	Birmingham	30 Jun
53.74	Lily Beckford	U23	11.08.97	1rB	Torrance, USA	20 Apr
53.76	Laura Maddox		13.05.90	2rC	Oordegem, BEL	26 May
53.85	Finette Agyapong	U23	1.02.97	4	Dublin (S), IRL	19 Jul
53.89	Lina Nielsen	U23	13.03.96	5rC	Geneva, SUI	9 Jun
(20)						
53.91	Jessica Turner		8.08.95	3	Loughborough	20 May
53.91	Maisey Snaith	U20	3.04.01	2	Birmingham	14 Jul
54.20	Kelsey Stewart	U23	12.02.97	3	Bedford	7 May
54.22	Shelayna Oskan-Clarke		20.01.90	1	Eton	2 Jun
54.26	Rachel Dickens		28.10.94	1	London (Elt)	18 Jul
54.30	Olivia Caesar	U23	22.07.96	2	Eton	2 Jun
54.51	Ese Okoro		4.07.90	1rB	Eton	2 Jun
54.57	Holly Turner		15.11.95	2	Bedford	10 Jun
54.58	Sabrina Bakare	U23	14.05.96	4h4	Birmingham	30 Jun
54.66	Susanna Banjo		28.07.89	4	Munich, GER	19 May
(30)						
54.67	Nikita Campbell-Smith		5.09.95	5h2	Birmingham	30 Jun
54.69	Laura Turley	U23	8.02.97	4	Bedford	7 May
54.69	Krystal Galley		13.08.93	3	Eton	2 Jun
54.74	Ella Turner	U20	2.06.01	3	Birmingham	14 Jul
54.81	Seren Bundy-Davies		30.12.94	6rC	Oordegem, BEL	26 May
54.85	Hannah Foster	U17	15.03.02	1rB	Loughborough	20 May
54.86	Yasmin Liverpool	U20	15.01.99	1	Swansea	25 Jul
54.92	Louise Evans	U20	7.10.00	4	Birmingham	14 Jul
54.95	Jill Cherry	U23	1.03.98	2h2	Bedford	16 Jun
55.01	Lauren Williams	U20	12.02.99	1	Cardiff	14 Jul
(40)						
55.07	Chloe Lambert		22.05.94	1	Kilmarnock	12 May
55.15	Emma Alderson	U20	29.02.00	1	Loughborough	28 Apr
55.18	Phoebe Fenwick	U20	6.11.99	3s2	Birmingham	14 Jul
55.19	Matilda Rainsborough	U23	28.08.96	6	Bedford	7 May
55.22	Mari Smith	U23	14.11.96	3	Birmingham (Un)	23 Jun
55.25	Amelia Reynolds	U23	23.11.98	2	High Point NC, USA	11 May
55.27	Georgina Adam	U20	24.03.00	1	Derby	5 May
55.43	Amy Hillyard		28.10.95	3h3	Oordegem, BEL	26 May
55.45	Leah Barrow		21.01.93	3	Loughborough	28 Apr
55.51	Roisin Smith	U23	10.11.97	2	Kilmarnock	12 May
(50)						
55.59	Rosie Chamberlain		11.08.95	4rC	Gainesville FL, USA	13 Apr
55.67	Nicole Kendall	U23	26.01.96	3s2	Bedford	6 May
55.69	Hayley McLean		9.09.94	1rB	Leigh	5 Aug
55.73	Mair Edwards	U20	6.09.99	2rB	Eton	2 Jun
55.75	Melissa Owusu-Ansah		24.05.94	2rB	Clermont FL, USA	28 Apr
55.76	Anna Nelson		14.11.95	3	Leigh	5 Aug
55.8	Esther Adikpe	U20	19.03.00	1	Leamington	6 May
55.89				2	Nuneaton	10 Jun
55.82mx	Holly Mpassy	U17	12.07.03	1	Bromley	21 May
55.92				3	London (LV)	7 Apr
55.83	Tara Kafke		17.02.89	5h1	Birmingham	30 Jun
55.89mx	Megan Walsh	U20	22.10.99	1	Gillingham	22 Apr
55.92				2	Bromley	27 May
(60)						
55.96	Ella Barrett	U23	25.03.98	3s1	Bedford	6 May
55.99	Hannah Kelly	U20	20.12.00	1rB	Kessel-Lo, BEL	4 Aug
56.10	Katy-Ann McDonald	U20	1.06.00	1	Eton	1 Jul
56.10	Rachel Crorken	U20	7.11.99	3s1	Birmingham	14 Jul
56.18	Chyna Russell	U20	22.12.00	2	London (BP)	20 May
56.2	Keely Hodgkinson	U17	3.03.02	1	Leigh	3 Jun
56.2	Kathryn Sutton		23.12.88	1	Colchester	14 Jul
56.30				1rB	Grangemouth	7 Jul
56.21	Alex Shaw	U20	6.09.00	1	Oxford (H)	1 Sep
56.26	Hannah Brown	U20	8.04.99	2h1	Bedford	9 Jun
56.28	Rebecca O'Hara	U23	16.11.98	4s1	Bedford	6 May

2018 - Women - 400 Metres

	(70)							
56.37		Rachel Donnison	U23	12.10.96	4rB	Cardiff	2	Jun
56.38		Laura Wake		3.05.91	2rB	Grangemouth	7	Jul
56.4		Louise Royston		30.03.92	1	Crewe	3	Jun
56.48					1	Manchester (SC)	9	Jun
56.51		Harriet Cooper	U20	27.01.99	3	Nuneaton	10	Jun
56.53		Megan Davies	U20	31.01.99	4	Nuneaton	10	Jun
56.53		Philippa Millage	V35	15.08.80	2	Sheffield	5	Aug
56.57		Avril Jackson		22.10.86	4	Brugg, SUI	26	Jun
56.58		Joanne Ryan		3.10.86	5	Cardiff	2	Jun
56.65		Robyn Watkins	U20	11.03.01	3h4	Birmingham	13	Jul
56.68		Mhairi Hendry	U23	31.03.96	3	Bedford	3	Jun
	(80)							
56.68		Asha Root	U20	15.06.01	5s2	Birmingham	14	Jul
56.73mx		Kate Johnstone	U20	12.04.00	1	Tranent	6	May
58.64					4	Swansea	25	Jul
56.75		Ellie Grove	U20	16.10.99	2h2	Bedford	9	Jun
56.75		Samantha Coleby		4.08.90	6	Grangemouth	7	Jul
56.77		Nisha Desai		5.08.84	6	Eton	2	Jun
56.84		Sian Harry		2.06.93	4	Bedford	10	Jun
56.84		Angela Barrett		25.12.85	3	Bregenz, AUT	15	Sep
56.9		Derrion Thompson	U23	18.11.97	2	Leamington	6	May
57.09					1	Nuneaton	10	Jun
56.94		Emily Strickland	U20	27.12.99	3h3	Birmingham	13	Jul
56.96		Havana Allistone-Greaves	U20	6.07.01	1	Ciudad Real, ESP	9	Jun
	(90)							
56.99		Rebecca Bullock	U20	6.12.00	1	Portsmouth	12	May
57.00		Tamsin McGraw	U20	7.10.99	1rB	Birmingham (Un)	23	Jun
57.0		Charlotte Buckley	U17	2.01.02	1	London (WL)	23	Jun
58.07					3	Bromley	14	Apr
57.0		Khahisa Mhlanga	U20	26.12.99	1	Grays	18	Aug
57.01		Annie Testar	U17	18.04.02	1	Exeter	1	Jul
57.04		Louisa Saunders	U20	26.12.00	7s2	Birmingham	14	Jul
57.07		Ffion Roberts	U20	3.05.00	1	Cardiff	7	Jul
57.07		Lana Culliford	U20	21.09.00	4	Cardiff	14	Jul
57.08		Akesha Smith		11.06.95	2rB	Crawley	8	Jul
57.10		Vicky Gittins	U23	7.03.98	1ns	Birmingham	26	May
	(100)							
57.1		Natalie Ainge		12.03.92	1	Rugby	6	May

Additional Under 17 (1-5 above)

57.20		Cedelle Agyei-Kyem		12.09.02	1	London (LV)	12	Aug
57.26		Katie Foss		3.06.03	1	Aberdeen	18	Aug
57.42		Katie Reville		20.02.02	1	Grangemouth	4	Aug
57.43		Rachel McCann		26.09.01	1	Belfast	9	Jun
57.7		Jasmine Jolly		7.12.01	1	Wigan	5	May
	(10)							
57.73		Georgia Morrison		20.10.01	1h1	Aberdeen	18	Aug
58.1		Shammah Sowah		21.01.02	1	Grays	14	Apr
58.13		Emily Miller		16.06.02	4	Grangemouth	4	Aug
58.14		Lily Hulland		1.09.01	1	Malaga, ESP	5	May
58.20		Zakia Mossi	U15	15.09.03	2rB	Bromley	16	Jul
58.22		Elizabeth Thompson		2.02.02	2	Glasgow (S)	24	Jun
58.36		Mary Takwoingi		13.09.01	5	Nuneaton	10	Jun
58.5		Emily Williams		25.02.02	1	Banbury	6	May
58.5		Holly Kone		7.12.01	1rB	Birmingham	5	Aug
58.8		Annie Bell		17.02.03	1	Burnley	3	Jun
	(20)							
58.82		Eve Clawley		10.02.02	2	Loughborough	30	May
59.01		Ella Fryer	U15	19.02.04	1	Twickenham	30	Sep

Indoor performances

51.60	Eilidh Doyle	(51.87)	3	Birmingham	3	Mar
51.84			1	Birmingham	18	Feb
52.11			1s2	Birmingham	17	Feb
52.15			2s1	Birmingham	2	Mar

2018 - Women - 400 Metres

	52.31			2h5	Birmingham	2	Mar
	52.34			1	Vienna, AUT	27	Jan
	52.38			2	Glasgow	25	Feb
	52.66			1h2	Birmingham	17	Feb
	53.00mx			1rD	Glasgow	13	Jan
52.07	Amarachi Pipi		(52.26)	3h4	College Station TX, USA	9	Mar
	52.47			3r1	College Station TX, USA	10	Mar
	52.81			1rB	Ames IA, USA	24	Feb
	53.04			1h1	Ames IA, USA	23	Feb
	53.24			1	Nashville TN, USA	20	Jan
52.12	Clark		(51.36)	2	Birmingham	18	Feb
	52.16			6	Birmingham	3	Mar
	52.63			2s2	Birmingham	2	Mar
	52.73			1s1	Birmingham	17	Feb
	52.75			1h3	Birmingham	2	Mar
	53.28			1	Ghent, BEL	10	Feb
52.74	Allcock			3	Birmingham	18	Feb
53.13	Onuora		(51.13)	1h1	Birmingham	17	Feb
	53.33			2rB	Madrid, ESP	8	Feb
53.21	Beth Dobbin		7.06.94	2h1	Birmingham	17	Feb
53.44	Beesley		(53.07)	1	Sheffield	28	Jan
53.49	Williams		(52.50)	2s2	Birmingham	17	Feb

23 performances to 53.50 by 8 athletes

Indoor where superior to outdoors

53.71	Ashleigh Nelson		20.02.91	1	Cardiff	4	Feb
54.22	Marilyn Okoro		23.09.84	1	London (LV)	27	Jan
54.31	Margaret Adeoye		22.04.85	3h3	Birmingham	17	Feb
54.49	Seren Bundy-Davies		(54.81)	6	Madrid, ESP	8	Feb
54.55	Amber Anning	U20	18.11.00	1	Sheffield	24	Feb
54.71	Emma Alderson	U20	(55.15)	4h3	Birmingham	17	Feb
55.30	Alex Shaw	U20	(56.21)	5h3	Birmingham	17	Feb
55.53A	Chelsea Walker	U23	29.06.97	2h4	Albuquerque NM, USA	23	Feb
56.21				1	Nampa ID, USA	10	Feb
55.58	Isabelle Boffey	U20	13.04.00	3	London (LV)	14	Jan
55.78	Ella Barrett	U23	(55.96)	3	Sheffield	18	Feb
55.98	Georgina Rogers	U23	1.09.96	1s2	Sheffield	18	Feb
56.10	Anna Nicole Rowe	U23	2.09.98	4h2	Birmingham	17	Feb
56.27	Hannah Segrave		14.04.95	3	Lynchburg VA, USA	27	Jan
56.32	Sophie Porter	U20	14.03.01	3	Sheffield	24	Feb
56.56	Hayley Jones/Mills		14.09.88	1	Manchester (SC)	14	Nov
56.66	Jessica Tappin		17.05.90	6h1	Birmingham	17	Feb

Under 17

57.51	Elizabeth Thompson		(58.22)	1	Glasgow	10	Mar
57.73	Tess McHugh		19.06.02	3	Sheffield	13	Jan
57.77	Nandy Kihuyu	U15	15.06.05	1U15	Sheffield	2	Dec
58.39	Hannah Roberts		15.09.02	4	London (LV)	14	Jan

Foreign

52.88	*Davicia Patterson (IRL)*	*U20*	*15.12.00*	*1*	*Mannheim, GER*	*23*	*Jun*
54.44	*Aisha Naibe-Wey (SLE)*		*3.08.93*	*3rC*	*Tempe, USA*	*5*	*Apr*
55.11	*Joceline Monteiro (POR)*		*10.05.90*	*3*	*Braga, POR*	*21*	*Jul*
55.46	*Nessa Millet (IRL)*		*5.12.94*	*2*	*Tampere, FIN*	*26*	*May*

600 Metres

1:27.38	Hannah Segrave		14.04.95	3	Barcelona, ESP	11	Jul
1:28.41i+	Adelle Tracey		27.05.93	1m	Birmingham	18	Feb
	1:29.92+			4=m	Berlin, GER	10	Aug
1:28.7i+	Shelayna Oskan-Clarke		20.01.90	2m	Birmingham	18	Feb
	1:29.61+			2m	Berlin, GER	10	Aug
1:28.89+	Lynsey Sharp		11.07.90	1m	Ostrava, CZE	13	Jun
1:28.9i+	Mhairi Hendry	U23	31.03.96	3m	Birmingham	18	Feb

800 Metres

1:59.09	Laura Muir		9.05.93	5	Oslo, NOR	7	Jun
	1:59.69i			1	Glasgow	28	Jan
	2:01.22			1	Birmingham	1	Jul
	2:03.00+			1m	Birmingham	18	Aug
1:59.34	Lynsey Sharp		11.07.90	3	London (O)	22	Jul
	1:59.86			7	Rabat, MAR	13	Jul
	1:59.90			2	Rovereto, ITA	23	Aug
	1:59.93			1	Brussels, BEL	31	Aug
	2:00.32			2h1	Berlin, GER	7	Aug
	2:00.44mx			1rJ	Loughborough	23	Jun
	2:01.02			8	Lausanne, SUI	5	Jul
	2:01.33			4h3	Gold Coast, AUS	12	Apr
	2:01.79			5	Ostrava, CZE	13	Jun
	2:01.83			6	Berlin, GER	10	Aug
	2:02.20i			4	Boston (R), USA	10	Feb
	2:02.38			5	Birmingham	1	Jul
	2:02.39i			2	Glasgow	25	Feb
	2:02.73			2s1	Berlin, GER	8	Aug
	2:02.78			5	Stockholm, SWE	10	Jun
1:59.81i	Shelayna Oskan-Clarke		20.01.90	3	Birmingham	4	Mar
	2:00.06i			1	Birmingham	18	Feb
	2:00.39			4s2	Berlin, GER	8	Aug
	2:00.81			3h2	Gold Coast, AUS	12	Apr
	2:01.76i			1h2	Birmingham	3	Mar
	2:01.94			2	Birmingham	1	Jul
	2:02.01mx			2	London (Elt)	20	Jun
	2:02.09			3	Stockholm, SWE	10	Jun
	2:02.26			8	Berlin, GER	10	Aug
	2:02.87			5	Marseille, FRA	16	Jun
	2:02.90i			2	Val-de-Reuil, FRA	27	Jan
1:59.86	Adelle Tracey		27.05.93	2s2	Berlin, GER	8	Aug
	2:00.86			4	Berlin, GER	10	Aug
	2:00.91			2	Tübingen, GER	16	Jun
	2:01.05			2	London (O)	15	Jul
	2:01.26			3	Padova, ITA	2	Sep
	2:01.34			3	Szczecin, POL	15	Aug
	2:01.52			4	Huelva, ESP	8	Jun
	2:01.91			1h2	Berlin, GER	7	Aug
	2:02.00			3	Birmingham	1	Jul
	2:02.03			6h3	Gold Coast, AUS	12	Apr
	2:02.87i			5	Torun, POL	15	Feb
1:59.93	Alexandra Bell		4.11.92	1	Watford	26	May
	2:00.11			2h1	Gold Coast, AUS	12	Apr
	2:00.13			1	Lignano, ITA	11	Jul
	2:00.29mx			1	Manchester (Str)	14	Aug
	2:00.83			5	Gold Coast, AUS	13	Apr
	2:01.49			8	London (O)	22	Jul
	2:01.64			1	Manchester (Str)	18	Aug
	2:02.08			4	Birmingham	1	Jul
	2:02.98			2	Prague, CZE	4	Jun
2:00.88	Sarah McDonald		2.08.93	1	Watford	8	Aug
	2:00.91mx			1	Tipton	19	Jun
	2:01.30			4	Karlstad, SWE	25	Jul
2:01.30i	Mhairi Hendry	U23	31.03.96	2	Birmingham	18	Feb
	2:02.41i			2	Glasgow	28	Jan
	2:02.65i			3h3	Birmingham	3	Mar
	2:03.06			8	Oordegem, BEL	26	May
2:01.60mx	Katie Snowden		9.03.94	1rD	London (Elt)	18	Jul
	2:01.63mx			1	Watford	8	Aug
	2:01.75			3	London (Elt)	7	Jul
	2:03.00			3	Watford	11	Jul
2:01.78mx	Revee Walcott-Nolan		6.03.95	1	London (Elt)	20	Jun
	2:02.06			9	London (O)	22	Jul

2018 - Women - 800 Metres

Time	Name	Cat	DOB	Pos	Venue	Date
			2:02.46	1rB	Tübingen, GER	16 Jun
			2:02.50	7	Guadalajara, ESP	5 Jul
2:02.02	Ellie Baker	U23	3.06.98	3	Nijmegen, NED	8 Jun
(10)						
2:02.11mx	Laura Weightman		1.07.91	1	Chester-le-Street	18 Jun
			2:02.41	1	Watford	11 Jul
2:02.52	Hannah Segrave		14.04.95	8	Nashville TN, USA	2 Jun
			2:02.74	5	Dublin (S), IRL	19 Jul
2:02.62	Jemma Reekie	U23	6.03.98	1	Glasgow (S)	1 Jun
2:02.64	Mari Smith	U23	14.11.96	2	Watford	11 Jul
2:02.89	Hannah England		6.03.87	5	Gothenburg, SWE	18 Aug
72 performances to 2:03.0 by 15 athletes including 11 indoors						
2:03.20	Katy-Ann McDonald	U20	1.06.00	2s2	Tampere, FIN	11 Jul
2:03.32	Leah Barrow		21.01.93	10	Oordegem, BEL	26 May
2:03.86	Laura Maddox		13.05.90	1	Manchester (SC)	12 May
2:04.00	Isabelle Boffey	U20	13.04.00	4	Loughborough	20 May
2:04.26	Keely Hodgkinson	U17	3.03.02	4	Watford	26 May
(20)						
2:04.26mx	Jessica Judd		7.01.95	1rC	Tipton	17 Jul
			2:05.36	1	Loughborough	6 Jun
2:04.34	Khahisa Mhlanga	U20	26.12.99	3	Loughborough	23 Jun
2:04.52i	Kaylee Dodd		28.12.95	1	Ames IA, USA	10 Feb
			2:05.32	6	Waco TX, USA	13 May
2:04.56	Amy Griffiths	U23	22.03.96	4	Loughborough	23 Jun
2:04.71mx	Francesca Brint	U20	30.08.00	1rE	Manchester (Str)	14 Aug
			2:05.60	4	Manchester (Str)	24 Jul
2:04.78	Jacqueline Fairchild		3.05.89	1	Manchester (Str)	24 Jul
2:04.85i	Ejiro Okoro		4.07.90	4	Birmingham	18 Feb
			2:07.47	3h1	Birmingham	30 Jun
2:05.14	Katy Brown		18.11.93	3	Manchester (Str)	24 Jul
2:05.46	Rosie Chamberlain		11.08.95	7	Gainesville FL, USA	30 Mar
2:05.85	Rachael Franklin		14.12.91	5	Manchester (Str)	24 Jul
(30)						
2:05.87mx	Georgie Hartigan	U23	1.03.96	1rE	London (Elt)	18 Jul
			2:06.57	1rB	London (Elt)	7 Jul
2:05.96i	Philippa Millage	V35	15.08.80	3	Glasgow	28 Jan
2:05.99mx	Sophie Connor		21.05.93	2rE	London (Elt)	18 Jul
			2:07.00	7	Watford	13 Jun
2:06.22	Emily Williams	U17	25.02.02	5	Loughborough	20 May
2:06.29	Rhianwedd Price-Weimer		11.08.94	3	Knoxville TN, USA	13 Apr
2:06.41	Roisin Flanagan	U23	2.05.98	7	Belfast	26 Jun
2:06.41	Kelsey Stewart	U23	12.02.97	3	Manchester (Str)	18 Aug
2:06.48	Emily Dudgeon		3.03.93	4	Watford	8 Aug
2:06.50	Georgia Yearby		19.02.95	2rB	Tubingen, GER	16 Jun
2:06.86i	Charlotte Cayton-Smith	U23	15.05.97	2	Nashville TN, USA	19 Jan
(40)						
2:06.94	Aimee Pratt	U23	3.10.97	1	Manchester (Str)	26 Jun
2:06.99	Isla Calvert	U17	28.03.03	5	Manchester (Str)	12 Jun
2:07.05	Charlotte Taylor-Green		2.04.85	2rB	Loughborough	23 Jun
2:07.08	Jade Williams		7.09.92	3rB	Loughborough	23 Jun
2:07.19i	Phillipa Lowe		7.04.92	1	London (LV)	28 Jan
2:07.66	Beth Kidger		16.03.94	7rC	Ninove, BEL	28 Jul
2:07.67	Millie Howard	U23	4.02.98	3	Philadelphia PA, USA	13 Apr
2:07.70	Rachel McClay		13.10.92	7	Loughborough	20 May
2:07.72mx	Erin Wallace	U20	18.05.00	1	Glasgow	21 Aug
			2:08.63	4	Glasgow (S)	1 Jun
2:07.75	Emma Jackson		7.06.88	3	Glasgow (S)	1 Jun
(50)						
2:07.84	Chloe Bradley		27.03.93	3rB	London (Elt)	7 Jul
2:08.02	Bethany Ansell		10.09.94	5	Bedford	7 May
2:08.10i	Ffion Price		11.08.94	3	Nashville TN, USA	19 Jan
2:08.11i	Mae Thompson	U23	28.05.96	4	Boston MA, USA	26 Jan
			2:09.37	10	Durham NC, USA	21 Apr
2:08.15	Cara Anderson		17.01.92	4rB	London (Elt)	7 Jul
2:08.28	Emily Hosker-Thornhill		27.10.92	5	Watford	8 Aug

2018 - Women - 800 Metres

Time	Name	Cat	DOB	Pos	Venue	Date
2:08.49	Abbie Hetherington		2.10.95	3	Fayetteville AR, USA	4 May
2:08.53	Kimberly Johansen		18.11.94	3rB	Watford	13 Jun
2:08.57	Alison Lundy		17.03.90	6	Manchester (Str)	24 Jul
2:08.60	Tamsin McGraw	U20	7.10.99	2	Birmingham	14 Jul
(60)						
2:08.62	Anna Burt	U20	12.07.00	1	Street	5 May
2:08.64	Hannah Cameron	U23	21.07.97	5	Glasgow (S)	1 Jun
2:08.74	Isobel Ives	U23	17.06.98	7	Watford	8 Aug
2:08.78	Holly Archer		7.11.93	4rB	Watford	13 Jun
2:08.82i	Kathryn Gillespie	U23	27.09.96	5	Boston (A) MA, USA	3 Feb
	2:09.77			1	Hanover NH, USA	25 Feb
2:08.9	Claire Duck		29.08.85	1	Darlington	3 Jun
2:08.91	Emma Haley		23.02.88	1	Bedford	10 Jun
2:08.95	Elise Thorner	U20	16.03.01	2	Street	5 May
2:09.01	Lucy Robinson	U23	30.11.97	8	Manchester (Str)	12 Jun
2:09.05mx	Sarah Calvert	U20	29.06.01	1rB	Livingston	18 Apr
	2:09.09			9	Manchester (Str)	12 Jun
(70)						
2:09.25	Emma Alderson	U20	29.02.00	6	Manchester (Str)	18 Aug
2:09.27	Samantha Coleby		4.08.90	6h1	Birmingham	30 Jun
2:09.28	Lilly Coward	U23	10.09.96	6rB	Watford	13 Jun
2:09.30	Emily Thompson	U20	19.03.00	4	Birmingham	14 Jul
2:09.32	Annie Testar	U17	18.04.02	3rC	Watford	26 May
2:09.39	Amy-Eloise Neale		5.08.95	3	Pullman WA, USA	28 Apr
2:09.40mx	Saskia Huxham	U20	14.11.00	1rB	Manchester (Str)	24 Jul
2:09.42	Tara Kafke		17.02.89	3	Bedford	10 Jun
2:09.44	Charlotte Buckley	U17	2.01.02	2	Milton Keynes	2 Jun
2:09.45	Laura O'Connor		31.10.93	1rB	Manchester (Str)	18 Aug
(80)						
2:09.49i	Olivia Vareille	U20	11.12.00	1	Glasgow	10 Mar
	2:09.53			6	Glasgow (S)	1 Jun
2:09.56mx	Anna Clark	U23	4.06.97	1rl	Watford	18 Apr
	2:09.79			3rB	Watford	8 Aug
2:09.64mx	Yasmin Austridge	U20	11.08.00	1	Brighton	30 May
2:09.74	Niamh Emerson	U20	22.04.99	1H3	Tampere, FIN	13 Jul
2:09.78	Stephanie Moss	U17	24.05.02	2rB	Manchester (SC)	12 May
2:09.79	Bethan Morley	U17	9.10.01	2rB	Manchester (Str)	18 Aug
2:09.84	Katarina Johnson-Thompson		9.01.93	1H3	Berlin, GER	10 Aug
2:09.86	Zakia Mossi	U15	15.09.03	1rC	London (Elt)	7 Jul
2:09.87	Kathryn Sutton		23.12.88	2	Chelmsford	24 Jun
2:09.90	Sarah Astin		22.10.93	8	Watford	11 Jul
(90)						
2:09.92mx	Rosie Johnson	U23	17.09.97	1	Manchester (Str)	12 Jun
2:09.96	Isobel Parry-Jones	U23	17.12.98	2	Grangemouth	7 Jul
2:10.05	Megan Davies	U23	10.05.96	1rB	Cardiff	2 Jun
2:10.14	Gemma Finch	U23	1.08.97	5	Auburn AL, USA	20 Apr
2:10.15	Grace Maddox	U23	12.07.97	6rB	Watford	8 Aug
2:10.18	Rebecca Croft	U23	27.05.97	4	Stanford CA, USA	20 Apr
2:10.24	Fiona de Mauny	V35	3.02.83	1	Málaga, ESP	11 Sep
2:10.28	Hollie Parker	U23	20.12.96	1	Lafayette LA, USA	17 Mar
2:10.48	Ellie Farrow	U17	30.10.01	2	Birmingham	14 Jul
2:10.5	Danielle Hodgkinson		11.10.84	1	Darlington	4 Aug
(100)						

Additional Under 17 (1-8 above)

Time	Name		DOB	Pos	Venue	Date
2:10.82	Darcey Lonsdale		17.10.02	6rC	Watford	26 May
2:11.03	India Pentland		26.03.02	4rC	London (Elt)	7 Jul
(10)						
2:11.07	Molly Canham		3.11.01	4	Birmingham	14 Jul
2:11.42mx	Ava White		20.05.03	2	Bromley	21 May
2:11.63mx	Morgan Squibb		23.06.03	3	Bromley	21 May
	2:14.31			4rB	Milton Keynes	2 Jun
2:11.87	Sarah Coutts		9.05.03	4	Grangemouth	21 Jul
2:12.01	Shannon Flockhart		5.04.02	2rB	Milton Keynes	2 Jun
2:12.5	Olivia Mason		14.10.01	1	Carlisle	9 Jun
2:12.68	Maya Todd-Mcintyre		21.10.02	1rE	Watford	26 May

2018 - Women - 800 Metres

Time	Name	DOB	Pos	Venue	Date
2:12.71	Beatrix Wraith	6.02.03	1	London (LV)	8 Jul
2:12.72mx	Anna Smith	14.09.01	1rB	Loughborough	8 Apr
2:12.90mx	Amy Miller	16.11.02	1	Watford	11 Jul
	2:14.59		1rD	London (Elt)	7 Jul
(20)					
2:12.97mx	Hannah Roberts	15.09.02	1rB	Watford	5 Sep
	2:13.09		3rC	Manchester (Str)	18 Aug
2:13.36	Saffron Moore	15.09.02	3rC	Manchester (SC)	12 May
2:13.44	Lauren McNeil	22.12.02	1rC	Milton Keynes	2 Jun
2:13.71	Lia Radus	1.10.01	7	Manchester (Str)	26 Jun
2:14.05	Elizabeth Bentham	13.04.02	7rD	Watford	26 May
2:14.11mx	Ty Brockley-Langford	8.11.02	1rD	Manchester (Str)	24 Jul
	2:14.84		2rC	Manchester (Str)	26 Jun
2:14.15	Jodie Martin	8.12.02	3h1	Birmingham	13 Jul
2:14.32	Nia Riley	13.07.02	6	Grangemouth	21 Jul
2:14.65mx	Charlotte Clare	9.06.02	1	Grangemouth	6 Jun
2:15.15	Alexandra Millard	31.12.01	2rC	Milton Keynes	2 Jun
(30)					
2:15.17	Madeleine Johnson	5.12.01	2rB	Exeter	26 Jun
2:15.24mx	Bluebell Cooke	19.04.03	3rJ	Watford	13 Jun

Additional Under 15 (1 above)

Time	Name	DOB	Pos	Venue	Date
2:11.98	Alice Brown	1.11.03	1rB	Milton Keynes	2 Jun
2:12.32	Ruby Simpson	6.07.05	1	Sheffield	17 Jun
2:12.56	Victoria Lightbody	4.05.04	6	Belfast	26 May
2:12.59	Ines Curran	9.09.03	2	Sheffield	17 Jun
2:12.77	Naomi Toft	13.03.04	1	Bromley	19 May
2:13.41mx	Ellie Dolby	13.03.04	5	Bromley	21 May
	2:17.35		2	London (LV)	12 Aug
2:14.04imx	Katie Johnson	30.04.05	1	Glasgow	21 Dec
	2:15.81		2	Aberdeen	19 Aug
2:14.14mx	Ruby Bell	26.10.03	1	Manchester (Str)	15 May
	2:16.07		1	Manchester (Str)	9 Jun
2:14.36i	Ava Taperell	21.12.03	1	Sheffield	4 Feb
	2:16.4		1	Carlisle	9 Jun
(10)					
2:14.55	Maisie Collis	2.01.04	2rC	Brighton	30 May
2:14.62	Zoe Hunter	19.01.04	4	Birmingham	14 Jul
2:14.68	Susannah Lecoutre	5.04.04	1	Crawley	16 Jun
2:14.94	Valentina Costa	11.03.04	2	Derby	9 Jun
2:15.38	Anna Mason	1.06.04	1rB	Glasgow (S)	1 Jun
2:15.38	Rachel Muir	24.04.04	1rC	Glasgow (S)	1 Jun
2:15.4	Beatrice Wood	9.10.03	1	Basingstoke	1 Jul
2:15.55	Maddison Sawyer	7.12.03	1	Dartford	3 Jun
2:15.64	Ella Greenway	3.01.05	1	Boston	13 May
2:15.71	Hannah Burn	14.05.04	1	Aberdeen	19 Aug
(20)					
2:15.81	Laure Kidukula	10.10.03		Birmingham	16 Jun
2:15.82	Ellen Kearney	29.10.03	1r4	Newport	24 Jun
2:15.93mx	Amarisa Sibley	27.06.05	1rB	Bromley	21 May
2:15.95	Indienne King	5.07.04	3	Bedford	26 Aug
2:16.24	Samia Jones	2.09.03	1r2	Newport	24 Jun
2:16.35mx	Holly Weedall	31.12.04	1B	Manchester (Str)	26 Jun
2:16.54i	Emma Shipley	15.02.05	3	Sheffield	25 Feb
	2:16.65		4	Bedford	26 Aug
2:16.54	Lily Pearson		3	Crawley	16 Jun
2:16.9	Olivia Leigh	3.11.03	1	Blackpool	9 Jun
2:17.00	Ella Fryer	19.02.04	4h4	Birmingham	13 Jul
(30)					
2:17.17	Layla Wilkinson	29.11.03	4	Crawley	16 Jun
2:17.21mx	Eva Holland	3.05.04	4	London (TB)	7 May
2:17.3	Jessamine Hughes	24.08.05	1	Nottingham	9 Jun
2:17.5	Abigail Ives	6.02.04	1	Brighton	21 Jul
2:17.51	Freya Buglass	9.10.04	1	Exeter	22 Jul
2:17.6	Abigail Earnshaw	20.09.03	2	Blackpool	9 Jun

2018 - Women - 800 Metres

Under 13

Time	Name		DoB	Pos	Venue	Date
2:17.63	Katie Sakaria		1.11.05	1	Kingston	13 May
2:21.6	Stephanie Okoro		22.04.06	1	Colchester	3 Jun
2:21.63	Erin Little		25.09.05	1	Chelmsford	12 May
2:22.19	Charlotte Wormley		25.11.05	2	Kingston	13 May
2:22.34	Sophie Dunbobbin		31.10.05	1rC	Loughborough	11 Jul
2:22.36	Eleanor Strevens		14.05.06	1	Brighton	30 Jun
2:22.4	Elise Horner			1	Cudworth	22 Jul
2:22.8	Lauren Waddington		2.11.05	1	Blackburn	13 May
2:23.18	Ruby Styler		24.08.06	2	Cudworth	13 May
2:23.39	Nneka Okoh		10.11.05	3	Chelmsford	12 May

Foreign

Time	Name		DoB	Pos	Venue	Date
2:02.13	*Ciara Mageean (IRL)*		*12.03.92*	*2*	*Dublin (S), IRL*	*19 Jul*
2:04.97	*Anna Silvander (SWE)*		*22.06.93*	*9*	*Gothenburg, SWE*	*18 Aug*
2:06.70	*Joceline Monteiro (POR)*		*10.05.90*	*2rB*	*London (Elt)*	*7 Jul*
2:08.13	*Gabrielle Coveney (IRL)*		*29.07.91*	*8*	*Loughborough*	*20 May*
2:09.35	*Diane Marie-Hardy (FRA)*	*U23*	*19.02.96*	*1H1*	*Berlin, GER*	*10 Aug*
2:09.86imx	*Kelly Neely (IRL)*	*V35*	*17.06.78*	*1*	*Abbotstown, IRL*	*8 Feb*
2:09.95	*Isabelle Scott (AUS)*		*9.01.93*	*4rB*	*Watford*	*8 Aug*

1000 Metres

Time	Name		DoB	Pos	Venue	Date
2:33.92	Laura Muir		9.05.93	1	Birmingham	18 Aug
2:34.59	Adelle Tracey		27.05.93	3	Birmingham	18 Aug
2:35.54	Katie Snowden		9.03.94	4	Birmingham	18 Aug
2:36.79	Jemma Reekie	U23	6.03.98	6	Birmingham	18 Aug
2:37.25				4	Berlin, GER	2 Sep
2:37.56	Laura Weightman		1.07.91	6	Berlin, GER	2 Sep
2:44.78imx	Charlotte Taylor-Green		2.04.85	1	Cardiff	4 Feb
2:45.54i	Kathryn Gillespie	U23	27.09.96	2	Boston MA, USA	3 Mar
2:47.75i	Abbie Hetherington		2.10.95	5	Ames IA, USA	24 Feb
2:47.82i	Rhianwedd Price-Weimer		11.08.94	1	Birmingham AL, USA	12 Jan

1200 Metres - Under 13

Time	Name		DoB	Pos	Venue	Date
3:46.09	Jasmine Reed		17.11.05	1	Bedford	8 Sep
3:49.4	Charlotte Wormley		25.11.05	1	London (TB)	19 May
3:51.4	Isabelle Price		4.10.05	1	Brierley Hill	17 Jun
3:51.6	Francesca Baxter		4.11.06	1	London (TB)	19 May
3:51.80	Sonja Lisa De Koning		26.09.05	2	Bedford	8 Sep
3:52.4	Aria Aberley-Barker		1.07.06	2	Brierley Hill	17 Jun
3:52.8	Katie Sakaria		1.11.05	1	Reading	15 Apr
3:53.3	Carys Roberts		6.04.06	2	Bebington	21 Jul
3:53.46	Harriet Bain		1.02.06	1	Sheffield	17 Jun
3:53.7	Josie Robertson			1	Woking	3 Jun

1500 Metres

Time	Name		DoB	Pos	Venue	Date
3:58.18	Laura Muir		9.05.93	2	Lausanne, SUI	5 Jul
3:58.49				1	Brussels, BEL	31 Aug
3:58.53				2	Stockholm, SWE	10 Jun
3:59.30				2	Eugene OR, USA	26 May
4:00.68+				5m	London (O)	22 Jul
4:02.32				1	Berlin, GER	12 Aug
4:05.37i				1	Glasgow	10 Feb
4:06.23i				2	Birmingham	3 Mar
4:06.54i				2h1	Birmingham	2 Mar
4:09.12				1h1	Berlin, GER	10 Aug
4:01.76	Laura Weightman		1.07.91	7	Lausanne, SUI	5 Jul
4:02.90				9	Stockholm, SWE	10 Jun
4:03.44+				6m	London (O)	22 Jul
4:03.75				3	Berlin, GER	12 Aug
4:04.36				9	Brussels, BEL	31 Aug
4:05.89				1	Brisbane (Nathan), AUS	28 Mar
4:07.48				12	Eugene OR, USA	26 May
4:08.74				2h2	Berlin, GER	10 Aug
4:08.80				1	Birmingham	1 Jul

2018 - Women - 1500 Metres

Mark	Name		DOB	Pos	Venue	Date
4:01.98	Eilish McColgan		25.11.90	8	Lausanne, SUI	5 Jul
4:04.30				6	Gold Coast, AUS	10 Apr
4:06.88				5h1	Gold Coast, AUS	9 Apr
4:08.07i				3	Madrid, ESP	8 Feb
4:08.70				3	Brisbane (Nathan), AUS	28 Mar
4:13.32i				6h2	Birmingham	2 Mar
4:13.94i				1	Birmingham	18 Feb
4:03.17	Sarah McDonald		2.08.93	5	Birmingham	18 Aug
4:03.36				3	Chorzow, POL	22 Aug
4:04.28+				10m	London (O)	22 Jul
4:04.41				2	Ostrava, CZE	13 Jun
4:05.77				8	Gold Coast, AUS	10 Apr
4:07.62i				5	Boston (R) MA, USA	10 Feb
4:09.00i				5	Glasgow	25 Feb
4:09.28				3	Birmingham	1 Jul
4:09.54				5h2	Gold Coast, AUS	9 Apr
4:10.94+				4m	Hengelo, NED	3 Jun
4:03.44	Melissa Courtney		30.08.93	3	Gold Coast, AUS	10 Apr
4:06.27				10	Lausanne, SUI	5 Jul
4:06.63				4h1	Gold Coast, AUS	9 Apr
4:06.70				2	Brisbane (Nathan), AUS	28 Mar
4:10.73+				6m	Hengelo, NED	3 Jun
4:05.56	Stephanie Twell		17.08.89	7	Gold Coast, AUS	10 Apr
4:08.66				4h2	Gold Coast, AUS	9 Apr
4:09.67				4	Brisbane (Nathan), AUS	28 Mar
4:13.09i				11	Glasgow	25 Feb
4:06.11+	Jemma Reekie	U23	6.03.98	13m	London (O)	22 Jul
4:09.05				3	London (O)	14 Jul
4:09.08				3	Dublin (S), IRL	19 Jul
4:09.10				2	Birmingham	1 Jul
4:09.54				7	Chorzów, POL	8 Jun
4:10.10				2	Watford	26 May
4:10.25				5	Lignano, ITA	11 Jul
4:10.35				8h1	Berlin, GER	10 Aug
4:10.99				4	Sotteville, FRA	17 Jul
4:11.96				1	Loughborough	20 May
4:13.46i				12	Glasgow	25 Feb
4:06.55	Katie Snowden		9.03.94	11	Gold Coast, AUS	10 Apr
4:08.00				7h1	Gold Coast, AUS	9 Apr
4:08.95mx				1	Watford	22 Aug
4:09.27				12	Tübingen, GER	16 Jun
4:10.09i				2	Ghent, BEL	10 Feb
4:10.86				4	Birmingham	1 Jul
4:11.75+				12m	Hengelo, NED	3 Jun
4:12.20i				10	Glasgow	25 Feb
4:07.50	Jessica Judd		7.01.95	1	Manchester (Str)	18 Aug
4:08.82				14	Gold Coast, AUS	10 Apr
4:08.87				8h1	Gold Coast, AUS	9 Apr
4:09.27mx				1	Manchester (Str)	28 Aug
4:09.29mx				1	Watford	25 Jul
4:10.07				9	Ostrava, CZE	13 Jun
4:10.76				1	Loughborough	23 Jun
4:11.96				1	Manchester (SC)	15 Aug
4:12.58				3	Watford	26 May
4:13.56				5	Birmingham	1 Jul
4:07.69	Rosie Clarke		17.11.91	5	Tübingen, GER	16 Jun
4:11.24				5	Brisbane (Nathan), AUS	28 Mar
(10)						
4:09.71	Amy Griffiths	U23	22.03.96	2	Manchester (Str)	18 Aug
4:12.14mx				1rB	Watford	25 Jul
4:10.05i	Stacey Smith		4.02.90	6	Glasgow	25 Feb
4:13.68i				1	Sheffield	7 Jan
4:10.31	Rhianwedd Price-Weimer		11.08.94	2	Gainesville FL, USA	30 Mar
4:10.78	Hannah England		6.03.87	14	Tübingen, GER	16 Jun

2018 - Women - 1500 Metres

Time		Name	Cat	Mark	Pos	Venue	Date
4:11.14					4	Ninove, BEL	28 Jul
4:11.25i					9	Boston (R) MA, USA	10 Feb
4:12.30					8	Huelva, ESP	8 Jun
4:12.92					9	Lignano, ITA	11 Jul
4:13.68					2	Kessel-Lo, BEL	4 Aug
87 performances to 4:14.0 by 14 athletes including 15 indoors							
4:14.39		Amy-Eloise Neale		5.08.95	8	Azusa CA, USA	20 Apr
4:14.40		Emily Hosker-Thornhill		27.10.92	2	Loughborough	23 Jun
4:14.80		Erin Wallace	U20	18.05.00	4	Watford	26 May
4:15.27		Claire Duck		29.08.85	3	Loughborough	23 Jun
4:15.42		Kate Avery		10.10.91	4	Manchester (Str)	18 Aug
4:15.47		Adelle Tracey		27.05.93	1	Watford	2 May
(20)							
4:15.50mx		Jacqueline Fairchild		3.05.89	1	Leeds	2 Aug
4:16.27					7	Manchester (Str)	18 Aug
4:15.53		Dani Chattenton	U23	4.07.96	5	Manchester (Str)	18 Aug
4:15.87		Rachael Franklin		14.12.91	5	Loughborough	23 Jun
4:16.65		Sophie Connor		21.05.93	6	Loughborough	23 Jun
4:16.69		Aimee Pratt	U23	3.10.97	3	Loughborough	20 May
4:16.88		Charlotte Taylor-Green		2.04.85	1	Watford	13 Jun
4:17.03		Ffion Price		11.08.94	5h2	Birmingham	30 Jun
4:17.17		Jade Williams		7.09.92	5	Kessel-Lo, BEL	4 Aug
4:17.49		Amelia Quirk	U20	18.12.99	6	Watford	26 May
4:17.51		Cari Hughes	U20	15.03.99	8	Manchester (Str)	18 Aug
(30)							
4:17.76		Beth Kidger		16.03.94	7h2	Birmingham	30 Jun
4:17.79		Francesca Brint	U20	30.08.00	9	Manchester (Str)	18 Aug
4:18.09		Elizabeth Bird		4.10.94	5	Adrian OR, USA	12 May
4:18.20mx		Ellie Baker	U23	3.06.98	1	Brighton	30 May
4:18.36		Madeleine Murray		19.10.93	2	Melbourne (A), AUS	13 Dec
4:18.42		Kimberly Johansen		18.11.94	9	Loughborough	23 Jun
4:18.56mx		Naomi Taschimowitz		19.10.89	2rC	Watford	22 Aug
4:22.09					5	London (Elt)	7 Jul
4:18.69		Stephanie Barnes		28.07.88	5	Oordegem, BEL	2 Jun
4:18.73		Millie Howard	U23	4.02.98	6h4	Tampa FL, USA	24 May
4:18.75		Sarah Astin		22.10.93	10	Loughborough	23 Jun
(40)							
4:19.34mx		Danielle Hodgkinson		11.10.84	1rB	Chester-le-Street	9 Jul
4:20.25		Lilly Coward	U23	10.09.96	11	Loughborough	23 Jun
4:20.27		Georgie Hartigan	U23	1.03.96	11	Manchester (Str)	18 Aug
4:20.88		Emily Williams	U17	25.02.02	5	Manchester (SC)	12 May
4:20.92		Naomi Lang	U20	7.02.00	1rB	Watford	26 May
4:20.96mx		Khahisa Mhlanga	U20	26.12.99	1	London (Elt)	20 Jun
4:23.43					8	London (Elt)	7 Jul
4:20.97		Revee Walcott-Nolan		6.03.95	1	Bedford	10 Jun
4:21.38		Gemma Holloway	U23	7.04.97	2rB	Watford	26 May
4:21.77		Calli Thackery		9.01.93	4	Los Angeles CA, USA	12 May
4:21.99		Stephanie Pennycook		1.09.95	12	Manchester (Str)	18 Aug
(50)							
4:22.18		Megan Davies	U23	10.05.96	6	Loughborough	20 May
4:22.62		Roisin Flanagan	U23	2.05.98	5rC	Azusa CA, USA	20 Apr
4:22.68		Kathryn Gillespie	U23	27.09.96	2	Philadelphia PA, USA	6 May
4:22.77mx		Philippa Bowden		29.03.95	1rD	Watford	25 Jul
4:23.17		Eloise Walker	U20	27.05.01	7	Manchester (SC)	12 May
4:23.71		Hannah Viner	U23	18.07.95	5	Watford	13 Jun
4:23.81		Lucy Crookes		4.05.93	4rB	Watford	26 May
4:23.83i		Julia Cooke		9.09.88	4h2	Birmingham	17 Feb
4:24.56					2rB	Manchester (Str)	18 Aug
4:24.19		Hollie Parker	U23	20.12.96	2	Baton Rouge LA, USA	7 Apr
4:24.19		Jenny Selman		9.03.91	1rB	Manchester (Str)	18 Aug
(60)							
4:24.42mx		Rosie Johnson	U23	17.09.97	2	Manchester (Str)	26 Jun
4:24.48		Lydia Hallam	U23	26.02.97	8	Loughborough	20 May
4:24.58mx		Abigail Howarth		8.10.92	1rE	Leeds	2 Aug
4:26.10					2rB	Manchester (SC)	12 May

2018 - Women - 1500 Metres

Time	Name	Cat	DOB	Pos	Venue	Date
4:24.71	Lucy Robinson	U23	30.11.97	2	Bedford	16 Jun
4:24.83	Jenna Hill		16.10.85	2	Manchester (SC)	9 Jun
4:24.97mx	Ella McNiven	U17	4.09.01	3	Manchester (Str)	26 Jun
4:26.38				11	Manchester (SC)	12 May
4:25.36mx	Rachel McClay		13.10.92	1rD	Watford	22 Aug
4:26.24				1rB	London (Elt)	7 Jul
4:25.44mx	Eleanor Davis		21.02.89	1	Manchester (Str)	14 Aug
4:26.12	Georgia Fear	U23	19.12.97	2	Hanover NH, USA	12 May
4:26.12mx	Isobel Ives	U23	17.06.98	2rD	Watford	22 Aug
(70)						
4:26.15mx	Nicole Taylor		18.01.95	2	London (Elt)	20 Jun
4:26.3	Beatrice Wood	U15	9.10.03	1	Woking	3 Jun
4:26.55	Hannah Segrave		14.04.95	1	High Point NC, USA	6 Apr
4:26.61	Anna Tait	U23	5.12.96	12h2	Birmingham	30 Jun
4:26.89	Chloe Bradley		27.03.93	5	Manchester (SC)	28 Jul
4:26.92mx	Josephine Moultrie		19.11.90	2	Leeds	14 Jun
4:26.94	Georgia Rothwell	U20	16.05.00	7rB	Watford	26 May
4:27.01	Rachael Gibson		15.02.91	3rB	Manchester (SC)	12 May
4:27.10	Georgia Malir	U23	20.02.96	8rB	Watford	26 May
4:27.14	Gemma Kersey		6.02.92	10	Loughborough	20 May
(80)						
4:27.17	Grace Maddox	U23	12.07.97	4rB	Manchester (SC)	12 May
4:27.20	Laura Brenton		20.06.86	9rB	Watford	26 May
4:27.22	Emily Moyes	U23	14.06.98	2rB	Loughborough	23 Jun
4:27.29mx	Alexandra Brown	U20	8.04.01	1rC	Street	5 May
4:28.11				1	Swansea	25 Jul
4:27.33	Sinead Bent	U23	29.12.96	4	Manchester (SC)	9 Jun
4:27.41	Kaylee Dodd		28.12.95	8	Stanford CA, USA	21 Apr
4:27.50	Lori Handbury		16.08.93	11	Loughborough	20 May
4:27.74i	Natalie Weir		30.01.86	5h1	Birmingham	17 Feb
4:27.74	Chloe Sharp	U20	27.12.99	2rB	London (Elt)	7 Jul
4:27.74mx	Sarah Calvert	U20	29.06.01	1	Livingston	18 Jul
(90)						
4:28.05mx	Rebecca Johnson		6.02.95	1rE	Watford	22 Aug
4:28.08	Emily Dudgeon		3.03.93	2	Southampton	4 Aug
4:28.20	Zoe Wassell	U20	4.07.99	3rB	London (Elt)	7 Jul
4:28.26	Emily Kearney		10.11.95	2	Atlanta GA, USA	8 May
4:28.31	Charlotte Dannatt	U20	12.05.99	4rB	London (Elt)	7 Jul
4:28.52mx	Kerry MacAngus	U20	31.03.99	1	Glasgow (S)	27 Jul
4:28.63	Iona Lake		15.01.93	10	Brisbane (Nathan), AUS	28 Mar
4:28.71	Bryony Gunn	U23	28.02.98	1rC	Loughborough	23 Jun
4:28.75	Suzannah Monk		15.12.95	1s1	Bedford	6 May
4:28.91mx	India Pentland	U17	26.03.02	1	Jarrow	25 Jul
(100)						
4:28.96	Nicole Roberts		30.01.92	7rB	Loughborough	23 Jun
4:28.98mx	Laura O'Connor		31.10.93	1rF	Watford	25 Jul

Additional Under 17 (1-3 above)

Time	Name	Cat	DOB	Pos	Venue	Date
4:29.05mx	Keely Hodgkinson		3.03.02	1rB	Manchester (Str)	24 Apr
4:29.42mx	Charlotte Alexander		18.01.02	2rD	Watford	25 Jul
4:31.97				1	Kingston	9 Jun
4:29.66mx	Ava White		20.05.03	2rC	Street	5 May
4:34.48				3	Milton Keynes	2 Jun
4:30.50	Stephanie Moss		24.05.02	3rB	Manchester (Str)	18 Aug
4:30.78mx	Olivia Mason		14.10.01	1rC	Manchester (Str)	12 Jun
4:31.74				2h1	Bedford	16 Jun
4:30.86	Maya Todd-Mcintyre		21.10.02	4rC	Loughborough	23 Jun
4:32.41mx	Lia Radus		1.10.01	2rE	Leeds	2 Aug
4:35.54				11rB	Manchester (Str)	18 Aug
(10)						
4:33.06mx	Morgan Squibb		23.06.03	2rB	Brighton	30 May
4:35.63				3	London (Elt)	23 May
4:33.07	Sian Heslop		27.09.02	1	Birmingham	16 Jun
4:34.26mx	Madeleine Johnson		5.12.01	1rD	Street	5 May
4:36.47				7rC	Watford	26 May

2018 - Women - 1500 Metres

Time	Name	DOB	Pos	Venue	Date
4:34.86mx	Alexandra Millard	31.12.01	2rE	Watford	30 May
4:38.18			1	Ashford	13 May
4:34.92	Mena Scatchard	28.01.03	4rD	Loughborough	23 Jun
4:35.03	Alice Goodall	3.10.01	12rC	Loughborough	23 Jun
4:35.71	Ella Semple	18.11.02		Birmingham	16 Jun
4:35.79	Isla Calvert	28.03.03	1	Grangemouth	13 May
4:35.95	Isobel Mannion	4.04.02	4	Milton Keynes	2 Jun
4:36.06mx	Molly Canham	3.11.01	6rC	Street	5 May
4:37.99i			1	Sheffield	25 Feb
(20)					
4:36.09mx	Ellie Farrow	30.10.01	5rB	Brighton	30 May
4:36.26			1	Portsmouth	12 May
4:36.32	Shannon Flockhart	5.04.02	2h2	Birmingham	13 Jul
4:37.00mx	Bethan Morley	9.10.01	3rB	Leeds	14 Jun
4:37.00mx	Mia Roberts	13.07.02	1rF	Leeds	2 Aug
4:37.02	Mia Atkinson	15.11.01	3h1	Birmingham	13 Jul
4:37.32	Lauren McNeil	22.12.02	3rC	Manchester (SC)	12 May
4:37.74mx	Jodie Hill	19.02.03	4rB	Manchester (Str)	26 Jun
4:37.87	Georgia Ledingham	24.07.03	2	Grangemouth	13 May
4:37.87mx	Darcey Lonsdale	17.10.02	3rC	Manchester (Str)	12 Jun
4:37.98mx	Holly Smith	31.12.01	5rB	Manchester (Str)	24 Jul
4:38.80			5rC	Manchester (SC)	12 May
(30)					
4:38.23i	Sarah Coutts	9.05.03	2	Glasgow	7 Feb
4:38.35	Charlotte Buckley	2.01.02	5	Bedford	25 Aug
4:38.72	Molly Hudson	16.08.02	5h1	Birmingham	13 Jul
4:38.83mx	Lara Crawford	20.06.03	2rF	Leeds	2 Aug
4:38.84i	Lily Evans-Haggerty	16.06.03	4	Glasgow	7 Feb
4:38.94	Daisy Cumming	17.08.03	4	Grangemouth	13 May

Additional Under 15 (1 above)

Time	Name	DOB	Pos	Venue	Date
4:32.76	Maisie Collis	2.01.04	2	Birmingham	14 Jul
4:33.15	Samia Jones	2.09.03	1	Cardiff	7 Jul
4:33.44	Katie Johnson	30.04.05	1	Bedford	25 Aug
4:34.02mx	Naomi Toft	13.03.04	5rC	Street	5 May
4:34.37	Holly Weedall	31.12.04	2	Milton Keynes	2 Jun
4:36.23mx	Ines Curran	9.09.03	2	Jarrow	25 Jul
4:40.09			6	Birmingham	14 Jul
4:37.45	Zakia Mossi	15.09.03	1	London (LV)	11 Aug
4:39.12	Eva Holland	3.05.04	4	Birmingham	14 Jul
4:39.28mx	Anna Hedley	16.01.04	3rB	Grangemouth	5 Sep
4:41.73			1	Aberdeen	19 Aug
(10)					
4:39.34	Ruby Simpson	6.07.05	1	Spinkhill	9 Sep
4:39.74	Emma Shipley	15.02.05	5	Birmingham	14 Jul
4:40.02	Ellie Dolby	13.03.04	5	London (Elt)	23 May
4:40.21mx	Bethany Cook	17.07.04	6rB	Brighton	30 May
4:42.31			7	Birmingham	14 Jul
4:40.55mx	Valencia Wright	20.01.05	1rC	Grangemouth	5 Sep
4:40.76	Anya MacLean	15.08.04	1rD	Glasgow (S)	27 Jul
4:40.88	Jasmine Young	4.08.04	1rB	Milton Keynes	2 Jun
4:41.87mx	Anna Mason	1.06.04	4rB	Chester-le-Street	4 Jun
4:42.4	Cara Laverty	14.09.03	3	Dublin (S), IRL	23 Jun
4:42.45mx	Emily Shaw	22.02.04	2rE	Street	5 May
(20)					
4:42.86	Faye O'Hare	16.05.04	3	Liverpool	19 May
4:43.67mx	Pippa Roessler	8.01.04	4rE	Watford	2 May
4:44.25mx	Kate Price	31.12.04	1	Bromley	21 May
4:44.33			4h2	Birmingham	13 Jul
4:44.4mx	Dalis Jones	21.10.03	1	Cheltenham	7 May
4:44.42	Amy Harland	21.03.05	1rC	Milton Keynes	2 Jun
4:44.44	Olivia Logan	24.06.04	1	Manchester (Str)	28 May
4:44.58mx	Zoe Flower	30.06.04	3rB	Glasgow	28 Aug
4:44.67	Grace Roberts	18.11.04	1	Exeter	28 Aug
4:44.7	Orla Williams	14.07.04	1	London (TB)	19 May

2018 - Women - 1500 Metres

Time	Name		Date	Pos	Venue	Date
4:44.71	Alice Jones		23.01.04	5h2	Birmingham	13 Jul
(30)						
4:44.87	Lily Saxon		28.03.04	2	Manchester (Str)	28 May
4:44.95	Ella Greenway		3.01.05	1	Hull	12 May
4:45.06mx	Victoria Lightbody		4.05.04	5rC	Glasgow (S)	27 Jul
4:45.10	April Hill		7.10.03	6h1	Birmingham	13 Jul

Under 13

Time	Name		Date	Pos	Venue	Date
4:48.05	Scarlett Livingstone		13.09.05	6	Exeter	26 Jun
4:50.5	Annie Mann		2.03.06	1	Portsmouth	6 Sep
4:51.18mx	Erin MacFarlane		4.11.05	5	Grangemouth	4 Jul
4:55.23mx	Charlotte Wormley		25.11.05	3rB	Crawley	20 Jun
4:55.79mx	Lauren Wormley		25.11.05	4rB	Crawley	20 Jun
4:55.9	Ruby Vinton			1	Basildon	3 Jun
4:56.08	Darcy Dryden			1r2	Birmingham	3 Jul
4:56.52mx	Sophie Dunbobbin		31.10.05	2	Loughborough	1 Aug
4:57.19	Lauren Madine		29.09.05	1	Belfast	30 Aug
4:57.35mx	Beth Hamilton		28.03.06	3	Loughborough	1 Aug
4:57.81				5rC	Loughborough	13 Jun

Foreign

Time	Name		Date	Pos	Venue	Date
4:04.13	Ciara Mageean (IRL)		12.03.92	1	Barcelona, ESP	11 Jul
4:11.23	Anna Silvander (SWE)		22.06.93	5	Ninove, BEL	28 Jul
4:14.54i	Emma Mitchell (IRL)		2.09.93	4	Athlone, IRL	21 Feb
4:17.93				1	Belfast	9 Jun
4:16.25i	Kelly Neely (IRL)	V35	17.06.78	7	Athlone, IRL	21 Feb
4:20.19				8	Oordegem, BEL	2 Jun
4:17.84mx	Claire Tarplee (IRL)		22.09.88	1rC	Watford	25 Jul
4:18.68				1	Watford	8 Aug
4:23.59	Tamara Armoush (JOR)		8.05.92	8	Jakarta, INA	30 Aug
4:26.71	Georgie Grgec (NZL)		19.11.93	7	Watford	13 Jun
4:26.99	Kerry O'Flaherty (IRL)	V35	15.07.81	5	Dublin (S), IRL	29 Jul

1 Mile

Time	Name		Date	Pos	Venue	Date
4:19.28	Laura Muir		9.05.93	5	London (O)	22 Jul
4:20.49	Laura Weightman		1.07.91	6	London (O)	22 Jul
4:20.85	Sarah McDonald		2.08.93	9	London (O)	22 Jul
4:27.12				4	Hengelo, NED	3 Jun
4:25.07	Eilish McColgan		25.11.90	5	Berlin, GER	2 Sep
4:26.05	Stephanie Twell		17.08.89	6	Berlin, GER	2 Sep
4:27.16	Jemma Reekie	U23	6.03.98	13	London (O)	22 Jul
4:27.29	Melissa Courtney		30.08.93	5	Hengelo, NED	3 Jun
4:29.56	Katie Snowden		9.03.94	12	Hengelo, NED	3 Jun
4:33.00i	Rhianwedd Price-Weimer		11.08.94	4	College Station TX, USA	10 Mar
4:34.00	Hannah England		6.03.87	5	Padova, ITA	2 Sep
(10)						
4:38.36i	Amy-Eloise Neale		5.08.95	7	Seattle WA, USA	24 Feb
4:39.4	Rachael Franklin		14.12.91	1	Douglas IOM	18 Jul
4:41.95i	Roisin Flanagan	U23	2.05.98	8rB	Seattle WA, USA	9 Feb
4:43.42i	Lennie Waite		4.02.86	1	Houston TX, USA	9 Feb
4:43.91mx	Charlotte Taylor-Green		2.04.85	1	Cyncoed	27 Jun
4:44.62i	Elizabeth Bird		4.10.94	6	Seattle WA, USA	27 Jan
4:45.76i	Hannah Segrave		14.04.95	6	Winston-Salem, USA	17 Feb
4:45.85i	Jodie Judd	U23	25.09.98	2h2	Clemson SC, USA	23 Feb
4:46.21i	Millie Howard	U23	4.02.98	1	Birmingham AL, USA	24 Feb
4:47.38mx	Hannah Viner	U23	18.07.96	1	London (O)	27 Jul
(20)						
4:49.96i	Hannah Nuttall	U23	7.07.97	2	Boston (A) MA, USA	1 Dec

Foreign

Time	Name	Date	Pos	Venue	Date
4:26.75	Ciara Mageean (IRL)	12.03.92	7	Berlin, GER	2 Sep

2000 Metres

Time	Name	Date	Pos	Venue	Date
5:43.2iemx+	Laura Muir	9.05.93	1m	Glasgow	7 Jan
5:48.8+	Melissa Courtney	30.08.93	5m	Birmingham	18 Aug
5:49.0+	Eilish McColgan	25.11.90	6m	Birmingham	18 Aug
5:50.9+	Stephanie Twell	17.08.89	14m	Birmingham	18 Aug

3000 Metres

Time	Name		DOB	Pos	Venue	Date
8:37.21imx	Laura Muir		9.05.93	1	Glasgow	7 Jan
8:45.78i				3	Birmingham	1 Mar
8:46.71i				1	Birmingham	17 Feb
8:38.49	Eilish McColgan		25.11.90	4	Birmingham	18 Aug
8:47.36				10	Zagreb, CRO	4 Sep
8:48.03				12	Doha, QAT	4 May
8:50.87i				2	Birmingham	17 Feb
8:53.6+				8m	Rabat, MAR	13 Jul
9:00.24+				4m	Berlin, GER	12 Aug
9:00.9+				9m	Zürich, SUI	30 Aug
9:01.32i				10	Birmingham	1 Mar
8:39.20	Melissa Courtney		30.08.93	5	Birmingham	18 Aug
8:46.33				5	London (O)	21 Jul
8:55.10i				1	Glasgow	7 Jan
8:57.33i				1	Eaubonne, FRA	9 Feb
9:01.72i				4	Birmingham	17 Feb
9:01.78+				7m	Berlin, GER	12 Aug
9:04.5+				13m	Zürich, SUI	30 Aug
8:41.94i	Stephanie Twell		17.08.89	3	Boston (R) MA, USA	10 Feb
8:46.79				11	Birmingham	18 Aug
8:47.93				6	London (O)	21 Jul
9:07.6+				11	Rabat, MAR	13 Jul
9:10.03+				11m	Berlin, GER	12 Aug
8:47.30i	Rosie Clarke		17.11.91	4	Madrid, ESP	8 Feb
8:52.49i				3	Birmingham	17 Feb
8:53.29	Jessica Judd		7.01.95	11	London (O)	21 Jul
8:57.65mx				1	Watford	5 Sep
9:05.16				1	Loughborough	20 May
9:09.90mx				1	Watford	22 Aug
9:01.96i	Amy-Eloise Neale		5.08.95	3	Seattle WA, USA	13 Jan
9:20.05+				17m	Stanford CA, USA	3 May
9:03.06mx	Emily Hosker-Thornhill		27.10.92	1rD	London (WP)	1 Aug
9:11.16mx				1	Basingstoke	18 Jul
9:15.37				3	Loughborough	20 May
9:07.01i	Bethan Knights		28.09.95	4	Seattle WA, USA	24 Feb
9:09.21mx	Naomi Taschimowitz		19.10.89	2rD	London (WP)	1 Aug
9:33.00				1	Cardiff	2 Jun
(10)						
9:09.67mx	Claire Duck		29.08.85	1	Manchester (Str)	24 Jul
9:15.81				10	Cork, IRL	16 Jul
9:11.20	Amelia Quirk	U20	18.12.99	2	Loughborough	20 May
9:11.37	Jenny Nesbitt		24.01.95	1	London (Elt)	7 Jul
9:11.45mx				1rB	Tipton	17 Jul
9:11.46imx	Hannah Nuttall	U23	7.07.97	1rB	Sheffield	6 Feb
9:25.53i				2	Sheffield	18 Feb
9:12.41mx	Nicole Taylor		18.01.95	3rD	London (WP)	1 Aug
9:13.00	Emelia Gorecka		29.01.94	9	Gothenburg, SWE	18 Aug
9:13.24	Philippa Bowden		29.03.95	2	London (Elt)	7 Jul
9:13.54i	Katie Snowden		9.03.94	2	Glasgow	7 Jan
9:13.79mx	Sarah Astin		22.10.93	1	Watford	25 Jul
9:13.91i	Faye Fullerton		31.05.84	5	Birmingham	17 Feb

45 performances to 9:15.0 by 20 athletes including 16 indoors

(20)						
9:16.35i	Elizabeth Bird		4.10.94	1rB	Seattle WA, USA	9 Feb
9:16.51mx	Aimee Pratt	U23	3.10.97	2	Manchester (Str)	24 Jul
9:17.06mx	Mhairi MacLennan		26.03.95	1rB	Watford	22 Aug
9:30.22				1	Grangemouth	7 Jul
9:19.76i	Holly Rees		5.06.93	6	Boston (A) MA, USA	26 Jan
9:20.02i	Charlotte Taylor-Green		2.04.85	3	Glasgow	7 Jan
9:21.29mx	Kate Holt		7.09.92	1	Loughborough	25 Aug
9:26.2				1	Worcester	2 Jun
9:22.54imx	Kate Maltby		26.07.85	1	Cardiff	16 Dec
9:22.76	Rebecca Murray		26.09.94	2	Birmingham (Un)	23 Jun

2018 - Women - 3000 Metres

Time	Name	Cat	DOB	Pos	Venue	Date
9:22.99imx	Louise Jackson		9.02.91	2	Cardiff	16 Dec
9:37.26				6	Birmingham (Un)	23 Jun
9:23.07	Julia Paternain	U20	29.09.99	3	Birmingham (Un)	23 Jun
(30)						
9:23.2+	Laura Weightman		1.07.91	10m	Gold Coast, AUS	14 Apr
9:23.4+e	Stevie Stockton		23.08.89	2m	Manchester (SC)	12 May
9:23.77+	Calli Thackery		9.01.93		Los Angeles CA, USA	17 May
9:24.81imx	Grace Brock	U20	22.02.01	3	Cardiff	16 Dec
9:39.35				8	Loughborough	20 May
9:25.1	Rachael Franklin		14.12.91	1	Douglas IOM	25 Apr
9:25.17	Rebecca Rigby		17.10.91	4	Loughborough	20 May
9:25.17mx	Cari Hughes	U20	15.03.99	1	Manchester (Str)	28 Aug
9:25.23mx	Hannah Viner	U23	18.07.96	1rE	London (WP)	1 Aug
9:25.77mx	Sophie Harris			2rE	London (WP)	1 Aug
9:37.40				6	London (Elt)	7 Jul
9:26.00mx	Lucy Reid		2.12.92	3rE	London (WP)	1 Aug
(40)						
9:26.15	Danielle Hodgkinson		11.10.84	1	Loughborough	6 Jun
9:26.29i	Poppy Tank	U23	5.12.97	9	Seattle WA, USA	24 Feb
9:26.45	Charlotte Dannatt	U20	12.05.99	1	Milton Keynes	2 Jun
9:26.67mx	Abbie Donnelly	U23	2.09.96	1	Manchester (Str)	26 Jun
				9	Loughborough	20 May
9:27.90i	Joanne Hickman-Dunne		4.06.91	3	Sheffield	18 Feb
9:28.50	Eloise Walker	U20	27.05.01	1	Grangemouth	4 Aug
9:28.65+	Alice Wright		3.11.94	20m	Stanford CA, USA	3 May
9:29.05mx	Megan Davies	U23	10.05.96	1	Manchester (Str)	15 May
9:30.05imx	Beth Kidger		16.03.94	2rB	London (LV)	7 Feb
9:30.13	Madeleine Murray		19.10.93	3	Melbourne (AP), AUS	8 Nov
(50)						
9:30.96mx	Annabel Simpson	U23	30.04.97	1	Glasgow	21 Aug
9:31.10mx	Juliet Potter	V35	24.10.81	1rC	Tipton	17 Jul
9:31.87	Emily Ruane	U23	23.02.96	4	London (Elt)	7 Jul
9:32.64mx	Laura Brenton		20.06.86	1	Southampton	2 May
9:47.7				1	Eton	2 Jun
9:33.41mx	Eleanor Davis		21.02.89	1rB	Manchester (Str)	28 Aug
9:42.94				1	Liverpool	8 Jul
9:34.03	Naomi Lang	U20	7.02.00	2	Glasgow (S)	1 Jun
9:34.38	Laura Gent		14.02.95	5	Birmingham (Un)	23 Jun
9:34.49	Stephanie Pennycook		1.09.95	2	Southampton	4 Aug
9:35.30mx	Emily Moyes	U23	14.06.98	3	Basingstoke	18 Jul
9:35.91mx	Dani Chattenton	U23	4.07.96	3rB	Watford	30 May
(60)						
9:36.12mx	Kiara Frizelle	U20	10.07.01	1rB	Street	5 May
9:39.14				7	Loughborough	20 May
9:36.39	Chloe Sharp	U20	27.12.99	6	Loughborough	20 May
9:36.84mx	Katy Hedgethorne		17.09.88	2rB	Watford	25 Jul
9:40.03				2	Brighton	30 May
9:37.07mx	Bronwen Owen	U23	21.01.97	3	Manchester (Str)	24 Jul
9:37.21	Ella McNiven	U17	4.09.01	3	Glasgow (S)	1 Jun
9:37.25mx	Tiffany Penfold	U20	5.08.99	1rB	Manchester (Str)	24 Jul
9:37.29i	Jodie Judd	U23	25.09.98	9rB	Boston (A) MA, USA	9 Feb
9:37.38i	Lennie Waite		4.02.86	7	Boston (A) MA, USA	25 Feb
9:37.62mx	Charlotte Alexander	U17	18.01.02	5rE	London (WP)	1 Aug
9:38.59				4	Bedford	17 Jun
9:37.99i	Catrina Thomas	U23	18.02.97	4	Sheffield	18 Feb
(70)						
9:38.18i	Emily Kearney		10.11.95	2	Pittsburg KS, USA	3 Mar
9:38.60mx	Khahisa Mhlanga	U20	26.12.99	1rB	Watford	4 Apr
9:38.98i	Kimberly Johansen		18.11.94	4	Glasgow	7 Jan
9:39.2mx	Beatrice Wood	U15	9.10.03	1	Portsmouth	15 Sep
9:39.69	Emily Smith		5.12.95	2	Loughborough	6 Jun
9:39.88mx	Kate Avery		10.10.91	1	Watford	4 Apr
9:40.93	Anna Tait	U23	5.12.96	4	Glasgow (S)	1 Jun
9:42.10i	Bella Williams	U23	5.10.98	4rB	Seattle WA, USA	24 Feb
9:42.30	Hayley Carruthers		20.04.93	8	Birmingham (Un)	23 Jun

2018 - Women - 3000 Metres

Time	Name	Cat	Date	Pos	Venue	Day
9:42.43mx	Sarah Mercier		4.11.90	1	St. Peter Port GUE	8 Jul
(80)						
9:42.99+	Charlotte Taylor		17.01.94	5m	Eugene OR, USA	9 Jun
9:43.04mx	Kirsty Longley	V40	21.07.76	4	Manchester (Str)	24 Jul
9:43.08mx	Sarah Potter		10.08.93	2rB	Manchester (Str)	15 May
9:43.44i	Louise Mercer		14.11.95	4rB	Seattle WA, USA	26 Jan
9:43.85	Erin Wallace	U20	18.05.00	1	Grangemouth	26 Aug
9:43.94mx	Rebecca Johnson		6.02.95	1rB	Watford	5 Sep
9:44.11	Grace Copeland	U20	11.10.00	3	Birmingham	14 Jul
9:45.09mx	Georgia Malir	U23	20.02.96	5	Manchester (Str)	24 Jul
9:46.18	Dani Nimmock		10.05.90	2	Cardiff	2 Jun
9:46.5	Amy Clements	V35	22.05.82	1	London (TB)	18 Aug
(90)						
9:46.56mx	Suzannah Monk		15.12.95	1	Watford	27 Jun
9:48.42				12	Loughborough	20 May
9:46.81	Bryony Gunn	U23	28.02.98	11	Loughborough	20 May
9:47.29	Stacey Ward		16.01.85	1	London (LV)	5 Aug
9:47.35	Isobel Fry	U20	4.05.00	1rB	Basingstoke	18 Jul
9:47.72mx	Lilly Coward	U23	10.09.96	4rB	Watford	25 Jul
9:47.88	Kate O'Neill	U20	23.02.01	4	Birmingham	14 Jul
9:47.97mx	Lauren Hall		6.06.91	5rB	Watford	25 Jul
9:48.50	Niamh Bridson-Hubbard	U23	19.07.98	8	London (Elt)	7 Jul
9:48.68mx	Louise Perrio	V35	8.07.82	2	St. Peter Port GUE	8 Jul
9:49.0+	Beth Potter		27.12.91	14m	Gold Coast, AUS	9 Apr
(100)						
9:49.4	Louise Small		27.03.92	1	Kingston	18 Aug
9:49.70mx	Sarah Lovewell		14.09.94	1rF	London (WP)	1 Aug
9:49.97i	Millie Howard	U23	4.02.98	1	University Park, USA	27 Jan

Additional Under 17 (1-2 above)

Time	Name	Cat	Date	Pos	Venue	Day
9:51.63	Sian Heslop		27.09.02	1	Bedford	25 Aug
9:51.90	Rosie Woodhams		24.04.02	2	Bedford	25 Aug
9:54.32	Cera Gemmell		2.07.02	7	Glasgow (S)	1 Jun
9:59.0	Abigail Durand		7.11.02	1	Norwich	13 May
10:02.42	Katie Goodge		2.12.02	2	Birmingham	14 Jul
10:03.53mx	Lily Evans-Haggerty		16.06.03	1	Linwood	26 Jun
10:08.89i				3rB	Glasgow	7 Jan
10:05.08	Ava White		20.05.03	1	Reading	29 Apr
10:05.66mx	Yasmin Marghini		3.01.02	2	London (TB)	18 Jul
(10)						
10:08.9mx	Holly Smith		31.12.01	1	Newtown	20 May
10:09.84				4	Birmingham	14 Jul
10:09.5	Jodie Hill		19.02.03	1	Doncaster	9 Jun
10:09.96	Heather Barnes		15.01.02	4	Grangemouth	21 Jul
10:10.2	Esther Rowe-Towle		28.11.02	2	Doncaster	9 Jun
10:11.60mx	Molly Jones		26.10.01	4	Watford	27 Jun
10:19.20				6	Birmingham	14 Jul
10:12.00	Alice Goodall		3.10.01	1	Bedford	9 Sep
10:12.62	Jessica Humphreys		30.10.01	5	Birmingham	14 Jul
10:13.04	Alice Garner		17.01.03	6rB	Basingstoke	18 Jul
10:13.27mx	Lia Radus		1.10.01	1rC	Watford	5 Sep
10:13.39	Dominique Corradi		15.09.01	9	Brighton	30 May
(20)						
10:13.49mx	Ella Semple		18.11.02	3rC	Tipton	17 Jul
10:13.89mx	Catherine Roberts			2	Darlington	8 Apr
10:15.9				1	Jarrow	9 Jun
10:15.64	Molly Sweetman		11.03.02	1	Chelmsford	13 May
10:16.92mx	Samantha Mason		2.11.02	7rB	Manchester (Str)	24 Jul
10:17.26	Sophie Hoare		9.05.02	1	Reading	29 Apr
10:18.6mx	Molly Peel		21.02.03	1	Peterborough	27 Sep
10:19.90	Grace Sullivan		3.07.03	4	Bedford	25 Aug

Additional Under 15 (1 above)

Time	Name	Cat	Date	Pos	Venue	Day
9:51.34mx	Anna Hedley		16.01.04	1rB	Glasgow (S)	1 Jun
9:55.10				2	Grangemouth	4 Aug
9:55.32	Pippa Roessler		8.01.04	2rB	Basingstoke	18 Jul

2018 - Women - 3000 Metres

Time	Name	Date	Pos	Venue	Date2
9:59.8mx	Samia Jones	2.09.03	1	Bangor	16 Sep
10:03.14mx	Valencia Wright	20.01.05	3rB	Glasgow	21 Aug
10:20.38			1	Orlando FL, USA	10 Jul
10:16.30mx	Anya MacLean	15.08.04	2	Linwood	26 Jun
10:19.02	Ines Curran	9.09.03	1	Middlesbrough	12 May
10:20.41mx	Maayan Radus	30.05.04	4rC	Watford	4 Apr
10:35.26			8	Bedford	25 Aug
10:23.17mx	Isabelle Wilkins	14.11.03	9rB	Watford	25 Jul
10:25.05	Ruby Horton	29.03.04	8rB	Basingstoke	18 Jul
(10)					
10:26.01	Alanah Hill	20.07.04	1	Swansea	25 Jul
10:26.77mx	Maisie Collis	2.01.04	9rB	Watford	2 May
10:27.15	Eve Jones	10.06.04	1	Cudworth	12 May
10:28.00mx	Teigan Sullivan		6rC	Watford	22 Aug
10:30.38mx	Amy Harland	21.03.05	1	Coventry	5 Sep
10:30.5	Scarlett Sutton	14.02.04	1	Blackburn	13 May
10:30.82mx	Zoe Flower	30.06.04	1rC	Glasgow	21 Aug
10:31.26	Olivia Roderick	4.01.04	2	Swansea	25 Jul
10:32.29	Elsie Robinson	16.11.04	1	Nuneaton	11 Aug
10:32.7mx	Maisy Luke	5.05.05	1	Carn Brea	12 May
(20)					
10:32.97mx	Georgina Clarke	9.12.03	2rG	London (WP)	1 Aug
10:33.5	Beth Rawlinson	17.05.05	1	Telford	16 May
10:34.42	Sydney Foley	7.12.03	1	Chelmsford	13 May
10:35.32mx	Hannah Ryding	1.07.05	1rC	Glasgow (S)	1 Jun
10:35.44mx	Antonia Jubb	13.01.05	4rC	Watford	5 Sep
10:35.91mx	Katie Parker	31.01.04	5rB	Loughborough	16 May

Foreign

Time	Name	Cat	Date	Pos	Venue	Date2
9:15.86i	Emma Mitchell (IRL)		2.09.93	1	Athlone, IRL	9 Feb
9:16.27				1	Belfast	26 May
9:20.01i	Kerry O'Flaherty (IRL)	V35	15.07.81	2	Abbotstown, IRL	17 Feb
9:27.53mx	Georgie Grgec (NZL)		19.11.93	4rB	London (WP)	1 Aug
9:32.02				5	London (Elt)	7 Jul
9:27.78i	Tamara Armoush (JOR)		8.05.92	6	Birmingham	17 Feb
9:29.27				1	Southampton	4 Aug
9:30.92i	Eilish Flanagan (IRL)	U23	2.05.98	4	Pittsburg, USA	9 Mar
9:38.02i	Kelly Neely (IRL)	V35	17.06.78	1	Athlone, IRL	10 Mar
9:45.22mx	Saron Haileselase (ETH)		21.11.89	1	London (TB)	18 Jul

5000 Metres

Time	Name	Date	Pos	Venue	Date2
14:52.83	Eilish McColgan	25.11.90	7	Rabat, MAR	13 Jul
14:53.05			2	Berlin, GER	12 Aug
15:09.00			11	Zürich, SUI	30 Aug
15:17.01			2	Nijmegen, NED	8 Jun
15:34.88			6	Gold Coast, AUS	14 Apr
15:04.75	Melissa Courtney	30.08.93	5	Berlin, GER	12 Aug
15:16.51			1	Nijmegen, NED	8 Jun
15:24.58			13	Zürich, SUI	30 Aug
15:46.60			9	Gold Coast, AUS	14 Apr
15:18.77	Stephanie Twell	17.08.89	5	Nijmegen, NED	8 Jun
15:36.45			12	Rabat, MAR	13 Jul
15:38.68			4	Marseille, FRA	16 Jun
15:41.10			10	Berlin, GER	12 Aug
15:24.16	Amy-Eloise Neale	5.08.95	13	Stanford CA, USA	3 May
15:29.89			4	Sacramento CA, USA	26 May
15:44.41			5	Eugene OR, USA	9 Jun
15:25.84	Laura Weightman	1.07.91	3	Gold Coast, AUS	14 Apr
15:30.59	Emelia Gorecka	29.01.94	16	Stanford CA, USA	3 May
15:37.23	Jessica Judd	7.01.95	1	Milton Keynes	11 Aug
15:49.54			3	Manchester (SC)	12 May
15:39.68	Claire Duck	29.08.85	1	Manchester (SC)	12 May
15:57.07mx			1rC	Manchester (Str)	18 Aug
15:41.09	Charlotte Taylor	17.01.94	5h2	Sacramento CA, USA	26 May
15:49.70			11	Eugene OR, USA	9 Jun

2018 - Women - 5000 Metres

Time	Name	Cat	DOB	Pos	Venue	Date
	15:52.84			1	Adrian OR, USA	12 May
15:41.11	Stevie Stockton		23.08.89	2	Manchester (SC)	12 May
(10)						
15:45.94i	Bethan Knights		28.09.95	1	Seattle WA, USA	26 Jan
15:48.84	Jo Pavey	V40	20.09.73	1	Loughborough	23 Jun
15:49.51mx	Kate Avery		10.10.91	1	London (Elt)	18 Jul
	15:51.98mx			1	London (Elt)	15 Aug
	16:19.46			8	Birmingham	1 Jul
15:51.6mx	Jenny Nesbitt		24.01.95	1	Cheltenham	25 Jul
	16:18.42			7	Birmingham	1 Jul
15:52.36	Philippa Bowden		29.03.95	2	Loughborough	23 Jun
15:54.14mx	Naomi Taschimowitz		19.10.89	1	London (WP)	15 Aug
	16:10.95			5	Loughborough	23 Jun
15:54.17	Alice Wright		3.11.94	2	Fresno CA, USA	11 May
	15:56.57			20	Stanford CA, USA	3 May
15:57.35	Emily Hosker-Thornhill		27.10.92	1	Watford	26 May
	15:58.31			2	Milton Keynes	11 Aug

37 performances to 16:00.0 by 18 athletes including 2 indoors

Time	Name	Cat	DOB	Pos	Venue	Date
16:03.55mx	Kate Holt		7.09.92	2rC	Manchester (Str)	18 Aug
	16:08.04			3	Loughborough	23 Jun
16:06.57	Calli Thackery		9.01.93	11	Los Angeles CA, USA	17 May
(20)						
16:06.86	Charlotte Christensen		27.01.93	2	Watford	26 May
16:07.27	Holly Rees		5.06.93	3	Waltham MA, USA	9 Jun
16:09.76	Mhairi MacLennan		26.03.95	4	Loughborough	23 Jun
16:09.96mx	Lucy Reid		2.12.92	1rB	London (WP)	15 Aug
	16:20.70			5	Watford	26 May
16:12.07	Charlotte Arter		18.06.91	4	Birmingham	1 Jul
16:12.7mx	Louise Small		27.03.92	1	London (Cat)	13 Sep
	16:25.43+			m	London (PH)	19 May
16:14.15	Danielle Hodgkinson		11.10.84	1	Aldershot	18 Jul
16:15.14	Eleanor Davis		21.02.89	4	Milton Keynes	11 Aug
16:16.2+	Beth Potter		27.12.91	16m	Gold Coast, AUS	9 Apr
16:17.35	Rebecca Rigby		17.10.91	3	Watford	26 May
(30)						
16:17.57	Nicole Taylor		18.01.95	4	Watford	26 May
16:20.74	Elizabeth Bird		4.10.94	9	Stanford CA, USA	20 Apr
16:21.10	Lucy Crookes		4.05.93	1	Manchester (SC)	10 Jun
16:22.67	Laura Brenton		20.06.86	5	Manchester (SC)	12 May
16:24.64	Juliet Potter	V35	24.10.81	7	Loughborough	23 Jun
16:24.99mx	Sophie Harris			1	London (PH)	12 Sep
16:25.43+	Katrina Wootton		2.09.85	m	London (PH)	19 May
16:26.21i	Emily Smith		5.12.95	7	Allendale, USA	7 Dec
16:26.82	Nicole Roberts		30.01.92	7	Milton Keynes	11 Aug
16:28.72	Katy Hedgethorne		17.09.88	8	Loughborough	23 Jun
(40)						
16:30.08	Rachael Franklin		14.12.91	8	Milton Keynes	11 Aug
16:30.39	Stacey Ward		16.01.85	9	Milton Keynes	11 Aug
16:30.99	Emily Moyes	U23	14.06.98	1	Bedford	17 Jun
16:31.0mx	Amy Clements	V35	22.05.82	1rB	London (Cat)	13 Sep
	16:49.3			1	Sutton	14 Jul
16:31.77	Rosie Edwards		20.08.88	1rC	Azusa CA, USA	20 Apr
16:31.89	Abbie Donnelly	U23	2.09.96	2	Bedford	17 Jun
16:32.71	Aimee Pratt	U23	3.10.97	3	Bedford	17 Jun
16:32.74	Rebecca Murray		26.09.94	10	Milton Keynes	11 Aug
16:33.79	Sarah Lovewell		14.09.94	10	Loughborough	23 Jun
16:35.95+	Faye Fullerton		31.05.84	m	London (PH)	19 May
(50)						
16:36.07	Dani Chatterton	U23	4.07.96	11	Milton Keynes	11 Aug
16:36.71i	Louise Mercer		14.11.95	6	Seattle WA, USA	23 Feb
	17:00.37			1	San Francisco CA, USA	30 Mar
16:37.21mx	Hannah Viner	U23	18.07.96	2	London (Elt)	23 May
16:37.40mx	Annabel Simpson	U23	30.04.97	2	Glasgow (S)	27 Jul
16:38.22	Pippa Woolven		26.07.93	12	Milton Keynes	11 Aug
16:46.43	Charlotte Dannatt	U20	12.05.99	13	Milton Keynes	11 Aug

2018 - Women - 5000 Metres

Time	Name	Cat	DOB	Pos	Venue	Date
16:47.24	Abigail Howarth		8.10.92	8	Watford	26 May
16:50.32	Sarah Mercier		4.11.90	14	Milton Keynes	11 Aug
16:51.43	Sarah Astin		22.10.93	9	Watford	26 May
16:52.51	Stephanie Barnes		28.07.88	7	Karlsruhe, GER	19 May
(60)						
16:53.07	Rebecca Straw		26.04.95	15	Milton Keynes	11 Aug
16:53.52	Emily Ruane	U23	23.02.96	4	Bedford	17 Jun
16:53.83	Ella Revitt	U20	16.03.99	1	Aarau, SUI	8 Sep
16:54.12	Emily Kearney		10.11.95	1	Atlanta GA, USA	16 Mar
16:56.45mx	Rebecca Johnson		6.02.95	1rB	London (Elt)	15 Aug
16:56.55mx	Laura Gent		14.02.95	1rB	London (Elt)	18 Jul
17:19.75				18	Milton Keynes	11 Aug
16:56.72	Anna Tait	U23	5.12.96	5	Bedford	17 Jun
16:57.45	Ashley Gibson		1.03.86	16	Birmingham	1 Jul
16:57.65	Louise Perrio	V35	8.07.82	16	Milton Keynes	11 Aug
16:59.9mx	Heidi Tregenza		22.12.90	1	Par	23 May
(70)						
17:00.99mx	Isabel Clark		13.03.86	1rC	London (WP)	15 Aug
17:03.77mx	Alice Burgin		7.07.94	1rH	Milton Keynes	11 Aug
17:04.81	Poppy Tank	U23	5.12.97	8	San Francisco CA, USA	30 Mar
17:06.01	Chloe Richardson		4.12.93	13	Loughborough	23 Jun
17:06.5mx	Emma Stepto	V45	4.04.70	2	Par	23 May
17:07.16	Jo Williams		17.04.88	4	Glasgow (S)	27 Jul
17:08.62	Rachel Longstaff	U23	15.11.97	6	Bedford	17 Jun
17:08.63	Alex Eykelbosch		23.06.95	1	Lake Charles LA, USA	7 Apr
17:10.99	Kirsty Longley	V40	21.07.76	5	Manchester (SC)	10 Jun
17:11.17i	Charlotte Murphy	U23	24.08.98	21	Nashville TN, USA	9 Feb
17:16.98				11	San Francisco CA, USA	30 Mar
(80)						
17:12.63mx	Rose Harvey		25.08.92	1	London (BP)	15 Dec
17:12.84	Jessica Craig		11.05.90	1	Belfast	9 Jun
17:12.95	Anna MacFadyen	U20	19.06.99	5	Glasgow (S)	27 Jul
17:13.08	Kate Robinson		30.09.94	16	Los Angeles (ER) CA, USA	10 Mar
17:14.11	Georgia Malir	U23	20.02.96	8	Bedford	7 May
17:14.25+	Dani Nimmock		10.05.90	35m	London (PH)	19 May
17:16.06	Niamh Bridson-Hubbard	U23	19.07.98	7	Bedford	17 Jun
17:17.15mx	Beth Hawling		28.07.94	1rB	London (PH)	12 Sep
17:17.61	Sarah Potter		10.08.93	3	Grangemouth	11 Aug
17:20.26	Katy Whiteoak	U23	7.12.98	24rF	Azusa CA, USA	19 Apr
(90)						
17:20.32	Elizabeth Davies	V35	25.12.78	1	London (BP)	20 May
17:21.07	Lauren Major		5.11.94	4	Oxford	19 May
17:22.99mx	Stephanie McCall		27.09.93	2	London (Elt)	20 Jun
17:24.45	Jennifer Elkins		27.01.85	2	Crawley	20 May
17:25.38	Sophie Cowper		24.12.90	20	Birmingham	1 Jul
17:26.12	Olivia Gwynn	U23	3.03.97	10	Raleigh NC, USA	30 Mar
17:28.58	Jenny Blizard	V40	8.02.75	14	Watford	26 May
17:29.04	Floren Scrafton		24.12.93	19	Milton Keynes	11 Aug

Foreign

Time	Name	Cat	DOB	Pos	Venue	Date
15:59.34	*Emma Mitchell (IRL)*		*2.09.93*	*1*	*Dublin (S), IRL*	*28 Jul*
16:18.90mx	*Georgie Grgec (NZL)*		*19.11.93*	*1*	*London (WF)*	*29 Jun*
16:36.02				*2*	*Bedford*	*10 Jun*
16:24.26	*Eilish Flanagan (IRL)*	*U23*	*2.05.98*	*17*	*Azusa, USA*	*19 Apr*
16:25.20	*Tamara Armoush (JOR)*		*8.05.92*	*6*	*Milton Keynes*	*11 Aug*
16:28.11mx	*Fionnuala Ross (IRL)*		*5.11.90*	*1rB*	*Glasgow*	*27 Jul*
17:06.79mx	*Bethanie Murray (IRL)*		*16.08.95*	*2rB*	*London (LV)*	*9 May*
17:15.60	*Kimberly Horner (USA)*			*2*	*Oxford*	*30 Jun*
17:16.13	*Laura Graham (IRL)*		*5.03.86*	*2*	*Belfast*	*9 Jun*
17:17.88	*Sophia Saller (GER)*		*20.03.94*	*3*	*Oxford*	*19 May*
17:25.98	*Fion Sweeney (IRL)*	*U23*	*29.01.98*	*13*	*Watford*	*26 May*

10,000 Metres

32:15.71	Charlotte Arter		18.06.91	3	London (PH)	19	May
32:15.73	Alice Wright		3.11.94	4	Stanford CA, USA	30	Mar
32:17.92				4	Eugene OR, USA	7	Jun
32:19.03				2	Sacramento CA, USA	24	May
32:36.45				6	Berlin, GER	8	Aug
32:17.95	Charlotte Taylor		17.01.94	5	Eugene OR, USA	7	Jun
32:20.25				3	Sacramento CA, USA	24	May
32:33.10	Philippa Bowden		29.03.95	5	London (PH)	19	May
32:52.60				3	Leiden, NED	9	Jun
32:34.73	Louise Small		27.03.92	7	London (PH)	19	May
32:35.26	Stevie Stockton		23.08.89	8	London (PH)	19	May
33:55.08				9	Leiden, NED	9	Jun
32:37.80	Katrina Wootton		2.09.85	9	London (PH)	19	May
32:38.45	Jenny Nesbitt		24.01.95	10	London (PH)	19	May
32:58.14				17	Gold Coast, AUS	9	Apr
33:28.20				6	Leiden, NED	9	Jun
32:39.37	Emelia Gorecka		29.01.94	11	London (PH)	19	May
32:52.85	Claire Duck		29.08.85	15	London (PH)	19	May
(10)							
33:05.24	Kate Avery		10.10.91	20	London (PH)	19	May
33:26.78	Beth Potter		27.12.91	18	Gold Coast, AUS	9	Apr
33:28.61	Mhairi MacLennan		26.03.95	26	London (PH)	19	May
33:33.20	Eleanor Davis		21.02.89	27	London (PH)	19	May
33:47.70	Faye Fullerton		31.05.84	28	London (PH)	19	May
33:51.89	Holly Rees		5.06.93	1	Lowell MA, USA	19	May
33:53.34	Nicole Taylor		18.01.95	10rB	London (PH)	19	May
33:58.73	Lucy Reid		2.12.92	11rB	London (PH)	19	May
26 performances to 34:00.0 by 18 athletes							
34:08.53	Ashley Gibson		1.03.86	31	London (PH)	19	May
34:22.33	Charlotte Christensen		27.01.93	18rB	London (PH)	19	May
(20)							
34:29.68	Lucy Crookes		4.05.93	19rB	London (PH)	19	May
34:34.65mx	Isabel Clark		13.03.86	1	London (Cat)	2	Sep
34:47.32	Dani Nimmock		10.05.90	32	London (PH)	19	May
35:02.55	Sarah Mercier		4.11.90	2	London (Cat)	2	Sep
35:03.21	Emily Kearney		10.11.95	1	Mount Berry GA, USA	6	Apr
35:29.77	Louise Mercer		14.11.95	1	Torrance, USA	18	Apr
35:30.79	Amy Clements	V35	22.05.82	1	London (WF)	29	Jun
35:32.54	Ella Revitt	U20	16.03.99	1	Manchester (SC)	15	Aug
35:34.47	Emily Hosker-Thornhill		27.10.92	1	Loughborough	28	Apr
35:42.01	Hannah Oldroyd		27.05.87	2rC	London (PH)	19	May
(30)							
35:48.03	Rebecca Rigby		17.10.91	2	Loughborough	28	Apr
35:51.15	Sophie Cowper		24.12.90	2	Manchester (SC)	15	Aug

Foreign

32:49.91	*Emma Mitchell (IRL)*		*2.09.93*	*15*	*Gold Coast, AUS*	*9*	*Apr*
33:49.92	*Fionnuala Ross (IRL)*		*5.11.90*	*9rB*	*London (PH)*	*19*	*May*
34:00.81	*Tamara Armoush (JOR)*		*8.05.92*	*12rB*	*London (PH)*	*19*	*May*
35:18.71	*Bethanie Murray (IRL)*		*16.08.95*	*1rC*	*London (PH)*	*19*	*May*

5 Kilometres Road

15:25	Laura Weightman		1.07.91	1	Barrowford	11	Mar
15:39	Stevie Stockton		23.08.89	1	Kingsley	27	Apr
16:00				3	Barrowford	11	Mar
15:40	Charlotte Arter		18.06.91	1	Cardiff	6	May
15:52	Kate Avery		10.10.91	2	Barrowford	11	Mar
15:55	Jessica Piasecki		18.04.90	1	Barrowford	27	Aug
16:00	Emily Hosker-Thornhill		27.10.92	2	Kingsley	27	Aug
7 performances to 16:00 by 6 athletes, further women where faster than track best							
16:01	Faye Fullerton		31.05.84	1	Ipswich	12	May
16:05	Lauren Howarth		21.04.90	1	Kingsley	23	Aug
16:05	Kate Reed	V35	28.09.82	4	Brasov, ROU	11	Nov
16:07	Gemma Steel		12.11.85	2	Ipswich	12	May

Time	Name	Cat	DOB		Venue	Date
16:08	Jade Williams		7.09.92	3	Ipswich	12 May
16:18	Bronwen Owen	U23	21.01.97	1	Manchester	16 Aug
16:22	Stephanie Pennycook		1.09.95	3	Barrowford	15 Jun
16:23+	Charlotte Purdue		10.06.91	29m	Valencia, ESP	24 Mar
16:24+	Lily Partridge		9.03.91	1m	Cardiff	2 Sep
16:26	Annabel Simpson	U23	30.04.97	1	Edinburgh	4 May
16:27	Sarah Inglis		28.08.91	1	Vancouver, CAN	17 Mar
16:29	Elle Baker		11.12.83	5	Kingsley	27 Apr
16:31	Tracy Barlow		18.06.85	1	Falesia, POR	13 Mar
16:31	Iona Lake		15.01.93	1	Wroxham	13 Jun
16:32+	Alyson Dixon	V35	24.09.78	4m	London	4 Mar
16:33	Jenny Bannerman		16.10.87	2	Barrowford	7 Apr
16:34	Sarah Astin		22.10.93	6	Ipswich	12 May
16:38	Rosie McNabola		26.01.92	8	Ipswich	12 May
16:40	Rachel Robinson		30.01.92	3	Barrowford	27 Aug
16:41	Helen Davies	V35	12.09.79	2	Norwich	7 Jul
16:42	Rachael Burns	V35	1.03.80	1	Chester	18 May
16:43	Jenna Hill		16.10.85	7	Kingsley	27 Apr
16:44	Kirsty Longley	V40	21.07.76	2	Chester	18 May
16:45+	Sonia Samuels	V35	16.05.79	5m	London	4 Mar
16:45+	Caryl Jones		4.04.87	6m	London	4 May
16:45	Victoria Pritchard		3.08.85	9	Ipswich	12 May
16:45	Alexandra Millard	U20	31.12.01	2	Skekene, BEL	23 Dec
16:47	Abigail Howarth		8.10.92	3	Kingsley	23 Aug
16:48	Rachel Felton	V35	27.06.79	2	Cardiff	6 May
16:48	Holly Archer		7.11.93	4	Kingsley	23 Aug
16:50	Ruth Barnes	V35	7.10.78	1	Westbury	21 Aug
16:50	Clara Evans		27.11.93	2	Mountain Ash	31 Dec
16:53	Nicola Devine		7.02.88	2	Doncaster	18 Jul
16:54	Fiona Brian		27.01.86	2	Inverness	13 Jul
16:55	Sarah Potter		10.08.93	3	Doncaster	18 Jul
16:55	Olivia Mason	U20	14.10.01	1	Barrowford	1 Dec
16:56	Sinead Bent	U23	29.12.96	11	Kingsley	27 Apr
16:57	Lisa Palmer-Blount	V40	9.02.77	12	Kingsley	27 Apr
16:57	Jo Williams		17.04.88	3	Edinburgh	4 May
16:57	Ffion Price		11.08.94	1	Caban Coch	23 May
16:58	Elizabeth Davies	V35	25.12.78	11	Ipswich	12 May

Foreign

Time	Name	Cat	DOB		Venue	Date
16:13	*Kerry O'Flaherty (IRL)*	*V35*	*15.07.81*	*1*	*Belfast*	*21 Mar*
16:20	*Ciara Mageean (IRL)*		*12.03.92*	*4*	*Bolzano*	*31 Dec*
16:48	*Kelly Neely (IRL)*	*V35*	*17.06.78*	*3*	*Belfast*	*21 Mar*

5 Miles Road

Time	Name	Cat	DOB		Venue	Date
26:56	Lauren Howarth		21.04.90	1	Alsager	4 Feb
27:07	Lucy Reid		2.12.92	1	Portsmouth	2 Dec
27:16	Charlotte Purdue		10.06.91	2	Portsmouth	2 Dec
27:27	Eleanor Davis		21.02.89	1	Cubert	5 Jun
27:39	Kate Holt		7.09.92	2	Alsager	4 Feb
27:46	Kirsty Longley	V40	21.07.76	1	Birkenhead	6 Jun
27:47	Alyson Dixon	V40	24.09.78	1	Newcastle	3 Jul
27:47	Emily Japp		18.12.90	1	Lytham St Annes	21 Oct
27:48	Gemma Rankin		18.12.84	1	Greenock	4 Feb
27:50	Annabel Gummow		16.09.93	1	Hatfield	25 Nov

10 Kilometres Road

Time	Name	Cat	DOB		Venue	Date
31:53	Eilish McColgan		25.11.90	1	Doha, QAT	12 Jan
32:39				1	Sheffield	2 Dec
32:40				1	Wilmslow	25 Nov
32:07	Beth Potter		27.12.91	1	Clitheroe	30 Dec
32:17	Charlotte Arter		18.06.91	1	Brighton	15 Apr
33:09				9	New York NY, USA	9 Jun
33:27+				3m	London	4 Mar
32:34	Stephanie Twell		17.08.89	1	London	28 May
32:42	Jessica Judd		7.01.95	2	Clitheroe	30 Dec

2018 - Women - 10 Km Road Race

Time	Name	Cat	DOB	Pos	Venue	Date
32:52	Jessica Piasecki		18.04.90	1	Partington	2 Sep
32:54	Emily Hosker-Thornhill		27.10.92	1	Telford	9 Dec
33:00	Gemma Steel		12.11.85	2	London	28 May
33:29				7	Manchester	20 May
33:11+	Charlotte Purdue		10.06.91	1m	London	4 Mar
33:11+	Lily Partridge		9.03.91	1m	London	4 Mar
33:27				5	London	28 May
33:27				1	Cardiff	2 Sep
33:11	Phoebe Law	U23	12.01.97	2	Brighton	15 Apr
33:12	Jo Pavey	V40	20.09.73	3	London	28 May
33:18	Caryl Jones		4.04.87	1	Telford	7 Jan
33:19	Faye Fullerton		31.05.84	3	Brighton	15 Apr
33:28				2	Telford	7 Jan
33:20	Hayley Carruthers		20.04.93	2	Telford	9 Dec
33:21	Tracy Barlow		18.06.85	4	London	28 May
33:22	Louise Small		27.03.92	1	Warsaw, POL	22 Apr
33:23	Katrina Wootton		2.09.85	1	Chichester	4 Feb
33:24	Jenny Nesbitt		24.01.95	1	Bourton	25 Feb
33:25				3	Telford	9 Dec
33:27	Charlene Thomas	V35	6.05.82	4	Brighton	15 Apr
33:30	Kate Reed	V35	28.09.82	2	Wilmslow	25 Nov

30 performances to 33:30 by 21 athletes, further women faster than track best

Time	Name	Cat	DOB	Pos	Venue	Date
33:39+	Alyson Dixon	V35	24.09.78	4m	London	4 Mar
33:47	Dani Nimmock		10.05.90	3	Telford	7 Jan
33:49	Lucy Crookes		4.05.93	6	Telford	9 Dec
33:50	Stephanie Pennycook		1.09.95	3	Leeds	4 Nov
33:51	Rebecca Murray		26.09.94	6	London	28 May
33:53	Emma Pallant		4.06.89	1	London (HP)	1 Jan
33:56	Calli Thackery		9.01.93	7	Brighton	15 Apr
33:59	Kate Maltby		26.07.85	2	Goodwood	4 Feb
34:00	Clara Evans		27.11.93	7	Telford	9 Dec
34:03	Sonia Samuels	V35	16.05.79	7	London	28 May
34:09	Rebecca Briggs	U20	2.03.00	1	Hull	26 Dec
34:13	Charlotte Christensen		27.01.93	9	London	28 May
34:15	Helen Davies	V35	12.09.79	1	Ipswich	3 Aug
34:16	Stephanie Barnes		28.07.88	1	Luxembourg, LUX	11 Mar
34:17	Hannah Viner	U23	18.07.96	3	Laredo, ESP	17 Mar
34:17	Tish Jones		7.09.85	3	Durban, RSA	22 Jul
34:18	Elspeth Curran		27.07.89	5	Leeds	4 Nov
34:21	Georgina Schwiening		15.12.94	10	London	28 May
34:23	Ruth Barnes	V35	7.10.78	1	Bristol	13 May
34:24	Danielle Hodgkinson		11.10.84	4	Partington	2 Sep
34:24	Hannah Doran		24.02.84	8	Telford	9 Dec
34:25	Holly Archer		7.11.93	4	Clitheroe	30 Dec
34:26	Grace Brock	U20	22.02.01	1	Worcester	16 Sep
34:33	Jenny Spink	V35	7.08.81	1	Castellón, ESP	18 Feb
34:35	Fiona Brian		27.01.86	2	Grangemouth	8 Apr
34:35	Beth Kidger		16.03.94	1	Brighton	18 Nov
34:36	Sophie Harris		12.06.93	2	Cardiff	25 Mar
34:39	Laura Hesketh		9.04.83	1	Salford	30 Mar
34:40	Rachel Felton	V35	27.06.79	3	Cardiff	25 Mar
34:40	Stephanie Davis		27.08.90	1	London (O)	9 May
34:42	Amy Clements	V35	22.05.82	1	London (VP)	11 Aug
34:44	Bronwen Owen	U23	21.01.97	9	Telford	9 Dec
34:46	Nicole Roberts		30.01.92	13	London	28 May
34:47	Georgia Malir	U23	20.02.96	2	Salford	30 Mar
34:50	Jennifer Elkins		27.01.85	1	Stubbington	14 Jan
34:52	Stacey Ward		16.01.85	14	London	28 May
34:52	Sian Edwards		24.11.88	1	Gloucester	28 Oct
34:53	Sarah Astin		22.10.93	6	Warsaw, POL	22 Apr
34:53	Jenny Bannerman		16.10.87	1	Inverness	23 Sep
34:54	Rebecca Rigby		17.10.91	1	Beverley	13 May
34:54	Nicola Devine		7.02.88	10	Telford	9 Dec
34:55	Rebecca Straw		26.04.95	5	Telford	7 Jan

2018 - Women - 10 Km Road Race

34:55	Carla Davies		4.12.84	12	Telford	9	Dec
35:00	Melanie Wilkins		15.07.90	9	Brighton	15	Apr
35:00	Charlotte Taylor-Green		2.04.85	2	Bristol	13	May

Foreign

33:31	*Fionnuala Ross (IRL)*		*5.11.90*	*1*	*Leeds*	*4*	*Nov*
33:57	*Kerry O'Flaherty (IRL)*	*V35*	*15.07.81*	*1*	*Cavan, IRL*	*28*	*Apr*

15 Kilometres Road

49:51+	Charlotte Purdue		10.06.91	1=m	London	4	Mar
49:51+	Lily Partridge		9.03.91	1=m	London	4	Mar
50:25+	Charlotte Arter		18.06.91	3m	London	4	Mar
51:07+	Alyson Dixon	V40	24.09.78	4m	London	4	Mar
51:10+	Tracy Barlow		18.06.85	6m	Cardiff	7	Oct
51:20+	Stephanie Twell		17.08.89	8m	Cardiff	7	Oct
51:21+	Eilish McColgan		25.11.90	1m	Portsmouth	21	Oct
51:26+	Lauren Howarth		21.04.90	1m	Manchester	14	Oct
51:36+	Sonia Samuels	V35	16.05.79	5m	London	4	Mar
51:37+	Katrina Wootton		2.09.85	6m	Barcelona, ESP	11	Feb
(10)							
51:52+	Caryl Jones		4.04.87	7m	London	4	May
51:53+	Gemma Steel		12.11.85	44m	Valencia, ESP	24	Mar
51:54+	Calli Thackery		9.01.03	2m	Manchester	14	Oct
52:03+	Clara Evans		27.11.93	9m	Cardiff	7	Oct
52:10+	Rebecca Murray		26.09.84	8m	London	4	Mar
52:23+	Faye Fullerton		31.05.84	9m	London	4	Mar
52:24+	Dani Nimmock		10.05.90	12m	Cardiff	7	Oct

10 Miles Road

54:43	Eilish McColgan		25.11.90	1	Portsmouth	21	Oct
55:01	Alyson Dixon	V40	24.09.78	1	Brampton	18	Nov
55:16	Stephanie Twell		17.08.89	2	Portsmouth	21	Oct
55:34	Sarah Inglis		28.08.91	1	Motherwell	1	Apr
55:43	Lily Partridge		9.03.91	1	Bramley	11	Feb
56:30	Mhairi MacLennan		26.03.95	2	Motherwell	1	Apr
56:42	Dani Nimmock		10.05.90	1	Freethorpe	28	Jan
56:56	Gemma Steel		12.11.85	3	Portsmouth	21	Oct
57:03	Annabel Simpson	U23	30.04.97	2	Brampton	18	Nov
57:44	Clara Evans		27.11.93	4	Portsmouth	21	Oct
(10)							
57:52	Melanie Wilkins		15.07.90	1	Maidenhead	30	Mar
58:18	Amy Clements	V35	22.05.82	2	Maidenhead	30	Mar
58:33	Laura Brenton		20.06.86	2	Bramley	11	Feb
58:34	Nicole Taylor		18.01.95	1	Canterbury	21	Jan
58:48	Calli Thackery		9.01.93	5	Portsmouth	21	Oct
58:57	Helen Cross	V35	13.02.82	1	Rufforth	15	Apr

Foreign

58:12	*Tamara Armoush (JOR)*		*8.05.92*	*1*	*Derby*	*25*	*Nov*
58:04	*Breege Connolly (IRL)*	*V40*	*1.02.78*	*1*	*Armagh*	*14*	*Oct*
58:41	*Fanni Gyurko (HUN)*		*18.01.87*	*4*	*Motherwell*	*1*	*Apr*

Half Marathon

70:29	Charlotte Purdue		10.06.91	1	London	4	Mar
	71:21			21	Valencia, ESP	24	Mar
71:06	Lily Partridge		9.03.91	2	London	4	Mar
	71:08			1	Seville, ESP	28	Jan
	74:03+			9m	London	22	Apr
	74:51+			10m	Berlin, GER	12	Aug
71:34	Charlotte Arter		18.06.91	3	London	4	Mar
	71:52			31	Valencia, ESP	24	Mar
72:17	Tracy Barlow		18.06.85	1	Cardiff	7	Oct
	72:35			43	Valencia, ESP	24	Mar
	73:36			7	London	4	Mar
	73:51			1	Swansea	24	Jun
	74:03+			10m	London	22	Apr

2018 - Women - Half Marathon

Time	Name	Cat	DOB	Pos	Location	Date
	74:25			16	Barcelona, ESP	11 Feb
	74:28			22	Houston TX, USA	14 Jan
72:32	Stephanie Twell		17.08.89	7	Cardiff	7 Oct
	74:01			1	Walton	28 Oct
72:37	Gemma Steel		12.11.85	2	Doha, QAT	12 Jan
	73:39			48	Valencia, ESP	24 Mar
	73:48			10	Cardiff	7 Oct
72:40	Sonia Samuels	V35	16.05.79	7	Barcelona, ESP	11 Feb
	72:57			4	London	4 Mar
	74:55			4	Ceske Budejovice, CZE	2 Jun
72:50	Katrina Wootton		2.09.85	8	Barcelona, ESP	11 Feb
73:28	Caryl Jones		4.04.87	5	London	4 Mar
	74:24			1	Llanelli	18 Feb
73:34	Alyson Dixon	V35	24.09.78	6	London	4 Mar
(10)						
73:49	Lucy Reid		2.12.92	11	Cardiff	7 Oct
73:56	Faye Fullerton		31.05.84	53	Valencia, ESP	24 Mar
	74:04			9	London	4 Mar
73:59	Rebecca Murray		26.09.94	8	London	4 Mar
74:06	Holly Rees		5.06.93	1	New Bedford MA, USA	18 Mar
74:09	Amy Clements	V35	22.05.82	1	Peterborough	14 Oct
74:14	Lauren Howarth		21.04.90	1	Manchester	14 Oct
74:15	Clara Evans		27.11.93	12	Cardiff	7 Oct
74:16	Dani Nimmock		10.05.90	10	London	4 Mar
	74:30			13	Cardiff	7 Oct
74:46	Hayley Carruthers		20.04.93	9	South Shields	9 Sep
74:59	Ruth Barnes	V35	7.10.78	2	Granollers, ESP	4 Feb
39 performances to 75:00 by 20 athletes						
75:11	Emily Waugh		6.08.93	15	Ras Al Khaimah, UAE	9 Feb
75:25	Rosie Edwards		20.08.88	14	Cardiff	7 Oct
75:33	Georgina Schwiening		15.12.94	1	Cambridge	4 Mar
75:34	Calli Thackery		9.01.93	1	Manchester	14 Oct
75:37	Jenny Spink	V35	7.08.81	15	Cardiff	7 Oct
75:49	Fiona Brian		27.01.86	3	Valencia, ESP	24 Mar
75:51	Helen Davies	V35	12.09.79	1	Great Bentley	4 Feb
75:58	Katie White	V35	6.01.81	1	Inverness	11 Mar
76:12	Chloe Richardson		4.12.93	14	London	4 Mar
76:14	Jenny Nesbitt		24.01.95	17	Cardiff	7 Oct
(30)						
76:21	Julie Briscoe	V40	11.02.76	21	Barcelona, ESP	11 Feb
76:22	Victoria Knight	V40	3.10.76	1	St. Neots	18 Nov
76:25	Sophie Cowper		24.12.90	3	Granollers, ESP	4 Feb
76:29	Isabel Clark		13.03.86	18	Cardiff	7 Oct
76:31	Annabel Simpson	U23	30.04.97	2	Edinburgh	27 May
76:41	Stephanie Davis		27.08.90	1	Hackney	20 May
76:46	Shona McIntosh	V35	21.01.83	2	Inverness	11 Mar
76:50	Rachel Felton	V35	27.06.79	3	Manchester	14 Oct
77:00	Alaw Beynon-Thomas		15.11.89	5	Valencia, ESP	24 Mar
77:11	Louise Small		27.03.92	1	Windsor	30 Sep
(40)						
77:18	Nicole Taylor		18.01.95	2	Paddock Wood	8 Apr
77:21	Sian Edwards		24.11.88	21	Cardiff	7 Oct
77:28	Charlie Arnell			2	Bristol	23 Sep
77:30	Heather Timmins		12.02.90	16	London	4 Mar
77:30	Kelly Crickmore	V40	23.10.77	6	Glasgow	30 Sep
77:34	Hayley Munn		17.09.90	7	Glasgow	30 Sep
77:34	Katherine Wood		13.04.95	1	Nottingham	30 Sep
77:53	Gemma Rankin		18.12.84	8	Glasgow	30 Sep
77:55	Naomi Mitchell		24.11.93	1	Wokingham	18 Feb
77:55	Natasha Cockram		12.11.92	3	Llanelli	18 Feb
(50)						
78:07	Melanie Wilkins		15.07.90	22	Cardiff	7 Oct
78:14	Amanda Crook		4.04.86	2	Chester	29 Apr
78:14	Louise Perrio	V35	8.07.82	4	Manchester	14 Oct
78:27	Claire Bruce		22.10.91	9	Glasgow	30 Sep

2018 - Women - Half Marathon

Time		Name	Cat	DOB	Pos	Venue	Date
78:27		Kirsty Longley	V40	21.07.76	5	Manchester	14 Oct
78:29		Claire Grima	V40	21.07.77	2	Wokingham	18 Feb
78:34		Stacey Ward		16.01.85	1	St. Albans	10 Jun
78:40		Phillipa Williams		6.09.93	1	Farnborough	21 Jan
78:43		Emma Houchell	U23	14.02.96	4	Edinburgh	27 May
78:51		Gemma Connolly	V35	18.12.81	7	Manchester	14 Oct
	(60)						
78:52		Lorna Russell		14.03.90	1	Gosport	18 Nov
78:59		Rose Penfold		11.04.91	2	Oxford	7 Oct
79:00		Izzy Coomber		17.02.90	1	Brighton	25 Feb

Short (400 yards)

Time	Name	Cat	DOB	Pos	Venue	Date
76:30	Kirsty Longley	V40	21.07.76	1	Liverpool	25 Mar
77:03	Sandra Lowery	V35	15.04.82	1	Liverpool	25 Mar

Foreign

Time	Name	Cat	DOB	Pos	Venue	Date
74:11	*Fionnuala Ross (IRL)*		*5.11.90*	*4*	*Glasgow*	*30 Sep*
74:38	*Emma Mitchell (IRL)*		*2.09.93*	*8*	*South Shields*	*9 Sep*
75:15	*Laura Graham (IRL)*		*5.03.86*	*12*	*London*	*4 Mar*
76:09	*Breege Connolly (IRL)*	*V40*	*1.02.78*	*1*	*Edinburgh*	*27 May*
77:24	*Gladys Ganiel-O'Neill (IRL)*	*V40*	*10.03.77*	*3*	*Swansea*	*24 Jun*
78:32	*Fanni Gyurko (HUN)*		*18.01.87*	*3*	*Edinburgh*	*27 May*
78:38	*Marta Bagnati (ITA)*		*11.02.85*	*3*	*Bristol*	*23 Sep*

Marathon

Time		Name	Cat	DOB	Pos	Venue	Date
2:29:24		Lily Partridge		9.03.91	8	London	22 Apr
2:30:14		Stephanie Twell		17.08.89	7	Valencia, ESP	2 Dec
2:32:09		Tracy Barlow		18.06.85	9	London	22 Apr
2:35:00					15	Berlin, GER	12 Aug
2:35:12		Helen Davies	V35	12.09.79	8	Toronto, CAN	21 Oct
2:38:41					1	Brighton	15 Apr
2:35:49		Natasha Cockram		12.11.92	4	Dublin, IRL	28 Oct
2:44:58					1	Newport	29 Apr
2:36:48		Hayley Carruthers		20.04.93	11	Toronto, CAN	21 Oct
2:36:54		Jenny Spink	V35	7.08.81	14	Valencia, ESP	2 Dec
2:36:59		Sonia Samuels	V35	16.05.79	5	Gold Coast, AUS	15 Apr
2:37:36					21	Berlin, GER	12 Aug
2:37:46		Georgina Schwiening		15.12.94	15	Valencia, ESP	2 Dec
2:38:19		Alyson Dixon	V35	24.09.78	6	Gold Coast, AUS	15 Apr
	(10)						
2:38:28		Dani Nimmock		10.05.90	1	Manchester	8 Apr
2:38:54					23	Frankfurt, GER	28 Oct
2:38:52		Emily Waugh		6.08.93	16	Dubai, UAE	26 Jan
2:39:37		Rebecca Murray		26.09.94	12	London	22 Apr
2:40:04		Amy Clements	V35	22.05.82	25	Frankfurt, GER	28 Oct
2:40:35		Katie White	V35	6.01.81	27	Frankfurt, GER	28 Oct
2:41:17					2	Manchester	8 Apr
2:40:41		Caryl Jones		4.04.87	30	Berlin, GER	12 Aug
2:43:58					8	Gold Coast, AUS	15 Apr
2:40:49		Rosie Edwards		20.08.88	28	Frankfurt, GER	28 Oct
2:41:33		Stephanie Davis		27.08.90	25	Berlin, GER	16 Sep
2:41:35		Katherine Wood		13.04.95	1	York	14 Oct
2:41:37		Julie Briscoe	V40	11.02.76	3	Manchester	8 Apr
2:44:11					2	York	14 Oct
	(20)						
2:42:38		Kelly Crickmore	V40	23.10.77	29	Frankfurt, GER	28 Oct
2:44:10		Gemma Connolly	V35	18.12.81	4	Manchester	8 Apr
2:44:48		Sarah Lowery	V35	15.04.82	17	Amsterdam, NED	21 Oct
2:44:58		Eilidh Bell		23.07.90	2	San Sebastián, ESP	25 Nov
		32 performances to 2:45:00 by 24 athletes					
2:45:10		Shona McIntosh	V35	21.01.83	5	Manchester	8 Apr
2:45:32		Hannah Oldroyd		27.05.87	6	Copenhagen, DEN	13 May
2:45:33		Johanna O'Regan	V35	29.10.82	1	Chester	7 Oct
2:46:13		Carla Swithenbank			8	Dublin, IRL	28 Oct
2:47:22		Claire Grima	V40	21.07.77	18	Amsterdam, NED	21 Oct
2:47:33		Holly Rush	V40	23.09.77	6	Manchester	8 Apr

2018 - Women - Marathon

Time		Name	Cat	Date	Pos	Venue	Event Date
	(30)						
2:47:35		Laura Trimble	V35	7.07.82	2	Chester	7 Oct
2:47:46		Jill Collett	V35	16.07.82	9	Dublin, IRL	28 Oct
2:48:35		Gemma Rankin		18.12.84	33	Valencia, ESP	2 Dec
2:48:50		Charlotte Rose	V35	25.06.81	19	London	22 Apr
2:49:02		Sarah Webster	V35	25.04.79	2	Brighton	15 Apr
2:50:08		Samantha Amend	V35	25.05.79	34	Valencia, ESP	2 Dec
2:50:11		Anne Holyland	V35	6.11.79	7	Manchester	8 Apr
2:50:41		Fiona Davies	V40	3.11.73	1	Boston	15 Apr
2:50:47		Tracy Millmore	V35	16.07.82	3	York	14 Oct
2:51:07		Hannah Claydon		18.12.93	3	Chester	7 Oct
	(40)						
2:51:14		Christine-Ann Wellington	V40	18.02.77	37	Valencia, ESP	2 Dec
2:51:21		Mary Menon	V35	10.07.79	1	Taunton	8 Apr
2:51:37		Katie Synge			5	Washington DC, USA	28 Oct
2:51:53		Emma Ballantyne		20.06.88	9	Manchester	8 Apr
2:51:59		Lyndsey Eastman		14.04.87	13	Dublin, IRL	28 Oct
2:52:21		Sara Bird		28.01.87	3	Brighton	15 Apr
2:52:42		Annabel Granger	V45	19.05.73	4	York	14 Oct
2:52:54		Charlene Jacobs-Conradie	V40	31.07.78	5	Chester	7 Oct
2:53:29		Charlie Metcalfe	V40		6	Chester	7 Oct
2:53:29		Annie Byrne		3.04.93	24	Amsterdam, NED	21 Oct
	(50)						
2:53:36		Helen Waugh	V40	3.12.76	54	Berlin, GER	16 Sep
2:53:45		Ciara Toner	V35	7.07.81	16	Dublin, IRL	28 Oct
2:54:07		Sophie Carter	V35	10.05.79	1	Abingdon	21 Oct
2:54:31		Karen Alexander	V40	14.10.77	5	Belfast	7 May
2:54:31		Josephine Stone		23.08.90	4	Edinburgh	27 May
2:55:07		Josie Hinton		16.12.84	54	Frankfurt, GER	28 Oct
2:55:16		Julie Warner	V50	8.04.67	1	Yeovil	10 Jun
2:55:18		Vicky Wright	V40	19.05.77	7	Chester	7 Oct
2:55:24		Rose Penfold		11.04.91	28	Boston MA, USA	16 Apr
2:55:25		Gillian Pease	V35	14.03.82	44	New York NY, USA	4 Nov
	(60)						
2:55:42		Sarah Hill	V45	25.02.73	1	Bournemouth	7 Oct
2:55:43		Megan Crawford		17.04.89	10	Manchester	8 Apr
2:55:45		Stacey Ward		16.01.85	25	London	22 Apr
2:55:47		Andrea Banks	V45	27.09.72	58	Berlin, GER	16 Sep
2:55:58		Gemma Hockett		8.04.85	11	Manchester	8 Apr
2:55:59		Rebecca Gallop		10.11.85	26	London	22 Apr
2:56:09		Steph Forrester	V45	30.04.69	1	Holme Pierrepont	1 Dec
2:56:12		Emma Prideaux	V45	25.04.73	8	Chester	7 Oct
2:56:24		Tamsin Simmonds	V35	31.10.78	57	Frankfurt, GER	28 Oct
2:56:26		Fiona Maycock	V50	21.08.67	9	Chester	7 Oct
	(70)						
2:56:33		Katy Hallside	V40	20.09.77	46	Valencia, ESP	2 Dec
2:56:34		Alice Whiley		1.07.91	67	Berlin, GER	16 Sep
2:56:36		Zanthe Wray		21.10.88	55	New York NY, USA	4 Nov
2:56:45		Juliet Champion	V40	6.02.77	1	Vise, BEL	13 May
2:56:50		Joanna Male		6.06.92	28	London	22 Apr
2:56:55		Georgie Fenn	U23	14.07.96	29	London	22 Apr
2:57:01		Elinor Kirk		26.04.89	15	Gold Coast, AUS	15 Apr
2:57:05		Maria Heslop	V50	28.10.67	31	London	22 Apr
2:57:15		Diane McVey	V40	22.12.76	13	Manchester	8 Apr
2:57:26		Vicky Nealon	V35	19.04.83	49	Valencia, ESP	2 Dec
	(80)						
2:57:27		Catherine Meyer			2	Holme Pierrepont	1 Dec
2:57:29		Lauren Draper			5	York	14 Oct
2:57:31		Faye Banks	V35	11.08.79	14	Manchester	8 Apr
2:57:34		Helen Ibbotson	V40	.75	64	Berlin, GER	16 Sep
2:57:35		Bethan Male			6	Brighton	15 Apr
2:57:36		Louise Smith	V45	7.07.70	6	Belfast	7 May
2:57:36		Amy Sole		29.09.85	21	Dublin, IRL	28 Oct
2:57:38		Katie Mauthoor	V35	24.12.80	5	Rennes, FRA	28 Oct
2:57:38		Catrin Tyler		13.02.87	62	Frankfurt, GER	28 Oct

2018 - Women - Marathon

Time		Name	Cat	DOB	Pos	Venue	Date
2:57:44		Nina Martin	V40	6.07.76	10	Chester	7 Oct
	(90)						
2:57:45		Lucy Niemz		11.02.86	52	Valencia, ESP	2 Dec
2:57:50		Natalie Hall	V35	28.12.81	23	Dublin, IRL	28 Oct
2:57:52		Shona Crombie-Hicks	V45	1.06.71	15	Manchester	8 Apr
2:57:58		Colleen Mukuya			1	Milton Keynes	7 May

Downhill

2:50:11	Ruth Senior		16.10.87	140	Sacramento, USA	2 Dec
2:51:11	Sheena Logan		27.01.84	1	Inverness	23 Sep
2:53:19	Jennifer Wetton		28.11.86	2	Inverness	23 Sep

Foreign

2:41:53	*Breege Connolly (IRL)*	*V40*	*1.02.78*	*31*	*Berlin, GER*	*12 Aug*
2:42:29	*Fanni Gyurkó (HUN)*		*18.01.87*	*6*	*Málaga, ESP*	*9 Dec*
2:42:42	*Gladys Ganiel-O'Neill (IRL)*	*V40*	*10.03.77*	*33*	*Berlin, GER*	*12 Aug*
2:43:34	*Laura Graham (IRL)*		*5.03.86*	*2*	*Belfast*	*7 May*
2:44:30	*Marta Bagnati (ITA)*		*11.02.85*	*32*	*Frankfurt, GER*	*28 Oct*
2:50:57	*Jane Vongvorachoti (THA)*		*7.01.84*	*20*	*London*	*22 Apr*
2:51:33	*Melissah Gibson (AUS)*		*15.02.84*	*4*	*Chester*	*7 Oct*
2:53:56	*Jennifer Elvin (IRL)*		*27.06.85*	*4*	*San Sebastián, ESP*	*25 Nov*
2:57:56	*Hayley Kuter (NZL)*		*16.01.78*	*6*	*Edinburgh*	*27 May*

50 Kilometres Road

3:30:56	Samantha Amend	V35	25.05.79	1	Gloucester	14 Jan
3:40:21	Tracy Dean	V45	22.09.71	2	Gloucester	14 Jan
3:42:16	Sophie Carter	V35	10.05.79	3	Gloucester	14 Jan

100 Kilometres Road

7:53:57	Samantha Amend	V35	25.05.79	1	Redwick	31 Mar
8:01:11				15	Grkaveščak, CRO	8 Sep
8:23:45	Carla Molinaro		27.07.84	30	Grkaveščak, CRO	8 Sep
8:29:42	Sophie Carter	V35	10.05.79	2	Redwick	31 Mar

24 Hours

224.619km	Tracy Dean	V45	22.09.71	7	Timisoara, ROU	27 May
220.249km	Samantha Amend	V35	25.05.79	1	Belfast	24 Jun
216.117km	Wendy Shaw	V40	5.10.77	4	Barcelona, ESP	16 Dec
214.465km	Alison Young	V40	26.11.73	14	Timisoara, ROU	27 May
213.120kmt	Sarah Morwood	V35	22.03.83	1	London (TB)	23 Sep
207.808km	Adela Salt	V40	18.02.73	2	Glendale, USA	2 Jan
205.683kmt	Sarah Sawyer	V40	21.01.76	1	Crawley	8 Apr
198.118km	Paula Wright	V40	14.02.76	3	Belfast	24 Jun
188.381kmt	Helen James	V45	5.09.72	1	Crawley	8 Apr
186.379km	Helena Dornan	V45	25.10.71	5	Belfast	24 Jun

1500 Metres Steeplechase

4:41.5		Aimee Pratt	U23	3.10.97	1	Leicester	6 May
4:45.13		Katie Ingle		4.03.95	1	Manchester (Str)	18 Aug
4:47.9		Holly Page		17.08.00	2	Leicester	6 May
4:48.61		Yasmin Austridge	U20	11.08.00	1	Birmingham	14 Jul
4:48.71		Louise Jackson		9.02.91	2	Manchester (Str)	18 Aug
4:51.44		Elise Thorner	U20	16.03.01	2	Birmingham	14 Jul
4:52.33		Maisie Grice	U20	29.06.00	3	Birmingham	14 Jul
4:59.18		Morgan Squibb	U17	23.06.03	1	London (LV)	11 Aug
4:59.94		Amelia Wills	U17	4.04.02	1	Exeter	16 Jun
5:01.14		Maya Todd-Mcintyre	U17	21.10.02	2	Birmingham	14 Jul
	(10)						
5:01.79		Amber Owens	U20	27.10.99	1	Milton Keynes	2 Jun
5:02.31		Noemie Thomson	U17		4	Birmingham	14 Jul
5:02.79		Kosana Weir	U20	5.11.99	4	Birmingham	14 Jul
5:03.82		Megan Ormond	U20	21.04.00	5	Birmingham	14 Jul
5:05.18		Ruth Waller		6.03.84	3	Manchester (Str)	18 Aug
5:05.41		Sarah Tait	U20	26.03.01	1	Liverpool	27 May
5:06.75		Alexandra Barbour	U20	1.03.99	1	Eton	1 Jul
5:07.07		Zoe Tompkins	U20	28.02.00	6	Birmingham	14 Jul

2018 - Women - Steeplechases

Time		Name	Cat	DOB	Pos	Venue	Date
5:08.90		Georgia Ledingham	U17	24.07.03	2	Grangemouth	4 Aug
5:09.60		Amber Scott	U20	23.07.01	3	Milton Keynes	2 Jun
	(20)						
5:10.51		Ffion Higginson	U17	17.03.02	3	Grangemouth	4 Aug
5:10.54		Caitlin Wosika	U20	19.11.99	7	Birmingham	14 Jul
5:11.57		Holly Fisher	U17	2.12.02	5	Birmingham	14 Jul
5:11.7		Nicola Ravenhill	U20	19.07.00	1	Perivale	1 Jul

Additional Under 17 (1-7 above)

Time		Name	Cat	DOB	Pos	Venue	Date
5:13.61		Enya Maylor		20.03.03	1	Newport	29 Jul
5:13.80		Poppy Pellow		30.11.02	2	Exeter	16 Jun
5:14.11		Martha Collings		17.11.02	6	Birmingham	14 Jul
	(10)						
5:14.28		Chloe Olford		4.09.01	1	Braunton	5 Aug
5:14.48		Helen Chong		23.03.03	3	Loughborough	31 Aug
5:14.92		Morgan Hanson		18.04.02	5	Milton Keynes	2 Jun
5:15.9		Maya Hodgson		29.12.01	1	Reading	9 Jun
5:16.48		Imogen King		8.09.02	6	Milton Keynes	2 Jun
5:16.52		Olivia McDonald		20.03.02	2	Bedford	26 Aug
5:16.80		Aoibheann Pearce		19.07.02	7	Birmingham	14 Jul
5:17.1		Elicia Smith		12.11.01	1	Middlesbrough	1 May

2000 Metres Steeplechase

Time		Name	Cat	DOB	Pos	Venue	Date
6:38.44		Nicole Roberts		30.01.92	1	Southampton	4 Aug
6:41.9		Emily Hosker-Thornhill		27.10.92	1	Kingston	18 Aug
6:42.21		Emily Moyes	U23	14.06.98	1	Bedford	7 May
6:42.43		Holly Page	U20	17.08.00	1	Chelmsford	24 Jun
6:44.0					1	Dartford	14 Apr
6:42.96		Louise Jackson		9.02.91	2	Southampton	4 Aug
6:43.45		Emily Smith		5.12.95	2	Bedford	7 May
6:47.86		Alexandra Barbour	U20	1.03.99	3	Bedford	7 May
6:48.03		Lauren Stoddart		26.06.91	1	Manchester (SC)	10 Jun
6:50.00		Elise Thorner	U20	16.03.01	5h1	Györ, HUN	5 Jul
6:51.69		Charlotte Taylor-Green		2.04.85	1	Bedford	3 Jun
	(10)						
6:51.82		Yasmin Austridge	U20	11.08.00	2	Castellón, ESP	15 Sep
6:56.00		Dani Chattenton	U23	4.07.96	4	Bedford	7 May
6:58.83		Emily Bullis		12.12.95	2	Bedford	3 Jun
6:59.16		Anna Sharp	U23	16.08.98	2	Oxford	19 May
6:59.96		Sarah Tait	U20	26.03.01	2U18	Bedford	16 Jun
6:59.97		Laura Riches		7.08.93	2	Manchester (SC)	10 Jun
7:01.84		Ella Shirley	U23	7.08.97	5	Bedford	7 May
7:01.95		Stacie Taylor		12.10.95	2	Eton	2 Jun
7:02.07		Eilish O'Grady	U23	8.08.98	2	Chelmsford	24 Jun
7:02.17		Morgan Squibb	U17	23.06.03	1	Eton	18 Aug
	(20)						
7:05.14		Matilda Compton-Stewart	U23	18.03.98	6	Bedford	7 May
7:05.72		Rebecca Berger-North		2.08.95	7	Bedford	7 May
7:05.72		Nancy Scott	U20	15.05.99	3	Oxford	19 May
7:09.64		Megan Ormond	U20	21.04.00	3	Eton	2 Jun
7:12.30		Vicki Cronin		6.12.90	4	Southampton	4 Aug
7:15.98		Katie Lord	U20	6.01.99	10	Bedford	7 May
7:17.78		Emily Brown		8.09.83	12	Bedford	7 May
7:18.55		Stephanie Ainley		5.10.90	5	Eton	2 Jun

Foreign

Time		Name	Cat	DOB	Pos	Venue	Date
7:06.00		*Bethany Scott (AUS)*		*10.02.91*	*1*	*St. Albans*	*23 Jun*

3000 Metres Steeplechase

Time	Name	DOB	Pos	Venue	Date
9:32.08	Rosie Clarke	17.11.91	12	Rome, ITA	31 May
9:32.15			10	Berlin, GER	12 Aug
9:33.78			4h2	Berlin, GER	10 Aug
9:36.29			4	Gold Coast, AUS	11 Apr
9:38.71			14	Monaco, MON	20 Jul
9:40.00			10	Berlin, GER	2 Sep
9:42.80			9	Oslo, NOR	7 Jun

2018 - Women - 3000 Metres Steeplechase

	9:45.83			1	Birmingham	1 Jul
9:50.17	Aimee Pratt	U23	3.10.97	1	Oordegem, BEL	26 May
	9:54.16			1	Torrance, USA	19 Apr
	9:54.61			6	Liège (NX), BEL	18 Jul
	9:57.58			5	Ninove, BEL	28 Jul
9:53.59	Elizabeth Bird		4.10.94	3	Stanford CA, USA	3 May
	10:06.45			6	Stanford CA, USA	30 Mar
9:58.92	Iona Lake		15.01.93	8	Gold Coast, AUS	11 Apr
	10:04.84			10	Liège (NX), BEL	18 Jul
	10:08.61			2	Birmingham	1 Jul
	10:12.71			1	Watford	26 May
10:08.16	Katie Ingle		4.03.95	1	Manchester (SC)	15 Aug
	10:15.38			1	Manchester (SC)	28 Jul
10:13.98	Holly Page	U20	17.08.00	1	Loughborough	20 May
10:15.99	Nicole Roberts		30.01.92	2	Loughborough	20 May
10:16.46	Emily Moyes	U23	14.06.98	3	Loughborough	20 May
	10:18.00			3	Birmingham	1 Jul
10:16.97	Emily Smith		5.12.95	4	Loughborough	20 May
	25 performances to 10:20.0 by 9 athletes					
10:21.72	Lennie Waite		4.02.86	10	Gold Coast, AUS	11 Apr
(10)						
10:39.36	Lucy Jones	U23	18.09.98	6	Cincinnati OH, USA	12 May
10:45.37	Olivia Gwynn	U23	3.03.97	3	Durham NC, USA	6 Apr
10:47.47	Dani Chattenton	U23	4.07.96	5	Loughborough	20 May
10:50.17	Tess Masselink	U23	7.07.98	3	Williamsburg, USA	5 May
10:53.68	Nancy Scott	U20	15.05.99	3	Oxford	30 Jun
10:54.35	Emily Kearney		10.11.95	1	Athens GA, USA	5 May
10:55.67	Alexandra Barbour	U20	1.03.99	2	Yeovil	21 Apr
10:57.09	Lauren Stoddart		26.06.91	7	Birmingham	1 Jul
10:58.46	Stacie Taylor		12.10.95	2	Grangemouth	12 Aug
11:02.57	Emily Bullis		12.12.95	4	Watford	26 May
(20)						
11:02.58	Anna Sharp	U23	16.08.98	2	Bedford	17 Jun
11:11.91	Katie Lord	U20	6.01.99	3	Bedford	17 Jun
11:12.50	Ella Shirley	U23	7.08.97	6	Watford	26 May
11:13.94	Bella Williams	U23	5.10.98	13rD	Torrance, USA	19 Apr
11:13.99	Vicki Cronin		6.12.90	4	Manchester (SC)	15 Aug
11:14.24	Rebecca Berger-North		2.08.95	7	Watford	26 May
11:17.22	Laura Riches		7.08.93	8	Birmingham	1 Jul

Foreign

9:53.00	*Kerry O'Flaherty (IRL)*	*V35*	*15.07.81*	*3*	*Oordegem, BEL*	*26 May*
10:00.81	*Eilish Flanagan (IRL)*	*U23*	*2.05.98*	*2*	*Charlotte, USA*	*25 May*
11:00.25	*Bethany Scott (AUS)*		*10.02.91*	*4*	*Manchester (SC)*	*28 Jul*

60 Metres Hurdles - Indoors

8.13	Marilyn Nwawulor		20.09.92	3	Ghent, BEL	10 Feb
	8.22			6h3	Birmingham	2 Mar
	8.23			3	Birmingham	17 Feb
	8.24			3h1	Ghent, BEL	10 Feb
	8.24			6h1	Glasgow	25 Feb
	8.29			1	London (LV)	13 Jan
	8.33			1A1	Loughborough	3 Feb
	8.34			1P4	Sheffield	7 Jan
	8.35			1h2	London (LV)	13 Jan
8.16	Tiffany Porter		13.11.87	1	University Park, USA	26 Jan
	8.20			6h1	Düsseldorf, GER	6 Feb
	8.21			4h2	Karlsruhe, GER	3 Feb
	8.23			1s1	University Park, USA	26 Jan
	8.26			1h2	University Park, USA	26 Jan
8.16	Megan Marrs	U23	25.09.97	1	Birmingham	17 Feb
	8.19			1r2	Abbotstown, IRL	4 Feb
	8.26			1B1	London (LV)	27 Jan
	8.27			1	Abbotstown, IRL	4 Feb
	8.27			5h2	Glasgow	25 Feb

2018 - Women - 60 Metres Hurdles

Time		Name	Cat	DOB	Pos	Venue	Date
		8.28			6h2	Birmingham	2 Mar
		8.34			1A1	London (LV)	27 Jan
		8.35			1h1	Birmingham	17 Feb
8.17		Yasmin Miller		24.05.95	3	Mondeville, FRA	3 Feb
		8.18			4	Ghent, BEL	10 Feb
		8.20			2	Birmingham	17 Feb
		8.23			1h2	Ghent, BEL	10 Feb
		8.25			1h2	Mondeville, FRA	3 Feb
		8.25			1h4	Birmingham	17 Feb
		8.33			5	Vienna, AUT	27 Jan
		8.34			4h1	Vienna, AUT	27 Jan
8.27		Emma Nwofor	U23	22.08.96	1	Sheffield	16 Feb
		8.30			1h3	Sheffield	16 Feb
8.34		Heather Paton	U23	9.04.96	1	Glasgow	28 Jan
		33 performances to 8.35 by 7 athletes					
8.36		Katarina Johnson-Thompson		9.01.93	2	Eaubonne, FRA	9 Feb
8.37		Mollie Courtney	U23	2.07.97	3	Abbotstown, IRL	4 Feb
8.40		Anastasia Davies	U20	9.04.99	4	Birmingham	17 Feb
	(10)						
8.42		Alicia Barrett	U23	25.03.98	2B1	Loughborough	3 Feb
8.47		Karla Drew		22.03.89	6	Birmingham	17 Feb
8.49		Olivia Gauntlett	U23	7.01.98	1	Harvard MA, USA	28 Jan
8.50		Holly Mills	U20	15.04.00	1P3	Madrid, ESP	27 Jan
8.51		Jessica Hunter	U23	4.12.96	3h2	Athlone, IRL	21 Feb
8.52		Pippa Earley	U20	7.09.00	2	Sheffield	25 Feb
8.53		Serita Solomon		1.03.90	1h1	London (LV)	13 Jan
8.56		Isabella Hilditch	U20	15.06.99	3	London (LV)	13 Jan
8.56		Georgia Silcox	U23	14.10.98	1	Cardiff	4 Feb
8.56		Stephanie Clitheroe		3.11.95	3h4	Birmingham	17 Feb
	(20)						
8.57		Danielle McGifford		11.04.95	2	Manchester (SC)	25 Feb
8.60		Hannah Dunderdale		2.11.94	2	Birmingham AL, USA	9 Feb
8.60		Olivia Montez Brown	U23	22.05.96	1	Brookings SD, USA	16 Feb
8.64		Elise Lovell		9.05.92	3P4	Sheffield	7 Jan
8.64		Holly McArthur	U20	20.12.99	1P1	Madrid, ESP	27 Jan
8.65		Amber-Leigh Hall	U23	10.10.98	3	London (LV)	13 Jan
8.65		Lucy Turner	U23	14.02.97	1	Manchester (SC)	2 Dec
8.66		Jade Nimmo		23.03.91	2h1	Glasgow	28 Jan
8.67		Jessica Taylor-Jemmett		27.06.88	4P4	Sheffield	7 Jan
8.67		Gabriella Ade-Onojobi		1.08.93	1B2	London (LV)	27 Jan
	(30)						
8.67		Zoe Pollock	U20	21.12.00	2h4	Sheffield	25 Feb
8.68		Sophie Yorke	U23	7.07.98	3B2	London (LV)	27 Jan
8.72		Katie Stainton		8.01.95	3r2	Loughborough	13 Jan
8.73		Alice Hopkins	U23	30.12.98	1A3	London (LV)	27 Jan
8.75		Georgia Hollis-Lawrence	U20	27.06.99	5	Sheffield	25 Feb
8.76		Olivia Walker		6.07.95	1	Cardiff	27 Jan
8.76		Emily Russell	U20	12.01.00	4B1	Loughborough	3 Feb
8.77		Jade O'Dowda	U20	9.09.99	3P4	Sheffield	6 Jan
8.78		Anya Bates	U20	17.05.00	1	Birmingham	11 Feb
8.78		Niamh Bailey		28.06.95	1B1	Loughborough	8 Dec
	(40)						
8.79		Amy Hodgson	U23	18.01.96	2B1	Loughborough	8 Dec
8.79		Sophie Hay	U23	14.08.96	1	Cardiff	16 Dec
8.8		Lucy Hadaway	U20	11.06.00	1	Sheffield	16 Dec
		8.81			1h2	Amsterdam, NED	3 Feb
8.81		Zoe Hughes	U23	1.02.96	1P2	Hanover NH, USA	24 Feb
8.82		Finlay Marriott	U20	21.01.99	6	Sheffield	25 Feb
8.84		Mallory Cluley	U20	15.03.02		London (LV)	16 Dec
8.85		Alice Linaker	U20	6.12.99	1	Sheffield	13 Jan
8.86		Mia Evans	U20	24.01.99	2	Cardiff	27 Jan
8.86		Katie Purves	U23	3.11.96	1	Glasgow	24 Oct
8.87		Abigail Pawlett	U17	14.01.03	2	Manchester (SC)	16 Dec
	(50)						
8.88		Kaeshelle Cooke	U23	2.01.96	5	London (LV)	13 Jan

2018 - Women - 60 Metres Hurdles

8.88	Chelsea Walker	U23	29.06.97	3	Seattle WA, USA	26	Jan
8.88	Jenna Blundell	U20	12.06.01	1M	Cardiff	16	Dec
8.89	Jade Henry	U20	26.12.00	3	Glasgow	28	Jan
8.90	Naomi Morgan	U23	23.11.96	2	Athlone, IRL	28	Jan
8.91	Victoria Johnson	U17	7.10.01	1	Birmingham	25	Mar
8.92	Emily Dixon		27.11.95	2P2	Winston-Salem, USA	6	Feb
8.93	Jo Rowland		29.12.89	4P1	Madrid, ESP	28	Jan
8.93	Grace Bower	U20	3.11.99	4s1	Sheffield	25	Feb
8.93	Emily Race	U20	11.09.00	5s1	Sheffield	25	Feb
(60)							
8.96	Lucinda Bailey	U23	15.11.97	3h2	Sheffield	16	Feb
8.97	Emma Nanson		6.10.95	2A3	London (LV)	27	Jan
8.97	Niamh Emerson	U20	22.04.99	7s2	Sheffield	25	Feb
8.98	Lauren Evans	U20	7.08.00	2	Cardiff	11	Feb
9.00	Natasha Smith	U20	10.10.99	1P2	Sheffield	6	Jan

Foreign
8.32	*Chari Hawkins (USA)*		*21.05.91*	*2*	*Sheffield*	*16*	*Feb*
8.36	*Moboaji Adeokun (NGR)*		*14.01.94*	*1*	*Kirchberg, LUX*	*3*	*Feb*
8.71	*Diane Marie-Hardy (FRA)*	*U23*	*19.02.96*	*1*	*Miramas, FRA*	*15*	*Dec*
8.77	*Sarah Connolly (IRL)*		*3.10.96*	*3P*	*London (LV)*	*16*	*Dec*

60 Metres Hurdles - Indoors - Under 17 (76.2cm)

8.45	Marcia Sey	7.11.01	1B1	London (LV)	20	Jan
8.54	Victoria Johnson	7.10.01	1	Sheffield	25	Feb
8.57	Emily Bee	3.03.02	1	Cardiff	6	Jan
8.63	Samantha Harris	4.11.01	1P7	Sheffield	10	Mar
8.63	Abigail Pawlett	14.01.03	1	Sheffield	1	Dec
8.65	Jasmine Jolly	7.12.01	1h2	Sheffield	25	Feb
8.69	Grace Morgan	14.01.02	1	Cardiff	11	Feb
8.72	Katie Bristowe	11.03.02	3	Sheffield	25	Feb
8.76	Nicole Lannie	24.01.03	2s2	Sheffield	25	Feb
8.77	Rebecca Johns	9.11.01	1	Birmingham	25	Mar
(10)						
8.80	Marli Jessop	27.06.03	3B1	London (LV)	20	Jan
8.80	Lily Parris	5.03.03	1	London (LV)	3	Feb
8.80	Eimear Kelly	29.03.02	1	Athlone, IRL	25	Mar
8.81	Chante Williams	21.03.02	3s1	Sheffield	25	Feb
8.84	Philippa Ellis	23.04.03	1	Glasgow	28	Jan
8.86	Jane Davidson	22.07.02	2	Glasgow	8	Feb
8.87	Yasmin Uwakwe	14.04.03	3s2	Sheffield	25	Feb
8.88	Holly Lawrence	12.02.03	1A1	London (LV)	2	Dec
8.90	Laura Hickey	6.01.02	2	Birmingham	25	Mar
8.92	Anna Poole	29.01.02	2h3	Birmingham	11	Feb
(20)						
8.92	Holly Mulholland	31.03.02	2h5	Sheffield	25	Feb
8.93	Ruby Bridger	6.05.03	4s1	Sheffield	25	Feb
8.94	Jessica Hopkins	6.01.02	2	London (LV)	3	Feb
8.97	Katie Sharkey	19.11.01	3	Glasgow	28	Jan
9.00	Caitlyn Mapps	27.11.02	1P6	Sheffield	10	Mar
9.03	Rachel Broadfoot	6.06.02	4	Glasgow	8	Feb
9.04	Kaliyah Young	20.07.03	2B2	London (LV)	20	Jan
9.04	Hollie Thurgood	2.07.02	3h6	Sheffield	25	Feb
9.05	Emily Misantoni	27.09.02	2P6	Sheffield	10	Mar
9.06	Mia Chantree	15.11.01	4	London (LV)	3	Feb
(30)						
9.07	Hannah Barnden	8.01.02	3P6	Sheffield	10	Mar
9.07	Nicole Proudfoot	12.11.02	2P1	Glasgow	3	Nov

60 Metres Hurdles - Indoors - Under 15 (76.2cm)

9.01	Julia Winogrodzka	21.10.04	1	Manchester (SC)	16	Dec
9.09	Emily Knight	5.02.04	1	Sheffield	25	Feb
9.14	Lydia Smith	15.03.04	2	Sheffield	25	Feb
9.20	Lauren Watkins	20.08.04	3	Sheffield	25	Feb
9.22	Tabitha Proudley	27.08.04	1B1	London (LV)	20	Jan

2018 - Women - 60 Metres Hurdles

9.24		Elle Hinchliffe		16.10.03	1h1	Sheffield	4 Feb
9.25		Coirilidh Cook		13.11.03	1	Glasgow	6 Jan
9.27		Amy Lott		22.12.03	1	Gateshead	18 Feb
9.29		Sophia Deans		11.09.04	1B3	Birmingham	28 Jan
9.30		Georgia Donald		30.09.04	2	Manchester (SC)	2 Dec
(10)							
9.31		Ruby Mace		5.09.03	1s2	London (LV)	6 Jan
9.31		Abby Masquelier		17.08.04	2B1	London (LV)	20 Jan
9.32		Emily Frimpong		8.11.03	1h1	London (LV)	17 Mar
9.35		Charlotte Rutter		24.10.03	2	Gateshead	18 Feb
9.37		Jilly Lefebvre		1.04.04	2h1	Glasgow	11 Mar
9.38		Lucy Kirby		19.01.04	1	Sutton	17 Feb
9.39		Ellie-Rose Isaac		3.01.04	1	Cardiff	11 Feb
9.41		Kamiya Smith		5.04.04	1P1	London (LV)	25 Mar
9.42		Lia Bonsu	U13	11.10.05	1h1	Sutton	17 Feb
9.42		Mia Liddell		21.12.03	3	Gateshead	18 Feb
(20)							
9.42		Millie Leighton		28.10.03	1P3	London (LV)	25 Mar
9.44		Carys Poole		21.12.03	2	Cardiff	11 Feb
9.44		Maddy Dowden		11.04.04	1A1	London (LV)	11 Feb
9.44		Hermione Mason		1.04.05	3	Manchester (SC)	2 Dec

60 Metres Hurdles - Indoors - Under 13 (68.5cm)

9.44	Lia Bonsu		11.10.05	1B1	London (LV)	21 Jan
9.56	Isabelle Mardle		20.10.06	1	London (LV)	8 Dec
9.65	Jenna Hilditch		19.04.06	1	Glasgow	10 Mar
9.73	Mya McMahon		19.09.05	1h1	Glasgow	10 Mar
9.75	Alice Ball		7.02.06	2	Glasgow	10 Mar
9.76	Amber Hughes		3.11.05	1	Birmingham	7 Jan
9.8	Esme Pounder		9.10.06	1P	Sheffield	16 Dec
9.88	Stroma Fraser		27.11.05	2h3	Glasgow	10 Mar
9.89	Sophie Lisk		5.04.06	1	Cardiff	11 Feb
9.95	Megan Gwyther		3.03.06	1h1	Cardiff	11 Feb
9.97	Macy Ozard		6.07.06	1A1	Eton	4 Mar

70 Metres Hurdles - Under 13 (68.5cm)

10.90w	3.3	Lia Bonsu		11.10.05	1P1	Sutton	9 Sep
10.9					1	Portsmouth	17 Jun
11.01	-1.7				1	London (LV)	11 Aug
11.1		Tomi Adejuwon		9.02.07	1	Eton	1 Sep
11.25	0.0				1	Bedford	8 Sep
11.16		Amber Hughes		3.11.05	1	Manchester (Str)	28 May
11.20w	2.6	Sophie Lisk		5.04.06	1	Yate	17 Jun
11.3					1	Newport	30 Jun
11.34	-1.1				1P5	Swansea	9 Jun
11.25w	2.6	Lorna Willmott		23.12.05	1rB	Yate	17 Jun
11.31	2.0				1	Exeter	22 Jul
11.3		Ruby Wisbey		17.11.05	1	Ellesmere Port	17 Jun
11.39					2	Manchester (Str)	28 May
11.3		Madison Lockey		25.11.05	2	Bebington	21 Jul
11.40	1.9				1	Middlesbrough	2 Sep
11.3		Emily Rankin		28.09.05	3	Bebington	21 Jul
11.34	0.6	Katie Marsh			1	London (He)	8 Jul
11.35	0.6	Gracie Wall		22.11.05	2	London (He)	8 Jul
11.38	0.8	Mya McMahon		19.09.05	1	Grangemouth	12 May

75 Metres Hurdles - Under 15 (76.2cm)

11.01	1.9	Mia McIntosh		11.01.05	1s1	Birmingham	13 Jul
11.09	2.0	Katie Chapman		20.09.03	1	Exeter	16 Jun
11.15w	2.7	Ella Manning		30.12.03	1s2	Birmingham	13 Jul
11.26	1.5				1h1	Birmingham	13 Jul
11.17	2.0	Lydia Smith		15.03.04	1	Exeter	16 Jun
11.21w	3.2	Amy Lott		22.12.03	1	Middlesbrough	2 Sep
11.44	1.4				1rB	Leigh	7 Jul
11.22w	2.7	Lauren Watkins		20.08.04	2s2	Birmingham	13 Jul

2018 - Women - 75 Metres Hurdles - U15

Time	Wind	Name	DOB	Pos	Venue	Date
11.39	1.9			2h4	Birmingham	13 Jul
11.23	2.0	Willa Gibb	11.09.03	3	Exeter	16 Jun
11.24	1.9	Emily Frimpong	8.11.03	1h4	Birmingham	13 Jul
11.27	1.9	Elle Hinchliffe	16.10.03	4s1	Birmingham	13 Jul
11.27w	2.7	Charlotte Rutter	24.10.03	3s2	Birmingham	13 Jul
11.31	1.7			2h2	Birmingham	13 Jul
(10)						
11.31	1.5	Emily Knight	5.02.04	1h1	Chelmsford	9 Jun
11.34	0.2	Coirilidh Cook	13.11.03	1	Glasgow (S)	17 Jun
11.34	1.7	Myah Booth	20.01.04	3h2	Birmingham	13 Jul
11.35w	2.7	Rosie Meakin	24.04.04	5s2	Birmingham	13 Jul
11.5				1	Bangor	21 Jul
11.57	1.5			4h1	Birmingham	13 Jul
11.36w	2.7	Abby Masquelier	17.08.04	6s2	Birmingham	13 Jul
11.46	1.9			3h4	Birmingham	13 Jul
11.4		Megan Corker	11.10.04	1h1	Macclesfield	12 May
11.42	1.9			7s1	Birmingham	13 Jul
11.41	1.0	Carys Poole	21.12.03	1	Newport	24 Jun
11.43	1.5	Ruby Mace	5.09.03	3h1	Birmingham	13 Jul
11.46w	3.2	Kate Smith	3.11.03	3	Middlesbrough	2 Sep
11.5				2h1	Hexham	9 Jun
11.48	1.7	Millie Leighton	28.10.03	5h2	Birmingham	13 Jul
(20)						
11.50		Olivia Fowler	29.06.04	1P1	Stockport	24 Jun
11.5		Etienne Maughan	7.12.04	1	London (ME)	19 May
11.5		Sofija Dragisic Wood	31.08.04	1	Ellesmere Port	17 Jun
11.59	1.5			5h1	Birmingham	13 Jul
11.5	0.3	Iona Irvine	22.11.04	2P1	Ashford	24 Jun
11.5		Shakanya Osahon	10.09.03	1	Ashford	8 Jul
11.57	1.3			1	Bedford	8 Sep
11.5		Hermione Mason	1.04.05	1rB	Bebington	21 Jul
11.5	1.6	Maddy Dowden	11.04.04	1	Banbury	21 Jul
11.55	0.5			1h2	Oxford (H)	12 May
11.53	0.0	Tabitha Proudley	27.08.04	1rB	Crawley	16 Jun
11.57	1.2	Lucy Kirby	19.01.04	1	Crawley	9 Jun
11.58	0.4	Sophia Deans	11.09.04	1	Bristol	21 Jul
(30)						
11.6		Kamiya Smith	5.04.04	1	Abingdon	8 Jul
11.62		Julia Winogrodzka	21.10.03	1	Bury	12 May
11.62	0.0	Ellie Taylor	12.03.04	2rB	Crawley	16 Jun
11.62	1.9	Amelia Briggs-Goode	30.12.03	4h4	Birmingham	13 Jul
11.62	0.2	Rachel Hewitson	10.06.04	2h2	Aberdeen	19 Aug

80 Metres Hurdles - Under 17 (76.2cm)

Time	Wind	Name	DOB	Pos	Venue	Date
11.02	1.7	Emily Bee	3.03.02	1	Grangemouth	21 Jul
11.12	-1.0	Marcia Sey	7.11.01	1	Birmingham	14 Jul
11.20	1.7	Rebecca Johns	9.11.01	1h3	Birmingham	13 Jul
11.22	1.6	Katie Bristowe	11.03.02	1	Crawley	9 Jun
11.22	0.9	Grace Morgan	14.01.02	1	Newport	24 Jun
11.33	0.5	Marli Jessop	27.06.03	1	London (LV)	8 Jul
11.34	1.3	Abigail Packham	19.08.03	3h4	Birmingham	13 Jul
11.34	-0.9	Victoria Johnson	7.10.01	3	Bedford	26 Aug
11.42	-0.8	Holly Lawrence	12.02.03	1	Chelmsford	9 Jun
11.45	2.0	Samantha Harris	4.11.01	2	Exeter	16 Jun
(10)						
11.45	1.7	Caitlyn Mapps	27.11.02	4	Grangemouth	21 Jul
11.49		Abigail Pawlett	14.01.03	1H1	Stockport	23 Jun
11.50	1.7	Jane Davidson	22.07.02	5	Grangemouth	21 Jul
11.56	1.8	Holly-Mae McKenna	10.12.01	2H1	Yeovil	23 Jun
11.61	-0.8	Ruby Bridger	6.05.03	2	Chelmsford	9 Jun
11.61	0.5	Lily Parris	5.03.03	1	London (LV)	8 Jul
11.61	0.4	Milly Gall	20.02.03	1H2	Bedford	15 Sep
11.62	0.9	Holly Mulholland	31.03.02	1	Tullamore, IRL	2 Jun
11.62	0.0	Mallory Cluley	15.03.02	5s1	Birmingham	13 Jul
11.64		Ellie Mount	15.08.03	1	Yate	9 Jun

2018 - Women - 80 Metres Hurdles - U17

	(20)							
11.64	1.7	Chante Williams		21.03.02	3h3	Birmingham	13	Jul
11.66		Philippa Ellis		23.04.03	1	Jarrow	23	May
11.66	-0.3	Mia Chantree		15.11.01	1H3	Manchester (SC)	4	Aug
11.71		Yasmin Uwakwe		14.04.03	1	London (He)	9	Jun
11.73	0.7	Joy Kelvin		11.01.03	2	Crawley	16	Jun
11.74	1.5	Kaliyah Young		20.07.03	1	Ashford	9	Jun
11.80	0.0	Emily Misantoni		27.09.02	2	Birmingham	22	Apr
11.80	0.9	Eimear Kelly		29.03.02	2	Tullamore, IRL	2	Jun
11.80	1.7	Hollie Thurgood		2.07.02	5h3	Birmingham	13	Jul
11.83	0.2	Amelia Woodnick		18.02.02	2	Hemel Hempstead	9	Jun
	(30)							
11.86	0.0	Laura Hickey		6.01.02	3	Birmingham	22	Apr
11.86	-0.8	Anna Poole		29.01.02	1	Coventry	27	May
11.88	2.0	Yasmin Bridet		29.11.02	4	Exeter	16	Jun
11.89	1.5	Hannah Barnden		8.01.02	1H2	Grangemouth	14	Jul
11.89	1.6	Coirilidh Cook	U15	13.11.03	1	Grangemouth	4	Aug

Wind-assisted

11.02	2.6	Marcia Sey		(11.12)	1	Loughborough	1	Sep
11.30	2.6	Abigail Pawlett		(11.49)	2	Loughborough	1	Sep
11.33	3.6	Victoria Johnson		(11.34)	1	Birmingham	29	Apr
11.45	2.6	Holly Mulholland		(11.62)	3	Loughborough	1	Sep
11.53	2.5	Melissa Coxon		5.12.02	1	Cudworth	13	May
11.57	2.2	Morgan Spink		6.04.02	1H3	Bedford	15	Sep
11.73	2.4	Amelia Woodnick		(11.83)	3h1	Birmingham	13	Jul
11.75	2.2	Jodie Smith		2.11.01	2H3	Bedford	15	Sep
11.84	2.1	Emily Tyrrell		4.01.02	1	Exeter	22	Jul
11.84	2.2	Mia Lowndes		6.06.02	3H3	Bedford	15	Sep

Hand timing

11.1		Jasmine Jolly		7.12.01	1	Blackburn	12	May
11.3w	2.7	Victoria Johnson		(11.34)	1	Nottingham	27	May
11.5		Mia Chantree		(11.66)	H	Boston	23	Jun
11.5		Ruby Bridger		(11.61)	H	Boston	23	Jun
11.5		Chante Williams		(11.64)	1	Basingstoke	8	Jul
11.7		Hollie Thurgood		(11.80)	1	Portsmouth	12	May
11.7		Anna Poole		(11.86)	1	Rugby	24	Jun
11.8		Morgan Spink		(11.57w)	1	Nottingham	9	Jun
11.8		Cleo Martin-Evans		8.05.03	H	Boston	23	Jun

100 Metres Hurdles - Under 18 (76.2cm)

13.32w	2.5	Marcia Sey	U17	7.11.01	2h2	Györ, HUN	6	Jul
	13.41	1.7			1	Loughborough	9	May
13.45	1.8	Lucy-Jane Matthews	U17	17.09.02	2s2	Györ, HUN	7	Jul
13.84	1.7	Victoria Johnson	U17	7.10.01	2	Loughborough	9	May
13.86	1.1	Jenna Blundell		12.06.01	3	Bedford	17	Jun
13.97	-0.6	Emily Bee	U17	3.03.02	3	Bedford	26	May
13.97	-1.3	Anna McCauley		2.01.01	1H	Hexham	21	Jul
14.09	0.6	Abigail Pawlett	U17	14.01.03	1H2	Arona, ESP	2	Jun
14.12w	3.4	Grace Morgan	U17	14.01.02	1	Grangemouth	4	Aug
	14.16				1	Cardiff	16	May
14.14w	2.2	Katie Bristowe	U17	11.03.02	1	London (LV)	23	May
	14.23	-0.6			5	Bedford	26	May
14.16w	2.6	Kiera Bainsfair		3.02.02	1r1	London (LV)	25	Apr
	14.63	1.8			1r2	London (LV)	25	Apr
	(10)							
14.49w	2.6	Sophia Obi		27.05.01	2r1	London (LV)	25	Apr
	14.80	1.8			2r2	London (LV)	25	Apr
14.56	0.6	Emily Misantoni	U17	27.09.02	2H2	Arona, ESP	2	Jun
14.58	-2.2	Rebecca Johns	U17	9.11.01	4	Loughborough	6	Jun
14.60	0.4	Jessica Smith	U17	5.09.01	2	Genk, BEL	18	Jul
14.67	-0.5	Amaya Scott		15.02.01	1H3	Bedford	26	May
14.82	-0.5	Olivia Dobson		27.03.01	2H3	Bedford	26	May
14.84	0.3	Mia Chantree	U17	15.11.01	2H1	Street	28	Apr
14.87	0.0	Lily Hulland	U17	1.09.01	1h2	Seville, ESP	2	Jun

100 Metres Hurdles

12.99	0.8	Tiffany Porter		13.11.87	3h2	Gold Coast, AUS	12 Apr
13.12	0.2				6	Gold Coast, AUS	13 Apr
13.14	2.0				1	Myrtle Beach, USA	10 Mar
13.45	-2.1				2	Brisbane (Nathan), AUS	28 Mar
13.19	0.4	Alicia Barrett	U23	25.03.98	4h1	Gold Coast, AUS	12 Apr
13.26	-0.4				4	Oordegem, BEL	26 May
13.26	-0.7				1	Loughborough	25 Jul
13.28	-0.5				1	Birmingham	30 Jun
13.28	1.5				1	Manchester (SC)	15 Aug
13.30	1.8				1	Southampton	4 Aug
13.35	0.2				9h2	London (O)	22 Jul
13.36	0.9				2	Bedford	17 Jun
13.39	0.0				1	Loughborough	20 May
13.41	0.2				1h2	Loughborough	25 Jul
13.42	0.7				3	Manchester	18 May
13.42	-2.7				1h1	Birmingham	30 Jun
13.52	0.0				2h2	Bedford	17 Jun
13.54	-1.3				7h1	Oordegem, BEL	26 May
13.26	0.2	Cindy Ofili		5.08.94	7h2	London (O)	22 Jul
13.27	0.0				4	Bellinzona, SUI	18 Jul
13.30	-0.1				3h1	Bellinzona, SUI	18 Jul
13.54	-0.3				5	Lignano, ITA	11 Jul
13.32	-0.1	Megan Marrs	U23	25.09.97	1	Belfast	26 Jun
13.36	-0.2				7	London (O)	15 Jul
13.37	-0.5				2	Birmingham	30 Jun
13.37	-0.5				7h1	London (O)	22 Jul
13.42	0.9				3	Bedford	17 Jun
13.42	-0.7				2	Loughborough	25 Jul
13.50	0.0				3	Loughborough	20 May
13.50	0.0				1h2	Bedford	17 Jun
13.52	-1.3				2rB	Bydgoszcz, POL	29 May
13.55	-0.2				1h1	Loughborough	25 Jul
13.33	-1.3	Yasmin Miller		24.05.95	5h1	Oordegem, BEL	26 May
13.35	-0.4				5	Oordegem, BEL	26 May
13.41	0.5				2h2	Montgeron, FRA	13 May
13.41	-1.2				5	Bydgoszcz, POL	29 May
13.41	-0.1				1	Bedford	10 Jun
13.44	0.9				5	Montgeron, FRA	13 May
13.45	0.0				2	Loughborough	20 May
13.45	-0.6				9	Hengelo, NED	3 Jun
13.54	0.7				4	Manchester	18 May
13.33	0.9	Jessica Hunter	U23	4.12.96	1	Bedford	17 Jun
13.37	-0.5				3	Birmingham	30 Jun
13.39	0.9				1h1	Aarhus, DEN	5 Jun
13.40	0.9				1h1	Bedford	17 Jun
13.42	1.3				6	Sotteville, FRA	17 Jul
13.43	0.1				1	Aarhus, DEN	5 Jun
13.45	0.2				2h2	Loughborough	25 Jul
13.50	-0.6				1h2	Birmingham	30 Jun
13.53	-0.7				3	Loughborough	25 Jul
13.34	0.4	Katarina Johnson-Thompson		9.01.93	4H4	Berlin, GER	9 Aug
13.54	0.6				4H2	Gold Coast, AUS	12 Apr
13.36	1.7	Heather Paton	U23	9.04.96	1	Loughborough	9 May
13.46	1.2				1	Birmingham (Un)	23 Jun
13.54	1.8				2	Southampton	4 Aug
13.44	0.9	Emma Nwofor	U23	22.08.96	2h1	Bedford	17 Jun
13.51	1.5	Danielle McGifford		11.04.95	2	Manchester (SC)	15 Aug

57 performances to 13.55 by 10 athletes

13.57	1.6	Olivia Gauntlett	U23	7.01.98	4	Philadelphia PA, USA	6 May
13.57	0.5	Marilyn Nwawulor		20.09.92	2H4	Bedford	26 May
13.57	1.9	Mollie Courtney	U23	2.07.97	1	Eton	2 Jun
13.69	-0.6	Isabella Hilditch	U20	15.06.99	2h2	Birmingham	30 Jun
13.72	1.8	Angie Broadbelt-Blake		12.09.85	3	Southampton	4 Aug

2018 - Women - 100 Metres Hurdles

Time	Wind	Name	Cat	DOB	Race	Venue	Date
13.73	1.4	Lucy Turner	U23	14.02.97	1H2	Manchester (SC)	4 Aug
13.75	0.8	Anastasia Davies	U20	9.04.99	1	Bedford	17 Jun
13.76	0.5	Niamh Emerson	U20	22.04.99	1H3	Tampere, FIN	12 Jul
13.81	0.0	Georgia Silcox	U23	14.10.98	1	St. Peter Port GUE	23 Jun
13.84	-0.6	Gabriella Ade-Onojobi		1.08.93	3h2	Birmingham	30 Jun
(20)							
13.85	1.7	Isabel Wakefield	U20	5.01.00	2h1	Bedford	17 Jun
13.94	0.0	Alice Hopkins	U23	30.12.98	4h2	Bedford	17 Jun
13.97	1.9	Karla Drew		22.03.89	4	Eton	2 Jun
13.98	0.4	Caryl Granville		24.09.89	6h1	Gold Coast, AUS	12 Apr
14.00	0.7	Jazmin Sawyers		21.05.94	4h2	Clermont FL, USA	28 Apr
14.00	0.9	Stephanie Clitheroe		3.11.95	1	Eton	23 Jun
14.04	0.5	Jade O'Dowda	U20	9.09.99	3H3	Tampere, FIN	12 Jul
14.11	-0.6	Elise Lovell		9.05.92	5h2	Birmingham	30 Jun
14.12	1.0	Jessica Tappin		17.05.90	1rB	Southampton	4 Aug
14.14		Amy Hodgson	U23	18.01.96	1	Sheffield	20 Apr
(20)							
14.14	-1.2	Chelsea Walker	U23	29.06.97	2	Manchester (SC)	9 Jun
14.16	0.0	Meghan Beesley		15.11.89	8	Loughborough	20 May
14.17	1.6	Zoe Hughes	U23	1.02.98	4H7	Austin TX, USA	28 Mar
14.17	0.6	Holly McArthur	U20	20.12.99	6H2	Gold Coast, AUS	12 Apr
14.19	0.2	Emily Russell	U20	12.01.00	2rB	Loughborough	20 May
14.22	0.3	Olivia Montez Brown	U23	22.05.96	1	Sioux Falls, USA	5 May
14.22	1.7	Anya Bates	U20	17.05.00	3h1	Bedford	17 Jun
14.26	0.9	Jessica Taylor-Jemmett		27.06.88	4H3	Kladno, CZE	16 Jun
14.26	1.7	Amy Pye	U20	22.11.00	5h1	Bedford	17 Jun
14.26	2.0	Chloe Williams		10.09.87	1	Liverpool	8 Jul
(30)							
14.27	1.4	Jenna Blundell	U20	12.06.01	1H1	Bedford	15 Sep
14.30	-0.1	Katie Garland	U23	27.01.97	1H3	Bedford	26 May
14.33	1.7	Pippa Earley	U20	7.09.00	4	Gainesville FL, USA	13 Apr
14.33	0.0	Georgia Hollis-Lawrence	U20	27.06.99	1	Cudworth	12 May
14.33	0.2	Niamh Bailey		28.06.95	5H	Hexham	21 Jul
14.37	-0.6	Lauren Thompson		12.02.92	3	Bedford	3 Jun
14.38	1.3	Hannah Dunderdale		2.11.94	1rB	Oxford MS, USA	31 Mar
14.39	0.7	Olivia Walker		6.07.95	1rC	Loughborough	20 May
14.44	-2.1	Katie Stainton		8.01.95	2rB	Brisbane (Nathan), AUS	28 Mar
14.45	1.7	Amber-Leigh Hall	U23	10.10.98	2	Loughborough	9 May
(40)							
14.48	0.7	Sophie Hay	U23	14.08.96	2rC	Loughborough	20 May
14.52	1.7	Amy Carter	U20	24.06.01	7h1	Bedford	17 Jun
14.57	1.1	Venus Morgan	U20	5.06.01	3h2	Birmingham	13 Jul
14.59i		Finlay Marriott	U20	21.01.99	1r2	Uxbridge	25 Apr
	15.24	-0.6			5h1	Bedford	6 May
14.60	1.4	Emily Race	U20	11.09.00	3H1	Bedford	15 Sep
14.61	-0.1	Suzzanne Palmer		11.09.93	3H3	Bedford	26 May
14.62	0.0	Jade Henry	U20	26.12.00	4	St. Peter Port GUE	23 Jun
14.62	1.5	Lauren Evans	U20	7.08.00	2rB	Crawley	8 Jul
14.63		Lucy Hadaway	U20	11.06.00	1	Leeds	29 Apr
14.67	2.0	Emily Dixon		27.11.95	1H4	Williamsburg, USA	4 May
(50)							
14.69	1.4	Bethan Burley	U20	26.03.00	2H1	Yeovil	23 Jun
14.70	-1.6	Caroline Hilley	U23	18.09.96	1	Oxford	19 May
14.70	1.8	Harriet Jones		30.06.88	6	Southampton	4 Aug
14.76	-0.8	Jade Nimmo		23.03.91	6	Cardiff	2 Jun
14.77	1.7	Natasha Smith	U20	10.10.99	1	Exeter	22 Jul
14.78	0.3	Alix Still	U20	15.03.00	3H1	Greensboro NC, USA	15 Jun
14.80	-2.2	Grace Bower	U20	3.11.99	2H2	Bedford	26 May
14.81	-0.3	Zoe Pollock	U20	21.12.00	2H3	Street	28 Apr
14.83	1.0	Marcey Winter		17.04.01	3rB	Southampton	4 Aug
14.85	-0.3	Kaeshelle Cooke	U23	2.01.96	4h3	Bedford	6 May
(60)							
14.87	-1.2	Rebecca Jennings		7.12.90	1rB	Leigh	5 Aug
14.91	0.1	Catriona Pennet		10.10.83	1	Grangemouth	12 May
14.91	1.1	Kia Slade	U20	16.01.01	4h2	Birmingham	13 Jul

2018 - Women - 100 Metres Hurdles

Time	Wind	Name	Cat	DOB	Pos	Venue	Date
14.95	0.6	Beth Taylor	U23	25.12.96	1H2	Bedford	26 May
14.96	0.0	Annabelle Pask	U23	6.09.97	H	Tenero, SUI	16 Jun
14.97	-0.3	Anna Nicole Rowe	U23	2.09.98	3H3	Street	28 Apr
14.97	1.7	Naomi Morgan	U23	23.11.96	4B1	Waterford, IRL	5 May
14.98	1.0	Amaya Scott	U20	15.02.01	4rB	Southampton	4 Aug
14.99	0.2	Jo Rowland		29.12.89	7H	Hexham	21 Jul
15.01	1.0	Charlotte Robison	U23	13.07.97	3h3	Hanover NH, USA	11 May
		(70)					
15.02i		Victoria Johnson	U17	7.10.01	1	Birmingham	25 Mar
15.06	0.1	Bethany McAndrew	U20	8.01.00	1	Grangemouth	12 May
15.07		Alice Linaker	U20	6.12.99	2	Leeds	29 Apr
15.08	-1.2	Lisa Revitt		5.02.91	5	Manchester (SC)	9 Jun
15.08	1.5	Anna Nelson		14.11.95	3rB	Crawley	8 Jul
15.09	1.3	Imogen Dawe-Lane	U20	30.08.00	2	Cardiff	27 May
15.09	0.0	Emma Canning	U23	7.03.97	7H1	Arona, ESP	2 Jun
15.12	-0.3	Roxanne Oliver	U23	15.01.97	5h3	Bedford	6 May
15.12	1.1	Sophia Obi	U20	27.05.01	3	Bedford	9 Sep
15.13	0.1	Niamh Guest	U23	16.01.97	2	Grangemouth	12 May
		(80)					
15.14	2.0	Chay Clark	U23	6.12.96	4rB	Grangemouth	7 Jul
15.15	0.6	Ellen Barber	U23	5.12.97	2H2	Bedford	26 May
15.15	-0.7	Chloe Vernon-Hamilton		11.10.92	1rB	Bedford	3 Jun
15.18	-0.3	Olivia Galloway	U20	4.07.00	5H3	Street	28 Apr
15.19	1.4	Olivia Jones	U20	20.02.00	4H1	Yeovil	23 Jun
15.23		Amy Barclay		14.04.92	1	Crawley	20 May
15.29	0.6	Georgia Pickles	U23	19.10.96	3H2	Bedford	26 May
15.30		Chloe Esegbona	U23	23.11.98	2	Manchester (Str)	8 Jul

Wind-assisted

Time	Wind	Name	Cat	(legal)	Pos	Venue	Date
13.23	4.0	Megan Marrs	U23	(13.32)	2	Radom, POL	27 May
13.37	3.1				1h3	Birmingham	30 Jun
13.30	4.9	Jessica Hunter	U23	(13.33)	1	Manchester (SC)	29 Jul
13.44	3.3				1h2	Manchester (SC)	29 Jul
13.32	4.9	Barrett		(13.19)	2	Manchester (SC)	29 Jul
13.48	2.6				2h1	Manchester (SC)	29 Jul
13.34	2.6	Danielle McGifford		(13.51)	1h1	Manchester (SC)	29 Jul
13.43	4.9				4	Manchester (SC)	29 Jul
13.41	4.9	Miller			3	Manchester (SC)	29 Jul
13.47	3.3				2h2	Manchester (SC)	29 Jul
		10 performances to 13.55					
13.64	3.1	Georgia Silcox	U23	(13.81)	3h3	Birmingham	30 Jun
13.71	3.1	Niamh Emerson	U20	(13.76)	4h3	Birmingham	30 Jun
13.73	2.5	Anastasia Davies	U20	(13.75)	1	Eton	18 Aug
13.87	3.3	Zoe Hughes	U23	(14.17)	1rB	Houston TX, USA	15 Mar
13.87	3.1	Alice Hopkins	U23	(13.94)	5h3	Birmingham	30 Jun
14.13	3.3	Jenna Blundell	U20	(14.27)	5h2	Manchester (SC)	29 Jul
14.16	2.2	Emily Russell	U20	(14.19)	1h1	Birmingham	13 Jul
14.20	3.1	Jade Nimmo		(14.76)	6h3	Birmingham	30 Jun
14.21	2.2	Amy Pye	U20	(14.26)	2h1	Birmingham	13 Jul
14.33	2.5	Harriet Jones		(14.70)	2	Eton	18 Aug
14.38	2.2	Amy Carter	U20	(14.52)	4h1	Birmingham	13 Jul
14.40	2.5	Marcey Winter		(14.83)	3	Eton	18 Aug
14.45	4.2	Charlotte Robison	U23	(15.01)	3	Amherst NH, USA	7 Apr
14.46	2.8	Sophie Hay	U23	(14.48)	4	Crawley	8 Jul
14.55	2.9	Emily Race		(14.60)	5h2	Bedford	17 Jun
14.70	2.9	Bethany McAndrew	U20	(15.06)	6h2	Bedford	17 Jun
14.72	2.8	Hayley McLean		9.09.94	6	Crawley	8 Jul
14.73	2.8	Finlay Marriott	U20	(14.59i)	7	Crawley	8 Jul
14.73	2.6	Zoe Lucas	U23	7.01.97	7h1	Manchester (SC)	29 Jul
14.83	5.0	Abigail Williams	U20	11.10.00	2	Exeter	16 Jun
15.13	2.2	Olivia Galloway	U20	(15.18)	5h1	Birmingham	13 Jul
15.14	2.4	Shamilla Channer	U20	18.02.00	2	Birmingham	29 Apr
15.23	3.1	Hannah Jackson		8.09.91	3	Liverpool	8 Jul
15.27	3.1	Laura Armorgie	U23	5.12.97	4	Liverpool	8 Jul
15.28	5.1	Amelia MacDonald	U20	3.05.01	1	London (LV)	29 Apr

100 Metres Hurdles

Hand timing

14.6	1.9	Sophie Yorke	U23	7.07.98	1	Wolverhampton	3	Jun
14.7		Anya Kay		7.05.91	1	Bournemouth	13	May
14.8	-1.7	Abigail Pawlett	U17	14.01.03	1	Leigh	1	Jul
14.9		Hayley McLean		(14.72w)	1	Dartford	14	Apr
15.0		Chloe Esegbona	U23	(15.30)	1	Macclesfield	12	May
15.0		Olivia Galloway	U20	(15.18)	1	Bournemouth	13	May
15.1		Finlay Marriott	U20	(14.59i)	1	London (FP)	14	Jul
15.1	0.8	Ogubemi Popo	U23	1.09.98	1	St. Clement JER	23	Aug
15.2	1.9	Carly Bates	U20	23.02.00	1	Leamington	6	May
15.2		Emily Madden Forman	U20	29.09.99	2	Nottingham	27	May
15.2		Rebecca Johns	U17	9.11.01	1	Kirkby-in-Ashfield	2	Jun

Additional Under 17 (1-3 above)

15.3w	2.4	Emily Misantoni	U17	27.09.02	1	Ellesmere Port	27	May
15.52	0.0	Rhiannon Dowinton	U17	7.11.02	6	St. Peter Port GUE	23	Jun
15.6		Jessica Salkeld	U17	11.01.03	2	Leeds	4	Aug

Foreign

13.46	0.1	Chari Hawkins (USA)		21.05.91	1h2	Bedford	6	May
13.85	1.4	Diane Marie-Hardy (FRA)		19.02.96	1H2	Berlin, GER	9	Aug
14.48	0.3	Sarah Connolly (IRL)	U23	3.10.96	3H	Oxford (H)	7	Jul
14.56	-0.8	Moe Sasegbon (NGR)		16.09.91	1rB	Cardiff	2	Jun
14.62	-0.7	Aisha Naibe-Wey (SLE)		3.08.93	1	London (BP)	14	Jul
14.82	-2.1	Kate O'Connor (IRL)	U20	12.12.00	6rB	Brisbane, AUS	28	Mar
15.18	0.3	Katy Sealy (BIZ)		15.10.90	6H1	Gold Coast, AUS	12	Apr

300 Metres Hurdles

43.01	Avril Jackson		22.10.86	3	Zofingen, SUI	19 May

Under 17

42.0	Jasmine Jolly		7.12.01	1	Blackburn	13 May
	42.21			1	Grangemouth	21 Jul
43.40	Mia Chantree		15.11.01	1	London (LV)	8 Jul
43.42	Melissa Coxon		5.12.02	2	Birmingham	14 Jul
43.52	Poppy Oliver		27.02.03	3	Birmingham	14 Jul
43.68	Stephanie Driscoll		24.10.01	5	Birmingham	14 Jul
43.70	Emily Misantoni		27.09.02	6	Birmingham	14 Jul
43.84	Hannah Foster		15.03.02	1	Bedford	9 Sep
44.35	Morgan Spink		6.04.02	2h1	Birmingham	13 Jul
44.39	Alexia Bennett-Cordy		1.02.03	1	Birmingham	16 Jun
44.69	Orla Brennan		8.02.02	1	Bracknell	3 Jun
(10)						
44.73	Abbie Lovering		23.07.03	3h2	Birmingham	13 Jul
45.00	Kiera Bainsfair		3.02.02	1rB	London (LV)	8 Jul
45.04	Maddie Turner		11.11.01	1	Portsmouth	13 May
45.08	Holly-Mae McKenna		10.12.01	1	Yeovil	9 Jun
45.08	Olivia Willmore		21.03.02	4h1	Birmingham	13 Jul
45.17	Andrea Gilbert		18.10.01	2	Yeovil	9 Jun
45.19	Carmen Neat		23.10.01	1rB	Aberdeen	29 Apr
45.32	Ellie Livingstone		6.09.01	5h1	Birmingham	13 Jul
45.35	Jane Davidson		22.07.02	1	Aberdeen	29 Apr
45.35	Emma Mailer		24.02.02	1	Grangemouth	6 May
(20)						
45.47	Jessica Lake		25.09.02	2	Nottingham	12 May
45.52	Rachel Callan		11.08.03	2	Carlisle	1 Jul
45.53	Jodie Smith		2.11.01	1rB	Bracknell	3 Jun
45.66	Rhiannon Dowinton		7.11.02	2	Portsmouth	13 May
45.86	Emma Barclay		6.09.02	1	Grangemouth	11 Aug
45.89	Leah Keisler		3.05.03	2	Grangemouth	6 May
45.89	Chloe Eames		19.06.03	3	Bromley	27 May
45.96	Lily Parris		5.03.03	3	London (LV)	12 Aug
46.0	Katie Hulme		12.08.02	1	Telford	12 May
	46.36			4	Birmingham	16 Jun
46.1	Deanna Clarke		14.12.01	1	Worcester	9 Jun
(30)						

46.15	Tess McHugh		19.06.02	3	Birmingham	16	Jun
46.32	Eimear Kelly		29.03.02	1	Antrim	19	May

400 Metres Hurdles

54.80	Eilidh Doyle		20.02.87	1h1	Gold Coast, AUS	10	Apr
	54.80			2	Gold Coast, AUS	12	Apr
	55.05			5	Zürich, SUI	30	Aug
	55.16			1s1	Berlin, GER	8	Aug
	55.71			1	Karlstad, SWE	25	Jul
	56.18			7	London (O)	21	Jul
	56.23			8	Berlin, GER	10	Aug
	56.61			4	Birmingham	18	Aug
55.21	Meghan Beesley		15.11.89	3s3	Berlin, GER	8	Aug
	55.31			3	Berlin, GER	10	Aug
	55.33			1	Goleniów, POL	20	Jun
	55.52			3	Szczecin, POL	15	Aug
	55.58			4	Ostrava, CZE	9	Sep
	55.73			1	Birmingham	1	Jul
	55.75			3	Geneva, SUI	9	Jun
	55.83			1	Loughborough	25	Jul
	55.83			3	Birmingham	18	Aug
	55.90			2	London (O)	14	Jul
	56.15			4	Brussels, BEL	31	Aug
	56.18			3	Rovereto, ITA	23	Aug
	56.41			6h1	Gold Coast, AUS	10	Apr
	56.42			1	Turku, FIN	5	Jun
	56.43			3	Zagreb, CRO	4	Sep
	56.45			3	Brisbane (Nathan), AUS	28	Mar
	56.71			1	Eton	2	Jun
	56.99			1h1	Birmingham	30	Jun
56.48	Kirsten McAslan		1.09.93	2	Birmingham	1	Jul
	56.77			6	Goleniów, POL	20	Jun
	56.78			2h1	Berlin, GER	7	Aug
	56.89			4	Heusden, BEL	21	Jul
	57.33			1	Cardiff	2	Jun
	57.33			7s2	Berlin, GER	8	Aug
	57.48			1h2	Birmingham	30	Jun
	57.68			2rB	Rovereto, ITA	23	Aug
	57.78			2	Warsaw, POL	14	Jul
	58.21			3rB	Oordegem, BEL	26	May
56.53	Jessica Turner		8.08.95	1	Tarare, FRA	23	Jun
	56.62			1	Oordegem, BEL	26	May
	56.73			1	Roanne, FRA	24	Jun
	56.89			3	Heusden, BEL	21	Jul
	57.10			3	Birmingham	1	Jul
	57.25			1h3	Birmingham	30	Jun
	57.26			6	Prague, CZE	4	Jun
	57.55			6	Geneva, SUI	9	Jun
	57.55			6	Sopot, POL	27	Jul
	58.26			7h2	Gold Coast, AUS	10	Apr
	58.49			2	Manchester (SC)	15	Aug
57.19	Lina Nielsen	U23	13.03.96	3	Loughborough	25	Jul
	57.91			2rB	Oordegem, BEL	26	May
	57.93			1	Bedford	16	Jun
	57.98			5	Birmingham	1	Jul
	58.13			1	Crawley	8	Jul
	58.49			6	Szczecin, POL	15	Aug
57.32	Lauren Thompson		12.02.92	1	Bedford	10	Jun
	58.12			1	Bedford	3	Jun
57.71	Hayley McLean		9.09.94	4	Birmingham	1	Jul
	58.04			2	Bedford	10	Jun
	58.21			5	Loughborough	25	Jul
	58.26			1	Bedford	18	Aug
	58.38			2h1	Birmingham	30	Jun

2018 - Women - 400 Metres Hurdles

	58.46			1	Leigh	5 Aug
	58.50			2	Crawley	8 Jul
58.03	Ese Okoro		4.07.90	6	Birmingham	1 Jul
58.09	Lauren Williams	U20	12.02.99	1	Berlin, GER	6 Aug
	64 performances to 58.50 by 9 athletes					
58.59	Georgina Rogers	U23	1.09.96	1	Bedford	7 May
(10)						
58.72	Hermione Plumptre		26.11.91	3h2	Birmingham	30 Jun
58.75	Jessica Tappin		17.05.90	1rB	Loughborough	25 Jul
58.87	Anna Nelson		14.11.95	2	Cardiff	2 Jun
59.28	Caryl Granville		24.09.89	8h2	Gold Coast, AUS	10 Apr
59.47	Lizzy Clifford		28.09.95	2	Bedford	7 May
59.58	Orla Brothers	U20	27.12.99	3rA	Loughborough	20 May
59.63	Mhairi Patience		10.09.95	3	Bedford	7 May
59.65	Samantha Brown		24.02.94	4	Bedford	10 Jun
59.71	Abigayle Fitzpatrick		10.06.93	3rC	Oordegem, BEL	26 May
59.79	Jasmine Jolly	U17	7.12.01	5	Győr, HUN	8 Jul
(20)						
60.04	Anna Nicole Rowe	U23	2.09.98	2	Manchester (SC)	10 Jun
60.14	Nisha Desai		5.08.84	3	Manchester (SC)	10 Jun
60.34	Shona Richards		1.09.95	5	Bedford	10 Jun
60.45	Avril Jackson		22.10.86	2	Nottwil, SUI	30 Jun
60.82	Laura Wake		3.05.91	4	Grangemouth	7 Jul
60.91	Marcey Winter	U20	17.04.01	2	Swansea	25 Jul
60.92	Emily Craig	U20	5.02.99	3	Bedford	17 Jun
60.97	Sarah Kearsey		30.08.94	4h1	Bedford	9 Jun
61.33	Chelsea Walker	U23	29.06.97	1	Wakefield	3 Jun
61.33	Havana Allistone-Greaves	U20	6.07.01	2	Gijón, ESP	24 Jun
(30)						
61.49	Kerry Dixon		22.10.88	1	Chelmsford	13 May
61.5	Alexandra Hill		10.08.93	2	Stevenage	7 May
	61.62			3h2	Bedford	9 Jun
61.65	Danel Jansen van Rensberg	U23	28.12.98	4h3	Birmingham	30 Jun
61.72	Rebecca Jennings		7.12.90	4	Crawley	8 Jul
61.80	Louise Robinson	U20	19.11.00	2	Birmingham	14 Jul
61.82	Stephanie Driscoll	U17	24.10.01	3rB	Loughborough	20 May
62.07	Amy Hillyard		28.10.95	5	Southampton	4 Aug
62.1	Emily Misantoni	U17	27.09.02	1	Macclesfield	12 May
	63.90			1h1	Manchester (SC)	10 Jun
62.1	Jessica Lambert	U20	31.01.01	1	Kingston	27 May
	62.26			2rB	Cardiff	2 Jun
62.28	Chay Clark	U23	6.12.96	2h1	Manchester (SC)	28 Jul
(30)						
62.36	Katrina Cosby		10.03.91	1	Erith	14 Jul
62.4	Natalie Ainge		12.03.92	1	Rugby	6 May
	62.68			1rB	Loughborough	28 Apr
62.54	Lana Culliford	U20	21.09.00	7	Cardiff	2 Jun
62.6	Nicole Kendall	U23	26.01.96	1	Woking	14 Jul
	64.08			2rB	Southampton	4 Aug
62.64	Zoe Hughes	U23	1.02.98	1	Lawrence KS, USA	21 Apr
62.80	Rebecca Pickard	U23	5.01.98	3	Bedford	16 Jun
62.86	Caroline Hilley	U23	18.09.96	1	Oxford	19 May
62.86	Akesha Smith		11.06.95	3	Leigh	5 Aug
62.96	Megan McHugh	U20	25.07.00	3	Birmingham	14 Jul
63.31	Sophie Elliss	U23	2.11.98	1	Crawley	1 Apr
(40)						
63.39	Anna Croft	U20	20.10.99	2	Bromley	27 May
63.41	Chloe Wilde	U20	24.05.99	1	Nuneaton	10 Jun
63.42	Grace Vans Agnew	U20	30.12.00	4	Birmingham	14 Jul
63.48	Hannah Dunderdale		2.11.94	5h4	Starkville MS, USA	23 Mar
63.72	Lily Hulland	U17	1.09.01	3	Serrahima, ESP	12 May
63.74	Emily McNicol	U20	28.08.99	2	Aberdeen	19 Aug
63.78	Jasmine Clark	U20	13.02.01	6	Bedford	17 Jun
63.80	Taygan Henry	U20	25.02.99	1	Grangemouth	15 Jul
63.95	Melissa Coxon	U17	5.12.02	4U18	Bedford	16 Jun

2018 - Women - 400 Metres Hurdles

Time	Name	Cat	DOB	Pos	Venue	Date
64.0	Felicity Clarke		28.10.92	1	London (Cr)	14 Jul
64.01				1	London (LV)	5 Aug
(50)						
64.07	Jade Fitt	U20	17.05.00	1h1	Birmingham	13 Jul
64.18	Stephanie Fisher	U20	17.03.00	1	Bromley	14 Apr
64.2	Isabelle Neville	U20	1.09.99	1	Wolverhampton	12 May
64.31				2	Nuneaton	10 Jun
64.3	Olivia Willmore	U17	21.03.02	1	Par	18 Aug
65.99				2	Oxford (H)	1 Sep
64.47	Saskia Huxham	U20	14.11.00	1	Derby	5 May
64.5	Laura Frey		2.06.89	2rB	Eton	2 Jun
64.88				2	Belfast	24 Jun
64.6	Alice Flint		1.04.95	1ns	Norwich	20 May
64.69				2	Eton	18 Aug
64.6	Bethan Burley	U20	26.03.00	1	Bournemouth	9 Jun
64.7	Deborah Willis		24.04.92	2	Yate	6 May
65.47				8h1	Bedford	9 Jun
64.74	Grace Cottrell		20.08.96	1	Exeter	2 Sep
(60)						
64.79	Chloe Esegbona	U23	23.11.98	4	Manchester (SC)	10 Jun
64.80	Catherine Blakeman	U23	19.03.97	1	Málaga, ESP	19 May
64.8	Rhian Kate Williams	U23	26.08.96	2	Connah's Quay	5 May
64.82	Molly Waring	U20	18.10.00	4h2	Birmingham	13 Jul
64.91	Jade Halket		5.05.86	2	Grangemouth	26 Aug
64.94	Freya Bradshaw		23.03.95	1	Hull	15 Apr
64.96	Jasmine Mitchell	U23	11.05.98	1	Loughborough	23 May
65.0	Claire Netley		7.12.91	2	Chelmsford	23 Jun
65.04				1	Portsmouth	13 May
65.04	Maisie Grice	U20	29.06.00	1	Portsmouth	13 May
65.1	Sophie Domingo	U20	7.01.00	1	Corby	7 Jul
65.35				4h3	Birmingham	13 Jul
(70)						
65.11	Elle Wastell	U20	16.02.01	2	Ashford	12 May
65.13	Hayley Comer		26.09.89	1	Harrow	18 Aug
65.35	Alice Hannan	U23	23.06.98	6s1	Bedford	6 May
65.36	Charlotte Stamp	U23	20.11.98	1	Cudworth	12 May
65.37	Gillian Gordon	U23	14.06.98	3	Grangemouth	15 Jul
65.38	Molly Mather	U20	8.09.00	1	Exeter	16 Jun
65.5	Isabel Norrey	U20		1	Reading	9 Jun
65.61	Molly Astill	U20	15.10.00	3	London (BP)	20 May
65.63	Olivia Allbut	U20	17.07.01	1	Palermo, ITA	24 May
65.7	Abbie Lovering	U17	23.07.03	1	Winchester	23 Jun
(80)						
65.7	Sophie Warden	U23	1.07.98	1	Doncaster	18 Aug
65.87	Freya Menzies	U20	12.11.00	1	Kilmarnock	13 May
65.89	Laura Gray		25.06.90	1	Cannes, FRA	29 Apr
65.90	Mikaela Harrison		5.08.90	1	Aldershot	18 Jul
65.95	Katie Mackintosh	U20	23.04.01	4	Nuneaton	10 Jun
66.0	Neve Grimes	U20	2.05.01	1	Leicester	9 Jun
66.0	Aimee Cringle	U20	24.05.99	2	Doncaster	18 Aug

Additional Under 17 (1-7 above)

Time	Name	Cat	DOB	Pos	Venue	Date
66.41	Emma Mailer		24.02.02	2	Grangemouth	4 Aug
66.42	Poppy Oliver		27.02.03	1	Crawley	20 May
67.32	Emma Barclay		6.09.02	6	Aberdeen	19 Aug
67.9	Alexia Bennett-Cordy		1.02.03	1	Leamington	6 May
67.96	Feia Starkey		19.11.01	5	Chelmsford	24 Jun

Foreign

Time	Name	Cat	DOB	Pos	Venue	Date
57.25	*Aisha Naibe-Wey (SLE)*		*3.08.93*	*1*	*Ried, AUT*	*15 Jun*
59.03	*Nessa Millet (IRL)*		*5.12.94*	*2*	*Tampere, FIN*	*26 May*
59.30	*Diane Marie-Hardy (FRA)*	*U23*	*19.02.96*	*1*	*Reims, FRA*	*20 May*
64.0	*Moe Sasegbon (NGR)*		*16.09.91*	*1*	*London (WL)*	*23 Jun*
64.67	*Gladys Ngetich (KEN)*		*12.05.91*	*2*	*Oxford*	*19 May*

High Jump

Mark	Athlete	Age	DOB	Pos	Venue	Date
1.97	Morgan Lake	U23	12.05.97	1	Birmingham	30 Jun
1.93i				4	Birmingham	1 Mar
1.93				2	Gold Coast, AUS	14 Apr
1.93				2	London (O)	15 Jul
1.92i				2	Glasgow	25 Feb
1.91				3=	London (O)	22 Jul
1.91				7	Berlin, GER	10 Aug
1.90i				3	Hustopece, CZE	27 Jan
1.90				8	Stockholm, SWE	10 Jun
1.90				1	Bedford	16 Jun
1.90				5	Rabat, MAR	13 Jul
1.90				Q	Berlin, GER	8 Aug
1.88i				1	Birmingham	18 Feb
1.88				6	Eberstadt, GER	25 Aug
1.85i				8	Karlsruhe, GER	3 Feb
1.85i				4	Madrid, ESP	8 Feb
1.85				11	Zürich, SUI	30 Aug
1.84				4	Gothenburg, SWE	18 Aug
1.93i	Katarina Johnson-Thompson		9.01.93	1=	Eaubonne, FRA	9 Feb
1.91i				1P	Birmingham	2 Mar
1.91				9	London (O)	22 Jul
1.91				1=H	Berlin, GER	9 Aug
1.90				2	Birmingham	30 Jun
1.87				1H	Gold Coast, AUS	12 Apr
1.90i	Nikki Manson		15.10.94	1	Glasgow	10 Feb
1.87i				7	Hustopece, CZE	27 Jan
1.87				3	Birmingham	30 Jun
1.84i				8	Glasgow	25 Feb
1.84				7	Gold Coast, AUS	14 Apr
1.83i				4=	Nantes, FRA	20 Jan
1.82				7	Bühl, GER	22 Jun
1.81i				1	Glasgow	13 Jan
1.81				18=Q	Berlin, GER	8 Aug
1.89	Niamh Emerson	U20	22.04.99	1H	Tampere, FIN	12 Jul
1.84				3H	Gold Coast, AUS	12 Apr
1.84i	Emily Borthwick	U23	2.09.97	1	Sheffield	14 Jan
1.80				4	Dublin (S), IRL	19 Jul
1.84i	Bethan Partridge		11.07.90	10	Hustopece, CZE	27 Jan
1.84				8	Gold Coast, AUS	14 Apr
1.84	Abby Ward	U20	19.04.99	1	Manchester (SC)	10 Jun
1.84				Q	Tampere, FIN	13 Jul
1.84				10	Tampere, FIN	15 Jul
1.81				1	St. Peter Port GUE	23 Jun
1.81iIA	Ada'ora Chigbo	U20	2.01.99	3	Albuquerque NM, USA	23 Feb
1.77				3	Azusa CA, USA	20 Apr
1.81	Isobel Pooley		21.12.92	1	Erding, GER	24 Jun
1.81	Emily Race	U20	11.09.00	1	Birmingham	13 Jul
45 performances to 1.81 by 10 athletes including 16 indoors						
1.80i	Amaya Scott	U20	15.02.01	1	London (LV)	14 Jan
1.70				1	Oxford (H)	1 Sep
1.80	Emma Nwofor	U23	22.08.96	2H	Bedford	26 May
1.79i	Molly Hole	U17	28.02.03	1	Sheffield	25 Feb
1.75				1	Woking	3 Jun
1.79i	Temi Ojora	U17	24.01.02	2	Sheffield	25 Feb
1.75				1	Milton Keynes	9 Jun
1.79	Rebecca Hawkins	U20	27.09.99	1	Erith	27 May
1.78	Amelia Bateman	U20	13.11.00	3	Birmingham	13 Jul
1.76i	Camellia Hayes		6.04.95	4=	Birmingham	18 Feb
1.65				5	Eton	2 Jun
1.75i	Lillie Franks	U20	27.10.99	2	London (LV)	14 Jan
1.74				2	Chelmsford	24 Jun
1.75i	Kate Anson		14.03.95	7B	Hustopece, CZE	27 Jan
1.75	Deborah Martin		25.01.94	2=	Eton	2 Jun

2018 - Women - High Jump

Mark		Name	Age	DOB	Pos	Venue	Date
	(20)						
1.75		Olivia Dobson	U20	27.03.01	1	Exeter	16 Jun
1.75		Natasha Smith	U20	10.10.99	4	Birmingham	13 Jul
1.75		Ashleigh West	U20	27.06.01	5	Birmingham	13 Jul
1.75		Leonie Brunning	U17	25.11.02	2	Birmingham	14 Jul
1.75i		Hannah Tapley	U23	1.10.98	1	Cardiff	16 Dec
1.70					2	Cardiff	2 Jun
1.74i		Jade O'Dowda	U20	9.09.99	1P	Sheffield	6 Jan
1.72					4H	Florence, ITA	27 Apr
1.74i		Katie Garland	U23	27.01.97	3P	Sheffield	7 Jan
1.74					3H	Bedford	26 May
1.74		Molly Newton-O'Brien	U20	5.05.99	2H	Bedford	26 May
1.74		Laura Armorgie	U23	5.12.97	1	Chelmsford	24 Jun
1.74		Mia Chantree	U17	15.11.01	1H	Manchester (SC)	4 Aug
	(30)						
1.74		Abigail Pawlett	U17	14.01.03	2H	Bedford	15 Sep
1.73i		Anna McCauley	U20	2.01.01	1P	Athlone, IRL	20 Jan
1.70					1H	Hexham	21 Jul
1.73i		Holly Mills	U20	15.04.00	5P	Madrid, ESP	27 Jan
1.73		Mabel Smith	U15	17.02.04	1	Ewell	5 May
1.73		Anna Brophy	U20	14.04.01	1	Kingston	27 May
1.73		Hannah Moat	U17	2.07.02	1	Hull	30 Jun
1.73		Marilyn Nwawulor		20.09.92	1H	Oxford (H)	7 Jul
1.73		Carmen Neat	U17	23.10.01	1	Grangemouth	21 Jul
1.72		Katie Stainton		8.01.95	9H	Gold Coast, AUS	12 Apr
1.72		Maya Jones	U17	10.02.03	1	Yeovil	9 Jun
	(40)						
1.72		Olivia Jones	U20	20.02.00	8=	Birmingham	13 Jul
1.71i		Emma Canning	U23	7.03.97	6=P	Sheffield	7 Jan
1.71i		Ellen Barber	U23	5.12.97	6=P	Sheffield	7 Jan
1.71					4H	Bedford	26 May
1.71i		Grace Bower	U20	3.11.99	1P	Glasgow	4 Feb
1.71					3=H	Bedford	26 May
1.71		Janet Browne		17.10.94	1	Bedford	28 May
1.71		Lauren Evans	U20	7.08.00	2H	Manchester (SC)	4 Aug
1.71		Jodie Smith	U17	2.11.01	3H	Bedford	15 Sep
1.70i		Hollie Smith	U23	7.11.98	3	Sheffield	14 Jan
1.68					1	Manchester (SC)	9 Jun
1.70i		Merechi Egbo	U17	29.11.01	3	Sheffield	25 Feb
1.70					1	London (Elt)	20 Jun
1.70i		Danielle Hopkins	U17	29.12.01	4	Sheffield	25 Feb
1.70					1	Worcester	12 May
	(50)						
1.70		Emily Madden Forman	U20	29.09.99	2	Nuneaton	10 Jun
1.70		Alice Hopkins	U23	30.12.98	2H	Oxford (H)	7 Jul
1.70		Kara Onuiri	U17	18.08.02	1U17	Bedford	9 Sep
1.70i		Michelle Blaikie	U17	10.10.02	1	Glasgow	1 Dec
1.65					1=	Glasgow (S)	24 Jun
1.69i		Jo Rowland		29.12.89	11P	Madrid, ESP	28 Jan
1.69i		Kate Davies		27.09.95	Q	Sheffield	17 Feb
1.69		Holly McArthur	U20	20.12.99	11H	Gold Coast, AUS	12 Apr
1.69		Emily McNicol	U20	28.08.99	1	Kilmarnock	12 May
1.69		Isabelle Humphreys	U15	22.05.04	1	Crawley	16 Jun
1.69		Isobel Leikis	U17	18.10.02	1	London (LV)	8 Jul
	(60)						
1.69		Emma Sherwood	U17	12.09.01	4	Birmingham	14 Jul
1.68i		Alice Linaker	U20	6.12.99	5P	Sheffield	6 Jan
1.68i		Ashleigh Spiliopoulou	U20	2.04.99	6P	Sheffield	6 Jan
1.66					16=H	Florence, ITA	27 Apr
1.68i		Niamh Bailey		28.06.95	8P	Sheffield	7 Jan
1.68i		Sophie Hodgson	U17	25.06.02	4	Loughborough	13 Jan
1.68i		Charlotte Kerr	U20	6.08.01	2	Sheffield	14 Jan
1.68i		Laura Darcey	U23	28.07.98	1	Cleveland OH, USA	24 Feb
1.68					1	Wheaton IL, USA	21 Apr
1.68i		Claire McGarvey	U20	15.06.01	2	Glasgow	11 Mar

2018 - Women - High Jump

Mark		Name	Age	DOB	Pos	Venue	Date
		1.65			1	Reading	29 Apr
1.68		Amy Thurgood	U20	18.11.00	1	Perivale	20 May
1.68		Emily Bee	U17	3.03.02	1H	Yeovil	23 Jun
	(70)						
1.68		Jessica Hopkins	U17	6.01.02	2H	Manchester (SC)	4 Aug
1.68		Rhiana Burrell	U15	14.12.03	1P	Manchester (SC)	5 Aug
1.68		Jenna Blundell	U20	12.06.01	4H	Bedford	15 Sep
1.68		Lara Scott	U15	26.08.04	1P	Bedford	16 Sep
1.67		Alix Still	U20	15.03.00	1	St Cloud FL, USA	24 Feb
1.67		Danielle McGifford		11.04.95	1	Wigan	5 May
1.67		Aisla Rhodes	U17	25.02.03	1	Stevenage	27 May
1.67		Lucy Holden	U20	8.10.00	1	Kirkwall	2 Jun
1.67		Georgie Forde-Wells	U17		2	Birmingham	16 Jun
1.67		Amy Gullen	U23	14.08.98	2	Grangemouth	11 Aug
	(80)						
1.67		Abbey Orr	U15	19.11.03	1	Aberdeen	19 Aug
1.67		Jilly Lefebvre	U15	1.04.04	2	Aberdeen	19 Aug
1.66		Elise Lovell		9.05.92	12=H	Florence, ITA	27 Apr
1.66		Emily Dixon		27.11.95	2H	Williamsburg, USA	4 May
1.66		Ella Widdop-Gray	U23	26.09.96	Q	Bedford	6 May
1.66		Lily Holt	U17	2.10.02	1U17	Kingston	27 May
1.66		Isabel Matique	U17	29.08.03	1	York	9 Jun
1.66		Annabelle Pask	U23	6.09.97	3H	Tenero, SUI	16 Jun
1.66		Jessica Gordon	U17	23.04.02	1	Poole	24 Jun
1.66		Bethany Woodhead	U20	1.07.01	1	Carlisle	1 Jul
	(90)						
1.66		Rebekah O'Brien	U17	21.10.02	1U17	London (Cr)	1 Jul
1.66		Jazmin Cooke	U17	4.05.02	1	Bournemouth	8 Jul
1.66		Jasmine McCallum	U20	12.01.01	1	London (LV)	5 Aug
1.66		Gabrielle O'Neil	U17	3.01.03	2	Liverpool	12 Aug
1.65i		Lucy Chappell	U23	10.01.97	11P	Sheffield	7 Jan
1.65i		Ndidikama Okoh	U17	3.12.02	1	London (LV)	7 Jan
		1.65			1	Grays	6 May
1.65i		Ellie Pullin	U23	15.02.97	3	Manchester (SC)	7 Jan
1.65i		Amelia Jennings McLaughlin	U23	20.04.97	4	Sheffield	14 Jan
1.65i		Bernice Coulson	U23	25.04.98	5	Sheffield	14 Jan
		1.65			1	Sheffield	5 Aug
1.65i		Georgia Nwawulor		30.06.94	1	London (LV)	14 Jan
	(100)						
1.65i		Anabel Bagley	U20	13.10.00	3	Sheffield	14 Jan
1.65i		Emma Barbour	U17	17.02.02	1	Glasgow	27 Jan
1.65i		Bethan Siddons		29.09.90	4	London (LV)	28 Jan
1.65i		Stephanie Driscoll	U17	24.10.01	4P	Sheffield	10 Mar
1.65i		Hannah Barnden	U17	8.01.02	5P	Sheffield	10 Mar
1.65		Emma McCay		21.01.95	2	Belfast	13 Apr
1.65		Laura Zialor	U23	4.08.98	1	Milton Keynes	14 Apr
1.65		Ruby Bridger	U17	6.05.03	2	Grays	6 May
1.65		Emma Cowell		23.11.95	6	Eton	2 Jun
1.65		Gabriella Thoburn	U15	26.04.05	1	London (ME)	12 Jun
	(110)						
1.65		Madeleine Wood	U17	3.09.02	1	Loughborough	13 Jun
1.65		Katie Chapman	U15	20.09.03	1P	Yeovil	24 Jun
1.65		Fiona Barkley	U15	14.05.04	2P	Yeovil	24 Jun
1.65		Lily Crawley	U17	2.10.02	1	Cheltenham	4 Jul
1.65		Felicia Miloro	U20	5.01.01	1	Corby	7 Jul
1.65		Georgina Scoot	U15	15.01.04	1	Exeter	8 Jul
1.65		Mollie D'Arcy-Rice	U20	20.09.99	1ns	Cheltenham	8 Jul
1.65		Ellie Walker	U20	15.12.99	3	Liverpool	8 Jul
1.65		Bethany Harryman	U20	13.10.00	1	Braintree	14 Jul
1.65		Lucy Turner	U23	14.02.97	6H	Manchester (SC)	4 Aug
	(120)						
1.65		Ella Rush	U15	8.04.04	2P	Manchester (SC)	5 Aug
1.65		Elise Thorner	U20	16.03.01	5H	Bedford	15 Sep
1.65		Megan Hamilton-Strong	U15	23.09.03	2P	Bedford	16 Sep
1.65i		Ellie Davidson	U17	6.02.04	1	Glasgow	1 Dec

2018 - Women - High Jump

	1.64		U15		2	Kilmarnock	13 May
1.65i	Anna Forbes		U23	13.10.98	1	Glasgow	21 Dec

Additional Under 17 (1-34 above)

1.64	Kaili Woodward		30.01.02	1	Rugby	14 Apr
1.64	Emily Jenkins		10.07.02	1	Cheltenham	9 Jun
1.63	Miriam Levy		8.02.03	1	Scunthorpe	29 Apr
1.63	Eleanor Townsend		13.03.03	2	Sheffield	27 May
1.63	Alanah Thoresby		2.07.03	2	York	9 Jun
1.63	Harriet Fenton-Lake		28.05.02	1	Peterborough	9 Jun
		(40)				
1.63	Isabelle Church		26.06.02	1	Reading	9 Jun
1.63	Lili Church		30.07.03	1	Swansea	10 Jun
1.63	Zara Tyas		29.04.03	1	Middlesbrough	2 Sep

Additional Under 15 (1-12 above)

1.64	Amirah Weightman		12.11.03	1	Yeovil	9 Jun
1.63	Isabel Pinder		16.11.03	1	Woking	10 Jun
1.63	Francesca Fenwick		9.11.03	1	Peterborough	5 Aug
1.63	Kacey Walters		2.08.05	1	Oxford (H)	1 Sep
1.62	Ella Isaias		22.11.04	2P	Exeter	20 May
1.62	Halle Ferguson		6.12.04	1	Blackpool	9 Jun
1.62	Faye Gourlay		28.02.04	1	Rugby	24 Jun
1.62	Rosie Sharples		25.05.04	2	Grangemouth	11 Aug
		(20)				
1.62	Scarlett Rolls		29.06.04	4P	Bedford	16 Sep
1.61i	Erin Lobley		12.10.04	1P	Glasgow	4 Feb
1.61	Zoe Allanson		22.08.04	4	Reading	9 Jun
1.61	Charlie Yates		30.12.03	1	Birmingham	16 Jun
1.61	Rosie Domican		22.02.04	1	Brecon	11 Jul
1.61	Lucy Fellows		14.09.04	4	Birmingham	13 Jul
1.61	Niamh Doyle		12.03.04	6	Birmingham	13 Jul
1.60	Iona Irvine		22.11.04	1	Reading	21 May
1.60	Niamh Kilgallen		13.04.04	1	Stoke-on-Trent	9 Jun
1.60	Lily Bailey		17.11.04	1	Hereford	17 Jun
		(30)				
1.60	Gemma Tutton		8.11.04	1	Malaga, ESP	23 Jun
1.60	Evelyne Fonteyne		2.08.04	1	London (He)	5 Aug
1.60	Zoe Ijinigba		18.09.04	3	Oxford (H)	1 Sep
1.60	Rebecca Wheeler-Henry		31.08.05	2	Oxford (H)	1 Sep
1.60i	Callie Coates		24.03.05	1	Sheffield	2 Dec
1.60i	Ellie Fedzin		13.10.04	2	Sheffield	2 Dec

Under 13

1.59	Cynthia Asiegbu		1	Chelmsford	4 Jul
1.58	Kimberley Knight	6.01.06	1	Exeter	3 Jun
1.56i	Mya McMahon	19.09.05	4B	Glasgow	13 Jan
	1.54		1P	Grangemouth	15 Jul
1.55	Seren Griffiths	21.06.06	1	Cyncoed	3 Jun
1.54	Gracie Wall	22.11.05	1	Bedford	21 Apr
1.53	Sophie Lisk	5.04.06	2	Bristol	21 Jul
1.52	Frances Hogg	2.09.05	1	York	30 Sep
1.51	Lucy Lane	8.05.06	1	Abingdon	8 Jul
1.51	Amy Wall	9.10.05	1	Hornchurch	21 Jul

Foreign

1.90	*Sommer Lecky (IRL)*	U20	14.06.00	2	Tampere, FIN	15 Jul
1.85	*Moe Sasegbon (NGR)*		16.09.91	1	Crawley	8 Jul
1.83	*Philippa Rogan (IRL)*		4.02.94	2	Dublin (S), IRL	19 Jul
1.81	*Chari Hawkins (USA)*		21.05.91	1H	Ottawa, CAN	3 Jul
1.79i	*Kate O'Connor (IRL)*	U20	12.12.00	1P	Athlone, IRL	20 Jan
	1.78			5H	Gold Coast, AUS	12 Apr
1.76i	*Sarah Connolly (IRL)*	U23	3.10.96	2P	Athlone, IRL	20 Jan
	1.67			3H	Oxford (H)	7 Jul
1.75i	*Nakita Gray (USA)*		13.06.94	1	Gateshead	8 Feb
	1.75			2	Bedford	7 May
1.75	*Annika Teska (EST)*	U23	1.06.98	2	Tallinn, EST	7 Jul

1.73A	Katy Sealy (BIZ)		15.10.90	1H	Guatamala City, GUA	13	Jul
1.70i	Teele Palumaa (EST)		31.03.90	3	Sheffield	18	Feb
1.70				1	Oxford	30	Jun
1.70	Diane Marie-Hardy (FRA)	U23	19.02.96	11H	Berlin, GER	9	Aug
1.66i	Sheriffah Arewa (RSA)	U23	7.06.97	Q	Sheffield	17	Feb

Pole Vault

4.80	Holly Bradshaw		2.11.91	3	Jockgrim, GER	17	Jul
	4.75			1	London (O)	14	Jul
	4.75			3	Berlin, GER	8	Aug
	4.72			2	Rottach-Egern, GER	8	Jul
	4.66			3=	Athens, GRE	22	Jun
	4.64			2	Doha, QAT	4	May
	4.60i			2	Rouen, FRA	10	Feb
	4.60			4	Gold Coast, AUS	13	Apr
	4.60			1	Rehlingen, GER	20	May
	4.60			1	Birmingham	30	Jun
	4.60			4	Beckum, GER	26	Aug
	4.57			4=	Zürich, SUI	30	Aug
	4.55			1	Gateshead (Q)	8	Sep
	4.52			1	Berlin, GER	1	Sep
	4.51			5	Oslo, NOR	7	Jun
	4.50			Q	Berlin, GER	7	Aug
	4.40			5=	Birmingham	18	Aug
	4.35			8	Eugene OR, USA	26	May
4.53	Molly Caudery	U20	17.03.00	1	Mannheim, GER	23	Jun
	4.40			5	Gold Coast, AUS	13	Apr
	4.40			1	Birmingham	26	May
	4.35			1	Loughborough	20	May
	4.30i			7	Glasgow	25	Feb
	4.25i			1	Birmingham	17	Feb
	4.21i			1	Sutton	11	Feb
	4.20i			1	Sheffield	24	Feb
	4.20			2	Eton	2	Jun
	4.20			1	Bedford	16	Jun
	4.20			Q	Tampere, FIN	10	Jul
	4.20			1	Exeter	22	Jul
	4.20			24Q	Berlin, GER	7	Aug
	4.17i			2	Cardiff	27	Jan
	4.15			5	Birmingham	30	Jun
	4.12i			1	Cardiff	21	Jan
	4.10			9=	Tampere, FIN	12	Jul
4.47i	Lucy Bryan		22.05.95	1	Akron OH, USA	3	Feb
	4.36i			7	College Station TX, USA	9	Mar
	4.35			9=	Austin TX, USA	31	Mar
	4.35			3	Long Beach CA, USA	21	Apr
	4.35			1	Baton Rouge LA, USA	28	Apr
	4.35			15=Q	Berlin, GER	7	Aug
	4.32			1	Buffalo NY, USA	11	May
	4.31i			6	Fayetteville AR, USA	10	Feb
	4.30			7=	Gold Coast, AUS	13	Apr
	4.30			6	Eugene OR, USA	7	Jun
	4.29i			1	Akron OH, USA	16	Feb
	4.27i			1	Kent OH, USA	19	Jan
	4.27			1c1	Akron OH, USA	5	May
	4.26i			2	Akron OH, USA	6	Jan
	4.25			2	San Antonio, USA	24	Mar
	4.20i			2	Lexington KY, USA	13	Jan
	4.18i			1	University Park, USA	27	Jan
	4.18			2	Akron OH, USA	7	Apr
	4.18			11Q	Tampa FL, USA	25	May
	4.15			4	Birmingham	30	Jun
	4.09i			3	Bowling Green KY, USA	24	Feb

2018 - Women - Pole Vault

Mark	Name	Cat	DOB	Pos	Venue	Date
4.30	Sally Peake		8.02.86	10	Gold Coast, AUS	13 Apr
4.27i				1	Cardiff	27 Jan
4.20				5	Jockgrim, GER	16 Jul
4.15i				5=	Orleans, FRA	13 Jan
4.15i				3	Birmingham	17 Feb
4.15i				8	Glasgow	25 Feb
4.15				5=	Rehlingen, GER	20 May
4.15				3	Birmingham	30 Jun
4.25i	Jade Ive		22.01.92	2	Birmingham	17 Feb
4.25				3	Gateshead (Q)	8 Sep
4.20				1	Eton	2 Jun
4.20				1	Bedford	9 Jun
4.20				1	Southampton	4 Aug
4.15				1	London (TB)	23 Jun
4.12i				2	Cardiff	21 Jan
4.11i				1	London (LV)	27 Jan
4.11i				2	Sutton	11 Feb
4.10				1	Sutton	14 Jul
4.25	Sophie Cook		12.09.94	2	Birmingham	30 Jun
4.23				1	Loughborough	23 May
4.10				1	Manchester (SC)	29 Jul
4.10				2	Southampton	4 Aug
4.10				1	Manchester (SC)	15 Aug
4.06				1	Loughborough	25 Jul
4.05				9	Rottach-Egern, GER	8 Jul
4.05				7	London (O)	14 Jul

85 performances to 4.05 by 6 athletes including 24 indoors and 3 irregular

Mark	Name	Cat	DOB	Pos	Venue	Date
3.94	Elizabeth Edden		29.06.94	2	Nuneaton	10 Jun
3.93	Felicia Miloro	U20	5.01.01	1	Loughborough	6 Jun
3.92	Natalie Hooper	U23	7.02.98	2	Loughborough	23 May
3.92i	Jessica Swannack	U23	26.09.98	1	Manchester (SC)	22 Dec
3.75				6B	Long Beach CA, USA	21 Apr
(10)						
3.90	Jade Spencer-Smith	U17	8.11.01	4	Loughborough	20 May
3.90	Natasha Purchas	U20	12.01.01	1	Bedford	10 Jun
3.90	Ellen McCartney	U20	8.10.99	3	Manchester (SC)	15 Aug
3.87i	Claire Maurer		9.01.94	3	Cardiff	27 Jan
3.80				4	Eton	2 Jun
3.86	Sophie Dowson	U23	24.11.98	2	Loughborough	25 Jul
3.86	Sophie Ashurst	U17	26.04.03	3	Loughborough	25 Jul
3.85	Abigail Roberts	U23	9.07.97	1	Manchester (SC)	10 Jun
3.80i	Victoria Barlow	U20	12.02.01	1	Cardiff	14 Jan
3.80				2	Birmingham	13 Jul
3.80i	Courtney MacGuire		30.04.90	3	London (LV)	14 Jan
3.80				2	Basingstoke	18 Jul
3.80	Fiona Hockey	U23	21.01.98	1	Cardiff	22 Apr
(20)						
3.80	Megan Bailey	U23	22.01.98	1	St. Albans	23 Jun
3.76	Rebecca Gray	U23	4.10.98	1	Exeter	3 Jun
3.75	Gemma Tutton	U15	8.11.04	2	Avilés, ESP	17 Jun
3.74	Anna Gordon	U23	30.01.97	1	Dunfermline	2 Sep
3.72i	Georgia Pickles	U23	19.10.96	5	Cardiff	21 Jan
3.72i	Claudia Barkes	U20	1.02.00	1cD	Cardiff	21 Jan
3.70i	Daisy Barnes	U20	15.07.00	3	Loughborough	3 Feb
3.35				6	Birmingham	13 Jul
3.70	Megan Hodgson/Griffiths	U20	16.12.00	5	Cardiff	2 Jun
3.70	Lucy Stickland		7.12.92	3	Nuneaton	10 Jun
3.70	Jade Brewster	U23	20.02.97	3	Basingstoke	18 Jul
(30)						
3.70	Hannah Lawler		24.10.95	4	Manchester (SC)	29 Jul
3.70	Clare Blunt		28.09.87	3	Leigh	5 Aug
3.62i	Laura Edwards		1.03.94	2B	Cardiff	21 Jan
3.60				6	Eton	2 Jun
3.62i	Alexa Eichelmann	U20	14.12.99	4B	Cardiff	21 Jan
3.50				1	Eton	1 Jul

2018 - Women - Pole Vault

Mark	Name	Cat	DOB	Pos	Venue	Date
3.62	Imogen Smith	U20	2.09.99	1	Stoke-on-Trent	29 Aug
3.62	Hayley Jones/Mills		14.09.88	2	Stoke-on-Trent	29 Aug
3.61	Jasmine Carey	U17	13.09.02	1	Liverpool	12 Aug
3.60i	Carys Jones	U23	17.12.98	2	Cardiff	16 Dec
3.30				2	Grangemouth	7 Jul
3.54	Caroline Walder	U20	3.01.01	1	Yate	9 Jun
3.53i	Harriet Vaughan	U17	28.09.01	1B	Manchester (SC)	27 Jan
3.40				2	Bury	12 May
(40)						
3.52i	Esther Leong	U20	28.01.00	6B	Cardiff	21 Jan
3.35				1	Exeter	1 Jul
3.50i	Lucy Allen	U17	1.04.03	2	London (LV)	7 Jan
3.10				1	Swindon	14 Apr
3.50i	Shannon Connolly		19.11.95	2B	Sheffield	17 Feb
3.40				1	London (WL)	23 Jun
3.50	Amber Try	U23	4.03.97	1	London (BP)	20 May
3.50	Kirsten Mullen	U23	30.10.96	7	Eton	2 Jun
3.50	Amelia Shearman	U17	21.01.03	2	Leigh	7 Jul
3.50	Eleanor Barrett	U17	30.04.02	1U17	Bedford	9 Sep
3.45	Lois Warden	U17	26.03.02	1	Ashford	9 Jun
3.45	Erin Breen	U23	28.12.98	2	Liverpool	8 Jul
3.42i	Molly Elliott	U17	15.09.02	3cD	Cardiff	21 Jan
3.40				4	Birmingham	14 Jul
(50)						
3.41i	Chloe Billingham	U23	14.01.98	3C	Sutton	11 Feb
3.40				5	Chelmsford	24 Jun
3.40i	Jemma Eastwood	V35	15.02.79	2V35	London (LV)	10 Mar
3.32				1	Bedford	13 May
3.40	Sam Morrison		21.03.94	8	Bedford	9 Jun
3.40	Irie Hill	V45	16.01.69	5	Tübingen, GER	16 Jun
3.40	Sydney Robertson	U23	13.12.96	1	Hexham	8 Jul
3.40	Emma Lyons		14.06.87	6	Leigh	5 Aug
3.40	Danni Langdale	U23	13.03.98	1	Coventry	5 Aug
3.40i	Isabel Thomas	U17	1.03.04	2B	Cardiff	16 Dec
2.94		U15		1	Newport	23 Jun
3.35i	Kara Bradbeer		28.01.95	3	Glasgow	28 Jan
3.35	Erin Thomas	U17	12.09.01	2	Ashford	9 Jun
(60)						
3.35	Beth Henshall	U20	20.01.00	5	Birmingham	13 Jul
3.30i	Jasmine Presho	U17	18.11.01	3	London (LV)	7 Jan
3.10				10	Birmingham	14 Jul
3.30i	Isabel Deacon	U20	11.11.99	8=	London (LV)	14 Jan
3.20				3	Bromley	27 May
3.30i	Jenny Robbins	U23	20.02.96	8	Sheffield	17 Feb
3.20				6	Bedford	7 May
3.30i	Jessica Hall	U20	25.01.01	1B	Uxbridge	11 Mar
3.30				1	Brighton	14 Apr
3.30	Amy Haslam	U17	5.01.02	3	Bury	12 May
3.30	Christina Moore		14.03.91	11	Bedford	9 Jun
3.30	Lois Hillman	U20	11.05.00	7	Leigh	5 Aug
3.27i	Ffion Llewellyn	U20	11.03.00	7	Cardiff	27 Jan
3.20				2	Neath	20 May
3.26i	Emily MacDonald	U20	21.12.99	7	London (LV)	27 Jan
(70)						
3.25i	Gillian Cooke	V35	3.10.82	5	Glasgow	28 Jan
3.10				5	Grangemouth	7 Jul
3.25	Matilda Waters	U20	20.12.00	1	Warrington	4 Aug
3.23i	Leah Darbyshire	U17	31.10.01	1C	Manchester (SC)	27 Jan
3.20				2	Wigan	8 Apr
3.23i	Annie Williams	U23	28.09.98	2C	Manchester (SC)	27 Jan
3.23	Amy Hunt	U15	22.09.04	1	Cleckheaton	19 Aug
3.21i	Caroline Parkinson		31.07.83	8C	Sutton	11 Feb
3.20				1	Watford	20 May
3.21i	Sasha Birrell	U23	17.05.96	3cD	Sutton	11 Feb
3.10				2	Milton Keynes	14 Apr

2018 - Women - Pole Vault

Height	Name	Age	DOB	Pos	Venue	Date
3.20	Laura-Ann Henderson		1.10.94	1	Ashford	13 May
3.20	Holly Brown	U23	21.11.98	1	Peterborough	30 Jun
3.20	Emily Scrivener	U17	29.07.03	2=	London (LV)	11 Aug
(80)						
3.20	Sara Barbour	U17	21.01.03	3	Loughborough	1 Sep
3.17i	Martha Huggins	U23	20.05.98	1cG	Cardiff	21 Jan
3.16	Jasmine Waters	U20	14.10.00	1	Sheffield	23 Jun
3.16	Lucinda White	U15	4.02.05	1	Bedford	25 Aug
3.15	Lucie Wolfenden	U17	14.09.01	1	Birmingham	16 Jun
3.12i	Katie Sexton	U20	4.12.99	1A	Sutton	6 Jan
3.10				3	Crawley	20 May
3.11i	Georgia Duthie	U20	7.09.00	4cD	Sutton	11 Feb
3.10i	Cicely Cole	U20	3.02.00	3	London (LV)	14 Jan
3.10				1ns	Crawley	20 May
3.10	Evie Lawrence	U17	15.04.03	1	Neath	13 May
3.10	Gabrielle Dyson	U20	10.01.01	1	Wakefield	3 Jun
(90)						
3.10	Anousha Wardley	U20	22.10.99	2	London (TB)	23 Jun
3.10	Grace Thomas	U20	10.11.99	7	Chelmsford	24 Jun
3.10	Emilie Oakden	U15	17.11.04	1ns	Brighton	29 Jun

Additional Under 17 (1-17 above)

Height	Name		DOB	Pos	Venue	Date
3.05	Ivy Spencer		23.09.02	1	Lewes	11 Jun
3.04	Lois Green		6.05.03	3B	Sheffield	20 Jun
3.01	Morgan MacDougall		10.03.03	6	Grangemouth	21 Jul
(20)						
3.00	Amelia Birkett		14.09.01	1	Rugby	6 May
3.00	Maddi Hamer		1.11.02	1	Swindon	27 May
3.00i	Isla Crameri		22.11.03	2	Sheffield	25 Nov
2.95i	Elin Hawke		17.09.01	1	Cardiff	11 Feb
2.95	Grace Pitman		5.05.03	4	Ashford	9 Jun
2.90i	Liska Nowers		11.05.02	2C	Uxbridge	11 Mar
2.90				4	Reading	29 Apr
2.90	Molly Gardner		18.02.02	1	Watford	12 May
2.90	Emma Williams		1.07.02	1	Cardiff	27 May
2.90	Cara McCauley		10.11.01	3	Grangemouth	8 Jun
2.90	Poppy Herbert		21.02.03	1	Aldershot	14 Jul
(20)						

Additional Under 15 (1-5 above)

Height	Name		DOB	Pos	Venue	Date
3.01i	Amelia Hatchard		13.05.05	2C	Sutton	23 Sep
2.95				2	Lewes	9 Jul
3.00	Lucy Hughes		16.10.03	1	Exeter	22 Jul
2.91	Isla Crameri		22.11.03	5	Bedford	25 Aug
2.90i	Lottie Pinchess		10.01.05	2B	Sheffield	25 Nov
2.70				2	Loughborough	25 Apr
2.90i	Ellie-Mae Wainwright		26.02.05	7B	Cardiff	16 Dec
2.81				1	Swindon	21 Jul
(10)						
2.84	Abbie O'Neill		16.12.03	1	Antrim	18 May
2.80i	Erin Hunt		22.09.04	2B	Manchester (SC)	16 Dec
2.74				5B	Sheffield	20 Jun
2.75	Eden Dickens		12.12.03	1	Coventry	19 May
2.75	Natasha Clarke		24.05.04	2	Crawley	9 Jun
2.75	Jessie Collier		4.03.04	4=	London (LV)	8 Jul
2.75	Sian Hubbard		13.01.04	7	Birmingham	13 Jul
2.72	Millie Carter		9.12.04	1	Brecon	25 Aug
2.65	Naomi Townend		12.02.04	1	Horsham	19 May
2.65	Olivia Simon		9.11.04	1	Peterborough	5 Aug
2.63	Ruby Harris		6.10.04	1	Reading	14 Sep
(20)						
2.63	Daisy Weiser		15.02.04	2	Reading	14 Sep
2.62	Lottie Stein		19.01.05	1	Hereford	17 Jun
2.60	Mena Powell		21.02.05	4	Crawley	13 May
2.60	Elin Murphy		12.07.04	1	Neath	13 May
2.60	Hannah Moody		5.11.04	1	Hull	19 May

2018 - Women - Pole Vault

Mark		Name		Date	Pos	Venue	Date
2.60		Olivia Randall		29.12.03	1	Basingstoke	18 Jul
2.60		Gabriella Wilson		22.01.04	3	Telford	2 Sep

Under 13
2.91i		Nyree Perry		24.09.05	1cD	Sutton	23 Sep
2.74					1	Yate	9 Jun
2.55		Bo Rason		25.10.05	2	Carn Brea	15 Sep
2.51		Hannah Russell		24.08.06	10=	Bedford	25 Aug

Foreign
4.05i		Emma Andersson (SWE)		3.10.91	2	Gävle, SWE	17 Feb
4.01					1	Cardiff	14 Jul
3.76i		Silvia Amabilino (LUX)		14.10.93	1	Cardiff	21 Jan
3.70					3	Bedford	7 May
3.60i		Sarah Semeraro (ITA)	V35	10.10.82	1	London (LV)	17 Mar
3.60					1	London (LV)	12 May
3.55i		Madeleine Mudd (CYP)	U23	20.01.99	3	Loughborough	8 Dec

Long Jump

Mark	Wind	Name		Date	Pos	Venue	Date
7.05	1.2	Lorraine Ugen		22.08.91	1	Birmingham	1 Jul
6.88	1.2				2	London (O)	21 Jul
6.86	0.1				1	London (O)	14 Jul
6.85	1.7				1	Stockholm, SWE	10 Jun
6.70	0.3				Q	Berlin, GER	9 Aug
6.69	0.2				4	Gold Coast, AUS	12 Apr
6.69w	2.2				4	Birmingham	18 Aug
6.60	-0.4				2	Madrid, ESP	23 Jun
6.57	-0.2				4	Kingston, JAM	19 May
6.53	0.2				6	Brussels, BEL	31 Aug
6.50	1.1				*	Birmingham	18 Aug
6.48	-0.1				7	Lausanne, SUI	5 Jul
6.47i					5	Karlsruhe, GER	3 Feb
6.45	-1.1				9	Berlin, GER	11 Aug
6.42	0.1				Q	Gold Coast, AUS	11 Apr
6.91	0.2	Shara Proctor		16.09.88	1	London (O)	21 Jul
6.89	0.0				Q	Gold Coast, AUS	11 Apr
6.84w	2.3				3	Brisbane (Nathan), AUS	28 Mar
6.81w	3.8				3	Birmingham	1 Jul
6.79	-0.1				3	Chorzów, POL	8 Jun
6.78	0.1				*	Birmingham	1 Jul
6.75	-0.1				3	Gold Coast, AUS	12 Apr
6.75	0.7				Q	Berlin, GER	9 Aug
6.73	0.9				3	Marseille, FRA	16 Jun
6.73	-0.1				1	Madrid, ESP	23 Jun
6.70	-0.4				3	Berlin, GER	11 Aug
6.70	0.5				3	Birmingham	18 Aug
6.70	-0.4				2	Brussels, BEL	31 Aug
6.63	-0.6				4	Ostrava, CZE	9 Sep
6.62	2.0				5	Lausanne, SUI	5 Jul
6.46	1.9				*	Brisbane (Nathan), AUS	28 Mar
6.32	-0.9				2	Boston MA, USA	20 May
6.25	-0.5				9	Berlin, GER	2 Sep
6.86	0.2	Jazmin Sawyers		21.05.94	2	Birmingham	1 Jul
6.67	-0.4				4	Berlin, GER	11 Aug
6.67	1.6				5	Birmingham	18 Aug
6.66	1.0				1	Oordegem, BEL	26 May
6.64	-0.4				Q	Berlin, GER	9 Aug
6.62	0.4				6	London (O)	21 Jul
6.47	-0.1				Q	Gold Coast, AUS	11 Apr
6.43	0.7				2	Clermont FL, USA	12 May
6.43	1.0				2	Manchester	18 May
6.40					1	Gateshead (Q)	8 Sep
6.35	-0.7				7	Gold Coast, AUS	12 Apr
6.33	0.2				3	Innsbruck, AUT	2 Jun
6.33	0.4				9	Brussels, BEL	31 Aug

2018 - Women - Long Jump

Mark	Wind	Name	Age	DOB	Pos	Venue	Date
		6.31i			7	Berlin, GER	26 Jan
		6.27 0.3			1	Clermont FL, USA	28 Apr
		6.20 -0.6			11	Berlin, GER	2 Sep
6.71i		Katarina Johnson-Thompson		9.01.93	1	Birmingham	17 Feb
		6.70 0.9			5	London (O)	21 Jul
		6.68 -0.1			1H	Berlin, GER	10 Aug
		6.50i			1P	Birmingham	2 Mar
		6.50 0.3			1H	Gold Coast, AUS	13 Apr
		6.45i			1P	Aubière, FRA	14 Jan
		6.41 0.9			7	Birmingham	18 Aug
		6.30w 2.5			1H	Albi, FRA	7 Jul
6.69	1.8	Jahisha Thomas		22.11.94	4	Birmingham	1 Jul
		6.55 0.7			1	Bloomington IN, USA	12 May
		6.53 0.5			3	Eugene OR, USA	7 Jun
		6.44w 3.7			1	Baton Rouge LA, USA	7 Apr
		6.42i			1	Geneva OH, USA	23 Feb
		6.40i			5	College Station TX, USA	9 Mar
		6.40w 3.0			1Q	Sacramento CA, USA	24 May
		6.37 0.4			1	Torrance, USA	20 Apr
		6.23i			2	Fayetteville AR, USA	9 Feb
6.64w	3.7	Abigail Irozuru		3.01.90	5	Birmingham	1 Jul
		6.60 1.2			5	Marseille, FRA	16 Jun
		6.58 0.3			*	Birmingham	1 Jul
		6.50 -1.1			1	Manchester (SC)	10 Jun
		6.39w 2.1			1	Manchester (SC)	15 Aug
		6.32 1.7			*	Manchester (SC)	15 Aug
		6.28 -0.9			1	Bedford	28 May
		6.28			2	Gateshead (Q)	8 Sep
6.46	2.0	Alice Hopkins	U23	30.12.98	1	Bedford	16 Jun
		6.39w 2.8			2	Manchester (SC)	28 Jul
6.41	1.6	Niamh Emerson	U20	22.04.99	6	Birmingham	1 Jul
		6.31w 2.6			2H	Tampere, FIN	13 Jul
6.39	1.4	Lucy Hadaway	U20	11.06.00	1	Manchester (SC)	28 Jul
		6.25 1.0			2	Bedford	28 May
		6.23 1.2			2	Bedford	17 Jun
		6.22i			1P	Gateshead	18 Mar
		6.20 -1.3			9	Birmingham	1 Jul
6.38	0.0	Josie Oliarnyk	U20	27.03.00	7	Birmingham	1 Jul
		(10)					
6.36w	3.2	Rebecca Chapman		27.09.92	1	Swansea	10 Jun
		6.34w 2.9			1	Cardiff	14 Jul
		6.30 1.7			1	Cardiff	2 Jun
		6.23			1	Crawley	8 Jul
		6.23 0.4			*	Cardiff	14 Jul
6.31	0.7	Sarah Abrams		11.01.93	8	Birmingham	1 Jul
6.24	1.3	Jade O'Dowda	U20	9.09.99	1	Bedford	17 Jun
6.23i		Holly Mills	U20	15.04.00	1	Sheffield	24 Feb
		6.20 1.4			3	Bedford	17 Jun
6.23		Sarah Warnock		5.06.91	1	Birmingham (Un)	23 Jun
6.20	1.0	Eleanor Broome	U20	6.02.99	2	Bedford	6 May
95 performances to 6.20 by 16 athletes including 12 windy, 10 indoors							
6.11	-0.3	Danielle McGifford		11.04.95	13	Birmingham	1 Jul
6.10w	2.7	Simi Fajemisin	U23	15.09.97	2	Coral Gables FL, USA	7 Apr
		6.09 1.8			1	New Haven CT, USA	14 Apr
6.10w	2.8	Katie Garland	U23	27.01.97	2H	Bedford	27 May
		5.95 1.7			*	Bedford	27 May
6.08i		Elise Lovell		9.05.92	1	London (LV)	14 Jan
		6.00 -0.5			6H	Florence, ITA	28 Apr
		(20)					
6.07	2.0	Cleo Martin-Evans	U17	8.05.03	1	Grangemouth	21 Jul
6.07w	3.8	Georgia Silcox	U23	14.10.98	2	Bedford	16 Jun
		5.93 0.1			5	Bedford	6 May
6.07w	3.1	Funminiyi Olajide	U17	4.06.00	2	Grangemouth	21 Jul
		6.05 1.3			*	Grangemouth	21 Jul

2018 - Women - Long Jump

Mark	Wind	Name	Age	DOB	Pos	Venue	Date
6.04i		Rachel Alexander	U23	13.02.98	1	Glasgow	28 Jan
5.93w	2.6				2	Grangemouth	12 Aug
5.89	1.0				3	Bedford	16 Jun
6.04i		Katie Stainton		8.01.95	4	Birmingham	17 Feb
6.04w	2.8	Lucy Turner	U23	14.02.97	2	Liverpool	8 Jul
5.85	1.8				5	Bedford	16 Jun
6.03	0.0	Angela Barrett		25.12.85	1	Southampton	4 Aug
6.02i		Kitan Eleyae		31.10.91	1	London (LV)	27 Jan
5.73	0.7				7	Loughborough	20 May
5.99	0.8	Emma Nwofor	U23	22.08.96	3	Bedford	6 May
5.98		Grace Bower	U20	3.11.99	1	Bury	12 May
(30)							
5.97	0.4	Joanne Ware	U23	11.08.97	3	Bedford	10 Jun
5.95	0.3	Ore Adamson	U17	29.10.01	5	Bedford	28 May
5.93i		Jo Rowland		29.12.89	6P	Madrid, ESP	28 Jan
5.79					5	Crawley	8 Jul
5.93	0.0	Eavion Richardson	U23	27.06.98	4	Bedford	6 May
5.93	0.0	Jade Simson	U23	9.10.97	6	Bedford	6 May
5.92i		Marilyn Nwawulor		20.09.92	7P	Madrid, ESP	28 Jan
5.75w	2.9				4	Leigh	5 Aug
5.65	1.8				*	Leigh	5 Aug
5.91i		Molly Palmer	U17	27.08.03	1	Sheffield	24 Feb
5.90i		Emma Canning	U23	7.03.97	1P	Glasgow	4 Feb
5.61	-0.1				1	Grangemouth	12 May
5.90	1.1	Ellen Barber		5.12.97	4H	Bedford	27 May
5.89	0.6	Amy Rolfe	U17	12.12.01	2	Birmingham	13 Jul
(40)							
5.89	0.0	Emily Tyrrell	U17	4.01.02	1	Exeter	22 Jul
5.89	0.0	Jenna Blundell	U20	12.06.01	1H	Bedford	16 Sep
5.87	0.8	Lydia Smith	U15	15.03.04	1	Exeter	16 Jun
5.86		Mayong Tabe	U17	23.11.01	1	St. Albans	18 Aug
5.84i		Abigail Pawlett	U17	14.01.03	1P	Glasgow	3 Nov
5.83					1	Birmingham	16 Jun
5.83		Anya Bates	U20	17.05.00	1	Nottingham	27 May
5.80i		Nicole Parcell	U20	16.12.99	2	London (LV)	14 Jan
5.76	1.6				5	Cardiff	2 Jun
5.80		Emily Thomas	U20	21.11.00	1	Swansea	8 Apr
5.80		Jade Nimmo		23.03.91	4	Crawley	8 Jul
5.80w	2.6	Ellie O'Hara	U17	4.10.02	1	Grangemouth	4 Aug
5.71	1.8					Grangemouth	4 Aug
(50)							
5.78	1.0	Jessica Taylor-Jemmett		27.06.88	5H	Kladno, CZE	17 Jun
5.76		Tia Jackson	U17	5.08.02	1	Birmingham	5 Aug
5.76i		Amy Hodgson	U23	18.01.96	1	Loughborough	8 Dec
5.74i		Pippa Earley	U20	7.09.00	3P	Sheffield	6 Jan
5.74i		Zoe Hughes	U23	1.02.98	2P	Hanover NH, USA	24 Feb
5.74i		Alexandra Burns	U20	10.08.99	1	Glasgow	10 Mar
5.64	0.0				1	Grangemouth	14 Apr
5.74		Megan Busby	U20	5.01.01	2	Birmingham	14 Jul
5.74		Katie Waterworth	U20	17.05.01	3	Birmingham	14 Jul
5.74		Amaya Scott	U20	15.02.01	1	Southampton	18 Aug
5.73	1.5	Emma Gayler		4.04.88	6	Cardiff	2 Jun
(60)							
5.73		Temi Ojora	U17	24.01.02	1	Milton Keynes	9 Jun
5.73		Shanara Hibbert		22.03.93	1	Hemel Hempstead	18 Aug
5.72i		Olivia Montez Brown	U23	22.05.96	1	Brookings SD, USA	16 Feb
5.56	0.2				1	Sioux Falls, USA	5 May
5.72	1.3	Katie Chapman	U15	20.09.03	2	Exeter	16 Jun
5.72	-0.2	Anna McCauley	U20	2.01.01	2	Tullamore, IRL	30 Jun
5.71i		Samantha Harris	U17	4.11.01	5	Sheffield	24 Feb
5.71	-1.6	Lia Stephenson	U23	4.03.96	1	London (LV)	12 May
5.70		Cleo Tomlinson	U15	17.06.04	1	Birmingham	14 Jul
5.70w		Lily Parris	U17	5.03.03	1	London (LV)	7 Apr
5.69	0.0	Lydia Mills	U23	1.02.98	1	Belfast	9 Jun
(70)							

2018 - Women - Long Jump

Mark	Wind	Name	Age	DOB	Pos	Venue	Date
5.69		Ella Rush	U15	8.04.04	2	Birmingham	14 Jul
5.69		Micaela Brindle		22.02.94	2	Preston	4 Aug
5.68i		Niamh Bailey		28.06.95	5P	Sheffield	7 Jan
5.68		Lucy-Jane Matthews	U17	17.09.02	1	Dartford	14 Apr
5.68		Emma Fowler	U23	22.06.98	1	Macclesfield	8 Jul
5.66w	3.0	Caitlyn Mapps	U17	27.11.02	3	Grangemouth	21 Jul
5.65i					1	Cardiff	10 Feb
5.64	1.8				4	Bedford	25 Aug
5.66i		Julia Winogrodzka	U15	21.10.04	1	Zielona Góra, POL	28 Dec
5.45	2.0				1	Belchatow, POL	22 Sep
5.65i		Gillian Cooke	V35	3.10.82	1V35	Glasgow	4 Feb
5.65		Eloise Harvey	U20	13.11.00	2	Dartford	14 Apr
5.65		Amy Barron	U23	15.07.98	1	Whitley Bay	5 May
(80)							
5.65	0.9	Olivia Dobson	U20	27.03.01	1H	Yeovil	24 Jun
5.65		Bethan Pilley		16.11.94	1	Douglas IOM	30 Jun
5.64	0.6	Amy Richards	U23	24.04.97	9	Bedford	6 May
5.64	1.9	Sineade Gutzmore		9.10.86	4	Grangemouth	7 Jul
5.62i		Sophie Porter	U20	14.03.01	2	Sheffield	28 Jan
5.62		Mayi Hughes	U20	5.11.00	1	London (Cr)	1 Jul
5.62		Kelly Chadwick	U20	7.03.00	1	Warrington	19 Aug
5.62	1.6	Kaliyah Young	U17	20.07.03	6	Bedford	25 Aug
5.62w		Amelia MacDonald	U20	3.05.01	2	London (LV)	7 Apr
5.61	1.7				8	Cardiff	2 Jun
5.62w	2.8	Sara Geary		6.04.91	2	Swansea	10 Jun
(90)							
5.62w	4.5	Cerys Lee	U20	4.11.00	1	Exeter	16 Jun
5.61		Kaili Woodward	U17	30.01.02	1	Kidderminster	27 May
5.60i		Hayley Perrin	U23	28.05.96	1	Manchester (SC)	2 Dec
5.59		Lana Blake	U15	2.10.03	1	Crawley	16 Jun
5.59		Charlotte Ayton	U20	17.09.00	5	Birmingham	14 Jul
5.59	1.1	Jane Davidson	U17	22.07.02	1	Aberdeen	18 Aug
5.58i		Natasha Smith	U20	10.10.99	1	Birmingham	27 Jan
5.56	1.2				2H	Manchester (SC)	5 Aug
5.58i		Kesari Sacre	U20	4.11.99	3	Aubière, FRA	1 Feb
5.58		Zuriel Owolana	U17	26.10.01	1	Harrow	14 Apr
5.58i		Emily Gargan	U23	29.12.98	2	Manchester (SC)	2 Dec
(100)							
5.58w	2.6	Ashleigh Bailey	U20	19.01.01	2	Exeter	16 Jun
5.57		Amelia Daley	U17	29.01.03	1U17	Oxford (H)	29 Apr
5.57		Eve Greenway	U17	18.11.01	3	Birmingham	16 Jun
5.57i		Emily Bee	U20	3.03.02	2P	Glasgow	3 Nov
5.54			U17		2	Plymouth	18 Aug
5.57w	2.5	Venus Morgan	U20	5.06.01	3H	Bedford	27 May
5.56i		Holly Smith	U20	22.09.99	3	Sheffield	13 Jan
5.56		Rebecca Johns	U17	9.11.01	1	Kirkby-in-Ashfield	2 Jun
5.56		Hannah Jones	U20	1.03.00	1	Eton	23 Jun
5.56		Katy Townsend		17.11.95	2	Cheltenham	8 Jul

Additional Under 17 (1-23 above)

Mark	Wind	Name	DOB	Pos	Venue	Date
5.55	1.3	Olivia Chessell	23.04.02	8	Birmingham	13 Jul
5.54		Emily Bee	3.03.02	2	Plymouth	18 Aug
5.53i		Nicole Proudfoot	12.11.02	1P	Glasgow	4 Feb
5.50	1.3			1	Grangemouth	12 Aug
5.51		Ruby Bridger	6.05.03	2H	Boston	24 Jun
5.51		Jodie Smith	2.11.01	1	Eton	18 Aug
5.50w	2.3	Grace Morgan	14.01.02	1	Cardiff	12 May
5.50w	3.2	Iris Oliarnyk	6.09.01	1	Nuneaton	11 Aug
(30)						
5.49		Madeline Wilton	11.04.02	1	Southampton	6 Jun
5.49		Emma Sherwood	12.09.01	1H	Abingdon	24 Jun
5.48	0.0	Mia Chantree	15.11.01	3H	Bedford	16 Sep
5.47	0.5	Lucy Woodward	28.11.02	3	St. Peter Port GUE	23 Jun
5.47		Jessica Hopkins	6.01.02	2	Bedford	18 Aug
5.46		Dora Tomlinson	25.10.01	1	Telford	12 May

2018 - Women - Long Jump

5.46w	2.8	Milly Gall	20.02.03	3	London (LV)	12	Aug
5.45	1.5	Madison Hutton	15.01.03	1H	Oxford (H)	8	Jul

Additional Under 15 (1-6 above)

5.55		Rachel Okoro	25.07.04	1	Birmingham	19	Jun
5.52		Carys Poole	21.12.03	1P	Swansea	9	Jun
5.48		Meg Willis	21.05.04	5	Birmingham	14	Jul
5.41		Melissa Booth	20.04.04	1	Manchester (Str)	9	Jun
(10)							
5.39		Jemima Hay	28.12.03	1	Milton Keynes	9	Jun
5.36		Lucy Robinson	15.11.03	2	Birmingham	16	Jun
5.36		Georgina Scoot	15.01.04	1	Exeter	8	Jul
5.35		Daphney Adebayo	20.07.05	1	Middlesbrough	21	Jul
5.34	0.1	Kiikii Brown	20.01.04	1	Cudworth	13	May
5.33		Shanumi Akinfenwa	1.09.04	1	Norwich	8	Jul
5.32		Ruby Jerges	18.03.04	7	Birmingham	14	Jul
5.31		Francesca Fenwick	9.11.03	2P	Boston	24	Jun
5.31w	2.3	Niamh Grant	29.10.03	1	Liverpool	12	May
		5.25 1.5		3	Liverpool	12	Aug
5.31w	2.2	Katy Beadle	27.10.04	4	London (LV)	11	Aug
		5.30 1.3		*	London (LV)	11	Aug
(20)							
5.30		Abbey Orr	19.11.03	2	Livingston	9	Sep
5.29	1.9	Niyah Costley	1.01.04	Q	Birmingham	13	Jul
5.28		Naiomi Mwambire	18.07.04	1	Hull	30	Jun
5.27i		Erin Lobley	12.10.04	1P	Glasgow	4	Feb
5.27		Stephanie Jones	20.09.04	2	Warrington	9	Jun
5.27		Isabella Lehtinen	24.02.05	2	Crawley	16	Jun
5.27	1.7	Daisy Dalrymple		Q	Birmingham	13	Jul
5.25		Tilly Smale	31.10.03	1	Yate	9	Jun
5.25		Rebecca Grieve	30.01.05	1U14	Grangemouth	9	Jun
5.24		Maisie Jeger	24.11.03	2	Reading	9	Jun
(30)							
5.24		Bryony Bovell	14.02.04	1	Kingston	15	Jul
5.24		Daisy Keigher	29.01.04	1ns	Crewe	2	Sep

Under 13

5.20		Sophia Bridle	23.09.05	1	Woodford	21	Aug
4.96		Sarah Lyons	27.03.06	1	Neath	23	May
4.96		Stroma Fraser	27.11.05	1	Inverness	14	Jun
4.92w	2.8	Larissa Pickering	3.03.06	1	Middlesbrough	2	Sep
		4.83		1	Cudworth	30	Jun
4.90i		Mya McMahon	19.09.05	9	Glasgow	8	Feb
		4.90		1	Glasgow (S)	24	Jun
4.90		Milly Gosling		1	Gateshead	15	Apr
4.90		Amy Wall	9.10.05	1	Southampton	10	Jul
4.84		Tomi Adejuwon	9.02.07	1	Eton	1	Sep
4.83		Stephanie Okoro	22.04.06	1	Hornchurch	16	Sep
4.82		Tyla Werrett	10.09.05	1	Bath	19	May

Foreign

6.26	*1.7*	*Chari Hawkins (USA)*	*21.05.91*	*1*	*Bedford*	*6*	*May*
6.21	*1.1*	*Eva Bastmeijer (NED)*	*20.06.95*	*1*	*St Clement, JER*	*23*	*Aug*
6.19w	*2.8*	*Diane Marie-Hardy (FRA)*	*U23*	*19.02.96*	*1H*	*Bedford*	*27 May*
		6.09 1.9		*4H*	*Albi, FRA*	*7*	*Jul*
5.90i		*Kate O'Connor (IRL)*	*U20*	*12.12.00*	*2P*	*Tallinn, EST*	*3 Feb*
		5.64 0.1			*10H*	*Gold Coast, AUS*	*13 Apr*
5.66	*1.7*	*Sofija Korf (LTU)*		*5.08.94*	*4*	*Bedford*	*10 Jun*
5.67i		*Sarah Connolly (IRL)*	*U23*	*3.10.96*	*2P*	*Glasgow*	*4 Feb*

Triple Jump

Mark	Wind	Athlete	Cat	DOB	Pos	Venue	Date
14.15	-1.6	Naomi Ogbeta	U23	18.04.98	Q	Berlin, GER	7 Aug
14.15w	3.2				1	Manchester (SC)	29 Jul
13.95	1.2				1	Birmingham	30 Jun
13.94	0.1				12	Berlin, GER	10 Aug
13.65i					2	Birmingham	18 Feb
13.60	1.5				1	Bedford	28 May
13.58	0.0				1	Bedford	17 Jun
13.58w	2.2				1	Eton	2 Jun
13.52i					1	Bratislava, SVK	28 Jan
13.48	-0.1				6	London (O)	15 Jul
13.46	1.7				1	Bedford	6 May
13.41	1.8				*	Manchester (SC)	29 Jul
13.34	-0.5				Q	Bedford	5 May
13.33i					1	Sheffield	14 Jan
13.75	-1.1	Laura Samuel		19.02.91	2	Birmingham	30 Jun
13.58	1.6				6	Sotteville, FRA	17 Jul
13.50	0.0				4	Castres, FRA	25 Jul
13.49w	3.5				1	Grangemouth	7 Jul
13.31	1.4				1	Cardiff	13 Jul
13.30	-1.8				1	Nuneaton	10 Jun
13.25	1.0				5	Gothenburg, SWE	18 Aug
13.12	-1.5				1	Southampton	4 Aug
13.51w	2.1	Sineade Gutzmore		9.10.86	3	Birmingham	30 Jun
13.47w	3.0				2	Manchester (SC)	29 Jul
13.29i					3	Birmingham	18 Feb
13.28	1.1				*	Birmingham	30 Jun
13.22w	2.1				2	Eton	2 Jun
13.10	-1.7				2	Nuneaton	10 Jun
13.00	1.5				3	Grangemouth	7 Jul
12.98	0.1				1ns	Birmingham	27 May
13.46	1.1	Jahisha Thomas		22.11.94	2Q	Sacramento CA, USA	26 May
13.39	1.2				6	Eugene OR, USA	9 Jun
13.32w	3.3				2	Des Moines IA, USA	28 Apr
13.22i					1	Geneva OH, USA	23 Feb
13.19	1.2				1	Bloomington IN, USA	13 May
13.11i					2	Iowa City IA, USA	27 Jan
13.04	-1.5				4	Gainesville FL, USA	31 Mar
13.41w	6.9	Zara Asante	V35	7.07.82	3	Manchester (SC)	29 Jul
13.29w	2.6				3	Limoges, FRA	13 Jun
13.21w	2.8				4	Birmingham	30 Jun
13.02	-0.6				6	Geneva, SUI	9 Jun
12.94	0.0				1	Grangemouth	11 Aug
13.32		Angela Barrett		25.12.85	1	London (WL)	23 Jun
13.28i					1	Eton	7 Jan
13.27i					1	Eton	4 Mar
13.15w	4.1				4	Manchester (SC)	29 Jul
13.13	2.0				5	Birmingham	30 Jun
13.07	1.0				1	Sandy	14 Jun
13.03w	2.4				2	Grangemouth	7 Jul
12.98i					1	London (LV)	14 Jan
12.97					1	London (BP)	14 Jul
12.95					1	Milton Keynes	10 Jun
12.92i					1	Amsterdam, NED	3 Feb
12.90i					3	Bratislava, SVK	28 Jan
13.11i		Simi Fajemisin	U23	15.09.97	1	Hanover NH, USA	25 Feb
13.07	0.3				2	Austin TX, USA	30 Mar
13.00	0.3				1	Philadelphia PA, USA	6 May
12.90	-0.5				11Q	Tampa FL, USA	26 May
13.09		Alex Russell		27.03.90	1	Leicester	12 May
12.91	1.2				3	Nuneaton	10 Jun
13.04	1.2	Eavion Richardson	U23	27.06.98	2	Bedford	17 Jun
13.03	1.3	Lia Stephenson	U23	4.03.96	2	Bedford	6 May

(10)

2018 - Women - Triple Jump

Mark	Wind	Name	Age	DOB	Pos	Venue	Date
12.96i		Allison Wilder		30.10.88	2	Notre Dame, USA	3 Feb
12.31	0.0				9	Geneva, SUI	9 Jun
63 performances to 12.90 by 11 athletes including 12 windy and 13 indoors							
12.88	0.4	Lily Hulland	U17	1.09.01	1	Málaga, ESP	30 Jun
12.83		Abazz Shayaam-Smith	U20	3.04.00	1	Birmingham	13 Jul
12.82	1.1	Shanara Hibbert		22.03.93	2	Manchester (SC)	15 Aug
12.60	2.0	Kayanna Reid	U23	11.06.97	3	Bedford	6 May
12.58	1.6	Jazz Sears	U17	14.12.01	1	Bedford	10 Jun
12.57	0.4	Jade Oni	U20	29.06.01	1	Eton	1 Jul
12.55		Adelaide Omitowoju	U20	22.10.99	2	Birmingham	13 Jul
12.46i		Claudimira Landim	U20	5.07.00	3	London (LV)	28 Jan
12.33					1	Grays	14 Apr
12.46	1.9	Ellie O'Hara	U17	4.10.02	1	Grangemouth	21 Jul
(20)							
12.43w	4.1	Lisa James		30.10.94	6	Manchester (SC)	29 Jul
12.01	0.0				4	Southampton	4 Aug
12.40		Mayi Hughes	U20	5.11.00	3	Birmingham	13 Jul
12.27i		Kerri Davidson	U23	7.09.96	4	Hanover NH, USA	25 Feb
12.27	-0.2				4	Philadelphia PA, USA	6 May
12.22w	2.3	Eloise Harvey	U20	13.11.00	1	Chelmsford	24 Jun
12.21					1	Ashford	12 May
12.18	0.5	Iris Oliarnyk	U17	6.09.01	2	Birmingham	14 Jul
12.18		Mary Fasipe		17.09.94	1	Woodford	18 Aug
12.17	-0.3	Janet Browne		17.10.94	Q	Bedford	5 May
12.15	0.2	Holly Smith	U20	22.09.99	2	Swansea	25 Jul
12.10i		Carolyn Harvey	U23	31.05.96	3	Sheffield	18 Feb
11.95					1	Glasgow (S)	24 Jun
(30)							
12.08i		Ahtollah Rose		6.03.93	2	Sheffield	14 Jan
12.08		Michelle Robbins-Hulse		2.06.86	1	Connah's Quay	5 May
12.07i		Siobhan Kingham	U23	2.11.98	4	Sheffield	18 Feb
12.05		Victoria Mould		11.09.95	1	Southampton	18 Aug
12.03	0.0	Chloe Vernon-Hamilton		11.10.92	2B	Bedford	28 May
12.02		Laura Zialor	U23	4.08.98	1	Milton Keynes	14 Apr
12.00	-1.6	Diane Mapamboli	U17	9.03.02	1	London (LV)	8 Jul
11.90		Sian Swanson		1.03.93	1	Yeovil	22 Apr
11.84i		Nikysha Ferguson		8.09.86	3	Sheffield	14 Jan
11.84i		Alexandra Burns	U20	10.08.99	2	Glasgow	11 Mar
11.80	2.0				5	Bedford	6 May
(40)							
11.84		Emma Pringle		10.01.92	1	Jarrow	3 Jun
11.82	1.4	Macey Jones	U20	18.07.00	1	Newport	23 Jun
11.80	1.6	Georgina Scoot	U15	15.01.04	1	Bedford	25 Aug
11.79i		Shona Ross	U23	11.08.98	3	Glasgow	28 Jan
11.65	0.9				2	Grangemouth	11 Aug
11.78i		Rochelle Jones		27.09.90	Q	Sheffield	16 Feb
11.36	0.0				8	Bedford	6 May
11.78	0.3	Amelia Daley	U17	29.01.03	4	Birmingham	14 Jul
11.78		Joanna Lawler-Rhodes	U23	3.10.98	1	Wakefield	4 Aug
11.78		Mary Adeniji	U20	13.02.99	1	Eton	18 Aug
11.74i		Kelsey Sutherland	U17	19.12.02	1	Uxbridge	9 Dec
11.65	0.9				1	Crawley	16 Jun
11.72i		Lucy Hadaway	U20	11.06.00	5	Sheffield	14 Jan
(50)							
11.71		Holly Aitchison	U17	5.12.02	2	Birmingham	16 Jun
11.69		Karina Harris	U20	8.02.01	2	Bromley	27 May
11.68		Vicky Oshunremi	U23	3.10.96	1	Perivale	14 Apr
11.68w	3.4	Emma Bakare	U20	20.11.00	1	Exeter	16 Jun
11.63	2.0				*	Exeter	16 Jun
11.66i		Georgia Green	U23	28.09.96	Q	Sheffield	16 Feb
11.24					3	Crawley	8 Jul
11.63w	2.6	Madeleine Smith	U20	5.02.99	4	Bedford	10 Jun
11.60	0.0				*	Bedford	10 Jun
11.60i		Sophie Worrall		30.01.94	1B	Birmingham	27 Jan
11.29					1	Yate	6 May

2018 - Women - Triple Jump

Mark	Wind	Name	Age	DOB	Pos	Venue	Date
11.60	1.5	Rachel Okoro	U15	25.07.04	1	London (LV)	12 Aug
11.59		Lydia Mills	U23	1.02.98	3	Belfast	14 Apr
11.58i		Georgina Lever	U20	6.12.99	5	Sheffield	25 Feb
(60)							
11.57	-0.8	Eleanor Brown	U17	1.10.02	5	Birmingham	14 Jul
11.55	0.8	Jasmine Hulland	U17	29.11.02	1	Seville, ESP	2 Jun
11.53		Felicia Miloro	U20	5.01.01	1	Nottingham	12 May
11.50		Yasmin Lakin		8.10.95	1	Watford	16 May
11.48i		Olivia Connor	U23	6.09.97	Q	Sheffield	16 Feb
11.48	0.0	Sonyce Archer	U20	3.02.99	5B	Bedford	28 May
11.46i		Jessica Fox		28.11.94	13Q	Sheffield	16 Feb
11.34					1	Harrow	14 Apr
11.46		Madeline Wilton	U17	11.04.02	1	Basingstoke	9 Jun
11.45		Ola Olufemi-Krakue	U20	14.01.00	1	London (Cr)	1 Jul
11.41	0.5	Temi Ojora	U17	24.01.02	1U17	Eton	1 Jul
(70)							
11.41		Sally Peake		8.02.86	1	Crawley	8 Jul
11.40	0.3	Andrea Jesudason		5.12.92	1	Exeter	22 Jul
11.39i		Grace Sullivan	U20	4.08.99	10	London (LV)	28 Jan
11.39		Letisha Richardson		4.01.93	2	Dartford	14 Apr
11.39		Beth Mortiboy	U23	20.03.97	1	Nottingham	12 May
11.37		Tania Spurling		20.08.87	1	Bury St. Edmunds	17 Jun
11.34	0.2	Hazel Shanley	U20	6.03.99	1	Aberdeen	18 Aug
11.34i		Klaudia Walas	U20	17.06.02	2	Uxbridge	9 Dec
11.30	1.6		U17		2U17	Eton	1 Jul
11.32		Grace Plater	U20	20.09.00	1	Cudworth	13 May
11.31i		Alice Linaker	U20	6.12.99	3	Sheffield	13 Jan
(80)							
11.31	0.5	Iona MacPherson	U20	24.05.01	1	Tullamore, IRL	2 Jun
11.29w	4.0	Millie Leighton	U15	28.10.03	2	Bedford	25 Aug
11.15i					1	Birmingham	10 Feb
11.28	-0.3	Danielle Hopkins	U17	29.12.01	2	Loughborough	1 Sep
11.27		Janae Duporte-Clarke	U20	20.01.00	8	Birmingham	13 Jul
11.26		Emily Thomas	U20	21.11.00	1	Hereford	29 Apr
11.26	0.0	Rebecca Keen	U20	5.12.00	2	Manchester (SC)	10 Jun
11.26		Amelia Gray	U15	18.09.04	2	Oxford (H)	1 Sep
11.25		Melissa Booth	U15	20.04.04	1	Wigan	16 Sep
11.24i		Gillian Cooke	V35	3.10.82	1V35	Glasgow	4 Feb
11.19					3	Glasgow (S)	24 Jun
11.24		Imogen Lewis	U15	27.09.03	1	Grangemouth	4 Jul
(90)							
11.23i		Jordan Thrower	U17	12.09.01	2	Sheffield	13 Jan
11.23		Caitlin Gallagher	U20	6.10.99	1	Plymouth	18 Aug
11.22		Charlie Yates	U15	30.12.03	1	Nottingham	12 May
11.21	0.0	Ite Aderoju	U20	9.07.01	1	Bedford	13 May
11.21		Jasmine Lovell	U20	27.06.01	1	Stoke-on-Trent	9 Jun
11.20		Joanne Ware	U23	11.08.97	1	Grays	18 Aug
11.19		Rebecca Johns	U17	9.11.01	1	Nottingham	12 May
11.18		Samantha Barrett	U23	22.10.98	1	Yate	12 May
11.18		Jade Morgan		12.08.89	1	Chelmsford	23 Jun
11.18		Donelle Arulanandam	U23	21.04.97	1	Sandy	14 Jul
(100)							
11.18w	2.9	Bryony Patterson	U20	11.04.00	2	Aberdeen	18 Aug
11.17		Emily Maltby		1.03.95	1	Bromley	23 Jun
11.17		Sileena Farrell	U15	14.11.03	1	Dartford	25 Jul
11.17		Nia Rutter		4.01.86	1	Blackpool	4 Aug
11.17		Amy Lupton		31.07.94	2	Doncaster	18 Aug
11.16i		Emily Jarad	U20	24.03.01	5	Sheffield	13 Jan

Additional Under 17 (1-16 above)

Mark	Wind	Name	Age	DOB	Pos	Venue	Date
11.14		Temi Fajemisin		4.09.02	1	Oxford (H)	14 Jul
11.10		Funminiyi Olajide		4.06.02	1ns	Grays	18 Aug
11.09	-1.1	Leonie Onyems		22.05.02	2	London (LV)	8 Jul
11.09	0.8	Sophie Hodgson		25.06.02	1	Nuneaton	12 Aug
(20)							
11.04w	3.8	Emma Simpson		16.06.03	2	Liverpool	11 Aug

2018 - Women - Triple Jump

		11.01		4	Birmingham	16 Jun
11.00		Adeline Preston	29.05.02	1	Crawley	1 Jul
11.00		Esther Jackson	9.08.03	1	Erith	14 Jul
10.96		Sophie Brown	16.11.01	3	Yate	6 May
10.88		Holly Griffiths-Brown	31.12.01	1	Cheltenham	7 May
10.87w	2.6	Ellie Carrow	26.10.01	1	Exeter	16 Jun
10.86i		Megan Greenway	20.02.03	3	Sheffield	13 Jan
10.86		Merechi Egbo	29.11.01	3	Bury St. Edmunds	8 Sep
10.86w	3.1	Fleur Mansell	18.06.03	2	Exeter	16 Jun
10.86w	2.5	Megan Lasseter	18.05.02	3	Liverpool	11 Aug
	(30)					

Additional Under 15 (1-8 above)

10.98		Ruth-Ann Otaruoh	9.01.04	3	Oxford (H)	1 Sep
10.98w	3.6	Lucy Robinson	15.11.03	4	Bedford	25 Aug
		10.51		1	Macclesfield	13 May
	(10)					
10.82	-1.1	Anna McKinty	14.03.04	4	Loughborough	1 Sep
10.81		Juliana Soares	5.06.04	1	Geneva, SUI	31 Aug
10.80		Lana Blake	2.10.03	1	Bournemouth	9 Sep
10.80i		Amy Warre	25.10.04	1	Eton	2 Dec
		10.37		1	Swindon	22 Sep
10.71		Makarios Mensah	11.05.05	4	Oxford (H)	1 Sep
10.68		Eloise Hind	30.11.04	5	Oxford (H)	1 Sep
10.44w	5.7	Lateefa Agberemi	2.07.04	7	Bedford	25 Aug
10.41i		Sarris Teale	3.05.04	1	London (LV)	17 Mar
		10.35		1	Hornchurch	8 Apr
10.40	0.5	Chloe Harris	26.10.03	2	Exeter	22 Jul
10.39		Meg Willis	21.05.04	1	St. Albans	5 Aug
	(20)					
10.35	0.7	Michelle Yalekhue	3.07.05	8	Bedford	25 Aug
10.31		Lowri Broughton	29.02.04	1	Cardiff	7 Jul
10.31		Harriet Armstrong	1.11.03	6	Oxford (H)	1 Sep

Foreign

11.79		*Moe Sasegbon (NGR)*		*16.09.91*	*2*	*London (WL)*	*23 Jun*
11.71	*0.0*	*Diane Marie-Hardy (FRA)*	*U23*	*19.02.96*	*2*	*Obernai, FRA*	*13 Oct*
11.45	*1.1*	*Teele Palumaa (EST)*		*31.03.90*	*3*	*Oxford*	*19 May*
11.19	*1.8*	*Philippa Rogan (IRL)*		*4.02.94*	*9*	*Eton*	*2 Jun*

Shot

17.76		Sophie McKinna	31.08.94	5	Gold Coast, AUS	13 Apr
		17.76		1	Bedford	10 Jun
		17.71		1	Manchester (SC)	28 Jul
		17.69		7	Berlin, GER	8 Aug
		17.62		5	Birmingham	18 Aug
		17.54		1	Great Yarmouth	22 Jul
		17.42i		2	Birmingham	18 Feb
		17.41		1	London (LV)	18 Jul
		17.40		1	St. Ives	20 Jun
		17.37		7	Halle, GER	26 May
		17.30i		1	Loughborough	13 Jan
		17.24		Q	Gold Coast, AUS	12 Apr
		17.24		Q	Berlin, GER	7 Aug
		17.10		2	Birmingham	1 Jul
		17.02		1	Norwich	12 May
		16.71i		1	King's Lynn	28 Jan
		16.55i		1	London (LV)	14 Jan
17.48		Rachel Wallader	1.09.89	6	Gold Coast, AUS	13 Apr
		17.45i		1	Birmingham	18 Feb
		17.27		1	Bedford	28 May
		17.25		8	Halle, GER	26 May
		17.20		Q	Gold Coast, AUS	12 Apr
		17.10		1	Eton	2 Jun
		16.71		3	Birmingham	1 Jul
		16.67i		2	Loughborough	13 Jan

2018 - Women - Shot Put

Mark	Name	Cat	DOB	Pos	Venue	Date
	16.63			1	Loughborough	13 Jun
	16.58i			1	Vienna, AUT	27 Jan
17.37	Divine Oladipo	U23	5.10.98	4Q	Tampa FL, USA	24 May
	16.64i			1	Boston (A) MA, USA	9 Feb
	16.55			12	Eugene OR, USA	7 Jun
	16.48			3	Cincinnati OH, USA	13 May
	16.28			1	Bedford	17 Jun
	16.16			4	Birmingham	1 Jul
	16.10			1	Philadelphia PA, USA	24 Mar
	16.03i			2	University Park PA, USA	13 Jan
	15.91			6	Philadelphia PA, USA	26 Apr
17.31	Amelia Strickler		24.01.94	Q	Berlin, GER	7 Aug
	17.26			2	Bedford	10 Jun
	17.22			1	Birmingham	1 Jul
	17.15			10	Berlin, GER	8 Aug
	17.12			5	London (O)	15 Jul
	17.06			3	Ljungby, SWE	17 Aug
	16.97			2	Manchester (SC)	28 Jul
	16.78			9	Gold Coast, AUS	13 Apr
	16.67i			3	Birmingham	18 Feb
	16.57			Q	Gold Coast, AUS	12 Apr
	16.47			2	Eton	2 Jun
	15.80i			3	Loughborough	13 Jan
16.12	Eden Francis		19.10.88	5	Birmingham	1 Jul
	15.96			1	Southampton	4 Aug
	15.80			2	Loughborough	13 Jun
	15.80			5	Leiria, POR	15 Jul
	51 performances to 15.80 by 5 athletes including 11 indoors					
15.51	Adele Nicoll	U23	28.09.96	1	Cardiff	7 Aug
15.35	Michella Obijiaku	U23	6.11.97	3	San Marcos TX, USA	11 May
15.09	Sarah Omoregie	U20	2.04.00	7	Leiria, POR	10 Mar
14.48	Sophie Merritt	U23	9.04.98	5	Moscow ID, USA	11 May
14.20	Serena Vincent	U17	5.12.01	1	Portsmouth	16 Sep
(10)						
14.15	Jo Rowland		29.12.89	1	Stevenage	14 Jul
14.02	Shaunagh Brown		15.03.90	1	St. Peter Port GUE	23 Jun
14.02	Sophie Littlemore		25.12.95	3	Manchester (SC)	28 Jul
13.98	Gaia Osborne	U20	9.08.00	2	Bedford	16 Jun
13.84	Hannah Molyneaux	U20	11.03.01	1	Boston	13 May
13.79	Marilyn Nwawulor		20.09.92	2	Daytona Beach, USA	6 Apr
13.71	Jessica Taylor-Jemmett		27.06.88	1H	Hexham	21 Jul
13.70	Sabrina Fortune	U23	25.05.97	2	Cardiff	14 Jul
13.68i	Amaya Scott	U20	15.02.01	2	London (LV)	5 Dec
	13.52			1	Portsmouth	12 May
13.64	Danielle Opara		22.06.95	1	Reading	17 Aug
(20)						
13.63	Kirsty Yates		14.05.93	5	Eton	2 Jun
13.54i	Mhairi Porterfield	V35	19.06.81	1	Glasgow	28 Jan
	13.41			1	Glasgow (S)	24 Jun
13.49	Rhea Southcott	U20	30.03.01	1	Loughborough	30 May
13.21	Toni Buckingham	U23	22.02.98	2	Cudworth	12 May
13.09	Katarina Johnson-Thompson		9.01.93	14H	Berlin, GER	8 Aug
13.07i	Samantha Milner		28.12.92	2	Sheffield	18 Feb
	11.78			9	Bedford	7 May
12.96	Rebecca Hall		15.09.88	1	Boston	13 May
12.95	Zoe Hughes	U23	1.02.98	4H	Austin TX, USA	28 Mar
12.95	Emily Campbell		6.05.94	2	Leigh	5 Aug
12.87	Sarah Parsons		31.05.94	1	Preston	4 Aug
(30)						
12.86	Heather Cubbage	U20	20.01.01	3	Portsmouth	12 May
12.85	Emma Dakin	U20	25.12.99	1	Loughborough	25 Aug
12.80i	Ellen Barber	U23	5.12.97	1P	London (LV)	16 Dec
	12.46			7H	Kladno, CZE	16 Jun
12.78	Olivia Dobson	U20	27.03.01	1	Exeter	9 Jun
12.78	Eleanor Gatrell	V40	5.10.76	1	Abingdon	18 Aug

2018 - Women - Shot Put

Mark	Name	Cat	DOB	Pos	Venue	Date
12.70	Bronte Jones	U20	17.10.99	3	Bedford	16 Jun
12.63	Chloe Vernon-Hamilton		11.10.92	2	Bedford	3 Jun
12.61	Lucy Griffiths		3.04.94	3	Cardiff	2 Jun
12.59	Philippa Wingate		12.05.93	1	Walton	14 Apr
12.54iA	Ada'ora Chigbo	U20	2.01.99	2	Albuquerque NM, USA	27 Jan
(40)						
12.42i	Katie Stainton		8.01.95	4	Loughborough	13 Jan
12.33	Lucy Holmes		29.12.92	4	Cudworth	12 May
12.33	Jade O'Dowda	U20	9.09.99	Q	Tampere, FIN	12 Jul
12.32	Maria Schofield	U20	8.09.00	1	York	1 Jul
12.30	Luisa Chantler Edmond	U20	7.06.99	5	Bedford	7 May
12.29	Dara Adebayo	U17	14.06.02	2	Harrow	18 Aug
12.28	Niamh Emerson	U20	22.04.99	1	Manchester (SC)	10 Jun
12.10	Emma Nwofor	U23	22.08.96	4H	Bedford	26 May
12.05	Toni Egbulefu	U17	2.11.01	1	Dartford	14 Apr
12.02	Emma Bakare	U20	20.11.00	1	Exeter	16 Jun
(50)						
12.00i	Hannah Dunderdale		2.11.94	14	Albuquerque NM, USA	3 Feb
11.94	Kiarra Francis	U20	18.03.00	1	Nottingham	27 May
11.87i	Niamh Bailey		28.06.95	5	Loughborough	13 Jan
11.70				1	Corby	12 May
11.86i	Lucy Turner	U23	14.02.97	7	Sheffield	18 Feb
11.78				2	Jarrow	20 Jun
11.84i	Lucy Hadaway	U20	11.06.00	1	Sheffield	16 Dec
11.13				4	Cudworth	12 May
11.81	Lia Anderson	U20	10.09.00	2	Oxford (H)	23 Jun
11.79	Emily Ball	U23	31.10.97	1	Sheffield	20 Apr
11.79	Nichole Birmingham	U20	9.01.00	1	Milton Keynes	1 Jul
11.74	Morgan Lake	U23	12.05.97	10	Bedford	7 May
11.68	Danielle Broom	U20	28.10.99	1	Brighton	27 May
(60)						
11.68	Christina Jones		5.04.90	3	Sheffield	5 Aug
11.64	Millie Noyce	U17	28.11.02	2	Bromley	14 Apr
11.64	Emily Race	U20	11.09.00	1H	Bedford	15 Sep
11.63	Chimdi Okpalauko	U20	20.03.01	1	London (LV)	5 Aug
11.63i	Ellie Hodgson	U20	26.08.00	3	London (LV)	5 Dec
11.16				2	Basingstoke	9 Jun
11.61	Shona Crossan	U20	11.12.00	1	Livingston	19 May
11.59i	Sophie Mace	U23	7.10.98	1	Sutton	18 Feb
11.56				1	Kingston	13 May
11.58	Holly McArthur	U20	20.12.99	8H	Gold Coast, AUS	12 Apr
11.57	Melissa Bird	U23	18.09.98	1	Bournemouth	13 May
11.56	Holly Bradshaw		2.11.91	1	Bury	3 Jun
(70)						
11.56	Suzzanne Palmer		11.09.93	8	Manchester (SC)	9 Jun
11.55	Denisa Mihalcea	U20	17.01.00	5	Crawley	8 Jul
11.54i	Elianne Mahay-Goodrich	U23	13.11.98	Q	Sheffield	16 Feb
11.54	Bethan Burley	U20	26.03.00	2H	Yeovil	23 Jun
11.53	Freya Dooner	U20	3.08.99	1	Lancaster	10 Mar
11.50	Hannah MacAulay	U17	9.09.01	3	Bromley	14 Apr
11.49	Nia Rutter		4.01.86	1	Liverpool	5 May
11.47i	Hannah Johnson		14.06.94	6	Loughborough	13 Jan
11.45	Blessing Joshua	U20	21.05.01	1	Crawley	9 Jun
11.45	Jessica Tappin		17.05.90	5	Manchester (SC)	15 Aug
(80)						
11.44	Candy Lockett	U20	13.05.99	1	Elon NC, USA	14 Apr
11.43	Annabelle Pask	U23	6.09.97	2	Sheffield	20 Apr
11.39	Kaitlin Enderwick	U23	31.01.97	2	Middlesbrough	13 May
11.36i	Beth Taylor	U23	25.12.96	9	Sheffield	18 Feb
11.10				7H	Bedford	26 May
11.36	Gemma Bennett		4.01.84	7	Cardiff	2 Jun
11.35	Carol Parker	V45	22.09.69	1	Coventry	5 Aug
11.35	Emma Beardmore		6.12.87	1	Eton	18 Aug
11.33	Alexandrea Adeniji	U17	18.04.02	1	Ipswich	14 Apr
11.33	Lucy Marshall	V35	28.11.81	1	Derby	19 May

2018 - Women - Shot Put

11.32i	Sarah Melbourne	U23	12.09.96	10	Sheffield	18	Feb
(90)							
11.32	Britli Francis	U20	18.12.00	1	Kingston	13	May
11.30i	Anika Olalere	U20	8.04.99	3	London (LV)	14	Jan
11.13				2	Bromley	27	May
11.29i	Emily Dixon		27.11.95	5P	Winston-Salem, USA	6	Feb
11.29	Diana Norman	V40	14.06.74	1	Woking	14	Apr
11.29	Kelse Hutchinson		6.10.94	2	Rotherham	4	Aug
11.26	Helen Broadbridge		23.07.92	2	Portsmouth	23	Jun
11.23	Petrina Chantler Edmond	U20	1.09.00	1	Oxford (H)	10	Jun
11.18	Alice Hopkins	U23	30.12.98	2H	Oxford (H)	7	Jul
11.17	Katie Dennison	U23	2.12.97	1	Oxford	19	May
11.15	Hayley Steward		29.03.91	2	Bournemouth	9	Sep
(100)							
11.14i	Priscilla Dadzie	U20	27.11.99	4	London (LV)	14	Jan
11.14	Alice Miell	U20	14.05.00	1ns	Aldershot	20	Jun
11.11	Olivia Jones	U20	20.02.00	3H	Yeovil	23	Jun
11.10	Julia Machin	V45	26.03.70	1	Crawley	13	May

Additional Under 17 (1-6 above)

11.02	Charlotte Payne	U20	20.03.02	1	Swindon	13	Oct
11.01		U17		2	Kingston	18	Aug
10.50	Molly Hole	U17	28.02.03	1	Horsham	20	May

Foreign

14.02	*Christina Nick (GER)*		*14.11.92*	*2*	*Bedford*	*7*	*May*
13.52	*Celine Freeman-Gibb (CAN)*		*8.12.91*	*1*	*London (ME)*	*20*	*May*
13.18	*Diane Marie-Hardy (FRA)*	*U23*	*19.02.96*	*3*	*Bedford*	*7*	*May*
12.78	*Chari Hawkins (USA)*		*21.05.91*	*1H*	*Bedford*	*26*	*May*
12.66i	*Kate O'Connor (IRL)*	*U20*	*12.12.00*	*5*	*Jordanstown*	*27*	*Jan*
11.97				*6H*	*Gold Coast, AUS*	*12*	*Apr*
12.45i	*Moe Sasegbon (NGR)*		*16.09.91*	*1*	*Uxbridge*	*11*	*Mar*
12.02				*1*	*London (BP)*	*20*	*May*
12.25	*Jordana Badley-Costello (CAN)*		*93*	*6*	*Bedford*	*7*	*May*
12.15	*Urysla Cotton (USA)*	*U23*	*98*	*7*	*Bedford*	*7*	*May*
11.40	*Katy Sealy (BIZ)*		*15.10.90*	*11H*	*Gold Coast, AUS*	*12*	*Apr*
11.19	*Anna Niedbala (GER)*		*11.02.90*	*1*	*Abingdon*	*20*	*May*

Shot - Under 18 (3kg)

16.51	Hannah Molyneaux		11.03.01	2	Bedford	17 Jun
15.31	Rhea Southcott		30.03.01	1	Cleckheaton	13 Jun

Shot - Under 17 (3kg)

16.84	Serena Vincent		5.12.01	4	Györ, HUN	7 Jul
15.69	Nana Gyedu		4.11.02	1	Loughborough	1 Sep
14.43	Dara Adebayo		14.06.02	3	Bedford	25 Aug
14.15	Samantha Callaway		4.03.02	1	Crawley	16 Jun
14.13	Jessica Hopkins		6.01.02	1H	Manchester (SC)	4 Aug
13.95	Teddy Tchoudja		27.03.03	1	Grangemouth	4 Aug
13.83i	Bekki Roche		11.12.02	1	Sheffield	14 Jan
13.73				1	Wigan	8 Apr
13.68i	Lily Naylor		14.12.01	2	Sheffield	14 Jan
12.91				1	Birmingham	16 Jun
13.55	Iris Oliarnyk		6.09.01	1H	Abingdon	23 Jun
13.41	Kelsey Pearce		11.02.03	2	Loughborough	1 Sep
(10)						
13.20	Millie Noyce		28.11.02	2	Birmingham	13 Jul
13.18	Toni Egbulefu		2.11.01	1	Bury St. Edmunds	15 Apr
12.87	Alexandrea Adeniji		18.04.02	1	Hornchurch	29 Apr
12.82	Hollie Thurgood		2.07.02	2H	Bedford	15 Sep
12.69	Molly Hole		28.02.03	1	Exeter	16 Jun
12.63	Hannah MacAulay		9.09.01	1	Ashford	9 Jun
12.58	Lauren Farley		16.09.01	1H	Ashford	23 Jun
12.56	Yasmin Grosvenor		23.02.03	2	Bromley	27 May
12.53	Temi Ojora		24.01.02	1	Milton Keynes	9 Jun
12.47	Holly Benson		17.08.02	1	Bebington	29 Apr

2018 - Women - Shot Put

	(20)					
12.46		Nicole Lannie	24.01.03	1	Cudworth	13 May
12.41		Hayley Berry	4.07.03	6	Grangemouth	21 Jul
12.37		Kenyeh Soyei	26.10.02	1	Hemel Hempstead	3 Jun
12.34		Lucy Giles	22.02.03	1	York	1 Jul
12.33		Joanna Barnaby	20.03.02	1	London (Cr)	2 Jun
12.32		Hannah Barnden	8.01.02	3H	Abingdon	23 Jun
12.31		Amy-Beth Curtis	6.02.02	1	Exeter	8 Jul
12.29		Faye Nixon	14.01.02	1	Antrim	28 Apr
12.28		Elizabeth Moorhouse		1	London (He)	8 Jul
12.26i		Amy Kennedy	2.07.04	2	Glasgow	1 Dec
	(30)					
12.16		Zoe Price	14.04.02	1	Liverpool	12 May
12.14		Alex Baker	27.12.01	1	Hyndburn	26 May
12.10		Jamie Holland	6.01.03	3U16	Grangemouth	4 Aug
12.07		Angela Lowe	21.11.01	1	Eton	1 Sep
12.06i		Dionne Hines	6.09.01	6	Sheffield	24 Feb
12.05		Lucy Davison	8.11.01	1	Grangemouth	12 May
12.01i		Bree Cronin	24.07.03	1	Cardiff	2 Dec

Shot - Under 15 (3kg)

14.36		Omolola Kuponiyi	5.03.04	1	Ipswich	2 Sep
12.80		Vivien Duruh	21.10.03	2U16	Grangemouth	4 Aug
12.69		Gabriella Jones	23.09.04	1	Woking	2 Sep
12.47		Freya Witheat	4.09.03	1P	Bedford	16 Sep
12.46		Je'nae James	16.01.04	1	London (TB)	29 Sep
12.46i		Erin Lobley	12.10.04	1	Sheffield	1 Dec
		11.22		1	Sheffield	17 Jun
12.36		Katie Chapman	20.09.03	1	Exeter	3 Jun
12.13		Zara Obamakinwa	30.03.04	1	London (LV)	11 Aug
12.13		Olivia Austin	31.10.04	2	Woking	2 Sep
12.05		Daphney Adebayo	20.07.05	1	Cudworth	20 May
	(10)					
11.94		Georgia Russell	23.04.04	1	Kingston	9 Jun
11.75i		Meghan Porterfield	2.09.05	1	Glasgow	1 Dec
11.59		Asha Soanes	27.01.04	1P	Oxford (H)	7 Jul
11.30		Lily Carlaw	25.11.04	1	Kettering	29 Sep
11.28		Georgia Clarke	3.10.03	3	Gateshead	7 Jul
11.14i		Amy Battle	31.05.04	1	Sheffield	4 Feb
11.14		Michelle Okorie	25.09.04	4	Oxford (H)	1 Sep
11.13i		Holly Adams	30.12.03	2	Sheffield	24 Feb
		11.08		1	Hull	15 Apr
11.11		Maisie Jeger	24.11.03	1	Eton	13 May
11.11		Ogorchukwu Agbo-Thomas	25.06.04	1	London (FP)	17 Jun
	(20)					
11.10		Emily Frimpong	8.11.03	2P	Ashford	24 Jun
11.09		Caitlin Ebbage	14.06.05	2	Crawley	16 Jun
11.07		Lucy James	2.10.03	2	Eton	13 May
11.06		Shannon Gough	6.05.04	2	Aberdeen	19 Aug
11.03i		Samaia Dhir	23.03.05	1	London (LV)	7 Jan
11.03		Amy Kennedy	2.07.04	2	Grangemouth	9 Jun

Shot - Under 13 (2.72kg)

12.38	Meghan Porterfield	2.09.05	1	Glasgow (S)	24 Jun
10.95	Annabel Amadin	18.01.06	1	Manchester (Str)	27 Aug
10.84	Maegan Hopkins	8.09.05	1	Peterborough	5 Aug
10.66	Amber Hughes	3.11.05	1	Leigh	21 Apr
10.63	Mia Greenidge-Knell	10.09.05	1	Eton	1 Sep
10.37	Angela Kelly	15.10.05	1P	Grangemouth	15 Jul
10.17	Chisom Nwafor		1	Milton Keynes	9 Jun
10.08	Chanel Lovelock	9.07.06	1P	Sutton	9 Sep
10.02	Evie Noblet	8.11.05	2	Ellesmere Port	17 Jun
10.01	Lily Thompson		1	Jarrow	5 Sep

Discus

59.83	Jade Lally		30.03.87	1	St. Clement JER	30	Aug
	59.13			7	London (O)	22	Jul
	59.11			2	Sydney, AUS	17	Mar
	58.92			4	London (O)	15	Jul
	58.71			1	London (LV)	8	Sep
	57.72			1	Crawley	8	Jul
	57.71			Q	Berlin, GER	9	Aug
	57.33			11	Berlin, GER	11	Aug
	57.25			1	Manchester (SC)	28	Jul
	56.81			1	Birmingham	1	Jul
	56.53			1	Chelmsford	24	Jun
	56.37			3	Gothenburg, SWE	18	Aug
	56.14			1	Loughborough	25	Aug
	53.97			7	Gold Coast, AUS	12	Apr
56.49	Eden Francis		19.10.88	3	Leiria, POR	15	Jul
	55.99			1	Southampton	4	Aug
	55.47			1	Manchester (SC)	15	Aug
	55.35			4	Leiria, POR	14	Jul
	55.13			1	Grangemouth	7	Jul
	54.37			2	Bedford	28	May
	53.57			1	Nivelles, BEL	23	Jun
	52.96			1	Leicester	26	May
	52.36			5	Birmingham	1	Jul
	52.05			1	Leicester	12	May
56.37	Kirsty Law		11.10.86	4	Leiria, POR	15	Jul
	56.31			2	Leiria, POR	14	Jul
	54.90			2	Manchester (SC)	15	Aug
	54.63			2	Birmingham	1	Jul
	54.14			1	Loughborough	20	May
	53.08			1	Grangemouth	11	Aug
	52.90			2	Crawley	8	Jul
	52.37			26Q	Berlin, GER	9	Aug
	52.06			1	Cardiff	2	Jun
	51.58			1	Nuneaton	10	Jun
55.48	Amy Holder	U23	4.08.96	1	Bedford	10	Jun
	55.46			1	Bedford	28	May
	54.84			1	Bedford	16	Jun
	54.33			1	Eton	23	Jun
	54.11			2	Manchester (SC)	28	Jul
	52.68			4	Birmingham	1	Jul
	52.45			1	Eton	13	May
	52.36			3	Leiria, POR	11	Mar
	52.28			1	Stevenage	14	Jul
	51.95			1	London (He)	25	Aug
54.23	Divine Oladipo	U23	5.10.98	1	Philadelphia PA, USA	26	Apr
	52.12			1	London (Elt)	18	Jul
	51.59			1	Woodford	10	Jul
54.23	Phoebe Dowson		17.04.94	3	Bedford	28	May
	53.90			1	Braunton	23	Jun
	53.42			1	Eton	2	Jun
	53.05			3	Birmingham	1	Jul
	53.03			2	Bedford	10	Jun
	52.90			1	Portsmouth	13	May
	52.48			1	Yeovil	14	Apr
	52.39			2	Loughborough	20	May
	52.37			1	Loughborough	25	Feb
	52.33			8	Leiria, POR	14	Jul
	51.76			10	Leiria, POR	15	Jul
53.26	Shadine Duquemin		4.11.94	8	Leiria, POR	15	Jul
	52.77			3	Leiria, POR	14	Apr
	52.57			4	Bedford	28	May
	51.99			3	Loughborough	20	May
	51.94			3	Manchester (SC)	28	Jul

2018 - Women - Discus

63 performances to 51.50 by 7 athletes

Mark		Athlete	Cat	DOB	Pos	Venue	Date
50.07		Kathryn Woodcock	U23	29.04.97	4	Manchester (SC)	28 Jul
47.42		Adele Nicoll	U23	28.09.96	1	Cardiff	3 Jul
47.19		Shaunagh Brown		15.03.90	4	Grangemouth	7 Jul
	(10)						
47.07		Jemma Ibbetson	U23	3.09.97	1	Leeds	4 Aug
46.80		Sophie Littlemore		25.12.95	1	Manchester (SC)	10 Jun
46.59		Heather Cubbage	U20	20.01.01	4	Manchester (SC)	15 Aug
46.37		Sophie Mace	U23	7.10.98	1	Kingston	4 Jul
45.55		Danielle Broom	U20	28.10.99	2	Oxford (H)	1 Sep
45.40		Samantha Callaway	U17	4.03.02	1	London (LV)	12 Aug
45.26		Grace Jenkins		27.08.93	1	London (PH)	14 Jul
45.17		Sophie Merritt	U23	9.04.98	5	Moscow ID, USA	10 May
44.52		Tara Park		4.04.95	4	Fresno CA, USA	28 Apr
43.99		Luisa Chantler Edmond	U20	7.06.99	5	Loughborough	25 Feb
43.95		Sarah Parsons		31.05.94	1	Manchester (Str)	12 Jun
	(20)						
43.69		Taia Tunstall	U17	9.01.02	2	Birmingham	13 Jul
43.69		Helen Broadbridge		23.07.92	2	London (He)	28 Jul
43.61		Samantha Milner		28.12.92	6	Bedford	7 May
43.28		Simone McKen	U23	24.09.98	7	Bedford	7 May
43.23		Charlotte Payne	U17	20.03.02	1	Basingstoke	7 Apr
43.19		Jenny Pyatt	U23	13.10.98	1	Blackpool	8 Jul
43.14		Emma Beales	V45	7.12.71	3	London (LV)	8 Sep
42.12		Melissa Bird	U23	18.09.98	1	Wolverhampton	3 Jun
42.03		Dionne Milne	U23	19.10.97	Q	Bedford	6 May
41.74		Emma Botham	U20	28.05.01	1	Sheffield	27 May
	(30)						
41.67		Sabrina Fortune	U23	25.05.97	1	Wrexham	30 Sep
41.34		Tait Jones	U20	14.02.01	2	Birmingham	14 Jul
41.21		Zara Obamakinwa	U15	30.03.04	1	London (LV)	11 Aug
41.21		Chloe Jones	U20	1.10.99	1	Gloucester	9 Sep
41.10		Jessica Emery	U20	16.09.00	1	Watford	13 May
40.82		Georgia Kyle	U20	18.09.99	1	Gateshead	16 Jun
40.80		Bronte Jones	U20	17.10.99	1	Cudworth	13 May
40.73		Denisa Mihalcea	U20	17.01.00	1	Leigh	5 Aug
40.70		Freya Dooner	U20	3.08.99	2	Sheffield	5 Aug
40.40		Emma Dakin	U20	25.12.99	1	Lincoln	8 Jul
	(40)						
40.34		Isobel Gray	U23	5.11.98	1	Winchester	23 Jun
40.18		Hannah MacAulay	U17	9.09.01	1	Ashford	9 Jun
39.94		Awen Rosser		28.09.95	1	Cardiff	22 Apr
39.94		Emily Robinson	U20	22.06.00	3	Birmingham	14 Jul
39.77		Philippa Wingate		12.05.93	1	Uxbridge	23 Jun
39.74		Alice Baxendale	U17	31.10.01	1U17	Bedford	9 Sep
39.62		Andrea Jenkins	V40	4.10.75	1	Bromley	23 Jun
39.51		Siobhan Drummond		8.12.95	1	Watford	23 Jun
39.46		Elise Bue		29.04.95	1	Coventry	5 Aug
39.09		Emma Beardmore		6.12.87	2	Milton Keynes	14 Apr
	(50)						
38.97		Hannah Molyneaux	U20	11.03.01	3	Sheffield	5 Aug
38.79		Shona Crossan	U20	11.12.00	5	Grangemouth	11 Aug
38.73		Kimberley Carter		18.07.95	1	Gloucester	2 Jun
38.58		Alice Grosjean		19.09.93	2	Bath	15 Apr
38.55		Sarah Hewitt	V40	31.01.74	3	St. Clement JER	30 Aug
38.54		Maya Mellor	U20	19.02.00	1	York	1 Jul
38.51		Isobel Griffin Morris	U20	8.12.99	4	Oxford (H)	1 Sep
38.09		Bevhan Trevis	U20	9.01.99	1	Grangemouth	6 May
38.07		Megan Larkins	U23	2.08.98	1	Bury St. Edmunds	16 Sep
38.06		Amber Simpson	U20	3.01.99	6	Almada, POR	2 Jun
	(60)						
38.01		Precious Hamilton	U17	5.03.02	1U17	Woodford	1 Jul
37.93		Anna Merritt	U17	3.10.02	1	Exeter	16 Jun
37.87		Emma Sharpe	U20	9.05.01	1	Exeter	16 Jun
37.71		Alice Brown	U15	1.11.03	1	London (LV)	2 Apr

2018 - Women - Discus

Mark		Athlete	Age	DOB		Venue	Date
37.57		Anna Peers	U23	28.08.97	1	Doncaster	18 Aug
37.56		Jo Rowland		29.12.89	3	Stevenage	14 Jul
37.42		Jemma Bate	V35	13.03.82	2	Manchester (SC)	3 Jun
37.23		Abigail Thompson	U20	7.12.00	1	Whitehaven	24 Jun
37.19		Bridget Fryer			8	Oxford	30 Jun
37.09		Kirsty-Anne Ebbage	U17	30.08.02	3	Crawley	16 Jun
	(70)						
36.99		Rachel Forder	U23	3.12.96	14	Fairfax VA, USA	6 May
36.97		Carys Marsden	U20	10.03.00	2	London (BP)	20 May
36.97		Melanie Harrison		27.11.85	2	Leigh	5 Aug
36.68		Orla Manchester	U17	18.06.03	4	Birmingham	13 Jul
36.19		Nicola Gore		17.11.84	3	Wakefield	3 Jun
36.05		Georgina Howe		18.09.93	1	Ipswich	13 May
36.03		Harriet Connor	U23	15.05.96	6	Chelmsford	24 Jun
35.95		Emily Ball	U23	31.10.97	1	Sheffield	20 Apr
35.89		Danielle Opara		22.06.95	1	London (WL)	23 Jun
35.85		Caitlin Stacey	U20	6.12.99	1	Eton	13 May
	(80)						
35.78		Jennifer Richards		18.10.93	2	Oxford	19 May
35.76		Caitlin Emerson	U20	2.05.01	2	Sandy	24 Mar
35.62		Candy Lockett	U20	13.05.99	3	Elon NC, USA	14 Apr
35.61		Auguste Zakelyte	U17	24.02.03	1B	Kettering	29 Sep
35.44		Jennifer Sani	U20	2.08.00	1	Yeovil	1 Jul
35.38		Vanessa Hannam	V45		2	Ashford	26 May
35.35		Aaliyah Cawley	U17	28.03.03	1	Grimsby	29 Sep
35.30		Chrissie Prince	U23	6.10.98	6	Nuneaton	10 Jun
35.21		Tara Simpson-Sullivan	U20	2.12.00	2	Manchester (Str)	27 May
35.18		Jessica Hirst	U20	27.05.99	2	Cudworth	13 May
	(90)						
35.16		Lily Carlaw	U15	25.11.04	1	Corby	12 May
35.05		Hayley Berry	U17	4.07.03	1	Glasgow (S)	24 Jun
35.04		Katie Lyons	U17	8.11.01	2	Kingston	9 Jun
35.01		Olivia Austin	U15	31.10.04	1	Woking	2 Sep

Additional Under 17 (1-13 above)

Mark		Athlete		DOB		Venue	Date
34.76		Joanna Barnaby		20.03.02	2	Oxford (H)	23 Jun
34.24		Elizabeth Adamson		6.05.03	7	London (LV)	8 Sep
33.74		Ellie Lovett		13.02.03	7	London (LV)	12 Aug
33.68		Megan Lockwood		17.06.02	1	Liverpool	11 Aug
33.65		Caitlin Rimmer		3.09.02	1	Cudworth	30 Jun
33.58		Emma Hunter		14.02.02	8	London (LV)	12 Aug
33.40		Rosie Brown		6.09.01	1	Stevenage	27 May
	(20)						
33.15		Cassey Grimwade		27.09.02	1	Cardiff	19 Jun
33.10		Alexandrea Adeniji		18.04.02	1	Ipswich	14 Apr
33.09		Bree Cronin		24.07.03	1	Cardiff	7 Jul
33.04		Naomi Wilde		20.06.02	2	Exeter	16 Jun
33.02		Zara Acton		8.09.01	1	Birmingham	16 Jun
32.89		Abigail Stewart		15.10.02	1	Dartford	20 Jun
32.14		Grace Thompson		30.11.01	3	Bedford	9 Sep
32.05		Abigail Sharples		3.12.01	1	Leigh	7 Jul

Additional Under 15 (1-4 above)

Mark		Athlete		DOB		Venue	Date
34.88		Katie Webb		1.12.03	1	Twickenham	30 Sep
34.20		Millicent Yoki		29.11.03	1	Exeter	2 Sep
33.66		Holly Adams		30.12.03	1	Nottingham	8 Sep
32.18		Lucy James		2.10.03	1	Eton	13 May
31.68		Freya Killilea		22.06.04	3	Birmingham	14 Jul
31.40		Sophie Wheadon		12.02.04	4	Sandy	29 Sep
	(10)						
30.98		Sophie Hamilton		6.05.04	1	Exeter	22 Jul
30.96		Tazmin Fayle		28.11.03	2	Liverpool	12 Aug
30.84		Hannah Kingham		10.01.04	1	Aberdeen	19 Aug
30.69		Caitlin Ebbage		14.06.05	1	Crawley	16 Jun
30.16		Gypsy Nash		29.11.04	1	Ashford	9 Jun
29.95		Jessica Gardiner			2	Aberdeen	19 Aug

29.61	Liliana Burn		2.11.03	5	London (LV)	11 Aug
29.43	Samaia Dhir		23.03.05	6	London (LV)	11 Aug
29.31	Grace McDonald		1.08.05	2	Leigh	7 Jul
29.21	Ella Jackson		5.10.03	1	Brecon	25 Aug
	(20)					
29.16	Rosie Lasseter		9.01.04	1	Wrexham	29 Sep

Foreign
50.14	*Christina Nick (GER)*		*14.11.92*	*4*	*Bottrop, GER*	*8 Jul*
40.05	*Anna Niedbala (GER)*		*11.02.90*	*1*	*Oxford (H)*	*23 Jun*
36.43	*Mia Callenberg (SWE)*		*24.02.89*	*2*	*London (BP)*	*20 May*
35.33	*Emma O'Hara (IRL)*		*3.04.95*	*4*	*College Park, USA*	*4 May*

Discus - Under 13 (0.75kg)

35.86	Meghan Porterfield		2.09.05	1	Livingston	19 May
31.68	Nubia Evans-Shields		10.09.06	1	Exeter	26 Jun
30.58	Katie Ennis		19.10.05	1	Hornchurch	16 Sep
30.48	Angela Kelly		15.10.05	2	Aberdeen	18 Aug
29.57	Annabel Amadin		18.01.06	1	Manchester (Str)	27 Aug
29.40	Marvellous Igbinidu		30.06.06	3	Aberdeen	18 Aug
27.65	Willow Bedding		14.04.06	1	Kettering	29 Sep
26.57	Mia Greenidge-Knell		10.09.05	1	Bracknell	11 Jul
25.94	Erin Quinn		4.07.06	1	Barrow	23 Jun
25.85	Beau-Lilly Barrington-Hibbert			1	Birmingham	3 Jul

Hammer

73.48	Sophie Hitchon		11.07.91	2	London (O)	14 Jul
	73.22			1	Berkeley CA, USA	27 Apr
	72.02			1	Birmingham	1 Jul
	71.41			1	Stanford CA, USA	30 Mar
	71.13			6	Madrid, ESP	23 Jun
	70.52			8	Berlin, GER	12 Aug
	70.03			1	Salinas CA, USA	15 Apr
	68.74			7	Halle, GER	26 May
	68.69			Q	Berlin, GER	10 Aug
	67.32			7	Chorzów, POL	22 Aug
63.87	Rebecca Keating	U23	31.08.97	1	Fayetteville AR, USA	17 Mar
	61.32			5	Nikíti, GRE	20 Jun
	61.13			3	Birmingham	1 Jul
	60.75			4	Oxford MS, USA	31 Mar
	60.61			17Q	Sacramento CA, USA	26 May
	60.55			4	Knoxville TN, USA	11 May
	60.38			2	Bedford	17 Jun
	60.18			2	Columbia MO, USA	20 Apr
62.89	Jessica Mayho		14.06.93	1	Southampton	4 Aug
	62.51			2	Birmingham	1 Jul
	62.34			1	Grangemouth	12 Aug
	61.70			1	Vila Nova de Cerveira, POR	12 Jul
	60.31			1	York	16 Jun
	60.27			1	Manchester (SC)	9 Jun
	60.25			1	Carlisle	19 Aug
	60.09			4	Cork, IRL	16 Jul
62.53	Philippa Wingate		12.05.93	1	Kingston	21 Apr
	61.88			1	Loughborough	20 May
	61.56			1	Walton	14 Apr
	60.95			1	Kingston	13 May
	60.88			1	Kingston	18 Aug
	60.62			4	Birmingham	1 Jul
	60.06			1	Eton	2 Jun
61.73	Christina Jones		5.04.90	1	Yate	6 May
	61.71			1	Loughborough	22 Apr
	61.26			2	Bedford	3 Jun
	60.91			1	Cardiff	14 Jul
	60.80			1	Neath	13 May

2018 - Women - Hammer

Mark	Athlete	Cat	DOB	Pos	Venue	Date
61.64	Kayleigh Presswell		14.03.95	1	Bedford	3 Jun
60.67				1	Bedford	9 Jun
60.64				1	Oxford (H)	12 May
60.56				1	Chelmsford	23 Jun
61.58	Carys Parry	V35	24.07.81	6	Gold Coast, AUS	10 Apr
61.03	Lucy Marshall	V35	28.11.81	1	Loughborough	13 Jun
60.91				1	Loughborough	25 Jul
60.77	Amy Herrington	U23	22.05.98	4	Fargo ND, USA	4 May
60.24	Annabelle Palmer/Crossdale		21.09.94	1	Derby	13 Oct
47 performances to 60.00 by 10 athletes						
59.63	Katie Head	U20	9.12.99	1	Oxford (H)	1 Sep
59.55	Hayley Murray		13.09.89	2	Loughborough	25 Jul
59.35	Alice Barnsdale	U20	23.02.99	1	Orlando FL, USA	16 Mar
57.90	Megan Larkins	U23	2.08.98	1	Bury St. Edmunds	16 Sep
57.78	Rachel Hunter		30.08.93	2	Grangemouth	12 Aug
57.50	Danielle Broom	U20	28.10.99	1	Bournemouth	9 Jun
57.10	Philippa Davenall	U23	26.09.98	1	Loughborough	25 Apr
57.05	Natalie Robbins	U23	30.11.98	1	Livingston	23 Jun
56.95	Amber Simpson	U20	3.01.99	5	Loughborough	20 May
56.94	Helen Broadbridge		23.07.92	1	Portsmouth	23 Jun
(20)						
56.86	Anna Purchase	U20	15.09.99	1	Nottingham	27 May
56.85	Katie Lambert	U23	6.11.98	1	Loughborough	25 Aug
56.47	Olivia Stevenson	U20	9.10.99	1	Birmingham	14 Jul
56.34	Tara Simpson-Sullivan	U20	2.12.00	1	Carlisle	12 May
56.08	Charlotte Payne	U17	20.03.02	2	Bournemouth	20 May
54.50	Michella Obijiaku	U23	6.11.97	4	Hattiesburg MS, USA	27 Apr
54.16	Shaunagh Brown		15.03.90	5	Southampton	4 Aug
54.12	Charlotte Williams	U20	20.09.01	1B	Hull	13 Oct
53.77	Candy Lockett	U20	13.05.99	3	Elon NC, USA	14 Apr
53.51	Maggie Okul	U23	1.10.97	8	Austin TX, USA	13 Apr
(30)						
52.27	Molly Walsh	U20	23.06.00	1	Wolverhampton	12 May
52.19	Mhairi Porterfield	V35	19.06.81	4	Grangemouth	12 Aug
51.83	Stephanie Fowler	U20	3.08.99	5	Grangemouth	7 Jul
51.43	Lana Fulcher	U20	27.04.99	1	Cambridge	19 May
51.35	Anna Loughlin	U20	25.10.00	1	Exeter	1 Jul
51.30	Gemma Vickery	U23	4.04.96	8	Bedford	17 Jun
50.79	Jenna Wheatman		6.03.84	1	Whitley Bay	5 May
50.29	Holly Rodgers	U23	3.02.97	1	Manchester (Str)	15 May
50.10	Cerys Thomas	U20	7.04.01	1U20	Portsmouth	16 Sep
(40)						
50.05	Georgina Howe		18.09.93	1	London (LV)	28 Apr
49.72	Kelse Hutchinson		6.10.94	1	Nottingham	13 May
49.55	Ffion Palmer	U20	20.03.00	1	Cardiff	27 May
49.52	Cathy Coleman	U23	3.07.98	6	Bedford	5 May
49.49	Katie Ord	U23	4.12.96	5	Grangemouth	12 Aug
49.44	Lauren Hill	U20	19.09.00	5	Birmingham	14 Jul
49.38	Zoe Price	U17	14.04.02	1	Leigh	3 Jun
49.18	Victoria Wiltshire	U20	1.10.99	1	Bromley	14 Apr
49.03	Vicki Pellett	U20	19.10.99	1	Crawley	1 Jul
48.96	Sophie Mace	U23	7.10.98	2	Kingston	13 May
(50)						
48.89	Hannah Blood	U20	15.06.01	4	Manchester (SC)	10 Jun
48.88	Emma Beardmore		6.12.87	1	London (He)	25 Aug
48.58	Caitlin Price	U23	25.12.98	4	Castiglione della Pescaia, ITA	13 May
48.56	Andrea Jenkins	V40	4.10.75	1	Stevenage	14 Jul
48.34	Ellie White	U20	10.07.99	1	Poole	20 May
48.13	Maria Schofield	U20	8.09.00	1	York	2 Jun
47.93	Sara Bobash		1.02.94	1	London (LV)	15 Aug
47.92	Laura Runciman	U20	19.05.01	1	Bedford	10 Jun
47.82	Poppy Bean	U20	18.08.00	2	Nottingham	27 May
47.80	Heather Fawcett	U20	21.01.00	2	Aberdeen	18 Aug
(60)						
47.52	Sarah Parsons		31.05.94	2	Preston	4 Aug

2018 - Women - Hammer

47.47	Ellen Thrall	U23	8.05.98	8	Bedford	5	May
47.29	Phoebe Dowson		17.04.94	8	Grangemouth	7	Jul
46.78	Jasmine Routledge	U17	4.06.02	1	Kirkby-in-Ashfield	2	Jun
46.71	Amy Clemens		24.10.92	5	Crawley	8	Jul
46.59	Lauren Aldridge	U20	9.04.99	1	Sandy	9	Aug
46.52	Phoebe Baggott	U17	11.11.01	3	Wolverhampton	3	Jun
46.29	Heather Cubbage	U20	20.01.01	1	Portsmouth	29	Jul
46.17	Evie Tipping	U17	13.06.03	1	Wakefield	3	Jun
46.02	Francesca Williams	U17	7.02.03	5	Chelmsford	24	Jun
(70)							
45.62	Kirsty Finlay	U20	2.09.01	3B	Hull	13	Oct
45.59	Shannon Waldron	U17	8.09.01	3	Aberdeen	18	Aug
45.26	Stephanie Howe	U20	19.01.99	1	Woodford	21	Aug
45.17	Kathryn Woodcock	U23	29.04.97	1	Abingdon	18	Aug
45.07	Charlotte Stuchbury	U20	18.10.00	1	York	1	Jul
44.82	Emily Pearce	U20	24.02.99	1	Cardiff	7	Aug
44.77	Amy Clarke		22.04.86	1	Portsmouth	12	May
44.66	Tara Park		4.04.95	4	Honolulu HI, USA	23	Mar
44.60	Maria Brett		16.10.95	1	Oxford	19	May
44.58	Ella Lovibond	U17	26.11.01	1	Abingdon	20	May
(80)							
44.49	Katy Barnard		15.12.93	1	Whitehaven	24	Jun
44.21	Emmaline Okafor	U23	10.10.96	1B	Bury St. Edmunds	7	Apr
44.15	Chrissie Prince	U23	6.10.98	1	Tipton	14	Aug
43.94	Nichole Birmingham	U20	9.01.00	4	Yate	6	May
43.90	Bethany Mitchell		13.11.92	1	Loughborough	6	May
43.63	Rachel MacLennan	U17	3.04.02	4	Aberdeen	18	Aug
43.59	Paige Barnes	U20	9.01.99	5	Bedford	10	Jun
43.30	Jennifer Richards		18.10.93	3	Oxford	19	May
43.27	Aislinn Baird		4.11.91	2	Abingdon	20	May
43.21	Leah Weatheritt	V40	18.09.74	1	Hexham	8	Jul
(90)							
43.21	Libby Taylor	U17	16.08.02	4	Oxford (H)	1	Sep
42.93	Louisa Pitsialis	U20	9.03.00	2	London (He)	25	Aug
42.88	Bethany Thomas	U23	27.06.97	2	York	7	May
42.69	Anastasia Banbury	U20	19.08.01	2	Portsmouth	12	May
42.57	Bronte Jones	U20	17.10.99	2	Wigan	5	May
42.37	Larissa Carter	U20	2.05.00	1	Lewes	23	Jul
42.31	Alice Steer	U20	9.03.01	7	Crawley	8	Jul
42.09	Hannah Owen	U23	28.09.98	1	Grays	14	Apr
42.00	Carys Marsden	U20	10.03.00	4	Bromley	23	Jun

Additional Under 17 (1-10 above)

41.63	Abbie White	20.06.02	2	Poole	20	May
40.88	Sadia Kabeya	22.02.02	1	Kingston	20	May
40.29	Ava Leigh	27.08.03	1	Litherland	5	May
40.29	Lucy Forrest	8.10.02	3	Lincoln	8	Jul
39.72	Josephine Larkins	17.08.03	2	Braintree	14	Jul
39.44	Rhianne Moore-Martin	21.09.01	2	Rugby	6	May

Foreign

61.19	*Emma O'Hara (IRL)*		3.04.95	3	Charlottesville, USA	20 Apr
60.64	*Jordana Badley-Costello (CAN)*		93	1	Bedford	5 May
47.12	*Harriet Ahlgren (FIN)*		19.05.98	3	Loughborough	8 Apr
43.85	*Anna Niedbala (GER)*		11.02.90	2	Oxford	19 May
42.75	*Barbara Norris (SUI)*	V50	20.08.66	4	Eton	18 Aug

Hammer - Under 18 (3kg)

52.81	Cerys Thomas		7.04.01	2	Grangemouth	4 Aug

Hammer - Under 17 (3kg)

63.89	Charlotte Payne	20.03.02	1	Bedford	28	May
60.52	Kirsty Costello	22.09.02	2	Loughborough	1	Sep
60.30	Phoebe Baggott	11.11.01	1	Bedford	26	Aug
57.41	Charlotte Williams	20.09.01	3	Bedford	26	Aug
55.97	Zoe Price	14.04.02	2	Grangemouth	21	Jul

2018 - Women - Hammer

55.78	Francesca Williams	7.02.03	1	Twickenham	30 Sep
55.48	Shannon Waldron	8.09.01	2	Grangemouth	12 Aug
54.74	Kirsty Finlay	2.09.01	4	Bedford	26 Aug
54.11	Andreea Golban	30.01.02	1	Chelmsford	9 Jun
53.69	Anna Merritt	3.10.02	1	Portsmouth	12 May
(10)					
53.51	Lucy Koenigsberger	4.09.01	3	Birmingham	14 Jul
53.47	Ella Lovibond	26.11.01	1	Uxbridge	27 May
53.12	Bekki Roche	11.12.02	1	Blackpool	27 May
52.96	Jasmine Routledge	4.06.02	2	Loughborough	13 Jun
52.38	Rachel MacLennan	3.04.02	3	Grangemouth	12 Aug
52.16	Abbie White	20.06.02	7	Birmingham	14 Jul
52.12	Evie Tipping	13.06.03	1	Bebington	29 Apr
51.72	Lucy Forrest	8.10.02	1	Hull	30 Jun
51.38	Libby Taylor	16.08.02	1	Stevenage	2 Sep
50.96	Jasmine Trapnell	15.02.02	1	Oxford (H)	12 May
(20)					
49.91	Caitlin Batcheldor	23.04.02	2	Swindon	22 Sep
48.85	Simbiyat Sikiru	5.10.02	1ns	Woodford	1 Jul
48.80	Cassey Grimwade	27.09.02	1	Cardiff	7 Jul
48.42	Phoebe March	4.12.02	1	Portsmouth	15 Sep
48.40	Rhianne Moore-Martin	21.09.01	1	Stoke-on-Trent	1 Jul
48.10	Amy Wright	3.04.02	1	Hemel Hempstead	21 Jun
48.02	Lara Spacey	26.08.02	7	Grangemouth	21 Jul
46.99	Ellie Franklin	13.11.01	1	Crawley	20 Jun
46.89	Emma Vickers	29.08.02	1	Blackpool	9 Jun
46.72	Martyna Kolan	23.02.02	2	Carlisle	1 Jul
(30)					
46.50	Josephine Larkins	17.08.03	1	Braintree	12 Aug
46.02	Saada Juma	22.05.03	2	Sheffield	27 May

Hammer - Under 15 (3kg)

53.14	Lara Moffat	22.09.03	1	Bedford	25 Aug
51.76	Lily Murray	17.01.05	1	London (LV)	12 Aug
45.27	Freya Brennand	19.04.04	1	Bournemouth	17 Jun
45.03	Stella Coutts	25.09.03	1	Tranent	1 Sep
44.60	Gypsy Nash	29.11.04	1	Bromley	20 Aug
44.34	Katie Gibson	8.12.04	1	Kettering	21 Apr
44.18	Beth Matthews	6.02.04	2	Portsmouth	15 Sep
43.88	Chloe Lipscombe	4.12.03	3	Birmingham	13 Jul
42.68	Amy Bunting	18.04.04	4	Birmingham	13 Jul
42.55	Danielle McNamara	16.11.04	2	Aberdeen	19 Aug
(10)					
42.55	Dawn Russell	14.12.04	4	Livingston	8 Sep
41.66	Olivia Simon	9.11.04	2	Colchester	20 Dec
41.54	Maisy Harvey	2.12.03	5	Bedford	25 Aug
41.39	Natalie Wyn Owen	8.11.03	1	Wrexham	11 Aug
41.11	Madeleine Hughes	17.09.03	2	Telford	2 Sep
40.96	Eden Lockett	22.04.04	1	Scunthorpe	17 Jun
40.02	Grace McDonald	1.08.05	1	Sheffield	17 Jun
39.91	Caitlin Goudie	21.02.04	1	Peterborough	12 May
39.86	Rosie Lasseter	9.01.04	2	Liverpool	12 Aug
39.29	Tazmin Fayle	28.11.03	2	Wigan	16 Sep
(20)					
39.26	Lily Kendall	9.08.04	1	Basingstoke	9 Jun
39.25	Liliana Burn	2.11.03	1	Basingstoke	8 Jul
38.55	Charlotte Whiffen	12.09.03	2	Bromley	20 Aug
38.28	Jessica Gardiner		1	Middlesbrough	2 Sep

Hammer - Under 13 (3kg)

42.07	Meghan Porterfield	U13	2.09.05	5	Livingston	8 Sep

20 Lbs Weight

18.50i	Rebecca Keating	31.08.97	7	New York (A), USA	27 Jan

Mark	Name	Age	DOB	Pos	Venue	Date
17.29i	Michella Obijiaku		6.11.97	6	Birmingham AL, USA	4 Feb
17.29i	Amy Herrington		22.05.98	1	Fargo, USA	7 Dec
17.00i	Alice Barnsdale		23.02.99	3	Boston (A), USA	23 Feb
16.89	Kayleigh Presswell		14.03.95	1	Hull	13 Oct

Foreign
17.89i	Emma O'Hara (IRL)		3.04.95	6	Geneva OH, USA	6 Feb

Javelin

Mark	Name	Age	DOB	Pos	Venue	Date
55.55	Laura Whittingham		6.06.86	1	Birmingham	1 Jul
53.63				1	Nuneaton	10 Jun
51.74				6	London (O)	14 Jul
50.97				5	Antalya, TUR	11 Sep
54.08	Emma Hamplett	U23	27.07.98	1	Bedford	17 Jun
51.65				2	Nuneaton	10 Jun
51.56				1	Grangemouth	7 Jul
51.52				1	Loughborough	27 May
51.27				1	Loughborough	25 Aug
50.94				1	Bedford	5 May
50.77				1	Manchester (SC)	15 Aug
50.75				1	Sandy	9 Aug
50.47				1	Manchester (SC)	29 Jul
50.46				1	Southampton	4 Aug
50.30				1	Loughborough	20 May
49.88				1	Loughborough	28 Apr
49.82				2	Eton	2 Jun
49.54				2	Birmingham	1 Jul
51.18	Bethan Rees	U20	27.10.99	1	Loughborough	28 May
50.30				1	Eton	2 Jun
49.94	Rebekah Walton	U20	20.09.99	1	Bedford	9 Sep
49.47				2	Castellón, ESP	15 Sep
49.23				2	Manchester (SC)	15 Aug
49.23	Hannah Johnson		14.06.94	2	Loughborough	20 May
	24 performances to 49.00 by 5 athletes					
47.18	Eloise Meakins		26.01.93	1	Stevenage	7 May
46.58	Ellen Barber	U23	5.12.97	4	Birmingham	1 Jul
45.68	Rosie Semenytsh		28.05.87	5	Birmingham	1 Jul
45.44	Elspeth Jamieson	U23	5.09.96	2	Bedford	17 Jun
45.03	Sophie Percival	U23	30.07.97	3	Bedford	17 Jun
(10)						
44.93	Bethany Moule	U17	21.11.01	1	Wrexham	30 Sep
44.86	Emma Howe	U20	6.04.01	3	Birmingham	13 Jul
44.83	Kelly Bramhald		10.06.94	2	Loughborough	25 Feb
44.66	Denisa Mihalcea	U20	17.01.00	1	Harrow	18 Aug
44.43	Hollie Arnold		26.06.94	1F46	Gold Coast, AUS	9 Apr
44.17	Keira Waddell	U17	3.10.01	1	Aberdeen	19 Aug
43.96	Georgie Floyd		17.05.95	1	Uxbridge	23 Jun
43.95	Niamh Emerson	U20	22.04.99	8	Birmingham	1 Jul
43.93	Emily Dibble	U20	17.09.99	1	Exeter	16 Jun
43.71	Leah Hillman	U20	10.06.99	4	Bedford	16 Jun
(20)						
43.03	Gaia Osborne	U20	9.08.00	5	Bedford	16 Jun
42.87	Katy Temple	V35	25.03.81	1	Brighton	18 Aug
42.78	Charlotte West	U20	16.10.00	4	Birmingham	13 Jul
42.59	Zoe Kidney	U20	17.10.00	1	Blackpool	9 Sep
42.43	Kate Davies		27.09.95	1	Oxford	19 May
42.22	Jo Rowland		29.12.89	2	Crawley	8 Jul
42.16	Katarina Johnson-Thompson		9.01.93	18H	Berlin, GER	10 Aug
42.07	Eloise Locke	U20	19.04.01	6	Bedford	16 Jun
41.62	Laurensa Britane		18.05.87	2	London (LV)	7 Apr
41.61	Felicity Bee	U23	4.11.97	7	Bedford	5 May
(30)						
40.62	Suzzanne Palmer		11.09.93	Q	Bedford	5 May
40.52	Trixie Nicholson	U20	1.11.00	2	Exeter	16 Jun
40.44	Megan Exley	U23	17.12.96	9	Bedford	5 May

2018 - Women - Javelin

Mark	Name	Cat	DOB	Pos	Venue	Date
40.28	Paula Gass		13.06.94	1	Grangemouth	14 Apr
40.18	Amy Lupton		31.07.94	1	Wigan	5 May
40.02	Nicola Bell	U20	27.11.00	7	Birmingham	13 Jul
39.95	Bobbie Griffiths	U20	15.03.01	1	Gateshead	15 Apr
39.89	Francesca Garrott	U23	7.10.98	1	Telford	12 May
39.58	Ellie Fulton	U20	18.06.99	1	Grangemouth	12 Aug
39.57	Anna Peers	U23	28.08.97	1	Doncaster	18 Aug
(40)						
39.51	Isabella Coutts	U23	19.02.97	3	Oxford	19 May
39.48	Zoe Hughes	U23	1.02.98	3	Winston-Salem, USA	24 Mar
39.46	Demi Bromfield	U23	17.03.96	2	Sheffield	5 Aug
39.40	Elizabeth Korczak	U17	12.04.03	2	Brighton	18 Aug
39.16	Charlotte Steele	U20	23.11.99	2	Aberdeen	19 Aug
39.15	Leanne Davies	U23	12.05.97	11	Bedford	5 May
39.08	Olivia Dobson	U20	27.03.01	2	Exeter	9 Jun
38.96	Natasha Smith	U20	10.10.99	2H	Manchester (SC)	5 Aug
38.89	Alice Miell	U20	14.05.00	5	Manchester (SC)	29 Jul
38.77	Jade O'Dowda	U20	9.09.99	1	Oxford (H)	23 Jun
(50)						
38.72	Paige MacHeath	U20	21.10.99	2	Oxford (H)	1 Sep
38.70	Jasmine Sharp	U17	28.01.02	1	Darlington	3 Jun
38.65	Paula Williams	V45	18.03.72	3	Málaga, ESP	11 Sep
38.45	Sarah Ellis		27.10.83	2	Bromley	23 Jun
38.40	Bethan Burley	U20	26.03.00	1	Exeter	6 May
38.02	Ottilie Knight	U20	1.02.01	1	Tidworth	13 May
37.96	Jessica Taylor-Jemmett		27.06.88	6H	Kladno, CZE	17 Jun
37.94	Katie Holt	U20	16.06.99	1	Sandy	14 Jul
37.86	Paula Holguin	U20	1.10.00	8	Loughborough	28 May
37.85	Maia Dart	U20	2.06.00	1	Exeter	13 May
(60)						
37.76	Shannon Dawes	U20	15.10.00	1	Leamington	1 Jul
37.73	Pippa Earley	U20	7.09.00	2	Bedford	10 Jun
37.59	Nikki Manson		15.10.94	1	Kilmarnock	12 May
37.58	Laura Graham	U20	6.02.99	1	Ipswich	13 May
37.53	Phoebe Brown	U20	24.06.01	2	Swansea	29 Jul
37.46	Neve Palmer	U20	8.08.00	3	Bedford	10 Jun
37.43	Lauren Hill	U20	19.09.00	2	Loughborough	25 Aug
37.38	Florence Baulk	U20	10.12.00	4	Bedford	10 Jun
37.33	Gemma Ramsey	U20	27.06.01	1	Ipswich	7 Apr
37.33	Phoebe Hoaen	U17	10.12.02	1	Swindon	18 Aug
(70)						
37.27	Chloe Zmuda	U20	18.06.00	2	Sandy	14 Jul
37.18	Imogen Brown	U23	25.03.96	5	Oxford	30 Jun
37.14	Mary Flockhart	U23	4.10.98	2	Grangemouth	14 Apr
36.95	Ellie Vernon	U20	19.01.01	1	Telford	12 May
36.92	Nicola Kellock	U23	13.05.96	1	Livingston	18 Apr
36.91	Caris Morgan	U20	22.09.00	2	Newport	23 Jun
36.81	Ellie Lane	U23	2.11.96	13Q	Bedford	5 May
36.78	Daisy Dowling	U17	21.08.02	3	Bromley	14 Apr
36.69	Simone Huggins-Ward		7.10.89	2	Telford	7 Jul
36.51	Jordan Campbell	U23	12.08.97	14Q	Bedford	5 May
(80)						
36.49	Adelaide Thatcher-Gray	U17	18.09.02	1	Hornchurch	16 Sep
36.46	Natasha Wilson		5.11.95	1	Wakefield	16 Sep
36.42	Rebecca Chapman		27.09.92	4	Crawley	8 Jul
36.37	Katie Stainton		8.01.95	8	Brisbane (Nathan), AUS	28 Mar
36.27	Yasmin Othman	U20	15.06.99	2	Manchester (Str)	27 May
36.12	Rachel Jones	U20	20.12.99	1	Swansea	8 Apr
36.04	Libby Williams	U20	28.09.00	1	Crawley	9 Jun
36.01	Emilie Knights-Toomer	U20	21.04.00	1	Eastbourne	20 May

Foreign

48.61	*Kate O'Connor (IRL)*	U20	12.12.00	1	Loughborough	25 Feb
43.71	*Chari Hawkins (USA)*		21.05.91	2H	Bedford	27 May
42.51	*Johanna Schönecker (GER)*		2.04.95	6	Erding (GER)	8 Jul

42.47	Diane Marie-Hardy (FRA)		U23	19.02.96	2H	Albi, FRA	7	Jul
39.63	Beatrix Turner (ESP)			12.01.88	2	Harrow	14	Apr
37.31	Nanci Sousa (POR)			28.09.90	2	Chelmsford	12	May

Javelin - Under 17 (500g)

52.91	Bethany Moule	21.11.01	1	Swansea	8	Apr
50.39	Keira Waddell	3.10.01	1	Loughborough	31	Aug
48.07	Elizabeth Korczak	12.04.03	1	Grangemouth	21	Jul
44.63	Lauren Farley	16.09.01	1	London (LV)	11	Aug
44.46	Millie Quaintance	10.11.02	3	Loughborough	31	Aug
43.94	Lauren Foletti	25.09.02	2	Birmingham	13	Jul
43.85	Eleanor Butt	21.09.01	1	Southend	27	Aug
43.64	Cristina Potter	8.10.01	1	Eton	1	Jul
43.41	Jennifer Morgan	2.04.02	2	London (LV)	11	Aug
43.12	Kirsty Costello	22.09.02	3	Grangemouth	21	Jul
(10)						
42.14	Jessica Hopkins	6.01.02	1H	Bedford	16	Sep
41.67	Abigail Ward	27.10.02	1	Birmingham	16	Jun
41.65	Hollie Thurgood	2.07.02	1H	Ashford	24	Jun
41.41	Katie Mackinson	20.09.02	1	Walton	1	Jul
41.23	Olivia Steele	22.07.02	1	Watford	13	May
41.10	Rebecca Chivers	20.11.01	2H	Bedford	16	Sep
40.57	Phoebe Hoaen	10.12.02	1	Woking	2	Sep
40.49	Annabel Peach	6.04.02	1	Nottingham	13	May
40.42	Adelaide Thatcher-Gray	18.09.02	1	Hornchurch	16	Sep
40.33	Jodie Smith	2.11.01	3H	Ashford	24	Jun
(20)						
40.32	Hannah Barnden	8.01.02	1H	Grangemouth	15	Jul
40.08	Holly Pemberton	8.12.02	2U18	Liverpool	14	Apr
39.90	Jessie Brown	26.11.01	1	Kettering	29	Sep
39.87	Alex Baker	27.12.01	1	Blackpool	9	Jun
39.73	Abigail Miller	27.05.03	1	Reading	9	Jun
39.54	Jasmine Walker	30.09.02	1	Nuneaton	13	May
39.46	Francesca Sharpe	20.04.03	1	Wolverhampton	12	May
39.39	Serena Vincent	5.12.01	1	Winchester	8	Apr
39.39	Holly Hall	22.12.01	1	London (TB)	29	Sep
38.56	Georgia Shephard-Gazely	25.01.02	1	Peterborough	30	Jun
(30)						
38.44	Peanut Meekings	25.03.03	2	Crawley	13	May
38.19	Megan Hughes	28.11.01	1	Bury St. Edmunds	3	May

Javelin - Under 15 (500g)

44.64	Harriette Mortlock	27.11.03	1	Ipswich	2	Sep
43.30	Jessica Lewis	23.10.03	1	Birmingham	14	Jul
42.90	Megan Galpin	16.11.03	5U18	Pihtipudas, FIN	28	Jun
42.44	Jessica Thompson	30.11.04	2	Birmingham	14	Jul
41.46	Alex Arbon	29.11.03	4	Birmingham	14	Jul
38.98	Eva Durand	18.07.04	2	Loughborough	27	May
37.98	Chardonnay Bowles	27.09.03	1	Horsham	6	Jul
37.14	Lucinda White	4.02.05	1	Ashford	13	May
36.58	Holly Turnbull	6.07.04	6	Birmingham	14	Jul
(10)						
36.08	Millicent Yoki	29.11.03	4	Oxford (H)	1	Sep
35.67	Hannah Kingham	10.01.04	3U16	Grangemouth	4	Aug
35.65	Freya Witheat	4.09.03	1	Watford	13	May
35.60	Megan Maddison	12.11.03	1	Hemel Hempstead	9	Sep
35.59	Emily Callaghan	11.11.03	3	London (TB)	29	Sep
35.40	Carys Ward	25.01.04	6	Bedford	25	Aug
35.39	Jasmine Larsen	13.05.05	8	Birmingham	14	Jul
35.08	Amy Cook	9.12.03	2	Loughborough	8	Apr
35.04	Hannah Lewington	15.03.06	1	Swindon	13	Oct
(20)						
34.53	Lily Brand	31.12.04	2	Chelmsford	13	May
34.51	Lily Fennessy	23.10.03	1	Worcester	9	Jun
34.09	Tammie-Louise Hunter	28.11.03	1	Aberdeen	19	Aug

33.97	Lily Cain-Jones	12.06.04	1	London (Cr)	2	Jun
33.96	Jessica Mitchell		2	Aberdeen	19	Aug
33.81	Madeleine Cattanach	24.09.03	2	Ashford	9	Jun

Javelin - Under 13 (400g)

41.66	Hannah Lewington	15.03.06	1	Birmingham	19	Jun
37.64	Dulcie Yelling	13.01.07	1	Crawley	2	Sep
34.90	Ellie McCurdy	24.12.05	1	Aberdeen	18	Aug
33.26	Cordeila Walker	7.07.06	1	Carmarthen	26	Jul
32.57	April Palmer	3.10.05	2	Kingston	28	Jul
31.69	Eleanor Orme-Herbert	2.10.05	1	Loughborough	25	Aug
31.24	Ayesha Jones	7.10.06	1	Bristol	21	Jul
30.83	Eloise White	10.04.07	2	Brighton	30	Jun
30.27	Ella Gillespie	23.09.05	1	Bedford	8	Sep
29.91	Katie Marsh	16.10.05	1	Dartford	27	Aug

Heptathlon

6759	Katarina Johnson-Thompson		9.01.93	2	Berlin, GER	10 Aug
	13.34/0.4 1.91 13.09 22.88/1.5	6.68/-0.1	42.16	2:09.84		
	6255			1	Gold Coast, AUS	13 Apr
	13.54/0.6 1.87 11.54 23.56/-0.4	6.50/0.3	40.46	2:21.24		
6253	Niamh Emerson	U20	22.04.99	1	Tampere, FIN	13 Jul
	13.76/0.5 1.89 12.27 24.80/0.0	6.31w/2.6	39.02	2:09.74		
	6043			3	Gold Coast, AUS	13 Apr
	14.08/0.6 1.84 12.13 24.83/-0.3	6.06/-1.1	40.34	2:12.18		
5660	Jade O'Dowda	U20	9.09.99	7	Tampere, FIN	13 Jul
	14.04/0.5 1.71 12.33 25.03/0.1	6.10/0.1	35.05	2:21.74		
	5610			1J	Bedford	27 May
	14.33/-2.2 1.71 12.21 25.30/-5.3	6.05w/2.7	37.43	2:22.17		
	5504			12	Florence, ITA	28 Apr
	14.62/0.4 1.72 11.88 25.44/0.6	5.87/0.1	37.44	2:21.40		
5590	Jessica Taylor-Jemmett		27.06.88	2	Kladno, CZE	17 Jun
	14.26/0.9 1.57 13.06 24.21/0.6	5.78/1.0	37.96	2:18.48		
5559	Emma Nwofor	U23	22.08.96	3	Bedford	27 May
	13.71/0.5 1.80 12.10 25.21/-2.2	5.69w/2.1	32.61	2:26.03		
5529	Ellen Barber	U23	5.12.97	4	Bedford	27 May
	15.15/0.6 1.71 11.83 26.28/-2.2	5.90/1.1	45.48	2:19.90		
	5500			6	Kladno, CZE	17 Jun
	15.32/-1.9 1.69 12.46 25.94/1.2	5.67/0.3	45.47	2:18.72		
	5288			2	Manchester (SC)	5 Aug
	15.61/-0.8 1.71 12.37 26.12/0.9	5.40/0.0	41.10	2:19.85		
5487	Katie Garland	U23	27.01.97	5	Bedford	27 May
	14.30/-0.1 1.74 10.46 24.58/-1.7	6.10w/2.8	32.16	2:24.42		
	5344			9	Kladno, CZE	17 Jun
	14.44/0.9 1.69 10.68 24.23/0.1	5.86/1.1	28.86	2:22.51		
5431	Lucy Turner	U23	14.02.97	1	Manchester (SC)	5 Aug
	13.73/1.4 1.65 11.26 25.29/0.9	5.55/1.6	35.03	2:17.35		
	5402			1	Hexham	22 Jul
	13.97/0.2 1.64 11.46 25.22/-1.2	5.71/1.3	34.29	2:19.93		
5400	Elise Lovell		9.05.92	15	Florence, ITA	28 Apr
	14.24/0.4 1.66 10.09 24.99/0.6	6.00/-0.5	34.56	2:20.81		
5381	Holly McArthur	U20	20.12.99	10	Gold Coast, AUS	13 Apr
	14.17/0.6 1.69 11.58 25.50/-0.4	5.49/-0.4	30.88	2:13.04		
(10)						
5352	Danielle McGifford		11.04.95	2	Hexham	22 Jul
	13.75/0.2 1.67 10.21 24.81/0.4	6.04/0.3	30.96	2:28.18		
	5220w			1	Grangemouth	15 Jul
	13.66w/2.8 1.54 10.57 24.64w/3.6	5.98/0.0	30.62	2:28.70		
5336	Alice Hopkins	U23	30.12.98	1	Oxford (H)	8 Jul
	14.15/0.3 1.70 11.18 25.06/-0.6	5.99/1.0	31.42	2:30.58		
	5257			3	Manchester (SC)	5 Aug
	14.23/1.4 1.68 11.07 25.03/0.9	5.94/0.0	29.28	2:29.21		
5283	Grace Bower	U20	3.11.99	2J	Bedford	27 May
	14.80/-2.2 1.71 10.82 26.07/-1.0	5.89w/2.3	34.38	2:21.88		
5223	Olivia Dobson	U20	27.03.01	1	Yeovil	24 Jun
	15.32/1.4 1.74 12.45 26.40/1.8	5.65/0.9	38.96	2:31.40		
5189	Hannah Dunderdale		2.11.94	3	San Marcos, USA	12 May
	14.40/0.9 1.54 11.94 25.17w/2.2	5.47/0.3	33.10	2:18.39		

2018 - Women - Heptathlon

5123		Natasha Smith		U20	10.10.99	1	Bedford	16 Sep
		14.85/1.4 1.71	10.37	26.01/1.2	5.54/0.3	35.17	2:24.96	
		5107				4	Manchester (SC)	5 Aug
		14.78/1.4 1.68	9.35	26.13/0.9	5.56/1.2	38.96	2:24.11	
5055		Emily Race		U20	11.09.00	2	Bedford	16 Sep
		14.60/1.4 1.71	11.64	26.62/1.2	5.42/1.3	32.62	2:28.69	
		5010				3J	Bedford	27 May
		15.04/-2.2 1.74	10.81	26.40/-1.0	5.49w/2.4	33.97	2:31.38	
5014		Jenna Blundell		U20	12.06.01	3	Bedford	16 Sep
		14.27/1.4 1.68	8.83	25.62/1.2	5.89/0.0	26.29	2:26.58	
		30 performances to 5000 points by 18 athletes						
4919w		Emily Dixon			27.11.95	1	Williamsburg, USA	5 May
		14.67/2.0 1.66	10.91	26.26w/3.7	5.25/1.2	31.75	2:27.50 4894 with LJ 5.16/-0.9	
4839		Annabelle Pask		U23	6.09.97	6	Tenero, SUI	17 Jun
		14.96/0.0 1.66	11.03	27.01/0.0	5.31/1.1	33.18	2:29.74	
	(20)							
4738		Ashleigh Spiliopoulou		U20	2.04.99	23	Florence, ITA	28 Apr
		15.83/-0.5 1.66	10.05	26.43/0.5	5.48/1.1	26.75	2:22.10	
4727		Alix Still		U20	15.03.00	4	Greensboro, USA	16 Jun
		14.78/0.3 1.53	10.36	25.93w/2.5	5.16/0.7	27.58	2:20.93	
4727		Olivia Jones		U20	20.02.00	4	Yeovil	24 Jun
		15.19/1.4 1.68	11.11	27.45/1.8	5.15/0.7	34.46	2:34.25	
4712		Venus Morgan		U20	5.06.01	4	Bedford	16 Sep
		14.58/1.4 1.59	9.89	25.88/1.2	5.44/0.0	26.69	2:32.42	
4707		Molly Newton-O'Brien		U20	5.05.99	4J	Bedford	27 May
		16.14/-1.1 1.74	8.23	26.05/-5.3	5.40/1.6	31.90	2:28.17	
4618		Beth Taylor		U23	25.12.96	6	Bedford	27 May
		14.95/0.6 1.53	11.10	26.53/-2.2	5.07w/3.8	29.82	2:28.54	
4593		Lauren Evans		U20	7.08.00	6	Manchester (SC)	5 Aug
		14.82/1.4 1.71	8.34	26.69/0.0	5.41/0.0	26.32	2:35.98	
4544		Olivia Galloway		U20	4.07.00	3	Street	29 Apr
		15.18/-0.3 1.43	11.03	26.30/0.0	5.04/0.0	32.75	2:28.21	
4444		Cerys Lee		U20	4.11.00	5	Yeovil	24 Jun
		15.50/1.4 1.59	10.09	26.63/1.8	5.09/0.5	30.84	2:38.68	
4429		Lauryn Davey		U20	27.03.99	7	Manchester (SC)	5 Aug
		16.02/-0.8 1.56	10.42	26.50/0.0	5.38/0.0	27.69	2:36.07	
	(30)							
4421		Anna Forbes		U23	13.10.98	7	Bedford	27 May
		15.57/0.6 1.62	8.57	26.49/-2.1	5.25/1.4	24.45	2:29.19	
4398		Laura Darcey		U23	28.07.98	3	Naperville, USA	17 May
		15.75/0.3 1.65	9.19	26.51/-0.9	5.32/0.1	27.05	2:41.23	
4393		Amy Richards		U23	24.04.97	8	Bedford	27 May
		15.67/0.6 1.59	9.81	26.47/-2.1	5.52/1.1	18.77	2:31.99	
4384		Anna Brophy		U20	14.04.01	6	Yeovil	24 Jun
		15.82/1.4 1.71	9.24	27.67/1.1	4.92/0.0	25.59	2:28.44	
4344		Laura Frey			2.06.89	1	Belfast	26 Aug
		16.09/0.2 1.53	10.41	26.53/-0.7	5.10w/3.8	20.56	2:22.23	
4329		Megan Marrs		U23	25.09.97	2	Belfast	26 Aug
		13.94/0.2 1.62	8.66	25.50/-0.7	5.38w/3.3	17.22	2:56.58	
4329		Elise Thorner		U20	16.03.01	5	Bedford	16 Sep
		16.85/1.7 1.65	8.39	27.27/1.6	4.75/1.3	26.23	2:13.90	
4308		Katie Joyce		U20	26.01.01	1	Middlesbrough	24 Jun
		15.6 1.62	9.22	27.1	5.51	22.10	2:35.9	
4293		Jasmine McCullum		U20	12.01.01	2	Abingdon	24 Jun
		15.4 1.54	10.10	26.6	4.87	27.37	2:33.0	
4273		Bethany Harryman		U20	13.10.00	6	Bedford	16 Sep
		15.83/0.9 1.59	10.33	27.69/1.4	5.22/1.2	28.55	2:43.01	
	(40)							
4272		Georgia Pickles		U23	19.10.96	9	Bedford	27 May
		15.29/0.6 1.47	9.13	26.75/-2.1	5.51/1.8	24.80	2:38.36	
4268		Naomi Morgan		U23	23.11.96	8	Manchester (SC)	5 Aug
		15.53/-0.8 1.53	9.92	27.18/0.9	5.39/0.5	25.40	2:41.03	
4215		Taiya Jones		U20	1.09.00	6	Street	29 Apr
		16.05/-1.5 1.55	8.36	26.68/-0.3	5.12/0.0	21.70	2:25.20	
4150		Jessica Whiley		U20	12.11.00	1	Boston	24 Jun
		15.9 1.49	9.09	28.6	5.18	30.73	2:28.8	
4101		Jodie Albrow		V35	4.11.82	1	Sheffield	15 Jul
		16.01/1.9 1.52	9.44	28.28/1.7	4.81/-1.0	28.93	2:31.20	

2018 - Women - Heptathlon

4058	Ashleigh West			U20	27.06.01	1	Ashford	24 Jun
	15.6/0.4	1.68	8.94	27.2	5.06/0.0	21.33	2:49.6	
4038	Katy Robinson				21.01.94	11	Bedford	27 May
	15.49/0.8	1.50	10.56	28.41/-3.8	4.53/0.0	31.72	2:43.90	
4031	Bethan Burley			U20	26.03.00	7	Yeovil	24 Jun
	14.69/1.4	1.44	11.54	25.79/1.8	5.01/0.2	35.65	dnf	
4021	Amelia MacDonald			U20	3.05.01	3	Ashford	24 Jun
	16.5/0.4	1.62	7.76	28.0	5.45/0.0	18.24	2:29.6	
4008w	Emma Fowler			U23	22.06.98	1	Exeter	23 Sep
	16.81	1.54	8.10	27.29w/3.6	5.17w/2.8	23.84	2:32.43	
(50)								
3974	Tia Henry			U20	9.04.01	2	Grangemouth	15 Jul
	15.63w/2.3	1.51	9.87	27.27W/4.1	5.18/-1.7	19.70	2:48.51	
3954	Katie Daniels			U20	13.02.01	2	Boston	24 Jun
	15.9	1.52	7.98	27.8	5.05	32.14	2:46.8	
3914	Charlotte Skeggs			U23	1.09.98	12	Bedford	27 May
	16.23/0.8	1.50	8.14	27.46/-2.1	4.98w/2.6	28.21	2:43.96	
3885	Jade Currie				29.11.94	4	Oxford (H)	8 Jul
	16.33/-1.3	1.49	9.26	28.20w/2.2	4.75/1.0	26.60	2:37.54	
3842	Talia Morton-Kemsley			U20	20.05.01	8J	Bedford	27 May
	16.88/-1.1	1.47	9.13	27.63/-1.0	5.18w/3.3	27.07	2:48.31	

Foreign

6137	*Chari Hawkins (USA)*				21.05.91	1	Bedford	27 May
	13.56/0.5	1.80	12.78	24.44/-1.7	6.07w/2.8	43.71	2:17.64	
6015	*Diane Marie-Hardy (FRA)*			U23	19.02.96	2	Albi, FRA	7 Jul
	13.94/1.2	1.66	13.02	24.57/1.8	6.09/1.9	42.47	2:09.38	
5695	*Kate O'Connor (IRL)*			U20	12.12.00	8	Gold Coast, AUS	13 Apr
	14.99/0.3	1.78	11.97	25.26/-0.4	5.64/0.1	46.34	2:18.30	
4758	*Sarah Connolly (IRL)*			U23	3.10.96	2	Oxford (H)	8 Jul
	14.48/0.3	1.67	9.57	25.86/-0.6	5.27/1.1	26.32	2:31.30	
4743	*Katy Sealy (BIZ)*				15.10.90	11	Gold Coast, AUS	13 Apr
	15.18/0.3	1.69	11.40	27.54/-0.3	5.13/-0.9	35.51	2:35.42	

Under 18 Women Heptathlon
IAAF specifications 100mH 76.2cm, SP 3kg, JT 500g

5173	Olivia Dobson				27.03.01	1	Bedford	27 May
	14.82/-0.5	1.71	13.34	26.71/-1.0	5.44w/2.2	37.51	2:33.35	
5122	Anna McCauley				2.01.01	1	Hexham	22 Jul
	13.97/-1.3	1.70	10.68	25.70/0.4	5.51/0.1	28.70	2:27.01	
4979	Lucy-Jane Matthews			U17	17.09.02	1	Street	29 Apr
	13.69/0.3	1.61	10.60	25.18/0.1	5.29/0.0	27.56	2:29.40	
4783	Abigail Pawlett			U17	14.01.03	5	Arona, ESP	3 Jun
	14.09/0.6	1.55	11.16	25.62/-1.4	5.67/1.4	28.92	2:46.89	
4743	Mia Chantree			U17	15.11.01	2	Street	29 Apr
	14.84/0.3	1.67	10.97	26.53/0.1	5.28/0.0	24.38	2:28.61	
4596	Emily Misantoni			U17	27.09.02	8	Arona, ESP	3 Jun
	14.56/0.6	1.49	10.18	26.11/-1.4	5.23/0.0	20.48	2:19.17	
3810	Lily Hulland			U17	1.09.01	3	Málaga, ESP	22 Apr
	15.07/0.0	1.46	7.62	27.19/0.2	4.84/0.0	15.28	2:36.62	

Under 17 Women Heptathlon

5127	Jessica Hopkins				6.01.02	1	Bedford	16 Sep
	12.12/0.4	1.68	13.90	26.35w/3.1	5.23/0.9	42.14	2:35.25	
5109	Abigail Pawlett				14.01.03	2	Bedford	16 Sep
	11.53/0.8	1.74	11.02	25.46w/2.1	5.67/0.3	32.24	2:35.08	
5103	Jodie Smith				2.11.01	3	Bedford	16 Sep
	11.75w/2.2	1.71	11.22	26.48/0.5	5.43/0.8	38.48	2:27.91	
5065	Emily Bee				3.03.02	4	Bedford	16 Sep
	11.35/0.8	1.68	10.77	25.84w/2.1	5.43/1.3	33.67	2:25.82	
5047	Mia Chantree				15.11.01	5	Bedford	16 Sep
	11.88/0.8	1.74	11.03	26.09w/2.1	5.48/0.0	32.00	2:26.75	
4879	Iris Oliarnyk				6.09.01	1	Abingdon	24 Jun
	12.0	1.62	13.55	25.9	5.35	26.05	2:28.4	
4823	Hannah Barnden				8.01.02	2	Abingdon	24 Jun
	11.9	1.53	12.32	26.3	5.39	36.23	2:32.7	
4774	Hollie Thurgood				2.07.02	2	Ashford	24 Jun
	12.1/-2.2	1.51	12.52	26.9	5.12/0.0	41.65	2:31.9	

2018 - Women - Heptathlon

```
4617        Danielle Hopkins            29.12.01  8     Bedford              16 Sep
            12.68/1.0   1.68   11.17   27.20/0.5   5.30/0.5   31.58   2:35.59
4559        Emma Sherwood               12.09.01  3     Abingdon             24 Jun
            12.6        1.59   10.81   26.5        5.49      26.20    2:29.9
    (10)
4491        Emily Tyrrell               4.01.02   2     Yeovil               24 Jun
            11.94/1.8   1.56   9.52    26.43w/2.5  5.47/-1.0  28.51   2:37.86
4484        Milly Gall                  20.02.03  3     Ashford              24 Jun
            11.9/-1.4   1.57   9.80    26.3        5.35/0.0   31.60   2:43.0
4468        Lauren Farley               16.09.01  4     Ashford              24 Jun
            12.9/-1.4   1.48   12.58   27.7        5.12/0.0   41.14   2:40.6
4425        Holly-Mae McKenna           10.12.01  3     Yeovil               24 Jun
            11.56/1.8   1.50   10.23   26.84/1.6   4.98/0.0   33.29   2:39.28
4425        Rebekah O'Brien             21.10.02  10    Bedford              16 Sep
            12.88/0.8   1.65   9.63    27.02/0.5   4.76/1.6   27.96   2:22.30
4393        Mia Lowndes                 6.06.02   11    Bedford              16 Sep
            11.84w/2.2  1.47   9.62    25.71w/2.1  5.00/0.3   28.24   2:33.12
4379        Emily Misantoni             27.09.92  12    Bedford              16 Sep
            11.92/0.4   1.50   10.45   26.52/0.4   4.83/1.5   22.21   2:22.29
4340        Morgan Spink                6.04.02   5     Abingdon             24 Jun
            11.9        1.50   8.67    26.0        5.14       22.76   2:25.6
4323        Olivia Willmore             21.03.02  4     Yeovil               24 Jun
            12.72/0.8   1.56   10.16   26.98w/2.5  4.57/-0.8  32.27   2:28.85
4289        Holly Lawrence              12.02.03  2     Boston               24 Jun
            11.6        1.57   8.22    26.2        5.21       27.35   2:45.1
    (20)
4283w       Lucy Tunnacliffe            23.05.02  14    Bedford              16 Sep
            11.48w/2.2  1.47   11.00   26.51w/3.1  5.09w/2.1  20.73   2:32.75   4256 with LJ 4.99/0.1
4282        Yasmin Grosvenor            23.02.03  6     Ashford              24 Jun
            12.4/-1.4   1.54   11.41   26.4        5.16/-1.0  23.50   2:42.2
4192        Mallory Cluley              15.03.02  7     Ashford              24 Jun
            11.9/-2.2   1.53   8.42    25.4        5.02/0.0   22.57   2:40.6
4131        Molly Bean                  21.04.02  1     Oxford (H)           8  Jul
            13.13/-1.0  1.54   9.03    27.95w/2.2  5.05/1.5   29.89   2:33.25
4125        Madison Hutton              15.01.03  2     Oxford (H)           8  Jul
            12.75/-1.0  1.45   8.08    27.46w/2.2  5.45/1.5   28.91   2:35.29
4123        Ruby Bridger                6.05.03   3     Boston               24 Jun
            11.5        1.60   10.57   26.8        5.51       NDR     2:42.9
4119        Philippa Ellis              23.04.03  18    Bedford              16 Sep
            12.08/0.8   1.47   10.57   27.06/0.5   4.93/0.4   31.66   2:54.18
4111        Lara Taylor                 15.10.02  3     Stockport            24 Jun
            12.55       1.60   8.33    27.07       5.03       21.73   2:34.92
4060        Lily Holt                   2.10.02   6     Abingdon             24 Jun
            12.1        1.65   7.80    27.4        5.13       20.69   2:43.2
4036        Ellie Carrow                26.10.01  4     Street               29 Apr
            12.93/-1.4  1.54   9.72    27.43/-1.8  4.88/-0.4  26.18   2:40.30
    (30)
4032        Isla Steel                  14.07.03  2     Grangemouth          15 Jul
            12.61/1.5   1.48   8.92    28.51/1.8   5.42w/2.5  33.79   2:52.74
4031        Anna Montagne               27.11.02  21    Bedford              16 Sep
            12.90/0.3   1.62   9.40    27.89/0.4   4.61/1.1   25.61   2:37.12
4029        Leonie Browning             25.11.02  4     Boston               24 Jun
            13.2        1.69   8.74    28.2        5.16       25.70   2:47.2
4008        Imogen Sheppard             29.12.01  7     Abingdon             24 Jun
            13.2        1.44   8.60    25.9        4.69       21.16   2:22.4
3998        Emilie Davies               25.10.01  7     Manchester (SC)      5  Aug
            12.78/0.0   1.53   7.98    26.96/-1.7  4.90/0.0   22.17   2:31.95
3991        Cleo Martin-Evans           8.05.03   5     Boston               24 Jun
            11.8        1.48   9.76    26.4        5.69       20.03   3:11.6
3991        Evie Wild                   28.09.02  5     Stockport            24 Jun
            13.47       1.54   9.85    28.59       4.70       25.17   2:26.81
3988        Maya Jones                  10.02.03  5     Yeovil               24 Jun
            13.28/1.8   1.65   9.97    27.49/1.6   4.92/0.2   18.95   2:42.55
3924        Daisy Worthington           5.05.03   6     Stockport            24 Jun
            13.75       1.45   9.69    27.27       4.74       25.98   2:31.40
3909        Hannah Bardo                10.01.03  1ns   Boston               24 Jun
            12.9        1.54   9.22    28.3        4.89       31.40   2:50.7
    (40)
```

Under 15 Girls Hexathlon

3647	Ella Rush			8.04.04	1	Manchester (SC)	5 Aug
	12.19/0.0	5.52/-0.1	16.76	10.51	1.65	2:29.33	
3550	Rhianna Burrell			14.12.03	2	Manchester (SC)	5 Aug
	12.43/-1.1	5.05/0.9	20.51	10.40	1.68	2:32.15	
3380	Freya Witheat			4.09.03	3	Manchester (SC)	5 Aug
	12.14/-1.1	4.86/0.0	33.72	11.45	1.41	2:46.14	
3325	Lucy Chalmers			23.10.03	4	Manchester (SC)	5 Aug
	12.42/-0.1	5.06/0.4	17.63	9.21	1.53	2:26.07	
3269	Emma Wood			5.05.04	5	Manchester (SC)	5 Aug
	12.35/0.7	4.77/0.7	21.53	9.13	1.59	2:35.86	
3160	Lucy Robinson			15.11.03	6	Manchester (SC)	5 Aug
	12.36/0.0	4.88/-1.0	21.34	8.34	1.50	2:34.11	
3051	Chloe Bagshaw			10.09.04	7	Manchester (SC)	5 Aug
	12.13/0.7	4.79/0.0	20.29	8.78	1.50	2:44.40	

Order of events: 75m Hurdles, Long Jump, Javelin, Shot, High Jump, 800m

Under 15 Girls Pentathlon   * Pentathlon Score During Hexathlon.

3418*	Ella Rush			8.04.04	*	Manchester (SC)	5 Aug
	12.19/0.0	5.52/-0.1	10.51	1.65	2:29.33		
	3321				1	Bedford	16 Sep
	11.98/-1.0	10.82	1.62	5.22/0.5	2:30.86		
3252*	Rhianna Burrell			14.12.03	*	Manchester (SC)	5 Aug
	12.43/-1.1	5.05/0.9	10.40	1.68	2:32.15		
	3252				2	Bedford	16 Sep
	12.29/1.5	10.89	1.65	5.12/0.9	2:34.72		
3177	Katie Chapman			20.09.03	1	Yeovil	24 Jun
	11.27/1.1	11.78	1.65	5.32	3:04.59		
3167	Megan Hamilton-Strong			23.09.03	2	Yeovil	24 Jun
	11.97/1.1	10.44	1.59	4.63	2:25.82		
3161	Isabelle Harding			28.02.04	1	Ashford	24 Jun
	11.7w/2.5	8.87	1.55	5.06/-1.5	2:26.2		
3142	Jilly Lefebvre			1.04.04	1	Grangemouth	2 Jun
	11.85	9.87	1.61	5.16	2:39.47		
3127	Carys Poole			21.12.03	1	Swansea	9 Jun
	11.63/0.3	8.55	1.47	5.52	2:31.05		
3108	Lucy Chalmers			23.10.03	4	Bedford	16 Sep
	12.38/0.4	10.45	1.53	4.83w/2.1	2:25.68		
3070	Maisie Jeger			24.11.03	5	Bedford	16 Sep
	12.38/0.4	10.49	1.47	4.92/1.3	2:25.49		
3053	Scarlett Rolls			29.06.04	6	Bedford	16 Sep
	12.03/0.4	8.11	1.62	4.76/0.7	2:27.69		
(10)							
3035	Lucy Robinson			15.11.03	7	Bedford	16 Sep
	11.98/0.4	8.80	1.56	5.02/1.7	2:33.24		
3034	Ella Manning			30.12.03	3	Ashford	24 Jun
	11.5/0.3	9.01	1.49	4.93/-0.8	2:30.6		
2996	Lucy Fellows			14.09.04	4	Ashford	24 Jun
	12.2w/2.6	8.50	1.58	5.14/-1.0	2:37.5		
2984	Cleo Tomlinson			17.06.04	1	Crawley	30 May
	12.1	8.29	1.57	5.17	2:38.0		
2980	Freya Witheat			4.09.03	5	Ashford	24 Jun
	12.2w/2.5	12.20	1.46	4.98/-1.4	2:44.4		
2969	Georgina Scoot			15.01.04	9	Bedford	16 Sep
	12.28/1.5	9.01	1.59	5.11w/2.4	2:42.43		
2962	Amy Battle			31.05.04	1	Stockport	24 Jun
	11.89	9.55	1.48	4.89	2:33.80		
2952*	Emma Wood			5.05.04	*	Manchester (SC)	5 Aug
	12.35/0.7	4.77/0.7	9.13	1.59	2:35.86		
2943	Lydia Smith			15.03.04	4	Yeovil	24 Jun
	11.65/1.1	9.53	1.50	5.48	2:54.96		
2938	Isabelle Humphreys			22.05.04	2	Crawley	30 May
	12.2	7.63	1.60	4.98	2:35.9		
(20)							
2933	Emily Frimpong			8.11.03	7	Ashford	24 Jun
	11.6w/2.5	11.10	1.46	4.86/0.0	2:45.6		
2913	Gabby Dickinson			30.12.03	3	Street	29 Apr
	12.05/-1.0	7.95	1.58	4.77	2:34.47		

2018 - Women - Pentathlon 347

2901	Amelia Briggs-Goode				30.12.03 12	Bedford	16	Sep
	11.70/-1.0 8.92		1.47	4.65/0.3	2:31.16			
2900	Francesca Fenwick				9.11.03 1	Boston	24	Jun
	11.8 8.22		1.58	5.31	2:53.2			

Order of events: * 75m Hurdles, Long Jump, Shot, High Jump, 800m
Others: 75m Hurdles, Shot, High Jump, Long Jump, 800m in various orders.

Under 13 Girls Pentathlon

2805	Stroma Fraser			27.11.05 1	Grangemouth	15 Jul
	11.61/-1.4 4.85/0.1	7.80	1.45	2:27.40		
2722	Mya McMahon			19.09.05 2	Grangemouth	15 Jul
	11.63/-1.4 4.90/-2.6	7.79	1.54	2:43.66		
2461w	Lia Bonsu			11.10.05 1	Sutton	9 Sep
	10.90w/3.3 4.79/2.0	7.71	1.32	2:50.17		
2436	Amber Hughes			3.11.05 1	Jarrow	22 Sep
	11.58/-2.1 4.31w/2.2	9.85	1.38	2:52.98		
2434	Angela Kelly			15.10.05 3	Grangemouth	15 Jul
	12.52/-1.4 4.27/1.4	10.37	1.39	2:47.66		
2418	Zoe Sharpe			3.02.06 4	Grangemouth	15 Jul
	12.93/-0.5 4.47/-0.2	7.38	1.39	2:32.94		
2414	Codie McHolm			4.10.05 2	Livingston	5 Aug
	12.15w/2.1 4.27/0.4	6.03	1.43	2:31.64		
2388	Jenna Hilditch			19.04.06 5	Grangemouth	15 Jul
	11.67/-1.4 4.02/0.0	7.36	1.42	2:39.19		
2384	Georgina Mabbott			18.10.05 2	Jarrow	22 Sep
	11.62/-2.1 4.62/0.9	7.67	1.26	2:40.12		
2380	Amy Wall			9.10.05 1	Exeter	23 Sep
	12.17/-1.2 4.50	7.65	1.45	2:50.65		
(10)						
2372	Frances Hogg			2.09.05 1	Hexham	22 Jul
	12.42/-2.0 4.40	5.90	1.44	2:35.92		
2345	Isabelle Mardle			20.10.06 1	Dartford	27 Aug
	11.81/-1.0 4.47	6.44	1.45	2:49.18		
2344	Niamh Fenton			3.10.05 1	Antrim	13 Sep
	13.10 4.21	8.18	1.36	2:42.19		
2343	Molly Thrower			13.12.05 3	Jarrow	22 Sep
	12.07/-2.1 4.43/1.1	7.60	1.41	2:49.01		
2331	Grace Fielder			12.10.05 2	Exeter	23 Sep
	12.15/-1.2 4.21	6.79	1.39	2:37.99		
2317	Nneka Okoh			10.11.05 2	Dartford	27 Aug
	12.89/-1.5 4.55	8.06	1.27	2:37.24		

Order of events: 70m Hurdles, Long Jump, Shot, High Jump, 800m in various orders.

Indoor Pentathlon

4750	Katarina Johnson-Thompson		9.01.93 1	Birmingham	2 Mar
	8.36 1.91 12.68 6.50		2:16.63		
4291	Jo Rowland		29.12.89 5	Madrid, ESP	28 Jan
	8.93 1.69 13.62 5.93		2:12.62		
4093	Marilyn Nwawulor		20.09.92 1	Sheffield	7 Jan
	8.34 1.71 12.76 5.70		2:29.10		
4073	Emma Nwofor	U23	22.08.96 9	Madrid, ESP	28 Jan
	8.46 1.78 11.54 5.56		2:25.84		
4049	Holly Mills	U20	15.04.00 1	Sheffield	6 Jan
	8.65 1.71 10.43 6.17		2:26.45		
4016	Jade O'Dowda	U20	9.09.99 4	Madrid, ESP	27 Jan
	8.91 1.73 11.37 5.92		2:25.37		
3952	Zoe Hughes	U23	1.02.98 2	Hanover, USA	24 Feb
	8.81 1.61 12.74 5.74		2:23.71		
3901	Ellen Barber	U23	5.12.97 5	Tallinn, EST	3 Feb
	9.30 1.68 11.89 5.63		2:19.44		
3888	Niamh Bailey		28.06.95 5	Sheffield	7 Jan
	8.83 1.68 11.28 5.68		2:25.92		
3885	Holly McArthur	U20	20.12.99 6	Madrid, ESP	27 Jan
	8.64 1.64 11.04 5.55		2:21.62		
(10)					
3881	Elise Lovell		9.05.92 6	Sheffield	7 Jan
	8.64 1.65 9.54 5.85		2:22.06		
3865	Grace Bower	U20	3.11.99 1	Glasgow	4 Feb
	8.95 1.71 9.90 5.93		2:27.27		

2018 - Women - Indoor Pentathlon

Mark	Name				Age	DOB	Pos	Venue	Date
3840	Pippa Earley				U20	7.09.00	3	Sheffield	6 Jan
	8.69	1.56	9.75	5.74		2:15.10			
3818	Emma Canning				U23	7.03.97	8	Sheffield	7 Jan
	9.06	1.71	8.83	5.76		2:19.98			
3750	Hannah Dunderdale					2.11.94	2	Birmingham, USA	18 Jan
	8.87	1.52	11.32	5.42		2:16.19			
3713	Natasha Smith				U20	10.10.99	4	Sheffield	6 Jan
	9.00	1.71	9.43	5.45		2:24.95			
3698	Lucy Chappell				U23	10.01.97	3	Glasgow	4 Feb
	9.19	1.65	10.17	5.52		2:22.85			
3677	Alice Linaker				U20	6.12.99	6	Sheffield	6 Jan
	9.09	1.68	10.33	5.51		2:29.28			
3620	Emily Dixon					27.11.95	2	Winston-Salem, USA	6 Feb
	8.92	1.61	11.29	5.16		2:27.14			
3614	Ashleigh Spiliopoulou				U20	2.04.99	7	Tallinn, EST	3 Feb
	9.35	1.65	9.60	5.41		2:21.47			
(20)									
3609	Katie Garland				U23	27.01.97	9	Sheffield	7 Jan
	9.04	1.74	9.71	5.32		2:33.82			
3595	Georgia Silcox				U23	14.10.98	10	Sheffield	7 Jan
	8.78	1.59	9.25	5.61		2:29.16			

Foreign

4150	*Kate O'Connor (IRL)*				*U20*	*12.12.00*	*4*	*Tallinn, EST*	*3 Feb*
	9.24	*1.77*	*12.45*	*5.90*		*2:18.83*			
3760	*Sarah Connolly (IRL)*				*U23*	*3.10.96*	*1*	*Glasgow*	*4 Feb*
	8.96	*1.71*	*10.17*	*5.67*		*2:30.68*			

Noteworthy performance: 60m Hurdles, High Jump, Long Jump, Shot, 60m

3973	Lucy Hadaway				U20	11.06.00	1	Gateshead	18 Mar
	8.94	1.58	6.22	11.07		8.09			

Under 18 Indoor Pentathlon

3723	Emily Bee					3.03.02	2	Glasgow	3 Nov
	8.63	1.65	9.71	5.57		2:28.75			
3714	Jessica Hopkins					6.01.02	3	Glasgow	3 Nov
	9.02	1.68	13.16	5.42		2:40.89			

Under 17 Indoor Pentathlon

3796	Abigail Pawlett					14.01.03	1	Glasgow	3 Nov
	8.71	1.71	10.70	5.84		2:39.24			
3669	Emily Bee					3.03.02	1	Sheffield	10 Mar
	8.77	1.62	10.45	5.33		2:26.19			
3624	Stephanie Driscoll					24.10.01	2	Sheffield	10 Mar
	9.35	1.65	11.40	4.91		2:19.13			
3614	Iris Oliarnyk					6.09.01	3	Sheffield	10 Mar
	9.35	1.59	12.31	5.37		2:28.88			
3606	Samantha Harris					4.11.01	4	Sheffield	10 Mar
	8.63	1.59	10.67	5.14		2:27.73			
3583	Mia Chantree					15.11.01	5	Sheffield	10 Mar
	9.13	1.65	10.58	5.38		2:31.62			
3536	Hannah Barnden					8.01.02	6	Sheffield	10 Mar
	9.07	1.65	11.90	5.04		2:35.83			
3460	Emily Misantoni					27.09.02	7	Sheffield	10 Mar
	9.05	1.50	10.24	5.17		2:22.64			
3408	Nicola Proudfoot					12.11.02	5	Glasgow	3 Nov
	9.07	1.56	10.55	5.40		2:38.78			
3406	Rebekiah O'Brien					21.10.02	1	London (LV)	15 Dec
	9.75	1.63	9.33	4.96		2:18.61			
(10)									
3349	Danielle Hopkins					29.12.01	8	Sheffield	10 Mar
	9.42	1.68	11.24	4.99		2:44.09			
3348	Emma Sherwood					12.09.01	9	Sheffield	10 Mar
	9.96	1.65	10.75	5.33		2:37.37			
3338	Jane Davidson					22.07.02	4	Glasgow	4 Feb
	8.96	1.54	9.87	5.28		2:38.00			

Order of events: 60m Hurdles, High Jump, Shot, Long Jump, 800m in various orders.
Noteworthy performance: 60m Hurdles, High Jump, Long Jump, Shot, 60m

3686	Nicole Lannie					24.01.03	1	Gateshead	15 Mar
	8.90	1.58	5.33	11.32		8.24			

Under 15 Girls Indoor Pentathlon

Total	Name				DOB	Pos	Venue	Date
3400	Erin Lobley				12.10.04	1	Glasgow	4 Feb
	9.60	5.27	11.03	1.61	2:34.85			
3346	Ella Rush				8.04.04	1	Sheffield	11 Mar
	9.58	5.37	10.19	1.56	2:32.64			
3279	Katie Burr				30.09.03	2	Glasgow	4 Feb
	9.50	4.86	10.74	1.58	2:32.75			
3223	Rhiana Burrell				14.12.03	2	Sheffield	11 Mar
	9.92	5.04	10.81	1.59	2:36.08			
3140	Lucy Robinson				15.11.03	4	Sheffield	11 Mar
	9.67	5.12	9.21	1.56	2:37.15			
3091	Lucy Chalmers				23.10.03	5	Sheffield	11 Mar
	9.95	4.91	9.34	1.47	2:24.67			
3032	Jilly Lefebvre				1.04.04	3	Glasgow	4 Feb
	9.78	4.87	8.56	1.61	2:40.17			
3015	Lucy Fellows				14.09.04	1	London (LV)	16 Dec
	9.71	5.03	8.63	1.60	2:46.07			
3004	Carys Poole				21.12.03	6	Sheffield	11 Mar
	9.47	5.00	9.51	1.44	2:39.46			
2952	Gabby Dickinson				30.12.03	7	Sheffield	11 Mar
	9.60	4.85	7.35	1.53	2:34.96			
(10)								
2909	Samantha Stubbs				25.09.03	1	London (LV)	25 Mar
	9.75	4.73	9.22	1.50	2:40.86			
2904	Amelia Briggs-Goode				30.12.03	8	Sheffield	11 Mar
	9.50	4.63	7.90	1.41	2:27.94			

Order of events: 60m Hurdles, Long Jump, Shot, High Jump, 800min various orders.

Under 13 Girls Indoor Pentathlon

Total	Name				DOB	Pos	Venue	Date
2817	Mya NcMahon				19.09.05	1	Glasgow	3 Feb
	9.74	1.53	7.67	4.81	2:45.15			
2617	Stroma Fraser				27.11.05	2	Glasgow	3 Feb
	10.09	1.35	6.45	4.76	2:32.08			
2524	Angela Kelly				15.10.05	3	Glasgow	3 Feb
	10.46	1.41	9.29	4.53	2:51.05			
2382	Esme Pounder				9.10.06	1	Sheffield	16 Dec
	9.8	1.41	6.27	4.30	2:47.8			
2346	Jenna Hilditch				19.04.06	4	Glasgow	3 Feb
	9.96	1.29	5.87	4.32	2:39.34			
2319	Nneka Okoh				10.11.05	1	London (LV)	25 Mar
	10.59	1.29	6.90	4.12	2:33.57			
2289	Kathryn Clague				6.10.06	2	Sheffield	16 Dec
	11.1	1.41	7.95	4.13	2:42.0			
2278	Mary Drewett				18.10.05	2	London (LV)	25 Mar
	10.35	1.38	4.85	4.12	2:37.32			
2259	Abigail Rickard				16.12.05	3	London (LV)	25 Mar
	10.51	1.32	5.69	4.12	2:35.76			
2206	Sophie Jeynes				22.03.06	5	Glasgow	3 Feb
	11.19	1.41	5.77	4.27	2:42.11			
(10)								
2088	Amy Wall				9.10.05	4	London (LV)	25 Mar
	10.46	1.35	6.30	4.38	3:06.01			

Order of events: 60m Hurdles, High Jump, Shot, Long Jump, 800m
Noteworthy performance: 60m Hurdles, Shot, High Jump, Long Jump, 60m

| 2881 | Amber Hughes | | | | 3.11.05 | 1 | Gateshead | 15 Mar |
| | 9.87 | 9.58 | 1.37 | 4.45 | 8.35 | | | |

2000 Metres Walk - Track Under 13

Time	Name		Date		Venue		Date
12:09.7	Katie Brash		18.07.06	1	Tonbridge	2	Apr
12:06Road				1	Hayes	4	Feb

3000 Metres Walk - Track

Time	Name		Date		Venue		Date
12:42.46	Bethan Davies		7.11.90	1	Cardiff	14	Jul
12:52.41+i				1	Birmingham	18	Feb
13:05.12+				1m	Birmingham	1	Jul
13:15.58				1	Cardiff	16	Dec
12:54.71	Heather Lewis		25.10.93	2	Leeds	14	Jul
13:28.11i	Gemma Bridge		17.05.93	4	Bratislava, SVK	28	Jan
13:33.61i+				3m	Birmingham	18	Feb
13:40.03i				1	Sheffield	7	Jan
13:45.12i+	Erika Kelly		6.12.92	4m	Birmingham	18	Feb
13:45.20				1	Manchester (SC)	15	Aug
14:33.67i+	Natalie Myers		12.09.91	5m	Birmingham	18	Feb
14:35.85	Ana Garcia	U20	3.05.01	2	Manchester (SC)	15	Aug
14:42.53	Sophie Hales		30.03.85	1	Chelmsford	13	May
14:43.33	Madeline Shott		15.10.93	3	Manchester (SC)	15	Aug
14:53.07	Abigail Jennings	U20	10.07.00	1	Sutton	9	Sep
14:54.08	Jasmine Nicholls		23.08.95	4	Manchester (SC)	15	Aug
(10)							
15:14.45i+	Megan Stratton Thomas	U20	2.07.00	7m	Birmingham	18	Feb
15:16.21i+	Emily Ghose	U20	2.06.99	8m	Birmingham	18	Feb
15:30.71i	Sophie Lewis Ward	U20	7.04.99	4	Sheffield	7	Jan

Under17

Time	Name		Date		Venue		Date
16:20.04	Isobelle Bridge		24.12.01	3	Grangemouth	21	Jul
16:25.2	Lucy Lewis Ward		26.02.02	2	Tonbridge	2	Apr

Under15

Time	Name		Date		Venue		Date
16:34	Katie Stringer		25.06.05	1	Horsham	8	Dec
16:39.68	Lois Carty		28.03.04	1	Bedford	15	Sep

Foreign

Time	Name		Date		Venue		Date
13:18.79	*Agata Kowalska (POL)*		*22.09.98*	*1*	*Cudworth*	*12*	*May*

5000 Metres Walk - Track

Time	Name		Date		Venue		Date
21:25.37i	Bethan Davies		7.11.90	1	Birmingham	18	Feb
22:04.98				1	Birmingham	1	Jul
22:48.29i	Gemma Bridge		17.05.93	2	Birmingham	18	Feb
23:23.69i	Erika Kelly		6.12.92	3	Birmingham	18	Feb
25:21.96	Madeline Shott		15.10.93	1	London (LV)	12	Aug
25:39.1	Ana Garcia	U20	3.05.01	2	Nuneaton	29	Apr
25:57.66	Abigail Jennings	U20	10.07.00	1	Bedford	15	Sep
26:03.00	Lisa Kehler	V50	15.03.67	1	Birmingham	26	Aug
26:27.35	Molly Davey	U23	3.09.98	4	Modena, ITA	5	May
26:34.4	Carolyn Derbyshire	V40	24.08.77	5	Nuneaton	29	Apr
26:39.76	Natalie Myers		12.09.91	3	Birmingham	1	Jul
(10)							
27:45.99i	Emily Ghose	U20	2.06.99	6	Birmingham	18	Feb
27:55.2				7	Nuneaton	29	Apr
27:55.39i	Megan Stratton-Thomas	U20	2.07.00	7	Birmingham	18	Feb
27:56.2	Lucy Lewis Ward	U17	26.02.02	8	Nuneaton	29	Apr
28:15.0	Isobelle Bridge	U17	24.12.01	9	Nuneaton	29	Apr

Foreign

Time	Name		Date		Venue		Date
23:22.0	*Agata Kowalska (POL)*		*22.09.98*	*1*	*Nuneaton*	*29*	*Apr*
26:18.13	*Erika Pontarollo (ITA)*	*U23*	*2.12.98*	*4*	*Arzignano, ITA*	*7*	*Jul*

5 Kilometres Walk - Road

Time	Name		Date		Venue		Date
22:31+	Bethan Davies		7.11.90	17m	Berlin, GER	11	Aug
22:54+				31m	Taicang, CHN	5	May
22:58+				5m	Lugano, SUI	11	Mar
23:18+e				5m	Gold Coast, AUS	8	Apr
23:30+				1m	Leeds	24	Jun
22:37+	Heather Lewis		25.10.93	20m	Berlin, GER	11	Aug
22:58+	Gemma Bridge		17.5.93	43m	Taicang, CHN	5	May

2018 - Women - Walks

	23:31+e			9m	Gold Coast, AUS	8 Apr
23:45	Erika Kelly		6.12.92	1	Douglas IOM	10 May
Others where faster than track						
24:20	Ana Garcia	U20	3.05.01	2	Podébrady, CZE	7 Apr
26:07	Emma Achurch	U23	9.07.97	1	Stourport	18 Feb

10,000 Metres Walk - Track

48:47.3	Erika Kelly		6.12.92	1	Douglas IOM	22 Aug
53:05.7	Hannah Hunter	V35	7.10.82	2	Douglas IOM	22 Aug
53:58.09	Molly Davey	U23	3.09.98	5	Livorno, ITA	23 Apr

10 Kilometres Walk - Road

45:50+	Bethan Davies		7.11.90	3m	Lugano SUI	11 Mar
	46:15+			41m	Taicang CHN	5 May
	46:25+			21m	Berlin, GER	7 Aug
	46:46+			5m	Gold Coast, AUS	8 Apr
	47:36+			1m	Leeds	24 Jun
46:46+	Gemma Bridge		17.05.93	53m	Taicang CHN	5 May
	48:07+			7m	Gold Coast, AUS	8 Apr
	49:50+			m	Leeds	24 Jun
48:05	Erika Kelly		6.12.92	1	Ramsey IOM	16 Dec
	48:17			1	Douglas IOM	4 Feb
	49:31+			3m	Leeds	24 Jun
	49:32+			8m	Lugano, SUI	11 Mar
	49:36			2	Coventry	20 May
47:57+	Heather Lewis		25.10.93	6m	Lugano, SUI	11 Mar
	48:27			1	Coventry	20 May
	48:27+			2m	Leeds	24 Jun
	49:37+			9m	Gold Coast, AUS	8 Apr
53:30	Abigail Jennings	U20	10.07.00	15	Podébrady, CZE	7 Apr
53:55	Hannah Hunter	V35	7.10.82	2	Douglas IOM	4 Feb
54:18	Ana Garcia	U20	3.05.01	2	Coventry	11 Mar
54:24	Madeline Shott		15.10.93	4	Coventry	11 Mar
Foreign						
48:47	*Agata Kowalska (POL)*		*22.09.98*	*1*	*Leeds*	*24 Jun*

20 Kilometres Walk - Road

1:31:53	Bethan Davies		7.11.90	3	Lugano, SUI	11 Mar
	1:36:08			3	Gold Coast, AUS	8 Apr
	1:36:50			22	Berlin, GER	11 Aug
	1:36:55			1	Leeds	24 Jun
	1:37:31 PL 2 min			64	Taicang, CHN	5 May
1:35:43	Gemma Bridge		17.05.93	53	Taicang, CHN	5 May
	1:39:31			5	Gold Coast, AUS	8 Apr
	1:43:27			6	Leeds	24 Jun
1:36:14	Heather Lewis		25.10.93	6	Lugano, SUI	11 Mar
	1:39:01			2	Raheny, IRL	8 Dec
	1:39:06			2	Leeds	24 Jun
	1:41:45			7	Gold Coast, AUS	8 Apr
1:39:36	Erika Kelly		6.12.92	7	Lugano, SUI	11 Mar
	1:41:30			3	Leeds	24 Jun
	1:47:29			9	Gold Coast, AUS	8 Apr
1:51:11	Hannah Hunter	V35	7.10.82	1	Douglas IOM	24 Feb
1:51:23	Molly Davey	U23	3.09.98	10	Rome, ITA	4 Mar
1:51:45	Lisa Kehler	V50	15.3.67	1	Málaga, ESP	14 Sep

PL 2 min – Pit Lane penalty - walker held in pit lane for 2 mins on receipt of 3rd red card

35 Kilometres Walk Road

3:26:29	Molly Davey	U23	3.09.98	6	Grossetto, ITA	28 Jan

50 Kilometres Walk Road

5:08:17	Molly Davey	U23	3.09.98	7	Dudince, SVK	24 Mar
5:11:06	Hannah Hunter	V35	7.10.82	1	Peel IOM	15 Apr

4 x 100 Metres

Time	Team	Cat	Pos	Venue	Date
41.88	National Team		1	Berlin, GER	12 Aug
	(Asha Philip, Imani Lansiquot, Bianca Williams, Dina Asher-Smith)				
42.19	National Team		1h1	Berlin, GER	12 Aug
	(Asha Philip, Imani Lansiquot, Bianca Williams, Daryll Neita)				
42.28	National Team		1	Zürich, SUI	30 Aug
	(Asha Philip, Imani Lansiquot, Bianca Williams, Dina Asher-Smith)				
42.36	National Team		1	London (O)	22 Jul
	(Asha Philip, Imani Lansiquot, Bianca Williams, Daryll Neita)				
42.46	England		1	Gold Coast, AUS	14 Apr
	(Asha Philip, Dina Asher-Smith, Bianca Williams, Lorraine Ugen)				
42.52	National Team		1	London (O)	15 Jul
	(Asha Philip, Bianca Williams, Imani Lansiquot, Shannon Hylton)				
42.55	National Team (Europe)		2	Ostrava, CZE	8 Sep
	(Kristal Awuah, Imani Lansiquot, Bianca Williams, Dina Asher-Smith)				
42.85	National 'B' Team		4	London (O)	22 Jul
	(Kristal Awuah, Ashleigh Nelson, Corinne Humphreys, Lorraine Ugen)				
42.88	National Team		2	Geneva, SUI	9 Jun
	(Shannon Hylton, Imani Lansiquot, Bianca Williams, Ashleigh Nelson)				
43.19	National Team		2	Berlin, GER	2 Sep
	(Annie Tagoe, Ashleigh Nelson, Jodie Williams, Kristal Awuah)				
43.20	England		1	Brisbane, AUS	28 Mar
	(Asha Philip, Dina Asher-Smith, Bianca Williams, Corinne Humphreys)				
43.84	National Team		1	Loughborough	20 May
44.05	National Junior Team	U20	3	Tampere, FIN	14 Jul
	(Kristal Awuah, Alisha Rees, Georgina Adam, Ebony Carr)				
44.57	National Junior Team	U20	2	Mannheim, GER	23 Jun
	(Kristal Awuah, Alisha Rees, Georgina Adam, Ebony Carr)				
44.80	National Junior Team	U20	8	London (O)	22 Jul
	(Vera Chinedu, Alisha Rees, Georgina Adam, Ebony Carr)				
44.84	National Junior Team	U20	2h1	Tampere, FIN	14 Jul
	(Kristal Awuah, Mair Edwards, Vera Chinedu, Ebony Carr)				
45.23	Loughborough Students		2	Loughborough	20 May
45.47	England		1	Manchester (SC)	15 Aug
45.88	National Junior Team	U20	2	Manchester (SC)	15 Aug
45.91	Individual 8		3	Loughborough	20 May

Additional National Teams

Time	Team	Pos	Venue	Date
46.48	Scotland	4	Loughborough	20 May

Additional Club Teams (1 above)

Time	Team	Cat	Pos	Venue	Date
46.25	East London University		1	Bedford	7 May
46.38	Thames Valley Harriers		4	Birmingham	26 May
46.60	Birchfield Harriers		1	Eton	2 Jun
46.69	Blackheath & Bromley H AC		2	Grangemouth	7 Jul
46.78	Brunel University		1h1	Bedford	6 May
46.85	Enfield & Haringey AC	U20	1	London (O)	22 Jul
46.87	Croydon Harriers	U20	2	London (O)	22 Jul
47.12	Wigan & District H & AC		1	Liverpool	8 Jul
47.17	Crawley AC		1	Crawley	8 Jul
47.37	Windsor SE&H AC		3	Eton	2 Jun
47.41	Swansea Harriers		4	Eton	2 Jun
47.47	Cardiff AAC		2	Cardiff	2 Jun
47.59	Notts AC		3	Cardiff	2 Jun
47.62	Bath University		2	Bedford	7 May
47.68	Shaftesbury Barnet Harriers	U20	4	London (O)	22 Jul
47.76	Newham & Essex Beagles	U20	5	London (O)	22 Jul
47.80	Aberdeen AAC		1	Scotstoun	24 Jun
48.01	Victoria Park & Tower Hamlets AC	U17	3	London (O)	22 Jul
48.06	Edinburgh AC		5	Eton	2 Jun

Additional Under 20 Teams (7 above)

Time	Team	Cat	Pos	Venue	Date
46.13	England		1	St. Peter Port GUE	23 Jun
46.70	Surrey Schools	U17	1	Birmingham	14 Jul
46.86	London Schools	U17	2	Birmingham	14 Jul

2018 - Women - 4x100m Relay

Additional National Teams
47.83	Wales	U18	1	Grangemouth	4 Aug

Additional Under 20 Club Teams (5 above)
46.95	Blackheath & Bromley H AC		1	Bromley	27 May
47.39	Windsor SE&H AC		3	London (O)	22 Jul
48.17	Stockport Harriers	U17	1	Birmingham	18 Aug
48.51	Harrow AC	U17	5	London (O)	22 Jul
48.71	Notts AC		1	Milton Keynes	1 Jul

Additional Under 17 Teams (1-3 above)
46.89	England North Schools		1	Loughborough	1 Sep
46.93	England South Schools		2	Loughborough	1 Sep
46.96	England Schools		1	Grangemouth	21 Jul
47.44	Croydon Harriers		1	Stevenage	27 May
47.48	England Midlands Schools		3	Loughborough	1 Sep
47.71	Cheshire Schools		3	Birmingham	14 Jul
47.78	Greater Manchester Schools	U15	1	Birmingham	14 Jul

Additional National Teams
48.23	Scottish Schools		4	Loughborough	1 Sep
48.81	Northern Ireland Schools		5	Loughborough	1 Sep

Additional Under 17 Club Teams (1-4 above)
47.93	Shaftesbury Barnet Harriers	2	London (O)	22 Jul
48.33	Blackheath & Bromley H AC	1	Bromley	27 May
48.37	Windsor SE&H AC	2	Eton	1 Jul
48.73	Gateshead Harriers	1	Stretford	27 May
49.46	Sale Harriers Manchester	1	Carlisle	29 Apr
49.6	Sutton & District AC	1	London (TB)	23 Jun

Additional Under 15 Teams (1 above)
47.96	Middlesex Schools	2	Birmingham	14 Jul
48.79	Hampshire Schools	3	Birmingham	14 Jul
48.84	London Schools	4	Birmingham	14 Jul
48.87	Kent Schools	5	Birmingham	14 Jul
48.93	Herne Hill Harriers	1	London (O)	22 Jul
49.13	Reading AC	2	London (O)	22 Jul
49.13	Blackheath & Bromley H AC	3	London (O)	22 Jul

Additional Under 15 Club Teams (1-3 above)
49.79	Havering AC	4	London (O)	22 Jul
49.8	Basingstoke & Mid Hants AC	1	Basingstoke	1 Jul
49.9	Sale Harriers Manchester	1	Ellesmere Port	17 Jun
50.10	Croydon Harriers	5	London (O)	22 Jul
50.23	Preston Harriers	1	Wakefield	19 May
50.3	Crawley AC	1	Croydon	21 Jul
50.32	Shaftesbury Barnet Harriers	6	London (O)	22 Jul

Under 13 Teams
51.60	Preston Harriers	1	Birmingham	18 Aug
51.67	Shaftesbury Barnet Harriers	1	London (O)	22 Jul
52.06	Middlesex AA	1	Kingston	28 Jul
52.62	Surrey AA	2	Kingston	28 Jul
52.79	Herne Hill Harriers	2	London (O)	22 Jul
52.8	Croydon Harriers	1	Croydon	21 Jul
52.87	Edinburgh AC	2	Bedford	8 Sep
52.89	Reading AC	3	London (O)	22 Jul
52.90	Cardiff Archers	1	Stoke Gifford	21 Jul
52.98	Victoria Park & Tower Hamlets AC	4	London (O)	22 Jul

Additional Under 13 Club Teams (1-8 above)
53.1	Southport Waterloo AC	1	Litherland	19 May
53.1	Slough Junior AC	1	Basingstoke	1 Jul

4 x 200 Metres

1:39.08	Birmingham University	2	Birmingham (U)	23 Jun
1:40.23i	Bath University	1	Sheffield	17 Feb
1:40.83i	Cardiff Metropolitan University	2	Sheffield	17 Feb

1:41.42i	Brunel University		2h4	Sheffield	17 Feb
1:41.58i	Sheffield University		3	Sheffield	17 Feb

Under 20 Team

1:43.6	Southend High School for Girls	1	Oxford	26 Apr

Under 17 Team

1:44.77i	Central AC	1	Glasgow	25 Feb

Under 15 Teams

1:48.81i	Victoria Park City of Glasgow AC	1	Glasgow	25 Feb
1:49.81	South Yorkshire Schools	1	Nottingham	8 Sep

Under 13 Team

1:54.53i	Ayr Seaforth AC	1	Glasgow	25 Feb

4 x 300 Metres - Under 17

2:39.15	England Schools		1	Grangemouth	21 Jul
2:40.11	England Midlands Schools		1	Loughborough	1 Sep
2:42.08	England North Schools		2	Loughborough	1 Sep
2:42.31	Wales Schools		2	Grangemouth	21 Jul
2:43.38	Scotland Schools		3	Grangemouth	21 Jul
2:44.33	England South Schools		4	Loughborough	1 Sep
2:46.95	Edinburgh AC		1	Grangemouth	8 Jul
2:47.43	Shaftesbury Barnet Harriers		1	Bromley	27 May
2:49.35	Giffnock North AAC		2	Grangemouth	8 Jul
2:50.5	Blackheath & Bromley H AC	U15	1	Hornchurch	21 Jul

Additional Under 17 Club Teams (1-4 above)

2:51.2	West Cheshire AC	U15	1	Ellesmere Port	17 Jun
2:51.4	Medway & Maidstone AC	U15	1	Brighton	21 Jul
2:51.45	Sale Harriers Manchester		1	Carlisle	29 Apr
2:51.5	Cardiff Archers		1	Yeovil	1 Jul
2:51.69	Cheltenham H & AC		1	Swansea	24 Jul
2:52.39	Reading AC		2	Bromley	27 May

Additional Under 15 Club Teams (1-3 above)

2:52.66	Sale Harriers Manchester	2	Wakefield	19 May
2:53.8	Hallamshire Harriers	1	Middlesbrough	21 Jul
2:54.1	Havering AC	2	Hornchurch	21 Jul
2:55.0	Liverpool Harriers & AC	1	Sheffield	21 Apr
2:55.6	Preston Harriers	1	Bebington	21 Jul
2:57.09	Edinburgh AC	1	Scotstoun	17 Jun
2:57.2	Invicta East Kent AC	1r2	Ashford	8 Jul

4 x 400 Metres

3:26.48	National Team	5	London (O)	15 Jul
	(Zoey Clark 52.1, Amy Allcock 51.3, Finette Agyapong 51.69, Emily Diamond 51.34)			
3:27.21	England	4	Gold Coast, AUS	14 Apr
	(Anyika Onuora 52.2e, Finette Agyapong 51.5e, Perri Shakes-Drayton 52.33, Emily Diamond 51.07)			
3:27.40	National Team	3	Berlin, GER	11 Aug
	(Zoey Clark 52.5, Anyika Onuora 52.0, Amy Allcock 51.48, Eilidh Doyle 51.50)			
3:28.12	National Team	2h1	Berlin, GER	10 Aug
	(Zoey Clark 52.3, Finette Agyepong 51.5, Mary Abichi 52,10, Emily Diamond 52.21)			
3:28.59	National Team	1	Berne, SUI	16 Jun
	(Emily Diamond, Finette Agyapong, Amy Allcock, Zoey Clark)			
3:29.18	Scotland	6	Gold Coast, AUS	14 Apr
	(Zoey Clark 52.1e, Kirsten McAslan 52.6e, Lynsey Sharp 53.35, Eilidh Doyle 51.03)			
3:29.38i	National Team	3	Birmingham	4 Mar
	(Meghan Beesley 52.99, Hannah Williams 51.91, Amy Allcock 52.12, Zoey Clark 52.36)			
3:32.57i	National Team	2h1	Birmingham	3 Mar
	(Amy Allcock 53.54, Anyika Onuora 53.65, Hannah Williams 52.43, Meghan Beesley 52.25)			
3:33.02	Loughborough Students	1	Loughborough	20 May
	(Beth Dobbin 54.2, Amy Allcock 52.0, Jessica Turner 52.8, Kirsten McAslan 54.1)			
3:34.78	Individual 5	2	Loughborough	20 May
	(Mary Abichi 53.1, Maya Bruney 53.9, Lina Nielsen 55.0, Laviai Nielsen 52.8)			
3:36.18	Individual 4	3	Loughborough	20 May
	(Lily Beckford 54.8, Finette Agyapong 53.1, Hannah Williams 52.8, Seren Bundy-Davies 55.5)			

2018 - Women – 4x400m Relay

Time	Team		Place	Venue	Date
3:39.62	Shaftesbury Barnet Harriers		1	Cardiff	2 Jun
	(Philippa Lowe, Tara Kafke, Sabrina Bakare, Lily Beckford)				
3:39.73	Shaftesbury Barnet Harriers		1	Crawley	8 Jul
	(Sabrina Bakare, Phillipa Lowe, Tara Kafke, Lily Beckford)				
3:39.97	Thames Valley Harriers		1	Grangemouth	7 Jul
	(Kathryn Sutton, Jessica Tappin, *Aisha Naibe-Wey SLE*, Zoey Clark)				
3:40.28	England		1	Manchester (SC)	15 Aug
3:40.49	Thames Valley Harriers		4	Birmingham	27 May
	(Jessica Tappin, Charlotte Buckley, *Aisha Naibe-Wey SLE*, Zoey Clark)				
3:41.58	Loughborough Students		1	Bedford	7 May
3:43.29	Blackheath & Bromley H AC		1	Bromley	23 Jun
	(Krystal Galley, Holly Mpassy, Megan Walsh, Rachel Dickens)				
3:43.81	Scotland		2	Manchester (SC)	15 Aug
	(Chloe Lambert, Kelsey Stewart, Anna Nelson, Mhairi Hendry)				
3:44.28	National Junior Team	U20	4	Loughborough	20 May
	(Emma Alderson 56.4, Esther Adikpe 56.6, Isabelle Boffey 55.6, Megan Walsh 55.7)				

Additional National Team

3:54.43	Northern Ireland		4	Manchester (SC)	15 Aug

Additional Club Teams (1-4 above)

3:45.16	Crawley AC		2	Cardiff	2 Jun
3:45.84	Birmingham University		2	Bedford	7 May
3:45.89	Enfield & Haringey AC		2	Crawley	8 Jul
3:46.13	Birchfield Harriers		1	Eton	2 Jun
3:47.40	Bath University		3	Bedford	7 May
3:48.48	Trafford AC		3	Southampton	4 Aug
3:48.72	Woodford Green with Essex Ladies		3	Cardiff	2 Jun
3:48,85	Edinburgh AC		4	Southampton	4 Aug
3:49.20	Chelmsford AC		1	Bracknell	15 Jul
3:50.44	Windsor SE&H AC		3	Eton	2 Jun
3:52.99	Cardiff AAC		4	Cardiff	2 Jun
3:53.02	Leeds Beckett University		4	Bedford	7 May
3:53.62	Southampton AC		4	Eton	2 Jun
3:54.18	Notts AC		2	Leigh	5 Aug
3:54.92	Harrow AC		5	Cardiff	2 Jun
3:55.42	Bracknell AC	U20	1	Bracknell	15 Jul
3:56.11	Sheffield University		5	Bedford	7 May

Additional Under 20 Teams (1-2 above)

3:55.75	Windsor SE&H AC		1	Bromley	27 May
3:57.59	Team Forth Valley		1	Liverpool	27 May
3:57.97	Blackheath & Bromley H AC		6	Castellon	15 Sep
3:59.59	Team Glasgow (Giffnock North AC)		1	Carlisle	1 Jul
4:00.6	Crawley AC		1	Woking	29 Apr
4:01.47	Team Edinburgh		2	Carlisle	1 Jul
4:03.01	Sale Harriers Manchester		1	Carlisle	29 Apr
4:05.45	Scotland Futures	U18	2	Grangemouth	4 Aug

Additional Under 20 Club Teams (1-6 above)

4:06.22	Cardiff AAC		1	Cardiff	27 May
4:06.29	Birchfield Harriers		1	Birmingham	29 Apr
4:06.60	Robert Gordon's College		1	Glasgow (Cf)	1 Jun
4:07.84	George Watson's College		2	Glasgow (Cf)	1 Jun

MEN'S INDEX

Club details and previous personal bests, where better than those recorded in 2018, are shown for all athletes in the main lists.

ADAN Mohamud 1.01.90, Thames Valley
 3k- 8:18.29 (8:13.12-17), 5k- 14:02.01 (13:57.32-16),
 10k- 28:39.79, 10kR- 28:59+, 15kR- 43:51+, HMar- 62:31
ABDULLAHI Kadar Omar U23 1.01.96, Birchfield/ETH
 3k- 8:10.49, 5k- 14:18.20, 10kR- 29:34, HMar- 66:06
ABIDEKUN Fidunu U15 1.09.03, Kent Schools
 300- 37.90
ABIODUN Omololu 1.09.92, WGreen & Ex L
 100- 10.69w (10.51w/10.58-14)
ABU-REZEQ Mohammed 21.12.83, Altrincham/JOR
 5kR- 14:24, 10kR- 29:42 (29:11-14), HMar- 66:44
 (65:24-14), Mar- 2:22:56dh/2:25:20 (2:20:52dh-16)
ACKUAKU Jordan U15 4.11.03, Bedford & County
 SPB- 13.43
ACQUAH Ossari U13 8.10.05, Newham & Ex B
 60- 7.88i, 100- 11.84w/11.99, 200- 24.57, LJ- 5.16
ADAH-JAHS Fortune U15 6.11.03, Bexley
 100- 11.4
ADAMS Alexander U13, Stratford-upon-Avon
 1500- 4:34.97
ADAMS Dean 14.03.90, Ballymena & Antrim/IRL
 60- 6.84i
ADAMS Joseph U15 18.11.03, Stevenage & NH
 HTB- 46.04
ADAMS Samuel 17.10.94, VP-Glasgow/York Un (CAN)
 PV- 5.05i (5.00-16)
ADAMS Sean 1.09.93, Southampton
 110H- 15.55 (15.21-12), 400H- 53.30 (52.30-16)
ADAMS Tyler U23 26.11.98, Ashford
 Dec- 5664
ADEBIYI Victor U20 2.03.00, Chelmsford
 SPJ- 15.28i (14.51-17)
ADEGBITE Andrew U20 30.07.01, Newham & Ex B
 TJ- 14.19
ADEKUNLE Michael 12.12.94, Thames Valley
 HJ- 1.95 (1.96-17)
ADEMUWAGUN Toni U20 7.08.00, Thames Valley
 HJ- 2.07i/2.04
ADENIRAN Mikun U13, Basingstoke & MH
 DTC- 33.06
ADENUGA Caleb U17 13.02.02, Sale
 LJ- 6.50
ADEPEGBA Oreofeoluwa U15 10.08.04, Thurrock
 HJ- 1.77, LJ- 6.22, PenB- 2825
ADESINA Theophilus U17 20.05.02, Thurrock
 60HY- 8.50i, LJ- 7.05, SPY- 14.12, HepJ- 4722i,
 HepIY- 4351i (4468i-17), DecY- 5562, OctY- 4889
ADEWALE Ade 27.08.93, Enfield & Haringey
 60- 6.80i (6.75i-17), 100- 10.66 (10.39-14)
ADEYEMI Samuel 15.03.90, Herne Hill
 400- 47.40
ADEYEYE Temitope U23 12.03.98, Enfield & Ha/London U
 100- 10.74 (10.67w/10.70-16), 200- 21.50
ADEYEYE William U20 4.03.01, Newham & Ex B
 60HJ- 8.32i, 110HY- 13.91, 110HJ- 14.88
ADUM-YEBOAH Matthew U17 23.03.02, WGreen & EL
 100- 11.05w
AFFLECK Robert V45 27.09.71, Preston
 Mar- 2:29:21 (2:27:50-15)
AFOLABI Daniel U20 6.09.00, Sale
 60- 6.91i, 100- 10.80 (10.55w/10.63-17)
AFRIFA-MENSAH Kofi U15 16.07.04, Notts
 PV- 3.43
AFRIFA-MENSAH Yaw U13 26.01.06, Notts
 100- 12.1/12.14, 200- 24.34w/24.86
AFRIFA-OSUWU Frederick U23 5.12.96, Crawley/ITA
 100- 10.67, 200- 21.46, 400- 48.13
AGHEDO Osaze U20 12.02.99, Swansea/Brunel Un
 TJ- 15.20i/15.14 (15.27-17)
AGUOCHA Kelechi U20 10.02.01, Blackheath & Bromley
 HJ- 2.07
AHMED Belal 20.11.86, Hercules Wimbledon/ITA
 10k- 30:48.20, Mar- 2:23:11

AHMED Mahad 18.09.95, Shettleston H/West Scot Un
 TJ- 13.96i (14.37-16)
AHMED Miraji Abubakar U17 5.11.01, Shettleston H
 TJ- 14.52w/14.39i/14.15
AHMED Omar Birchfield
 10kR- 29:39, HMar- 66:14
AHMET Bilen 21.01.85, Kingston & Poly
 Dec- 4161 (4997-10)
AIKEN Krishawn 24.05.95, Enfield & Haringey/Glasgow Un
 100- 10.73w (10.72w/10.77), 200- 21.38, 400- 47.57
AIKINES-ARYEETEY Harry Leslie 29.08.88, Sutton & Dist
 60- 6.66i (6.55i-10), 100- 10.18 (9.90w-17, 10.08-13),
 150- 15.13str (15.10wstr-16), 200- 21.61 (20.46-11)
AJALA Berachiah U17 26.08.02, Edinburgh AC
 LJ- 6.60, TJ- 14.03i/13.86w/13.77
AJUBE Andrew Dami 28.03.92, Thames Valley/POR
 400H- 54.55
AKANNI Ethan U20 5.03.99, Bexley
 60HJ- 7.79i, 110HJ- 13.68, 110H- 15.36
AKEHURST Adam 13.09.87, C of Portsmouth
 SP- 13.27 (13.77-15), JT- 55.87 (59.64-15)
AKINBOH Akin U17 13.10.01, Colchester H
 100- 11.00, 200- 22.45
AKINTOKUN Akeem 22.09.93, Newham & Ex B
 400- 48.53
AKINYEMI Damope U15 20.02.04, Newham & Ex B
 HJ- 1.80, LJ- 6.42, TJ- 12.75, PenB- 2574
AKPAN Nzimah 25.03.94, Liverpool H
 800- 1:51.10 (1:49.13-17)
AKPOTOR Ejiro U15 23.12.03, Havering
 SPB- 12.93, DTB- 37.31
AKYOL Fazimi U13, Suffolk Schools
 HJ- 1.54
ALADESE Dele U20 16.05.99, Blackheath & Bromley
 DTJ- 47.46
AL-AMEEN Alexander 2.03.89, Newham & Ex B/NGR
 60B- 8.00i (7.85i-14), 110H- 14.10 (13.54-14)
ALBROW Louis U17 22.01.02, C of Norwich
 60- 7.18i
ALCOCK Benjamin 19.09.94, Bedford & County
 5k- 14:25.97 (14:05.06-17), 10k- 29:29.18
ALDRED Tom V35 15.03.79, London Heathside
 Mar- 2:24:07
ALEXANDER Blair 23.11.89, Giffnock North
 200- 21.71/21.61w
ALEXANDER Joseph U17 5.11.02, Cardiff
 60HY- 8.60i
ALEXANDERSON Trevor 30.12.89, Birchfield/C.Lancs Un
 LJ- 7.36
ALEXANDRU Dominic U13 1.09.05, Havering
 60HC- 9.94i, 75HC- 11.74
ALFRED Alando U23 1.12.96, Thames Valley
 TJ- 14.65 (14.66-17)
ALLAWAY Joshua 24.11.92, Channel Islands
 100- 10.71 (10.55w-17)
ALLEN Dominic U23 5.09.97, Southampton/Lough St
 JT- 56.24 (61.03-17)
ALLEN Harry 10.11.93, Bristol & W
 3kSt- 9:44.45
ALLEN Jacob 3.10.94, Rugby & Northampton/
 San Francisco Un
 1500- 3:44.02, 3k- 8:14.54i (8:05.71-15), 5k- 13:43.75
ALLEN Jake 29.05.94, West Suffolk
 HT- 47.21
ALLEN Joshua Denis U20 23.01.00, Middlesboro Mand
 800- 1:50.29
ALLEN Luke U17 27.03.02, Gateshead
 SPY- 13.76
ALLEN Rhys U15 30.08.04, Southampton
 SPB- 14.34, DTB- 44.39
ALLEN Richard 25.10.95, Aldershot F&D
 3k- 7:54.06, 5k- 13:59.53, 5kR- 13:51, 10k- 28:54.95,
 10kR- 29:45

2018 - Men - Index

ALLI Lanre U15 10.09.03, Wiltshire Schools
 PenB- 2601
ALLISON Lucian 11.11.90, Lincoln Wellington
 5kR- 14:28, 10kR- 29:33, HMar- 65:27
ALLISON Matthew V45 26.02.73, Leeds
 JT- 54.05 (63.91-02)
ALLWAY James U23 25.09.97, Chelmsford
 PV- 4.20 (4.20-16)
ALLWOOD Julien 19.11.92, Herne Hill/London Un
 TJ- 14.66i (15.51w/15.22-12, 15.37i-13)
ALVAREZ Matthew U20 8.01.00, Taunton
 100- 10.72, 200- 21.40w/21.68
AMADI Malachi U13 21.10.05, Shaftesbury B
 100- 12.23, 200- 25.05
AMANING Edmond 27.10.93, Thames Valley
 60- 6.78i (6.76i-17), 100- 10.26w/10.31,
 200- 20.37w/20.43
AMED Morgan U20 2.04.99, Coventry Godiva
 100- 10.70w/10.80, 200- 21.34w/21.64
AMO-DADZIE Eugene 92, WGreen & Ex L
 60- 6.93i
AMOAKO D U13, Essex Schools
 75HC- 12.0
AMOKWANDOH Stefan U23 11.09.96, Blackheath &
 Bromley/Princeton Un
 TJ- 15.54 (15.71-17)
AMPOFO Shawn U15 30.10.03, Marshall Milton K
 LJ- 6.04w, TJ- 12.40
ANAH Alessio U15 18.07.04, Crawley
 80HB- 11.8/11.83
ANDERSON Tom 12.01.90, Winchester
 3k- 8:03.44i (8:11.79-12), 10k- 29:22.95 (29:14.30-16),
 HMar- 64:23 (64:03-16)
ANDOH William U17 5.09.01, Enfield & Haringey
 100- 10.85, 200- 22.34
ANDREOU Panagiotis U23 30.06.96, Lough St/CYP
 LJ- 6.99 (7.52-17)
ANDREW Jack 12.10.91, Sale
 60H- 8.11i, 110H- 14.50 (14.3-14), PV- 4.70 (4.86-10),
 Dec- 7213
ANDREWS Mark 9.01.89, Holland Sports AC
 Dec- 4636
ANDREWS-HAYCOCKS Tayo U23 31.03.96, Herne Hill/
 London Un
 HJ- 1.95i (2.06-17)
ANEJU Oyare U17 28.03.03, Radley AC
 TJ- 13.77
ANGELL Luke 28.11.95, Team Kennet
 JT- 56.93 (60.82-15)
ANGUS Fraser John U20 13.01.00, Giffnock North
 100- 10.75
ANIMASHAUN David U17 6.07.02, Notts
 100- 11.1w
ANIMASHAWUN Kayotunde U20 13.05.01, Somerset Sch
 DTJ- 42.99
ANOCHIRIONYE Ogo 14.11.92, Thames Valley
 LJ- 7.21 (7.39-16)
ANTELL Shaun 9.05.87, Bideford
 10kR- 29:34, HMar- 68:15 (66:38-15), Mar- 2:28:03
ANTHONY Sebastian U23 16.02.97, W.Suffolk/Lough St
 800- 1:51.30
ANYA-JOSEPH Graig U15 6.10.03, Basildon
 60- 7.08i, 100- 10.84, 200- 22.93/26.00, SPB- 13.80
APPIAH-KUBI Louis U17 22.09.02, Sale
 60- 7.11i, 100- 11.11 (11.11-17)
APPS Kieran U20 7.10.99, Southampton
 PV- 4.21i (4.00-17)
ARCHER Christian U17 30.10.02, Notts
 SPY- 14.05
ARCHER Thomas U15 3.05.04, London Heathside
 1500- 4:10.56
ARCHIBALD Elliott U17 26.09.02, Derby AC
 100- 11.08

ARGUL SANEUSTAQUIO Sergio U20 11.03.99, Birmingham
 Un/ESP
 3kSt- 9:39.95
ARIYO-FRANCIS Dominic U17 25.09.02, Woking
 200- 22.36
ARKELL Freddie U15 2.09.04, Hercules Wimbledon
 60- 7.42i
ARMITT Hamish U17 24.06.02, Giffnock North
 1500- 4:00.43
ARMSTRONG George U23 8.12.97, Newham & Ex B/
 Loughborough St
 DT- 59.74
ARMSTRONG Joshua U20 23.12.99, C of Lisburn
 60HJ- 8.19i, 110HJ- 14.69
ARNOLD Finlay U13 5.10.05, Macclesfield
 SPC- 12.05
ARNOLD Matthew U23 5.08.96, Aldershot F&D/Lamar Un
 3k- 8:15.61i, 5k- 14:29.36, 3kSt- 9:05.78
ARODE Israel U15, London Schools
 TJ- 12.32
ARTHUR Joseph U20 15.01.99, Edinburgh AC
 3k- 8:27.92, 5k- 15:01.31
ARTHUR Reuben U23 12.10.96, Enfield & Haringey/
 London Un
 60- 6.68i, 100- 10.34w/10.39 (10.18-17),
 200- 21.69 (21.09w/21.29-17)
ARYEETEY David U20 25.10.99, Charnwood
 60HJ- 8.43i, 110HJ- 14.48
ASHCROFT John 13.11.92, Liverpool H/Leeds Un
 800- 1:51.21 (1:50.73-17), 1500- 3:44.77 (3:43.97i-17),
 3k- 8:13.36i (8:04.87i-17, 8:27.76-13), 5k- 14:13.40,
 10kR- 30:18 (30:08-16)
ASHDOWN-TAYLOR Charlie U20 19.09.99, Bracknell
 SPJ- 13.77
ASHER-REIF Jacob U13, Kettering
 800- 2:12.52
ASHFIELD William U15 29.01.04, Vale Royal
 1500- 4:18.55
ASHLEY Matthew 4.07.89, C of Sheffield
 HJ- 2.11i/2.03 (2.05-14)
ASHMEAD-SHOYE Aaron U15 12.12.03, Newham & Ex B
 LJ- 6.16w, TJ- 13.57
ASHTON Thomas U15 24.01.04, Dacorum & Tring
 PV- 3.21i/3.20
ASHWELL Dominic U20 13.06.99, Shaftesbury B
 60- 6.68i, 100- 10.25, 200- 21.43
ASPINDLE Glenn U23 22.06.98, Spenborough
 Dec- 5123
ASPREY George U17 8.01.03, Aldershot F&D
 OctY- 4234
ATCHISON Brandon U20 21.08.99, Manx H
 JT- 53.19
ATKIN Sam 14.03.93, Lincoln Wellington
 1500- 3:45.07, 1M- 3:58.60, 3k- 8:12.96+ (7:56.70-16),
 5k- 13:39.38
ATKINSON Thomas Harry U20 29.09.00, Cardiff
 TJ- 13.89 (13.93-17)
ATWELL Nicholas 9.04.86, Herne Hill
 200- 21.57 (21.49-15), 400- 47.05
AUSTIN Rowan U17 7.11.01, Taunton
 HJ- 1.95
AVERY Carl 28.08.86, Morpeth
 3k- 8:18.04, 5k- 14:08.83, 10kR- 29:33
AWDE David 6.01.84, Woking
 Dec- 5076
AWE Korede U20 25.11.99, Invicta
 60- 6.91i, 100- 10.71, 200- 21.73w/21.82
AXE Rowan 17.05.91, Cardiff
 1500- 3:47.05 (3:38.12-17), 3k- 8:11.24 (7:59.66-17)
AYOADE Memphis U17 13.09.02, Herne Hill
 400- 50.24
AYO-OJO Tolu U17 26.08.02, Shaftesbury B
 PV- 3.95
AZU Jeremiah U20 15.05.01, Cardiff
 60- 6.76i, 100- 10.46w/10.56, 200- 21.61w/21.77

BABATUNDE Timi U13, Kent Schools
 DTC- 32.64
BACHORSKI Anton U17 18.07.02, Tonbridge/POL
 60- 7.12i, 100- 10.90, 200- 22.13
BADDICK Francis 29.11.85, Newham & Ex B
 5kR- 14:20 (14:03.86t-16)
BAFFOUR Stephen U15 9.11.03, Coventry Godiva
 100- 11.3/11.31, 200- 22.95
BAILEY Cameron U20 10.12.00, Ipswich
 100- 10.8
BAILEY Jonathan 16.07.95, Cardiff/Lough St
 HJ- 2.09 (2.09-16)
BAIN Chris U17 22.01.03, Channel Islands
 1.5kSt- 4:33.86
BAIN Stuart U17 14.11.01, Shetland
 LJ- 6.64
BAINBRIDGE Christopher 16.06.95, Grantham
 HT- 52.36
BAINBRIDGE Daniel U20 2.06.99, Sh'bury B/Lough St
 JT- 69.00
BAINES Dylan U17 3.10.01, Stevenage & NH
 PV- 4.42i/4.30, HepIY- 4359i
BAINES Thomas U20 22.11.00, Sale
 400- 48.96i (49.41-17)
BAINS Thomas Jasbir 3.01.95, Tipton
 5k- 14:27.71, 10k- 29:46.88
BAJERE Scott 12.05.92, Bristol & W
 60- 6.85i (6.80iA-15, 6.84i-13),
 100- 10.75 (10.5w-11, 10.51-15)
BAKARE Israel U15 12.02.04, Croydon
 HJ- 1.80
BAKER Christopher 2.02.91, Sale
 HJ- 2.26 (2.36i/2.29-16)
BAKER Donald Edward U20 31.01.00, Ipswich
 JT- 58.57 (62.10-17)
BAKER Harry U20 18.11.99, Horsham BS
 HJ- 2.06i/2.00 (2.05-17)
BAKER Niclas 9.09.94, Crawley
 60- 6.94i, 200- 21.07w/21.27 (20.89w-17),
 400- 48.29 (47.05-17)
BALDWIN Charlie 28.09.95, Crawley
 800- 1:51.70
BALL Luke U15 28.10.04, Yate
 HJ- 1.84, PenB- 2705, PenIB- 2393i
BALL Samuel U15 18.10.04, Reading
 60HB- 8.86i, 80HB- 11.73, HJ- 1.76, LJ- 6.07, TJ- 12.29,
 PenB- 2889, PenIB- 3027i
BAMPTON Alexander 31.10.94, Cheltenham
 10kR- 30:30
BANAHEN Akwasi U17 20.04.03, Enfield & Haringey
 60- 7.14i
BANGURA-ISSA Abdual U13, London Schools
 100- 12.2
BANIGO Reynold U23 13.08.98, Sale/Notts Trent Un
 LJ- 7.87w/7.67
BANKS Daniel U20 3.10.99, Worcester AC
 100- 10.80 (10.74w-17)
BANKS Edward 30.05.85, Birchfield
 3kSt- 9:31.88
BANKS Ruben U17 14.11.01, WSE&H/IMG Academy
 SPY- 15.02, HT- 47.99, HTY- 60.80
BAPTISTE Matthew 28.10.90, Newham & Ex B
 SP- 14.54i/13.51 (15.72-17), DT- 50.21 (50.52-17)
BARBARESI Oliver U20 23.03.00, Menai
 5k- 15:13.41
BARBER Joss U20 22.06.99, Bl'heath & Brom/London Un
 2kSt- 6:01.47, 3kSt- 9:31.88
BARBOUR Edward U23 3.03.98, Amber V/Liverpool Un
 LJ- 6.87w/6.85
BARCLAY Lewis U17 25.11.01, Shetland
 400- 50.21
BARHAM Kai U13, Dartford
 HTC- 38.06
BARNES Ciaran U23 8.08.98, C of Lisburn/Bath Un
 400H- 55.6/55.62 (54.86-16)

BARNICOAT Will U17 24.03.03, Aldershot F&D
 1500- 4:01.87, 3k- 8:37.44
BARTLE Ori U15 4.05.04, Lewes
 PV- 3.51i/3.46
BARTLETT Michael 26.12.92, Chelmsford
 PV- 4.20 (4.50-13)
BARTON Harry U15 14.10.03, Wells
 300- 37.67, 80HB- 11.64, PenB- 2672
BASS-COOPER Samuel U23 26.01.96,
 Southampton/Southampton Un
 PV- 4.70 (4.90-16)
*BASSUE Mikkel Raquahn U20 15.08.00, Bristol & W/IVB
 100- 10.73w*
BATE Roger V35 16.01.83, Trafford
 DT- 41.37 (49.89-04), HT- 49.87 (61.61-09)
BATES Stephen James U15 17.10.03, Nuneaton
 HJ- 1.78
BATESON Steve V40 8.05.73, East Hull
 Mar- 2:26:45 (2:24:01-08)
BATKIN Fynn U20 6.03.01, Kettering
 5k- 14:59.86
BATTERSHILL William U23 25.02.98, Erme V/Harvard Un
 3k- 8:11.80i (8:25.00-16), 3kSt- 8:59.44 (8:55.84-17)
BAYLEY Elliot U20 25.02.00, Horsham BS
 JT- 54.32
BAYLISS Morgan U17 9.09.01, Cardiff
 60- 7.20i
BAYTON Steven 6.08.91, Hallamshire/Sheffield Un
 HMar- 67:36, Mar- 2:20:41 (2:19:41-17)
BAZUAYE David U15 5.05.04, VPH &TH
 HJ- 1.99
BEACH Oliver U15 8.10.03, Chichester R&AC
 DTB- 41.12
BEADSLEY Daniel U23 28.02.97, Swansea/Cardiff Met
 60- 6.90i, 100- 10.57w (10.7-16, 10.72-17), 200- 21.70
BEALE Tom U17, Berkshire Schools
 100HY- 13.5
BEARD Gregory V35 10.09.82, Newham & Ex B
 SP- 16.97i/16.59 (18.59i/18.29-13), DT- 46.99 (49.31-03)
BEARDMORE George U20 24.02.01, Worcester AC
 2kSt- 6:19.42, 3kSt- 9:54.10
BEASTALL Phil 31.08.86, Cheltenham
 10kR- 30:19 (30:03-17)
BEATTIE John 20.01.86, Newham & Ex B
 5kR- 14:20 (13:42.03t-10), 10kR- 29:43 (28:32.21t-10)
BEATTY Matthew U23 11.03.98, Lough St/CYP
 SP- 14.39i, DT- 48.54
BEAUBRUN Michael U15 16.09.03, Croydon
 JTB- 44.76
BEBBINGTON Daniel U23 8.06.96, Preston/Edge Hill Un
 800- 1:50.33, 1500- 3:48.44
BECKETT Tom U23 29.05.96, Gloucester AC/Exeter Un
 Dec- 4152 (4261-17)
BEECHEY Alex 8.06.91, Southampton
 100- 10.67w, 200- 21.00w/21.56 (21.48-16)
BEEKS James U23 13.10.98, Basingstoke & MH
 3kSt- 9:10.48
BEER Adam U15, Llanelli AAC
 800- 2:02.78, 1500- 4:15.68, 3k- 9:18.43
BELL Alex 21.09.93, WGreen & Ex L
 400- 48.77 (47.79-15)
BELL Cameron U20 2.01.99, Hallamshire
 800- 1:51.79 (1:51.60-17), 1500- 3:53.10
BELL Howard U23 2.05.98, Edinburgh AC/Edinburgh Un
 60H- 8.51i, 110H- 15.20, HJ- 2.01, PV- 4.22,
 LJ- 7.04 (7.15-16), Dec- 6834
BELL James U13 9.09.05, Carlisle Aspatria
 200- 25.6w/25.7
BELL Matthew V35 2.06.78, Kettering
 HT- 48.27 (64.22-07)
BELL Patreece U15, Isle of Man
 SPB- 13.44
BELL Richard J 17.06.92, Manx H
 HT- 47.77 (50.85-14)

BELLAMY Will U17 31.03.03, Houghton
    800- 1:55.95, 1500- 3:56.96, 3k- 8:47.42
BELLO Deji U13 7.04.06, South London H
    60- 7.91i, 100- 12.4, 200- 25.3/25.52, LJ- 5.30w/5.28
BELLWARD James 18.10.84, RAF/Bedford
    Mar- 2:30:00
BENJAMIN Damaine 12.03.88, Harrow/JAM
    400- 48.45 (47.58-10), 400H- 53.70
BENJAMIN Lazarus U15 19.01.04, Sale
    PV- 4.01
BENNETT Christopher 17.12.89, Shaftesbury B
    HT- 75.11 (76.45-16)
BENNETT Noah U15 8.03.04, Rugby & Northampton
    800- 2:03.36, 1500- 4:16.7
BENNETT Paul 11.12.92, Cardiff
    400- 48.32 (47.92-13), 400H- 52.30 (51.55-14)
BENNETT Samuel Morrison U20 2.02.01, Basildon
    100- 10.81, 60HJ- 7.97i, 110HY- 13.15w/13.19,
    110HJ- 13.63, 110H- 14.20w/14.31
BENNETT Simon V45 16.10.72, WGreen & Ex L
    JT- 53.11 (66.58-96)
BENNEY Harvey U13 2.09.05, Cornwall AC
    SPC- 10.60
BENSON Gordon 12.05.94, Leeds
    5kR- 14:30 (14:17-14)
BENSON Jai U20 24.07.00, Lagan Valley
    TJ- 14.20
BENTLEY Connor U20 19.01.01, C of Stoke
    3k- 8:25.91
BENTLEY Russell V35 28.04.81, Kent
    10k- 30:42.78, HMar- 68:28 (67:34-17),
    Mar- 2:27:48 (2:20:20-17)
BERGIN Matthew 2.03.93, Bedford & County/IRL
    3k- 8:18.58 (7:58.63-16), 5kR- 14:08 (13:54.31t-15),
    10kR- 29:25
BERNSTEIN Alex U17 13.11.02, Preston
    HTY- 59.63
BERROW Alexander 10.06.89, Tamworth
    HT- 52.04 (52.09-10)
BERWICK Adam U20 3.11.00, Amber Valley
    HJ- 1.95i
BESSON Nicolas V35 5.05.81, Serpentine/FRA
    Mar- 2:29:00
BIAGGI Leon U15 5.12.03, Exeter
    HJ- 1.76
BIALOGONSKI Maciej 9.12.85, Bristol & W/POL
    Mar- 2:26:56
BICKFORD Will U15, Dorset Schools
    80HB- 11.75
BIGG Finley U23 2.06.98, Brighton Phoenix
    400- 48.64, 800- 1:48.97
BIGGS Nathan U15 10.11.03, Bromsgrove & R
    200- 22.87
BIRD John 17.05.92, Ipswich
    800- 1:49.64 (1:47.79-17)
BIRKETT Alexander U20 9.11.99, Kendal
    800- 1:49.65, 1500- 3:50.27
BISHOP Sam U17 25.10.01, Walton
    400HY- 57.7/57.93
BISHOP Theo U15 4.02.04, Preston
    SPB- 13.82
BISHOP Toby U15 3.10.03, Havering
    60HB- 8.67i, 80HB- 11.24, PenB- 2778
BISHOP-TIMINGS Fenton U17 5.03.02, Rugby & Nor
    JTY- 53.26
BIZIMANA Yusuf U20 16.09.00, Ilford
    800- 1:50.17, 1500- 3:49.06
BLACKMAN Evan U17 22.11.01, Corby
    200- 21.84, 400- 49.6
BLACKWELL Liam U17 5.09.02, Preston
    800- 1:55.30
BLADON Stuart U17 13.01.02, Team Kennet
    60HY- 8.59i, 100HY- 13.8/13.92, HJ- 1.90i,
    HepIY- 4488i, OctY- 4886 (4922-17)

BLAKE Benjamin U17 6.12.01, Medway & Maidstone
    400HY- 55.75, OctY- 4379
BLAKE George U20 31.12.99, Medway & Maidstone
    DecJ- 5100 (5392-17)
BLAKE Harry U15 14.11.03, Medway & Maidstone
    HTB- 46.11
BLAKE Samuel 11.07.95, Cardiff/AUS
    800- 1:50.68, 1500- 3:48.47, 3k- 8:14.40i
BLANC Jacob U15 19.10.04, Havering
    60HB- 8.60i, 80HB- 11.7/11.76, PenIB- 2607i
BLANDFORD Christopher 18.08.92, Ashford/RAF
    JT- 53.28 (53.74-14)
BLANGO Columba 1.01.92, VPH &TH
    400- 48.68 (48.44-16)
BLEVINS Joshua James U15 15.09.04, North Shields Poly
    3k- 9:28.66
BLOMQUIST Dane U23 2.10.96, AF&D/Hallam Un
    5kR- 14:24
BLOOMFIELD Joseph 3.11.90, Chelmsford
    SP- 14.45, DT- 51.23, HT- 63.35 (64.57-11)
BOBASH Yasha 24.12.87, Chelmsford
    HT- 48.94
BOLDIZSAR Shemar U20 24.01.99, Harlow/St Marys Un
    100- 10.68, 200- 21.36i/21.37
BOMBA Michael 10.10.86, Liverpool H
    HT- 66.69 (70.90-13)
BONE David V45 14.04.72, VPH &TH
    24Hr- 222.401km
BONELLA-DUKE Jamie U17 20.01.03, Reading
    HTY- 49.03
BONES Joshua 8.05.93, Scunthorpe
    TJ- 14.94w/14.90 (15.50-17)
BONIFAS Ryan 22.09.93, Basingstoke & MH
    60H- 8.50i, 110H- 15.3/15.53w/15.55,
    HJ- 2.07 (2.13i-16, 2.11-15), PV- 4.45i/4.15, LJ- 7.00,
    Dec- 6138, HepIS- 5150i
BOOKER Harry U15 9.09.03, Team Kennet
    SPB- 13.15, DTB- 45.26
BOOTH Adam U17 3.07.02, Poole
    60HY- 8.57i, 100HY- 13.50, 400HY- 58.20, DecY- 5338,
    OctY- 4311
BOOTH Tom U23 29.11.96, Preston/Salford Un
    PV- 4.87i/4.60 (4.80-15)
BOSWORTH Thomas 17.01.90, Tonbridge
    3kW- 10:30.28i/10:43.84, 20kW- 1:19:38,
    5kW- 18:28.70i/19:01.20 (18:43.28-17),
    10kWR- 39:57+ (39:36-15)
BOTTERILL Alex Eric U20 18.01.00, C of York
    400- 49.4 (49.0/49.09-17), 800- 1:47.95
BOUGOURD James 4.10.89, Channel Islands
    JT- 53.14 (57.64-17)
BOUJU Raphael U17 15.05.02, Bedford & Co/NED
    60- 6.91i (6.88i-17), 100- 10.50w/10.61,
    200- 22.10w (22.9, 22.97-17)
BOURNE Joseph U15, Leics Schools
    JTB- 43.51
BOUWMEESTER-REID Kieran U13 6.05.06, St Mary's Richmond
    HJ- 1.56
BOWERS Alfie U17 10.01.02, Rugby & Northampton
    400HY- 58.38
BOWLER Michael 28.01.92, BRAT/B'ham Un/IRL
    60H- 8.45i, 110H- 14.95w/15.12 (14.79w/14.93-17),
    PV- 4.75, SP- 13.40, JT- 54.59, Dec- 7263
BOWNESS James Sydney 26.11.91, Trafford
    800- 1:48.07 (1:45.96-16), 1500- 3:44.22
BOWSER Matthew 3.07.83, Lincoln Wellington
    3k- 8:14.56i (8:10.85-10), HMar- 66:50
BOWSHER Andrew U20 10.05.01, Inverness
    DTJ- 43.94
BOXUAN Jin Durham Un/CHN
    HJ- 1.97
BOYLE Adam U20 13.09.99, VP-Glasgow/Glasgow Un
    JT- 61.85 (62.44-17)

2018 - Men - Index

BOYLE Henry U15 15.04.04, Guildford & Godalming
80HB- 11.85, PenB- 2514
BRADFIELD Oliver 4.12.95, C of Norwich/Cambridge Un
JT- 54.82 (64.03-13)
BRADLEY Ben 22.05.95, Aldershot F&D
3k- 8:09.84, 5k- 14:13.90 (14:06.26-17)
BRADLEY Conor 6.10.87, Derry
5k- 14:16.61 (14:01.86-17), HMar- 67:32
BRADLEY Ewan U17 2.04.02, West Cheshire
100HY- 13.8w/13.90, PV- 4.00
BRADLEY Matthew 24.09.86, C of Plymouth
3kSt- 9:33.29
BRADY Aidan U17 5.02.02, Livingston
400- 49.66i/49.80
BRADY Ryan U13 24.10.05, Bristol & W
100- 12.4
BRAMBLE Daniel 14.10.90, Shaftesbury B
LJ- 8.15 (8.21-15)
BRANAGH Ben 11.01.94, St Malachy's
10kR- 30:29
BRAZIER Max U17 21.09.01, Brighton & Hove
400- 50.39
BRECKER Alex 15.12.93, C of Stoke
1500- 3:47.03, 3k- 8:11.43 (8:07.07-17), 5k- 14:06.15
BREEN Bryce U17 22.08.03, Herts Phoenix
PV- 4.10i/4.00
BREEN Elliot U20 2.10.00, Herts Phoenix
PV- 4.31i/4.30
BRERETON Samuel U17 22.09.02, Newquay & Par
HJ- 2.12i/2.11
BREWER Leo U17 10.06.02, Brighton Phoenix
3k- 8:54.88
BRIARS Oliver U17 17.12.02, Blackheath & Bromley
400- 48.85
BRICE David 9.04.91, Aldershot F&D
JT- 54.90 (61.57-13)
BRIER Joseph U20 16.03.99, Swansea/Cardiff Met
200- 21.78w, 400- 47.31
BRIGGS Jonathan U23 12.12.97, BRAT/Hallam Un
SP- 13.55i/13.23 (13.55-17)
BRIGHT Oliver U17 9.04.03, Blackheath & Bromley
800- 1:57.25, 1500- 3:57.65
BRIGHT-DAVIES Jude U20 27.03.99, TVH/Oxford Un
TJ- 15.24i/15.12 (15.71-17)
BRINDLEY Aidan U15 9.10.03, North Ayrshire
60HB- 9.29i, PV- 3.82i/3.71, PenB- 2627, OctB- 4176, PenIB- 2684i
BRINDLEY Scott U17 6.01.02, North Ayrshire
60HJ- 8.44i, 60HY- 8.42i, 100HY- 13.54w/13.62,
PV- 4.62i/4.52, LJ- 7.18w/7.05i/6.96, HepIY- 5086i,
DecY- 6492, OctY- 4980+
BRINDLEY Seb U13, Suffolk Schools
JTC- 38.29
BRINING Kieran U17 1.10.01, Leeds
60- 7.10i, 200- 22.29
BRINING Matthew U17 9.12.01, New Marske
PV- 3.60i (4.00i-17, 3.65-16)
BRINSDON Ben U15 18.10.03, Birchfield
300- 36.25
BRISLEY Charlie U17 29.12.01, Invicta
3k- 8:40.79
BRITTO Carl 5.12.90, Harrow/Oxford Un/IND
TJ- 14.49 (15.26-10)
BRITTON Robbie 15.12.88, North Norfolk H
Mar- 2:29:38
BROADBENT Jack U20 8.07.00, Basildon
100- 10.8, 110HJ- 14.57, LJ- 6.85, DecJ- 5900
BROADBENT Kai U15 7.09.03, Herne Hill
SPB- 12.99
BROGAN Hari U15 5.09.03, Horsham BS
HJ- 1.78
BROMBY Oliver U23 30.03.98, Southampton
60- 6.86i (6.73i-16), 100- 10.46 (10.31-17)
BROOKS Adam U20 13.04.99, Yate
HJ- 2.01

BROOKS Daniel U20 6.12.00, Yate
100- 10.79
BROOKS Mityrae U23 16.10.97, Croydon/Brunel Un
HJ- 2.00i/1.97 (1.98-14)
BROOM William U20 25.01.01, Chichester R&AC
5k- 15:09.98
BROOME Jordan U23 4.12.96, Coventry God/B'ham Un
60- 6.87i, 100- 10.60w/10.74 (10.68-16), 200- 20.65
BROOM-EDWARDS Jonathan 27.05.88, Newham & Ex B
HJ- 2.09i (2.15-14)
BROWN Alastair U13, West Suffolk
SPC- 10.86, DTC- 29.92
BROWN Callum 20.07.94, C of Norwich
HT- 68.95 (69.13-17)
BROWN Daniel U17 20.03.02, Edinburgh AC
JTY- 56.36
BROWN Dominic 8.10.94, Tonbridge/Sheffield Un
3k- 8:09.37
BROWN Ethan U20 9.05.01, Blackheath & Bromley
200- 21.64, 400- 46.87
BROWN Jacob U15 2.03.04, C of Norwich
PV- 3.33
BROWN Jacob U23 24.11.97, Vale Royal/Lough St
800- 1:49.45, 1500- 3:47.06
BROWN Joshua 27.12.94, Cardiff
100- 10.43w/10.60, 200- 21.73
BROWN Kevin 10.12.90, Southend
TJ- 14.15w/14.09 (14.55-11)
BROWN Kevin Dave V50 10.09.64, R Sutton Coldfield
DT- 41.05 (62.10-00)
BROWN Lewis U23 2.09.98, C of Sheffield/Strathclyde Un
400- 47.69
BROWN Marc 4.07.92, Salford
10kR- 30:28, HMar- 67:07
BROWN Maxwell U20 23.11.99, Marshall Milton K
60- 6.86i
BROWN Nathan 12.10.92, Kent
100- 10.61, 200- 21.71
BROWN Rivaldo U23 7.09.98, Trafford
110H- 15.25
BROWN Sam U20 21.03.00, Edinburgh AC
800- 1:51.29
BROWN Simon 1.10.88, Horsham BS
DT- 42.75
BROWN Solomon U17 26.11.01, Blackburn
400HY- 58.6
BROWNE Jonathan V35 15.03.83, Kent
60- 6.83i (6.79i-10), 100- 10.66w/10.72 (10.49-13),
200- 21.48w/21.49 (21.19w-12, 21.21-13)
BROWNE Roraigh U13, Dacorum & Tring
JTC- 36.57
BRUNEY Khalil U23 13.06.98, Enfield & Har/Brunel Un
400- 48.66
BRUNSDEN Daniel Peter 18.04.88, Bournemouth
SP- 15.19 (16.78-16), DT- 46.59, HT- 47.14
BRUNSDEN Steven 17.05.90, Kent
HT- 46.54 (49.01-17)
BRUNSWICK Ben U23 29.06.97, Dorking & Mole V/Manchester Un
800- 1:50.46
BRUNT Daniel V40 23.04.76, C of Sheffield
SP- 14.08i/13.91 (15.72-07), DT- 41.47 (47.94-00)
BRYANT Jamie 15.07.94, Tonbridge
3kSt- 9:43.13
BRYANT Rece U17 2.02.03, Basingstoke & MH
100- 11.0w
BRYDEN Euan 17.05.94, WSE&H
PV- 5.00i/4.80 (5.15-17)
BUCHANAN Lachlan U13 20.08.06, Inverness
800- 2:14.62, 1500- 4:28.65
BUCKLAND Dominic U17 5.11.01, Stevenage & NH
DTY- 47.46
BUCKMAN Ashley U23 15.04.97, Ashford/So'ton Un
TJ- 13.90 (14.09-17)

BUCKNER Matthew U20 29.12.00, Bracknell
  100- 10.62w, 200- 21.36w/21.54
BUGG Alfie James U15 25.10.03, C of York
  LJ- 6.38i/6.21
BUHLER Alexander U17 16.01.03, Guildford & God'ming
  JTY- 51.21
BULLEN Thomas 12.10.92, South London H
  SP- 14.41, DT- 45.01
BUNBURY Freddie 9.12.92, Cambridge Un/VIN
  PV- 4.20
BURGIN Max U17 20.05.02, Halifax
  800- 1:47.36, 1500- 3:47.70
BURKE Matthew U15, Hereford & Worcs Schools
  HTB- 40.01
BURKEY Jake U20 25.02.00, Team Bath
  LJ- 6.93
BURLING Ryan 22.03.94, Channel Islands
  HMar- 66:32, Mar- 2:20:14
BURROW Harry U15 28.09.03, Preston
  80HB- 11.54, PV- 3.20
BURTON Mark U23 11.06.98, C of Lisburn/Queen's U
  TJ- 15.24
BURTON Neil V35 21.11.82, Tipton
  10k- 30:15.70 (29:38.21-13), HMar- 66:33 (66:32-13)
BUSHNELL Nathan U17 29.10.02, Chelmsford
  SPY- 14.39
BUTCHART Andrew 14.10.91, Central
  3k- 7:47.21i (7:37.56-17), 10kR- 29:28 (28:28-16)
BUTLER Patrick U15, Essex Schools
  DTB- 39.62
BUTTON Charles U20 10.10.99, Isle of Wight
  HJ- 1.95, DecJ- 5034
BUXTON Billy U13, Cheltenham
  DTC- 27.70
BYFIELD Jacob U15 24.06.04, Blackheath & Bromley
  200- 22.7, 60HB- 9.09i, TJ- 13.19
BYNG Lewis U17 29.09.01, Stratford-upon-Avon
  SP- 15.65, SPJ- 17.37, SPY- 19.45, DTY- 42.41,
  JT- 55.96, JTY- 58.75
BYRD Brett 25.11.89, Burton
  JT- 58.08 (71.83-10)
BYRON Ayomide David U23 16.06.97, St Albans
  AC/Coventry Un
  60H- 8.51i, 110H- 14.9/14.93w/15.08
BYRON Christian 20.12.92, Birchfield
  400- 47.45 (47.12-16), 800- 1:51.81

C ADDICK George 29.07.94, Sale
  400- 46.88 (45.45-17)
CAIN Leroy 16.05.95, Thames Valley/East London Un
  100- 10.45 (10.44-17), 200- 21.31 (20.94-17)
CAIRESS Emile U23 27.12.97, Leeds/St Marys Un
  1500- 3:45.21, 5k- 13:54.43
CAIRNEY Kaya U20 19.02.01, Newquay & Par
  100- 10.85w, DecJ- 6033
CALDWELL Luke Angus 2.08.91, Dorking & Mole V/
  London Un
  1500- 3:47.86 (3:42.14-13), 5k- 14:03.68 (13:29.94-13),
  10k- 29:18.17 (28:29.61-15), 10kR- 29:23 (29:14-15)
CALEMMA Francesco U15 2.03.04, Croydon
  100- 11.4/11.57w, 200- 23.3/23.48
CALLAWAY Matthew U23 19.12.97, So'ton/Bath Un
  DT- 41.03 (41.62-17)
CALLEGARI Michael 1.09.94, Shaft B/Florida St. Un
  1500- 3:48.57 (3:44.02-15), 5k- 14:18.15 (13:55.27-15)
CALVERT Krestan U15 2.09.04, Wirral
  HJ- 1.77
CAMERON Ewan V35, VPH &TH
  Mar- 2:28:07
CAMERON Michael 18.11.95, Edinburgh AC
  3kSt- 9:34.86
CAMPBELL Alwayne U20 31.07.00, Birchfield
  200- 21.94
CAMPBELL Bayley U20 24.06.00, WSE&H
  HTJ- 73.75

CAMPBELL Cameron U20 19.01.00, Shaftesbury B
  DTJ- 45.79
CAMPBELL Evan U20 17.05.01, Channel Islands
  HJ- 1.97
CAMPBELL Gareth U17 8.09.01, Willowfield
  1.5kSt- 4:41.01
CAMPBELL Taylor U23 30.06.96, C of Sheffield/Lough St
  HT- 72.31 (73.40-17)
CAMPBELL Theo 14.07.91, Birchfield
  200- 21.52 (20.96w-15, 21.10-14), 400- 47.03 (46.02-16)
CANN Bryn U15 3.12.03, Hercules Wimbledon
  TJ- 12.33
CANT Lewis U17 10.10.02, Blaydon
  100- 11.11w
CAPES Donovan U15 5.04.05, Nene Valley H
  SPB- 13.33
CARCAS Freddie U20 4.09.99, Edinburgh AC
  3k- 8:28.20, 5k- 15:03.55, 2kSt- 6:11.06nwj
CARELESS Jacob U17 8.10.01, Notts
  HTY- 54.24
CARELESS Robert V40 7.09.74, Notts
  HT- 48.35 (60.65-01)
CARNEY Luke U15, Cambridge & Coleridge
  JTB- 43.96
CARNEY Niall U23 8.11.97, Solihull & S H
  400H- 54.69 (52.92-17)
CARPENTER Adam 18.06.93, WSE&H
  PV- 4.90 (5.15i-14, 5.00-13), LJ- 6.86 (6.98-16),
  Dec- 6478
CARPENTER Jak 26.09.90, Cannock & Stafford
  SP- 13.31 (13.72i-16, 13.36-17)
CARR Jacob U15 6.09.03, Pitreavie
  HJ- 1.75
CARR Josh 30.07.94, Thames H & H
  800- 1:51.41, 1500- 3:44.19 (3:40.70-17),
  1M- 4:05.84, 3k- 7:58.70
CARTER Jonah U20, Braintree
  JT- 54.26
CARTER Kiran U15 15.04.04, Team Bath
  HJ- 1.78, TJ- 12.18
CARTWRIGHT Daniel U17 29.11.01, Tamworth
  100- 10.9/10.99, 200- 22.2/22.28
CARTWRIGHT Daniel U23 14.11.98, Birchfield
  SP- 16.99, DT- 45.78
CARTY Cyle 29.11.90, Sutton & District
  60- 6.81i (6.70i-13)
CARVELL Charles U15 30.06.04, Bridgnorth
  300- 36.32, PenB- 2652
CARVELL Oliver U17 9.04.02, Bridgnorth
  800- 1:53.63 (1:52.69-17)
CASSAR TORREGGIANI Andrew 21.04.92, Harrow/
  Lough St/MLT
  LJ- 7.54
CASSIDY Peter U23 22.01.98, Guildford & G/Lough St
  HT- 57.92
CAUDERY Fynley U23 9.10.98, Cornwall AC
  PV- 4.41
CAUSER Michael 27.05.95, St Helens Sutton
  LJ- 7.23 (7.52i-14, 7.52-17)
CAWLEY Liam U15 21.10.04, C of Portsmouth
  JTB- 47.24
CHADWICK Joseph U17 26.11.01, Channel Islands
  100- 11.08, 200- 22.34
CHALLIS Samuel U20 15.05.99, WSE&H
  LJ- 7.25
CHALMERS Alastair U20 31.03.00, Channel Islands
  400- 48.70i, 400H- 50.11
CHALMERS Cameron U23 6.02.97, Channel Is/Bath Un
  100- 10.77 (10.77- 16), 400 45.75 (45.64- 17)
CHAMBEFORT Damien 22.07.93, Coventry Godiva/FRA
  HJ- 2.00i/1.95 (2.06i/2.04-15)
CHAMBERLAIN Joseph U15 29.12.03, Dacorum & Tring
  1500- 4:15.23
CHAMBERS Dwain Anthony V40 5.04.78, Belgrave
  60- 6.70i (6.41+-99/6.42i-09)

CHAMBERS-BROWN Kaie U20 26.09.99, Birchfield
  60- 7.00i (6.98i-16), 100- 10.34,
  200- 21.4w/21.8/21.83 (21.23w-17, 21.72-16)
CHANDLER Matthew U20 30.10.00, Central
  60HJ- 8.65i, PV- 4.32, HepJ- 4663i, DecJ- 6279
CHANDLER Miles U23 18.03.96, Bristol & W/Oxford Un
  3kSt- 9:25.47
CHANDLER Thomas U23 19.09.97, Central/Brunel Un
  110H- 15.51i, PV- 4.51, Dec- 6725, HepIS- 4981i
CHANT Matthew U23 12.10.96, Andover/Lough St
  400- 48.17
CHAPMAN David U15 16.10.03, C of Sheffield
  200- 23.2, 300- 37.51
CHARIG Samuel U17 21.11.01, C of Portsmouth
  800- 1:56.36
CHARLES Christopher U15 8.10.03, Banbury
  80HB- 11.77
CHARLTON Craig 7.03.87, RAF/Morpeth
  SP- 14.28 (14.28-16)
CHARLTON Samuel U17 27.10.01, Wallsend
  1500- 3:58.75, 3k- 8:33.48
CHARLTON BROWN Kye U17 7.02.02, Bedford & County
  SPY- 14.90
CHASHCHIN Leonid U20 9.08.00, Harlow
  DecJ- 5328
CHATHA Jack U15, Shrewsbury AC
  TJ- 12.00
CHATHAM Ben U15 3.06.04, VP-Glasgow
  60HB- 9.05i, 80HB- 11.54w/11.77
CHAVEZ Arturo 12.01.90, Coventry Un/PER
  HJ- 2.12i/2.10 (2.22-16)
CHESNEY Jack U17 4.10.02, Hillingdon
  JTY- 51.55
CHESTERMAN Adam U15 22.12.03, Radley AC
  DTB- 39.00
CHIA-CROFT Edward U20 5.09.99, Middlesex Schools
  JT- 55.52
CHILTON Christo U13 27.09.05, Herne Hill
  1500- 4:29.79
CHINERY-EDOO Saoirse Jerone 1.11.93, Harrow/
  East London Un
  DT- 44.95 (45.18-17), Dec- 6074 (6136-16)
CHRISTIAN Hayden U13 2.12.05, Woking
  75HC- 11.95, PenC- 1964
CHRISTOFI William 17.09.94, Bristol & W/Oxford Un
  10k- 30:18.65
CHRISTOFOROU Michael 10.10.92, Edinburgh AC
  HMar- 68:13
CHURCH Lewis U23 27.09.96, Tonbridge
  60H- 8.52i, 110H- 15.10, 400H- 55.6 (54.5-15, 54.64-14),
  HJ- 2.05, PV- 4.51, LJ- 6.85i (6.88-15), SP- 13.39,
  DT- 41.59 (41.84-17), JT- 53.21, Dec- 7319, HepIS- 5326i
CLARIDGE Benjamin U23 12.11.97, Abingdon/Bath Un
  200- 21.39w/21.52, 400- 46.59
CLARK Anthony V40 2.08.77, Bournemouth
  100kR- 6:43:22
CLARK Jacob U17 1.06.02, Notts
  PV- 4.70
CLARKE Adam 3.04.91, Aldershot F&D
  1M- 4:02.79, 3k- 7:55.93i (7:55.13-15), 5kR- 13:57
  (13:39.21t-17), 5MR- 23:56, 10kR- 30:24 (29:48-14)
CLARKE Ben U23 30.10.98, Worcester AC/Sheffield Un
  HJ- 1.98, PV- 4.17, Dec- 6622, HepIS- 5118i
CLARKE Dante U13 26.09.05, Herne Hill
  60- 7.96i, 200- 25.3, LJ- 5.90, PenC- 1952
CLARKE Jamal U23 1.06.96, Cornwall AC/Exeter Un
  400- 48.97
CLARKE Josh U13 28.02.06, Brighton & Hove
  JTC- 39.77
CLARKE Peter 22.07.91, WGreen & Ex L
  HT- 56.61 (57.87-11)
CLARKSON Henry U20 16.06.99, Lasswade/Lough St
  LJ- 7.30w/7.22 (7.22-17), TJ- 14.66i/14.33
CLARKSON Sandy U15 29.12.03, Liverpool Pembroke S
  HJ- 1.76

CLAYDON Dillon U15 1.11.03, Blackheath & Bromley
  SPB- 14.47, DTB- 46.98
CLAYTON Adam Robert U20 26.09.00, Giffnock North
  60- 6.89i, 100- 10.67, 200- 21.75i/21.76 (21.66-17)
CLEGG Alexander U23 2.06.98, BRAT
  Dec- 5766
CLEMENTS Andrew D.J. V35 28.11.82, WSE&H
  400H- 53.97 (52.51-15)
CLEMENTS Kieran 20.11.93, Shaftesbury B
  1500- 3:44.33 (3:43.55-16), 1M- 4:03.72 (4:00.36i-14),
  3k- 7:54.72, 5k- 13:54.86 (13:53.34i-15), 5kR- 14:00,
  10k- 28:37.12, 10kR- 29:16, 15kR- 44:38+, HMar- 64:31
CLEMENTS Nick 17.06.90, Yeovil Olympiads
  LJ- 6.97 (7.34w-12, 7.29-13)
CLEMONS Freddie U15 21.01.05, Stratford-upon-Avon
  80HB- 11.6
CLOWES Matthew 29.09.89, Cardiff
  5k- 14:14.95 (14:05.32i-12, 14:08.01-16),
  5kR- 14:12 (13:58-14), 10kR- 29:19 (29:18.38t-17),
  15kR- 45:23+, HMar- 63:27
COATES Adam U17 22.12.01, Epsom & Ewell
  400HY- 58.26, OctY- 4510
COCHRANE Jonathan U17 27.09.02, Ballymena & Antrim
  TJ- 13.46
COCHRANE Theodore U15 1.09.03, Salisbury
  HJ- 1.75
COCKLE Gus U23 7.03.97, Aldershot F&D/London Un
  3k- 8:18.38 (8:10.01-15)
COHEN Jonathan U17 25.09.02, Shaftesbury B
  PV- 3.65
COLE Benedict 18.06.85, Tonbridge
  10k- 30:50.05 (30:23.34-17), 10kR- 30:14,
  HMar- 68:09 (67:53-15)
COLE Edan Joshua U20 18.02.00, Brighton & Hove
  JT- 63.95
COLE Nicolas Andrew 27.02.95, C of Sheffield
  PV- 4.88 (5.15-16)
COLEMAN David 14.02.86, Tonbridge
  DT- 45.44 (56.50-11)
COLEMAN Jamaine 22.09.95, Preston/E.Kentucky Un
  5k- 13:50.80, 3kSt- 8:31.91
COLEMAN-SMITH Kieren U17 1.10.01, Nuneaton
  3k- 8:53.59
COLES Edward U20 6.03.01, Preston
  110HJ- 15.19
COLLIER Jonathan 22.08.95, Harrow/Butler Un
  10k- 30:52.07 (30:20.29-17)
COLLINGRIDGE Matthew U17 8.05.02, St Mary's Richmond
  SPY- 14.07, DTY- 44.18
COLLINGS Rhys U23 25.02.98, Ch'ford/Un of E Anglia
  400H- 55.66
COLLINS Callum U15 20.12.03, C of Sheffield
  800- 2:03.65
COLLINS Lewis 17.12.93, Tonbridge
  200- 21.68, 400- 47.74
COLLINS Liam James O'Neill V35 23.10.78, Gateshead
  60H- 8.5i (7.94i-00)
COLLINS Xander U15 18.09.03, Croydon
  60HB- 8.82i
COLLIS Luke U20 21.08.01, Harrow
  200- 22.00
COMPTON William U15 25.01.04, Forest of Dean
  HTB- 47.37
COMPTON-STEWART Jude U20 23.01.00, WSE&H
  JT- 56.05
CONIBEAR Toby U17 26.04.03, Yate
  HTY- 57.94
CONLON Greg V40 18.12.74, Walton
  PV- 4.15 (4.80-05)
CONNAL Scott U20 20.03.00, Edinburgh AC
  60HJ- 8.33i
CONNELL Shane U20 10.03.01, Sale
  HJ- 2.02

2018 - Men - Index

CONNOR Benjamin 17.10.92, Derby AC
3k- 8:07.73+ (7:54.01-17), 5k- 13:25.31, 10k- 28:14.56, 10kR- 28:53+, 15kR- 43:19+, HMar- 61:12
CONWAY Frankie 29.09.91, Orion/Melbourne Un (AUS)
HMar- 67:24
COOK Austin James Gareth V45 20.02.69, K'ton & Poly
HT- 53.84 (67.32-91)
COOKE Gareth 10.04.94, Penistone Footpath R
Mar- 2:29:35
COOKE Toby 12.10.95, Winchester/Birmingham Un
10k- 30:13.67
COOMBER Alex 24.07.94, Cardiff
800- 1:49.14 (1:48.44-17)
COOPER Maxwell U20 20.11.00, Bracknell
3kSt- 9:59.47
COOPER Oliver U15, Basildon
PV- 3.00
COOPER Ryan U23 30.03.96, Cardiff/Cardiff Met
400H- 54.76 (54.08-15)
COPELAND Michael 2.11.89, C of Sheffield
110H- 14.75w/14.91
COPELAND Piers U23 26.11.98, Wimborne/Cardiff Met
800- 1:50.76, 1500- 3:43.23, 3k- 7:58.60i
COPLEY Ben U17 6.11.02, Kingston upon Hull
DTY- 45.35, JTY- 54.80
COPPARD Simon U20 19.02.01, Tonbridge
800- 1:50.82
COPPELL Harry U23 11.07.96, Wigan/Liverpool Un
PV- 5.40 (5.42-15)
COPSEY Jason 17.02.91, Cardiff
JT- 68.04
CORBISHLEY Cameron U23 31.03.97, Medway & Maid
3kW- 11:31.13 (11:19.10-17), 5kW- 20:16.44i (20:10.7-17), 5kWR- 22:14 (20:37+-17), 10kW- 43:37.34 (41:37.44-17), 10kWR- 43:55+ (41:26-17), 20kW- 1:32:47 (1:26:00-17)
CORK Daniel U23 15.07.97, Newport/London Un
SP- 15.29i/15.09
CORNEY Rob 19.09.88, Reading RR
Mar- 2:27:39
CORNISH Jonathan 10.07.93, Hercules Wimbledon
10k- 30:56.86, 10kR- 30:10, HMar- 67:52
CORNTHWAITE Thomas 13.04.85, Salford
HMar- 67:54 (66:04-12), Mar- 2:22:59 (2:22:59-15)
CORRY Barnaby U15 30.07.04, Blackheath & Bromley
PV- 3.71i/3.67
COSTELLO Andrew U20 1.10.99, Kilbarchan
HT- 52.42 (53.78-17), HTJ- 60.65
COSTLEY Max 29.08.94, Southampton
3kSt- 9:26.65
COSTLEY Sam U20 24.02.99, Southampton/Lough St
5k- 15:19.22, 3kSt- 9:37.07
COTTELL Rico U17 22.11.01, Blackheath & Bromley
200- 22.44, 60HJ- 8.22i, 60HY- 8.25i, 100HY- 13.33, 110HY- 14.33w/14.45, 110HJ- 14.82
COULIBALY Adrien U23 13.04.96, VPH &TH/FRA
400- 48.22 (47.22-17)
COUPLAND Sam U15 20.08.04, Southport
HJ- 1.80, PV- 3.05, PenB- 2617, OctB- 4124
COURT Callum 21.10.93, Cardiff/Cambridge Un
PV- 4.65
COURT Ethan U15 30.10.03, Wolves & Bilston
LJ- 6.14, TJ- 12.79
COVE John U23 30.11.96, Cardiff/Brunel Un
800- 1:51.36, 1500- 3:47.47
COWAN Dwayne 1.01.85, Hercules Wimbledon
200- 21.30 (20.73-16), 400- 45.45 (45.34-17)
COWARD Akin U23 26.07.96, Shaft B/Birmingham Un
HJ- 2.08i/2.08 (2.13-17)
COWIN Adam 27.06.94, Manx H
5kWR- 22:26, 10kW- 48:28.0 (47:39.5-15), 10kWR- 47:06 (46:19-17)
COWPERTHWAITE Joshua U20 9.04.01, Middlesboro Mandale
1500- 3:51.82, 3k- 8:27.19i/8:28.46 (8:25.24-17)

CRABTREE Jack Alexander U23 13.09.96, Shaftesbury B
1500- 3:47.32 (3:44.52-14), 3k- 8:15.01i (8:12.53-14), 5k- 14:04.73
CRAIG Adam 9.05.95, Edinburgh AC/Un of Mount Olive
1500- 3:48.88, 3k- 8:09.35i, 5k- 13:58.52, 10k- 29:50.13 (29:39.72-17), 10kR- 29:08
CRAIG Terrell U23 3.09.97, Bexley
100- 10.49w, 200- 21.45
CRANE Matthew U17 1.06.02, Bexley
3kW- 14:34.7, 5kW- 25:49.98
CRAWFORD Gareth U20 6.06.99, Strabane/Lough St
JT- 64.37
CRAWFORD Oliver U15, Berkshire Schools
TJ- 12.76
CRAWLEY Michael 20.11.87, Corstorphine/Edin Un
HMar- 66:37 (66:13-14), Mar- 2:20:53
CREHAN Matthew 10.10.91, St Helens Sutton
5kR- 14:22
CRESSEY Luke U17 23.01.02, Exeter
100HY- 13.96, OctY- 4859
CRESSWELL Oliver U20 17.11.00, Stratford-u-Avon
60HJ- 8.14i, 110HJ- 14.09w/14.11, 400H- 56.51
CRIBB Chuko 30.03.94, Marshall Milton K
TJ- 15.25i/15.23 (15.48w-16, 15.33-17)
CRICK Samuel U20 12.09.99, Tonbridge
2kSt- 6:01.32
CRISP William U20 25.11.99, Swindon
800- 1:50.42i/1:51.33 (1:50.99-17)
CROFT Joey U20 23.05.00, Huntingdon
2kSt- 5:59.57 (5:58.80-17), 3kSt- 9:46.74
CROFT Martin U23 29.04.97, Middlesboro Mandale/Cambridge Un
HT- 46.31 (47.87-16)
CROFT Robin 11.11.95, Middlesboro Man/Camb Un
HT- 45.72
CROOK Callum U17 13.03.02, C of Portsmouth
1.5kSt- 4:37.92
CRORKEN Tiarnan U20 13.06.99, Preston/Liverpool Un
800- 1:51.48, 1500- 3:54.32 (3:54.12-17)
CROSS Adam U20 12.11.00, Cambridge & Coleridge
100- 10.71w/10.85 (10.7w-17)
CROSS Ellis U23 22.09.96, Aldershot F&D/St Marys Un
1500- 3:47.17 (3:46.93-17), 5k- 14:03.61 (14:01.74-17), 10k- 28:47.51
CROUCHER Jamie U20 19.01.99, Yeovil Oly/Notts Un
HJ- 1.96
CROUT Philip 7.04.95, Shaftesbury B/Cambridge Un
1500- 3:47.25 (3:46.93-16), 3k- 8:00.49, 5k- 14:04.66
CROWE Jamie 9.06.95, Central/Lamar Un
3k- 8:14.51i, 5k- 14:06.64, 10k- 29:39.33
CROWE-WRIGHT Ian 27.03.95, Brighton & Hove/New Mexico Un
1500- 3:43.19, 1M- 4:06.42iA, 5k- 14:07.30
CROWIE Sean U23 8.11.97, Hillingdon/C. Lancs Un/SHN
60- 6.89i
CRUCHLEY Nick 1.01.90, Halesowen
PV- 4.95i (5.42-11)
CRYER Mark 27.08.93, Basingstoke & MH
110HY- 15.37w (15.14-16), LJ- 6.95i (7.17i-16, 7.05-17)
CUBBAGE William U15 2.12.03, C of Portsmouth
HTB- 44.00
CULLEN Matthew 14.08.87, Sale
PV- 4.40 (5.00-13)
CULPIN Harry U17 9.09.01, Charnwood
DecY- 5130
CUNNINGHAM Jordan U17 22.12.02, C of Lisburn
60HY- 8.51i, 100HY- 13.81, LJ- 6.70
CURRAN Zacharias 17.12.93, WSE&H/IRL
400- 48.24 (46.96-16), 800- 1:46.88 (1:46.78-16)
CURRIE Fergus U13 25.10.05, Garscube
3k- 9:44.72
CURSONS Tom U17 13.09.01, Walton
400HY- 57.01
CURTIS Henry U15 15.01.04, C of Plymouth
80HB- 11.66

CURTIS Matthew 11.11.95, Wimborne/Birmingham Un
60H- 8.53i
CURTIS Peter U20 24.10.00, Channel Islands
400H- 54.85
CURTIS William U20 27.12.99, Gateshead
400- 49.41 (48.60-17)
CUTTS Luke Arron 13.02.88, C of Sheffield
PV- 5.45 (5.83i-14, 5.70-13)

DACK Christopher V35 28.11.82, Kingston & Poly
SP- 13.62 (15.87-15), DT- 41.49 (46.85-15)
DACOSTA Dylan U20 6.04.01, Croydon
60- 6.95i, 100- 10.66w (10.8-16), 200- 21.39
DAFFURN Antony 18.10.86, Harrow
TJ- 15.31 (15.54w-14)
DAKIN Oliver U17 1.12.01, Chesterfield
60HY- 8.40i, 100HY- 13.47
DALBAL Hakan U20 22.09.00, Longwood
400- 48.89
DALEY Alexander U23 20.06.96, Bristol & W/Swansea Un
400H- 51.83
DALY Kieran 28.09.92, Blackheath & Bromley
60- 6.80i, 100- 10.48w/10.52 (10.18-14),
200- 21.23 (21.00-14)
DAMADZIC Adam 3.09.92, Birchfield/Texas Un
DT- 57.39
DANGERFIELD Richard U23 17.09.97, Cardiff
JT- 63.58
DARBY Alan 29.11.83, Ely Runners
Mar- 2:27:31
DARKIN-PRICE Cameron U20 18.11.00, Charnwood
DecJ- 5737
DARROCH Harvey U17 5.09.01, Wirral
LJ- 6.69
DA'VALL GRICE Charles 7.11.93, Brighton Phoenix
800- 1:48.41 (1:45.53-16), 1500- 3:34.20 (3:33.60-16),
1M- 3:56.47i/3:56.97 (3:52.64-16)
DAVEY Lewis U20 24.10.00, Peterborough
400- 48.27, DecJ- 6131
DAVIES Aiden 26.12.95, Doncaster
PV- 4.22 (4.40i-17, 4.30-16), SP- 13.43, DT- 41.15,
Dec- 7011
DAVIES Aled 24.05.91, Cardiff
SP- 15.42i
DAVIES Andrew V35 30.10.79, Stockport
HMar- 67:44 (65:20-16), Mar- 2:20:23 (2:15:11-17)
DAVIES Benjamin U20 12.03.99, Bedford & County
1500- 3:49.07
DAVIES Harry U17 25.10.02, Neath
DTY- 48.30
DAVIES Jonathan Stuart 28.10.94, Reading/B'ham Un
1500- 3:42.32 (3:39.00-17), 3k- 7:50.18i (8:01.38-16),
5k- 13:57.03 (13:23.94-16)
DAVIES Kyle U17 15.01.02, Brecon
HTY- 49.15
DAVIES Max U15 19.12.03, Yeovil Olympiads
1500- 4:18.51
DAVIES Zac U15 16.11.04, Swansea
60HB- 9.23i
DAVIS Archie U23 16.10.98, Brighton Phoenix
800- 1:48.78, 1500- 3:43.09
DAVIS Arran 2.06.89, Oxford Un/USA
JT- 53.87 (57.91-11)
DAVIS Ben U20 13.04.99, Havering
3kSt- 9:44.38
DAVIS Eden U20 1.03.99, Herts Phoenix/E.London Un
60- 6.86i, 100- 10.55w/10.59 (10.46-17),
200- 21.9/21.94w (21.68-17)
DAVIS Lawrence 31.05.95, WGreen & Ex L
TJ- 15.78 (16.01i-17)
DAVREN Angus U17 3.11.01, Inverness
HJ- 1.99
DAWES Michael U23 24.11.98, Banbury
HT- 47.08

DAWKINS Sam 18.08.93, Shaftesbury B
400- 47.23
DAWSON David L. 3.02.84, Exeter
SP- 13.56 (15.22-02), DT- 43.98 (47.71-11)
DAY Jamie U17 4.07.03, Charnwood
1.5kSt- 4:44.20
DAY Samuel U23 20.09.97, Middlesboro Mandale/
Cambridge Un
400- 48.75 (48.12-16)
DE ESCOFET Kyle U23 4.10.96, Birchfield
60- 6.64i (6.59i-17), 100- 10.36w/10.41 (10.21-17)
DEAN Jaiden U13 23.09.05, C of Norwich
75HC- 11.5
DEAN Sam U23 23.09.98, Sale
JT- 66.11
DEAR Ethan U20 31.12.99, Giffnock North
HJ- 1.96i
DEARDEN Daniel U15 26.09.03, Horsham BS
PV- 3.91
DEASON Michael 8.01.85, Shettleston H/USA
3kSt- 9:22.35 (9:10.61-15)
DE'ATH Corey U23 16.02.96, Tonbridge/St Marys Un
5k- 14:24.89, 10k- 30:26.81, 10kR- 29:57
DE'ATH Peter 8.06.95, Stevenage & NH/Lough St
400- 48.60
DEE Elliot U20 25.05.00, Bedford & County
3k- 8:28.58, 5k- 14:53.18
DEE Jamie U23 23.11.97, Shaftesbury B/Iona Coll
3k- 8:04.19i (8:13.41-17), 5k- 14:04.71i (14:11.78-17)
DEE Liam U23 23.05.96, Shaftesbury B/Iona Coll
1500- 3:45.49 (3:40.30-17), 1M- 4:00.69i (3:58.19i/4:04.43-17), 3k- 8:04.23i (7:57.20-17)
DEED Darren V40 7.05.78, Bedford & County
Mar- 2:27:01 (2:21:18-12)
DEGUTIS Gintas V45 20.07.70, Newham & Ex B/LTU
SP- 15.01 (18.61-02)
DEMPSEY Jeremy U20 17.12.99, Shaftesbury B
1500- 3:46.72
DENSLEY Kane U23 19.12.96, Tamworth/Cardiff Met
60- 6.90i
DENSLEY Martin Richard V35 1.05.81, Ealing, S & Mx
PV- 4.20 (5.10-10)
DERBYSHIRE Seamus U20 27.01.00, C of Stoke
400H- 51.72
DERRIEN Paul V45 5.08.71, St Mary's Richmond
HT- 44.28 (49.62-08)
DESMOND Andrew 7.11.94, Liverpool H
400H- 54.63 (54.55-15)
DEVER Patrick U23 5.09.96, Preston/Lough St
10kR- 29:24
DEVINE David 3.02.92, Liverpool H
3k- 8:18.47, 5k- 14:24.99
DEWAR Shayne U23 12.11.98, WGreen & Ex L
100- 10.61w/10.70, 200- 21.54 (21.54-17)
DICKINSON Joshua U17 10.09.01, C of York
3k- 8:43.09 (8:40.81-17)
DICKINSON Matthew 10.07.88, Clapham Chasers
Mar- 2:29:31
DICKSON-EARLE Euan U23 9.07.96, Bigg'wade/Lough St
60H- 8.26i (8.01i-17), 110H- 15.02 (14.42-17)
DIETLIN Matthew 29.06.95, Bedford & County/USA
HJ- 1.95, PV- 4.20i
DITCHFIELD Harry U17 3.10.01, Sale
JTY- 55.13 (56.98-17)
DIXON Harvey 2.11.93, Aldershot F&D/GIB
800- 1:51.75 (1:50.58-14), 1500- 3:43.84, 1M- 4:03.34i
(4:05.57-14), 3k- 8:16.45 (8:12.33-17), 5k- 14:24.09
DOBBS Thomas U23 7.02.98, Wigan/Edge Hill Un
SP- 13.19 (13.63i-17), DT- 47.86
DOBRESCU Mario U15 24.01.04, Ilford
60- 7.29i, 100- 11.33, 200- 22.00, 300- 35.31, 400- 49.41,
LJ- 6.90
DOBSON Charles Edward U20 20.10.99, Colchester H
100- 10.32w/10.40, 200- 20.53

DODD Edward 10.02.94, C of Portsmouth
 800- 1:50.83 (1:50.21-17)
DODDS Callum U20 6.10.00, Enfield & Haringey
 400- 48.78 (48.70-17), 800- 1:51.90 (1:51.77-17)
DODKIN Flynn U13 22.07.06, New Forest Juniors
 JTC- 38.73
DOHERTY Kyle Derry
 Mar- 2:27:36
DOLLERY Tom U17 20.08.02, Taunton
 JTY- 59.76
DOMONEY Jaymee U20 17.04.99, Salisbury
 1500- 3:51.93
DONALD James U23 18.11.98, Dundee HH
 5kR- 14:26
DONOVAN Tyri U23 20.10.98, WSE&H
 400H- 51.36
DOREY Elliott 19.04.94, Guernsey/St Marys Un
 800- 1:51.79, 1500- 3:43.93, 3k- 8:01.96, 10kR- 30:12
DORRELL Luke U23 23.01.97, Aldershot F&D/Brunel Un
 60- 6.83i, 100- 10.42w/10.55, 200- 21.16
DOUGLAS Andrew 19.12.86, Inverclyde
 10kR- 29:51 (29:46-10)
DOUGLAS Anthony U17 2.07.03, C of Stoke
 60- 7.15i, 100- 11.03
DOUGLAS Devon 7.09.89, WGreen & Ex L
 DT- 44.51 (53.21-14)
DOUGLAS Finn U15 29.03.04, Tweed
 60- 7.44i, 100- 11.4
DOUGLAS James 18.06.85, Border
 10k- 30:38.56 (30:23.95-17)
DOUGLAS Joshua U17 24.12.01, Southampton
 SPY- 15.60, DT- 42.51, DTY- 55.97
DOUGLAS Myles U15 2.03.04, Herts Phoenix
 300- 37.53
DOUGLAS Nathan James V35 4.12.82, Oxford City
 TJ- 16.83w/16.77i/16.71 (17.64-05)
DOUGLAS Ross Alan U23 14.07.96, Charnwood
 HT- 56.75
DOVER Henry U13 15.10.05, Colchester & Tendring
 800- 2:10.51, 1500- 4:34.60
DOWNES Caleb U23 12.08.97, Rugby & Nor/Lough St
 200- 21.62 (21.3-15, 21.35-14), 400- 48.59
DOWNING James U23 12.03.96, Camb & Col/Brunel Un
 800- 1:49.93
DOWSON David V35 23.11.79, Middlesboro Mandale
 SP- 14.18 (15.91-10)
DOYLE William U17 24.10.01, Pitreavie
 400- 49.70
DRABBLE Thomas U23 1.06.98, Stockport
 10kR- 30:30
*DRAMMEH Alhagie-Salim 27.12.87, Army/
 W.Green & Ex L/GAM
 400- 48.63 (46.37-16)*
DRISCOLL Ryan 25.01.94, Tonbridge
 1500- 3:47.47 (3:46.29-17), 3k- 8:18.03 (8:04.86-17),
 3kSt- 8:45.62
D'ROZARIO Oliver U15 24.09.03, Taunton
 300- 37.28, 60HB- 8.72i, 80HB- 11.11, HJ- 1.80,
 LJ- 6.31, TJ- 12.87, PenB- 3051, PenlB- 2820i
*DRUKTENIS Vutas V35 5.02.83, WSE&H/LTU
 SP- 13.54 (17.79i-04/17.40-05)*
DRY Mark William 11.10.87, WGreen & Ex L
 HT- 73.12 (76.93-15)
DUAH Valerio U17 5.10.01, Telford
 100- 11.0, 200- 22.4
DUCKWORTH Timothy U23 18.06.96, Liverpool H/
 Kentucky Un
 60- 6.80i (6.77i-17), 100- 10.40, 400- 48.78, 60H- 8.10i
 (8.03i-17), 110H- 14.19w/14.35 (14.30-17), Dec- 8336,
 HJ- 2.17i/2.17, PV- 5.16i/5.11 (5.26i-17), LJ- 8.19w/8.03,
 SP- 13.71, DT- 44.12, JT- 57.27, HeplS- 6188i
DUDHIA Zamaan U17 4.02.02, Barnet
 PV- 3.95
DUFFIN Euan U15, Morpeth
 3k- 9:28.33

DUFFY Luke Gerard U20 14.11.00, Mansfield H
 1500- 3:50.39 (3:49.70-17)
DUGGAN George U23 1.09.96, Tonbridge/Lough St
 1500- 3:44.90 (3:44.88-17), 3k- 8:14.95,
 5kR- 14:29 (14:22-17)
DUHANEY Jose U17 12.10.01, Birchfield
 400- 49.79
DUKE Robert 26.10.93, Worthing
 SP- 13.13, HT- 44.67 (46.80-11)
DUMBUTSHENA Gamuchirai U23 24.09.98, Swindon/
 Brunel Un
 LJ- 6.91i/6.85
DUNCAN Aaron U15 26.10.03, Lewes
 800- 2:00.10
DUNDERDALE Haran U23 26.04.96, C of Sheffield/
 Bradley Un
 1500- 3:48.32, 3kSt- 8:50.90 (8:50.43-17)
DUNDERDALE Joseph 4.09.92, C of Sheffield
 JT- 73.93 (76.13-14)
DUNFORD Edward James 15.09.84, Birchfield
 SP- 13.82 (15.21-12)
DUNN Jarryd 30.01.92, Birchfield
 400- 47.11 (45.09-15)
DUNN Nathan U20 1.09.99, Preston
 1500- 3:53.21, 3k- 8:25.99, 5k- 14:22.76, 10kR- 29:50
DUNNE Finbar U17 20.09.01, Inverness
 DTY- 41.34 (42.74-17)
DUNNE Patrick U20 2.12.99, Inverness
 JT- 55.82 (55.85-17)
DUQUEMIN Zane 23.09.91, Shaftesbury B
 DT- 57.66 (63.46-12)
DURANT Luc U23 3.10.98, Blackheath & Bromley
 SP- 14.69 (14.73-17)
DURRANT-SUTHERLAND Myles 17.07.95, Birchfield
 LJ- 6.94 (7.15-17)
DURUAKU Divine U17 10.02.02, Notts
 HJ- 1.91
DUSTIN Oliver Luke U20 29.11.00, Border
 400- 49.0, 800- 1:49.74, 1500- 3:48.55
DUXBURY Kameron U17 8.10.01, C of Portsmouth
 SPY- 13.78 (14.13-17), JTY- 54.71 (56.39-17)
DWYER Rory U23 11.10.97, Stratford-u-Avon/Lough St
 HJ- 2.09 (2.17-16)
DYAS Nathaniel U15 10.01.04, Hallamshire
 300- 37.2/37.44
DYRMISHI Chris U17 8.09.02, Rugby & Northampton
 SPY- 14.74

EAGLE Liam 7.09.95, Peterborough/Oxford Un
 110H- 15.47
EARL Nicholas 22.09.84, C of Norwich/Melb Un (AUS)
 5k- 14:15.97 (14:09.46-17), 10k- 29:48.32 (29:34.11-16),
 10kR- 29:47 (29:43-17), HMar- 64:31, Mar- 2:18:56,
 3kSt- 9:20.16 (9:06.80-17)
EARLE Reece U15 1.10.04, Thames Valley
 60- 7.14i, 100- 11.4/11.53
EARLE Robert Bernard V55 15.09.60, Colchester H
 HT- 49.03 (62.60-95)
EARLY Oliver U15 26.05.04, Chelmsford
 60HB- 8.76i, 80HB- 11.20, HJ- 1.80, LJ- 6.36,
 PenB- 2827
EAST Benjamin U15 19.11.03, Team Kennet
 JTB- 70.66
EASTAUGH Liam U15 11.01.04, Gateshead
 300- 37.2/37.44
EBEREONWU Chinua U20 14.06.01, Cardiff Archers
 60HJ- 8.28i, 110HJ- 14.61, 110H- 15.47
ECKERSLEY Daniel 12.11.86, Kingston & Poly
 3kSt- 8:59.23
*EDGAR James U23 12.11.98, C of Lisburn/IRL
 5kR- 14:27*
EDOBURUN Ojie Dayo U23 2.06.96, Shaftesbury B
 60- 6.56i, 100- 10.04 (9.93w-17)
EDWARDS Aaron 2.05.86, Newham & Ex B
 SP- 13.61

EDWARDS Alfie U15 1.02.04, Wakefield
  PV- 3.75, LJ- 6.50w/6.21
EDWARDS Jonathan 9.10.92, C of Plymouth
  SP- 15.04 (15.34-13), DT- 45.07 (52.59-16),
  HT- 58.33 (66.28-14)
EDWARDS Laurance U17 26.11.01, Harrow
  800- 1:55.80
EDWARDS Liam U15 6.02.04, Carmarthen
  1500- 4:17.19
EDWARDS Mike 11.07.90, Birchfield/NGR
  HJ- 2.21i/2.17 (2.25-15)
EDWARDS Owain U20 30.07.01, Cardiff
  3kSt- 9:59.77
EDWARDS William U23 5.02.98, Cardiff
  HJ- 2.05i/2.05 (2.10-17)
EFOLOKO Jonathon U20 23.09.99, Sale
  60- 6.80i, 100- 10.43, 200- 20.48
EGGLETON Joseph U17 6.01.02, Chiltern H
  60- 7.16i, 100- 11.0, 200- 22.40 (22.2/22.21-17)
EISNOR Bradley U23 24.11.96, Eastbourne RAC
  Dec- 5558 (6019w/5956-17)
EJIAKUEKWU Roy 2.02.95, Sale/Arkansas Un
  60- 6.71i (6.71i-17), 100- 10.14w/10.48 (10.35-15),
  200- 20.87 (20.55w/20.65-17), 400- 47.59i (47.21-16)
EKOKU Abi V50 13.04.66, Belgrave
  DT- 45.11 (60.08-90)
ELKINS Andrew 25.05.93, Poole
  HT- 56.02 (60.16-13), JT- 53.93 (53.93-13)
ELLIOTT Kane U17 19.01.02, Falkirk VH
  800- 1:52.21, 1500- 3:46.84
ELLIOTT Mensah Abraham V40 29.08.76,
  Met. Police/GAM
  110H- 15.31 (13.69w/13.7/13.82-00)
ELLIOTT Zachary Luke U17 13.09.01, Birchfield
  60HY- 8.32i
ELLIS Cameron U17 30.04.03, Basildon
  LJ- 6.59w/6.45
ELLIS Joseph U23 10.04.96, Bl'heath & Brom/Michigan U
  HT- 73.80, 35Wt- 23.64i
ELLIS Michael U23 8.01.96, Tonbridge/Hallam Un
  3kSt- 9:33.97
ELSDON Glen 27.09.92, Carmarthen
  110H- 14.91 (14.28-15)
ELY Lewis 1.08.89, Blackheath & Bromley
  HJ- 1.95 (2.00-12)
ENGELKING Jonathan U23 13.12.97, N/Devon/Missouri U
  JT- 73.89
ENGLAND Jacob U15 11.11.03, West Cheshire
  HTB- 42.18
ENNIS Jack U17 7.06.02, Croydon
  HJ- 2.07
ENNIS Kyle 9.08.91, Rugby & Northampton
  60- 6.92i, 100- 10.54w/10.63 (10.5-14, 10.53-16),
  200- 20.90w/21.27 (21.01-16)
ENSER Cameron U17 11.04.03, Bracknell
  1.5kSt- 4:43.06
EPIFANI Gianni V45 22.02.71, Manx H
  5kWR- 22:28
ERICSSON-NICHOLLS James U17 6.11.01, M Milton K
  HTJ- 52.04, HTY- 60.63
ESAN Olutimilehin U15 22.09.03, Crawley
  100- 11.40
ESCALANTE-PHILLIPS Jonathan 28.07.92, Cambridge &
  Coleridge/Cambridge Un
  5k- 14:11.29
ETHERIDGE Mitchell 7.12.94, Stevenage & NH
  PV- 4.40 (4.60-11)
ETHERINGTON Glenn 10.12.86, Yeovil Olympiads
  60H- 8.48i (8.20i-16)
ETIENNE Theo U23 3.09.96, Hercules Wimbledon
  60- 6.67i (6.56i-16), 200- 21.65,
  100- 10.29w/10.36 (10.14w/10.23-16)
EVAGGELIDIS Dimosthenis V40 27.09.76, Hercules
  Wimbledon/GRE
  Mar- 2:27:47 (2:24:29-11)
EVANS Elliott U15 3.09.03, C of Portsmouth
  60HB- 8.62i, 80HB- 11.04w/11.17, LJ- 6.11, SPB- 12.92,
  PenB- 2875
EVANS George Ross U23 21.01.98, Shaftesbury B/
  Kansas State Un
  SP- 15.86, DT- 58.67
EVANS Hayden U13 27.09.05, Walton
  100- 12.4, 200- 25.6
EVANS Matthew 21.06.92, Worthing
  HT- 49.96 (52.70-16)
EVANS Max U13 29.09.05, Team East Lothian
  PenIC- 1450i
EVANS Scott 4.02.91, Kingston & Poly
  3kSt- 9:26.88 (9:23.8-17)
EVANS Simon 21.06.92, Worthing
  HT- 49.99 (50.44-12)
EVANS Tom 3.02.92, Lewes/Army
  10MR- 49:38, HMar- 66:21
EVERARD James V35 16.05.81, Basildon
  JT- 53.81 (65.34-11)
EVES John V35 17.01.83, Bedford & County/IRL
  10k- 30:58.21 (30:29.60-13)
EWEKA Aaron U15 13.11.03, Havering
  HJ- 1.84
EWING Joe U17 17.02.02, Edinburgh AC
  800- 1:53.44, 1500- 3:55.82
EWULO Ezekiel 29.01.86, WGreen & Ex L/NGR
  LJ- 7.59 (7.90w/7.85-15)

FACEY Ryan U20 21.04.99, Hercules Wimbledon
  100- 10.76w/10.84
FADAYIRO Theophilus U20 29.08.00, Newham & Ex B
  TJ- 14.60
FAGBENLE Michael U20 22.02.01, Bexley
  200- 22.00w, 400- 48.86
FALCONER William V35 20.12.78, Kilbarchan
  SP- 14.06 (15.35-04)
FALODE Daniel U17 27.01.02, Cambridge H
  TJ- 13.60
FARAH Ahmed Bashir U23 5.06.97, Hillingdon/SOM
  800- 1:48.98
FARAH Mohamed V35 23.03.83, Newham & Ex B
  5kR- 13:50+ (12:53.11t-11), 10kR- 28:13+ (26:46.57t-11),
  15kR- 42:14+ (42:03+-16), 10MR- 45:14+ (46:25-09),
  HMar- 59:27 (59:22dh/59:32-15), Mar- 2:05:11
FARAH Samatar 25.12.85, Newham & Ex B
  3kSt- 9:18.59 (8:49.83-12)
FARMAKÍDIS Nikólaos 23.6.93, Oxford Un/GRE
  PV- 4.40i (5.15-15)
FARNHAM-ROSE Robbie 5.01.94, Tonbridge
  3k- 7:57.02i
FARQUHAR Robbie U20 4.01.01, Aberdeen
  60HJ- 8.40i, 110HY- 14.59, 110HJ- 10, DecJ- 6158,
  LJ- 7.00i/6.87 (6.94w-17), HepJ- 4799i
FARQUHARSON Alexander U23 9.06.97, Coventry God
  LJ- 7.61 (7.70-16)
FARRELL Thomas 23.03.91, Border
  1500- 3:45.30 (3:37.90-14)
FARRES Tom U23 4.03.97, C of Portsmouth/St Marys Un
  PV- 4.60i (4.82i/4.82-17)
FARROW Adam U15 17.09.03, Stratford-upon-Avon
  HJ- 1.76, TJ- 12.35, PenB- 2606, PenIB- 2514i
FASIPE Timothy U23 20.06.97, Enfield & Har/Lough St
  60- 6.94i (6.81i-17), 100- 10.72w (10.73-16)
FAULDS Joshua Daniel U20 7.03.00, Rugby & Nor'ton
  400H- 52.53
FAULKNER Andrew 23.07.86, Yeovil Olympiads
  400H- 53.48 (52.51-14)
FAWDEN Terence U19 19.01.99, Highgate H
  5k- 15:10.10, 3kSt- 9:29.36
FAYERS Jack U15 20.09.03, Ipswich
  LJ- 6.39
FAYERS Matthew 5.08.94, Hillingdon/Oklahoma St Un
  800- 1:50.93i (1:48.12-14), 1500- 3:46.11 (3:43.71-15),
  1M- 3:58.44i (4:01.53-12)

2018 - Men - Index

FEATHERSTONE Samuel Henry U17 18.07.02, M Milton K
  HJ- 1.92i/1.92
FENNELL Ian V35 4.12.81, Manchester
  100- 10.53w
FENWICK Samuel U17 5.11.01, Swansea
  PV- 4.01i/4.00
FERGUSON Joe U20 3.05.00, Leeds
  100- 10.5w/10.69, 200- 21.71
FERNANDES Ezra U15, Herts Schools
  TJ- 12.27w/12.02
FERNS Jay U23 29.10.97, Trafford/Manchester Un
  10k- 30:23.53
FERRYMAN Jonathan 25.12.88, Sale
  TJ- 14.51i/14.22
FIDDAMAN Josh U17 6.02.02, Blyth RC
  800- 1:56.3
FILEMAN Edward U17 19.04.03, Tavistock
  HTY- 54.35
FILLERY Cameron U23 2.11.98, WGreen & EL/Lough St
  60H- 8.03i, 110H- 14.08
FINCH Kai U20 24.10.00, Liverpool Pembroke S
  HJ- 2.04
FINCHAM-DUKES Jacob U23 12.01.97, Leeds/Okla St Un
  100- 10.73w (10.56-17), 200- 21.55w,
  LJ- 7.89 (8.02w/7.96-17)
FINKE *Frederick V35 25.05.82, Enfield & Haringey/USA*
  PV- 4.40 (4.45i-16, 4.42-16)
FINNEY James U23 7.04.96, Leeds/Sunderland Un
  400- 48.25, 60H- 8.16i, 110H- 14.85 (14.72-17),
  HJ- 2.04i/1.95 (2.01-14), PV- 4.60i/4.60 (4.63-17),
  LJ- 7.29i/7.22w/7.10, JT- 56.27, Dec- 7315, HepIS- 5514i
FISH Benjamin V35 21.05.82, Blackburn
  HMar- 67:03 (65:16-17), Mar- 2:27:01 (2:19:27-12)
FISHER Benjamin Joseph 25.04.86, Liverpool H
  JT- 58.51 (65.99-09)
FISHER Ben U23 21.02.98, C of Lisburn/Lough St
  LJ- 7.48
FISHER Charles U17 8.11.02, Telford
  100- 10.93w/11.06, 200- 22.20
FISHER Harry 26.10.91, Southampton/Cardiff Met
  400- 49.00i (47.58-15)
FISHER Henry U17 16.06.02, Blackheath & Bromley
  1.5kSt- 4:41.21
FITZGIBBON Robbie U23 23.03.96, Brighton Phoenix
  800- 1:49.18, 1500- 3:39.37 (3:36.97-17), 3k- 7:59.64,
  5kR- 14:18
FITZHENRY Daniel U23 12.11.98, Cannock & Stafford
  HJ- 1.95 (2.00-17)
FITZPATRICK Nathan U15 30.09.03, Derry
  60HB- 9.05i
FITZPATRICK Sean 13.11.89, Kent
  Mar- 2:28:57
FLANAGAN Harry U20 24.09.99, Southport
  400- 49.5
FLANNERY Niall 26.04.91, Gateshead
  110H- 14.83, 400H- 50.03 (48.80-14)
FLEAR Nathan V35 19.04.83, 3M's Gorseinon RR
  24Hr- 235.195km
FLEMING Daniel U23 27.10.96, C of York/York Un
  DT- 46.90 (47.47-17)
FLITCROFT Joseph 28.01.91, Basingstoke & MH
  HT- 48.33
FOBIL Abraham U15 15.11.03, Sale
  200- 23.41i (23.4/23.43-17)
FONTANA Sean 6.12.90, VP-Glasgow
  HMar- 66:11
FOOT Joss U20 22.02.00, Orion
  JT- 63.53
FOOT William U15 7.10.03, Chesterfield
  PV- 3.75
FORBES-AGYEPONG Micah U17 31.01.02, Shaftesbury B
  60- 7.04i, 100- 10.91w/11.0 (11.12-17),
  200- 22.32 (22.28-17)
FORMAN James 12.12.91, Southampton
  400H- 50.94 (50.41-11)

FOSTER Brendon U17 20.10.01, Notts
  LJ- 6.70
FOSTER George U15 27.11.03, C of Stoke
  100- 11.4w
FOSTER Glen U23 10.11.98, Winchester
  HJ- 1.95 (2.03-17)
FOTHERINGHAM Murray U17 4.06.03, Giffnock North
  HJ- 2.03, PV- 3.82i/3.71, LJ- 7.07, HepIY- 4477i,
  DecY- 5886, OctY- 4616+
FOX Morris V55 30.04.63, C of Stoke
  SP- 13.79 (16.14-02)
FOX Najee 1.12.92, Birchfield
  DT- 52.34 (54.79-17)
FOX Nathan 21.10.90, Shaftesbury B
  LJ- 6.91 (7.13-17), TJ- 16.11 (16.81-17)
FOX Oliver U23 6.10.96, Wells/Cambridge Un
  3k- 8:13.95, 5k- 14:11.20, 10k- 30:16.60
FRANCIS Dwayne U13 11.11.05, Herne Hill
  PenC- 1658
FRANCIS Forrest 13.04.95, Leics Coritanian
  SP- 13.10 (13.26i/13.11-16), DT- 43.85 (45.23-16)
FRANCIS Gage U23 6.10.96, Cardiff/Cardiff Met
  TJ- 14.20i/13.89 (14.22-17)
FRANCIS Matthew U17 14.01.02, Blackheath & Bromley
  1500- 4:00.58
FRANCIS Miguel 28.03.95, Wolves & Bilston
  100- 10.36 (ANT 10.28- 15), 200- 20.38 (19.88-16),
  400- 47.52 (46.48-17)
FRANCIS-DWYER Aaron U20 30.06.00, Croydon
  100- 10.7/10.76w/10.79, 200- 21.95 (21.75-17)
FRASER Freddie U15 25.01.04, Nene Valley H
  60HB- 8.47i, 80HB- 10.84w/10.91
FRECKLETON Lemarl 19.03.92, Swansea
  60- 6.92i (6.91i-17), 100- 10.70w (10.69-17),
  200- 21.06w/21.40
FRENCH Joshua U15, Wrekin RR
  1500- 4:18.46
FRENCH Matthew U15 28.09.03, Coventry Godiva
  200- 23.39
FRENCH Thomas 5.12.91, Blackheath & Bromley
  LJ- 7.34 (7.60-16)
FRITH Morgan U17 28.12.02, Sale
  LJ- 6.48
FROST Andrew Derek V35 17.04.81, WGreen & Ex L
  HT- 64.32 (72.79-11)
FUGGLE Joe U20 25.01.99, Blackheath & Brom/Lough St
  400H- 52.56
FULLBROOK David U20 8.01.01, Tonbridge
  DecJ- 5530
FULLER William U23 14.05.97, Bl'heath & Brom/Lough St
  1500- 3:43.00, 3k- 8:10.50i (8:14.08-16), 5k- 13:49.14
FULTON Thomas U20 16.12.99, Shaftesbury B
  800- 1:52.72 (1:52.67-17)

GAIR Malachi U20 21.09.99, Basingstoke & MH
  HJ- 1.95 (1.96-15), DecJ- 5453
GALE Thomas U23 18.12.98, Team Bath
  HJ- 2.23 (2.30-17)
GALL Declan U20 19.05.99, Dundee HH/Edinburgh Un
  400- 48.02, 400H- 52.14
GALPIN Daniel U23 25.01.98, Channel Islands/Bath Un
  3kSt- 9:44.81
GAR Michael U15 10.05.04, Aldershot F&D
  3k- 9:20.39
GARDINER Benjamin U17 18.06.02, Blackheath & Brom
  1.5kSt- 4:30.16
GARDINER Daniel Leslie 25.06.90, C of Sheffield
  LJ- 7.17i (7.96-16)
GARDINER Jacob 8.03.94, Leeds
  SP- 14.32i (14.54-17)
GARDNER Daniel Colin 26.03.94, Stevenage & NH
  PV- 4.85i (5.40i-14, 5.20-13)
GARDNER James U17 27.03.02, Bracknell
  HTY- 53.12

GARDNER Nathan U23 9.02.98, Steve & NH/Cardiff Un
 PV- 4.86
GARRETT Liam U20 15.08.01, London Heathside
 5k- 15:06.27
GARROD Oliver 16.01.93, Epsom & Ewell
 Mar- 2:27:10, 50kR- 3:17:13
GASKELL Samuel U17 1.11.01, Blackburn
 HTY- 68.75
GELLER James U13 26.09.05, WGreen & Ex L
 800- 2:14.0, 1500- 4:33.67
GELLER Joseph U17 20.02.02, WGreen & Ex L
 1500- 4:01.96, 1.5kSt- 4:46.46
GEMILI Adam 6.10.93, Blackheath & Bromley
 60- 6.59i (6.59i-16), 100- 10.11 (9.97-15),
 200- 20.10 (19.97-16)
GEORGE Alex U23 6.02.96, Birchfield/Arkansas Un
 5k- 14:14.23i (13:40.66-17)
GEORGE Anthony U17 3.11.01, Ilford
 TJ- 13.30i (13.17)
GEORGE Thomas U23 6.02.96, Birchfield/Missouri Un
 3k- 8:17.05i
GERMAIN Jahmal 3.07.92, Newham & Ex B
 110H- 14.90 (14.53-16), LJ- 6.96 (7.05w-16)
GEROME Nicolas U20 7.11.99, Basingstoke & MH
 110HJ- 15.27, 110H- 15.15, 400H- 56.82, PV- 4.40,
 LJ- 6.96, HepJ- 5060i (5131i-17), DecJ- 7257
GERRARD Richard V45 5.03.72, Manx H
 50kW- 4:52:56 (4:41:04-13)
GEZIMU Dejene 29.09.93, Liverpool H/ETH
 5k- 14:24.92, 10kR- 29:29 (29:27-17), 15kR- 44:52+,
 HMar- 65:13 (62:25-12)
GHEBRESILASIE Weynay 24.03.94, Birchfield/ERI
 HMar- 66:58 (66:48-17)
GIBB Ben 17.09.90, Yeovil Olympiads
 SP- 14.84, DT- 43.55, JT- 56.22 (60.98-14)
GIFFORD Thomas 21.10.93, Colchester & T/Adams St C
 800- 1:50.94
GILBERT John V35 24.09.80, Kent
 HMar- 65:18, Mar- 2:20:24 (2:15:49-15)
GILBERT Nathan 2.03.95, WSE&H
 60- 6.90i, 100- 10.53w/10.54 (10.41w/10.54-16)
GILBY Alfie U17 15.05.02, Ashford
 PV- 4.05
GILES Elliot 26.05.94, Birchfield
 800- 1:45.04 (1:44.99-17),
 1500- 3:44.18i/3:47.39 (3:41.27-17)
GILLATT Anthony 14.09.95, Scunthorpe
 HT- 51.74
GILLESPIE Joshua U20 20.10.00, Millfield Sch
 200- 21.98w
GILLESPIE Matthew 4.11.90, Shettleston H
 Mar- 2:25:05
GILLHAM Euan U23 29.04.97, Kilbarchan
 10kR- 30:22
GILLING Tremayne 27.07.90, Blackheath & Bromley
 60- 6.91i (6.68i-12), 100- 10.74 (10.25-10)
GILLIS Nathan U23 25.02.97, Team Kennet/Lamar Un
 800- 1:50.65i (1:48.88-16)
GILLON James U20 10.10.00, Law & District
 2kSt- 6:16.69
GISBORNE Gabriel U17 12.10.02, Hallamshire
 800- 1:54.3
GLADMAN James 3.06.93, Birchfield
 200- 20.93 (20.80w-13), 400- 47.19 (47.13-16)
GLASS Peter 1.05.88, C of Lisburn
 PV- 4.50 (4.80-14)
GLAVE Romell U20 11.11.99, Croydon
 60- 6.66i, 100- 10.36 (10.21-17), 200- 21.09 (20.95-17)
GLEADALL Pedro U17 7.12.01, Blackheath & Bromley
 HJ- 1.95i/1.95, PV- 4.40, DTY- 41.45, JT- 54.54,
 JTY- 61.29, HeplY- 4655i, DecY- 6600, OctY- 5280
GLEN Jonathan U23 5.10.96, Inverclyde/New Mexico Un
 3kSt- 8:56.82
GLYNN Iwan U17 2.12.02, Carmarthen
 400- 50.23

GOATER Bradley 13.04.94, Shaftesbury B
 1500- 3:45.32, 3k- 7:58.94, 5k- 13:58.77
GODDARD Nathan U17 11.07.02, Ipswich
 1500- 4:02.79
GOFFIN Louis U17 26.05.02, Brighton & Hove
 TJ- 13.62
GOLDSWORTHY Simon 13.07.94, Guildford & God'ming
 Mar- 2:28:16
GOMES Edson U23 1.11.98, Shaftesbury B/POR
 110H- 14.68
GONDWE Montel U15 29.09.03, Winchester
 100- 11.57
GOOCH Jack U23 24.04.96, Swansea
 5kR- 14:27
GOODACRE Laurence 20.09.92, Havering
 SP- 14.92 (15.82-15), DT- 41.13
GOODALL Alex U20 30.09.99, Elswick
 800- 1:50.86
GOODMAN Karl 7.11.93, Vale of Aylesbury/Texas Un
 400- 47.40
GOOLAB Nicholas 30.01.90, Belgrave
 3k- 7:54.41i (7:42.22-17), 5kR- 13:50 (13:33.48t-17)
GORDON Fraser U17 11.09.02, Tonbridge
 3k- 8:52.97
GORDON Samuel 5.10.94, Cardiff
 60- 6.67i, 100- 10.14w/10.34 (10.32-17), 200- 21.12w/21.30
GORINGE Jonathan 22.07.91, Kettering
 3kSt- 9:23.73 (9:20.57-16)
GORMAN Ryan Lee U23 9.04.98, Notts/York Un
 100- 10.51, 200- 21.48 (20.84-16)
GORMAN Samuel U17 15.09.01, Blaydon
 LJ- 6.70w/6.63i/6.55, OctY- 4369
GORMLEY James U23 3.04.98, C of Sheffield
 800- 1:49.81, 1500- 3:42.76 (3:42.51-17), 1M- 4:03.97,
 5k- 14:14.70
GOSS James V40 11.09.73, Stevenage & NH
 HT- 47.49 (51.32-94)
GOURLEY Neil 7.02.95, Giffnock North/Virginia Tech Un
 800- 1:47.04i/1:47.90 (1:47.84-17), 1500- 3:35.98,
 1M- 3:57.11, 3k- 8:16.63i (8:05.25i-17),
 5k- 14:04.46 (14:02.40-16)
GOWAN-WADE Reon 6.09.95, Blackheath & Bromley
 LJ- 7.20
GRABARZ Robert 3.10.87, Newham & Ex B
 HJ- 2.30i/2.21 (2.37-12)
GRACE Joshua 11.05.93, Aldershot F&D
 5k- 14:05.11, 5MR- 24:09 (24:08-16),
 10kR- 29:46 (29:14sh/29:21-16)
GRACIE Danny U17 30.10.02, Annan
 HTY- 53.86
GRAHAM Douglas V40 1.01.77, Arbroath
 PV- 4.20 (4.30i-02/4.26-96)
GRAHAM Michael U17 12.02.03, Birtley
 JTY- 52.09
GRAHAM Oliver U20 16.05.01, Shaftesbury B
 HT- 50.42, HTJ- 58.44, JTY- 62.39
GRAHAM Paul 3.04.92, Pontypridd
 HMar- 67:43
GRAHAM Sam U13 10.05.06, Basingstoke & MH
 JTC- 39.00
GRAHAM-WATSON Rory 3.06.90, WSE&H
 800- 1:51.22 (1:47.29-17)
GRANT Jonathan 26.05.93, Herne Hill/Kent State Un
 100- 10.73w (10.51w-16, 10.54-15),
 LJ- 7.23w/6.91 (7.54i-16, 7.39-12)
GRANT Omar 6.12.94, Harrow
 60- 6.80i, 100- 10.58w/10.69 (10.36-17),
 200- 21.74 (21.31w/21.42-17)
GRANVILLE Charles 22.10.95, Harrow
 JT- 58.10 (60.62-14)
GRAPES Matthew U23 7.01.97, C of Norwich/Lincoln Un
 HJ- 1.98
GRASSLY George U20 19.07.00, Dorking & Mole V
 5k- 14:58.19

GRAVES Ben U17 10.02.03, C of Norwich
  JTY- 51.06
GRAY Jack 10.04.93, Cambridge & Coleridge
  3k- 8:03.41, 5k- 14:11.15, 10kR- 29:32, HMar- 66:52
GREATREX Ellis U20 27.09.99, Birchfield
  400- 47.68 (47.47-16), 400H- 54.72
GREEN Courtney 20.08.85, Kent
  SP- 13.16 (14.42-13)
GREEN Jack 6.10.91, Kent
  400H- 49.18 (48.60-12)
GREEN Joseph U17 20.12.01, Lincoln Wellington
  3k- 8:53.24
GREEN Will V40 4.12.74, Serpentine
  HMar- 68:20, Mar- 2:24:50
GREENE David 11.04.86, Swansea
  400H- 49.38A/49.48 (47.84-12)
GREENHALGH Stewart U17 26.01.02, Broms & Redditch
  100- 11.1, 200- 22.3/22.31, 400- 49.2/49.80
GREENLEAF Andrew V35 21.09.82, Serpentine
  HMar- 67:16 (67:08-15), Mar- 2:23:23 (2:21:46-15)
GREENWOOD Ben U23 24.09.98, Perth
  800- 1:49.05 (1:48.71-17), 1500- 3:48.07
GREENWOOD Christopher V40 29.09.73, Kent
  10k- 30:58.95 (30:36.83-15), Mar- 2:28:38 (2:26:46-17),
  3kSt- 9:37.31 (9:12.36-14)
GREENWOOD Leon U23 13.06.97, Swansea/Cardiff Met
  60- 6.94i (6.92i-17), 200- 21.48i (21.61w-17)
GREER Luke U23 9.08.96, Rugby & Northampton/
  Carson-Newman Un
  5k- 14:23.60i
GREGORY Benjamin Mark Joseph 21.11.90, Birchfield
  110H- 14.76 (14.4w-17, 14.47-16), LJ- 7.03 (7.42-14),
  PV- 5.01i/5.00 (5.20-10), SP- 13.34 (13.51-16),
  JT- 57.30 (58.73-14), Dec- 7582 (7882-16)
*GREGORY Daniel 11.04.93, Bristol & W/Oxford Un/CAN
  Dec- 5084 (5298-17)*
GREGORY Oliver U15 9.09.03, Team Kennet
  SPB- 13.12
GREGORY WALTERS Jamall U17 30.09.02, Trafford
  100- 11.02, 200- 22.49 (22.44-17)
GREGSON Callum U17 16.11.02, Southampton
  400HY- 58.40
GREIG Kyle 19.12.85, Metro Aberdeen
  Mar- 2:27:27 (2:25:27-16)
GRIEVE Matthew 18.04.93, Border
  3k- 8:17.76
GRIFFIN Matthew U17 29.08.03, Bromsgrove & Redditch
  100HY- 13.8/13.99
GRIFFITHS Dewi 9.08.91, Swansea
  5kR- 14:07 (13:33.60t-17), 10kR- 28:50 (28:16.07t-17),
  15kR- 44:05+ (43:25+-17), 10MR- 47:20,
  HMar- 62:56 (61:33-17)
GRIFFITHS James 30.07.92, Cardiff/Cardiff Un
  60- 6.91i
GRIFFITHS Joshua 3.11.93, Swansea
  10kR- 29:29, 10MR- 49:41, HMar- 65:07,
  Mar- 2:16:09 (2:14:53-17)
GRIMSEY William U23 14.12.96, WGreen & EL/Lough St
  HJ- 2.14
GROSE Jamie 3.10.94, Poole
  3kSt- 9:26.83
*GRUEN Alexander U23 1.02.98, Marshall Milton K/
  Oxford Un/AUS
  800- 1:51.98, 1500- 3:47.48*
GRUNDY Gilbert 22.06.89, Guildford & Godalming
  5k- 14:20.05
*GRZASLEWICZ Pawel 29.10.89, Darlington/POL
  HJ- 2.04i (1.95-14)*
GUEST Lewis 28.05.94, Yeovil Olympiads
  TJ- 14.28 (14.76-15)
*GURKLYS Arturas 11.06.89, C of Sheffield/LTU
  SP- 16.95i/16.80 (18.25i-10, 18.00-12)*
GURNEY George 3.04.92, VPH &TH
  Mar- 2:29:29 (2:28:53-16)

GURR Harry U15 29.01.04, Cornwall AC
  200- 23.31
GUTHRIE Jack U17 24.01.02, Shettleston H
  100- 11.00w (11.1-17), 200- 22.46w
GUY Peter U17 28.09.01, Blackheath & Bromley
  800- 1:57.28

H

HABERGHAM James U23 11.08.97, Halifax/Leeds
  Beckett Un
  800- 1:51.58
HAGUE Adam U23 29.08.97, C of Sheffield/Hallam Un
  PV- 5.65i/5.65
HAGUE Charlie U13 7.09.06, Exeter
  1500- 4:35.87
HAINES Arthur U15 13.09.03, Brighton & Hove
  HJ- 1.83
HAJIPANAYI Ross U20 3.10.99, Shaftesbury B
  PV- 4.20i (4.06-17)
HALE Cameron U20 14.09.99, Bournemouth
  SPJ- 14.14, DTJ- 43.38, JT- 59.46, DecJ- 6202
HALE Joshua U17 19.09.02, BRAT
  400- 49.90
HALL Ethan U17 9.02.03, Team Bath
  100- 11.03, 200- 22.25
HALL Maxim 29.12.86, Dartford
  JT- 54.33 (63.86-10)
HALL Oliver U17 16.04.02, Bracknell
  800- 1:57.2
HALL Scott 8.03.94, Gateshead
  60- 6.85i, 100- 10.72w/10.75, LJ- 7.34 (7.56-16),
  TJ- 15.82
HALLAM Daniel 18.08.92, Wreake & Soar Valley
  HMar- 67:33
HALLAS Jack 7.02.91, Birchfield
  800- 1:50.10 (1:49.09-17)
HALPIN Jack U15 19.03.04, Gateshead
  SPY- 14.09i, SPB- 15.41, DTB- 39.04, HTB- 56.08,
  JTB- 44.16 (45.71-17)
HALSTEAD Scott U23 31.05.96, Bracknell
  1500- 3:47.63
HALTON Matthew 17.10.92, Notts
  SP- 13.19 (14.37i/13.60-12)
HAMBLIN James U23 1.07.96, Shaftesbury B/Lough St
  HT- 52.76 (60.15-17)
*HAMEED Umar 24.02.89, Sale/PAK
  100- 10.74 (10.68w-17), 200- 21.67 (21.41w/21.58-08)*
HAMILTON Allan 14.07.92, Sale
  200- 21.25w/21.42 (21.14A/21.20wA/21.33-15),
  400- 48.11
HAMILTON-MARINO Felix U15, Millfield Sch
  100- 11.41, 200- 23.49w
HAMILTON-STRONG Daniel U15 21.09.03, Exeter
  LJ- 6.10, SPB- 13.00, PenB- 2694
HAMLING Alexander U20 2.03.99, Rugby & North'ton
  SPJ- 15.14, DTJ- 45.35
HAMMOND Dewi 11.04.94, Cardiff/Cardiff Met
  100- 10.71 (10.33w-15, 10.35-14)
HANDSAKER Harry U17 12.01.02, Burton
  60- 7.02i, 100- 10.91
HANHAM Finlay U13 7.12.05, Reading
  HTC- 34.31
HANLEY-BYRON Lloyd 15.10.87, Shaftesbury B
  Coventry Un/SKN
  400H- 52.00 (49.62-09)
HANSON Alex U20 21.08.01, Woking
  100- 10.75w, 200- 21.83
HANSON Alexander U23 25.06.97, Newbury/Arkansas Un
  800- 1:48.67
HANSON James U20 21.08.01, Woking
  200- 21.96
HANSON Mark V35 13.05.81, Enfield & Haringey
  60- 6.89i (6.68i-03)
HANSON Nathaniel U13 15.01.06, Newham & Ex B
  HJ- 1.54, LJ- 5.19

HARDING Joseph U17 31.10.02, Basildon
  60- 7.13i, 100- 11.00, 60HY- 8.14i, 100HY- 12.85w/13.01,
  LJ- 6.90, OctY- 4657
HARDING Joseph U17 1.11.02, Newton Abbot
  100- 10.99
HARDING Matthew J U23 3.04.98, Colwyn Bay/
  UNC Asheville
  400- 48.42, 800- 1:47.77, 1500- 3:47.47
HARDMAN Carl 20.03.83, Salford
  10kR- 30:29 (29:46-17)
HARDMAN Joseph U20 4.03.99, Worcester/Gloucester Un
  JT- 54.71
HARDY Daniel U13 31.10.05, Medway & Maidstone
  PenC- 1876
HARDY Nick 28.03.92, Tipton
  3kSt- 9:38.15 (9:30.14-15)
HARDY-STEWART Alexander U15 9.12.03, Yeovil Oly
  HJ- 1.75
HARGREAVES Michael V35 18.12.81, East Hull
  Mar- 2:29:51
HARHALAKIS Nicolas U17 19.11.01, Cambridge & Col
  3k- 8:48.13
HARKNETT Lewis U20 17.10.00, Orion
  2kSt- 6:14.83
HARLOW Nathan U15 21.10.03, Basildon
  80HB- 11.7/11.81
HARRELL Ashley 19.01.89, C of Norwich
  10k- 30:57.47
HARRIES Rhys U13, Dacorum & Tring
  JTC- 36.03
HARRIES Toby U23 30.09.98, Brighton Phoenix
  60- 6.79i
HARRINGTON Scott V40 19.08.78, Otley
  Mar- 2:28:28 (2:28:05-16)
HARRINGTON Thomas U23 12.04.96, Birchfield/Bristol U
  LJ- 7.14
HARRIOTT Reece U17 1.08.02, Havering
  400- 50.50
HARRIS Chris 22.10.92, Newquay & Par
  200- 21.62w (21.5-16)
HARRIS Elior 6.05.88, Stevenage & NH
  HJ- 2.00 (2.05-11)
HARRIS Elliott U17 13.10.02, Solihull & S H
  60HY- 8.45i, 100HY- 13.38
HARRIS Jack U20 6.08.01, Lewes
  PV- 4.60
HARRIS Joe U23 23.05.97, Manx H
  JT- 74.11 (75.71-17)
*HARRIS Matthew 26.04.89, Ashford/AUS
  JT- 53.05 (60.75-13)*
HARRIS Matthew U17 5.11.01, Guildford & Godalming
  200- 22.49
HARRISON George U15, Nene Valley H
  HTB- 46.55
HARRISON Joseph U20 29.02.00, Stevenage & NH
  DecJ- 5080
HARRISON Tim U20, Cambridge & Coleridge
  5k- 15:18.40
HARROP Zach U23 5.05.98, Sale/Cardiff Met
  PV- 4.80i/4.65
HARRY Harvey U17 25.04.03, Reading
  100- 11.0
HARRY Jordan U23 20.02.97, C of Norwich/Bath Un
  TJ- 14.51
HARTLEY Michael Peter 6.03.94, Liverpool H
  HJ- 1.98 (2.08-10)
HARTWELL Sebastian U20 5.11.99, Banbury
  DecJ- 5181
HARVEY Finn U17 4.09.01, Shaftesbury B
  1500- 4:01.65
*HARVEY Jason Marcus 9.04.91, Lagan Valley/IRL
  400- 48.96i (47.15-13), 400H- 51.84 (50.13-13)*
HARVEY Joel U23 27.03.96, Bournemouth/Lough St
  200- 21.6 (21.74w/21.81-12)

HARVEY Jonathan 12.09.83, Braintree
  JT- 54.32 (58.18-04)
HARVEY Lawrence Edward V35 26.08.81, Trafford
  TJ- 14.69 (15.22-11)
HARVIE Ricky 17.03.95, Aldershot F&D/West Texas Un
  1500- 3:47.12 (3:45.61-17), 1M- 4:06.20i (4:09.38-17),
  3k- 8:15.79i, 10kR- 30:12
HASAN Abdifataah U17 14.02.02, Yate
  800- 1:55.5
HATTON Jack U23 14.02.96, Thames Valley/Bath Spa
  60- 6.92i, 60H- 7.94i, 110H- 14.15 (14.13w-16)
HAWKES Ben U20 8.11.00, Worthing
  SP- 13.47i, SPJ- 15.02, DTJ- 46.95, HT- 60.20,
  HTJ- 71.55
HAWKES Ben U20 5.10.00, Leamington
  400- 48.41
HAWKES Stuart V40 22.12.77, Tipton
  10kR- 30:23, HMar- 66:44, Mar- 2:22:33
HAWKINS Callum Robert 22.06.92, Kilbarchan
  5kR- 14:04+ (13:59.8t-17), 10kR- 28:35+ (28:28+-17),
  15kR- 43:14+ (42:37+-17), 10MR- 47:01,
  HMar- 61:00 (60:00-17)
HAY Adam U20 8.02.01, Inverclyde
  2kSt- 6:16.79
HAY Alastair Thomas 7.09.85, Central
  5k- 14:07.81
HAY Callum U17 6.09.02, C of Sheffield
  LJ- 6.65
HAY Jonathan 12.02.92, Aldershot F&D
  1500- 3:42.01, 3k- 7:58.30, 5kR- 14:12 (13:57.16t-11)
HAYDOCK-WILSON Alex U20 28.07.99, WSE&H
  200- 21.67, 300- 34.14, 400- 47.19
HAYES Martin 16.05.89, VP-Glasgow
  3kSt- 9:29.65 (9:19.72-16)
HAYMES Daniel U23 6.09.96, Derby AC
  5k- 14:19.51
HAYNES Jacob U15 20.12.03, Dacorum & Tring
  100- 11.54
HAYNES Joseph U17 22.02.03, Armagh
  1.5kSt- 4:44.6
HAYNES Stuart V40 12.03.76, unat
  Mar- 2:28:58
HAYWARD Morgan U20 19.06.01, Crawley
  TJ- 13.71
HAZEL Sam U23 7.10.96, Shaftesbury B/Middlesex Un
  200- 21.56, 400- 46.71
HAZELL Benjamin Nicholas Rodney 1.10.84, B'stoke & MH
  DT- 41.23 (48.01-10), JT- 55.34 (62.28-11)
HEAD Thomas U23 15.01.96, Newham & Ex B/Brunel Un
  SP- 13.46i (13.85-16), HT- 63.15 (63.80-17)
HEANEY-BRUFAL Oscar U17 27.09.01, Blackheath & Br
  400- 50.22, 400H- 55.69, 400HY- 54.11
HEARD Owen U17 29.12.01, Harrow
  100HY- 13.4/13.57, PV- 4.45
HEATH Jonathan James 12.12.93, Derby AC
  HJ- 2.00 (2.10-15)
HEATH STUBBS Leon U20 19.01.00, Preston
  400- 49.0/49.36
HEAWOOD Samuel Bart 25.09.90, Crawley
  SP- 16.54i/16.04
HEAYES-ZEO Calvin 2.09.93, C of Sheffield
  400- 48.91
HEDGER James 9.09.84, Thames Valley
  SP- 13.50 (14.51-17), DT- 49.49
HEDMAN Ruben U15 19.07.04, Braintree
  60HB- 9.15i, 80HB- 11.15
HEFFERNAN Lewis U23 17.12.96, Medway & Maidstone
  400H- 55.0/55.87
HELYER Isaac U13 10.09.05, Newton Abbot
  75HC- 12.11, HJ- 1.54
HENDERSON Callum John U20 3.05.00, Edinburgh AC
  LJ- 7.35
*HENDERSON Connor Alexande 2.10.92, Kilbarchan/
  West Scot Un/PHI
  400H- 53.06 (52.22-14)*

HENDERSON Edward U15 6.10.03, Aldershot F&D
 800- 1:59.81, 1500- 4:09.35
HENDERSON Rob U15 15.12.03, Edinburgh AC
 LJ- 6.14
HENDRIX Nicholas U23 9.11.97, St Mary's Richmond
 100- 10.58w, 200- 21.54
HENDRY Callum U13 6.09.05, Falkirk VH
 HTC- 30.56
HENEGHAN James U20 26.05.99, Winchester/Cardiff Un
 1500- 3:53.47, 3k- 8:27.45, 5k- 15:05.11
HENRIKSEN Harry U15 11.10.03, Lasswade
 3k- 9:21.89
HENRY Jerome U17 11.01.03, Newham & Ex B
 HJ- 1.96
HENRY-DAIRE Reuben U15 12.03.04, Reading
 200- 23.1/23.20, 300- 36.29, 400- 51.6
HEPPINSTALL George U23 17.10.97, C of Sheffield/
  Hallam Un
 PV- 4.91
HERRING Oliver U20 28.09.00, Gateshead
 60HJ- 8.51i, PV- 4.12, HepJ- 4553i, DecJ- 6126
HEWES Thomas U20 15.09.99, Chelmsford
 HJ- 2.13i/2.00 (2.15-17)
HEWETT Joshua U20 1.10.99, Newham & Ex B
 HJ- 2.07i (2.09-17)
HEWITSON Ryan U23 4.01.96, Aberdeen
 110H- 15.47 (15.27-17), HJ- 1.97 (1.98-16)
HEWITT Hugo U17 14.10.01, Crawley
 1.5kSt- 4:34.27
HEWITT Matthew 27.12.92, Southampton
 60H- 8.48i (8.23i-17), 110H- 15.27 (14.65w-14, 14.66-15)
HEWITT Oliver U20 27.09.99, Newbury
 DTJ- 45.52, HT- 54.34, HTJ- 63.25 (63.61-17)
HEWITT Samuel U23 1.02.98, WSE&H/Sheffield Un
 HJ- 1.95 (2.00-14)
HEWSON Thomas U20 24.09.00, Andover
 JT- 69.13
HEYDEN Max U20 12.09.00, Aldershot F&D
 3k- 8:26.55
HEYES Andrew 22.06.90, Hallamshire
 1500- 3:45.47 (3:41.09-17), 3k- 7:51.01i/7:57.32,
 5k- 13:46.34, 10kR- 29:31 (29:22-17)
HEYWARD Jake U20 26.04.99, Cardiff/Cardiff Met
 800- 1:48.61, 1500- 3:36.90, 3k- 7:55.17
HEYWOOD Matthew U15 27.09.03, Blackburn
 HTB- 46.40
HICKEY Adam 30.05.88, Southend
 3k- 8:14.08 (8:04.27-16), 5k- 14:10.26 (13:41.66-13),
 5kR- 13:54, 10kR- 29:29 (29:04-16)
HIGGINS Benjamin U20 14.11.00, Charnwood
 60HJ- 8.54i, 400H- 54.25
HIGGINS Jack U17 20.09.01, Bexley
 400- 50.3, 800- 1:52.46
HIGGINS Jack U20 30.01.01, Southampton
 400- 48.99
HILL Adam 9.07.94, C of Lisburn/Queen's Un
 60H- 8.55i, 110H- 15.31, HJ- 1.95 (1.96-14)
HILL Gavin 19.04.85, Sale
 HMar- 67:32
HILL Jay 27.08.91, Newquay & Par
 HT- 53.69 (58.10-12)
HILL Jonathon 19.10.95, C of Lisburn/Queen's Un
 LJ- 7.17
HILLIARD Charles U20 21.09.99, Birchfield
 60- 6.99i (6.99i-17), 100- 10.82 (10.7/10.79-16), 200-
 21.7/21.99i (21.36w/21.77i-17, 21.79-15), 400- 47.42
HILLMAN Benjamin U17 16.04.03, Cardiff
 60HY- 8.46i, 100HY- 13.68, PV- 3.60i, HepIY- 4254i,
 OctY- 4347
HILLMAN Harry U23 7.09.98, Cardiff/Brunel Un
 60H- 8.51i, 110H- 15.50, PV- 4.15i, Dec- 6092,
 HepIS- 4733i
HIND James V40 24.05.77, Poole
 HJ- 2.01i/1.98 (2.00-98)

HIND Owen 1.08.90, Kent/Texas Un
 5k- 14:14.48 (14:06.23-16), 10k- 30:47.97 (29:27.04-17),
 10kR- 29:38
HIRST Joseph U17 26.01.02, St Albans AC
 JTY- 52.13
HOAD James 25.06.92, Thames H & H
 5k- 14:25.72
HOBBS Jonathan 17.05.93, Ashford
 50kW- 4:37:42
HOBSON Joseph U23 29.04.98, C of Sheffield/Hallam Un
 110H- 15.53, HJ- 2.03i/2.02, Dec- 6764,
 LJ- 6.91i/6.88 (7.05i-16, 7.00w-15)
HOCKING Benjamin U15 25.10.03, Shaftesbury B
 JTB- 50.76
HOCKING Jack U23 29.09.98, Worcester/Birmingham Un
 200- 21.54, 400- 47.50
HOCKLEY Thomas U15 17.01.04, Southampton
 300- 37.83
HODGSON Kevin U23 24.03.96, Bournemouth/Lough St
 400- 48.48
HOGAN Sean 6.07.87, Poole Runners
 Mar- 2:28:13
HOGG-WILLIAMS Marlon U23 27.10.98, Newham & EB
 200- 21.65
HOLDEN Benjamin U17 25.02.02, Middlesboro Mandale
 60- 7.13i, 200- 22.39
HOLDER Graham Paul V45 16.01.72, Bexley
 HT- 51.32 (62.01-05)
HOLDSWORTH Christopher 31.12.90, Ribble Valley
 10kR- 30:28
HOLGATE Craig V40 21.09.76, Ely Runners
 24Hr- 205.458km (245.794km-17)
HOLLAND Adam 5.03.87, Tavistock
 Mar- 2:24:24dh (2:27:59-17)
HOLLAND Charlie U15 14.04.04, Swansea
 300- 36.63, 800- 2:01.66
HOLLAND Max U20 6.06.00, Wrexham
 JT- 53.10
HOLLIS Harry 2.03.92, Corby
 JT- 60.80 (64.03-16)
HOLMES Thomas U17 16.10.02, Marlborough Jnrs
 JTY- 59.86
HOLYOAK Steven V50 8.09.64, Road Runners C
 24Hr- 237.367km (252.836km-15)
HOLZMAN Louie U15, Berkshire Schools
 LJ- 6.10
HOOGENDOORN Efan U15 10.11.03, Cardiff Archers
 PV- 3.10
HOOK Tom 6.06.95, C of Norwich
 1500- 3:44.93 (3:43.16-17)
HOOKWAY Alexander 19.05.91, Tonbridge
 Dec- 5192
HOPE Ben U17 10.09.01, Rugby & Northampton
 1.5kSt- 4:33.81
HOPE Jack U23 14.05.98, Kettering/Cardiff Met
 3kSt- 9:36.56
HOPKINS Ceirion U20 11.10.99, Neath
 100- 10.84w (10.89-17), LJ- 7.14i/6.91 (7.08w/7.04-17)
HOPKINS George U17 1.06.03, Woking
 HJ- 1.90i, PV- 4.01i/3.95, DecY- 5076
HOPKINS Jonathan 3.06.92, Swansea
 3k- 8:09.42i/8:15.51, 5kR- 14:05, 5MR- 24:10,
 10kR- 30:12 (29:40-17), HMar- 65:20, 3kSt- 8:30.52
HOPKINS Samuel U15 11.12.03, Trafford
 1500- 4:16.74
HOPPER Daniel U20 21.08.00, Dacorum & Tring
 LJ- 7.33
HORNE Jamie U23 7.09.97, Peterborough
 HJ- 1.95 (2.01i-15, 2.01-17)
HORTON Richard 28.05.93, Shaftesbury B
 10kR- 30:01 (29:27-17)
HORTON Tommy 7.11.93, Hallamshire/Sheffield Un
 800- 1:52.00, 3kSt- 8:57.09 (8:48.26-17)
HOSGOOD Ieuan U20 6.03.01, Swansea
 PV- 4.10

HOUGHTON William U13, St Albans AC
  100- 12.4/12.43, 200- 25.6
HOWARD Alex 24.08.95, Tonbridge
  3kSt- 8:56.78
HOWELLS Daniel U17 28.02.02, Aldershot F&D
  400- 50.31, 800- 1:53.89, 1500- 4:01.71
HOWES Cameron U17 10.03.02, Pontefract
  HJ- 1.92
HOWITT Kane U23 6.11.96, R Sutton Coldfield
  100- 10.47w/10.66, 200- 21.03
HOWORTH Rory U17 2.07.02, Team Bath
  LJ- 6.60, HeplY- 4738i, OctY- 5481
HOYLE Jason U23 11.11.96, Oldham & R/Durham Un
  400- 48.78i (47.91-17)
HUBBOCK Joseph U20 30.06.99, Luton
  400- 48.94
HUCK Peter 10.07.90, Barrow & Furness
  5k- 14:25.06 (14:13.61-17), HMar- 65:55 (65:03-17)
HUDSON David V35 19.07.81, BRJ Huntington RRC
  Mar- 2:29:49
HUDSON Shaun U20 8.09.00, WSE&H
  800- 1:53.39, 2kSt- 6:19.40
HUDSON-SMITH Matthew 26.10.94, Birchfield
  200- 20.98 (20.88-13), 400- 44.63 (44.48-16)
HUGGINS Scott 24.07.89, Blackheath & Bromley
  PV- 5.23 (5.26-17)
HUGHES Ben U17 12.11.01, Wigan
  DecY- 5737, OctY- 4717+
HUGHES Thomas U23 9.09.97, Hallamshire/Sheffield Un
  HJ- 2.00, Dec- 5628, HepIS- 4601i
HUGHES William U20 28.01.01, Nene Valley H
  200- 21.53
HUGHES Zharnel 13.07.95, Shaftesbury B
  100- 9.91, 200- 20.23 (20.02-15)
HULSON Charlie 7.03.93, Liverpool H
  3k- 8:05.43, 5kR- 14:00 (13:43.35t-16), 10kR- 29:12
HUNT Liam U23 18.11.96, C of Norwich/Un of E Anglia
  110H- 15.10
HUNT Nikko U23 17.02.98, WGreen & Ex L
  PV- 4.22 (5.06i-16, 4.80-17)
HUNTER Eddie U17 9.09.01, Leeds
  800- 1:55.51
HUSSEY Ethan U17 5.03.03, Leeds
  800- 1:52.44, 1500- 3:50.37, 3k- 8:29.36
HUTCHINSON Finlay U15 19.03.04, Notts
  800- 2:02.41
HYDE George William Baker U20 30.03.01, West Cheshire
  SP- 14.56, SPJ- 16.44, SPY- 18.89
HYDE Harry U15 9.11.03, Aldershot F&D
  3k- 9:27.96
HYLTON Dean 15.09.90, Blackheath & Bromley/JAM
  100- 10.42w/10.60 (10.56-15),
  200- 21.31w/21.52 (21.29-17)
HYNES Luke-Lom U15 24.11.03, WSE&H
  1500- 4:16.22

IGBOKWE Daniel U23 28.06.98, WSE&H/Columbia Un
  TJ- 15.53i/15.45 (15.63-17)
IGE Samuel U23 29.01.96, Belgrave/Swansea Un
  60- 6.91i (6.87i-16)
IKEJI Kenneth U17 17.09.02, Basildon
  HTY- 69.94
ILLSLEY Sam U17 11.04.02, Worthing
  HTY- 59.27
ILORI Jonathan 14.08.93, Blackheath & Bromley
  LJ- 7.07 (7.33-17), TJ- 16.28
ILYK Harry U20 24.05.01, Notts
  HTJ- 54.70
IMROTH Kristian U17 19.01.02, Shaftesbury B
  3k- 8:47.71, 1.5kSt- 4:21.31
INCE James U13 7.10.05, Preston
  75HC- 11.8, LJ- 5.14, PenC- 1873
INDELBU Wondiye 13.02.88, Leeds/ETH
  5k- 14:20.16

INFANTINO Antonio 22.03.91, Shaftesbury B/ITA
  60- 6.85i, 100- 10.37 (10.16w/10.36-17),
  200- 20.52w/20.65 (20.45w-17, 20.53-16)
INGHAM Alexander U23 12.01.96, Biggleswade/Notts Un
  JT- 56.49 (58.89-14)
INGLEY Reece 15.02.92, Trafford
  400- 48.95 (48.69-15)
INGRAM Matthew U20 10.03.00, Liverpool Pembroke S
  LJ- 6.86, TJ- 14.49
INMAN Calum U17 14.10.01, Amber Valley
  400HY- 56.25
INNISS Tyvon U17 21.03.03, Croydon
  100- 11.0
IRVING Peter V35 28.01.83, Channel Islands
  400H- 55.93 (52.57-13)
ISAACS James U15, Dacorum & Tring
  DTB- 37.85
IXER Ben U15, Southend
  HTB- 50.40

JACK Kimani U15 31.01.04, Shaftesbury B
  HJ- 1.84
JACKSON Alex U13, Dacorum & Tring
  DTC- 30.34
JACKSON James U20 12.02.99, Southampton
  400H- 55.17 (54.53-17)
JACOB Taylor U15 1.07.04, Preston
  60HB- 9.36i, 80HB- 11.44w/11.5/11.57
JAGGER Lewis U23 30.12.97, C of Sheffield
  3k- 8:11.62, 5k- 14:10.77
JAKSEVICIUS Andrius V35 15.02.81, Belgrave/LTU
  Mar- 2:28:27 (2:23:24-17)
JAMES Armani 26.04.94, Thames Valley
  TJ- 14.05 (14.31-16)
JAMES Bradley U15 23.09.03, Havering
  60HB- 9.25i, 80HB- 11.1/11.64, JTB- 61.25, PenB- 2754
JAMES Harvey U15 8.11.03, Swansea
  60HB- 9.07i
JAMES Joshua U15 1.08.04, C of Sheffield
  PV- 3.04
JAMES Nathan U23 5.10.98, Swansea
  JT- 69.59
JARVIS Daniel 21.10.95, Liverpool H/St Marys Un
  HMar- 67:53, 3kSt- 8:54.39 (8:43.09-17)
JARVIS William U17 13.12.01, Watford
  JTY- 51.12
JEANS Edward U23 28.09.98, Preston/Nebraska Un
  HT- 63.32, 35Wt- 17.65i
JEGEDE Olugbayode JJ 3.10.85, Newham & Ex B/ East London Un
  LJ- 7.36 (8.11-12)
JENKIN Mark V35 19.09.78, Bideford
  Mar- 2:28:06 (2:25:26-16)
JENVEY Bradley U17 23.12.02, Southampton
  JTY- 60.00, OctY- 4891
JERMYN Toby U15 23.03.04, Ipswich
  JTB- 47.35
JEROME Woody U15 15.05.04, Aldershot F&D
  3k- 9:07.28
JIBUNOH Duane 18.11.95, Havering
  DT- 46.64 (47.14-17)
JOHN-OLOJO Olushola 5.05.92, HHH/Memphis St Un
  LJ- 7.13 (7.20i-16), TJ- 15.33 (15.40i-17, 15.37-13)
JOHNSON Allandre Toussaint 8.12.85, Herne Hill
  JT- 61.58 (62.55-08)
JOHNSON Ben 22.09.88, Southport
  HMar- 67:58 (67:17-17), Mar- 2:23:24 (2:21:52-17)
JOHNSON Cosmo U13 19.11.05, Hallamshire
  PenC- 1659
JOHNSON Frankie U20 17.01.01, Bedford & County
  PV- 4.93
JOHNSON Henry U17 28.10.02, Houghton
  800- 1:54.8, 1500- 4:00.18
JOHNSON Karl U20 15.04.01, Newham & Ex B
  400- 49.21i, 400H- 51.69, 400HY- 50.90

JOHNSON Kody U17 22.07.03, Banbury
   JTY- 56.53
JOHNSON Louie U15 9.08.04, Bolton
   1500- 4:18.10
JOHNSON Luke 27.11.94, Horsham BS
   JT- 55.94 (57.83-17)
JOHNSON Mark V50 7.09.64, Leeds
   PV- 4.40i/4.25 (5.26-91)
JOHNSON O'Shillou U17 15.03.03, Reading
   100- 10.98w
JOHNSON Scott 2.10.90, Bedford & County
   HJ- 1.97 (2.13-13)
JOHNSON-ASSOON Gavin V35 19.12.82, Thames Valley
   JT- 68.69 (69.69-17)
JOHNSON-FISHER Tyrese U20 9.09.99, Croydon
   60- 6.97i (6.89i-16), 100- 10.73 (10.72w/10.73-16)
JOHNSTON Isaac U15 10.11.03, Edinburgh AC
   HJ- 1.75i
JOHNSTON Neil 9.12.93, Springwell/Queen's Un
   1500- 3:48.83, 5k- 14:22.74
JOHNSTONE Nikki 14.01.84, ART-Düsseldorf (GER)
   Mar- 2:25:25
JOINT Oliver U17 11.02.02, Bracknell
   HJ- 1.95
JOKOSENUMI Remi U15 15.02.04, Shaftesbury B
   60- 7.18i, 100- 10.84w/11.01, 200- 21.99
JONES Adam U23 8.10.98, Southampton
   HJ- 2.03 (2.05-15)
JONES Ben V35 6.11.82, Andover/Army
   HT- 51.52 (53.00-16)
JONES Carwyn V35 10.10.79, Cardiff
   5kR- 14:30
JONES Craig 28.04.93, Liverpool H
   LJ- 7.06w/7.03i (7.70-14)
JONES Dafydd U15 10.01.04, Carmarthen
   800- 2:02.70, 1500- 4:12.51
JONES Elliot U23 21.09.97, Liverpool Pembroke S/
   Warwick Un
   60- 6.91i, 100- 10.69/10.54w
JONES Evan Lloyd U15 6.10.03, Bridgend
   60- 7.45i, 100- 11.36w/11.42, 200- 22.85w/22.86
JONES Huw U15 16.12.03, Deeside
   3k- 9:23.33
JONES Jordan U17 2.05.02, Warrington
   1.5kSt- 4:32.81
JONES Kai U23 24.12.96, Newham & Ex B/Brunel Un
   SP- 15.79 (16.36i-16, 16.04-17)
JONES Kristian U23 10.03.98, Cardiff/Lough St
   100- 10.4w/10.47w/10.60 (10.39w/10.53-17),
   200- 20.93w/21.04
JONES Kristian 4.03.91, Swansea
   5k- 13:45.25, 5MR- 23:47, 10kR- 29:57 (29:05.66t-17),
   15kR- 45:23+, HMar- 63:57
JONES Luke U23 18.10.96, Tamworth/Birmingham Un
   800- 1:51.09
JONES Matthew U15 4.04.04, West Suffolk
   JTB- 46.08
JONES Max U20 13.05.99, Basildon
   1500- 3:53.28
JONES Nathan 3.10.94, Liverpool H/McNeese State Un
   3k- 8:18.86i (8:17.77i-17), 5k- 14:02.59, 10k- 29:46.60
JONES Noah U15 11.11.04, C of Plymouth
   PV- 3.10i/3.00
JONES Osian Dwyfor 23.06.93, Liverpool H
   HT- 71.62
JONES Steffan Dylan U17 9.11.01, Swansea
   400- 50.13
JONES Steven U20 7.09.99, Liverpool H
   HJ- 2.01 (2.01-15)
JOPP Oscar U20 29.09.99, Stevenage & NH
   PV- 4.25i/4.20, DecJ- 5432 (5467-17)
JORDAN Chris V35 12.05.80, Leics Coritanian
   Mar- 2:29:45 (2:27:58-16)
JORGE Loreni U17 9.01.03, Notts
   100- 11.0w/11.08w/11.1/11.11, 200- 22.4w

JOSEPH Anton U17 14.01.03, Guildford & Godalming
   HTY- 51.20
JOSEPH Caius U20 24.07.99, Basingstoke & MH
   400- 49.10, 60HJ- 8.29i, 110HJ- 15.00, PV- 4.52,
   LJ- 7.04i/7.01 (7.08w-17), SPJ- 13.89i, HepJ- 5275i,
   DecJ- 7109
JOSEPH Rafer Ernest Lewis V45 21.07.68, B'stoke & MH
   DT- 45.18 (52.00-96)
JOYCE Daniel U17 2.01.03, Tynedale
   400- 50.18, 800- 1:52.7
JOYNSON Jack U23 15.12.98, Bristol & W
   TJ- 13.95 (14.12-17)
JURD Alfie U15 26.09.03, C of Portsmouth
   100- 11.50
JURY Mitch U15, Stevenage & NH
   PV- 2.90

KALWARSKI Kacper U23 24.09.97, Leamington/POL
   JT- 59.23
KAMPENGELE Makoye 25.09.93, Cardiff
   60- 6.95i
KANDU Chris 10.09.95, Enfield & Har/East London Un
   HJ- 2.23 (2.26i-15, 2.25-17)
KARI-KARI Patrick 30.01.92, Enfield & Haringey
   100- 10.72 (10.55w/10.62-16),
   200- 21.63 (21.01w/21.07-16)
KASTNER Phillip U17 1.10.01, Walton
   60HY- 8.60i, 100HY- 13.87, LJ- 6.71, DTY- 42.44,
   HepIY- 4351i, DecY- 6044, OctY- 4993
KAY Jonothan 23.05.95, Bolton
   1500- 3:48.96
KAZEMAKS Kasper 1.06.84, Woking/LAT
   Dec- 6041 (6214-16), HepIS- 4649i
KEEFE Peter U20 5.11.99, Stevenage & NH
   DTJ- 43.82
KEELAN Cameron U17 25.06.02, Pitreavie
   400HY- 57.97
KEEN Rory U20 6.04.00, Sale
   400- 48.44 (48.07-17)
KEEN Thomas U20 16.06.01, Cambridge & Coleridge
   1500- 3:48.67, 3k- 8:14.41
KELLY Greg U20 11.04.99, East Kilbride
   100- 10.7w/10.76w, 200- 21.68
KELLY James V35 29.08.83, Belgrave
   Mar- 2:27:51 (2:19:01-13)
KELLY Joshua 25.09.93, Havant
   SP- 13.62 (13.71-17)
KENDALL Harry U23 4.10.96, Tonbridge/Hallam Un
   110H- 15.50, HJ- 2.01, PV- 4.32, LJ- 7.04i/7.03 (7.06-17),
   JT- 55.11 (55.82-17), Dec- 7089, HepIS- 5096i
KERFOOT Alex U15 21.10.03, Preston
   800- 2:03.35
KERR Josh U23 8.10.97, Edinburgh AC/New Mexico Un
   800- 1:48.87iA/1:50.55 (1:48.05A-17), 1500- 3:35.01,
   1M- 3:54.72i/3:59.67
KERRY Shaun U17 13.12.01, Kingston upon Hull
   SPY- 14.65, HTJ- 59.36, HTY- 68.31
KERSHAW Charlie U17 26.08.02, Aldershot F&D
   1500- 4:02.45
KEW-MOSS James 19.01.95, Charnwood
   HT- 44.70
KHAN Joel U20 30.09.99, Worcester AC
   HJ- 2.20i (2.16-17)
KHOGALI Samuel U23 15.07.97, Worcester AC/Lough St
   LJ- 7.38i/7.28 (7.40w-16)
KILGOUR Joseph U23 11.07.96, Derby AC/Leeds Un
   5k- 14:29.72
KILTY Richard 2.09.89, Middlesboro Mandale
   60- 6.63i (6.49i-14), 100- 10.26 (9.92w/10.01-16),
   200- 20.67 (20.34-13)
KIMPTON Ian 8.11.86, Luton
   10k- 29:59.99 (29:18.50-17)
KING Damon U15 19.08.04, Border
   HTB- 44.32

KING Daniel 30.05.83, Colchester H
   3kW- 12:40.53 (11:34.62-05), 10kWR- 46:42 (42:08-07),
   20kW- 1:35:10+ (1:26:14-08), 50kW- 4:08:16 (4:04:49-08)
KING David 13.06.94, C of Plymouth
   60H- 7.63i (7.63i-17), 110H- 13.53 (13.4-16, 13.48-17)
KING Dominic 30.05.83, Colchester H
   3kW- 12:17.73 (11:51.44-06), 5kW- 21:36.61 (19:57.91-04),
   10kWR- 44:40 (42:17.1t-02), 20kW- 1:34:46 (1:26:09-17),
   50kW- 4:06:34 (3:55:48-16)
KING James Elliott U23 28.06.96, Cardiff/Cardiff Met
   TJ- 14.08
KING Josh U15, Surrey Schools
   80HB- 11.65
KING-CLUTTERBUCK Dale 1.01.92, Basildon
   1500- 3:48.40 (3:38.65-15), 1M- 4:05.37 (3:59.23-15)
KINGSTON James U17 22.01.02, Tonbridge
   3k- 8:46.44
KINLOCH Alasdair U20 8.02.99, Tonbridge
   5k- 15:13.53
KINLOCK Derek U17 28.07.02, Croydon
   60- 7.12i, 100- 10.96, 200- 21.83
KIRABO Peter 22.09.92, WGreen & Ex L/London Un
   TJ- 14.14i/14.01w (15.01i/14.98-14)
KIRBY Jack U23 5.11.96, Harrow
   60H- 8.06i (8.06i-17),
   110H- 14.64w/14.79 (14.23w/14.31-16)
KIRK Conall U23 6.01.96, Annadale Striders
   800- 1:49.47
KIRK-SMITH Adam 30.01.91, London Heathside
   3kSt- 8:44.98 (8:37.41-17)
KISEL Rasmus U23 21.07.96, Harrow/Cambridge Un/EST
   800- 1:49.91 (1:49.40-17)
KITCHEN-SMITH Isaac 18.10.94, TVH/Oxford Un
   100- 10.66w/10.69
KLOBE Gunther 24.04.90, Cambridge Un/GER
   HJ- 1.95i
KNEALE-JONES Chris 29.04.89, Cambridge & Coleridge
   DT- 43.61
KNIBBS Alexander U20 26.04.99, Amber Valley
   400- 47.83i/48.08, 400H- 50.57
KNIGHT Andrew U17 10.11.01, Morpeth
   SP- 14.13i, SPY- 17.48
KNIGHT Daniel U17 24.11.01, Enfield & Haringey
   60- 7.13i, 60HY- 8.02i, 100HY- 13.02, 110HY- 14.16w
KNIGHT Harun U17, Bradford Airedale
   HJ- 1.95
KNIGHT Jake U15 29.09.03, Cardiff Archers
   DTB- 38.20
KNIGHT Matthew U20 28.02.00, Blackheath & Bromley
   60- 7.00i
KNOTT Charlie U17 15.06.03, Cambridge & Coleridge
   HJ- 1.99
KOFFI David U17 23.04.02, Stevenage & NH
   SPY- 14.32i (13.63-17)
KONG William U15 7.10.03, Nene Valley H
   60- 7.37i, 100- 11.5, 300- 37.15, 80HB- 11.5/11.84w,
   PenB- 2803
KOUMI Sadam 6.04.94, Birchfield/SUD
   400- 46.00 (45.41-15)
KRAAMER Jasper U17 4.11.01, Leics Coritanian
   TJ- 13.32
KUEHNEL Jamie U23 16.10.97, Newbury
   HT- 49.83 (55.09-16)
KUSI Dickson 3.02.95, Marshall Milton K
   60- 6.92i, 100- 10.72w
KYEREME Kojo V40 23.12.74, Shaftesbury B
   10k- 30:22.11 (29:29.55-11), HMar- 68:01 (66:13-16),
   Mar- 2:29:32 (2:21:32-16)
KYEREMEH Mandras U15, Hereford & Worcs Schools
   100- 11.4 (11.69)

L A TROBE ROBERTS Cai U17 26.10.02, Menai
   1.5kSt- 4:46.62
LACY Craig 17.07.91, Birchfield
   JT- 60.62 (68.46-11)

LAMB Christopher U20 25.05.00, Wigan
   PV- 4.35 (4.42i-17)
LAMBERT Jack U17 13.06.02, Kidd & Stourport
   HT- 45.96, HTJ- 54.56, HTY- 62.58
LAMBERT Jamie U20 21.03.00, Crawley
   400H- 53.95
LAMPRELL William U15 12.01.05, Ipswich
   SPB- 13.48i/13.14, PenIB- 2649i
LANCASHIRE Thomas 2.07.85, Bolton
   1500- 3:42.90 (3:33.96-10), 3k- 7:55.00 (7:49.35-15),
   5kR- 14:19 (13:34.44t-09)
LANCASTER James U20 15.08.01, Blackheath & Bromley
   HT- 51.16, HTJ- 61.10, HTY- 66.35
LANCASTER Joe U17 16.10.01, Barrow & Furness
   SPY- 14.10, DTY- 48.08
LANDEAU Nicholas 30.01.95, Ealing, S & Mx/TTO
   800- 1:49.53 (1:48.34-17)
LANDSBOROUGH Samuel 11.11.92, Wirral
   60- 6.89i (6.81i-17), 100- 10.7 (10.5/10.64-17),
   200- 21.3/21.57 (21.3-17, 21.33-16)
LANE Harry 1.12.94, Bristol & W/Lough St
   3kSt- 9:19.18 (8:59.90-16)
LANE John Ernest 29.01.89, C of Sheffield
   400- 48.93 (48.01-14), 110H- 14.67 (14.32-16),
   HJ- 2.01 (2.05-17), PV- 4.80 (5.13-13), DT- 43.79,
   LJ- 7.44w/7.28 (7.50-14), Dec- 7545 (7965-17)
   SP- 13.48 (14.76i-13, 14.12-14)
LANE William U15 20.07.05, C of Sheffield
   PV- 3.25
LANG Ruaridh U20 24.12.00, Morpeth
   DTJ- 43.78
LANGE Jacob 5.12.95, Gloucester AC/Cambridge Un
   HT- 58.79 (59.69-17)
LANGFORD Kyle U23 2.02.96, Shaftesbury B
   800- 1:45.16
LANGLEY Nathan U20 18.03.00, Doncaster
   DecJ- 5832
LASCELLES Deshawn U17 5.02.03, Cambridge & Col
   TJ- 14.22w/13.99
LAVERTY Connor U23 14.05.96, Swansea/Sheffield Un
   DT- 41.52 (45.17-17)
LAW Max U17 13.05.02, Havering
   JT- 64.38, JTY- 75.30
LAWLER William U15 14.10.03, Stevenage & NH
   80HB- 11.6, HJ- 1.75
LAWRENCE Jack U23 2.07.96, Birchfield
   60- 6.78i, 100- 10.5w/10.58w/10.69 (10.69-17)
LAWRENCE Owen U23 31.10.98, Southampton
   400H- 53.67
LAWRIE Jack U23 21.02.96, WGreen & Ex L
   400- 48.23 (47.92-17), 110H- 14.45,
   400H- 50.42 (50.25-17)
LAWSON Confidence 5.09.90, Shaftesbury B
   60- 6.69i, 100- 10.25w/10.36 (10.25w/10.33-16),
   200- 20.78
LAWSON Daniel Alan V45 13.02.73, Mudcrew
   24Hr- 253.432km (261.843km-16)
LAY Graham V40 13.11.75, Southampton
   SP- 14.03i/13.10 (13.74-17)
LAY Joshua U20 11.04.00, Rugby & Northampton
   800- 1:52.37, 1500- 3:48.52
LAYCOCK Toby U15, Herts Schools
   DTB- 39.40
LE GRICE Peter V35 10.07.82, Bristol & W
   10kR- 29:44, HMar- 66:23, Mar- 2:21:11
LE ROUGETEL Ben U20 6.11.00, Channel Islands
   HJ- 2.00
LEACH Matthew 25.09.93, Bedford & County
   3k- 8:11.78 (8:03.84i-17), 5k- 13:53.81,
   10k- 29:11.35 (28:45.48-17), HMar- 66:15 (64:22-17)
LEADBEATER Alex U13 4.02.06, Leigh
   200- 25.2
LEARMONTH Guy 20.04.92, Lasswade
   800- 1:44.73

LECHER Kristopher 16.08.89, C of Hull
  HMar- 67:36
LEE Ben U20 7.01.01, Vale Royal
  800- 1:51.78
LEE James U23 15.11.97, Hallamshire/Hallam Un
  HJ- 2.00 (2.00-17)
LEE Matthew 8.12.94, Harrow
  60H- 8.33i, 110H- 15.09 (15.04-16), HJ- 1.98,
  PV- 4.27 (4.60i/4.50-15), LJ- 6.85,
  SP- 13.35 (13.38i-16), DT- 42.63, Dec- 7059
LEE Oscar U17 9.04.03, Taunton
  1.5kSt- 4:43.38
LEEMING Archie U23 6.10.96, Basildon/Bath Un
  SP- 13.21i (14.66-17)
LEESON Aidan U20 9.11.99, Rugby & Northampton
  400- 47.65
LEGON Luc Henry Thomas U23 12.09.97, Bexley
  3kW- 13:02.5i (12:58.61i-17), 10kW- 48:32.55,
  5kW- 22:49.22 (22:28.2-16)
LEITCH Ian V40 28.08.75, Brighton Phoenix
  Mar- 2:25:08
LELLIOTT James 11.02.93, Bournemouth
  60- 6.83i, 100- 10.68, 200- 21.62w, LJ- 7.74,
  TJ- 14.61 (15.03-16), JT- 61.45
LENNARD Jack 7.12.93, Tonbridge
  60- 6.92i, 100- 10.7/10.72, 200- 21.48
LENNIE Daniel U15 31.03.04, Gateshead
  100- 11.47w (11.7/11.76), 200- 23.4 (23.64)
*LENNON Eoin Joseph 28.10.87, Carnethy/IRL
  Mar- 2:29:45*
*LENNON-FORD Luke 5.05.89, Thames Valley/IRL
  400- 47.21 (45.23-12)*
LEON BENITEZ Joel Carlos U23 31.09.97, Notts/
  Virginia Tech Un
  PV- 5.52
LEONARD Rory U20 13.02.01, Morpeth
  1500- 3:50.14, 3k- 8:18.80
LESLIE Max U17 13.10.01, Edinburgh AC
  200- 22.28, 400- 49.46
LEVENE Jack U15, Enfield & Haringey
  JTB- 44.35
LEVER Cormack U23 11.10.96, C of Sheffield/
  Leeds Beckett Un
  JT- 54.56 (55.57-16)
LEWIS Ciaran U23 18.03.97, Cardiff/Cardiff Met
  3kSt- 8:58.46
LEWIS Daniel 8.11.89, Shaftesbury B
  LJ- 7.17, TJ- 15.96 (16.31i/16.26-14)
LIGHTING Peter V35 7.12.80, Kent
  Mar- 2:27:34 (2:27:29-17)
LILL Oliver U17 27.06.02, Basildon
  800- 1:54.22, 1500- 3:56.25
LILLISTONE Aaron U15 13.12.03, Blaydon
  60HB- 9.34i, 80HB- 11.65
*LIMA David 6.09.90, BRAT/POR
  60- 6.82i (6.77i-16), 100- 10.65 (10.05-17),
  200- 21.01w/21.28 (20.30-17)*
LINCOLN Scott 7.05.93, C of York
  SP- 19.24 (19.59-16)
*LINDACHER Jake U23, Northumbria Un/USA
  60H- 8.21i, 110H- 15.11*
LINDLEY-HARRIS Joshua U20 25.10.99, C of Sheffield
  PV- 4.20i (4.52i-16, 4.40-17)
LINDO Adam U17 21.10.02, Crawley
  LJ- 6.90, OctY- 4462
LINE Christopher 10.10.93, Dacorum & Tring
  DT- 41.02 (42.71-16)
LINQUE Christopher 26.04.88, WGreen & Ex L
  DT- 48.08 (50.87-16)
LIPTON Martin 14.01.89, Kilbarchan
  400- 48.44 (48.22-17), 400H- 51.83 (51.33-17)
LISTER Joseph U23 6.03.97, Harrow/Brunel Un
  PV- 5.10
LITCHFIELD Nathan U15 29.11.03, Bedford & County
  HTB- 43.81

LITCHFIELD Thomas U17 20.04.02, Bedford & County
  SPY- 14.44, HTY- 58.98
LITTLE David Andrew V35 28.02.81, Border
  HT- 46.00 (59.15-01)
LIU Kwok Hung Southampton Un
  TJ- 13.78w/13.73i
LIVETT Shaun T U23 19.11.96, Liverpool H/L'pool Un
  HT- 47.75
LIVINGSTON Charles U20 21.06.00, Shaftesbury B
  400H- 54.91
LIVINGSTON Jerel U15 23.08.04, Trafford
  100- 11.5, HJ- 1.77, LJ- 6.76
LLOYD Adam U17 11.05.03, Telford
  JTY- 54.83
LLOYD Lewis 29.04.94, Herne Hill
  1500- 3:43.87, 3k- 8:16.78
LLOYD William U17 23.12.01, Pembroke
  400HY- 55.82
LLOYD HUGHES Owain U17 5.12.01, Neath
  60- 7.13i, 100- 10.84w (11.11-17), 200- 22.00w/22.19
LLOYD-DAVIES Adrian U20 29.08.00, Bridgnorth
  800- 1:52.89
LLYR Ronan 23.10.94, Carmarthen/Oxford Un
  400H- 55.71
LOCKE David U17 21.08.02, Newport
  800- 1:54.53
*LOCKHART Angus 11.01.91, Harrow/Cambridge Un/AUS
  SP- 14.62 (15.04-17)*
LOCKLEY Oliver 9.11.93, Manx H
  5k- 14:10.86, 10k- 29:15.45
LOCKWOOD Pyers Jenson U17 11.10.02, Eaxtbourne R
  400HY- 57.6/57.70, OctY- 4732
LONG David 16.02.95, Bournemouth
  10k- 30:54.38, 10MR- 49:55
LONG Ryan Michael U23 2.09.98, Poole/E.Michigan Un
  PV- 4.30i, Dec- 4857, HepIS- 4855i
LONSDALE Markhim U20 9.01.99, Crook & District
  400- 49.19 (48.77-17), 800- 1:47.73 (1:46.97-17)
LOUDEN Greg 25.10.92, Lasswade
  400- 48.79 (46.96-14)
LOUISE Michael V35 12.06.83, WSE&H
  110H- 15.55
LOVEJOY Will U15 6.10.03, Hereford
  300- 36.36
LOWE Archie U17 16.02.03, Middlesboro Mandale
  3k- 8:52.60
LOWINGS Sam U15 29.12.03, Charnwood
  HJ- 1.78
LUC Jacob U15 18.02.04, Giffnock North
  800- 2:01.73
LUCAS-MERRY Reggie U13 14.09.05, Basildon
  75HC- 11.15
LUMSDEN Shevhone U20 14.09.00, Enfield & Haringey
  60- 6.86i, 100- 10.59w/10.84 (10.64-17)
LUMSDEN Trevorae U15 25.09.03, Vale of Aylesbury
  100- 11.4/11.55
LUNN Joshua 15.05.92, Bedford & County
  HMar- 67:37, 3kSt- 9:27.56 (9:15.66-17)
LUPTON James U15 28.10.03, Preston
  DTB- 41.72
LUTAKOME Ricky U20 19.11.99, Sutton & District
  400- 49.20 (49.14-17), 800- 1:50.06 (1:49.59-17),
  1500- 3:49.46
LYNCH Aidan U15 27.09.03, Sale
  800- 2:00.67
LYON Sam 20.10.92, Aberdeen/Robert Gordon Un
  LJ- 7.19, TJ- 14.45 (14.81-15)
LYTTLE Camron U20 28.05.99, Blackheath & Bromley/
  Lough St
  60- 6.93i (6.89i-16), 100- 10.69w/10.74 (10.54w/10.56-17)

MABAYA Isaac U15 22.09.04, Preston
  100- 11.57
MACAULAY Alexander 29.09.95, Oxford Un
  LJ- 6.89

MACDONALD Grant V35 18.01.79, Garscube
  24Hr- 251.373km
MACE Sam U20 20.10.00, Walton
  SPJ- 13.68i/13.61, DTJ- 42.42, HT- 54.48, HTJ- 64.02
MACFARLANE Matthew U17 16.09.01, Inverness
  HTY- 52.91
MACHEATH Alex U15 17.02.04, Cambridge H
  3kW- 14:51.3
MACKAY Alexander U17 13.12.01, Ross County
  60HY- 8.39i
MACKAY Alister U15 19.12.03, Ross County
  OctB- 3571
MACKAY Chris U20 3.04.99, Giffnock North
  HJ- 2.03
MACKAY Matthew U17, Rossendale
  3k- 8:51.03
MACKAY Seumas U20 8.03.01, Shetland
  400- 48.87i/49.06, 800- 1:51.22
MACKAY Stephen 7.06.92, Inverness
  800- 1:51.83 (1:50.39-15)
MACKAY William 3.10.89, Bedford & County
  10k- 30:32.43 (30:30.35-15), HMar- 66:57,
  Mar- 2:28:17 (2:25:01-16), 3kSt- 9:45.01 (9:42.79-13)
MACKENZIE Stephen U20 28.08.01, Inverness
  HJ- 1.95, LJ- 7.34, TJ- 14.42i/14.22 (14.24-17)
MACKINNON Jamie U20 15.06.99, Cambuslang
  2kSt- 6:04.47
MACLEAY Finlay U20 8.02.99, Inverness
  JT- 53.03
MACRAE Cameron U17 20.10.01, Invicta
  1500- 3:58.23, 3k- 8:51.46
MADDEN Enzo U23 24.08.98, Sale
  60- 6.87i, 100- 10.74 (10.6-17)
MADDEN Kieron U20 25.07.99, Newquay & Par
  HTJ- 50.45
MADDEN Matthew 17.11.90, Notts
  TJ- 14.47w/14.09 (14.91w/14.61-14, 14.66i-15)
MAGEE Jack U23 17.12.97, Ballymena & Antrim/Ulster Un
  JT- 66.42
MAGNUSSEN Baldvin U20 7.04.99, Kingston upon Hull
  3k- 8:24.95, 5k- 14:50.32
MAHAMED Mahamed U23 18.09.97, So'ton/So'ton Un
  3k- 8:13.34, 5k- 13:55.21, 10k- 29:21.00, 15kR- 45:25+,
  10MR- 48:45
MAHAMED Zakariya U20 29.11.00, Southampton
  3k- 8:28.26, 5k- 15:03.28
MAHMOUD Noor-Eldin U15 5.10.04, Thames Valley
  HJ- 1.80
MAHONEY William U17 15.11.01, C of Norwich
  1500- 4:03.74, 3k- 8:51.5
MAJOR Jack U23 23.10.96, So'ton/Leeds Beckett Un
  60H- 8.30i (8.13i-17), 110H- 14.59 (14.50-16)
MAKOYAWO Toby U17 10.05.02, Watford
  60- 6.97i, 100- 10.76w/10.87, 200- 22.2/22.30w
MAMMAM Ataba U17 2.01.02, Oldham & Royton
  400- 50.19
MANFRONI Andrea 15.03.89, Bristol & W/ITA
  JT- 54.11 (61.39-17)
MANN Christopher 1.10.95, Bolton/Lough St
  HJ- 2.05 (2.09-16)
MANN Jonathan Leon U20 30.04.01, Bexley
  60HJ- 8.23i, 110HY- 13.95w/13.98, 110HJ- 14.40,
  400H- 55.33
MANN Luke U17 22.05.02, Camberley
  HJ- 1.90
MANN Robert 5.04.92, Exeter
  Mar- 2:29:13
MANNINGS Sam U15 28.04.04, Halesowen
  1500- 4:18.41
MAPP David Manx H
  50kW- 4:43:45
MARCHLEWICZ Dawid V35 1.01.83, C of Portsmouth/POL
  HT- 48.89 (51.93-08)
MARGRAVE James U17 19.05.03, Northern (IOM)
  HJ- 1.90

MARINO Thomas U23 27.02.97, Bedford & Co/Camb Un
  400H- 55.90
MARKLEW William U23 6.07.98, C of Sheffield/Sheff Un
  JT- 60.61 (61.39-15), Dec- 6164
MARKS Ben U17 27.03.02, Walton
  1.5kSt- 4:35.52
MARSDEN Alexander Philip U20 10.01.99, Preston
  100- 10.8, 200- 21.95
MARSHALL Alex U20 15.02.00, Medway & Maidstone
  60- 6.96i, 100- 10.73, 200- 21.72w/21.75
MARSHALL Christopher 27.01.91, C of Norwich
  400H- 54.53
MARSHALL Clark U15 1.11.03, Giffnock North
  PV- 3.03
MARSHALL Thomas 12.06.89, Cardiff
  800- 1:50.68 (1:48.68-17), 1k- 2:21.25i,
  1500- 3:41.78i/3:42.76 (3:37.45-17)
MARTELLETTI Paul V35 1.08.79, VPH &TH
  5k- 14:19.20, 10k- 30:13.33 (29:26.18-16),
  10kR- 29:48 (29:30-16), HMar- 67:39 (64:18-15),
  Mar- 2:17:29 (2:16:49-11)
MARTIN Connor U23 29.03.96, Herts Ph/St M & St J Un
  JT- 56.59 (57.89-14)
MARTIN Daniel U13 22.03.06, Giffnock North
  60HC- 9.83i, PenC- 1851, PenIC- 1588i
MARTIN David John 5.05.88, Channel Islands
  LJ- 7.45w/7.30 (7.53w/7.40-16)
MARTIN Jack 29.04.88, Stockport
  5k- 14:05.84, 5MR- 24:19 (23:44-17), 10k- 28:52.78,
  10kR- 29:13, 15kR- 45:09+, HMar- 63:47
MARTIN James U15 2.11.03, Tonbridge
  DTB- 38.69
MARTIN Joseph U20 9.03.99, C of York/York Un
  DT- 42.77 (44.98-17), DTJ- 46.18 (47.31-17)
MARTIN Nigel 23.03.87, Sale
  5kR- 14:25, 10k- 30:07.31
MARTIN Patrick 15.05.85, Stockport
  10kR- 29:34
MARTIN Richard 8.01.84, Bedford & County
  HT- 61.03 (61.35-17)
MARTIN Ryan U15 10.10.03, Aldershot F&D
  1500- 4:17.83, 3k- 9:12.51
MARTIN Shane U20 10.11.99, Ballymena & Antrim
  PV- 4.42i/4.41
MARTIN-EVANS Leon U20 23.03.01, Daventry
  HJ- 2.00 (2.03-17)
MARTYN Thomas 24.05.89, Hunters Bog Trotters
  10k- 30:34.22
MASCARENHAS Louis U23 5.01.96, Blackheath &
  Bromley/St Marys Un
  SP- 14.92, DT- 49.24 (51.24-17)
MASKELL Paul V40 31.05.78, St Austell RC
  24Hr- 247.089km
MASLEN Harry U23 2.09.96, Ilkley/Angelo State Un
  60H- 8.43i, 110H- 14.83, PV- 4.65, Dec- 7496,
  LJ- 7.22w/7.14 (7.23w/7.14-17), JT- 53.68 (57.21-16),
  HepIS- 5359i
MASON Ade U23 28.2.97, Shaftesbury B/Oklahoma Chr. Un
  TJ- 15.71 né Adefolalu
MASON Edward U20 9.03.99, Channel Islands
  3kSt- 9:53.91 (9:43.10-16)
MASON Thomas U15 25.07.04, Exeter
  800- 2:03.01
MASSEMBO Merveilles U15 18.09.03, WGreen & Ex L
  100- 11.4/11.51
MASSIMO Joseph U20 9.01.00, Crawley
  200- 21.8/21.99 (21.36-16)
MASSINGHAM Oliver U20 17.03.99, C of Norwich
  SPJ- 14.93, DT- 46.49, DTJ- 52.90
MASTERS Timothy U15 11.09.04, Bexley
  HTB- 40.01
MASTERSON Murdo U23 26.09.98, Mid Argyll AC
  SP- 14.54

2018 - Men - Index

MATHEWS Curtis 22.01.92, Cardiff
110H- 15.47 (14.88-14), HJ- 1.95i (1.99-17),
PV- 4.20i (4.40-17), LJ- 7.01 (7.47w/7.21-14),
SP- 14.23i/13.39 (14.69-17), DT- 47.57 (50.53-17),
HepIS- 5161i (5268i-15)
MATSUKA-WILLIAMS Ben U23 28.03.98, C of Norwich/
Bath Un
60- 6.95i
MATSUKA-WILLIAMS Wesley U20 15.06.00, C of Norwich
TJ- 15.32 (15.43w/15.32-16)
MATTHEW Gerald U23 10.07.97, Shaftesbury B/Aston Un
60- 6.94i (6.88i-16), 100- 10.54 (10.50-16),
200- 21.31w/21.33 (21.11-16)
MATTHEWS Jacob 4.03.91, Cardiff/Army
SP- 13.34 (14.63-12), DT- 42.68 (45.80-12)
MATTHEWS Philip V35 16.05.79, Swansea
HMar- 67:59 (66:24-13)
MATTHEWS Tiarnan U17 6.06.02, Herne Hill
SPY- 14.14
MAUD Andrew 28.07.83, Highgate H
10kR- 29:47 (29:24.43t-16)
MAULLIN-DAVIES Ellis U15 2.01.04, Cardiff Archers
PV- 2.90
MAURICE Jacques U20 11.02.01, Harrogate
800- 1:53.41, 1500- 3:51.19
MAW Charlie U23 18.11.96, Winchester/Exeter Un
PV- 4.63
MAY Archie U17 5.12.01, Dartford
1.5kSt- 4:23.33, 2kSt- 6:08.30
MAY Rudi U13 20.09.06, C of Sheffield
PV- 2.50i
McALISTER Christopher 3.12.95, Thames Valley
400- 47.40, 400H- 50.36
McARDLE-HODGE Felix U13 23.09.05, Tonbridge
JTC- 42.53
McAULEY Kyle U17 9.04.03, Whitemoss
DecY- 5157
McAULEY Michael U20 8.09.99, Ballymena & Antrim
100- 10.71, 200- 21.57
McBRIDE Dylan U15 17.09.03, Willowfield
800- 1:59.75, 1500- 4:14.66
McCAIG Charles U17 24.01.03, Yeovil Olympiads
JTY- 52.05
McCALLUM Stuart 15.09.95, Winchester/Portland Un
1500- 3:45.33 (3:43.69-17)
McCARTHY James U23 31.10.96, Chiltern H/Warwick Un
800- 1:50.19 (1:49.09-17)
McCAUL Micael U17, NI Schools
3k- 8:47.06
McCAULEY Stephen V40 6.02.74, Oxford City
SP- 14.51 (14.84-05)
McCONVILLE Troy U17 29.04.02, North Down
100HY- 13.86, HJ- 1.95, PV- 4.00, DecY- 5574,
OctY- 4276+ (4276-17)
McCORMICK Nicholas V35 11.09.81, Morpeth
10kR- 30:29 (28:57-05), Mar- 2:27:35
McDOUGALL Dominic U17 16.12.01, WSE&H
800- 1:55.61, 1500- 3:58.73
McDOWELL Richard V35 19.04.79, Hercules Wimbledon
Mar- 2:26:49
McFARLANE Andrew Joel U20 7.07.00, Ross County
60HJ- 8.49i, PV- 4.52 (4.61-17), LJ- 6.85, JT- 57.98,
HepJ- 4695i, DecJ- 6169
McFARLANE Daniel U23 10.10.98, Ross Co/Glasgow Un
PV- 4.10i, Dec- 5165
McFARLANE Gabriel U15 2.08.04, Inverness
HTB- 42.58
McFARLANE Joel U20 9.10.00, Arbroath
60HJ- 8.55i, HJ- 1.95i/1.95, PV- 4.22, LJ- 7.33w/7.18,
HepJ- 5099i, DecJ- 7038
McGILLVARY Lei-Vann U17 20.02.03, Longwood
200- 22.4
McGINNESS Conall U17 7.11.01, Huntingdon
1.5kSt- 4:23.12

McGRATH Luca U13, Cambridge & Coleridge
800- 2:13.33
McGUIGAN Dempsey 30.08.93, Shaftesbury B/IRL
HT- 70.24 (70.55-17)
McGUIGAN Fellan U23 15.03.96, Shaftesbury B/
Texas Un/IRL
HT- 64.46 (64.47-16)
McGUIRE Ben U23 22.10.97, Pitreavie/Glasgow Un
LJ- 7.02w/6.94i/6.89 (7.11w/7.10i-16, 6.96-15)
McGUIRE Lewis U23 22.10.97, Shaftesbury B/St'clyde Un
HJ- 2.14i/2.12 (2.16-17)
McINROY Angus 13.02.87, Shaftesbury B
SP- 13.92i/13.43 (14.87-15), DT- 52.38 (58.77-10)
McINTOSH James U17 31.08.02, Aberdeen
LJ- 6.57
McINTYRE Ben U17 27.03.02, Swindon
1.5kSt- 4:36.48, DecY- 5061, OctY- 4453
McKAY David V35 22.09.80, West Cheshire
HT- 45.52 (49.41-09), JT- 58.12 (70.43-08)
McKENZIE Calum 3.05.89, Corstorphine
10kR- 30:20
McKEOWN Josh U17 5.03.03, Gateshead
200- 22.3
McKERNAN Michael V35 28.11.78, Birchfield
TJ- 13.78 (16.06-07)
McLAUGHLIN Lee 30.09.90, Croydon
100- 10.65w/10.69 (10.36w/10.55-15), 200- 21.63w
McLEAN Marcus U15 9.10.03, Sale
100- 11.0/11.23, 200- 22.4/22.66
McLELLAN Neil V35 10.09.78, Stevenage & NH
JT- 67.01 (74.92-07)
McLENNAN Callum U20 1.05.99, Edinburgh AC
HepJ- 4696i, DecJ- 6512
McLEOD Caleb U13 15.05.06, Pitreavie
PenIC- 1333i
McLUCKIE Henry U17 3.05.02, Isle of Wight
1500- 3:55.47, 3k- 8:30.35
McLURE David 9.11.83, Kilmarnock
100kR- 7:19:34
McMANUS Declan U23 13.03.97, Worcester/Belmont U
3kSt- 8:57.62
McMILLAN Angus U20 15.03.00, C of York
3k- 8:32.04
McMULLEN Adam 5.07.90, Mid Ulster/IRL
LJ- 7.99i/7.88 (7.94w-17)
McMURRAY James 18.01.95, St Albans AC/Brunel Un
1500- 3:47.44 (3:40.95-17)
McNALLY Connor U15 8.01.05, VP-Glasgow
HJ- 1.75
McNEILL Max 26.06.93, Salford/Oklahoma St Un
10k- 30:22.77
McNEILLIS Archie 7.05.94, Newham & Ex B/Oxford Un
PV- 5.01
McNICHOL Dante U13, Tonbridge
DTC- 28.63
McNIFF Patrick U20 19.08.99, Newcastle (NI)
5k- 14:57.60
MEADE Eima U23 17.11.96, Radley AC/Sheffield Un
100- 10.72w
MEES Daniel U23 12.09.98, Newham & Ex B/Kent Un
800- 1:49.84
MEIJER Jack U20 3.11.00, Marshall Milton K
3k- 8:27.10
MELLON Andrew 8.11.95, North Down/Queen's Un/IRL
400- 47.32i/47.59 (46.80-16)
MELLOR Jonathan 27.12.86, Liverpool H
3k- 8:04.39 (7:46.73i-14, 7:51.88-13), 5k- 13:36.12
(13:31.21-14), 5MR- 24:01 (23:41-07), 10kR- 29:19
(28:42.20t-15), 15kR- 44:45+ (44:06+-12),
HMar- 63:17 (62:23-17), Mar- 2:16:09 (2:12:57-17)
MELLOR Mark U17 22.01.02, Cardiff Archers
PV- 4.31
MELLOY Alex U15 28.09.03, Cambridge & Coleridge
1500- 4:18.23

MENHENNET Dylan U15 13.11.04, Forest of Dean
HTB- 41.91
MENSAH Jak U17 5.09.01, Team Hounslow
60- 7.18i, 200- 21.77
MEREDITH Harry U17 28.11.01, Team Bath
400HY- 57.38
MERRETT Owen U15 16.07.04, Yate
HTB- 50.22
MERRIEN Lee V35 26.04.79, Newham & Ex B
Mar- 2:24:10 (2:13:41-12)
MERSON Tom 10.02.86, Exmouth
HMar- 67:33 (66:47-14)
*MESLEK Ossama U23 8.01.97, Leeds/H'field Un/ITA
800- 1:49.76, 1500- 3:39.31, 3k- 7:58.82i*
MESSENGER Jack U23 28.03.96, B'stoke & MH/Lough St
400H- 54.9/55.12 (54.01-16)
*METSELAAR Luuk 6.07.92, Thames H & H
Oxford Un/NED
Mar- 2:23:57 (2:22:12-17)*
METZGER Kevin U23 13.11.97, Sale/MMU
60- 6.91i, TJ- 15.37
MEYLER Samuel 11.09.95, Birchfield/Lough St
PV- 4.13
MHENDE Sean U17 5.05.02, Birchfield
TJ- 13.25
MICHALOWSKI Luca U15 14.11.03, Charnwood
HJ- 1.81, PV- 3.47, PenB- 2504, OctB- 3984
MIDDLETON Reece U23 24.06.96, C of York/H'field Un
400- 48.35
MIELL-INGRAM Quinn U13, Radley AC
1500- 4:35.8
MIER Harris U17 7.11.01, Cornwall AC
1500- 3:58.78
MILANDU Deo 30.10.92, C of Sheffield
60H- 8.32i, 110H- 14.99,), HepIS- 4919i (4972i-17),
PV- 4.20i/4.20 (4.40i-14, 4.20-11), Dec- 6233 (6317-17)
MILBURN James U20 24.09.99, Kidd & Stourport
DecJ- 5451
MILES Harry U17 2.03.03, Border
DTY- 42.33
MILLAR Greg 19.12.92, Birchfield/Lough St
JT- 70.85 (71.15-17)
MILLAR John U23 18.12.97, Ipswich/Bath Un
5k- 14:23.62
MILLER Chad U20 31.03.00, Hercules Wimbledon
60- 6.88i, 100- 10.29w/10.33, 200- 20.68w/21.01
MILLER Joshua U17 20.02.03, Exeter
JTY- 53.44
MILLER Luke U20 10.09.99, Ealing, S & Mx
JT- 56.24
MILLER Michael U20 19.12.99, Shaftesbury B
JT- 53.61
MILLER Michael U20 4.12.00, Herne Hill
60- 6.98, 100- 10.81w
MILLER Nicholas 1.05.93, Border
HT- 80.26
MILLER Rechmial U23 27.06.98, Hercules Wimbledon
100- 10.35 (10.23w-16, 10.33-17), 200- 20.85
MILLER Ruaridh 22.07.95, Central
3kSt- 9:49.49
MILLER Samuel 2.09.93, Preston
60- 6.86i (6.74i-16), 100- 10.40w/10.54 (10.38-17)
MILLER Thomas U23 7.10.98, C of Portsmouth
60H- 8.55i, 110H- 14.85w/15.0/15.08
MILLINGTON Ross 19.09.89, Stockport
10kR- 28:40 (27:55.06t-16)
MILLS Christopher Leslie V40 12.11.75, WSE&H
PV- 4.30 (4.90-04)
MILLS George U20 12.05.99, Brighton Ph/Brighton Un
800- 1:52.45 (1:48.36-16)
MILLS Lewis U20 1.01.00, Blackheath & Bromley
2kSt- 6:01.78, 3kSt- 9:35.26
MILLS Luke U13 2.05.06, Cornwall AC
PV- 2.40

MILNE Alexander 11.03.90, Enfield & Haringey
Mar- 2:28:28 (2:23:23-17), 3kSt- 9:28.73 (9:07.70-15)
MILNE Cameron Floyd 6.07.93, Central
HMar- 67:21 (66:39-17)
MILNER Hugo U23 2.09.98, Derby AC/Harvard Un
3k- 8:12.94i, 5k- 14:09.18
MILNTHORPE Jack U23 9.01.98, Horsham BS
Dec- 4760
MILTON Thomas U17 21.11.01, Southend
HTY- 58.53
MINGELI Brandon U20 7.09.00, Cambridge H
60- 6.81i, 100- 10.52w/10.58, 200- 21.03w/21.39
MINSHULL Jake U15 11.10.04, Coventry Godiva
PenB- 2635
MINTO Daniel 1.12.93, Derby AC/Lough St
100- 10.7
MITAS Andreas U17 1.07.02, Bexley
60- 7.18i
MITCHAM Rio U20 30.08.99, Birchfield/Lough St
100- 10.63 (10.30w/10.3/10.41-17),
200- 21.20w/21.49 (20.80w/21.24-17)
MITCHELL Curtis 29.09.95, Preston/Sheffield Un
60H- 8.34i, 110H- 14.94
MITCHELL Jordan 23.12.94, Sutton in Ashfield
Dec- 4994 (5365-17)
MITCHELL Samuel 30.04.88, Notts
HMar- 67:56
MITCHELL Stephen 24.05.88, Bristol & W
1500- 3:48.72i (3:38.27-14)
MITCHELL Tyler U20 26.07.00, Stevenage & NH
HJ- 1.95 (1.95-17)
MITCHELL-BLAKE Nethaneel 2.04.94, Newham & EB
60- 6.74i (6.65i-16), 100- 10.08 (9.99-17),
150- 14.81str, 200- 20.04 (19.95-16)
MITSON Thomas U17 25.10.01, West Suffolk
JTY- 54.36
MOFFATT Finn U17 12.03.02, Rushcliffe
1.5kSt- 4:45.39
*MOHAMED Mohamed 23.08.93, Hillingdon/SOM
5k- 13:56.04*
MOKAYA Maranga U23 30.06.96, Notts/Durham Un
60H- 8.21i, 110H- 14.50w/14.70 (14.68-17)
MOKUOLU Seth U17 26.07.02, Newham & Ex B
TJ- 13.50
MOLLOY Sean 18.09.95, Tonbridge/St Marys Un
800- 1:49.31 (1:47.76-17)
MOLYNEUX Paul V35 27.01.81, Springfield Striders
Mar- 2:25:41 (2:20:33-15)
MONCUR Craig U17 20.03.03, Exeter
OctY- 4634
MONCUR Jack U23 19.12.98, Exeter
JT- 59.95
MOORE Adam U23 8.06.98, WSE&H/St Marys Un
1500- 3:47.74
MORAN Elliot U20 6.10.00, Exeter
2kSt- 6:07.28
*MORENO Peter 30.12.90, WSE&H/Army/NGR
400- 48.51 (48.31-17), 110H- 14.38, HJ- 2.00 (2.00-15),
PV- 4.50 (4.60-15), LJ- 7.07 (7.34-15), Dec- 7039 (7252-17)*
MORGAN Aaron 7.04.92, Carmarthen
JT- 62.13
MORGAN Ben U23 16.10.97, Lough St
Dec- 5838
MORGAN Dylan U15 28.12.04, Swansea
PenIB- 2382i
MORGAN Frank U15 20.01.05, Carmarthen
3k- 9:25.10
MORGAN Ross U15 20.01.04, Whitemoss
80HB- 11.62w/11.72, SPB- 12.90
MORGAN-HARRISON Andrew U23 9.03.98,
Kingston upon Hull/Hull Un
60- 6.87i, 200- 21.05i/21.16
MORRIS Glen U15 30.09.04, Southend
PV- 2.90

MORRIS Isaac U13, Cambridge & Coleridge
    1500- 4:26.37
MORRIS Jack 9.04.93, Stockport
    5k- 14:06.77, 10k- 30:35.17 (29:41.88-17)
MORRIS Joe 20.03.93, Eastbourne RAC
    Dec- 5241 (5677-17)
MORSE Brett 11.02.89, Cardiff
    SP- 13.95 (16.16i-11, 15.92-09), DT- 61.94 (66.84-13)
MORSE Jay U20 22.07.01, Cardiff
    SPJ- 14.94, DTJ- 51.57, DTY- 57.44
MORSON Darren 16.06.94, VPH &TH/MSR
    LJ- 7.51 (7.59-15)
MORTIMER Tom U20 7.01.99, Stroud/Lough St
    1500- 3:54.22, 3k- 8:18.78, 5k- 13:57.95
MORTON Marcus U23 30.08.96, VP-Glasgow/
    Robert Gordon Un
    HJ- 2.00 (2.06i-17, 2.05-15)
MORWOOD Joe 10.06.91, Aldershot F&D
    10k- 30:28.88, 10kR- 30:17
MOSES Lewis 9.01.87, Darlington
    1500- 3:46.30 (3:41.33i-12, 3:42.6-10),
    1M- 4:07.39 (4:02.40i-16, 4:06.40-15),
    3k- 7:55.58i (8:08.85-10), 5k- 13:47.81, 10kR- 30:29
MOULAND Joshua 30.01.88, Sale
    Dec- 5325 (5922-14)
MOZOBO Jean U23 5.05.98, Bedford & County
    TJ- 13.92 (14.19-16)
MTSHWENI Kanya U20 4.07.00, Winchester
    60HJ- 8.51i, 110HJ- 14.42
MUIR Grant 4.10.93, Giffnock North
    800- 1:50.50 (1:49.97-14), 1500- 3:48.99 (3:48.63-15)
MULAMBA Prince U15 23.05.04, Cambridge H
    100- 11.3, 200- 23.09
MULLAN Daniel 8.05.89, Strabane
    JT- 53.76 (58.63-07)
MULLARKEY David U20 7.03.00, Manx H
    1500- 3:53.10
MULLETT Robert 31.07.87, Lewes
    10kR- 30:16 (29:20-16), 3kSt- 8:47.88 (8:22.42-16)
MULLINS Craig U23 24.05.98, Edinburgh AC/Napier Un
    HT- 53.88
MULRYAN Daniel U23 20.03.96, Poole R/Oxford Un
    3kSt- 9:43.36
MUNGHAM Robert 1.12.84, Bracknell
    HT- 45.19 (48.04-05)
MUNRO Ruairidh U17 18.11.01, Inverness
    400HY- 56.85
MURATHODZIC Daniel U17 11.09.01, Cardiff Archers
    100HY- 13.9/13.95, LJ- 6.81
MURCH Craig 27.06.93, Rugby & Northampton
    HT- 70.47
MURDOCK Alex 29.08.91, Harrow
    60- 6.86i (6.79i-17), 100- 10.64 (10.36-16)
MURPHY Andrew 26.12.94, Kilbarchan/West Scot Un
    60H- 8.39i, 110H- 15.06 (15.05-17), HJ- 1.97i (2.00-17),
    PV- 5.00i/4.57 (4.65-17), LJ- 7.22, JT- 53.44,
    SP- 13.80i/13.33 (13.87i-14, 13.38-15),
    DT- 41.83 (42.81-17), Dec- 7350, HeplS- 5492i
MURPHY Conor U17 27.11.01, Medway & Maidstone
    400- 50.07
MURPHY Kieran 8.05.94, Blackheath & Bromley/IRL
    HT- 46.13 (47.85-17)
MURRAY Brandon U23 20.09.97, Blackheath & Bromley
    60- 6.84i (6.79i-17), 100- 10.62w (10.71-17)
MURRAY Tony U13 22.10.06, C of Sheffield
    PV- 2.56
MUSA Mukhtar U15, Shaftesbury B
    1500- 4:11.24
MUSKWE Osman Kurai 24.11.85, WSE&H/Army
    SP- 13.52 (15.19-15), DT- 42.47 (53.94-15)
MUSSON Douglas 8.04.94, Notts
    3k- 8:03.76i/8:18.81 (8:08.62-17), 10kR- 29:24,
    10MR- 49:30, 3kSt- 8:40.24 (8:38.54-17)
MUSTAFA Tamilore U17 16.04.02, Thurrock
    LJ- 6.45

MYCROFT William 8.01.91, Enfield & Har/Sheffield Un
    5k- 14:24.72, 10k- 30:54.66, HMar- 67:04,
    3kSt- 9:20.80 (9:01.89-17)
MYERS Alun 5.11.86, VPH &TH
    Mar- 2:28:37
MYERS Charlie U23 12.06.97, Middlesboro Mandale/
    Northumberland Un
    PV- 5.60

N
ACHSHEN Gilad U15 3.12.03, Shaftesbury B
    300- 37.79, 800- 1:59.10
NAGEEYE ABDULLE Abdishakur 23.06.93, Hillingdon/SOM
    3k- 8:13.14, 10kR- 30:09
NAIRNE Reuben U17 22.09.02, Giffnock North
    60HY- 8.51i, 100HY- 13.66, PV- 4.35
NAMPUMA Jeremiah 1.06.94, Southampton/So'ton Un
    LJ- 6.86
NASH Daniel Tama 23.03.94, Cardiff/Cardiff Met
    10k- 30:24.79, Mar- 2:22:55, 3kSt- 9:24.00
NASH Sonny U23 11.11.98, Medway & Maidstone
    JT- 60.35
NAVESEY Paul 19.04.86, Crawley
    10k- 30:57.81 (30:56.25-17), Mar- 2:23:29
N'DOUBA Jack U13, South London H
    100- 12.3
NDUKWE Nnamdi U15 18.11.03, Shaftesbury B
    60- 7.48i, 100- 11.57w, 200- 23.03
NEEDHAM Robert 18.04.94, Notts/Notts Trent Un
    800- 1:51.09i/1:51.25 (1:48.16-17)
NELSON Jacob U17 8.09.02, C of Portsmouth
    100- 10.95w/11.03, 200- 22.42
NEVERS Montel U23 22.05.96, Notts/Florida State Un
    LJ- 7.34w/7.07 (7.19-17), TJ- 15.99 (16.15i/16.14-16)
NEWBY Calum U17 16.06.02, Edinburgh AC
    60HY- 8.60i, 100HY- 13.87, 400HY- 55.99, PV- 4.17,
    LJ- 6.65, SPY- 14.05, HepIY- 4459i
NEWELL Craig U23 24.09.97, B'mena & A/Ulster Un/IRL
    200- 21.47i/21.67, 400- 47.36 (47.31-17)
NEWMAN Lee Jon V40 1.05.73, Worcester AC
    DT- 46.86 (60.48-97)
NEWPORT Oliver 7.01.95, Bl'heath & Brom/Louisville Un
    LJ- 7.70w/7.54 (7.78-16)
NEWSOM John 20.10.84, Inverness
    Mar- 2:28:56 (2:24:42-12)
NGUIE Sagesse U20 10.07.00, Trafford
    200- 21.88w/21.97
NICHOLLS John S. V50 1.09.65, Sale
    SP- 13.58 (15.98-99)
NICHOLLS Maximillian U23 6.07.96, Tonbridge/London Un
    5k- 14:29.54
NICHOLS Thomas 6.04.85, Harrow
    110H- 15.17 (15.12-15), HJ- 2.05 (2.11-17)
NICHOLSON Jason U20 10.05.99, Gateshead
    60H- 8.35i, 60HJ- 7.84i, 110HJ- 13.32
NICHOLSON Joe U15, Gateshead
    DTB- 37.10
NICHOLSON Joseph U20 10.07.00, Thetford
    HTJ- 48.15
NICOLLE Max U17 22.10.02, Vale of Aylesbury
    1.5kSt- 4:37.05
NIXON Liam U15 1.06.04, Poole
    300- 37.95
NOBLE Harvey U17 4.02.02, Preston
    LJ- 6.60w/6.50, OctY- 4518
NOEL Douglas U20 1.03.01, Invicta
    PV- 4.10, DecJ- 6119
NOLAN Ben U15 22.11.04, Tonbridge
    100- 11.5, 60HB- 9.07i, PenIB- 2683i
NOLAN Dominic 29.11.94, Croydon/Lough St
    1500- 3:46.43, 5k- 14:12.71
NOOR I U13, Essex Schools
    100- 12.3
NORCOP Thomas U15 1.10.03, C of Stoke
    LJ- 6.10w

NORMAN Harley U17 14.07.03, South London H
  1500- 4:03.40
NORMAN Phillip 20.10.89, WGreen & Ex L
  800- 1:50.88, 1500- 3:43.57, 1M- 4:05.57, 3k- 8:17.84,
  3kSt- 8:35.47
NORRIS Jake U20 30.06.99, WSE&H/Louisiana St Un
  HT- 73.24, HTJ- 80.65, 35Wt- 20.48i
NORTON Jack U20 3.10.00, C of Portsmouth
  HJ- 2.10
NORTON Tom U23 19.08.97, C of Sheffield/Lough St
  JT- 53.82 (62.24-17)
NOZEDAR Joseph U17 1.12.02, Middlesboro Mandale
  400HY- 57.25
NTULI Teddy U17 2.04.02, Ipswich
  100HY- 13.88w
NUTAKOR Victor 7.01.87, Newham & Ex B
  800- 1:50.91
NWENWU Alexander James 11.09.91, Wolves & Bilston
  60H- 8.36i (8.12i-14), 110H- 15.28 (14.38-12)
NWOGWUGWU Zachary U15 10.04.04, Tonbridge
  60- 7.37i (7.36i-17), 100- 11.39
NWOKE Henry U17 28.12.02, Liverpool H
  60- 7.00i, 100- 10.87
NZE Chukwuemeka U15, Havering
  TJ- 12.04

OATES Lachlan 30.01.92, Shettleston H
  10k- 29:48.80, 3kSt- 9:16.75 (8:52.53-17)
OBENG Daniel 20.05.93, Queen Marg Un Coll
  60- 6.89i (6.83i-15), 100- 10.68w (10.53-16)
O'BRIEN Ross U15 17.05.04, Giffnock North
  1500- 4:15.66
O'CALLAGHAN-BROWN Alex U20 30.03.01, Walton
  400H- 55.07
O'CONNOR Patrick 23.10.95, Middlesboro M/Seton Hill U
  HJ- 2.11
ODDY Chris 24.10.86, Serpentine
  HMar- 68:16, Mar- 2:30:00
ODEH Nabhi U17 17.09.02, Leics Coritanian
  TJ- 13.25
ODERINDE Daniel U23 9.09.96, Marshall Milton K/
  Middlesex Un
  100- 10.55w, 200- 21.47
ODGERS William U13 28.01.06, Camberley
  75HC- 12.0
*O'DONNELL Christopher U23 17.05.98, Newham & EB/
  Lough St/IRL
  200- 21.75, 400- 46.81*
ODUBANJO Emmanuel U20 7.12.99, Sale
  TJ- 14.72i/14.68 (15.25w/14.88-17)
ODURO ANTWI Samuel U20 4.06.00, Enfield & Haringey
  TJ- 14.47 (14.57-16)
O'FLAHERTY Jem U20 17.11.00, London Heathside
  5k- 15:15.36
OFORI Rhys U13 7.11.05, Ilford
  100- 11.79w/12.16
OGALI Destiny U17 6.09.01, Dacorum & Tring
  100- 10.62w/10.79, 200- 22.09
OGBECHIE Dominic Chiedu U17 15.05.02, Highgate H
  100- 10.86, 200- 21.70 (21.52-17), HJ- 2.22i/2.18,
  LJ- 7.53i/7.30 (7.33w-17)
OGBONMWAN Peter U13, Essex Schools
  60- 7.82i
OGBONNA Chibueze U15, Essex Schools
  HTB- 46.54
OGUN Paul 3.06.89, Croydon
  LJ- 7.45i/7.41 (7.79-16), TJ- 14.86 (15.11w-10)
OGUNFOLAJU Joshua U15 25.05.04, Chelmsford
  TJ- 13.44
O'HARE Christopher David 23.11.90, Edinburgh AC
  800- 1:48.35 (1:47.34-17), 1500- 3:32.11,
  1M- 3:54.14i/3:55.53 (3:52.91i-16, 3:53.34-17)
O'HARE Xavier U20 3.07.01, Trafford
  1500- 3:51.98

OJORA Onatade U20 14.10.99, WSE&H
  110HJ- 13.54
OJUMO Noah U15 1.05.04, Herne Hill
  60- 7.36i, 200- 23.19
*OKE Tosin V35 1.10.80, WGreen & Ex L/NGR
  LJ- 7.09 (7.31-05), TJ- 16.37 (17.23-12)*
OKEIYI VICENCIO Benjamin U17 22.05.02, Crawley
  400HY- 57.00
OKEKE Bret U20 16.02.99, Herts Phoenix/E.London Un
  60- 7.00i (6.99i-17)
OKOLO Nonso 7.12.89, Shaftesbury B
  TJ- 16.16 (16.45-17)
OKOME Oluwaseun 26.03.95, Sale/Liverpool Un
  TJ- 15.56
OKORO Efekemo 21.02.92, Birchfield
  400- 47.61i/47.88 (46.73-14), 400H- 51.24 (51.16-16)
OKORO Onajite 21.02.92, Birchfield
  60H- 8.33i (8.17i-14), 110H- 14.75 (14.35-13),
  HJ- 1.98 (2.06-09)
OKOSIEME Luke U20 21.08.01, Cambridge H
  HJ- 1.98 (2.02-17)
OKWESA Nana U17 5.12.01, Blackheath & Bromley
  TJ- 13.24w
OLADUNJOYE Philip U13 12.01.06, Slough Juniors
  LJ- 5.16
OLALERE Praise U20 28.12.00, Grantham
  200- 21.82
OLANIYI Dominique U20 10.08.01, Harrow
  60- 7.00i
OLATOKE Praise U20 23.06.00, Kilbarchan
  60- 6.96i, 100- 10.76w/10.82
OLDFIELD Dean V40 20.09.76, Rugby & Northampton
  24Hr- 217.005km
OLLEY Christopher U23 26.03.96, Tonbridge/London Un
  1500- 3:45.50 (3:44.22-16), 3k- 7:57.63i (8:04.52-17),
  5k- 13:55.70
OLLINGTON Richard 31.12.93, Thames H & H
  3kSt- 9:28.63 (9:18.16-16)
OLOWE Lynden U20 18.06.00, Southampton
  400- 48.31
OLSEN Michael U20 22.03.99, Edinburgh AC
  60- 6.83i, 100- 10.48 (10.43w/10.45-17), 200- 21.82
OLUBI Tony 24.09.87, Blackheath & Bromley
  60- 6.95i (6.82i-13)
OMOREGIE David 1.11.95, Cardiff
  110H- 13.79 (13.24-16)
OMOTOSHO Jolaoluwa U20 28.12.00, Dartford
  HTJ- 57.77
ONANUGA Olaluwasubomi 12.06.93, Thames Valley
  60- 6.90i (6.85i-17), 100- 10.7/10.75 (10.62-16)
*ONDERI Cyprian V35 7.06.80, Army/KEN
  JT- 53.51 (54.30-15)*
O'NEILL Finn U13 13.10.05, Derry
  800- 2:08.09, HJ- 1.57, LJ- 5.21, SPC- 12.03,
  PenC- 2534
ONEK William 7.05.89, Sale
  800- 1:51.72
ONI Jedidiah U15 14.05.04, Havering
  TJ- 12.57w/12.33
ONILOGBO Michael U15 20.08.04, Basildon
  100- 11.5
ONIPEDE Levi U15 12.07.04, Bexley
  SPB- 13.92
ONOCHIE-WILLIAMS Daniel U17 7.02.03, Shaftesbury B
  TJ- 13.24w
ONUOHA Sampson U13, Essex Schools
  SPC- 11.88
ONUORA Chima U15 29.12.03, Shaftesbury B
  60- 7.39i, 100- 11.58
ONYIA Chukwudi 28.02.88, Kent
  TJ- 15.34i/15.06 (15.63-17)
OPALEYE Ayo U15 31.08.04, Huntingdon
  HJ- 1.75, TJ- 12.73
*OPPONG Roberto 18.08.93, Swansea/Swansea Un/ITA
  TJ- 14.82w/14.76 (15.07-14)*

ORANGE Callum U20 1.02.01, Leeds
  LJ- 7.01w/7.00
O'ROURKE Cormac U20 13.02.01, Lagan Valley
  400- 49.43
OSAGIE Andrew 19.02.88, Harlow
  800- 1:45.09 (1:43.77-12), 1k- 2:17.18
OSAMOOR Chukwuemeka U20 15.06.01, Hallamshire
  DT- 43.43, DTJ- 48.99
OSAZUWA Osamudieaken John V35 4.05.81,
  Belgrave/Army/NGR
  HT- 53.61 (65.66-03)
OSBORNE Noah U15 5.04.04, Swansea
  PV- 3.22i/3.04 (3.05-17)
OSBORNE George U20 2.04.00, Notts
  PV- 4.33i (4.00-17)
OSEWA Samuel Ikponmwo 17.04.91, Croydon
  60- 6.86i (6.68i-17), 100- 10.43 (10.20w/10.21-17), 200- 20.94
O'SHEA Ethan U17 6.07.02, Charnwood
  1500- 4:01.62
OSHODI Anthony 27.09.91, WGreen & Ex L
  SP- 14.48 (17.56-14)
OSHODI Samuel U15 22.09.03, WGreen & Ex L
  LJ- 6.00
OSHUNRINDE Joshua U17 17.10.01, Medway & Maid
  60- 7.12i (7.07i-17), 100- 10.80w/10.82
OSUNSAMI Mayowa U20 23.10.99, Newham & Ex B
  60- 6.99i, 200- 21.70, 60HJ- 8.04i, 110HJ- 13.83
OSUOHA Reality U20 7.07.00, Oldham & Royton/IRL
  100- 10.76, 200- 21.55
OTUGADE John 24.01.95, Shaftesbury B
  60- 6.60i, 100- 10.30 (10.30-17), 200- 21.16 (21.13-17)
OVERALL Matthew U23 16.02.96, Crawley/Chichester Un
  400- 48.55 (47.98-17)
OVERALL Scott V35 9.02.83, Blackheath & Bromley
  10kR- 29:44 (28:49-11), HMar- 65:11 (61:25-12)
OWEN Arron Ray U23 14.07.98, Cardiff
  60- 6.90i, 100- 10.60w
OWEN Daniel 5.07.93, Cheltenham
  2kSt- 5:49.1, 3kSt- 9:09.23 (9:06.40-15)
OWEN Nicolas John Lloyd V35 17.07.80, Kingston & Poly
  SP- 14.88 (16.37-03)
OWONA Lionel U17 23.09.02, WSE&H
  HJ- 1.92
OWSLEY Freddie U23 6.01.97, Bristol & W/B'ham Un
  100- 10.67w (10.67w-15, 11.10-17),
  200- 21.54 (21.12-15), 400- 47.99 (47.76-15)
OYOWE Will 28.10.87, Newham & Ex B/BEL
  400- 48.40 (46.67-11)

PAGAN Matthew U23 15.01.98, West Cheshire/
  Manchester Met Un
  400- 47.67
PAGE Reef U13 9.02.06, Invicta
  800- 2:12.38, PenC- 2107
PAGET Jack U23 30.01.97, Salisbury/Oxford Un
  SP- 13.39i/13.26 (13.38-17), HT- 52.82
PAINTER Michael 9.10.94, Newham & EB/Stanford Un
  HT- 63.41 (66.84-17)
PALMER Craig 2.05.85, Bournemouth
  Mar- 2:29:20
PALMER Jac Lloyd U23 13.03.96, Cardiff/Cardiff Met
  HT- 68.23
PALMER Robert U23 23.07.98, Notts
  JT- 53.38
PANTON Tyler U17 30.04.03, Walton
  60- 7.15i, 100- 10.8/10.99w (11.11-17)
PARDINI Franco 30.09.89, Roundhay Runners
  50kR- 3:05:47
PARIS Benjamin U20 6.10.99, Swansea
  100- 10.80w (10.94-17)
PARIS-SAMUEL Keano-Elliott U20 11.05.99, TVH/
  St Marys Un
  200- 21.74

PARK Rhys 18.03.94, Cheltenham/Boise St Un
  5k- 14:20.79 (14:10.57-17), 10k- 30:23.34
PARKER Ben U17 7.03.02, Cornwall AC
  PV- 3.61
PARKER Tom 7.10.94, C of Sheffield
  HT- 65.77, 35Wt- 18.45i
PARKES Benjamin V35 2.10.83, Serpentine
  Mar- 2:26:03
PARKINSON Archie U17 7.04.03, Corby
  1500- 4:00.77, 3k- 8:52.71
PARKINSON Ian Philip V35 17.02.79, Wycombe
  PV- 4.10i (4.31-14)
PARKINSON Jamie 11.12.92, Thames H & H/Oxford U
  HMar- 67:15
PARR Christopher Daniel 13.11.84, Gateshead
  1500- 3:46.87 (3:42.13-06), 3k- 8:09.92, 5k- 14:14.29
PARROTT Sam U17 11.06.03, Charnwood
  JTY- 51.40
PARRY Edward U15 21.06.04, Rushcliffe
  JTB- 46.45
PARRY Michael U20 25.11.99, Colwyn Bay
  800- 1:51.12
PARTINGTON Tom U20 8.07.99, Manx H
  3kW- 12:29.10, 5kW- 21:36.64, 5kWR- 21:53,
  10kW- 45:39.2, 10kWR- 44:04, 20kW- 1:35:02
PASCALL-MENZIE Joel U17 3.11.02, Newham & EB
  100- 11.07, 200- 22.43
PATERSON Thomas U15 19.03.04, Jarrow & Hebburn
  60HB- 9.35i
PATTISON Ben U17 15.12.01, Basingstoke & MH
  100- 10.94, 200- 21.70, 400- 47.11
PATTISON Tyler U15 8.04.04, C of Portsmouth
  DTB- 43.99
PATTON Jack U17 12.06.03, Kilbarchan
  3k- 8:41.13
PAUL Jacob Arron 6.02.95, WSE&H
  400- 48.50 (47.84-15), 200H St- 23.44 (22.84w-16),
  400H- 49.90 (49.49-17)
PAULSON William 17.11.94, Stroud/Princeton Un
  1500- 3:39.51, 1M- 4:01.78, 3k- 8:12.53i (8:07.58i-17)
PAWLETT Dafydd U15, Pembroke
  SPB- 13.18
PAYN Thomas V35 18.10.79, Run Dem Crew
  Mar- 2:26:48 (2:17:29-09)
PAYNE Daniel U17 26.12.02, Middlesboro Mandale
  1500- 3:59.27
PAYNE Thomas U17 17.05.03, Swansea
  100- 11.06w
PAYNE Tony 13.01.89, Serpentine/THA
  HMar- 67:49, Mar- 2:16:56
PEARCE Henry 24.01.94, Tonbridge
  10kR- 29:26, 10MR- 49:54, HMar- 65:52, Mar- 2:19:23
PEARCE Mark V35 79, McCarkiss Endurance
  Mar- 2:28:16
PEARCE Mark U23 19.01.96, Shaftesbury B/B'ham Un
  3k- 8:07.45, HMar- 68:29, 3kSt- 8:56.45
PEARSON Ben U15 15.05.04, C of York
  TJ- 12.04
PEARSON Benjamin 23.05.94, Wolves & Bilston
  JT- 69.19 (74.71-14)
PEARSON John Terry V50 30.04.66, Charnwood
  HT- 54.68 (70.33-00)
PEARSON Joshua U17 6.01.02, WSE&H
  200- 22.48, 400- 48.88
PEARSON Max U20 17.11.99, Tynedale
  2kSt- 6:19.1
PEARSON Teddy U15 16.07.04, Middlesboro Mandale
  300- 36.53
PEARSON Thomas 17.07.91, Charnwood
  HT- 44.12 (47.15-11)
PECK Andrew U20 20.09.99, VP-Glasgow/Glasgow Un
  DTJ- 44.68 (49.73-17)
PEDRO Dan U15 22.04.04, Kent Schools
  TJ- 12.26

PEDRO Djavam U15, Gt Manchester Schools
60HY- 8.58i, 80HB- 11.64
PENLEY Tim U15 12.09.03, Marshall Milton K
PV- 3.51
PENNEY Andrew 13.08.91, Hercules Wimbledon
3k- 8:13.55
PENTECOST Lewis U20 16.10.00, Falkirk VH
2kSt- 6:14.14
PERCY Nicholas Christiaan 5.12.94, Shaftesbury B/
Nebraska Un
SP- 15.28 (16.56i-17, 15.85-16), DT- 63.17 (63.38-16),
HT- 67.40 (67.85-16), 35Wt- 21.69i
PERERA Shamindra U23 30.09.96, Harrow/Lough St
200- 21.60w, 60H- 7.96i, 110H- 13.97
PERHAM Christopher 24.02.95, Poole
5kR- 14:24
PERKIN William U23 16.12.98, Chiltern H/Bath Un
800- 1:51.25i (1:51.73-17)
PERKINS Christopher U15 4.08.05, Birtley
3k- 9:24.86
PERKINS George Spanton 17.10.83, Rotherham
HT- 44.70 (48.56-17)
PERRIN Osian U17 21.01.03, Menai
3k- 8:48.80i
PERRY Christopher 1.03.90, Vale Royal
5k- 14:09.64, 2kSt- 5:52.10, 3kSt- 8:55.19
PETHERBRIDGE Sam U15 28.01.04, Swansea
100- 11.4w/11.52, 200- 23.43w, 300- 37.9/37.91,
60HB- 9.06i
PETTY Laurence U15 23.09.03, Dundee HH
800- 2:03.66
PHELPS Aaron 6.10.93, Stroud
1M- 4:07.52i
PHILLIPS Adam Powell U17 13.10.01, Bournemouth
DTY- 45.98
PHILLIPS Gavin U23 17.05.96, Team Bath/Brunel Un
PV- 4.12, DT- 42.61, Dec- 6629
PHILLIPS George U20 7.08.99, Doncaster
3kSt- 9:58.2
PHILLIPS Peter 12.02.86, Herne Hill
400- 48.60 (47.51-15)
PHIPPEN Yannick 1.07.92, Birchfield
100- 10.73 (10.6w-11, 10.70-15)
PHIPPS Jack 2.04.94, Birchfield
60- 6.84i, PV- 5.10 (5.25i-17, 5.20-15),
LJ- 6.91i (7.06i/6.93-15), HepIS- 5198i
PICKUP Bradley 4.04.89, Bournemouth
LJ- 7.63 (8.16-14)
PIERRE Rion Joseph 24.11.87, WSE&H
60- 6.76i (6.60i-14)
PILCHER Alex 22.01.85, Derby AC
Mar- 2:28:12, 3kSt- 9:44.85 (9:08.89-07)
PIPER Paul V35 25.11.81, West 4
Mar- 2:25:47
PITCAIRN-KNOWLES Bede U20 5.08.00, Tonbridge
2kSt- 6:03.62
PITTS Ben U15 18.11.03, Tavistock
LJ- 6.13
PLATT Benjamin U15 12.08.05, Blackheath & Bromley
PV- 3.03
PLENDERLEITH Grant 15.03.91, C of Sheffield
200- 21.20w/21.30 (21.11-16), 400- 46.34
PLOWMAN Mark 26.03.85, RAF/Yeovil Olympiads
SP- 13.83, DT- 53.74 (56.04-14)
PLUMB Samuel 12.04.98, Newbury
110H- 15.4/15.51w (14.9-17, 14.95-16),
400H- 54.46 (51.66-14)
PLUMMER Zanson U23 27.03.97, Shaftesbury B
100- 10.65 (10.48-16)
POCOCK Elliot U17 14.07.02, Aldershot F&D
3k- 8:49.62
POINTON Alex Aldershot F&D
3k- 8:18.86
*POLLOCK Paul 25.06.86, Abbey (NI)/IRL
HMar- 64:06 (62:10-14), Mar- 2:23:26 (2:15:30-17)*

POOL George U17 10.11.01, Hastings
3k- 8:50.38
POOLE Jonathan V35 16.11.82, Serpentine
10k- 30:17.24, Mar- 2:21:14 (2:20:38-15)
POOLMAN Roger 92, Highgate H
3k- 8:11.63, 5k- 14:12.03, 10kR- 30:12
POPE George U20 6.12.00, Blackheath & Bromley
PV- 4.10
POPOOLA Marvin 5.09.95, Herne Hill/Brunel Un
60- 6.82i (6.72i-15), 100- 10.45, 200- 21.13 (20.92w-14)
PORTER Jake 13.11.93, Birchfield/Birmingham Un
60H- 7.84i, 110H- 13.68w/13.84 (13.68-17)
POTRYKUS Ben U23 30.05.96, Pitreavie
800- 1:51.06, 1500- 3:46.45
POTTON-BURRELL Jamie U23 27.01.96, Luton
HT- 53.56 (57.13-17)
POUSTIE-WILLIAMSON Alexander U15 24.10.03,
Edinburgh AC
100- 11.44, 200- 23.05, 300- 36.50
POWELL Arthur U15 26.09.04, Maldwyn Harriers
60- 7.39i
POWELL Elliott U23 5.03.96, Leics Cor/Lough St
60- 6.83i, 200- 20.85 (20.68-15), 400- 47.52,
100- 10.64w/10.73 (10.37w-17, 10.5/10.63-16)
POWELL Fabian U13 16.02.06, Corby
100- 12.01w/12.13, 200- 25.46, LJ- 5.18
POWELL Rowan U23 8.12.98, Leics Coritanian
LJ- 6.95w/6.92 (7.27-17)
POZZI Andrew 15.05.92, Stratford-upon-Avon
100- 10.44, 60H- 7.46i (7.43i-17),
110H- 13.28 (13.13w/13.14-17)
PRAIM-SINGH Billy George U20 16.06.99, Shaft B/Ex Un
SPJ- 13.70i/13.56 (14.61-17), HT- 54.01 (54.70-17),
HTJ- 61.64 (63.01-16)
PRATT James U15 2.09.04, Crawley
PV- 3.11i/3.10, JTB- 45.07
PREEST Oliver U17 2.07.03, Croydon
200- 22.33
PRENN Alistair 7.11.94, Belgrave/Boston Un
PV- 4.10, HepIS- 4786i
PRENTICE Nick U23 29.04.97, Birchfield
60- 6.94i, 100- 10.73w (10.56-17)
PRESCOD Reece U23 29.02.96, Enfield & Haringey
60- 6.61i, 100- 9.88w/9.94, 150- 14.87str
PRESCOTT Harry U13 19.09.05, Bracknell
800- 2:14.2, 1500- 4:35.5
PRICE Aled 14.12.95, Swansea
110H- 15.29 (14.93-16), LJ- 7.18 (7.26w-17, 7.23i-16),
JT- 55.47 (61.34-15)
PRICE Justin U13 6.09.05, Basildon
HJ- 1.56
PRICE Zachary U17 9.02.02, Menai
60- 7.14i, 100- 10.82w/10.84, 200- 21.89
PRIEST James U13, Blaenau Gwent
SPC- 10.99
PRIEST Julian U17 24.09.02, Huntingdon
60- 7.18i, 100- 11.05w, 200- 22.48
PRINCEWILL Teepee U20 22.08.00, WSE&H
LJ- 6.99i, TJ- 14.85i/14.22 (15.35i/15.19-17)
PRIOR Luke U23 3.02.98, Aldershot F&D
10k- 30:37.95
PROCTOR David 22.10.85, Sale
800- 1:51.73 (1:48.32-12)
*PROSPER Emmish 8.09.92, Birchfield/LCA
JT- 63.44 (65.19-17)*
PRUZINA Paul U23 5.03.97, Ballydrain/Cambridge Un
3kSt- 9:28.56
PRYCE Nicholas 10.11.92, R Sutton Coldfield
100- 10.68w/10.74 (10.76-16),
200- 21.07w/21.62 (21.35-14)
PUPLAMPU Michael 11.01.90, Newham & Ex B
LJ- 7.52, TJ- 16.41 (16.59w-12, 16.43i-13)
PURBRICK Joseph U15 22.04.04, Huntingdon
60- 7.49i, 100- 11.57w, 60HB- 8.60i,
80HB- 11.07w/11.12, PenIB- 2626i

PURVES Ewan U15 3.03.04, Gala
 800- 2:02.47
PUTNAM Daniel 30.12.91, Blackheath & Bromley
 100- 10.64w/10.72 (10.35w/10.47-17),
 200- 21.31 (20.65w-17, 21.05-14)
PUTT Thomas U17 13.10.01, Exeter
 OctY- 4417
PUXTY James U20 30.09.99, Tonbridge
 3k- 8:16.24

QUAINOO Jeriel U17 17.04.03, Thames Valley
 200- 22.3i/22.44
QUARSHIE Emmanuel 3.03.92, Havering
 SP- 13.77 (14.48-14)
QUAYLE Glen U17 6.03.02, Northern (IOM)
 PV- 4.35i/4.13i (4.21-17)
QUINLAN Carl 8.09.87, Wirral
 JT- 53.77 (54.12-06)
QUINN Aidan U20 10.02.00, Glasgow SOS
 TJ- 15.21i/14.99
*QUINN Chris 11.11.88, Lagan Valley/IRL
 400H- 55.08 (52.52-08)*
QUINN Kevin V35 24.07.79, South London H
 HMar- 66:40, Mar- 2:24:13

RABJOHN Kyle U15 18.11.03, Richmond & Zetland
 800- 2:01.64, 3k- 9:24.75
RABJOHN Liam U23 24.12.97, Richmond & Zetland
 10k- 30:48.03
RABJOHNS William U13 11.02.06, Poole
 800- 2:10.77, 1500- 4:23.11
RADFORD Paul V50 23.02.68, unat
 24Hr- 224.172km
RADY Thomas 14.12.93, Southampton
 Dec- 4758 (4920-17)
RAEBURN Lewis U20 4.11.00, Shettleston H
 3kSt- 9:51.85
RAHEDI Rotuk U20, Millfield Sch
 SPJ- 14.01
RAHMAN Imranur 5.07.93, C of Sheffield
 60- 6.69i (6.68i-17)
RAINBOW Archie U17 7.12.01, Nene Valley H
 800- 1:57.37
RAINSFORD Christopher 1.06.89, Highgate H
 3k- 8:16.89, 5k- 14:18.06, HMar- 67:54, Mar- 2:21:47
RAJKUMAR Jacob U23 3.06.98, Reading
 HJ- 1.96 (2.04-17)
RAM Scott U20 29.12.99, Amber Valley
 DecJ- 5518
RAMDHAN Tommy U23 28.11.96, Bexley
 60- 6.77i (6.70i-16), 100- 10.20w/10.25,
 200- 20.59 (20.57w-17)
RAMSAY Liam 18.11.92, C of Sheffield
 60H- 8.30i (8.04i-14), HJ- 2.00 (2.05-15),
 LJ- 6.85 (7.35w/7.28-15)
*RANASINHA Nithesh Oxford Un/SRI
 HJ- 1.95 (1.96-15)*
RANDALL William U15 23.09.03, Rothwell
 800- 2:02.30
RANDALLS Kyle 11.12.91, Falkirk VH
 SP- 14.83i
RANDOLPH Thomas U20 7.02.99, Tamworth/St Marys Un
 800- 1:51.30
RANKIN Scott 22.01.90, Foyle Valley
 10k- 30:59.12 (30:17.90-16)
RASHBROOK Jamie U17 10.08.03, Basildon
 800- 1:57.5
RAWLINGS Liam U17 12.01.03, Oswestry
 1500- 3:59.93, 3k- 8:48.28
REARDON Samuel U15 30.10.03, Blackheath & Bromley
 800- 2:00.88, 1500- 4:16.52, OctB- 3582
REED Bradley 14.01.92, Chelmsford
 60H- 8.53i (8.43i-15), 110H- 14.56,
 400H- 55.98 (54.89-15)

REED Declan V45 9.08.73, Derry
 HMar- 67:36
REEKS Richard Kenneth 6.12.85, Crawley/Royal Navy
 60H- 8.33i (8.00i-14), PV- 4.10i (4.60i-10, 4.50-14),
 110H- 15.07w (14.00w/14.26-14, 14.2-10)
REES Daniel U23 22.10.96, Aberdeen/Aberdeen Un
 400H- 53.51 (52.95-17)
REES Logan U23 23.02.97, Fife
 3k- 8:16.34, 10k- 29:55.26
REES Tomos U17 4.07.02, Carmarthen
 1.5kSt- 4:35.44
REID Cameron U17 20.12.01, Chiltern H
 800- 1:56.21
REID Joseph U23 8.03.96, Cardiff/Cardiff Met
 400- 48.95 (47.42-17), 800- 1:48.32
REID Julian 23.09.88, Sale
 LJ- 7.21i (8.18w-09, 8.08-11),
 TJ- 16.70w/16.57 (17.10w/16.98 JAM-09, 16.95-15)
*REID Leon 26.07.94, Birchfield/IRL
 60- 6.72i, 100- 10.34 (10.26w/10.33-17), 150- 15.41str,
 200- 20.27, 400- 48.48i (47.13-17)*
REIDY Sean V35 27.01.81, Nene Valley H
 400H- 55.02 (52.87-07)
REILLY Arthur U13, C of Sheffield
 PV- 2.41
REILLY Freddie U17 10.02.02, Stevenage & NH
 60HY- 8.59i, 400HY- 54.87, HeplY- 4439i, OctY- 4676
REILLY Kieran 18.10.93, Tonbridge/Lough St
 1500- 3:46.29 (3:45.99-13)
*RENOU Ludovic V40 10.05.75, Leics Coritanian/FRA
 Mar- 2:29:11*
REVELEY Liam U23 24.10.98, Blaydon/Newcastle Un
 HJ- 2.04, PV- 4.10i, LJ- 6.85w (7.04w-17), Dec- 6295,
 HepIS- 4700i
REYNOLDS Alexander U20 19.02.99, Chelmsford
 HT- 44.03 (49.25-15)
*REYNOLDS Benjamin Travers 26.09.90, WSE&H/IRL
 60H- 7.87i (7.73i-16), 110H- 13.70 (13.48-15)*
REYNOLDS Benjamin U17 1.10.02, Cardiff
 800- 1:55.73, 1500- 3:57.76
REYNOLDS Harvey U17 7.11.01, Cardiff
 400HY- 55.99
REYNOLDS Jacob Matthew U15 15.07.04, Cardiff
 800- 2:01.0, 1500- 4:10.50, 3k- 9:16.06
REYNOLDS-WARMINGTON Kyle U17 28.02.02, Blackheath
 & Bromley
 60- 6.98i, 100- 10.73w/10.94, 200- 22.21 (22.21-17)
RHODEN-STEVENS Jamal-Marcus 27.04.94, Sh'bury B
 60- 6.94i, 200- 21.14, 400- 46.54
*RICHARDS Che U23 8.05.97, WGreen & Ex L/
 Edinburgh Un/TTO
 LJ- 7.60i (7.80-17)*
RICHARDS Samuel 9.12.85, Cambridge & Coleridge
 LJ- 7.01 (7.09-14)
RICHARDSON Harry U20 21.03.00, Basingstoke & MH
 400- 49.45, 800- 1:52.87
RICHARDSON Joel 30.12.93, Trafford
 200- 21.60, 400- 47.59
RICHARDSON Luke U15 1.05.04, Bromsgrove & R
 800- 2:03.48
RICHARDSON Owen James U23 5.09.98, B'stoke & MH/
 East Michigan Un
 60- 6.93i (6.93i-16), 200- 21.00, 400- 47.18 (46.49-17)
RICHARDSON William U23 23.02.98, Birchfield
 1500- 3:48.54, 1M- 4:04.95, 5k- 14:10.56,
 HMar- 67:15 (66:38-17)
RICHMOND Aaron V35 8.09.82, Bideford
 10kR- 30:19
RICKARDS Tom U17 18.12.02, Reading
 800- 1:56.77
RICKETTS Harry U15 13.06.04, Swindon
 HTB- 47.87
RICKETTS Jordan U17 10.09.01, Birchfield
 60HY- 8.04i, 100HY- 12.83, 110HY- 13.68w/13.78

RICKETTS Joshua U20 4.03.01, Swindon
  HTJ- 50.67
RIDER Scott Frederick V40 22.09.77, Birchfield
  SP- 17.64i (18.97-05)
RIDGE Matthew U23 12.09.96, Charnwood/Lough St
  SP- 14.22i/13.75 (14.75-17)
RIENECKER-FOUND Harry U17 14.05.02, Brighton & H
  HJ- 2.02i/2.00i/1.98
RILEY Jayden U15, Blackburn
  60HB- 8.99i
RILEY-LA BORDE Khai 8.11.95, Enfield & Haringey/
  East London Un
  60H- 7.78i (7.74i-16), 110H- 13.74w/13.81 (13.59-17)
RIMMER Michael 3.02.86, Liverpool Pembroke S
  800- 1:47.33 (1:43.89-10)
RITCHIE-MOULIN William U23 3.12.96, Birchf'/Durham Un
  60H- 8.12i, 110H- 14.65 (14.48w/14.60-17), 400H- 52.57
ROACH Jack 8.01.95, Newham & Ex B/North'land Un
  HJ- 2.03 (2.08-14), LJ- 7.71
ROACH Nathan 10.12.90, Sale
  TJ- 14.15i (14.84-15)
ROBERSON Mark W. V40 21.03.75, Marshall Milton K
  HT- 44.60 (51.14-05)
ROBERTS Jacob U20 9.09.99, Notts
  HT- 49.48 (55.59-17), HTJ- 59.52 (65.64-17)
ROBERTS Jakob U13 22.09.05, Wimborne
  HJ- 1.56
ROBERTS Jonathon 11.05.94, Southampton
  3k- 8:18.40
ROBERTS Joshua U13 18.10.05, Stratford-upon-Avon
  JTC- 48.59
ROBERTS Kyran 19.09.95, Carmarthen/Lough St
  1500- 3:48.02 (3:45.18-17)
ROBERTS Mark U15 10.10.03, Liverpool Pembroke S
  800- 2:02.11
ROBERTS Sam U20 17.07.00, Team Bath
  110HJ- 15.08
ROBERTS-NASH Psalm U20 7.07.99, Wolves & Bilston
  400- 48.52 (48.08-16), 800- 1:52.05
ROBERTSON Andrew 17.12.90, Sale
  60- 6.62i (6.54i-16), 100- 10.06w/10.30 (10.10-14),
  200- 20.59w/21.06 (20.76-13)
ROBINS Joshua U15 19.10.03, Birchfield
  1500- 4:17.74, 3k- 9:16.61
ROBINSON Adam U15 6.02.04, Andover
  HJ- 1.90, LJ- 6.57
ROBINSON James V40 27.08.76, Halesowen
  PV- 4.15 (4.30i-94/4.30-94)
ROBINSON Jason 8.08.89, Derby AC
  HT- 53.47 (55.92-17)
ROBINSON Luke U17 7.05.03, C of York
  JTY- 58.50
ROBINSON Shane 19.02.91, Lincoln Wellington
  10kR- 30:16, HMar- 66:32
ROBINSON Stuart V35 27.11.79, Salford
  Mar- 2:28:32 (2:21:35-15)
ROCHEFORT-SHUGAR Louis U15 27.12.03, Cardiff
  80HB- 11.64
ROCHFORD Ben B23 27.03.96, Shafty B/St Marys Un
  800- 1:50.11 (1:49.66-16)
RODEN Jaimie 24.02.92, Sale
  5k- 14:23.67
RODGER Sebastian William 29.06.91, Shaftesbury B
  200- 21.30, 400- 47.59i (46.48i/46.68-16),
  400H- 49.74 (49.19-13)
RODRIQUES Ezra U20 8.11.00, Croydon
  110HJ- 15.18
ROE Max U13 22.03.06, Peterborough
  75HC- 11.6
ROFFEY Daniel U17 6.09.01, Epsom & Ewell
  DecY- 5215, OctY- 4265+
ROJAS Kevin V35 1.10.81, Brighton & Hove
  Mar- 2:22:45 (2:18:50-15)
ROLLO James U15 19.10.04, Inverness
  DTB- 41.63

ROMANS Kyle U15, Sussex Schools
  300- 37.44
ROOKE Andrew 15.07.90, Framlingham Flyers
  HMar- 67:31
ROONEY Martyn 3.04.87, Croydon
  200- 21.43 (20.87w-11, 21.08-13), 400- 45.73 (44.45-15)
ROPER Jaleel U17 8.02.03, Hercules Wimbledon
  60- 7.11i (7.09i-17), 100- 11.07 (10.97-17)
ROSS Finlay U13 11.09.05, Harmeny
  1500- 4:27.72
ROSSITER Jayme 29.09.90, Newham & EB/Lough St/IRL
  3k- 8:11.30, 5k- 14:27.24 (14:20.18-15),
  3kSt- 9:02.69 (8:59.82-15)
ROTHWELL Daniel 29.04.87, Swansea
  3kSt- 9:38.31 (9:37.14-17)
ROWDEN Daniel U23 9.09.97, WGreen & Ex L/London Un
  800- 1:44.97
ROWE Alex U20 16.09.99, Channel Islands
  2kSt- 6:09.14
ROWE Jack U23 30.01.96, Aldershot F&D
  1500- 3:44.93, 3k- 7:58.82i (8:13.52-17), 5k- 13:58.04,
  10k- 29:10.33
ROWE Joshua 4.11.91, Leeds
  Mar- 2:25:31
ROWLANDS Adam U17 16.11.01, Harrow
  400HY- 55.34
ROWLEY Leo U20 30.07.99, Rotherham/Birmingham Un
  SP- 13.65i (13.88i/13.23-17), SPJ- 14.92i/14.16 (15.69-17)
ROWLINSON Callum 10.07.93, Sale
  HMar- 67:39
ROY Taylor U20 25.06.99, Pitreavie
  60HJ- 8.20i, 110HJ- 15.14 (14.66w/14.7-17, 15.02-16)
ROYDEN Jack U20 27.10.00, Medway & Maidstone
  SPJ- 13.82
RUDDY Craig 10.04.88, Inverclyde
  HMar- 67:13 (67:13-15), Mar- 2:17:49sh (2:22:14-17)
RUGG Jonathan U17 19.09.02, Enfield & Haringey
  PV- 4.05
RUSH Graham V35 8.09.82, Cheltenham
  3k- 8:09.31 (8:09.30-17), 5k- 14:08.49 (14:05.25-17),
  5kR- 14:05, 10k- 29:13.28 (29:04.52-17)
RUSHDEN Matthew U23 29.03.98, Dartford
  Dec- 5161
RUSHWORTH Isaac U17 27.05.02, C of Sheffield
  400- 49.45i/50.38
RUSSELL Harry U23 22.10.96, Newbury/Sheffield Un
  400- 48.98
RUSSELL Jamie U17 11.08.03, Solihull & S H
  OctY- 4335
RUTHERFORD Greg 17.11.86, Marshall Milton K
  LJ- 7.89i/7.86 (8.51-14)
RUTTER Tom U13 30.01.07, Hertford & Ware
  JTC- 39.25
RYAN Daniel U20 5.06.99, Herne Hill/Brunel Un/IRL
  60H- 8.39i, 110H- 14.89 (14.77w-17), PV- 4.20,
  LJ- 6.90 (7.10-15), SP- 13.25, DT- 41.26, Dec- 6849,
  HepIS- 5101i, DecJ- 6495
RYLE-HODGES William 20.09.93, Shaft B/Cambridge Un
  5k- 14:24.13

SABESTINI Louis U20 6.03.01, Sevre Bocage (FRA)
  TJ- 13.86
SADLER Hugh U20 29.09.99, Bristol & W
  1500- 3:54.36
SAFO-ANTWI Sean 31.10.90, Enfield & Haringey/GHA
  60- 6.59i (6.55i-16), 100- 10.32 (10.07w/10.14-14),
  200- 21.37 (20.76-16)
SAICH Geraint U20 18.01.00, CAP Alcobendas (ESP)
  200- 21.92
SAINVAL Lewis U23 27.09.98, Bournemouth
  HJ- 1.95
SAKALA Robert U23 5.03.98, Croydon
  60H- 8.07i
SAMBROOK Josh Cambridge Tri/Leeds Un
  Mar- 2:28:19

2018 - Men - Index

SAMUEL Aaron U17 6.06.03, Ilford
1500- 4:01.34
SAMUEL Rob 14.01.86, Eryri
10kR- 30:26 (30:22-12)
SAMUELS Nicholas V35 13.06.81, Sale
HMar- 68:20
SAMWELL-NASH Kristian U17 5.12.02, Ashford
400- 49.97
SANCHEZ Alberto 19.10.88, Derby AC/London Un/ESP
3k- 8:05.50i (7:57.05i/8:01.22-14),
5k- 14:26.81 (14:02.66-16)
SANDERSON John 27.02.93, Guildford & Godalming
1500- 3:45.83 (3:43.64-17), 3k- 8:13.12 (8:05.24-17),
5k- 14:20.14, 5kR- 14:04
SANDISON Charlie 95, Fulham RC
Mar- 2:29:05
SANUSI Sam U15 13.11.03, Havering
80HB- 11.3/11.32, HJ- 1.77, LJ- 6.55, SPB- 12.97,
PenB- 3058
SARAYEV Sergiy V35 15.01.83, Trafford/UKR
DT- 44.31 (46.42-15), HT- 52.32 (53.50-15)
SARGENT Moyo U17 16.05.02, Eastbourne RAC
400- 49.02
SARLING Marley U15 8.02.04, Harlow
JTB- 46.82
SARNETTE Guillaume 3.10.93, Lough St/FRA
400H- 53.02 (52.07-15)
SAUL-BRADDOCK Adam U17 20.09.01, Wolves & Bilston
800- 1:56.03, 400HY- 58.4/58.98
SAUNDERS Benjamin U20 9.12.00, Birchfield
HJ- 2.01
SAUNDERS Joshua U17 6.03.03, Saffron AC
400HY- 58.9
SAVAGE Evan U15 16.09.04, Sale
1500- 4:18.25
SAVAGE Finley U15 23.03.04, Deeside
200- 23.40, 300- 36.83
SAVERY Andrew V35 31.08.82, Leamington
Mar- 2:26:53 (2:25:43-14)
SAVVA Nicholas U15 19.09.03, Shaftesbury B
60- 7.45i, 300- 36.72
SAYERS Feron 15.10.94, Birchfield
LJ- 8.05
SCALLY Douglas U15 28.12.03, Winchester
1500- 4:15.91
SCHENINI Alessandro Iain U20 28.04.00, Giffnock North
LJ- 7.31i/7.29
SCHLUETER Jami U17 26.10.02, Yeovil Olympiads
60HY- 8.22i, 100HY- 13.35, PV- 3.60, LJ- 7.03,
DecY- 5844, OctY- 4981
SCHOFIELD William U20 25.03.99, Sale
HT- 45.20, HTJ- 51.75 (51.94-17)
SCHOPP Max Rainer U23 5.09.96, Stev & NH/Brunel Un
400H- 54.25 (53.79-15)
SCHRIJVER Joshua U15 4.01.05, Bristol & W
DTB- 41.44
SCOPES Alfie U20 12.11.99, Tonbridge
SPJ- 14.94 (15.35-17), DTJ- 52.79
SCOTT Aaron 11.04.87, Lincoln Wellington
HMar- 66:53 (65:50-16), Mar- 2:16:57
SCOTT Christopher Mark 21.03.88, Southampton
DT- 57.13 (63.00-11)
SCOTT Daniel U15 20.02.04, C of Lisburn
PenB- 2587
SCOTT Fergus U17 15.10.02, Rugby & Northampton
1500- 4:00.2
SCOTT Josh U13 30.03.06, Airdrie
PenIC- 1314i
SCOTT Marc 21.12.93, Richmond & Zetland
3k- 7:59.22 (7:43.37-17), 5k- 13:23.14 (13:22.37-17),
5kR- 13:45, 10kR- 28:57 (28:07.97t-17)
SCOTT Rafe U20 9.12.99, Guildford & Godalming
DecJ- 5097

SCOTTOW Travis U13 19.09.05, Southampton
75HC- 11.7/11.73, HJ- 1.67, SPC- 13.44, DTC- 38.44,
PenC- 2099
SCULL Peter 13.01.88, Bristol & W
24Hr- 204.138km
SCULLION Stephen 9.11.88, North Belfast/IRL
5k- 13:50.04, 10k- 28:36.05, 10MR- 49:19, HMar- 63:17,
Mar- 2:15:55
SEACOMBE Jimmy U23 15.10.97, Worthing
60- 6.95i
SEAL Toby U20 10.12.99, Tonbridge
110HJ- 14.77, JT- 54.11, DecJ- 6209
SEARLE Adam U20 7.11.00, Rugby & Northampton
2kSt- 6:18.11
SEARLES Rhys 28.03.91, Enfield & Haringey
PV- 4.95 (5.16i/5.11-11)
SEAWARD Kevin 3.10.85, St Malachy's/IRL
10kR- 29:37, 10MR- 48:41, HMar- 64:56 (64:52-17),
Mar- 2:16:58 (2:14:52-15)
SEDDON Matthew U23 26.02.96, Bracknell/Cardiff Met
3kSt- 9:05.69
SEDDON Zak William 28.06.94, Bracknell
1500- 3:43.32 (3:42.02-15), 3kSt- 8:26.51,
3k- 8:04.32i (7:58.95i-17, 8:08.61-12)
SEEMA-ROCA Pablo U15 31.10.03, Blackheath & Brom
1500- 4:16.5, PenB- 2534
SEERY George U17 20.08.03, Thanet AC
OctY- 4443
SENIOR Reiss U23 30.09.98, Herne Hill
HT- 44.60 (45.47-16)
SESEMANN Philip 3.10.92, Leeds
1500- 3:40.93, 1M- 4:02.53i (4:03.53-16),
3k- 7:55.71i/8:18.59 (8:03.84-17), 5k- 13:54.07,
10kR- 30:00 (29:40-17)
SEWELL Philip 16.07.94, Aldershot F&D
HMar- 67:45
SEXTON Aaron U20 24.08.00, North Down/IRL
100- 10.52, 200- 21.06
SHACKLETON Benjamin U17 23.09.01, Camb & Col
DTY- 41.73
SHAND Peter 5.12.91, Birchfield
200- 21.68 (21.03w-17, 21.14-16)
SHANKLAND Roy 1.03.95, Harrow
400- 48.41
SHARIF Abdulqani U23 1.01.97, Liverpool H
3k- 8:16.47
SHARIF ALI Mohamed U17 8.08.03, Ealing, S & Mx
1500- 3:57.59, 3k- 8:15.02
SHARMAN William 12.09.84, Belgrave
110H- 14.02w/14.12 (13.16-14)
SHARP Matthew 25.04.89, Enfield & Haringey
10kR- 29:50 (29:32-16), HMar- 65:13 (65:03-14),
Mar- 2:19:17 (2:16:02-17)
SHAW Dominic 26.12.88, New Marske
5k- 14:09.38, 5MR- 24:16, 10k- 29:39.04,
HMar- 67:11 (66:04-17)
SHAW Kian U17, Wakefield
HJ- 1.90
SHAW Nicholas U17 13.10.02, Shaftesbury B
60- 6.91i
SHEFFIELD Edward U17 25.06.02, Burton
400- 50.2
SHELLEY Jake 16.03.91, Shaftesbury B
3k- 8:04.51 (7:59.57i-15, 8:00.62-17),
5k- 14:04.42 (13:46.17-15), 10kR- 29:54 (29:23-16)
SHEPHERD Edward 8.12.93, WGreen & Ex L
5kR- 14:19
SHERWOOD Jack U15 28.08.04, Bracknell
HTB- 41.32
SHIELDS Benjamin Joseph 17.01.94, C of Sheffield
60- 6.91i (6.81iA-17, 6.85i-14)
SHIELDS Ryan U17 31.01.03, Birchfield
1500- 4:03.63
SHIPLEY Robert U23 28.09.96, C of York/Durham Un
400- 47.65 (47.29-17), 600- 1:18.76i

SHIPPEY Samuel U15 6.01.04, Colchester H
 300- 36.52
SHONIBARE Michael U20 29.02.00, VPH &TH
 100- 10.82w, 200- 21.70
SHORE Sam 6.12.85, Belgrave/AUS
 110H- 15.49, 400H- 54.12 (53.84-17)
SHORTHOUSE Chris 23.06.88, Birchfield
 HT- 64.98 (70.18-15)
SHOWLER-DAVIS Kieran 14.11.91, Basingstoke & MH
 60- 6.76i, 100- 10.26 (10.03w-16),
 200- 21.06 (20.73w-17, 20.75-10)
SIEDLACZEK Domink 10.03.92, Lough St/AUT
 110H- 14.60 (14.07-15), PV- 4.72, SP- 13.97,
 Dec- 6891 (7430-14)
SIGGERS Andrew V35 4.02.80, Kenilworth
 Mar- 2:29:50 (2:25:01-15)
SIKITY Brandon U20 26.09.00, Cambridge H
 HJ- 1.95i
SILVA Antonio 26.03.87, Thames Valley/POR
 10k- 29:51.07 (29:09.45-15)
SIMMONS Stephen U17 1.07.03, Bedford & County
 60HY- 8.53i, 100HY- 13.75, OctY- 4395
SIMPSON Callum U17 31.08.02, Edinburgh AC
 HJ- 1.90
SIMPSON Joshua U15, Lincs Schools
 LJ- 6.19
SIMPSON Robert 14.11.91, Deeside Runners
 10kR- 30:01 (29:22-16), HMar- 64:27,
 Mar- 2:19:36 (2:15:04-17)
SINCLAIR Angus 22.02.95, Edinburgh AC/Louisiana St U
 HJ- 2.05 (2.05i-15), PV- 4.27 (4.41-17),
 Dec- 6371 (6698-15)
SINNOTT Drew U17 13.11.01, Leamington
 JTY- 53.32
SISPAL Jai U15 19.10.03, Leamington
 800- 1:59.99, 80HB- 11.7, HJ- 1.75, PenB- 2944
SKELTON Ross 11.05.93, Brighton Phoenix
 5kR- 14:17 (14:11.60t-17), 10kR- 30:29 (30:27.67t-17)
SKETCHLEY David V40 25.02.76, Harrow
 JT- 54.09 (67.63-04)
SKIRROW Peter U23 8.06.98, Blyth RC/Northumb' Un
 HJ- 1.95, LJ- 7.09
SLADE Elliot 5.11.94, Cardiff
 800- 1:49.41 (1:47.70-16)
SLADE Tomos U20 13.04.01, Swansea
 60HJ- 8.20i, 110HY- 13.77, 110HJ- 14.27, LJ- 6.99i/6.91
SMITH Aidan 16.07.95, Hallamshire/Oxford Un
 3kSt- 9:43.70 (9:19.69-16)
SMITH Allan Fraser 6.11.92, Shaftesbury B/Napier Un
 HJ- 2.27 (2.29i-15)
SMITH Andrew 7.10.95, Pudsey & Bramley
 800- 1:49.28, 1500- 3:42.15, 3k- 8:12.35i, 5kR- 14:21
SMITH Bailey U15 2.05.05, Worthing
 200- 23.42
SMITH Carl 3.01.90, Tyne Bridge
 10kR- 30:18 (30:07-14)
SMITH Christopher James V40 27.11.75, Arbroath
 JT- 54.51 (66.76-06)
SMITH Conor U20 11.03.99, Swansea/Swansea Un
 3k- 8:26.30
SMITH Daniel U23 26.09.97, Coventry Godiva/Oxford Un
 LJ- 7.18
SMITH David Robert Dickie 14.07.91, Shaftesbury B
 HJ- 2.26 (2.26i-15)
SMITH Gavin U20 4.06.99, Cambuslang
 5k- 15:07.23
SMITH Guy 11.01.90, Swansea
 800- 1:51.74 (1:50.01-15), 1500- 3:47.09 (3:42.55-15),
 3k- 8:12.10, 5kR- 14:29 (14:26-16)
SMITH Jake Liam U23 19.05.98, Cardiff/Cardiff Met
 3k- 8:06.60i, 5kR- 14:23, 10k- 30:15.81, 10kR- 29:31,
 15kR- 45:22+, HMar- 64:03
SMITH Jayden U17 8.02.03, Middlesex Schools
 100- 11.11w

SMITH Jody U20 17.09.00, Charnwood
 100- 10.87/10.8w (10.68w-17)
SMITH Joe U17 20.10.01, Crawley
 800- 1:53.81, 1500- 3:53.58
SMITH Joshua U15 22.01.04, Poole
 800- 2:02.41, 1500- 4:18.97
SMITH Kirk 20.09.85, Oxford Un/USA
 3kSt- 9:36.46 (9:22.16-16)
SMITH Matthew U13 28.01.06, Woking
 DTC- 31.07
SMITH Matty U15 18.12.03, Horsham BS
 3k- 9:26.36
SMITH Neal 1.07.84, C of Norwich
 SP- 13.83
SMITH Oliver 15.12.93, Harrow
 400- 48.23 (47.74-16)
SMITH Owen 7.11.94, Cardiff
 400- 46.24 (46.23-16)
SMITH Peter 20.07.90, Kingston upon Hull
 HT- 60.90 (71.75-12)
SMITH Renaldo U17, Beds Schools
 TJ- 13.93
SMITH Sam U15 3.04.04, Bingley
 3k- 9:20.96
SMITH Sullivan V40 16.09.76, Cambridge & Coleridge
 3kSt- 9:39.60 (9:10.02-07)
SMITHERMAN Andrew 9.11.90, Dartford/Canterbury CCC
 400- 48.64 (48.6-13)
SMYTH Jason 4.07.87, Derry/IRL
 100- 10.53 (10.17w-12, 10.22-11),
 200- 21.40w/21.44 (20.94-11)
SMYTHE Joseph U17 22.10.01, C of Norwich
 400- 49.92
SNAITH Benjamin 17.09.95, Newham & Ex B
 100- 10.50w/10.58, 200- 20.86w/21.13 (20.88-14),
 400- 46.96 (46.21-17)
SNASHALL William U17 27.09.02, Crawley
 PV- 3.70
SNEDDON Robin U15 30.05.04, Inverness
 200- 23.4
SNEE Thomas 22.07.88, Kingston & Poly
 PV- 4.41i/4.40 (4.50-17)
SNOOK Christopher U20 14.01.00, Aldershot F&D
 3kW- 12:03.14, 5kW- 21:29.23, 10kWR- 47:11 (44:23-17)
SNOOK Joshua U20 24.07.99, Yate
 400- 49.2 (49.42-17)
SNOOK William 11.10.95, Harlow/Leeds Un
 800- 1:49.08
SNOW Scott 29.11.95, WSE&H/UCLA
 1M- 4:07.13i (4:04.02i-17), 3kSt- 9:16.37 (9:08.85-17)
SOLOMON Canaan U23 17.09.98, WGreen & Ex L/
 St Marys Un
 400- 47.93, 800- 1:47.12, 1500- 3:48.82
SOMERS Thomas U23 28.04.97, Newham & EB/Lough St
 200- 20.63 (20.37-14), 400- 46.79
SOSANYA Emmanuel U23 29.08.98, Newham & Ex B/
 East London Un
 400- 47.80
SOUTHALL Samuel U17 4.11.01, WSE&H
 1500- 4:01.08
SOUTHERN Owen U17 8.10.01, Liverpool Pembroke S
 HJ- 1.95
SOUTHWELL Joe U15 12.02.04, Ellenborough
 100- 11.59, LJ- 6.04, PenB- 2622
SOUTHWELL Louis U20 6.01.00, Hillingdon
 400- 49.44 (49.0-17, 49.06-16)
SPEAR Alfie U15 19.01.04, Aldershot F&D
 1500- 4:16.77
SPEAR Barnaby U15 16.03.04, Blackheath & Bromley
 DTB- 38.22
SPENCER Dylan U17 17.06.03, Aldershot F&D
 1500- 4:02.69, 3k- 8:50.53
SPENCER Jacob U17 10.11.02, Tamworth
 100- 11.1, 200- 22.03, 400- 50.38

SPILSBURY Adam U20 25.06.99, Sale
  800- 1:51.12
SPRAGUE Cameron U20 10.09.00, Team Bath
  200- 21.93w (21.77-17)
SPRIGINGS Grant Gerald V35 26.11.82, C of Portsmouth
  SP- 13.39
SPRINGETT Dean U15 6.09.03, Whitemoss
  60- 7.45i, 300- 37.50
SPROUL Fraser U15 23.09.03, Kendal
  1500- 4:17.6, 3k- 9:20.12
STABLER Samuel James 17.05.92, Wreake & Soar Valley
  3k- 8:03.35i (7:53.98i-15, 8:01.28-17),
  5kR- 13:59 (13:30.50t-15), 10kR- 29:09 (29:03.64t-17)
STACEY Oliver U20 5.09.99, Radley AC
  60HJ- 8.43i (8.37i-17), 110HJ- 15.2 (14.99-17)
STAINES Thomas U23 22.02.98, Colorado State Un
  400- 45.98A, 800- 1:45.57, 1M- 4:05.85i
STANISCI-BROWN Luca U17 9.08.03, Harrow
  TJ- 13.30
STANLEY Alastair John 2.09.95, Garscube/St Andrews Un
  Dec- 5776
STAPLES Scott U20 1.04.99, Crawley
  JT- 65.29
STAPLETON Zachary U23 1.06.98, Rugby & No'ton/
  St Marys Un
  100- 10.75w, 200- 21.29w (21.22w/21.75-16)
STARR Cameron Alexander U23 26.03.96, Southampton
  60- 6.84i, 100- 10.61w/10.74 (10.70-16), 200- 21.61
STEADMAN William U13, Chelmsford
  800- 2:10.53
STEEL William U15 2.01.04, Liverpool Pembroke S
  SPB- 12.91, JTB- 43.21
STEEL Daniel 29.01.93, Biggleswade
  Dec- 4641
STEELE Joseph 13.02.88, Thames Valley
  LJ- 7.23 (7.60-10)
STEPHENS Emmanuel 13.03.93, Newham & Ex B
  100- 10.38w/10.56 (10.36w/10.42-17),
  60- 6.78i (6.67i-17)
STEPHENS Kenan U17 2.11.02, Shaftesbury B
  TJ- 13.86
STEPHENS Timothy U23 1.11.97, Oxford City/Bath Un
  400H- 53.29
STEPHENSON Benjamin 3.11.92, Liverpool H
  60- 6.95i (6.87i-15), 100- 10.6 (10.50-15)
STEPHENSON Ethan U17 10.07.03, Morpeth
  TJ- 13.63
STEVEN Cameron U20 5.03.99, Lasswade
  800- 1:51.56 (1:51.07i/1:51.13-17)
STEVENS Kyle 3.06.85, Kingston & Poly
  SP- 14.52 (15.86-07), HT- 49.85 (53.28-05)
STEVENS Samuel U23 27.03.98, Leics Cor/Notts Un
  5k- 14:21.87, 10k- 30:21.58
STEVENS Thomas V35 7.09.79, Cambridge & Col
  Mar- 2:24:09
STEWART Finlay U15 5.01.04, C of Lisburn
  PenB- 2562
STEWART Fintan U20 7.05.99, Derry
  800- 1:52.02
STEWART James V40 2.04.76, VP-Glasgow
  24Hr- 244.355km
STEWART Nick U23 22.06.98, Enfield & Haringey
  60- 6.85i (6.83i-17), 100- 10.50 (10.40w-17),
  200- 21.25 (20.98w/21.05-17)
STOCK Jonathon U15 22.02.04, Trafford
  800- 2:02.33
STOCKS Michael V45 4.04.69, London Heathside
  50kR- 3:12:33, 100kR- 7:16:54, 24Hr 249.150km
STONE Christopher 8.04.95, WGreen & Ex L
  60- 6.82i (6.78i-15), 200- 21.34 (20.92-14),
  100- 10.42w/10.55 (10.35w-14, 10.41-17)
STONE Nicky 15.12.93, Nairn
  HT- 49.55
STONIER Matthew U17 24.09.01, Invicta
  1500- 3:53.88

STOPFORD Ethan U15 7.10.03, Liverpool H
  300- 36.89
STOREY Jake U23 3.03.97, Harrow/Brunel Un
  HJ- 2.10, Dec- 6306
STRACHAN Craig U17 10.09.01, Banchory
  100- 11.0, 200- 22.01w/22.12
STRACHAN Richard 18.11.86, Trafford
  200- 21.55 (20.9w-11, 20.93-13), 400- 48.45i (45.48-13)
STRAKER Reece 15.06.95, North Shields Poly
  HT- 45.19
STRAW James 1.02.94, Lincoln Wellington
  5k- 14:27.62, 10k- 30:23.33 (30:09.89-17),
  10kR- 30:15, HMar- 67:43
STREET Stuart U23 18.07.96, Notts/Notts Trent Un
  LJ- 6.92 (7.34-17)
STRUDWICK Joshua 2.04.94, Basingstoke & MH
  Dec- 4807
STUBBS Luca U15 28.10.03, Shaftesbury B
  1500- 4:17.73, 3k- 9:24.23
STUDLEY Daniel 1.01.92, Bristol & W
  5k- 13:53.55, 10k- 29:15.41, HMar- 64:23
STURGE Zak U15, Middlesex Schools
  TJ- 12.31
STURROCK Craig 7.01.85, Thames Valley
  SP- 15.57 (16.87i-13, 16.72-14), DT- 41.04 (46.67-09)
SUDDERICK George U15 20.11.03, Walton
  60- 7.17i, 100- 11.1/11.39, 200- 22.4/22.58i/22.60,
  300- 35.12, 400- 51.33
SULAINIS Martin U23 22.02.97, Ilford/LAT
  HJ- 1.96 (2.16i-15, 2.09-14)
SULLIVAN Lewis U15 23.09.04, St Edmund Pacers
  1500- 4:16.54, 3k- 9:25.21
SULTAN-EDWARDS Amir U15 21.02.04, Bl'heath & Brom
  100- 11.3, 200- 22.0/22.46, 300- 34.81, 400- 50.52
SUMNER Matthew 17.03.92, C of Plymouth
  110H- 15.52, 400H- 53.15 (51.21-17)
SUMNERS Jack U20 25.10.00, Stratford-upon-Avon
  60HJ- 8.10i, 110HJ- 13.93w/14.00, LJ- 7.26
SUMSKIS Edgars 3.04.88, Nene Valley H/LAT
  HMar- 67:07, 2kSt- 5:47.06, 3kSt- 8:54.88 (8:51.96-17)
SURAFEL Paulos U23 12.01.97, TVH/St Marys Un
  1500- 3:48.25, 3k- 8:00.57i (8:07.39-17),
  5k- 14:21.81 (14:09.86-16)
SURAFEL Petros U23 12.01.97, ThaTVH/St Marys Un
  5k- 14:08.24 (13:55.32-17), 10kR- 29:22, 15kR- 44:43+,
  10MR- 48:05
SUTHERLAND Ricardo U13 11.01.06, Serpentine
  60- 7.67i, 100- 12.11w
SUTHERLAND Robert 16.10.95, Wycombe
  TJ- 14.19 (14.99-16)
SUTTON Ben U20 10.08.01, Blackheath & Bromley
  LJ- 6.96
SVARAUSKAS Paulius 6.06.94, WSE&H/LTU
  TJ- 15.76
SWAIN Jack 27.02.95, Thames Valley/Lough St
  JT- 62.80 (67.10-17)
SWAN Connor U23 14.07.96, Cornwall AC
  JT- 55.94 (59.03-14)
SWAN Patrick Anthony U23 14.09.97, Cornwall AC/
  Plymouth Un
  SP- 15.47, DT- 48.95 (49.98-17)
SWARAY Joshua 2.02.86, Harrow/SEN
  100- 10.47 (10.20-13)
SWATTON Cameron U17 19.01.02, Blackheath & Bromley
  1.5kSt- 4:43.66
SWEENEY Sol U23 4.12.98, Perth
  800- 1:50.02, 1500- 3:42.77, 3k- 8:00.62i/8:06.90,
  5k- 13:51.94
SWIFT Bailey U17 11.06.02, Rugby & Northampton
  200- 22.12
SWIFT Josh U13 27.09.05, Leigh
  800- 2:14.96
SYERS Aidan 29.06.83, Newham & Ex B
  60- 6.80i (6.72i-14), 100- 10.65 (10.31w-01, 10.32-13)

SYLLA Patrick U23 10.10.98, Bournemouth
 LJ- 7.51w/7.48 (7.61-16), TJ- 14.65
SZÜCS Valdo 29.06.95, Bath Un/HUN
 110H- 13.82w/13.96 (13.76-16)

TAIT Magnus U20 26.03.01, Lasswade
 2kSt- 6:04.88
TAIT Matthew U13 10.10.05, Lasswade
 HJ- 1.55
TARRANT Justin U23 7.10.96, Crawley/Cardiff Met
 PV- 4.20i (4.10-15), Dec- 5906
TARTELIN Alex U15, Berkshire Schools
 TJ- 12.41
TAYLOR Benjamin U20 27.02.00, St Mary's Richmond
 DecJ- 5105 (5440-17)
TAYLOR Callum U15 29.06.04, C of Portsmouth
 JTB- 52.23
TAYLOR James V35 24.04.82, C of Sheffield
 SP- 13.49 (14.11i-05/13.95-05), DT- 44.09 (45.82-06)
TAYLOR James U23 11.08.96, Charnwood/Notts Trent Un
 HJ- 2.00i/2.00 (2.05i-16, 2.04-15)
TAYLOR Joseph U15, Marshall Milton K
 JTB- 43.47
TAYLOR Linton 20.01.95, Newark AC/New Mexico Un
 1500- 3:48.85, 3k- 8:17.94, 5k- 14:26.44, 5kR- 14:22,
 10kR- 29:53
TAYLOR Matthew U15 17.01.04, Liverpool H
 DTB- 41.89
TAYLOR Patrick U23 6.03.96, Birchfield/Birmingham Un
 800- 1:51.18 (1:50.33-16)
TAYLOR Rory U17 6.12.02, Aix-les-Bains (FRA)
 5kW- 25:56.89
TAYLOR Shandell U20 16.12.99, Havering
 LJ- 7.78, TJ- 13.71
TAYLOR Spencer U15 13.10.03, Huntingdon
 PenIB- 2331i
TAYLOR-HOLLAND Isaac U15, Andover
 TJ- 12.08
TEUTEN Alexander 3.01.92, Southampton/So'ton Un
 1500- 3:46.86 (3:46.35-17), 3k- 7:55.26, 5k- 13:51.08,
 10kR- 29:42, 10MR- 49:32 (48:38-17), HMar- 64:54,
 3kSt- 8:57.58 (8:50.58-17)
TEWELDE Tsegai 8.12.89, Shettleston H
 10kR- 30:28+ (29:07-09), HMar- 65:11 (63:14-17)
TEWOGBADE Daniel U15 22.10.03, Crawley
 200- 23.4, HJ- 1.78
THATCHER Oliver U17 11.09.02, Southampton
 DTY- 44.35, HepIY- 4409i, OctY- 4512
THEWLIS Jonathan 7.05.85, Notts
 HMar- 67:30, Mar- 2:23:09 (2:18:10-17)
THIRLWELL Daniel 8.07.83, North Shields Poly
 HT- 47.25
THOIRS Jax Donald Will 7.04.93, VP-Glasgow
 PV- 5.06 (5.65-15), LJ- 7.31w/7.13
THOMAS Aaron U17 25.10.02, Sale
 HJ- 1.90i
THOMAS Adam 15.04.95, Bracknell/Lough St
 60- 6.74i (6.74i-17)
THOMAS Alec U23 22.11.96, VP-Glasgow/Glas Caled Un
 60- 6.92i, 100- 10.60,
 200- 21.73i (21.44w/21.53i/21.67-15)
THOMAS Aran U17 6.12.01, Wakefield
 PV- 3.86i, SPY- 14.06, DTY- 50.77, JTY- 57.21
THOMAS Ben U20 7.07.01, Carmarthen
 2kSt- 5:53.17
THOMAS Daniel-James U20 26.07.00, Eastbourne RAC
 SP- 15.30, SPJ- 17.85
THOMAS Emmanuel U20 6.12.99, Croydon
 PV- 4.76
THOMAS Guy Alexander U23 1.07.97, Tonbridge
 3kW- 12:01.71 (11:50.34i-16), 5kW- 21:26 (21:14.7+-16),
 5kWR- 21:24+ (21:18+-16), 10kWR- 43:15+ (42:55-16),
 20kW- 1:29:32 (1:28:38-17)
THOMAS Ian V55 10.06.59, Norfolk Gazelles
 24Hr- 201.984km

THOMAS Ieuan 17.07.89, Cardiff
 1500- 3:46.44 (3:43.3i+-17), 3k- 7:56.31, 10kR- 29:13,
 3kSt- 8:30.16
THOMAS Max U17 3.10.01, Exeter
 HJ- 1.95
THOMAS Nathan U23 6.09.98, Shaftesbury B/Lough St
 DT- 42.71
THOMAS Nigel 11.05.88, Thames Valley
 60- 6.92i (6.78i-12)
THOMAS Oliver U15, Norfolk Schools
 JTB- 43.21
THOMAS Robert U17 16.10.01, Shaftesbury B
 LJ- 6.46w (6.49-17)
THOMAS Rushane 27.01.95, Herne Hill
 110H- 14.40w/14.46 (14.27-16)
THOMAS Spencer U23 26.08.97, Brighton Phoenix
 800- 1:47.76, 1500- 3:42.21
THOMAS Tre U20 26.06.00, Charnwood
 60HJ- 7.76i, 110HJ- 13.6/13.69
THOMAS-CAMPBELL Shamar U23 8.09.97, Blackheath &
 Bromley/East London Un
 60- 6.87i
THOMPSON Alexander U15 13.10.03, Bingley
 1500- 4:16.25
THOMPSON Christopher V35 17.04.81, Aldershot F&D
 3k- 8:05.38+ (7:43.34-10), 5k- 13:25.11 (13:11.51-10),
 10k- 27:52.56 (27:27.36-11), 10kR- 29:12+ (28:17-10),
 15kR- 43:42+ (43:20+-12), 10MR- 46:56,
 HMar- 62:07 (61:00-12), Mar- 2:28:54 (2:11:19-14)
THOMPSON Christopher U17 16.01.02, Cardiff Archers
 PV- 3.81
THOMPSON Elliot 10.08.92, Enfield & Haringey
 PV- 4.70, SP- 14.05, Dec- 7191
THOMPSON Gregory Leigh 5.05.94, Shaftesbury B/
 Maryland Un
 SP- 16.15i/15.45 (15.75-17), DT- 61.29
THOMPSON Jacob U17 18.03.03, Macclesfield
 HJ- 1.94
THOMPSON Lee U23 5.03.97, C of Sheffield
 200- 21.50w/21.60i/21.61 (21.40-17), 300- 34.19i,
 400- 46.23i/47.20 (47.01-17), 600- 1:18.20i
THOMPSON Lennox 22.10.93, Newham & Ex B/
 East London Un
 400- 48.69 (48.19-16), 400H- 52.17
THOMPSON Michael U20 10.12.99, Swansea
 DecJ- 5161
THOMPSON Oliver U13, Abingdon
 LJ- 5.21
THOMPSON Robert 14.01.91, Hillingdon
 10k- 30:59.68
THOMSON Dylan U20 11.05.00, Pitreavie
 PV- 4.75i/4.61
THORNE Harrison U17 8.07.02, Blackheath & Bromley
 100HY- 13.8/13.85, HJ- 2.02, LJ- 6.54, OctY- 4890
THORNER Oliver U20 16.03.01, Wells
 110HY- 14.50, HJ- 1.98i/1.98, PV- 4.40i/4.30,
 HepJ- 4863i, DecJ- 6544
THORNHILL Frederick U20 6.03.01, Taunton
 JT- 54.50
THORNLEY Christopher 5.09.93, Bedford & County
 800- 1:51.70
*THORONKA Jimmy 6.06.94, Shaftesbury B/SLE
 60- 6.82i, 100- 10.54*
THURGOOD Stuart Dennis V40 17.05.76, Herne Hill
 HT- 50.96 (59.83-11)
TIBBS Ethan U17 14.10.01, Preston
 OctY- 4278
TIERNEY Dillan U15 26.01.04, Crawley
 PV- 3.35
TIJANI Toheeb U23 16.05.97, VPH &TH/Essex Un
 TJ- 13.83i
TINDLE Cameron U23 5.06.98, Edinburgh AC/Stirling Un
 200- 21.65 (20.71-16)
TINKLER Martin John 9.04.91, Nene Valley H
 SP- 15.07 (15.34-17), DT- 44.91

2018 - Men - Index

TOBAIS Deji-Henry 31.10.91, WSE&H
  60- 6.74i, 100- 10.21 (10.04w/10.18-14),
  200- 20.77w/21.01 (20.61-12)
TOBIN Jonathan U23 11.04.96, Swansea/Sheffield Un
  1500- 3:47.35 (3:45.04-16), 3k- 8:13.89i (8:10.52i-17)
TODD David U20 12.08.00, C of York
  SPJ- 14.46i (13.48)
TODD Thomas U15 16.09.03, Cueva de Nerja (ESP)
  PV- 3.65/3.61i/3.60
TOMLIN Harry U15 14.10.03, Tavistock
  JTB- 44.66
TOMLIN Kwame U15 4.03.04, Croydon
  60- 7.44i
TOMLINSON James Christoph U20 11.01.00, Pembroke
  DTJ- 58.57
TOOMER Benjamin 26.07.89, Hercules Wimbledon
  HMar- 68:28
TOTTEN Eoghan Joseph 29.01.93, Newcastle & D/IRL
  HMar- 66:15, Mar- 2:26:36
TOWARD Alan 31.10.92, C of Sheffield
  SP- 14.26 (15.54-17), DT- 56.80 (59.33-17)
TOWNLEY Joel U20 7.04.01, Gloucester AC
  TJ- 14.93w/14.66 (14.73-17)
TRAINER Stephen 13.04.88, Greenock Glenpark
  Mar- 2:29:58 (2:26:36-13)
TRAJKOVIC Milan U15 27.11.03, Enfield & Haringey
  JTB- 50.00
TRANMER Joshua U20 5.04.00, Kingston upon Hull
  DT- 41.83, DTJ- 45.82
TRAYNOR Luke 6.07.93, Giffnock North
  3k- 7:53.88, 5k- 13:39.95, 10k- 29:20.32 (29:08.52-17),
  10kR- 28:32, 15kR- 44:01+ (43:43-17), 10MR- 47:59,
  HMar- 61:57
TREMELLING Sam U17 1.10.02, Chelmsford
  PV- 4.15
TRESTON Matthew U23 20.07.98, Reading/
  Northern Arizona Un
  110H- 15.18
TRIGG Samuel Alexander 1.11.93, Erme Valley
  LJ- 6.93 (7.45w-15, 7.37-16), TJ- 15.52i/15.23 (16.38-17)
TRIGWELL Joshua 28.05.93, Newham & Ex B
  1500- 3:45.34, 10kR- 29:58
TRIMBLE Thomas U20 23.02.99, Lincoln Wellington
  5k- 14:56.35
TRIMBLE William 9.01.92, Kingston & Poly
  JT- 62.22 (67.09-15)
TROTMAN John U20 16.04.00, East Cheshire
  400- 49.50
TROTT William U15 27.02.05, Swansea
  PV- 3.60i/3.54
TRY Cameron U15 1.12.03, Thetford
  DTB- 41.89
TSANG Richard 13.10.90, Birchfield/Strathclyde Un/IRL
  LJ- 6.88
TSEGAY Abel U23 2.06.96, Invicta/ETH
  5k- 14:03.61 (14:02.22-17), HMar- 67:53
TUCKER Peter Robert V35 17.04.81, Blackheath & Brom
  Mar- 2:28:56 (2:23:12-08)
TUFFIN Joseph U20 24.06.99, Rushcliffe/Birmingham Un
  800- 1:52.24 (1:51.94-17), 1500- 3:52.03
TUITT Pharrell U15 19.09.03, Leics Coritanian
  100- 11.4w, 200- 23.40
TUMA Basil U15, Oxford Schools
  TJ- 12.18
TURNBULL Samuel U15 10.12.03, Pitreavie
  HJ- 1.82
TURNER George U23 13.07.98, Crawley/Brighton Un
  PV- 5.01i/4.93
TURNER Jack U17 23.08.02, Cannock & Stafford
  HT- 45.55, HTJ- 52.80, HTY- 59.31
TURNER Jack U20 11.07.01, Exeter
  60HJ- 8.48i, 110HY- 14.07, 110HJ- 14.80, HJ- 2.04,
  LJ- 6.99w, DTJ- 42.33, DecJ- 6808
TURNER Joseph 3.08.90, Cambridge & Coleridge
  3kSt- 9:29.96

TURNER Rhys U20 25.02.99, Crawley/Lough St
  60- 7.00i
TURNER Robert V45 4.09.72, Edinburgh AC
  100kR- 7:00:30
TUTT Samuel U20 12.03.01, Rugby & Northampton
  110HJ- 14.91
TWIGGER Luke U15 28.11.03, Brighton & Hove
  JTB- 50.05
TWIST Grant 17.10.90, Havering
  HMar- 67:21, 3kSt- 9:48.8 (9:32.76-17)
TYERS Sam U17 19.06.02, Middlesboro Mandale
  800- 1:56.06
TYLER Josh U17 15.01.02, Exeter
  SPY- 15.66, DTY- 42.15, HTY- 52.48
TYRRELL Aydan U15 18.09.04, Harrow
  100- 11.57, 200- 23.12
TZOUGKARAKIS Nicolas U20 2.06.98, Exeter Un/GRE
  HJ- 1.96 (2.03- 17)

UDECHUKU Emeka V35 10.07.79, WGreen & Ex L
  DT- 46.31 (64.93-04)
UGBE Oluwasegun U15 28.06.04, Montrose
  SPB- 13.62
UJAH Chijindu 5.03.94, Enfield & Haringey
  60- 6.53i (6.53i-15), 100- 10.06 (9.95w-17, 9.96-14),
  200- 20.92 (20.39-17)
UPTON Calum U23 10.12.96, Winchester/Sussex Un
  3kSt- 9:43.35
UPTON Daniel V40 12.11.75, Trafford
  SP- 13.03i
URQUHART Euan Douglas U23 25.01.98, VP-Glasgow/
  Glasgow Un
  Dec- 6300
UWAIFO Efosa 15.05.95, Enfield & Haringey
  LJ- 6.91 (7.85w-17, 7.26-12),
  TJ- 15.84 (16.18w-17, 15.98-16)
UZOR Tobe U15, Surrey Schools
  TJ- 12.67
UZOZIE Michael U15 9.10.03, Medway & Maidstone
  300- 37.40

VAINIO-DOISEUL Frano U23 17.10.96, Cambridge H/
  Lough St/FIN
  400H- 55.30
VAN OUDTSHOORN Luke U17 30.06.02, Aldershot F&D
  1500- 3:53.04, 3k- 8:22.78
VARELA Mickael U15 10.10.03, Hercules Wimbledon
  60- 7.49i
VAUGHAN Felix U15 17.09.03, South London H
  800- 2:03.97, 1500- 4:07.15
VAUGHAN George U23 26.06.98, WGreen & Ex L
  110H- 15.10 (14.64w-15, 14.72-17), 400H- 53.66
VAUGHAN Reuben U20 25.10.00, Croydon
  DT- 42.88, DTJ- 48.52, DecJ- 5221
VERBICKAS Benjamin U15 7.09.03, Crewe & Nantwich
  300- 36.93, 60HB- 9.19i, 80HB- 11.46
VERNON Andrew James 7.01.86, Aldershot F&D
  5k- 13:47.81 (13:11.50-14), 10k- 27:52.32 (27:42.62-15),
  10kR- 29:12+ (28:36-17), 15kR- 44:08+ (44:02+-14),
  10MR- 47:29, HMar- 63:36 (62:46-14)
VERNON Joel U15 6.12.03, Hallamshire
  100- 11.44w, 200- 23.06, 300- 36.06
VINCENT Ben U15 6.01.04, Cardiff
  LJ- 6.24
VINCENT James U20 15.10.99, Cardiff
  1500- 3:50.91, 3k- 8:28.41
VINER James U15 10.04.04, Yate
  HTB- 44.63
VIRSICS Andrejs 5.06.84, Coventry Godiva/LAT
  HT- 48.90
VISOKAY Adam 11.03.94, Stockport/Syracuse Un
  1500- 3:48.06, 3k- 8:01.40i/8:12.62+, 5k- 13:41.29,
  3kSt- 8:44.28
VOGEL Florian V35 26.01.83, Thames Valley/AUT
  60H- 8.46i, 110H- 15.35 (15.3-10)

WADE Benjamin U20 6.09.00, Cheltenham
 DTJ- 42.72
WADE Joseph 14.01.89, Aldershot F&D
 HMar- 67:33
WADE Thomas Vaesel 14.01.89, Aldershot F&D
 3k- 8:10.52, 5k- 14:25.1, 10kR- 29:32, 15kR- 45:24+,
 HMar- 63:40, Mar- 2:22:30
WAGSTAFF Charlie U15 12.02.04, Aldershot F&D
 3k- 9:17.57
WAHAB Jadhiel U15, Serpentine
 SPB- 13.66
WALKER David 5.01.93, WSE&H
 HJ- 1.98 (2.05-17)
WALKER Finlay U17 28.05.02, Kilmarnock
 PV- 3.63i (3.75i-17, 3.60-16)
WALKER Jess U17 19.09.01, Basildon
 JTY- 60.39
WALKER Kaya U20 29.03.01, C of Sheffield
 HJ- 2.03i/2.03 (2.04-17)
WALKER Leo U17 18.07.02, Horsham BS
 DTY- 41.99
WALKER Mark Harold V45 15.10.69, Rochdale
 24Hr- 226.478km
WALKER Robin V40 8.02.78, Orion
 HT- 47.82 (49.59-15)
WALKER-KHAN Adam Ali 7.03.95, C of Sheffield
 400- 47.39, 400H- 54.12 (53.34-14)
*WALKER-SHEPHERD Cameron 28.05.92, Birchfield/
 RAF/JAM
 PV- 5.02i/4.80 (5.20i-12, 5.15-13)*
WALL Adam 10.07.93, C of Sheffield
 HJ- 2.05i (2.10i-15, 2.09-16)
WALL Zak U15 21.10.03, Cardiff Archers
 60- 7.41i, 100- 11.39w/11.42, 60HB- 8.71i,
 80HB- 11.44w/11.48, LJ- 6.00, SPB- 13.55, PenB- 2883
WALLACE Benjamin U15 21.01.04, Wirral
 100- 11.46, 200- 22.9/23.11
WALLACE Sebastian U15 7.09.03, Horsham BS
 60HB- 8.73i, 80HB- 11.37, HJ- 1.78,
 LJ- 6.15w/6.08 (6.14-17), PenB- 2681
WALLEY Thomas U23 18.03.98, Wrexham
 PV- 4.56i/4.40 (4.43-17),
 TJ- 14.29w/14.07 (14.72i/14.12-17)
*WALLIS Daniel 11.11.87, Belgrave/NZL
 HMar- 66:21 (65:34-15), Mar- 2:19:46 (2:19:24-17)*
WALLIS Daniel U23 29.01.96, Guildford & Godalming/
 Queens Un. NC
 800- 1:51.98 (1:51.89-16), 1500- 3:47.65 (3:44.52-17),
 1M- 4:04.86i
WALSH Daniel U23 29.12.96, Gateshead/North'land Un
 60- 6.84i, LJ- 7.03, TJ- 13.88
WALSH Ethan U23 14.06.97, Shaftesbury B
 PV- 4.80 (4.90-16)
WALSH Nicholas U23 27.07.97, Sale/Derby Un
 60- 6.78i, 100- 10.50 (10.48-16)
WALTON Dominic 13.11.93, Rossendale
 400- 48.85, 800- 1:49.46 (1:49.32-16)
WALTON Kyle U17 13.11.01, Gateshead
 60- 7.09i
WARD Dave V35 21.11.80, Hunters Bog Trotters
 100kR- 7:26:00
WARD Michael 10.12.94, Cardiff/Bradley Un
 1M- 4:07.16i (4:02.86i-16), 3k- 7:58.64i (8:12.38-14)
WARD Sidnie U17 9.01.03, WGreen & Ex L
 800- 1:56.73i/1:57.37
WARDLE James U15 15.10.11.03, Rushcliffe
 1500- 4:14.18, 3k- 9:14.81
WARMINGTON Aaron U15 3.04.04, Birchfield
 300- 37.28
WARNER Alex 7.11.89, Newham & Ex B
 HT- 61.12 (64.43-15)
WARNER Robert V35 30.05.81, Havering
 3kSt- 9:43.38 (9:32.6-08)

WARNER Robert 15.06.94, Blackburn
 1500- 3:48.45, 3k- 8:16.54, 5k- 14:18.44
WATERMAN Ben 29.09.93, Ealing, S & Mx
 800- 1:50.14 (1:47.57-15)
WATSON Alastair V40 4.08.77, Notts
 5k- 14:22.11, 10k- 29:56.83 (29:36.15-16)
WATSON Jake U20 19.12.00, Telford
 PV- 4.60
WATSON Joseph 23.09.95, Birchfield/Brighton Un
 SP- 16.16 (17.42-16), DT- 41.69 (46.23-16)
WATSON Joshua U20 15.08.01, Blackheath & Bromley
 110HY- 14.91w, 110HJ- 14.75, 400H- 56.84
WATSON Matthew 27.01.91, Southampton
 HJ- 1.98 (2.11i-13, 2.10-14)
WATSON Omari U13 10.12.05, Newham & Ex B
 60- 7.83i
WATT Lewis U15 27.09.03, Aberdeen
 800- 2:01.02
WATTS Glen 9.12.86, Shaftesbury B
 3kSt- 9:25.22 (8:43.08-11)
WAY Stephen V40 6.07.74, Bournemouth
 Mar- 2:28:28 (2:15:16-14), 50kR- 2:58:03 (2:53:41-12)
WEAR Ollie U15 2.02.04, Stratford-upon-Avon
 JTB- 48.46
WEAVER James U23 25.07.97, Enfield & Haringey
 60H- 8.07i (7.95i-17), 110H- 14.15w/14.39 (13.69-17)
WEBB Jamie 1.06.94, Liverpool H/Lough St
 800- 1:45.73
WEBB Oliver U15, Herts Schools
 DTB- 39.35
WEBB Oscar U13 27.04.07, Winchester
 HJ- 1.56
WEBB Richard U23 25.10.96, Blackheath & Bromley/
 Cardiff Un
 3kSt- 9:46.89 (9:26.42-15)
WEBB Ry 26.07.85, Waverley H
 24Hr- 216.902km
WEBB Ryan U23 19.10.97, Birchfield/Birmingham Un
 HJ- 2.20, LJ- 7.06
WEBSTER James 27.02.95, Liverpool H
 400H- 53.43 (52.21-17)
WEBSTER James U17 15.03.02, Bedford & County
 800- 1:57.33
WEEKES Robert V35 15.03.82, East Hull
 Mar- 2:29:03
WEIR Richard 7.08.84, Derby AC
 1500- 3:46.53 (3:41.93-15),
 3k- 8:02.20i/8:09.72 (7:56.66-16),
 5k- 14:15.47 (13:41.83-16), HMar- 66:11 (65:46-16)
WELBORN Karl V35 21.08.81, Tipton
 Mar- 2:28:48
WELLINGTON Lachlan U20 25.06.01, C of Portsmouth
 3k- 8:31.10, 5k- 15:13.91
WELLS Cameron U15 24.02.04, East Grinstead
 PV- 3.40
WELLS Ronnie U23 27.03.96, Bournemouth
 60- 6.82i (6.70i-17), 100- 10.25w/10.37,
 200- 21.45w/21.46
WEST James U23 30.01.96, Tonbridge/Oregon Un
 800- 1:49.67 (1:49.03-17), 1500- 3:36.59,
 1M- 4:02.70i (3:58.69-16), 5k- 13:52.29,
 3k- 7:51.23i/8:11.69 (7:58.47-16)
WESTBROOK Alex U15, Witney
 TJ- 12.35
WESTERMAN Thomas U20 14.08.00, Guildford & God
 400- 49.31
WESTLAKE James 8.08.91, Crawley
 10kR- 30:15, Mar- 2:23:06
WESTLEY Jack U17 1.10.01, Kingston & Poly
 PV- 4.10i/3.90
WHARTON Max U23 8.07.96, Liverpool H/St Marys Un
 800- 1:49.32 (1:48.81-16), 1500- 3:47.14
WHEELER Leon U17 27.02.02, Thurrock
 3k- 8:49.10

WHITE Aaron U13, Berkshire Schools
 LJ- 5.19
WHITE Billy U23 25.01.97, Brighton Phoenix
 3kSt- 9:39.02 (9:20.37-16)
WHITE Jack U20 25.10.00, C of Norwich
 5k- 15:06.5
WHITEAKER James U23 8.10.98, Blackheath & Bromley
 JT- 75.27 (77.03-17)
WHITEHEAD Caspar U23 1.10.96, TVH/Oxford Un
 JT- 60.84
WHITELAW Ross U17 4.03.02, VP-Glasgow
 800- 1:54.94
WHITFIELD Harrison U20 29.05.00, Gateshead
 TJ- 13.85
WHITWAM Adrian V40 25.11.75, Morpeth
 Mar- 2:28:10
WHYLEY Harry U17 4.04.02, Notts
 HJ- 1.90
WHYTE Stephen Anthony V50 14.03.64, Thames Valley
 HT- 50.31 (67.82-89)
WIAFE Alexander U20 27.03.00, Croydon
 SPJ- 13.73
WIGELSWORTH Matthew U23 27.09.96, Preston/Liverpool U
 800- 1:51.91 (1:50.07-17), 1500- 3:47.24
WIGHTMAN Jake Stanley 11.07.94, Edinburgh AC
 800- 1:44.61, 1k- 2:16.27, 1500- 3:33.96,
 1M- 3:59.15 (3:54.20-16)
WIGNALL James 24.11.91, Sale
 3kSt- 9:33.84
WILCOCK Thomas James U17 29.05.02, Rugby & Nor'ton
 100HY- 13.66
WILD Tariq U17 22.04.03, Highgate H
 60- 6.97i, 100- 11.02, 200- 22.16
WILDE Dan U20 13.07.99, Taunton
 800- 1:52.19, 1500- 3:52.54
WILKINSON Callum U23 14.03.97, Enfield & Haringey
 3kW- 10:52.77i/11:13.77 (11:13.09-17),
 5kW- 19:17.41 (18:56.96-17), 5kWR- 20:19+e (20:10+-17),
 10kWR- 40:36+ (40:30-16), 20kW- 1:22:35 (1:22:17-17)
WILKINSON George U17 25.04.02, Enfield & Haringey
 3kW- 13:51.4, 5kW- 24:21.86
WILKINSON Joe U23 27.06.96, Lincoln Well/Lough St
 1500- 3:48.12 (3:47.06-17), 3k- 8:16.63 (8:11.26-17),
 5k- 14:06.56, 10k- 30:17.61
WILKINSON Kyle U15 22.10.03, Elgin
 LJ- 6.36
WILLIAMS Alfie U17 8.07.03, West Norfolk
 SPY- 13.97
WILLIAMS Clement U17 30.05.02, Basildon
 TJ- 13.98
WILLIAMS Cole U17 12.02.03, Stratford-upon-Avon
 60HY- 8.42i
WILLIAMS Conrad V35 20.03.82, Kent
 200- 21.56 (20.89w-15, 20.96-11),
 400- 48.27i/48.33 (45.06-15)
WILLIAMS Delano 23.12.93, Enfield & Haringey
 100- 10.51 (10.28 TKS-13, 10.43-14),
 200- 20.47 (20.27 TKS-13, 20.40-15)
WILLIAMS Jahde U23 14.01.97, Harrow
 100- 10.57w/10.64, 200- 21.25w/21.62 (21.48-17)
WILLIAMS James 1.10.91, Liverpool H
 60- 6.84i (6.80i-17), 100- 10.23w/10.43 (10.42-13),
 200- 20.89w/20.90, 300- 34.14i (33.14-17), 400- 48.46
WILLIAMS Kyron 18.02.93, Enfield & Haringey
 60- 6.91i (6.83i-13)
WILLIAMS Martin V40 27.09.77, Tipton
 Mar- 2:26:19 (2:17:36-10)
WILLIAMS Oshay U17 4.02.02, Birchfield
 60- 7.07i, 100- 10.86w/10.97, 200- 22.3w/22.45w
WILLIAMS Ralph U17 22.08.02, Shaftesbury B
 60HY- 8.56i, 100HY- 13.6/13.72
WILLIAMS Rio U13 1.07.06, Worthing
 HJ- 1.62
WILLIAMS Samir U20 6.01.00, Croydon
 60- 6.80i, 100- 10.7/10.71w/10.77 (10.58+-17)

WILLIAMS Thomas U23 28.01.96, Barry & Vale/Card Met
 200- 21.61 (20.96-17)
WILLIAMS Timothy 7.07.92, Gloucester AC
 HT- 61.99 (63.28-17)
WILLIAMSON Ethan U17 29.09.01, Lagan Valley
 100HY- 13.98, DecY- 5043
WILLIAMSON Jamie U23 3.03.97, Springburn H/Lough St
 800- 1:49.22, 1500- 3:41.59, 1M- 3:58.99
WILLIAMSON Jamie 16.07.87, C of Sheffield
 SP- 13.85 (18.29i-13, 18.17-12), DT- 49.79 (59.58-12)
WILLIAMS-STEIN Cameron U17 29.04.03, Leamington
 PV- 3.90
WILLIS Dale 17.06.88, Corby/Royal Navy
 400- 48.67 (47.97-15)
WILLIS Matthew U20 4.02.00, Wrexham
 5k- 14:24.62
WILSMORE Michael 8.06.85, Bristol & W
 800- 1:49.80, 1500- 3:40.42
*WILSON David Thames H & H/Cambridge Un/USA
 10k- 30:54.62*
WILSON Edward U15 24.11.03, Bristol & W
 60HB- 8.93i, 80HB- 11.8
WILSON Kenneth 29.12.89, Moray RR
 10MR- 49:43, HMar- 66:59
*WILSON Kevin 6.01.90, Chelmsford/POR
 SP- 13.38 (13.58-16), DT- 42.82 (44.05-16)*
WILSON Michael U23 4.01.96, Sunderland/N.Mexico Un
 800- 1:48.35
WILSON Michael U23 1.02.97, Swansea/Cardiff Met
 60H- 8.38i
WILSON Ronny 18.05.93, Lincoln Wellington
 10kR- 30:15
WILSON Alexander (Sandy) U23 4.01.98, Edinburgh AC/
 Bath Un
 100- 10.46w/10.69, 200- 21.46w/21.58
WILSON DYER GOUGH Sebastian 2.06.90, Herne Hill
 LJ- 7.05 (7.10-17)
WILTSHIRE Ethan U17 29.06.02, Marshall Milton K
 60- 7.20i, 100- 11.02, 200- 21.97
WINDLEY Tristan 21.02.84, Keswick
 Mar- 2:29:34
WINSLOW Craig 6.03.92, Clydesdale
 SP- 13.98i
WINTER Gareth 19.03.92, Gloucester AC
 SP- 17.28 (18.07-15), DT- 44.69 (50.73-16)
WISE Joshua U17 24.11.01, Southampton
 SPY- 16.35, DTY- 42.32, JTY- 52.45 (54.75-17)
WITCHELL Ethan U13 22.11.05, Cardiff
 SPC- 11.27, DTC- 33.33
*WOLSKI Robert V35 8.12.82, WGreen & Ex L/POL
 HJ- 2.10 (2.31-06)*
WOOD Connor U23 25.11.98, Sale
 100- 10.49w, 200- 21.25w/21.60 (21.08-16)
WOOD Curtis U23 29.06.97, Cambridge & Coleridge
 HJ- 2.01 (2.03i-17)
WOOD Isaac U23 5.05.98, Derby AC
 DT- 41.50
WOOD Kieran 3.11.95, Cambridge & Coleridge/Cardiff Met
 1500- 3:43.13, 3k- 8:11.00 (8:09.02i-15)
WOOD Thomas U17 14.03.03, Wakefield
 100- 11.1, 200- 22.45
WOODAGE Callum U20 25.10.00, Shaftesbury B
 PV- 4.20i/4.20
WOODHALL Richard V35 9.07.80, Dudley & Stourbridge
 SP- 14.52
WOODLEY Samuel U20 17.11.99, Herts Phoenix
 SPJ- 14.07, DT- 52.98, DTJ- 57.39
WOODS Josh Morgan U17 5.08.02, Dacorum & Tring
 LJ- 6.81, TJ- 14.37
WOODS Ryan U20 8.04.01, Pitreavie
 HJ- 1.95
WOODWARD Ethan U13 11.10.05, Leigh
 200- 25.3w, SPC- 10.67
WORDSWORTH James U17 13.06.03, North Shields Poly
 SPY- 14.07, DTY- 46.41

WORGAN Aaron U17 3.10.02, Cornwall AC
    DTY- 44.25
WREY BROWN Finlay Edward U13 15.06.06, Winchester
    DTC- 30.02, JTC- 36.43
WRIGHT Adam U23 15.09.96, Rugby & Nor/Lough St
    800- 1:50.53
WRIGHT Andre 16.08.91, Medway & Maidstone
    100- 10.66 (10.44w-14, 10.47-15),
    200- 21.59w/21.64 (21.01-14)
WRIGHT Bailey U20 14.11.00, Eastbourne RAC
    60- 6.91i, 100- 10.72
WRIGHT Brodie U13 30.03.06, VP-Glasgow
    PenIC- 1402i
WRIGHT Cameron U20 25.08.01, Kilbarchan
    2kSt- 6:00.23, 3kSt- 9:29.12
WRIGHT Christian 29.06.92, Serpentine
    5k- 14:29.44, 10k- 30:55.03, HMar- 66:29
WRIGHT Ciaran U23 17.09.96, C of Sheffield
    SP- 16.00, DT- 43.35 (47.05-16), HT- 66.31
WRIGHT Fionn 25.09.95, Exeter/Lough St
    Dec- 5825
WRIGHT Fraser U23 28.06.96, Gateshead/Northumberland U
    SP- 13.15, DT- 43.02 (44.90-15)
WRIGHT James 4.02.94, Rugby & Northampton
    110H- 14.74w/14.81 (14.62w/14.64-15)
WRIGHT Kai U15 25.12.03, WGreen & Ex L
    HTB- 44.73
WRIGHT Kane U23 14.02.97, Nene Valley H/Boston Coll
    60- 6.88i
WRIGHT Michael 24.03.87, Central
    Mar- 2:29:19 (2:28:34-15), 3kSt- 9:28.20 (9:26.94-13)
WRIGHT Oliver U20 21.10.00, C of York
    JT- 54.28
WRIGHT Shawn 25.11.94, Livingston
    400- 47.96 (47.89-17)
WRIGHT Thomas U20 23.09.00, Dacorum & Tring
    HJ- 1.95i (1.98-17)
WUIDART Jack U23 6.09.97, Bedford & County/
    Leeds Beckett Un
    HT- 45.48 (50.23-17)
WYLIE Philip V35 2.11.78, Cheltenham
    10kR- 30:30 (29:30-13)

XAVIER Myles U17 27.11.01, Blackheath & Bromley
    LJ- 6.61

YABSLEY Alfred U20 12.09.99, Bedford & County
    2kSt- 5:50.04, 3kSt- 9:24.18
YAVUZ Aran U15, Southend
    TJ- 12.41
YEE Alexander U23 18.02.98, Kent
    5k- 13:34.12, 10k- 27:51.94
YEO Archie U17 8.03.03, Scunthorpe
    LJ- 6.89w/6.87i/6.80, TJ- 14.43
YEOMAN Josh U15, Cardiff & Vale Schools
    100- 11.55w
*YIN CHEUNG Pui 11.03.93, Enfield & Haringey/
    Middlesex Un/HKG*
    PV- 4.58
YOUNG Anthony 14.09.92, Kilbarchan/Glasgow Un
    400- 47.57
YOUNG Jake U20 7.11.99, Colchester H
    400- 49.25
YOUNG James U23 29.12.97, Morpeth/Lancaster Un
    1500- 3:47.60
YOUNG James U15 18.10.03, Carlisle Asp
    800- 2:02.70
YOUNG Nicholas U20 17.05.00, Deeside
    SP- 13.81, SPJ- 17.22, DTJ- 45.68 (46.59-17)
    DT- 41.24
YOUNG Reece 3.10.95, Blackheath & Bromley/Brunel Un
    60H- 8.13i (8.11i-17), 110H- 14.77i/14.87 (14.74-17)
YOUSIF Rabah Mohammed 11.12.86, Newham & Ex B
    200- 21.36 (20.85w-07, 21.06-12), 400- 45.30 (44.54-15)

ZAGORSKI Harry U20 4.09.99, Inverness
    DTJ- 43.44
ZAMAN-BROWNE Rocco U20 4.12.00, Manchester
    800- 1:53.06
ZATAT Youcef 13.04.94, WGreen & Ex L
    SP- 18.21 (18.34-17), DT- 45.10 (49.10-17), JT- 56.52
ZELLER Joshua U20 19.10.00, Bracknell
    60HJ- 7.96i, 110HJ- 13.49
ZOLA Basil U15 13.11.04, Sale
    HJ- 1.78
ZOPPOS Gregory U17 10.03.03, Thames Valley
    LJ- 6.46, DecY- 5047, OctY- 4412

WOMEN'S INDEX

Club details and previous personal bests, where better than those recorded in 2018, are shown for all athletes in the main lists.

ABBERLEY Angelique U13 20.12.05, Rotherham
 200- 26.83
ABERLEY-BARKER Aria U13 1.07.06, C of Stoke
 1200- 3:52.4
ABICHI Mary Chinwe 19.11.90, Enfield & Haringey
 200- 24.36 (23.64w-14, 24.01-15), 400- 52.74 (52.60-17)
ABRAMS Sarah 11.01.93, Blackheath & Brom/London Un
 LJ- 6.31
ACHURCH Emma U23 9.07.97, Leicester WC
 5kWR- 26:07 (23:29-15)
ACTON Zara U17 8.09.01, Burton
 DT- 33.02
ADAM Georgina Diana U20 24.03.00, Lincoln Wellington
 60- 7.61i, 100- 11.67, 200- 23.46, 400- 55.27
ADAMS Holly U15 30.12.03, Kingston upon Hull
 SPI- 11.13i/11.08 (11.08-17), DT- 33.66
ADAMSON Elizabeth U17 6.05.03, Southampton
 DT- 34.24
ADAMSON Oreoluwa U17 29.10.01, Herne Hill
 LJ- 5.95 (6.00w/5.98-17)
ADEBAYO Daphney U15 20.07.05, C of Sheffield
 60- 7.99i, LJ- 5.35, SPI- 12.05
ADEBAYO Dara U17 14.06.02, Harrow
 SP- 12.29 (12.65-17), SPI- 14.43
ADEJUWON Tomi U13 9.02.07, Reading
 70HM- 11.1/11.25, LJ- 4.84
ADENIJI Abigail U15 17.07.04, Bolton
 100- 12.55w/12.59
ADENIJI Alexandrea U17 18.04.02, Havering
 SP- 11.33, SPI- 12.87, DT- 33.10
ADENIJI Mary U20 13.02.99, Blackheath & Bromley/ Cambridge Un
 TJ- 11.78
ADEOKUN Mobolaji 14.01.94, Newham & Ex B/ East London Un/NGR
 60H- 8.36i (8.27i-15)
ADE-ONOJOBI Gabriella 1.08.93, WGreen & Ex L
 100- 11.94, 200- 24.28w, 60H- 8.67i (8.49i-16), 100H- 13.84
ADEOYE Margaret Adetutu 22.04.85, Enfield & Haringey
 100- 11.82 (11.28-14), 200- 23.50 (22.88-13), 300- 38.05i (37.72-17), 400- 54.31i (51.93-13)
ADEROJU Ite U20 9.07.01, Bedford & County
 TJ- 11.21
ADIKPE Esther U20 19.03.00, Coventry Godiva
 400- 55.8/55.89
ADU Precious U17 3.10.02, Enfield & Haringey
 100- 12.40 (12.06w/12.22-17)
AGBEREMI Lateefa U15 2.07.04, Marshall Milton Keynes
 TJ- 10.44w
AGBO-THOMAS Ogorchukwu U15 25.06.04, Enfield & Ha
 SPI- 11.11
AGYAPONG Finette U23 1.02.97, N & EB/Brunel Un
 60- 7.35i, 100- 11.55 (11.49-17), 150- 17.24str, 200- 22.95 (22.86-17), 300- 37.74i (36.86-17), 400- 53.85 (52.41-17)
AGYEI-KYEM Cedelle U17 12.09.02, Walton
 200- 24.9, 300- 39.26, 400- 57.20
AGYEI-KYEM Jeslyn U15 5.02.04, Walton
 60- 7.90i, 100- 12.4, 200- 25.65w/25.7, 300- 39.20
AHLGREN Harriet 19.05.88, Notts/FIN
 HT- 47.12
AINGE Natalie 12.03.92, Cannock & Stafford
 400- 57.1, 400H- 62.4/62.68 (62.2-17)
AINLEY Stephanie 5.10.90, Thames Valley
 2kSt- 7:18.55
AITCHISON Holly U17 5.12.02, Stockport
 TJ- 11.71
AIYEOLA Moriyo U23 18.12.96, Croydon/Cambridge Un
 100- 11.97
AKINBILEJE Faith U13 21.09.05, Blackheath & Bromley
 75- 9.88, 100- 12.92mx, 150- 19.37

AKINFENWA Shanumi U15 1.09.04, Stevenage & NH
 LJ- 5.33
AKINTOKUN Niah U13 16.09.05, Shaftesbury B
 60- 8.25i, 100- 13.04, 200- 26.39w/26.8/26.81
AKPE-MOSES Gina U20 25.02.99, Birchfield/IRL
 60- 7.49i (7.47i-17), 100- 11.46, 200- 23.86
ALBROW Jodie V35 4.11.82, Belgrave
 Hep- 4327 (4847-12)
ALDERSON Emma U20 29.02.00, Liverpool H
 400- 54.71i/55.15 (54.54-17),
 800- 2:09.25 (2:08.31mx/2:08.57-17)
ALDRIDGE Lauren U20 9.04.99, Stev & NH/Bristol Un
 HT- 46.59
ALEXANDER Charlotte U17 18.01.02, Herne Hill
 1500- 4:29.42mx/4:31.97,
 3k- 9:37.62mx/9:38.59 (9:31.12mx/9:34.05-17)
ALEXANDER Karen V40 14.10.77, Acorns
 Mar- 2:54:31
ALEXANDER Rachel U23 13.02.98, Giffnock North/ Strathclyde Un
 LJ- 6.04i/5.93w/5.89 (6.10-15)
ALIU Immanuela U20 19.04.00, Blackheath & Bromley
 60- 7.55i, 100- 11.68w/11.76, 200- 24.21
ALLANSON Zoe U15 22.08.04, Cookham RC
 HJ- 1.61
ALLBUT Olivia U20 17.07.01, Shaftesbury B
 400H- 65.63 (65.16-17)
ALLCOCK Amy 20.08.93, Aldershot F&D
 100- 11.86 (11.71mx-17), 200- 23.81 (23.48-17), 400- 51.36
ALLEN Lucy Emma U17 1.04.03, Newquay & Par
 PV- 3.50i/3.10 (3.46-17)
ALLISTONE-GREAVES Havana U20 6.07.01, Valencia Esports (ESP)
 400- 56.96 (56.91-17), 400H- 61.33
AMABILINO Silvia 14.10.93, Bristol & W/Bristol Un/LUX
 PV- 3.76i/3.70 (3.70-17)
AMADIN Annabel U13 18.01.06, Sale
 SPM- 10.95, DTM- 29.57
AMEND Samantha V35 25.05.79, Belgrave
 Mar- 2:50:08 (2:42:11-11), 50kR- 3:30:56,
 100kR- 7:53:57, 24Hr- 220.249km
ANDERSON Cara 17.01.92, Perth Strathtay
 800- 2:08.15
ANDERSON Lia U20 10.09.00, Woking
 SP- 11.81
ANDERSON Tia U17 19.12.02, Durham City H
 300- 40.12
ANDERSSON Emma Kiviniemi 3.10.91, Shaft B/SWE
 PV- 4.05i/4.01
ANGELO Mehitabelle U13 10.12.05, Leeds
 75- 9.8, 100- 13.03w
ANIN Leah U15 9.06.04, Bedford & County
 100- 12.45w
ANNING Amber Amelia Ka U20 18.11.00, Brighton & Hove
 60- 7.60i, 100- 11.77, 200- 23.79 (23.76-17),
 400- 54.55i (53.68-17)
ANNING Ruby U15 24.02.04, Brighton & Hove
 200- 25.4/25.53
ANSELL Bethany 10.09.94, C of Sheffield/Manchester Un
 800- 2:08.02 (2:07.93-17)
ANSON Catherine Rose 14.03.95, Liverpool H/Manch Un
 HJ- 1.75i (1.80-17)
ARBON Alex Emily U15 29.11.03, Sutton in Ashfield
 JTI- 41.46
ARCHER Holly 7.11.93, Cambridge & Coleridge
 800- 2:08.78 (2:07.27-16), 5kR- 16:48 (16:37-17),
 10kR- 34:25
ARCHER Sonyce U20 3.02.99, Croydon
 TJ- 11.48 (11.56-17)
AREWA Sheriffah Cindy U23 7.06.97, Thames Valley/ London Un/RSA
 HJ- 1.66i (1.70-17)

ARMAH Jessica 29.08.83, WSE&H
100- 12.20, 200- 24.60, 300- 38.49mx
ARMORGIE Laura U23 5.12.97, Herts Phoenix/Exeter Un
100H- 15.27w (15.7/16.14-16),
HJ- 1.74 (1.82i-17, 1.78-16)
ARMOUSH Tamara 8.05.92, Birchfield/JOR
1500- 4:23.59 (4:18.25-17), 3k- 9:27.78i/9:29.27 (9:25.64-17), 5k- 16:25.20, 10k- 34:00.81, 10MR- 58:12
ARMSTRONG Harriet U15 1.11.03, Eastbourne RAC
TJ- 10.31
ARNELL Charlie 94, Torbay
HMar- 77:28
ARNOLD Hollie 26.06.94, Cleethorpes
JT- 44.43
ARTER Charlotte 18.06.91, Cardiff
5k- 16:12.07 (15:40.15-17), 5kR- 15:40, 10k- 32:15.71, 10kR- 32:17, 15kR- 50:25+, HMar- 71:34
ARULANANDAM Donelle U23 21.04.97, Vale of Aylesbury/Notts Un
TJ- 11.18 (11.21-17)
ASANTE Zara V35 7.07.82, Blackheath & Bromley
TJ- 13.41w/13.02
ASARE Angel U17 10.03.02, Herne Hill
60- 7.77i
ASHER-SMITH Geraldina 4.12.95, Blackheath & Bromley
60- 7.08i (7.08i-15), 100- 10.85, 200- 21.89
ASHMEADE Leonie U20 25.01.01, Wakefield
60- 7.70i, 100- 11.75w/12.03 (11.98-17)
ASHURST Sophie U17 26.04.03, Sale
PV- 3.86
ASIEGBU Cynthia U13, Essex Schools
HJ- 1.59
ASTILL Molly U20 15.10.00, Stevenage & NH
400H- 65.61
ASTIN Sarah 22.10.93, C of Norwich
800- 2:09.90, 1500- 4:18.75, 3k- 9:13.79mx,
5k- 16:51.43 (16:27.40-14), 5kR- 16:34, 10kR- 34:53
ATANDA Princess U15 10.03.05, Leics Coritanian
100- 12.54w
ATKINSON Mia U17 15.11.01, Charnwood
1500- 4:37.02
AUSTIN Olivia U15 31.10.04, Southampton
SPI- 12.13, DT- 35.01
AUSTRIDGE Yasmin U20 11.08.00, Blackheath & Bromley
800- 2:09.64mx, 1.5kSt- 4:48.61, 2kSt- 6:51.82
AVERY Kate 10.10.91, Shildon
1500- 4:15.42, 3k- 9:39.68mx (8:53.12i-15, 8:56.24-14),
5k- 15:49.51mx/16:19.46 (15:25.63-15), 5kR- 15:52,
10k- 33:05.24 (31:41.44-15)
AWALA-SHAW Dolita U20 7.11.00, Newham & Ex B
60- 7.69i
AWUAH Kristal U20 7.08.99, Herne Hill
60- 7.36i, 100- 11.16, 200- 23.47mx/23.66
AYTON Charlotte U20 17.09.00, Wimborne
LJ- 5.59 (5.59-17)

B ABALOLA Ayoola U17 17.12.01, WSE&H
60- 7.83i (7.79mx-17), 100- 12.11, 200- 25.40
BADLEY-CASTELLO Jordana Cardiff Met Un/CAN
SP- 12.25, HT- 60.64
BAGGOTT Phoebe U17 11.11.01, Wolves & Bilston
HT- 46.52 (47.93-17), HTI- 60.30
BAGLEY Anabel U20 13.10.00, C of Sheffield
HJ- 1.65i
BAGNATI Marta 11.02.85, Serpentine/ITA
HMar- 78:38, Mar- 2:44:30
BAILEY Ashleigh U20 19.01.01, Solihull & S H
LJ- 5.58w (5.64-16)
BAILEY Lily U15 17.11.04, Bristol & W
HJ- 1.60
BAILEY Lucinda U23 15.11.97, Havering/St Marys Un
60H- 8.96i
BAILEY Megan U23 22.01.98, Harrow/Exeter Un
PV- 3.80

BAILEY Niamh 28.06.95, Corby/DMU (Beds) Un
60H- 8.78i (8.57i-17), 100H- 14.33 (13.95w-16, 14.05-17),
HJ- 1.68i (1.67-15), SP- 11.87i/11.70 (11.92i/11.85-17),
LJ- 5.68i (5.92i/5.81-16), PentIS- 3888i (3936i-16)
BAIN Harriet U13 1.02.06, Liverpool H
1200- 3:53.46
BAINSFAIR Kiera U17 3.02.02, Basildon
100HI- 14.16w/14.63, 300H- 45.00 (43.81-17)
BAIRD Aislinn 4.11.91, Radley AC
HT- 43.27 (50.40-17)
BAKARE Emmanuela U20 20.11.00, North Somerset
TJ- 11.68w/11.63, SP- 12.02
BAKARE Sabrina U23 14.05.96, Shaftesbury B/Lough St
400- 54.58 (52.77-13)
BAKER Alex U17 27.12.01, Pendle
SPI- 12.14, JTI- 39.87 (40.78-17)
BAKER Eleanor 11.12.83, Stockport
5kR- 16:29 (15:44.98t-12)
BAKER Ellie U23 3.06.98, Shaftesbury B
800- 2:02.02, 1500- 4:18.20mx (4:25.27-17)
BALL Alice U13 7.02.06, Edinburgh AC
60HM- 9.75i
BALL Emily U23 31.10.97, West Cheshire/Sheffield Un
SP- 11.79 (13.08i/12.60-17), DT- 35.95 (40.10-15)
BALLANTYNE Emma 20.06.88, C of York
Mar- 2:51:53
BANBURY Anastasia U20 19.08.01, Channel Islands
HT- 42.69
BANJO Susannah 28.07.89, Newham & Ex B
400- 54.66 (54.11-17)
BANKS Andrea V45 27.09.72, Jersey Spartan AC
Mar- 2:55:47 (2:54:27-16)
BANKS Faye V35 11.08.79, Pontefract
Mar- 2:57:31 (2:50:31-17)
BANNERMAN Jenny 16.10.87, Inverness
5kR- 16:33, 10kR- 34:53
BAPTISTE Kimbely 27.12.92, Crawley
100- 11.35w/11.50, 200- 23.24w/23.55 (23.34-17)
BARBER Ellen U23 5.12.97, Yeovil Olympiads/Lough St
100H- 15.15, HJ- 1.71i/1.71 (1.71-16), LJ- 5.90,
SP- 12.80i/12.46, JT- 46.58, Hep- 5529, PentIS- 3901i
BARBOUR Alexandra U20 1.03.99, WSE&H/Lough St
1.5kSt- 5:06.75 (4:54.22-17), 2kSt- 6:47.86,
3kSt- 10:55.67
BARBOUR Emma U17 17.02.02, Giffnock North
HJ- 1.65i (1.70i-17)
BARBOUR Sara U17 21.01.03, Kilmarnock
PV- 3.20
BARCLAY Amy 14.04.92, Crawley
100H- 15.23 (13.77-14)
BARCLAY Emma U17, 6.09.02, Elgin
300H- 45.86, 400H- 67.32
BARKES Claudia U20 1.02.00, Gateshead
PV- 3.72i (3.50-17)
BARKLEY Fiona U15 14.05.04, Yate
HJ- 1.65
BARLOW Tracy 18.06.85, Thames Valley
5kR- 16:31, 10kR- 33:21, 15kR- 51:10+, HMar- 72:17,
Mar- 2:32:09 (2:30:42-17)
BARLOW Victoria U20 12.02.01, Sale
PV- 3.80i/3.80 (3.80i-17)
BARNABY Joanna U17 20.03.02, South London H
SPI- 12.33, DT- 34.76
BARNARD Katy 15.12.93, Border
HT- 44.49 (51.32-10)
BARNDEN Hannah U17 8.01.02, Derby AC
60HI- 9.07i, 80HI- 11.89, HJ- 1.65i, JTI- 40.32,
SPI- 12.32 (12.83i/12.42-17), PenII- 3536i, HepI- 4823
BARNES Daisy U20 15.07.00, Notts
PV- 3.70i/3.35 (3.50-17)
BARNES Heather U17 15.01.02, Giffnock North
3k- 10:09.96 (9:50.69-17)
BARNES Paige U20 9.01.99, Marshall Milton K
HT- 43.59 (43.66-17)

2018 - Women - Index

BARNES Ruth V35 7.10.78, Avon Valley R
5kR- 16:50 (16:38-17), 10kR- 34:23 (34:18-16),
10MR- 57:46 (56:44-17), HMar- 74:59
BARNES Stephanie 28.07.88, Bristol & W
1500- 4:18.69 (4:14.37-17), 5k- 16:52.51 (16:01.78-16),
10kR- 34:16
BARNSDALE Alice U20 23.02.99, Lincoln Wellington
HT- 59.35, 20Wt- 17.00i
BARRETT Alicia Helen U23 25.03.98, Ch'field/Hallam Un.
100- 11.58w (11.98-16), 200- 24.20,
60H- 8.42i (8.19i-17), 100H- 13.19 (13.07-17)
BARRETT Angela 25.12.85, Thames Valley
400- 56.84, LJ- 6.03 (6.09-17), TJ- 13.32 (13.43-17)
BARRETT Eleanor U17 30.04.02, Blackheath & Bromley
PV- 3.50
BARRETT Ella T U23 25.03.98, Chesterfield/Sheffield Un
200- 24.59 (24.03-15), 400- 55.78i/55.96 (54.63-16)
BARRETT Samantha U23 22.10.98, Bristol & W
TJ- 11.18 (11.30-17)
BARRINGTON-HIBBERT Beau-Lilly U13, Northants Sch
DTM- 25.85
BARRON Amy Melissa U23 15.07.98, Jarrow & Hebburn
LJ- 5.65
BARROW Leah 21.01.93, WSE&H/Leeds Beckett Un
400- 55.45 (54.82mx-15, 54.87-16),
800- 2:03.32 (2:03.18i-16, 2:03.22-15)
BASTMEIJER Eva 20.06.95, Enfield & Har/NED
100- 11.97wmx/12.16 (11.94w/12.05-16), LJ- 6.21
BATCHELDOR Caitlin U17 23.04.02, Poole
HTI- 49.91 (51.06-17)
BATE Jemma V35 13.03.82, Trafford
DT- 37.42 (44.75-06)
BATEMAN Amelia Eve U20 13.11.00, Gateshead
HJ- 1.78
BATES Anya U20 17.05.00, Birchfield
60H- 8.78i (8.76i-17), 100H- 14.22 (14.1/14.22-17),
LJ- 5.83 (5.88i-17)
BATES Carly U20 23.02.00, Coventry Godiva
100H- 15.2
BATTLE Amy U15 31.05.04, Stockport
SPI- 11.14i (11.45i-17), PenG- 2962
BAULK Florence U20 10.12.00, Woking
JT- 37.38
BAXENDALE Alice U17 31.10.01, VP-Glasgow
DT- 39.04
BAXTER Francesca U13 4.11.06, Chiltern H
1200- 3:51.6
BEADLE Katy U15 27.10.04, Slough Jnrs
LJ- 5.31w/5.30
BEALES Emma Jay V45 7.12.71, Marshall Milton K
DT- 43.14 (54.68-95)
BEAN Molly U17 21.04.02, Great Yarmouth
HepI- 4131
BEAN Poppy U20 18.08.00, Notts
HT- 47.82
BEARDMORE Emma 6.12.87, Marshall Milton K
SP- 11.35 (11.52-17), DT- 39.09, HT- 48.88 (49.41-17)
BECKFORD Lily U23 11.08.97, Shaftesbury B/Brunel Un
200- 24.38, 400- 53.74 (53.50-16)
BEDDING Willow Rose U13 14.04.06, Huntingdon
DTM- 27.65
BEE Emily U17 3.03.02, C of Plymouth
60- 7.90i, 200- 25.20w, 60HI- 8.57i, 80HI- 11.02, 100HI-
13.97, HJ- 1.68, LJ- 5.57i/5.54, HepI- 5065, PenII- 3669i
BEE Felicity Frances U23 4.11.97, Birchfield/Cardiff Un.
JT- 41.61
BEESLEY Meghan Danielle 15.11.89, Birchfield
60- 7.53i, 200- 23.57i/24.15 (23.53-15),
400- 53.07 (52.79-11), 100H- 14.16 (13.21-15),
400H- 55.21 (54.52-15)
BEETHAM-GREEN Mary U17 26.03.02, Rugby & N'ton
60- 7.80i, 100- 12.2/12.31w/12.39 (12.37-17)
BELL Alexandra 4.11.92, Pudsey & Bramley
800- 1:59.93

BELL Alyson U15 9.11.03, Giffnock North
60- 7.82i, 100- 12.24w/12.36 (12.36-17), 200- 25.19,
300- 41.18 (40.35-17)
BELL Annie U17 17.02.03, Border
300- 40.61, 400- 58.8
BELL Eilida 23.07.90, Team Bath
Mar- 2:44:58
BELL Nicola U20 27.11.00, Walton
JT- 40.02
BELL Rachel U23 20.11.96, Cleethorpes/Bath Un
60- 7.75i (7.64i-17)
BELL Ruby U15 26.10.03, Sale
800- 2:14.14mx/2:16.07
BENNETT Gemma Samantha 4.01.84, Shaftesbury B
SP- 11.36
BENNETT Rachel U17 3.07.02, Shildon
60- 7.85i (7.77i-17), 200- 25.19i (25.00-17),
100- 12.09w/12.21 (12.0dt-15, 12.21-16)
BENNETT-CORDY Alexia U17 1.02.03, Tipton
300H- 44.39, 400H- 67.9
BENSON Holly U17 17.08.02, Stockport
SPI- 12.47 (12.77-17)
BENT Sinead U23 29.12.96, Salford
1500- 4:27.33, 5kR- 16:56
BENTHAM Elizabeth U17 13.04.02, Luton
800- 2:14.05
BERGER-NORTH Rebecca 2.08.95, Bracknell/Notts Un
2kSt- 7:05.72, 3kSt- 11:14.24
BERRY Hayley U17 4.07.03, Law & District
SPI- 12.41, DT- 35.05
BEYNON-THOMAS Alaw 15.11.89, Swansea
HMar- 77:00
BILLINGHAM Chloe U23 14.01.98, Horsham BS/Camb Un
PV- 3.41i/3.40 (3.60-17)
BIRD Elizabeth 4.10.94, Shaftesbury B
1500- 4:18.09, 1M- 4:44.62i (4:39.32i-16),
3k- 9:16.35i (9:34.85-13), 5k- 16:20.74, 3kSt- 9:53.59
BIRD Melissa Anne U23 18.09.98, Cheltenham
SP- 11.57, DT- 42.12
BIRD Sara 28.01.87, Ipswich Jaffa
Mar- 2:52:21 (2:40:00-14)
BIRKETT Amelia U17 14.09.01, Rugby & Northampton
PV- 3.00
BIRMINGHAM Nichole U20 9.01.00, Birchfield
SP- 11.79, HT- 43.94
BIRRELL Sasha U23 17.05.96, C of Norwich
PV- 3.21i/3.10 (3.31-17)
BISHELL Abigail 11.02.95, C of Sheffield
100- 11.92w (11.83w/12.04-17)
BLAIKIE Michelle U17 10.10.02, Lasswade
HJ- 1.70i/1.65
BLAKE Lana U15 2.10.03, Bournemouth
100- 12.5/12.60, LJ- 5.59, TJ- 10.80
BLAKEMAN Catherine U23 19.03.97, C de Nerja (ESP)
400H- 64.80 (64.48-17)
BLIZARD Jenny V40 8.02.75, Rotherham
5k- 17:28.58 (16:09.61-06)
BLOEM Isabelle U15 15.12.03, Halifax
200- 25.81w, 300- 40.61
BLOOD Hannah U20 15.06.01, Sale
HT- 48.89
BLUNDELL Jenna U20 12.06.01, Team Bath
60H- 8.88i, 100HI- 13.86, 100H- 14.13w/14.27, HJ- 1.68,
LJ- 5.89, Hep- 5014
BLUNT Clare 28.09.87, Kingston upon Hull
PV- 3.70 (4.00-17)
BOATENG Tiwaah U13 21.01.06, Newport
75- 10.0, 100- 13.09, 200- 26.7
BOATENG ANSAH Davina U20 25.03.01, Croydon
60- 7.66i
BOBASH Sara 1.02.94, Birchfield
HT- 47.93 (56.40-17)
BOEJANG Fatoumatta U15 14.12.04, West Cheshire
300- 41.48

BOFFEY Isabelle Sian U20 13.04.00, Enfield & Haringey
  400- 55.58i (56.85mx-15), 800- 2:04.00
BONSU Lia U13 11.10.05, Croydon
  60- 8.21i, 150- 19.3, 60HG- 9.42i, 60HM- 9.44i,
  70HM- 10.90w/10.9/11.01, PenM- 2461
BOOKER Ellie U20 28.03.01, Rotherham
  60- 7.72imx, 200- 24.69i (24.67-16)
BOOTH Melissa U15 20.04.04, Sale
  LJ- 5.41, TJ- 11.25
BOOTH Myah U15 20.01.04, Blackburn
  75HG- 11.34
BORTHWICK Emily U23 2.09.97, Wigan/Liverpool Un
  HJ- 1.84i/1.80 (1.83-17)
BOTHAM Emma U20 28.05.01, Chesterfield
  DT- 41.74
BOVELL Bryony U15 14.02.04, Guildford & Godalming
  LJ- 5.24
BOWART Emily U15 13.04.04, Tonbridge
  300- 40.95
BOWDEN Philippa 29.03.95, Aldershot F&D/Brunel Un
  1500- 4:22.77mx, 3k- 9:13.24, 5k- 15:52.36, 10k- 32:33.10
BOWEN Amy U23 27.06.97, Tamworth/Cardiff Met
  60- 7.73i
BOWER Grace U20 3.11.99, Sale
  60H- 8.93i, 100H- 14.80, HJ- 1.71i/1.71, LJ- 5.98,
  Hep- 5283, PentIS- 3865i
BOWIE Ruby U15 2.01.05, Crewe & Nantwich
  200- 25.7/25.75
BOWLES Chardonnay U15 27.09.03, Worthing
  JTI- 37.98
BOWLEY Kayla U17 28.12.01, Croydon
  60- 7.83i (7.75i-17), 100- 12.20, 200- 24.39, 300- 40.3
BRADBEER Kara 28.01.95, Pitreavie
  PV- 3.35i (3.57-16)
BRADLEY Chloe 27.03.93, WGreen & Ex L
  800- 2:07.84, 1500- 4:26.89 (4:25.59-16)
BRADSHAW Freya 23.03.95, Scunthorpe
  400H- 64.94 (62.54-14)
BRADSHAW Holly Bethan 2.11.91, Blackburn
  PV- 4.80 (4.87i-12, 4.81-17), SP- 11.56 (11.81i-17)
BRAMHALD Kelly 10.06.94, Doncaster
  JT- 44.83 (49.56-17)
BRAND Lily U15 31.12.04, Braintree
  JTI- 34.53
BRASH Katie U13 18.07.06, Blackheath & Bromley
  2kW- 12:09.7, 2KWR- 12:06
BREEN Erin Rose U23 28.12.98, Herts Phoenix
  PV- 3.45
BREEN Jenna U15 21.04.04, C of Lisburn
  100- 12.55, 200- 25.68
BRENNAN Orla U17 8.02.02, WSE&H
  300- 39.56i/39.9/40.13, 300H- 44.69 (44.30-17)
BRENNAND Freya U15 19.04.04, Worthing
  HTI- 45.27
BRENTON Laura 20.06.86, Southampton
  1500- 4:27.20, 3k- 9:32.64mx/9:47.7 (9:47.6-14),
  5k- 16:22.67, 10MR- 58:33
BRETT Maria 16.10.95, Newquay & Par/Oxford Un
  HT- 44.60 (47.13-13)
BREWSTER Jade U23 20.02.97, Crawley/Cardiff Met
  PV- 3.70 (3.83i-17, 3.70-15)
BRIAN Fiona 27.01.86, Metro Aberdeen
  5kR- 16:54, 10kR- 34:35, HMar- 75:49
BRIDET Yasmin U17 29.11.02, Bournemouth
  80HI- 11.88
BRIDGE Gemma 17.05.93, Oxford City
  3kW- 13:28.11i (12:59.75-17), 5kWR- 22:58+ (22:52+-17),
  5kW- 22:48.29i (25:08.0-15), 10kWR- 46:46+ (45:52+-17),
  20kW- 1:35:43 (1:32:33-17)
BRIDGE Isobelle U17 24.12.01, Blackheath & Bromley
  3kW- 16:20.04, 5kW- 28:15.0 (28:07.6-17)
BRIDGER Ruby U17 6.05.03, Thurrock
  60HI- 8.93i, 80HI- 11.5/11.61, HJ- 1.65, LJ- 5.51,
  HepI- 4123

BRIDLE Sophia U13 23.09.05, Harlow
  LJ- 5.20
BRIDSON-HUBBARD Niamh U23 19.07.98, Blackheath &
  Bromley/Cambridge Univ.
  3k- 9:48.50 (9:33.37-16), 5k- 17:16.06
BRIER Hannah U23 3.02.98, Swansea/Lough St
  100- 11.42w/11.61 (11.37w/11.39-15),
  60- 7.39i (7.31i-17)
BRIGGS Rebecca U20 2.03.00, C of Hull
  10kR- 34:09
BRIGGS-GOODE Amelia U15 30.12.03, Notts
  75HG- 11.62, PenG- 2901, PenIG- 2904i
BRINDLE Micaela 22.02.94, Wigan
  LJ- 5.69 (6.09-13)
BRINT Francesca U20 30.08.00, Sale
  800- 2:04.71mx/2:05.60, 1500- 4:17.79
BRISCOE Julie V40 11.02.76, Wakefield
  HMar- 76:21 (73:29-11), Mar- 2:41:37 (2:39:48-14)
BRISTOWE Katie U17 11.03.02, Crawley
  60HI- 8.72i, 80HI- 11.22, 100HI- 14.14w/14.23
BRITANE Laurensa 18.05.87, Thames Valley
  JT- 41.62 (49.13-17)
BROADBELT-BLAKE Angelita 12.09.85, Thames Valley
  100H- 13.72 (13.07w/13.18-11)
BROADBRIDGE Helen Jane 23.07.92, Newbury
  SP- 11.26 (11.31-17), DT- 43.69 (44.72-17), HT- 56.94
BROADFOOT Rachel U17 6.06.02, Dundee HH
  60HI- 9.03i
BROCK Grace U20 22.02.01, Cornwall AC
  3k- 9:24.81imx/9:39.35, 10kR- 34:26
BROCKLEY-LANGFORD Ty U17 8.11.02, Salford
  800- 2:14.11mx/2:14.84
BROMFIELD Demi U23 17.03.96, Newham & Ex B
  JT- 39.46 (43.14-12)
BROOM Danielle U20 28.10.99, Bournemouth
  SP- 11.68, DT- 45.55, HT- 57.50
BROOME Eleanor U20 6.02.99, Rugby & Nor/Coventry Un
  LJ- 6.20 (6.26-16)
BROPHY Anna U20 14.04.01, Guildford & Godalming
  HJ- 1.73, Hep- 4384
BROTHERS Orla U20 27.12.99, Crawley
  200- 24.96w (24.8-15), 400H- 59.58 (59.46-17)
BROUGHTON Lowri U15 29.02.04, Cardiff Archers
  TJ- 10.31
BROWN Alexandra U20 8.04.01, Herne Hill
  1500- 4:27.29mx/4:28.11
BROWN Alice U15 1.11.03, Havering
  300- 41.61, 800- 2:11.98, DT- 37.71
BROWN Eleanor U17 1.10.02, C of Norwich
  TJ- 11.57
BROWN Emily Jane 8.09.83, Cardiff/RAF/Cardiff Met
  2kSt- 7:17.78 (6:45.80-13)
BROWN Hannah U20 8.04.99, C of Norwich
  400- 56.26
BROWN Holly U23 21.11.98, Peterborough
  PV- 3.20 (3.60-16)
BROWN Imogen U23 25.03.96, Oxford Un
  JT- 37.18
BROWN Jessie U17 26.11.01, Amber Valley
  JTI- 39.90
BROWN Katy 18.11.93, Stewartry
  800- 2:05.14 (2:02.33-15)
BROWN Kiikii U15 20.01.04, Leeds
  LJ- 5.34
BROWN Phoebe U20 24.06.01, Blaenau Gwent
  JT- 37.53
BROWN Rosie U17 6.09.01, Havering
  DT- 33.40
BROWN Samantha 24.02.94, Dartford
  400H- 59.65
BROWN Shaunagh 15.03.90, Blackheath & Bromley
  SP- 14.02 (16.39-13), DT- 47.19 (51.77-14),
  HT- 54.16 (66.85-14)
BROWN Sophie U17 16.11.01, Cheltenham
  TJ- 10.96 (11.31-17)

2018 - Women - Index

BROWNE Janet 17.10.94, Stevenage & NH/Brunel Un
 HJ- 1.71, TJ- 12.17
BRUCE Claire 22.10.91, Metro Aberdeen
 HMar- 78:27
BRUNEY Maya U23 24.02.98, Blackheath & Bromley/East London Un
 60- 7.45i, 100- 12.03mx (11.64w/11.82-17), 200- 23.97 (23.04-17), 400- 53.1/53.85 (53.17-17)
BRUNNING Leonie U17 25.11.02, Biggleswade
 HJ- 1.75, HepI- 4029
BRYAN Lucy 22.05.95, Bristol & W/Akron Un
 PV- 4.47i/4.35 (4.40-13)
BRYAN Toni U17 23.12.02, Croydon
 60- 7.90i (7.81i-17), 100- 12.12w/12.16, 200- 25.10
BUCKINGHAM Toni U23 22.02.98, Barnsley/Manch MU
 SP- 13.21 (13.63dh-16, 13.45-17)
BUCKLEY Charlotte U17 2.01.02, Thames Valley
 400- 57.0/58.07, 800- 2:09.44 (2:08.49-17), 1500- 4:38.35
BUE Elise 29.04.95, Worcester AC/Lough St
 DT- 39.46 (45.16-16)
BUGLASS Freya U15 9.10.04, Avon Valley Runners
 800- 2:17.51
BULBRING Jamie U15 28.09.03, Tavistock
 100- 12.59
BULLIS Emily 12.12.95, Basildon/Manchester MU
 2kSt- 6:58.83, 3kSt- 11:02.57
BULLOCK Rebecca U20 6.12.00, Basingstoke & MH
 400- 56.99
BUNDY-DAVIES Seren 30.12.94, Trafford
 400- 54.49i/54.81 (51.26-16)
BUNTING Amy U15 18.04.04, Lincoln Wellington
 HTI- 42.68
BUNTON Amelia Jane U17 13.06.02, C of York
 60- 7.86i
BURGIN Alice 7.07.94, Bedford & County
 5k- 17:03.77mx
BURLEY Bethan Laura U20 26.03.00, Wimborne
 100H- 14.69, 400H- 64.6 (62.59-17), SP- 11.54, JT- 38.40 (39.98-17), Hep- 4031 (5015-17)
BURN Hannah U15 14.05.04, Kilmarnock
 800- 2:15.71
BURN Liliana U15 2.11.03, WSE&H
 DT- 29.61, HTI- 39.25
BURNS Alexandra U20 10.08.99, Edinburgh AC/Edin Un
 LJ- 5.74i/5.64 (5.79w-17), TJ- 11.84i/11.80 (12.05-17)
BURNS Rachael V35 1.03.80, Liverpool H
 5kR- 16:42 (16:29-16)
BURR Katie U15 30.09.03, VP-Glasgow
 PenIG- 3279i
BURRELL Rhiana U15 14.12.03, Birchfield
 HJ- 1.68, SextG- 3550, PenG- 3252, PenIG- 3223i
BURT Anna Lily Mabel U20 12.07.00, Team Bath
 800- 2:08.62 (2:04.52-17)
BUSBY Megan U20 5.01.01, Carlisle Aspatria
 LJ- 5.74 (5.87-17)
BUTT Eleanor U17 21.09.01, Southend
 JTI- 43.85
BYRNE Annie 3.04.93, BRAT
 Mar- 2:53:29

C AESAR Olivia U23 22.07.96, Swansea/Bath Un
 200- 24.66 (24.17w/24.60-17), 400- 54.30 (53.45-17)
CAIN-JONES Lily U15 12.06.04, Reigate
 JTI- 33.97
CALLAGHAN Emily U15 11.11.03, Herne Hill
 JTI- 35.59
CALLAN Rachel U17 11.08.03, Giffnock North
 300H- 45.52
CALLAWAY Samantha U17 4.03.02, Southampton
 SPI- 14.15, DT- 45.40
CALLENBURG Mia 24.02.89, Belgrave/SWE
 DT- 36.43 (36.46-17)
CALVERT Isla U17 28.03.03, Livingston
 800- 2:06.99, 1500- 4:35.79 (4:34.42-17)

CALVERT Sarah U20 29.06.01, Livingston
 800- 2:09.05mx/2:09.09, 1500- 4:27.74mx
CAMERON Hannah U23 21.07.97, Edinburgh AC/Robert Gordon Un
 800- 2:08.64
CAMPBELL Emily 6.05.94, Notts
 SP- 12.95 (14.30-16)
CAMPBELL Jordan U23 12.08.97, Southampton/B'ham Un
 JT- 36.51 (44.30-13)
CAMPBELL-SMITH Nikita 5.09.95, Birchfield
 200- 24.66 (24.31-16), 400- 54.67 (53.60-16)
CAMPSALL Rebecca 2.10.90, C of York
 60- 7.45i (7.45i-16), 100- 11.96 (11.46w/11.53-16), 200- 23.93i (23.79-17)
CANHAM Molly U17 3.11.01, Exeter
 800- 2:11.07 (2:07.44-17), 1500- 4:36.06mx (4:32.04-17)
CANN Emily U15 19.02.05, West Suffolk
 100- 12.41
CANNING Emma U23 7.03.97, Edinburgh AC/St'clyde Un
 100H- 15.09 (14.58w-16, 14.88-15), HJ- 1.71i (1.72-16), LJ- 5.90i/5.61 (5.88w/5.83-16), PentlS- 3818i
CAREY Jasmine U17 13.09.02, Blackpool
 PV- 3.61
CARLAW Lily U15 25.11.04, Rugby & Northampton
 SPI- 11.30, DT- 35.16
CARR Ebony Alice U20 21.01.99, Marshall Milton K
 60- 7.53i, 100- 11.65, 200- 24.58 (24.48-17)
CARROW Ellie U17 26.10.01, Taunton
 TJ- 10.87w (11.08-17), Hepl- 4036 (4258-17)
CARRUTHERS Hayley 20.04.93, Rotherham
 3k- 9:42.30, 10kR- 33:20, HMar- 74:46, Mar- 2:36:48
CARTER Amy Lydia U20 24.06.01, Middlesboro Mandale
 100H- 14.38w/14.52
CARTER Kimberley 18.07.95, Telford
 DT- 38.73 (39.45-17)
CARTER Larissa U20 2.05.00, Lewes
 HT- 42.37 (42.66-17)
CARTER Millie U15 9.12.04, Swansea
 PV- 2.72
CARTER Sophie V35 10.05.79, Woodstock RR
 Mar- 2:54:07 (2:48:29-15), 50kR- 3:42:16, 100kR- 8:29:42 (8:11:38-17)
CARTER Tayla 29.01.94, Newham & Ex /
 East London Un/BAH
 60- 7.60i (7.43i-13), 100- 11.88 (11.42w-14, 11.52-15)
CARTY Lois U15 28.03.04, Aldershot F&D
 3kW- 16:39.68
CATTANACH Madeleine U15 24.09.03, Cambridge H
 JTI- 33.81
CAUDERY Molly U20 17.03.00, Cornwall AC
 PV- 4.53
CAWLEY Aaliyah U17 28.03.03, Doncaster
 DT- 35.35
CAYTON-SMITH Charlotte U23 15.05.97, Newquay & Par
 800- 2:06.86i (2:05.73-14)
CHADWICK Kelly U20 7.03.00, Sale
 LJ- 5.62 (5.65-14)
CHALMERS Lucy U15 23.10.03, Slough Juniors
 SextG- 3325, PenG- 3108, PenIG- 3091i
CHAMBERLAIN Rosie 11.08.95, Exeter/Florida State Un
 400- 55.59 (54.69-17), 800- 2:05.46 (2:04.19-17)
CHAMPION Juliet V40 6.02.77, Poole
 Mar- 2:56:45
CHANNER Shamilla U20 18.02.00, Birchfield
 100H- 15.14w
CHANTLER EDMOND Luisa U20 7.06.99, Birchfield /Birmingham Un
 SP- 12.30, DT- 43.99 (46.48-17)
CHANTLER EDMOND Petrina U20 1.09.00, Radley AC
 SP- 11.23
CHANTREE Mia U17 15.11.01, Chelmsford
 60HI- 9.06i, 80HI- 11.5/11.66, 100HI- 14.84, 300H- 43.40, HJ- 1.74, LJ- 5.48 (5.49-17), Hep U18- 4743, HepI- 5047, PenII- 3583i

CHAPMAN Katie U15 20.09.03, Exeter
 75HG- 11.09, HJ- 1.65, LJ- 5.72, SPI- 12.36,
 PenG- 3177
CHAPMAN Rebecca Charlotte 27.09.92, Cardiff
 LJ- 6.36w/6.30 (6.54-17), JT- 36.42 (37.92-15)
CHAPPELL Lucy U23 10.01.97, Doncaster/Hallam Un.
 HJ- 1.65i (1.77i-17, 1.73-14), PentIS- 3698i (3780i-17)
CHARLES Shereen 7.10.84, Shaftesbury B
 200- 24.91 (24.7-12, 24.72-11)
CHATTENTON Dani U23 4.07.96, Marshall Milton K/
 Oxford Un
 1500- 4:15.53, 3k- 9:35.91mx, 5k- 16:36.07,
 2kSt- 6:56.00 (6:55.76-17), 3kSt- 10:47.47
CHERRY Jill U23 1.03.98, VP-Glasgow/Glasgow Un
 400- 54.95 (54.37-17)
CHESSELL Olivia U17 23.04.02, Sutton & District
 LJ- 5.55
CHIGBO Ada'ora U20 2.01.99, North Somerset/
 New Mexico Un
 HJ- 1.81iA/1.77 (1.83-16),
 SP- 12.54iA (12.49i-16, 12.17-17)
CHINEDU Vera U20 2.05.00, Cambridge H
 100- 11.77 (11.76-17), 200- 24.82wmx/24.92i (24.39-15)
CHIVERS Rebecca U17 20.11.01, Kingston upon Hull
 JTI- 41.10
CHONG Helen U17 23.03.03, Giffnock North
 1.5kSt- 5:14.48
CHRISTENSEN Charlotte 27.01.93, Cambridge & Col
 5k- 16:06.86, 10k- 34:22.33, 10kR- 34:13
CHURCH Isabelle U17 26.06.02, Reading
 HJ- 1.63
CHURCH Lili U17 30.07.03, Carmarthen
 HJ- 1.63 (1.68-17)
CLAGUE Kathryn U13 6.10.06, C of York
 PenIM- 2289i
CLARE Charlotte U17 9.06.02, Moorfoot Runners
 800- 2:14.65mx
CLARK Anna U23 4.06.97, WGreen & Ex L/Bath Un
 800- 2:09.56mx/2:09.79 (2:09.74-17)
CLARK Chay U23 6.12.96, Chelmsford/Southampton Un
 100H- 15.14, 400H- 62.28
CLARK Isabel 13.03.86, Serpentine
 5k- 17:00.99mx, 10k- 34:34.65mx, HMar- 76:29
CLARK Jasmine U20 13.02.01, Middlesboro Mandale
 400H- 63.78
CLARK Laura U23 17.08.96, Shaftesbury B
 60- 7.68i (7.66i-17)
CLARK Zoey 25.10.94, Thames Valley
 60- 7.49imx (7.52i-15), 400- 51.36,
 200- 23.49w/23.58i/23.62 (23.14w/23.36-17)
CLARKE Amy 22.04.86, Isle of Wight
 HT- 44.77 (48.83-06)
CLARKE Cara U20 31.03.00, Worcester AC
 100- 12.20wmx
CLARKE Deanna U17 14.12.01, Worcester AC
 300H- 46.1
CLARKE Felicity 28.10.92, Havering
 400H- 64.0/64.01 (63.29-13)
CLARKE Georgia U15 3.10.03, Salisbury
 SPI- 11.28
CLARKE Georgina U15 9.12.03, Hercules Wimbledon
 3k- 10:32.97mx
CLARKE Natasha U15 24.05.04, Lewes
 PV- 2.75
CLARKE Rosie 17.11.91, Epsom & Ewell
 1500- 4:07.69, HJ- 8:47.30i (8:51.02-17), 3kSt- 9:32.08
CLAWLEY Eve U17 10.02.02, Tamworth
 400- 58.82
CLAYDON Hannah 18.12.93, Swindon
 Mar- 2:51:07
CLEMENS Amy 24.10.92, Shaftesbury B
 HT- 46.71 (49.95-11)

CLEMENTS Amy V35 22.05.82, Kent
 3k- 9:46.5, 5k- 16:31.0mx/16:49.3 (16:47.54-15),
 10k- 35:30.79, 10kR- 34:42, 10MR- 58:21 (57:12-15),
 HMar- 74:09, Mar- 2:40:04 (2:39:20-17)
CLIFFORD Elizabeth 28.09.95, Southampton/B'ham Un
 400H- 59.47
CLITHEROE Stephanie 3.11.95, WSE&H
 60H- 8.56i (8.39i-17), 100H- 14.00 (13.71-16)
CLOSE Bethany 30.12.95, Swansea/Bath Un
 200- 24.16
CLULEY Mallory U17 15.03.02, Herne Hill
 60H- 8.84i, 80HI- 11.62, HepI- 4192
COATES Callie U15 24.03.05, Doncaster
 HJ- 1.60i
COCKRAM Natasha 12.11.92, Mickey Morris RT
 HMar- 77:55, Mar- 2:35:49
COLE Ayomide U15 27.07.05, Basingstoke & MH
 200- 25.40
COLE Cicely U20 3.02.00, Crawley
 PV- 3.10i/3.10 (3.20-17)
COLEBY Samantha 4.08.90, Durham City H
 400- 56.75 (54.80-13), 800- 2:09.27 (2:07.84-16)
COLEMAN Cathy U23 3.07.98, Guildford & G/Lough St
 HT- 49.52 (50.06-17)
COLLETT Jill V35 16.07.82, Datchet
 Mar- 2:47:46
COLLIER Jessie U15 4.03.04, Havering
 PV- 2.75
COLLINGS Martha U17 17.11.02, Woking
 1.5kSt- 5:14.11
COLLIS Maisie U15 2.01.04, Herne Hill
 800- 2:14.55, 1500- 4:32.76, 3k- 10:26.77mx
COMER Hayley Frances 26.09.89, Harrow
 400H- 65.13 (63.22-08)
COMPTON-STEWART Matilda U23 18.03.98, WSE&H/
 Lough St
 2kSt- 7:05.14 (7:03.83-16)
CONNOLLY Breege V. V40 1.02.78, Derry/IRL
 10MR- 58:20 (57:40-15), HMar- 76:09,
 Mar- 2:41:53 (2:37:29-15)
CONNOLLY Gemma Louise V35 18.12.81, St Helens Sutt
 HMar- 78:51 (78:35-11), Mar- 2:44:10
CONNOLLY Sarah U23 3.10.96, N.Down/Brunel Un/IRL
 60H- 8.77i, 100H- 14.48 (14.38w-15),
 HJ- 1.76i/1.67 (1.78-17), LJ- 5.67i/5.58 (5.59-17),
 Hep- 4758 (4837-17), PentIS- 3760i
CONNOLLY Shannon 19.11.95, Thames Valley/Bath Un
 PV- 3.50i/3.40 (3.70-15)
CONNOR Harriet U23 15.05.96, St Mary's Richmond
 DT- 36.03
CONNOR Olivia U23 6.09.97, Lewes/Birmingham Un
 TJ- 11.48i (11.74-15)
CONNOR Sophie 21.05.93, Shaftesbury B
 800- 2:05.99mx/2:07.00 (2:05.95-16),
 1500- 4:16.65 (4:13.74-16)
COOK Amy U15 9.12.03, Tamworth
 JTI- 35.08
COOK Bethany U15 17.07.04, Bodyworks XTC
 1500- 4:40.21mx/4:42.31 (4:39.48mx-17)
COOK Coirilidh U15 13.11.03, Central
 60HG- 9.25i, 75HG- 11.34, 80HI- 11.89
COOK Sophie 12.09.94, Birchfield
 PV- 4.25
COOKE Gillian Helen V35 3.10.82, Edinburgh AC
 PV- 3.25i/3.10 (3.90-02), LJ- 5.65i (6.43i-08, 6.40w-06,
 6.39-07), TJ- 11.24i/11.19 (12.70i-08, 12.56-06)
COOKE Jazmin U17 4.05.02, Bournemouth
 HJ- 1.66
COOKE Julia 9.09.88, Birchfield
 1500- 4:23.83i/4:24.56 (4:12.49-15)
COOKE Kaeshelle U23 2.01.96, Enfield & Har/Bath Un
 60H- 8.88i, 100H- 14.85 (14.27-16)
COOMBER Isobel 17.02.90, Lewes
 HMar- 79:00

COOPE Emily U20 26.12.99, Amber Valley
    60- 7.74i, 100- 12.04w/12.14 (11.93-17)
COOPER Harriet U20 27.01.99, Charnwood/B'ham Un
    400- 56.51 (55.65-17)
COOPER Rosie U13 13.02.06, Slough Juniors
    200- 26.9 (27.56)
COPELAND Grace U20 11.10.00, Wimborne
    3k- 9:44.11
CORKER Megan U15 11.10.04, Warrington
    75HG- 11.4/11.42
CORRADI Dominique U17 15.09.01, Sutton & District
    3k- 10:13.39
COSBY Katrina 10.03.91, Cambridge H
    400H- 62.36 (59.71-10)
COSTA Valentina U15 11.03.04, Derby AC
    800- 2:14.94
COSTELLO Kirsty U17 22.09.02, Kilbarchan
    HTI- 60.52, JTI- 43.12 (43.70-17)
COSTELLO Megan U17 30.09.02, Gateshead
    200- 25.19w
COSTLEY Niyah U15 1.01.04, Herne Hill
    60- 7.90i, LJ- 5.29
COTTON *Ursyla U23 1.01.98, East London Un/USA*
    SP- 12.15
COTTRELL Grace U23 20.08.96, Yeovil Oly/Oxford B'ks
    400H- 64.74
COULSON Bernice U23 25.04.98, Wigan/Notts Un
    HJ- 1.65i/1.65 (1.70-17)
COURTNEY Melissa Jayne 30.08.93, Poole
    1500- 4:03.44, 1M- 4:27.29 (4:23.15-17), 2k- 5:48.8+,
    3k- 8:39.20, 5k- 15:04.75
COURTNEY Mollie U23 2.07.97, Cheltenham/Glouc Un
    60H- 8.37i (8.32i-17), 100H- 13.57 (13.28-16)
COUTTS Isabella U23 19.02.97, Camb & Col/Oxford Un
    JT- 39.51
COUTTS Sarah U17 9.05.03, Pitreavie
    800- 2:11.87, 1500- 4:38.23i (4:37.97mx/4:39.73-17)
COUTTS Stella U15 25.09.03, Cumbernauld
    HTI- 45.03
COVENEY *Gabrielle 29.07.91, Ealing, S & Mx/IRL*
    800- 2:08.13
COWARD Lilly U23 10.09.96, Invicta/St Marys Un
    800- 2:09.28 (2:07.44-17), 1500- 4:20.25, 3k- 9:47.72mx
COWELL Emma 23.11.95, Southampton
    HJ- 1.65 (1.76-13)
COWPER Sophie 24.12.90, Rotherham
    5k- 17:25.38 (16:18.84-15), 10k- 35:51.15 (34:55.77-17),
    HMar- 76:25
COXON Melissa U17 5.12.02, Rotherham
    300- 40.80, 80HI- 11.53w, 300H- 43.42, 400H- 63.95
CRAIG Emily U20 5.02.99, Edinburgh AC/Strathclyde Un
    400H- 60.92
CRAIG Jessica 11.05.90, North Down
    5k- 17:12.84
CRAMERI Isla U15 22.11.03, Tamworth
    PV- 3.00i/2.91
CRAWFORD Lara U17 20.06.03, Sale
    1500- 4:38.83mx
CRAWFORD Megan 17.04.89, Fife
    Mar- 2:55:43 (2:40:26-15)
CRAWLEY Lily U17 2.10.02, Cheltenham
    HJ- 1.65
CRICKMORE Kelly V40 23.10.77, Stockport
    HMar- 77:30 (77:05-13), Mar- 2:42:38
CRINGLE Aimee U20 24.05.99, Manx H
    400H- 66.0
CROFT Anna U20 20.10.99, WSE&H
    400H- 63.39 (62.34-17)
CROFT Rebecca U23 27.05.97, WSE&H/UC Berkeley
    800- 2:10.18 (2:05.81-17)
CROMBIE-HICKS Shona V45 1.06.71, Tewkesbury
    Mar- 2:57:52 (2:38:42-05)
CRONIN Bree U17 24.07.03, Newport
    SPI- 12.01i, DT- 33.09

CRONIN Victoria Ann 6.12.90, Trafford
    2kSt- 7:12.30 (7:07.4-17), 3kSt- 11:13.99 (11:06.52-16)
CROOK Amanda 4.04.86, Southport
    HMar- 78:14 (74:32-13)
CROOKES Lucy 4.05.93, Leeds
    1500- 4:23.81, 5k- 16:21.10, 10k- 34:29.68 (34:26.06-16),
    10kR- 33:49
CRORKEN Rachel U20 7.11.99, Wakefield
    400- 56.10 (56.10-17)
CROSS Helen V35 13.02.82, Knavesmire
    10MR- 58:57
CROSSAN Shona U20 11.12.00, Shettleston H
    SP- 11.61, DT- 38.79
CROSSDALE Annabelle (nee PALMER) 21.09.94, Notts
    HT- 60.24
CUBBAGE Heather U20 20.01.01, C of Portsmouth
    SP- 12.86, DT- 46.59, HT- 46.29
CULLIFORD Lana U20 21.09.00, Cardiff
    400- 57.07, 400H- 62.54
CUMMING Daisy U17 17.08.03, Dunfermline
    1500- 4:38.94
CURRAN Elspeth 27.07.89, Kilbarchan
    10kR- 34:18
CURRAN Ines U15 9.09.03, Gateshead
    800- 2:12.59, 1500- 4:36.23mx/4:40.09, 3k- 10:19.02
CURRIE Jade 29.11.94, WGreen & Ex L
    Hep- 3885
CURTIS Amy-Beth U17 6.02.02, Exeter
    SPI- 12.31 (12.54-17)

D ADZIE Priscilla U20 27.11.99, Nene Valley H
    SP- 11.14i (11.33-17)
DAKIN Emma U20 25.12.99, Rotherham
    SP- 12.85, DT- 40.40 (41.24-16)
DALEY Amelia U17 29.01.03, Hillingdon
    LJ- 5.57, TJ- 11.78
DALRYMPLE Daisy U15, C of Norwich
    LJ- 5.27
DANIELS Katie U20 13.02.01, C of Norwich
    Hep- 3954
DANNATT Charlotte U20 12.05.99, Camberley/Oxford Un
    1500- 4:28.31, 3k- 9:26.45, 5k- 16:46.43
DARBYSHIRE Leah U17 31.10.01, Wigan
    PV- 3.23i/3.20 (3.40i/3.26-16)
DARCEY Laura U23 28.07.98, K'ton & Poly/Chicago Un
    HJ- 1.68i/1.68, Hep- 4398 (4579-17)
D'ARCY-RICE Mollie U20 20.09.99, Cheltenham
    HJ- 1.65 (1.65-16)
DART Maia U20 2.06.00, WGreen & Ex L
    JT- 37.85 (42.17-17)
DAVENALL Philippa U23 26.09.98, Colchester H/Notts Un
    HT- 57.10
DAVEY Lauryn Louise U20 27.03.99, Carmarthen/
    Un Wales Swansea
    Hep- 4429
DAVEY Molly Jade U23 3.09.98, Montanari Gruzza (ITA)
    5kW- 26:27.35 (25:41.5-15), 10kW- 53:58.09,
    20kW- 1:51:23, 35kW- 3:26:29, 50kW- 5:08:17
DAVIDSON Ellie U15 6.02.04, VP-Glasgow
    HJ- 1.65i/1.64
DAVIDSON Jane U17 22.07.02, Aberdeen
    60HI- 8.86i, 80HI- 11.50, 300H- 45.35 (45.16-17),
    LJ- 5.59, PenII- 3338i
DAVIDSON Kerri U23 7.09.96, Blackheath & Bromley/
    Princeton Un
    TJ- 12.27i/12.27 (12.77w-15, 12.48-14)
DAVIES Anastasia U20 9.04.99, Blackheath & Bromley
    60H- 8.40i, 100H- 13.73w/13.75
DAVIES Bethan 7.11.90, Cardiff
    3kW- 12:42.46 (12:24.70-16), 20kW- 1:31:53,
    5kW- 21:25.37i/22:04.98 (21:21.52-17),
    5kWR- 22:31+ (22:28+-16), 10kWR- 45:50+ (44:59-16)
DAVIES Carla 4.12.84, Salford
    10kR- 34:55

DAVIES Elizabeth V35 25.12.78, Springfield Striders
  5k- 17:20.32, 5kR- 16:58
DAVIES Fiona V40 3.11.73, Rotherham
  Mar- 2:50:41
DAVIES Helen J. V35 12.09.79, Ipswich Jaffa
  5kR- 16:41 (16:25-17), 10kR- 34:15,
  HMar- 75:51 (72:35-12), Mar- 2:35:12 (2:34:11-12)
DAVIES Kate 27.09.95, Gloucester AC/Oxford Un
  HJ- 1.69i (1.67-14), JT- 42.43 (43.82-17)
DAVIES Leanne U23 12.05.97, Aldershot F&D/Brunel Un
  JT- 39.15 (43.04-13)
DAVIES Megan U20 31.01.99, Cannock & Staff/Lough St
  400- 56.53 (55.05-17)
DAVIES Megan U23 10.05.96, Sale/Birmingham Un
  800- 2:10.05 (2:09.68-17), 3k- 9:29.05mx,
  1500- 4:22.18 (4:20.76mx/4:21.11-17)
DAVIS Eleanor 21.02.89, Bristol & W
  1500- 4:25.44mx, 3k- 9:33.41mx/9:42.94, 5k- 16:15.14,
  5MR- 27:27, 10k- 33:33.20
DAVIS Stephanie 27.08.90, Clapham Chasers
  10kR- 34:40, HMar- 76:41, Mar- 2:41:33
DAVISON Lucy U17 8.11.01, Edinburgh AC
  SPI- 12.05 (12.31i-17)
DAWE-LANE Imogen U20 30.08.00, Team Bath
  100H- 15.09
DAWES Shannon U20 15.10.00, Banbury
  JT- 37.76
DE KLERK Eilidh U23 10.04.98, Dundee HH/
  Robert Gordon Un
  200- 24.83i (24.85-17)
DE KONING Sonja Lisa U13 26.09.05, Marshall Milton K
  1200- 3:51.80
DE MAUNY Fiona V35 3.02.83, Walton
  800- 2:10.24 (2:09.07-17)
DEACON Isabel U20 11.11.99, Bracknell
  PV- 3.30i/3.20 (3.63i-17, 3.56-16)
DEAN Tracy Michelle V45 22.09.71, C of Stoke
  50kR- 3:40:21, 24Hr- 224.619km
DEANS Sophia U15 11.09.04, Birchfield
  60HG- 9.29i, 75HG- 11.58
DENNISON Katherine U23 2.12.97, Oxford Un
  SP- 11.17
DERBYSHIRE Carolyn V40 24.08.77, Nuneaton
  5kW- 26:34.4, 5kWR- 26:32
DESAI Nisha 5.08.84, Trafford
  400- 56.77 (54.86-16), 400H- 60.14 (58.21-13)
DEVINE Nicola 7.02.88, Rotherham
  5kR- 16:53, 10kR- 34:54
DHIR Samaia U15 23.03.05, Reading
  SPI- 11.03i, DT- 29.43
DIAMOND Emily Jane 11.06.91, Bristol & W
  200- 23.49 (23.25wSt-16, 23.30-13),
  400- 51.87 (51.23-16)
DIBBLE Emily U20 17.09.99, Mendip
  JT- 43.93
DICKENS Eden U15 12.12.03, Notts
  PV- 2.75
DICKENS Rachel 28.10.94, Blackheath & Bromley
  100- 12.04w/12.05, 200- 24.32 (24.27w-14),
  400- 54.26 (54.13-14)
DICKINSON Gabby U15 30.12.03, Cardiff
  PenG- 2913, PenIG- 2952i (3002i-17)
DIDCOTE Sacha U17 4.01.03, Colwyn Bay
  200- 25.26w/25.3, 300- 40.7
DINWOODIE Katie U17 27.01.03, Shetland
  100- 12.30
DIXON Alyson V35 24.09.78, Sunderland Strollers
  5kR- 16:32+ (15:52-13), 5MR- 27:47 (27:27-05),
  10kR- 33:39+ (32:17-15), 15kR- 51:07+ (49:47+-14),
  10MR- 55:01, HMar- 73:34 (70:38-14),
  Mar- 2:38:19 (2:29:06-17)
DIXON Emily 27.11.95, Team Bath/Elon Un
  60H- 8.92i (8.79i-14), 100H- 14.67 (14.35-16),
  HJ- 1.66 (1.70i-11, 1.67-10), SP- 11.29i (11.37-15),
  Hep- 4919 (5059-16), PentIS- 3620i (3702i-17)

DIXON Kerry 22.10.88, Enfield & Haringey
  400H- 61.49 (59.83-14)
DOBBIN Beth 7.06.94, Edinburgh AC
  60- 7.62i (7.60i-17), 100- 11.64, 200- 22.59, 400- 53.21i
DOBSON Olivia U20 27.03.01, Exeter
  100HI- 14.82, HJ- 1.75, LJ- 5.65, SP- 12.78, JT- 39.08,
  Hep- 5223, Hep U18- 5173
DODD Kaylee 28.12.95, Basildon/Oklahoma St Un
  800- 2:04.52i/2:05.32 (2:03.38-17),
  1500- 4:27.41 (4:20.09-17)
DOLBY Ellie Lucy U15 13.03.04, Blackheath & Bromley
  800- 2:13.41mx/2:17.35, 1500- 4:40.02
DOMICAN Rosie U15 22.02.04, Cardiff Archers
  HJ- 1.61
DOMINGO Sophie U20 7.01.00, Harborough
  400H- 65.1/65.35
DONALD Georgia U15 30.09.04, Crewe & Nantwich
  60HG- 9.30i
DONNELLY Abbie U23 2.09.96, Lincoln W'ton/Lough St
  3k- 9:26.67mx/9:40.71, 5k- 16:31.89
DONNISON Rachel U23 12.10.96, Cardiff/Bath Un
  400- 56.37 (55.87-17)
DOONER Freya U20 3.08.99, Wigan/Manchester Un
  SP- 11.53, DT- 40.70
DORAN Hannah 24.02.84, Charnwood
  10kR- 34:24 (33:12-11)
DORNAN Helena V45 25.10.71, Ballycastle Runners
  24Hr- 186.379km
DOUGLAS Montell 24.01.86, Blackheath & Bromley
  100- 11.81mx/11.82w/12.00 (10.95w/11.05-08)
DOWDEN Maddy U15 11.04.04, Banbury
  60HG- 9.44i, 75HG- 11.5/11.55
DOWINTON Rhiannon U17 7.11.02, Channel Islands
  300H- 45.66
DOWLING Daisy U17 21.08.02, Blackheath & Bromley
  JT- 36.78
DOWSON Phoebe 17.04.94, Bournemouth
  DT- 54.23, HT- 47.29 (49.52-15)
DOWSON Sophie U23 24.11.98, Blackheath & Br/Brunel U
  PV- 3.86 (3.91i-17)
DOYLE Eilidh Shona 20.02.87, Pitreavie
  200- 24.2ie+/24.33i+ (24.16i+-17, 24.56-08), 400-
  51.60i/51.87 (51.45i/51.83-13), 400H- 54.80 (54.09-16)
DOYLE Niamh U15 12.03.04, Liverpool Pembroke S
  HJ- 1.61
DRAGISIC WOOD Sofija U15 31.08.04, Sale
  75HG- 11.5/11.59
DRAPER Lauren 88, Bridgnorth
  Mar- 2:57:29
DREW Karla 22.03.89, Southampton/Liverpool Un
  60H- 8.47i (8.33i-13), 100H- 13.97 (13.32w-14, 13.36-16)
DREWETT Mary U13 18.10.05, Vale of Aylesbury
  PenIM- 2278i
DRISCOLL Stephanie U17 24.10.01, Liverpool H
  300H- 43.68, 400H- 61.82, HJ- 1.65i, PenIl- 3624i
DRUMMOND Siobhan 8.12.95, Ealing, S&Mx
  DT- 39.51
DRYDEN Darcy U13, Yeovil Olympiads
  1500- 4:56.08
DUBARRY-GAY Kiah U17 15.11.01, VPH &TH
  200- 23.90
DUBARRY-GAY Nayanna U17 15.11.01, VPH &TH
  60- 7.73i, 100- 12.07, 200- 24.8/25.24w
DUCK Claire 29.08.85, Leeds
  800- 2:08.9 (2:06.84-17), 1500- 4:15.29,
  3k- 9:09.67mx/9:15.81 (9:07.10mx-17, 9:11.26-10),
  5k- 15:39.68, 10k- 32:52.85 (32:51.38-17)
DUCK Jacqueline Sarah "Joey" 14.04.89, M Milton K
  200- 24.21 (23.38w-15, 23.40-16)
DUDGEON Emily Kathleen 3.03.93, Edin AC/Dundee Un
  800- 2:06.48 (2:01.89-14), 1500- 4:28.08 (4:24.87-16)
DUNBOBBIN Sophie U13 31.10.05, Wreake & Soar Valley
  800- 2:22.34, 1500- 4:56.52mx

2018 - Women - Index

DUNCAN Leah U17 30.10.02, Braintree
  60- 7.72i, 100- 12.08 (11.88w/12.0-17),
  200- 25.2 (25.20-17)
DUNDERDALE Hannah 2.11.94, Trafford/Arkansas Un
  60H- 8.60i, 100H- 14.38 (14.22w-17),
  400H- 63.48 (61.10-13), SP- 12.00,
  Hep- 5189 (5213w-17), PentIS- 3750i
DUPORTE-CLARKE Janae U20 20.01.00, Ipswich
  TJ- 11.27
DUQUEMIN Shadine 4.11.94, Shaftesbury B
  DT- 53.26 (53.44-14)
DURAND Abigail U17 7.11.02, North Norfolk H
  3k- 9:59.0
DURAND Eva U15 18.07.04, Marshall Milton K
  JTI- 38.98
DURUH Vivien U15 21.10.03, Law & District
  SPI- 12.80
DUTHIE Georgia U20 7.09.00, Sutton & District
  PV- 3.11i (3.00-16)
DWAAH Leanza U20 17.02.99, Enfield & Haringey
  60- 7.72i, 100- 11.87, 200- 24.78wmx
DYSON Gabrielle U20 10.01.01, Wakefield
  PV- 3.10

EAMES Chloe U17 19.06.03, Reading
  300H- 45.89
EARLEY Philippa Karen U20 7.09.00, Kingston & Poly
  60H- 8.52i, 100H- 14.33, LJ- 5.74i (5.88-17), JT- 37.73,
  PentIS- 3840i
EARNSHAW Abigail U15 20.09.03, Preston
  800- 2:17.6
EASTMAN Lyndsey 14.04.87, Kimberworth
  Mar- 2:51:59
EASTWOOD Jemma V35 15.02.79, Bedford & County
  PV- 3.40i/3.32 (3.80-06)
EBBAGE Caitlin U15 14.06.05, Tonbridge
  SPI- 11.09, DT- 30.69
EBBAGE Kirsty-Anne U17 30.08.02, Tonbridge
  DT- 37.09
EDDEN Elizabeth 29.06.94, Birchfield
  PV- 3.94
EDUAN Success U15 27.09.04, Sale
  100- 12.32w/12.4/12.48, 200- 24.71
EDUWU Jennifer Omosede U15 17.04.04, Serpentine
  60- 7.92i
EDWARDS Laura 1.03.94, Southampton
  PV- 3.62i/3.60 (3.70-17)
EDWARDS Mair U20 6.09.99, Basingstoke & MH
  100- 12.04mx/12.09 (11.71w/11.99-17),
  200- 24.14 (23.81w/23.89-17), 400- 55.73 (55.09-17)
EDWARDS Rosie 20.08.88, Rotherham
  5k- 16:31.77, HMar- 75:25, Mar- 2:40:49
EDWARDS Sian 24.11.88, Swansea
  10kR- 34:52 (33:26-06), HMar- 77:21
EGBO Merechi U17 29.11.01, Herts Phoenix
  HJ- 1.70i/1.70 (1.73i-17), TJ- 10.86
EGBULEFU Toni U17 2.11.01, Chelmsford
  SP- 12.05, SPI- 13.18
EICHELMANN Alexa U20 14.12.99, Shaftesbury B
  PV- 3.62i/3.50 (3.60-17)
ELCOCK Lucy U17 11.09.01, Bridgnorth
  60- 7.78i, 100- 12.3, 200- 25.25wmx, 300- 40.15
ELEYAE Oghenofego Kitan 31.10.91, WGreen & Ex L
  LJ- 6.02i/5.73 (6.25-12)
ELKINS Jennifer 27.01.85, Southampton
  5k- 17:24.45 (17:02.88-17), 10kR- 34:50
ELLIOTT Molly U17 15.09.02, Birtley
  PV- 3.42i/3.40
ELLIS Akaysha U20 16.12.00, Enfield & Haringey
  60- 7.69i, 100- 12.13 (12.0-17), 200- 24.49
ELLIS Philippa U17 23.04.03, Houghton
  60HI- 8.84i, 80HI- 11.66, HepI- 4119
ELLIS Poppy U17 11.10.02, Havering
  300- 40.49

ELLIS Sarah 27.10.83, Southampton
  JT- 38.45 (45.17-10)
ELLISS Sophie U23 2.11.98, Croydon
  400H- 63.31
*ELVIN Jennifer 27.06.85, Aberdeen/IRL
  Mar- 2:53:56*
EMERSON Caitlin U20 2.05.01, Derby AC
  DT- 35.76 (41.28-17)
EMERSON Niamh U20 22.04.99, Amber Valley/Lough St
  200- 24.40, 800- 2:09.74, 60H- 8.97i, Hep- 6253,
  100H- 13.71w/13.76, HJ- 1.89 (1.89-16), LJ- 6.41,
  SP- 12.28 (12.67-17), JT- 43.95
EMERY Jessica U20 16.09.00, Shaftesbury B
  DT- 41.10 (42.32-17)
ENDERWICK Kaitlin U23 31.01.97, Middlesboro Mandale
  SP- 11.39
ENGLAND Hannah 6.03.87, Oxford City
  800- 2:02.89 (1:59.66-12), 1500- 4:10.78 (4:01.89-11),
  1M- 4:34.00 (4:30.29i-09), 3k- 8:43.48-16)
ENNIS Katie U13 19.10.05, Havering
  DTM- 30.58
ESEGBONA Chloe U23 23.11.98, Trafford
  100H- 15.0/15.30 (14.48w-17, 14.5/14.76-16),
  400H- 64.79 (61.53-17)
EVANS Clara 27.11.93, Cardiff
  5kR- 16:50 (16:47-16), 10kR- 34:00, 15kR- 52:03+,
  10MR- 57:44, HMar- 74:15
EVANS Lauren Emilia U20 7.08.00, Cardiff
  60H- 8.98i (8.89i-17), 100H- 14.62 (14.49-17), HJ- 1.71,
  Hep- 4593
EVANS Louise U20 7.10.00, Blackheath & Bromley
  200- 24.64, 400- 54.92
EVANS Lucy Hannah Elizabeth V35 2.10.82, Sale
  100- 12.17wmx (11.61-11)
EVANS Mia U20 24.01.99, Swansea
  60H- 8.86i
EVANS-HAGGERTY Lily Jane U17 16.06.03, VP-Glasgow
  1500- 4:38.84i (4:32.49mx/4:36.99i/4:38.59-17),
  3k- 10:03.53mx/10:08.89i (9:49.49-17)
EVANS-SHIELDS Nubia U13 10.09.06, C of Plymouth
  DTM- 31.68
EXLEY Megan U23 17.12.96, Rugby & Nor AC/York Un
  JT- 40.44
EYKELBOSCH Alex 23.06.95, Dacorum & Tring/
  McNeese State Un
  5k- 17:08.63
EZE Joy U15 31.05.04, Gateshead
  60- 7.87i/7.96i, 100- 12.22, 200- 24.76

FABUNMI-ALADE Risqat 25.03.94, Swansea
  60- 7.35i, 100- 11.77 (11.70w/11.77-17),
  200- 23.64w/24.04
FAIRCHILD Jacqueline 3.05.89, Preston
  800- 2:04.78 (2:02.09-17),
  1500- 4:15.50mx/4:16.27 (4:13.51mx-17, 4:14.43-13)
FAIRCLOUGH Paige U20 10.03.97, Shaftesbury B
  100- 11.92 (11.81w-16, 11.90-15),
  200- 24.72wmx/24.76mx
FAJEMISIN Simi U23 15.09.97, Oxford City/Harvard Un
  100- 12.03, LJ- 6.10w/6.09 (6.15-17), TJ- 13.11i/13.07
FAJEMISIN Temi U17 4.09.02, Oxford City
  TJ- 11.54
FARLEY Lauren U17 16.09.01, Blackheath & Bromley
  SPI- 12.58, JTI- 44.63, HepI- 4468
FARRELL Sileena U15 14.11.03, Dartford
  60- 7.92i, 100- 12.5, TJ- 11.17
FARROW Ellie U17 30.10.01, C of Portsmouth
  800- 2:10.48 (2:07.51-17), 1500- 4:36.09mx/4:36.26
FASIPE Mary 17.09.94, Enfield & Haringey
  TJ- 12.18 (12.35-13)
FAWCETT Heather U20 21.01.00, Kilbarchan
  HT- 47.80
FAYLE Tazmin U15 28.11.03, Manx H
  DT- 30.96, HTI- 39.29

FEAR Georgia U23 19.12.97, Highgate H
1500- 4:26.12
FEDZIN Ellie U15 13.10.04, Wakefield
HJ- 1.60i
FELLOWS Lucy U15 14.09.04, St Mary's Richmond
HJ- 1.61, PenG- 2996, PenIG- 3015i
FELTON Rachel V35 27.06.79, Shaftesbury B
5kR- 16:48 (16:20.23t-14), 10kR- 34:40 (33:27-13),
HMar- 76:50 (73:43-15)
FENN Georgie U23 14.07.96, Belgrave/Bristol Un
Mar- 2:56:55
FENNESSY Lily U15 23.10.03, Hereford
JTI- 34.51
FENTON-LAKE Harriet U17 28.05.02, Peterborough
HJ- 1.63
FENWICK Francesca U15 9.11.03, Nene Valley H
HJ- 1.63, LJ- 5.31, PenG- 2900
FENWICK Phoebe U20 6.11.99, Bracknell
400- 55.18
FERGUSON Halle U15 6.12.04, Trafford
HJ- 1.62
FERGUSON Nikysha 8.09.86, Trafford
TJ- 11.84i (12.09i-15, 12.06-16)
FINCH Gemma U23 1.08.97, B'stoke & MH/Troy State Un
800- 2:10.14
FINLAY Kirsty U17 2.09.01, Notts
HT- 45.62, HTI- 54.74
FISHER Holly U17 2.12.02, Ipswich
1.5kSt- 5:11.57
FISHER Stephanie U20 17.03.00, Holland Sports AC
400H- 64.18 (62.43-17)
FITT Jade U20 17.05.00, Cambridge H
400H- 64.07
FITZPATRICK Abigayle 10.06.93, Sale
400H- 59.71 (57.52-13)
FLANAGAN Eilish U23 2.05.98, Omagh/Adams State/IRL
3k- 9:30.92i, 5k- 16:24.26, 3kSt- 10:00.81
FLANAGAN Roisin U23 2.05.98, Omagh/Adams State/IRL
800- 2:06.41, 1500- 4:22.62, 1M- 4:41.95i
FLINT Alice 1.04.95, WSE&H
400H- 64.6/64.69 (64.54-17)
FLOCKHART Mary U23 4.10.98, Inverness
JT- 37.14
FLOCKHART Shannon U17 5.04.02, Huntingdon
800- 2:12.01 (2:10.76-17), 1500- 4:36.32
FLOWER Zoe U15 30.06.04, Giffnock North
1500- 4:44.58mx, 3k- 10:30.82mx
FLOYD Georgie 17.05.95, Hillingdon/St Marys Un
JT- 43.96
FOLETTI Lauren U17 25.09.02, Hallamshire
JTI- 43.94
FOLEY Sydney U15 7.12.03, Havering
3k- 10:34.42
FONTEYNE Evelyne U15 2.08.04, Shaftesbury B
HJ- 1.60
FORBES Anna U23 13.10.98, Whitemoss/Stirling Un
HJ- 1.65i (1.66-17), Hep- 4421
FORDER Rachel U23 3.12.96, Havering/George Mason Un
DT- 36.99 (46.22-16)
FORDE-WELLS Georgie U17, Rugby & Northampton AC
HJ- 1.67
FORREST Lucy U17 8.10.02, Rotherham
HT- 40.29, HTI- 51.72
FORRESTER Steph V45 30.04.69, Long Eaton
Mar- 2:56:09
FORTUNE Sabrina U23 25.05.97, Deeside
SP- 13.70, DT- 41.67
FOSS Katie U17 3.06.01, Giffnock North
300- 40.63, 400- 57.26
FOSTER Amy 2.10.88, C of Lisburn/IRL
60- 7.27i, 100- 11.54 (11.32w-10, 11.40-14),
200- 23.94 (23.24w-15, 23.53-11)
FOSTER Hannah U17 15.03.02, Shaftesbury B
60- 7.86i, 200- 24.26, 300- 38.46, 400- 54.85,
300H- 43.84 (43.51-17)

FOWLER Emma U23 22.06.98, Crewe & N/Notts Trent Un
LJ- 5.68, Hep- 4008
FOWLER Olivia U15 29.06.04, Crewe & Nantwich
75HG- 11.50
FOWLER Stephanie U20 3.08.99, Edinburgh AC
HT- 51.83 (53.06-17)
FOWLIE Tamsin U15 22.12.04, Elgin
100- 12.5, 200- 25.6mx/26.00
FOX Jessica 28.11.94, Cambridge & Col/Un of E Anglia
TJ- 11.46i/11.34 (11.39-13)
FRANCIS Britli U20 18.12.00, Herne Hill
SP- 11.32
FRANCIS Eden Cherrelle 19.10.88, Leics Coritanian
SP- 16.12 (17.24-12), DT- 56.49 (59.78-11)
FRANCIS Kiarra U20 18.03.00, Notts
SP- 11.94
FRANKLIN Ellie U17 13.11.01, Crawley
HTI- 46.99
FRANKLIN Rachael 14.12.91, Manx H
800- 2:05.85, 1500- 4:15.87, 1M- 4:39.4, 3k- 9:25.1,
5k- 16:30.08
FRANKS Lillie U20 27.10.99, Crawley
HJ- 1.75i/1.74 (1.76-17)
FRASER Stroma U13 27.11.05, Inverness
60HM- 9.88i, LJ- 4.96, PenM- 2805, PenIM- 2617i
FRAZER Jessica U17 26.12.01, Bristol & W
300- 40.7mx
FREEMAN-GIBB Jeana Celine 8.12.91, Harrow/CAN
SP- 13.52 (15.75i/15.37-14)
FREY Laura 2.06.89, Lagan Valley
400H- 64.5/64.88 (64.69-16), Hep- 4344
FRIMPONG Emily U15 8.11.03, Bexley
60HG- 9.32i, 75HG- 11.24, SPI- 11.10, PenG- 2933
FRIZELLE Kiara U20 10.07.01, Cardiff
3k- 9:36.12mx/9:39.14
FRY Isobel U20 4.05.00, Newbury
3k- 9:47.35
FRYER Bridget Harrow/Cambridge Un
DT- 37.19
FRYER Ella U15 19.02.04, St Mary's Richmond
400- 59.01, 800- 2:17.00
FULCHER Lana U20 27.04.99, Ipswich/Georgia St Un
HT- 51.43
FULLERTON Faye Alexis 31.05.84, Havering
3k- 9:13.91i (9:07.52-06), 5k- 16:35.95+ (15:53.69-15),
5kR- 16:01, 10k- 33:47.70, 10kR- 33:19 (33:03-10),
15kR- 52:23+ (51:31+-15), HMar- 73:56
FULTON Ellie U20 18.06.99, Kilbarchan
JT- 39.58 (39.67-17)

G ALL Milly U17 20.02.03, Dacorum & Tring
80HI- 11.61, LJ- 5.46w (5.67-17), HepI- 4484
GALLAGHER Caitlin U20 6.10.99, North Devon
TJ- 11.23
GALLEY Krystal 13.08.93, Blackheath & Bromley
400- 54.69
GALLOP Rebecca 10.11.85, Newark AC
Mar- 2:55:59 (2:53:38-17)
GALLOWAY Olivia U20 4.07.00, Bournemouth
100H- 15.0/15.13w/15.18 (14.65w/14.7/14.80-17),
Hep- 4544 (4658-17)
GALPIN Megan U15 16.11.03, Marlborough Jnrs
JTI- 42.90
GANIEL-O'NEILL Gladys V40 10.03.77, North Belfast/IRL
HMar- 77:24 (75:09-13), Mar- 2:42:42 (2:37:55-17)
GARCIA Ana U20 3.05.01, C of Sheffield
3kW- 14:35.85 (14:26.43i-17, 14:34.2-15),
5kW- 25:39.1 (24:58.8-14), 5kWR- 24:20 (24:01-14),
10kWR- 54:18 (51:53-17)
GARDINER Jessica U15, Morpeth
DT- 29.95, HTI- 38.28
GARDNER Molly U17 18.02.02, Stevenage & NH
PV- 2.90
GARGAN Emily U23 29.12.98, Gateshead
LJ- 5.58i (5.68-17)

GARLAND Katie U23 27.01.97, Brighton & Hove/Lough St
 200- 24.12, 100H- 14.30, HJ- 1.74i/1.74 (1.76-17),
 LJ- 6.10w/5.95, Hep- 5487, PentlS- 3609i
GARNER Alice U17 17.01.03, Aldershot F&D
 3k- 10:13.04
GARROTT Francesca U23 7.10.98, Telford
 JT- 39.89 (40.58-17)
GASS Paula 13.06.94, Edinburgh AC/Stirling Un
 JT- 40.28 (44.78-15)
GATRELL Eleanor V40 5.10.76, Woking
 SP- 12.78 (16.17-10)
GAUNTLETT Olivia U23 7.01.98, Team Bath/Harvard Un
 60H- 8.49i, 100H- 13.57
GAYLER Emma 4.04.88, Harrow
 LJ- 5.73
GEARY Sara 6.04.91, Yeovil Olympiads/Cardiff Met
 LJ- 5.62w (5.82w/5.75i-17, 5.64-12)
GEMMELL Cera U17 2.07.02, Team East Lothian
 3k- 9:54.32 (9:52.90-17)
GENT Laura 14.02.95, Aldershot F&D/Birmingham Un
 3k- 9:34.38, 5k- 16:56.55mx/17:19.75
GHOSE Emily U20 2.06.99, Tonbridge
 3kW- 15:16.21i+ (15:07.34-17),
 5kW- 27:45.99i/27:55.2 (26:58.87-17)
GIBB Willa Rose U15 11.09.03, Yate
 75HG- 11.23
GIBSON Ashley 1.03.86, Tonbridge
 5k- 16:57.45 (16:20.65-17), 10k- 34:08.53
GIBSON Katie U15 8.12.04, Kettering
 HTI- 44.34
GIBSON Melissah 15.02.84, Ealing Eagles RC/AUS
 Mar- 2:51:33
GIBSON Rachael 15.02.91, North Down
 1500- 4:27.01
GIFFORD GROVES Lucia U17 4.08.03, Thanet AC
 300- 40.23
GILBERT Andrea U17 18.10.01, Taunton
 300H- 45.17
GILES Lucy U17 22.02.03, Gateshead
 SPI- 12.34
GILLESPIE Ella U13 23.09.05, Sale
 JTM- 30.27
GILLESPIE Kathryn U23 27.09.96, Central/Harvard Un
 800- 2:08.82i/2:09.77 (2:07.17mx/2:07.44-15),
 1k- 2:45.54, 1500- 4:22.68 (4:16.62mx/4:18.05-15)
GITTINS Victoria U23 7.03.98, Birchfield/Wolvs Un
 400- 57.10 (56.67-16)
GOLBAN Andreea U17 30.01.02, WGreen & Ex L
 HTI- 54.11
GOLDING Zipporah U15 16.11.03, Hercules Wimbledon
 60- 8.03i (7.90i-17), 100- 12.59 (12.48-17)
GOODALL Alice U17 3.10.01, Edinburgh AC
 1500- 4:35.03, 3k- 10:12.00
GOODGE Katie U17 2.12.02, Tonbridge
 3k- 10:02.42
GORDON Anna U23 30.01.97, Edinburgh AC/Cardiff Met
 PV- 3.74 (4.00i-16, 3.85-14)
GORDON Gillian U23 14.06.98, Inverness
 400H- 65.37 (64.03-17)
GORDON Jessica U17 23.04.02, New Forest Juniors
 HJ- 1.66 (1.68-17)
GORDON Myisha U20 14.10.00, Sale
 60- 7.69i, 100- 12.10
GORE Nicola 17.11.84, West Cheshire
 DT- 36.19 (41.17-07)
GORECKA Emelia 29.01.94, Aldershot F&D
 3k- 9:13.00 (8:55.11-12), 5k- 15:30.59 (15:07.45-14),
 10k- 32:39.37
GOSLING Milly U13, North Shields Poly
 LJ- 4.90
GOTTHARDT-MILLS Nikita U15 29.01.04, Broms' & R
 60- 7.87i, 200- 25.65w
GOUDIE Caitlin U15 21.02.04, Bedford & County
 HTI- 39.91

GOUGH Shannon U15 6.05.04, Law & District
 SPI- 11.06
GOURLAY Faye U15 28.02.04, Stratford-upon-Avon
 HJ- 1.62
GRACE Serena U17 6.01.03, C of Norwich
 60- 7.90i, 100- 12.36w/12.4 (12.33w-17)
GRAHAM Laura 5.03.86, Mourne Runners/IRL
 5k- 17:16.13, HMar- 75:15, Mar- 2:43:34 (2:37:05-17)
GRAHAM Laura U20 6.02.99, Blackheath & Bromley
 JT- 37.58 (41.25-17)
GRANADA Vanessa U13 6.05.06, Team Hounslow
 75- 9.8, 100- 13.10, 150- 19.6
GRANGER Annabel V45 19.05.73, Bristol & W
 Mar- 2:52:42
GRANT Niamh U15 29.10.03, Liverpool H
 LJ- 5.31w/5.25
GRANVILLE Caryl Sian 24.09.89, Carmarthen
 100H- 13.98 (13.46w/13.48-17), 400H- 59.28 (56.59-17)
GRAY Amelia U15 18.09.04, Overton
 TJ- 11.26
GRAY Isobel U23 5.11.98, Winchester/Exeter Un
 DT- 40.34 (40.42-17)
GRAY Laura 25.06.90, Us Cagnes (FRA)
 400H- 65.89 (64.17-16)
GRAY Nakita 13.06.94, Edinburgh AC/Northumb' Un/USA
 HJ- 1.75i/1.75 (1.82-17)
GRAY Rebecca U23 4.10.98, Cornwall AC
 PV- 3.76
GREEN Georgia U23 28.09.96, Enfield & Har/Aston Un
 TJ- 11.66i/11.24 (11.80-17)
GREEN Lois U17 6.05.03, Chesterfield
 PV- 3.54
GREEN Mya U15 23.06.04, Harrow
 60- 8.04i, 100- 12.59
GREENIDGE-KNELL Mia U13 10.09.05, Reading
 SPM- 10.63, DTM- 26.57
GREENWAY Ella U15 3.01.05, Cleethorpes
 800- 2:15.64, 1500- 4:44.95
GREENWAY Eve U17 18.11.01, Birchfield
 LJ- 5.57
GREENWAY Megan Thame U17 20.02.03, Sale
 TJ- 10.86i (10.78-17)
GREIG Evie U15 4.01.05, VP-Glasgow
 200- 26.00
GRGEC Georgie 19.11.93, Herne Hill/NZL
 1500- 4:26.71, 3k- 9:27.53mx/9:32.02, 5k- 16:18.90mx
GRICE Maisie U20 29.06.00, Aldershot F&D
 1.5kSt- 4:52.33, 400H- 65.04
GRIEVE Rebecca U15 30.01.05, Pitreavie
 LJ- 5.25
GRIFFIN MORRIS Isobel U20 8.12.99, Radley AC
 DT- 38.51 (46.48-16)
GRIFFITHS Amy U23 22.03.96, Aldershot F&D/Lough St
 800- 2:04.56, 1500- 4:09.71
GRIFFITHS Bobbie U20 15.03.01, Morpeth
 JT- 39.95 (42.27-17)
GRIFFITHS Lucy 3.04.94, Cardiff
 SP- 12.61 (13.88i/13.40-16)
GRIFFITHS Samantha 31.05.94, Cheltenham
 60- 7.72i, 100- 12.18wmx (12.1-17, 12.20w-16)
GRIFFITHS Seren U13 21.06.06, Cardiff Archers
 HJ- 1.55
GRIFFITHS-BROWN Holly U17 31.12.01, Radley AC
 TJ- 10.88 (10.88-17)
GRIMA Claire M. V40 21.07.77, Hercules Wimbledon
 HMar- 78:29, Mar- 2:47:22 (2:43:01-16)
GRIMES Neve U20 2.05.01, Charnwood
 400H- 66.0 (66.70)
GRIMWADE Cassey U17 27.09.02, Cardiff
 DT- 33.15, HTI- 48.80
GROSJEAN Alice 19.09.93, Mendip
 DT- 38.58 (42.36-17)
GROSVENOR Yasmin U17 23.02.03, Bracknell
 SPI- 12.56, Hepl- 4282

GROVE Eleanor U20 16.10.99, Guildford & Godalming
400- 56.75 (55.84-17)
GROVES Natalie U15 1.04.04, Spenborough
300- 40.6/41.03
GUEST Niamh U23 16.01.97, Pitreavie
100H- 15.13
GULLEN Amy U23 14.08.98, Central
HJ- 1.67 (1.68-13)
GUMMOW Annabel 16.09.93, Winchester
5MR- 27:50 (27:23-12)
GUNN Bryony U23 28.02.98, Birchfield/Lough St
1500- 4:28.71 (4:25.4-16), 3k- 9:46.81 (9:38.03-16)
GUTZMORE Sineade 9.10.86, Birchfield
LJ- 5.64 (5.87-15), TJ- 13.51w/13.29i/13.28 (13.70-16)
GWYNN Olivia U23 3.03.97, Swansea/Duke Un
5k- 17:26.12 (17:16.03-15), 3kSt- 10:45.37
GWYTHER Megan U13 3.03.06, Swansea
60HM- 9.95i
GYEDU Nana U17 4.11.02, Cambridge H
SPI- 15.69
GYURKO Fanni 18.01.87, Central/HUN
10MR- 58:41, HMar- 78:32 (75:45sh-16, 77:28-17),
Mar- 2:42:29 (2:39:48-17)

H ADAWAY Lucy Jane U20 11.06.00, C of York
60H- 8.8i/8.81i, 100H- 14.63, LJ- 6.39, TJ- 11.72i,
SP- 11.84i/11.13 (11.13-17)
HAILESELASE Saron 21.11.89, Belgrave/ETH
3k- 9:45.22mx
HALES Sophie Rebecca 30.03.85, Steyning
3kW- 14:42.53 (13:36.43imx-04/13:49.64-04)
HALEY Emma 23.02.88, Radley AC
800- 2:08.91 (2:08.69mx/2:08.89-17)
HALEY Sapphire U13 26.10.05, Herne Hill
60- 8.08i, 75- 9.9, 100- 13.0, 150- 19.1
HALKET Jade 5.05.86, Aberdeen
400H- 64.91 (64.00-13)
HALL Amber-Leigh U23 10.10.98, WSE&H
60H- 8.65i, 100H- 14.45 (13.9-15, 14.05-16)
HALL Holly U17 22.12.01, Hillingdon
JTI- 39.39 (40.34-17)
HALL Jessica U20 25.01.01, Guildford & Godalming
PV- 3.30i/3.30
HALL Lauren 6.06.91, Aldershot F&D/Army
3k- 9:47.97mx
HALL Natalie V35 28.12.81, Armagh
Mar- 2:57:50
HALL Rebecca Ann 15.09.88, Nene Valley H
SP- 12.96
HALLAM Lydia U23 26.02.97, Havering/Birmingham Un
1500- 4:24.48
HALLSIDE Katy V40 20.09.77, Airdrie
Mar- 2:56:33
HAMER Maddison U17 1.11.02, Cardiff Archers
PV- 3.00
HAMILTON Beth U13 28.03.06, Mansfield H
1500- 4:57.35mx/4:57.81
HAMILTON Precious U17 5.03.02, VPH &TH
DT- 38.01
HAMILTON Sophie U15 6.05.04, Mendip
DT- 30.98
HAMILTON-STRONG Megan U15 23.09.03, Exeter
HJ- 1.65, PenG- 3167
HAMPLETT Emma U23 27.07.98, Birchfield/Lough St
JT- 54.08
HANDBURY Lori 16.08.93, Rotherham
1500- 4:27.50
HANNAM Vanessa V45, Medway & Maidstone
DT- 35.38
HANNAN Alice U23 23.06.98, Harrow/Brunel Un
400H- 65.15
HANSON Morgan U17 18.04.02, WSE&H
1.5kSt- 5:14.92
HARDING Beyonce U15 10.09.03, London Schools
60- 7.97i

HARDING Isabelle U15 28.02.04, Invicta
PenG- 3161
HARLAND Amy U15 21.03.05, Birchfield
1500- 4:44.42, 3k- 10:30.38mx
HARRIS Billie Jo U20 23.09.99, Rotherham
60- 7.73i
HARRIS Chloe U15 26.10.03, Exeter
TJ- 10.40
HARRIS Karina U20 8.02.01, Blackheath & Bromley
TJ- 11.69
HARRIS Ruby U15 6.10.04, Reading
PV- 2.63
HARRIS Samantha U17 4.11.01, C of Plymouth
60HI- 8.63i, 80HI- 11.45 (11.17-17),
LJ- 5.71i (5.51w/5.45-15), PenII- 3606i
HARRIS Sophie 12.06.93, Belgrave
3k- 9:25.77mx/9:37.40, 5k- 16:24.99mx (17:03.04-17),
10kR- 34:36
HARRISON Melanie 27.11.85, Enfield & Haringey
DT- 36.97 (43.48-11)
HARRISON Mikaela 5.08.90, Wakefield/RAF/Oxford Un
400H- 65.90 (63.13-13)
HARRISON Natasha U20 17.03.01, Stockport
200- 24.68, 400- 53.67
HARRISON Roisin U23 10.10.96, Aberdeen/Aber Un/IRL
100- 12.20w (11.97w-15),
200- 24.24w/24.43mx/24.79 (24.12w-15, 24.63-13)
HARRIS-OSMAN Latifah U17 7.05.02, Shaftesbury B
60- 7.68i, 100- 12.33 (12.2-17)
HARRY Sian 2.06.93, Belgrave
400- 56.84
HARRYMAN Bethany U20 13.10.00, Harlow
HJ- 1.65 (1.65-17), Hep- 4273
HARTIGAN Georgina U23 1.03.96, Birchfield/St Marys Un
800- 2:05.87mx/2:06.57 (2:06.48-16), 1500- 4:20.27
HARVEY Carolyn U23 31.05.96, Ayr Seaforth/St'clyde Un
TJ- 12.10i/11.95 (12.18-17)
HARVEY Eloise U20 13.11.00, Dartford
LJ- 5.65 (5.77-17), TJ- 12.22w/12.21
HARVEY Maisy U15 2.12.03, Forest of Dean
HTI- 41.54
HARVEY Rose 25.08.92, Clapham Chasers
5k- 17:12.63mx
HASLAM Amy U17 5.01.02, Sale
PV- 3.30
HATCHARD Amelia U15 13.05.05, Lewes
PV- 3.01i/2.95
HAWKE Elin Louise U17 17.09.01, Deeside
PV- 2.95i (2.80-17)
HAWKINS Chari 21.05.91, Swansea/Bath Un/USA
200- 24.44, 60H- 8.32i (8.30i-15, Hep- 6137)
100H- 13.46 (13.30-16), HJ- 1.81 (1.83i-14, 1.81-13),
LJ- 6.26, SP- 12.78 (13.25-17), JT- 43.71
HAWKINS Rebecca U20 27.09.99, Bexley
HJ- 1.79 (1.80i-17)
HAWLING Beth 28.07.94, Cheltenham
5k- 17:17.15mx (17:14.24-17)
HAY Jemima U15 28.12.03, Wycombe
LJ- 5.39
HAY Sophie U23 14.08.96, Cardiff/Cardiff Un.
60H- 8.79i, 100H- 14.46w/14.48 (14.39w-17)
HAYES Camellia 6.04.95, WSE&H
HJ- 1.76i/1.65 (1.81i-13, 1.80-16)
HEAD Katie U20 9.12.99, Newham & Ex B
HT- 59.63
HEDGETHORNE Katy 17.09.88, Cambridge & Col/
Cambridge Un
3k- 9:36.84mx/9:40.03, 5k- 16:28.72
HEDLEY Anna U15 16.01.04, Fife
1500- 4:39.28mx/4:41.73 (4:37.30-17),
3k- 9:51.34mx/9:55.10
HENDERSON Laura-Ann 1.10.94, Ashford/Brunel Un
PV- 3.20 (3.52i-12, 3.40-11)
HENDERSON Selina U23 6.04.98, Falkirk VH/Q.Marg UC
100- 12.01w/12.12 (12.04-15)

HENDRY Mhairi U23 31.03.96, VP-Glasgow/St'clyde Un
  400- 56.68 (55.81-16), 600- 1:28.9+, 800- 2:01.30i/2:03.06
HENRY Desiree 26.08.95, Enfield & Haringey
  100- 11.65 (11.04w-14, 11.06-16), 200- 23.39 (22.46-16)
HENRY Jade U20 26.12.00, VP-Glasgow
  60H- 8.89i, 100H- 14.62
HENRY Taygan U20 25.02.99, Livingston
  400H- 63.80
HENRY Tia U20 9.04.01, Livingston
  Hep- 3974
HENSHALL Elizabeth U20 20.01.00, Liverpool H
  PV- 3.35
HERBERT Poppy U17 21.02.03, C of Portsmouth
  PV- 2.90
HERRINGTON Amy U23 22.05.98, WSE&H/
  North Dakota State Un
  HT- 60.77, 20Wt- 17.29i
HESKETH Laura 9.04.83, Clayton Le Moors
  10kR- 34:39 (34:30-17)
HESLOP Maria V50 28.10.67, Tonbridge
  Mar- 2:57:05
HESLOP Sian U17 27.09.02, Macclesfield
  1500- 4:33.07 (4:31.79mx/4:32.17-17), 3k- 9:51.63
HETHERINGTON Abbie 2.10.95, Border/Oklahoma St Un
  800- 2:08.49 (2:06.26-16), 1k- 2:47.75i (2:46.18i-17)
HEWITSON Rachel U15 10.06.04, VP-Glasgow
  75HG- 11.62
HEWITT Sarah Jayne V40 31.01.74, Brighton & Hove
  DT- 38.55 (40.23-12)
HIBBERT Shanara 22.03.93, Luton
  LJ- 5.73 (5.91-14), TJ- 12.82 (12.87-17)
HICKEY Laura U17 6.01.02, Leigh
  60HI- 8.90i, 80HI- 11.86
HICKMAN-DUNNE Joanne 4.06.91, Blackheath & Brom/
  Lough St
  3k- 9:27.90i (9:33.74mx/9:44.51-16)
HIGGINSON Ffion U17 17.03.02, Bridgend
  1.5kSt- 5:10.51
HILDITCH Isabella U20 15.06.99, Blackheath & Bromley
  200- 24.64, 60H- 8.56i, 100H- 13.69 (13.67-17)
HILDITCH Jenna U13 19.04.06, VP-Glasgow
  200- 26.89, 60HM- 9.65i, PenM- 2388, PenIM- 2346i
HILL Alanah U15 20.07.04, Cardiff Archers
  3k- 10:26.01
HILL Alexandra 10.08.93, Blackheath & Bromley
  400H- 61.5/61.62 (60.87-17)
HILL April U15 7.10.03, Ipswich
  1500- 4:45.10
HILL Irie Heidi Alexa V45 16.01.69, WSE&H
  PV- 3.40 (4.20-00)
HILL Jenna 16.10.85, Sale
  1500- 4:24.83 (4:13.24-15), 5kR- 16:43 (16:07.86t-15)
HILL Jodie U17 19.02.03, Hallamshire
  1500- 4:37.74mx, 3k- 10:09.5
HILL Lauren U20 19.09.00, Chesterfield
  HT- 49.44, JT- 37.43
HILL Sarah V45 25.02.73, Farnham Runners
  Mar- 2:55:42 (2:53:05-13)
HILLEY Caroline U23 18.09.96, Central/Cambridge Un
  100H- 14.70 (14.67w-17), 400H- 62.86 (61.55-17)
HILLMAN Leah U20 10.06.99, Pendle/Lough St
  JT- 43.71 (44.18-17)
HILLMAN Lois U20 11.05.00, Cardiff
  PV- 3.30 (3.43i-17)
HILLYARD Amy 28.10.95, Birchfield/Wolvs Univ
  200- 24.95w (24.43-15), 400- 55.43 (54.85-15),
  400H- 62.07 (61.48-16)
HINCHLIFFE Elle Grace U15 16.10.03, C of Sheffield
  60HG- 9.24i, 75HG- 11.27
HIND Eloise U15 30.11.04, Radley AC
  TJ- 10.68
HINES Dionne U17 6.09.01, Vale of Aylesbury
  SPI- 12.06i
HINTON Josie 16.12.84, London Heathside
  Mar- 2:55:07

HIRST Jessica U20 27.05.99, Halifax/Bolton Un
  DT- 35.18 (36.00-17)
HITCHON Sophie 11.07.91, Blackburn
  HT- 73.48 (74.54-16)
HOAEN Phoebe U17 10.12.02, Team Kennet
  JT- 37.33, JTI- 40.57
HOARE Sophie U17 9.05.02, Blackheath & Bromley
  3k- 10:17.26
HOCKETT Gemma 8.04.85, East Essex TC
  Mar- 2:55:58
HOCKEY Fiona U23 21.01.98, Blackpool/Cardiff Met
  PV- 3.80 (3.80i-17)
HODGKINSON Danielle 11.10.84, Wallsend/Army
  800- 2:10.5, 1500- 4:19.34mx (4:26.97-14), 3k- 9:26.15,
  5k- 16:14.15, 10kR- 34:24
HODGKINSON Keely U17 3.03.02, Leigh
  400- 56.2, 800- 2:04.26, 1500- 4:29.05mx (4:29.1-17)
HODGSON Amy U23 18.01.96, Rotherham/Hallam Un
  60H- 8.79i, 100H- 14.14, LJ- 5.76i
HODGSON Ellie U20 26.08.00, Southampton
  SP- 11.63i/11.16 (12.27i/11.68-17)
HODGSON Maya U17 29.12.01, WSE&H
  1.5kSt- 5:15.9
HODGSON Megan U20 16.12.00, Cardiff
  PV- 3.70 now GRIFFITHS
HODGSON Sophie U17 25.06.02, Notts
  HJ- 1.68i (1.69-17), TJ- 11.09
HOGG Frances U13 2.09.05, C of York
  HJ- 1.52
HOLDEN Lucy U20 8.10.00, Shetland
  HJ- 1.67
HOLDER Amy U23 4.08.96, WSE&H/Brunel Un
  DT- 55.48
HOLE Molly U17 28.02.03, Salisbury
  HJ- 1.79i/1.75, SP- 10.50, SPI- 12.69
HOLGUIN Paula U20 1.10.00, Cambridge H
  JT- 37.86 (38.82-17)
HOLLAND Eva U15 3.05.04, Herne Hill
  800- 2:17.21mx, 1500- 4:39.12
HOLLAND Jamie U17 6.01.03, Swansea
  SPI- 12.10
HOLLIS-LAWRENCE Georgia U20 27.06.99, C of
  Sheffield/Hallam Un
  60H- 8.75i, 100H- 14.33 (14.30-17)
HOLLOWAY Gemma U23 7.04.97, Lincoln Wellington
  1500- 4:21.38 (4:18.46mx-16)
HOLMES Lucy Helen 29.12.92, Wakefield
  SP- 12.33 (12.51-11)
HOLT Kate 7.09.92, C of Stoke
  3k- 9:21.29mx/9:26.2 (9:23.3-17),
  5k- 16:03.55mx/16:08.04, 5MR- 27:39
HOLT Katie U20 16.06.99, Wycombe
  JT- 37.94 (39.89-16)
HOLT Lily U17 2.10.02, Chiltern H
  HJ- 1.66, Hepl- 4060
HOLYLAND Anne V35 6.11.79, Charnwood
  Mar- 2:50:11
HOOPER Natalie U23 7.02.98, Sutton & District/Lough St
  PV- 3.92
HOPKINS Alice U23 30.12.98, Oxford City
  60H- 8.73i, 100H- 13.87w/13.94, HJ- 1.70, LJ- 6.46,
  SP- 11.18, Hep- 5336
HOPKINS Danielle U17 29.12.01, Worcester AC
  HJ- 1.70i/1.70 (1.73-17), TJ- 11.28, Hepl- 4617,
  PenIi- 3349i
HOPKINS Jessica U17 6.01.02, Chelmsford
  60HI- 8.94i, HJ- 1.68 (1.68-17) , Hepl- 5127,
  LJ- 5.47 (5.75w/5.72i/5.71-17), SPI- 14.13, JTI- 42.14
HOPKINS Maegan U13 8.09.05, Chelmsford
  SPM- 10.84
HORNER Elise U13, Halifax
  800- 2:22.4
HORNER Kimberly Oxford Univ/USA
  5k- 17:15.60

HORTON Ruby U15 29.03.04, Aldershot F&D
 3k- 10:25.05
HOSKER-THORNHILL Emily 27.10.92, AF&D/St Marys Un
 800- 2:08.28, 1500- 4:14.40, 3k- 9:03.06mx/9:15.37,
 5k- 15:57.35, 5kR- 16:00, 10k- 35:34.47, 10kR- 32:54,
 2kSt- 6:41.9
HOUCHELL Emma U23 14.02.96, Basildon
 HMar- 78:43
HOULT Megan 28.11.91, Kingston upon Hull
 60- 7.71i (7.67i-16)
HOWARD Millie U23 4.02.98, Harrogate/Temple Un
 800- 2:07.67 (2:06.22-16), 1500- 4:18.73, 1M- 4:46.21i,
 3k- 9:49.97i
HOWARTH Abigail 8.10.92, Leigh
 1500- 4:24.58mx/4:26.10 (4:23.93-17), 5k- 16:47.24,
 5kR- 16:47
HOWARTH Lauren 21.04.90, Leigh
 5kR- 16:05 (15:29.26t-17), 5MR- 26:56, 15kR- 51:26+,
 HMar- 74:14
HOWE Emma U20 6.04.01, West Cheshire
 JT- 44.86, JTI- 51.87
HOWE Georgina 18.09.93, Chelmsford
 DT- 36.05 (38.03-13), HT- 50.05
HOWE Stephanie U20 19.01.99, WGreen & Ex L
 HT- 45.26 (47.32-17)
HUBBARD Sian U15 13.01.04, Tamworth
 PV- 2.75
HUDSON Molly U17 16.08.02, Derby AC
 1500- 4:38.72 (4:37.92-17)
HUGGINS Martha U23 20.05.98, Stev & NH/Durham Un
 PV- 3.17i
HUGGINS-WARD Simone 7.10.89, Coventry Godiva
 JT- 36.69 (45.57-13)
HUGHES Amber U13 3.11.05, Southport
 75- 9.95, 60HM- 9.76i (9.55i-17), 70HM- 11.16,
 SPM- 10.66, PenM- 2436
HUGHES Cari U20 15.03.99, Swansea/Lough St
 1500- 4:17.51, 3k- 9:25.17mx (9:29.77i/9:43.35-17)
HUGHES Jessamine U15 24.08.05, Notts
 800- 2:17.3
HUGHES Lucy U15 16.10.03, Cornwall AC
 PV- 3.00
HUGHES Madeleine U15 17.09.03, R Sutton Coldfield
 HTI- 41.11
HUGHES Anandamayi U20 5.11.00, Havering
 LJ- 5.62, TJ- 12.40
HUGHES Megan U17 28.11.01, Ipswich
 JTI- 38.19 (39.43-17)
HUGHES Michelle Zoe U23 1.02.98, Havering/Harvard Un
 200- 24.87, 60H- 8.81i (8.71i-17), 100H- 13.87w/14.17
 (13.78-17), 400H- 62.64 (61.20-15), LJ- 5.74i (6.07i/5.99-
 17), SP- 12.95, JT- 39.48, PentIS- 3952i (4093i-17)
HULLAND Jasmine Samantha U17 29.11.02, Cueva de Nerja
 (ESP)
 TJ- 11.55
HULLAND Lily Rosa U17 1.09.01, Cueva de Nerja (ESP)
 400- 58.14, 100HI- 14.87, 400H- 63.72, TJ- 12.88,
 Hep U18- 3810
HULME Katie U17 12.08.02, Shrewsbury AC
 300H- 46.0/46.36 (46.21-17)
HUMPHREYS Corinne Dawn 7.11.91, Orion/E.London Un
 60- 7.47i (7.38i-16), 100- 11.41 (11.39-17)
HUMPHREYS Isabelle U15 22.05.04, Crawley
 HJ- 1.69, PenG- 2938
HUMPHREYS Jessica U17 30.10.01, Wolves & Bilston
 3k- 10:12.62
HUNT Amy U17 15.05.02, Charnwood
 60- 7.46imx/7.49i (7.43i-17),
 100- 11.54w/11.56 (11.53w-17), 200- 24.55 (24.33-17)
HUNT Amy U12 22.09.04, Wakefield
 PV- 3.23
HUNT Erin U15 22.09.04, Wakefield
 PV- 2.80i/2.74
HUNTER Emma U17 14.02.02, Southampton
 DT- 33.58

HUNTER Hannah V35 7.10.82, Manx H
 10kW- 53:05.7, 10kWR- 53:55 (51:37-16),
 20kW- 1:51:11 (1:47:17-17), 50kW- 5:11:06
HUNTER Jessica U23 4.12.96, Shaftesbury B
 100- 12.11, 60H- 8.51i (8.47i-15), 100H- 13.30w/13.33
HUNTER Rachel Joanne 30.08.93, North Ayrshire
 HT- 57.78 (66.46-17)
HUNTER Tammie-Louise U15 28.11.03, Chirnside Ch.
 JTI- 34.09
HUNTER Zoe U15 19.01.04, Leeds
 800- 2:14.62
HUTCHINSON Kelse 6.10.94, Derby AC
 SP- 11.29, HT- 49.72
HUTCHISON Jade U17 3.05.02, Pitreavie
 100- 12.37 (12.07w-17), 200- 24.76 (24.6w/24.64-16),
 300- 40.12
HUTTON Madison U17 15.01.03, Kingston & Poly
 LJ- 5.45, HepI- 4125
HUXHAM Saskia U20 14.11.00, Hallamshire
 800- 2:09.40mx (2:09.25-17), 400H- 64.47
HYLTON Cheriece U23 19.12.96, Blackheath & Bromley
 60- 7.47i, 200- 23.63 (23.15w-15, 23.23-17),
 400- 53.73 (52.68mx/52.88-17)
HYLTON Shannon U23 19.12.96, Blackheath & Bromley
 100- 11.44, 200- 22.78 (22.73w-15)

I BBETSON Jemma U23 3.09.97, Leeds
 DT- 47.07
IBBOTSON Helen V40 75
 Mar- 2:57:34
IGBINIDU Marvellous U13 30.06.06, Inverness
 DTM- 29.40
IJINIGBA Zoe U15 18.09.04, Herne Hill
 HJ- 1.60
IKE Cynthia U15 2.05.04, Kettering
 100- 12.52w/12.59
INGLE Katie 4.03.95, R Sutton Coldfield
 1.5kSt- 4:45.13, 3kSt- 10:08.16 (10:02.34-17)
INGLIS Sarah 28.08.91, Lothian RC
 5kR- 16:27 (15:41.29t-17), 10MR- 55:34
IRONSIDE Brooke U17 18.06.03, Bournemouth
 200- 25.15w
IROZURU Abigail 3.01.90, Sale
 LJ- 6.64w/6.60 (6.80-12)
IRVINE Iona U15 22.11.04, Basingstoke & MH
 100- 12.5, 75HG- 11.5, HJ- 1.60
ISAAC Ellie-Rose U15 3.01.04, Cardiff Archers
 60HG- 9.39i
ISAIAS Ella U15 22.11.04, Erme Valley
 HJ- 1.62
IVE Jade 22.01.92, Sutton & District
 PV- 4.25i/4.25 (4.36i-17)
IVES Abigail U15 6.02.04, Basildon
 800- 2:17.5
IVES Isobel U23 17.06.98, Basildon/Bath Un
 800- 2:08.74 (2:07.43-13),
 1500- 4:26.12mx (4:25.26mx-16)

J ACKSON Avril 22.10.86, Edinburgh AC
 400- 56.57 (55.64-16), 400H- 60.45 (58.66-17)
JACKSON Ella U15 5.10.03, Cardiff Archers
 DT- 29.21
JACKSON Emma Frances 7.06.88, Chapel Allerton
 800- 2:07.75 (1:59.37-12)
JACKSON Esther U17 9.08.03, Cambridge H
 60- 7.80i, 100- 12.35, TJ- 11.00
JACKSON Hannah 8.09.91, Bristol & W
 100H- 15.23w (14.61-13)
JACKSON Louise Judith Caton 9.02.91, Southampton
 3k- 9:22.99imx/9:37.26, 1.5kSt- 4:48.71 (4:44.83-09),
 2kSt- 6:42.96 (6:26.08-16)
JACKSON Tia U17 5.08.02, Bristol & W
 60- 7.68i, 100- 12.05, LJ- 5.76 (5.76-17),
 200- 24.65w/25.0/25.11i/25.20 (24.77-17)

JACOBS-CONRADIE Charlene V40 31.07.78, Luton
　Mar- 2:52:54
JAKISA Sharon U23 15.01.96, Aberdeen
　100- 12.12w
JALLOH Sierra U13 27.11.05, Southport
　75- 9.9, 150- 19.6w, 200- 26.9
JAMES Helen V45 5.09.72, Barrow Runners
　24Hr- 188.381km (213.576km-13)
JAMES Je'nae U15 16.01.04, Herne Hill
　SPI- 12.46
JAMES Lisa 30.10.94, Birchfield
　TJ- 12.43w/12.01 (13.22w/13.03-15)
JAMES Lucy U15 2.10.03, Bracknell
　SPI- 11.07, DT- 32.18
JAMIESON Elspeth U23 5.09.96, C of Norwich/
　Birmingham Un
　JT- 45.44
JANSEN VAN RENSBERG Danel U23 28.12.98,
　Birchfield/Lough St
　400H- 61.65 (60.37-17)
JAPAL Salome U23 6.09.98, Enfield & Haringey
　60- 7.68imx/7.68i, 100- 11.97w/12.18 (12.02-17)
JAPP Emily 18.12.90, Blackpool
　5MR- 27:47
JARAD Emily U20 24.03.01, Stockport
　TJ- 11.16i (11.39-15)
JEGER Maisie U15 24.11.03, Newbury
　LJ- 5.24, SPI- 11.11, PenG- 3070
JEGGO Rebecca U20 12.01.00, Colchester H
　100- 11.97w/12.0/12.16 (12.11-17), 200- 24.6/24.73
JENKINS Andrea Louise V40 4.10.75, Nene Valley H
　DT- 39.62 (42.68-06), HT- 48.56 (53.25-12)
JENKINS Emily U17 10.07.02, Cheltenham
　HJ- 1.64
JENKINS Grace 27.08.93, Newham & Ex B
　DT- 45.26
JENNINGS Abigail U20 10.07.00, Aldershot F&D
　3kW- 14:53.07, 5kW- 25:57.66, 10kWR- 53:30
JENNINGS Rebecca 7.12.90, Harrow
　100H- 14.87 (14.18-15), 400H- 61.72
JENNINGS MCLAUGHLIN Amelia U23 20.04.97,
　Trafford/Edge Hill Un
　HJ- 1.65i (1.80i/1.77-15)
JERGES Ruby U15 18.03.04, Crawley
　LJ- 5.32
JERVIER Milan U15, Middlesex Schools
　100- 12.57w
JESSOP Marli U17 27.06.03, Dacorum & Tring
　60HI- 8.80i, 80HI- 11.33
JESUDASON Andrea 5.12.92, Bristol & W
　TJ- 11.40
JEYNES Sophie U13 22.03.06, Pitreavie
　PenIM- 2206i
JOHANSEN Kimberly 18.11.94, Chelmsford
　800- 2:08.53 (2:08.31-17), 1500- 4:18.42 (4:17.35-17),
　3k- 9:38.98i
JOHNS Rebecca U17 9.11.01, Sutton in Ashfield
　60HI- 8.77i, 80HI- 11.20, 100HI- 14.58, 100H- 15.2,
　LJ- 5.56, TJ- 11.19 (11.29-17)
JOHNSON Hannah 14.06.94, WSE&H/Cardiff Met
　SP- 11.47i (11.48i-14), JT- 49.23 (51.57-17)
JOHNSON Katie U15 30.04.05, Edinburgh AC
　800- 2:14.04imx/2:15.81, 1500- 4:33.44
JOHNSON Madeleine U17 5.12.01, Dorchester
　1500- 4:34.26mx/4:36.42
JOHNSON Parris U20 20.01.99, Blackheath &
　Bromley/Brunel Un
　100- 12.10w/12.1i/12.20, 200- 24.99
JOHNSON Rebecca 6.02.95, Highgate H
　1500- 4:28.05mx, 3k- 9:43.94mx, 5k- 16:56.45mx
JOHNSON Rosemary U23 17.09.97, Liverpool Pemb S/
　Lough St
　800- 2:09.92mx (2:06.94-16),
　1500- 4:24.42mx (4:15.32mx-14, 4:18.39-15)

JOHNSON Victoria U17 7.10.01, Charnwood
　60- 7.89imx, 100- 12.36 (12.22w-17), 60H- 8.91i,
　60HI- 8.54i, 80HI- 11.3w/11.33w/11.34 (11.15-17),
　100HI- 13.84, 100H- 15.02i
JOHNSON-THOMPSON Katarina Mary 9.01.93, Liver H
　Hep- 6759, PentIS- 4750i (5000i-15), JT- 42.16,
　200- 22.88 (22.79-16), 800- 2:09.84 (2:07.64-13),
　60H- 8.36i (8.18i-15), 100H- 13.34 (13.29-17),
　HJ- 1.93i/1.91 (1.98-16), SP- 13.09 (13.14-16),
　LJ- 6.71i/6.70 (6.93i-15, 6.92-14),
JOHNSTONE Kate U20 12.04.00, Team East Lothian
　200- 24.79, 400- 56.73mx
JOLLY Jasmine U17 7.12.01, Preston
　400- 57.7, 60HI- 8.65i, 80HI- 11.1, 300H- 42.0/42.21,
　400H- 59.79
JONES Alice U15 23.01.04, Wharfedale
　1500- 4:44.71
JONES Ava U15 21.11.04, Doncaster
　60- 7.91imx/7.99i (7.99i-17), 100- 12.47w,
　200- 25.02w/25.16i/25.25
JONES Ayesha U13 7.10.06, Marshall Milton K
　JTM- 31.24
JONES Bronte Leigh U20 17.10.99, C of Sheffield
　SP- 12.70, DT- 40.80 (42.53-16), HT- 42.57
JONES Caryl Mair 4.04.87, Swansea
　5kR- 16:45+ (15:37.3t-12), 10kR- 33:18 (32:31-12),
　15kR- 51:52+ (49:59+-12), HMar- 73:28 (71:18-12),
　Mar- 2:40:41 (2:34:16-17)
JONES Carys U23 17.12.98, Carmarthen
　PV- 3.60i/3.30 (3.45-16)
JONES Chloe U20 1.10.99, Gloucester AC
　DT- 41.21
JONES Christina 5.04.90, Bristol & W
　SP- 11.68 (11.89-16), HT- 61.73 (63.98-15)
JONES Dalis Trudie U15 21.10.03, Yate
　1500- 4:44.4mx (4:44.80-17)
JONES Eve U15 10.06.04, Skyrac
　3k- 10:27.15
JONES Gabriella U15 23.09.04, C of Portsmouth
　SPI- 12.69
JONES Gemma U17 13.03.02, Corby
　300- 40.0/40.13i/40.56
JONES Hannah U20 1.03.00, WSE&H
　LJ- 5.56
JONES Harriet 30.06.88, WSE&H
　100- 11.90w/12.18 (11.9-17), 200- 24.89,
　100H- 14.33w/14.70 (13.82w/13.99-13)
JONES Lucy U23 18.09.98, Charnwood/Temple Un
　3kSt- 10:39.36
JONES Macey U20 18.07.00, Swansea
　TJ- 11.82 (11.90-17)
JONES Maya U17 10.02.03, Taunton
　HJ- 1.72
JONES Molly U17 26.10.01, WSE&H
　3k- 10:11.60mx/10:19.20
JONES Olivia U20 20.02.00, Birchfield
　100H- 15.19, HJ- 1.72, SP- 11.11, Hep- 4727
JONES Rachel U20 20.12.99, Swansea
　JT- 36.12
JONES Rochelle 27.09.90, Newham & EB/East London Un
　TJ- 11.78i/11.36 (12.11-10)
JONES Samia U15 2.09.03, Menai
　800- 2:16.24, 1500- 4:33.15, 3k- 9:59.8mx
JONES Stephanie U15 20.09.04, West Cheshire
　LJ- 5.27
JONES Tait U20 14.02.01, Walton
　DT- 41.34
JONES Taiya U20 1.09.00, Cardiff Archers
　Hep- 4215
JONES Tish 7.09.85, Belgrave
　10kR- 34:17 (32:58-17)
JOSHUA Blessing U20 21.05.01, Newham & Ex B
　SP- 11.45
JOYCE Katie U20 26.01.01, Leeds
　Hep- 4308

JUBB Antonia U15 13.01.05, St Albans AC
 3k- 10:35.44mx
JUDD Jessica May 7.01.95, Blackburn/Lough St
 800- 2:04.26mx/2:05.36 (1:59.77-14), 10kR- 32:42,
 1500- 4:07.50 (4:03.73-17), 3k- 8:53.29 (8:43.24mx-17),
 5k- 15:37.23 (15:34.82-17
JUDD Jodie U23 25.09.98, Chelmsford/Florida State Un
 1M- 4:45.85i, 3k- 9:37.29i (9:39.96mx-16. 9:44.97-17)
JUMA Saada U17 22.05.03, Middlesboro Mandale
 HTI- 46.02

KABEYA Sadia U17 22.02.02, South London H
 HT- 40.88
KAFKE Tara 17.02.89, Radley AC
 400- 55.83 (54.51-12), 800- 2:09.42
KAY Anya 7.05.91, Bournemouth
 100H- 14.7 (14.4-14)
KEARNEY Ellen-Mary U15 29.10.03, Wirral
 800- 2:15.82
KEARNEY Emily Josephine 10.11.95, Wirral
 1500- 4:28.26, 3k- 9:38.18i, 5k- 16:54.12,
 10k- 35:03.21, 3kSt- 10:54.35
KEARSEY Sarah 30.08.94, Exeter
 400H- 60.97
KEATING Rebecca U23 31.08.97, Shaft B/Missouri Un
 HT- 63.87, 20Wt- 18.50i
KEEN Rebecca U20 5.12.00, Sale
 TJ- 11.26
KEHLER Lisa Martine V50 15.03.67, Wolves & Bilston
 5kW- 26:03.00 (21:42.51-02),
 20kW- 1:51:45 (1:33:57-00)
KEIGHER Daisy U15 29.01.04, Stockport
 LJ- 5.24
KEISLER Leah U17 3.05.03, Law & District
 300H- 45.89
KELLOCK Nicola U23 13.05.96, Lothian
 JT- 36.92
KELLY Angela Margitta U13 15.10.05, Aberdeen
 SPM- 10.37, DTM- 30.48, PenM- 2434, PenIM- 2524i
KELLY Eimear U17 29.03.02, Derry
 60HI- 8.80i, 80HI- 11.80, 300H- 46.32
KELLY Erika 6.12.92, Northern (IOM)
 3kW- 13:45.12i+/13:45.20 (13:15.88-17),
 5kW- 23:23.69i (23:20.19-17), 5kWR- 23:45,
 10kW- 48:47.3, 10kWR- 48:05, 20kW- 1:39:36
KELLY Hannah U20 20.12.00, Bolton
 60- 7.66i (7.63i-17), 100- 11.78w/11.8/11.83,
 200- 23.8/23.98, 400- 55.99
KELVIN Joy U17 11.01.03, Bexley
 80HI- 11.73
KENDALL Lily U15 9.08.04, Camberley
 HTI- 39.26
KENDALL Nicole U23 26.01.96, K'ton & Poly/St Marys Un
 200- 24.67 (24.43-17), 400- 55.67 (54.59-16),
 400H- 62.6/64.08
KENNEDY Amy U15 2.07.04, Cumbernauld
 SPI- 12.26i/11.03
KERR Charlotte U20 6.08.01, Rotherham
 HJ- 1.68i (1.69-17)
KERR Emily U15 12.01.05, Blackheath & Bromley
 60- 7.92i, 100- 12.59, 200- 25.49
KERSEY Gemma 6.02.92, Basildon
 1500- 4:27.14 (4:13.54-12)
KHAMBAI-ANNAN Tyra U15 21.12.04, Team Hounslow
 60- 7.76i, 100- 12.1/12.20
KIDDLE Aleasha 17.08.92, Chelmsford
 60- 7.46i, 100- 11.96 (11.81-17), 200- 24.06
KIDGER Bethan 16.03.94, Brighton Phoenix
 800- 2:07.66, 1500- 4:17.76, 3k- 9:30.05imx,
 10kR- 34:35
KIDNEY Zoe Ellen U20 17.10.00, Pendle
 JT- 42.59
KIDUKULA Laure U15 10.10.03, Sale
 300- 41.4/41.59, 800- 2:15.81

KIHUYU Nandy U15 15.06.05, Hallamshire
 60- 7.90imx/8.04i, 200- 25.8/25.88i, 300- 40.25,
 400- 57.77i
KILGALLEN Niamh U15 13.04.04, Tamworth
 HJ- 1.60
KILLANDER Linnea 20.01.93, Thames Valley/SWE
 100- 11.85w/12.04 (11.85-06),
 200- 24.01w/24.15 (23.81-06)
KILLILEA Freya U15 22.06.04, Havering
 DT- 31.68
KIMBOWA Olivia U17 17.11.01, Bolton
 300- 40.53
KING Imogen U17 8.09.02, Marshall Milton K
 1.5kSt- 5:16.48
KING Indienne U15 5.07.04, Wreake & Soar Valley
 800- 2:15.95
KING Millie U15 5.11.04, Ipswich
 200- 25.48
KINGHAM Hannah U15 10.01.04, Elgin
 DT- 30.84, JTI- 35.67
KINGHAM Siobhan U23 2.11.98, Edinburgh AC/Edin Un
 TJ- 12.07i (12.04w/11.82-17)
KIRBY Lucy Elizabeth U15 19.01.04, Crawley
 60HG- 9.38i, 75HG- 11.57
KIRK Elinor 26.04.89, Swansea
 Mar- 2:57:01 (2:36:22-17)
KNIGHT Emily U15 5.02.04, Enfield & Haringey
 60HG- 9.09i, 75HG- 11.31
KNIGHT Kimberley U13 6.01.06, Newquay & Par
 HJ- 1.58
KNIGHT Ottilie U20 1.02.01, Salisbury
 JT- 38.02
KNIGHT Victoria V40 3.10.76, Cambridge & Coleridge
 HMar- 76:22 (74:43-17)
KNIGHTS Bethan 28.09.95, Bristol & W/California Un
 3k- 9:07.01i (9:18.1+-14), 5k- 15:45.94i (15:51.49-15)
KNIGHTS-TOOMER Emilie U20 21.04.00, Ashford
 JT- 36.01 (37.58-16)
KOENIGSBERGER Lucy U17 4.09.01, Shaftesbury B
 HTI- 53.51 (54.59-16)
KOLAN Martyna U17 23.02.02, Edinburgh AC
 HTI- 46.72 (47.05-17)
KONE Emmanuella U17 3.04.03, Cardiff
 60- 7.68i, 100- 12.27
KONE Holly U17 7.12.01, Notts
 300- 40.51, 400- 58.5
KORCZAK Elizabeth U17 12.04.03, Brighton & Hove
 JT- 39.40, JTI- 48.07
KORF Sofija 5.08.94, WSE&H/LTU
 LJ- 5.66 (6.01-17)
KOWALSKA Agata U23 22.09.98, Hyde Park H/POL
 3kW- 13:18.79, 5kW- 23:22.0, 10kWR- 48:47
KUPONIYI Omolola U15 5.03.04, Havering
 SPI- 14.36
KUTER Hayley V40 16.01.78, Salford/NZL
 Mar- 2:57:56 (2:47:09-12)
KUYPERS Darcey U23 27.08.98, Medway &
 Maidstone/Brunel Un
 100- 12.13 (12.09-17)
KYLE Georgia U20 18.09.99, Blaydon
 DT- 40.82 (41.25-17)

LAKE Iona 15.01.93, C of Norwich
 1500- 4:28.63 (4:21.30-15), 5kR- 16:31 (16:15.93t-15),
 3kSt- 9:58.92 (9:39.03-17)
LAKE Jessica U17 25.09.02, Mansfield H
 300H- 45.47
LAKE Morgan U23 12.05.97, WSE&H/Lough St
 HJ- 1.97, SP- 11.74 (14.85-14)
LAKIN Yasmin 8.10.95, Shaftesbury B/London Un
 TJ- 11.50 (12.05i-17, 12.01-16)
LALLY Jade 30.03.87, Shaftesbury B
 DT- 59.83 (65.10-16)

LAMBERT Chloe 22.05.94, VP-Glasgow/Glas Caled. Un
100- 12.15 (11.92w/11.94-17),
200- 24.69 (24.25w-17, 24.27-16), 400- 55.07 (54.94-17)
LAMBERT Jessica U20 31.01.01, Crawley
400H- 62.1/62.26
LAMBERT Katie U23 6.11.98, Kidd & Stourport/Lough St
HT- 56.85 (58.27-17)
LANDIM Claudimira U20 5.07.00, VPH &TH
TJ- 12.46i/12.33 (12.37-16)
LANE Elise U23 2.11.96, Woking/Cambridge Un
JT- 36.81
LANE Lucy U13 8.05.06, Stratford-upon-Avon
HJ- 1.51
LANG Naomi Helene U20 7.02.00, Aberdeen/Edin Un
1500- 4:20.92, 3k- 9:34.03
LANGDALE Danni U23 13.03.98, Telford
PV- 3.40 (3.40-14)
LANNIE Nicole U17 24.01.03, Doncaster
60HI- 8.76i, SPI- 12.46
LANSIQUOT Imani-Lara U23 17.12.97, Sutton & District
60- 7.21i, 100- 11.11
LARKINS Josephine U17 17.08.03, Braintree
HT- 39.72, HTI- 46.50
LARKINS Megan U23 2.08.98, Braintree/Lough St
DT- 38.07, HT- 57.90
LARSEN Jasmine U15 13.05.05, Southampton
JTI- 35.39
LASSETER Megan U17 18.05.02, Stockport
TJ- 10.86w
LASSETER Rosie Ann U15 9.01.04, Stockport
DT- 29.16, HTI- 39.86
LAVERTY Cara U15 14.09.03, Derry
1500- 4:42.4
LAW Kirsty Marie 11.10.86, Sale
DT- 56.37 (57.79-12)
LAW Phoebe U23 12.01.97, Kingston & Poly
10kR- 33:11 (33:00.84t- 17)
LAWLER Hannah 24.10.95, VP-Glasgow/Glasgow Un
PV- 3.70
LAWLER-RHODES Joanna U23 3.10.98, Bingley
TJ- 11.78
LAWRENCE Evie U17 15.04.03, Swansea
PV- 3.10
LAWRENCE Holly U17 12.02.03, Basildon
60HI- 8.88i, 80HI- 11.42, Hepl- 4289
LEAKEY Imogen U17 10.10.02, Team Bath
200- 25.28w/25.35
LECKY Sommer U20 14.06.00, Finn Valley/IRL
HJ- 1.90
LECOUTRE Susannah U15 5.04.04, Guildford & God
800- 2:14.68
LEDINGHAM Georgia U17 24.07.03, Corstorphine
1500- 4:37.87, 1.5kSt- 5:08.90
LEE Cerys U20 4.11.00, Taunton
LJ- 5.62w, Hep- 4444
LEFEBVRE Jilly U15 1.04.04, North Ayrshire
60HG- 9.37i, HJ- 1.67, PenG- 3142, PenIG- 3032i
LEHTINEN Isabella U15 24.02.05, Crawley
LJ- 5.27
LEIGH Ava U17 27.08.03, Burnley
HT- 40.29
LEIGH Olivia U15 3.11.03, Chorley
800- 2:16.9
LEIGHTON Amelia U15 28.10.03, Stratford-upon-Avon
60HG- 9.42i, 75HG- 11.48, TJ- 11.29w/11.15i/11.10
LEIKIS Isobel U17 18.10.02, Woking
HJ- 1.69
LEONG Esther U20 28.01.00, Bristol & W
PV- 3.52i/3.35 (3.64-17)
LESLIE Jodie 1.05.93, Bedford & County
200- 24.58wmx/24.92 (24.58/24.43wSt-16, 24.56w-17)
LEVER Georgina U20 6.12.99, Bolton
TJ- 11.58i (11.68-17)
LEVY Miriam U17 8.02.03, Hallamshire
HJ- 1.63 (1.64-17)

LEWINGTON Hannah U13 15.03.06, Swindon
JTI- 35.04, JTM- 41.66
LEWIS Heather 25.10.93, Pembroke
3kW- 12:54.71, 5kWR- 22:37+ (22:09.87t-14),
10kWR- 47:57+/48:27 (46:59-14), 20kW- 1:36:14
LEWIS Imogen U15 27.09.03, Lasswade
TJ- 11.24
LEWIS Jessica U15 23.10.03, Bristol & W
JTI- 43.30
LEWIS Lauren U17 28.09.01, Southport
100- 12.3
LEWIS WARD Lucy U17 26.02.02, Cambridge H
3kW- 16:25.2 (15:56.1-16), 5kW- 27:56.2 (27:51.0-17)
LEWIS WARD Sophie U20 7.04.99, Cambridge H
3kW- 15:30.71i (13:51.35+-16)
LIDDELL Mia U15 21.12.03, Blyth RC
60HG- 9.42i
LIGHTBODY Victoria U15 4.05.04, C of Lisburn
800- 2:12.56, 1500- 4:45.06mx
LINAKER Alice U20 6.12.99, C of York
60H- 8.85i, 100H- 15.07 (14.73w/14.89-17), HJ- 1.68i,
TJ- 11.31i (11.17-17), PentIS- 3677i
LIPSCOMBE Chloe U15 4.12.03, Crawley
HTI- 43.88
LISK Sophie U13 5.04.06, Cardiff Archers
60HM- 9.89i, 70HM- 11.20w/11.3/11.34, HJ- 1.53
LITTLE Erin U13 25.09.05, Chelmsford
800- 2:21.63
LITTLEMORE Sophie Marie 25.12.95, Gateshead
SP- 14.02, DT- 46.80
LIVERPOOL Yasmin U20 15.01.99, Coventry
Godiva/Warwick Un
200- 24.6/24.92 (24.92-16), 400- 54.86
LIVINGSTONE Ellie U17 6.09.01, Winchester
300H- 45.32
LIVINGSTONE Scarlett U13 13.09.05, Exeter
1500- 4:48.05
LLEWELLYN Ffion Marie U20 11.03.00, Bridgend
PV- 3.27i/3.20 (3.40-16)
LOBLEY Erin U15 12.10.04, Hallamshire
HJ- 1.61i, LJ- 5.27i, SPI- 12.46i/11.22, PenIG- 3400i
LOCKE Eloise U20 19.04.01, Blackheath & Bromley
JT- 42.07
LOCKETT Candise U20 13.05.99, Birchfield/Mt Olive Un
SP- 11.44, DT- 35.62, HT- 53.77
LOCKETT Eden U15 22.04.04, Scunthorpe
HTI- 40.96
LOCKEY Madison U13 25.11.05, Harrogate
70HM- 11.3/11.40
LOCKWOOD Megan U17 17.06.02, Manx H
DT- 33.68
LOGAN Olivia U15 24.06.04, Southport
1500- 4:44.44
LOGAN Sheena 27.01.84, Fife
Mar- 2:51:11dh (2:55:30-13)
LONGDEN Hannah Louise U20 4.12.00, Cardiff
200- 24.83w
LONGLEY Kirsty V40 21.07.76, Liverpool Pembroke S
3k- 9:43.04mx, 5k- 17:10.99, 5kR- 16:44, 5MR- 27:46,
HMar- 76:30sh/78:27
LONGSTAFF Rachel U23 15.11.97, Cheltenham/
Cambridge Un
5k- 17:08.62
LONSDALE Darcey U17 17.10.02, Preston
800- 2:10.82, 1500- 4:37.87mx
LORD Katie U20 6.01.99, Notts/Notts Un
2kSt- 7:15.98, 3kSt- 11:11.91
LOTT Amy U15 22.12.03, Morpeth
60HG- 9.27i, 75HG- 11.21w/11.44
LOUGHLIN Anna U20 25.10.00, Bristol & W
HT- 51.35
LOVELL Elise 9.05.92, Havant/Brighton W
200- 24.99 (24.58-15), 60H- 8.64i (8.56i-17), HJ- 1.66,
100H- 14.11 (13.78w-17, 13.86-15), LJ- 6.08i/6.00
(6.07w-15, 6.02-16), PentIS- 3881i (3892i-17), Hep- 5400,

LOVELL Jasmine U20 27.06.01, Birchfield
TJ- 11.21
LOVELOCK Chanel U13 9.07.06, WSE&H
SPM- 10.08
LOVERING Abbie U17 23.07.03, Wimborne
300H- 44.73, 400H- 65.7
LOVETT Ellie U17 13.02.03, Isle of Wight
DT- 33.74
LOVEWELL Sarah 14.09.94, C of Stoke
3k- 9:49.70mx, 5k- 16:33.79
LOVIBOND Ella U17 26.11.01, Radley AC
HT- 44.58, HTI- 53.47 (54.36-17)
LOWE Angela U17 21.11.01, Reading
SPI- 12.07 (12.28-17)
LOWE Phillipa 7.04.92, Dacorum & Tring
200- 24.13w (24.5-16, 24.61-14), 400- 52.85,
800- 2:07.19i
LOWERY Sarah V35 15.04.82, Rotherham
HMar- 77:03sh, Mar- 2:44:48 (2:44:27-17)
LOWNDES Mia U17 6.06.02, Stockport
60- 7.87i, 100- 12.26, 80HI- 11.84w, HepI- 4393
LUCAS Zoe U23 7.01.97, Notts/Notts Trent Un
100H- 14.73w (14.41-16)
LUKE Maisy U15 5.05.05, Cornwall AC
3k- 10:32.7mx
LUNDY Alison (nee LEONARD) 17.03.90, Blackburn
800- 2:08.57 (2:00.08-14)
LUPTON Amy 31.07.94, Preston
TJ- 11.17 (11.66-15), JT- 40.18 (44.87-14)
LYONS Emma Jane 14.06.87, Notts
PV- 3.40 (4.31i-09, 4.25-10)
LYONS Katie U17 8.11.01, Kingston & Poly
DT- 35.04 (35.79-17)
LYONS Sarah U13 27.03.06, Swansea
LJ- 4.96

MABBOTT Georgina U13 18.10.05, Gateshead
PenM- 2384
MacANGUS Kerry U20 31.03.99, Kilbarchan
1500- 4:28.52mx (4:26.79mx-17)
MACAULAY Hannah U17 9.09.01, Blackheath & Bromley
SP- 11.50, SPI- 12.63 (13.30-17), DT- 40.18
MACDONALD Amelia U20 3.05.01, WGreen & Ex L
100H- 15.28w, LJ- 5.62w/5.61, Hep- 4021
MACDONALD Emily U20 21.12.99, Bracknell
PV- 3.26i (3.40i/3.40-17)
MACDOUGALL Morgan U17 10.03.03, VP-Glasgow
PV- 3.01
MACE Ruby U15 5.09.03, Havering
60HG- 9.31i, 75HG- 11.43
MACE Sophie U23 7.10.98, Thames Valley/Lough St
SP- 11.59i/11.56 (11.79-15), DT- 46.37 (47.35-15),
HT- 48.96
MACFADYEN Anna U20 19.06.99, Forres H
5k- 17:12.95
MACFARLANE Erin U13 4.11.05, Pitreavie
1500- 4:51.18mx
MACGUIRE Courtney 30.04.90, Edinburgh AC
PV- 3.80i/3.80 (4.02i-15, 4.00-14)
MACHEATH Paige U20 21.10.99, Cambridge H
JT- 38.72
MACHIN Julia Margaret V45 26.03.70, Brighton & Hove
SP- 11.10 (12.27-07)
MACKINSON Katie U17 20.09.02, Reigate
JTI- 41.41
MACKINTOSH Katie U20 23.04.01, Newark AC
400H- 65.95
MACLEAN Anya U15 15.08.04, Garscube
1500- 4:40.76, 3k- 10:16.30mx
MACLENNAN Mhairi 26.03.95, Inverness/Edinburgh Un
3k- 9:17.06mx/9:30.22, 5k- 16:09.76, 10k- 33:28.61,
10MR- 56:30
MACLENNAN Rachel U17 3.04.02, Inverness
HT- 43.63, HTI- 52.38

MACPHERSON Iona U20 24.05.01, C of Lisburn
TJ- 11.31
MADDEN FORMAN Emily U20 29.09.99, Stratford-u-Avon
100H- 15.2 (14.70w/15.28-17), HJ- 1.70
MADDISON Megan U15 12.11.03, Dacorum & Tring
JTI- 35.60
MADDOX Grace U23 12.07.97, Preston/Leeds Un
800- 2:10.15, 1500- 4:27.17
MADDOX Laura 13.05.90, Swansea
400- 53.76 (52.32i-15, 52.73-14), 800- 2:03.86
MADINE Lauren U13 29.09.05, East Down
1500- 4:57.19
*MAGEEAN Ciara 12.03.92, C of Lisburn/IRL
800- 2:02.13 (2:00.79-16), 1500- 4:04.13 (4:01.46-16),
1M- 4:26.75 (4:22.40-17), 5kR- 16:20*
MAGUIRE Caitlin U20 2.02.99, North Belfast
60- 7.74i (7.74i-17)
MAHAY-GOODRICH Elianne U23 13.11.98, Enfield & Ha/
Cardiff Un
SP- 11.54i (11.44-16)
MAILER Emma U17 24.02.02, Central
300H- 45.35 (44.45-17), 400H- 66.41 (64.00-17)
MAJOR Lauren 5.11.94, Thames H & H/Cambridge Un
5k- 17:21.07
MALCOLM Zahara U15 3.09.04, WGreen & Ex L
300- 41.75
MALE Bethan Brighton Tri Club
Mar- 2:57:35
MALE Isabel U15 17.02.05, R Sutton Coldfield
60- 7.89i, 100- 12.45, 200- 25.07
MALE Joanna 6.06.92, West End Runners
Mar- 2:56:50
MALIK Indiana U17 8.07.02, Notts
100- 12.1, 200- 24.82w/24.9/25.11
MALIK Poppy U15 27.11.03, Notts
200- 25.32w/25.39, 300- 39.69
MALIR Georgia U23 20.02.96, Leeds/Leeds Un
1500- 4:27.10 (4:26.45mx/4:26.48-17),
3k- 9:45.09mx (9:37.26-17), 5k- 17:14.11 (16:55.45-17),
10kR- 34:47 (34:28-17)
MALONE Shannon U23 27.05.97, Deeside/Lough St
60- 7.65i (7.46i-15), 100- 11.71
MALTBY Emily 1.03.95, Nene Valley H
TJ- 11.17 (11.62-17)
MALTBY Kate 26.07.85, Bristol & W
3k- 9:22.54imx (9:00.81i/9:05.6-17),
10kR- 33:59 (33:30-17)
MANCHESTER Orla U17 18.06.03, Camberley
DT- 36.68
MANN Annie U13 2.03.06, Southampton
1500- 4:50.5
MANNING Ella U15 30.12.03, Aldershot F&D
75HG- 11.15w/11.26, PenG- 3034
MANNION Isobel U17 4.04.02, Basingstoke & MH
1500- 4:35.95
MANSELL Fleur U17 18.06.03, Poole
TJ- 10.86w
MANSON Nikki 15.10.94, Giffnock North
HJ- 1.90i/1.87, JT- 37.59 (41.33-17)
MAPAMBOLI Diane U17 9.03.02, VPH &TH
TJ- 12.00
MAPPS Caitlyn U17 27.11.02, Cardiff Archers
100- 12.20wmx/12.27, 200- 24.68, 300- 39.82, 60HI- 9.00i,
80HI- 11.45, LJ- 5.66w/5.65i/5.64 (5.66w-17)
MARCH Phoebe U17 4.12.02, C of Portsmouth
HTI- 48.42
MARDLE Isabelle U13 20.10.06, C of Norwich
60HM- 9.56i
MARGHINI Yasmin U17 3.01.02, Blackheath & Bromley
3k- 10:05.66mx (9:56.98-17)
*MARIE-HARDY Diane U23 19.02.96, Lough St/FRA
200- 24.64 (24.49-06), 800- 2:09.35, 60H- 8.71, HJ- 1.70,
100H- 13.85, 400H- 59.70 (58.58-16), LJ- 6.19w/6.09,
TJ- 11.71, SP- 13.18, JT- 42.47, Hep- 6015*

MARRIOTT Finlay U20 21.01.99, Camb & Col/Brunel Un
  60H- 8.82i (8.80i-17),
  100H- 14.59i/14.73w/15.1/15.24 (14.21w/14.54-17)
MARRS Megan U23 25.09.97, C of Lisburn/Lough St
  100- 12.01 (11.65w/11.68-16), 60H- 8.16i,
  100H- 13.23w/13.32, Hep- 4329
MARSDEN Carys U20 10.03.00, Blackheath & Bromley
  DT- 36.97 (37.04-17), HT- 42.00
MARSH Katie U13, Nene Valley H
  70HM- 11.34
MARSH Katie U13 16.10.05, Cambridge H
  JTM- 29.91
MARSHALL Lucy A. V35 28.11.81, WGreen & Ex L
  SP- 11.33 (12.00-15), HT- 61.03 (62.74-17)
MARTIN Deborah 25.01.94, Ashford
  HJ- 1.75 (1.80-14)
MARTIN Jodie U17 8.12.02, Kingston upon Hull
  800- 2:14.15
MARTIN Nina V40 6.07.76, Basingstoke & MH
  Mar- 2:57:44
MARTIN-EVANS Cleo U17 8.05.03, Daventry
  80HI- 11.8, LJ- 6.07
MASON Anna U15 1.06.04, Border
  800- 2:15.38, 1500- 4:41.87mx
MASON Hermione U15 1.04.05, Sale
  60HG- 9.44i, 75HG- 11.5
MASON Olivia Grace U17 14.10.01, Border
  800- 2:12.5 (2:08.89mx/2:09.53-17),
  1500- 4:30.78mx/4:31.74 (4:20.57-17), 5kR- 16:55
MASON Samantha U17 2.11.02, Trafford
  3k- 10:16.92mx
MASQUELIER Abby U15 17.08.04, WSE&H
  60HG- 9.31i, 75HG- 11.36w/11.46
MASSELINK Tess U23 7.07.98, Tavistock
  3kSt- 10:50.17 (10:42.21-16)
MATHER Molly U20 8.09.00, C of Plymouth
  400H- 65.38
MATHESON Rebecca U20 7.03.99, Aberdeen
  100- 12.14 (12.12w-15)
MATIQUE Isabel U17 29.08.03, C of York
  HJ- 1.66
MATTHEWS Beth U15 6.02.04, Andover
  HTI- 44.18
MATTHEWS Lucy-Jane U17 17.09.02, Southampton
  100- 12.23, 200- 25.18, 300- 40.50, 100H- 13.45,
  LJ- 5.68, Hep U18- 4979
MAUDE Emily U13 18.01.07, C of York
  PenIM- 2030i
MAUGHAN Etienne U15 7.12.04, Bedford & County
  200- 25.6, 75HG- 11.5
MAURER Claire Louise 9.01.94, Woking
  PV- 3.87i/3.80 (4.06-17)
MAUTHOOR Katie V35 24.12.80, Cima Pays D'auray (FRA)
  Mar- 2:57:38
MAYCOCK Fiona J. V50 21.08.67, Cheltenham
  Mar- 2:56:26 (2:54:47-12)
MAYHO Jessica 14.06.93, Birchfield
  HT- 62.89 (63.05-17)
MAYINDU Karen U15 16.12.03, Essex Schools
  60- 7.90i/8.00i, 100- 12.34wmx/12.38, 200- 25.87
MAYLOR Enya U17 20.03.03, Team Bath
  1.5kSt- 5:13.61
McANDREW Bethany Ellen S U20 8.01.00, Pitreavie
  100H- 14.70w/15.06 (14.8/14.82i-17, 14.83-16)
McARTHUR Holly U20 20.12.99, Edinburgh AC
  60H- 8.64i, 100H- 14.17 (13.79w/13.93-17), HJ- 1.69,
  SP- 11.58, Hep- 5381 (5687-17), PentlS- 3885i
McASLAN Kirsten 1.09.93, Sale
  400H- 56.48
McCALL Stephanie 27.09.93, South London H
  5k- 17:22.99mx (16:39.30mx/16:52.55-16)
McCALLUM Jasmine U20 12.01.01, Reading
  HJ- 1.66, Hep- 4293
McCANN Rachel U17 26.09.01, North Down
  300- 39.77, 400- 57.43
McCARTNEY Ellen U20 8.10.99, C of Lisburn
  PV- 3.90
McCAULEY Anna U20 2.01.01, C of Lisburn
  60HI- 8.83i (8.65i-17), 100HI- 13.97 (13.95-17),
  HJ- 1.73i/1.70 (1.73-17), LJ- 5.72, Hep U18- 5122
McCAULEY Cara U17 10.11.01, VP-Glasgow
  PV- 2.90
McCAY Emma 21.01.95, Derry/Ulster Un
  HJ- 1.65 (1.65-16)
McCLAY Rachel Ella 13.10.92, Bracknell
  800- 2:07.70 (2:04.01-15),
  1500- 4:25.36mx/4:26.24 (4:15.39-15)
McCOLGAN Eilish 25.11.90, Dundee HH
  1500- 4:01.98 (4:01.60-17), 1M- 4:25.07, 2k- 5:49.0+
  (5:43.1+-17), 3k- 8:38.49 (8:31.00-17), 5k- 14:52.83
  (14:48.49-17), 10kR- 31:53, 15kR- 51:21+, 10MR- 54:43
McCORRY Alison U23 24.08.96, Sale/Lough St
  200- 24.84i (24.49-17)
McCURDY Ellie U13 24.12.05, Strabane
  JTM- 34.90
McDONALD Grace U15 1.08.05, Middlesboro Mandale
  DT- 29.31, HTI- 40.02
McDONALD Iona U17 11.11.01, Livingston
  300- 40.67
McDONALD Katy-Ann U20 1.06.00, Blackheath & Brom
  400- 56.10, 800- 2:03.20
McDONALD Olivia U17 20.03.02, Guildford & Godalming
  1.5kSt- 5:16.52
McDONALD Sarah 2.08.93, Birchfield
  800- 2:00.88, 1500- 4:03.17, 1M- 4:20.85
McGARVEY Claire U20 15.06.01, Banchory
  HJ- 1.68i/1.65 (1.70-17)
McGHEE Neave U15 31.05.04, Liverpool H
  200- 25.53, 300- 41.6
McGIFFORD Danielle 11.04.95, Wigan
  60- 7.74imx (7.55i-14), 100- 11.89w/11.9/12.09 (11.87-15),
  200- 24.64w/24.81, 60H- 8.57i (8.52i-17), HJ- 1.67,
  100H- 13.34w/13.51, LJ- 6.11 (6.16-17), Hep- 5352
McGRAW Tamsin U20 7.10.99, Amber Valley
  400- 57.00, 800- 2:08.60
McHOLM Codie U13 4.10.05, Larkhall
  PenM- 2414
McHUGH Megan U20 25.07.00, Sale
  400H- 62.96
McHUGH Tess U17 19.06.02, Sale
  400- 57.73i (57.9-17), 300H- 46.15 (45.20-17)
McINTOSH Mia Jane U15 11.01.05, Dacorum & Tring
  60- 8.05i, 100- 12.55, 75HG- 11.01
McINTOSH Shona V35 21.01.83, Hunters Bog Trotters
  HMar- 76:46 (76:13-15), Mar- 2:45:10 (2:40:14-15)
McKEN Simone U23 24.09.98, Wolves & Bil/B'ham Un
  DT- 43.28 (44.11-17)
McKENNA Holly-Mae U17 10.12.01, Taunton
  80HI- 11.56, 300H- 45.08, Hepl- 4425
McKINNA Sophie 31.08.94, Great Yarmouth
  SP- 17.76
McKINTY Anna U15 14.03.04, NI Schools
  TJ- 10.82
McLEAN Hayley 9.09.94, Chelmsford
  400- 55.69 (55.19i-13, 55.48-17), 100H- 14.72w/14.9
  (14.10w/14.20-12), 400H- 57.71 (56.43-14)
McMAHON Mya U13 19.09.05, Dunfermline
  60HM- 9.73i, 70HM- 11.38, HJ- 1.56i/1.54 (1.56i/1.54-17),
  LJ- 4.90i/4.90, PenM- 2722, PenIM- 2817i
McNABOLA Rosie 26.01.92, Luton
  5kR- 16:38
McNAMARA Danielle U15 16.11.04, Falkirk VH
  HTI- 42.55
McNEIL Lauren U17 22.12.02, Mansfield H
  800- 2:13.44, 1500- 4:37.32
McNICOL Emily U20 28.08.99, Law & District
  400H- 63.74, HJ- 1.69
McNIVEN Ella U17 4.09.01, Liverpool H
  1500- 4:24.97mx/4:26.38 (4:15.61-17),
  3k- 9:37.21 (9:24.50mx/9:29.76-17)

McVEY Diane V40 22.12.76, Wilmslow
Mar- 2:57:15
MEAKIN Rosie U15 24.04.04, Crewe & Nantwich
75HG- 11.35w/11.5/11.57
MEAKINS Eloise 26.01.93, Herts Phoenix
JT- 47.18 (52.32-12)
MEEKINGS Peanut U17 25.03.03, Horsham BS
JTI- 38.44 (39.11-17)
MELBOURNE Sarah U23 12.09.96, WSE&H/Brunel Un
SP- 11.32i (11.64-15)
MELLOR Maya U20 19.02.00, Harrogate
DT- 38.54 (39.28-17)
MENON Mary V35 10.07.79, Ilfracoombe RC
Mar- 2:51:21 (2:50:55-17)
MENSAH Makarios U15 11.05.05, Herne Hill
TJ- 10.71
MENZIES Freya U20 12.11.00, Giffnock North
400H- 65.87
MERCER Louise 14.11.95, Gala/Utah Un
3k- 9:43.44i, 5k- 16:36.71i/17:00.37, 10k- 35:29.77
MERCIER Sarah 4.11.90, Channel Islands
3k- 9:42.43mx (9:33.41i-17, 9:35.64-15),
5k- 16:50.32 (16:31.05-14), 10k- 35:02.55
MERRITT Anna U17 3.10.02, Southampton
DT- 37.93, HTI- 53.69
MERRITT Sophie U23 9.04.98, Bournemouth/Weber St Un
SP- 14.48 (14.59-17), DT- 45.17 (45.44-17)
METCALFE Charlie V40 77, Ryde
Mar- 2:53:29
MEYER Catherine Serpentine
Mar- 2:57:27
MHLANGA Khahisa U20 26.12.99, Herts Phoenix
400- 57.0, 800- 2:04.34 (2:04.34-17),
1500- 4:20.96mx/4:23.43 (4:18.83mx/4:22.12-17),
3k- 9:38.60mx (9:33.35mx-17)
MIELL Alice U20 14.05.00, C of Portsmouth/Army
SP- 11.14, JT- 38.89
MIHALCEA Denisa U20 17.01.00, Harrow
SP- 11.55, DT- 40.73, JT- 44.66
MILLAGE Philippa Claire V35 15.08.80, VP-Glasgow
400- 56.53 (55.59-16), 800- 2:05.96i (2:05.13-16)
MILLARD Alexandra U17 31.12.01, Invicta
1500- 4:34.86mx/4:38.18, 5kR- 16:45
MILLER Abigail U17 27.05.03, Bracknell
JTI- 39.73
MILLER Amy U17 16.11.02, Blackheath & Bromley
800- 2:12.90mx/2:14.59
MILLER Emily U17 16.06.02, VP-Glasgow
300- 40.00, 400- 58.13
MILLER Rachel 29.01.90, Harrow
60- 7.27i, 100- 11.23mx/11.67 (11.45-17)
MILLER Tamara U17 26.10.02, Wakefield
60- 7.86i, 200- 25.39
MILLER Yasmin 24.05.95, Derby AC
60- 7.61i (7.53i-12), 60H- 8.17i (8.16i-16),
100H- 13.33 (13.13-14)
MILLET Nessa Cooper 5.12.94, Notts/Lough St/IRL
400- 55.46, 400H- 59.03 (59.00-13)
MILLMORE Tracy V35 16.07.82, Birtley
Mar- 2:50:47 (2:46:09-17)
MILLS Hayley Victoria (nee JONES) 14.09.88, Notts/Nt Un
60- 7.52i (7.31i-13), 100- 11.65 (11.30w/11.31-13),
200- 23.85 (23.22w-12, 23.29-13),
400- 56.56i (53.23-10), PV- 3.62
MILLS Holly Erin Keir U20 15.04.00, Andover
60H- 8.50i, HJ- 1.73i, LJ- 6.23i/6.20 (6.31-17),
PentIS- 4049i
MILLS Lydia U23 1.02.98, Ballymena & Antrim
LJ- 5.69 (5.80-15), TJ- 11.59
MILNE Dionne U23 19.10.97, Moray RR/R.Gordon Un
DT- 42.03 (44.09-14)
MILNER Samantha 28.12.92, Blackheath & Br/B'ham Un
SP- 13.07i/11.78 (12.50-11), DT- 43.61 (51.07-13)
MILORO Felicia U20 5.01.01, Sutton in Ashfield
HJ- 1.65, PV- 3.93, TJ- 11.53

MISANTONI Emily U17 27.09.02, Stockport
60HI- 9.05i, 80HI- 11.80, 100HI- 14.56, 100H- 15.3w,
300H- 43.70, 400H- 62.1/63.90, Hep U18- 4596,
HepI- 4379, PenII- 3460i
MITCHELL Bethany 13.11.92, Sutton in Ashfield
HT- 43.90 (50.47-11)
MITCHELL Emma 2.09.93, Banbridge AC/IRL
1500- 4:14.54i/4:17.93, 5k- 15:59.34 (15:50.55-17),
3k- 9:15.86i/9:16.27 (9:04.21imx/9:11.89-17),
10k- 32:49.91, 15kR- 52:09+, HMar- 74:38
MITCHELL Jasmine U23 11.05.98, Guildford & G/Lough St
400H- 64.96 (63.71-17)
MITCHELL Jessica U15, Scottish Schools
JTI- 33.96
MITCHELL Naomi 24.11.93, Reading
HMar- 77:55
MOAT Hannah U17 2.07.02, Scunthorpe
HJ- 1.73
MODESTE Elise U20 4.11.00, Enfield & Haringey
100- 12.13
MOFFAT Lara U15 22.09.03, Marshall Milton K
HTI- 53.14
MOLINARO Carla 27.07.84, Clapham Chasers
100kR- 8:23:45
MOLYNEAUX Hannah U20 11.03.01, C of Sheffield
SP- 13.84, SPI- 16.51, DT- 38.97
MONEY Sophie 24.10.93, Liverpool H/Liverpool Un
100- 12.12w/12.16 (11.98-16)
MONK Suzannah 15.12.95, Guildford & G/Lough St
1500- 4:28.75, 3k- 9:46.56mx/9:48.42
MONTAGNE Anna U17 27.11.02, Team Kennet
HepI- 4031
MONTEIRO Joceline 10.05.90, Chelmsford/POR
400- 55.11 (54.54-09), 800- 2'06.70 (2:03.6mx/2:03.77-16)
MONTEITH Katie U17 28.02.03, C of Lisburn
60- 7.84i
MONTEZ BROWN Olivia U23 22.05.96, West Cheshire/
Augustana Un
60H- 8.60i, 100H- 14.22 (14.13-17),
LJ- 5.72i/5.56 (6.12w-17, 5.91-16)
MONYE Chinedu 29.12.89, WSE&H
100- 12.08 (11.68-17)
MOODY Hannah U15 5.11.04, Chesterfield
PV- 2.60
MOORE Christina 14.03.91, Blackheath & Bromley
PV- 3.30 (3.52i-11, 3.45-09)
MOORE Mica 23.11.92, Birchfield
100- 11.82 (11.64-17)
MOORE Saffron U15 15.09.02, C of Portsmouth
800- 2:13.36 (2:12.35mx-17, 2:12.93-16)
MOORE-MARTIN Rhianne U17 21.09.01, C of Stoke
HT- 39.44 (42.53-17), HTI- 48.40 (51.69-17)
MOORHOUSE Elizabeth U17, Nene Valley H
SPI- 12.28
MORGAN Caris U20 22.09.00, Newport
JT- 36.91
MORGAN Grace U17 14.01.02, Cardiff Archers
60HI- 8.69i, 80HI- 11.22, 100HI- 14.12w/14.16,
LJ- 5.50w (5.43i/5.42)
MORGAN Jade 12.08.89, Colchester H
TJ- 11.18 (12.31-11)
MORGAN Jennifer U17 2.04.02, Ipswich
JTI- 43.41
MORGAN Naomi U23 23.11.96, Derry
60H- 8.90i (8.87i-16), 100H- 14.97 (14.7-16, 14.80w-15),
Hep- 4268 (4580-15)
MORGAN Venus U20 5.06.01, Kingston upon Hull
100H- 14.57, LJ- 5.57w (5.62-17), Hep- 4712
MORLEY Bethan U17 9.10.01, Ilkley
800- 2:09.79, 1500- 4:37.00mx (4:37.18-17)
MORRIS Emma U17 20.03.03, Bracknell
300- 40.7 (41.16-17)
MORRIS Lukesha 26.11.95, WSE&H/Brunel Un
100- 12.10 (11.54w/11.56-15)

2018 - Women - Index

MORRIS Macey U17 12.02.03, Swansea
   100- 12.34w, 200- 25.04, 300- 40.46
MORRISON Georgia U17 20.10.01, Inverclyde
   400- 57.73
MORRISON Samantha 21.03.94, Woking
   PV- 3.40 (3.62-15)
MORRISROE Mia U15 23.01.04, Liverpool H
   200- 25.7/25.99, 300- 40.9/41.21
MORTIBOY Beth U23 20.03.97, Notts/Notts Un
   TJ- 11.39 (11.99-16)
MORTLOCK Harriette U15 27.11.03, Basildon
   JTI- 44.64
MORTON-KEMSLEY Talia U20 20.05.01, WG & Essex L
   Hep- 3842
MORWOOD Sarah V35 22.03.83, Bere Alston Trekkers
   24Hr- 213.120km
MOSS Jazmine U20 16.08.00, Gateshead
   100- 12.08w/12.12, 200- 24.36w/24.63 (24.36-17)
MOSS Stephanie U17 24.05.02, Sale
   800- 2:09.78, 1500- 4:30.50
MOSSI Zakia U15 15.09.03, Blackheath & Bromley
   300- 41.2, 400- 58.20, 800- 2:09.86, 1500- 4:37.45
MOULD Victoria 11.09.95, Southampton/Lough St
   TJ- 12.05 (12.10i-17)
MOULE Bethany Ellie U17 21.11.01, Neath
   JT- 44.93, JTI- 52.91
MOULTRIE Josephine 19.11.90, VP-Glasgow
   1500- 4:26.92mx (4:10.43-13)
MOUNT Ellie U17 15.08.03, Team Bath
   80HI- 11.64
MOYES Emily U23 14.06.98, West Suffolk/St Marys Un
   1500- 4:27.22 (4:26.49-17), 3k- 9:35.30mx, 5k- 16:30.99,
   2kSt- 6:42.21 (6:35.07-17), 3kSt- 10:16.46
MPASSY Holly Victoria U17 12.07.03, Blackheath & Brom
   60- 7.81i, 100- 12.20mx/12.33w, 200- 24.59, 300- 38.68,
   400- 55.82mx/55.92
MUDD, Madeleine U23 20.01.99, Loughborough St/CYP
   PV- 3.55i
MUIR Laura Mary 9.05.93, Dundee HH
   800- 1:59.09 (1:58.69-17), 1k- 2:33.92 (2:31.93i-17),
   1500- 3:58.18 (3:55.22-16), 1M- 4:19.28 (4:18.03-17),
   2k- 5:43.2iemx+ (5:41.5i+e-17)
   3k- 8:37.21imx/8:45.78i (8:26.41i/8:30.64-17)
MUIR Rachel U15 24.04.04, Kilbarchan
   800- 2:15.38
MUKUYA Colleen Nicole Great Yarmouth
   Mar- 2:57:58
MULHOLLAND Holly U17 31.03.02, C of Lisburn
   60HI- 8.92i, 80HI- 11.45w/11.62
MULLEN Kirsten Grace U23 30.10.96, Edin AC/Edin Un
   PV- 3.50
MUNN Hayley 17.09.90, Northampton RRC
   HMar- 77:34 (75:43-15)
MURPHY Charlotte Tara U23 24.08.98, West Suffolk/
   Southern Methodist Un
   5k- 17:11.17i/17:16.98 (16:54.29-17)
MURPHY Elin U15 12.07.04, Swansea
   PV- 2.60
MURRAY Bethanie 16.08.95, Thames H & H/Oxford Un/IRL
   5k- 17:06.79mx (17:16.09-17), 10k- 35:18.71
MURRAY Hayley 13.09.89, Rugby & Northampton AC
   HT- 59.55 (59.57-17)
MURRAY Holly U17 21.10.02, Stockport
   200- 25.23, 300- 40.44
MURRAY Lily U15 17.01.05, Thanet AC
   HTI- 51.76
MURRAY Madeleine Grace 19.10.93, Edinburgh AC
   1500- 4:18.36 (4:10.17-15), 3k- 9:30.13 (9:13.48mx-16)
MURRAY Rebecca 26.09.94, Bedford & County
   3k- 9:22.76, 5k- 16:32.74 (16:09.21-16),
   10kR- 33:51 (33:19-15), 15kR- 52:10+,
   HMar- 73:59 (72:59-16), Mar- 2:39:37
MWAMBIRE Naiomi U15 18.07.04, Scunthorpe
   200- 25.8, LJ- 5.28

MYERS Natalie 12.09.91, C of Sheffield
   3kW- 14:33.67i+ (15:17.53-16), 5kW- 26:39.76

NAIBE-WEY Aisha 3.08.93, Thames Valley/SLE
   200- 24.99 (24.90mx-14), 400- 54.44,
   100H- 14.62 (14.39w-15), 400H- 57.25
NANSON Emma 6.10.95, Aldershot F&D/Bath Un
   60H- 8.97i
NASH Gypsy U15 29.11.04, Medway & Maidstone
   DT- 30.16, HTI- 44.60
NASH Zoe U23 20.03.98, Newport/Cardiff Met
   60- 7.74i
NAYLOR Lily-Rose U17 14.12.01, Amber Valley
   SPI- 13.68i/12.91 (13.54-17)
NDIAYE Awa U17 19.09.01, Serpentine/FRA
   60- 7.72i
NEALE Amy-Eloise 5.08.95, Washington Un
   800- 2:09.39 (2:07.84-17), 1500- 4:14.39 (4:11.00-17),
   1M- 4:38.36i (4:34.15i-17, 4:43.67-11),
   3k- 9:01.96i/9:20.05+, 5k- 15:24.16
NEALON Victoria V35 19.04.83, Rugby & Northampton AC
   Mar- 2:57:26 (2:57:01-17)
NEAT Carmen U17 23.10.01, Aberdeen
   300H- 45.19, HJ- 1.73
NEELY Kelly Alana V35 17.06.78, C of Lisburn/IRL
   800- 2:09.86imx (2:03.28mx-08, 2:03.41-03),
   1500- 4:16.25i/4:20.19 (4:10.30-09), 5kR- 16:48,
   3k- 9:38.02i (9:25.74i-10, 9:32.76mx-11, 9:40.10-09)
NEITA Daryll Saskia U23 29.08.96, Shaftesbury H
   60- 7.24i, 100- 11.19 (11.14-17), 150- 16.80wstr
NELSON Anna 14.11.95, WGreen & Ex L
   400- 55.76, 100H- 15.08, 400H- 58.87
NELSON Ashleigh Louise 20.02.91, C of Stoke
   100- 11.38 (11.15w/11.19-11), 200- 22.94,
   400- 53.71i (52.9/53.29-17)
NEMITS Ashley U15 30.03.04, Warrington
   100- 12.4, 200- 25.35, 300- 39.76
NESBITT Jennifer Louise 24.01.95, Worcester AC/Bath Un
   3k- 9:11.37, 5k- 15:51.6mx/16:18.42 (15:57.55-16),
   10k- 32:38.45, 10kR- 33:24, HMar- 76:14 (72:54-16)
NETLEY Claire 7.12.91, Chelmsford
   400H- 65.0/65.04 (64.85-13)
NEVILLE Isabelle U20 1.09.99, Tamworth
   400H- 64.2/64.31 (63.24-17)
NEWNHAM Emily U15 19.05.04, Medway Park Phoenix
   300- 41.33
NEWTON-O'BRIEN Molly U20 5.05.99, C York/Card Met
   HJ- 1.74, Hep- 4707
NGETICH Gladys 12.05.91, Oxford Un/KEN
   400H- 64.67
NICHOLLS Jasmine 23.08.95, OWLS
   3kW- 14:54.08 (14:41.93i-13)
NICHOLSON Trixie U20 1.11.00, Taunton
   JT- 40.52
NICK Christina 14.11.92, C of York/Leeds Un/GER
   SP- 14.02, DT- 50.14
NICOLL Adele Mia U23 28.09.96, Birchfield/Cardiff Met
   SP- 15.51 (16.34-16), DT- 47.42
NIEDBALA Anna 11.02.90, Oxford City/Oxford Un/GER
   SP- 11.19 (11.95-17), DT- 40.05 (45.83-09),
   HT- 43.85 (48.14-17)
NIELSEN Laviai U23 13.03.96, Enfield & Har/London Un
   60- 7.65i (7.42i-17), 200- 24.17 (23.23wSt-16, 23.81-17),
   400- 51.21
NIELSEN Lina U23 13.03.96, Enf & Har/Q Marg Un Coll
   100- 11.97, 200- 24.25w (24.03-16),
   400- 53.89 (52.89i-17, 52.97-16), 400H- 57.19
NIEMZ Lucy 11.02.86, Notts
   Mar- 2:57:45 (2:56:45-17)
NIMMO Jade Elizabeth 23.03.91, Sale
   60H- 8.66i, 100H- 14.20w/14.76 (14.18w/14.44-17),
   LJ- 5.80 (6.47-12)
NIMMOCK Danielle 10.05.90, C of Norwich
   3k- 9:46.18, 5k- 17:14.25+, 10k- 34:47.32, 10kR- 33:47,
   15kR- 52:24+, 10MR- 56:42, HMar- 74:16, Mar- 2:38:28

NIXON Faye U17 14.01.02, North Down
SPI- 12.29
NOBLET Evie U13 8.11.05, Preston
SPM- 10.02
NORMAN Diana Faye V40 14.06.74, Epsom & Ewell
SP- 11.29 (12.05i-99, 12.00-97)
NORREY Isabel U20, Berkshire Schools
400H- 65.5
NORRIS Barbara V50 20.08.66, WSE&H/SUI
HT- 42.75 (43.82-16)
NORWOOD Lily U15, Dacorum & Tring
100- 12.57
NOWERS Kaliska U17 11.05.02, WSE&H
PV- 2.90i/2.90
NOYCE Millie U17 28.11.02, Crawley
SP- 11.64, SPI- 13.20
NUTTALL Hannah U23 7.07.97, Charnwood/Lough St
3k- 9:11.46imx/9:25.53i (9:15.12mx-17, 9:28.62-14),
1M- 4:49.96i
NWAELENE Kendrea U20 7.12.00, Thurrock
60- 7.71i
NWAFOR Chisom U13, 26.09.05 Bucks Schools
SPM- 10.17
NWAWULOR Georgia 30.06.94, Harrow
HJ- 1.65i (1.75i-17, 1.70-11)
NWAWULOR Marilyn 20.09.92, Harrow
60- 7.59i (7.45i-17), 100- 11.81 (11.59-11),
200- 24.37w/24.61 (24.14-12), 60H- 8.13i, 100H- 13.57
(13.52w-17, 13.55-16), HJ- 1.73 (1.79-09),
LJ- 5.92i/5.75w/5.65 (6.01-10), SP- 13.79, PentIS- 4093i
NWOFOR Emma U23 22.08.96, Newham & EB/Brunel Un
60H- 8.27i, 100H- 13.44, HJ- 1.80, LJ- 5.99, SP- 12.10,
Hep- 5559, PentIS- 4073i
NWOSU Natachi U13 10.01.06, Sale
75- 10.0, 150- 19.6

OAKDEN Emilie U15 17.11.04, Lewes
PV- 3.10
OBAMAKINWA Zara U15 30.03.04, Medway & Maidstone
SPI- 12.13, DT- 41.21
OBI Sophia U20 27.05.01, Shaftesbury B
100Hl- 14.49w/14.80, 100H- 15.12
OBIJIAKU Amanda U17, South London H
100- 12.37, 200- 25.34
OBIJIAKU Michella Nneoma U23 6.11.97, Herne Hill/
Alabama Un
SP- 15.35, HT- 54.50, 20Wt- 17.29i
O'BRIEN Rebekah U17 21.10.02, Tonbridge
HJ- 1.66 (1.70-17), HepI- 4425, PenlI- 3406i
O'CONNOR Katherine U20 12.12.00, Newry/IRL
100H- 14.82, HJ- 1.79i/1.78 (1.78-17),
LJ- 5.90i/5.64 (6.10-17), SP- 12.66i/11.97 (12.90-17),
JT- 48.61, Hep- 5695 (5759-17), PentIS- 4150i
O'CONNOR Laura 31.10.93, Harrow
800- 2:09.45, 1500- 4:28.98mx
O'DOWDA Jade U20 9.09.99, Oxford City
60H- 8.77i, 100H- 14.04, HJ- 1.74i/1.72 (1.72-15),
LJ- 6.24, SP- 12.33, JT- 38.77 (38.89-17), Hep- 5660,
PentIS- 4016i
ODUNAIYA Amy Lauren U23 17.11.96, Wrex/Card Met
100- 12.08 (12.08-17), 200- 24.33w/24.40
ODUYEMI Moyin U15 2.12.03, Marshall Milton K
60- 7.93i, 100- 12.42, 200- 25.95
OFILI Cindy 5.08.94, WGreen & Ex L/Michigan Un
100H- 13.26 (12.60-15)
O'FLAHERTY Kerry V35 15.07.81, WSE&H/IRL
1500- 4:26.99 (4:12.79-15), 3k- 9:20.01i (9:09.50-09),
5kR- 16:13 (15:58.67t-11), 10kR- 33:57,
3kSt- 9:53.00 (9:42.61-15)
OFOR Afomachukwu U15 7.07.04, Middlesboro Mandale
60- 7.98i, 100- 12.14w/12.44, 200- 25.38
OGBETA Naomi U23 18.04.98, Trafford/Manchester Un
TJ- 14.15
O'GRADY Eilish U23 8.08.95, Harrow/Exeter Un
2kSt- 7:02.07

OGUNLEYE Joy U20 27.09.00, Colchester H
60- 7.65i (7.62i-17), 100- 12.04w/12.1/12.14 (12.04-16),
200- 25.0 (24.60w-16, 24.96-17)
O'HARA Ellie U17 4.10.02, Edinburgh AC
LJ- 5.80w/5.71, TJ- 12.46
O'HARA Emma 3.04.95, Radley AC/Maryland Un/IRL
DT- 35.33 (40.27-13), HT- 61.19, 20Wt- 17.89i
O'HARA Rebecca U23 16.11.98, Tonbridge/Bath Un
400- 56.28
O'HARE Faye U15 16.05.04, Liverpool H
1500- 4:42.86
OHURUOGU Victoria 28.02.93, Newham & Ex B
400- 53.60 (52.62-13)
OJORA Temi U17 24.01.02, WSE&H
HJ- 1.79i/1.75 (1.77-17), LJ- 5.73, TJ- 11.41, SPI- 12.53
OKAFOR Emmaline U23 10.10.96, WG & Ex L/Camb Un
HT- 44.21
OKOH Ndidikama U17 3.12.02, Chelmsford
HJ- 1.65i/1.65 (1.68-17)
OKOH Nneka U13 10.11.05, Chelmsford
800- 2:23.39, PenIM- 2319i
OKOLI Olivia U20 7.09.99, Guildford & G/Harvard Un
60- 7.47i, 100- 11.64w/11.87 (11.62-17),
200- 23.86w/24.26i/24.26 (24.02-17)
OKORHI Leah U17 17.05.03, Birchfield
100- 12.17w/12.20, 200- 25.28w/25.35
OKORIE Michelle U15 25.09.04, Crawley
SPI- 11.14
OKORO Ejiroghene 4.07.90, Birchfield
800- 2:04.85i/2:07.47 (2:03.37-14)
OKORO Eseniki 4.07.90, Birchfield
400- 54.51 (54.35-17), 400H- 58.03 (56.67-14)
OKORO Marilyn 23.09.84, Shaftesbury B
400- 54.22i (52.02-06)
OKORO Rachel U15 25.07.04, WSE&H
LJ- 5.55, TJ- 11.60
OKORO Stephanie U13 22.04.06, Havering
800- 2:21.6 (2:21.30-17), LJ- 4.83
OKPALAUKO Chimdi U20 20.03.01, Havering
SP- 11.63
OKUL Maggie U23 1.10.97, Kingston upon Hull/
Stephen F Austin Un
HT- 53.51 (55.32-16)
OLADIPO Divine Dolapo U23 5.10.98, Blackheath &
Bromley/Connecticut Un
SP- 17.37, DT- 54.23
OLAJIDE Oluwafunminiyi U17 4.06.02, Thurrock
LJ- 6.07w/6.05, TJ- 11.10
OLALERE Anika U20 8.04.99, Blackheath & Bromley
SP- 11.30i/11.13 (11.16-17)
OLATUNJI Vivien U23 6.06.97, Blackheath &
Bromley/Middlesex Un
60- 7.75i (7.56i-14), 100- 12.06 (12.03-15), 200- 24.75
OLDROYD Hannah 27.05.87, Ribble Valley AC
10k- 35:42.01, Mar- 2:45:32
OLFORD Chloe U17 4.09.01, Newton Abbot
1.5kSt- 5:14.28
OLIARNYK Iris U17 6.09.01, Halesowen
LJ- 5.50w (5.64w-17), TJ- 12.18, SPI- 13.55, HepI- 4879,
PenlI- 3614i
OLIARNYK Josie U20 27.03.00, Halesowen
LJ- 6.38
OLIVER Poppy U17 27.02.03, Crawley
300H- 43.52, 400H- 66.42
OLIVER Roxanne U23 15.01.97, Blackburn/Leeds Bec Un
100H- 15.12 (14.9/15.07-17, 15.03w-16)
OLUFEMI-KRAKUE Olamide U20 14.01.00, Croydon
TJ- 11.45
OMITOWOJU Adelaide U20 22.10.99, Cambridge & Col
TJ- 12.55
OMOREGIE Sarah Victoria U20 2.04.00, Cardiff
SP- 15.09
O'NEIL Gabrielle U17 3.01.03, Liverpool H
HJ- 1.66

2018 - Women - Index

O'NEILL Abbie U15 16.12.03, Ballymena & Antrim
 PV- 2.84
O'NEILL Kate U20 23.02.01, Havering
 3k- 9:47.88
ONI Jade U20 29.06.01, Medway & Maidstone
 TJ- 12.57
ONUIRI Kara U17 18.08.02, Shaftesbury B
 HJ- 1.70
ONUORA Anyika 28.10.84, Liverpool H
 150- 17.50 (16.63str-13), 200- 23.38 (22.64-14),
 400- 51.13 (50.87-15)
ONYEMS Leonie U17 22.05.02, Dacorum & Tring
 TJ- 11.09
OPARA Danielle 22.06.95, Thames Valley
 SP- 13.64 (14.62-15), DT- 35.89 (41.19-14)
ORD Katie U23 4.12.96, VP-Glasgow/Glasgow Un
 HT- 49.49
O'REGAN Johanna V35 29.10.82, Riverside Runners
 Mar- 2:45:33
ORME-HERBERT Eleanor U13 2.10.05, Charnwood
 JTM- 31.69
ORMOND Megan U20 21.04.00, WSE&H
 1.5kSt- 5:03.82, 2kSt- 7:09.64
ORR Abbey U15 19.11.03, VP-Glasgow
 HJ- 1.67, LJ- 5.43i/5.30
ORTON Charlotte U23 18.07.98, Birchfield/B'ham Un
 60- 7.70i (7.64i-17), 200- 24.47i (24.69-16)
OSAHON Shakanya U15 10.09.03, Blackheath & Bromley
 200- 25.95, 300- 41.04, 75HG- 11.5/11.57
OSBORNE Gaia Elena Paol U20 9.08.00, C of Portsmouth
 SP- 13.98, JT- 43.03
OSHUNREMI Victoria U23 3.10.96, Basildon/London Un
 TJ- 11.68 (11.85-17)
OSKAN-CLARKE Shelayna 20.01.90, WSE&H
 400- 54.22 (53.20-11), 600- 1:28.7i+/1:29.61+ (1:27.48mx-16), 800- 1:59.81i/2:00.39 (1:58.86-15)
OTARUOH Ruth-Ann U15 9.01.04, Thames Valley
 TJ- 10.98
OTHMAN Yasmin U20 15.06.99, Gateshead
 JT- 36.27
OWEN Bronwen Angharad U23 21.01.97, Scarborough
 3k- 9:37.07mx (9:28.24mx-14, 9:30.50+-13), 5kR- 16:18,
 10kR- 34:44
OWEN Hannah U23 28.09.98, Ashford/St Marys Un
 HT- 42.09
OWEN Natalie Wyn U15 8.11.03, Menai
 HTI- 41.39
OWENS Amber U20 27.10.99, Newark AC
 1.5kSt- 5:01.79
OWOLABI Naomi U17 10.10.01, Croydon
 60- 7.76i (7.71i-17)
OWOLANA Zuriel U17 26.10.01, Harrow
 100- 12.34mx/12.35 (12.3/12.33w/12.34mx-16), LJ- 5.58
OWUSU Michelle U17 5.01.02, Wolves & Bilston
 100- 12.23w/12.3/12.34 (12.3-17)
OWUSU-ANSAH Melissa 24.05.94, Blackheath & Bromley
 400- 55.75 (55.29-16)
OWUSU-JUNIOR Lakeisha U20 6.05.01, Herne Hill
 60- 7.69i (7.69i-17), 100- 12.16 (12.14-17)
OWUSUWAAH Marian U15 4.12.03, Cambridge H
 60- 8.01i
OZARD Macy U13 6.07.06, Channel Islands
 60HM- 9.97i

PACKHAM Abigail U17 19.08.03, Crawley
 80HI- 11.34
PAGE Holly U20 17.08.00, Dartford
 1.5kSt- 4:47.9, 2kSt- 6:42.43, 3kSt- 10:13.98
PALLANT Emma 4.06.89, Aldershot F&D
 10kR- 33:53 (33:18+-10)
PALMER April U13 3.10.05, Bracknell
 JTM- 32.57
PALMER Ffion U20 20.03.00, Cardiff
 HT- 49.55 (52.20-17)

PALMER Molly U17 27.08.03, Charnwood
 60- 7.88i, LJ- 5.91i (5.63-17)
PALMER Neve U20 8.08.00, Cambridge & Coleridge
 JT- 37.46
PALMER Suzzanne 11.09.93, C of Sheffield/Hallam Un
 100H- 14.61 (14.17-16), SP- 11.56 (13.18-17), JT- 40.62
PALMER-BLOUNT Lisa V40 9.02.77, Derby AC
 5kR- 16:57
*PALUMAA Teele 31.03.90, Thames Valley/Oxford Un/EST
 HJ- 1.70i/1.70 (1.79i-15, 1.78-17),
 TJ- 11.45 (12.20w-17, 12.19i-12, 12.06- 11)*
PAPPS Sophie 6.10.94, WSE&H
 100- 11.76w/11.82 (11.27-16)
PARCELL Nicole U20 16.12.99, Enfield & Haringey
 LJ- 5.80i/5.76 (5.88-17)
PARK Tara 4.04.95, North Ayrshire/Nevada Un
 DT- 44.52 (48.09-16), HT- 44.66 (50.30-15)
PARKER Carol Ann V45 22.09.69, Coventry Godiva
 SP- 11.35 (14.76i-91/14.71-90)
PARKER Hollie U23 20.12.96, Enfield & Haringey/LSU
 800- 2:10.28 (2:07.40-17), 1500- 4:24.19 (4:19.37-17)
PARKER Katie U15 31.01.04, Wreake & Soar Valley
 3k- 10:35.91mx
PARKINSON Caroline Jane 31.07.83, Wycombe
 PV- 3.21i/3.20 (3.53i-16, 3.51-14)
PARRIS Lily U17 5.03.03, Chelmsford
 60HI- 8.80i, 80HI- 11.61, 300H- 45.96, LJ- 5.70w
PARRY Carys L. V35 24.07.81, Rhondda
 HT- 61.58 (66.80-14)
PARRY-JONES Isobel U23 17.12.98, Swansea
 800- 2:09.96 (2:09.70-17)
PARSONS Sarah 31.05.94, C of York
 SP- 12.87, DT- 43.95 (45.83-16), HT- 47.52
PARTRIDGE Bethan 11.07.90, Birchfield
 HJ- 1.84i/1.84 (1.89i-17, 1.87-15)
PARTRIDGE Lillian 9.03.91, Aldershot F&D
 5kR- 16:24+ (16:11.81t-13), Mar- 2:29:24,
 10kR- 33:11+ (32:20.77t-15), 15kR- 49:51+,
 10MR- 55:43 (54:41-16), HMar- 71:06 (70:32-15)
PASK Annabelle U23 6.09.97, Rugby & Nor/Sheffield Un
 100H- 14.96 (14.5/14.55-15), HJ- 1.66,
 SP- 11.43 (11.91-16), Hep- 4839 (4918-15)
PATERNAIN Julia U20 29.09.99, Cambridge & Coleridge
 3k- 9:23.07
PATERSON Charlotte Lucy U23 26.02.98, Kingston u Hull/ Birmingham Un
 60- 7.73i (7.49i-16), 100- 12.15w (11.86-17)
PATIENCE Mhairi 10.09.95, VP-Glasgow/Strathclyde Un
 400H- 59.63 (58.67-16)
PATON Heather U23 9.04.96, Birchfield
 100- 12.12w, 60H- 8.34i (8.34i-17), 100H- 13.36
PATTERSON Bryony U20 11.04.00, Lasswade
 TJ- 11.18w
*PATTERSON Davicia U20 15.12.00, Beechmount/IRL
 200- 24.62, 400- 52.88*
PATTISON Jasmine U13 3.10.05, Aldershot F&D
 100- 13.0
PAVEY Joanne Marie V40 20.09.73, Exeter
 5k- 15:48.84 (14:39.96-06), 10kR- 33:12 (30:53.20t-12)
PAWLETT Abigail U17 14.01.03, Stockport
 100- 12.00w/12.13 (12.04-17), 200- 25.30 (25.16i-17),
 60H- 8.87i, 60HI- 8.63i, 80HI- 11.30w/11.49,
 100HI- 14.09, 100H- 14.8, HJ- 1.74, LJ- 5.84i/5.83,
 Hep U18- 4783, HepI- 5109, PenII- 3796I
PAYNE Charlotte U17 20.03.02, Newbury
 SP- 11.01, DT- 43.23, HT- 56.08, HTI- 63.89
PEACH Annabel U17 6.04.02, Notts
 JTI- 40.49 (41.01-17)
PEAKE Olivia U17 15.02.02, Mendip
 100- 12.18w/12.20, 200- 25.00w
PEAKE Sally 8.02.86, Cardiff
 PV- 4.30 (4.42i-12, 4.40-14),
 TJ- 11.41 (12.43w-08, 12.28i-06, 12.24-05)
PEARCE Aoibheann U17 19.07.02, Orion
 1.5kSt- 5:16.80

PEARCE Emily U20 24.02.99, Rhondda
HT- 44.82 (46.36-16)
PEARCE Kelsey Nikki U17 11.02.03, Mansfield H
SPI- 13.41
PEARSON Lily U15, Epsom & Ewell
800- 2:16.54
PEASE Gillian V35 14.03.82, St Albans Striders
Mar- 2:55:25
PEEL Molly U17 21.02.03, Nene Valley H
3k- 10:18.6mx
PEERS Anna U23 28.08.97, Blackburn/Hallam Un
DT- 37.57, JT- 39.57 (40.49-16)
PELLETT Vicki U20 19.10.99, Crawley
HT- 49.03
PELLOW Poppy U17 30.11.02, Yeovil Olympiads
1.5kSt- 5:13.80
PEMBERTON Cassie-Ann U20 24.07.01, Birchfield
60- 7.61i, 100- 11.56w/11.74, 200- 24.31
PEMBERTON Holly U17 8.12.02, Wrexham
JTI- 40.08
PENFOLD Rose 11.04.91, Fulham RC
HMar- 78:59, Mar- 2:55:24
PENFOLD Tiffany U20 5.08.99, Copeland/Edge Hill Un
3k- 9:37.25mx
PENNET Catriona 10.10.83, Edinburgh AC
100H- 14.91 (13.97w-04/14.04-06)
PENNYCOOK Stephanie 1.09.95, Fife/Edinburgh Un
1500- 4:21.99 (4:15.94-17), 3k- 9:34.49 (9:21.83-17),
5kR- 16:22, 10kR- 33:50
PENTLAND India U17 26.03.02, Darlington
800- 2:11.03, 1500- 4:28.91mx/4:29.84
PERCIVAL Sophie U23 30.07.97, W.Cheshire/Chester Un
JT- 45.03
PERRIN Hayley U23 28.05.96, Trafford/Manchester Un
LJ- 5.60i
PERRIO Louise V35 8.07.82, Channel Islands
3k- 9:48.68mx (9:43.8mx-13),
5k- 16:57.65 (16:34.68mx/16:39.5-12), HMar- 78:14
PERRY Nyree U13 24.09.05, North Somerset
PV- 2.91i/2.74
PHILIP Asha 25.10.90, Newham & Ex B
60- 7.12i (7.06i-17), 100- 11.21 (11.10-15)
PIASECKI Jessica (nee COULSON) 18.04.90, Stockport
5kR- 15:55 (15:29.50t-15), 10kR- 32:52 (32:41.59t-15)
PICKARD Rebecca U23 5.01.98, Steve & NH/Herts Un
400H- 62.80
PICKERING Larissa U13 3.03.06, Barnsley
LJ- 4.92w/4.83
PICKLES Georgia U23 19.10.96, Sale/Cardiff Un
100H- 15.29, PV- 3.72i (3.83i-17, 3.65-14), Hep- 4272
PILLEY Bethan 16.11.94, Manx H
LJ- 5.65
PINCHESS Lottie U15 10.01.05, Charnwood
PV- 2.90i/2.70
PINDER Isabel U15 16.11.03, Basingstoke & MH
300- 41.43, HJ- 1.63 (1.72-17)
PIPI Amarachi 26.11.95, Enfield & Har/Oklahoma Chr Un
60- 7.45i (7.38i-17), 200- 23.14 (22.83w/22.95-17),
400- 52.07i/52.26
PITMAN Grace U17 5.05.03, Ashford
PV- 2.95
PITSIALIS Louisa U20 9.03.00, Shaftesbury B
HT- 42.93
PLATER Grace U20 20.09.00, Leeds
TJ- 11.32 (11.50-17)
PLUMPTRE Hermione 26.11.91, Birchfield
400H- 58.72
POLLOCK Zoe U20 21.12.00, Oxford City
60H- 8.67i, 100H- 14.81
POOLE Anna U17 29.01.02, Coventry Godiva
60HI- 8.92i, 80HI- 11.7/11.86
POOLE Carys U15 21.12.03, Swansea
60HG- 9.44i (9.33i-17), 75HG- 11.41, LJ- 5.52,
PenG- 3127, PenIG- 3004i (3156i-17)

POOLEY Isobel 21.12.92, Aldershot F&D
HJ- 1.81 (1.97-15)
POPO Ogubemi U23 1.09.98, Channel Islands
100H- 15.1
PORTER Sophie U20 14.03.01, Channel Islands
400- 56.32i (56.76-17), LJ- 5.62i
PORTER Tiffany Adeaze 13.11.87, WGreen & Ex L
60H- 8.16i (7.80i-11), 100H- 12.99 (12.47w-12, 12.51-14)
PORTERFIELD Meghan U13 2.09.05, VP-Glasgow
SPI- 11.75i, SPM- 12.38, DTM- 35.86, HTI- 42.07
PORTERFIELD Mhairi Lee V35 19.06.81, VP-Glasgow
SP- 13.54i/13.41 (13.78-15), HT- 52.19 (58.47-02)
POTTER Elizabeth Caven 27.12.91, Shaftesbury B
3k- 9:49.0+ (8:53.94mx/9:12.41+-16), 10kR- 32:07,
5k- 16:16.2+ (15:28.32-16), 10k- 33:26.78 (32:03.45-16)
POTTER Cristina U17 8.10.01, Barnet
JTI- 43.64
POTTER Juliet V35 24.10.81, Charnwood
3k- 9:31.10mx (9:10.78-08), 5k- 16:24.64 (15:57.4-01)
POTTER Sarah 10.08.93, VP-Glasgow/Sheffield Un
3k- 9:43.08mx (9:51.43-11), 5k- 17:17.61, 5kR- 16:55
POUNDER Esme U13 9.10.06, C of York
60HM- 9.8i, PenIM- 2382i
POWELL Mena U15 21.02.05, Lewes
PV- 2.60
POWELL Trinity U17 29.06.02, Manchester
60- 7.62i, 100- 11.84
PRATT Aimee U23 3.10.97, Sale
800- 2:06.94, 1500- 4:16.69, 3k- 9:16.51mx,
5k- 16:32.71, 1.5kSt- 4:41.5, 3kSt- 9:50.17
PRESHO Jasmine U17 18.11.01, WSE&H
PV- 3.30i/3.10 (3.21-17)
PRESSWELL Kayleigh 14.03.95, Marshall Milton K
HT- 61.64, 20Wt- 16.89
PRESTON Adeline U17 29.05.02, Crawley
TJ- 11.00
PRICE Caitlin U23 25.12.98, Liverpool H
HT- 48.58
PRICE Ffion 11.08.94, Cardiff
800- 2:08.10i (2:06.89-16), 1500- 4:17.03 (4:14.13-17),
5kR- 16:57
PRICE Isabelle U13 4.10.05, Wolves & Bilston
1200- 3:51.4
PRICE Katherine U15 31.12.04, Blackheath & Bromley
1500- 4:44.25mx/4:44.33
PRICE Zoe U17 14.04.02, Liverpool H
SPI- 12.16 (13.19-17), HT- 49.38, HTI- 55.97 (56.49-17)
PRICE-WEIMER Rhianwedd 11.08.94, Cardiff/Miss. St Un
800- 2:06.29 (2:04.02-15), 1k- 2:47.82i (2:45.65i-15), 1500-
4:10.31 (4:09.56-15), 1M- 4:33.00i (4:32.74i-15, 4:41.71-14)
PRIDEAUX Emma V45 25.04.73, Billericay Striders
Mar- 2:56:12
PRINCE Christine U23 6.10.98, R Sutton Coldfield
DT- 35.30, HT- 44.15 (44.38-16)
PRINGLE Emma 10.01.92, Gateshead
TJ- 11.84 (13.01-13)
PRITCHARD Grace U15 30.06.05, Wigan
60- 8.02i, 200- 25.9
PRITCHARD Victoria 3.08.85, Shaftesbury B
5kR- 16:45
PROCTOR Kianna U15 23.01.04, Preston
200- 25.9
PROCTOR Shara 16.09.88, Birchfield
LJ- 6.91 (7.07-15)
PROUDFOOT Nicole U17 12.11.02, Annan
60HI- 9.07i, LJ- 5.53i/5.50 (5.56w/5.52-17), PenII- 3408i
PROUDLEY Tabitha U15 27.08.04, Southampton
60HG- 9.22i, 75HG- 11.53
PUGHE Imogen U15 31.08.05, West Cheshire
200- 25.9, 300- 40.98
PULLIN Ellie U23 15.02.97, Notts/Lough St
HJ- 1.65i (1.65i-17)
PURCHAS Natasha U20 12.01.01, Crawley
PV- 3.90

PURCHASE Anna U20 15.09.99, Notts
  HT- 56.86 (57.43-17)
PURDUE Charlotte Lucy 10.06.91, Aldershot F&D
  5kR- 16:23+ (15:23.4t-10), 5MR- 27:16, HMar- 70:29,
  10kR- 33:11+/33:41 (32:03.55t-12), 15kR- 49:51+
PURVES Katie U23 3.11.96, Edinburgh AC
  60H- 8.86i
PYATT Jenny U23 13.10.98, Liverpool Pembroke S
  DT- 43.19 (45.11-17)
PYE Amy U20 22.11.00, Cannock & Stafford
  100H- 14.21w/14.26

Q UAINTANCE Millie U17 10.11.02, Newbury
  JTI- 44.46
QUAYE Emmanuella U15 15.01.05, Enfield & Haringey
  100- 12.49w/12.56, 200- 25.98w
QUINN Erin U13 4.07.06, Annan
  DTM- 25.94
QUIRK Amelia U20 18.12.99, Bracknell
  1500- 4:17.49 (4:15.85mx/4:16.32-17), 3k- 9:11.20

R ACE Emily U20 11.09.00, Worksop
  60H- 8.93i, 100H- 14.55w/14.60, HJ- 1.81, SP- 11.64,
  Hep- 5055
RADUS Lia U17 1.10.01, Shaftesbury B
  800- 2:13.71, 1500- 4:32.41mx/4:35.54 (4:33.34-17),
  3k- 10:13.27mx (10:03.68mx-16)
RADUS Maayan U15 30.05.04, Shaftesbury B
  3k- 10:20.41mx/10:35.26
RAINSBOROUGH Matilda U23 28.08.96, Guildford & G/
  Lough St
  400- 55.19 (55.12-17)
RAMSAY Erin U13 17.11.05, Ayr Seaforth
  200- 26.83i
RAMSEY Gemma U20 27.06.01, Ipswich
  JT- 37.33
RANDALL Olivia U15 29.12.03, Reading
  PV- 2.60
RANKIN Emily U13 28.09.05, Preston
  70HM- 11.3
RANKIN Gemma 18.12.84, Kilbarchan
  5MR- 27:48, HMar- 77:53 (75:18sh-16, 75:44-13),
  Mar- 2:48:35 (2:39:33-16)
RASON Bo U13 25.10.05, Newquay & Par
  PV- 2.55
RAVENHILL Nicola U20 19.07.00, Ealing, S & Mx
  1.5kSt- 5:11.7
RAWLINSON Beth U15 17.05.05, Wenlock Olympians
  3k- 10:33.5
REAVIL-BLAKE Jatila 13.01.95, WSE&H
  100- 12.18w (12.03w/12.06-12)
REED Jasmine U13 17.11.05, Sale
  1200- 3:46.09
REED Kate Amelia V35 28.09.82, Bristol & W
  5kR- 16:05 (15:29.10t-07), 10kR- 33:30 (31:35.77t-08)
REEKIE Jemma U23 6.03.98, Kilbarchan
  800- 2:02.62, 1k- 2:36.79, 1500- 4:06.11+, 1M- 4:27.16
REES Alisha U20 16.04.99, Edinburgh AC
  100- 11.59 (11.55w-14), 200- 23.44 (23.12w/23.32-17)
REES Bethan U20 27.10.99, Cannock & Stafford
  JT- 51.18
REES Holly 5.06.93, Cambridge & Coleridge
  3k- 9:19.76i (9:12.75-17), 5k- 16:07.27 (16:00.34-17),
  10k- 33:51.89 (33:13.55-17), HMar- 74:06
REGIS Alicia U17 17.12.01, Enfield & Haringey
  200- 24.64i (24.36-16)
REGIS Renee U13 2.09.05, Enfield & Haringey
  60- 8.03i, 100- 12.82, 200- 25.71
REID Kayanna U23 11.06.97, Shaftesbury B/Brunel Un
  TJ- 12.60
REID Lucy 2.12.92, Tonbridge
  3k- 9:26.00mx, 5k- 16:09.96mx/16:20.70, 5MR- 27:07,
  10k- 33:58.73, HMar- 73:49
REVILLE Katie U17 20.02.02, Edinburgh AC
  200- 25.23w, 300- 40.11, 400- 57.42

REVITT Ella Jayne U20 16.03.99, Edinburgh AC
  5k- 16:53.83, 10k- 35:32.54
REVITT Lisa 5.02.91, Doncaster
  100H- 15.08 (14.71w/14.99-08)
REYNOLDS Amelia U23 23.11.98, Cardiff/Jacksonville Un
  60- 7.66i, 100- 11.87w/12.07, 400- 55.25,
  200- 24.17 (24.04i-17, 24.06-14)
RHODES Aisla U17 25.02.03, Stevenage & NH
  HJ- 1.67
RICHARDS Amy U23 24.04.97, Orion/Northumberland Un
  LJ- 5.64, Hep- 4393
RICHARDS Jennifer 18.10.93, Radley AC/Oxford Un
  DT- 35.78, HT- 43.30 (44.48-14)
RICHARDS Shona 1.09.95, WSE&H
  400H- 60.34 (56.05-15)
RICHARDSON Chloe 4.12.93, Birchfield
  5k- 17:06.01 (16:56.54-12), HMar- 76:12
RICHARDSON Eavion U23 27.06.98, Shaftesbury B/
  East London Un
  60- 7.74i, LJ- 5.93 (6.00w/5.95-16), TJ- 13.04
RICHARDSON Letisha 4.01.93, WSE&H
  TJ- 11.39 (11.42-16)
RICHES Laura 7.08.93, Leigh
  2kSt- 6:59.97 (6:38.18-16), 3kSt- 11:17.22 (10:27.03-17)
RICKARD Abigail U13 16.12.05, Birchfield
  PenIM- 2259i
RIGBY Rebecca 17.10.91, Preston/Sheffield Un
  3k- 9:25.17, 5k- 16:17.35 (16:13.56-17),
  10k- 35:48.03 (33:36.70-17), 10kR- 34:54 (34:31-16)
RILEY Nia U17 13.07.02, Cardiff Archers
  800- 2:14.32
RIMMER Caitlin U17 3.09.02, C of Sheffield
  DT- 33.65
ROBBINS Jenny U23 20.02.96, Notts/Manchester Un
  PV- 3.30i/3.20 (3.75-15)
ROBBINS Natalie U23 30.11.98, Edinburgh AC
  HT- 57.05
ROBBINS-HULSE Michelle 2.06.86, Trafford
  TJ- 12.08 (12.63-14)
ROBERTS Abigail U23 9.07.97, C of Sheffield
  PV- 3.85 (4.08-15)
ROBERTS Carys U13 6.04.06, West Cheshire
  1200- 3:53.3
ROBERTS Catherine U17, Darlington
  3k- 10:13.89mx/10:15.9
ROBERTS Ffion Mair U20 3.05.00, Colwyn Bay
  400- 57.07
ROBERTS Grace U15 18.11.04, Vale Royal
  1500- 4:44.67
ROBERTS Hannah U17 15.09.02, Bracknell
  400- 58.39i (58.33-17),
  800- 2:12.97mx/2:13.09 (2:11.59-17)
ROBERTS Melissa U23 6.08.97, Birchfield/Cardiff Met
  60- 7.58i (7.53i-17)
ROBERTS Mia U17 13.07.02, Deeside
  1500- 4:37.00mx (4:34.95-17)
ROBERTS Nicole 30.01.92, Birchfield
  1500- 4:28.96, 5k- 16:26.82, 10kR- 34:46 (34:14-16),
  2kSt- 6:38.44, 3kSt- 10:15.99
ROBERTSON Josie U13, Newbury
  1200- 3:53.7
ROBERTSON Sydney U23 13.12.96, G'head/N'land Un
  PV- 3.40
ROBINSON Elsie U15 16.11.04, Saffron AC
  3k- 10:32.29
ROBINSON Emily U20 22.06.00, Brighton & Hove
  DT- 39.94
ROBINSON Kate 30.09.94, Salisbury
  5k- 17:13.08
ROBINSON Katy 21.01.94, C of Sheffield
  Hep- 4038 (4220-16)
ROBINSON Louise U20 19.11.00, Birchfield
  400H- 61.80
ROBINSON Lucy U15 15.11.03, Stockport
  LJ- 5.36, TJ- 10.98w/10.51, PenG- 3035, PenIG- 3140i

ROBINSON Lucy U23 30.11.97, Wakefield/Leeds Un
800- 2:09.01, 1500- 4:24.71
ROBINSON Rachel 30.01.92, Marshall Milton K
5kR- 16:40
ROBISON Charlotte U23 13.07.97, Edinburgh AC/
UMass Amherst Un
100H- 14.45w/15.01 (14.99-15)
ROCHE Bekki U17 11.12.02, WESPA
SPI- 13.83i/13.73 (14.59-17), HTI- 53.12 (54.26-17)
ROCK Emilia U15 12.08.05, Vale of Aylesbury
200- 25.89w, 300- 41.5/41.70
RODERICK Olivia U15 4.01.04, IIF Group
3k- 10:31.26
RODGERS Alice U17 23.09.02, Ballymena & Antrim
100- 12.29
RODGERS Holly U23 3.02.97, Rotherham/Hallam Un
HT- 50.29 (52.57-16)
ROE Olivia U15 16.12.03, Wakefield
60- 8.05i
ROESSLER Pippa U15 8.01.04, Aldershot F&D
1500- 4:43.67mx, 3k- 9:55.32
ROGAN Phillipa 4.02.94, Thames Valley/IRL
HJ- 1.83, TJ- 11.19
ROGERS Georgina U23 1.09.96, Birchfield/Lough St
400- 55.98i (55.18-16), 400H- 58.59 (58.53-16)
ROLFE Amy Lauren U17 12.12.01, C of York
LJ- 5.89
ROLLS Scarlett U15 29.06.04, Southend
HJ- 1.62, PenG- 3053
ROOT Asha U20 15.06.01, Tonbridge
400- 56.68
ROSE Ahtollah 6.03.93, Trafford
TJ- 12.08i (12.88-11)
ROSE Charlotte V35 25.06.81, C of Norwich
Mar- 2:48:50
ROSE Keira U15 20.09.03, Medway & Maidstone
300- 41.71
ROSS Fionnuala 5.11.90, Armagh/IRL
5k- 16:28.11, 10k- 33:49.92, 10kR- 33:31,
15kR- 52:27+, HMar- 74:11
ROSS Shona U23 11.08.98, Kilbarchan/Glasgow Caled Un
TJ- 11.79i/11.65 (11.94w/11.74-17)
ROSSER Awen 28.09.95, Swansea
DT- 39.94 (45.66-14)
ROTHWELL Georgia U20 16.05.00, C of York
1500- 4:26.94
ROUTLEDGE Jasmine U17 4.06.02, Charnwood
HT- 46.78, HTI- 52.96
ROWE Anna Nicole U23 2.09.98, Liverpool H
400- 56.10i, 100H- 14.97 (14.8/14.90-16), 400H- 60.04
ROWE-TOWLE Esther U17 28.11.02, C of Sheffield
3k- 10:10.2
ROWLAND Joanne 29.12.89, Crawley
60H- 8.93i (8.91i-13), 100H- 14.99 (14.46-13),
HJ- 1.69i (1.72-12), LJ- 5.93i/5.79 (6.08-16), SP- 14.15,
DT- 37.56, JT- 42.22 (42.81-13), PentlS- 4291i
ROY Lauren U20 25.09.00, C of Lisburn/IRL
60- 7.57i, 100- 11.87w/11.92, 200- 24.32
ROYSTON Louise 30.03.92, Halifax
400- 56.4/56.48
RUANE Emily U23 23.02.96, Herts Phoenix/Camb Un
3k- 9:31.87, 5k- 16:53.52
RUNCIMAN Laura U20 19.05.01, Chelmsford
HT- 47.92
RUSH Ella U15 8.04.04, Amber Valley
300- 41.37i/41.74, HJ- 1.65, LJ- 5.69, SextG- 3647,
PenG- 3418+, PenIG- 3346i
RUSH Holly G. V40 23.09.77, Avon Valley Runners
Mar- 2:47:33 (2:37:35-08)
RUSSELL Alexandra 27.03.90, Wigan
TJ- 13.09 (13.40w-16, 13.27i-17)
RUSSELL Chyna U20 22.12.00, Belgrave
200- 25.0, 400- 56.18
RUSSELL Dawn U15 14.12.04, Law & District
HTI- 42.55

RUSSELL Emily U20 12.01.00, Harrow
60H- 8.76i, 100H- 14.16w/14.19 (14.13-17)
RUSSELL Georgia U15 23.04.04, Walton
SPI- 11.94
RUSSELL Hannah U13 24.08.06, Lewes
PV- 2.51
RUSSELL Lorna 14.03.90, Winchester
HMar- 78:52 (73:57-13)
RUTTER Charlotte U15 24.10.03, Darlington
60HG- 9.35i, 75HG- 11.27w/11.31
RUTTER NiaBari Zoey 4.01.86, Blackpool
TJ- 11.17 (12.00-09), SP- 11.49 (11.50-16)
RYAN Joanne 3.10.86, Loughton
200- 24.90w/24.98 (24.3/24.32w-07, 24.42-09),
400- 56.58 (54.01-10)
RYDING Hannah U15 1.07.05, Giffnock North
3k- 10:35.32mx

SACRE Kesari U20 4.11.99, Stade Niortais (FRA)
LJ- 5.58i (5.75-17)
SAKARIA Katie U13 1.11.05, Guildford & Godalming
800- 2:17.63, 1200- 3:52.8 (3:52.7-17)
SALAMI Tosin U20 16.09.99, Croydon
200- 25.00
SALKELD Jessica U17 11.01.03, Harrogate
100H- 15.6
SALLER Sophia 20.03.94, M Milton K/Oxford Un/GER
5k- 17:17.88
SALT Adela M. V40 18.02.73, Staffs Moorlands
24Hr- 207.808km
SAMUEL Alicia U20 6.04.01, Carmarthen
100- 11.88w/12.0/12.04, 200- 24.87
SAMUEL Laura 19.02.91, Birchfield
TJ- 13.75 (14.09-14)
SAMUEL-HORSFALL DEJEVA Kilali U13 15.11.05,
Blackheath & Bromley
75- 9.87w/9.9, 150- 19.39
SAMUELS Sonia V35 16.05.79, Sale
5kR- 16:45+ (15:44.24t-11), 10kR- 34:03 (32:39.36t-14),
15kR- 51:36+, HMar- 72:40 (72:36-13),
Mar- 2:36:59 (2:28:04-15)
SANI Jennifer U20 2.08.00, Cardiff Archers
DT- 35.44
SASEGBON Motunrayo 16.09.91, Stevenage & NH/NGR
100H- 14.56 (14.1-17, 14.20-14), 400H- 64.0 (68.70-09),
HJ- 1.85, LJ- 5.58 (5.78-14), TJ- 11.79,
SP- 12.45i/12.02 (13.33-17)
SAUNDERS Louisa U20 26.12.00, Brighton Phoenix
400- 57.04
SAWYER Maddison U15 7.12.03, Medway Park Phoenix
800- 2:15.55
SAWYER Sarah V40 21.01.76, Brighton & Hove
24Hr- 205.683km
SAWYERS Jazmin 21.05.94, C of Stoke
100H- 14.00, LJ- 6.76
SAXON Lily U15 28.03.04, Solihull & S H
1500- 4:44.87 (4:41.11-17)
SCATCHARD Mena U17 28.01.03, Wetherby Runners
1500- 4:34.92
SCHÖNECKER Johanna 2.04.95, Harrow/Camb Un/GER
JT- 42.51
SCHOFIELD Maria U20 8.09.00, C of York
SP- 12.32, HT- 48.13
SCHWIENING Georgina 15.12.94, Cambridge & Coleridge
10kR- 34:21, HMar- 75:33 (75:26-17), Mar- 2:37:46
SCOOT Georgina U15 15.01.04, Torbay
HJ- 1.65, LJ- 5.36, TJ- 11.80, PenG- 2969
SCOTT Amaya U20 15.02.01, Southampton
100HI- 14.67, 100H- 14.98, HJ- 1.80i/1.70 (1.76-17),
LJ- 5.74, SP- 13.68i/13.52
SCOTT Amber U20 23.07.01, Mansfield H
1.5kSt- 5:09.60
SCOTT Bethany 10.02.91, London Heathside/AUS
1.5kSt- 5:11.1, 2kSt- 7:06.0, 3kSt- 11:00.35

SCOTT Isabelle 9.01.93, Marshall Milton K/AUS
  800- 2:09.95 (2:06.60-16)
SCOTT Lara U15 26.08.04, Southampton
  HJ- 1.68
SCOTT Nancy U20 15.05.99, Aldershot F&D/Camb Un
  2kSt- 7:05.72, 3kSt- 10:53.68
SCRAFTON Floren 24.12.93, Bristol & W/Oxford Un
  5k- 17:29.04 (16:45.67-17)
SCRIVENER Emily U17 29.07.03, Reading
  PV- 3.20
SEALY Katy Louise 15.10.90, Ipswich/Cardiff Met/BIZ
  100H- 15.18 (14.9-17), HJ- 1.73, SP- 11.40 (11.44i-17),
  Hep- 4743 (4817-16)
SEARS Jasmine U17 14.12.01, Shaftesbury B
  TJ- 12.58
SEGRAVE Hannah 14.04.95, Middlesboro Mandale
  400- 56.27i (55.44-17), 600- 1:27.38, 800- 2:02.52,
  1500- 4:26.55 (4:21.80-17), 1M- 4:45.76i
SELMAN Jenny 9.03.91, Fife
  1500- 4:24.19 (4:20.06-15)
SEMENYTSH Rosanna Marie 28.05.87, Sale
  JT- 45.68 (50.43-13)
SEMERARO Sarah V35 10.10.82, Enfield & Har/ITA
  PV- 3.60i/3.60 (4.10-06)
SEMPLE Ella U17 18.11.02, Birchfield
  1500- 4:35.71, 3k- 10:13.49mx
SENIOR Ruth 16.10.87, C of Norwich
  Mar- 2:50:11dh (2:42:50-12)
SEXTON Katie U20 4.12.99, Crawley
  PV- 3.12i/3.10 (3.10-17)
SEY Marcia U17 7.11.01, Croydon
  60- 7.66i, 100- 12.15 (12.07-17), 60HI- 8.45i,
  80HI- 11.02w/11.12 (11.04-17), 100HI- 13.32w/13.41
SHAKES-DRAYTON Perresha 21.12.88, VPH &TH
  400- 51.97 (50.50-13)
SHANLEY Hazel U20 6.03.99, Livingston
  TJ- 11.34 (11.70-17)
SHARKEY Katie U17 19.11.01, Central
  60HI- 8.97i (8.92i-17)
SHARP Anna U23 16.08.98, Southampton/Oxford Un
  2kSt- 6:59.16, 3kSt- 11:02.58
SHARP Chloe U20 27.12.99, Dartford
  1500- 4:27.74, 3k- 9:36.39
SHARP Jasmine U17 28.01.02, Darlington
  JT- 38.70
SHARP Lynsey Gillian 11.07.90, Edinburgh AC
  600- 1:28.89+ (1:27.16i-17/1:27.51+-14),
  800- 1:59.34 (1:57.69-16)
SHARPE Emma U20 9.05.01, North Devon
  DT- 37.87 (39.48-17)
SHARPE Francesca U17 20.04.03, Burton
  JTI- 39.46
SHARPE Zoe U13 3.02.06, Inverness
  PenM- 2418
SHARPLES Abigail U17 3.12.01, Lincoln Wellington
  DT- 32.05
SHARPLES Rosie U15 25.05.04, Falkirk VH
  HJ- 1.62
SHAW Alexandra U20 6.09.00, Guildford & Godalming
  400- 55.30i/56.21 (56.00-17)
SHAW Amanda 28.09.84, Wakefield
  200- 24.97 (24.63-16)
SHAW Bethany U20 16.03.01, St Albans AC
  100- 12.08
SHAW Emily U15 22.02.04, Wimborne
  1500- 4:42.45mx
SHAW Wendy V40 5.10.77, Reading Joggers
  24Hr- 216.117km
SHAYAAM-SMITH Abazz U20 3.04.00, Birchfield
  TJ- 12.83
SHEARMAN Amelia U17 21.01.03, Blackpool
  PV- 3.50
SHEPHARD-GAZELY Georgia U17 25.01.02, Steve & NH
  JTI- 38.56

SHEPPARD Imogen U17 29.12.01, Stratford-upon-Avon
  HepI- 4008
SHERWOOD Emma U17 12.09.01, Dudley & Stourbridge
  HJ- 1.69 (1.75-16), LJ- 5.49 (5.49-17), HepI- 4559,
  PenII- 3348i
SHIPLEY Emma U15 15.02.05, Hallamshire
  800- 2:16.54i/2:16.65 (2:15.93-17), 1500- 4:39.74
SHIRLEY Ella U23 7.08.97, Notts/Birmingham Un
  2kSt- 7:01.84, 3kSt- 11:12.50
SHOKUNBI Modupe U23 10.10.98, Blackheath & Brom/
  Brunel Un
  60- 7.57i, 100- 11.91w/12.07 (11.78w/11.97-14)
SHOTT Madeline 15.10.93, Belgrave
  3kW- 14:43.33, 5kW- 25:21.96, 5kWR- 26:28,
  10kWR- 54:24
SHOYELU-ARMSTRONG Sariyah U15 27.10.04, N & Ex B
  60- 8.03i, 100- 12.52, 200- 25.86w
SIBBONS Aleeya U17 5.11.02, Newham & Ex B
  60- 7.81i, 100- 12.13 (12.12-17), 200- 25.07
SIBLEY Amarisa U15 27.06.05, Blackheath & Bromley
  800- 2:15.93mx
SIDDONS Bethan 29.09.90, Stevenage & NH
  HJ- 1.65i (1.74-15)
SIKIRU Simbiyat U17 5.10.02, WGreen & Ex L
  HTI- 48.85
SILCOX Georgia Kate U23 14.10.98, Yeovil Oly/Bath Un
  60H- 8.56i, 100H- 13.64w/13.81,
  LJ- 6.07w/5.93 (6.08w-17)
SILLETT Abbie U17 27.12.02, Bracknell
  100- 12.25w/12.37
SILVANDER Anna 22.06.93, Stockport/SWE
  800- 2:04.97 (2:02.53-15), 1500- 4:11.23
SIMAO Shayone 28.01.86, Blackheath & Bromley
  60- 7.67i, 100- 12.02 (11.72w-10, 11.90-16),
  200- 24.25 (24.23w-10)
SIMMONDS Tamsin V35 31.10.78, Serpentine
  Mar- 2:56:24
SIMON Olivia U15 9.11.04, Colchester H
  PV- 2.65, HTI- 41.66
SIMPSON Amber U20 3.01.99, Deeside
  DT- 38.06 (39.12-17), HT- 56.95
SIMPSON Annabel U23 30.04.97, Fife/Glasgow Un
  3k- 9:30.96mx (9:40.07-16), 5k- 16:37.40 (16:35.81mx-16),
  5kR- 16:26, 10MR- 57:03 (56:30-17), HMar- 76:31
SIMPSON Emma U17 16.06.03, Altrincham
  TJ- 11.04w/11.01
SIMPSON Ruby U15 6.07.05, Hallamshire
  800- 2:12.32, 1500- 4:39.74
SIMPSON-SULLIVAN Tara U20 2.12.00, Wigan
  DT- 35.21, HT- 56.34
SIMSON Jade U23 9.10.97, C of Plymouth/Bath Un
  LJ- 5.93
SKEGGS Charlotte U23 1.09.98, Basildon
  Hep- 3914
SKELTON Isabelle U15 15.10.03, Sutton in Ashfield
  300- 40.99
SKERVIN Sharhnee U20 13.03.00, Notts
  100- 11.76, 200- 23.81w/24.32 (24.30-15)
SLADE Kia U20 16.01.01, Reading
  100H- 14.91
SMALE Tilly U15 31.10.03, North Somerset
  LJ- 5.25 (5.28-17)
SMALL Louise 23.03.92, Aldershot F&D
  3k- 9:49.4 (9:07.64mx-17, 9:15.47-09),
  5k- 16:12.7mx/16:25.43+ (15:40.5mx-17, 15:41.94-16),
  10k- 32:34.73, 10kR- 33:22, HMar- 77:11 (73:47-16)
SMITH Akesha 11.06.95, Enfield & Haringey
  400- 57.08 (56.65-16), 400H- 62.86
SMITH Anna Charlotte U17 14.09.01, Mansfield H
  800- 2:12.72mx (2:06.40-17)
SMITH Elicia U17 12.11.01, New Marske
  1.5kSt- 5:17.1
SMITH Emily 5.12.95, Yeovil Olympiads/Lough St
  3k- 9:39.69, 5k- 16:26.21i, 2kSt- 6:43.45, 3kSt- 10:16.97

SMITH Hollie U23 7.11.98, Liverpool H/Liverpool Un
HJ- 1.70i/1.68 (1.76i/1.75-16)
SMITH Holly U17 31.12.01, Vale Royal
1500- 4:37.98mx/4:38.80,
3k- 10:08.9mx/10:09.84 (9:57.6-17)
SMITH Holly U20 22.09.99, Liverpool H
LJ- 5.56i (5.58-17), TJ- 12.15
SMITH Imogen U20 2.09.99, Birchfield
PV- 3.62
SMITH Isabella U15 21.10.03, Havering
100- 12.43w/12.59mx
SMITH Jessica U17 5.09.01, Enfield & Haringey
100HI- 14.60
SMITH Jodie U17 2.11.01, WSE&H
80HI- 11.75w, 300H- 45.53, HJ- 1.71, LJ- 5.51,
JTI- 40.33 (40.59-17), HepI- 5103
SMITH Kamiya U15 5.04.04, Coventry Godiva
60HG- 9.41i, 75HG- 11.6
SMITH Kate U15 3.11.03, Tynedale
75HG- 11.46w/11.5
SMITH Louise V45 7.07.70, North Belfast
Mar- 2:57:36 (2:53:27-17)
SMITH Lydia U15 15.03.04, Taunton
60HG- 9.14i, 75HG- 11.17, LJ- 5.87, PenG- 2943
SMITH Mabel U15 17.02.04, Herne Hill
HJ- 1.73
SMITH Madeleine U20 5.02.99, Bournemouth/Oxford Un
TJ- 11.63w/11.60
SMITH Mari U23 14.11.96, Birchfield/Birmingham Un
400- 55.22, 800- 2:02.64
SMITH Natasha U20 10.10.99, Stroud
60H- 9.00i, 100H- 14.77, HJ- 1.75 (1.78i/1.77-16),
LJ- 5.58i/5.56, JT- 38.96, Hep- 5123, PentIS- 3713i
SMITH Roisin Mary U23 10.11.97, Airdrie
400- 55.51
SMITH Stacey Louise 4.02.90, Gateshead
1500- 4:10.05i (4:06.81-11)
SNAITH Maisey U20 3.04.01, Cambridge & Coleridge
100- 12.0/12.04wmx (11.9-17, 12.08w-16),
200- 24.52w/24.8/24.97, 400- 53.91
SNOWDEN Katie 9.03.94, Herne Hill
800- 2:01.60mx/2:01.75 (2:00.92mx-17), 1k- 2:35.54, 1500-
4:06.55 (4:05.29-17), 1M- 4:29.56 (4:25.89-17), 3k- 9:13.54i
SOANES Asha U15 27.01.04, Thetford
SPI- 11.59
SOARES Juliana U15 5.06.04, Stade GenËve (SWZ)
TJ- 10.81
SOLE Amy 29.09.85, Cornwall AC
Mar- 2:57:36 (2:56:55-16)
SOLOMON Serita 1.03.90, Blackheath & Bromley
60- 7.62imx (7.49i-16), 60H- 8.53i (7.93i-15)
SOUSA Nanci 28.09.90, Enfield & Haringey/POR
JT- 37.31 (42.47-17)
SOUTHCOTT Rhea U20 30.03.01, Leeds
SP- 13.49, SPI- 15.31 (15.64-17)
SOWAH Shammah U17 21.01.02, Orion
400- 58.1 (56.86-17)
SOYEI Kenyeh U17 26.10.02, Bedford & County
SPI- 12.37
SPACEY Lara U17 26.08.02, Swansea
HTI- 48.02
SPENCER Ivy U17 23.09.02, Lewes
PV- 3.05
SPENCER-SMITH Jade U17 8.11.01, Harrow
PV- 3.90
SPILIOPOULOU Ashleigh U20 2.04.99, Enfield & Har/
Lough St
HJ- 1.68i/1.66 (1.70-17), Hep- 4738 (4808-17),
PentIS- 3614i
SPINK Jennifer E. V35 7.08.81, Bristol & W
10kR- 34:33 (33:36-16), HMar- 75:37 (73:02-15),
Mar- 2:36:54 (2:36:00-15)
SPINK Morgan U17 6.04.02, Rotherham
80HI- 11.57w/11.8, 300H- 44.35 (44.03-17),
HepI- 4340 (4379-17)

SPURLING Tania 20.08.87, West Suffolk
TJ- 11.37 (12.61w/12.23-07)
SQUIBB Morgan U17 23.06.03, Blackheath & Bromley
800- 2:11.63mx/2:14.31 (2:12.14-17), 2kSt- 7:02.17,
1500- 4:33.06mx/4:35.63, 1.5kSt- 4:59.18
SQUIRES Rebecca U15 1.02.04, Exeter
200- 25.95w
STACEY Caitlin U20 6.12.99, Reading
DT- 35.85 (38.18-17)
STAINTON Katie 8.01.95, Birchfield/Lough St
60H- 8.72i, 100H- 14.44 (13.92w/13.94-17),
HJ- 1.72 (1.76i-15, 1.75-16), LJ- 6.04i (6.23w/6.18-16),
SP- 12.42i (11.90-17), JT- 36.37 (43.18-17)
STAMP Charlotte U23 20.11.98, C of York/Leeds Un
400H- 65.36 (63.9/65.03-17)
STARKEY Feia U17 19.11.01, Ealing, S & Mx
400H- 67.96
STEEL Gemma 12.11.85, Charnwood
5kR- 16:07 (15:47.21t-11), 10kR- 33:00 (31:27-14),
15kR- 51:53+ (48:15+-14), 10MR- 56:56 (52:00+e-14),
HMar- 72:37 (68:13-14)
STEEL Isla U17 14.07.03, Pitreavie
HepI- 4032
STEELE Charlotte U20 23.11.99, VP-Glasgow
JT- 39.16
STEELE Olivia U17 22.07.02, Hertford & Ware
JTI- 41.23
STEER Alice U20 9.03.01, Crawley
HT- 42.31
STEIN Lottie U15 19.01.05, Bristol & W
PV- 2.62
STENNETT Lucy U17 22.07.02, Taunton
300- 40.69
STEPHENSON Clieo 8.04.95, Thames Valley
60- 7.61i (7.53i-16), 100- 11.80w/11.98 (11.70-17),
200- 24.68 (24.60-17)
STEPHENSON Lia U23 4.03.96, Thames Valley/Mx Un
LJ- 5.71 (5.80w-14), TJ- 13.03
STEPTO Emma Louise V45 4.04.70, Cornwall AC
5k- 17:06.5mx (16:13.0mx/16:42.16-13)
STEVENSON Olivia U20 9.10.99, Kingston upon Hull
HT- 56.47 (57.96-17)
STEWARD Hayley 29.03.91, Team Kennet
SP- 11.15
STEWART Abigail U17 15.10.02, Cambridge H
DT- 32.89
STEWART Kelsey U23 12.02.97, Aberdeen/Aberdeen Un
200- 24.41w (24.33-17), 400- 54.20 (53.63-17),
800- 2:06.41
STICKLAND Lucy 7.12.92, Nuneaton/Coventry Un
PV- 3.70 (3.70i-13)
STILL Alix U20 15.03.00, Aberdeen/IMG Academy
100H- 14.78, HJ- 1.67 (1.67-17), Hep- 4727 (4928-17)
STOCKTON Stevie Leanne 23.08.89, Leeds
3k- 9:23.4+e (8:58.01mx-14, 9:00.67-11), 5k- 15:41.11,
5kR- 15:39, 10k- 32:35.26
STODDART Lauren 26.06.91, Edinburgh AC
2kSt- 6:48.03, 3kSt- 10:57.09 (10:41.79-17)
STONE Josephine 23.08.90, Middlesboro Mandale
Mar- 2:54:31
STONEY Louisa U17 11.01.02, Kingston & Poly
300- 40.45
STRATTON-THOMAS Megan U20 2.07.00, Swansea
3kW- 15:14.45i+ (15:20.38-16),
5kW- 27:55.39i (27:29.35-16)
STRAW Rebecca 26.04.95, Birchfield/Birmingham Un
5k- 16:53.07 (16:03.25-15), 10kR- 34:55 (33:52.91t-15)
STREVENS Eleanor U13 14.05.06, Eastbourne RAC
800- 2:22.36
STRICKLAND Emily U20 27.12.99, Scunthorpe
100- 12.1, 200- 24.91, 400- 56.94 (56.67-17)
STRICKLER Amelia Jane 24.01.94, TVH/Miami Un
SP- 17.31
STRINGER Katie U15 25.06.05, Medway & Maidstone
3kW- 16:34

STUBBS Samantha U15 25.09.03, Tonbridge
  PenIG- 2909i
STUCHBURY Charlotte U20 18.10.00, Wigan
  HT- 45.07
STYLER Ruby U13 24.08.06, Hallamshire
  800- 2:23.18
SUHONEN Emma 28.01.91, Charnwood/Lough St/FIN
  100- 11.98wmx/12.20 (11.86w/11.99-17)
SULLIVAN Grace U20 4.08.99, Ashford
  TJ- 11.39i (11.83-17)
SULLIVAN Grace U17 3.07.03, Cleethorpes
  3k- 10:19.90 (10:14.76-17)
SULLIVAN Teigan U15, Invicta
  3k- 10:28.00mx
SUTHERLAND Kelsey U17 19.12.02, Worthing
  TJ- 11.74i/11.65
SUTTON Kathryn 23.12.88, Dartford
  400- 56.2/56.30 (55.50-16), 800- 2:09.87
SUTTON Scarlett U15 14.02.04, Preston
  3k- 10:30.5
SWANNACK Jessica U23 26.09.98, Preston/Idaho Un
  PV- 3.92i/3.75 (4.00-17)
SWANSON Sian 1.03.93, Swansea/Cardiff Met
  TJ- 11.90 (12.08w/11.98-17)
SWEENEY Fion U23 29.01.98, Birchfield/Exeter Un/IRL
  5k- 17:25.98
SWEETMAN Molly U17 11.03.02, Havering
  3k- 10:15.64
SWITHENBANK Carla Police Gwent
  Mar- 2:46:13
SYNGE Katie 92, Charnwood/Royal Navy
  Mar- 2:51:37

TABE Mayong U17 23.11.01, Medway & Maidstone
  LJ- 5.86
TAGOE Annie 4.06.93, Thames Valley
  100- 11.44 (11.38w-14)
TAIT Anna U23 5.12.96, VP-Glasgow/Glasgow Caled Un
  1500- 4:26.61 (4:21.16-17), 5k- 16:56.72 (16:43.83-17), 3k- 9:40.93 (9:31.76mx/9:36.84-17)
TAIT Sarah U20 26.03.01, Lasswade
  1.5kSt- 5:05.41, 2kSt- 6:59.86
TAKWOINGI Mary U17 13.09.01, Solihull & S H
  300- 40.49 (40.48-17), 400- 58.36 (58.2-17)
TANK Poppy U23 5.12.97, C of Plymouth/Utah Un
  3k- 9:26.29i (9:42.82mx-16), 5k- 17:04.81 (16:37.48-17)
TAPERELL Ava U15 21.12.03, Gateshead
  300- 41.71, 800- 2:14.36i/2:16.4 (2:13.1-17)
TAPLEY Hannah U23 1.10.98, Worcester AC/Cardiff Met
  HJ- 1.75i/1.70 (1.75i-15, 1.74-14)
TAPPER Rayne U13 7.04.06, Harrow
  60- 8.04i, 75- 9.9, 100- 12.51w/12.54, 150- 19.1, 200- 26.18mx/26.25
TAPPIN Jessica 17.05.90, Thames Valley
  400- 56.66i (54.89-17), 100H- 14.12 (13.47-14), 400H- 58.75 (58.13-15), SP- 11.45 (12.34-12)
TARPLEE Claire 22.09.88, Solihull & S H/IRL
  1500- 4:17.84mx/4:18.68 (4:10.65-16)
TASCHIMOWITZ Naomi 19.10.89, Shaftesbury B
  1500- 4:18.56mx/4:22.09 (4:16.32-17),
  3k- 9:09.21mx/9:33.00 (9:12.66-11),
  5k- 15:54.14mx/16:10.95 (16:08.89-17)
TAYLOR Beth U23 25.12.96, Rotherham/York Un
  100H- 14.95, SP- 11.36i/11.10, Hep- 4618 (4859-16)
TAYLOR Charlotte 17.01.94, Nene V/San Francisco Un
  3k- 9:42.99+ (9:20.72+-17), 5k- 15:41.09 (15:29.07-17),
  10k- 32:17.95 (32:11.80-17)
TAYLOR Elizabeth U15 18.05.04, Peterborough
  200- 25.9/25.9w (25.93-17), 300- 41.3/41.80 (40.89-17)
TAYLOR Ellie U15 12.03.04, Epsom & Ewell
  75HG- 11.62
TAYLOR Lara U17 15.10.02, Liverpool H
  HepI- 4111
TAYLOR Libby U17 16.08.02, Stevenage & NH
  HT- 43.21, HTI- 51.38

TAYLOR Nicole 18.01.95, Tonbridge
  1500- 4:26.15mx, 3k- 9:12.41mx (9:26.71-17),
  5k- 16:17.57, 10k- 33:53.34, 10MR- 58:35, HMar- 77:18
TAYLOR Stacie 12.10.95, Kilmarnock/Tulsa Un
  2kSt- 7:01.95 (6:59.84-15), 3kSt- 10:58.46 (10:13.23-16)
TAYLOR Trezeguet U15 17.04.05, Trafford
  60- 7.75i, 100- 12.08w/12.14
TAYLOR-GREEN Charlotte 2.04.85, Bristol & W
  800- 2:07.05 (2:06.96-16), 1500- 4:16.88,
  1M- 4:43.91mx (4:48.10-17), 3k- 9:20.02i, 10kR- 35:00,
  2kSt- 6:51.69 (6:34.12-17)
TAYLOR-JEMMETT Jessica R. 27.06.88, Sale
  100- 12.05 (11.95w-14), 200- 24.21 (23.63-17),
  60H- 8.67i (8.47-16), 100H- 14.26 (13.81-14), SP- 13.71,
  LJ- 5.78 (6.18w-16, 6.16-14), JT- 37.96 (38.31-16),
  Hep- 5590 (5913-16)
TCHOUDJA Teddy Shalom U17 27.03.03, Shettleston H
  SPI- 13.95
TEAL Amy U23 8.03.98, Southampton/Weber State Un
  100- 12.06A/12.17w (12.1w-15)
TEALE Sarris U15 3.05.04, Ashford
  TJ- 10.41i/10.35 (10.46-17)
TEMPLE Katy Louise (nee WATTS) V35 25.03.81, Havant
  JT- 42.87 (52.41-09)
TESKA Annika U23 1.06.98, Brunel Un/EST
  HJ- 1.75
TESTAR Annie U17 18.04.02, Stroud
  400- 57.01 (56.9-17), 800- 2:09.32
THACKERY Calli 9.01.93, Hallamshire
  1500- 4:21.77 (4:14.08-17), 5k- 16:06.57 (15:37.44-16),
  3k- 9:23.77+ (9:03.59i/9:13.10+-16), 10kR- 33:56,
  15kR- 51:54+, 10MR- 58:48 (57:58-17), HMar- 75:34
THATCHER-GRAY Adelaide U17 18.09.02, Havering
  JT- 36.49, JTI- 40.42
THOBURN Gabriella U15 26.04.05, South London H
  HJ- 1.65
THOMAS Bethany U23 27.06.97, Spenborough
  HT- 42.88
THOMAS Catrina U23 18.02.97, Trafford/Birmingham Un
  3k- 9:37.99i
THOMAS Cerys Louise U20 7.04.01, C of Portsmouth
  HT- 50.10, HTI- 52.81
THOMAS Charlene V35 6.05.82, Wakefield
  10kR- 33:27
THOMAS Emily Sara U20 21.11.00, Cardiff Archers
  LJ- 5.80, TJ- 11.26 (11.46w-17)
THOMAS Erin U17 12.09.01, Bexley
  PV- 3.35
THOMAS Grace U20 10.11.99, Bexley
  PV- 3.10
THOMAS Isabel U15 1.03.04, Cardiff
  PV- 3.40i/2.94
THOMAS Jahisha 22.11.94, Bl'heath & Brom/Iowa St Un
  60- 7.73i, LJ- 6.69, TJ- 13.46
THOMAS Zsiriah U17 4.03.03, Blackheath & Bromley
  100- 12.35
THOMPSON Abigail U20 7.12.00, Border
  DT- 37.23
THOMPSON Derrion U23 18.11.97, Tipton
  400- 56.9/57.09
THOMPSON Elizabeth U17 2.02.02, Central
  300- 40.73, 400- 57.51i/58.22
THOMPSON Emily U20 19.03.00, Banbury
  800- 2:09.30 (2:06.71-17)
THOMPSON Grace U17 30.11.01, VP-Glasgow
  DT- 32.14 (34.66-17)
THOMPSON Jessica U15 30.11.04, Harrogate
  JTI- 42.44
THOMPSON Lauren 12.02.92, Herts Phoenix
  100H- 14.37 (13.52w/13.75-15), 400H- 57.32
THOMPSON Lily U13, Darlington
  SPM- 10.01
THOMPSON Mae U23 28.05.96, Kingston & Poly/Farleigh Dickinson Un
  800- 2:08.11i/2:09.37 (2:07.48-17)

THOMPSON Torema 15.02.90, Enfield & Haringey
60- 7.44i, 100- 11.85 (11.54w/11.58-11)
THOMPSON Zoe U20 10.04.00, Newham & Ex B
150- 17.60str, 200- 24.60
THOMSON Noemie U17, Tonbridge
1.5kSt- 5:02.31
THORESBY Alanah U17 2.07.03, Kingston upon Hull
HJ- 1.63
THORNER Elise U20 16.03.01, Yeovil Olympiads
800- 2:08.95, 1.5kSt- 4:51.44, 2kSt- 6:50.00,
HJ- 1.65 (1.68-17), Hep- 4329
THRALL Ellen U23 8.05.98, Gloucester AC/Bath Un
HT- 47.47
THROWER Jordan U17 12.09.01, New Marske
TJ- 11.23i/10.92 (11.13-17)
THURBON-SMITH Lily U13 1.10.05, New Forest Juniors
60- 8.04i, 75- 9.5, 100- 12.7/12.75 (12.7-17), 150- 19.0, 200- 26.8
THURGOOD Amy U20 18.11.00, Dacorum & Tring
HJ- 1.68
THURGOOD Hollie U17 2.07.02, C of Portsmouth
60HI- 9.04i (9.03i-17), , JTI- 41.65, HepI- 4774
80HI- 11.7/11.80 (11.64w/11.7/11.77-17), SPI- 12.82
TIMMINS Heather 12.02.90, Thames Valley
HMar- 77:30
TIPPING Evie U17 13.06.03, West Cheshire
HT- 46.17, HTI- 52.12
TODD-MCINTYRE Maya U17 21.10.02, Rushcliffe
800- 2:12.68, 1500- 4:30.86, 1.5kSt- 5:01.14
TOFT Naomi U15 13.03.04, Blackheath & Bromley
800- 2:12.77, 1500- 4:34.02mx (4:35.6-17)
TOMLINSON Cleo U15 17.06.04, Horsham BS
LJ- 5.70, PenG- 2984
TOMLINSON Dora U17 25.10.01, Shrewsbury AC
LJ- 5.46
TOMPKINS Zoe U20 28.02.00, Herne Hill
1.5kSt- 5:07.07
TONER Ciara V35 7.07.81, Springwell
Mar- 2:53:45
TOWNEND Naomi U15 12.02.04, Guildford & Godalming
PV- 2.65
TOWNSEND Eleanor U17 13.03.03, Kingston upon Hull
HJ- 1.63
TOWNSEND Katy 17.11.95, Cheltenham
LJ- 5.56
TRACEY Adelle Roshumba 27.05.93, Guildford & God
600- 1:28.41i+/1:29.92+, 800- 1:59.86, 1k- 2:34.59,
1500- 4:15.47 (4:10.30-17)
TRAPNELL Jasmine U17 15.02.02, Marshall Milton K
HTI- 50.96
TREGENZA Heidi 22.12.90, Bournemouth
5k- 16:59.9mx
TREVIS Bevhan U20 9.01.99, Edinburgh AC/Edinburgh Un
DT- 38.09
TRIMBLE Laura V35 7.07.82, Wimbledon Windmilers
Mar- 2:47:35
TRY Amber U23 4.03.97, Stevenage & NH/Bath Un
PV- 3.50 (3.71-14)
TUNNACLIFFE Lucy U17 23.05.02, Kingston & Poly
HepI- 4283
TUNSTALL Taia U17 9.01.02, Watford
DT- 43.69
TURLEY Laura U23 8.02.97, West Cheshire/Chester Un
200- 24.8/24.96, 400- 54.69
TURNBULL Holly U15 6.07.04, Brighton & Hove
JTI- 36.58
TURNER Beatrix 12.01.88, Harrow/ESP
JT- 39.63 (41.23-17)
TURNER Ella U20 2.06.01, Oxford City
200- 24.39w/24.87, 400- 54.74
TURNER Ellie U20 26.05.00, Medway & Maidstone
100- 11.79wmx/11.80w/11.81,
200- 24.16wmx/24.39 (24.32-17)

TURNER Holly 15.11.95, Crawley
100- 12.19 (12.16w-17), 200- 24.84 (24.77-14),
400- 54.57
TURNER Jessica Ann 8.08.95, Amber Valley
400- 53.91 (53.65-16), 400H- 56.53 (56.08-17)
TURNER Lucy U23 14.02.97, Gateshead/North'land Un
60H- 8.65i, 100H- 13.73, HJ- 1.65 (1.67-17),
LJ- 6.04w/5.85 (5.94-17), SP- 11.86i/11.78,
Hep- 5431 (5436-17)
TURNER Madelaine U17 11.11.01, Winchester
300H- 45.04
TUSTIN Issie U17 27.11.01, Cardiff
100- 12.23w (12.40mx-17)
TUTTON Gemma U15 8.11.04, Unicaja Atletismo (ESP)
HJ- 1.60, PV- 3.75
TWELL Stephanie 17.08.89, Aldershot F&D
1500- 4:05.56 (4:02.54-10), 1M- 4:26.05 (4:25.39-17),
2k- 5:50.9+, 3k- 8:41.94i/8:46.79 (8:40.98-16),
5k- 15:18.77 (14:54.08-10), 10kR- 32:34 (32:16.23t-17),
15kR- 51:20+ (50:04+-10), 10MR- 55:16 (53:52-10),
HMar- 72:32 (71:56-10), Mar- 2:30:14
TYAS Zara U17 29.04.03, Holmfirth
HJ- 1.63
TYLER Catrin 13.02.87, London Heathside
Mar- 2:57:38
TYRRELL Emily U17 4.01.02, North Devon
80HI- 11.84w (11.94-17), LJ- 5.89, HepI- 4491

U BENYI Victoria U17 4.05.02, VPH &TH
60- 7.82i, 100- 12.20w/12.2/12.39
UGEN Lorraine 22.08.91, Thames Valley
100- 11.32 (11.31w-17), LJ- 7.05
UWAKWE Yasmin U17 14.04.03, Enfield & Haringey
60HI- 8.87i, 80HI- 11.71

V ANS AGNEW Grace U20 30.12.00, Crawley
400H- 63.42
VAREILLE Olivia Marie U20 11.12.00, Falkirk VH
800- 2:09.49i/2:09.53 (2:09.51-17)
VAUGHAN Harriet U17 28.09.01, Bury
PV- 3.53i/3.40 (3.40-17)
VERNEY Amelia U15 14.12.03, Bournemouth
100- 12.3/12.32, 200- 25.3/25.37w/25.50, 300- 41.3
VERNON Eleanor U20 19.01.01, Telford
JT- 36.95
VERNON-HAMILTON Chloe 11.10.92, Herts Phoenix
100H- 15.15 (14.7/14.71-17), TJ- 12.03,
SP- 12.63 (12.64-16)
VICKERS Emma Louise U17 29.08.02, Preston
HTI- 46.89
VICKERY Gemma U23 4.04.96, C of Norwich
HT- 51.30
VINCENT Serena Alexandr U17 5.12.01, C of Portsmouth
SP- 14.20, SPI- 16.84, JTI- 39.39 (41.30-17)
VINER Hannah U23 18.07.96, Highgate H
1500- 4:23.71, 1M- 4:47.38mx, 3k- 9:25.23mx,
5k- 16:37.21mx (16:45.36-17), 10kR- 34:17
VINTON Ruby U13, Ipswich
1500- 4:55.9
VONGVORACHOTI Jane 7.01.84, Belgrave/THA
HMar- 78:41, Mar- 2:50:57 (2:40:40-14)

W ADDELL Keira U17 3.10.01, Edinburgh AC
JT- 44.17, JTI- 50.39
WADDINGTON Lauren U13 2.11.05, Chorley
800- 2:22.8
WAINWRIGHT Ellie-Mae U15 26.02.05, Newport
PV- 2.90i/2.81
WAITE Eleanor Marguerite 4.02.86, East Kilbride
1M- 4:43.42i (4:35.42-12), 3kSt- 10:21.72 (9:35.91-16),
3k- 9:37.38i (9:15.20i-16, 9:20.88-11))
WAKE Laura 3.05.91, WSE&H
400- 56.38 (52.98-14), 400H- 60.82 (57.17-17)

WAKEFIELD Bethan 17.10.94, Bristol & W
  100- 12.04w/12.13 (11.84w-11, 11.97-11),
  200- 24.92w (24.86i-16, 24.97-11)
WAKEFIELD Isabel U20 5.01.00, Harrow
  100H- 13.85
WALAS Klaudia U17 17.06.02, WSE&H
  TJ- 11.34i/11.30
WALCOTT-NOLAN Revee 6.03.95, Luton
  800- 2:01.78mx/2:02.06,
  1500- 4:20.97 (4:15.02i-17, 4:17.05-16)
WALDER Caroline U20 3.01.01, North Somerset
  PV- 3.54
WALDRON Shannon U17 8.09.01, VP-Glasgow
  HT- 45.59, HTI- 55.48
WALKER Chelsea U23 29.06.97, C of York/Boise St Un
  100- 12.08, 200- 24.76i/24.96 (24.7-15),
  400- 55.53iA/56.21i (55.3/55.97i/56.65-16),
  60H- 8.88i (8.78i-15), 100H- 14.14 (13.78w/13.79-17),
  400H- 61.33 (58.68-16)
WALKER Cordeila U13 7.07.06, Carmarthen
  JTM- 33.26
WALKER Diani Akina 14.07.95, Birchfield/Middlesex Un
  60- 7.35i, 100- 11.61 (11.44w/11.45-17), 200- 23.72
WALKER Ellie U20 15.12.99, C of Sheffield
  HJ- 1.65
WALKER Eloise U20 27.05.01, Edinburgh AC
  1500- 4:23.17, 3k- 9:28.50
WALKER Jasmine U17 30.09.02, R Sutton Coldfield
  JTI- 39.54
WALKER Olivia 6.07.95, Cannock & Stafford
  60H- 8.76i (8.45i-14), 100H- 14.39 (14.02-13)
WALKER Regan U20 6.02.00, Sale
  200- 24.95
WALL Amy U13 9.10.05, Southampton
  HJ- 1.51, LJ- 4.90, PenM- 2380, PenIM- 2088i
WALL Gracie U13 22.11.05, Bedford & County
  70HM- 11.35, HJ- 1.54
WALLACE Erin Heather U20 18.05.00, Giffnock North
  800- 2:07.72mx/2:08.63 (2:06.59i-16, 2:07.74-15),
  1500- 4:14.80, 3k- 9:43.85 (9:33.02i/9:34.66-17)
WALLADER Rachel 1.09.89, WSE&H
  SP- 17.48 (17.53-16)
WALLER Ruth Stephanie 6.03.84, Sale
  1.5kSt- 5:05.18
WALLWORK Sophie U15 8.03.05, Pitreavie
  300- 41.77
WALSH Megan U20 22.10.99, Blackheath & Bromley
  200- 24.84, 400- 55.89mx/55.92
WALSH Molly U20 23.06.00, Blackheath & Bromley
  HT- 52.27 (54.49-17)
WALTERS Kacey U15 2.08.05, Cambridge H
  HJ- 1.63
WALTON Rebekah U20 20.09.99, Blackheath & Bromley
  JT- 49.94
WALTON Sophie U15 30.03.04, Horwich
  60- 7.71i, 100- 12.11w/12.15, 200- 24.82, 300- 41.4
WANSELL Ella U20 15.01.01, Enfield & Haringey
  60- 7.71i, 100- 11.87wmx/11.96 (11.94w-17), 200- 24.34
WARD Abby U20 19.04.99, Wakefield
  HJ- 1.84 (1.89i/1.86-16)
WARD Abigail U17 27.10.02, Rugby & Northampton
  JTI- 41.67
WARD Carys U15 25.01.04, WSE&H
  JTI- 35.40
WARD Stacey 16.01.85, Herne Hill
  3k- 9:47.29 (9:27.60-15), 5k- 16:30.39 (16:19.92-15),
  10kR- 34:52 (33:57-10), HMar- 78:34 (75:44-17),
  Mar- 2:55:45
WARDEN Lois U17 26.03.02, Blackheath & Bromley
  PV- 3.45 (3.50i-16)
WARDEN Sophie U23 1.07.98, Preston
  400H- 65.7
WARDLEY Anousha U20 22.10.99, Reigate
  PV- 3.10 (3.10-17)

WARE Joanne U23 11.08.97, Tonbridge/Lough St
  LJ- 5.97, TJ- 11.20
WARING Molly U20 18.10.00, Spenborough
  400H- 64.82
WARNER Julie V50 8.04.67, Shelton
  Mar- 2:55:16
WARNOCK Sarah 5.06.91, Edinburgh AC
  LJ- 6.23 (6.42-14)
WARRE Amy U15 25.10.04, Swindon
  TJ- 10.80i/10.37
WASSELL Zoe-Ann U20 4.07.99, Stroud
  1500- 4:28.20
WASTELL Eleanor U20 16.02.01, Medway & Maidstone
  400H- 65.11
WATERS Jasmine U20 14.10.00, C of Sheffield
  PV- 3.16
WATERS Matilda U20 20.12.00, Sale
  PV- 3.25 (3.35i-17)
WATERWORTH Katie U20 17.05.01, Stockport
  LJ- 5.74
WATKINS Lauren U15 20.08.04, Bracknell
  60HG- 9.20i, 75HG- 11.22w/11.39
WATKINS Robyn U20 11.03.01, Chiltern H
  400- 56.65
WATSON Kayleigh U15 27.04.04, Seaton
  100- 12.3
WAUGH Emily 6.08.93, Rugby & Northampton
  HMar- 75:11, Mar- 2:38:52
WAUGH Helen V40 3.12.76, Tyne Bridge
  Mar- 2:53:36
WEATHERITT Leah J. V40 18.09.74, Gateshead
  HT- 43.21 (46.72-09)
WEBB Katie U15 1.12.03, Dacorum & Tring
  DT- 34.88
WEBSTER Sarah V35 25.04.79, Northern (IOM)
  Mar- 2:49:02 (2:48:30-17)
WEDDERBURN-GOODISON Nia U15 9.01.05, WG & Ex L
  60- 7.88i (7.88i-17), 100- 12.16mx/12.20,
  200- 25.89w/25.91i/25.93mx
WEEDALL Holly U15 31.12.04, Vale Royal
  800- 2:16.35mx, 1500- 4:34.37
WEIGHTMAN Amirah U15 12.11.03, WSE&H
  HJ- 1.64
WEIGHTMAN Laura 1.07.91, Morpeth
  800- 2:02.11mx/2:02.41 (2:01.87-17), 1k- 2:37.56,
  1500- 4:01.76 (4:00.17-14), 1M- 4:20.49, 5kR- 15:25,
  3k- 9:23.2+ (8:43.46mx-13, 9:02.62-12),
  5k- 15:25.84 (15:08.24-17)
WEIR Kosana U20 5.11.99, Thames Valley
  1.5kSt- 5:02.79 (5:00.97-16)
WEIR Natalie 30.01.86, Derby AC
  1500- 4:27.74i (4:25.74-14)
WEISER Daisy U15 15.02.04, Reading
  PV- 2.63
WELLINGTON Christine-Ann V40 18.02.77, BRAT
  Mar- 2:51:14 (2:48:54-10)
WERRETT Tyla U13 10.09.05, Team Bath
  75- 10.0, 150- 19.61, LJ- 4.82
WEST Ashleigh U20 27.06.01, Medway & Maidstone
  HJ- 1.75 (1.76i-17), Hep- 4058
WEST Charlotte U20 16.10.00, Reading
  JT- 42.78
WESTWOOD Yvette U23 3.09.98, Yate
  60- 7.69i (7.65i-17), 100- 12.15w (11.70w/11.96-17)
WETTON Jennifer 28.11.86, Central
  Mar- 2:53:19dh (2:46:10dh/2:47:06-14)
WHAPPLES Madeleine U17 12.04.03, Solihull & S H
  200- 24.86w, 300- 39.84
WHEADON Sophie U15 12.02.04, Team Kennet
  DT- 31.40
WHEATMAN Jenna 6.03.84, Scarborough
  HT- 50.79 (53.39-11)
WHEELER-HENRY Rebecca U15 31.08.05, Shaftesbury B
  HJ- 1.60

WHEELER-SMITH Ellie U17 16.01.03, Gloucester AC
 100- 12.18w/12.25, 200- 24.80w/25.25
WHIFFEN Charlotte U15 12.09.03, Paddock Wood
 HTI- 38.55
WHILEY Alice 1.07.91, Clapham Chasers
 Mar- 2:56:34
WHILEY Jessica U20 12.11.00, Chelmsford
 Hep- 4150
WHITE Abbie U17 20.06.02, Wimborne
 HT- 41.63, HTI- 52.16
WHITE Ava U17 20.05.03, Blackheath & Bromley
 800- 2:11.42mx (2:15.74-17), 1500- 4:29.66mx/4:34.48,
 3k- 10:05.08
WHITE Ellie U20 10.07.99, Wimborne
 HT- 48.34
WHITE Eloise U13 10.04.07, Brighton & Hove
 JTM- 30.83
WHITE Katie V35 6.01.81, Garscube
 HMar- 75:58, Mar- 2:40:35
WHITE Lucinda U15 4.02.05, Tonbridge
 PV- 3.16, JTI- 37.14
WHITEOAK Katy U23 7.12.98, Stockport/Lamar Un
 5k- 17:20.26
WHITTINGHAM Laura 6.06.86, Salewingf
 JT- 55.55 (60.68-10)
WICKS Skye U17 20.08.02, Hertford & Ware
 60- 7.75i, 100- 12.0/12.14 (12.11w-17), 200- 24.45,
 300- 40.5/40.74 (39.76-17)
WIDDOP-GRAY Ella U23 26.09.96, Thames Valley/
 Manchester Un
 HJ- 1.66 (1.72i-13, 1.72-15)
WILDE Chloe U20 24.05.99, Cannock & Stafford
 400H- 63.41
WILDE Naomi Rhiannon U17 20.06.02, Taunton
 DT- 33.04
WILDER Allison 30.10.88, Sutton & District
 TJ- 12.96i/12.31 (13.22w/13.17 USA-11, 12.55w/12.50-17)
WILKINS Isabelle U15 14.11.03, Huntingdon
 3k- 10:23.17mx
WILKINS Melanie Jane 15.07.90, Winchester
 10kR- 35:00, 10MR- 57:52, HMar- 78:07
WILKINSON Layla U15 29.11.03, Herne Hill
 800- 2:17.17
WILLIAMS Abigail U20 11.10.00, Cheltenham
 100H- 14.63w
WILLIAMS Annie U23 28.09.98, Sale
 PV- 3.23i (3.31-16)
WILLIAMS Bella Faye U23 5.10.98, Lincoln Wellington/
 Utah Un
 3k- 9:42.10i (9:44.19-17), 3kSt- 11:13.94
WILLIAMS Bianca 18.12.93, Enfield & Haringey
 60- 7.26i, 100- 11.20 (11.17-14),
 150- 17.09str (17.00str/17.06-17), 200- 22.60 (22.58-14)
WILLIAMS Chante U17 21.03.02, Bracknell
 60HI- 8.81i, 80HI- 11.5/11.64
WILLIAMS Charlotte U17 20.09.01, Blackburn
 HT- 54.12, HTI- 57.41 (60.53-17)
WILLIAMS Chloe 10.09.87, Havering
 100H- 14.26
WILLIAMS Emily U17 25.02.02, Kettering
 400- 58.5 (58.52-17), 800- 2:06.22,
 1500- 4:20.88 (4:20.29mx-17)
WILLIAMS Emma U17 1.07.82, Cheltenham
 PV- 2.90
WILLIAMS Francesca U17 7.02.03, WSE&H
 HT- 46.02, HTI- 55.78
WILLIAMS Hannah U23 23.04.98, Herts Phoenix
 200- 24.21, 400- 52.50
WILLIAMS Jade 7.09.92, Amman Valley
 800- 2:07.08 (2:04.39-15), 1500- 4:17.17 (4:15.63-15),
 5kR- 16:08
WILLIAMS Jo 17.04.88, Lothian RC
 5k- 17:07.16, 5kR- 16:57

WILLIAMS Jodie 28.09.93, Herts Phoenix
 100- 11.50/11.48+w (11.13w-14, 11.18-11),
 150- 16.97wstr (16.80str-16), 200- 22.75 (22.46-14)
WILLIAMS Lauren U20 12.02.99, Swansea/Bath Un
 400- 55.01, 400H- 58.09
WILLIAMS Libby U20 28.09.00, Crawley
 JT- 36.04
WILLIAMS Orla U15 14.07.04, Chiltern H
 1500- 4:44.7
WILLIAMS Paula V45 18.03.72, Stratford-upon-Avon
 JT- 38.65
WILLIAMS Phillipa 6.09.93, Elswick
 HMar- 78:40
WILLIAMS Rhian Kate U23 26.08.96, Deeside
 400H- 64.8 (64.20-13)
WILLIAMS-HEWITT Acacia U17 8.08.03, Hallamshire
 200- 24.74
WILLIS Deborah Sarah 24.04.92, Notts
 400H- 64.7/65.47 (61.6/61.97-15)
WILLIS Meg U15 21.05.04, C of Norwich
 LJ- 5.48, TJ- 10.39
WILLMORE Olivia U17 21.03.02, Dorchester
 300H- 45.08, 400H- 64.3/65.99 (65.85-17), HepI- 4323
WILLMOTT Lorna U13 23.12.05, Cheltenham
 150- 19.54w, 70HM- 11.25w/11.31
WILLS Amelia U17 4.04.02, Bracknell
 1.5kSt- 4:59.94
WILSON Gabriella U15 22.01.04, Amber Valley
 PV- 2.60
WILSON Natasha 5.11.95, Sale/Hallam Un
 JT- 36.46 (48.35-16)
WILTON Madeline U17 11.04.02, C of Portsmouth
 LJ- 5.49 (5.49-17), TJ- 11.46
WILTSHIRE Victoria U20 1.10.99, Blackheath & Bromley
 HT- 49.18 (49.36-17)
WINGATE Philippa 12.05.93, Kingston & Poly
 SP- 12.59 (12.71-15), DT- 39.77 (44.53-14), HT- 62.53
WINGFIELD Charlotte 30.11.94, Cardiff/MLT
 100- 11.72 (11.54-17), 200- 24.08w/24.32 (23.78-17)
WINOGRODZKA Julia U15 21.10.04, Bolton
 60HG- 9.01i, 75HG- 11.62 (11.4-17), LJ- 5.66i/5.45
WINSTON Monae U17 31.10.02, Herne Hill
 60- 7.87imx (7.82i-17)
WINTER Marcey U20 17.04.01, WSE&H
 100H- 14.40w/14.83, 400H- 60.91
WINTLE Ella U15 23.12.04, Pembroke
 200- 25.58, 300- 41.12
WISBEY Ruby U13 17.11.05, West Cheshire
 70HM- 11.3/11.39
WITHEAT Freya U15 4.09.03, Watford
 SPI- 12.47, JTI- 35.65, SextG- 3380, PenG- 2980
WOLFENDEN Lucie U17 14.09.01, Sale
 PV- 3.15
WOOD Beatrice U15 9.10.03, Salisbury
 800- 2:15.4, 1500- 4:26.3, 3k- 9:39.2mx
WOOD Emma U15 5.05.04, Skyrac
 SextG- 3269, PenG- 2952
WOOD Katherine 13.04.95, Sale
 HMar- 77:34, Mar- 2:41:35
WOOD Madeleine U17 3.09.02, Charnwood
 HJ- 1.65 (1.67-17)
WOODCOCK Kathryn U23 29.04.97, Radley AC/Lough St
 DT- 50.07 (50.64-17), HT- 45.17
WOODHAMS Rosie U17 24.04.02, Dallam RC
 3k- 9:51.90 (9:47.95-17)
WOODHEAD Bethany U20 1.07.01, Sale
 HJ- 1.66
WOODNICK Amelia U17 18.02.02, Dacorum & Tring
 80HI- 11.73w/11.83
WOODWARD Kaili U17 30.01.02, Solihull & S H
 HJ- 1.64 (1.66-17), LJ- 5.61
WOODWARD Lucy U17 28.11.02, Shaftesbury B
 LJ- 5.47
WOOLVEN Pippa 26.07.93, Wycombe
 5k- 16:38.22 (15:49.16i-17, 16:15.69-16)

WOOTTON Katrina 2.09.85, Coventry Godiva
 5k- 16:25.43+ (15:27.6mx-17, 15:30.82-13),
 10k- 32:37.80 (31:45.63mx/32:27.47-17),
 10kR- 33:23 (31:47-16), 15kR- 51:37+, HMar- 72:50
WORMLEY Charlotte U13 25.11.05, Crawley
 800- 2:22.19, 1200- 3:49.4, 1500- 4:55.23mx
WORMLEY Lauren U13 25.11.05, Crawley
 1500- 4:55.79mx
WORRALL Sophie 30.01.94, Wolves & Bilston
 TJ- 11.60i/11.29 (11.52-17)
WOSIKA Caitlin U20 19.11.99, Team Bath
 1.5kSt- 5:10.54 (5:00.25-17)
WRAITH Beatrix U17 6.02.03, Hertford & Ware
 800- 2:12.71
WRAY Zanthe 21.10.88, Hallamshire
 Mar- 2:56:36
WRIGHT Alice 3.11.94, Worcester AC/New Mexico Un
 3k- 9:28.65+ (9:26.42i-15), 5k- 15:54.17 (15:45.87-15),
 10k- 32:15.73
WRIGHT Amy U17 3.04.02, Dacorum & Tring
 HTI- 48.10
WRIGHT Eve U17 8.08.02, Braintree
 60- 7.84i (7.61i-17)
WRIGHT Paula V40 14.02.76, Lychett
 24Hr- 198.118km
WRIGHT Valencia U15 20.01.05, Giffnock North
 1500- 4:40.55mx, 3k- 10:03.14mx/10:20.38
WRIGHT Vicky V40 19.05.77, Hyde Village Striders
 Mar- 2:55:18 (2:54:04-17)
WRIGHT-TAIPOW Shiloh U15 13.07.04, Serpentine
 60- 8.05i, 100- 12.49w
WRISBERG Jenna U23 22.03.98, Giffnock North
 60- 7.55i (7.50i-16), 100- 11.70 (11.66w-17),
 200- 24.32w (24.79-16)

WYPER Katy 17.04.93, Blackpool
 60- 7.47i, 100- 11.47w/11.7/11.73 (11.63-17),
 200- 23.72w/24.19

YALEKHUE Michelle U15 3.07.05, Medway & Maidstone
 TJ- 10.35
YATES Charlie U15 30.12.03, Amber Valley
 HJ- 1.61, TJ- 11.22
YATES Kirsty Elizabeth 14.05.93, Edinburgh AC
 SP- 13.63 (16.42-14)
YEARBY Georgia 19.02.95, Leeds
 800- 2:06.50
YELLING Dulcie U13 13.01.07, Brighton & Hove
 JTM- 37.64
YOKI Millicent U15 29.11.03, Cornwall AC
 DT- 34.20, JTI- 36.08
YORKE Sophie U23 7.07.98, Cheltenham
 60H- 8.68i (8.30i-17), 100H- 14.6 (13.31w/13.47-17)
YOUNG Alison V40 26.11.73, Clapham Chasers
 24Hr- 214.465km (217.875km-17)
YOUNG Jasmine U15 4.08.04, WSE&H
 1500- 4:40.88
YOUNG Kaliyah U17 20.07.03, Dartford
 100- 12.16w/12.22, 200- 24.5/24.72, 60HI- 9.04i,
 80HI- 11.74, LJ- 5.62
YOUNGS Lonarra U17 2.09.02, Ipswich
 60- 7.90i, 100- 12.3

ZAKELYTE Auguste U17 24.02.03, Rugby & Northampton
 DT- 35.61
ZIALOR Laura U23 4.08.98, Marshall Milton K/Brunel Un
 HJ- 1.65 (1.75i-16, 1.71-15), TJ- 12.02 (12.96-16)
ZMUDA Chloe U20 18.06.00, Wycombe
 JT- 37.27
ZUILL Layla U15 27.09.03, Fife
 100- 12.39w, 200- 25.74w/25.96, 300- 41.49mx

OBITUARY – died in 2018

Peter Charles **ALLDAY** (b. 27 Jun 1927 Wandsworth, London) on 10 March in Bexhill. A founder member of the Hammer Circle. he competed in 14 internationals for Britain 1952-62, including 21st in 1952 and 9th in 1956 at the Olympic Games and 18th at the 1958 Europeans. After 5th in 1954 he was the bronze medallist at the 1958 Commonwealth Games, and was AAA champion in 1956 (2nd 1953, 3rd 1951-2, 1955, 1962), CAU champion 1950-1 and Southern 1950-1, 1953-5, 1958, 1962. His PB was a UK record 59.61 in 1956. He married Suzanne Farmer, who as Sue Allday was Britain's top shot putter and discus thrower for several years.

Lawrence 'Lol' **ALLEN** (b. 25 Apr 1921 Sheffield) on 16 December in Sheffield. A member of Sheffield United Harriers, he had a great race walk rivalry with Roland Hardy in the early 1950s. Unfortunately he was disqualified in his two 10,000m internationals – at the 1952 Olympic Games and at the 1950 Europeans (after finishing in 2nd place). He was RWA champion at both 10 miles and 20 miles 1949-51 and 1958, while at the AAAs he was 2nd at 7 miles each year 1950-52 and 3rd at 2 and 7 miles in 1949. Walks PBs: 2M 13:43.4 (1950), 5M 35:40.8 (1950), 10000m 44:32.8 (1950), 7M 50:22.6 (1950), 10M 1:11:35 (1954), 20M 2:48:48/2:41:40 short (1954).

Iain Stuart **BAIN** (b. 16 Feb 1934) on 30 April. At the hammer he was AAA junior champion in 1951-2 and a UK junior record (12 lb hammer) 52.60 in 1952. He was Scottish champion in 1956-7 and 1959, and won the UAU title when at Oxford University in 1956, with one international for Britain in 1959. PB 56.08 (1956).

Sir **Roger** Gilbert **BANNISTER** (b. 23 Mar 1929) at his home in Oxford on 3 March. On 6 May 1954 he achieved one of the most celebrated deeds in the history of sport, with the first sub four-minute mile, running 3:59.4 at Iffley Road, Oxford. Six weeks later John Landy (Australia) improved the mile record to 3:57.9, but Bannister in this, his last season before concentrating on his medical career, beat Landy in a race dubbed 'The Mile of the Century' to win the Empire Games title at 1 mile in Vancouver. Bannister ran 3:58.8 and Landy 3:59.6, the first time two men had beaten four minutes in one race. Bannister then added the European title at 1500m. He set three British records at 1500m from 3:46.0 (3:46.30 auto) in 1952 to 3:42.2 in 1954 and three at 1 mile from 4:03.6 in 1953, plus unratified (assessed as a time trial) marks at both distances in 1953. He also ran the final leg (in 4:07.6) on the British team that set a world 4 x 1 mile record (16:41.0) in 1953. He had been 3rd in the European 800m in 1950 and a disappointed 4th at 1500m in the 1952 Olympics. AAA champion at 880y 1952, 1 mile 1951 and 1953-4. Other PBs: 880y 1:50.7 (1953); 3/4 mile 2:56.9 (1951), 2M 9:09.2 (1954). He had set UK junior 1 mile records at 4:18.7 and 4:17.2 in 1948.

He studied medicine at Oxford University and at St. Mary's Hospital Medical School in London, becoming a distinguished neurologist. He was awarded the CBE in 1955 and was knighted in 1975 for his services to medicine. He was Chairman of the Sports Council 1971-4, and was Master of Pembroke College, Oxford 1985-93. He was awarded the Companion of Honour in the 2017 New Year Honours.

Ronald Joseph **BOWDEN** (b. 8 Jul 1929) on 12 May. A true gentleman, he was a huge influence on hammer throwing in Britain and was the national coach for eleven years. Amongst the top athletes that he coached in his 60 years at Woodford Green AC were Martin Girvan and Paul Head as well as top athletes at other disciplines. His own PB was 36.74 (1954).

Kenneth Reginald John **CARTER** (b. 7 Mar 1947) on 25 October. A member of Southend AC, he had one international for Britain at 20k walk in 1978. He was 3rd in the AAA 3000m walk in 1976 and had walks PBs of: 1M 6:37.8 (1978), 3000m 12:34.6 (1984), 5000m 22:21.0 (1974), 10000m 45:11.0 (1984), 20k 1:32:16 (1981), 50k 4:56:05t (1972).

George CHAPLIN (b. 18 Feb 1931) in August in Coventry. He made three international appearances for Britain at 35k/50k walks 1968-72. A member of Coventry Godiva Harriers, he was 2nd at 20M and 50k and 3rd at 1M in the RWA Champs in 1957 and won ten Midland titles, His walks PBs: 3000m 13:00.6 (1972), 2M 13:55.8 (1968), 10000m 45:37.2 (1972), 7M 52:11.0 (1968), 20k 1:34:23 (1972), 50k 4:20:05/4:25:48t (1972), 2Hr 24,443m (1964).

Diane Susan **CHARLES**, née **LEATHER** (b. 7 Jan 1933 Streetly, Staffordshire) on 5 September in Truro. She set five world bests for the mile from 5:02.6 (1953) to 4:45.0 (21 Sep 1955) including the first sub-5 minute mile by a woman, 4:59.6 on 29 May 1954. She also set world records with 880y 2:09.0 (1954), 3x880y (2, 1953-4) and 3x800m with further world bests (prior to the IAAF accepting records at these distances) at 440y 56.6 (1954), 1500m 4:30.0 and 4:29.7 (1957) and unofficial intermediate times 4:30.0 and 4:22.2 (1955). Further British records were 400m 56.3 (1955) and six at 800m from 2:08.9 (1954) to 2:06.6 (1958).

She was the silver medallist in the European 800m in 1954 and 1958, and went out in her heat when the 800m was re-introduced to the Olympic Games in 1960. WAAA champion at 880y 1954-5 and 1957, and 1 mile 1956-7, and National CC champion 1953-6. She married Peter Charles in July 1959.

Kinnaird St. Clair **CUNNINGHAM** (b. 24 Sep 1930) on 11 February at Kirkton Manor, Peebles. Scottish champion at high jump in 1953 with PB 1.88 (1951).

Graham DUGDALE (b. 21 Mar 1951) on 7 May in Devon. Oxford University and Thames Valley Harriers. He ran his PB of 2:17:16 when 3rd in the AAA Marathon in 1977. Other PBs: 5000m 14:41.0 (1973), 10,000m 29:56.6 (1976).

Bill GREEN on 12 October at the age of 76. A member of the NUTS, he helped produced statistics for several years for Cornwall and nationally for U15 girls lists.

Joe KEILY (b. 17 Aug 1931) in July. 2:26:04 marathon in 1961. The only survivor of six Derby running brothers now is Dom Keily (aged 80; 13:49.4 5000 & 27:51.2 6M in 1965). Arthur died in March 2016 aged 94 (2:19:06 in 1960); Michael ran 2:28:31 in 1963.

George KIRBY (b. 13 Apr 1923) on 7 November in Blackburn. As administrator, coach, and international level official he was a stalwart of Blackburn Harriers and of the British Athletics League in particular. He became a teacher after serving as a bomber pilot in the RAF in WW II. He was instrumental in the laying of the Witton Park track in Blackburn in 1958 and arranged many meetings there, and had been President of Blackburn H and of Lancashire AA as well as chairman of the Northern Counties Officials Association.

William Ernst **'Bill' LUCAS** (b. 16 Jan 1917 Tooting, London) on 22 March at Haywards Heath at the age of 101. He was a bomber pilot (squadron leader) in WW II, winning the Distinguished Flying Cross. That interrupted his running career with Belgrave Harriers, but after 3rd place in the AAA 3 miles he competed at 5000m at the 1948 Olympic Games in London and went on to PBs: 2M 9:30.6 (1951), 3M 14:11.6 (1950), 5000m 14:56.8 (1950), 6M 30:33.8u (1952). He was for many years an announcer at the major White City meetings.

Kevin MARK (b. 15 Sep 1976) on 26 Oct 2018. A member of Ealing, Southall and Middlesex, he won a gold medal at the 1994 World Junior Championships as he ran in the heat for the gold medal-winning 4x100m team. That year he was 3rd in the AAA Junior and 2nd in the English Schools 100m. PBs: 100m 10.60 (1994), 10.38w (1993); 200m 21.97 (1992), 21.7 (1993), 21.6w (1994).

Robert **'Bob' MATTHEWS** (b. 26 May 1961) on 11 April. He set 22 world records for the visually impaired in a variety of disciplines from 800m to marathon and at the Paralympic Games won 8 gold, 4 silver and a bronze medal from 1984 to 2000. He was the first Paralympic athlete to be awarded the MBE (Member of the British Empire). He emigrated to New Zealand and competed for them at cycling at the 2012 Paralympic Games.

Dr **Alan NEUFF** (b. 1937) in October. A chemist by training, from his work as a coach and teacher he developed in 1966 the first flexible vaulting poles made in Britain and that led to the formation in 1995 of his company Neuff Athletic Equipment that made and developed a wide range of equipment and accessories.

Terry O'CONNOR (b, 28 Aug 1925) on 28 April, was one of the finest and most respected newspaper athletics correspondents. In the 1950s he not only reported expertly on the sport for the *London Evening News* but also organised, on behalf of the paper, several fondly remembered floodlit meetings at the White City. In 1960 he switched to the *Daily Mail*, where for the next 30 years he was also a highly regarded rugby union correspondent. He covered 11 Olympic Games between 1948 and 1988. He was a founder member in 1963 of the British Athletics Writers' Association, serving as chairman in 1979/80. His biography of Derek Ibbotson, *The Four Minute Smiler,* was published in 1960.

Bob PARKER (b. 15 Apr 1930 Aylesbury) on 20 January in Harrow, London. He coached many top distance runners, most notably Dave Bedford at Shaftesbury Harriers in North London, but also Julian Goater, Mara Yamauchi, Alison Wyeth and Andrea Whitcombe.

Laurence David George **'Laurie' REED** (b. 22 May 1936 Dulwich) on 21 May. A member of South London Harriers, he made three international appearances for Britain 1957-60, including at the Olympic Games in 1960 (heat 1500m). At 3 miles he was AAA 3rd in 1960 and at 6 miles he won CAU 1957 and Southern 1959 titles. Having run a UK junior record 9:12.6 for 2 miles in 1955. He had PBs of: 1500m 3:46.2 '60, 1M 4:01.8 '60, 2000m 5:18.8 '59, 3000m 8:11.8 '60, 2M 8:50.2 '57, 3M 13:38.84 '60, 5000m 14:05.6 '57, 6M 28:35.6 '67, 3000mSt 9:33.0 '63.

Donald Alexander **RITCHIE** (b. 6 Jul 1944 Aberdeenshire) on 13 June. One of the greatest ultra runners of modern times, in his long career he set track world bests: 50k 2:51:38.0 '77, 40M 3:48:35 '82, 50M 4:53:28 '78 & 4:51:49 '83, 100k 6:10:20 '78, 150k 10:36:42 '77, 100M 11:50:51 '77, 200k 16:32:30 '83 & 16:31:08i '90; and a road best: 100k 6:18:00 '78. UK best 12Hr 161.6k '77. Other PBs: 6M 30:32.4 '68, 10M 49:54.0 '71, 1Hr 19.241m '71, Mar 2:19:35 '83, 30M/50k 2:44:36/2:50:30 '79. He also, despite physical problems, set a record for John O'Groats to Land's End of 10 days 15 hours 27 mins in 1989. He won numerous continental 100k races, the London to Brighton in 1977 and 1978, and the inaugural IAU 24 Hours Championship. He had started as a quarter-miler with Aberdeen AAC in 1962 and 23 years after his first world best in 1977 he was a member of the British team that won team bronze at Uden in 2000. Awarded the MBE in 1995. His autobiography "The Stubborn Scotsman Don Ritchie World Record Holding Ultra Distance Runner" was published in 2016.

Eric Robert **ROBINSON** (b. 26 Nov 1939) on 25 May. A triple jumper, he achieved his wind-legal PB of 14.93 (then 5th on the UK all-time list winning for England against Belgium in 1960 and he had 15.19w in 1961. While at Cambridge University he was 2nd to Mike Ralph for four consecutive years 1961-4. Southern champion 1966, he was a member of Hornchurch Harriers.

Rayfel Allan **ROSEMAN** (b. 19 May 1939) in Bangkok, possibly in November. Running for South London Harriers and later for Brighton he had four internationals for Britain 1963-9. He won the Southern 1 mile in 1966 and narrowly missed running a four-minute mile for several years before finally managing 3:59.8 in 1969. Other PBs: 800m 1:50.8 (1968), 1500m 3:42.7 (1965), 3000m 8:04.6 (1969), 2M 8:52.6 (1965), 3M 13:45.4 (1968), 5000m 14:17.4 (1969), 2000mSt 5:52.4 (1966).

Alan Dudley **SEXTON** (b. 2 Aug 1930) on 28 November. A member of Belgrave Harriers and Cambridge University, he had bests of 100y 9.9 (1953), 220y 21.7 (1954) and 440y 48.2 in 1953 for 2nd in the CAU and 2nd on UK list that year. UAU champion 1953.

David SHAW (b. 19 Oct 1936 Greenock) on 4 August in Southampton. Successively a member of Leeds St. Marks H, Birchfield H and South London H, after national service in the RAF he went to Birmingham University (winning the British Universities cross-country in 1959) and then returned to the RAF as an education officer. He had one international for Britain at 3000m steeplechase, at which he set Scottish records with 9:17.0 (1957) and 8:57.0 (1958) and was 3rd in the AAAs in 1958. PB 3M 14:13.0 (1958). A congenial and much respected man, he was the first professional General Secretary of the British Amateur Athletic Board 1978-81. He was later an executive with ITN and with UK Badminton before returning to academia.

Stewart TOGHER (b. 14 Nov 1937), on 22 March. A former Scottish weightlifting champion who became one of the world's leading hammer coaches. A modest hammer thrower for Edinburgh Southern Harriers (PB 47.94 in 1972), he became the US national hammer coach for ten years and throws coach for the University of Oregon from 1983 to 1997. His pupils included three of the USA's four 80m performers: Lance Deal, Jud Logan and Ken Flax. Deal, the US record holder with 82.52 in 1996 and silver medallist at that year's Olympics, described Togher as "the best hammer coach in the world, bar none".

Michael **Bruce** Swinton **TULLOH** (b. 29 Sep 1935 Datchet) on 28 April at his home in Marlborough. Famous for running barefoot when he emerged as a distance running star, he had 21 internationals for Britain 1959-67. His greatest moment came with his victory in the European 5000m in 1962. Although he had won the Hong Kong 5000m title in 1955 while on national service, he broke through very rapidly in 1959 to win the AAA 3 miles and make his international debut while at Southampton University and member of Portsmouth AC. In 1960 he set a British record at 3 miles of 13:17.2, a time he improved to 13:12.0 in 1961, but he did not qualify from the heats at the Olympic Games. In 1962 he ran his best ever mile (3:59.3) and a British record 8:34.0 for 2 miles in New Zealand in January before his European triumph, and was 4th at 3 miles and 9th at 1 mile at the Commonwealth Games. In 1966 he ran a British record 27:23.78 for 2nd place in the AAA 6 miles and was 6th in the Europeans in his best time for 10,000m of 28:50.4. He was also AAA 3 miles champion in 1962 and 1963 and 2nd in the National Cross-country in 1961 and 1962. CAU champion at 3M 1962, 1964-5, and 6M 1962, 1966-67. Other best times: 1500m 3:46.7 (1963), 3000m 8:02.4 (1967), 5000m 13:49.4 (1964). In 1969 he ran across the USA, 2876 miles in 65 days, writing about this in his *Four Million Footsteps (1970)*. An agricultural scientist, he remained a top-class veteran runner and coach, notably of Richard Nerurkar, World Cup marathon winner in 1993.

Barry WILLIS (b. 7 Aug 1924 Newbury) on 30 September. He was honorary secretary of the AAA from 1965 to 1982 and a long-standing member of Blackheath & Bromley Harriers AC. He went to Reading University and served in the RAF during the War, later becoming a travel agent. A former Berkshire 440 yards and shot put champion, he helped form and lead one of the old specialist event clubs, the Discus Circle, and in 1977 received the AAA's Award of Honour. In 1982 he was awarded the OBE for his services to athletics.

Died in early 2019

Ron BENTLEY (GBR) (b. 10 Nov 1930 Gornal, Dudley) on 22 February. A member of Tipton Harriers and long-time manager of their teams, he set a world record for 24 hours with 259.603k at Walton on 3/4 November 1973, with a WR for 100k in 16:53:00 en route.

Patrick Edward BRIAN (GBR) (b. 28 May 1936 Leytonstone), a Vice-President of the NUTS, on 4 February. At 6-4 (1.93m) the tallest NUTS member, he attended his first committee meeting in September 1958 and took over from Mel Watman as Secretary the following year, serving until 1962. He edited *NUTS Notes* in 1964 and was for many years one of the organisation's most enthusiastic members and of great assistance in the publication of early editions of the NUTS Annual.

Dawn Marie **FLOCKHART** (b. 16 May 1967 Bathgate) in Aberfeldy on 4 February. In a long career with Edinburgh Southern H/Edinburgh Woollen Mill, she had one international for Britain and although not winning a Scottish senior title, was a medallist on 13 occasions. She won the WAAA girls 100m in 1981 (and that year set a Scottish U15 200m record of 24.63 that still stands) and the first WAAA intermediate indoor 200m in 1983. PBs: 60m 7.72i (1982), 100m 11.80 (1985), 11.7w (1984); 200m 23.71 (1984), 300m 38.9 (1996), 400m 54.4 (1995), 54.70 (1996); TJ 10.90, 11.07w (1993).

Vikki Michelle **ORVICE** (b. 8 Nov 1962 Sheffield) on 6 February. A graduate of the University of Leicester, after working on regional newspapers, she joined *The Sun* in 1995 and was the first woman to be appointed as a football writer on a red-top tabloid. She became the paper's athletics correspondent in 2002 and, held in huge respect, became the first female to become chairperson of the British Athletics Writers' Association (2003-05). Battling cancer, in 2016 she received that organisation's Inspiration Award. She married fellow sportswriter Ian Ridley in 2010.

Dennis G PLATER (b.17 Jun 1934) in Chelmsford on 4 February. A member of Ilford AC, he had a marathon best of 2:20:29 for 6th in the Poly Marathon in 1964 to rank 8th in Britain that year; later in the year he was also 2nd in the Kosice Marathon. 6M PB 29:16.2 (1965).

Died in 2017

Suzanne ALLDAY (née Farmer) (later GOODISON) (b. 26 Nov 1934 Shoreham-by-Sea) in Chichester on 26 July 2017. She competed in 35 internationals for Britain at shot and discus 1951-64, including at the Olympic Games of 1952, 1960 and 1964, European Championships in 1958 (5th SP/10th DT) and 1962 (10th/15th), and at three Commonwealth Games 1954 (6/2, also 6th javelin), 1958 (2/1) and 1962 (3/4). She was WAAA champion at shot 1954, 1956 and 1958-61 and at discus 1952-3, 1956 and 1958-61. She set eight UK records at shot from 13.33 (1956) to 15.18 (1964) and ten at discus from 40.37 (1952) to 47.70 (1958). Formerly married to international hammer thrower Peter Allday.

Amendments to BRITISH ATHLETICS 2018

p.106 European Team Champs 2017:W 400: dq (2) Zemlyak, 2. Müller, <u>5</u>. Mary Iheke; 4x400m: 2dq UKR, 2. GER, <u>3</u> GBR
p.113 Javelin: 3. Dunderdale delete BLP: 2,-,2

UK Lists 2017
800m: 1:50.39 Thomas Staines 22.2.98 1 Golden, USA 22 Apr
5000 Metres Walk – Track replace by

Time	Name	Cat	DOB	Pos	Venue	Date	
18:39.47i	Tom Bosworth		17.01.90	1	Sheffield	12	Feb
				1	Birmingham	2	Jul
18:43.28				1	Birmingham	2	Jul
18:56.96	Callum Wilkinson	U23	14.03.97	2	Birmingham	2	Jul
19:20.83i				2	Bratislava, SVK	29	Jan
19:49.23i				2	Sheffield	12	Feb
19:57.8				1	London (LV)	22	Apr
20:04.3+				1m	Bedford	18	Jun
20:10.7	Cameron Corbishley	U23	31.03.97	2	London (LV)	22	Apr
20:55.6+				2m	Bedford	18	Jun
21:02.14i				4	Sheffield	12	Feb
21:15.4+	Guy Thomas	U23	1.07.97	3m	Bedford	18	Jun
21:31.27	Christopher Snook	U20	14.01.00	1	Boston	16	Sep
22:04.01	Tom Partington	U20	8.07.99	6	Birmingham	2	Jul
22:53.81	Luc Legon	U23	12.09.97	7	Birmingham	2	Jul
23:10.1	Timothy Snook	U20	18.02.98	1J	London (LV)	22	Apr

Women Javelin: Jo Blair drugs ban – but with effect after all marks listed

Adjustments to Championship placings after drugs disqualifications
See also such lists in BA 2014, BA 2017 and BA 2018
2008 World Athletics Final: 8. Helen Clitheroe
2009 European Team: W JT: 9. Laura Whittingham
2009 World Half Marathon: 24. Claire Hallissey and move all up a place
2011 World Champs: W JT: 9. Goldie Sayers
2013 World Champs: W 400mh: 4. Eilidh Child, 6. Perry Shakes-Drayton
2014 European Team: W HT: 3, Sophie Hitchon

In February 2019 twelve Russian athletes were banned by the CAS and various of their results were annulled. Some of these are being appealed, but if upheld then the following British athletes have positions improved:

Robbie Grabarz: HJ - OG 2012: 2=, WCh: 2013: 7, 2015- dnq 17=; WI: 2014- dnq 10 (from Ivan Ukhov)
Julian Reid: TJ - EC: 2014- dnq 12 (from Lyukman Adams)
Jade Lally: W DT - E.Team 2013: 5 (from Vera Ganeyeva)
Sophie Hitchon: W HT – WCh: 2013- dnq 16 (from Gulfiya Khanafeyeva)
Bethan Davies: W 20kW: ECp: 2013- 43
World Indoors 2010: Women 4x400m: 3rd Kim Wall, Vikki Barr, Perri Shakes-Drayton, Lee McConnell
European Team 2011: Women 4x400m: 1st Kelly Massey, Nicola Sanders, Lee McConnell, Perri Shakes-Drayton

The Final Pages – Rob Whittingham

For some time now I have been working with England Athletics to provide the most actual numbers possible for various aspects of track and field athletics in England. This year has produced a new analysis with an attempt to provide the total number of athletes competing in track and field by age.

Previous totals have shown the number of athletes on Power of 10 with a profile, the new analysis attempts to give a complete figure including English athletes shown on Power of 10 that are not allocated a profile. The number of these non-profile athletes has been decreasing on a year by year basis and has to be used to give an accurate picture for year to year figures. The following table gives the estimated total numbers and does exclude the obvious errors on Power of 10 (several hundred each year).

I am grateful to England Athletics in allowing publication of this table.

Total English Athletes

Age	Men 2016	Men 2017	Men 2018	Women 2016	Women 2017	Women 2018	All 2016	All 2017	All 2018
11	1991	1950	1970	2161	1974	2030	4152	3924	4000
12	3036	3101	3052	3371	3236	3228	6407	6337	6280
13	2938	2927	2844	3385	3295	3232	6323	6222	6076
14	3496	3358	3226	3376	3226	3258	6872	6584	6484
15	3072	3070	2899	2866	2846	2810	5938	5916	5709
16	2217	2226	2134	1914	1913	1867	4131	4139	4001
17	1463	1431	1435	1155	1213	1181	2618	2644	2616
18	1005	971	927	729	772	745	1734	1743	1672
19	761	747	730	510	489	505	1271	1236	1235
20	638	577	580	362	358	369	1000	935	949
21	512	540	486	314	275	320	826	815	806
22	389	432	453	230	246	210	619	678	663
23	420	389	387	225	213	238	645	602	625
24	390	344	342	191	188	177	581	532	519
25	324	296	316	193	144	154	517	440	470
26	305	302	277	162	153	133	467	455	410
27	233	262	264	139	142	140	372	404	404
28	242	203	255	149	121	126	391	324	381
29	233	229	192	109	134	125	342	363	317
30	249	223	230	102	94	107	351	317	337
31	192	221	198	102	80	95	294	301	293
32	194	163	203	81	86	89	275	249	292
33	185	178	172	74	74	84	259	252	256
34	194	211	217	112	73	109	306	284	326
35	156	177	174	66	60	62	222	237	236
36	145	160	196	99	76	71	244	236	267
37	162	166	161	75	90	70	237	256	231
38	148	175	164	79	84	95	227	259	259
39	126	152	161	80	100	82	206	252	243
40	149	125	153	75	79	71	224	204	224
41	149	154	125	78	82	85	227	236	210
42	171	172	173	93	79	89	264	251	262
43	140	184	177	84	97	84	224	281	261
44	155	149	165	82	80	95	237	229	260
45	162	157	161	83	90	88	245	247	249
46	137	170	172	90	93	92	227	263	264

Age	Men			Women			All		
	2016	2017	2018	2016	2017	2018	2016	2017	2018
47	155	150	153	74	84	105	229	234	258
48	155	156	168	67	74	83	222	230	251
49	130	145	151	58	66	73	188	211	224
50	163	158	151	64	74	67	227	232	218
51	159	165	151	76	65	72	235	230	223
52	144	140	146	84	74	53	228	214	199
53	125	140	128	64	84	83	189	224	211
54	111	122	136	47	58	77	158	180	213
55	131	119	123	45	48	61	176	167	184
56	108	107	118	51	45	42	159	152	160
57	92	93	124	44	47	40	136	140	164
58	72	82	93	26	39	45	98	121	138
59	81	77	90	23	27	51	104	104	141
60	72	83	90	17	36	30	108	119	120
61	53	79	104	23	19	34	72	98	138
62	44	57	73	34	25	19	69	82	92
63	72	42	56	20	26	17	98	68	73
64	55	74	45	24	19	22	74	93	67
65	43	55	71	11	17	21	60	72	92
66	43	40	61	17	13	21	56	53	82
67	47	43	45	22	18	12	65	61	57
68	32	42	38	9	19	16	51	61	54
69	45	39	44	10	10	20	55	49	64
70	25	43	34	9	11	7	34	54	41
71	27	28	51	7	11	12	34	39	63
72	27	32	26	9	6	9	36	38	35
73	24	24	26	4	7	5	28	31	31
74	29	19	26	4	3	9	33	22	35
75	18	22	23	7	6	4	25	28	27
76	10	17	23	5	6	4	15	23	27
77	21	5	16	5	3	3	26	8	19
78	9	12	5	1	3	2	10	15	7
79	9	6	11	1	3	3	10	9	14
80	9	6	5	3	2	1	12	8	6
81	8	7	11	1	3	3	9	10	14
82	8	8	9	0	1	2	8	9	11
83	2	6	9	0	0	0	2	6	9
84	2	1	4	0	0	0	2	1	4
85	1	3	1	0	0	0	1	3	1
86	2	1	4	0	0	0	2	1	4
87	2	0	1	0	0	0	2	0	1
88	1	1	0	0	0	0	1	1	0
89	0	0	2	0	0	0	0	0	2
90-99	2	2	3	0	0	0	2	2	3
Totals	28847	28743	28420	23962	23407	23444	52824	52150	51864

www.ingramcontent.com/pod-product-compliance
Lightning Source LLC
Chambersburg PA
CBHW050119170426
43197CB00011B/1637